Köberl/Nordhues/Schwarz

Gesetz über Ordnungswidrigkeiten und Bayerische Ausführungsbestimmungen zum OWiG

Gesetz über Ordnungswidrigkeiten und Bayerische Ausführungsbestimmungen zum OWiG

Kommentar

von

Georg Köberl
Leitender Verwaltungsdirektor a. D., Landeshauptstadt München

Dr. Elmar Nordhues
Leitender Verwaltungsdirektor, Leiter der Abteilung Rechtsangelegenheiten und Bußgeldverfahren des Kreisverwaltungsreferats der Landeshauptstadt München

Claus-Peter Schwarz
Verwaltungsrat, Leiter der Bußgeldstelle des Kreisverwaltungsreferats der Landeshauptstadt München

KSV Medien

Bearbeiter:
Köberl: §§ 1 - 70 OWiG
Nordhues: §§ 71 – 104 OWiG
Schwarz: §§ 105 – 135 OWiG, Bayerische Ausführungsbestimmungen zum OWiG

MIX
Papier | Fördert
gute Waldnutzung
FSC® C083411

CO2-Kompensation
Printprodukt

Bibliografische Information der Deutschen Nationalbibliothek
Die Deutsche Nationalbibliothek verzeichnet diese Publikation in der Deutschen Nationalbibliografie; detaillierte bibliografische Daten sind im Internet über http://dnb.dnb.de abrufbar.

Satz: C.H.Beck.Media.Solutions · Nördlingen
Druck: CPI books

ISBN 978-3-8293-1877-8

Gesetz über Ordnungswidrigkeiten

Inhalt

II. **Hauptverfahren**

III. **Rechtsmittel**

Sechster Abschnitt: **Bußgeld- und Strafverfahren**

Siebenter Abschnitt: **Rechtskraft und Wiederaufnahme des Verfahrens**

Achter Abschnitt: **Verfahren bei Anordnung von Nebenfolgen oder der Festsetzung einer Geldbuße gegen eine juristische Person oder Personenvereinigung**

Neunter Abschnitt: **Vollstreckung der Bußgeldentscheidungen**

Zweiter Abschnitt: **Verstöße gegen die öffentliche Ordnung**

Dritter Abschnitt: **Missbrauch staatlicher oder staatlich geschützter Zeichen**

Vierter Abschnitt: **Verletzung der Aufsichtspflicht in Betrieben und Unternehmen**

Fünfter Abschnitt: **Gemeinsame Vorschriften**

VIERTER TEIL: **SCHLUSSVORSCHRIFTEN**

Bayerische Ausführungsbestimmungen zum Ordnungswidrigkeitengesetz

Vorwort

Während der Corona-Pandemie gingen bei der Bußgeldstelle des Kreisverwaltungsreferats der Landeshauptstadt München neben den üblichen Verfahren ca. 45.000 Anzeigen von Ordnungswidrigkeiten wegen Zuwiderhandlungen gegen die Corona-Schutzmaßnahmen ein. Die zahlreichen Verfahren aus den unterschiedlichsten Rechtsgebieten bringen laufend neue, bislang noch nicht gerichtlich aufbereitete Rechtsfragen zu Tage.

Die Ausgabe bringt die Kommentierung des Ordnungswidrigkeitengesetzes in Gesetzgebung, Rechtsprechung und Literatur sowie die Darstellung der Bayerischen Ausführungsbestimmungen auf den aktuellen Stand.

Der Kommentar bringt für alle, die mit dem Ordnungswidrigkeitengesetz befasst sind, an der Verwaltungs- und Gerichtspraxis orientierte zielführende Antworten, die transparent und zuverlässig über die Rechtslage aufklären. Zielsetzung war es, die Rechtsmaterie anhand von Praxisbeispielen klar, einfach verständlich und praxistauglich darzustellen.

Der Kommentar wurde von Praktikern einer Großstadtverwaltung verfasst.

Die Autoren verfügen über langjährige Erfahrungen bei der behördlichen Verfolgung und Ahndung von Ordnungswidrigkeiten.

Georg Köberl, Leitender Verwaltungsdirektor a. D., hat bis 2020 die Abteilung Rechtsangelegenheiten, Bußgeldverfahren, Versicherungsamt des Kreisverwaltungsreferats der Landeshauptstadt München geleitet.

Dr. Elmar Nordhues, Leitender Verwaltungsdirektor, leitet seit 2021 die Abteilung Rechtsangelegenheiten und Bußgeldverfahren des Kreisverwaltungsreferats der Landeshauptstadt München.

Claus-Peter Schwarz, Verwaltungsrat, ist Leiter der Bußgeldstelle des Kreisverwaltungsreferats der Landeshauptstadt München, die für die Durchführung von ca. 95 % aller Ordnungswidrigkeitenverfahren im Zuständigkeitsbereich der Landeshauptstadt München zuständig ist.

Verbesserungs- und Ergänzungsvorschläge bzgl. der Kommentierung nehmen wir gerne auf.

Wir danken Frau Sabine Effner, Stadtdirektorin im Mobilitätsreferat der Landeshauptstadt München, für ihre Mitarbeit im Abschnitt der §§ 71 ff. OWiG im Rahmen der vorangegangenen Kommentierungen. Die §§ 105 ff. OWiG sowie die Darstellung der Bayerischen Ausführungsbestimmungen wurden bis Anfang 2021 dankenswerterweise von Herrn Karl Schuff, langjähriger Leiter der Bußgeldstelle des Kreisverwaltungsreferats der Landeshauptstadt München, bearbeitet.

München, im August 2023

Georg Köberl

Dr. Elmar Nordhues

Claus-Peter Schwarz

Abkürzungsverzeichnis

a. A.	=	andere(r) Ansicht
a. a. O.	=	am angegebenen Ort
Abs.	=	Absatz
a. E.	=	am Ende
a. F.	=	alte Fassung
AG	=	Amtsgericht
Alt.	=	Alternative
AO	=	Abgabeordnung
Art.	=	Artikel
Aufl.	=	Auflage
AWG	=	Außenwirtschaftsgesetz
BayAGGVG	=	Gesetz zur Ausführung des Gerichtsverfassungsgesetzes und von Verfahrensgesetzen des Bundes
BayGO	=	Bayerische Gemeindeordnung
BayJG	=	Bayerisches Jagdgesetz
BayObLG	=	Bayerisches Oberstes Landesgericht
BayObLGSt	=	Bayerisches Oberstes Landesgericht in Strafsachen
BayVersG	=	Bayerisches Versammlungsgesetz
BayVBl.	=	Bayerische Verwaltungsblätter
BDG	=	Bundesdisziplinargesetz
Begr.	=	Begründung
Beschl.	=	Beschluss
BGB	=	Bürgerliches Gesetzbuch
BGBl.	=	Bundesgesetzblatt
BGBl. I	=	Bundesgesetzblatt Teil I
BGH	=	Bundesgerichtshof
BGHSt.	=	Entscheidungen des Bundesgerichtshofs in Strafsachen
BJagdG	=	Bundesjagdgesetz
BKatV	=	Bußgeldkatalogverordnung
BMVg	=	Bundesministerium der Verteidigung
BND	=	Bundesnachrichtendienst
BPolG	=	Bundespolizeigesetz
BR	=	Bundesrepublik
BR-Drucks.	=	Bundesrats-Drucksache
BT-Drucks.	=	Bundestags-Drucksache
Buchst.	=	Buchstabe
BVerfG	=	Bundesverfassungsgericht
BVerfGE	=	Entscheidungen des Bundesverfassungsgerichts
BVerfGG	=	Gesetz über das Bundesverfassungsgericht
bzgl.	=	bezüglich
bzw.	=	beziehungsweise
DAR	=	Deutsches Autorecht
dto.	=	dito
EGGVG	=	Einführungsgesetz zum Gerichtsverfassungsgesetz

EinigVtr	=	Einigungsvertrag
EL	=	Ergänzungslieferung
EMRK	=	Europäische Menschenrechtskonvention
EOWiG	=	Entwurf eines Gesetzes über Ordnungswidrigkeiten
EOWiGÄndG	=	Entwurf eines Gesetzes zur Änderung des Gesetzes über Ordnungswidrigkeiten und anderer Gesetze
Erl.	=	Erläuterungen
ERRV	=	Elektronischer-Rechtsverkehr-Verordnung
etc.	=	et cetera
EuRAG	=	Gesetz über die Tätigkeit europäischer Rechtsanwälte in Deutschland
EuRhÜbk	=	Europäisches Rechtshilfeübereinkommen
EU-RhÜbk	=	EU-Rechtshilfe-Übereinkommen
f.	=	folgende (Seite)
FamFG	=	Gesetz über das Verfahren in Familiensachen und in den Angelegenheiten der freiwilligen Gerichtsbarkeit
FeV	=	Fahrerlaubnisverordnung
ff.	=	fortfolgende (Seiten)
GA	=	Goltdammer's Archiv für Strafrecht
gem.	=	gemäß
GewO	=	Gewerbeordnung
GG	=	Grundgesetz
ggf.	=	gegebenenfalls
GVG	=	Gerichtsverfassungsgesetz
GWB	=	Gesetz gegen Wettbewerbsbeschränkungen
h. M.	=	herrschende Meinung
HmbJagdG	=	Hamburgisches Jagdgesetz
HS	=	Halbsatz
i. S.	=	im Sinne
i. S. d.	=	im Sinne des
i. S. v.	=	im Sinne von
i. V. m.	=	in Verbindung mit
JGG	=	Jugendgerichtsgesetz
JMBlNW	=	Justizministerialblatt für das Land Nordrhein-Westfalen
JR	=	Juristische Rundschau
JVEG	=	Justizvergütungs- und -entschädigungsgesetz
KG	=	Kammergericht (Berlin)
LFGB	=	Lebensmittel- und Futtermittelgesetzbuch
LuftVZO	=	Luftverkehrszulassungsordnung
MAD	=	Militärischer Abschirmdienst
m. Anm.	=	mit Anmerkungen
MDR	=	Monatsschrift für deutsches Recht
m. w. N.	=	mit weiteren Nachweisen
NdsRpfl	=	Niedersächsische Rechtspflege
NJW	=	Neue Juristische Wochenschrift
Nr.	=	Nummer

NStZ	=	Neue Zeitschrift für Strafrecht
NStZ-RR	=	Neue Zeitschrift für Strafrecht; Rechtsprechungsreport
NZV	=	Neue Zeitschrift für Verkehrsrecht
o. Ä.	=	oder Ähnliches
OLG	=	Oberlandesgericht
OWiG	=	Ordnungswidrigkeitengesetz
OWiGÄndG	=	Gesetz zur Änderung des Gesetzes über Ordnungswidrigkeiten und anderer Gesetze
PassG	=	Passgesetz
RDG	=	Rechtsdienstleistungsgesetz
Rdnr.	=	Randnummer
Rdnrn.	=	Randnummern
Reg. Entw.	=	Gesetzentwurf der Bundesregierung
resp.	=	respektive
RiStBV	=	Richtlinien für das Strafverfahren und das Bußgeldverfahren
RL	=	Richtlinie
RPflG	=	Rechtspflegergesetz
S.	=	Seite
s.	=	siehe
SDÜ	=	Schengener Durchführungsübereinkommen
SGB X	=	Zehntes Buch Sozialgesetzbuch
sog.	=	sogenannte
SprengG	=	Sprengstoffgesetz
SprengV	=	Sprengstoffverordnung
StGB	=	Strafgesetzbuch
StPO	=	Strafprozessordnung
StraFo	=	Strafverteidiger-Forum
StV	=	Strafverteidiger
StVG	=	Straßenverkehrsgesetz
TKG	=	Telekommunikationsgesetz
TTDSG	=	Telekommunikation-Telemedien-Datenschutz-Gesetz
u. a.	=	unter anderem
usw.	=	und so weiter
v. a.	=	vor allem
VerfGH	=	Verfassungsgerichtshof
vgl.	=	vergleiche
VRS	=	Verkehrsrechtssammlung
VwVG	=	Verwaltungs-Vollstreckungsgesetz
WiStG	=	Wirtschaftsstrafgesetz 1954
z. B.	=	zum Beispiel
ZfS	=	Zeitschrift für Schadensrecht
Ziff.	=	Ziffer
ZPO	=	Zivilprozessordnung
ZustV	=	Zuständigkeitsverordnung (Bayern)

Literaturverzeichnis

Göhler, Ordnungswidrigkeitengesetz, 18. Aufl. 2021

Karlsruher Kommentar zum Ordnungswidrigkeitengesetz, 5. Aufl. 2018

Krenberger/Krumm, Ordnungswidrigkeitengesetz, 7. Aufl. 2022

Lemke/Mosbacher, Ordnungswidrigkeitengesetz, 2. Aufl. 2005

Meyer-Goßner/Schmitt, Strafprozessordnung, 66. Aufl. 2023

Rebmann/Roth/Herrmann, Gesetz über Ordnungswidrigkeiten, Loseblattwerk mit 32. Aktualisierung, Stand 2022

Schönke/Schröder, Strafgesetzbuch, 30. Aufl. 2019

Einführung

Übersicht

1. Verhältnis des Ordnungswidrigkeitenrechts zum Strafrecht

Wie das Strafrecht sieht das Ordnungswidrigkeitenrecht bei Zuwiderhandlungen gegen bestimmte Tatbestände für die Täter negative Sanktionen vor.

Ein Unterschied liegt aber schon im Gewicht der verwirklichten Unrechtstatbestände. Aufgabe des Strafrechts ist es, die elementaren Werte des Gemeinschaftslebens zu schützen. Diese elementaren Werte werden verkörpert durch die grundgesetzliche Wertordnung (vgl. BVerfGE 27, 18, 29). Das Ordnungswidrigkeitenrecht knüpft dagegen an Gesetzesverstöße an, die einen geringeren Unrechtsgehalt aufweisen. Die Grenzlinie zwischen beiden Bereichen wird durch den Gesetzgeber gezogen. Dieser hat bei seiner Entscheidung einen Ermessensspielraum, der jedoch begrenzt ist. Die Entscheidung muß mit der verfassungsrechtlichen Wertordnung im Einklang stehen und den ungeschriebenen Verfassungsgrundsätzen sowie den Grundentscheidungen des Grundgesetzes entsprechen (vgl. BVerfGE 27, 18, 30). Eine Entscheidung des Gesetzgebers, Bauen, ohne die erforderliche Baugenehmigung zu besitzen, unter Strafe zu stellen, würde unter Beachtung der genannten Ermessensschranken vom Bundesverfassungsgericht beanstandet.

Mit dem unterschiedlichen Gewicht des verwirklichten Unrechtstatbestandes eng verknüpft ist der Unterschied zwischen der Strafe als Sanktion des Strafrechts und der Geldbuße als Sanktion des Ordnungswidrigkeitenrechts. Während mit der Strafe ein ehrenrühriges Unwerturteil über eine Verhaltensweise des Täters, der Vorwurf einer Auflehnung gegen die Rechtsordnung und die Feststellung der Berechtigung dieses Vorwurfs verbunden ist, hat die Verhängung einer Geldbuße keine ins Gewicht fallende Beeinträchtigung des Ansehens und des Leumundes des Täters zur Folge, sondern beinhaltet lediglich eine nachdrückliche Pflichtenmahnung. Dies gilt selbst dann, wenn Geldstrafe und Geldbuße gleich hoch sind (vgl. BVerfGE 27, 18, 33).

2. Geschichtliche Entwicklung des Ordnungswidrigkeitenrechts

Die Geschichte des Ordnungswidrigkeitenrechts läßt sich beschreiben als ein jahrzehntelanger Prozess der Aussonderung des Ordnungsunrechts aus dem Kriminalunrecht. Obwohl bereits im Reichstag die Unterscheidung zwischen Ordnungsunrecht und Kriminalunrecht bekannt war, wurde der Verstoß gegen ordnungsrechtliche Bestimmungen als eigener Abschnitt „Übertretungen" in das Strafgesetzbuch aufgenommen. Angesichts der immer größer werdenden Regelungsdichte in nahezu allen gesellschaftlichen Bereichen und der damit einhergehenden Notwendigkeit der Schaffung einer Flut von bewehrten Verboten, erkannte man das Bedürfnis „Ordnungsstraftatbestände" zu statuieren. Man hätte andernfalls die Kriminalstrafe entwertet und zweckentfremdet. Nach dem Zweiten Weltkrieg wurde den Verwaltungsbehörden auf dem Gebiet des Wirtschaftsrechts die Befugnis zur Ahndung geringfügiger Verstöße gegen Bewirtschaftungsvorschriften durch Ordnungsstrafen verliehen. Dies war die Geburtsstunde des Ordnungswidrigkeitenrechts. Das Ordnungswidrigkeitengesetz vom 25.3.1952 (BGBl. I S. 177) als Rahmengesetz für Ordnungswidrigkeitenauf allen Sachgebieten bildete in der Folge die Basis dafür, die Trennung von Ordnungsunrecht und Kriminalunrecht weiter voranzutreiben. Der Bundesgesetzgeber sah davon ab, neue Übertretungstatbestände im Nebenstrafrecht zu schaffen. Gleichzeitig wuchsen die Bußgeldtatbestände nach Bundes- und Landesrecht rasch an. Das Einführungsgesetz zum Strafgesetzbuch vom 2.3.1974 (BGBl. I S. 469) setzte unter den Prozess der Aussonderung des Ordnungsunrechts insofern den Schlusspunkt, als strafrechtliche Deliktsformen nur noch das Verbrechen oder das Vergehen sind (vgl. § 12 Abs. 1 und 2 StGB), nicht jedoch die Übertretung. Die Übertretungstatbestände wurden entweder ersatzlos gestrichen, zu Vergehen aufgewertet oder in Bußgeldtatbestände umgewandelt (vgl. auch Art. 13 EGStGB, mittlerweile aufgehoben mit Wirkung vom 1.1.2002 durch Gesetz vom 13.12.2001, BGBl. I S. 3574).

3. Grundstruktur des geltenden OWiG

Wie bereits das Ordnungswidrigkeitengesetz vom 25.3.1952 (vgl. Ziff. 2) ist das geltende OWiG ein Rahmengesetz für alle Ordnungswidrigkeiten nach Bundes- und Landesrecht (vgl. im Einzelnen die Erl. zu § 2). Der hauptsächliche Unterschied zum OWiG 1952 besteht lediglich darin, daß aus Gründen der Prozessökonomie die einheitliche Behandlung von Straftat und Ordnungswidrigkeit im Rahmen einer Tat bzw. von Straftat und zusammenhängender Ordnungswidrigkeit ermöglicht wurde.

Das Gesetz gliedert sich in drei Teile: Der Erste Teil (Allgemeine Vorschriften) ist vergleichbar mit dem Allgemeinen Teil des Strafgesetzbuches. Hier sind die Grundvoraussetzungen jeder Ahndung dargestellt. Der Zweite Teil (Bußgeldverfahren) stellt die Prozessordnung, ähnlich der Strafprozessordnung, dar, die im Übrigen z. T. für anwendbar erklärt wird (vgl. die Erl. zu § 46). Der Dritte Teil sieht einen kleinen Ausschnitt ordnungswidriger Handlungen vor. Anders als beim Besonderen Teil des StGB findet sich die Fülle der Bußgeldtatbestände außerhalb des OWiG, in den jeweiligen Spezialgesetzen und dort jeweils am Ende der Normierung.

Das Ordnungswidrigkeitenrecht geht von dem Grundsatz aus, dass Verfolgung und Ahndung der Ordnungswidrigkeit der Behörde (Verwaltungsbehörde) obliegt, die auch für die Ausführung des Fachgesetzes zuständig ist. Die Gerichte üben erst dann eine Rechtskontrolle aus, wenn der Betroffene mittels Einspruchs eine Überprüfung begehrt.

Gesetz über Ordnungswidrigkeiten (OWiG)

in der Fassung der Bekanntmachung vom 19. Februar 1987 (BGBl. I S. 602), zuletzt geändert durch Gesetz vom 14. März 2023 (BGBl. I Nr. 73)

– Text –

ERSTER TEIL.
ALLGEMEINE VORSCHRIFTEN

Erster Abschnitt.
Geltungsbereich

§ 1
Begriffsbestimmung

(1) Eine Ordnungswidrigkeit ist eine rechtswidrige und vorwerfbare Handlung, die den Tatbestand eines Gesetzes verwirklicht, das die Ahndung mit einer Geldbuße zuläßt.

(2) Eine mit Geldbuße bedrohte Handlung ist eine rechtswidrige Handlung, die den Tatbestand eines Gesetzes im Sinne des Absatzes 1 verwirklicht, auch wenn sie nicht vorwerfbar begangen ist.

§ 2
Sachliche Geltung

Dieses Gesetz gilt für Ordnungswidrigkeiten nach Bundesrecht und nach Landesrecht.

§ 3
Keine Ahndung ohne Gesetz

Eine Handlung kann als Ordnungswidrigkeit nur geahndet werden, wenn die Möglichkeit der Ahndung gesetzlich bestimmt war, bevor die Handlung begangen wurde.

§ 4
Zeitliche Geltung

(1) Die Geldbuße bestimmt sich nach dem Gesetz, das zur Zeit der Handlung gilt.

(2) Wird die Bußgelddrohung während der Begehung der Handlung geändert, so ist das Gesetz anzuwenden, das bei Beendigung der Handlung gilt.

(3) Wird das Gesetz, das bei Beendigung der Handlung gilt, vor der Entscheidung geändert, so ist das mildeste Gesetz anzuwenden.

(4) Ein Gesetz, das nur für eine bestimmte Zeit gelten soll, ist auf Handlungen, die während seiner Geltung begangen sind, auch dann anzuwenden, wenn es außer Kraft getreten ist. Dies gilt nicht, soweit ein Gesetz etwas anderes bestimmt.

(5) Für Nebenfolgen einer Ordnungswidrigkeit gelten die Absätze 1 bis 4 entsprechend.

§ 5
Räumliche Geltung

Wenn das Gesetz nichts anderes bestimmt, können nur Ordnungswidrigkeiten geahndet werden, die im räumlichen Geltungsbereich dieses Gesetzes oder außerhalb dieses Geltungsbereichs auf einem Schiff oder in einem Luftfahrzeug begangen werden, das berechtigt ist, die Bundesflagge oder das Staatszugehörigkeitszeichen der Bundesrepublik Deutschland zu führen.

§ 6
Zeit der Handlung

Eine Handlung ist zu der Zeit begangen, zu welcher der Täter tätig geworden ist oder im Falle des Unterlassens hätte tätig werden müssen. Wann der Erfolg eintritt, ist nicht maßgebend.

§ 7
Ort der Handlung

(1) Eine Handlung ist an jedem Ort begangen, an dem der Täter tätig geworden ist oder im Falle des Unterlassens hätte tätig werden müssen oder an dem der zum Tatbestand gehörende Erfolg eingetreten ist oder nach der Vorstellung des Täters eintreten sollte.

(2) Die Handlung eines Beteiligten ist auch an dem Ort begangen, an dem der Tatbestand des Gesetzes, das die Ahndung mit einer Geldbuße zuläßt, verwirklicht worden ist oder nach der Vorstellung des Beteiligten verwirklicht werden sollte.

Zweiter Abschnitt.
Grundlagen der Ahndung

§ 8
Begehen durch Unterlassen

Wer es unterläßt, einen Erfolg abzuwenden, der zum Tatbestand einer Bußgeldvorschrift gehört, handelt nach dieser Vorschrift nur dann ordnungswidrig, wenn er rechtlich dafür einzustehen hat, daß der Erfolg nicht eintritt, und wenn das Unterlassen der Verwirklichung des gesetzlichen Tatbestandes durch ein Tun entspricht.

§ 9
Handeln für einen anderen

(1) Handelt jemand

1. als vertretungsberechtigtes Organ einer juristischen Person oder als Mitglied eines solchen Organs,
2. als vertretungsberechtigter Gesellschafter einer rechtsfähigen Personengesellschaft oder
3. als gesetzlicher Vertreter eines anderen,

so ist ein Gesetz, nach dem besondere persönliche Eigenschaften, Verhältnisse oder Umstände (besondere persönliche Merkmale) die Möglichkeit der Ahndung begründen, auch auf den Vertreter anzuwenden, wenn diese Merkmale zwar nicht bei ihm, aber bei dem Vertretenen vorliegen.

(2) Ist jemand von dem Inhaber eines Betriebes oder einem sonst dazu Befugten

1. beauftragt, den Betrieb ganz oder zum Teil zu leiten, oder
2. ausdrücklich beauftragt, in eigener Verantwortung Aufgaben wahrzunehmen, die dem Inhaber des Betriebes obliegen,

und handelt er auf Grund dieses Auftrages, so ist ein Gesetz, nach dem besondere persönliche Merkmale die Möglichkeit der Ahndung begründen, auch auf den Beauftragten anzuwenden, wenn diese Merkmale zwar nicht bei ihm, aber bei dem Inhaber des Betriebes vorliegen. Dem Betrieb im Sinne des Satzes 1 steht das Unternehmen gleich. Handelt jemand auf Grund eines entsprechenden Auftrages für eine Stelle, die Aufgaben der öffentlichen Verwaltung wahrnimmt, so ist Satz 1 sinngemäß anzuwenden.

(3) Die Absätze 1 und 2 sind auch dann anzuwenden, wenn die Rechtshandlung, welche die Vertretungsbefugnis oder das Auftragsverhältnis begründen sollte, unwirksam ist.

§ 10
Vorsatz und Fahrlässigkeit

Als Ordnungswidrigkeit kann nur vorsätzliches Handeln geahndet werden, außer wenn das Gesetz fahrlässiges Handeln ausdrücklich mit Geldbuße bedroht.

§ 11
Irrtum

(1) Wer bei Begehung einer Handlung einen Umstand nicht kennt, der zum gesetzlichen Tatbestand gehört, handelt nicht vorsätzlich. Die Möglichkeit der Ahndung wegen fahrlässigen Handelns bleibt unberührt.

(2) Fehlt dem Täter bei Begehung der Handlung die Einsicht, etwas Unerlaubtes zu tun, namentlich weil er das Bestehen oder die Anwendbarkeit einer Rechtsvorschrift nicht kennt, so handelt er nicht vorwerfbar, wenn er diesen Irrtum nicht vermeiden konnte.

§ 12
Verantwortlichkeit

(1) Nicht vorwerfbar handelt, wer bei Begehung einer Handlung noch nicht vierzehn Jahre alt ist. Ein Jugendlicher handelt nur unter den Voraussetzungen des § 3 Satz 1 des Jugendgerichtsgesetzes vorwerfbar.

(2) Nicht vorwerfbar handelt, wer bei Begehung der Handlung wegen einer krankhaften seelischen Störung, wegen einer tiefgreifenden Bewußtseinsstörung oder wegen einer Intelligenzminderung oder einer schweren anderen seelischen Störung unfähig ist, das Unerlaubte der Handlung einzusehen oder nach dieser Einsicht zu handeln.

§ 13
Versuch

(1) Eine Ordnungswidrigkeit versucht, wer nach seiner Vorstellung von der Handlung zur Verwirklichung des Tatbestandes unmittelbar ansetzt.

(2) Der Versuch kann nur geahndet werden, wenn das Gesetz es ausdrücklich bestimmt.

(3) Der Versuch wird nicht geahndet, wenn der Täter freiwillig die weitere Ausführung der Handlung aufgibt oder deren Vollendung verhindert. Wird die Handlung ohne Zutun

des Zurücktretenden nicht vollendet, so genügt sein freiwilliges und ernsthaftes Bemühen, die Vollendung zu verhindern.

(4) Sind an der Handlung mehrere beteiligt, so wird der Versuch desjenigen nicht geahndet, der freiwillig die Vollendung verhindert. Jedoch genügt sein freiwilliges und ernsthaftes Bemühen, die Vollendung der Handlung zu verhindern, wenn sie ohne sein Zutun nicht vollendet oder unabhängig von seiner früheren Beteiligung begangen wird.

§ 14
Beteiligung

(1) Beteiligen sich mehrere an einer Ordnungswidrigkeit, so handelt jeder von ihnen ordnungswidrig. Dies gilt auch dann, wenn besondere persönliche Merkmale (§ 9 Abs. 1), welche die Möglichkeit der Ahndung begründen, nur bei einem Beteiligten vorliegen.

(2) Die Beteiligung kann nur dann geahndet werden, wenn der Tatbestand eines Gesetzes, das die Ahndung mit einer Geldbuße zuläßt, rechtswidrig verwirklicht wird oder in Fällen, in denen auch der Versuch geahndet werden kann, dies wenigstens versucht wird.

(3) Handelt einer der Beteiligten nicht vorwerfbar, so wird dadurch die Möglichkeit der Ahndung bei den anderen nicht ausgeschlossen. Bestimmt das Gesetz, daß besondere persönliche Merkmale die Möglichkeit der Ahndung ausschließen, so gilt dies nur für den Beteiligten, bei dem sie vorliegen.

(4) Bestimmt das Gesetz, daß eine Handlung, die sonst eine Ordnungswidrigkeit wäre, bei besonderen persönlichen Merkmalen des Täters eine Straftat ist, so gilt dies nur für den Beteiligten, bei dem sie vorliegen.

§ 15
Notwehr

(1) Wer eine Handlung begeht, die durch Notwehr geboten ist, handelt nicht rechtswidrig.

(2) Notwehr ist die Verteidigung, die erforderlich ist, um einen gegenwärtigen rechtswidrigen Angriff von sich oder einem anderen abzuwenden.

(3) Überschreitet der Täter die Grenzen der Notwehr aus Verwirrung, Furcht oder Schrecken, so wird die Handlung nicht geahndet.

§ 16
Rechtfertigender Notstand

Wer in einer gegenwärtigen, nicht anders abwendbaren Gefahr für Leben, Leib, Freiheit, Ehre, Eigentum oder ein anderes Rechtsgut eine Handlung begeht, um die Gefahr von sich oder einem anderen abzuwenden, handelt nicht rechtswidrig, wenn bei Abwägung der widerstreitenden Interessen, namentlich der betroffenen Rechtsgüter und des Grades der ihnen drohenden Gefahren, das geschützte Interesse das beeinträchtigte wesentlich überwiegt. Dies gilt jedoch nur, soweit die Handlung ein angemessenes Mittel ist, die Gefahr abzuwenden.

Dritter Abschnitt.

Geldbuße

§ 17

Höhe der Geldbuße

(1) Die Geldbuße beträgt mindestens fünf Euro und, wenn das Gesetz nichts anderes bestimmt, höchstens eintausend Euro.

(2) Droht das Gesetz für vorsätzliches und fahrlässiges Handeln Geldbuße an, ohne im Höchstmaß zu unterscheiden, so kann fahrlässiges Handeln im Höchstmaß nur mit der Hälfte des angedrohten Höchstbetrages der Geldbuße geahndet werden.

(3) Grundlage für die Zumessung der Geldbuße sind die Bedeutung der Ordnungswidrigkeit und der Vorwurf, der den Täter trifft. Auch die wirtschaftlichen Verhältnisse des Täters kommen in Betracht; bei geringfügigen Ordnungswidrigkeiten bleiben sie jedoch in der Regel unberücksichtigt.

(4) Die Geldbuße soll den wirtschaftlichen Vorteil, den der Täter aus der Ordnungswidrigkeit gezogen hat, übersteigen. Reicht das gesetzliche Höchstmaß hierzu nicht aus, so kann es überschritten werden.

§ 18

Zahlungserleichterungen

Ist dem Betroffenen nach seinen wirtschaftlichen Verhältnissen nicht zuzumuten, die Geldbuße sofort zu zahlen, so wird ihm eine Zahlungsfrist bewilligt oder gestattet, die Geldbuße in bestimmten Teilbeträgen zu zahlen. Dabei kann angeordnet werden, daß die Vergünstigung, die Geldbuße in bestimmten Teilbeträgen zu zahlen, entfällt, wenn der Betroffene einen Teilbetrag nicht rechtzeitig zahlt.

Vierter Abschnitt.

Zusammentreffen mehrerer Gesetzesverletzungen

§ 19

Tateinheit

(1) Verletzt dieselbe Handlung mehrere Gesetze, nach denen sie als Ordnungswidrigkeit geahndet werden kann, oder ein solches Gesetz mehrmals, so wird nur eine einzige Geldbuße festgesetzt.

(2) Sind mehrere Gesetze verletzt, so wird die Geldbuße nach dem Gesetz bestimmt, das die höchste Geldbuße androht. Auf die in dem anderen Gesetz angedrohten Nebenfolgen kann erkannt werden.

§ 20

Tatmehrheit

Sind mehrere Geldbußen verwirkt, so wird jede gesondert festgesetzt.

§ 21
Zusammentreffen von Straftat und Ordnungswidrigkeit

(1) Ist eine Handlung gleichzeitig Straftat und Ordnungswidrigkeit, so wird nur das Strafgesetz angewendet. Auf die in dem anderen Gesetz angedrohten Nebenfolgen kann erkannt werden.

(2) Im Falle des Absatzes 1 kann die Handlung jedoch als Ordnungswidrigkeit geahndet werden, wenn eine Strafe nicht verhängt wird.

Fünfter Abschnitt.
Einziehung von Gegenständen

§ 22
Einziehung von Gegenständen

(1) Als Nebenfolge einer Ordnungswidrigkeit dürfen Gegenstände nur eingezogen werden, soweit das Gesetz es ausdrücklich zuläßt.

(2) Die Einziehung ist nur zulässig, wenn

1. die Gegenstände zur Zeit der Entscheidung dem Täter gehören oder zustehen oder
2. die Gegenstände nach ihrer Art und den Umständen die Allgemeinheit gefährden oder die Gefahr besteht, daß sie der Begehung von Handlungen dienen werden, die mit Strafe oder mit Geldbuße bedroht sind.

(3) Unter den Voraussetzungen des Absatzes 2 Nr. 2 ist die Einziehung der Gegenstände auch zulässig, wenn der Täter nicht vorwerfbar gehandelt hat.

§ 23
Erweiterte Voraussetzungen der Einziehung

Verweist das Gesetz auf diese Vorschrift, so dürfen die Gegenstände abweichend von § 22 Abs. 2 Nr. 1 auch dann eingezogen werden, wenn derjenige, dem sie zur Zeit der Entscheidung gehören oder zustehen,

1. wenigstens leichtfertig dazu beigetragen hat, daß die Sache oder das Recht Mittel oder Gegenstand der Handlung oder ihrer Vorbereitung gewesen ist, oder
2. die Gegenstände in Kenntnis der Umstände, welche die Einziehung zugelassen hätten, in verwerflicher Weise erworben hat.

§ 24
Grundsatz der Verhältnismäßigkeit

(1) Die Einziehung darf in den Fällen des § 22 Abs. 2 Nr. 1 und des § 23 nicht angeordnet werden, wenn sie zur Bedeutung der begangenen Handlung und zum Vorwurf, der den von der Einziehung betroffenen Täter oder in den Fällen des § 23 den Dritten trifft, außer Verhältnis steht.

(2) In den Fällen der §§ 22 und 23 wird angeordnet, daß die Einziehung vorbehalten bleibt, und eine weniger einschneidende Maßnahme getroffen, wenn der Zweck der Einziehung auch durch sie erreicht werden kann. In Betracht kommt namentlich die Anweisung,

1. die Gegenstände unbrauchbar zu machen,
2. an den Gegenständen bestimmte Einrichtungen oder Kennzeichen zu beseitigen oder die Gegenstände sonst zu ändern oder
3. über die Gegenstände in bestimmter Weise zu verfügen.

Wird die Anweisung befolgt, so wird der Vorbehalt der Einziehung aufgehoben; andernfalls wird die Einziehung nachträglich angeordnet.

(3) Die Einziehung kann auf einen Teil der Gegenstände beschränkt werden.

§ 25
Einziehung des Wertersatzes

(1) Hat der Täter den Gegenstand, der ihm zur Zeit der Handlung gehörte oder zustand und dessen Einziehung hätte angeordnet werden können, vor der Anordnung der Einziehung verwertet, namentlich veräußert oder verbraucht, oder hat er die Einziehung des Gegenstandes sonst vereitelt, so kann die Einziehung eines Geldbetrages gegen den Täter bis zu der Höhe angeordnet werden, die dem Wert des Gegenstandes entspricht.

(2) Eine solche Anordnung kann auch neben der Einziehung eines Gegenstandes oder an deren Stelle getroffen werden, wenn ihn der Täter vor der Anordnung der Einziehung mit dem Recht eines Dritten belastet hat, dessen Erlöschen ohne Entschädigung nicht angeordnet werden kann oder im Falle der Einziehung nicht angeordnet werden könnte (§ 26 Abs. 2, § 28); wird die Anordnung neben der Einziehung getroffen, so bemißt sich die Höhe des Wertersatzes nach dem Wert der Belastung des Gegenstandes.

(3) Der Wert des Gegenstandes und der Belastung kann geschätzt werden.

(4) Ist die Anordnung der Einziehung eines Gegenstandes nicht ausführbar oder unzureichend, weil nach der Anordnung eine der in den Absätzen 1 oder 2 bezeichneten Voraussetzungen eingetreten oder bekanntgeworden ist, so kann die Einziehung des Wertersatzes nachträglich angeordnet werden.

(5) Für die Bewilligung von Zahlungserleichterungen gilt § 18.

§ 26
Wirkung der Einziehung

(1) Wird ein Gegenstand eingezogen, so geht das Eigentum an der Sache oder das eingezogene Recht mit der Rechtskraft der Entscheidung auf den Staat oder, soweit das Gesetz dies bestimmt, auf die Körperschaft oder Anstalt des öffentlichen Rechts über, deren Organ oder Stelle die Einziehung angeordnet hat.

(2) Rechte Dritter an dem Gegenstand bleiben bestehen. Das Erlöschen dieser Rechte wird jedoch angeordnet, wenn die Einziehung darauf gestützt wird, daß die Voraussetzungen des § 22 Abs. 2 Nr. 2 vorliegen. Das Erlöschen des Rechts eines Dritten kann auch dann angeordnet werden, wenn diesem eine Entschädigung nach § 28 Abs. 2 Nr. 1 oder 2 nicht zu gewähren ist.

(3) Vor der Rechtskraft wirkt die Anordnung der Einziehung als Veräußerungsverbot im Sinne des § 136 des Bürgerlichen Gesetzbuches; das Verbot umfaßt auch andere Verfügungen als Veräußerungen. Die gleiche Wirkung hat die Anordnung des Vorbehalts der Einziehung, auch wenn sie noch nicht rechtskräftig ist.

§ 27
Selbständige Anordnung

(1) Kann wegen der Ordnungswidrigkeit aus tatsächlichen Gründen keine bestimmte Person verfolgt oder eine Geldbuße gegen eine bestimmte Person nicht festgesetzt werden, so kann die Einziehung des Gegenstandes oder des Wertersatzes selbständig angeordnet werden, wenn die Voraussetzungen, unter denen die Maßnahme zugelassen ist, im übrigen vorliegen.

(2) Unter den Voraussetzungen des § 22 Abs. 2 Nr. 2 oder Abs. 3 ist Absatz 1 auch dann anzuwenden, wenn

1. die Verfolgung der Ordnungswidrigkeit verjährt ist oder
2. sonst aus rechtlichen Gründen keine bestimmte Person verfolgt werden kann und das Gesetz nichts anderes bestimmt.

Die Einziehung darf jedoch nicht angeordnet werden, wenn Antrag oder Ermächtigung fehlen.

(3) Absatz 1 ist auch anzuwenden, wenn nach § 47 die Verfolgungsbehörde von der Verfolgung der Ordnungswidrigkeit absieht oder das Gericht das Verfahren einstellt.

§ 28
Entschädigung

(1) Stand das Eigentum an der Sache oder das eingezogene Recht zur Zeit der Rechtskraft der Entscheidung über die Einziehung einem Dritten zu oder war der Gegenstand mit dem Recht eines Dritten belastet, das durch die Entscheidung erloschen oder beeinträchtigt ist, so wird der Dritte unter Berücksichtigung des Verkehrswertes angemessen in Geld entschädigt. Die Entschädigungspflicht trifft den Staat oder die Körperschaft oder Anstalt des öffentlichen Rechts, auf die das Eigentum an der Sache oder das eingezogene Recht übergegangen ist.

(2) Eine Entschädigung wird nicht gewährt, wenn

1. der Dritte wenigstens leichtfertig dazu beigetragen hat, daß die Sache oder das Recht Mittel oder Gegenstand der Handlung oder ihrer Vorbereitung gewesen ist,
2. der Dritte den Gegenstand oder das Recht an dem Gegenstand in Kenntnis der Umstände, welche die Einziehung zulassen, in verwerflicher Weise erworben hat oder
3. es nach den Umständen, welche die Einziehung begründet haben, auf Grund von Rechtsvorschriften außerhalb des Ordnungswidrigkeitenrechts zulässig wäre, den Gegenstand dem Dritten ohne Entschädigung dauernd zu entziehen.

(3) In den Fällen des Absatzes 2 kann eine Entschädigung gewährt werden, soweit es eine unbillige Härte wäre, sie zu versagen.

§ 29
Sondervorschrift für Organe und Vertreter

(1) Hat jemand

1. als vertretungsberechtigtes Organ einer juristischen Person oder als Mitglied eines solchen Organs,
2. als Vorstand eines nicht rechtsfähigen Vereins oder als Mitglied eines solchen Vorstandes,
3. als vertretungsberechtigter Gesellschafter einer rechtsfähigen Personengesellschaft,

4. als Generalbevollmächtigter oder in leitender Stellung als Prokurist oder Handlungsbevollmächtigter einer juristischen Person oder einer in Nummer 2 oder 3 genannten Personenvereinigung oder
5. als sonstige Person, die für die Leitung des Betriebs oder Unternehmens einer juristischen Person oder einer in Nummer 2 oder 3 genannten Personenvereinigung verantwortlich handelt, wozu auch die Überwachung der Geschäftsführung oder die sonstige Ausübung von Kontrollbefugnissen in leitender Stellung gehört,

eine Handlung vorgenommen, die ihm gegenüber unter den übrigen Voraussetzungen der §§ 22 bis 25 und 28 die Einziehung eines Gegenstandes oder des Wertersatzes zulassen oder den Ausschluß der Entschädigung begründen würde, so wird seine Handlung bei Anwendung dieser Vorschriften dem Vertretenen zugerechnet.

(2) § 9 Abs. 3 gilt entsprechend.

Sechster Abschnitt.
Einziehung des Wertes von Taterträgen; Geldbuße gegen juristische Personen und Personenvereinigungen

§ 29a
Einziehung des Wertes von Taterträgen

(1) Hat der Täter durch eine mit Geldbuße bedrohte Handlung oder für sie etwas erlangt und wird gegen ihn wegen der Handlung eine Geldbuße nicht festgesetzt, so kann gegen ihn die Einziehung eines Geldbetrages bis zu der Höhe angeordnet werden, die dem Wert des Erlangten entspricht.

(2) Die Anordnung der Einziehung eines Geldbetrages bis zu der in Absatz 1 genannten Höhe kann sich gegen einen anderen, der nicht Täter ist, richten,

wenn

1. er durch eine mit Geldbuße bedrohte Handlung etwas erlangt hat und der Täter für ihn gehandelt hat,
2. ihm das Erlangte
   a) unentgeltlich oder ohne rechtlichen Grund übertragen wurde oder
   b) übertragen wurde und er erkannt hat oder hätte erkennen müssen, daß das Erlangte aus einer mit Geldbuße bedrohten Handlung herrührt, oder
3. das Erlangte auf ihn
   a) als Erbe übergegangen ist oder
   b) als Pflichtteilsberechtigter oder Vermächtnisnehmer übertragen worden ist.

Satz 1 Nummer 2 und 3 findet keine Anwendung, wenn das Erlangte zuvor einem Dritten, der nicht erkannt hat oder hätte erkennen müssen, daß das Erlangte aus einer mit Geldbuße bedrohten Handlung herrührt, entgeltlich und mit rechtlichem Grund übertragen wurde.

(3) Bei der Bestimmung des Wertes des Erlangten sind die Aufwendungen des Täters oder des anderen abzuziehen. Außer Betracht bleibt jedoch das, was für die Begehung der Tat oder für ihre Vorbereitung aufgewendet oder eingesetzt worden ist.

(4) Umfang und Wert des Erlangten einschließlich der abzuziehenden Aufwendungen können geschätzt werden. § 18 gilt entsprechend.

(5) Wird gegen den Täter ein Bußgeldverfahren nicht eingeleitet oder wird es eingestellt, so kann die Einziehung selbständig angeordnet werden.

§ 30
Geldbuße gegen juristische Personen und Personenvereinigungen

(1) Hat jemand

1. als vertretungsberechtigtes Organ einer juristischen Person oder als Mitglied eines solchen Organs,
2. als Vorstand eines nicht rechtsfähigen Vereins oder als Mitglied eines solchen Vorstandes,
3. als vertretungsberechtigter Gesellschafter einer rechtsfähigen Personengesellschaft,
4. als Generalbevollmächtigter oder in leitender Stellung als Prokurist oder Handlungsbevollmächtigter einer juristischen Person oder einer in Nummer 2 oder 3 genannten Personenvereinigung oder
5. als sonstige Person, die für die Leitung des Betriebs oder Unternehmens einer juristischen Person oder einer in Nummer 2 oder 3 genannten Personenvereinigung verantwortlich handelt, wozu auch die Überwachung der Geschäftsführung oder die sonstige Ausübung von Kontrollbefugnissen in leitender Stellung gehört,

eine Straftat oder Ordnungswidrigkeit begangen, durch die Pflichten, welche die juristische Person oder die Personenvereinigung treffen, verletzt worden sind, oder die juristische Person oder die Personenvereinigung bereichert worden ist oder werden sollte, so kann gegen diese eine Geldbuße festgesetzt werden.

(2) Die Geldbuße beträgt

1. im Falle einer vorsätzlichen Straftat bis zu zehn Millionen Euro,
2. im Falle einer fahrlässigen Straftat bis zu fünf Millionen Euro.

Im Falle einer Ordnungswidrigkeit bestimmt sich das Höchstmaß der Geldbuße nach dem für die Ordnungswidrigkeit angedrohten Höchstmaß der Geldbuße. Verweist das Gesetz auf diese Vorschrift, so verzehnfacht sich das Höchstmaß der Geldbuße nach Satz 2 für die im Gesetz bezeichneten Tatbestände. Satz 2 gilt auch im Falle einer Tat, die gleichzeitig Straftat und Ordnungswidrigkeit ist, wenn das für die Ordnungswidrigkeit angedrohte Höchstmaß der Geldbuße das Höchstmaß nach Satz 1 übersteigt.

(2a) Im Falle einer Gesamtrechtsnachfolge oder einer partiellen Gesamtrechtsnachfolge durch Aufspaltung (§ 123 Absatz 1 des Umwandlungsgesetzes) kann die Geldbuße nach Absatz 1 und 2 gegen den oder die Rechtsnachfolger festgesetzt werden. Die Geldbuße darf in diesen Fällen den Wert des übernommenen Vermögens sowie die Höhe der gegenüber dem Rechtsvorgänger angemessenen Geldbuße nicht übersteigen. Im Bußgeldverfahren tritt der Rechtsnachfolger oder treten die Rechtsnachfolger in die Verfahrensstellung ein, in der sich der Rechtsvorgänger zum Zeitpunkt des Wirksamwerdens der Rechtsnachfolge befunden hat.

(3) § 17 Abs. 4 und § 18 gelten entsprechend.

(4) Wird wegen der Straftat oder Ordnungswidrigkeit ein Straf- oder Bußgeldverfahren nicht eingeleitet oder wird es eingestellt oder wird von Strafe abgesehen, so kann die Geldbuße selbständig festgesetzt werden. Durch Gesetz kann bestimmt werden, daß die Geldbuße auch in weiteren Fällen selbständig festgesetzt werden kann. Die selbständige Festsetzung einer Geldbuße gegen die juristische Person oder Personenvereinigung ist jedoch ausgeschlossen, wenn die Straftat oder Ordnungswidrigkeit aus rechtlichen Gründen nicht verfolgt werden kann; § 33 Abs. 1 Satz 2 bleibt unberührt.

(5) Die Festsetzung einer Geldbuße gegen die juristische Person oder Personenvereinigung schließt es aus, gegen sie wegen derselben Tat die Einziehung nach den §§ 73 oder 73c des Strafgesetzbuches oder nach § 29a anzuordnen.

(6) Bei Erlass eines Bußgeldbescheids ist zur Sicherung der Geldbuße § 111e Absatz 2 der Strafprozessordnung mit der Maßgabe anzuwenden, daß an die Stelle des Urteils der Bußgeldbescheid tritt.

Siebenter Abschnitt. Verjährung

§ 31 Verfolgungsverjährung

(1) Durch die Verjährung werden die Verfolgung von Ordnungswidrigkeiten und die Anordnung von Nebenfolgen ausgeschlossen. § 27 Abs. 2 Satz 1 Nr. 1 bleibt unberührt.

(2) Die Verfolgung von Ordnungswidrigkeiten verjährt, wenn das Gesetz nichts anderes bestimmt,

1. in drei Jahren bei Ordnungswidrigkeiten, die mit Geldbuße im Höchstmaß von mehr als fünfzehntausend Euro bedroht sind,
2. in zwei Jahren bei Ordnungswidrigkeiten, die mit Geldbuße im Höchstmaß von mehr als zweitausendfünfhundert bis zu fünfzehntausend Euro bedroht sind,
3. in einem Jahr bei Ordnungswidrigkeiten, die mit Geldbuße im Höchstmaß von mehr als eintausend bis zu zweitausendfünfhundert Euro bedroht sind,
4. in sechs Monaten bei den übrigen Ordnungswidrigkeiten.

(3) Die Verjährung beginnt, sobald die Handlung beendet ist. Tritt ein zum Tatbestand gehörender Erfolg erst später ein, so beginnt die Verjährung mit diesem Zeitpunkt.

§ 32 Ruhen der Verfolgungsverjährung

(1) Die Verjährung ruht, solange nach dem Gesetz die Verfolgung nicht begonnen oder nicht fortgesetzt werden kann. Dies gilt nicht, wenn die Handlung nur deshalb nicht verfolgt werden kann, weil Antrag oder Ermächtigung fehlen.

(2) Ist vor Ablauf der Verjährungsfrist ein Urteil des ersten Rechtszuges oder ein Beschluß nach § 72 ergangen, so läuft die Verjährungsfrist nicht vor dem Zeitpunkt ab, in dem das Verfahren rechtskräftig abgeschlossen ist.

§ 33 Unterbrechung der Verfolgungsverjährung

(1) Die Verjährung wird unterbrochen durch

1. die erste Vernehmung des Betroffenen, die Bekanntgabe, daß gegen ihn das Ermittlungsverfahren eingeleitet ist, oder die Anordnung dieser Vernehmung oder Bekanntgabe,
2. jede richterliche Vernehmung des Betroffenen oder eines Zeugen oder die Anordnung dieser Vernehmung,
3. jede Beauftragung eines Sachverständigen durch die Verfolgungsbehörde oder den Richter, wenn vorher der Betroffene vernommen oder ihm die Einleitung des Ermittlungsverfahrens bekanntgegeben worden ist,
4. jede Beschlagnahme- oder Durchsuchungsanordnung der Verfolgungsbehörde oder des Richters und richterliche Entscheidungen, welche diese aufrechterhalten,

5. die vorläufige Einstellung des Verfahrens wegen Abwesenheit des Betroffenen durch die Verfolgungsbehörde oder den Richter sowie jede Anordnung der Verfolgungsbehörde oder des Richters, die nach einer solchen Einstellung des Verfahrens zur Ermittlung des Aufenthalts des Betroffenen oder zur Sicherung von Beweisen ergeht,
6. jedes Ersuchen der Verfolgungsbehörde oder des Richters, eine Untersuchungshandlung im Ausland vorzunehmen,
7. die gesetzlich bestimmte Anhörung einer anderen Behörde durch die Verfolgungsbehörde vor Abschluß der Ermittlungen,
8. die Abgabe der Sache durch die Staatsanwaltschaft an die Verwaltungsbehörde nach § 43,
9. den Erlaß des Bußgeldbescheides, sofern er binnen zwei Wochen zugestellt wird, ansonsten durch die Zustellung,
10. den Eingang der Akten beim Amtsgericht gem. § 69 Abs. 3 Satz 1 und Abs. 5 Satz 2 und die Zurückverweisung der Sache an die Verwaltungsbehörde nach § 69 Abs. 5 Satz 1,
11. jede Anberaumung einer Hauptverhandlung,
12. den Hinweis auf die Möglichkeit, ohne Hauptverhandlung zu entscheiden (§ 72 Abs. 1 Satz 2),
13. die Erhebung der öffentlichen Klage,
14. die Eröffnung des Hauptverfahrens,
15. den Strafbefehl oder eine andere dem Urteil entsprechende Entscheidung.

Im selbständigen Verfahren wegen der Anordnung einer Nebenfolge oder der Festsetzung einer Geldbuße gegen eine juristische Person oder Personenvereinigung wird die Verjährung durch die dem Satz 1 entsprechenden Handlungen zur Durchführung des selbständigen Verfahrens unterbrochen.

(2) Die Verjährung ist bei einer schriftlichen Anordnung oder Entscheidung in dem Zeitpunkt unterbrochen, in dem die Anordnung oder Entscheidung abgefasst wird. Ist das Dokument nicht alsbald nach der Abfassung in den Geschäftsgang gelangt, so ist der Zeitpunkt maßgebend, in dem es tatsächlich in den Geschäftsgang gegeben worden ist.

(3) Nach jeder Unterbrechung beginnt die Verjährung von neuem. Die Verfolgung ist jedoch spätestens verjährt, wenn seit dem in § 31 Abs. 3 bezeichneten Zeitpunkt das Doppelte der gesetzlichen Verjährungsfrist, mindestens jedoch zwei Jahre verstrichen sind. Wird jemandem in einem bei Gericht anhängigen Verfahren eine Handlung zur Last gelegt, die gleichzeitig Straftat und Ordnungswidrigkeit ist, so gilt als gesetzliche Verjährungsfrist im Sinne des Satzes 2 die Frist, die sich aus der Strafdrohung ergibt. § 32 bleibt unberührt.

(4) Die Unterbrechung wirkt nur gegenüber demjenigen, auf den sich die Handlung bezieht. Die Unterbrechung tritt in den Fällen des Absatzes 1 Satz 1 Nr. 1 bis 7, 11 und 13 bis 15 auch dann ein, wenn die Handlung auf die Verfolgung der Tat als Straftat gerichtet ist.

§ 34

Vollstreckungsverjährung

(1) Eine rechtskräftig festgesetzte Geldbuße darf nach Ablauf der Verjährungsfrist nicht mehr vollstreckt werden.

(2) Die Verjährungsfrist beträgt

1. fünf Jahre bei einer Geldbuße von mehr als eintausend Euro,
2. drei Jahre bei einer Geldbuße bis zu eintausend Euro.

(3) Die Verjährung beginnt mit der Rechtskraft der Entscheidung.

(4) Die Verjährung ruht, solange

1. nach dem Gesetz die Vollstreckung nicht begonnen oder nicht fortgesetzt werden kann,
2. die Vollstreckung ausgesetzt ist oder
3. eine Zahlungserleichterung bewilligt ist.

(5) Die Absätze 1 bis 4 gelten entsprechend für Nebenfolgen, die zu einer Geldzahlung verpflichten. Ist eine solche Nebenfolge neben einer Geldbuße angeordnet, so verjährt die Vollstreckung der einen Rechtsfolge nicht früher als die der anderen.

ZWEITER TEIL.
BUßGELDVERFAHREN

Erster Abschnitt.
Zuständigkeit zur Verfolgung und Ahndung von Ordnungswidrigkeiten

§ 35
Verfolgung und Ahndung durch die Verwaltungsbehörde

(1) Für die Verfolgung von Ordnungswidrigkeiten ist die Verwaltungsbehörde zuständig, soweit nicht hierzu nach diesem Gesetz die Staatsanwaltschaft oder an ihrer Stelle für einzelne Verfolgungshandlungen der Richter berufen ist.

(2) Die Verwaltungsbehörde ist auch für die Ahndung von Ordnungswidrigkeiten zuständig, soweit nicht hierzu nach diesem Gesetz das Gericht berufen ist.

§ 36
Sachliche Zuständigkeit der Verwaltungsbehörde

(1) Sachlich zuständig ist

1. die Verwaltungsbehörde, die durch Gesetz bestimmt wird,
2. mangels einer solchen Bestimmung
   a) die fachlich zuständige oberste Landesbehörde oder
   b) das fachlich zuständige Bundesministerium, soweit das Gesetz von Bundesbehörden ausgeführt wird.

(2) Die Landesregierung kann die Zuständigkeit nach Absatz 1 Nr. 2 Buchstabe a durch Rechtsverordnung auf eine andere Behörde oder sonstige Stelle übertragen. Die Landesregierung kann die Ermächtigung auf die oberste Landesbehörde übertragen.

(3) Das nach Absatz 1 Nr. 2 Buchstabe b zuständige Bundesministerium kann seine Zuständigkeit durch Rechtsverordnung, die nicht der Zustimmung des Bundesrates bedarf, auf eine andere Behörde oder sonstige Stelle übertragen.

§ 37
Örtliche Zuständigkeit der Verwaltungsbehörde

(1) Örtlich zuständig ist die Verwaltungsbehörde, in deren Bezirk

1. die Ordnungswidrigkeit begangen oder entdeckt worden ist oder
2. der Betroffene zur Zeit der Einleitung des Bußgeldverfahrens seinen Wohnsitz hat.

(2) Ändert sich der Wohnsitz des Betroffenen nach Einleitung des Bußgeldverfahrens, so ist auch die Verwaltungsbehörde örtlich zuständig, in deren Bezirk der neue Wohnsitz liegt.

(3) Hat der Betroffene im räumlichen Geltungsbereich dieses Gesetzes keinen Wohnsitz, so wird die Zuständigkeit auch durch den gewöhnlichen Aufenthaltsort bestimmt.

(4) Ist die Ordnungswidrigkeit auf einem Schiff, das berechtigt ist, die Bundesflagge zu führen, außerhalb des räumlichen Geltungsbereichs dieses Gesetzes begangen worden, so ist auch die Verwaltungsbehörde örtlich zuständig, in deren Bezirk der Heimathafen oder der Hafen im räumlichen Geltungsbereich dieses Gesetzes liegt, den das Schiff nach der Tat zuerst erreicht. Satz 1 gilt entsprechend für Luftfahrzeuge, die berechtigt sind, das Staatszugehörigkeitszeichen der Bundesrepublik Deutschland zu führen.

§ 38
Zusammenhängende Ordnungswidrigkeiten

Bei zusammenhängenden Ordnungswidrigkeiten, die einzeln nach § 37 zur Zuständigkeit verschiedener Verwaltungsbehörden gehören würden, ist jede dieser Verwaltungsbehörden zuständig. Zwischen mehreren Ordnungswidrigkeiten besteht ein Zusammenhang, wenn jemand mehrerer Ordnungswidrigkeiten beschuldigt wird oder wenn hinsichtlich derselben Tat mehrere Personen einer Ordnungswidrigkeit beschuldigt werden.

§ 39
Mehrfache Zuständigkeit

(1) Sind nach den §§ 36 bis 38 mehrere Verwaltungsbehörden zuständig, so gebührt der Vorzug der Verwaltungsbehörde, die wegen der Tat den Betroffenen zuerst vernommen hat, ihn durch die Polizei zuerst hat vernehmen lassen oder der die Akten von der Polizei nach der Vernehmung des Betroffenen zuerst übersandt worden sind. Diese Verwaltungsbehörde kann in den Fällen des § 38 das Verfahren wegen der zusammenhängenden Tat wieder abtrennen.

(2) In den Fällen des Absatzes 1 Satz 1 kann die Verfolgung und Ahndung jedoch einer anderen der zuständigen Verwaltungsbehörden durch eine Vereinbarung dieser Verwaltungsbehörden übertragen werden, wenn dies zur Beschleunigung oder Vereinfachung des Verfahrens oder aus anderen Gründen sachdienlich erscheint. Sind mehrere Verwaltungsbehörden sachlich zuständig, so soll die Verwaltungsbehörde, der nach Absatz 1 Satz 1 der Vorzug gebührt, die anderen sachlich zuständigen Verwaltungsbehörden spätestens vor dem Abschluß der Ermittlungen hören.

(3) Kommt eine Vereinbarung nach Absatz 2 Satz 1 nicht zustande, so entscheidet auf Antrag einer der beteiligten Verwaltungsbehörden

1. die gemeinsame nächsthöhere Verwaltungsbehörde,
2. wenn eine gemeinsame höhere Verwaltungsbehörde fehlt, das nach § 68 zuständige gemeinsame Gericht und,

3. wenn nach § 68 verschiedene Gerichte zuständig wären, das für diese Gerichte gemeinsame obere Gericht.

(4) In den Fällen der Absätze 2 und 3 kann die Übertragung in gleicher Weise wieder aufgehoben werden.

§ 40
Verfolgung durch die Staatsanwaltschaft

Im Strafverfahren ist die Staatsanwaltschaft für die Verfolgung der Tat auch unter dem rechtlichen Gesichtspunkt einer Ordnungswidrigkeit zuständig, soweit ein Gesetz nichts anderes bestimmt.

§ 41
Abgabe an die Staatsanwaltschaft

(1) Die Verwaltungsbehörde gibt die Sache an die Staatsanwaltschaft ab, wenn Anhaltspunkte dafür vorhanden sind, daß die Tat eine Straftat ist.

(2) Sieht die Staatsanwaltschaft davon ab, ein Strafverfahren einzuleiten, so gibt sie die Sache an die Verwaltungsbehörde zurück.

§ 42
Übernahme durch die Staatsanwaltschaft

(1) Die Staatsanwaltschaft kann bis zum Erlass des Bußgeldbescheides die Verfolgung der Ordnungswidrigkeit übernehmen, wenn sie eine Straftat verfolgt, die mit der Ordnungswidrigkeit zusammenhängt. Zwischen einer Straftat und einer Ordnungswidrigkeit besteht ein Zusammenhang, wenn jemand sowohl einer Straftat als auch einer Ordnungswidrigkeit oder wenn hinsichtlich derselben Tat eine Person einer Straftat und eine andere einer Ordnungswidrigkeit beschuldigt wird.

(2) Die Staatsanwaltschaft soll die Verfolgung nur übernehmen, wenn dies zur Beschleunigung des Verfahrens oder wegen des Sachzusammenhangs oder aus anderen Gründen für die Ermittlungen oder die Entscheidung sachdienlich erscheint.

§ 43
Abgabe an die Verwaltungsbehörde

(1) Stellt die Staatsanwaltschaft in den Fällen des § 40 das Verfahren nur wegen der Straftat ein oder übernimmt sie in den Fällen des § 42 die Verfolgung nicht, sind aber Anhaltspunkte dafür vorhanden, daß die Tat als Ordnungswidrigkeit verfolgt werden kann, so gibt sie die Sache an die Verwaltungsbehörde ab.

(2) Hat die Staatsanwaltschaft die Verfolgung übernommen, so kann sie die Sache an die Verwaltungsbehörde abgeben, solange das Verfahren noch nicht bei Gericht anhängig ist; sie hat die Sache abzugeben, wenn sie das Verfahren nur wegen der zusammenhängenden Straftat einstellt.

§ 44
Bindung der Verwaltungsbehörde

Die Verwaltungsbehörde ist an die Entschließung der Staatsanwaltschaft gebunden, ob eine Tat als Straftat verfolgt wird oder nicht.

§ 45

Zuständigkeit des Gerichts

Verfolgt die Staatsanwaltschaft die Ordnungswidrigkeit mit einer zusammenhängenden Straftat, so ist für die Ahndung der Ordnungswidrigkeit das Gericht zuständig, das für die Strafsache zuständig ist.

Zweiter Abschnitt.
Allgemeine Verfahrensvorschriften

§ 46

Anwendung der Vorschriften über das Strafverfahren

(1) Für das Bußgeldverfahren gelten, soweit dieses Gesetz nichts anderes bestimmt, sinngemäß die Vorschriften der allgemeinen Gesetze über das Strafverfahren, namentlich der Strafprozessordnung, des Gerichtsverfassungsgesetzes und des Jugendgerichtsgesetzes.

(2) Die Verfolgungsbehörde hat, soweit dieses Gesetz nichts anderes bestimmt, im Bußgeldverfahren dieselben Rechte und Pflichten wie die Staatsanwaltschaft bei der Verfolgung von Straftaten.

(3) Anstaltsunterbringung, Verhaftung und vorläufige Festnahme, Beschlagnahme von Postsendungen und Telegrammen sowie Auskunftsersuchen über Umstände, die dem Post- und Fernmeldegeheimnis unterliegen, sind unzulässig. § 160 Abs. 3 Satz 2 der Strafprozessordnung über die Gerichtshilfe ist nicht anzuwenden. Ein Klageerzwingungsverfahren findet nicht statt. Die Vorschriften über die Beteiligung des Verletzten am Verfahren und über das länderübergreifende staatsanwaltschaftliche Verfahrensregister sind nicht anzuwenden; dies gilt nicht für § 406e der Strafprozessordnung.

(4) § 81a Abs. 1 Satz 2 der Strafprozessordnung ist mit der Einschränkung anzuwenden, daß nur die Entnahme von Blutproben und andere geringfügige Eingriffe zulässig sind. Die Entnahme einer Blutprobe bedarf abweichend von § 81a Absatz 2 Satz 1 der Strafprozessordnung keiner richterlichen Anordnung, wenn bestimmte Tatsachen den Verdacht begründen, daß eine Ordnungswidrigkeit begangen worden ist

1. nach den §§ 24a und 24c des Straßenverkehrsgesetzes oder
2. nach § 7 Absatz 1 des Binnenschifffahrtsaufgabengesetzes in Verbindung mit einer Vorschrift einer auf Grund des § 3 Absatz 1 Satz 1 Nummer 1 des Binnenschifffahrtsaufgabengesetzes erlassenen Rechtsverordnung, sofern diese Vorschrift das Verhalten im Verkehr im Sinne des § 3 Absatz 1 Satz 1 Nummer 1 Buchstabe a Doppelbuchstabe aa des Binnenschifffahrtsaufgabengesetzes regelt.

In einem Strafverfahren entnommene Blutproben und sonstige Körperzellen, deren Entnahme im Bußgeldverfahren nach Satz 1 zulässig gewesen wäre, dürfen verwendet werden. Die Verwendung von Blutproben und sonstigen Körperzellen zur Durchführung einer Untersuchung im Sinne des § 81e der Strafprozessordnung ist unzulässig.

(4a) § 100j Absatz 1 Satz 1 Nummer 2 der Strafprozessordnung, auch in Verbindung mit § 100j Absatz 2 der Strafprozessordnung, ist mit der Einschränkung anzuwenden, daß die Erhebung von Bestandsdaten nur zur Verfolgung von Ordnungswidrigkeiten zulässig ist, die gegenüber natürlichen Personen mit Geldbußen im Höchstmaß von mehr als fünfzehntausend Euro bedroht sind.

(5) Die Anordnung der Vorführung des Betroffenen und der Zeugen, die einer Ladung nicht nachkommen, bleibt dem Richter vorbehalten. Die Haft zur Erzwingung des Zeugnisses (§ 70 Abs. 2 der Strafprozessordnung) darf sechs Wochen nicht überschreiten.

(6) Im Verfahren gegen Jugendliche und Heranwachsende kann von der Heranziehung der Jugendgerichtshilfe (§ 38 des Jugendgerichtsgesetzes) abgesehen werden, wenn ihre Mitwirkung für die sachgemäße Durchführung des Verfahrens entbehrlich ist.

(7) Im gerichtlichen Verfahren entscheiden beim Amtsgericht Abteilungen für Bußgeldsachen, beim Landgericht Kammern für Bußgeldsachen und beim Oberlandesgericht sowie beim Bundesgerichtshof Senate für Bußgeldsachen.

(8) Die Vorschriften zur Durchführung des § 191a Absatz 1 Satz 1 bis 4 des Gerichtsverfassungsgesetzes im Bußgeldverfahren sind in der Rechtsverordnung nach § 191a Abs. 2 des Gerichtsverfassungsgesetzes zu bestimmen.

§ 47
Verfolgung von Ordnungswidrigkeiten

(1) Die Verfolgung von Ordnungswidrigkeiten liegt im pflichtgemäßen Ermessen der Verfolgungsbehörde. Solange das Verfahren bei ihr anhängig ist, kann sie es einstellen.

(2) Ist das Verfahren bei Gericht anhängig und hält dieses eine Ahndung nicht für geboten, so kann es das Verfahren mit Zustimmung der Staatsanwaltschaft in jeder Lage einstellen. Die Zustimmung ist nicht erforderlich, wenn durch den Bußgeldbescheid eine Geldbuße bis zu einhundert Euro verhängt worden ist und die Staatsanwaltschaft erklärt hat, sie nehme an der Hauptverhandlung nicht teil. Der Beschluß ist nicht anfechtbar.

(3) Die Einstellung des Verfahrens darf nicht von der Zahlung eines Geldbetrages an eine gemeinnützige Einrichtung oder sonstige Stelle abhängig gemacht oder damit in Zusammenhang gebracht werden.

§ 48
(aufgehoben)

§ 49
Akteneinsicht des Betroffenen und der Verwaltungsbehörde

(1) Die Verwaltungsbehörde gewährt dem Betroffenen auf Antrag Einsicht in die Akten, soweit der Untersuchungszweck, auch in einem anderen Straf- oder Bußgeldverfahren, nicht gefährdet werden kann und nicht überwiegende schutzwürdige Interessen Dritter entgegenstehen. Werden die Akten nicht elektronisch geführt, können an Stelle der Einsichtnahme in die Akten Kopien aus den Akten übermittelt werden.

(2) Ist die Staatsanwaltschaft Verfolgungsbehörde, so ist die sonst zuständige Verwaltungsbehörde befugt, die Akten, die dem Gericht vorliegen oder im gerichtlichen Verfahren vorzulegen wären, einzusehen sowie sichergestellte und beschlagnahmte Gegenstände zu besichtigen. Akten, die in Papierform geführt werden, werden der Verwaltungsbehörde auf Antrag zur Einsichtnahme übersandt.

§ 49a
Verfahrensübergreifende Mitteilungen von Amts wegen

(1) Von Amts wegen dürfen Gerichte, Staatsanwaltschaften und Verwaltungsbehörden personenbezogene Daten aus Bußgeldverfahren den zuständigen Behörden und Gerichten übermitteln, soweit dies aus Sicht der übermittelnden Stelle erforderlich ist für

1. die Verfolgung von Straftaten oder von anderen Ordnungswidrigkeiten,

2. Entscheidungen in anderen Bußgeldsachen einschließlich der Entscheidungen bei der Vollstreckung von Bußgeldentscheidungen oder in Gnadensachen oder
3. sonstige Entscheidungen oder Maßnahmen nach § 477 Absatz 2 der Strafprozessordnung;

Gleiches gilt für die Behörden des Polizeidienstes, soweit dies die entsprechende Anwendung von § 480 Absatz 1 der Strafprozessordnung gestattet. Die §§ 478, 479 Absatz 1, 2, 5 Satz 1 und Absatz 6 sowie § 480 Absatz 1 und 2 der Strafprozessordnung gelten sinngemäß.

(2) Die Übermittlung ist auch zulässig, wenn besondere Umstände des Einzelfalls die Übermittlung für die in § 14 Abs. 1 Nr. 4 bis 9 des Einführungsgesetzes zum Gerichtsverfassungsgesetz genannten Zwecke in Verbindung mit Absatz 2 Satz 2 und 4 jener Vorschrift in sinngemäßer Anwendung erfordern.

(3) Eine Übermittlung nach den Absätzen 1 und 2 unterbleibt, soweit für die übermittelnde Stelle offensichtlich ist, daß schutzwürdige Interessen des Betroffenen an dem Ausschluss der Übermittlung überwiegen.

(4) Für die Übermittlung durch Verwaltungsbehörden sind zusätzlich sinngemäß anzuwenden

1. die §§ 12, 13, 16, 17 Nr. 2 bis 5 und §§ 18 bis 21 des Einführungsgesetzes zum Gerichtsverfassungsgesetz und
2. § 22 des Einführungsgesetzes zum Gerichtsverfassungsgesetz mit der Maßgabe, daß an die Stelle des Verfahrens nach den §§ 23 bis 30 dieses Gesetzes das Verfahren nach § 62 Abs. 1 Satz 1, Abs. 2 und an die Stelle des in § 25 des Einführungsgesetzes zum Gerichtsverfassungsgesetz bezeichneten Gerichts das in § 68 bezeichnete Gericht tritt.

Die für das Bußgeldverfahren zuständige Behörde darf darüber hinaus die dieses Verfahren abschließende Entscheidung derjenigen Verwaltungsbehörde übermitteln, die das Bußgeldverfahren veranlaßt oder sonst an dem Verfahren mitgewirkt hat, wenn dies aus der Sicht der übermittelnden Stelle zur Erfüllung einer in der Zuständigkeit des Empfängers liegenden Aufgabe, die im Zusammenhang mit dem Gegenstand des Verfahrens steht, erforderlich ist; ist mit der Entscheidung ein Rechtsmittel verworfen worden, so darf auch die angefochtene Entscheidung übermittelt werden. Das Bundesministerium, das für bundesrechtliche Bußgeldvorschriften in seinem Geschäftsbereich zuständig ist, kann insoweit mit Zustimmung des Bundesrates allgemeine Verwaltungsvorschriften im Sinne des § 12 Abs. 5 des Einführungsgesetzes zum Gerichtsverfassungsgesetz erlassen.

(5) § 481 der Strafprozessordnung ist sinngemäß anzuwenden. Eine Übermittlung entsprechend § 481 Abs. 1 Satz 2 der Strafprozessordnung unterbleibt unter der Voraussetzung des Absatzes 3. Von § 482 der Strafprozessordnung ist nur Absatz 1 sinngemäß anzuwenden, wobei die Mitteilung des Aktenzeichens auch an eine andere Verwaltungsbehörde, die das Bußgeldverfahren veranlasst oder sonst an dem Verfahren mitgewirkt hat, erfolgt.

§ 49b

Verfahrensübergreifende Mitteilungen auf Ersuchen; sonstige Verwendung von Daten für verfahrensübergreifende Zwecke

Für die Erteilung von Auskünften und Gewährung von Akteneinsicht auf Ersuchen sowie die sonstige Verwendung von Daten aus Bußgeldverfahren für verfahrensübergreifende Zwecke gelten die §§ 474 bis 476, 478 bis 481 und 498 Absatz 2 der Strafprozessordnung sinngemäß, wobei

1. in § 474 Absatz 2 Satz 1 Nummer 1 der Strafprozessordnung an die Stelle der Straftat die Ordnungswidrigkeit tritt,
2. in § 474 Absatz 2 Satz 1 Nummer 2 und 3 und § 481 der Strafprozessordnung an die Stelle besonderer Vorschriften über die Übermittlung oder Verwendung personenbezogener Informationen aus Strafverfahren solche über die Übermittlung oder Verwendung personenbezogener Daten aus Bußgeldverfahren treten,
3. in § 479 Absatz 1 der Strafprozessordnung an die Stelle der Zwecke des Strafverfahrens die Zwecke des Bußgeldverfahrens treten,
4. in § 479 Absatz 4 Nummer 2 der Strafprozessordnung an die Stelle der Frist von zwei Jahren eine Frist von einem Jahr tritt und
5. § 480 Absatz 3 Satz 1 der Strafprozessordnung mit der Maßgabe anzuwenden ist, daß für die Übermittlung durch Verwaltungsbehörden über den Antrag auf gerichtliche Entscheidung das in § 68 bezeichnete Gericht im Verfahren nach § 62 Abs. 1 Satz 1, Abs. 2 entscheidet.

§ 49c
Dateiregelungen

(1) Für die Verarbeitung und Nutzung personenbezogener Daten in Dateien gelten vorbehaltlich des § 496 Absatz 3 der Strafprozessordnung und besonderer Regelungen in anderen Gesetzen die Vorschriften des Zweiten Abschnitts des Achten Buches der Strafprozessordnung nach Maßgabe der folgenden Vorschriften sinngemäß.

(2) Die Speicherung, Veränderung und Nutzung darf vorbehaltlich des Absatzes 3 nur bei Gerichten, Staatsanwaltschaften und Verwaltungsbehörden einschließlich Vollstreckungsbehörden sowie den Behörden des Polizeidienstes erfolgen, soweit dies entsprechend den §§ 483, 484 Abs. 1 und § 485 der Strafprozessordnung zulässig ist; dabei treten an die Stelle der Zwecke des Strafverfahrens die Zwecke des Bußgeldverfahrens. Personenbezogene Daten aus Bußgeldverfahren dürfen auch verwendet werden, soweit es für Zwecke eines Strafverfahrens, Gnadenverfahrens oder der internationalen Rechts- und Amtshilfe in Straf- und Bußgeldsachen erforderlich ist. Die Speicherung personenbezogener Daten von Personen, die zur Tatzeit nicht strafmündig waren, für Zwecke künftiger Bußgeldverfahren ist unzulässig.

(3) Die Errichtung einer gemeinsamen automatisierten Datei entsprechend § 486 der Strafprozessordnung für die in Absatz 2 genannten Stellen, die den Geschäftsbereichen verschiedener Bundes- oder Landesministerien angehören, ist nur zulässig, wenn sie zur ordnungsgemäßen Aufgabenerfüllung erforderlich und unter Berücksichtigung der schutzwürdigen Interessen der Betroffenen angemessen ist.

(4) § 487 Abs. 1 Satz 1 der Strafprozessordnung ist mit der Maßgabe anzuwenden, daß die nach den Absätzen 1 bis 3 gespeicherten Daten den zuständigen Stellen nur für die in Absatz 2 genannten Zwecke übermittelt werden dürfen; § 49a Abs. 3 gilt für Übermittlungen von Amts wegen entsprechend. § 487 Abs. 2 der Strafprozessordnung ist mit der Maßgabe anzuwenden, daß die Übermittlung erfolgen kann, soweit sie nach diesem Gesetz aus den Akten erfolgen könnte.

(5) Soweit personenbezogene Daten für Zwecke der künftigen Verfolgung von Ordnungswidrigkeiten gespeichert werden, darf die Frist im Sinne von § 489 Absatz 3 Satz 2 Nummer 1 der Strafprozessordnung bei einer Geldbuße von mehr als 250 Euro fünf Jahre, in allen übrigen Fällen des § 489 Absatz 3 Satz 2 Nummer 1 bis 3 der Strafprozessordnung zwei Jahre nicht übersteigen.

§ 49d
Schutz personenbezogener Daten in einer elektronischen Akte

§ 496 Absatz 1 und 2 sowie die §§ 497 und 498 Absatz 1 der Strafprozessordnung gelten entsprechend, wobei in § 496 Absatz 1 und § 498 Absatz 1 der Strafprozessordnung an die Stelle des jeweiligen Strafverfahrens das jeweilige Bußgeldverfahren tritt.

§ 50
Bekanntmachung von Maßnahmen der Verwaltungsbehörde

(1) Anordnungen, Verfügungen und sonstige Maßnahmen der Verwaltungsbehörde werden der Person, an die sich die Maßnahme richtet, formlos bekanntgemacht. Ist gegen die Maßnahme ein befristeter Rechtsbehelf zulässig, so wird sie in einem Bescheid durch Zustellung bekanntgemacht.

(2) Bei der Bekanntmachung eines Bescheides der Verwaltungsbehörde, der durch einen befristeten Rechtsbehelf angefochten werden kann, ist die Person, an die sich die Maßnahme richtet, über die Möglichkeit der Anfechtung und die dafür vorgeschriebene Frist und Form zu belehren.

§ 51
Verfahren bei Zustellungen der Verwaltungsbehörde

(1) Für das Zustellungsverfahren der Verwaltungsbehörde gelten die Vorschriften des Verwaltungszustellungsgesetzes, wenn eine Verwaltungsbehörde des Bundes das Verfahren durchführt, sonst die entsprechenden landesrechtlichen Vorschriften, soweit die Absätze 2 bis 5 nichts anderes bestimmen. Wird ein Dokument mit Hilfe automatischer Einrichtungen erstellt, so wird das so hergestellte Dokument zugestellt.

(2) Ein Bescheid (§ 50 Abs. 1 Satz 2) wird dem Betroffenen zugestellt und, wenn er einen gesetzlichen Vertreter hat, diesem mitgeteilt.

(3) Der gewählte Verteidiger, dessen Bevollmächtigung nachgewiesen ist, sowie der bestellte Verteidiger gelten als ermächtigt, Zustellungen und sonstige Mitteilungen für den Betroffenen in Empfang zu nehmen; für die Zustellung einer Ladung des Betroffenen gilt dies nur, wenn der Verteidiger in der Vollmacht ausdrücklich zur Empfangnahme von Ladungen ermächtigt ist. Zum Nachweis der Bevollmächtigung genügt die Übermittlung einer Kopie der Vollmacht durch den Verteidiger. Die Nachreichung der Vollmacht im Original kann verlangt werden; hierfür kann eine Frist bestimmt werden. Wird ein Bescheid dem Verteidiger nach Satz 1 Halbsatz 1 zugestellt, so wird der Betroffene hiervon zugleich unterrichtet; dabei erhält er formlos eine Abschrift des Bescheides. Wird ein Bescheid dem Betroffenen zugestellt, so wird der Verteidiger hiervon zugleich unterrichtet, auch wenn eine Vollmacht bei den Akten nicht vorliegt; dabei erhält er formlos eine Abschrift des Bescheides.

(4) Wird die für den Beteiligten bestimmte Zustellung an mehrere Empfangsberechtigte bewirkt, so richtet sich die Berechnung einer Frist nach der zuletzt bewirkten Zustellung.

(5) § 6 Abs. 1 des Verwaltungszustellungsgesetzes und die entsprechenden landesrechtlichen Vorschriften sind nicht anzuwenden. Hat der Betroffene einen Verteidiger, so sind auch § 7 Abs. 1 Satz 1 und 2 und Abs. 2 des Verwaltungszustellungsgesetzes und die entsprechenden landesrechtlichen Vorschriften nicht anzuwenden.

§ 52

Wiedereinsetzung in den vorigen Stand

(1) Für den befristeten Rechtsbehelf gegen den Bescheid der Verwaltungsbehörde gelten die §§ 44, 45, 46 Abs. 2 und 3 und § 47 der Strafprozessordnung über die Wiedereinsetzung in den vorigen Stand entsprechend, soweit Absatz 2 nichts anderes bestimmt.

(2) Über die Gewährung der Wiedereinsetzung in den vorigen Stand und den Aufschub der Vollstreckung entscheidet die Verwaltungsbehörde. Ist das Gericht, das bei rechtzeitigem Rechtsbehelf zur Entscheidung in der Sache selbst zuständig gewesen wäre, mit dem Rechtsbehelf befaßt, so entscheidet es auch über die Gewährung der Wiedereinsetzung in den vorigen Stand und den Aufschub der Vollstreckung. Verwirft die Verwaltungsbehörde den Antrag auf Wiedereinsetzung in den vorigen Stand, so ist gegen den Bescheid innerhalb von zwei Wochen nach Zustellung der Antrag auf gerichtliche Entscheidung nach § 62 zulässig.

Dritter Abschnitt.
Vorverfahren

I.
Allgemeine Vorschriften

§ 53

Aufgaben der Polizei

(1) Die Behörden und Beamten des Polizeidienstes haben nach pflichtgemäßem Ermessen Ordnungswidrigkeiten zu erforschen und dabei alle unaufschiebbaren Anordnungen zu treffen, um die Verdunkelung der Sache zu verhüten. Sie haben bei der Erforschung von Ordnungswidrigkeiten, soweit dieses Gesetz nichts anderes bestimmt, dieselben Rechte und Pflichten wie bei der Verfolgung von Straftaten. Ihre Akten übersenden sie unverzüglich der Verwaltungsbehörde, in den Fällen des Zusammenhangs (§ 42) der Staatsanwaltschaft.

(2) Die Beamten des Polizeidienstes, die zu Ermittlungspersonen der Staatsanwaltschaft bestellt sind (§ 152 des Gerichtsverfassungsgesetzes), können nach den für sie geltenden Vorschriften der Strafprozessordnung Beschlagnahmen, Durchsuchungen, Untersuchungen und sonstige Maßnahmen anordnen.

§ 54

(weggefallen)

§ 55

Anhörung des Betroffenen

(1) § 163a Abs. 1 der Strafprozessordnung ist mit der Einschränkung anzuwenden, daß es genügt, wenn dem Betroffenen Gelegenheit gegeben wird, sich zu der Beschuldigung zu äußern.

(2) Der Betroffene braucht nicht darauf hingewiesen zu werden, daß er auch schon vor seiner Vernehmung einen von ihm zu wählenden Verteidiger befragen kann. § 136 Absatz 1 Satz 3 bis 5 der Strafprozessordnung ist nicht anzuwenden.

II.

Verwarnungsverfahren

§ 56

Verwarnung durch die Verwaltungsbehörde

(1) Bei geringfügigen Ordnungswidrigkeiten kann die Verwaltungsbehörde den Betroffenen verwarnen und ein Verwarnungsgeld von fünf bis fünfundfünfzig Euro erheben. Sie kann eine Verwarnung ohne Verwarnungsgeld erteilen.

(2) Die Verwarnung nach Absatz 1 Satz 1 ist nur wirksam, wenn der Betroffene nach Belehrung über sein Weigerungsrecht mit ihr einverstanden ist und das Verwarnungsgeld entsprechend der Bestimmung der Verwaltungsbehörde entweder sofort zahlt oder innerhalb einer Frist, die eine Woche betragen soll, bei der hierfür bezeichneten Stelle oder bei der Post zur Überweisung an diese Stelle einzahlt. Eine solche Frist soll bewilligt werden, wenn der Betroffene das Verwarnungsgeld nicht sofort zahlen kann oder wenn es höher ist als zehn Euro.

(3) Über die Verwarnung nach Absatz 1 Satz 1, die Höhe des Verwarnungsgeldes und die Zahlung oder die etwa bestimmte Zahlungsfrist wird eine Bescheinigung erteilt. Kosten (Gebühren und Auslagen) werden nicht erhoben.

(4) Ist die Verwarnung nach Absatz 1 Satz 1 wirksam, so kann die Tat nicht mehr unter den tatsächlichen und rechtlichen Gesichtspunkten verfolgt werden, unter denen die Verwarnung erteilt worden ist.

§ 57

Verwarnung durch Beamte des Außen- und Polizeidienstes

(1) Personen, die ermächtigt sind, die Befugnis nach § 56 für die Verwaltungsbehörde im Außendienst wahrzunehmen, haben sich entsprechend auszuweisen.

(2) Die Befugnis nach § 56 steht auch den hierzu ermächtigten Beamten des Polizeidienstes zu, die eine Ordnungswidrigkeit entdecken oder im ersten Zugriff verfolgen und sich durch ihre Dienstkleidung oder in anderer Weise ausweisen.

§ 58

Ermächtigung zur Erteilung der Verwarnung

(1) Die Ermächtigung nach § 57 Abs. 2 erteilt die oberste Dienstbehörde des Beamten oder die von ihr bestimmte Stelle. Die oberste Dienstbehörde soll sich wegen der Frage, bei welchen Ordnungswidrigkeiten Ermächtigungen erteilt werden sollen, mit der zuständigen Behörde ins Benehmen setzen. Zuständig ist bei Ordnungswidrigkeiten, für deren Verfolgung und Ahndung eine Verwaltungsbehörde des Bundes zuständig ist, das fachlich zuständige Bundesministerium, sonst die fachlich zuständige oberste Landesbehörde.

(2) Soweit bei bestimmten Ordnungswidrigkeiten im Hinblick auf ihre Häufigkeit und Gleichartigkeit eine möglichst gleichmäßige Behandlung angezeigt ist, sollen allgemeine Ermächtigungen an Verwaltungsangehörige und Beamte des Polizeidienstes zur Erteilung einer Verwarnung nähere Bestimmungen darüber enthalten, in welchen Fällen und unter welchen Voraussetzungen die Verwarnung erteilt und in welcher Höhe das Verwarnungsgeld erhoben werden soll.

III.

Verfahren der Verwaltungsbehörde

§ 59
Vergütung von Sachverständigen, Dolmetschern und Übersetzern, Entschädigung von Zeugen und Dritten

Für die Vergütung von Sachverständigen, Dolmetschern und Übersetzern sowie die Entschädigung von Zeugen und Dritten (§ 23 des Justizvergütungs- und -entschädigungsgesetzes) ist das Justizvergütungs- und -entschädigungsgesetz anzuwenden.

§ 60
Verteidigung

Ist die Mitwirkung eines Verteidigers im Verfahren der Verwaltungsbehörde geboten (§ 140 Absatz 2 der Strafprozessordnung), so ist für dessen Bestellung die Verwaltungsbehörde zuständig. Sie entscheidet auch über die Zulassung anderer Personen als Verteidiger und die Zurückweisung eines Verteidigers (§ 138 Abs. 2, § 146a Abs. 1 Satz 1, 2 der Strafprozessordnung).

§ 61
Abschluß der Ermittlungen

Sobald die Verwaltungsbehörde die Ermittlungen abgeschlossen hat, vermerkt sie dies in den Akten, wenn sie die weitere Verfolgung der Ordnungswidrigkeit erwägt.

§ 62
Rechtsbehelf gegen Maßnahmen der Verwaltungsbehörde

(1) Gegen Anordnungen, Verfügungen und sonstige Maßnahmen, die von der Verwaltungsbehörde im Bußgeldverfahren getroffen werden, können der Betroffene und andere Personen, gegen die sich die Maßnahme richtet, gerichtliche Entscheidung beantragen. Dies gilt nicht für Maßnahmen, die nur zur Vorbereitung der Entscheidung, ob ein Bußgeldbescheid erlassen oder das Verfahren eingestellt wird, getroffen werden und keine selbständige Bedeutung haben.

(2) Über den Antrag entscheidet das nach § 68 zuständige Gericht. Die §§ 297 bis 300, 302, 306 bis 309 und 311a der Strafprozessordnung sowie die Vorschriften der Strafprozessordnung über die Auferlegung der Kosten des Beschwerdeverfahrens gelten sinngemäß. Die Entscheidung des Gerichts ist nicht anfechtbar, soweit das Gesetz nichts anderes bestimmt.

IV.

Verfahren der Staatsanwaltschaft

§ 63
Beteiligung der Verwaltungsbehörde

(1) Hat die Staatsanwaltschaft die Verfolgung der Ordnungswidrigkeit übernommen (§ 42), so haben die mit der Ermittlung von Ordnungswidrigkeiten betrauten Angehörigen der sonst zuständigen Verwaltungsbehörde dieselben Rechte und Pflichten wie die Beamten des Polizeidienstes im Bußgeldverfahren. Die sonst zuständige Verwaltungsbe-

hörde kann Beschlagnahmen, Notveräußerungen, Durchsuchungen und Untersuchungen nach den für Ermittlungspersonen der Staatsanwaltschaft geltenden Vorschriften der Strafprozessordnung anordnen.

(2) Der sonst zuständigen Verwaltungsbehörde sind die Anklageschrift und der Antrag auf Erlaß eines Strafbefehls mitzuteilen, soweit sie sich auf eine Ordnungswidrigkeit beziehen.

(3) Erwägt die Staatsanwaltschaft in den Fällen des § 40 oder § 42, das Verfahren wegen der Ordnungswidrigkeit einzustellen, so hat sie die sonst zuständige Verwaltungsbehörde zu hören. Sie kann davon absehen, wenn für die Entschließung die besondere Sachkunde der Verwaltungsbehörde entbehrt werden kann.

§ 64
Erstreckung der öffentlichen Klage auf die Ordnungswidrigkeit

Erhebt die Staatsanwaltschaft in den Fällen des § 42 wegen der Straftat die öffentliche Klage, so erstreckt sie diese auf die Ordnungswidrigkeit, sofern die Ermittlungen hierfür genügenden Anlaß bieten.

Vierter Abschnitt.
Bußgeldbescheid

§ 65
Allgemeines

Die Ordnungswidrigkeit wird, soweit dieses Gesetz nichts anderes bestimmt, durch Bußgeldbescheid geahndet.

§ 66
Inhalt des Bußgeldbescheides

(1) Der Bußgeldbescheid enthält

1. die Angaben zur Person des Betroffenen und etwaiger Nebenbeteiligter,
2. den Namen und die Anschrift des Verteidigers,
3. die Bezeichnung der Tat, die dem Betroffenen zur Last gelegt wird, Zeit und Ort ihrer Begehung, die gesetzlichen Merkmale der Ordnungswidrigkeit und die angewendeten Bußgeldvorschriften,
4. die Beweismittel,
5. die Geldbuße und die Nebenfolgen.

(2) Der Bußgeldbescheid enthält ferner

1. den Hinweis, daß
   a) der Bußgeldbescheid rechtskräftig und vollstreckbar wird, wenn kein Einspruch nach § 67 eingelegt wird,
   b) bei einem Einspruch auch eine für den Betroffenen nachteiligere Entscheidung getroffen werden kann,
2. die Aufforderung an den Betroffenen, spätestens zwei Wochen nach Rechtskraft oder einer etwa bestimmten späteren Fälligkeit (§ 18)
   a) die Geldbuße oder die bestimmten Teilbeträge an die zuständige Kasse zu zahlen oder

b) im Falle der Zahlungsunfähigkeit der Vollstreckungsbehörde (§ 92) schriftlich oder zur Niederschrift darzutun, warum ihm die fristgemäße Zahlung nach seinen wirtschaftlichen Verhältnissen nicht zuzumuten ist, und

3. die Belehrung, daß Erzwingungshaft (§ 96) angeordnet werden kann, wenn der Betroffene seiner Pflicht nach Nummer 2 nicht genügt.

(3) Über die Angaben nach Absatz 1 Nr. 3 und 4 hinaus braucht der Bußgeldbescheid nicht begründet zu werden.

Fünfter Abschnitt.
Einspruch und gerichtliches Verfahren

I.
Einspruch

§ 67
Form und Frist

(1) Der Betroffene kann gegen den Bußgeldbescheid innerhalb von zwei Wochen nach Zustellung schriftlich oder zur Niederschrift bei der Verwaltungsbehörde, die den Bußgeldbescheid erlassen hat, Einspruch einlegen. Die §§ 297 bis 300 und 302 der Strafprozessordnung über Rechtsmittel gelten entsprechend.

(2) Der Einspruch kann auf bestimmte Beschwerdepunkte beschränkt werden.

§ 68
Zuständiges Gericht

(1) Bei einem Einspruch gegen den Bußgeldbescheid entscheidet das Amtsgericht, in dessen Bezirk die Verwaltungsbehörde ihren Sitz hat. Der Richter beim Amtsgericht entscheidet allein.

(2) Im Verfahren gegen Jugendliche und Heranwachsende ist der Jugendrichter zuständig.

(3) Sind in dem Bezirk der Verwaltungsbehörde eines Landes mehrere Amtsgerichtsbezirke oder mehrere Teile solcher Bezirke vorhanden, so kann die Landesregierung durch Rechtsverordnung die Zuständigkeit des Amtsgerichts abweichend von Absatz 1 danach bestimmen, in welchem Bezirk

1. die Ordnungswidrigkeit oder eine der Ordnungswidrigkeiten begangen worden ist (Begehungsort) oder
2. der Betroffene seinen Wohnsitz hat (Wohnort),

soweit es mit Rücksicht auf die große Zahl von Verfahren oder die weite Entfernung zwischen Begehungs- oder Wohnort und dem Sitz des nach Absatz 1 zuständigen Amtsgerichts sachdienlich erscheint, die Verfahren auf mehrere Amtsgerichte aufzuteilen; § 37 Abs. 3 gilt entsprechend. Der Bezirk, von dem die Zuständigkeit des Amtsgerichts nach Satz 1 abhängt, kann die Bezirke mehrerer Amtsgerichte umfassen. Die Landesregierung kann die Ermächtigung auf die Landesjustizverwaltung übertragen.

§ 69
Zwischenverfahren

(1) Ist der Einspruch nicht rechtzeitig, nicht in der vorgeschriebenen Form oder sonst nicht wirksam eingelegt, so verwirft ihn die Verwaltungsbehörde als unzulässig. Gegen den Bescheid ist innerhalb von zwei Wochen nach Zustellung der Antrag auf gerichtliche Entscheidung nach § 62 zulässig.

(2) Ist der Einspruch zulässig, so prüft die Verwaltungsbehörde, ob sie den Bußgeldbescheid aufrechterhält oder zurücknimmt. Zu diesem Zweck kann sie

1. weitere Ermittlungen anordnen oder selbst vornehmen,
2. von Behörden und sonstigen Stellen die Abgabe von Erklärungen über dienstliche Wahrnehmungen, Untersuchungen und Erkenntnisse (§ 77a Abs. 2) verlangen.

Die Verwaltungsbehörde kann auch dem Betroffenen Gelegenheit geben, sich innerhalb einer zu bestimmenden Frist dazu zu äußern, ob und welche Tatsachen und Beweismittel er im weiteren Verfahren zu seiner Entlastung vorbringen will; dabei ist er darauf hinzuweisen, daß es ihm nach dem Gesetz freistehe, sich zu der Beschuldigung zu äußern oder nicht zur Sache auszusagen.

(3) Die Verwaltungsbehörde übersendet die Akten über die Staatsanwaltschaft an das Amtsgericht, wenn sie den Bußgeldbescheid nicht zurücknimmt und nicht nach Absatz 1 Satz 1 verfährt; sie vermerkt die Gründe dafür in den Akten, soweit dies nach der Sachlage angezeigt ist. Die Entscheidung über einen Antrag auf Akteneinsicht und deren Gewährung (§ 49 Abs. 1 dieses Gesetzes, § 147 der Strafprozessordnung) erfolgen vor Übersendung der Akten.

(4) Mit dem Eingang der Akten bei der Staatsanwaltschaft gehen die Aufgaben der Verfolgungsbehörde auf sie über. Die Staatsanwaltschaft legt die Akten dem Richter beim Amtsgericht vor, wenn sie weder das Verfahren einstellt noch weitere Ermittlungen durchführt.

(5) Bei offensichtlich ungenügender Aufklärung des Sachverhalts kann der Richter beim Amtsgericht die Sache unter Angabe der Gründe mit Zustimmung der Staatsanwaltschaft an die Verwaltungsbehörde zurückverweisen; diese wird mit dem Eingang der Akten wieder für die Verfolgung und Ahndung zuständig. Verneint der Richter beim Amtsgericht bei erneuter Übersendung den hinreichenden Tatverdacht einer Ordnungswidrigkeit, so kann er die Sache durch Beschluß endgültig an die Verwaltungsbehörde zurückgeben. Der Beschluß ist unanfechtbar.

§ 70
Entscheidung des Gerichts über die Zulässigkeit des Einspruchs

(1) Sind die Vorschriften über die Einlegung des Einspruchs nicht beachtet, so verwirft das Gericht den Einspruch als unzulässig.

(2) Gegen den Beschluss ist die sofortige Beschwerde zulässig.

II.

Hauptverfahren

§ 71
Hauptverhandlung

(1) Das Verfahren nach zulässigem Einspruch richtet sich, soweit dieses Gesetz nichts anderes bestimmt, nach den Vorschriften der Strafprozessordnung, die nach zulässigem Einspruch gegen einen Strafbefehl gelten.

(2) Zur besseren Aufklärung der Sache kann das Gericht

1. einzelne Beweiserhebungen anordnen,
2. von Behörden und sonstigen Stellen die Abgabe von Erklärungen über dienstliche Wahrnehmungen, Untersuchungen und Erkenntnisse (§ 77a Abs. 2) verlangen.

Zur Vorbereitung der Hauptverhandlung kann das Gericht auch dem Betroffenen Gelegenheit geben, sich innerhalb einer zu bestimmenden Frist dazu zu äußern, ob und welche Tatsachen und Beweismittel er zu seiner Entlastung vorbringen will; § 69 Abs. 2 Satz 3 Halbsatz 2 ist anzuwenden.

§ 72
Entscheidung durch Beschluss

(1) Hält das Gericht eine Hauptverhandlung nicht für erforderlich, so kann es durch Beschluss entscheiden, wenn der Betroffene und die Staatsanwaltschaft diesem Verfahren nicht widersprechen. Das Gericht weist sie zuvor auf die Möglichkeit eines solchen Verfahrens und des Widerspruchs hin und gibt ihnen Gelegenheit, sich innerhalb von zwei Wochen nach Zustellung des Hinweises zu äußern; § 145a Abs. 1 und 3 der Strafprozessordnung gilt entsprechend. Das Gericht kann von einem Hinweis an den Betroffenen absehen und auch gegen seinen Widerspruch durch Beschluss entscheiden, wenn es den Betroffenen freispricht.

(2) Geht der Widerspruch erst nach Ablauf der Frist ein, so ist er unbeachtlich. In diesem Falle kann jedoch gegen den Beschluss innerhalb einer Woche nach Zustellung die Wiedereinsetzung in den vorigen Stand unter den gleichen Voraussetzungen wie gegen die Versäumung einer Frist beantragt werden; hierüber ist der Betroffene bei der Zustellung des Beschlusses zu belehren.

(3) Das Gericht entscheidet darüber, ob der Betroffene freigesprochen, gegen ihn eine Geldbuße festgesetzt, eine Nebenfolge angeordnet oder das Verfahren eingestellt wird. Das Gericht darf von der im Bußgeldbescheid getroffenen Entscheidung nicht zum Nachteil des Betroffenen abweichen.

(4) Wird eine Geldbuße festgesetzt, so gibt der Beschluss die Ordnungswidrigkeit an; hat der Bußgeldtatbestand eine gesetzliche Überschrift, so soll diese zur Bezeichnung der Ordnungswidrigkeit verwendet werden. § 260 Abs. 5 Satz 1 der Strafprozessordnung gilt entsprechend. Die Begründung des Beschlusses enthält die für erwiesen erachteten Tatsachen, in denen das Gericht die gesetzlichen Merkmale der Ordnungswidrigkeit sieht. Soweit der Beweis aus anderen Tatsachen gefolgert wird, sollen auch diese Tatsachen angegeben werden. Ferner sind die Umstände anzuführen, die für die Zumessung der Geldbuße und die Anordnung einer Nebenfolge bestimmend sind.

(5) Wird der Betroffene freigesprochen, so muss die Begründung ergeben, ob der Betroffene für nicht überführt oder ob und aus welchen Gründen die als erwiesen angenommene Tat nicht als Ordnungswidrigkeit angesehen worden ist. Kann der Beschluss nicht mit der Rechtsbeschwerde angefochten werden, so braucht nur angegeben zu werden, ob die

dem Betroffenen zur Last gelegte Ordnungswidrigkeit aus tatsächlichen oder rechtlichen Gründen nicht festgestellt worden ist.

(6) Von einer Begründung kann abgesehen werden, wenn die am Verfahren Beteiligten hierauf verzichten. In diesem Fall reicht der Hinweis auf den Inhalt des Bußgeldbescheids; das Gericht kann unter Berücksichtigung der Umstände des Einzelfalls nach seinem Ermessen zusätzliche Ausführungen machen. Die vollständigen Gründe sind innerhalb von fünf Wochen zu den Akten zu bringen, wenn gegen den Beschluss Rechtsbeschwerde eingelegt wird.

§ 73
Anwesenheit des Betroffenen in der Hauptverhandlung

(1) Der Betroffene ist zum Erscheinen in der Hauptverhandlung verpflichtet.

(2) Das Gericht entbindet ihn auf seinen Antrag von dieser Verpflichtung, wenn er sich zur Sache geäußert oder erklärt hat, daß er sich in der Hauptverhandlung nicht zur Sache äußern werde, und seine Anwesenheit zur Aufklärung wesentlicher Gesichtspunkte des Sachverhalts nicht erforderlich ist.

(3) Hat das Gericht den Betroffenen von der Verpflichtung zum persönlichen Erscheinen entbunden, so kann er sich durch einen mit nachgewiesener Vollmacht versehenen Verteidiger vertreten lassen.

§ 74
Verfahren bei Abwesenheit

(1) Die Hauptverhandlung wird in Abwesenheit des Betroffenen durchgeführt, wenn er nicht erschienen ist und von der Verpflichtung zum persönlichen Erscheinen entbunden war. Frühere Vernehmungen des Betroffenen und seine protokollierten und sonstigen Erklärungen sind durch Mitteilung ihres wesentlichen Inhalts oder durch Verlesung in die Hauptverhandlung einzuführen. Es genügt, wenn die nach § 265 Abs. 1 und 2 der Strafprozessordnung erforderlichen Hinweise dem Verteidiger gegeben werden.

(2) Bleibt der Betroffene ohne genügende Entschuldigung aus, obwohl er von der Verpflichtung zum Erscheinen nicht entbunden war, hat das Gericht den Einspruch ohne Verhandlung zur Sache durch Urteil zu verwerfen.

(3) Der Betroffene ist in der Ladung über die Absätze 1 und 2 und die §§ 73 und 77b Abs. 1 Satz 1 und 3 zu belehren.

(4) Hat die Hauptverhandlung nach Absatz 1 oder Absatz 2 ohne den Betroffenen stattgefunden, so kann er gegen das Urteil binnen einer Woche nach Zustellung die Wiedereinsetzung in den vorigen Stand unter den gleichen Voraussetzungen wie gegen die Versäumung einer Frist nachsuchen. Hierüber ist er bei der Zustellung des Urteils zu belehren.

§ 75
Teilnahme der Staatsanwaltschaft an der Hauptverhandlung

(1) Die Staatsanwaltschaft ist zur Teilnahme an der Hauptverhandlung nicht verpflichtet. Das Gericht macht der Staatsanwaltschaft Mitteilung, wenn es ihre Mitwirkung für angemessen hält.

(2) Nimmt die Staatsanwaltschaft an der Hauptverhandlung nicht teil, so bedarf es ihrer Zustimmung zur Einstellung des Verfahrens (§ 47 Abs. 2) und zur Rücknahme des Einspruchs in der Hauptverhandlung nicht.

§ 76
Beteiligung der Verwaltungsbehörde

(1) Das Gericht gibt der Verwaltungsbehörde Gelegenheit, die Gesichtspunkte vorzubringen, die von ihrem Standpunkt für die Entscheidung von Bedeutung sind. Dies gilt auch, wenn das Gericht erwägt, das Verfahren nach § 47 Abs. 2 einzustellen. Der Termin zur Hauptverhandlung wird der Verwaltungsbehörde mitgeteilt. Ihr Vertreter erhält in der Hauptverhandlung auf Verlangen das Wort.

(2) Das Gericht kann davon absehen, die Verwaltungsbehörde nach Absatz 1 zu beteiligen, wenn ihre besondere Sachkunde für die Entscheidung entbehrt werden kann.

(3) Erwägt die Staatsanwaltschaft, die Klage zurückzunehmen, so gilt § 63 Abs. 3 entsprechend.

(4) Das Urteil und andere das Verfahren abschließende Entscheidungen sind der Verwaltungsbehörde mitzuteilen.

§ 77
Umfang der Beweisaufnahme

(1) Das Gericht bestimmt, unbeschadet der Pflicht, die Wahrheit von Amts wegen zu erforschen, den Umfang der Beweisaufnahme. Dabei berücksichtigt es auch die Bedeutung der Sache.

(2) Hält das Gericht den Sachverhalt nach dem bisherigen Ergebnis der Beweisaufnahme für geklärt, so kann es außer in den Fällen des § 244 Abs. 3 der Strafprozessordnung einen Beweisantrag auch dann ablehnen, wenn

1. nach seinem pflichtgemäßen Ermessen die Beweiserhebung zur Erforschung der Wahrheit nicht erforderlich ist oder
2. nach seiner freien Würdigung das Beweismittel oder die zu beweisende Tatsache ohne verständigen Grund so spät vorgebracht wird, daß die Beweiserhebung zur Aussetzung der Hauptverhandlung führen würde.

(3) Die Begründung für die Ablehnung eines Beweisantrages nach Absatz 2 Nr. 1 kann in dem Gerichtsbeschluss (§ 244 Abs. 6 der Strafprozessordnung) in der Regel darauf beschränkt werden, daß die Beweiserhebung zur Erforschung der Wahrheit nicht erforderlich ist.

§ 77a
Vereinfachte Art der Beweisaufnahme

(1) Die Vernehmung eines Zeugen, Sachverständigen oder Mitbetroffenen darf durch Verlesung von Protokollen über eine frühere Vernehmung sowie von Urkunden, die eine von ihnen stammende Äußerung enthalten, ersetzt werden.

(2) Erklärungen von Behörden und sonstigen Stellen über ihre dienstlichen Wahrnehmungen, Untersuchungen und Erkenntnisse sowie über diejenigen ihrer Angehörigen dürfen auch dann verlesen werden, wenn die Voraussetzungen des § 256 der Strafprozessordnung nicht vorliegen.

(3) Das Gericht kann eine behördliche Erklärung (Absatz 2) auch fernmündlich einholen und deren wesentlichen Inhalt in der Hauptverhandlung bekannt geben. Der Inhalt der bekannt gegebenen Erklärung ist auf Antrag in das Protokoll aufzunehmen.

(4) Das Verfahren nach den Absätzen 1 bis 3 bedarf der Zustimmung des Betroffenen, des Verteidigers und der Staatsanwaltschaft, soweit sie in der Hauptverhandlung anwesend

sind. § 251 Absatz 1 Nummer 3 und 4, Abs. 2 Nr. 1 und 2, Abs. 3 und 4 sowie die §§ 252 und 253 der Strafprozessordnung bleiben unberührt.

§ 77b
Absehen von Urteilsgründen

(1) Von einer schriftlichen Begründung des Urteils kann abgesehen werden, wenn alle zur Anfechtung Berechtigten auf die Einlegung der Rechtsbeschwerde verzichten oder wenn innerhalb der Frist Rechtsbeschwerde nicht eingelegt wird. Hat die Staatsanwaltschaft an der Hauptverhandlung nicht teilgenommen, so ist ihre Verzichterklärung entbehrlich; eine schriftliche Begründung des Urteils ist jedoch erforderlich, wenn die Staatsanwaltschaft dies vor der Hauptverhandlung beantragt hat. Die Verzichtserklärung des Betroffenen ist entbehrlich, wenn er von der Verpflichtung zum Erscheinen in der Hauptverhandlung entbunden worden ist, im Verlaufe der Hauptverhandlung von einem Verteidiger vertreten worden ist und im Urteil lediglich eine Geldbuße von nicht mehr als zweihundertfünfzig Euro festgesetzt worden ist.

(2) Die Urteilsgründe sind innerhalb der in § 275 Abs. 1 Satz 2 der Strafprozessordnung vorgesehenen Frist zu den Akten zu bringen, wenn gegen die Versäumung der Frist für die Rechtsbeschwerde Wiedereinsetzung in den vorigen Stand gewährt, in den Fällen des Absatzes 1 Satz 2 erster Halbsatz von der Staatsanwaltschaft oder in den Fällen des Absatzes 1 Satz 3 von dem Betroffenen Rechtsbeschwerde eingelegt wird.

§ 78
Weitere Verfahrensvereinfachungen

(1) Statt der Verlesung einer Urkunde kann das Gericht dessen wesentlichen Inhalt bekannt geben; dies gilt jedoch nicht, soweit es auf den Wortlaut der Urkunde ankommt. Haben der Betroffene, der Verteidiger und der in der Hauptverhandlung anwesende Vertreter der Staatsanwaltschaft von dem Wortlaut der Urkunde Kenntnis genommen oder dazu Gelegenheit gehabt, so genügt es, die Feststellung hierüber in das Protokoll aufzunehmen. Soweit die Verlesung von Urkunden von der Zustimmung der Verfahrensbeteiligten abhängig ist, gilt dies auch für das Verfahren nach den Sätzen 1 und 2.

(2) § 243 Abs. 4 der Strafprozessordnung gilt nur, wenn eine Erörterung stattgefunden hat; § 273 Abs. 1a Satz 3 und Abs. 2 der Strafprozessordnung ist nicht anzuwenden.

(3) Im Verfahren gegen Jugendliche gilt § 78 Abs. 3 des Jugendgerichtsgesetzes entsprechend.

(4) Wird gegen einen Jugendlichen oder Heranwachsenden eine Geldbuße festgesetzt, so kann der Jugendrichter zugleich eine Vollstreckungsanordnung nach § 98 Abs. 1 treffen.

III.
Rechtsmittel

§ 79
Rechtsbeschwerde

(1) Gegen das Urteil und den Beschluß nach § 72 ist Rechtsbeschwerde zulässig, wenn

1. gegen den Betroffenen eine Geldbuße von mehr als zweihundertfünfzig Euro festgesetzt worden ist,

2. eine Nebenfolge angeordnet worden ist, es sei denn, daß es sich um eine Nebenfolge vermögensrechtlicher Art handelt, deren Wert im Urteil oder im Beschluss nach § 72 auf nicht mehr als zweihundertfünfzig Euro festgesetzt worden ist,
3. der Betroffene wegen einer Ordnungswidrigkeit freigesprochen oder das Verfahren eingestellt oder von der Verhängung eines Fahrverbots abgesehen worden ist und wegen der Tat im Bußgeldbescheid oder Strafbefehl eine Geldbuße von mehr als sechshundert Euro festgesetzt, ein Fahrverbot verhängt oder eine solche Geldbuße oder ein Fahrverbot von der Staatsanwaltschaft beantragt worden war,
4. der Einspruch durch Urteil als unzulässig verworfen worden ist oder
5. durch Beschluss nach § 72 entschieden worden ist, obwohl der Beschwerdeführer diesem Verfahren rechtzeitig widersprochen hatte oder ihm in sonstiger Weise das rechtliche Gehör versagt wurde.

Gegen das Urteil ist die Rechtsbeschwerde ferner zulässig, wenn sie zugelassen wird (§ 80).

(2) Hat das Urteil oder der Beschluss nach § 72 mehrere Taten zum Gegenstand und sind die Voraussetzungen des Absatzes 1 Satz 1 Nr. 1 bis 3 oder Satz 2 nur hinsichtlich einzelner Taten gegeben, so ist die Rechtsbeschwerde nur insoweit zulässig.

(3) Für die Rechtsbeschwerde und das weitere Verfahren gelten, soweit dieses Gesetz nichts anderes bestimmt, die Vorschriften der Strafprozessordnung und des Gerichtsverfassungsgesetzes über die Revision entsprechend. § 342 der Strafprozessordnung gilt auch entsprechend für den Antrag auf Wiedereinsetzung in den vorigen Stand nach § 72 Abs. 2 Satz 2 Halbsatz 1.

(4) Die Frist für die Einlegung der Rechtsbeschwerde beginnt mit der Zustellung des Beschlusses nach § 72 oder des Urteils, wenn es in Abwesenheit des Beschwerdeführers verkündet und dieser dabei auch nicht nach § 73 Abs. 3 durch einen mit nachgewiesener Vollmacht versehenen Verteidiger vertreten worden ist.

(5) Das Beschwerdegericht entscheidet durch Beschluss. Richtet sich die Rechtsbeschwerde gegen ein Urteil, so kann das Beschwerdegericht auf Grund einer Hauptverhandlung durch Urteil entscheiden.

(6) Hebt das Beschwerdegericht die angefochtene Entscheidung auf, so kann es abweichend von § 354 der Strafprozessordnung in der Sache selbst entscheiden oder sie an das Amtsgericht, dessen Entscheidung aufgehoben wird, oder an ein anderes Amtsgericht desselben Landes zurückverweisen.

§ 80

Zulassung der Rechtsbeschwerde

(1) Das Beschwerdegericht lässt die Rechtsbeschwerde nach § 79 Abs. 1 Satz 2 auf Antrag zu, wenn es geboten ist,

1. die Nachprüfung des Urteils zur Fortbildung des Rechts oder zur Sicherung einer einheitlichen Rechtsprechung zu ermöglichen, soweit Absatz 2 nichts anderes bestimmt, oder
2. das Urteil wegen Versagung des rechtlichen Gehörs aufzuheben.

(2) Die Rechtsbeschwerde wird wegen der Anwendung von Rechtsnormen über das Verfahren nicht und wegen der Anwendung von anderen Rechtsnormen nur zur Fortbildung des Rechts zugelassen, wenn

1. gegen den Betroffenen eine Geldbuße von nicht mehr als einhundert Euro festgesetzt oder eine Nebenfolge vermögensrechtlicher Art angeordnet worden ist, deren Wert im Urteil auf nicht mehr als einhundert Euro festgesetzt worden ist, oder

2. der Betroffene wegen einer Ordnungswidrigkeit freigesprochen oder das Verfahren eingestellt worden ist und wegen der Tat im Bußgeldbescheid oder im Strafbefehl eine Geldbuße von nicht mehr als einhundertfünfzig Euro festgesetzt oder eine solche Geldbuße von der Staatsanwaltschaft beantragt worden war.

(3) Für den Zulassungsantrag gelten die Vorschriften über die Einlegung der Rechtsbeschwerde entsprechend. Der Antrag gilt als vorsorglich eingelegte Rechtsbeschwerde. Die Vorschriften über die Anbringung der Beschwerdeanträge und deren Begründung (§§ 344, 345 der Strafprozessordnung) sind zu beachten. Bei der Begründung der Beschwerdeanträge soll der Antragsteller zugleich angeben, aus welchen Gründen die in Absatz 1 bezeichneten Voraussetzungen vorliegen. § 35a der Strafprozessordnung gilt entsprechend.

(4) Das Beschwerdegericht entscheidet über den Antrag durch Beschluss. Die §§ 346 bis 348 der Strafprozessordnung gelten entsprechend. Der Beschluss, durch den der Antrag verworfen wird, bedarf keiner Begründung. Wird der Antrag verworfen, so gilt die Rechtsbeschwerde als zurückgenommen.

(5) Stellt sich vor der Entscheidung über den Zulassungsantrag heraus, daß ein Verfahrenshindernis besteht, so stellt das Beschwerdegericht das Verfahren nur dann ein, wenn das Verfahrenshindernis nach Erlass des Urteils eingetreten ist.

§ 80a
Besetzung der Bußgeldsenate der Oberlandesgerichte

(1) Die Bußgeldsenate der Oberlandesgerichte sind mit einem Richter besetzt, soweit nichts anderes bestimmt ist.

(2) Die Bußgeldsenate der Oberlandesgerichte sind mit drei Richtern einschließlich des Vorsitzenden besetzt in Verfahren über Rechtsbeschwerden in den in § 79 Abs. 1 Satz 1 bezeichneten Fällen, wenn eine Geldbuße von mehr als fünftausend Euro oder eine Nebenfolge vermögensrechtlicher Art im Wert von mehr als fünftausend Euro festgesetzt oder beantragt worden ist. Der Wert einer Geldbuße und der Wert einer vermögensrechtlichen Nebenfolge werden gegebenenfalls zusammengerechnet.

(3) In den in Absatz 1 bezeichneten Fällen überträgt der Richter die Sache dem Bußgeldsenat in der Besetzung mit drei Richtern, wenn es geboten ist, das Urteil oder den Beschluß nach § 72 zur Fortbildung des Rechts oder zur Sicherung einer einheitlichen Rechtsprechung nachzuprüfen. Dies gilt auch in Verfahren über eine zugelassene Rechtsbeschwerde, nicht aber in Verfahren über deren Zulassung.

Sechster Abschnitt
Bußgeld- und Strafverfahren

§ 81
Übergang vom Bußgeld- zum Strafverfahren

(1) Das Gericht ist im Bußgeldverfahren an die Beurteilung der Tat als Ordnungswidrigkeit nicht gebunden. Jedoch darf es auf Grund eines Strafgesetzes nur entscheiden, wenn der Betroffene zuvor auf die Veränderung des rechtlichen Gesichtspunktes hingewiesen und ihm Gelegenheit zur Verteidigung gegeben worden ist.

(2) Der Betroffene wird auf die Veränderung des rechtlichen Gesichtspunktes auf Antrag der Staatsanwaltschaft oder von Amts wegen hingewiesen. Mit diesem Hinweis erhält er die Rechtsstellung des Angeklagten. Die Verhandlung wird unterbrochen, wenn das

Gericht es für erforderlich hält oder wenn der Angeklagte es beantragt. Über sein Recht, die Unterbrechung zu beantragen, wird der Angeklagte belehrt.

(3) In dem weiteren Verfahren sind die besonderen Vorschriften dieses Gesetzes nicht mehr anzuwenden. Jedoch kann die bisherige Beweisaufnahme, die in Anwesenheit des Betroffenen stattgefunden hat, auch dann verwertet werden, wenn sie nach diesen Vorschriften durchgeführt worden ist; dies gilt aber nicht für eine Beweisaufnahme nach den §§ 77a und 78 Abs. 1.

§ 82
Bußgelderkenntnis im Strafverfahren

(1) Im Strafverfahren beurteilt das Gericht die in der Anklage bezeichnete Tat zugleich unter dem rechtlichen Gesichtspunkt einer Ordnungswidrigkeit.

(2) Lässt das Gericht die Anklage zur Hauptverhandlung nur unter dem rechtlichen Gesichtspunkt einer Ordnungswidrigkeit zu, so sind in dem weiteren Verfahren die besonderen Vorschriften dieses Gesetzes anzuwenden.

§ 83
Verfahren bei Ordnungswidrigkeiten und Straftaten

(1) Hat das Verfahren Ordnungswidrigkeiten und Straftaten zum Gegenstand und werden einzelne Taten nur als Ordnungswidrigkeiten verfolgt, so gelten für das Verfahren wegen dieser Taten auch § 46 Abs. 3, 4, 5 Satz 2 und Abs. 7, die §§ 47, 49, 55, 76 bis 78, 79 Abs. 1 bis 3 sowie § 80.

(2) Wird in den Fällen des Absatzes 1 gegen das Urteil, soweit es nur Ordnungswidrigkeiten betrifft, Rechtsbeschwerde und im Übrigen Berufung eingelegt, so wird eine rechtzeitig und in der vorgeschriebenen Form eingelegte Rechtsbeschwerde, solange die Berufung nicht zurückgenommen oder als unzulässig verworfen ist, als Berufung behandelt. Die Beschwerdeanträge und deren Begründung sind gleichwohl in der vorgeschriebenen Form anzubringen und dem Gegner zuzustellen (§§ 344 bis 347 der Strafprozessordnung); einer Zulassung nach § 79 Abs. 1 Satz 2 bedarf es jedoch nicht. Gegen das Berufungsurteil ist die Rechtsbeschwerde nach § 79 Abs. 1 und 2 sowie § 80 zulässig.

(3) Hebt das Beschwerdegericht das Urteil auf, soweit es nur Ordnungswidrigkeiten betrifft, so kann es in der Sache selbst entscheiden.

Siebenter Abschnitt
Rechtskraft und Wiederaufnahme des Verfahrens

§ 84
Wirkung der Rechtskraft

(1) Ist der Bußgeldbescheid rechtskräftig geworden oder hat das Gericht über die Tat als Ordnungswidrigkeit oder als Straftat rechtskräftig entschieden, so kann dieselbe Tat nicht mehr als Ordnungswidrigkeit verfolgt werden.

(2) Das rechtskräftige Urteil über die Tat als Ordnungswidrigkeit steht auch ihrer Verfolgung als Straftat entgegen. Dem rechtskräftigen Urteil stehen der Beschluss nach § 72 und der Beschluss des Beschwerdegerichts über die Tat als Ordnungswidrigkeit gleich.

§ 85
Wiederaufnahme des Verfahrens

(1) Für die Wiederaufnahme eines durch rechtskräftige Bußgeldentscheidung abgeschlossenen Verfahrens gelten die §§ 359 bis 373a der Strafprozessordnung entsprechend, soweit die nachstehenden Vorschriften nichts anderes bestimmen.

(2) Die Wiederaufnahme des Verfahrens zugunsten des Betroffenen, die auf neue Tatsachen oder Beweismittel gestützt wird (§ 359 Nr. 5 der Strafprozessordnung), ist nicht zulässig, wenn

1. gegen den Betroffenen lediglich eine Geldbuße bis zu zweihundertfünfzig Euro festgesetzt ist oder
2. seit Rechtskraft der Bußgeldentscheidung drei Jahre verstrichen sind.

Satz 1 Nr. 1 gilt entsprechend, wenn eine Nebenfolge vermögensrechtlicher Art angeordnet ist, deren Wert zweihundertfünfzig Euro nicht übersteigt.

(3) Die Wiederaufnahme des Verfahrens zuungunsten des Betroffenen ist unter den Voraussetzungen des § 362 der Strafprozessordnung nur zu dem Zweck zulässig, die Verurteilung nach einem Strafgesetz herbeizuführen. Zu diesem Zweck ist sie auch zulässig, wenn neue Tatsachen oder Beweismittel beigebracht sind, die allein oder in Verbindung mit den früher erhobenen Beweisen geeignet sind, die Verurteilung des Betroffenen wegen eines Verbrechens zu begründen.

(4) Im Wiederaufnahmeverfahren gegen den Bußgeldbescheid entscheidet das nach § 68 zuständige Gericht. Wird ein solches Wiederaufnahmeverfahren von dem Betroffenen beantragt oder werden der Verwaltungsbehörde Umstände bekannt, die eine Wiederaufnahme des Verfahrens zulassen, so übersendet sie die Akten der Staatsanwaltschaft. § 69 Abs. 4 Satz 1 gilt entsprechend.

§ 86
Aufhebung des Bußgeldbescheides im Strafverfahren

(1) Ist gegen den Betroffenen ein Bußgeldbescheid ergangen und wird er später wegen derselben Handlung in einem Strafverfahren verurteilt, so wird der Bußgeldbescheid insoweit aufgehoben. Dasselbe gilt, wenn es im Strafverfahren nicht zu einer Verurteilung kommt, jedoch die Feststellungen, die das Gericht in der abschließenden Entscheidung trifft, dem Bußgeldbescheid entgegenstehen.

(2) Geldbeträge, die auf Grund des aufgehobenen Bußgeldbescheides gezahlt oder beigetrieben worden sind, werden zunächst auf eine erkannte Geldstrafe, dann auf angeordnete Nebenfolgen, die zu einer Geldzahlung verpflichten, und zuletzt auf die Kosten des Strafverfahrens angerechnet.

(3) Die Entscheidungen nach den Absätzen 1 und 2 werden in dem Urteil oder in der sonstigen abschließenden Entscheidung getroffen.

Achter Abschnitt
Verfahren bei Anordnung von Nebenfolgen oder der Festsetzung einer Geldbuße gegen eine juristische Person oder Personenvereinigung

§ 87
Anordnung der Einziehung

(1) Hat die Verwaltungsbehörde im Bußgeldverfahren über die Einziehung eines Gegenstandes zu entscheiden, so ist sie auch für die Anordnung der Verfahrensbeteiligung, die

Beiordnung eines Rechtsanwalts oder einer anderen Person, die als Verteidiger bestellt werden darf, und die Entscheidung über die Entschädigung zuständig (§§ 424, 425, 428 Absatz 2, § 430 Absatz 3, § 438 Absatz 1 und 2 der Strafprozessordnung); § 60 Satz 2 gilt entsprechend.

(2) Vom Erlass des Bußgeldbescheides an hat der Einziehungsbeteiligte, soweit das Gesetz nichts anderes bestimmt, die Befugnisse, die einem Betroffenen zustehen. Ihm wird der Bußgeldbescheid, in dem die Einziehung angeordnet wird, zugestellt. Zugleich wird er darauf hingewiesen, daß über die Einziehung auch ihm gegenüber entschieden ist.

(3) Im selbständigen Verfahren wird die Einziehung in einem selbständigen Einziehungsbescheid angeordnet; § 66 Abs. 1, Abs. 2 Nr. 1 Buchstabe a und Abs. 3 gilt entsprechend. Der Einziehungsbescheid steht einem Bußgeldbescheid gleich. Zuständig ist die Verwaltungsbehörde, die im Falle der Verfolgung einer bestimmten Person zuständig wäre; örtlich zuständig ist auch die Verwaltungsbehörde, in deren Bezirk der Gegenstand sichergestellt worden ist.

(4) Das Nachverfahren (§ 433 der Strafprozessordnung) gegen einen Bußgeldbescheid ist bei der Verwaltungsbehörde zu beantragen, welche die Einziehung angeordnet hat. Die Entscheidung trifft das nach § 68 zuständige Gericht. Die Verwaltungsbehörde übersendet die Akten der Staatsanwaltschaft, die sie dem Gericht vorlegt; § 69 Abs. 4 Satz 1 gilt entsprechend.

(5) Die Entscheidung des Gerichts über die Einziehung eines Gegenstandes, dessen Wert zweihundertfünfzig Euro nicht übersteigt, ist nicht anfechtbar.

(6) Absatz 2 Satz 3, Absatz 3 Satz 3 zweiter Halbsatz und Absatz 4 gelten nicht im Verfahren bei Anordnung der Einziehung nach § 29a.

§ 88

Festsetzung der Geldbuße gegen juristische Personen und Personenvereinigungen

(1) Hat die Verwaltungsbehörde im Bußgeldverfahren über die Festsetzung einer Geldbuße gegen eine juristische Person oder eine Personenvereinigung zu entscheiden (§ 30), so ist sie auch für die Anordnung der Verfahrensbeteiligung und die Beiordnung eines Rechtsanwalts oder einer anderen Person, die als Verteidiger bestellt werden darf, zuständig (§ 444 Abs. 1, § 428 Absatz 2 der Strafprozessordnung); § 60 Satz 2 gilt entsprechend.

(2) Im selbständigen Verfahren setzt die Verwaltungsbehörde die Geldbuße in einem selbständigen Bußgeldbescheid fest. Zuständig ist die Verwaltungsbehörde, die im Falle der Verfolgung einer bestimmten Person zuständig wäre; örtlich zuständig ist auch die Verwaltungsbehörde, in deren Bezirk die juristische Person oder Personenvereinigung ihren Sitz oder eine Zweigniederlassung hat.

(3) § 87 Abs. 2 Satz 1 und 2 sowie Abs. 5 gilt entsprechend.

Neunter Abschnitt

Vollstreckung der Bußgeldentscheidungen

§ 89

Vollstreckbarkeit der Bußgeldentscheidungen

Bußgeldentscheidungen sind vollstreckbar, wenn sie rechtskräftig geworden sind.

§ 90
Vollstreckung des Bußgeldbescheides

(1) Der Bußgeldbescheid wird, soweit das Gesetz nichts anderes bestimmt, nach den Vorschriften des Verwaltungs-Vollstreckungsgesetzes vom 27. April 1953 (BGBl. I S. 157) in der jeweils geltenden Fassung vollstreckt, wenn eine Verwaltungsbehörde des Bundes den Bußgeldbescheid erlassen hat, sonst nach den entsprechenden landesrechtlichen Vorschriften.

(2) Die Geldbußen fließen, soweit das Gesetz nichts anderes bestimmt, in die Bundeskasse, wenn eine Verwaltungsbehörde des Bundes den Bußgeldbescheid erlassen hat, sonst in die Landeskasse. Satz 1 gilt für Nebenfolgen, die zu einer Geldzahlung verpflichten, entsprechend.

(3) Ist die Einziehung eines Gegenstandes oder Unbrauchbarmachung einer Sache angeordnet worden, so wird die Anordnung dadurch vollstreckt, daß die Sache dem Betroffenen oder dem Einziehungsbeteiligten weggenommen wird. Wird die Sache bei diesen Personen nicht vorgefunden, so haben sie auf Antrag der Verwaltungsbehörde bei dem Amtsgericht eine eidesstattliche Versicherung über den Verbleib der Sache abzugeben. § 883 Abs. 2 und 3 der Zivilprozessordnung gilt entsprechend.

(4) Absatz 1 gilt für die Vollstreckung eines von der Verwaltungsbehörde festgesetzten Ordnungsgeldes entsprechend.

§ 91
Vollstreckung der gerichtlichen Bußgeldentscheidung

Für die Vollstreckung der gerichtlichen Bußgeldentscheidung gelten § 451 Abs. 1 und 2, die §§ 459 und 459g Abs. 1 sowie Abs. 2 in Verbindung mit § 459 der Strafprozessordnung, im Verfahren gegen Jugendliche und Heranwachsende auch § 82 Abs. 1, § 83 Abs. 2 sowie die §§ 84 und 85 Abs. 5 des Jugendgerichtsgesetzes sinngemäß.

§ 92
Vollstreckungsbehörde

Vollstreckungsbehörde im Sinne der nachfolgenden Vorschriften dieses Abschnitts ist in den Fällen des § 90 die Verwaltungsbehörde, die den Bußgeldbescheid erlassen hat, sonst die Stelle, der nach § 91 die Vollstreckung obliegt.

§ 93
Zahlungserleichterungen

(1) Nach Rechtskraft der Bußgeldentscheidung entscheidet über die Bewilligung von Zahlungserleichterungen (§ 18) die Vollstreckungsbehörde.

(2) Die Vollstreckungsbehörde kann eine Entscheidung über Zahlungserleichterungen nach Absatz 1 oder nach § 18 nachträglich ändern oder aufheben. Dabei darf sie von einer vorausgegangenen Entscheidung zum Nachteil des Betroffenen nur auf Grund neuer Tatsachen oder Beweismittel abweichen.

(3) Für Entscheidungen über Zahlungserleichterungen gilt § 66 Abs. 2 Nr. 2 und 3 sinngemäß. Die Entscheidung erstreckt sich auch auf die Kosten des Verfahrens; sie kann auch allein hinsichtlich der Kosten getroffen werden.

(4) Entfällt die Vergünstigung nach § 18 Satz 2, die Geldbuße in bestimmten Teilbeträgen zu zahlen, so wird dies in den Akten vermerkt. Die Vollstreckungsbehörde kann dem Betroffenen erneut eine Zahlungserleichterung bewilligen.

§ 94
Verrechnung von Teilbeträgen

Teilbeträge werden, wenn der Betroffene bei der Zahlung keine Bestimmung trifft, zunächst auf die Geldbuße, dann auf die etwa angeordneten Nebenfolgen, die zu einer Geldzahlung verpflichten, und zuletzt auf die Kosten des Verfahrens angerechnet.

§ 95
Beitreibung der Geldbuße

(1) Die Geldbuße oder der Teilbetrag einer Geldbuße wird vor Ablauf von zwei Wochen nach Eintritt der Fälligkeit nur beigetrieben, wenn auf Grund bestimmter Tatsachen erkennbar ist, daß sich der Betroffene der Zahlung entziehen will.

(2) Ergibt sich, daß dem Betroffenen nach seinen wirtschaftlichen Verhältnissen die Zahlung in absehbarer Zeit nicht möglich ist, so kann die Vollstreckungsbehörde anordnen, daß die Vollstreckung unterbleibt.

§ 96
Anordnung von Erzwingungshaft

(1) Nach Ablauf der in § 95 Abs. 1 bestimmten Frist kann das Gericht auf Antrag der Vollstreckungsbehörde oder, wenn ihm selbst die Vollstreckung obliegt, von Amts wegen Erzwingungshaft anordnen, wenn

1. die Geldbuße oder der bestimmte Teilbetrag einer Geldbuße nicht gezahlt ist,
2. der Betroffene seine Zahlungsunfähigkeit nicht dargetan hat (§ 66 Abs. 2 Nr. 2 Buchstabe b),
3. er nach § 66 Abs. 2 Nr. 3 belehrt ist und
4. keine Umstände bekannt sind, welche seine Zahlungsunfähigkeit ergeben.

(2) Ergibt sich, daß dem Betroffenen nach seinen wirtschaftlichen Verhältnissen nicht zuzumuten ist, den zu zahlenden Betrag der Geldbuße sofort zu entrichten, so bewilligt das Gericht eine Zahlungserleichterung oder überlässt die Entscheidung darüber der Vollstreckungsbehörde. Eine bereits ergangene Anordnung der Erzwingungshaft wird aufgehoben.

(3) Die Dauer der Erzwingungshaft wegen einer Geldbuße darf sechs Wochen, wegen mehrerer in einer Bußgeldentscheidung festgesetzter Geldbußen drei Monate nicht übersteigen. Sie wird, auch unter Berücksichtigung des zu zahlenden Betrages der Geldbuße, nach Tagen bemessen und kann nachträglich nicht verlängert, jedoch abgekürzt werden. Wegen desselben Betrages darf die Erzwingungshaft nicht wiederholt werden.

§ 97
Vollstreckung der Erzwingungshaft

(1) Für die Vollstreckung der Erzwingungshaft gilt § 451 Abs. 1 und 2 der Strafprozessordnung, im Verfahren gegen Jugendliche und Heranwachsende gelten auch § 82 Abs. 1, § 83 Abs. 2 sowie die §§ 84 und 85 Abs. 5 des Jugendgerichtsgesetzes sinngemäß.

(2) Der Betroffene kann die Vollstreckung der Erzwingungshaft jederzeit dadurch abwenden, daß er den zu zahlenden Betrag der Geldbuße entrichtet.

(3) Macht der Betroffene nach Anordnung der Erzwingungshaft geltend, daß ihm nach seinen wirtschaftlichen Verhältnissen nicht zuzumuten ist, den zu zahlenden Betrag der

Geldbuße sofort zu entrichten, so wird dadurch die Vollziehung der Anordnung nicht gehemmt. Das Gericht kann jedoch die Vollziehung aussetzen.

§ 98
Vollstreckung gegen Jugendliche und Heranwachsende

(1) Wird die gegen einen Jugendlichen festgesetzte Geldbuße auch nach Ablauf der in § 95 Abs. 1 bestimmten Frist nicht gezahlt, so kann der Jugendrichter auf Antrag der Vollstreckungsbehörde oder, wenn ihm selbst die Vollstreckung obliegt, von Amts wegen dem Jugendlichen auferlegen, an Stelle der Geldbuße

1. Arbeitsleistungen zu erbringen,
2. nach Kräften den durch die Handlung verursachten Schaden wiedergutzumachen,
3. bei einer Verletzung von Verkehrsvorschriften an einem Verkehrsunterricht teilzunehmen,
4. sonst eine bestimmte Leistung zu erbringen,

wenn die Bewilligung einer Zahlungserleichterung, die Beitreibung der Geldbuße oder die Anordnung der Erzwingungshaft nicht möglich oder angebracht erscheint. Der Jugendrichter kann die Anordnungen nach Satz 1 nebeneinander treffen und nachträglich ändern.

(2) Kommt der Jugendliche einer Anordnung nach Absatz 1 schuldhaft nicht nach und zahlt er auch nicht die Geldbuße, so kann Jugendarrest (§ 16 Jugendgerichtsgesetz) gegen ihn verhängt werden, wenn er entsprechend belehrt worden ist. Hiernach verhängter Jugendarrest darf bei einer Bußgeldentscheidung eine Woche nicht übersteigen. Vor der Verhängung von Jugendarrest ist dem Jugendlichen Gelegenheit zur mündlichen Äußerung vor dem Richter zu geben.

(3) Wegen desselben Betrags darf Jugendarrest nicht wiederholt angeordnet werden. Der Richter sieht von der Vollstreckung des Jugendarrests ab, wenn der Jugendliche nach Verhängung der Weisung nachkommt oder die Geldbuße zahlt. Ist Jugendarrest vollstreckt worden, so kann der Jugendrichter die Vollstreckung der Geldbuße ganz oder zum Teil für erledigt erklären.

(4) Die Absätze 1 bis 3 gelten auch für die Vollstreckung der gegen einen Heranwachsenden festgesetzten Geldbuße.

§ 99
Vollstreckung von Nebenfolgen, die zu einer Geldzahlung verpflichten

(1) Für die Vollstreckung von Nebenfolgen, die zu einer Geldzahlung verpflichten, gelten die §§ 93 und 95 entsprechend, für die Vollstreckung der Geldbuße gegen eine juristische Person oder eine Personenvereinigung gelten auch die §§ 94, 96 und 97.

(2) Ist die Einziehung eines Geldbetrages (§ 29a) rechtskräftig angeordnet worden und legt der Betroffene oder der Einziehungsbeteiligte eine rechtskräftige Entscheidung vor, in der gegen ihn wegen der mit Geldbuße bedrohten Handlung ein dem Verletzten erwachsener Anspruch festgestellt ist, so ordnet die Vollstreckungsbehörde an, daß die Anordnung der Einziehung insoweit nicht mehr vollstreckt wird. Ist der eingezogene Geldbetrag bereits gezahlt oder beigetrieben worden und wird die Zahlung auf Grund der rechtskräftigen Entscheidung an den Verletzten nachgewiesen, so ordnet die Vollstreckungsbehörde insoweit die Rückerstattung an den Betroffenen oder den Einziehungsbeteiligten an.

§ 100
Nachträgliche Entscheidungen über die Einziehung

(1) Über die Aufhebung des Vorbehalts der Einziehung und die nachträgliche Anordnung der Einziehung eines Gegenstandes oder des Wertersatzes (§ 24 Abs. 2 Satz 3, § 25 Abs. 4) entscheidet

1. die Verwaltungsbehörde, die den Bußgeldbescheid erlassen hat,
2. bei einer gerichtlichen Bußgeldentscheidung das Gericht.

(2) Gegen die nachträgliche Anordnung der Einziehung ist in den Fällen des Absatzes 1 Nr. 1 innerhalb von zwei Wochen nach Zustellung des Bescheides der Antrag auf gerichtliche Entscheidung nach § 62 zulässig. Gegen die Entscheidung des Gerichts ist sofortige Beschwerde zulässig, wenn der Wert des Beschwerdegegenstandes zweihundertfünfzig Euro übersteigt.

§ 101
Vollstreckung in den Nachlass

In den Nachlass des Betroffenen darf eine Geldbuße nicht vollstreckt werden.

§ 102
Nachträgliches Strafverfahren

(1) Wird nach Rechtskraft des Bußgeldbescheides wegen derselben Handlung die öffentliche Klage erhoben, so soll die Vollstreckungsbehörde die Vollstreckung des Bußgeldbescheides insoweit aussetzen.

(2) Sind die Entscheidungen nach § 86 Abs. 1 und 2 im Strafverfahren unterblieben, so sind sie von dem Gericht nachträglich zu treffen.

§ 103
Gerichtliche Entscheidung

(1) Über Einwendungen gegen

1. die Zulässigkeit der Vollstreckung,
2. die von der Vollstreckungsbehörde nach §§ 93, 99 Abs. 2 und § 102 Abs. 1 getroffenen Anordnungen,
3. die sonst bei der Vollstreckung eines Bußgeldbescheides getroffenen Maßnahmen

entscheidet das Gericht.

(2) Durch Einwendungen nach Absatz 1 wird die Vollstreckung nicht gehemmt. Das Gericht kann jedoch die Vollstreckung aussetzen.

§ 104
Verfahren bei gerichtlicher Entscheidung

(1) Die bei der Vollstreckung notwendig werdenden gerichtlichen Entscheidungen werden erlassen

1. von dem nach § 68 zuständigen Gericht, wenn ein Bußgeldbescheid zu vollstrecken ist,
2. von dem Gericht des ersten Rechtszuges, wenn eine gerichtliche Bußgeldentscheidung zu vollstrecken ist,

3. von dem Jugendrichter, dem die Vollstreckung einer gerichtlichen Bußgeldentscheidung obliegt, soweit nicht eine Entscheidung nach § 100 Abs. 1 Nr. 2 zu treffen ist,
4. von dem Gericht des ersten Rechtszuges im Strafverfahren, wenn eine Entscheidung nach § 102 Abs. 2 zu treffen ist.

(2) Die Entscheidung ergeht ohne mündliche Verhandlung. Vor der Entscheidung ist den Beteiligten Gelegenheit zu geben, Anträge zu stellen und zu begründen.

(3) Die sofortige Beschwerde ist zulässig gegen die

1. Anordnung der Erzwingungshaft und die Verhängung des Jugendarrestes,
2. nachträgliche Entscheidung über die Einziehung (§ 100 Abs. 1 Nr. 2),
3. gerichtliche Entscheidung in den Fällen des § 103 Abs. 1 Nr. 2 in Verbindung mit § 99 Abs. 2;

dies gilt in den Fällen der Nummern 2 und 3 jedoch nur dann, wenn der Wert des Beschwerdegegenstandes zweihundertfünfzig Euro übersteigt. In den übrigen Fällen ist die Entscheidung nicht anfechtbar.

Zehnter Abschnitt
Kosten

I.
Verfahren der Verwaltungsbehörde

§ 105
Kostenentscheidung

(1) Im Verfahren der Verwaltungsbehörde gelten § 464 Abs. 1 und 2, § 464a, § 464c, soweit die Kosten für Gebärdensprachdolmetscher betroffen sind, die §§ 464d, 465, 466, 467a Abs. 1 und 2, § 469 Abs. 1 und 2 sowie die §§ 470, 472b und 473 Abs. 7 der Strafprozessordnung sinngemäß, im Verfahren gegen Jugendliche und Heranwachsende ferner § 74 des Jugendgerichtsgesetzes.

(2) Die notwendigen Auslagen, die nach Absatz 1 in Verbindung mit § 465 Abs. 2, § 467a Abs. 1 und 2 sowie den §§ 470 und 472b der Strafprozessordnung die Staatskasse zu tragen hat, werden, soweit das Gesetz nichts anderes bestimmt, der Bundeskasse auferlegt, wenn eine Verwaltungsbehörde des Bundes das Verfahren durchführt, sonst der Landeskasse.

§ 106
Kostenfestsetzung

(1) Die Höhe der Kosten und Auslagen, die ein Beteiligter einem anderen zu erstatten hat, wird auf Antrag durch die Verwaltungsbehörde festgesetzt. Auf Antrag ist auszusprechen, daß die festgesetzten Kosten und Auslagen von der Anbringung des Festsetzungsantrages an entsprechend § 104 Abs. 1 Satz 2 der Zivilprozessordnung zu verzinsen sind. Dem Festsetzungsantrag sind eine Berechnung der dem Antragsteller entstandenen Kosten, eine zur Mitteilung an den anderen Beteiligten bestimmte Abschrift und die Belege zur Rechtfertigung der einzelnen Ansätze beizufügen. Zur Berücksichtigung eines Ansatzes genügt es, daß er glaubhaft gemacht ist. Hinsichtlich der einem Rechtsanwalt erwachsenen Auslagen für Post- und Telekommunikationsdienstleistungen genügt die Versicherung des Rechtsanwalts, daß die Auslagen entstanden sind.

(2) Für die Zwangsvollstreckung aus dem Kostenfestsetzungsbescheid gelten die Vorschriften der Zivilprozessordnung über die Zwangsvollstreckung aus Kostenfestsetzungsbeschlüssen sinngemäß. Die Zwangsvollstreckung ist erst zulässig, wenn der Kostenfestsetzungsbescheid unanfechtbar geworden ist. Die vollstreckbare Ausfertigung wird vom Urkundsbeamten der Geschäftsstelle des nach § 68 zuständigen Gerichts erteilt.

§ 107
Gebühren und Auslagen

(1) Im Verfahren der Verwaltungsbehörde bemisst sich die Gebühr nach der Geldbuße, die gegen den Betroffenen im Bußgeldbescheid festgesetzt ist. Wird gegen eine juristische Person oder eine Personenvereinigung eine Geldbuße nach § 30 festgesetzt, so ist von der juristischen Person oder der Personenvereinigung eine Gebühr zu erheben, die sich nach der gegen sie festgesetzten Geldbuße bemisst. Als Gebühr werden bei der Festsetzung einer Geldbuße fünf vom Hundert des Betrages der festgesetzten Geldbuße erhoben, jedoch mindestens 25 Euro und höchstens 7 500 Euro.

(2) Hat die Verwaltungsbehörde im Falle des § 25a des Straßenverkehrsgesetzes eine abschließende Entscheidung getroffen, so beträgt die Gebühr 20 Euro.

(3) Als Auslagen werden erhoben

1. Entgelte für Telegramme;
2. für jede Zustellung mit Zustellungsurkunde, Einschreiben gegen Rückschein oder durch Bedienstete der Verwaltungsbehörde pauschal 3,50 Euro;
3. (aufgehoben)
4. Auslagen für öffentliche Bekanntmachungen; Auslagen werden nicht erhoben für die Bekanntmachung in einem elektronischen Informations- und Kommunikationssystem, wenn das Entgelt nicht für den Einzelfall oder nicht für ein einzelnes Verfahren berechnet wird;
5. nach dem Justizvergütungs- und -entschädigungsgesetz zu zahlende Beträge, und zwar auch dann, wenn aus Gründen der Gegenseitigkeit, der Verwaltungsvereinfachung oder aus vergleichbaren Gründen keine Zahlungen zu leisten sind; ist aufgrund des § 1 Abs. 2 Satz 2 des Justizvergütungs- und -entschädigungsgesetzes keine Vergütung zu zahlen, ist der Betrag zu erheben, der ohne diese Vorschrift zu zahlen wäre; sind die Auslagen durch verschiedene Rechtssachen veranlasst, werden sie auf die einzelnen Rechtssachen angemessen verteilt; Auslagen für Übersetzer, die zur Erfüllung der Rechte blinder oder sehbehinderter Personen herangezogen werden (§ 191a Abs. 1 des Gerichtsverfassungsgesetzes), sowie für Sachverständige, die durch die Untersuchung eines Beschuldigten nach § 43 Absatz 2 des Jugendgerichtsgesetzes entstanden sind, werden nicht, Auslagen für Gebärdensprachdolmetscher werden nur entsprechend den §§ 464c, 467a Abs. 1 Satz 2 in Verbindung mit § 467 Abs. 2 Satz 1 der Strafprozessordnung erhoben;
6. bei Geschäften außerhalb der Dienststelle
   a) die den Bediensteten der Verwaltungsbehörde aufgrund gesetzlicher Vorschriften gewährte Vergütung (Reisekosten, Auslagenersatz),
   b) die Auslagen für die Bereitstellung von Räumen,
   c) für den Einsatz von Dienstkraftfahrzeugen für jeden gefahrenen Kilometer von 0,30 Euro;

   sind die Auslagen durch verschiedene Rechtssachen veranlasst, werden sie auf die einzelnen Rechtssachen angemessen verteilt;
7. an Rechtsanwälte zu zahlende Beträge;

8. Auslagen für die Beförderung von Personen;
9. Beträge, die mittellosen Personen für die Reise zum Ort einer Verhandlung, Vernehmung oder Untersuchung und für die Rückreise gezahlt werden, bis zur Höhe der nach dem Justizvergütungs- und -entschädigungsgesetz an Zeugen zu zahlenden Beträge;
10. an Dritte zu zahlende Beträge für
    a) die Beförderung von Tieren und Sachen mit Ausnahme der für Postdienstleistungen zu zahlenden Entgelte, die Verwahrung von Tieren und Sachen sowie die Fütterung von Tieren;
    b) die Durchsuchung oder Untersuchung von Räumen und Sachen einschließlich der die Durchsuchung oder Untersuchung vorbereitenden Maßnahmen;
    c) die Bewachung von Schiffen und Luftfahrzeugen;
11. Kosten einer Erzwingungshaft;
12. nach § 12 des Bundesgebührengesetzes, dem 5. Abschnitt des Konsulargesetzes und der Besonderen Gebührenverordnung des Auswärtigen Amts nach § 22 Absatz 4 des Bundesgebührengesetzes im Rahmen der Amtshilfe zu zahlende Beträge;
13. Gebühren, die an deutsche Behörden für die Erfüllung von deren eigenen Aufgaben zu zahlen sind, und Beträge, die diesen Behörden, öffentlichen Einrichtungen oder deren Bediensteten als Ersatz für Auslagen der in den Nummern 1 bis 11 bezeichneten Art zustehen, und zwar auch dann, wenn aus Gründen der Gegenseitigkeit, der Verwaltungsvereinfachung oder aus vergleichbaren Gründen keine Zahlungen zu leisten sind; die Auslagen sind in ihrer Höhe durch die Höchstsätze für die bezeichneten Auslagen begrenzt;
14. Beträge, die ausländischen Behörden, Einrichtungen oder Personen im Ausland zustehen, sowie Kosten des Amts- und Rechtshilfeverkehrs mit dem Ausland, und zwar auch dann, wenn aus Gründen der Gegenseitigkeit, der Verwaltungsvereinfachung oder aus vergleichbaren Gründen keine Zahlungen zu leisten sind.

(4) Hat eine Verwaltungsbehörde des Bundes den Bußgeldbescheid erlassen, so sind für die Niederschlagung der Kosten bei unrichtiger Sachbehandlung sowie die Niederschlagung, den Erlass, die Verjährung und die Erstattung von Kosten § 14 Abs. 2 sowie die §§ 19 bis 21 des Verwaltungskostengesetzes vom 23. Juni 1970 (BGBl. I S. 821) in der bis zum 14. August 2013 geltenden Fassung anzuwenden, sonst die entsprechenden landesrechtlichen Vorschriften.

(5) Von demjenigen, der die Versendung von Akten beantragt, werden je durchgeführte Sendung einschließlich der Rücksendung durch Behörden pauschal 12 Euro als Auslagen erhoben. Wird die Akte elektronisch geführt und erfolgt ihre Übermittlung elektronisch, wird eine Pauschale nicht erhoben.

§ 108
Rechtsbehelf und Vollstreckung

(1) Im Verfahren der Verwaltungsbehörde ist gegen den
1. selbständigen Kostenbescheid,
2. Kostenfestsetzungsbescheid (§ 106) und
3. Ansatz der Gebühren und Auslagen

der Antrag auf gerichtliche Entscheidung nach § 62 zulässig. In den Fällen der Nummern 1 und 2 ist der Antrag innerhalb von zwei Wochen nach Zustellung des Bescheides zu stellen; gegen die Entscheidung des Gerichts ist in den Fällen der Nummer 2 sofortige

Beschwerde zulässig, wenn der Wert des Beschwerdegegenstandes zweihundert Euro übersteigt.

(2) Für die Vollstreckung der Kosten des Bußgeldverfahrens gelten die §§ 89 und 90 Abs. 1 entsprechend.

II.

Verfahren der Staatsanwaltschaft

§ 108a

(1) Stellt die Staatsanwaltschaft nach Einspruch gegen den Bußgeldbescheid das Verfahren ein, bevor sie die Akten dem Gericht vorlegt, so trifft sie die Entscheidungen nach § 467a Abs. 1 und 2 der Strafprozessordnung.

(2) Gegen die Entscheidung der Staatsanwaltschaft kann innerhalb von zwei Wochen nach Zustellung gerichtliche Entscheidung beantragt werden; § 50 Abs. 2 sowie die §§ 52 und 62 Abs. 2 gelten entsprechend.

(3) Die Entscheidung über den Festsetzungsantrag (§ 464b Satz 1 der Strafprozessordnung) trifft der Urkundsbeamte der Geschäftsstelle der Staatsanwaltschaft. Über die Erinnerung gegen den Festsetzungsbeschluß des Urkundsbeamten der Geschäftsstelle entscheidet das nach § 68 zuständige Gericht.

III.

Verfahren über die Zulässigkeit des Einspruchs

§ 109

(1) Wird der Bescheid der Verwaltungsbehörde über die Verwerfung

1. des Einspruchs (§ 69 Abs. 1) oder
2. des Antrags auf Wiedereinsetzung in den vorigen Stand wegen Versäumung der Einspruchsfrist

im Verfahren nach § 62 aufgehoben, so gilt auch für die Kosten und Auslagen dieses Verfahrens die abschließende Entscheidung nach § 464 Abs. 1 und 2 der Strafprozessordnung.

(2) Wird der Einspruch des Betroffenen gegen den Bußgeldbescheid verworfen (§§ 70, 74 Abs. 2), so trägt er auch die Kosten des gerichtlichen Verfahrens.

IV.

Auslagen des Betroffenen

§ 109a

(1) War gegen den Betroffenen in einem Bußgeldbescheid wegen einer Tat lediglich eine Geldbuße bis zu zehn Euro festgesetzt worden, so gehören die Gebühren und Auslagen eines Rechtsanwalts nur dann zu den notwendigen Auslagen (§ 464a Abs. 2 Nr. 2 der Strafprozessordnung), wenn wegen der schwierigen Sach- oder Rechtslage oder der Bedeutung der Sache für den Betroffenen die Beauftragung eines Rechtsanwalts geboten war.

(2) Soweit dem Betroffenen Auslagen entstanden sind, die er durch ein rechtzeitiges Vorbringen entlastender Umstände hätte vermeiden können, kann davon abgesehen werden, diese der Staatskasse aufzuerlegen.

Elfter Abschnitt
Entschädigung für Verfolgungsmaßnahmen

§ 110

(1) Die Entscheidung über die Entschädigungspflicht für einen Vermögensschaden, der durch eine Verfolgungsmaßnahme im Bußgeldverfahren verursacht worden ist (§ 8 des Gesetzes über die Entschädigung für Strafverfolgungsmaßnahmen), trifft die Verwaltungsbehörde, wenn sie das Bußgeldverfahren abgeschlossen hat, in einem selbständigen Bescheid.

(2) Gegen den Bescheid ist innerhalb von zwei Wochen nach Zustellung der Antrag auf gerichtliche Entscheidung nach § 62 zulässig. Gegen die Entscheidung des Gerichts ist sofortige Beschwerde zulässig.

(3) Über den Anspruch auf Entschädigung (§ 10 des Gesetzes über die Entschädigung für Strafverfolgungsmaßnahmen) entscheidet in den Fällen des Absatzes 1 die Verwaltungsbehörde.

(4) Ersatzpflichtig ist (§ 15 des Gesetzes über die Entschädigung für Strafverfolgungsmaßnahmen) in den Fällen des Absatzes 1, soweit das Gesetz nichts anderes bestimmt, der Bund, wenn eine Verwaltungsbehörde des Bundes das Verfahren durchführt, sonst das Land.

Zwölfter Abschnitt
Aktenführung und Kommunikation im Verfahren

§ 110a
Elektronische Aktenführung; Verordnungsermächtigungen

(1) Die Akten können elektronisch geführt werden. Die Bundesregierung und die Landesregierungen bestimmen jeweils für ihren Bereich durch Rechtsverordnung den Zeitpunkt, von dem an die Akten elektronisch geführt werden. Sie können die Einführung der elektronischen Aktenführung dabei auf einzelne Gerichte oder Behörden oder auf allgemein bestimmte Verfahren beschränken und bestimmen, daß Akten, die in Papierform angelegt wurden, auch nach Einführung der elektronischen Aktenführung in Papierform weitergeführt werden; wird von der Beschränkungsmöglichkeit Gebrauch gemacht, kann in der Rechtsverordnung bestimmt werden, daß durch Verwaltungsvorschrift, die öffentlich bekanntzumachen ist, geregelt wird, in welchen Verfahren die Akten elektronisch zu führen sind. Die Ermächtigung kann durch Rechtsverordnung auf die zuständigen Bundes- oder Landesministerien übertragen werden.

(2) Die Bundesregierung und die Landesregierungen bestimmen jeweils für ihren Bereich durch Rechtsverordnung die für die elektronische Aktenführung geltenden organisatorischen und dem Stand der Technik entsprechenden technischen Rahmenbedingungen einschließlich der einzuhaltenden Anforderungen des Datenschutzes, der Datensicherheit und der Barrierefreiheit. Sie können die Ermächtigung durch Rechtsverordnung auf die zuständigen Bundes- oder Landesministerien übertragen.

(3) Die Bundesregierung bestimmt durch Rechtsverordnung mit Zustimmung des Bundesrates die für die Übermittlung elektronischer Akten zwischen Behörden und Gerichten geltenden Standards. Sie kann die Ermächtigung durch Rechtsverordnung ohne Zustimmung des Bundesrates auf die zuständigen Bundesministerien übertragen.

(4) Behörden im Sinne dieses Abschnitts sind die Staatsanwaltschaften und Verwaltungsbehörden einschließlich der Vollstreckungsbehörden sowie die Behörden des Polizeidienstes, soweit diese Aufgaben im Bußgeldverfahren wahrnehmen.

§ 110b

Elektronische Formulare; Verordnungsermächtigung

Die Bundesregierung kann durch Rechtsverordnung mit Zustimmung des Bundesrates elektronische Formulare einführen. Die Rechtsverordnung kann bestimmen, daß die in den Formularen enthaltenen Angaben ganz oder teilweise in strukturierter maschinenlesbarer Form zu übermitteln sind. Die Formulare sind auf einer in der Rechtsverordnung zu bestimmenden Kommunikationsplattform im Internet zur Nutzung bereitzustellen. Die Rechtsverordnung kann bestimmen, daß eine Identifikation des Formularverwenders abweichend von § 32a Absatz 3 der Strafprozessordnung durch Nutzung des elektronischen Identitätsnachweises nach § 18 des Personalausweisgesetzes, § 12 des eID-Karte-Gesetzes oder § 78 Absatz 5 des Aufenthaltsgesetzes erfolgen kann. Die Bundesregierung kann die Ermächtigung durch Rechtsverordnung ohne Zustimmung des Bundesrates auf die zuständigen Bundesministerien übertragen.

§ 110c

Entsprechende Geltung der Strafprozessordnung für Aktenführung und Kommunikation im Verfahren

Im Übrigen gelten die §§ 32a, 32b und 32d bis 32 f der Strafprozessordnung sowie die auf der Grundlage des § 32a Absatz 2 Satz 2 und Absatz 4 Satz 1 Nummer 6, des § 32b Absatz 5 und des § 32 f Absatz 6 der Strafprozessordnung erlassenen Rechtsverordnungen entsprechend. Abweichend von § 32b Absatz 1 Satz 2 der Strafprozessordnung ist bei der automatisierten Herstellung eines zu signierenden elektronischen Dokuments statt seiner die begleitende Verfügung zu signieren. Abweichend von § 32e Absatz 4 Satz 1 der Strafprozessordnung müssen Ausgangsdokumente nicht gespeichert oder aufbewahrt werden, wenn die übertragenen Dokumente zusätzlich einen mit einer qualifizierten elektronischen Signatur versehenen Vermerk darüber enthalten, daß das Ausgangsdokument mit dem zur Akte zu nehmenden Dokument inhaltlich und bildlich übereinstimmt.

§ 110d

(aufgehoben)

§ 110e

(aufgehoben)

DRITTER TEIL
EINZELNE ORDNUNGSWIDRIGKEITEN

Erster Abschnitt
Verstöße gegen staatliche Anordnungen

§ 111
Falsche Namensangabe

(1) Ordnungswidrig handelt, wer einer zuständigen Behörde, einem zuständigen Amtsträger oder einem zuständigen Soldaten der Bundeswehr über seinen Vor-, Familien- oder Geburtsnamen, den Ort oder Tag seiner Geburt, seinen Familienstand, seinen Beruf, seinen Wohnort, seine Wohnung oder seine Staatsangehörigkeit eine unrichtige Angabe macht oder die Angabe verweigert.

(2) Ordnungswidrig handelt auch der Täter, der fahrlässig nicht erkennt, daß die Behörde, der Amtsträger oder der Soldat zuständig ist.

(3) Die Ordnungswidrigkeit kann, wenn die Handlung nicht nach anderen Vorschriften geahndet werden kann, in den Fällen des Absatzes 1 mit einer Geldbuße bis zu eintausend Euro, in den Fällen des Absatzes 2 mit einer Geldbuße bis zu fünfhundert Euro geahndet werden.

§ 112
Verletzung der Hausordnung eines Gesetzgebungsorgans

(1) Ordnungswidrig handelt, wer gegen Anordnungen verstößt, die ein Gesetzgebungsorgan des Bundes oder eines Landes oder sein Präsident über das Betreten des Gebäudes des Gesetzgebungsorgans oder des dazugehörigen Grundstücks oder über das Verweilen oder die Sicherheit und Ordnung im Gebäude oder auf dem Grundstück allgemein oder im Einzelfall erlassen hat.

(2) Die Ordnungswidrigkeit kann mit einer Geldbuße bis zu fünftausend Euro geahndet werden.

(3) Die Absätze 1 und 2 gelten bei Anordnungen eines Gesetzgebungsorgans des Bundes oder seines Präsidenten weder für die Mitglieder des Bundestages noch für die Mitglieder des Bundesrates und der Bundesregierung sowie deren Beauftragte, bei Anordnungen eines Gesetzgebungsorgans eines Landes oder seines Präsidenten weder für die Mitglieder der Gesetzgebungsorgane dieses Landes noch für die Mitglieder der Landesregierung und deren Beauftragte.

§ 113
Unerlaubte Ansammlung

(1) Ordnungswidrig handelt, wer sich einer öffentlichen Ansammlung anschließt oder sich nicht aus ihr entfernt, obwohl ein Träger von Hoheitsbefugnissen die Menge dreimal rechtmäßig aufgefordert hat, auseinanderzugehen.

(2) Ordnungswidrig handelt auch der Täter, der fahrlässig nicht erkennt, daß die Aufforderung rechtmäßig ist.

(3) Die Ordnungswidrigkeit kann in den Fällen des Absatzes 1 mit einer Geldbuße bis zu eintausend Euro, in den Fällen des Absatzes 2 mit einer Geldbuße bis zu fünfhundert Euro geahndet werden.

§ 114

Betreten militärischer Anlagen

(1) Ordnungswidrig handelt, wer vorsätzlich oder fahrlässig entgegen einem Verbot der zuständigen Dienststelle eine militärische Einrichtung oder Anlage oder eine Örtlichkeit betritt, die aus Sicherheitsgründen zur Erfüllung dienstlicher Aufgaben der Bundeswehr gesperrt ist.

(2) Die Ordnungswidrigkeit kann mit einer Geldbuße geahndet werden.

§ 115

Verkehr mit Gefangenen

(1) Ordnungswidrig handelt, wer unbefugt

1. einem Gefangenen Sachen oder Nachrichten übermittelt oder sich von ihm übermitteln lässt oder
2. sich mit einem Gefangenen, der sich innerhalb einer Vollzugsanstalt befindet, von außen durch Worte oder Zeichen verständigt.

(2) Gefangener ist, wer sich auf Grund strafgerichtlicher Entscheidung oder als vorläufig Festgenommener in behördlichem Gewahrsam befindet.

(3) Die Ordnungswidrigkeit und der Versuch einer Ordnungswidrigkeit können mit einer Geldbuße geahndet werden.

Zweiter Abschnitt

Verstöße gegen die öffentliche Ordnung

§ 116

Öffentliche Aufforderung zu Ordnungswidrigkeiten

(1) Ordnungswidrig handelt, wer öffentlich, in einer Versammlung oder durch Verbreiten eines Inhalts (§ 11 Absatz 3 des Strafgesetzbuches) zu einer mit Geldbuße bedrohten Handlung auffordert.

(2) Die Ordnungswidrigkeit kann mit einer Geldbuße geahndet werden. Das Höchstmaß der Geldbuße bestimmt sich nach dem Höchstmaß der Geldbuße für die Handlung, zu der aufgefordert wird.

§ 117

Unzulässiger Lärm

(1) Ordnungswidrig handelt, wer ohne berechtigten Anlass oder in einem unzulässigen oder nach den Umständen vermeidbaren Ausmaß Lärm erregt, der geeignet ist, die Allgemeinheit oder die Nachbarschaft erheblich zu belästigen oder die Gesundheit eines anderen zu schädigen.

(2) Die Ordnungswidrigkeit kann mit einer Geldbuße bis zu fünftausend Euro geahndet werden, wenn die Handlung nicht nach anderen Vorschriften geahndet werden kann.

§ 118
Belästigung der Allgemeinheit

(1) Ordnungswidrig handelt, wer eine grob ungehörige Handlung vornimmt, die geeignet ist, die Allgemeinheit zu belästigen oder zu gefährden und die öffentliche Ordnung zu beeinträchtigen.

(2) Die Ordnungswidrigkeit kann mit einer Geldbuße geahndet werden, wenn die Handlung nicht nach anderen Vorschriften geahndet werden kann.

§ 119
Grob anstößige und belästigende Handlungen

(1) Ordnungswidrig handelt, wer

1. öffentlich in einer Weise, die geeignet ist, andere zu belästigen, oder
2. in grob anstößiger Weise dadurch, daß er einen Inhalt (§ 11 Absatz 3 des Strafgesetzbuches) verbreitet oder der Öffentlichkeit zugänglich macht,

Gelegenheit zu sexuellen Handlungen anbietet, ankündigt, anpreist oder Erklärungen solchen Inhalts bekannt gibt,

(2) Ordnungswidrig handelt auch, wer auf die in Absatz 1 bezeichnete Weise Mittel oder Gegenstände, die dem sexuellen Gebrauch dienen, anbietet, ankündigt, anpreist oder Erklärungen solchen Inhalts bekannt gibt.

(3) Ordnungswidrig handelt ferner, wer einen sexuellen Inhalt (§ 11 Absatz 3 des Strafgesetzbuches) an Orten der Öffentlichkeit zugänglich macht, an denen dies grob anstößig wirkt.

(4) Die Ordnungswidrigkeit kann in den Fällen des Absatzes 1 Nr. 1 mit einer Geldbuße bis zu eintausend Euro, in den übrigen Fällen mit einer Geldbuße bis zu zehntausend Euro geahndet werden.

§ 120
Verbotene Ausübung der Prostitution

(1) Ordnungswidrig handelt, wer einem durch Rechtsverordnung erlassenen Verbot, der Prostitution an bestimmten Orten überhaupt oder zu bestimmten Tageszeiten nachzugehen, zuwiderhandelt.

(2) Die Ordnungswidrigkeit kann mit einer Geldbuße geahndet werden.

§ 121
Halten gefährlicher Tiere

(1) Ordnungswidrig handelt, wer vorsätzlich oder fahrlässig

1. ein gefährliches Tier einer wildlebenden Art oder ein bösartiges Tier sich frei umherbewegen lässt oder
2. als Verantwortlicher für die Beaufsichtigung eines solchen Tieres es unterlässt, die nötigen Vorsichtsmaßnahmen zu treffen, um Schäden durch das Tier zu verhüten.

(2) Die Ordnungswidrigkeit kann mit einer Geldbuße geahndet werden.

§ 122
Vollrausch

(1) Wer sich vorsätzlich oder fahrlässig durch alkoholische Getränke oder andere berauschende Mittel in einen Rausch versetzt, handelt ordnungswidrig, wenn er in diesem Zustand eine mit Geldbuße bedrohte Handlung begeht und ihretwegen gegen ihn keine Geldbuße festgesetzt werden kann, weil er infolge des Rausches nicht vorwerfbar gehandelt hat oder weil dies nicht auszuschließen ist.

(2) Die Ordnungswidrigkeit kann mit einer Geldbuße geahndet werden. Die Geldbuße darf nicht höher sein als die Geldbuße, die für die im Rausch begangene Handlung angedroht ist.

§ 123
Einziehung; Unbrauchbarmachung

(1) Gegenstände, auf die sich eine Ordnungswidrigkeit nach § 119 bezieht, können eingezogen werden.

(2) Bei der Einziehung von Verkörperungen eines Inhalts (§ 11 Abs. 3 des Strafgesetzbuches) kann in den Fällen des § 119 Abs. 1 und 2 angeordnet werden, dass

1. sich die Einziehung auf alle Verkörperungen erstreckt und
2. die zur Herstellung gebrauchten oder bestimmten Vorrichtungen unbrauchbar gemacht werden,

soweit die Verkörperungen und Vorrichtungen sich im Besitz des Täters oder eines anderen befinden, für den der Täter gehandelt hat, oder von diesen Personen zur Verbreitung bestimmt sind. Eine solche Anordnung wird jedoch nur getroffen, soweit sie erforderlich ist, um Handlungen, die nach § 119 Abs. 1 oder 2 mit Geldbuße bedroht sind, zu verhindern. Für die Einziehung gilt § 27 Abs. 2, für die Unbrauchbarmachung gelten die §§ 27 und 28 entsprechend.

(3) In den Fällen des § 119 Abs. 2 gelten die Absätze 1 und 2 nur für das Werbematerial und die zu seiner Herstellung gebrauchten oder bestimmten Vorrichtungen.

Dritter Abschnitt
Missbrauch staatlicher oder staatlich geschützter Zeichen

§ 124
Benutzen von Wappen oder Dienstflaggen

(1) Ordnungswidrig handelt, wer unbefugt

1. das Wappen des Bundes oder eines Landes oder den Bundesadler oder den entsprechenden Teil eines Landeswappens oder
2. eine Dienstflagge des Bundes oder eines Landes benutzt.

(2) Den in Absatz 1 genannten Wappen, Wappenteilen und Flaggen stehen solche gleich, die ihnen zum Verwechseln ähnlich sind.

(3) Die Ordnungswidrigkeit kann mit einer Geldbuße geahndet werden.

§ 125
Benutzen des Roten Kreuzes oder des Schweizer Wappens

(1) Ordnungswidrig handelt, wer unbefugt das Wahrzeichen des roten Kreuzes auf weißem Grund oder die Bezeichnung „Rotes Kreuz" oder „Genfer Kreuz" benutzt.

(2) Ordnungswidrig handelt auch, wer unbefugt das Wappen der Schweizerischen Eidgenossenschaft benutzt.

(3) Den in den Absätzen 1 und 2 genannten Wahrzeichen, Bezeichnungen und Wappen stehen solche gleich, die ihnen zum Verwechseln ähnlich sind.

(4) Die Absätze 1 und 3 gelten für solche Wahrzeichen oder Bezeichnungen entsprechend, die nach Völkerrecht dem Wahrzeichen des roten Kreuzes auf weißem Grund oder der Bezeichnung „Rotes Kreuz" gleichstehen.

(5) Die Ordnungswidrigkeit kann mit einer Geldbuße geahndet werden.

§ 126
Missbrauch von Berufstrachten oder Berufsabzeichen

(1) Ordnungswidrig handelt, wer unbefugt

1. eine Berufstracht oder ein Berufsabzeichen für eine Tätigkeit in der Kranken- oder Wohlfahrtspflege trägt, die im Inland staatlich anerkannt oder genehmigt sind, oder
2. eine Berufstracht oder ein Berufsabzeichen einer religiösen Vereinigung trägt, die von einer Kirche oder einer anderen Religionsgesellschaft des öffentlichen Rechts anerkannt ist.

(2) Den in Absatz 1 genannten Trachten und Abzeichen stehen solche gleich, die ihnen zum Verwechseln ähnlich sind.

(3) Die Ordnungswidrigkeit kann mit einer Geldbuße geahndet werden.

§ 127
Herstellen oder Verwenden von Sachen, die zur Geld- oder Urkundenfälschung benutzt werden können

(1) Ordnungswidrig handelt, wer ohne schriftliche Erlaubnis der zuständigen Stelle oder des sonst dazu Befugten

1. Platten, Formen, Drucksätze, Druckstöcke, Negative, Matrizen, Computerprogramme, oder ähnliche Vorrichtungen, die ihrer Art nach geeignet sind zur Herstellung von
   a) Geld, diesem gleichstehenden Wertpapieren (§ 151 des Strafgesetzbuches), amtlichen Wertzeichen, Zahlungskarten im Sinne des § 152a Absatz 4 des Strafgesetzbuches, Schecks, Wechseln oder Zahlungskarten mit Garantiefunktion im Sinne des § 152b Absatz 4 des Strafgesetzbuches oder
   b) öffentlichen Urkunden oder Beglaubigungszeichen,
2. Vordrucke für öffentliche Urkunden oder Beglaubigungszeichen,
3. Papier, das einer solchen Papierart gleicht oder zum Verwechseln ähnlich ist, die zur Herstellung der in den Nummern 1 oder 2 bezeichneten Papiere bestimmt und gegen Nachahmung besonders gesichert ist, oder
4. Hologramme oder andere Bestandteile, die der Sicherung der in der Nummer 1 Buchstabe a bezeichneten Gegenstände gegen Fälschung dienen,

herstellt, sich oder einem anderen verschafft, feilhält, verwahrt, einem anderen überlässt, einführt oder ausführt.

(2) Ordnungswidrig handelt auch der Täter, der fahrlässig nicht erkennt, daß eine schriftliche Erlaubnis der zuständigen Stelle oder des sonst dazu Befugten nicht vorliegt.

(3) Absatz 1 gilt auch für Geld, Wertpapiere, Wertzeichen, Urkunden, Beglaubigungszeichen, Zahlungskarten im Sinne des § 152a Absatz 4 des Strafgesetzbuches, Schecks, Wechsel und Zahlungskarten mit Garantiefunktion im Sinne des § 152b Absatz 4 des Strafgesetzbuches aus einem fremden Währungsgebiet.

(4) Die Ordnungswidrigkeit kann in den Fällen des Absatzes 1 mit einer Geldbuße bis zu zehntausend Euro, in den Fällen des Absatzes 2 mit einer Geldbuße bis zu fünftausend Euro geahndet werden.

§ 128

Herstellen oder Verbreiten von papiergeldähnlichen Drucksachen oder Abbildungen

(1) Ordnungswidrig handelt, wer

1. Drucksachen oder Abbildungen herstellt oder verbreitet, die ihrer Art nach geeignet sind,
   a) im Zahlungsverkehr mit Papiergeld oder diesem gleichstehenden Wertpapieren (§ 151 des Strafgesetzbuches) verwechselt zu werden oder
   b) dazu verwendet zu werden, solche verwechslungsfähigen Papiere herzustellen, oder

2. Platten, Formen, Drucksätze, Druckstöcke, Negative, Matrizen, Computerprogramme, oder ähnliche Vorrichtungen, die ihrer Art nach zur Herstellung der in der Nummer 1 bezeichneten Drucksachen oder Abbildungen geeignet sind, herstellt, sich oder einem anderen verschafft, feilhält, verwahrt, einem anderen überlässt, einführt oder ausführt.

(2) Ordnungswidrig handelt auch der Täter, der fahrlässig nicht erkennt, daß die Eignung zur Verwechslung oder Herstellung im Sinne von Absatz 1 Nr. 1 gegeben ist.

(3) Absatz 1 gilt auch für Papiergeld und Wertpapiere eines fremden Währungsgebietes.

(4) Die Ordnungswidrigkeit kann in den Fällen des Absatzes 1 mit einer Geldbuße bis zu zehntausend Euro, in den Fällen des Absatzes 2 mit einer Geldbuße bis zu fünftausend Euro geahndet werden.

§ 129

Einziehung

Gegenstände, auf die sich eine Ordnungswidrigkeit nach den §§ 124, 126 bis 128 bezieht, können eingezogen werden.

Vierter Abschnitt

Verletzung der Aufsichtspflicht in Betrieben und Unternehmen

§ 130

(1) Wer als Inhaber eines Betriebes oder Unternehmens vorsätzlich oder fahrlässig die Aufsichtsmaßnahmen unterlässt, die erforderlich sind, um in dem Betrieb oder Unternehmen Zuwiderhandlungen gegen Pflichten zu verhindern, die den Inhaber treffen und

deren Verletzung mit Strafe oder Geldbuße bedroht ist, handelt ordnungswidrig, wenn eine solche Zuwiderhandlung begangen wird, die durch gehörige Aufsicht verhindert oder wesentlich erschwert worden wäre. Zu den erforderlichen Aufsichtsmaßnahmen gehören auch die Bestellung, sorgfältige Auswahl und Überwachung von Aufsichtspersonen.

(2) Betrieb oder Unternehmen im Sinne des Absatzes 1 ist auch das öffentliche Unternehmen.

(3) Die Ordnungswidrigkeit kann, wenn die Pflichtverletzung mit Strafe bedroht ist, mit einer Geldbuße bis zu einer Million Euro geahndet werden. § 30 Absatz 2 Satz 3 ist anzuwenden. Ist die Pflichtverletzung mit Geldbuße bedroht, so bestimmt sich das Höchstmaß der Geldbuße wegen der Aufsichtspflichtverletzung nach dem für die Pflichtverletzung angedrohten Höchstmaß der Geldbuße. Satz 3 gilt auch im Falle einer Pflichtverletzung, die gleichzeitig mit Strafe und Geldbuße bedroht ist, wenn das für die Pflichtverletzung angedrohte Höchstmaß der Geldbuße das Höchstmaß nach Satz 1 übersteigt.

Fünfter Abschnitt
Gemeinsame Vorschriften

§ 131

(1) Verwaltungsbehörde im Sinne des § 36 Abs. 1 Nr. 1 ist

1. bei Ordnungswidrigkeiten nach § 112, soweit es sich um Verstöße gegen Anordnungen
   a) des Bundestages oder seines Präsidenten handelt, der Direktor beim Deutschen Bundestag,
   b) des Bundesrates oder seines Präsidenten handelt, der Direktor des Bundesrates,
2. bei Ordnungswidrigkeiten nach § 114 das Bundesamt für Infrastruktur, Umweltschutz und Dienstleistungen der Bundeswehr,
3. bei Ordnungswidrigkeiten nach § 124, soweit es sich um ein Wappen oder eine Dienstflagge des Bundes handelt, das Bundesministerium des Innern, für Bau und Heimat,
4. bei Ordnungswidrigkeiten nach den §§ 127 und 128, soweit es sich um
   a) Wertpapiere des Bundes oder seiner Sondervermögen handelt, die Bundesanstalt für Finanzdienstleistungsaufsicht,
   b) Geld oder Papier zur Herstellung von Geld handelt, die Deutsche Bundesbank,
   c) amtliche Wertzeichen handelt, das Bundesministerium, zu dessen Geschäftsbereich die Herstellung oder Ausgabe der Wertzeichen gehört.

Satz 1 Nr. 4 Buchstaben a und c gilt auch bei Ordnungswidrigkeiten, die sich auf entsprechende Wertpapiere oder Wertzeichen eines fremden Währungsgebietes beziehen. In den Fällen des Satzes 1 Nr. 3 und 4 Buchstabe c gilt § 36 Abs. 3 entsprechend.

(2) In den Fällen der §§ 122 und 130 wird die Ordnungswidrigkeit nur auf Antrag oder mit Ermächtigung verfolgt, wenn die im Rausch begangene Handlung oder die Pflichtverletzung nur auf Antrag oder mit Ermächtigung verfolgt werden könnte.

(3) Für die Verfolgung von Ordnungswidrigkeiten nach den §§ 116, 122 und 130 gelten auch die Verfahrensvorschriften entsprechend, die bei der Verfolgung der Handlung, zu der aufgefordert worden ist, der im Rausch begangenen Handlung oder der Pflichtverletzung anzuwenden sind oder im Falle des § 130 dann anzuwenden wären, wenn die mit Strafe bedrohte Pflichtverletzung nur mit Geldbuße bedroht wäre.

VIERTER TEIL

SCHLUSSVORSCHRIFTEN

§ 132

Einschränkung von Grundrechten

Die Grundrechte der körperlichen Unversehrtheit (Artikel 2 Abs. 2 Satz 1 des Grundgesetzes), der Freiheit der Person (Artikel 2 Abs. 2 Satz 2 des Grundgesetzes) und der Unverletzlichkeit der Wohnung (Artikel 13 des Grundgesetzes) werden nach Maßgabe dieses Gesetzes eingeschränkt.

§ 133

Übergangsvorschriften

(1) Die Anwesenheit des Betroffenen in der Hauptverhandlung und das Verfahren bei seiner Abwesenheit richten sich nach dem Recht, das zu dem Zeitpunkt gilt, zu dem die erste Ladung des Betroffenen zur Hauptverhandlung abgesandt wird.

(2) Die Zulässigkeit und die Zulassung von Rechtsmitteln richten sich nach dem Recht, das zu dem Zeitpunkt gilt, zu dem ein Urteil verkündet wird oder ein Beschluss bei der Geschäftsstelle eingeht.

(3) Die Wiederaufnahme des Verfahrens richtet sich nach dem Recht, das zu dem Zeitpunkt gilt, zu dem ein Antrag bei Gericht eingeht.

(4) Im Verfahren der Verwaltungsbehörde werden Gebühren und Auslagen nach dem Recht erhoben, das zu dem Zeitpunkt gilt, in dem der Bußgeldbescheid erlassen ist.

(5) Für Dateien, die am 1. Oktober 2002 bestehen, ist § 49c erst ab dem 1. Oktober 2003 anzuwenden.

(6) Wird die Anordnung der Einziehung des Wertes des Tatertrages wegen einer mit Geldbuße bedrohten Handlung, die vor dem 1. Juli 2017 begangen worden ist, nach diesem Zeitpunkt entschieden, ist § 29a in der Fassung des Gesetzes zur Reform der strafrechtlichen Vermögensabschöpfung vom 13.4.2017 (BGBl. I S. 872) anzuwenden. In Verfahren, in denen bis zum 1. Juli 2017 bereits eine Entscheidung über den Verfall des Wertersatzes ergangen ist, ist § 29a in der bis zum 1. Juli 2017 geltenden Fassung anzuwenden.

§ 134

Übergangsregelung zum Gesetz zur Einführung der elektronischen Akte in Strafsachen und zur weiteren Förderung des elektronischen Rechtsverkehrs; Verordnungsermächtigungen

Die Bundesregierung und die Landesregierungen können jeweils für ihren Bereich durch Rechtsverordnung bestimmen, daß die Einreichung elektronischer Dokumente abweichend von § 32a der Strafprozessordnung erst zum 1. Januar des Jahres 2019 oder 2020 möglich ist und § 110a in der am 31. Dezember 2017 geltenden Fassung bis jeweils zum 31. Dezember des Jahres 2018 oder 2019 weiter Anwendung findet. Sie können die Ermächtigung nach Satz 1 durch Rechtsverordnung auf die zuständigen Bundes- oder Landesministerien übertragen.

§ 135

(Inkrafttreten)

Gesetz über Ordnungswidrigkeiten
(OWiG)

in der Fassung der Bekanntmachung vom 19. Februar 1987 (BGBl. I S. 602), zuletzt geändert durch Gesetz vom 14. März 2023 (BGBl. I Nr. 73)

– Kommentar –

ERSTER TEIL.

ALLGEMEINE VORSCHRIFTEN

Erster Abschnitt.

Geltungsbereich

§ 1
Begriffsbestimmung

(1) Eine Ordnungswidrigkeit ist eine rechtswidrige und vorwerfbare Handlung, die den Tatbestand eines Gesetzes verwirklicht, das die Ahndung mit einer Geldbuße zuläßt.

(2) Eine mit Geldbuße bedrohte Handlung ist eine rechtswidrige Handlung, die den Tatbestand eines Gesetzes im Sinne des Absatzes 1 verwirklicht, auch wenn sie nicht vorwerfbar begangen ist.

Erläuterungen

Übersicht

Vorbemerkung

§ 1 OWiG beinhaltet die Legaldefinitionen der Begriffe „Ordnungswidrigkeit" (Abs. 1) und „mit Geldbuße bedrohte Handlung" (Abs. 2). Die Begriffsbestimmungen gelten auch außerhalb des OWiG.

1. Ordnungswidrigkeit

1.1 Handlung

„Handlung" meint im engeren Sinne von einem natürlichen Willen gesteuertes menschliches Verhalten. Ausgeschlossen sind hiernach reine Reflexbewegungen, die lediglich durch Reize, d. h. ohne Beanspruchung des menschlichen Geistes, ausgelöst werden. Der Begriff der „Handlung" umfasst sowohl aktives Tun als auch Unterlassen. Letzteres ist insoweit unproblematisch, als gerade das Unterlassen einer Tätigkeit bußgeldbewehrt ist (sog. echtes Unterlassungsdelikt – z. B. Nichterfüllung einer der Behörde gegenüber bestehenden Mitwirkungspflicht). Stellt der Wortlaut der Bußgeldvorschrift auf aktives Tun ab, ist ein Unterlassen nur dann relevant, wenn der Täter im Verhältnis zum geschützten Rechtsgut eine Garantenstellung hat (sog. unechtes Unterlassungsdelikt). Dies gilt nicht nur bei Erfolgsdelikten (vgl. die Erl. zu § 8).

Der Handlungsbegriff im weiteren Sinne ist gleichbedeutend mit dem Tatbegriff des StGB. Zu dem aktiven Tun bzw. Unterlassen tritt dann auch der in der Vorschrift vorausgesetzte Erfolg. Man könnte insoweit von einem tatbestandsweiten Handlungsbegriff sprechen.

1.2 Tatbestandsmäßigkeit

Die Handlung (Erl. 1.1) ist dann tatbestandsmäßig, wenn folgende Voraussetzungen erfüllt sind:

1. Vorliegen der objektiven Tatbestandsmerkmale: z. B. Wer sich im Sinne des § 122 OWiG durch alkoholische Getränke in einen Rausch versetzt. Die objektiven Tatbestandsmerkmale sind täterunabhängig.
2. Vorliegen der subjektiven Tatbestandsmerkmale: z. B. Besonders erforderliche Erschleichensabsicht im Rahmen einer näher beschriebenen Verhaltensweise nach Ziff. 1.
3. Vorsatz hinsichtlich der objektiven Tatbestandsmerkmale bzw. objektive Sorgfaltspflichtverletzung.
4. Vorliegen der objektiven Bedingungen der Ahndbarkeit.

Hierbei handelt es sich um außerhalb der Nr. 1. bis 3 bestehende Voraussetzungen der Ahndung: z. B. Die Rauschtat in § 122. Die objektiven Bedingungen der Ahndbarkeit müssen nicht von Vorsatz und Fahrlässigkeit umfasst sein. Nr. 1 und 4 bilden den objektiven, Nr. 2 und 3 den subjektiven Tatbestand.

1.3 Rechtswidrigkeit

Rechtswidrig ist eine Handlung, wenn sie den Tatbestand einer Ordnungswidrigkeit erfüllt (Indizwirkung der Tatbestandsmäßigkeit), andererseits aber kein Rechtfertigungsgrund gegeben ist. Quelle von Rechtfertigungsgründen ist die gesamte Rechtsordnung.

1. Rechtfertigungsgründe im OWiG selbst: Vgl. hierzu die Erl. zu §§ 15, 16.
2. Rechtfertigungsgründe des Zivilrechts: §§ 227, 228, 229, 904 BGB.
3. Einwilligung: Der einzelne Privatmann ist hinsichtlich des im Bußgeldtatbestand geschützten Rechtsgutes grundsätzlich nicht dispositionsbefugt, da die geltenden Bußgeldtatbestände unmittelbar nur allgemeine Interessen schützen, nicht jedoch dem individuellen Rechtsgüterschutz zu dienen bestimmt sind. Die Handlung kann aber durch behördliche Zustimmung (Einwilligung, Genehmigung) gerechtfertigt sein, wenn die Behörde hinsichtlich des geschützten Allgemeininteresses dispositionsbefugt ist, mit der Zustimmung ihre Befugnisse nicht überschreitet und die Zustimmung nicht nichtig bzw. aufgehoben ist (Wirkung im ersten Fall der Nichtigkeit ex tunc, d. h. die Zustimmung fällt rückwirkend weg, im zweiten Fall der Aufhebung ex nunc, d. h. sie gilt für die Zukunft nicht mehr). Die behördliche Zustimmung wirkt nicht nur als Rechtfertigungsgrund, sondern sogar tatbestandsausschließend, wenn das Nichtvorliegen der behördlichen Zustimmung für die Tatbestandserfüllung vorausgesetzt wird. Nimmt der Täter irrigerweise das Vorliegen der behördlichen Zustimmung an, ist eine Ahndung wegen vorsätzlicher Begehung ausgeschlossen (vgl. BGHSt 17, 87, 90 f.).
4. Handeln auf Grund von Amtsrechten und Dienstpflichten: Die Ausübung hoheitlicher Gewalt rechtfertigt die Verwirklichung eines Bußgeldtatbestandes, wenn eine gesetzliche Ermächtigungsnorm erfüllt ist, die sachliche und örtliche Zuständigkeit des Amtsträgers vorliegt, die wesentlichen Formvorschriften eingehalten sind und der Verhältnismäßigkeitsgrundsatz gewahrt ist. Fehlen die sachlichen Voraussetzungen für ein Einschreiten, durfte der Amtsträger aber nach pflichtgemäßer Prüfung von deren Vor-

liegen ausgehen, ist die Handlung ebenfalls gerechtfertigt, sofern es sich um eine tatsächliche, nicht aber um eine rechtliche Fehleinschätzung handelt (vgl. RRH, 32. Aktualisierung 2022, Rdnr. 38 Vor § 1). Beispiel: Verkehrsverstoß bei polizeilichen Ermittlungshandlungen.
Beim Handeln auf dienstliche Anordnung ist die den Tatbestand einer Bußgeldvorschrift verwirklichende Handlung dann gerechtfertigt, wenn beim vorsätzlichen Handlungsunrecht keine Kenntnis hinsichtlich des wahren Sachverhalts besteht bzw. beim fahrlässigen Handlungsunrecht ein gewissenhafter Untergebener ohne besondere Prüfung des Sachverhalts die Tatbestandsmäßigkeit nicht erkennen konnte (vgl. § 36 Abs. 2 BeamtStG; *Schönke/Schröder/Sternberg-Lieben*, StGB, 30. Auflage 2019, Rdnr. 88 vor §§ 32 ff.).

5. Sozialadäquanz: „Gänzlich unverdächtige", weil „völlig im Rahmen der normalen, geschichtlich gewordenen sozialen Ordnung des Lebens" liegende Verhaltensweisen können von dem betreffenden Tatbestand sinnvollerweise nicht gemeint sein, schließen also bereits die Tatbestandsmäßigkeit aus, selbst wenn sie vom Wortlaut der Bestimmung erfasst sind (vgl. *Schönke/Schröder/Sternberg-Lieben*, StGB, 30. Auflage 2019, Rdnr. 107b vor §§ 32 ff., *Schönke/Schröder/Eisele*, StGB, 30. Auflage 2019, Rdnr. 69 vor §§ 13 ff.). Ein Anwendungsfall der Lehre von der Sozialadäquanz ist das sog. erlaubte Risiko (vgl. hierzu *Schönke/Schröder/Sternberg-Lieben*, StGB, 30. Auflage 2019, Rdnr. 107d vor §§ 32 ff.), das seine eigentliche Bedeutung im Rahmen der Fahrlässigkeitsdelikte hat. Pflichtenanforderungen können ihrer Natur nach gewisse Risiken für die Rechtsgüter anderer implizieren. Verwirklicht sich ein Risiko, obwohl die einschlägigen Sicherheitsanforderungen bzw. Schutzbestimmungen eingehalten waren, kann kein Fahrlässigkeitsvorwurf begründet werden (vgl. *Schönke/Schröder/Sternberg-Lieben/Schuster*, StGB, 30. Auflage 2019, Rdnr. 145 zu § 15).
6. Im Verkehrsrecht vgl. §§ 23 Abs. 2, 35 StVO. Bei unterwegs auftretenden Mängeln darf der Kraftfahrer die Fahrt bis zur nächsten Reparaturwerkstätte fortsetzen, § 23 Abs. 2 StVO. § 35 StVO ermächtigt zur Inanspruchnahme von Sonderrechten, soweit dies zur Erfüllung hoheitlicher Aufgaben dringend geboten ist (Abs. 1) oder wenn höchste Eile geboten ist, um Menschenleben zu retten oder schwere gesundheitliche Schäden abzuwenden (Abs. 5a).
7. Rechtfertigende Pflichtenkollision: Treffen zwei oder mehrere rechtliche Handlungsgebote derart zusammen, dass nur das eine oder das andere erfüllbar ist, hat der Normadressat bei unterschiedlicher Wertigkeit der Handlungsgebote das höherwertige (z. B. Rettung eines Schwerverletzten auf Kosten eines nur Leichtverletzten), bei Gleichwertigkeit eines von beiden zu erfüllen (z. B. Rettung nur eines von zwei anvertrauten Menschenleben ist möglich). Die Nichtbefolgung des anderen ist dann nicht rechtswidrig (vgl. *Schönke/Schröder/Sternberg-Lieben*, StGB, 30. Auflage 2019, Rdnr. 73 vor §§ 32 ff.).
8. Vorläufige Festnahme, § 127 Abs. 1 Satz 1 StPO. Die Befugnis, die Maßnahmen zu treffen, die zur Personenfeststellung des Täters einer strafbaren Handlung erforderlich sind, beinhaltet grundsätzlich das Recht, den auf frischer Tat betroffenen Fahrer eines Pkw zu verfolgen und notfalls auch zum Anhalten zu zwingen, weil anders die sofortige Feststellung der Person nicht möglich ist. Der Verfolger ist allerdings nicht von der Verpflichtung zur Einhaltung der StVO befreit. § 127 StPO deckt allgemein nur Eingriffe in die Rechtssphäre des Verfolgten und auch diese nur, soweit sie zu dem mit der Personenfeststellung oder Festnahme verfolgten Zweck in angemessenem Verhältnis stehen. Einer Privatperson ist es im Rahmen des § 127 StPO deshalb nicht erlaubt, sich über Vorschriften hinwegzusetzen, die über die unmittelbaren Belange zwischen Verfolger und Verfolgtem hinaus dem Schutz sonstiger unbeteiligter Verkehrsteilnehmer dienen (vgl. OLG Thüringen, VRS 94, 459, 460 zum Fall eines Polizeibeamten, der mit seinem privaten Pkw einen anderen Pkw-Fahrer wegen des Verdachts der Begehung einer Gefährdung des Straßenverkehrs nach § 315c Abs. 1 Nr. 2b StGB zum Nachteil

eines Dritten unter Überschreitung der zulässigen Höchstgeschwindigkeit von 100 km/h um 53 km/h verfolgte.).

1.4 Vorwerfbarkeit

Unter Vorwerfbarkeit versteht man im Ordnungswidrigkeitenrecht dasselbe, was das Strafrecht unter Schuld versteht. Folgende Voraussetzungen müssen gegeben sein:

1. Altersreife, § 12 Abs. 1.
2. Zurechnungsfähigkeit, § 12 Abs. 2.
3. Unrechtsbewusstsein, § 11 Abs. 2.
4. Zumutbarkeit normgemäßen Verhaltens. Dieser Bestandteil der Vorwerfbarkeit ist im Ordnungswidrigkeitenrecht nicht nur bei vorsätzlichen Unterlassungs- und Fahrlässigkeits-, sondern auch bei vorsätzlichen Begehungsdelikten von Bedeutung (vgl. *Göhler*, 18. Auflage 2021, Rdnr. 29 vor § 1). Als Beispiel mag dienen die an einen Gastwirt gerichtete gesetzliche Pflicht, durch geeignete Maßnahmen ein Rauchverbot in einem Festzelt sicherzustellen. Härtefällen in diesem Sinne kann zwar auch durch eine Einstellung gem. § 47 Rechnung getragen werden (vgl. KKOWiG-*Rengier*, 5. Auflage 2018, Rdnr. 64 vor §§ 15, 16). Wenn ein derartiger Härtefall vorliegt, ist dogmatisch eine Einstellung gem. §§ 46 Abs. 1, 170 Abs. 2 StPO vorzuziehen. Gesetzgeberische Entscheidungen sollten mit dem Institut der Unzumutbarkeit aber nur in Ausnahmefällen unterlaufen werden.
5. Subjektive Erkennbarkeit und Vermeidbarkeit des Sorgfaltsverstoßes bei Fahrlässigkeitsdelikten, vgl. hierzu die Erl. zu § 10.

1.5 Gesetz, das die Ahndung mit einer Geldbuße vorsieht

Die Bewertung des Gesetzgebers, eine bestimmte Handlung mit einer Geldbuße zu bewehren, ist verbindlich (vgl. BVerfGE 27, 18, 30). Dem Gesetzgeber ist bei der Einstufung als Ordnungswidrigkeit oder als Straftat ein nicht unerheblicher Spielraum eingeräumt (vgl. BVerfGE 80, 182, 186), der jedoch dort seine Grenze hat, wo es um bedeutsame Unrechtstatbestände geht. Im Kernbereich des Strafrechts, dessen Aufgabe es ist, die elementaren Werte des Gemeinschaftslebens zu schützen, wäre eine Qualifizierung als Ordnungswidrigkeit unzulässig (vgl. BVerfGE 27, 18, 28).

Der Begriff „Gesetz" ist nicht im formellen, sondern im materiellen Sinn zu verstehen. Die Geldbuße kann deshalb auch in einer Rechtsverordnung oder Satzung angedroht sein, sofern eine Ermächtigung zur Rechtsetzung gem. Art. 80 Abs. 1 GG vorliegt (vgl. BVerfGE 32, 346, 362). Die Bezeichnung „Ordnungswidrigkeit" ist im Bußgeldtatbestand nicht erforderlich.

2. Mit Geldbuße bedrohte Handlung

Der Begriff wird vom OWiG z. B. in § 116 Abs. 1 und in § 122 Abs. 1 verwandt. Die mit Geldbuße bedrohte Handlung ist lediglich tatbestandsmäßig und rechtswidrig, nicht aber vorwerfbar. Es müssen deshalb insbesondere der vollständige objektive und subjektive Tatbestand gegeben sein, d. h. Vorsatz, objektive Sorgfaltspflichtverletzung bei Fahrlässigkeitsdelikten, objektive Bedingungen der Ahndbarkeit.

§ 2
Sachliche Geltung

Dieses Gesetz gilt für Ordnungswidrigkeiten nach Bundesrecht und nach Landesrecht.

Erläuterungen

Vorbemerkung

§ 2 bringt den Charakter des OWiG als Rahmengesetz für alle Ordnungswidrigkeiten zum Ausdruck. Die Bestimmung trägt damit zur erleichterten Rechtsanwendung und Rechtsetzung bei.

1. Horizontale Geltung

§ 2 umfasst lediglich den Ersten und Zweiten Teil des Gesetzes, nicht jedoch den Dritten Teil, der als Besonderer Teil nicht Allgemeingültigkeit beanspruchen kann. Die Gesetzgebungskompetenz des Bundes zur Schaffung von eigenen Bußgeldtatbeständen folgt aus Art. 74 Nr. 1 GG. Der Gesetzgeber kann hieraus die Zuständigkeit ableiten, materielles Strafrecht zu schaffen, ohne von der Regelungsmaterie her an die Zuständigkeitskataloge des GG gebunden zu sein (vgl. BVerfGE 23, 113, 124). Aus der Kompetenz, Straftatbestände zu schaffen, folgt die Kompetenz der Herabstufung zu Bußgeldtatbeständen. Eine Kompetenz des Landesgesetzgebers zur Schaffung eines Bußgeldtatbestandes besteht in diesem Bereich nur dann, wenn der Bund weder eine Straf- noch eine Bußgeldbewehrung vorgenommen hat, andererseits aber eine abschließende Regelung nicht anzunehmen ist (vgl. BVerfGE 34, 9, 28). Über Bußgeldtatbestände darf der Bund aber kein Verwaltungsrecht setzen, für dessen Schaffung er nicht zuständig ist (vgl. KKOWiG-*Rogall*, 5. Auflage 2018, Rdnr. 6 zu § 2).

Der Bund ist darüber hinaus nicht daran gehindert, Bußgeldtatbestände auch in Bereichen zu schaffen, die nicht im StGB Eingang fanden (vgl. BVerfGE 27, 18, 32 f.). So kann der Bund bußgeldrechtliche Blankettvorschriften erlassen, die erst durch Landesrecht auszufüllen sind, bzw. landesrechtliche Vorschriften mit einer Bußgeldbewehrung ausstatten. Das BVerfG hat sich dagegen ausgesprochen, die Kompetenz zur außerstrafrechtlichen Bewehrung an die Kompetenz zur Regelung der betreffenden Materie anzubinden (vgl. BVerfGE 23, 113, 125).

2. Vertikale Geltung

2.1 Grundsatz

Nach § 2 gilt der Erste und Zweite Teil des OWiG für alle Ordnungswidrigkeiten des Bundes- und Landesrechts. Nicht mehr von praktischer Bedeutung ist für die neuen Bundesländer der Einigungsvertrag Anlage I, Kapitel III, Sachgebiet C, Abschnitt III, Ziff. 4: Hiernach war der Erste Teil sogar auf Handlungen anzuwenden, die vor dem Wirksamwerden des Beitritts begangen wurden und mit Ordnungsstrafe bedroht waren. Die Verfolgung und Ahndung von Ordnungswidrigkeiten einschließlich des gerichtlichen Verfahrens und der Vollstreckung richtete sich vom Wirksamwerden des Beitritts ab nach dem Zweiten Teil des OWiG, sofern nicht besondere Übergangsvorschriften für anwendbar erklärt worden sind. Die Ordnungsstrafbestimmungen der früheren DDR sind mittlerweile durch Rechtsbereinigungsgesetze der neuen Länder, Berlins und des Bundes aufgehoben worden (vgl. Erl. 4 zu § 5).

2.2 Bundeskompetenz

Die Gesetzgebungskompetenz des Bundes hinsichtlich des Ersten und Zweiten Teils des OWiG leitet sich aus Art. 74 Nr. 1 GG ab:

1. Strafrecht: Zum „Strafrecht" im Sinne dieser Norm gehören auch die materiell-rechtlichen Kern- und Rahmenvorschriften des Rechts der Ordnungswidrigkeiten (vgl. BVerfGE 27, 18, 32 f.).
2. Gerichtliches Verfahren: Hierunter ist auch das Verfahren der Verwaltungsbehörde zu subsumieren. Dies lässt sich zum einen daraus herleiten, dass nach deutschem Recht strafprozessuale Regelungen auch außerhalb des gerichtlichen Verfahrens für anwendbar erklärt werden (z. B. für die Polizei). Zum anderen hat das Verfahren vor der Bußgeldbehörde ebenso wie das gerichtliche Verfahren die Verfolgung der Ordnungswidrigkeit im Auge (vgl. BVerfGE 4, 74, 92 f.).

2.3 Landeskompetenz

Das BVerfG hat betont (vgl. BVerfGE 7, 29, 44), dass der Landesgesetzgeber durch ein Bundesgesetz nicht daran gehindert ist, eine materiell-rechtliche Vorschrift oder eine Verfahrensregelung in einem Landesgesetz zu schaffen, wenn die Landeskompetenz gegenüber der Bundeskompetenz nach Art. 74 Nr. 1 GG die speziellere ist. Dies ist der Fall, wenn die Verknüpfung der abweichenden bußgeldrechtlichen Regelung mit der der Landeskompetenz unterliegenden verwaltungsrechtlichen Materie enger und stärker ist als ihre Verbindung zum „Strafrecht" oder zum „gerichtlichen Verfahren" im Sinne des Art. 74 Abs. 1 Nr. 1 GG (vgl. RRH, 32. Aktualisierung 2022, Rdnr. 8 zu § 2). Es ist dann nicht zu beanstanden, wenn die genannte Vorschrift vom Regelungsgehalt her eigentlich dem Ersten oder Zweiten Teil des OWiG zuzurechnen wäre. Eine speziellere Landeskompetenz wird man aber nur dann anzunehmen haben, wenn ein Regelungsgegenstand ohne Abweichung vom OWiG nicht sachgerecht normiert werden kann (vgl. RRH, 32. Aktualisierung 2022, Rdnr. 8 zu § 2).

Die genannten Einschränkungen gelten nicht bei den sog. Vorbehaltsklauseln des Gesetzes: vgl. § 4 Abs. 4 Satz 2, § 5, § 10, § 13 Abs. 2, § 17 Abs. 1, § 26 Abs. 1, § 31 Abs. 2, § 90 Abs. 1 und 2, § 105 Abs. 2, § 110 Abs. 4. Die Vorbehaltsklauseln sind **Einbruchstellen** für anderslautendes Bundes- oder Landesrecht.

Entgegenstehende Vorschriften des Landesrechts werden im Übrigen durch das OWiG verdrängt, Art. 31 GG (zur Anpassung des Landesrechts an das OWiG vgl. *Göhler*, 18. Auflage 2021, Rdnr. 5 zu § 2, wonach in allen Ländern eine Anpassung des Landesrechts an das OWiG durch ein besonderes Gesetz durchgeführt worden sei).

§ 3
Keine Ahndung ohne Gesetz

Eine Handlung kann als Ordnungswidrigkeit nur geahndet werden, wenn die Möglichkeit der Ahndung gesetzlich bestimmt war, bevor die Handlung begangen wurde.

Erläuterungen

Übersicht

1. Gegenstände, für die das Bestimmtheitsgebot Geltung hat

1.1 Tatbestand

Das Bestimmtheitsgebot bezieht sich zunächst auf den gesetzlichen Tatbestand. Der Tatbestand ist dann im Sinne des § 3 bestimmt genug, wenn der Bürger vorausschauend erkennen kann, dass sein Handeln mit Geldbuße geahndet werden könnte (vgl. BVerfGE 75, 329, 342; BVerfG, NStZ 1990 S. 394; NStZ 1991 S. 88). Als Maßstab für die Bestimmtheit kann § 1 StVO dienen, der vom BVerfG als bestimmt genug bezeichnet wurde (vgl. NJW 1969 S. 1164). Um der „Vielgestaltigkeit des Lebens" (vgl. BVerfG, NStZ 1991 S. 383) gerecht zu werden, ist es dem Gesetzgeber jedoch nicht verwehrt, neben beschreibenden Begriffen (z. B. „Kraftfahrzeug") wertausfüllungsbedürftige Begriffe (z. B. „erforderlich") zu verwenden. Bei der Frage, ob der Gesetzgeber in einer Vorschrift unbestimmte Rechtsbegriffe verwendet oder sie ins Einzelne gehend fasst, verfügt er über einen Gestaltungsspielraum, wobei nicht zuletzt auch Erwägungen der praktischen Handhabbarkeit seine Entscheidung beeinflussen dürfen (vgl. BGH, NJW 1996 S. 1482, 1483). Dem Bestimmtheitsgebot ist entsprochen, wenn die Ermächtigungsgrundlage für eine Baumschutzsatzung, was den räumlichen Geltungsbereich angeht, auf die im Zusammenhang bebauten Ortsteile und den Geltungsbereich der Bebauungspläne verweist (vgl. BGH, a. a. O.).

Blankettbußgeldvorschriften, d. h. Tatbestände, die lediglich die Bußgelddrohung enthalten, aber die Beschreibung des Verhaltens, das mit Geldbuße bedroht ist, außerhalb des Gesetzes erlassenen Rechtsvorschriften, Verfügungen oder Anordnungen überlassen, sind dann bestimmt, wenn die Sanktionsnorm und die diese ausfüllende Norm zusammen einen im Voraus berechenbaren Tatbestand ergeben (vgl. BVerfG NStZ 1991 S. 88). Wird die Ausfüllung nicht von einer Norm, sondern von einer verwaltungsbehördlichen Anordnung vorgenommen (z. B. Verstoß des Betroffenen gegen eine vollziehbare Auflage), muss diese selbst nicht dem Bestimmtheitsgebot des § 3 entsprechen. Die Verwaltungsanordnung ist selbstverständlich kein Gesetz im Sinne von § 3, sondern lediglich Tatbestandsvoraussetzung. Andererseits unterliegt die Verwaltungsanordnung aber der uneingeschränkten Nachprüfung durch das Rechtsbeschwerdegericht (vgl. KKOWiG-*Senge*, 5. Auflage 2018, Rdnr. 130 zu § 79 mit Hinweis auf Auflagen für Erlaubnisse nach der Gefahrgutverordnung). Wenn der Tatbestand die Nichtbefolgung eines Verwaltungsaktes voraussetzt, müssen die Grenzen eines so gesetzten Tatbestandes gesetzlich hinreichend spezifiziert sein (vgl. *Göhler*, 18. Auflage 2021, Rdnr. 17b vor § 1). Für die Verwaltungsanordnung gilt im Übrigen verwaltungsrechtlich ebenfalls ein Bestimmtheitsgebot (vgl. § 37 Abs. 1 VwVfG des Bundes und der entsprechenden landesrechtlichen Regelungen).

Würde man fordern, dass zu verbietende Verhaltensweisen im Gesetz selbst enthalten sein müssen, würde man ein Defizit an Rechtsgüterschutz in Kauf nehmen. Der Gesetzgeber wäre überfordert, Regelungen in diesem Sinne selbst zu treffen (vgl. BVerfGE 75, 329, 342). Die Technik der Rückverweisung bei der Anwendung von Blankettvorschriften (vgl. § 24 StVG) dient der Transparenz bußgeldbewehrter Verhaltensweisen. Ist die Anwendung der Bußgeldnorm von einer Rückverweisung abhängig und fehlt diese, so greift die Blankettnorm nicht ein (vgl. *Göhler*, 18. Auflage 2021, Rdnr. 18 vor § 1).

1.2 Geldbuße

§ 3 verlangt, dass der Verbotstatbestand eine Geldbuße innerhalb eines bestimmten Bußgeldrahmens vorsieht (vgl. BVerfGE 25, 269, 285; KKOWiG-*Rogall*, 5. Auflage 2018, Rdnr. 37 zu § 3). Eine absolute Bußgeldandrohung wird nicht vorausgesetzt.

1.3 Nebenfolgen

Das Bestimmtheitsgebot gilt auch für die Nebenfolgen (vgl. hierzu die Erl. zu § 22), d. h. sie müssen im Bußgeldtatbestand angedroht sein (vgl. § 22 Abs. 1).

1.4 Ahndungsform

Die Bestimmung der Ahndungsform ist insoweit von Bedeutung, als es um die Ahndung nicht-vorsätzlichen Handelns geht, § 10.

2. Ausprägungen des Bestimmtheitsgebotes

2.1 Analogie

Unter Analogie versteht man die Anwendung eines Rechtssatzes auf einen von ihm nicht erfassten Sachverhalt, welcher dem von ihm erfassten Sachverhalt rechtsähnlich ist. Hierzu ist jedoch Voraussetzung, dass nach Auslegung des Tatbestandes unter Berücksichtigung des Wortlauts der Vorschrift (grammatikalische Auslegung), deren Entstehungsgeschichte (historische Auslegung) und deren Sinn und Zweck (teleologische Auslegung) eine Gesetzeslücke verbleibt. Diese Lücke darf zu Lasten des Täters nicht geschlossen werden (vgl. BVerfGE 25, 269, 285). Eine Analogie zugunsten des Täters ist zulässig.

Schwierig ist es häufig, die Grenze zwischen zulässiger Auslegung und verbotener Analogie zu ziehen. Der mögliche Wortsinn ist die äußerste Grenze zulässiger richterlicher Interpretation (vgl. BVerfG, NStZ 1990 S. 394).

2.2 Gewohnheitsrecht

Ein Ahndung kraft Gewohnheitsrechts ist durch das Bestimmtheitsgebot untersagt. Gewohnheitsrechtliche Grundsätze können aber zugunsten des Betroffenen jederzeit eingreifen, etwa gewohnheitsrechtliche Rechtfertigungsgründe, wie die rechtfertigende Pflichtenkollision.

2.3 Rückwirkung

Die Möglichkeit der Ahndung muss zur Zeit der Handlung, § 6, gesetzlich bestimmt sein. Dem Gesetzgeber ist es nach dem Bestimmtheitsgebot verwehrt, nach Begehung der Handlung auf diese ein erst erlassenes Gesetz rückwirkend für anwendbar zu erklären, sofern dies für den Betroffenen nachteilig ist. Das Rückwirkungsverbot gilt nicht für verfahrensrechtliche Vorschriften. Bei fortgesetzten Handlungen (vgl. hierzu die Erl. 1.2.1 zu §§ 19, 20) ist die Handlung mit dem letzten Teilakt erst begangen, wobei dann aber vor Inkrafttreten des Gesetzes liegende Teilakte für die Ahndung außer Betracht bleiben.

Zum Rückwirkungsverbot vgl. im Einzelnen auch Erl. 1 zu § 4.

§ 4
Zeitliche Geltung

(1) Die Geldbuße bestimmt sich nach dem Gesetz, das zur Zeit der Handlung gilt.

(2) Wird die Bußgelddrohung während der Begehung der Handlung geändert, so ist das Gesetz anzuwenden, das bei Beendigung der Handlung gilt.

(3) Wird das Gesetz, das bei Beendigung der Handlung gilt, vor der Entscheidung geändert, so ist das mildeste Gesetz anzuwenden.

(4) Ein Gesetz, das nur für eine bestimmte Zeit gelten soll, ist auf Handlungen, die während seiner Geltung begangen sind, auch dann anzuwenden, wenn es außer Kraft getreten ist. Dies gilt nicht, soweit ein Gesetz etwas anderes bestimmt.

(5) Für Nebenfolgen einer Ordnungswidrigkeit gelten die Absätze 1 bis 4 entsprechend.

Erläuterungen

Übersicht

Vorbemerkung

Das Strafgesetzbuch enthält in § 2 eine ähnliche Vorschrift. § 4 nimmt zu dem Komplex der zeitlichen Geltung von Bußgeldvorschriften Stellung.

1. Rückwirkungsverbot

Das Rückwirkungsverbot des Absatzes 1 ergibt sich schon aus dem Bestimmtheitsgebot des § 3. Die „Zeit der Handlung" bestimmt sich nach § 6 (vgl. hierzu die Erl. 2.3 zu § 3 und die Erl. zu § 6). Mit „Gesetz" meint § 4 die Ahndungsmöglichkeit überhaupt, ferner Art und Weise der Ahndung. Unter das Verbot fallen deshalb die Tatbestandsmerkmale der Bußgeldvorschrift, aber auch Rechtfertigungsgründe und Vorwerfbarkeitsausschließungsgründe. Dem Gesetzgeber ist es also z. B. verwehrt, nach Begehung der Handlung zu Lasten des Täters § 11 Abs. 2 in dem Sinne enger zu fassen, dass das Unrechtsbewusstsein schwerer als bisher zu verneinen ist.

Bei Blankettordnungswidrigkeiten sind auch die Ausfüllungsnormen Gesetze im Sinne des § 4 (vgl. BGHSt 20, 177, 181). Das Rückwirkungsverbot bezieht sich nicht auf verfahrensrechtliche Vorschriften (vgl. bereits Erl. 2.3 zu § 3), die demzufolge ab Inkrafttreten des Änderungsgesetzes Geltung auch für bereits begangene Ordnungswidrigkeiten haben. Zum Verfahrensrecht gehören auch die Verjährungsvorschriften (vgl. BVerfGE 25, 269, 287). Auch das Antrags- und Ermächtigungserfordernis (vgl. hierzu Erl. 2 zu § 27) gehört zum Verfahrensrecht. Führt deshalb der Gesetzgeber nachträglich für eine Ordnungswidrigkeit ein Antragserfordernis ein, erfasst dieses auch bereits begangene Ordnungswidrigkeiten.

2. Änderung der Bußgelddrohung während der Begehung der Handlung

Die Vorschrift des Absatzes 2 ist von Bedeutung für Dauerordnungswidrigkeiten und fortgesetzte Handlungen (vgl. hierzu die Erl. 1.2.1 und 1.2.2 zu §§ 19, 20).

Das bei Beendigung der Handlung geltende Gesetz (für die Zweckentfremdung von Wohnraum, vgl. BVerfG, NStZ 1996 S. 192 f.) ist anzuwenden, auch wenn dieses eine schärfere Bußgelddrohung enthält. Dies lässt sich aus dem Gesichtspunkt des eingeschränkten Vertrauensschutzes rechtfertigen. Der Täter musste, da er die Handlung auch unter der Geltung des neuen Gesetzes begangen hat, mit der strengeren Ahndung rechnen. Der Betroffene kann sich allerdings in diesen Fällen nicht bei Deliktsbeginn, sondern erst bei Änderung des Gesetzes auf das zu erwartende höhere Bußgeld einstellen. Eine Verletzung von Art. 103 Abs. 2 GG liegt dennoch nicht vor, wenn bei der Bußgeldbemessung die Teilakte, die vor der Sanktionsverschärfung lagen, nur mit dem Gewicht zu Buche schlagen, das ihnen früher tatsächlich zukam (vgl. BVerfG, a. a. O.).

Bei einer Änderung ahndungsbegründender Merkmale zu Lasten des Täters können vor Erlass des Gesetzes liegende Teilakte nicht in die Ahndung miteinbezogen werden (vgl. hierzu bereits RGSt 62, 1, 3 und Erl. 2.3 zu § 3). Dies ist eine Ausprägung des Bestimmtheitsgebotes, § 3, und in Absatz 2 deshalb nicht besonders geregelt.

3. Gesetzesänderung nach Beendigung der Handlung

Bei der Vorschrift des Absatzes 3 spricht man vom Rückwirkungsgebot.

Im Zeitpunkt der Letztentscheidung, d. h. ggf. des Rechtsbeschwerdegerichts, ist der materielle Rechtszustand mit dem zu vergleichen, der bei Beendigung der Handlung galt. Das mildeste Gesetz ist zugunsten des Täters anzuwenden (Rückwirkung zugunsten des Täters, Rückwirkungsgebot).

Ein abstrakter Vergleich hilft insoweit nicht weiter, sondern es ist konkret zu prüfen, welches Gesetz auf den konkreten Einzelfall angewandt für den Täter günstiger ist (vgl. BGHSt 20, 22, 25; OLG Düsseldorf, GewArch 1996 S. 336 f.). Der für die Handlung des Täters geltende Bußgeldtatbestand des alten Rechts ist dem des neuen Rechts gegenüberzustellen. Absatz 3 gilt selbstverständlich auch dann, wenn der Bußgeldtatbestand, der zur Zeit der Handlung noch galt, vor der Entscheidung ersatzlos entfällt (vgl. BayObLG, VRS 88, 56).

Wird bei einer Blankettordnungswidrigkeit die Ausfüllungsnorm aufgehoben, kann sich der Täter hierauf berufen. Nicht zugunsten des Täters wirkt ein Wegfall tatsächlicher Voraussetzungen für die Rechtsanwendung (z. B. Aufhebung eines Verwaltungsaktes durch das Verwaltungsgericht bei einem Bußgeldtatbestand, der auf die Zuwiderhandlung gegen einen vollziehbaren Verwaltungsakt abstellt, BGHSt 23, 86, 94). Bei einer Änderung des Bußgeldrahmens ist das Gesetz das mildere, das den geringeren Höchstbetrag androht. Besteht kein Unterschied im Bußgeldrahmen, d. h. weder im Schwere- noch im Mildegrad, ist das bei Beendigung der Handlung geltende Gesetz anzuwenden. Die Eintragung in das VZR (seit 1.5.2014 Fahreignungsregister, vgl. §§ 28 ff. StVG) ist für die Anstellung des Vergleichs irrelevant (vgl. BayObLG, NJW 1969 S. 2296).

Bei mehreren Zwischengesetzen sind alle in die Vergleichsbetrachtung miteinzubeziehen.

Nach Absatz 3 gilt auch im Falle einer Umwandlung einer Strafvorschrift in eine Bußgeldvorschrift (vgl. BayObLG, NJW 1969 S. 2296) diese, selbst wenn das Höchstmaß der Geldstrafe unter dem der Geldbuße liegt. Mit der Geldbuße ist nicht ein sittliches Unwerturteil verbunden, deshalb ist das die Einstufung als Ordnungswidrigkeit anordnende Gesetz trotzdem das mildere.

4. Zeitgesetze

Die Vorschrift des Absatzes 4 bringt für Zeitgesetze eine Ausnahme von Absatz 3. Damit Zeitgesetze nicht gegen Ende ihrer Geltungsdauer jede Autorität verlieren, weil der Täter bei Anwendung des Absatzes 3 infolge des Außerkrafttretens des Gesetzes zwischen Beendigung der Handlung und Entscheidung keine Ahndung befürchten muss, verbleibt es beim Grundsatz der Maßgeblichkeit der Handlungszeit, Absatz 1.

Als Zeitgesetz im engeren Sinn versteht man ein Gesetz, dem ausdrücklich ein nach dem Kalender festgelegter Zeitpunkt oder ein sonstiges in der Zukunft liegendes bestimmtes Ereignis für das Außerkrafttreten beigelegt ist (vgl. BGHSt 6, 30, 36).

Als Zeitgesetze im weiteren Sinn sind solche Gesetze zu verstehen, bei denen lediglich aus den Umständen erkennbar ist, dass sie zu einem bestimmten Zeitpunkt außer Kraft treten, weil sie von vornherein nur mit Rücksicht auf außergewöhnliche Verhältnisse oder für deren Dauer gelten sollen (vgl. BGHSt 6, 30, 37). Eine Änderung der Rechtsauffassung reicht für die Annahme eines Zeitgesetzes im weiteren Sinn nicht aus. Es kommt vielmehr darauf an, dass sich die tatsächlichen Verhältnisse, die dem Gesetzeserlass zugrunde lagen, geändert haben (vgl. OLG Karlsruhe, NJW 1968 S. 1581 – Einfuhrbeschränkungen nach dem AWG; OLG Düsseldorf bei *Göhler*, NStZ 1993 S. 71, 72).

Bei Anwendung des Absatzes 4 ist stets zu prüfen, ob nicht das Verfahren gem. § 47 einzustellen ist oder ob ein öffentliches Interesse an der Ahndung trotz Außerkrafttretens der Vorschrift besteht. Die Geldbuße hat keinen Sühnecharakter, sondern verfolgt den Zweck, eine bestimmte Ordnung durchzusetzen.

Durch Gesetzesvorbehalt, Absatz 4 Satz 2, kann die Nachwirkung des Absatzes 4 beseitigt bzw. beschränkt werden. Der Gesetzesvorbehalt kann in Bundes- oder Landesrecht enthalten sein.

5. Nebenfolgen

Die Absätze 1 bis 4 gelten auch für die Nebenfolgen (vgl. hierzu die Erl. zu § 22), Absatz 5.

Im Rahmen des Absatzes 3 ist der Grundsatz des milderen Gesetzes für die Nebenfolgen gesondert zu beantworten, d. h. es kann nicht die mildere Hauptfolge mit einer Nebenfolge verknüpft werden, die das zur Begehung der Handlung geltende Recht nicht gekannt hat (vgl. *Schönke/Schröder/Hecker*, StGB, 30. Auflage 2019, Rdnr. 32 zu § 2 entgegen BGHSt 24, 94, 97, wo der Grundsatz der strikten Alternativität aufgestellt wird. Es könne immer nur ein Gesetz im Ganzen angewendet werden. Es sei also unzulässig, teilweise das alte und teilweise das neue Gesetz anzuwenden. Dies wurde im Urteil vom 8.8.2022, BeckRS 2022, 35277, noch einmal vom BGH bestätigt: Ist die Anwendung einer neuen Gesetzesvorschrift geboten, weil sie gegenüber der zur Tatzeit geltenden die geringere Strafe vorsieht, kann eine nach der neuen Vorschrift zulässige Einziehung auch angeordnet werden, wenn dies nach der früheren Vorschrift rechtlich nicht möglich war.). Richtigerweise ist in diesem Fall für die Anordnung von Nebenfolgen altes Recht anwendbar. Es ist für jede einzelne Deliktsreaktion festzustellen, ob das alte oder das neue Recht milder ist.

§ 5
Räumliche Geltung

Wenn das Gesetz nichts anderes bestimmt, können nur Ordnungswidrigkeiten geahndet werden, die im räumlichen Geltungsbereich dieses Gesetzes oder außerhalb dieses Geltungsbereichs auf einem Schiff oder in einem Luftfahrzeug begangen werden, das berechtigt ist, die Bundesflagge oder das Staatszugehörigkeitszeichen der Bundesrepublik Deutschland zu führen.

Erläuterungen

Vorbemerkung

§ 5 erklärt für Ordnungswidrigkeiten nach Bundes- und Landesrecht (zu letzteren vgl. Erl. 4) das Territorialitätsprinzip für anwendbar. Dies rechtfertigt sich daraus, dass Ordnungswidrigkeiten die Aufrechterhaltung einer bestimmten Ordnung gewährleisten sollen. Es ist deshalb nur konsequent, wenn die Bußgeldbewehrung nur innerhalb des Bereichs greift, worauf sich die Ordnungshoheit des Staates erstreckt. Zum Territorialitätsprinzip bei Überschreitung der fahrzeugbezogenen zulässigen Höchstgeschwindigkeit vgl. OLG Düsseldorf bei *Janiszewski*, NStZ 1995 S. 270, 273, bei Verkehrsordnungswidrigkeiten im deutsch-niederländischen Grenzabfertigungsbereich vgl. OLG Oldenburg bei *Janiszewski*, NStZ 1992 S. 584.

1. Räumlicher Geltungsbereich des Gesetzes

Zum räumlichen Geltungsbereich gehört neben dem Landgebiet, einschließlich des beherrschbaren Raums unter der Erdoberfläche, der darüberliegende Luftraum und das Küstenmeer bis zu drei Seemeilen sowie die Freihäfen Hamburg und Bremen und die sonstigen Zollfreigebiete, wie z. B. Helgoland (vgl. BGHSt 31, 252, 254). Der Bodensee gehört vom Landgebiet der BR aus bis zur Mittellinie zum räumlichen Geltungsbereich, der Überlinger See insgesamt. Bei Grenzflüssen reicht der räumliche Geltungsbereich gemeinhin bis zur Flussmitte. Im Einzelfall sind aber bestehende völkerrechtliche Verträge über den Grenzverlauf bei Grenzflüssen und -brücken zu berücksichtigen (vgl. *Göhler*, 18. Auflage 2021, Rdnr. 2 zu § 5).

Die Handlung muss innerhalb des räumlichen Geltungsbereichs begangen worden sein (vgl. hierzu die Erl. zu § 7). Sachverhalte mit Auslandsberührung können trotzdem einen Handlungsort im Inland haben. Im Ausland begangene Verstöße gegen Unternehmerpflichten, die sich im Inland auswirken, sind auch im Inland begangen (vgl. OLG Köln, NJW 1980 S. 1241). Ein seitens eines Unternehmers im Inland begangener Verstoß gegen Vorschriften über Lenk- und Ruhezeiten (Fahrauftrag in der Bundesrepublik erteilt) ist im Inland begangen, auch wenn das Kfz allein im Ausland vorschriftswidrig geführt wird (vgl. BGHSt 34, 101, 106). Bei einer bereits im Ausland erfolgten Ahndung wird von der grundsätzlich möglichen nochmaligen Verfolgung im Inland gem. § 47 abzusehen sein (vgl. auch § 153c Abs. 2 StPO), es sei denn, die im Ausland erfolgte Ahndung ist unzureichend (vgl. OLG Karlsruhe, NStZ 1987 S. 371 f.). Die dortige Sanktion ist aber anzurechnen, soweit sie vollstreckt ist (vgl. § 51 Abs. 3 StGB), es sei denn, die ausländische Maßnahme beschwert den Betroffenen nicht nennenswert (vgl. OLG Karlsruhe, a. a. O. – Fahrverbot, das nur im Ausland wirkt).

Persönlich gilt das OWiG uneingeschränkt, d. h. auch für Ausländer, von denen Sicherheitsleistungen bzw. die Benennung eines Zustellungsbevollmächtigten verlangt werden kann, §§ 46 Abs. 1, 132 Abs. 1 StPO. Zur Untersagung der Ausreise vgl. § 10 PassG.

Zur Verfolgung von Ordnungswidrigkeiten gegen Exterritoriale vgl. Erl. 2 vor § 59.

2. Schiffe, Luftfahrzeuge

§ 5 dehnt den räumlichen Geltungsbereich auf Schiffe und Luftfahrzeuge aus, die berechtigt sind, die Bundesflagge oder das Staatszugehörigkeitszeichen der Bundesrepublik zu führen. Durch Art. 3 des Gesetzes vom 25.8.1998 (BGBl. I S. 2432) wurde der Wortlaut des Gesetzes (*„auf einem Schiff oder Luftfahrzeug"*) mit demjenigen in § 4 StGB in Übereinstimmung gebracht (*„auf einem Schiff oder in einem Luftfahrzeug"*). Eine inhaltliche Änderung ist damit nicht verbunden.

Die Berechtigung, die Bundesflagge zu führen, folgt für Schiffe aus dem Flaggenrechtsgesetz in der Fassung der Bekanntmachung vom 26.10.1994 (vgl. BGBl. I S. 3140), zuletzt geändert durch Art. 2 Abs. 40 des Gesetzes vom 20.12.2022 (BGBl. I S. 2752), §§ 1, 2, 10, 11, 14. Das Schiff muss im Eigentum eines Deutschen stehen (gleichgestellt werden OHG und KG, wenn die Mehrheit sowohl der persönlich haftenden als auch der zur Geschäftsführung und Vertretung berechtigten Gesellschafter aus Deutschen besteht und außerdem nach dem Gesellschaftsvertrag die deutschen Gesellschafter die Mehrheit der Stimmen haben; gleichgestellt werden auch juristische Personen, wenn Deutsche im Vorstand oder in der Geschäftsführung die Mehrheit haben), in Deutschland gebaut worden oder von einem deutschen Ausrüster gechartert worden sein. Für Luftfahrzeuge folgt die Berechtigung, das Staatszugehörigkeitszeichen der Bundesrepublik zu führen, aus dem Luftverkehrsgesetz i. d. F. der Bekanntmachung vom 10.5.2007 (BGBl. I S. 698), zuletzt geändert durch Art. 1 des Gesetzes vom 10.7.2020 (BGBl. I S. 1655), § 2 Abs. 1, 5, § 3. Das Luftfahrzeug muss im ausschließlichen Eigentum eines deutschen Staatsbürgers stehen. Juristische Personen und Gesellschaften des Handelsrechts mit Sitz im Inland werden deutschen Staatsangehörigen gleichgestellt, wenn der überwiegende Teil ihres Vermögens oder Kapitals sowie die tatsächliche Kontrolle darüber deutschen Staatsangehörigen zusteht und die Mehrheit der Vertretungsberechtigten oder persönlich haftenden Personen deutsche Staatsangehörige sind. Ein Eigentumsanwartschaftsrecht eines deutschen Staatsangehörigen oder ein Recht zum Besitz aufgrund eines Vertrages für einen Zeitraum von mindestens sechs Monaten wird gleich geachtet.

§ 5 erlaubt jedoch nicht die Ahndung von Verstößen gegen ausländische Verkehrsbestimmungen, da diese nicht auf dem Schiff oder in dem Luftfahrzeug sondern mit dem Schiff oder Luftfahrzeug begangen werden (vgl. OLG Frankfurt, NJW 1973 S. 955 f.). Unproblematisch sind die Fälle, bei denen Ordnungswidrigkeiten während des Aufenthalts der Schiffe oder Luftfahrzeuge im räumlichen Geltungsbereich des OWiG begangen werden. Im Zeitraum zwischen dem Verschließen der Außentüren bis zu deren Öffnung nach dem Anlegen oder Anlanden zum Aussteigenlassen greift dagegen das Flaggenprinzip (vgl. BGH, NJW 1991 S. 3104).

3. Vorbehaltsklausel

Eine Ausdehnung der Verfolgung über den räumlichen Geltungsbereich des OWiG hinaus kann unmittelbar in einem Gesetz angeordnet sein (vgl. z. B. §§ 378 Abs. 1 Satz 2, 379 Abs. 1 Satz 2 Halbsatz 2 jeweils in Verbindung mit 370 Abs. 7 AO, 25 Abs. 6 PassG). Sie kann auch in unmittelbar geltendem Europarecht oder in einem zwischenstaatlichen Abkommen vorgesehen sein, das gem. Art. 59 Abs. 2 GG in innerstaatliches Recht transformiert wurde.

Zwischenstaatliche Abkommen über die Verfolgung von im Ausland begangenen Ordnungswidrigkeiten durch Behörden und Gerichte der Bundesrepublik existieren im Verhältnis zur Schweiz und Israel. Die Regelungen beziehen sich auf Straßenverkehrsordnungswidrigkeiten und haben jeweils folgende Struktur:

§ 24 StVG ist auf die im Vertragsstaat begangene Zuwiderhandlung gegen Straßenverkehrsvorschriften entsprechend anwendbar, wenn

- die Straßenverkehrsvorschrift im Vertragsstaat selbst sanktioniert ist und unter Berücksichtigung der am Begehungsort geltenden Verkehrsregeln nach deutschem Recht als Ordnungswidrigkeit zu beurteilen wäre, wenn sie im Geltungsbereich dieses Gesetzes begangen worden wäre,
- der Betroffene zur Zeit der Begehung Deutscher war, danach geworden ist, oder im Inland seinen gewöhnlichen Aufenthaltsort hat,
- die zuständige Behörde des Vertragsstaates um Verfolgung ersucht.

Vgl. im Verhältnis zu Israel: Art. 6 des Gesetzes vom 29.9.1980 zu dem Vertrag vom 20.7.1977 zwischen der Bundesrepublik und Israel über die Ergänzung des EuRhÜbk (Europäisches Übereinkommen vom 20.4.1959 über die Rechtshilfe in Strafsachen und die Erleichterung seiner Anwendung, BGBl. 1980 II S. 1334 f., 1981 II S. 94, 1982 II S. 689, 691);

im Verhältnis zur Schweiz: Art. 6 des Gesetzes vom 20.8.1975 zu dem Vertrag vom 13.11.1969 zwischen der Bundesrepublik und der Schweizerischen Eidgenossenschaft über die Ergänzung des EuRhÜbk und die Erleichterung seiner Anwendung (BGBl. 1975 II S. 1169, 1171, 1976 II S. 1798, 1818, geändert durch Verträge vom 27.4.1999 und 8.7.1999, BGBl. 2001 II S. 946, 962, 2002 II S. 607).

Hiervon zu unterscheiden sind Regelungen, die lediglich prozessuale, nicht aber materiellrechtliche Bedeutung haben. Im Verhältnis zu Österreich (vgl. Art. II Nr. 4 des Vertrages zwischen der Bundesrepublik und der Republik Österreich über die Ergänzung des Eu-

RhÜbk und die Erleichterung seiner Anwendung vom 31.1.1972, BGBl. 1975 II S. 1157, 1159; 1976 II S. 1798, 1818) und zur Schweiz (vgl. Art. Ia des Vertrages zwischen der Bundesrepublik und der Schweizerischen Eidgenossenschaft über die Ergänzung des EuRhÜbk und die Erleichterung seiner Anwendung vom 13.11.1969, BGBl. 1975 II S. 1169, 1171; 1976 II S. 1798, 1818; geändert durch Verträge vom 27.4.1999 und 8.7.1999, BGBl. 2001 II S. 946, 962; 2002 II S. 607) bestehen Regelungen, die es erlauben, in anhängigen Verfahren wegen in einem Vertragsstaat begangener Ordnungswidrigkeiten Behörden des anderen Vertragsstaates um die Vornahme von Rechtshilfehandlungen (z. B. einzelne Beweiserhebungen) zu ersuchen. Im Verhältnis zu Österreich ist zusätzlich der Vertrag über die Rechts- und Amtshilfe in Verwaltungssachen vom 31.8.1988 (BGBl. 1990 II S. 358, 1334), das Schengener Durchführungsübereinkommen vom 19.6.1990 (BGBl. 1993 II S. 1010, 1994 II S. 631) und das EU-RhÜbk vom 29.5.2000 (BGBl. 2005 II S. 650) zu beachten, im Verhältnis zur Schweiz das Schengener Durchführungsübereinkommen vom 19.6.1990 (BGBl. 1993 II S. 1010, 1994 II S. 631; vgl. im Einzelnen Erl. 1 vor § 59 und Erl. 1.4.1 zu § 51).

4. Ordnungswidrigkeiten nach Landesrecht

Insoweit besteht im Vergleich zu Bundesordnungswidrigkeiten ein beschränkter räumlicher Geltungsbereich. Bußgeldvorschriften der einzelnen Bundesländer gelten lediglich im Hoheitsgebiet des jeweiligen Bundeslandes, unabhängig von der Person des Täters und seinem Wohnsitz (Tatortrecht, BGHSt 7, 53, 55). Verwaltungsbehörden und Gerichte außerhalb des Tatort-Bundeslandes können aber Tatortrecht anwenden (vgl. BGHSt 11, 365, 366). Ein strengeres bzw. milderes Wohnsitzrecht ist nicht zu berücksichtigen.

Ordnungswidrigkeiten nach Landesrecht in diesem Sinne sind auch die fortgeltenden Tatbestände des Rechts der früheren DDR (vgl. EinigVtr vom 31.8.1990, BGBl. II S. 889, Gesetz vom 23.9.1990, BGBl. II S. 885, Anlage II, Kapitel III, Sachgebiet C, Abschnitt I Nr. 3). Der Einigungsvertrag wurde zuletzt angepasst durch Art. 17 des Gesetzes vom 12.7.2021 (BGBl. I. S. 3091). Zum Inkrafttreten des OWiG im Beitrittsgebiet vgl. EinigVtr, Anlage I, Kapitel III, Sachgebiet C, Abschnitt III Nr. 4. Die Vorschriften sind durch Rechtsbereinigungsgesetze der neuen Länder, Berlins und auch des Bundes aufgehoben worden (vgl. *Göhler*, 18. Auflage 2021, Rdnr. 15a Einl.).

§ 6
Zeit der Handlung

Eine Handlung ist zu der Zeit begangen, zu welcher der Täter tätig geworden ist oder im Falle des Unterlassens hätte tätig werden müssen. Wann der Erfolg eintritt, ist nicht maßgebend.

Erläuterungen

Übersicht

Vorbemerkung

Der Zeitpunkt der Handlung hat im Ordnungswidrigkeitenrecht Bedeutung vor allem in §§ 3, 4. § 6 ist § 8 StGB nachempfunden. Die Bestimmung folgt der sog. „Tätigkeitstheorie" (vgl. *Schönke/Schröder/Eser/Weißer*, StGB, 30. Auflage 2019, Rdnr. 2 zu § 8). Auf den Erfolg kann es für die Bestimmung der Handlungszeit schon deshalb nicht ankommen, weil das Gesetz nur das Handeln des Täters regulieren kann, während der Erfolgseintritt oft nicht mehr beeinflussbar ist.

1. Begehungsordnungswidrigkeiten

1.1 Tätigkeitsordnungswidrigkeiten

Es kommt auf den Zeitpunkt an, in dem der Täter die auf die Tatbestandsverwirklichung gerichtete Handlung vornimmt. Nimmt diese längere Zeit in Anspruch, kommt es auf deren Abschluss an. Beim Versuch ist die Handlung entscheidend, mit der der Täter unmittelbar zur Tatbestandsverwirklichung ansetzt, § 13 Abs. 1.

1.2 Erfolgsordnungswidrigkeiten

§ 6 Satz 2 sieht den Eintritt des Erfolges ausdrücklich als nicht entscheidend an. Führt deshalb der Gesetzgeber eine Erfolgsordnungswidrigkeit ein und liegt der Erfolg nach Inkrafttreten des Gesetzes, die Handlung aber vor dem Inkrafttreten, ist eine Ahndung nach § 3 unzulässig.

2. Unterlassungsordnungswidrigkeiten

2.1 Echte Unterlassungsordnungswidrigkeiten

Bei echten Unterlassungsordnungswidrigkeiten (vgl. zur Unterscheidung zwischen echten und unechten Unterlassungsordnungswidrigkeiten Erl. 1.1 zu § 1) ist der Zeitpunkt, in dem die Pflicht zum Handeln einsetzt, vielfach gesetzlich bestimmt (vgl. z. B. § 18 Abs. 1 PStG: Die Geburt eines Kindes muss dem Standesbeamten, in dessen Bezirk es geboren ist, binnen einer Woche angezeigt werden.) bzw. der Zeitpunkt ergibt sich aus der Art der Zuwiderhandlung (zum Zollgut vgl. *Göhler*, 18. Auflage 2021, Rdnr. 4 zu § 6: Eingetroffene Ware ist den zuständigen Zolldienststellen zu gestellen.).

2.2 Unechte Unterlassungsordnungswidrigkeiten

Die Handlung gilt in dem Zeitpunkt als begangen, von dem an die gebotene Erfolgsverhinderung objektiv nicht mehr möglich war (vgl. *Schönke/Schröder/Eser/Weißer*, StGB, 30. Auflage 2019, Rdnr. 4 zu § 8).

3. Dauerordnungswidrigkeiten, fortgesetzte Handlungen

Bei Dauerordnungswidrigkeiten und fortgesetzten Handlungen (zu den Begriffen vgl. die Erl. 1.2.1 und 1.2.2 zu §§ 19, 20) ist der Täter bis zur Verwirklichung des letzten Teilaktes tätig.

4. Beteiligung

Wegen des im Ordnungswidrigkeitenrecht geltenden einheitlichen Täterbegriffs, § 14, spricht § 6 nur vom Täter, lässt deshalb den Teilnehmer konsequenterweise unerwähnt. Der Zeitpunkt der Handlung ist für jeden Beteiligten gesondert zu ermitteln. Für den Anstifter und Gehilfen kommt es auf die Zeit seines Tatbeitrags an (vgl. *Krenberger/Krumm*, OWiG, 7. Auflage 2022, Rdnr. 6 zu § 6).

§ 7
Ort der Handlung

(1) Eine Handlung ist an jedem Ort begangen, an dem der Täter tätig geworden ist oder im Falle des Unterlassens hätte tätig werden müssen oder an dem der zum Tatbestand gehörende Erfolg eingetreten ist oder nach der Vorstellung des Täters eintreten sollte.

(2) Die Handlung eines Beteiligten ist auch an dem Ort begangen, an dem der Tatbestand des Gesetzes, das die Ahndung mit einer Geldbuße zuläßt, verwirklicht worden ist oder nach der Vorstellung des Beteiligten verwirklicht werden sollte.

Erläuterungen

Übersicht

Vorbemerkung

Die Vorschrift weicht insoweit von § 9 Abs. 2 Satz 1 StGB ab, als § 7 Abs. 2 auf den im Ordnungswidrigkeitenrecht geltenden einheitlichen Täterbegriff des § 14 abstellt und eine § 9 Abs. 2 Satz 2 StGB vergleichbare Regelung in § 7 fehlt. § 5 hat sich zur räumlichen Geltung abschließend geäußert. § 9 Abs. 2 Satz 2 StGB ist deshalb nicht übernommen worden.

Bedeutung hat die Festlegung des Handlungsortes außer für das internationale und interlokale Ordnungswidrigkeitenrecht insbesondere auch als Anknüpfungspunkt der örtlichen Zuständigkeit, § 37 Abs. 1 Nr. 1.

1. Begehungsort

1.1 Tätigkeitsort

Tätigkeitsort ist jeder Ort, an dem der Täter aktiv tätig geworden ist oder hätte tätig werden sollen, sofern hierfür eine rechtliche Verpflichtung bestand (vgl. zu den unechten Unterlassungsordnungswidrigkeiten die Erl. zu § 8). Hiernach können mehrere Tätigkeitsorte vorliegen. Bei Dauerordnungswidrigkeiten und fortgesetzten Handlungen (zu den Begriffen vgl. die Erl. 1.2.1 und 1.2.2 zu §§ 19, 20) ist bei wechselnden Tätigkeitsorten im Zuge der Verwirklichung der Teilakte jeder Ort Handlungsort im Sinne des § 7. Wird eine Handlung lediglich zum Teil im Bundesgebiet begangen, liegt der Begehungsort in der Bundesrepublik.

Bei Unterlassungsordnungswidrigkeiten sind die Orte Tätigkeitsorte, an denen der Täter sich aufgehalten hat, d. h. von denen aus er hätte handeln können und müssen, bzw. der Ort, zu dem er sich begeben muss, um zu handeln.

Ein Irrtum über den Tätigkeitsort ist nur dann vorsatzausschließend im Sinne des § 11, wenn der Tätigkeitsort Tatbestandsmerkmal ist, d. h. die Tatbestandsmäßigkeit ein Handeln in einem bestimmten Gebiet voraussetzt (z. B. eine Bußgeldvorschrift verlangt ein Handeln innerhalb der EU, der Täter irrt sich aber über die Zugehörigkeit des betreffenden Landes zur EU). Abgesehen von diesem Fall ist ein Irrtum über den Tätigkeitsort unbeachtlich.

1.2 Erfolgsort

Ordnungswidrigkeiten, die einen bestimmten tatbestandsmäßigen Erfolg voraussetzen (z. B. § 24 StVG, §§ 49 Abs. 1 Nr. 1, 1 Abs. 2 StVO), haben neben dem Tätigkeitsort auch einen Erfolgsort. Es kommt darauf an, wo der Erfolg tatsächlich eingetreten ist bzw. nach der Vorstellung des Täters hätte eintreten sollen. Als Erfolg ist in diesem Zusammenhang auch eine konkrete Gefährdung, nicht jedoch eine abstrakte Gefährdung zu verstehen. Geht der Erfolg über die Tatbestandsvoraussetzungen hinaus (z. B. tritt bei einer abstrakten Gefährdungsordnungswidrigkeit eine konkrete Schädigung von Rechtsgütern ein), kommt er für die Erfüllung der Voraussetzungen des § 7 nicht in Betracht. Als „Erfolg" ist nur der nach der betreffenden Norm tatbestandsmäßige anzusehen (vgl. BGHSt 20, 45, 51). Auf Effekte, die eine im Ausland begangene Handlung im Inland de facto hat, kommt es, wenn sie nicht zu den Tatbestandsvoraussetzungen gehören, nicht an (KKOWiG-*Rogall*, 5. Auflage 2018, Rdnr. 7 zu § 7).

2. Beteiligung

Die Handlung ist zunächst an jedem Ort begangen, an dem der Beteiligte (§ 14) selbst tätig geworden ist oder im Falle des Unterlassens hätte tätig werden müssen. Dies ergibt sich wegen des Einheits-Täter-Begriffs (vgl. hierzu Erl. 1 zu § 14) bereits aus Absatz 1. Absatz 2 regelt die Fälle, bei denen der Tatbeitrag des Beteiligten und die Tatbestandsverwirklichung auseinanderfallen, sei es, dass die Tatbestandsverwirklichung tatsächlich an einem anderen Ort eintritt oder dass dies nur nach der Vorstellung des Beteiligten der Fall ist. Handlungsort für den Beteiligten ist demnach auch der tatsächliche oder gedachte Ort der Tatbestandsverwirklichung, selbst wenn er an diesem Ort nicht tätig geworden ist.

Zweiter Abschnitt.
Grundlagen der Ahndung

§ 8
Begehen durch Unterlassen

Wer es unterläßt, einen Erfolg abzuwenden, der zum Tatbestand einer Bußgeldvorschrift gehört, handelt nach dieser Vorschrift nur dann ordnungswidrig, wenn er rechtlich dafür einzustehen hat, daß der Erfolg nicht eintritt, und wenn das Unterlassen der Verwirklichung des gesetzlichen Tatbestandes durch ein Tun entspricht.

Erläuterungen

Übersicht

Vorbemerkung

Die Vorschrift hat § 13 StGB als Vorbild. Dem Wortlaut nach ist § 8 nur einschlägig, wenn der Tatbestand der Bußgeldnorm einen über das schlichte Tätigwerden hinaus gehenden besonderen Erfolg voraussetzt (Erfolgsordnungswidrigkeiten). Klassischer Fall in diesem Sinne wäre § 1 Abs. 2 StVO. Eine derartige Auslegung würde aber große Ahndungslücken mit sich bringen. Erfolgsordnungswidrigkeiten sind selten, andererseits besteht ein Bedürfnis, Tätigkeitsordnungswidrigkeiten nicht nur bei aktivem Tun als tatbestandsmäßig anzusehen. Gerade bei betriebsbezogenen Tathandlungen (z. B. der Betriebsinhaber kümmert sich nicht um die Einhaltung gesetzlicher Bestimmungen in seinem Betrieb und unterlässt es, die erforderlichen und geeigneten Maßnahmen zu deren Einhaltung zu treffen) wird die Ahndungswürdigkeit evident. Es erscheint deshalb sachgerecht, das Merkmal des „Erfolgs" in einem weiteren Sinne dahingehend auszulegen, dass hierunter jedes tatbestandliche Geschehen fällt, das zur Erfüllung der Tatbestandsmäßigkeit erforderlich ist (vgl. hierzu *Schönke/Schröder/Bosch*, StGB, 30. Auflage 2019, Rdnr. 3 zu § 13). Die Verwirklichung eines schlichten Tätigkeitstatbestandes fällt damit bereits unter § 8. Demgemäß können auch abstrakte Gefährdungsdelikte durch Unterlassen begangen werden. Methodisch handelt es sich insoweit um eine erweiternde Auslegung der Vorschrift, nicht um eine Analogie. Das Bestimmtheitsgebot, Art. 103 Abs. 2 GG, § 3, steht dem nicht entgegen.

Die Vorschrift des § 8 muss nicht bemüht werden, wenn man bereits von einem aktiven Tun auszugehen hat. Die Abgrenzung zwischen aktivem Tun und Unterlassen hat danach zu erfolgen, wo der Schwerpunkt der Vorwerfbarkeit liegt (vgl. *Krenberger/Krumm*, OWiG, 7. Auflage 2022, Rdnr. 7 zu § 8). Unterlassungen können einerseits von nebensächlichen Handlungen begleitet sein, andererseits Handlungen von nebensächlichen Unterlassungen (vgl. z. B. Ruhestörung durch Diskothek im Sinne des § 117: Der Schwerpunkt der Vorwerfbarkeit liegt nicht in einem positiven Tun – Betrieb der Gaststätte –, sondern im Unterlassen der Verhinderung unzulässigen Lärms).

1. Garantenstellung

Die Garantenstellung (das Gesetz spricht vom Einstehenmüssen für die Erfolgsabwendung) kann sich aus folgenden Tatbeständen ergeben:

1.1 Gesetz

Aus einem formellen Gesetz kann die Pflicht folgen, den Eintritt eines bestimmten Erfolges abzuwenden. Die im Personensorgerecht enthaltene Aufsichtspflicht, § 1631 Abs. 1 BGB, beinhaltet für die Personensorgeberechtigten die Pflicht, ihre Kinder zum Anschnallen anzuhalten, § 24 StVG, §§ 21a, 49 Abs. 1 Nr. 20a StVO.

Eine gewohnheitsrechtlich begründete Garantenstellung reicht aus.

1.2 Gewährübernahme

Hier kommt es auf die tatsächliche Übernahme von Schutzpflichten für die Unversehrtheit von Rechtsgütern der Allgemeinheit oder Einzelner an (ein Kind erfüllt den Tatbestand einer Ordnungswidrigkeit, weil das Kindermädchen nicht aufgepasst hat). Der bloße Abschluss eines Vertrages, der im Übrigen zivilrechtlich nicht wirksam sein muss, genügt nicht. Der Betroffene muss seine Funktion real angetreten und hierdurch eine Vertrauensposition eingenommen haben (vgl. *Krenberger/Krumm*, OWiG, 7. Auflage 2022, Rdnr. 14 zu § 8 zu den Schutzpflichten des Arbeitgebers gegenüber seinen Arbeitnehmern aus Dienstvertrag).

1.3 Ingerenz

Pflichtwidriges Vorverhalten begründet dann eine Garantenstellung, wenn es die nahe Gefahr des Eintritts des konkret untersuchten tatbestandsmäßigen Erfolges verursacht (vgl. BGH, NStZ 1998 S. 83, 84). Eine Verantwortlichkeit des Halters eines Kraftfahrzeugs für die vom Fahrer begangenen Verkehrsordnungswidrigkeiten kann aus diesem Gesichtspunkt nur dann begründet werden, wenn man der zunehmenden Auffassung folgt, dass auch pflichtgemäßes Vorverhalten Anknüpfungspunkt für Ingerenz sein kann (vgl. hierzu KKOWiG-*Rengier*, 5. Auflage 2018, Rdnr. 38 zu § 8 zu rechtmäßig herbeigeführten Dauerzuständen). Es muss dann allerdings hinzukommen, dass der Halter bei Begehung der Verstöße (z. B. Parkverstoß, Verstoß gegen die Gurtpflicht) präsent ist (vgl. KKOWiG-*Rengier*, 5. Auflage 2018, Rdnr. 45 zu § 8).

Derjenige, der hiernach selbst nicht Garant ist, erhält aber nicht schon durch den gemeinsam mit einem Garanten gefassten Entschluss zum Unterlassen von Rettungshandlungen eine eigene Garantenstellung.

1.4 Sachherrschaft

Der Gesichtspunkt der Beherrschung einer Gefahrenquelle kann insoweit eine Garantenstellung begründen, als es um der Gefahrenquelle entstammende Störungen geht (z. B. Gastwirt als Garant für die aus dem Betrieb der Gastwirtschaft folgenden Gefahren – Lärm, vgl. KKOWiG-*Rengier*, 5. Auflage 2018, Rdnr. 46 zu § 8 mit Verweis auf BayObLGSt 1964, 99).

2. Gleichwertigkeit

Die sog. Entsprechungsklausel gewinnt Bedeutung bei den Bußgeldtatbeständen, die besondere Verhaltensweisen voraussetzen. Deshalb spricht man in diesem Zusammenhang auch von Modalitätenäquivalenz. In solchen Fällen entspricht das Unterlassen dem positiven Tun nur, wenn es in gleichwertiger Weise die besonderen Handlungsmodalitäten verwirklicht und damit eine dem positiven Tun vergleichbare Prägung besitzt, im sozialen Sinngehalt mit der Tatbestandshandlung der Begehungsordnungswidrigkeit übereinstimmt (vgl. *Schönke/Schröder/Bosch*, StGB, 30. Auflage 2019, Rdnr. 4 zu § 13). Bei § 117 steht die Verantwortlichkeit des Gastwirts, der Ruhestörungen durch seine Gäste nicht verhindert, der des Omnibusunternehmers nicht nach, der zur Nachtzeit in einem Wohngebiet seinen Omnibus warmlaufen lässt (vgl. hierzu BayObLG, BayVBl. 1984 S. 347).

3. Tatbestandsmäßigkeit der unechten Unterlassungsordnungswidrigkeit

Sofern es sich nicht um eine bloße Tätigkeitsnorm handelt, muss das Unterlassen für den eingetretenen Erfolg kausal sein. Das Unterlassen ist dann kausal, wenn es nicht hinzugedacht werden kann, ohne dass der Erfolg mit an Sicherheit grenzender Wahrscheinlichkeit entfiele (vgl. *Schönke/Schröder/Bosch*, StGB, 30. Auflage 2019, Rdnr. 61 zu § 13).

Ferner ist erforderlich, dass der Täter die tatsächliche Möglichkeit hatte, die gebotene Handlung vorzunehmen (vgl. BGHSt 6, 46, 57).

Irrt sich der Täter über die tatsächlichen Voraussetzungen seiner Garantenstellung, bzw. erkennt er nicht die tatsächliche Möglichkeit seines Handelns, liegt ein vorsatzausschließender Tatbestandsirrtum vor, § 11 Abs. 1.

4. Rechtswidrigkeit der unechten Uterlassungsordnungswidrigkeit

Hierfür gelten keine Besonderheiten, d. h. die Rechtswidrigkeit folgt der Tatbestandserfüllung, es sei denn, es liegen Rechtfertigungsgründe vor (vgl. hierzu Erl. 1.3 zu § 1).

5. Vorwerfbarkeit der unechten Unterlassungsordnungswidrigkeit

Hier ist besonders die Zumutbarkeit zu erörtern (a. A. *RRH*, 32. Aktualisierung 2022, Rdnr. 13 zu § 8 – ungeschriebenes Tatbestandsmerkmal, Bestandteil des Tatbestandes). Unzumutbar ist eine Handlung, wenn sie eigene billigenswerte Interessen in erheblichem Umfang beeinträchtigt und diese in einem angemessenen Verhältnis zum drohenden Erfolg stehen (vgl. BGH, NStZ 1984 S. 164: Die Strafanzeige, gerichtet gegen nächste

Angehörige, ist zumutbar, wenn es um schwere Rechtsgutverletzungen geht – hier: sexueller Missbrauch von Schutzbefohlenen).

Ein Irrtum über die aus der richtig eingeschätzten Garantenstellung folgende Garantenpflicht schließt die Vorwerfbarkeit nur unter den Voraussetzungen des § 11 Abs. 2 aus. Dasselbe gilt für den Irrtum über die tatsächlichen Voraussetzungen der Zumutbarkeit (Rechtsgedanke des § 35 Abs. 2 StGB).

§ 9
Handeln für einen anderen

(1) Handelt jemand

1. **als vertretungsberechtigtes Organ einer juristischen Person oder als Mitglied eines solchen Organs,**
2. **als vertretungsberechtigter Gesellschafter einer rechtsfähigen Personengesellschaft oder**
3. **als gesetzlicher Vertreter eines anderen,**

so ist ein Gesetz, nach dem besondere persönliche Eigenschaften, Verhältnisse oder Umstände (besondere persönliche Merkmale) die Möglichkeit der Ahndung begründen, auch auf den Vertreter anzuwenden, wenn diese Merkmale zwar nicht bei ihm, aber bei dem Vertretenen vorliegen.

(2) Ist jemand von dem Inhaber eines Betriebes oder einem sonst dazu Befugten

1. **beauftragt, den Betrieb ganz oder zum Teil zu leiten, oder**
2. **ausdrücklich beauftragt, in eigener Verantwortung Aufgaben wahrzunehmen, die dem Inhaber des Betriebes obliegen,**

und handelt er auf Grund dieses Auftrages, so ist ein Gesetz, nach dem besondere persönliche Merkmale die Möglichkeit der Ahndung begründen, auch auf den Beauftragten anzuwenden, wenn diese Merkmale zwar nicht bei ihm, aber bei dem Inhaber des Betriebes vorliegen. Dem Betrieb im Sinne des Satzes 1 steht das Unternehmen gleich. Handelt jemand auf Grund eines entsprechenden Auftrages für eine Stelle, die Aufgaben der öffentlichen Verwaltung wahrnimmt, so ist Satz 1 sinngemäß anzuwenden.

(3) Die Absätze 1 und 2 sind auch dann anzuwenden, wenn die Rechtshandlung, welche die Vertretungsbefugnis oder das Auftragsverhältnis begründen sollte, unwirksam ist.

Erläuterungen

Übersicht

Vorbemerkung

Die Vorschrift entspricht § 14 StGB. Der Sinn und Zweck der Norm besteht darin, Tatbestände, die die Erfüllung besonderer persönlicher Merkmale zur Ahndung voraussetzen, auch gegen diejenigen anwenden zu können, die diese Merkmale nicht erfüllen, aber andererseits in einem vom Gesetz genau umschriebenen Vertretungs- bzw. Auftragsverhältnis für den eigentlichen Normadressaten handeln. Auf diese Weise wird das OWiG dem Prinzip der Arbeitsteilung in Wirtschaft und Verwaltung gerecht (vgl. *RRH*, 32. Aktualisierung 2022, Rdnr. 2 zu § 9). Die Bestimmung gehört zusammen mit §§ 30 und 130 zu den Vorschriften des OWiG, die eine wirksame Bekämpfung von rechtswidrigen Handlungen in wirtschaftlichen Unternehmen ermöglichen.

Die besonderen persönlichen Merkmale sind in Absatz 1 legal definiert als persönliche Eigenschaften, Verhältnisse oder Umstände.

Persönliche Eigenschaften sind die mit der Person des Menschen als solcher verbundenen Merkmale geistiger, körperlicher oder rechtlicher Art (z. B. Alter). Der Begriff läuft in § 9 leer, da es in dieser Bestimmung um Zurechnung geht. Eine Zurechnung von Eigenschaften kann es jedoch insoweit nicht geben, als eine Stellvertretung nicht in Betracht kommt.

Persönliche Verhältnisse sind die äußeren Beziehungen eines Menschen zu anderen Menschen, Institutionen oder Sachen (vgl. BGHSt 6, 260, 262). Merkmale in diesem Sinne sind die des Unternehmers, Arbeitgebers, Gewerbetreibenden, Veranstalters, Bauleiters, Schuldners, Kraftfahrzeughalters.

Persönliche Umstände sind sonstige täterbezogene Merkmale, die nicht unter die beiden eben genannten Fallgruppen unterzuordnen sind. Hier ist jedoch darauf zu achten, dass es sich um sog. objektiv-täterbezogene Merkmale handelt (vgl. *Schönke/Schröder/Perron/Eisele*, StGB, 30. Auflage 2019, Rdnr. 8 und 12 zu § 14). Damit scheiden subjektiv-täterbezogene Merkmale wie Motive und Gesinnungen aus. Es scheiden aber auch Merkmale aus, die höchstpersönlicher Natur sind. Wegen ihrer unlösbar an eine bestimmte Person gebundenen Funktion lassen sie eine Vertretung nicht zu und können einem anderen daher auch nicht angelastet werden. Nach BayObLG, NJW 1969 S. 1495, ist persönlicher Umstand die Tatsache der Zahlungseinstellung bzw. Konkurseröffnung (entspricht heute der Eröffnung des Insolvenzverfahrens). Hier könnte aber ebenso von einem persönlichen Verhältnis gesprochen werden, sodass die persönlichen Umstände für § 9 kaum Bedeutung erlangen werden.

Setzt der Tatbestand nicht die Erfüllung eines besonderen persönlichen Merkmals voraus, kann der Tatbestand von jedermann erfüllt werden. Des Eingehens auf § 9 bedarf es in diesem Falle nicht.

Die besonderen persönlichen Merkmale muss der Täter kennen, widrigenfalls der Vorsatz wegen Tatbestandsirrtums, § 11 Abs. 1, ausgeschlossen ist (vgl. *Schönke/Schröder/Perron/Eisele*, StGB, 30. Auflage 2019, Rdnr. 45 zu § 14). Kennt der Vertreter die Umstände, die ihn zum Normadressaten des § 9 OWiG machen und weiß lediglich nicht, dass das fragliche Verbot oder Gebot auch für ihn gilt, so liegt Verbotsirrtum vor, § 11 Abs. 2 OWiG.

1. Gesetzliche Vertretung (Absatz 1)

1.1 Gesetzlicher Vertreter

Vertretungsberechtigte Organe einer juristischen Person im Sinne des Abs. 1 Nr. 1 sind diejenigen, die die juristische Person nach außen vertreten. Es kann sich um eine juristische Person des Privatrechts (eingetragener Verein, rechtsfähige Stiftung, AG, KG, KGaA, GmbH, Genossenschaft) oder des öffentlichen Rechts (Körperschaft, selbstständige Anstalt, Stiftung) handeln.

Rechtsfähige Personengesellschaften im Sinne des Abs. 1 Nr. 2 sind in § 14 Abs. 2 BGB legal definiert. Eine rechtsfähige Personengesellschaft ist eine Personengesellschaft, die mit der Fähigkeit ausgestattet ist, Rechte zu erwerben und Verbindlichkeiten einzugehen. Erfasst sind damit vor allem die OHG, die KG, die Europäische Wirtschaftliche Interessenvereinigung (vgl. EWIV-AG vom 14.4.1988, BGBl. I S. 514, zuletzt geändert durch Art. 16 des Gesetzes vom 23.10.2008, BGBl. I S. 2026, das auf das Recht der OHG verweist), die Partnerschaftsgesellschaft nach dem PartGG und die Gesellschaft bürgerlichen Rechts gem. §§ 705 ff. BGB, sofern sie am Rechtsverkehr teilnimmt (sog. Außen-GbR). Zur Vertretung von Personenhandelsgesellschaften (OHG, KG) im Sinne des Abs. 1 Nr. 2 vgl. §§ 125, 161 Abs. 2, 170 HGB. Die Gesellschafter der OHG sind grundsätzlich kraft Gesetzes vertretungsberechtigt, bei der KG der Komplementär. Bei der BGB-Gesellschaft besteht der Grundsatz der gemeinschaftlichen Vertretung seitens der Gesellschafter, §§ 709, 714 BGB. Der Gesellschaftsvertrag geht allerdings vor und ist im Rahmen des § 9 Abs. 1 Nr. 2 auch beachtlich.

Sonstige gesetzliche Vertreter im Sinne des Abs. 1 Nr. 3 sind alle Vertreter, deren Vertretungsmacht ihre Grundlage im Gesetz hat (Eltern, Vormünder, Betreuer, Pfleger, die sog. Parteien kraft Amtes – Insolvenzverwalter, Zwangsverwalter, Nachlassverwalter, Testamentsvollstrecker).

1.2 Handeln als gesetzlicher Vertreter

Der gesetzliche Vertreter muss in dieser Funktion tätig werden, d. h. in Wahrnehmung des Aufgabenkreises des Vertretenen eine Handlung oder Unterlassung vornehmen.

Ist die Stellvertretung (Geschäftsführung) nach Aufgabenbereichen aufgeteilt, gilt bei unechten Unterlassungsordnungswidrigkeiten für den Zuständigen eine spezielle Garantenstellung, bei echten Unterlassungsordnungswidrigkeiten trifft zunächst den Zuständigen die gesetzliche Pflicht zum Tätigwerden. Grundsätzlich darf sich ein unzuständiges Organ bei Aufgabenteilung darauf verlassen, dass die zuständigen Organe die ihnen obliegenden Pflichten erfüllen. Eine allgemeine gegenseitige Überwachungspflicht gleichberechtigter Organe ohne besondere Veranlassung existiert nicht (vgl. OLG Naumburg, NZV 1998 S. 41, 42). Erkennt der Unzuständige aber, dass eine bestimmte rechtlich gebotene Handlung, die in den Aufgabenbereich des Zuständigen fällt, nicht oder möglicherweise nicht vorgenommen wird, bzw. wäre dies erkennbar gewesen, kommt eine Ahndung wegen vorsätzlicher bzw. fahrlässiger Erfüllung einer Unterlassungsordnungswidrigkeit in Betracht (vgl. BGHSt 37, 106, 124: Der Grundsatz der Generalverantwortung und Allzuständigkeit der Geschäftsleitung greift ein, wenn das Unternehmen etwa in Krisen- und Ausnahmesituationen als Ganzes betroffen ist; zu den Kontrollpflichten bei Arbeitsteilung vgl. auch BGH, Urt. vom 13.10.2021, BeckRS 2021, 53335: Der horizontalen und der vertikalen Arbeitsteilung ist gemein, dass eine Verpflichtung zu einer näheren Überwachung und ggf. einem Einschreiten jedenfalls dann besteht, sobald sich Zweifel an der Zuverlässigkeit eines Beteiligten auftun.). Handelt der Unzuständige einer Begehungsordnungswidrigkeit zuwider, ist eine Verfolgung des Handelnden unproblematisch (vgl. *Göhler*, NStZ 1982 S. 11).

2. Gewillkürte Vertretung (Absatz 2)

2.1 Gewillkürter Vertreter

Mit der Beauftragung, einen Betrieb ganz oder zum Teil zu leiten (Abs. 2 Satz 1 Nr. 1), ist für den Beauftragten automatisch die Verantwortung verbunden, die damit zusammenhängenden Ge- und Verbote zu beachten. Die Betrauten rücken insoweit in die Stellung des Betriebsinhabers als Normadressat ein. Das Maß der Verantwortlichkeit ist allerdings abhängig vom Maß der Entscheidungsbefugnisse. Der Betriebsinhaber bzw. der Vorgesetzte bleibt verantwortlich, soweit die Entscheidungsbefugnis vorbehalten wurde. Für den Beauftragten kann insoweit nur Beteiligung, § 14, in Betracht kommen. Der Beauftragte kann sich auf den Vorwerfbarkeitsausschließungsgrund der Unzumutbarkeit normgemäßen Verhaltens berufen, wenn vom Vorgesetzten eine Mitwirkung bei einem rechtswidrigen Verhalten verlangt wird.

Betriebsleiter ist derjenige, dem die Geschäftsführung des Betriebes verantwortlich übertragen wurde. Eine Betriebsleitung „zum Teil" ist dann anzunehmen, wenn der Beauftragte horizontal einen Betriebsteil leitet (Filiale) oder vertikal eine bestimmte Abteilung (vgl. KG bei *Göhler,* NStZ 1994 S. 71: Als Leiter eines Teils eines Betriebes im Sinne von § 9 OWiG ist auch ein kaufmännischer Angestellter anzusehen, der für die gesamte Sparte des Verkaufs in einem bestimmten Gebiet verantwortlich ist). Nach der Betriebsstruktur können Teilkompetenzen auf beliebig viele Leitungsebenen übertragen worden sein. Es kommt jeweils auf Verantwortlichkeit und Entscheidungsbefugnis an.

Sonstige Beauftragte im Sinne des Abs. 2 Satz 1 Nr. 2 sind dann für die den Betriebsinhaber treffenden Pflichten verantwortlich, wenn sie ausdrücklich beauftragt sind, in eigener Verantwortung Aufgaben wahrzunehmen. Es ist nicht erforderlich, dass diese Personen dem Betrieb angehören. Mit der Wahrnehmung von betrieblichen Aufgaben können auch Wirtschaftsprüfer, Steuerberater und Steuerbevollmächtigte beauftragt werden (vgl. *Göhler*, 18. Auflage 2021, Rdnr. 23 zu § 9).

Der Umfang der Kompetenz, für den Betriebsinhaber zu handeln, muss klar umrissen sein. Der Beauftragte muss durch ausdrückliche Beauftragung (eine Stellenbeschreibung genügt) eine klare Vorstellung über Art und Umfang seiner Aufgaben haben (vgl. BayObLG, VRS 86, 298 f.: Ein Baustellenleiter ist ohne ausdrücklichen Auftrag nicht ohne Weiteres anstelle des Halters für die Betriebssicherheit der die Baustelle bedienenden Kraftfahrzeuge verantwortlich; Berufungskammer der Zentralkommission für die Rheinschifffahrt, NZV 1993 S. 450: Das Auftreten oder die Beschäftigung als Disponent einer Reederei besagt nichts für die ausdrückliche Beauftragung im Sinne des § 9 Abs. 2 Nr. 2 OWiG; BayObLG, NJW 1997 S. 1020 f. zur bußgeldrechtlichen Verantwortlichkeit des Projektleiters einer gentechnischen Anlage; der Auftrag eines Rundfunkveranstalters an einen selbständigen Unternehmer zur Herstellung einer Fernsehsendung kann keine Delegation der Pflicht zur Beachtung des Verbots begründen, Schleichwerbung zu verbreiten, weil das Produktionsunternehmen hinsichtlich des Verbots nicht Substitut des Rundfunkveranstalters ist, vgl. *Göhler*, 18. Auflage 2021, Rdnr. 26 zu § 9). Eine schriftliche Beauftragung wäre hilfreich. Der Beauftragte kann dann in eigener Verantwortung seine übertragenen Aufgaben erledigen, wenn er insoweit nicht von der Weisungsbefugnis des Betriebsinhabers oder eines von diesem beauftragten Dritten abhängig ist. Die Pflichtenstellung richtet sich nach dem Umfang der Befugnis, Aufgaben für den Betriebsinhaber zu erfüllen. In allen Fällen des Absatzes 2 ist eine Beauftragung durch den Inhaber bzw. einem sonst dazu Befugten, der vom Inhaber mit betriebsorganisatorischen Aufgaben betraut wurde, erforderlich (vgl. BayObLG, NZV 1997 S. 367, 368: Wird ein Angestellter von seiner Firma beauftragt, die ihr als Halterin im Zusammenhang mit der Ausrüstung ihres Lkw-Tankwagens und dessen Einsatz beim Gefahrguttransport obliegenden gesetzlichen Aufgaben und Pflichten wahrzunehmen, und tritt die Firma anschließend einer Arbeitsgemeinschaft bei, der der Tankwagen abgestellt wird, bedarf es eines neuen Auftrags der Arge, um eine Verantwortlichkeit nach § 9 Abs. 2 Satz 1 Nr. 2 begründen zu können.)

2.2 Handeln als gewillkürter Vertreter

Vgl. hierzu oben Erl. 1.2.

2.3 Betrieb, Unternehmen (Absatz 2 Satz 2)

„Betrieb" ist eine planmäßig zusammengefügte Einheit von Personen und Sachmitteln unter einer einheitlichen Leitung mit dem Zweck, Güter oder Leistungen hervorzubringen oder zur Verfügung zu stellen. Der Begriff „Unternehmen" leitet sich von „Unternehmer" ab, der in § 14 Abs. 1 BGB legal definiert ist. Das Unternehmen nimmt in seiner jeweiligen Rechtsform (Natürliche Person, Rechtsfähige Personengesellschaft, AG, GmbH, etc.) am

Rechtsverkehr teil. In diesem Sinne kann ein Unternehmen mehrere Betriebe umfassen (anders *Göhler*, 18. Auflage 2021, Rdnrn. 43, 44 zu § 9: Das Unternehmen ist vom Betrieb mitumfasst). Wegen der Gleichstellung von Betrieb und Unternehmen in Absatz 2 Satz 2 ist eine Abgrenzung in der Praxis nicht von Bedeutung.

2.4 Öffentliche Verwaltungen

Nach Absatz 2 Satz 3 ist Absatz 2 Satz 1 sinngemäß auf Stellen, die Aufgaben der öffentlichen Verwaltung wahrnehmen, anwendbar. Die Bestimmung gilt nicht nur für die unmittelbare Staatsverwaltung sondern auch für die Tätigkeit der Körperschaften, Anstalten und Stiftungen des öffentlichen Rechts. Leitungsfunktion und innerbehördliche Aufgabenwahrnehmungskompetenz richten sich nach den maßgeblichen Organisationsbestimmungen. Es kommt nicht darauf an, ob die Stelle hoheitlich oder privatrechtlich (fiskalisch) handelt.

3. Unwirksamkeit des Bestellungsaktes

Nach Absatz 3 reicht ein faktischer Bestellungsakt aus. Abgesehen von der fehlenden Rechtswirksamkeit des Bestellungsaktes müssen aber die übrigen Voraussetzungen der Absätze 1 und 2 erfüllt sein (vgl. *Schönke/Schröder/Perron/Eisele*, StGB, 30. Auflage 2019, Rdnr. 42, 43a zu § 14: Faktischer Vertreter ist nur der fehlerhaft bestellte Vertreter. Die rechtswirksame Begründung einer Vertretungsbefugnis oder eines Auftragsverhältnisses muss von den Beteiligten tatsächlich beabsichtigt gewesen sein, wobei es dann freilich unschädlich sein soll, wenn dieser Erfolg z. B. wegen eines Formmangels oder der Geschäftsunfähigkeit des Auftraggebers nicht erreicht wird).

4. Verantwortlichkeit des Betriebsinhabers

Wie schon das Wort „auch" in Absatz 1 und 2 vermuten lässt, bewirkt § 9 keinen befreienden Pflichtenübergang auf den Vertreter. Vielmehr ist eine Verantwortlichkeit des Vertretenen für die Handlung des Vertreters nicht ausgeschlossen. Dies gilt zunächst für das vorsätzliche Geschehenlassen der Ordnungswidrigkeit des Vertreters. Die Verantwortung des Vertretenen ist insoweit unbeschränkt (vgl. BayObLG, NJW 1997 S. 2394, 2396 zur Nachtarbeit in einer Druckerei: Die Garantenstellung des Geschäftsführers des Betriebs und seine Stellung als Normadressat wird durch die Beauftragung einer anderen Person mit der Betriebsleitung nicht eingeschränkt, wenn der Geschäftsführer erkannt hat, dass der Beauftragte das Nachtruhegebot nicht einhält. In diesem Fall musste der Geschäftsführer selbst eingreifen und konnte im Falle des Unterlassens selbst Täter der Zuwiderhandlung sein). Dasselbe gilt, wenn der Betriebsinhaber bemerkt oder bemerken kann, dass in seinem Betrieb ein Lkw mit abgefahrenen Reifen im Einsatz ist (vgl. *Göhler*, 18. Auflage 2021, Rdnr. 38 zu § 9).

Ein Fahrlässigkeitsvorwurf ist dem Vertretenen für die Handlung des Vertreters zu machen, wenn sich ihm die Notwendigkeit eines Eingreifens ohne weiteres aufdrängen musste oder wenn ihm im Hinblick auf die konkrete Tat wegen der Unzulänglichkeit der Auswahl oder Beaufsichtigung des Vertreters eine Pflichtverletzung vorgeworfen werden kann (vgl. OLG Karlsruhe bei *Göhler*, NStZ 1981 S. 55; BayObLGSt 76, 44, 47 f.). Wenn kein Schuldvorwurf hinsichtlich der vom Vertreter begangenen Handlung zu begründen ist, kann § 130 eingreifen (vgl. die Erl. dort).

§ 10
Vorsatz und Fahrlässigkeit

Als Ordnungswidrigkeit kann nur vorsätzliches Handeln geahndet werden, außer wenn das Gesetz fahrlässiges Handeln ausdrücklich mit Geldbuße bedroht.

Erläuterungen

Übersicht

Vorbemerkung

§ 10 zwingt den Gesetzgeber zur Klarstellung. Äußert sich der Gesetzgeber nicht zur Frage, ob die verbotene Verhaltensweise vorsätzlich oder fahrlässig begangen sein muss, ist vom Grundsatz der vorsätzlichen Begehung auszugehen. Der zusätzliche Zweck des § 10, zu erreichen, dass es zu einer unangemessenen Ausweitung von Ahndungsmöglichkeiten kommt (vgl. *RRH*, 32. Aktualisierung 2022, Rdnr. 1 zu § 10), ist angesichts der Fülle von Normen, die auch eine fahrlässige Begehung erlauben, nicht realisiert worden. Der Gesetzgeber hat jedenfalls bei jedem Bußgeldtatbestand zu prüfen, ob es gerechtfertigt und geboten erscheint, auch schon die fahrlässige Begehung mit Geldbuße zu bedrohen (vgl. *RRH*, 32. Aktualisierung 2022, Rdnr. 1 zu § 10).

Vom Aufbau der Ordnungswidrigkeit her ist zu beachten, dass der Vorsatz und die objektive Fahrlässigkeit (objektive Sorgfaltspflichtverletzung) bereits zum Handlungsunrecht, d. h. zur Tatbestandsmäßigkeit, gehören (vgl. Erl. 1.2 zu § 1; *Schönke/Schröder/Eisele*, StGB, 30. Auflage 2019, Rdnr. 63 vor §§ 13 ff.). Bestandteil der Vorwerfbarkeit ist dann bei Fahrlässigkeitstatbeständen lediglich die subjektive Fahrlässigkeit (subjektive Sorgfaltspflichtverletzung), während der Vorsatz auf der Ebene der Vorwerfbarkeit nicht erneut zu prüfen ist (vgl. Erl. 1.4 zu § 1). Es ist deshalb ungenau, wenn Vorsatz und Fahrlässigkeit als verschiedene Formen der Vorwerfbarkeit bezeichnet werden (in diesem Sinne aber *RRH*, 32. Aktualisierung 2022, Rdnr. 3 zu § 10).

1. Vorsatz

Der Vorsatz hat eine Wissens- und eine Wollenskomponente. Je nach der Intensität des Wissens bzw. Wollens unterscheidet man drei Vorsatzformen:

1.1 Absicht

Von absichtlichem Handeln spricht man dann, wenn der Handlungswille des Täters gerade den vom Tatbestand bezeichneten Erfolg umfasst, d. h. es kommt dem Täter gerade auf den Erfolg an (z. B. Erschleichen eines begünstigenden Verwaltungsaktes). Der Gesetzgeber gebraucht den Begriff „Absicht" jedoch nicht immer mit der identischen Bedeutung. Nach dem Sinn und Zweck der Vorschrift kann unter dem Begriff auch eine schwächere Vorsatzform (vgl. hierzu Erl. 1.2 und 1.3) zu verstehen sein (vgl. *Schönke/Schröder/Sternberg-Lieben/Schuster*, StGB, 30. Auflage 2019, Rdnr. 66 zu § 15).

Was die Wissenskomponente anbelangt, ist erforderlich, dass der Täter die objektiven Tatbestandsmerkmale kennt. Zur Kenntnis gehört das aktuelle Bewusstsein der Verwirklichung des Tatbestandsmerkmals.

1.2 Direkter Vorsatz

Hier hat die Wissenskomponente gegenüber der Wollenskomponente ein stärkeres Gewicht. Der Täter handelt dann mit direktem Vorsatz, wenn er die Tatbestandsverwirklichung positiv kennt, diese aber nicht gerade anstrebt, wie im Falle der Absicht.

Allein der Hinweis auf eine erhebliche Geschwindigkeitsüberschreitung (114 km/h statt erlaubter 80 km/h) genügt zur Feststellung einer vorsätzlichen Geschwindigkeitsüberschreitung auf einer Autobahn nicht (vgl. OLG Düsseldorf, VRS 93, 143). Andererseits drängt eine erhebliche Differenz zwischen erlaubter und tatsächlich gefahrener Geschwindigkeit die Auseinandersetzung mit der Frage des Vorsatzes auf (vgl. OLG Düsseldorf, VRS 88, 452 f. zu einer Geschwindigkeitsüberschreitung von 52 km/h).

1.3 Bedingter Vorsatz

Der Täter handelt dann bedingt vorsätzlich, wenn er die Tatbestandsverwirklichung ernstlich für möglich hält, sich mit dieser aber abfindet oder mit ihr einverstanden ist (vgl. BGHSt 7, 363, 369). Eine festgestellte Geschwindigkeit von 121 km/h bei einer Geschwindigkeitsbegrenzung auf 80 km/h erlaubt nicht den Schluss, dass sie so gravierend war, um vom Betroffenen ohne weiteres als Geschwindigkeitsüberschreitung erkannt oder billigend in Kauf genommen worden zu sein (vgl. BayObLG, DAR 1994 S. 162). Es gibt allerdings durchaus beachtliche Stimmen, die bei einer Geschwindigkeitsüberschreitung um mehr als 50 % auf Vorsatz schließen (vgl. KKOWiG-*Rengier*, 5. Auflage 2018, Rdnr. 12a zu § 10 mit Verweis auf eine Entscheidung des Kammergerichts, NStZ-RR 2002 S. 116, 117, wonach schon bei einer Überschreitung um 40 % von Vorsatz auszugehen sei.).

2. Fahrlässigkeit

Fahrlässig handelt, wer die Sorgfalt außer Acht lässt, zu der er nach den Umständen (objektive Fahrlässigkeit) und seinen persönlichen Verhältnissen (subjektive Fahrlässigkeit) verpflichtet und fähig ist, und deshalb nicht voraussieht, dass er den gesetzlichen Tatbestand verwirklicht (unbewusste Fahrlässigkeit), oder darauf vertraut, dass die Tatbestandsverwirklichung, deren Eintritt grundsätzlich für möglich gehalten wird, nicht eintritt (bewusste Fahrlässigkeit). Die bewusste Fahrlässigkeit ist häufig schwer vom bedingten Vorsatz abzugrenzen. Während sich bei letzterem der Täter mit der Tatbestandsverwirklichung abfindet, hofft er bei der bewussten Fahrlässigkeit auf deren Nichteintritt.

2.1 Objektive Fahrlässigkeit

Die Feststellung der objektiven Fahrlässigkeit im Sinne einer objektiven Sorgfaltspflichtverletzung geschieht in zwei Stufen. Zunächst wird bei Bußgeldtatbeständen durch die Verwirklichung des Tatbestandes grundsätzlich pflichtwidriges Handeln indiziert. Bußgeldnormen stellen gerade einen Pflichtenkodex für den Einzelnen dar, bei deren Nichtbeachtung begrifflich eine Pflichtverletzung anzunehmen ist.

Dann ist auf der zweiten Stufe zu untersuchen, ob ein besonnener, auf die Einhaltung der Rechtsordnung bedachter Bürger die Tatbestandsverwirklichung hätte erkennen und vermeiden können. Der Sorgfaltsmaßstab richtet sich nach dem betreffenden Lebenssachverhalt. Kernfrage ist, was die Rechtsordnung von jedem beliebigen Betroffenen erwartet. Individuelles überdurchschnittliches Können kann den Pflichtenkreis erhöhen (vgl. *Krenberger/Krumm*, OWiG, 7. Auflage 2022, Rdnr. 24 zu § 10). Der Sorgfaltsmaßstab ist also ein doppelter. Zum einen verlangt er die Einhaltung der Durchschnittsanforderungen, zum anderen die Wahrung der individuellen Sorgfaltspflicht, wenn der Täter zu überdurchschnittlichen Leistungen im Stande ist (vgl. *Schönke/Schröder/Sternberg-Lieben/Schuster*, StGB, 30. Auflage 2019, Rdnr. 133 zu § 15).

Bei Erfolgsordnungswidrigkeiten entfällt die Tatbestandsmäßigkeit, wenn der Erfolg auch bei pflichtgemäßem Handeln eingetreten wäre, d. h. die Pflichtverletzung für den Erfolg nicht kausal war (vgl. BGHSt 11, 1, 3 f.).

2.2 Subjektive Fahrlässigkeit

Subjektiv fahrlässig, d. h. subjektiv sorgfaltspflichtwidrig handelt, wer unter Außerachtlassung seiner persönlichen Kenntnisse und Fähigkeiten pflichtwidrig handelte. Erfordert die Ausübung bestimmter Tätigkeiten ganz spezifische Kenntnisse, hat der Täter die Pflicht, sich diese zu verschaffen (vgl. BGHSt 10, 133, 134 f.). Der Täter kann sich deshalb nicht durch Unkenntnis bzw. Unvermögen exkulpieren. Ein Schuldvorwurf kann dem Täter nicht gemacht werden, wenn er nach seinen persönlichen Fähigkeiten in der für den Schuldvorwurf maßgeblichen Situation nicht in der Lage ist, die ihm obliegende Sorgfaltspflicht zu erkennen und zu erfüllen und ggf. einen etwa zur Tatbestandserfüllung gehörenden Erfolg vorauszusehen (vgl. *Schönke/Schröder/Sternberg-Lieben/Schuster*, StGB, 30. Auflage 2019, Rdnr. 194 zu § 15).

2.3 Leichtfertigkeit

Leichtfertigkeit (vgl. § 378 Abs. 1 Satz 1 AO) setzt einen gesteigerten Grad von Fahrlässigkeit voraus, der im objektiven Bereich etwa der groben Fahrlässigkeit des Zivilrechts entspricht (vgl. *Schönke/Schröder/Sternberg-Lieben/Schuster*, StGB, 30. Auflage 2019, Rdnr. 205 zu § 15 mit Verweis auf BGHZ 106, 204; die grobe Fahrlässigkeit des Zivilrechts ist *„ebenfalls letztlich nicht klar konturiert"*). Die grobe Fahrlässigkeit des Zivilrechts kennt aber im Gegensatz zur Leichtfertigkeit keine subjektive Komponente. Der leichtfertig Handelnde beachtet nicht, was im konkreten Fall jedem hätte einleuchten müssen (vgl. KKOWiG-*Rengier*, 5. Auflage 2018, Rdnr. 49 zu § 10). Bei der Form der bewussten Fahrlässigkeit wird die Leichtfertigkeit häufiger als bei der unbewussten Fahrlässigkeit vorkommen (z. B. der Täter setzt sich in bedenkenloser Weise über eine klar erkennbare und sich geradezu aufdrängende Möglichkeit der Tatbestandsverwirklichung hinweg).

§ 11
Irrtum

(1) Wer bei Begehung einer Handlung einen Umstand nicht kennt, der zum gesetzlichen Tatbestand gehört, handelt nicht vorsätzlich. Die Möglichkeit der Ahndung wegen fahrlässigen Handelns bleibt unberührt.

(2) Fehlt dem Täter bei Begehung der Handlung die Einsicht, etwas Unerlaubtes zu tun, namentlich weil er das Bestehen oder die Anwendbarkeit einer Rechtsvorschrift nicht kennt, so handelt er nicht vorwerfbar, wenn er diesen Irrtum nicht vermeiden konnte.

Erläuterungen

Übersicht

Vorbemerkung

Die Vorschrift geht sowohl in Absatz 1 als auch in Absatz 2 davon aus, dass der Täter handelt, ohne sich dabei Gedanken zu machen (vgl. BayObLG, MDR 1963 S. 333, 334). Ein Irrtum im Sinne einer positiv anderen Vorstellung wird nicht verlangt. Vielmehr reicht es aus, wenn der Täter die Umstände nicht kennt, die zum gesetzlichen Tatbestand gehören (Tatbestandsirrtum), bzw. wenn ihm das Bewusstsein fehlt, etwas Unerlaubtes zu tun (Verbotsirrtum).

1. Tatbestandsirrtum

Nach Absatz 1 Satz 1 führt die Unkenntnis eines Umstandes, der zum gesetzlichen Tatbestand gehört, zum Vorsatzausschluss.

1.1 Unkenntnis

Hierzu zählen zunächst die Tatumstände, die in der Außenwelt sinnlich wahrnehmbar sind (deskriptive Tatbestandsmerkmale – z. B. Gebäude, Gaststätte, Veranstaltung). Als normative Tatumstände bezeichnet man Sachverhalte sozialer, wirtschaftlicher oder rechtlicher Natur, deren Feststellung lediglich durch Wertung möglich ist (z. B. Gewerbe, unangemessenes Entgelt; Verstoß des Taxifahrers gegen die personenbeförderungsrechtliche Beförderungspflicht gem. § 22 PBefG nur, wenn der Fahrgast abweichend von der Reihenfolge gerade dieses Taxi ausgewählt hat – vgl. BayObLG, VRS 87, 135, 137. Der Fahrgast hat die Wahl. Er muss nicht das in der Reihe erste Taxi nehmen. Es kann nun eine Fehlvorstellung des Taxifahrers dahingehend bestehen, dass er den Fahrgast an das vermeintlich vorrangige Taxi verweist, obwohl der Fahrgast gerade sein Taxi ausgewählt hat.). Tatumstände im Sinne des Absatzes 1 können auch negativ formuliert sein (z. B. Bauen ohne Baugenehmigung). Bei Blankettordnungswidrigkeiten zählen zu den Umständen des gesetzlichen Tatbestandes auch die Merkmale der Ausfüllungsnorm. Bei den unechten Unterlassungsordnungswidrigkeiten sind die Umstände, die die Garantenstellung begründen, sog. ungeschriebene Tatbestandsmerkmale im Sinne des Absatzes 1. Zum gesetzlichen Tatbestand gehört jedoch nicht die daraus sich ableitende Rechtspflicht (vgl. BGH, GrSen 16, 155, 158). Nicht anders zu behandeln sind insoweit die echten Unterlassungsordnungswidrigkeiten (in diesem Sinne *RRH*, 32. Aktualisierung 2022, Rdnr. 16 zu § 11, *Göhler*, 18. Auflage 2021, Rdnr. 14 zu § 11: Wenn die Kenntnis des Verbots bei Begehungsordnungswidrigkeiten nicht zum Tatbestand gehört, so kann es beim (echten) Unterlassungsdelikt nicht grundsätzlich anders liegen). Die echten Unterlassungsordnungswidrigkeiten unterscheiden sich von den unechten nur dadurch, dass bei den ersteren sich die Handlungspflicht aus dem Gesetz selbst ergibt. Eine Unkenntnis des Täters über seine Rechtspflicht, zu handeln, kann nach Absatz 2 allenfalls einen Verbotsirrtum begründen (im Bereich der Unterlassungsordnungswidrigkeiten spricht man hier von Gebotsirrtum; vgl. hierzu BayObLG, NJW 1997 S. 2612 f. zur Aufzeichnungspflicht nach dem Geldwäschegesetz: Der Vorsatz braucht sich nur auf die Umstände zu beziehen, welche die Handlungspflicht auslösen, nicht hingegen auf die Kenntnis der Handlungspflicht selbst bzw. ihres Umfanges oder Zeitpunktes. Insoweit handelt es sich um einen Gebotsirrtum, der den Vorsatz unberührt lässt). Persönliche Eigenschaften muss der Täter kennen (Kfz-Halter, Beamter). Hier wird es sich in aller Regel um normative Tatumstände handeln. Keine gesetzlichen Tatbestandsmerkmale im Sinne des Absatzes 1 sind die subjektiven Tatbestandsmerkmale (besondere Absichten, beharrliche Tatbestandsverwirklichung), die objektiven Bedingungen der Ahndbarkeit (z. B. Rauschtat in § 122). Bei Erfolgsordnungswidrigkeiten lässt nur eine unwesentliche Abweichung des vom Täter vorgestellten Kausalverlaufs den Vorsatz unberührt (vgl. BGHSt 7, 325, 329).

Die Rechtswidrigkeit des Tuns gehört nicht zum gesetzlichen Tatbestand. Eine Ahndung wegen vorsätzlichen Handelns entfällt nur bei einem Irrtum über den tatsächlichen Rechtfertigungstatbestand (z. B. Irrtum über das Vorliegen einer Einwilligung im Rahmen des § 1 Abs. 2 StVO, OLG Düsseldorf, DAR 1994 S. 282, 283), nicht jedoch bei einem Irrtum über das Erlaubtsein (vgl. BGHSt 3, 105, 106). Vom Vorsatz nicht umfasst müssen bloße Hinweise auf Rechtfertigungsgründe (z. B. unbefugt) sein.

1.2 Wertung

Bei deskriptiven Tatbestandsmerkmalen ist die Frage der Deckungsgleichheit zwischen der Vorstellung des Täters und dem betreffenden Tatbestandsmerkmal in der Regel einfach zu beantworten. Schwieriger ist dies bei den Tatbestandsmerkmalen, die eine Wertung verlangen. Hier kommt es darauf an, dass der Täter den wesentlichen rechtlichen und sozialen Sinngehalt des Tatbestandsmerkmals erfasst hat. Eine juristische Subsumtion ist insoweit nicht erforderlich. Erfasst der Täter auf Grund einer sog. Parallelwertung in der Laiensphäre (bzw. einer Parallelbeurteilung im Täterbewusstsein) den unrechtstypisierenden Bedeutungsgehalt des Tatbestandsmerkmals, ist der Vorsatz nicht ausgeschlossen (vgl. *Schönke/Schröder/Sternberg-Lieben/Schuster*, StGB, 30. Auflage 2019, Rdnr. 43a zu § 15; zum Tatbestands-(Bewertungs-)irrtum beim Begriff „Wohnraum" im Zweckentfremdungsrecht vgl. BayObLG, NJW 1995 S. 1439). Ein sog. umgekehrter Irrtum liegt vor, wenn der Täter Umstände als vorhanden ansieht, die in Wirklichkeit nicht gegeben sind. Bei entsprechender gesetzlicher Bestimmung kommt hier eine Ahndung wegen Versuchs in Betracht, § 13 Abs. 2.

2. Verbotsirrtum

2.1 Einsicht, etwas Unerlaubtes zu tun

Absatz 2 bestätigt die sog. Schuldtheorie des Strafrechts (vgl. *Schönke/Schröder/Sternberg-Lieben/Schuster*, StGB, 30. Auflage 2019, Rdnr. 104 zu § 15), wonach das fehlende Bewusstsein, etwas Unerlaubtes zu tun, den Vorsatz nicht entfallen lässt, sondern nur die Vorwerfbarkeit (im Gegensatz zur sog. „Vorsatztheorie").

Wer die Vorstellung hat, möglicherweise Unrecht zu tun, und diese Möglichkeit in seinen Willen aufnimmt, hat das Unrechtsbewusstsein, selbst wenn er darauf vertraut, dass seine Rechtsauffassung richtig sei (vgl. OLG Düsseldorf, VRS 67, 151, 153). Es reicht aus, wenn der Täter die laienhafte Vorstellung hat, die Handlung könne gegen irgendwelche, wenn auch im Einzelnen nicht klar vorgestellte, gesetzliche Bestimmungen verstoßen (vgl. BGHSt 11, 263, 266).

2.2 Vermeidbarkeit

Der Verbotsirrtum schließt nur dann die Vorwerfbarkeit aus, wenn der Täter den Irrtum nicht vermeiden konnte. Die Anforderungen zur Vermeidung des Verbotsirrtums sind höher als der Maßstab der dem Täter obliegenden Sorgfalt bei Fahrlässigkeitsdelikten (vgl. BGHSt 21, 18, 20). Der Verbotsirrtum ist dann verschuldet, d. h. vermeidbar, wenn der Täter bei Anwendung der Sorgfalt, die nach der Sachlage objektiv zu fordern war und die er nach seinen persönlichen Verhältnissen erbringen konnte, in der Lage gewesen wäre, das Unerlaubte seines Handelns zu erkennen (vgl. OLG Koblenz, VRS 67, 146, 149; OLG Koblenz, NZV 1995 S. 39 – Verkennung der Reichweite eines verwaltungsgerichtlichen Urteils zur Aufhebung von Geschwindigkeitsbegrenzungen; Verkennung eines Mercedes-Sprinter als Pkw – vgl. *Krenberger/Krumm*, OWiG, 7. Auflage 2022, Rdnr. 34 zu § 11 mit Verweis auf eine Entscheidung des OLG Hamm, NJW 2006 S. 245). Dies ist dann der Fall, wenn es der Täter pflichtwidrig unterlassen hat, die ihm zuzumutenden Erkundigungen einzuziehen (vgl. BGHSt 21, 18, 20 f.). Zumutbar in diesem Sinne ist es jedenfalls, den Rat eines Rechtsanwalts einzuholen, der den Sachverhalt umfassend prüft (vgl. OLG Bremen, NStZ 1981 S. 265 f.). Der Rechtsuchende kann diesem Rat vertrauen, es sei denn, die zuständige Behörde hat darauf hingewiesen, dass ein bestimmtes Verhalten nicht erlaubt sei, bzw. es bestehen sonstige Anhaltspunkte, die zu Zweifeln Anlass geben (vgl. OLG Bremen, a. a. O.). Steht das verbotene Entleihen von Arbeitnehmern in Frage, kann auf die eingeholten Auskünfte von Arbeitsamt und Handwerkskammer vertraut werden (vgl.

Krenberger/Krumm, OWiG, 7. Auflage 2022, Rdnr. 34 zu § 11 mit Verweis auf eine Entscheidung des KG, NStZ 2000 S. 407). Bestehen zu der fraglichen Handlung bereits gerichtliche Entscheidungen, kann sich der Täter hierauf verlassen (vgl. OLG Celle, MDR 1956 S. 436). Ist die Beurteilung durch die Gerichte nicht eindeutig, vielmehr widersprüchlich, wird man dem Täter wiederum die Ratsuche beim Rechtskundigen auferlegen müssen. Die überwiegende Rechtsprechung bzw. die der Obergerichte geht vor. Allerdings muss der Betroffene zwischen Gerichtsentscheidungen und Pressemitteilungen hierüber differenzieren. Er kann sich nicht auf eine angeblich publizierte Gerichtsentscheidung berufen, während tatsächlich andere obergerichtliche Entscheidungen zu dieser Frage vorliegen (vgl. OLG Köln bei *Göhler*, NStZ 1994 S. 71). Pressemitteilungen geben die Rechtslage nicht immer erschöpfend wieder und führen widersprechende Rechtsprechung häufig nicht an (vgl. *Göhler*, 18. Auflage 2021, Rdnr. 27 zu § 11). Lässt sich keine eindeutige Rechtsprechung feststellen, weil sich Obergerichte widersprechen und ein letztinstanzliches Gericht noch nicht entschieden hat, handelt der Täter nicht vorwerfbar (vgl. *Göhler*, a. a. O.).

Eine Kausalität des Unterlassens der Erkundigungspflicht ist nicht erforderlich (vgl. BGHSt 21, 18, 21), d. h. es exkulpiert den Täter nicht, wenn er eine irrige Auskunft erhalten hätte (a. A. OLG Hamm in einer zivilen Haftungssache zum objektiv pflichtwidrigen Verhalten eines Krankenstuhlfahrers, der auf der linken Fahrbahnseite mit einem Pkw zusammenstieß: Die Regelungen der §§ 24 und 25 StVO hinsichtlich eines Rechtsfahrgebots für Krankenfahrstühle sind völlig unklar. Aufgrund dieser Unklarheit ist völlig ungewiss, welche Auskunft der Ratsuchende von sachverständiger Stelle erhalten hätte. Sein Rechtsirrtum war deshalb unvermeidbar, vgl. Kriminalistik 1996 S. 810.). Bei Vermeidbarkeit des Verbotsirrtums ist der Rechtsgedanke des § 17 S. 2 StGB anzuwenden, d. h. bei der Bemessung der Geldbuße hat die Tatsache einzufließen, dass das Bewusstsein fehlte, etwas Unerlaubtes zu tun (vgl. OLG Düsseldorf bei *Janiszewski*, NStZ 1993 S. 576).

3. Praktische Handhabung in Grenzfällen

Die Abgrenzung zwischen Tatbestands- und Verbotsirrtum ist häufig schwierig vorzunehmen, besonders im Bereich der normativen Tatbestandsmerkmale. Man vergleiche nur die Rechtsprechung, nach der ein Irrtum über die Gültigkeit einer behördlichen Erlaubnis Tatbestandsirrtum (vgl. OLG Karlsruhe, Die Justiz 1978 S. 177 f.), über die Anlegepflicht eines Sicherheitsgurtes bei Vorhandensein eines Airbag Verbotsirrtum ist (vgl. OLG Celle, NJW 1990 S. 589). In Grenzfällen wird sich deshalb unter Hintanstellung dogmatischer Bedenken eine Ahndung wegen fahrlässiger Begehung empfehlen. Vor dem Hintergrund des Opportunitätsprinzips, § 47, erscheint dies gerechtfertigt.

§ 12
Verantwortlichkeit

(1) Nicht vorwerfbar handelt, wer bei Begehung einer Handlung noch nicht vierzehn Jahre alt ist. Ein Jugendlicher handelt nur unter den Voraussetzungen des § 3 Satz 1 des Jugendgerichtsgesetzes vorwerfbar.

(2) Nicht vorwerfbar handelt, wer bei Begehung der Handlung wegen einer krankhaften seelischen Störung, wegen einer tiefgreifenden Bewußtseinsstörung oder wegen einer Intelligenzminderung oder einer schweren anderen seelischen Störung unfähig ist, das Unerlaubte der Handlung einzusehen oder nach dieser Einsicht zu handeln.

Erläuterungen

Übersicht

Vorbemerkung

Die Vorschrift behandelt in Anlehnung an §§ 19, 20 StGB mit der Altersreife und der Zurechnungsfähigkeit einen Teilaspekt der Vorwerfbarkeit, d. h. sie stellt insoweit keine abschließende Regelung der Vorwerfbarkeit dar. Die Vorwerfbarkeit kann sowohl bei vorsätzlich als auch bei fahrlässig begangenen Ordnungswidrigkeiten auch durch Unzumutbarkeit normgemäßen Verhaltens entfallen (vgl. Erl. 1.4 zu § 1).

1. Altersreife

1.1 Kinder

Nach Absatz 1 Satz 1 ist es ausgeschlossen, die Handlung eines Kindes (das als solches noch nicht vierzehn Jahre alt sein darf), die den Tatbestand einer Ordnungswidrigkeit erfüllt, mit einer Geldbuße zu ahnden. Maßgeblich ist der nach § 6 zu ermittelnde Handlungszeitpunkt.

1.2 Jugendliche

Jugendliche (zur Definition vgl. § 1 Abs. 2 JGG, also wer zur Tatzeit vierzehn, aber noch nicht achtzehn Jahre alt ist) sind dann verantwortlich, wenn sie zur Zeit der Tat nach ihrer sittlichen und geistigen Entwicklung reif genug sind, das Unrecht der Tat einzusehen (intellektuelles Moment) und nach dieser Einsicht zu handeln (voluntatives Moment), Abs. 1 Satz 2 i. V. m. § 3 Satz 1 JGG.

Einsichtsfähigkeit heißt, dass der Jugendliche einen Grad an Verstandesreife besitzt, der ihn in die Lage versetzt, zu erkennen, dass seine Handlung von der Rechtsordnung missbilligt wird.

Die Fähigkeit zum einsichtsgemäßen Verhalten (Willensbildungsfähigkeit) verlangt, dass der Jugendliche dem Handlungsanreiz widerstehen kann.

Intellektuelles und voluntatives Element sind sodann auf die konkrete Tat anzuwenden. Hier wird häufig festzustellen sein, dass Jugendlichen die Reife fehlt, das Unerlaubte ihres Tuns einzusehen. Bußgeldtatbestände wollen nicht wie das Strafrecht eine ethische Grundordnung sichern. Sie üben deshalb keine Appellfunktion an das Gewissen aus, der sich auch Jugendliche nicht entziehen können. Eine Ausnahme bilden die Verkehrsordnungswidrigkeiten, für die wegen des schulischen Verkehrsunterrichts bzw. bereits erworbener Fahrerlaubnisse im Einzelfall die Einsichtsfähigkeit bejaht werden kann. Andererseits kann insoweit trotzdem die Willensbildungsfähigkeit zu verneinen sein, wenn sich der Täter durch jugendlichen Überschwang zur Tat hinreißen lässt. Ist der Reifegrad zweifelhaft, empfiehlt es sich, von der weiteren Verfolgung abzusehen (vgl. in diesem Sinne auch *Göhler*, 18. Auflage 2021, Rdnr. 5 zu § 12). Hierzu ein Sachverständigengutachten einzuholen, erschiene als unverhältnismäßig.

Im Vollstreckungsverfahren ist eine jugendtypische Behandlung möglich gem. §§ 78 Abs. 4, 98 Abs. 1 (vgl. zu Besonderheiten im Verfahren im Übrigen Erl. 1.4).

1.3 Heranwachsende

Für Heranwachsende gelten (vgl. zur Definition: § 1 Abs. 2 JGG, also wer zur Tatzeit achtzehn, aber noch nicht einundzwanzig Jahre alt ist) im materiellen Ordnungswidrigkeitenrecht keine Besonderheiten. Lediglich im Vollstreckungsverfahren ist eine jugendtypische Behandlung möglich, §§ 78 Abs. 4, 98 Abs. 1 und 4 (vgl. zu Besonderheiten im Verfahren im Übrigen Erl. 1.4).

1.4 Besonderheiten im Verfahren

Gemäß § 46 Abs. 1 sind im Verfahren gegen Jugendliche und Heranwachsende die Vorschriften des JGG sinngemäß anzuwenden, soweit das OWiG nichts anderes bestimmt.

Im gerichtlichen Verfahren ist der Jugendrichter zuständig, § 68 Abs. 2.

Die Ahndung ist grundsätzlich auf die Festsetzung einer Geldbuße, zusammen mit den gesetzlich vorgesehenen Nebenfolgen, beschränkt. Auf Erziehungsmaßregeln (§§ 9 ff. JGG), Zuchtmittel (§§ 13 ff. JGG) und Jugendstrafe (§§ 17 ff. JGG) darf nicht erkannt werden.

Nach §§ 78 Abs. 4, 98 Abs. 1 und 4 sind lediglich bei Nichtzahlung der festgesetzten Geldbuße erzieherische Maßnahmen möglich. Die Vollstreckungsanordnung des Jugendrichters ist bereits im Erkenntnisverfahren zulässig, wenn er feststellt, dass dem Jugendlichen oder Heranwachsenden wegen seiner wirtschaftlichen Verhältnisse die Zahlung der Geldbuße Schwierigkeiten bereiten kann und die sonst übliche Vollstreckung nicht möglich oder angebracht erscheint, was sich unmittelbar aus § 78 Abs. 4 ergibt, vgl. auch *Göhler*, 18. Auflage 2021, Rdnr. 3 zu § 98). Aus § 98 ist abzuleiten, dass auch dann auf eine Geldbuße erkannt werden kann, wenn der Betroffene mittellos ist, da das Gesetz die Vollstreckung in jugendtypischer Weise vorsieht.

Zur obligatorischen Heranziehung der Jugendgerichtshilfe, § 38 Abs. 3 Satz 1 JGG, enthält § 46 Abs. 6 eine Ausnahme. Von der Heranziehung der Jugendgerichtshilfe kann im Verfahren gegen Jugendliche und Heranwachsende abgesehen werden, wenn ihre Mitwirkung für die sachgemäße Durchführung des Verfahrens entbehrlich ist. Nach § 78 Abs. 3 gilt § 78 Abs. 3 JGG entsprechend im Verfahren gegen Jugendliche, im Verfahren gegen Heranwachsende gilt keine Besonderheit. Zur Vereinfachung, Beschleunigung und jugendgemäßen Gestaltung des Verfahrens darf demnach von Verfahrensvorschriften abgewichen werden, soweit dadurch die Erforschung der Wahrheit nicht beeinträchtigt wird.

Erzwingungshaft, § 96, kann unter den dort genannten Voraussetzungen grundsätzlich auch gegen Jugendliche und Heranwachsende angeordnet werden, es sei denn, sie ist nicht angebracht, weil sie den Betroffenen (Jugendlichen oder Heranwachsenden) einer erheblichen Belastung aussetzt oder nachteilige Folgen für ein Ausbildungs- oder Arbeitsverhältnis hat (vgl. *Göhler*, 18. Auflage 2021, Rdnr. 6 zu § 98). In diesem Fall sollte der Richter eine Vollstreckungsanordnung nach § 98 treffen. Zur Vollstreckung der Erzwingungshaft vgl. § 97 Abs. 1 bis 3. Eine gegen einen Jugendlichen angeordnete Erzwingungshaft sollte in einer Jugendarrestanstalt vollzogen werden (vgl. *Göhler*, 18. Auflage, Rdnr. 10 zu § 97).

Was die Kosten anbelangt, gilt § 74 JGG über § 105 Abs. 1, d. h. im Bußgeldverfahren gegen Jugendliche und Heranwachsende kann davon abgesehen werden, den Betroffenen Kosten und Auslagen aufzuerlegen.

2. Zurechnungsfähigkeit

Bei der Feststellung der Zurechnungsfähigkeit geht der Gesetzgeber zunächst von bestimmten biologischen Anomalien aus und macht diese dann im Anschluss zum Anknüpfungspunkt der Einsichts- und Steuerungsfähigkeit.

2.1 Biologische Anomalien

- Unter eine krankhafte seelische Störung fallen die exogenen Psychosen (Geisteskrankheiten, die nachweisbar auf hirnorganischen Ursachen oder auf anderen körperlichen Krankheitsvorgängen beruhen, z. B. Epilepsie, aber auch Intoxikationspsychosen, wenn durch die Zufuhr von Rauschmitteln, Medikamenten oder Giften vorübergehend eine Beeinträchtigung der Hirntätigkeit ausgelöst wird, vgl. hierzu *Göhler*, 18. Auflage 2021, Rdnr. 12 zu § 12) und die endogenen Psychosen (Veränderung der seelischen Funktionen, bei der eine organische Ursache zumindest vermutet werden kann, ohne dass also ein körperlicher Grund festgestellt ist, z. B. Schizophrenie, manisch-depressives Verhalten, vgl. *Göhler*, a. a. O.).
- Eine tiefgreifende Bewusstseinsstörung kann vorliegen bei Trunkenheit (bei einer BAK von 3 Promille regelmäßig nicht auszuschließen, BGHSt 34, 29, 31, andererseits gibt es keinen Grenzwert, ab dem Unzurechnungsfähigkeit anzunehmen ist. Im Rahmen einer Gesamtwürdigung kommt neben der Indizwirkung der BAK dem Verhalten des Täters vor, bei und nach der Tat große Bedeutung zu: Ausfallerscheinungen oder umsichtiges Vorgehen. Selbst ein geringer Alkoholkonsum kann im Zusammenwirken mit besonderen Faktoren, z. B. einer Alkoholunverträglichkeit, zu einer tiefgreifenden Bewusstseinsstörung führen, vgl. auch *Göhler*, a. a. O., der diese Formen aber unter das erste Merkmal subsumiert.). Eine tiefgreifende Bewusstseinsstörung kann auch vorliegen bei schwerer Erschöpfung oder Übermüdung bzw. Schlaftrunkenheit, hochgradigem Affektzustand (vgl. BGH, NStZ 1984 S. 259). Das Persönlichkeitsgefüge muss, um von einer tiefgreifenden Bewusstseinsstörung sprechen zu können, in ebenso schwerwiegender Weise beeinträchtigt sein wie bei einer krankhaften seelischen Störung. Eine tiefgreifende Bewusstseinsstörung kann in seltenen Fällen dann gegeben sein, wenn ein Mensch ohne geistige oder seelische Dauerschäden ausschließlich durch den Höchstgrad seiner Erregung in eine Lage gerät, in der er gänzlich die Selbstbesinnung und die Fassung verliert. Dabei kann ein völliger Schuldausschluss auch im Zusammenwirken von Affekt und alkoholischer Enthemmung in Betracht kommen (vgl. BGH, NStZ 1997 S. 232 f.).
- Der Begriff „Schwachsinn" wurde durch Art. 3 Nr. 1 des Gesetzes vom 30.11.2020 mit Wirkung vom 1.1.2021 (BGBl. I S. 2600, 2604) durch den Begriff „Intelligenzminderung" ersetzt. Lt. der amtlichen Begründung des Gesetzes (vgl. BT-Drucks. 19/19859 S. 24, 35, 47–49, 70) sollte mit der reinen Begriffsänderung keine inhaltliche Änderung einhergehen. Der BGH hat den Rechtsbegriff in den vergangenen Jahrzehnten im Detail ausgeformt. Die daraus folgende Kasuistik soll nicht aufgegeben werden. Der Begriff des „Schwachsinns" wird einerseits von der Medizin in Literatur und Praxis nicht mehr benutzt. Andererseits betrachtet ihn die juristische Kommentarliteratur als diffamierend und stigmatisierend (vgl. BT-Drucks. 19/19859 S. 24), der BGH ist zunehmend dazu übergegangen, statt des Begriffs des „Schwachsinns" den Begriff der „Intelligenzminderung" zu verwenden (vg. BT-Drucks. 19/19859 S. 47). Schon nach der bisher herrschenden Auslegung war unter dem Begriff des „Schwachsinns" eine angeborene Intelligenzschwäche bzw. Intelligenzminderung zu verstehen (vgl. BT-Drucks. 19/19859 S. 47). Im Gegensatz zur angeborenen Intelligenzschwäche bzw. Intelligenzminderung sind deren durch Krankheit erworbene Formen bereits durch das Merkmal der „krankhaften seelischen Störung" erfasst (vgl. BT-Drucks. 19/19859 S. 48). Die Intelligenzminderung ist im Übrigen ein Unterfall des vierten Merkmals in § 12 Abs. 2, der „schweren anderen seelischen Störung" (vgl. hierzu den letzten Spiegelstrich), der vom Gesetzgeber insbesondere wegen seines häufigen Auftretens und der daraus folgenden Bedeutung für die forensische Praxis als gesondertes Merkmal im Gesetz gleichwohl genannt bleiben soll (vgl. BT-Drucks. 19/19859 S. 47). Die Intelligenzminderung lässt sich quantifizieren und klassifizieren. Von einer leichten Intelligenzminderung spricht man bei einem Intelligenzquotienten (IQ) von 50–69, von einer mittelgradigen Intelligenzminderung bei einem IQ von 35–49, von einer schweren Intelligenzminderung bei einem IQ von 20–34 und von einer schwersten Intelligenzminderung bei einem IQ von

19 oder weniger (vgl. BT-Drucks. 19/19859 S. 48). Die amtliche Begründung bezeichnet es als verfehlt, das Merkmal der „Intelligenzminderung“ von vornherein auf „erhebliche“ oder „schwere“ Formen zu beschränken. Eine die Vorwerfbarkeit ausschließende Unzurechnungsfähigkeit wird aber nur bei schweren Formen der Intelligenzminderung in Betracht kommen (vgl. BT-Drucks. 19/19859 S. 48); leichte oder mittelgradige Formen können aber eine erheblich verminderte Vorwerfbarkeit begründen (vgl. hierzu im Folgenden Erl. 2.5).

- Auch der Begriff der „Abartigkeit“ wurde durch Art. 3 Nr. 1 des Gesetzes vom 30.11.2020 mit Wirkung vom 1.1.2021 (BGBl. I S. 2600, 2604) neu gefasst und ersetzt durch den Begriff der „Störung“. Das vierte Merkmal des § 12 Abs. 2 lautet seitdem: „Schwere andere seelische Störung“. Auch mit diesem Begriffswechsel sollte keine inhaltliche Änderung verbunden sein (vgl. BT-Drucks. 19/19859 S. 49, 70). Der Gesetzgeber wollte den abwertenden und diskriminierenden Charakter des Begriffs der „Abartigkeit“ ausräumen, der eine angemessene Auseinandersetzung mit dem durch ihn zu erfassenden Täterkreis verhindert. Die Praxis spricht ohnehin nur noch vom „4. Merkmal“. Der Begriff kommt auch im Diagnosekatalog der Psychiatrie nicht vor. Es kommt hinzu, dass er historisch durch den Nationalsozialismus belastet ist. Unverändert bleibt die Abgrenzung zum ersten Merkmal, der krankhaften seelischen Störung. Nach gefestigter BGH-Rechtsprechung sollen mit dem vierten Merkmal solche Veränderungen der Persönlichkeit erfasst werden, die nicht pathologisch bedingt sind, die also keine krankhaften seelischen Störungen darstellen. Das Vorliegen einer „schweren“ anderen seelischen Störung bemisst sich danach, ob sie Symptome aufweist, die in ihrer Gesamtheit das Leben des Täters vergleichbar und mit ähnlichen Folgen stören, belasten und einengen wie krankhafte seelische Störungen (vgl. BT-Drucks. 19/19859 S. 49). Seelische Störungen in diesem Sinne (Persönlichkeitsstörungen, Neurosen, Triebanomalien) sind demnach nur in seltenen Ausnahmefällen, wenn sie Krankheitswert haben, geeignet, die Zurechnungsfähigkeit auszuschließen (vgl. *Schönke/Schröder/Perron/Weißer*, StGB, 30. Auflage 2019, Rdnr. 21 bis 23 zu § 20 mit Hinweis insbesondere darauf, dass Zurückhaltung schon deshalb geboten ist, weil es für die quantitative Abgrenzung von Abnormitäten in ihren fließenden Übergängen zum „Normalen“ noch keine erfahrungswissenschaftlich fundierten, allgemein verbindlichen Kriterien gibt). Die Steuerungsfähigkeit (siehe unten Erl. 2.3) wird aber regelmäßig erheblich vermindert sein (vgl. BGH, NStZ 1996 S. 380).

2.2 Einsichtsfähigkeit

Der Täter muss auf Grund des biologischen Zustandes (Erl. 2.1) nicht in der Lage sein, das Unerlaubte seines Tuns einzusehen. Im Grunde handelt es sich um einen Fall des Verbotsirrtums, der für den Täter aufgrund seines biologischen Zustands nicht vermeidbar und dem Täter daher nicht vorwerfbar ist (vgl. *Göhler*, 18. Auflage 2021, Rdnr. 11 zu § 12).

2.3 Steuerungsfähigkeit

Selbst wenn der Täter die Einsichtsfähigkeit gehabt haben sollte, handelte er nicht vorwerfbar, wenn er infolge des biologischen Zustandes nicht in der Lage war, seinen Willen dieser Einsicht gemäß zu bestimmen und nach dem Unrechtsbewusstsein zu handeln (zu den Anforderungen, die bei schwerwiegender Alkoholisierung – 3,63 Promille – an die zur Begründung erhalten gebliebener, wenn auch erheblich verminderter Steuerungsfähigkeit gebotene Gesamtwürdigung zu stellen sind, vgl. BGH, NStZ 1996 S. 227; bei trinkgewohnten Menschen ist die Steuerungsfähigkeit auch bei sehr hoher BAK möglicherweise noch uneingeschränkt vorhanden. Es ist daher nicht automatisch ab einem bestimmten Alkoholwert eine verminderte Steuerungsfähigkeit anzunehmen, vgl. BGH, Kriminalistik 1997 S. 469).

2.4 Ausnahmen

Trotz festgestellter Unzurechnungsfähigkeit kann eine Ahndung unter dem Gesichtspunkt des Vollrausches, § 122, bzw. der actio libera in causa in Betracht kommen.

Unter actio libera in causa versteht man ein Verhalten des Täters im Zustand der Willens- und Entscheidungsfreiheit, das die spätere Begehung einer Ordnungswidrigkeit in einem Zustand auslöst, in dem er nicht mehr verantwortlich handeln kann. Häufigster Anwendungsfall ist die Beeinträchtigung der Vorwerfbarkeit durch berauschende Mittel. Dem Täter wird die schuldhafte Herbeiführung einer die Vorwerfbarkeit ausschließenden Situation zur Last gelegt, die Begehung der Tat damit auf einen Zeitpunkt gelegt, in dem die Verantwortlichkeit noch vorhanden war.

Bei der vorsätzlichen actio libera in causa ist sich der Täter bewusst, dass der von ihm vorsätzlich herbeigeführte Rauschzustand zur Begehung einer bestimmten Ordnungswidrigkeit führen wird. Hinsichtlich der Rauschtat liegt also Vorsatz vor. Bei der fahrlässigen actio libera in causa versetzt sich der Täter vorsätzlich oder fahrlässig in den Rauschzustand und hätte damit rechnen müssen, dass er in diesem Zustand eine Ordnungswidrigkeit begeht. Hier ist hinsichtlich der Rauschtat lediglich Fahrlässigkeit gegeben.

Der 4. Strafsenat des BGH hat für die Straßenverkehrsgefährdung (§ 315c StGB), die Trunkenheit im Verkehr (§ 316 StGB) und das Fahren ohne Fahrerlaubnis (§ 21 StVG) die Figur der actio libera in causa aufgegeben (vgl. BGHSt 42, 235). Die Verkehrsstraftaten nach § 315c, § 316 StGB und § 21 StVG setzen voraus, dass der Täter das Fahrzeug führt (vgl. BGH, a. a. O., S. 229). Eine Anknüpfung an zeitlich vorgelagerte Handlungen scheidet damit aus.

In einer späteren Entscheidung hat sich der 3. Strafsenat des BGH für ein Festhalten an den bisher in ständiger Rechtsprechung vertretenen Grundsätzen zur actio libera in causa ausgesprochen (vgl. NStZ 1997 S. 230 ff.: Die Entscheidung des 4. Strafsenats beziehe sich lediglich auf die Delikte der Straßenverkehrsgefährdung, der Trunkenheit im Verkehr und des Fahrens ohne Fahrerlaubnis.). Nach *Krenberger/Krumm* (vgl. OWiG, 7. Auflage 2022, Rdnr. 26 zu § 12) spricht Vieles dafür, die actio libera in causa weiterhin in vollem Umfang anzuwenden. Sie folgt dem Grundsatz, dass jede für eine Tatbestandserfüllung kausale Handlung zur Ahndung führen kann (vgl. *Krenberger/Krumm*, a. a. O.). Die Erregung unzulässigen Lärms im Sinne des § 117 oder die Belästigung der Allgemeinheit gem. § 118 im Zustand des § 12 Abs. 2 werden jedenfalls als Beispiele von Erfolgsordnungswidrigkeiten weiterhin von der actio libera in causa erfasst werden können, weil hier ohne Weiteres ein vom Sichberauschen trennbarer Erfolg festzustellen ist (vgl. KKOWiG-*Rengier*, 5. Auflage 2018, Rdnr. 27, 30 zu § 12, wonach für reine Tätigkeitsordnungswidrigkeiten die Anwendung der actio libera in causa umstritten ist). Eine gesetzliche Verankerung der actio libera in causa würde zur Rechtsklarheit und auch zur Rechtssicherheit beitragen. Die Ahndung gem. § 122 tritt gegenüber der Ahndung einer Tat, begangen als actio libera in causa, als subsidiär zurück (vgl. *Krenberger/Krumm*, OWiG, 7. Auflage 2022, Rdnr. 28 zu § 12).

2.5 Milderungsgrund

Eine erheblich verminderte Vorwerfbarkeit kann bei der Bemessung der Geldbuße mildernd berücksichtigt werden. Eine ausdrückliche Milderungsvorschrift, ähnlich § 21 StGB, enthält das OWiG nicht.

§ 13
Versuch

(1) Eine Ordnungswidrigkeit versucht, wer nach seiner Vorstellung von der Handlung zur Verwirklichung des Tatbestandes unmittelbar ansetzt.

(2) Der Versuch kann nur geahndet werden, wenn das Gesetz es ausdrücklich bestimmt.

(3) Der Versuch wird nicht geahndet, wenn der Täter freiwillig die weitere Ausführung der Handlung aufgibt oder deren Vollendung verhindert. Wird die Handlung ohne Zutun des Zurücktretenden nicht vollendet, so genügt sein freiwilliges und ernsthaftes Bemühen, die Vollendung zu verhindern.

(4) Sind an der Handlung mehrere beteiligt, so wird der Versuch desjenigen nicht geahndet, der freiwillig die Vollendung verhindert. Jedoch genügt sein freiwilliges und ernsthaftes Bemühen, die Vollendung der Handlung zu verhindern, wenn sie ohne sein Zutun nicht vollendet oder unabhängig von seiner früheren Beteiligung begangen wird.

Erläuterungen

Übersicht

Vorbemerkung

Auszugehen ist nach Absatz 2 vom Grundsatz der Straflosigkeit des Versuchs, es sei denn, der Gesetzgeber ordnet ausdrücklich die Ahndbarkeit an. Für diese Fälle definieren Absatz 1 den Versuchstatbestand, Absatz 3 und 4 den persönlichen Ahndungsaufhebungsgrund des Rücktritts.

1. Versuchstatbestand

1.1 Nicht-Vollendung

Erste Voraussetzung des Versuchstatbestandes ist, dass die Ordnungswidrigkeit nicht vollendet ist. Von Vollendung kann man nur dann sprechen, wenn sämtliche Tatbestandsmerkmale des Bußgeldtatbestandes verwirklicht sind.

1.2 Subjektiver Tatbestand

Die Ahndbarkeit des Versuchs setzt die Erfüllung des gesamten subjektiven Tatbestandes der Ordnungswidrigkeit voraus, d. h. das Vorliegen des Vorsatzes und sonstiger im Tatbestand beschriebener subjektiver Tatbestandsmerkmale. Beim Vorsatz genügt grundsätzlich der bedingte, es sei denn, das Gesetz sieht eine gesteigerte Form vor. Einen fahrlässigen Versuch (vgl. BayObLG, NJW 1955 S. 395) kennt das Gesetz nicht.

1.3 Objektiver Tatbestand

Die Beschreibung des objektiven Versuchstatbestandes in Absatz 1 hat den Zweck, den zu ahndenden Versuch von der ahndungsfreien Vorbereitungshandlung abzugrenzen. Grundsätzlich ist der objektive Tatbestand dann erfüllt, wenn der Täter Handlungen vornimmt, die nach seinem Gesamtplan derjenigen Handlung unmittelbar vorgelagert sind, die ein Tatbestandsmerkmal erfüllt. In Grenzfällen ist die unmittelbare Gefährdung des geschützten Rechtsgutes aus der Sicht des Täters ein wichtiges Abgrenzungskriterium (vgl. *Schönke/Schröder/Eser/Bosch*, StGB, 30. Auflage 2019, Rdnr. 42 zu § 22). Als völlig unproblematisch kann der Fall angesehen werden, dass bereits ein Tatbestandsmerkmal verwirklicht ist. Damit ist auf jeden Fall der objektive Versuchstatbestand erfüllt. Bei unechten Unterlassungsordnungswidrigkeiten kommt es darauf an, dass das geschützte Rechtsgut durch die Nichthandlung bereits gefährdet bzw. eine bestehende Gefahr erhöht würde (vgl. *Schönke/Schröder/Eser/Bosch*, StGB, 30. Auflage 2019, Rdnr. 50 zu § 22). Maßgeblich für den Versuchsbeginn ist bei unechten Unterlassungsordnungswidrigkeiten damit der Zeitpunkt, zu dem erstmals in gefahrbegründender oder -erhöhender Weise eine Erfolgsabwendungsmöglichkeit versäumt oder verzögert wird (vgl. *Schönke/Schröder/Eser/Bosch*, StGB, 30. Auflage 2019, Rdnr. 51 zu § 22). Bei einer zum Handeln gesetzten Frist in einer echten Unterlassungsordnungswidrigkeit kommt es für das Ansetzen zur Tatbestandsverwirklichung auf das Überschreiten der Frist an (vgl. *Krenberger/Krumm*, OWiG, 7. Auflage 2022, Rdnr. 10 zu § 13 zum Versuch der Steuerverkürzung in dem Zeitpunkt, zu dem bei pflichtgemäßem Verhalten die Steuererklärung spätestens hätte abgegeben werden müssen). Bei echten Unterlassungsordnungswidrigkeiten ist im Allgemeinen der objektive Versuchstatbestand dann zu bejahen, wenn der Täter eine Tätigkeit entfaltet, die nach allgemeiner Lebenserfahrung darauf schließen lässt, dass der Täter den Vorsatz gefasst hat, die gesetzlich vorgeschriebene Handlung zu unterlassen und von diesem Unterlassen nicht mehr abzugehen (vgl. hierzu auch *Tiedemann*, JR 1973 S. 412, 414).

Bei der Bestimmung des objektiven Tatbestandes ist darauf zu achten, dass die Ahndbarkeit nicht zu weit ausgedehnt wird. Ordnungswidrigkeiten decken ohnehin schon in einem Vorfeld den Rechtsgüterschutz ab. Das Unmittelbarkeitserfordernis des Absatzes 1 sollte deshalb sehr eng ausgelegt werden.

1.4 Sonderformen

Der untaugliche Versuch ist wie im Strafrecht ahndbar. Beim untauglichen Versuch irrt der Täter über die Tauglichkeit des Objektes, des Mittels oder des Subjektes der Handlung und erkennt nicht, dass der Bußgeldtatbestand unter keinen Umständen verwirklicht werden kann. Beim untauglichen Versuch sollte von der Einstellungsmöglichkeit gem. § 47 Gebrauch gemacht werden (vgl. § 23 Abs. 3 StGB). Von einem Wahndelikt spricht man dann, wenn der Täter bei richtig erkannter Handlung irrig von einer Ahndbarkeit seines Verhaltens ausgeht. Wahndelikte sind ahndungsfrei.

1.5 Bußgeldrahmen

Bei der Ausschöpfung des Bußgeldrahmens sollte, obwohl eine ausdrückliche Milderungsvorschrift wie im Strafrecht (vgl. § 23 Abs. 2 StGB) fehlt, eine gegenüber der Vollendung mildernde Beurteilung Platz greifen.

2. Rücktritt vom Versuch

Der Rücktritt lässt die Möglichkeit der Ahndung entfallen.

2.1 Alleintäter

Den Rücktritt des Alleintäters regelt Absatz 3. Hiernach ist zunächst zwischen beendetem und unbeendetem Versuch zu unterscheiden. Ein unbeendeter Versuch liegt vor, wenn der Täter noch nicht alles getan hat, was nach seiner Vorstellung zur Vollendung der Handlung erforderlich ist. Setzt der Täter mehrfach zur Tat an, ist Voraussetzung für die Annahme eines unbeendeten Versuchs, dass die vorausgegangenen, erfolglos gebliebenen Teilakte mit dem neuen Anlauf, auf den der Täter schließlich verzichtet hat, einen einheitlichen Lebensvorgang bilden (vgl. BGH, NJW 1994 S. 1670). Von einem beendeten Versuch hat man dann auszugehen, wenn der Täter das nach seiner Vorstellung zur Vollendung der Handlung Erforderliche getan hat (vgl. BGHSt 14, 75, 79).

Beim unbeendeten Versuch muss der Zurücktretende entweder die beabsichtigte Handlung abbrechen (Begehungsordnungswidrigkeit) oder eine Tätigkeit, gerichtet auf das von ihm verlangte Tun (Unterlassungsordnungswidrigkeit), entfalten, Abs. 3 Satz 1, 1. Alt. Freiwilliges Handeln liegt nur dann vor, wenn der Rücktritt nicht durch äußere Umstände im Sinne einer objektiven bzw. subjektiven Unmöglichkeit der Tatausführung dem Täter aufgezwungen wird, sondern situationsunabhängig motiviert ist (vgl. *Schönke/Schröder/Eser/Bosch*, StGB, 30. Auflage 2019, Rdnr. 44, 45, 47 zu § 24).

Beim beendeten Versuch besteht der Unterschied darin, dass der Zurücktretende nicht nur einfach die Handlungsausführung aufgeben darf, sondern den bereits in Gang gesetzten Kausalverlauf unterbrechen muss, Abs. 3 Satz 1, 2. Alt. Die Rücktrittsvoraussetzungen sind beim Versuch des Unterlassungsdelikts dieselben wie beim beendeten Versuch des Begehungsdelikts. Dies folgt aus der Gleichwertigkeit der beiden Rechtsfiguren. Ein beendeter Versuch des Begehungsdelikts liegt dann vor, wenn der Täter nach der letzten Ausführungshandlung den Eintritt des tatbestandsmäßigen Erfolgs für möglich hält. Der dadurch bestimmte Rücktrittshorizont stimmt mit demjenigen des Unterlassungstäters überein. Ein Versuch des Unterlassungsdelikts kann überhaupt nur vorliegen, wenn der Unterlassungstäter den Eintritt des tatbestandsmäßigen Erfolges zumindest für möglich hält und sich mit ihm abfindet. Beendet ist der Unterlassungsversuch, wenn der Täter nach seiner Vorstellung die Nachholung der ihm obliegenden Handlung für erfolglos hält, aber ihm der Erfolg notfalls noch auf andere Weise abwendbar erscheint (vgl. *Schönke/Schröder/Eser/Bosch*, StGB, 30. Auflage 2019, Rdnr. 29 zu § 24 – Der Bahnbeamte stellt die Weiche nicht. Der Zug überfährt diese, aber der Zusammenstoß wäre noch über Funk zu verhindern). Beiden Rechtsfiguren ist gemein, dass die Gefahr ohne Weiteres in den tatbestandsmäßigen Erfolg umschlagen kann (vgl. BGH, NStZ 1997 S. 485).

Abs. 3 Satz 2 regelt die Fälle des untauglichen Versuchs, bei denen die Handlung ohne Zutun des Zurücktretenden nicht vollendet wird. Hier reicht das freiwillige und ernsthafte Bemühen der Vollendungsverhinderung. Erkennt der Täter, dass sein Versuch fehlgeschlagen ist, scheidet ein ahndungsbefreiender Rücktritt aus (vgl. *Schönke/Schröder/Eser/Bosch*, StGB, 30. Auflage 2019, Rdnr. 72 zu § 24). Eine Einstellung nach § 47 kommt deshalb auch nicht in Betracht.

2.2 Mehrere Beteiligte

Der Rücktritt wirkt persönlich, d. h. nur für denjenigen, der selbst zurücktritt.

Nach Absatz 4 Satz 1 hat der Rücktritt dann ahndungsbefreiende Wirkung, wenn es dem Zurücktretenden gelingt, die Vollendung freiwillig zu verhindern. Ein rein passives Verhalten genügt hier nicht.

Beim untauglichen Versuch genügt ähnlich der Regelung in Absatz 3 Satz 2 das freiwillige und ernsthafte Bemühen, die Vollendung zu verhindern, Abs. 4 Satz 2, 1. Alternative. Das freiwillige und ernsthafte Bemühen, die Vollendung zu verhindern, reicht auch dann aus, wenn die Handlung unabhängig vom Tatbeitrag des Zurücktretenden vollendet wird, die frühere Beteiligung also auf das Handlungsgeschehen ohne Einfluss ist, Abs. 4 Satz 2, 2. Alternative.

§ 14
Beteiligung

(1) Beteiligen sich mehrere an einer Ordnungswidrigkeit, so handelt jeder von ihnen ordnungswidrig. Dies gilt auch dann, wenn besondere persönliche Merkmale (§ 9 Abs. 1), welche die Möglichkeit der Ahndung begründen, nur bei einem Beteiligten vorliegen.

(2) Die Beteiligung kann nur dann geahndet werden, wenn der Tatbestand eines Gesetzes, das die Ahndung mit einer Geldbuße zuläßt, rechtswidrig verwirklicht wird oder in Fällen, in denen auch der Versuch geahndet werden kann, dies wenigstens versucht wird.

(3) Handelt einer der Beteiligten nicht vorwerfbar, so wird dadurch die Möglichkeit der Ahndung bei den anderen nicht ausgeschlossen. Bestimmt das Gesetz, daß besondere persönliche Merkmale die Möglichkeit der Ahndung ausschließen, so gilt dies nur für den Beteiligten, bei dem sie vorliegen.

(4) Bestimmt das Gesetz, daß eine Handlung, die sonst eine Ordnungswidrigkeit wäre, bei besonderen persönlichen Merkmalen des Täters eine Straftat ist, so gilt dies nur für den Beteiligten, bei dem sie vorliegen.

Erläuterungen

Übersicht

Vorbemerkung

Die Vorschrift regelt in Abweichung vom StGB die Beteiligung an einer Ordnungswidrigkeit einheitlich, d. h. ohne nach Mittäterschaft, mittelbarer Täterschaft, Anstiftung oder Beihilfe zu unterscheiden. Es wird dadurch ein Vereinfachungseffekt erzielt, da gerade die Abgrenzung zwischen Beihilfe und Mittäterschaft oder zwischen Anstiftung und mittelbarer Täterschaft im Strafrecht häufig schwierig zu beantworten ist. Andererseits wäre eine Unterscheidung zwecklos, da das OWiG für die verschiedenen Formen der Beteiligung keinen unterschiedlichen Bußgeldrahmen bereithält. Eine Differenzierung ist aber bei Ausschöpfung des Bußgeldrahmens vorzunehmen, § 17 Abs. 3 Satz 1.

1. Einheitstäterschaft, Absatz 1 Satz 1

Der Begriff der Beteiligung im Sinne des Absatzes 1 Satz 1 verlangt einen vorsätzlichen Tatbeitrag (vgl. OLG Düsseldorf, NStZ 1984 S. 29). Der Tatbeitrag kann in einem aktiven Tun oder in einem Unterlassen (gesetzliche Handlungspflicht oder Rechtspflicht gem. § 8) bestehen.

Im Gegenschluss heißt dies, dass ein fahrlässiger Tatbeitrag nicht die Täter-Eigenschaft nach § 14 begründen kann. Bei fahrlässigem Handeln kann aber eine sog. Nebentäterschaft vorliegen. Von Nebentäterschaft spricht man dann, wenn mehrere Personen, ohne im bewussten und gewollten Zusammenwirken zu handeln, Bedingungen setzen, die zusammen oder auch für sich alleine den Erfolg herbeizuführen geeignet sind (zur fahrlässigen Nebentäterschaft des Halters eines Kraftfahrzeugs vgl. BayObLG, NStZ 1986 S. 256 f. Der Halter ist für einen Parkverstoß des Fahrers dann verantwortlich, wenn sich das Fahrzeug in seinem tatsächlichen Herrschaftsbereich befindet und er von dem Verkehrsverstoß Kenntnis erlangt hat).

Ein Tatbeitrag im Sinne des § 14 liegt nur dann vor, wenn das Verhalten des Beteiligten für die Verwirklichung des Bußgeldtatbestandes ursächlich oder förderlich war (vgl. OLG Stuttgart, NStZ 1981 S. 307 f.). Eine bloße psychische Unterstützung reicht aus. Wirkt deshalb jemand bei einer Grillparty im Wald rein passiv durch bloße Anwesenheit mit, ist er als Beteiligter der Ordnungswidrigkeit anzusehen, die durch Anzünden des Feuers ohne behördliche Erlaubnis verwirklicht wird (vgl. KG, NJW 1976 S. 1465, 1467). Die Anwesenheit muss die Tat aber objektiv gefördert oder erleichtert haben und der Gehilfe muss sich dessen bewusst gewesen sein. Das bloße Dabeisein reicht selbst bei Billigung der Tat nicht aus, die Annahme von Beihilfe im Sinne aktiven Tuns zu begründen, da andernfalls die rechtlichen Anforderungen im Hinblick auf die Garantenpflichten beim unechten Unterlassen umgangen werden könnten (vgl. BGH, NStZ 1996 S. 563, 564).

Nach Beendigung der Ordnungswidrigkeit sind Unterstützungshandlungen nicht mehr zu ahnden. Beendigung ist dann anzunehmen, wenn der über die Tatbestandserfüllung (Vollendung) hinausgehende Handlungszweck erreicht ist.

Der Beteiligte muss nicht von sämtlichen Tatbeiträgen der anderen Beteiligten wissen und mit deren Einverständnis handeln, sondern es genügt, wenn er von dem vorsätzlichen Tatbeitrag eines Dritten weiß, diesen billigt, sowie selbst einen eigenen Tatbeitrag zur Tatbestandsverwirklichung setzt. Es ist nicht erforderlich, dass sämtliche Beteiligten gegenseitig voneinander wissen und dass sie bewusst und gewollt mitwirken (vgl. *Göhler*, 18. Auflage 2021, Rdnr. 5 zu § 14).

Der Bundesgerichtshof (vgl. BGHSt 31, 309, 311) hat § 14 einschränkend dahingehend ausgelegt, dass eine vorsätzliche Beteiligung an der fahrlässig begangenen Ordnungswidrigkeit nicht geahndet werden kann. Dies verbietet ein Vergleich mit dem Strafrecht (Wertungswiderspruch, wenn man die Beteiligung an der weniger gewichtigen fahrlässigen Ordnungswidrigkeit sanktionieren kann, nicht aber die Beteiligung an der gravierenderen Straftat, vgl. *Göhler*, 18. Auflage 2021, Rdnr. 5b zu § 14.). In der Entscheidung ist jedoch nicht zum Problem der mittelbaren Täterschaft Stellung genommen worden. Der mittelbare Täter steuert das Verhalten seines Tatmittlers (seines Werkzeugs) bzw. hat als entscheidender Veranlasser der Tat Verantwortung für das Gesamtgeschehen (vgl. *Schönke/Schröder/Heine/Weißer*, StGB, 30. Auflage 2019, Rdnr. 75 und 76 vor §§ 25 ff., 26 zu § 25: Mittelbare Täterschaft von Leitungspersonen trotz voller strafrechtlicher Verantwortlichkeit der unmittelbar Ausführenden, sofern durch Organisationsstrukturen bestimmte Rahmenbedingungen zur Tatbestandsverwirklichung ausgenutzt wurden). Ein Wertungswiderspruch ergibt sich bei einem lediglich fahrlässigen Handeln des Werkzeugs nur dann, wenn bei Sondertatbeständen, d. h. bei Tatbeständen, die zur Verfolgung das Vorliegen besonderer persönlicher Merkmale verlangen, das Sondermerkmal nur beim Werkzeug erfüllt ist. Im Strafrecht scheidet dann mittelbare Täterschaft aus. Ist aber das Sondermerkmal beim mittelbaren Täter erfüllt, bestehen keine Bedenken, eine Ahndung anzunehmen. Das Gleiche gilt in den Fällen, bei denen keine besonderen persönlichen Merkmale vorliegen müssen. Eine Ahndung bejahen, hieße nicht, von der Strafrechtspraxis abweichen. Zu den besonderen persönlichen Merkmalen siehe im Übrigen Erl. 2.

Keine Beteiligten im Sinne des § 14 sind notwendig Beteiligte, die als Handlungsobjekte in das Tatgeschehen miteinbezogen sind (z. B. verbotene Personenbeförderung nach § 21 StVO). Eine Ahndung kommt hier nur dann in Frage, wenn das Verhalten das übliche Maß der notwendigen Teilnahme überschreitet (vgl. BGHSt 19, 107 f.).

Im Straßenverkehr ist vom Grundsatz auszugehen, dass der Fahrzeugführer für die Einhaltung der Gebote selbst verantwortlich ist (vgl. BayObLG, VRS 92, 440 f. zum Verkehr mit Fahrzeugen, deren Abmessungen, Achslasten oder Gesamtgewichte die gesetzlich allgemein zugelassenen Grenzen tatsächlich überschreiten). Der Mitfahrer bzw. der Halter kann aber bei Vorliegen besonderer Umstände an der vom Fahrer begangenen Ordnungswidrigkeit beteiligt sein. Der Mitfahrer, der selbst im Besitz einer Fahrerlaubnis ist, weist den Fahrer nicht auf dessen fortgesetzte Verkehrsverstöße hin (vgl. *RRH*, 32. Aktualisierung 2022, Rdnr. 20 zu § 14: Für den Mitfahrer besteht keine Rechtspflicht, den Fahrer von Verkehrszuwiderhandlungen abzuhalten. Dies kann nur in den Fällen zweifelhaft sein, in denen ein Mitfahrer, zumal, wenn er selbst den Führerschein besitzt, z. B. bemerkt, dass der Fahrer dauernd auf der linken Fahrbahnseite fährt, und er ihn dennoch nicht auffordert, auf die rechte Fahrbahnseite zu wechseln.). Der Halter überlässt einem Fahrzeugführer seinen Pkw, obwohl er von in der Vergangenheit vorgekommenen Parkverstößen weiß und mit diesen auch diesmal rechnet und sie in Kauf nimmt (vgl. OLG Koblenz, NJW 1986 S. 1003). Wenn der Fahrzeugführer duldet, dass der Beifahrer der Gurtanschnallpflicht zuwiderhandelt, beteiligt er sich an der Ordnungswidrigkeit des Beifahrers. Fahrlässiges

Verhalten des Fahrzeugführers reicht insoweit aber nicht aus. Kommt der Beifahrer aber einer entsprechenden Aufforderung nicht nach, kann in der Weiterfahrt kein hinreichender Tatbeitrag des Fahrzeugführers gesehen werden (vgl. *Göhler*, 18. Auflage 2021, Rdnr. 9 zu § 14).

Gegenüber den Finanzbehörden macht leichtfertig unrichtige oder unvollständige Angaben über steuererhebliche Tatsachen im Sinne der §§ 378 Abs. 1 Satz 1, 370 Abs. 1 Nr. 1 AO (Leichtfertige Steuerverkürzung), wer selbst seine Steuererklärung ausfüllt, unterzeichnet und beim Finanzamt einreicht. Aber auch wenn ein Steuerberater die Steuererklärung seines Mandanten aufgrund dessen Unterlagen und Angaben erstellt, zumindest vorbereitet und der Steuerpflichtige sie unterschrieben hat, liegt nach einhelliger Meinung eine Erklärung des Steuerpflichtigen gegenüber dem Finanzamt vor (vgl. OLG Braunschweig, NJW 1997 S. 3254, 3255). Diese Auffassung beruht darauf, dass die Steuererklärung nach ständiger Rechtsprechung des BFH als Wissenserklärung anzusehen ist, die Kenntnis also überwiegend dem Steuerpflichtigen zuzuordnen ist, der mit der eigenhändigen Unterzeichnung auch äußerlich ersichtlich die Verantwortung für die tatsächlichen Angaben in der Steuererklärung übernimmt (vgl. OLG Braunschweig, a. a. O., S. 3255). Eine mittelbare Täterschaft seitens des Steuerberaters ist nur dann begründbar, wenn er die Tatherrschaft und den Täterwillen hat. Eine fahrlässige mittelbare Täterschaft wird dem nicht gerecht und wird deshalb abgelehnt (vgl. *Krenberger/Krumm*, OWiG, 7. Auflage 2022, Rdnr. 16 zu § 14).

Beim ungenehmigten Errichten einer baulichen Anlage ist die verantwortliche Mitwirkung daran, insbesondere durch den bauleitenden Architekten, eine Beteiligung im Sinne des § 14 (vgl. *Göhler*, 18. Auflage 2021, Rdnr. 10e zu § 14 mit Verweis auf eine Entscheidung des OLG Düsseldorf, NJW 1992 S. 2105).

Weisungsgebundene Arbeitnehmer handeln bei Verstößen gegen Betriebspflichten, die dem Unternehmer zuzuordnen sind, nur dann ordnungswidrig, wenn sie vorsätzlich an der Pflichtverletzung mitwirken (vgl. BayObLG, VRS 77, 148 f.).

Auch ein zugelassener Rechtsanwalt kann unter § 14 fallen. Insoweit wird jedoch die Feststellung des Vorsatzes Schwierigkeiten machen. Gibt er einen unrichtigen Rechtsrat und begeht der Auskunftsuchende in der Folge eine Ordnungswidrigkeit, ist davon auszugehen, dass der Wille des Rechtsanwalts allein darauf gerichtet war, pflichtgemäß Rat zu erteilen und nicht darauf, auf das, was der Ratsuchende auf Grund des erteilten Rats tut, einzuwirken (vgl. OLG Düsseldorf, NStZ 1984 S. 29).

2. Vorliegen besonderer persönlicher Merkmale, Absatz 1 Satz 2

Die Vorschrift ist so zu verstehen, dass alle an der Begehung einer Ordnungswidrigkeit beteiligten Personen ordnungswidrig handeln, wenn die ahndungsbegründenden besonderen persönlichen Merkmale nur bei einem Beteiligten vorgelegen haben. Es kann deshalb im Gegensatz zur Regelung im Strafrecht, § 28 Abs. 1 StGB, vorkommen, dass der in den Kategorien des Strafrechts gedachte Täter die besonderen persönlichen Merkmale nicht erfüllt, aber der Gehilfe. In diesem Falle sind Täter und Gehilfe taugliche Beteiligte im Sinne des § 14. Der Tatbeitrag des Beteiligten, bei dem die besonderen persönlichen Merkmale fehlen, wird aber im Sinne des § 17 Abs. 3 Satz 1 milder zu werten sein, da er nicht der eigentliche Normadressat ist.

3. Erfolglose Beteiligung, Absatz 2

Nach Absatz 2 muss der Bußgeldtatbestand bzw. ein ahndbarer Versuch von einem Beteiligten rechtswidrig verwirklicht oder in Fällen, in denen auch der Versuch geahndet werden kann, dies wenigstens versucht worden sein. Andernfalls würde jede Abhängigkeit von einer Haupttat (Akzessorietät) entfallen. Die erfolglose Beteiligung kann nicht geahndet werden.

4. Begrenzte Abhängigkeit der Beteiligung, Absatz 3

Nach Absatz 3 Satz 1 stellt die bußgeldrechtliche Verantwortlichkeit des einzelnen Beteiligten nicht darauf ab, ob ein anderer oder alle anderen Beteiligten vorwerfbar gehandelt haben, sofern er selbst vorwerfbar gehandelt hat (vgl. OLG Stuttgart, NStZ 1981 S. 307 f.). Abs. 3 Satz 2 entspricht § 28 Abs. 2 StGB. Ahndungsausschlussgründe (z. B. der Rücktritt vom Versuch, § 13 Abs. 4, Selbstanzeige bei der leichtfertigen Steuerverkürzung, § 378 Abs. 3 Satz 1 AO) gelten nur für den Beteiligten, bei dem sie vorliegen.

5. Beteiligung bei Mischtatbeständen, Absatz 4

Von einem Mischtatbestand spricht man dann, wenn die Feststellung, ob die Verwirklichung eines Tatbestandes eine Straftat oder eine Ordnungswidrigkeit ist, von durch das Gesetz bestimmten abstrakt formulierten Umständen abhängt. Eine Ordnungswidrigkeit liegt dann vor, wenn die gesetzlich beschriebenen Umstände fehlen, welche die Tat als Straftat einordnen würden, oder die Umstände gegeben sind, die eine in erster Linie als Straftat eingestufte Verhaltensweise als Ordnungswidrigkeit definieren (vgl. z. B. §§ 1, 2 WiStG 1954, §§ 59, 60 LFGB).

In Abweichung von Abs. 1 Satz 2 bestimmt nun Absatz 4, dass besondere persönliche Merkmale, die eine Handlung als Straftat qualifizieren, nur dem Beteiligten zugerechnet werden, bei dem sie vorliegen. Folge dieser Regelung ist, dass jemand Teilnehmer einer Straftat sein kann, obwohl der Haupttäter nur wegen einer Ordnungswidrigkeit zu verfolgen ist (vgl. BayObLG, NJW 1985 S. 1566).

6. Verfahrensrecht

Eines Hinweises nach § 265 StPO (anwendbar über §§ 46 Abs. 1, 71 Abs. 1) bedarf es im gerichtlichen Verfahren auch dann, wenn der Betroffene wegen einer anderen Beteiligungsform desselben Bußgeldtatbestandes zur Verantwortung gezogen werden soll (vgl. BGHSt 23, 95, 96); z. B. es stellt sich heraus, dass das Kfz nicht von dem Betroffenen gefahren worden ist.

§ 15
Notwehr

(1) Wer eine Handlung begeht, die durch Notwehr geboten ist, handelt nicht rechtswidrig.

(2) Notwehr ist die Verteidigung, die erforderlich ist, um einen gegenwärtigen rechtswidrigen Angriff von sich oder einem anderen abzuwenden.

(3) Überschreitet der Täter die Grenzen der Notwehr aus Verwirrung, Furcht oder Schrecken, so wird die Handlung nicht geahndet.

Erläuterungen

Übersicht

Vorbemerkung

Die Vorschrift wird im Ordnungswidrigkeitenrecht kaum Bedeutung gewinnen, weil Bußgeldtatbestände nicht unmittelbar individuellen Interessen eines Angreifers zu dienen bestimmt sind. Die Verteidigungshandlung, die lediglich einen Bußgeldtatbestand erfüllt, wird deshalb nicht geeignet sein, eine Angriffshandlung abzuwehren. Vorstellbar ist jedoch, dass es die Notwehrhandlung erforderlich macht, auch Rechtsgüter der Allgemeinheit zu beeinträchtigen (ablehnend OLG Celle, NJW 1969 S. 1775). Eilt jemand einem Angegriffenen zu Hilfe, ist die Geschwindigkeitsüberschreitung auf dem Weg zum Tatort, §§ 3, 49 Abs. 1 Nr. 3 StVO, nach § 15 gerechtfertigt. Die Rechtsordnung im Ganzen, die öffentliche Ordnung und Rechtsgüter der Allgemeinheit sind als solche zwar nicht notwehrfähig (kein „anderer" im Sinne des § 15 Abs. 2 oder des § 32 Abs. 2 StGB). Ein Notwehr- bzw. Nothilferecht besteht aber, wenn mit dem Angriff auf Güter der Allgemeinheit unmittelbar zugleich notwehrfähige Individualinteressen betroffen sind (vgl. *Schönke/ Schröder/Perron/Eisele*, StGB, 30. Auflage 2019, Rdnr. 8 zu § 32; *Göhler*, 18. Auflage 2021, Rdnr. 3 zu § 15: Angriffe auf die öffentliche Ordnung, auch im Straßenverkehr, sind nicht nothilfefähig, soweit der Angriff nicht einem Einzelnen gilt.). Deshalb kann nichts Anderes gelten, wenn die Notwehrhandlung zugleich auch individuelle Rechtsgüter verletzt (Gefährdung unbeteiligter Dritter auf dem Weg zum Tatort, §§ 1 Abs. 2, 49 Abs. 1 Nr. 1 StVO). Die Prüfung einer Rechtfertigung gem. § 16 bleibt unberührt.

1. Notwehr

1.1 Notwehrlage

Voraussetzung der Notwehr ist ein gegenwärtiger, rechtswidriger Angriff, Abs. 2. Angriff ist die drohende Verletzung rechtlich geschützter Interessen durch einen Menschen. Geschützt ist jedes Individualrechtsgut. Angriffe auf die öffentliche Sicherheit und Ordnung können vom einzelnen Bürger nicht abgewehrt werden (vgl. BGHSt 5, 245, 247; Vorbemerkung).

Rechtswidrig ist der Angriff, wenn ihn der Angegriffene nach der Rechtsordnung nicht hinnehmen muss. Das Freihalten eines Parkplatzes für einen anderen stellt unter Verstoß gegen § 1 StVO einen rechtswidrigen Angriff auf die Befugnis des einen Parkplatz Suchenden zum Gemeingebrauch an öffentlichen Plätzen dar (vgl. BayObLG, NJW 1995 S. 2646). Nach der Sitzblockaden-Entscheidung des Bundesverfassungsgerichts (vgl. BVerfGE 92, 1 ff.) kann das Verhalten des reservierenden Fußgängers nicht mehr als Gewalt im Sinne des § 240 StGB qualifiziert werden (vgl. KKOWiG-*Rengier*, 5. Auflage 2018, Rdnr. 3 zu § 15; *Schönke/Schröder/Eisele*, StGB, 30. Auflage 2019, Rdnr. 10 vor §§ 234 ff.: Gewalt darf nicht lediglich in körperlicher Anwesenheit bestehen und die Zwangswirkung auf den Genötigten nicht nur psychischer Natur sein.).

Gegenwärtig ist der Angriff, der unmittelbar bevorsteht, gerade stattfindet oder noch andauert.

1.2 Notwehrhandlung

Die Verteidigung muss von einem Notwehrwillen getragen sein (vgl. *Schönke/Schröder/ Perron/Eisele*, StGB, 30. Auflage 2019, Rdnr. 63 zu § 32 unter Verweis auf die h. M.; im Gegensatz zu dieser sei es vielmehr entscheidend, ob der Täter in Kenntnis der Notwehrlage bzw. im Vertrauen auf deren Vorliegen von dem ihm zustehenden Notwehrrecht in objektiv zulässiger Weise Gebrauch macht.). Eine Tat kann aber auch dann durch Notwehr gerechtfertigt sein, wenn der Täter neben der Abwehr noch andere Ziele verfolgt, solange sie den Verteidigungszweck nicht völlig in den Hintergrund drängen (vgl. BGH, NStZ 1996 S. 29, 30). Der Täter darf also nicht ausschließlich oder ganz überwiegend aus anderen Gründen handeln (z. B. Hass, Rache).

Die Notwehrhandlung muss sich grundsätzlich gegen den Angreifer richten. Zu Eingriffen in Rechtsgüter der Allgemeinheit bzw. unbeteiligter Dritter siehe oben Vorbemerkung.

Die Notwehrhandlung muss zur Abwehr des Angriffs erforderlich sein. Sie muss nach Art und Maß geeignet sein, den Angriff zu beenden. Der Angegriffene darf sich grundsätzlich des Abwehrmittels bedienen, das er zur Hand hat und das eine sofortige und endgültige Beseitigung der Gefahr erwarten lässt (vgl. BGH, NStZ 1996 S. 29). Unter mehreren Mitteln hat der Angegriffene das den Angreifer am wenigsten beeinträchtigende zu wählen. Die Erforderlichkeit ist zu verneinen, wenn staatliche Hilfe den Angriff in gleich geeigneter Weise beenden kann. Die Notwehrhandlung ist dann nicht geboten im Sinne des Absatzes 1, wenn die Verteidigung einen Rechtsmissbrauch darstellen würde. Notwehr ist dann nicht geboten, wenn der Verteidiger selbst schuldhaft den Angriff hervorgerufen hat. Ein von Rechts wegen vorwerfbares Vorverhalten, das für den Umfang des Notwehrrechts bedeutsam ist, liegt in einer schweren Beleidigung. Inwieweit sich der Provokateur in seiner Verteidigung zu beschränken hat, hängt von den Umständen ab (vgl. BGH, NStZ 1996 S. 380, 381). Besteht zwischen Art und Umfang der aus dem Angriff drohenden Verletzung und der mit der Verteidigung verbundenen Beeinträchtigung oder Gefährdung ein grobes Missverhältnis, so ist die Notwehr, mag sie auch das einzige Mittel sein, sowohl aus Rechtsbewährungs- als auch aus Individualschutzgründen unzulässig (vgl. BayObLG, NJW 1995 S. 2646). Dies ist bei einem Verteidigungshandeln, das lediglich einen Bußgeldtatbestand erfüllt, schwer vorstellbar. Ein Missverhältnis zwischen Stärke des Angriffs und Art und Weise der Abwehr wird hier regelmäßig zu verneinen sein.

2. Notwehrexzess

Beim Notwehrexzess unterscheidet man den extensiven (der Angriff liegt nicht oder nicht mehr vor) vom intensiven (der Angegriffene geht über die nach Absatz 1 gebotene und nach Absatz 2 erforderliche Handlung hinaus). In beiden Fällen ist eine Ahndung grundsätzlich möglich, weil eine Rechtfertigung ausscheidet. Überschreitet aber der Angegriffene die Grenzen des Notwehrrechts aus Verwirrung, Furcht oder Schrecken, kommt ihm der Vorwerfbarkeitsausschließungsgrund des Absatzes 3 zugute. Die Bestimmung ist bei beiden Formen des Notwehrexzesses anwendbar (vgl. *Schönke/Schröder/Perron/Eisele*, StGB, 30. Auflage 2019, Rdnr. 7 zu § 33: Ob der Täter die Grenzen einer rechtmäßigen Verteidigung in der Intensität oder in zeitlicher Hinsicht überschreitet, macht keinen grundsätzlichen Unterschied.).

3. Putativnotwehr

Nimmt der Täter irrtümlich an, eine Notwehrlage sei tatsächlich gegeben, liegt sog. Putativnotwehr vor, die nach § 11 Abs. 1 den Vorsatz entfallen lässt, andererseits aber die Ahndung wegen fahrlässiger Begehung unberührt lässt. Ein Irrtum über die rechtlichen Grenzen des Notwehrrechts ist Verbotsirrtum nach § 11 Abs. 2.

Beim Putativnotwehrexzess, d. h. beim Zusammentreffen der Putativnotwehr mit einem Notwehrexzess, beurteilt sich der Irrtum allein nach § 11 Abs. 1 (vgl. BGH, NJW 1968 S. 1885), d. h. eine Ahndung wegen fahrlässigen Handelns kommt nur in Frage, wenn der Irrtum vorwerfbar ist.

§ 16
Rechtfertigender Notstand

Wer in einer gegenwärtigen, nicht anders abwendbaren Gefahr für Leben, Leib, Freiheit, Ehre, Eigentum oder ein anderes Rechtsgut eine Handlung begeht, um die Gefahr von sich oder einem anderen abzuwenden, handelt nicht rechtswidrig, wenn bei Abwägung der widerstreitenden Interessen, namentlich der betroffenen Rechtsgüter und des Grades der ihnen drohenden Gefahren, das geschützte Interesse das beeinträchtigte wesentlich überwiegt. Dies gilt jedoch nur, soweit die Handlung ein angemessenes Mittel ist, die Gefahr abzuwenden.

Erläuterungen

Vorbemerkung

Die Vorschrift ist inhaltsgleich mit § 34 StGB. Die praktische Bedeutung ist wesentlich höher als bei § 15. Die Vorschrift lässt die rechtfertigende Pflichtenkollision (vgl. hierzu Erl. 1.3.7 zu § 1) unberührt.

1. Notstandslage

Die Notstandslage besteht darin, dass eine gegenwärtige Gefahr für ein Rechtsgut vorliegt.

1.1 Gegenwärtige Gefahr

Unter gegenwärtiger (vgl. hierzu Erl. 1.1 zu § 15) Gefahr versteht man einen Zustand, der nach menschlicher Erfahrung bei natürlicher Weiterentwicklung der gegebenen Sachlage den Eintritt einer Schädigung sicher, zumindest aber höchstwahrscheinlich macht, wenn nicht alsbald eine Abwehrmaßnahme ergriffen wird (vgl. BGHSt 18, 271, 273).

1.2 Rechtsgut

Notstandsfähig sind nicht nur die in der Bestimmung selbst genannten Rechtsgüter, sondern jedes von der Rechtsordnung anerkannte Rechtsgut (vgl. OLG Hamm, VRS 41, 141, 142). Schutzfähig sind grundsätzlich nicht staatliche Interessen (z. B. Nothilfe zur Wahrung der öffentlichen Ordnung, vgl. OLG Köln, NJW 1979 S. 2161; Vorbemerkung zu § 15) sowie persönliche oder berufliche Interessen.

2. Notstandshandlung

2.1 Erforderlichkeit

Die Gefahr ist nur dann nicht anders abwendbar als durch eine Zuwiderhandlung gegen einen Bußgeldtatbestand, wenn die Zuwiderhandlung (Notstandshandlung) in der konkreten Situation ein geeignetes und das relativ mildeste Mittel ist, um die Gefahr zu beseitigen (vgl. BayObLG bei *Bär*, DAR 1992 S. 368: Ein Kraftfahrer, der eine Bundesautobahn entgegen der Fahrtrichtung befährt, darf mit dem Ausfahren über die Einfahrt eine weitere Ordnungswidrigkeit begehen, wenn dies die am wenigsten gefährdende Möglichkeit zur Beseitigung der Gefahr war, und auch, wenn er die Gefährdung der anderen Verkehrsteilnehmer durch die vorausgehende Ordnungswidrigkeit verschuldet hat.). Die Beeinträchtigung des verletzten Rechtsgutes muss die ultima ratio für die Erhaltung des verteidigten Rechtsgutes sein (vgl. OLG Hamm, VRS 36, 27, zum „übergesetzlichen" Notstand. Vor der gesetzlichen Fixierung des rechtfertigenden Notstandes war ein sog. „übergesetzlicher"

Notstand gewohnheitsrechtlich anerkannt, vgl. *Schönke/Schröder/Perron*, StGB, 30. Auflage 2019, Rdnr. 2 zu § 34).

Die Überschreitung der Höchstgeschwindigkeit (75 km/h statt 50 km/h) kann dann gerechtfertigt sein, wenn sie erforderlich ist, um den Führer eines vorausfahrenden Kraftfahrzeugs auf den verkehrsgefährdenden Zustand seines Fahrzeugs aufmerksam zu machen (vgl. OLG Düsseldorf, NJW 1970 S. 674). Die Notstandshandlung (Überschreiten der zulässigen Höchstgeschwindigkeit) ist dann nicht geeignet und erforderlich, wenn sie nur einen unwesentlichen Zeitgewinn bringt (Geschwindigkeitsbegrenzung auf verhältnismäßig kurzer Strecke) und der Betroffene nicht befürchten muss, das verfolgte Fahrzeug, dessen Ladung herabzufallen droht, aus den Augen zu verlieren (vgl. OLG Köln, VRS 88, 370, 373 f.).

Fordert der Fahrgast den Fahrer eines Pkw mit einem kräftigen Schlag auf den Kopf auf, schneller zu fahren und ist Hilfe nicht in der Nähe, kann eine Geschwindigkeitsüberschreitung nach § 16 gerechtfertigt sein, wenn diese nur kurz ist und andere Verkehrsteilnehmer nicht gefährdet werden (vgl. OLG Düsseldorf, VRS 91, 296 f.).

Die Überschreitung der zulässigen Höchstgeschwindigkeit von 60 km/h innerhalb einer Autobahnbaustelle mit verengten Fahrstreifen um 41 km/h, um möglichst rasch zu einer nur wenige Kilometer entfernten Ausfahrt zu gelangen und dort den nach dem Beginn einer Gallenkolik befürchteten starken Schmerzen durch Einführen eines Zäpfchens vorzubeugen, ist nicht das geeignete Mittel zur Abwehr der drohenden Gesundheitsgefahr. Das Überschreiten der zulässigen Höchstgeschwindigkeit im Bereich der Baustelle kann die Gefahr sich verstärkender Schmerzen in einem nennenwerten Umfang objektiv nicht beseitigen, weil der Zeitgewinn nicht beachtlich ist (vgl. OLG Düsseldorf, VRS 93, 442, 444). Zur Rechtfertigung der Überschreitung der zulässigen Höchstgeschwindigkeit, um einen Schwerkranken zu retten vgl. *Krenberger/Krumm*, OWiG, 7. Auflage 2022, Rdnr. 4 zu § 16 insbesondere mit Verweis auf eine Entscheidung des BayObLG, NJW 2000 S. 888.

Ein Rotlichtverstoß beim Befahren einer Busspur, in der nur der Busfahrer das Rotlicht zurücksetzen kann, ist nur dann gem. § 16 gerechtfertigt, wenn ein Wechseln oder Zurücksetzen in die normale Spur mit größeren Gefahren verbunden wäre (vgl. OLG Hamm, DAR 1994 S. 409, 410). Die rasche und daher mit erheblichem Geschwindigkeitsunterschied erfolgende Annäherung eines nachfolgenden Kraftfahrzeugs rechtfertigt erst beim Hinzutreten weiterer Gefahrenmomente einen Rotlichtverstoß. Hierbei muss zudem eine Gefährdung anderer Verkehrsteilnehmer nahezu ausgeschlossen sein (vgl. KG, NZV 1993 S. 362). Auf der Seite des Betroffenen wird man eine drohende ernstliche körperliche Verletzung verlangen müssen (vgl. *Göhler,* NStZ 1993 S. 71, 72).

2.2 Güterabwägung

Bei Abwägung der widerstreitenden Interessen, namentlich der betroffenen Rechtsgüter und des Grades der ihnen drohenden Gefahren, muss das geschützte Interesse das beeinträchtigte wesentlich überwiegen.

2.2.1 Rechtsgüterabwägung

Die Abwägung gleichartiger bzw. ungleichartiger Rechtsgüter ist nicht abstrakt vorzunehmen, sondern durch Bewertung der widerstreitenden Interessen im konkreten Einzelfall. Als Faustregel kann gesagt werden, dass der Einhaltung von Ordnungsvorschriften ein geringeres Gewicht zukommt als dem Schutz von Individualinteressen. Als Beispiel dient hier die Geschwindigkeitsüberschreitung im Bereich einer BAB-Baustelle, weil der Vorausfahrende sich durch dichtes Auffahren des Hintermanns gefährdet fühlt (vgl. OLG Frankfurt, VRS 55, 60 f. und oben Erl. 2.1). Voraussetzung für die Höherwertigkeit der Rechtsgüter des Betroffenen ist dann aber, dass die Gefährdung anderer Verkehrsteilnehmer nahezu ausgeschlossen ist. Geschwindigkeitsbegrenzungen dienen dem Schutz der Verkehrsteilnehmer und hochwertigen Individualrechtsgütern (Leben, Gesundheit,

Eigentum). Sie sind nicht reine Formvorschriften (vgl. *Göhler*, 18. Auflage 2021, Rdnr. 7b zu § 16).

2.2.2 Abwägung anhand des Gefahrengrades

Der Grad der drohenden Gefahr ist ex ante zu ermitteln, d. h. im Zeitpunkt der Vornahme der Notstandshandlung. Ein verkehrswidriges Fahrverhalten bei dringend notwendiger ärztlicher Hilfe ist dann nicht gerechtfertigt, wenn der hierdurch erreichte Zeitgewinn im Hinblick auf die Gefährdung und Verletzung Anderer außer Verhältnis steht (vgl. BayObLG, NJW 1991 S. 1626. In diesem Sinne auch OLG Düsseldorf bei *Janiszewski*, NStZ 1995 S. 270, 274, wonach eine Geschwindigkeitsüberschreitung durch einen Taxifahrer, der eine schwangere Frau in das Krankenhaus befördert und wegen einsetzender Wehen um deren Leben und Gesundheit fürchtet, dann nicht nach § 16 gerechtfertigt ist, wenn der durch die Überschreitung der Geschwindigkeitsgrenze erreichte Zeitgewinn so gering war, dass es nicht gerechtfertigt ist, andere Rechtsgüter in Gefahr zu bringen). Anders ist die Bewertung dann, wenn bei Beförderung einer dringend benötigten Blutkonserve für eine lebensgefährliche Operation im Falle eines Rotlichtverstoßes nach den besonderen Umständen des Einzelfalles die Gefährdung Dritter nahezu ausgeschlossen ist (vgl. OLG Hamm, NJW 1977 S. 1892). Je geringer die Wahrscheinlichkeit der Rettung ist, desto weniger ist es gerechtfertigt, durch eine ordnungswidrige Rettungshandlung Rechtsgüter Dritter zu gefährden (vgl. *Göhler*, 18. Auflage 2021, Rdnr. 9 zu § 16).

2.2.3 Angemessenheit, Satz 2

Für die Rechtfertigung muss die Handlung ein angemessenes Mittel sein, die Gefahr abzuwenden, Satz 2. Das Verhalten des Täters muss nach den anerkannten Wertvorstellungen der Allgemeinheit als eine sachgemäße und dem Recht entsprechende Lösung der Konfliktlage anzusehen sein. Gesetzliche Pflichten im Rahmen wirtschaftlicher Betätigung (Steuerrecht, Arbeitsrecht, Wirtschaftsrecht) sind auch dann einzuhalten, wenn dadurch Gefahren für die Aufrechterhaltung des Betriebs ausgelöst werden können (vgl. *Göhler*, 18. Auflage 2021, Rdnr. 12 zu § 16), weil dies eine einkalkulierte Folge der gesetzlichen Regelung ist.

Es kommt für die Güterabwägung nicht darauf an, ob die Gefahrenlage verschuldet ist (vgl. BayObLG, NJW 1978 S. 2046 f.). Hiervon unberührt bleibt aber die Verantwortlichkeit wegen fahrlässiger Herbeiführung der Notstandssituation, wenn diese Handlung bußgeldbewehrt ist. Ein Verschuldensvorwurf kann dem Täter allgemein auch dann gemacht werden, wenn in dem der Konfliktlage vorausgehenden Verhalten des Täters ein Bußgeldverstoß liegt (Fahrer begeht einen Rotlichtverstoß, um das Schleudern seines Fahrzeugs infolge überhöhter Geschwindigkeit bei Schneeglätte zu vermeiden; vorwerfbarer Alkoholgenuss eines Arztes oder Feuerwehrmannes im Bereitschaftsdienst; Rückwärtsfahren oder Wenden auf der Autobahn nach vorangegangenem Fahrfehler – vgl. KKOWiG-*Rengier*, 5. Auflage 2018, Rdnr. 52 zu § 16 mit Verweis auf OLG Köln, VRS 56, 63 und OLG Karlsruhe, VRS 65, 470).

2.3 Subjektives Rechtfertigungselement

Der Täter muss handeln im Bewusstsein der Gefahrenlage und mit dem Willen, das gefährdete Rechtsgut zu schützen. Der Rettungswille ist schon dann anzunehmen, wenn der Täter im Bewusstsein der Gefahrensituation handelt und weiß, dass sein Handeln das einzige Mittel zum Schutz des bedrohten Rechtsguts ist (vgl. OLG Karlsruhe, VRS 65, 470, 472). Der Rettungswille wird dann daraus gefolgert.

3. Irrtumsfragen

Nimmt der Täter irrig Umstände an, bei deren Vorliegen sein Handeln nach § 16 gerechtfertigt wäre, liegt ein sog. Erlaubnistatbestandsirrtum vor (vgl. hierzu Erl. 1.1 zu § 11), der den Vorsatz gem. § 11 Abs. 1 Satz 1 ausschließt (vgl. OLG Hamm, VRS 92, 230, 231 zum

Fall eines Rotlichtverstoßes, den der Betroffene in der irrigen Annahme beging, die in dem nebenstehenden Fahrzeug sitzenden Männer, von denen einer mit einer Polizeikelle winkte, beabsichtigten, ihn zu überfallen). Beruht der Irrtum auf Fahrlässigkeit und ist die fahrlässige Begehung ahndbar, liegt fahrlässige Tatbestandsverwirklichung vor. Hält der Täter bei zutreffender Beurteilung des Sachverhalts sein Handeln irrtümlich für erlaubt, liegt ein Verbotsirrtum im Sinne des § 11 Abs. 2 vor. Wenn der Täter die Gefahrensituation nicht erkennt, fehlt bereits der Rechtfertigungstatbestand, da der Rettungswille nicht vorhanden ist.

Eine dem § 35 StGB vergleichbare Vorschrift fehlt im OWiG, da bußgeldbewehrte Pflichtenkollisionen unter den Voraussetzungen des § 35 StGB regelmäßig mit § 16 zu lösen sind (vgl. *Göhler*, 18. Auflage 2021, Rdnr. 16 zu § 16).

Dritter Abschnitt.
Geldbuße

§ 17
Höhe der Geldbuße

(1) Die Geldbuße beträgt mindestens fünf Euro und, wenn das Gesetz nichts anderes bestimmt, höchstens eintausend Euro.

(2) Droht das Gesetz für vorsätzliches und fahrlässiges Handeln Geldbuße an, ohne im Höchstmaß zu unterscheiden, so kann fahrlässiges Handeln im Höchstmaß nur mit der Hälfte des angedrohten Höchstbetrages der Geldbuße geahndet werden.

(3) Grundlage für die Zumessung der Geldbuße sind die Bedeutung der Ordnungswidrigkeit und der Vorwurf, der den Täter trifft. Auch die wirtschaftlichen Verhältnisse des Täters kommen in Betracht; bei geringfügigen Ordnungswidrigkeiten bleiben sie jedoch in der Regel unberücksichtigt.

(4) Die Geldbuße soll den wirtschaftlichen Vorteil, den der Täter aus der Ordnungswidrigkeit gezogen hat, übersteigen. Reicht das gesetzliche Höchstmaß hierzu nicht aus, so kann es überschritten werden.

Erläuterungen

Übersicht

1. Regelrahmen, Absatz 1

Seit 1.3.1998 war als Regelrahmen der Geldbuße für sämtliche Bußgeldtatbestände nicht mehr wie früher die Spanne zwischen 5,– DM und 1 000,– DM, sondern die Spanne zwischen 10,– DM und 2 000,– DM vorgesehen (vgl. Art. 1 Nr. 1, 7 OWiG-Änderungsgesetz vom 26.1.1998, BGBl. I S. 156, 159, 340). Infolge der Euro-Einführung durch Art. 24 des Gesetzes vom 13.12.2001 (vgl. BGBl. I S. 3574) reicht der Regelrahmen von mindestens fünf bis höchstens eintausend Euro. Die Bestimmung gewinnt immer dann an Bedeutung, wenn im Gesetz zwar eine Geldbuße angedroht ist, die Angabe eines Bußgeldrahmens aber fehlt. Der Vorbehalt spezialgesetzlicher Regelung gilt aber nur für das Höchstmaß. Häufig wird das Höchstmaß, vor allem im Wirtschaftsrecht, überschritten (vgl. z. B. § 81c Abs. 1 GWB). Die Überschreitung rechtfertigt sich hier vor allem durch die Höhe der zu erzielenden Gewinne. Eine Geldbuße, die sich im Regelrahmen des Absatzes 1 hielte, würde nicht präventiv wirken. Eine abweichende Bestimmung des Mindestbetrages der Geldbuße ist nicht zulässig. Sie wäre auch mit dem Verzicht auf Milderungsvorschriften im OWiG nicht vereinbar. Würde der Mindestbetrag der Geldbuße erhöht, müssten konsequenterweise beim Versuch, § 13, beim vermeidbaren Verbotsirrtum, § 11 Abs. 2, bei verminderter Zurechnungsfähigkeit, § 12 Abs. 2, Milderungsvorschriften enthalten sein (zur Systematik im StGB vgl. § 49).

Regelsätze eines Bußgeldkataloges haben auf den gesetzlichen Mindestbetrag keinen Einfluss. Bei Vorliegen von Milderungsgründen bzw. erschwerenden Umständen kann der Regelbetrag nach oben oder unten korrigiert werden (vgl. OLG Düsseldorf, DAR 1994 S. 39). Eine tatbestandsmäßige Handlung kann nicht geahndet werden, wenn sie im Gesetz zwar als ordnungswidrig bezeichnet wird, eine Geldbuße aber überhaupt nicht angedroht worden ist.

2. Vorsätzliche, fahrlässige Begehung, Absatz 2

Vorbehaltlich einer anderweitigen gesetzlichen Regelung bestimmt Absatz 2, dass fahrlässiges Handeln im Höchstmaß nur mit der Hälfte des angedrohten Höchstbetrages der Geldbuße geahndet werden kann. Der sich aus Absatz 2 ergebende Bußgeldrahmen darf auch nicht zum Ausgleich für die Nichtverhängung eines in der BKatV als Regelsanktion vorgesehenen Fahrverbots (vgl. hierzu unten Erl. 3.4) überschritten werden (vgl. OLG Hamm, NZV 1994 S. 201 f.). Sieht eine Bußgeldvorschrift sowohl vorsätzliche als auch fahrlässige Begehungsformen vor, hat der Gesetzgeber aus Gründen der Bestimmtheit häufig selbst den Bußgeldrahmen bestimmt (vgl. § 128 Abs. 4), um Zweifeln dahingehend vorzubeugen, ob der Regelrahmen für vorsätzliches oder fahrlässiges Handeln gilt. Aber selbst wenn der Gesetzgeber hier keine ausdrückliche Regelung bereitgestellt hätte, müsste man zugunsten des Täters Absatz 2 anwenden, wenn nur bezüglich eines Tatbestandsmerkmals Fahrlässigkeit vorliegt.

Für Leichtfertigkeit als besondere Form der Fahrlässigkeit gelten deren Bußgeldrahmen gleichermaßen.

Die Angabe der Begehungsform ist in der gerichtlichen Bußgeldentscheidung erforderlich, um es im Rechtsbeschwerdeverfahren nachvollziehbar zu machen, dass die Geldbuße dem richtigen Rahmen entnommen wurde. Im Bußgeldbescheid sollte diese Angabe auch enthalten sein (vgl. *Göhler*, 18. Auflage 2021, Rdnr. 14 zu § 17). Sie ist bei massenhaft vorkommenden Ordnungswidrigkeiten (StVG, StVO) entbehrlich (vgl. Erl. 4 zu §§ 65, 66: Bei Verkehrsordnungwidrigkeiten ist von Fahrlässigkeit auszugehen, wenn der Bußgeldbescheid keine Angabe zur Begehungsform enthält.).

3. Zumessung, Absatz 3

Bei der Bemessung der Geldbuße ist unter Berücksichtigung der Zumessungsregeln des Absatzes 3 vom gesetzlichen Bußgeldrahmen auszugehen, der ein Abbild der Skala von den denkbar leichtesten bis zu den denkbar schwersten Fällen darstellen sollte (vgl. Bay-

ObLG, VRS 60, 125 f.: Höchstmaß nur für die denkbar schwersten Fälle, bei denen keinerlei Milderungsgründe vorliegen; dies gilt auch, wenn unter Erhöhung der Regelbuße von der Anordnung des Regelfahrverbots abgesehen wird, OLG Köln, VRS 87, 40, 41.). Ausgehend hiervon bleibt der Mittelwert des Rahmens für die durchschnittlich schweren Fälle. Die Durchschnittsfälle sind dann weit unter diesem Mittelwert angesiedelt. Insgesamt muss die Höhe der Geldbuße zu dem Grad des vorwerfbaren Verhaltens in einem angemessenen Verhältnis stehen (vgl. OLG Düsseldorf, VRS 86, 463, 464). Erzieherische Gesichtspunkte können erst im Vollstreckungsverfahren (§ 98) Berücksichtigung finden. Die Zumessungsregeln des Absatzes 3 gelten deshalb auch für Jugendliche und Heranwachsende (vgl. OLG Düsseldorf bei *Göhler,* NStZ 1993 S. 71, 72).

3.1 Bedeutung

Die Bedeutung der Ordnungswidrigkeit berücksichtigt den Grad der Beeinträchtigung bzw. Gefährdung der geschützten Rechtsgüter, sowie das Maß der Erforderlichkeit, in dem betreffenden Rechtsbereich eine bestimmte Ordnung durchzusetzen. Die Festsetzung einer Geldbuße hat den Sinn und Zweck, einem Gesetzesbefehl Geltung zu verschaffen, um eine bestimmte Ordnung durchzusetzen (vgl. *Göhler*, 18. Auflage 2021, Rdnr. 9 Vor § 1).

Bei der Zumessung in diesem Bereich, wie allgemein, ist darauf zu achten, dass nicht gegen den Rechtsgedanken des § 46 Abs. 3 StGB verstoßen wird. Umstände, die schon Merkmale des gesetzlichen Tatbestandes sind, dürfen bei der Zumessung nicht erneut Berücksichtigung finden (Verbot der Doppelverwertung). Ein Verstoß in diesem Sinne läge deshalb vor, wenn in der Bemessung der Geldbuße auf die Bedeutung des geschützten Rechtsgutes abgestellt würde. Diese war bereits für die Dimensionierung des Bußgeldrahmens bestimmend.

3.2 Vorwurf

Während die Bedeutung der Ordnungswidrigkeit eher ein objektives Moment der Zumessung darstellt, bringt der den Täter treffende Vorwurf subjektive (täterbezogene) Gesichtspunkte in die Bußgeldbemessung ein. In der Praxis empfiehlt es sich, Umstände, die den Täter belasten, und Umstände, die den Täter entlasten, einander gegenüberzustellen:

3.2.1 Belastende Umstände

Die Begehungsform der Leichtfertigkeit gewinnt dann an Bedeutung zu Lasten des Täters, wenn es um die Zumessung geht. Der Bußgeldrahmen wird in der Regel an die Fahrlässigkeit angebunden.

Die Zugehörigkeit des Täters zu einer bestimmten Berufsgruppe wird man nur dann erschwerend berücksichtigen können, wenn man in dem betreffenden Bereich von Angehörigen dieser Berufsgruppe ein besonderes Maß an Verantwortung erwarten darf (Verkehrsverstoß eines Verkehrsrichters). Gehört die Zugehörigkeit zur Berufsgruppe zum gesetzlichen Tatbestand, kommt eine Berücksichtigung zu Lasten des Täters jenseits des Verbots der Doppelverwertung insoweit in Betracht, je höher das Maß der Verantwortung des Täters als Mitglied der Berufsgruppe ist.

Die wiederholte Begehung kann gegen den Täter sprechen. Allerdings kann die tatmehrheitliche Begehung keinen Erhöhungsgrund für die einzelne Geldbuße darstellen. Eine nachdrückliche Ahndung wird hier schon durch die Kumulation der mehreren Bußen wirksam erreicht (vgl. OLG Düsseldorf, DAR 1998 S. 113, 114). Früher begangene, d. h. bereits geahndete, Ordnungswidrigkeiten können zum Nachteil des Betroffenen verwertet werden, wenn sie in einem inneren sachlichen und zeitlichen Zusammenhang zu der neuen Ordnungswidrigkeit stehen (vgl. BayObLG, NStZ 1984 S. 461 f.; OLG Düsseldorf, DAR 1996 S 65, 66; BayObLG, GewArch 1996 S. 69, 70; BayObLG, DAR 1996 S. 243). Ein Verwertungsverbot gilt dann, wenn registrierte Eintragungen getilgt bzw. nicht getilgt, aber tilgungsreif sind (vgl. § 153 Abs. 6 Satz 1 GewO; BayObLG, GewArch 1996 S. 69, 70; OLG Celle, NZV 1994 S. 332; OLG Schleswig, DAR 1992 S. 311; OLG Düsseldorf, VRS 86, 190, 191; man beachte aber die Ausnahme gem. § 153 Abs. 6 Satz 2 GewO). Auch nicht-eintragungsfähige Bußgeldentscheidungen sind berücksichtigungsfähig (vgl. § 153 Abs. 7 GewO). Hier ist, sofern nicht der Gesetzgeber selbst einen Maßstab aufstellt (Verwertungsverbot gem. § 153 Abs. 7 GewO, sofern seit dem Eintritt der Rechtskraft der Entscheidung mindestens drei Jahre vergangen sind), zeitlich eine hypothetische Anbindung an die Tilgungsfristen der eintragungspflichtigen Bußgeldentscheidungen vorzunehmen, um einen Wertungswiderspruch zu vermeiden. Besteht für den betreffenden Bereich allgemein keine Eintragungspflicht, sind analog nach dem Gewicht der Tat die bestehenden Regelwerke (§ 29 StVG, § 153 GewO) als Anhaltspunkt heranzuziehen. Geringfügige Ordnungswidrigkeiten, die mit einem Verwarnungsgeld gerügt werden können, sollten grundsätzlich unberücksichtigt bleiben (vgl. hierzu auch BVerwG, NJW 1973 S. 1992: Keine Heranziehung der dem Verwarnungsverfahren zugänglichen Verkehrszuwiderhandlungen für das Verfahren zur Entziehung der Fahrerlaubnis), sind aber von der Berücksichtigung nicht gänzlich ausgeschlossen (so, wenn eine Mehrzahl von Verstößen vorliegt, vgl. auch BayObLG, NJW 1973 S. 1091, 1092).

Das Verhalten des Täters nach der Begehung der Ordnungswidrigkeit kann zu seinen Lasten in bestimmten Fällen berücksichtigt werden: Uneinsichtigkeit, die den Schluss auf eine die Rechtsordnung missachtende Einstellung oder auf die Gefahr künftiger Rechtsverletzungen begründet (vgl. BayObLG, DAR 1972 S. 207); die fehlende Einsicht ist aber für sich allein betrachtet kein Strafschärfungsgrund (vgl. OLG Hamm, NZV 1997 S. 324, 325); dagegen wiederum berücksichtigungsfähig die Einstellung des Täters, er brauche sich nicht um die einzelnen gesetzlichen Bestimmungen zu kümmern (vgl. OLG Hamm, VRS 41, 295). Andererseits ist nicht berücksichtigungsfähig das Schweigen oder Bestreiten, es sei denn, es lässt den Schluss auf Rechtsfeindschaft und auf die Gefahr künftiger Rechtsbrüche zu (vgl. KG, VRS 48, 222), der Einspruch gegen die Bußgeldentscheidung bzw. die Ablehnung der Verwarnung, allgemein die Ausnützung der vom Gesetz vorgesehenen Verteidigungsmittel. Den Betroffenen bleibt es unbenommen, eine bestimmte Rechtsansicht zu vertreten und an ihr trotz Belehrung festzuhalten. Diese Befugnis gehört zu den originären Verteidigungsrechten eines Betroffenen (vgl. OLG Düsseldorf, DAR 1994 S. 282, 284). Bei Festsetzung einer Geldbuße gegen eine Personenvereinigung darf die Nichtfestsetzung einer Geldbuße gegen die organschaftlichen Vertreter nicht nachteilig verwertet werden (vgl. OLG Celle, NdsRpfl 1975, S. 125 f.). Ein erst nach der Tat ergangener Bußgeldbescheid kann nur dann bußgelderhöhend berücksichtigt werden, wenn der Betroffene bei Begehung der Tat zumindest von der Einleitung eines Ermittlungsverfahrens Kenntnis hatte und dadurch gewarnt war (vgl. BayObLG bei *Bär,* DAR 1993 S. 369, 374).

3.2.2 Entlastende Umstände

Dem Täter kann insbesondere Folgendes bei der Bemessung der Geldbuße zugute gehalten werden: untergeordnete Beteiligung; verminderte Zurechnungsfähigkeit; Bemühen um Schadenswiedergutmachung; Mitwirkung an der Aufklärung des Sachverhalts, insbesondere Geständigkeit (vgl. *Krenberger/Krumm*, OWiG, 7. Auflage 2022, Rdnr. 11 zu § 17); Schadenseintritt in der Person des Täters.

Die Verfolgungsbehörde muss sich ein Nichteinschreiten in vergleichbaren Fällen entgegenhalten lassen, wenn dies den Täter zur Begehung des beanstandeten Verhaltens motiviert hat (vgl. OLG Karlsruhe, NJW 1975 S. 793 f.). Ein Berufswechsel ist dann zu berücksichtigen, wenn die Handlung gerade an die Zugehörigkeit zu einer bestimmten Berufsgruppe anknüpft, präventive Zwecke aber durch den Berufswechsel an Bedeutung verlieren. Bei der Anordnung von Nebenfolgen (vgl. Vorbemerkung zu § 22; Erl. 6.2 zu §§ 65, 66) ist eine Gesamtschau der Nachteile anzustellen, die den Täter treffen, d. h. die Anordnung einer Nebenfolge, z. B. eines Fahrverbots, kann eine geringere Bemessung der Geldbuße rechtfertigen (vgl. hierzu BGHSt 24, 11, 14; OLG Thüringen, VRS 94, 459, 461, 462: Ist ein Fahrverbot an sich verwirkt, stellt sich die Frage, ob sich aus den Lebensverhältnissen des Betroffenen besondere Umstände ergeben, die ein Absehen von einem Fahrverbot rechtfertigen oder gar erfordern, ob das Fahrverbot mithin zumutbar und verhältnismäßig ist. Erst, wenn auch nach dieser Prüfung ein Fahrverbot verwirkt bleibt, ist zu erwägen, ob nicht eine Erhöhung der Geldbuße ausreicht, den fehlsamen Betroffenen zu warnen, sodass die Anordnung eines Fahrverbots unterbleibt.). Wurde bereits eine Geldbuße im Disziplinarverfahren festgesetzt, ist es erforderlich, zu prüfen, ob nicht durch die Geldbuße im Ordnungswidrigkeitenverfahren ein Aufhebungsgrund für die Geldbuße des Disziplinarverfahrens geschaffen würde (vgl. §§ 14, 36 BDG). Die aus dem Rechtsstaatsprinzip abzuleitende Idee der Gerechtigkeit und der Verhältnismäßigkeitsgrundsatz verlangen eine Auseinandersetzung mit der Frage, ob und in welchem Umfang durch bereits verhängte und gegebenenfalls vollstreckte Sanktionen der US-amerikanischen Militärbehörden in Deutschland das Unrecht der Tat abgegolten ist (vgl. BayObLG, VRS 92, 245, 246). Dies gilt, auch wenn im Ordnungswidrigkeitenrecht keine entsprechende Regelung wie § 51 Abs. 3 StGB existiert. Bei allen staatlichen Maßnahmen mit Sanktionscharakter ist nach der Notwendigkeit einer Wiederholung der Sanktionen zu fragen. Für das Strafverfahren hat das BVerfG wiederholt ausgeführt, dass die Anrechnung disziplinarrechtlicher Maßnahmen zu prüfen ist (vgl. BayObLG, a. a. O.).

3.3 Wirtschaftliche Verhältnisse

Die wirtschaftlichen Verhältnisse kommen bei nicht nur geringfügigen Ordnungswidrigkeiten als Zumessungskriterium in Betracht, Abs. 3 Satz 2. Der Begriff „geringfügige Ordnungswidrigkeit" wird in § 56 Abs. 1 Satz 1 vom Gesetzgeber als Voraussetzung für die Erhebung eines Verwarnungsgeldes von fünf bis fünfundfünfzig Euro verwendet. Daraus lässt sich schließen, dass bei Geldbußen in diesem Bereich die wirtschaftlichen Verhältnisse des Täters unberücksichtigt bleiben können (vgl. OLG Karlsruhe, NStZ 1988 S. 137). Außergewöhnlich schlechte wirtschaftliche Verhältnisse bilden jedoch nach Maßgabe des Verhältnismäßigkeitsgrundsatzes ein Korrektiv (vgl. die Formulierung des Gesetzgebers: „in der Regel"). Dann muss aber ein außergewöhnlich starkes Abweichen von durchschnittlichen wirtschaftlichen Verhältnissen vorliegen (vgl. OLG Karlsruhe, a. a. O.: verneint für ein monatliches Nettoeinkommen eines Studenten von DM 700,–; OLG Düsseldorf, VRS 93, 445: Der Umstand, dass der Betroffene Taschengeldempfänger ist, rechtfertigt im allgemeinen nicht, eine niedrigere Geldbuße als die Regelbuße von DM 80,– zu verhängen.). Außergewöhnlich gute wirtschaftliche Verhältnisse bilden bei geringfügigen Ordnungswidrigkeiten kein Korrektiv.

Die Zumessungspraxis hat demgegenüber bei Geldbußen, die mindestens die durchschnittlich schweren Fälle ahnden, die wirtschaftlichen Verhältnisse zu berücksichtigen, da die finanzielle Leistungsfähigkeit die präventive Wirkung auf den Täter beeinflusst (vgl. *Krenberger/Krumm*, OWiG, 7. Auflage 2022, Rdnr. 22 zu § 17 mit Verweis auf die Rechtsprechung des OLG Jena, des OLG Köln, des OLG Celle und des OLG Schleswig: In der neueren Rechtsprechung hat sich – jedenfalls bei Verkehrsordnungswidrigkeiten – insoweit eine Grenze von 250 € durchgesetzt, die überschritten sein muss; noch strenger die ältere Rechtsprechung: BayObLG, DAR 1979 S. 243: Bei einer Geldbuße von 450,– DM dürfen die wirtschaftlichen Verhältnisse nicht außer Acht gelassen werden. In diesem Sinne auch BayObLG, DAR 1991 S. 371 f. für eine Geldbuße von 300,– DM. Das OLG Hamm, vgl. VRS 91, 156, 158, hat es bei Geldbußen, die den Betrag von DM 200,– übersteigen, als nicht gerechtfertigt angesehen, von der Feststellung der wirtschaftlichen Verhältnisse abzusehen). Einen Spitzenverdiener trifft eine Ordnungswidrigkeit von demselben Gewicht weniger als einen Arbeitslosen. Die Bemessung der Geldbuße wird deshalb in beiden Fällen unterschiedlich hoch ausfallen. Verbleibt dem Betroffenen nach Bezahlung der als Zahlungserleichterung für die Geldbuße eingeräumten Monatsrate nurmehr ein Betrag in der Größenordnung, die dem Mindestregelsatz der Sozialhilfe entspricht, ist auf die Frage einzugehen, ob der Betroffene mit dem verbleibenden Einkommensbetrag unter Berücksichtigung der laufenden Verbindlichkeiten noch seinen Lebensunterhalt bestreiten kann, oder ob er über Vermögenswerte verfügt, die ihm die Bezahlung der Geldbuße ermöglichen (vgl. BayObLG, VRS 91, 297, 298). Lassen die getroffenen Feststellungen nicht den Schluss auf ein durchschnittliches Einkommen zu, weil der Betroffene arbeitslos ist und für seine an den Rollstuhl gebundene Ehefrau Pflegegeld erhält, bedarf es der Aufklärung zur Höhe der Arbeitslosenbezüge, sonstiger Einkünfte und des Pflegegeldes (vgl. OLG Düsseldorf, VRS 95, 37, 38).

Bei den mehr als geringfügigen, andererseits aber weniger als durchschnittlich gewichtigen Ordnungswidrigkeiten (also im Bereich von 55 bis 250 €) sind die wirtschaftlichen Verhältnisse des Täters grundsätzlich nur dann in die Betrachtung miteinzubeziehen, wenn Anhaltspunkte dafür bestehen, dass die wirtschaftlichen Verhältnisse außergewöhnlich gut oder schlecht (jugendliches Alter, Ausbildungsverhältnis, Studium, Arbeitslosigkeit, vgl. *Göhler*, 18. Auflage 2021, Rdnr. 24 zu § 17) sind. Man wird insoweit nach dem Evidenzprinzip verfahren können: Weichen die Einkommensverhältnisse erkennbar von den durchschnittlich vergleichbaren signifikant ab, ist eine Berücksichtigung geboten. Siehe auch die Ausführungen unter Erl. 3.4.

3.4 Zumessungsrichtlinien

In der Gestalt von Bußgeldkatalogen haben Zumessungsrichtlinien bei massenhaft auftretenden Ordnungswidrigkeiten den Sinn und Zweck, für die Betroffenen die Rechtssicherheit zu erhöhen, da eine gleichmäßige Ahndung sichergestellt ist.

Ein Bußgeldkatalog in **Rechtssatzqualität** ist die Bußgeldkatalog-Verordnung-BKatV vom 14.3.2013 (BGBl. I S. 498), zuletzt geändert durch VO vom 13.10.2021 (BGBl. I S. 4688). Sie hat ihre gesetzliche Grundlage in § 26a StVG. § 26a Abs. 1 Nr. 2 StVG spricht ausdrücklich von Regelsätzen, d. h. die BKatV geht von typischen Verhältnissen aus (fahrlässige Begehung in Abschnitt I des Bußgeldkatalogs, vorsätzliche Begehung in Abschnitt II des Bußgeldkatalogs, gewöhnliche Tatumstände, § 1 Abs. 2 Satz 2). Erschwerende oder mildernde Umstände sind zu berücksichtigen (vgl. OLG Düsseldorf, VRS 81, 121 f.; Kammergericht, VRS 87, 52 f.). Sind etwa die Voraussetzungen des § 4 BKatV für ein Regelfahrverbot gegeben, kann von dem Fahrverbot nur im Einzelfall abgesehen werden, wenn der Sachverhalt zugunsten des Betroffenen so erhebliche Abweichungen vom Normalfall aufweist, dass der Einzelfall als Ausnahmefall zu werten ist. Die Anordnung muss eine Härte ganz außergewöhnlicher Art darstellen oder sonstige, das äußere und innere Tatbild beherrschende außergewöhnliche Umstände rechtfertigen ein Absehen von einem Regelfahrverbot (vgl. *Göhler*, 18. Auflage 2021, Rdnr. 28 zu § 17).

Dabei steht dem Tatrichter ein gewisser, der Überprüfung durch das Rechtsbeschwerdegericht entzogener Bewertungsspielraum zu, dem jedoch enge Grenzen gesetzt sind (vgl. BayObLG, NZV 1994 S. 327, 328). Wird von der Anordnung eines Fahrverbots ausnahmsweise abgesehen, so soll das für den betreffenden Tatbestand als Regelsatz vorgesehene Bußgeld angemessen erhöht werden, § 4 Abs. 4 BKatV. Eine Verdoppelung erscheint zur ausreichenden Wahrung spezialpräventiver Zwecke angemessen. Gem. § 3 Abs. 4a BKatV ist im Falle der vorsätzlichen Begehung eines Tatbestands des Abschnitts I des Bußgeldkatalogs der dort genannte Regelsatz zu verdoppeln. Die wirtschaftlichen Verhältnisse sind nach Maßgabe des unter Erl. 3.3 Gesagten zu berücksichtigen. Bei einer Geldbuße von über 250 € dürfen die wirtschaftlichen Verhältnisse nicht außer Betracht bleiben (vgl. *Göhler*, 18. Auflage 2021, Rdnr. 29 zu § 17 mit Verweis auf die Rechtsprechung des OLG Schleswig, NZV 2011 S. 410). Dagegen kann im Geldbußenbereich bis zu dieser Grenze von 250 € von einer näheren Erörterung der wirtschaftlichen Verhältnisse dann abgesehen werden, wenn diese erkennbar nicht vom Durchschnitt abweichen und eine dem Bußgeldkatalog entsprechende Geldbuße festgesetzt wird (vgl. *Göhler*, 18. Auflage 2021, Rdnr. 24 zu § 17; siehe bereits oben Erl. 3.3; OLG Hamm, NZV 2015 S. 459, zitiert bei *Göhler*, a. a. O.: Keine Erörterungspflicht bei Geldbußen unter 250 €, gleich, ob Regelgeldbuße oder erhöht; zur älteren Rechtsprechung vgl. OLG Hamm, NZV 1997 S. 325: Auch bei einer Geldbuße von über DM 200,– sind im Falle der Verhängung einer Regelgeldbuße nach der

BKatV Feststellungen zu den wirtschaftlichen Verhältnissen des Betroffenen nicht zu treffen, sofern keine Anhaltspunkte dafür bestehen, dass diese Verhältnisse außerordentlich gut oder schlecht sind.). Der BKatV liegen durchschnittliche wirtschaftliche Verhältnisse zugrunde. Die Rechtssatzqualität führt zur Verbindlichkeit für die Verwaltungsbehörden und Gerichte im Regelfall (vgl. BGH, NJW 1992 S. 446, 447).

Bußgeldkataloge außerhalb § 26a StVG haben lediglich die Bedeutung von **internen Weisungen** an die Verfolgungsbehörden (vgl. OLG Hamm, VRS 91, 156, 158: Der Bußgeldkatalog zur Verfolgung und Ahndung von Zuwiderhandlungen im Sinne des Fahrpersonalgesetzes hat nicht dieselbe Verbindlichkeit wie der für das allgemeine Straßenverkehrsrecht gem. § 26a StVG aufgestellte Bußgeldkatalog). Zu nennen sind in diesem Zusammenhang auch die Tatbestandskataloge der Länder und der bundeseinheitliche Katalog des Kraftfahrtbundesamtes (vgl. *Göhler*, 18. Auflage 2021, Rdnr. 32 zu § 17). Auch hier sind die Umstände des Einzelfalls korrigierend in die Prüfung miteinzubeziehen. Außerdem dürfen die Gerichte aus Gründen einer möglichst gleichmäßigen Behandlung gleichgelagerter Sachverhalte die Regelsätze von Bußgeldkatalogen nicht unbeachtet lassen (vgl. OLG Köln, VRS 78, 61, 64), selbst wenn sie keine Rechtssatzqualität haben.

3.5 Zumessungsgründe

Sie brauchen im Bußgeldbescheid nicht dargelegt zu werden. Die gerichtliche Entscheidung muss sich jedoch hierzu äußern. Das Gericht muss erkennen lassen, dass es etwaige besondere Umstände des Einzelfalls bedacht und berücksichtigt hat. Dies gilt auch, wenn im Bußgeldkatalog eine Regelbuße vorgesehen ist (vgl. OLG Düsseldorf, NZV 1991 S. 44; VRS 86, 463, 464). Stuft das Gericht die Handlung als Regelfall ein, sind weitere Erörterungen nicht notwendig, ein Abweichen vom Regelsatz ist aber besonders zu begründen (vgl. OLG Düsseldorf, VRS 68, 228 f.). Der Tatrichter hat über die Höhe der Geldbuße in Ausübung des ihm eingeräumten Ermessens – unabhängig vom Bußgeldbescheid – selbst zu entscheiden. Die Überprüfung der Angemessenheit des von der Verwaltungsbehörde in Ansatz gebrachten Betrages reicht nicht aus (vgl. OLG Düsseldorf, VRS 86, 190, 191). Einer eigenen Ermessensausübung wird der Tatrichter auch dann nicht gerecht, wenn er eine Berechnung der Geldbuße nach mathematischen Regeln vornimmt (vgl. OLG Düsseldorf bei *Janiszewski*, NStZ 1994 S. 272, 276).

4. Abschöpfung des wirtschaftlichen Vorteils, Absatz 4

Die Vorschrift bezweckt in Satz 1, dass dem Täter nicht nur keine wirtschaftlichen Vorteile verbleiben, sondern dass er darüber hinaus auch eine erhebliche Einbuße erleidet (vgl. BayObLG, DB 1980 S. 2081 f.) Nach Satz 2 kann hierzu das gesetzliche Höchstmaß überschritten werden. Absatz 4 ist als Soll-Vorschrift formuliert, d. h. die Berücksichtigung des wirtschaftlichen Vorteils kann vernachlässigt werden, wenn dies aus sachlichen Gründen geboten erscheint, insbesondere Bedeutung der Ordnungswidrigkeit bzw. Tatvorwurf gering sind (z. B. der Täter handelt formell illegal, d. h. ohne die erforderliche Erlaubnis, nicht aber materiell illegal, weil die Erlaubnisvoraussetzungen vorlagen, d. h. die Erlaubnis hätte erteilt werden müssen, vgl. hierzu auch OLG Stuttgart, Die Justiz 1982 S. 276 f.).

Der wirtschaftliche Vorteil muss nicht in Geld bestehen, eine verbesserte Wettbewerbssituation reicht aus (vgl. OLG Karlsruhe, NJW 1975 S. 793). Der wirtschaftliche Vorteil muss unmittelbar aus der Ordnungswidrigkeit gezogen sein und nicht erst mittelbar durch ein weiteres Ereignis, das die Ordnungswidrigkeit ausgelöst hat, zugeflossen sein. Die Provision aus Geldwechselgeschäften, die dem Geldwäschegesetz unterfallen und bei denen gegen die Identifizierungs- bzw. Aufzeichnungspflicht verstoßen worden ist, stellt nur dann einen wirtschaftlichen Vorteil im Sinne von Abs. 4 Satz 1 dar, wenn das Geschäft vom Kunden im Fall der Erfüllung der entsprechenden Pflichten durch das Finanzierungsinstitut nicht getätigt worden wäre (vgl. BayObLG, NJW 1998 S. 2461, 2462). Wird die Provision vom Kunden für den Abschluss der Wechselgeschäfte und nicht als Gegenleistung für die Unterlassung der Identifizierung gezahlt, stellt sie keinen wirtschaftlichen

Vorteil in diesem Sinne dar. Der wirtschaftliche Vorteil ist zunächst im Wege der Saldierung zu ermitteln, d. h. durch einen Vergleich der Vermögenslage vor und nach Begehung der Ordnungswidrigkeit. Vom Betroffenen im Zusammenhang mit der Ordnungswidrigkeit aufgewandte Kosten sind bei der Vergleichsbetrachtung mindernd in Ansatz zu bringen. Hierzu zählen die Begleichung sowohl zivilrechtlicher als auch öffentlich-rechtlicher Forderungen (vgl. auch BGH, Urt. vom 27.4.2022, BeckRS 2022, 13180: Der Begriff des „Vorteils" gebietet eine Saldierung, wobei von den durch die Tat erlangten wirtschaftlichen Zuwächsen die Kosten und sonstigen Aufwendungen des Betroffenen abzuziehen sind. Es gilt das Nettoprinzip.). Bei einer überhöhten Miete sind die angemessenen Kosten für die Instandhaltung, Verwaltung, Verzinsung des Eigenkapitals abzuziehen (vgl. OLG Karlsruhe, NJW 1975 S. 793). Im öffentlich-rechtlichen Bereich sind hier Steuerforderungen zu nennen, unabhängig von der Tatsache der Entrichtung. Auf den erlangten wirtschaftlichen Vorteil zu entrichtende Einkommensteuer, die ggf. im Wege der Schätzung zu ermitteln ist, muss deshalb bei der Saldierung abgezogen werden (vgl. hierzu BVerfGE 81, 228, 240). Andererseits kommt es nur auf den tatsächlichen Zufluss an, d. h. nicht darauf, was der Täter bei ordnungsgemäßem Verhalten vereinnahmt hätte.

Das Höchstmaß der Geldbuße darf nach Absatz 4 nicht höher sein als der wirtschaftliche Vorteil zuzüglich des angedrohten Höchstmaßes der Geldbuße (vgl. OLG Karlsruhe, NJW 1974 S. 1883). Sofern der Täter als Vertreter eines Dritten handelt und beim Dritten auf Grund der Täterhandlung Gewinne eintreten, ist eine Abschöpfung dieser Gewinne bei der Bußgeldbemessung im Verfahren gegen den Täter nicht möglich (vgl. hierzu OLG Celle, BB 1976 S. 633). Hier sind vielmehr §§ 29a Abs. 2, 30 anwendbar.

§ 18
Zahlungserleichterungen

Ist dem Betroffenen nach seinen wirtschaftlichen Verhältnissen nicht zuzumuten, die Geldbuße sofort zu zahlen, so wird ihm eine Zahlungsfrist bewilligt oder gestattet, die Geldbuße in bestimmten Teilbeträgen zu zahlen. Dabei kann angeordnet werden, dass die Vergünstigung, die Geldbuße in bestimmten Teilbeträgen zu zahlen, entfällt, wenn der Betroffene einen Teilbetrag nicht rechtzeitig zahlt.

Erläuterungen

Übersicht

Vorbemerkung

Die Vorschrift entspricht weitgehend § 42 StGB. Sie gilt nicht nur bei Geldbußen, sondern auch bei der Einziehung des Wertersatzes, § 25 Abs. 5, bei der Einziehung des Werts von Taterträgen, § 29a Abs. 4 Satz 2, bei der Festsetzung einer Geldbuße gegen eine juristische Person oder Personenvereinigung, § 30 Abs. 3.

§ 18 ist nicht anwendbar auf die Abführung des Mehrerlöses nach §§ 8 ff. WiStG und die Verfahrenskosten (vgl. *Göhler*, 18. Auflage 2021, Rdnr. 5 zu § 18; siehe hierzu aber nach Rechtskraft der Bußgeldentscheidung §§ 93 Abs. 1, Abs. 3 Satz 2, 99 Abs. 1).

1. Materielle Voraussetzungen

Sofern es dem Betroffenen nach seinen wirtschaftlichen Verhältnissen nicht zumutbar ist, die Geldbuße sofort zu zahlen, wird ihm Stundung (Zahlungsfrist) bzw. Zahlung in Teilbeträgen bewilligt. Unzumutbarkeit im Sinne des Satzes 1 liegt dann vor, wenn der Betroffene die Geldbuße nicht aus seinen Rücklagen begleichen kann und andererseits auch eine Zahlung aus den laufenden Einkünften angesichts seiner sonstigen Verpflichtungen zum Lebensunterhalt für sich und seine Familie nicht sofort und auf einmal möglich ist. Sind die Verhältnisse so, dass die Bezahlung nicht nur nicht sofort geschehen kann, sondern dass sie auch innerhalb einer gewissen Frist oder in angemessenen Teilbeträgen nicht zu erwarten ist, braucht eine Zahlungserleichterung nicht bewilligt zu werden (vgl. BGHSt 13, 356 f.). In diesem Falle ist es an der Vollstreckungsbehörde, nach § 95 Abs. 1 oder 2 zu verfahren. Zeitliche Höchstfristen oder Untergrenzen für die Ratenbeträge existieren nicht (vgl. *Krenberger/Krumm*, OWiG, 7. Auflage 2022, Rdnr. 6 zu § 18 mit Verweis auf eine Entscheidung des OLG Düsseldorf, StV 1999 S. 387).

Soweit der Betroffene nicht ohnehin seine unzureichenden wirtschaftlichen Verhältnisse vorträgt, besteht eine Berücksichtigungspflicht nur insoweit, als die wirtschaftlichen Verhältnisse für die Bemessung der Geldbuße relevant sind (vgl. Erl. 3.3 und 3.4 zu § 17).

Die Verfallklausel nach Satz 2 hat die Wirkung, dass sich ein gesonderter Widerruf der Vergünstigung, die Geldbuße in bestimmten Teilbeträgen zu zahlen, erübrigt (vgl. hierzu auch § 93 Abs. 4 Satz 1, 99 Abs. 1).

2. Verfahrensrechtliche Voraussetzungen

Die Bewilligung der Zahlungserleichterung erfolgt im Bußgeldbescheid (§ 66 Abs. 2 Nr. 2), im Urteilstenor, im Beschluss nach § 72 oder in der Entscheidung des Rechtsbeschwerdegerichts nach § 79 Abs. 6. Bis zur Rechtskraft der Bußgeldentscheidung ist die Stelle, die in der Sache zu entscheiden hat, für die Bewilligung von Zahlungserleichterungen zuständig, d. h. auch das Rechtsbeschwerdegericht (vgl. OLG Düsseldorf, VRS 72, 120, 123). Nach der Rechtskraft der Bußgeldentscheidung befindet die Vollstreckungsbehörde über Zahlungserleichterungen, §§ 92, 93 Abs. 1, 99 Abs. 1. Auch bei einem Antrag auf Anordnung der Erzwingungshaft sind Zahlungserleichterungen nach § 96 Abs. 2 Satz 1 von Bedeutung. Bewilligt das Gericht eine Zahlungserleichterung oder überlässt die Entscheidung darüber der Vollstreckungsbehörde, ergeht keine Erzwingungshaftanordnung, eine bereits ergangene Anordnung wird aufgehoben, § 96 Abs. 2 Satz 2. Aus § 94 lässt sich entnehmen, dass eine Teilzahlungsbestimmung der bewilligenden Stelle mit der Auflage, dass diese zunächst auf die Verfahrenskosten verrechnet werden, unzulässig ist.

Vierter Abschnitt.
Zusammentreffen mehrerer Gesetzesverletzungen

§ 19
Tateinheit

(1) Verletzt dieselbe Handlung mehrere Gesetze, nach denen sie als Ordnungswidrigkeit geahndet werden kann, oder ein solches Gesetz mehrmals, so wird nur eine einzige Geldbuße festgesetzt.

(2) Sind mehrere Gesetze verletzt, so wird die Geldbuße nach dem Gesetz bestimmt, das die höchste Geldbuße androht. Auf die in dem anderen Gesetz angedrohten Nebenfolgen kann erkannt werden.

§ 20
Tatmehrheit

Sind mehrere Geldbußen verwirkt, so wird jede gesondert festgesetzt.

Erläuterungen

Übersicht

Vorbemerkung

Der Vierte Abschnitt regelt Konkurrenzfragen innerhalb des OWiG (§§ 19, 20) und zwischen OWiG und StGB (§ 21). Die Regelung deckt jedoch bei weitem nicht alle brisanten Fragen in diesem Zusammenhang ab. Weder äußert sich der Gesetzgeber dazu, wann man von einer Handlung auszugehen hat bzw. wann mehrere Handlungen vorliegen, noch wird Aufschluss über Gesetzeskonkurrenzen gegeben.

1. Handlungseinheit

Die Bestimmung einer Handlungseinheit bzw. Handlungsmehrheit ist folgenschwer. Die Unterscheidung ist letztlich Ausgangspunkt dafür, ob eine oder mehrere Geldbußen festgesetzt werden (§ 19 oder § 20).

Bei der Erörterung der Handlungseinheit ist der Fall einer einzigen Willensbetätigung unproblematisch (z. B. Rotlichtverstoß, §§ 24 StVG, 37, 49 Abs. 3 Nr. 2 StVO). In diesem Falle hat man ohne Weiteres von einer Handlung im Rechtssinn auszugehen. Die natürliche Handlungseinheit bzw. die rechtliche Handlungseinheit sind Figuren, die dazu dienen, mehrere Willensbetätigungen bzw. Verhaltensweisen zu einer Einheit dergestalt zusammenzufügen, dass man für die Zwecke der Ahndung auch von einer Handlung im Rechtssinn sprechen kann.

1.1 Natürliche Handlungseinheit

Von einer natürlichen Handlungseinheit spricht man dann, wenn zwischen mehreren bußgeldrechtlich erheblichen Verhaltensweisen ein solcher unmittelbarer räumlicher und zeitlicher Zusammenhang besteht, dass sich das gesamte Tätigwerden bei natürlicher Betrachtungsweise für einen Dritten objektiv als ein einheitliches zusammengehöriges Tun darstellt (vgl. BGHSt 4, 219, 220).

Der unmittelbare räumliche und zeitliche Zusammenhang wird äußerst deutlich, wenn der Täter auf einer Strecke von 100 m drei Verkehrsampeln überfährt, von denen jede auf Rot steht (vgl. OLG Koblenz, DAR 1976 S. 138 f.; a. A. offensichtlich OLG Düsseldorf, DAR

1997 S. 322: Beim Überfahren des Rotlichts von zwei Lichtzeichenanlagen, die an verschiedenen Straßenkreuzungen stehen und unterschiedliche Straßenbereiche schützen, handelt es sich, selbst wenn es nacheinander auf einer Fahrt geschieht, jeweils um selbstständige Handlungen und nicht insgesamt um ein tateinheitliches Geschehen. In diesem Sinne auch die Rechtsprechung des OLG Jena, vgl. KKOWiG-*Mitsch*, 5. Auflage 2018, Rdnr. 11 zu § 19, wonach die Nichtbeachtung zweier im Abstand von 50 Metern stehender Ampeln als Tatmehrheit anzusehen ist). Die Rechtsprechung ergibt kein einheitliches Bild.

Obwohl bei der natürlichen Handlungseinheit mehrere Willensbetätigungen vorliegen, werden diese räumlich-zeitlich zu einer Handlung im Rechtssinn verbunden.

Zur natürlichen Handlungseinheit bei wiederholter Überschreitung der zulässigen Höchstgeschwindigkeit innerhalb verschiedener Geschwindigkeitszonen auf einer Fahrt liegen mehrere Judikate vor. Bei einer zeitlichen und örtlichen Trennung der Geschwindigkeitsüberschreitungen durch das Durchfahren einer etwa drei Kilometer langen Strecke nach aufgehobener Geschwindigkeitsbeschränkung erscheinen mehrere Geschwindigkeitsüberschreitungen des Betroffenen nicht derart miteinander verknüpft, dass ihre getrennte Ahndung als unnatürliche Aufspaltung eines einheitlichen Lebensvorgangs empfunden werden könnte (vgl. OLG Düsseldorf, DAR 1993 S. 480, 481; OLG Düsseldorf, DAR 1998 S. 113, 114). Nach Auffassung des Bayerischen Obersten Landesgerichts, das auf der Linie der Rechtsprechung des OLG Düsseldorf liegt, stehen mehrere Geschwindigkeitsüberschreitungen innerhalb einer Tat im prozessualen Sinn in der Regel im Verhältnis der Tatmehrheit. Nur dann, wenn bei natürlicher Betrachtung wegen des unmittelbaren zeitlich-räumlichen und des inneren Zusammenhangs der einzelnen Verstöße ein einheitliches zusammengehöriges Tun angenommen werden muss, kommt eine Wertung als natürliche Handlungseinheit in Betracht (vgl. VRS 93, 141, 142). Zu einer natürlichen Handlungseinheit wird man nach Maßgabe dieser Rechtsprechung in diesen Fällen nur dann kommen, wenn beim Betroffenen innerhalb derselben Geschwindigkeitszone zwei Mal eine Geschwindigkeitsübertretung festgestellt wird.

Das Führen eines Lkw, dessen hintere Achslast und dessen Gesamtgewicht die zulässigen Werte übersteigen, stellt zwei tateinheitlich begangene Ordnungswidrigkeiten dar, die nur mit einer Geldbuße zu ahnden sind (vgl. OLG Düsseldorf, NZV 1998 S. 257).

Wer gem. § 18 Abs. 1 Nr. 1 TierSchG durch ein und dieselbe Handlung mehreren Wirbeltieren erhebliche Leiden zufügt – Belassen mehrerer Hunde im überhitzten Innenraum eines Kfz – verwirklicht den Tatbestand der Tierquälerei nur einmal (vgl. BayObLG, NZV 1996 S. 162).

Bei Unterlassungsordnungswidrigkeiten kann die Unterscheidung zwischen Handlungseinheit und Handlungsmehrheit zunächst grob danach vorgenommen werden, ob vom Täter eine Handlung verlangt wird (Handlungseinheit) oder mehrere Handlungen verlangt werden (Handlungsmehrheit). Hierbei ist nicht entscheidend, ob die mehreren Handlungen denselben Zweck verfolgen (vgl. BGHSt 18, 376, 379; a. A. *Göhler*, 18. Auflage 2021, Rdnr. 7 vor § 19: Handlungseinheit, wenn die mehreren vom Täter geforderten Handlungen dem gleichen Zweck dienen), oder zur gleichen Zeit zu erfolgen haben. Allenfalls dann gilt eine Ausnahme, also Handlungseinheit, wenn mehrere Verstöße in einem gewissen zeitlichen Zusammenhang gegen dieselbe Gesetzesnorm begangen werden (vgl. OLG Karlsruhe, Die Justiz 1978 S. 477 f.).

Eine natürliche Handlungseinheit kann auch zwischen einem aktiven Tun und einem Unterlassen hergestellt werden (vgl. *Schönke/Schröder/Sternberg-Lieben/Bosch*, StGB, 30. Auflage 2019, Rdnr. 23 vor §§ 52 ff.), ebenso bei Angriffen auf höchstpersönliche Rechtsgüter verschiedener Personen sowie bei Fahrlässigkeitstaten (vgl. *Schönke/Schröder/Sternberg-Lieben/Bosch*, a. a. O.).

1.2 Rechtliche Handlungseinheit

1.2.1 Fortgesetzte Handlung

Als Unterfall der rechtlichen Handlungseinheit setzt die fortgesetzte Handlung objektiv voraus, dass der Täter mehrere Ausführungshandlungen begeht, die im Wesentlichen denselben Tatbestand in gleichartiger Weise verwirklichen und dasselbe Rechtsgut verletzen, wobei alle einzelnen Ausführungshandlungen in einem gewissen zeitlichen und räumlichen Zusammenhang stehen müssen. Subjektiv müssen die einzelnen Verhaltensweisen von einem sog. Gesamtvorsatz erfasst sein. Die Entscheidung des Großen Senates für Strafsachen vom 3.5.1994 (vgl. NJW 1994 S. 1663 ff.), die von der Literatur bereits als Jahrhundertentscheidung bezeichnet wurde (vgl. *Hamm*, NJW 1994 S. 1636), ist zunächst nicht als pauschale Verwerfung des Instituts der fortgesetzten Handlung zu verstehen. Der BGH verlangt aber im Sinne einer Änderung und Einschränkung seiner bisherigen Rechtsprechung zum Fortsetzungszusammenhang, dass die Verbindung mehrerer Verhaltensweisen, die jede für sich einen Straftatbestand erfüllen, zu einer fortgesetzten Handlung nur dann geschieht, wenn dies – gemessen am jeweiligen Straftatbestand – zur sachgerechten Erfassung des verwirklichten Unrechts und der Schuld unumgänglich ist. Der BGH hat sich in einem Kartellordnungswidrigkeitenverfahren gem. § 38 Abs. 1 Nr. 1 GWB (nunmehr: § 81 Abs. 2 Nr. 1 GWB) dahingehend ausgesprochen, dass es der Figur der fortgesetzten Handlung nicht bedarf, wenn mehrere Einzelakte, von denen jeder ein Sich-Hinwegsetzen über die Unwirksamkeit eines nach § 1 GWB unwirksamen Vertrages darstellt, zusammengefasst werden sollen. Die mehreren Handlungen werden durch das Tatbestandsmerkmal des Sich-Hinwegsetzens zu einer Tat zusammengefasst („Bewertungseinheit" vgl. NJW 1996 S. 1973, 1975; § 81 Abs. 2 Nr. 1 GWB des geltenden Rechts spricht schlicht von einer Zuwiderhandlung gegen § 1 GWB). Im Bereich des Ordnungswidrigkeitenrechts erscheint die Beibehaltung des Instituts der fortgesetzten Handlung von der Festsetzung der Rechtsfolgen her geboten. Im Ordnungswidrigkeitenrecht gilt, anders als im Strafrecht bei Tatmehrheit, der einzig denkbaren Alternative bei Verneinung einer fortgesetzten Handlung, nicht das Asperationsprinzip, sondern das Kumulationsprinzip (vgl. hierzu Erl. 4). Eine Gesamtbetrachtung der mehreren Verhaltensweisen, die jede für sich einen Bußgeldtatbestand erfüllen, ist hiernach nicht möglich. Dem Unrechts- und Schuldgehalt der Handlung wird man dadurch aber dann nicht gerecht, wenn die Verhaltensweisen von einem einheitlichen Gesamtvorsatz getragen sind. Dies gilt unabhängig davon, um welche Tatbestandsverwirklichung es sich handelt. Die seitens des Großen Senats für Strafsachen aufgestellten restriktiven Voraussetzungen für die Anwendung des Instituts der fortgesetzten Handlung sollten deshalb auf den Bereich des Strafrechts beschränkt bleiben. Das Bayerische Oberste Landesgericht ist im Hinblick auf Art. 1 § 8 Abs. 1 Nr. 1 RBerG a. F. (Geschäftsmäßige Besorgung fremder Rechtsangelegenheiten ohne Erlaubnis; zu den Bußgeldtatbeständen des geltenden Rechts vgl. § 20 RDG) der Entscheidung des Großen Senats für Strafsachen gefolgt (vgl. NJW 1994 S. 2303, 2304, 2305), wies aber gleichzeitig darauf hin, dass es nicht die weitreichenden Auswirkungen der Aufgabe der Figur des Fortsetzungszusammenhangs verkenne. Im Ordnungswidrigkeitenrecht gebe es schließlich keine Nachtragsbeschuldigung und keine Bildung einer Gesamtgeldbuße. Das Kumulationsprinzip des § 20 OWiG könne bei häufig wiederholter Begehungsweise das verfassungsrechtliche Gebot der Vorwerfbarkeit entsprechenden Ahndens berühren. Konsequenzen aus dieser Erkenntnis wurden allerdings nicht gezogen. Trotz dieser differenzierten Rechtsprechung ist das überwiegende Schrifttum der Auffassung, dass das Institut der fortgesetzten Handlung abgeschafft sei (vgl. KKOWiG-*Mitsch*, 5. Auflage 2018, Rdnr. 45 f. zu § 19; *Göhler*, 18. Auflage 2021, Rdnr. 11–13 vor § 19 mit Hinweis auf die o. g. Entscheidung des BGH, NJW 1996 S. 1973, in der auch für den Bereich des Kartellordnungswidrigkeitenrechts die Rechtsfigur des Fortsetzungszusammenhangs aufgegeben und erläutert worden sei, dass die Erwägungen des Großen Senats für Strafsachen auf Ordnungswidrigkeiten zu übertragen seien). Gleichzeitig wird aber nicht verkannt, dass es auch nach

Auffassung des Bundesgerichtshofs weiterhin Fälle der fortgesetzten Handlung geben kann.

Das AG Aichach (vgl. BayVBl. 1996 S. 412, 413) hat sich in einem Verfahren gem. Art. 119 Abs. 1 Nr. 2, 76 Satz 1 und 2, 46 Abs. 1 Satz 1, 47 Abs. 1 BayEUG, dem die Weigerung einer Erziehungsberechtigten, ihren Sohn zum Ethik-Unterricht zu schicken, zugrunde lag, in Kenntnis der genannten Rechtsprechung des Bundesgerichtshofs für die Anwendung des Instituts der fortgesetzten Handlung entschieden. Dem Unrechtsgehalt der Tat wäre nach Meinung des Gerichts eine Zergliederung in Einzeltaten auch nach der Verkehrsanschauung nicht gerecht geworden. Die Betroffene hatte sich von vorneherein entschieden, ihren Sohn während eines ganzen Schuljahres jeweils zur fraglichen Zeit daheim zu behalten. Daraus lässt sich nur ein Tatentschluss ableiten, nicht aber eine Vielzahl von Einzelentscheidungen.

1.2.1.1 Gleichwertigkeit

Die mehreren Ausführungshandlungen müssen rechtlich gleichwertig sein. Dies wird immer dann der Fall sein, wenn gegen Bußgeldtatbestände verstoßen wird, die die Einhaltung desselben Gebots schützen. Es muss nicht notwendig derselbe Tatbestand verwirklicht sein. Die Ausführungshandlungen müssen ferner jede für sich tatbestandsmäßig, rechtswidrig und vorwerfbar verwirklicht sein.

1.2.1.2 Gleichartigkeit

Hierunter versteht man zum einen eine gleichartige Ausführungshandlung. Gleichartigkeit ist zu verneinen zwischen aktivem Tun und Unterlassen (vgl. *Schönke/Schröder/Sternberg-Lieben/Bosch*, StGB; 30. Auflage 2019, Rdnr. 32 – 80 Vor §§ 52 ff. mit Verweis auf die 25. Auflage Rdnr. 33 – 80 Vor §§ 52 ff.). Zum anderen gehört hierher der gewisse zeitliche und räumliche Zusammenhang. Große Zwischenräume zwischen den einzelnen Ausführungshandlungen lassen den Fortsetzungszusammenhang entfallen (vgl. RG, HRR 1939 Nr. 1318 – Zwischenraum von einem Jahr).

1.2.1.3 Gesamtvorsatz

Der Gesamtvorsatz setzt voraus, dass der Täter vor oder spätestens bei Verwirklichung des ersten Teilaktes der geplanten Handlungsreihe deren sämtliche Teile in den wesentlichen Grundzügen ihrer künftigen Gestaltung umfasst (vgl. BGHSt 19, 323, 324). Wollte man aus Praktikabilitätsgesichtspunkten im Ordnungswidrigkeitenrecht den Fortsetzungsvorsatz genügen lassen, wonach es ausreicht, wenn jeder spätere Entschluss als Fortsetzung des vorausgegangenen erscheint, weil diese Einzelentschlüsse eine fortlaufende psychische Linie bilden, muss man sich im Klaren sein, dass dies in der Konsequenz die Außerachtlassung des subjektiven Elements bei der fortgesetzten Handlung bedeutet. Die Positionen nähern sich aber ohnehin weitgehend dadurch an, dass der BGH (vgl. BGHSt 23, 33, 35) es für den Gesamtvorsatz ausreichen ließ, wenn er bis zur Beendigung des letzten Teilaktes auf weitere Handlungen ausgedehnt wird.

Bei fahrlässig begangenen Ordnungswidrigkeiten kann kein Fortsetzungszusammenhang angenommen werden (vgl. BGHSt 5, 371, 376).

Zur Veranschaulichung dient der Fall des OLG Düsseldorf (vgl. VRS 74, 297 ff.).

1.2.2 Dauerordnungswidrigkeiten

Als Unterfall der rechtlichen Handlungseinheit ist auch die sog. Dauerordnungswidrigkeit zu verstehen, bei der der Täter zunächst einen rechtswidrigen Zustand schafft und diesen dann bewusst oder unbewusst aufrechterhält oder die bußgeldbewehrte Tätigkeit ununterbrochen fortsetzt (vgl. *Göhler*, 18. Auflage 2021 Rdnr. 17 Vor § 19: Zweckentfremdung von Wohnraum, Fahrt mit überladenem Lkw, Verletzung einer andauernden Meldepflicht; OLG Düsseldorf, GewArch 1994 S. 197, 198: Gibt der Taxifahrer seinen Fahrgastbeförderungsschein nach der Entziehung der Erlaubnis zur Fahrgastbeförderung nicht bei der Behörde ab, weil er sich entschlossen hat, seine Taxifahrertätigkeit gleichwohl fortzusetzen, liegt keine fortgesetzte Tat, sondern eine Dauerordnungswidrigkeit vor, die erst mit der Ablieferung des Fahrgastbeförderungsscheins beendet ist; BayObLG, DAR 1993 S. 358, 359: Die Dauerordnungswidrigkeit – Kontinuierlicher Verstoß gegen die gleiche Geschwindigkeitsbegrenzung auf einer einheitlichen Fahrstrecke – wird nicht dadurch unterbrochen, dass die eingehaltene Geschwindigkeit kurzzeitig nicht beobachtet werden kann oder verkehrsbedingt unter die zugelassene Höchstgeschwindigkeit vermindert wird; BayObLG, NStZ 1995 S. 197: Jede einzelne nicht fristgerechte Zahlung der Rundfunkgebühren hat den Charakter einer Dauerordnungswidrigkeit. Die nach Fälligkeit länger als sechs Monate unterbliebene Zahlung begründet einen rechtswidrigen Zustand. Die Unterlassung der Zahlung verwirklicht den Tatbestand ununterbrochen weiter. Die Beendigung des rechtswidrigen Zustands tritt erst mit der Zahlung der Rundfunkgebühren ein). Die Rechtsverstöße, die der Aufrechterhaltung des rechtswidrigen Zustandes dienen, erfüllen zusammen mit der Dauerordnungswidrigkeit eine natürliche Handlungseinheit. Die Dauerordnungswidrigkeit endet mit rechtskräftigem Schuldspruch bzw. rechtskräftig gewordenem Bußgeldbescheid bezogen auf den Zeitpunkt der letztmaligen Schuldfeststellung bzw. des Erlasses des Bußgeldbescheids und beginnt im unmittelbaren Anschluss daran neu, wenn sich am ordnungswidrigen Verhalten des Betroffenen nichts geändert hat (vgl. OLG Dresden, VRS 93, 447, 449).

1.2.3 Verklammerung

Die Figur lässt sich am besten anhand der Dauerordnungswidrigkeit erklären: Eine Handlungsmehrheit kann durch eine Dauerordnungswidrigkeit, die zusammen mit den Einzelakten der Handlungsmehrheit jeweils eine Handlungseinheit bildet, zu einer rechtlichen Handlungseinheit verklammert werden. Erforderlich ist insoweit aber eine Wertgleichheit zwischen Klammerdelikt und zu verklammerndem Delikt (vgl. OLG Hamm, DAR 1976 S. 138: keine Klammerwirkung des Nicht-Beisichführens des Fahrzeugscheins im Verhältnis zu nacheinander begangenen Verkehrsverstößen). Die Inbetriebnahme eines Sattelkraftfahrzeugs trotz Überladung ist während der gesamten Fahrt eine Dauerordnungswidrigkeit gem. §§ 69a Abs. 3 Nr. 4, 34 Abs. 3 Satz 3 StVZO. Während der Fahrt begangene Geschwindigkeitsüberschreitungen stehen zur Dauerordnungswidrigkeit jeweils im Verhältnis der Tateinheit, weil sich die tatbestandlichen Ausführungshandlungen decken. Die Dauertat bewirkt nun, dass mehrere zeitlich auseinanderliegende Geschwindigkeitsüberschreitungen, die zueinander im Verhältnis der Tatmehrheit stehen, ihre rechtliche Selbstständigkeit verlieren und zur Tateinheit im Sinne des § 19 zusammengefasst werden. Das Führen des überladenen Sattelkraftfahrzeugs ist hier nicht als minder schwerer Verkehrsverstoß anzusehen, dem eine Klammerwirkung nicht zukommen könnte (vgl. OLG Düsseldorf, NZV 1997 S. 192, 193).

1.2.4 Fortwährende Handlung

Göhler (18. Auflage 2021, Vor § 19 Rdnr. 23, 23a) plädiert dafür, bei Verstößen, die in einem so engen zeitlichen und räumlichen Zusammenhang stehen, dass sie bei natürlicher Betrachtung als Teilstücke eines einzigen, auf einer gleichen Motivationslage beruhenden Geschehens erscheinen, wobei die verletzten Vorschriften demselben Schutzzweck dienen, und insgesamt nur eine quantitative Steigerung der Zuwiderhandlung vorliegt, eine rechtliche Handlungseinheit auch dann anzunehmen, wenn die Voraussetzungen der Dauerordnungswidrigkeit oder der tatbestandlichen Handlungseinheit nicht vorliegen (in diesem Sinne auch BayObLG, GewArch 1994 S. 73, 74). Hierfür besteht aber kein Bedürfnis, da diese Fallkonstellationen durch die natürliche Handlungseinheit gelöst werden können (so auch KKOWiG-*Mitsch*, 5. Auflage 2018, Rdnr. 39 zu § 19). Insgesamt ist das Bemühen erkennbar, zur Vermeidung des Kumulationsprinzips gem. § 20 größere Einheiten bilden zu können. Man sollte dann aber Institute verwenden, die feste Konturen haben.

2. Tateinheit

Kommt man zu dem Urteil, dass eine Handlung vorliegt, ist der Anwendungsbereich des § 19 erschlossen: Unter gleichartiger Tateinheit versteht man die mehrfache Verletzung derselben Bußgeldvorschrift durch eine Handlung, unter ungleichartiger Tateinheit die Verletzung mehrerer Bußgeldvorschriften durch eine Handlung.

Bei Tateinheit wird nur eine Geldbuße festgesetzt. Die Geldbuße ist bei ungleichartiger Tateinheit dem Gesetz zu entnehmen, das die höchste Geldbuße androht, Abs. 2 Satz 1. Abzustellen ist insoweit abstrakt auf das Höchstmaß. Nebenfolgen bleiben bei dem Vergleich außer Betracht. Werden durch eine Handlung mehrere Tatbestände des Bußgeldkatalogs der BKatV verwirklicht, die jeweils einen Bußgeldregelsatz von mehr als 55 € vorsehen, ist nur ein Regelsatz anzuwenden; bei unterschiedlichen Regelsätzen ist der höchste anzuwenden, § 3 Abs. 5 Satz 1 BKatV. Es hat zwar keine Addition der Regelsätze zu erfolgen, aber der Regelsatz kann angemessen erhöht werden (vgl. § 3 Abs. 5 Satz 2 BKatV; BayObLG, NJW 1981 S. 2135). Nebenfolgen, die lediglich in dem milderen Gesetz enthalten sind, können angeordnet werden, Abs. 2 Satz 2. Nach dem Opportunitätsprinzip kann aber auf die Anordnung der Nebenfolge verzichtet werden, auch dann, wenn diese zwingend vorgeschrieben ist (vgl. § 8 Abs. 1 Satz 1 WiStG 1954; in diesem Sinne auch *Göhler*, 18. Auflage 2021, Rdnr. 7 zu § 19).

3. Handlungsmehrheit

Eine Handlungsmehrheit ist dann gegeben, wenn mehrere Willensbetätigungen mehrere Bußgeldtatbestände oder einen Bußgeldtatbestand mehrfach verwirklichen, ohne dass diese Handlungen die Voraussetzungen einer natürlichen oder rechtlichen Handlungseinheit erfüllen.

4. Tatmehrheit

Folge der Handlungsmehrheit (Erl. 3) ist die gesonderte Festsetzung der Geldbußen nach § 20. Es gilt also, anders als im Strafrecht (Asperationsprinzip, §§ 53 Abs. 1, 54 Abs. 1 Satz 2 StGB), das Kumulationsprinzip. Die Geldbußen können in einem Bußgeldbescheid festgesetzt werden, sind dann aber gesondert auszuwerfen (vgl. OLG Koblenz, VRS 66, 222 f.).

Tatmehrheitliche Ordnungswidrigkeiten können dann nicht in getrennten Verfahren geahndet werden, wenn sie dieselbe Tat im prozessualen Sinn darstellen („ne bis in idem", vgl. OLG Hamm, VRS 53, 189 f.; Erl. 3 vor § 59). Eine Tat im prozessualen Sinn liegt immer dann vor, wenn die mehreren Handlungen innerlich so miteinander verknüpft sind, dass eine getrennte Würdigung und Ahndung als unnatürliche Aufspaltung eines einheitlichen Lebensvorganges empfunden würde (vgl. BGHSt 23, 141, 147). Als Beispiel für eine Tat mag dienen der Fall des OLG Hamburg (VRS 27, 144, 146), wo der Täter zunächst die gesetzlich vorgeschriebene Höchstgeschwindigkeit überschritt und im Anschluss daran eine durch Verkehrszeichen vorgeschriebene geringere Geschwindigkeit ebenfalls missachtete.

5. Mehrere Beteiligte

Die Abgrenzung von Handlungseinheit und Handlungsmehrheit ist für jeden Beteiligten gesondert zu untersuchen. Bei einer aus mehreren Willensbetätigungen zusammengesetzten Handlung kann bei einem Beteiligten der Gesamtvorsatz und damit die fortgesetzte Handlung zu bejahen sein, während bei dem anderen Beteiligten Handlungsmehrheit anzunehmen ist.

6. Gesetzeskonkurrenz

Gesetzeskonkurrenz liegt vor, wenn eine Handlung mehrere Bußgeldvorschriften verwirklicht, aber nur eine Norm zur Anwendung kommt, weil sie die andere verdrängt: Gesetzeskonkurrenz in Form der Subsidiarität liegt vor, wenn ein Gesetz nur hilfsweise für den Fall gilt, dass nicht schon eine andere Vorschrift anwendbar ist. Die Subsidiarität wird entweder vom Gesetzgeber ausdrücklich angeordnet (vgl. § 111 Abs. 3) oder ergibt sich aus dem systematischen Zusammenhang des Gesetzes (vgl. z. B. § 130, der nur eingreift, wenn die Handlung des Aufsichtspflichtigen nicht bereits als Beteiligung an der Zuwiderhandlung selbst geahndet werden kann, vgl. KG, JR 1972 S. 121 f.).

Gesetzeskonkurrenz in Form der Spezialität ist gegeben, wenn eine Norm einen bereits von einer anderen Norm erfassten Sachverhalt unter Hinzunahme weiterer Tatbestandsmerkmale besonders regelt (vgl. BayObLG, NStZ 1990 S. 440 f.). Gesetzeskonkurrenz in Form der Konsumtion besteht, wenn weder ein Fall der Spezialität, noch der Subsidiarität gegeben ist, andererseits aber eine Norm zur Ahndung genügt, weil die andere bei Handlungen der in Frage stehenden Art regelmäßig miterfüllt wird. Konsumtion wurde angenommen im Verhältnis von dem bis zum 30.6.2017 geltenden § 120 Abs. 1 Nr. 2 (Werbung für Prostitution; konsumiertes Gesetz) zu § 119 Abs. 1 Nr. 2 (konsumierendes Gesetz). Entgegen *Göhler* (vgl. 17. Auflage 2017, Rdnr. 15 zu § 120, der Vorauflage zur aktuellen 18. Auflage 2021) handelte es sich insoweit aber um einen Fall der Spezialität (a. A. KK-OWiG-Kurz, 4. Auflage 2014, Rdnr. 31 zu § 120, der Vorauflage zur 5. Auflage 2018: Idealkonkurrenz). Die verdrängte Bußgeldvorschrift taucht im Bußgeldbescheid nur insoweit auf, als eine erschwerende Berücksichtigung bei der Bußgeldbemessung möglich ist (vgl. BGHSt 19, 188, 189) oder auf eine im verdrängten Gesetz mögliche Nebenfolge erkannt wird (vgl. BGHSt 8, 46, 52).

7. Opportunitätsprinzip, § 47

Die Verfolgungsbehörde kann die Verfolgung auf einzelne Gesetzesverletzungen, Einzelakte einer natürlichen Handlungseinheit, einzelne Handlungen mehrerer tatmehrheitlich begangener Ordnungswidrigkeiten oder Einzelakte einer rechtlichen Handlungseinheit beschränken. Die Beschränkung bietet sich dann an, wenn der Rest für die Festsetzung der Geldbuße nicht beträchtlich ins Gewicht fällt und das Bußgeldverfahren dadurch rasch abgewickelt werden kann.

§ 21

Zusammentreffen von Straftat und Ordnungswidrigkeit

(1) Ist eine Handlung gleichzeitig Straftat und Ordnungswidrigkeit, so wird nur das Strafgesetz angewendet. Auf die in dem anderen Gesetz angedrohten Nebenfolgen kann erkannt werden.

(2) Im Falle des Absatzes 1 kann die Handlung jedoch als Ordnungswidrigkeit geahndet werden, wenn eine Strafe nicht verhängt wird.

Erläuterungen

Übersicht

Vorbemerkung

Regelungszweck ist der Gedanke, dass der Unrechtsgehalt einer Straftat den gleichzeitig begangenen bloßen Ordnungsverstoß so sehr überwiegt, dass für eine Ahndung unter dem Gesichtspunkt der Ordnungswidrigkeit kein Bedürfnis besteht. Bei der Kriminalstrafe wird dem Täter ein ethischer Schuldvorwurf gemacht, während der Geldbuße der Ernst der staatlichen Strafe fehlt (vgl. BVerfGE 22, 49, 79).

1. Verdrängung der Ordnungswidrigkeit durch die Straftat, Absatz 1 Satz 1

Die Straftat verdrängt nur dann die Ordnungswidrigkeit, wenn eine Handlung zugrunde liegt. Dies kann lediglich eine Willensbetätigung, d. h. eine Handlung im natürlichen Sinn sein, oder eine natürliche oder rechtliche Handlungseinheit. Bei der natürlichen und der rechtlichen Handlungseinheit genügt es für die Verdrängung durch die Straftat, dass ein Teilakt der Ordnungswidrigkeit zugleich einen Straftatbestand erfüllt (z. B. der Täter begeht fortgesetzt eine Ordnungswidrigkeit nach § 4 WiStG 1954 und macht sich bei einem Teilakt zugleich eines Betrugs nach § 263 StGB schuldig). Der Verdrängungseffekt der Straftat tritt auch dann ein, wenn bei einer fortgesetzten Straftat ein Teilakt zugleich den Tatbestand einer Ordnungswidrigkeit erfüllt. Ausnahmsweise verdrängt die Bußgeldvorschrift die Strafnorm, wenn sie die speziellere ist. § 21 gilt dann nicht. Spezialität ist allerdings nicht anzunehmen im Verhältnis landesrechtlicher Bußgeldtatbestände über die Wildfolge, die eingreifen, wenn das Wild krankgeschossen in das Nachbarrevier gelangt, zur Jagdwilderei nach § 292 StGB (vgl. BayObLG bei *Göhler,* NStZ 1994 S. 71, 72).

Auch die landesrechtlichen Bußgeldtatbestände der Fischereigesetze sind nicht spezieller als die Fischwilderei nach § 293 StGB (vgl. OLG Zweibrücken bei *Göhler,* NStZ 1994 S. 72).

Absatz 1 Satz 1 ist nicht anwendbar, wenn sich Straftat und Ordnungswidrigkeit im Verhältnis der Tatmehrheit gegenüberstehen. Hier wird gesondert auf Strafe und Geldbuße erkannt.

Für Mischtatbestände (vgl. hierzu Erl. 5 zu § 14) ist Abs. 1 Satz 1 nicht von Bedeutung. Das Gesetz löst selbst die Konkurrenz zwischen Straftat und Ordnungswidrigkeit. Eine gleichzeitige Verwirklichung einer Straf- und einer Bußgeldvorschrift ist hier nicht denkbar.

Folge der materiell-rechtlichen Beurteilung nach Abs. 1 Satz 1 ist die Abgabepflicht der Verfolgungsbehörde an die Staatsanwaltschaft, § 41 Abs. 1. Bei Tatmehrheit und Vorliegen einer prozessualen Tat (vgl. hierzu Erl. 3 vor § 59) besteht die Abgabepflicht ebenfalls, obwohl hier Abs. 1 Satz 1 nicht einschlägig ist. Es würde dem Grundsatz „ne bis in idem" widersprechen, würde man bei einer Tat als geschichtlichem Vorgang Bußgeldverfahren und Strafverfahren voneinander getrennt durchführen, § 40.

Liegt Tatmehrheit vor, andererseits aber keine einheitliche prozessuale Tat, empfiehlt es sich, eine Übernahme durch die Staatsanwaltschaft nach § 42 anzuregen.

2. Straferkenntnis

Die Aburteilung der Straftat hat zur Folge, dass innerhalb der prozessualen Tat gleichzeitig verwirklichte Ordnungswidrigkeiten nicht mehr verfolgbar sind, §§ 82 Abs. 1, 84 Abs. 1, weil das Gericht im Strafverfahren über die Tat zugleich unter dem rechtlichen Gesichtspunkt einer Ordnungswidrigkeit entscheidet. Die Rechtskraftwirkung gilt auch für die unterlassene Anordnung einer Nebenfolge, die nach Abs. 1 Satz 2 hätte erfolgen können.

Aburteilung in diesem Sinne ist auch der Freispruch, der Strafbefehl, die Verwarnung mit Strafvorbehalt oder die Ablehnung der Eröffnung des Hauptverfahrens.

Umgekehrt hindert nur eine rechtskräftige gerichtliche Bußgeldentscheidung die strafrechtliche Verfolgung, nicht jedoch der rechtskräftige Bußgeldbescheid, § 84 Abs. 2. Dieser muss bei nachträglicher Feststellung einer Straftat gem. § 86 Abs. 1 Satz 1 aufgehoben werden, wenn die Konstellation des § 21 gegeben ist, d. h. eine Handlung zugleich den Tatbestand einer Straftat und den einer Ordnungswidrigkeit erfüllt.

Das Straferkenntnis berücksichtigt den rechtlichen Gesichtspunkt der Ordnungswidrigkeit bei der Strafzumessung, wenn der Ordnungsverstoß nicht oder nur teilweise zu den die Strafbarkeit begründenden Umständen gehört und wenn er den Unrechtsgehalt der Tat oder den Vorwurf, der den Täter trifft, steigert (vgl. OLG Koblenz, VRS 60, 447 f.). Als Beispiel für die Nichtberücksichtigungsfähigkeit sei hier der Auflagenverstoß des Betroffenen genannt, der gerade dessen Pflichtwidrigkeit im Sinne des § 222 StGB begründet.

Der rechtliche Gesichtspunkt der Ordnungswidrigkeit bleibt auch insoweit von Bedeutung, als es um die Anordnung von Nebenfolgen geht, die im Strafgesetz nicht vorgesehen sind, Abs. 1 Satz 2. Die Anordnung der Nebenfolge ist aber nicht obligatorisch, da das Opportunitätsprinzip des § 47 auch insoweit Geltung hat, selbst wenn die Anordnung der Nebenfolge im Gesetz vorgeschrieben ist, wie in § 8 Abs. 1 Satz 1 WiStG (siehe bereits Erl. 2 zu §§ 19, 20). Die Nebenfolge wird dem BZR nicht mitgeteilt, da sie nur eine Folge der zurücktretenden Ordnungswidrigkeit ist (vgl. *Göhler*, 18. Auflage 2021, Rdnr. 18 zu § 21).

3. Nicht-Verhängung einer Strafe, Absatz 2

Absatz 2 beinhaltet eine Ausnahmeregelung zu Absatz 1, als hiernach die Ordnungswidrigkeit von der Straftat nicht verdrängt wird, wenn eine Straftat vorliegt, andererseits aber keine Strafe verhängt wird.

Hier sind die Fälle gemeint, bei denen das Ermittlungsverfahren der Staatsanwaltschaft oder das gerichtliche Strafverfahren beendet werden, ohne dass eine Sachentscheidung ergeht (z. B. Einstellung gem. §§ 170 Abs. 2, 206a, 260 Abs. 3 StPO wegen Fehlens einer Verfahrensvoraussetzung: Es wurde z. B. kein Strafantrag gestellt; Einstellung gem. §§ 153, 153b, 154 StPO; vgl. hierzu KG, NStZ 1997 S. 138: § 21 Abs. 2 OWiG findet auch bei einer Einstellung aus Opportunitätsgründen Anwendung.). Weitestgehend einheitlich in Rechtsprechung und Schrifttum wird die Frage beantwortet, ob in den Fällen des § 153a StPO die Erfüllung der Auflagen bzw. Weisungen durch den Beschuldigten für weitere Verfolgungsmaßnahmen, die sich auf die Tat im Sinne des § 264 StPO beziehen, ein Verfahrenshindernis auch für die Verfolgung einer Ordnungswidrigkeit bildet (in diesem Sinne vgl. BayObLG bei *Rüth*, DAR 1982 S. 256; OLG Frankfurt, NJW 1985 S. 1850; für die Nicht-Verfolgbarkeit der Tat unter dem Gesichtspunkt der Ordnungswidrigkeit sprechen sich, sofern bei einer Einstellung gem. § 153a StPO die Auflagen bzw. Weisungen durch den Beschuldigten erfüllt wurden, auch *Krenberger/Krumm*, OWiG, 7. Auflage 2022, Rdnr. 21 zu § 21, und *Göhler*, 18. Auflage 2021, Rdnr. 27 zu § 21, aus.).

Fünfter Abschnitt.
Einziehung von Gegenständen

§ 22
Einziehung von Gegenständen

(1) Als Nebenfolge einer Ordnungswidrigkeit dürfen Gegenstände nur eingezogen werden, soweit das Gesetz es ausdrücklich zuläßt.

(2) Die Einziehung ist nur zulässig, wenn

1. **die Gegenstände zur Zeit der Entscheidung dem Täter gehören oder zustehen oder**
2. **die Gegenstände nach ihrer Art und den Umständen die Allgemeinheit gefährden oder die Gefahr besteht, daß sie der Begehung von Handlungen dienen werden, die mit Strafe oder mit Geldbuße bedroht sind.**

(3) Unter den Voraussetzungen des Absatzes 2 Nr. 2 ist die Einziehung der Gegenstände auch zulässig, wenn der Täter nicht vorwerfbar gehandelt hat.

Erläuterungen

Übersicht

Vorbemerkung

Als mögliche Nebenfolgen einer Ordnungswidrigkeit sind zu nennen:

1. Die Einziehung von Gegenständen und des Wertersatzes gem. §§ 22 ff. In den begrifflichen Zusammenhang der Einziehung fällt auch die Unbrauchbarmachung gem. § 123 Abs. 2 Satz 1 Nr. 2.
2. Die Anordnung der Einziehung eines Geldbetrags, den der Täter erlangt hat, gegen den aber mangels Vorwerfbarkeit keine Geldbuße zur Abschöpfung des wirtschaftlichen Vorteils festgesetzt werden kann, § 29a Abs. 1, sowie die Anordnung der Einziehung eines Geldbetrags, den ein Dritter erlangt hat, § 29a Abs. 2.
3. Die Abführung des Mehrerlöses nach §§ 8 ff. WiStG 1954. Statt der Abführung des Mehrerlöses kann nach § 9 Abs. 1 die Rückerstattung an den Geschädigten auf dessen Antrag angeordnet werden. Bei einer Zuwiderhandlung im Betrieb ist nach § 10 Abs. 2 auch die Anordnung der Abführung des Mehrerlöses gegen den Betriebsinhaber oder -leiter und, falls der Inhaber eine juristische Person oder eine Personengesellschaft des Handelsrechts ist, auch gegen diese, wenn ihnen der Mehrerlös zugeflossen ist, sowohl im Verfahren gegen den Täter als auch selbständig, möglich.
4. Das Fahrverbot nach § 25 StVG, das mit Rechtskraft des Bußgeldbescheides wirksam wird (vgl. § 25 Abs. 2 Satz 1 StVG), während die Verbotsfrist erst von dem Tage an läuft, an dem der Führerschein abgeliefert und amtlich verwahrt oder das Fahrverbot in dem ausländischen Fahrausweis vermerkt wird, § 25 Abs. 2 Satz 2, Abs. 5 Satz 1 StVG.
5. Das Verbot der Jagdausübung, das ähnlich konstruiert ist wie das Fahrverbot, und vom BJagdG (vgl. § 41a) sowie vom LandesjagdG (vgl. stellvertretend Art. 57 BayJG) bei grober oder beharrlicher Verletzung der Pflichten bei der Jagdausübung (§ 41a Abs. 1 Nr. 2 BJagdG, Art. 57 Abs. 1 BayJG), die von Ordnungswidrigkeitentatbeständen näher konkretisiert sind, oder bei Straftaten bei oder im Zusammenhang mit der Jagdausübung (§ 41a Abs. 1 Nr. 1 BJagdG) vorgesehen ist.
6. Die Festsetzung einer Geldbuße gegen eine juristische Person oder Personenvereinigung nach § 30 ist nicht mehr als Nebenfolge der Handlung eines Organs der juristischen Person oder Personenvereinigung eingestuft (vgl. § 33 Abs. 1 Satz 2 in der Fas-

sung durch Art. 2 des 31. StrÄndG vom 27.6.1994, BGBl. I S. 1440), sondern als selbstständige Sanktion anzusehen.

1. Einziehungszweck

Der Einziehungszweck ist ein doppelter: Soweit darauf abgestellt wird, dass die Einziehungsgegenstände im Eigentum des Täters oder eines vorwerfbar handelnden Dritten stehen, §§ 22 Abs. 2 Nr. 1, 23, hat die Einziehung Ahndungscharakter. Wegen der bußgeldähnlichen Funktion muss darauf geachtet werden, dass die Kumulation von Geldbuße und Einziehung schuldangemessen ist, was über eine Gesamtbetrachtung beider Sanktionen zu erreichen ist (vgl. OLG Saarbrücken, NJW 1975 S. 65, 66 f.). Der Ahndungscharakter schließt es nicht aus, bei der Einziehungsanordnung die Frage zu erörtern, ob der der Einziehung unterliegende Gegenstand in der Hand des Täters auch in der Zukunft für die Allgemeinheit besonders gefährlich wäre (vgl. BGHSt 10, 28, 33). Die Überlegung muss aber nicht zwingend angestellt werden. § 22 Abs. 2 Nr. 2 stellt den Sicherungszweck in den Vordergrund. Hier wird die Gefährdung der Allgemeinheit oder die Gefahr weiterer Handlungen vorausgesetzt, die mit Strafe oder Geldbuße bedroht sind.

2. Gesetzliche Zulassung

Auf Einziehung kann nur erkannt werden, wenn das jeweilige Gesetz dies ausdrücklich zulässt, Absatz 1. Die der Einziehung unterliegenden Gegenstände müssen vom Gesetzgeber zumindest ihrer Art nach bezeichnet werden, d. h. es würde nicht genügen, die Einziehung abstrakt für zulässig zu erklären. Drei Gruppen von Einziehungsgegenständen lassen sich unterscheiden:

Als **Beziehungsgegenstände** bezeichnet man Gegenstände, auf die sich die Ordnungswidrigkeit bezieht (Gegenstände der Tat), z. B. beim früheren Tatbestand des § 120 Abs. 1 Nr. 2 die Schriften oder die Ton- und Bildträger. § 120 Abs. 1 OWiG ist mit Wirkung vom 1.7.2017 durch Gesetz vom 21.10.2016 neu gefasst worden (vgl. BGBl. I S. 2372). Nach geltendem Recht fallen hierunter z. B. die Gegenstände, auf die sich eine Ordnungswidrigkeit nach § 119 bezieht, vgl. § 123 Abs. 1, insbesondere sexuelle Inhalte in Schriften, auf Ton- und Bildträgern, in Datenspeichern, Abbildungen oder anderen Verkörperungen, §§ 119 Abs. 3, 11 Abs. 3, die an Orten der Öffentlichkeit zugänglich gemacht werden mit grob anstößiger Wirkung.

Werkzeuge der Ordnungswidrigkeit (instrumenta sceleris) sind Gegenstände, die zur Begehung oder Vorbereitung der Ordnungswidrigkeit gebraucht worden oder bestimmt gewesen sind, z. B. § 7 Nr. 2 WiStG 1954: Insertionsaufträge an Anzeigenblätter bei der Ordnungswidrigkeit nach § 5 WiStG 1954.

Erzeugnisse aus der Ordnungswidrigkeit (producta sceleris) sind Gegenstände, die unmittelbar durch die Ordnungswidrigkeit hervorgebracht worden sind, z. B. das gejagte Wild unter Erfüllung eines Ordnungswidrigkeitentatbestandes (Jagdausübung mit Fangeisen, die nicht ordnungsgemäß verblendet sind, Art. 56 Abs. 1 Nr. 4h, 58 Satz 1 BayJG).

Unter „Gegenständen" sind im Übrigen körperliche Sachen und Rechte zu verstehen.

3. Eigentum bzw. Rechtsinhaberschaft

Nach Absatz 2 Nr. 1 ist die Einziehung zulässig, wenn die Einziehungsgegenstände zur Zeit der Entscheidung dem Täter gehören oder zustehen:

3.1 Täter

Täter im Sinne des Abs. 2 Nr. 1 ist jeder Beteiligte im Sinne des § 14. Wurde der Gegenstand von einem anderen Beteiligten verwendet, ist die Einziehung lediglich nach Abs. 2 Nr. 2 oder nach § 23 zulässig.

3.2 Zur Zeit der Entscheidung

Gemeint ist hier die jeweilige Tatsacheninstanz (vgl. *Schönke/Schröder/Eser/Schuster*, StGB, 30. Auflage 2019, Rdnr. 24 zu § 74). Das Eigentum bzw. die Berechtigung des Täters muss deshalb im Zeitpunkt des Erlasses der Bußgeldentscheidung, des Urteils oder Beschlusses nach § 72 bestehen. Der Zeitpunkt der Rechtsbeschwerdeentscheidung ist nicht relevant, da auf dieser Ebene eine tatsächliche Überprüfung der Eigentumsverhältnisse nicht mehr möglich ist. Ein Eigentumswechsel nach Begehung der Ordnungswidrigkeit macht die Vorschrift des § 25 Abs. 1 anwendbar (Einziehung des Wertersatzes), es sei denn, es liegen die Voraussetzungen des § 23 Nr. 2 vor (bösgläubiger Erwerb).

Der bußgeldähnliche Charakter der Einziehung im Falle des Abs. 2 Nr. 1 spricht dafür, dass die Einziehungsanordnung gegen die Erben des nach Begehung der Ordnungswidrigkeit verstorbenen Täters nicht zulässig ist.

3.3 „gehören oder zustehen"

Zu den der Einziehung unterliegenden Rechten gehört auch der Miteigentumsanteil des Täters. Es kommt wegen des Ahndungscharakters nicht darauf an, dass der Gegenstand aus dem Verkehr gezogen wird (anders *Göhler*, 18. Auflage 2021, Rdnr. 11 zu § 22: Bei der Einziehung eines Miteigentumsanteils kann der Zweck der Einziehung, nämlich den Gegenstand aus dem Verkehr zu ziehen, nicht erreicht werden; a. A. OLG Karlsruhe, NJW 1974 S. 709, OLG Köln, NJW 1951 S. 613, OLG Frankfurt, NStZ-RR 2000 S. 45). Der von der Einziehung nicht betroffene Miteigentumsanteil bleibt bestehen, § 26 Abs. 2 Satz 1, es sei denn, das Erlöschen wird nach § 26 Abs. 2 Sätze 2, 3 angeordnet. Dies bezieht sich aber auf die Fälle des § 22 Abs. 2 Nr. 2 und des § 23. Es wird also entgegen *Göhler*, a. a. O., nicht in das Eigentum eines Dritten eingegriffen.

Insbesondere bei Nachlassgegenständen taucht die Problematik auf, dass ein Gegenstand mehreren Berechtigten zur gesamten Hand zusteht. Hier ist eine Einziehung nach Abs. 2 Nr. 1 nur dann zulässig, wenn alle Gesamthandsberechtigten Täter sind. Andernfalls ist eine Einziehung nur nach Abs. 2 Nr. 2 oder § 23 möglich.

Im Einziehungsrecht ist beim Sicherungs- und Vorbehaltseigentum nicht nach rechtlichem und wirtschaftlichem Eigentum zu unterscheiden (vgl. BGHSt 24, 222, 227: der Eigentumsbegriff des bürgerlichen Rechts ist maßgebend). Eine Einziehung nach Abs. 2 Nr. 1 kann grundsätzlich nur gegen den Sicherungsnehmer bzw. den Vorbehaltsverkäufer erfolgen, gegen den Sicherungsgeber und Vorbehaltskäufer nur nach Abs. 2 Nr. 2 und § 23. Diese formale Betrachtungsweise schließt aber nicht aus, das Anwartschaftsrecht des Sicherungsgebers an der Rückübereignung einer Sache, die er einem Dritten zur Sicherung übereignet hat, oder das Anwartschaftsrecht des Vorbehaltskäufers am Erwerb des Volleigentums der Einziehung nach Abs. 2 Nr. 1 zu unterwerfen (vgl. BGHSt 25, 10, 11, 12: Die Anwartschaft unterliegt als Vorstufe des Eigentums der Einziehung). Dies wird vor allem dann in Frage kommen, wenn der Missbrauch des körperlichen Gegenstandes zugleich einen Missbrauch des Anwartschaftsrechts bedeutet. Die Einziehung ist aber nur dann zweckmäßig und damit verhältnismäßig im Sinne des § 24, wenn der Staat als Inhaber des Anwartschaftsrechts nach § 26 Abs. 1 zur Befriedigung des Vorbehaltsverkäufers oder Sicherungsnehmers bereit ist (vgl. *RRH*, 32. Aktualisierung 2022, Rdnr. 25 zu § 22).

Entscheidend für Eigentum und Inhaberschaft ist die juristische Zuordnung, nicht die wirtschaftliche Benutzbarkeit (vgl. *Krenberger/Krumm*, OWiG, 7. Auflage 2022, Rdnr. 11 zu § 22 mit Verweis auf eine Entscheidung des BGH, NStZ 1997 S. 30).

4. Schutz der Allgemeinheit

Bei einer Einziehung nach Abs. 2 Nr. 2 kommt es auf die Eigentumsverhältnisse an den Einziehungsgegenständen nicht an. Ferner genügt nach Absatz 3 eine tatbestandsmäßige und rechtswidrige Handlung.

4.1 Gegenstände, die nach ihrer Art und den Umständen die Allgemeinheit gefährden

Der erste Fall des Abs. 2 Nr. 2 ist eine Verbindung eines abstrakten Gefährdungstatbestandes für die Allgemeinheit (Gegenstände nach ihrer Art) mit einem konkreten Gefährdungstatbestand (Gegenstände nach den Umständen). Hierbei versteht man unter Gefährdung einen Zustand, bei welchem nach den gegebenen Umständen der Eintritt eines Schadens als wahrscheinlich gelten kann. Hinsichtlich „Art" und „Umstände" besteht allerdings nicht Alternativität (in diesem Sinne: KKOWiG-*Mitsch*, 5. Auflage 2018, Rdnr. 37 zu § 22), die Voraussetzungen müssen kumulativ vorliegen („und").

4.1.1 Art des Gegenstandes

Beim abstrakten Gefährdungstatbestand ergibt sich die Gefahr bereits aus der Beschaffenheit der Gegenstände (z. B. lebens- oder gesundheitsgefährdende Lebensmittel).

4.1.2 Umstände

Von der Einziehung einer abstrakt gefährlichen Sache kann abgesehen werden, wenn auf Grund besonderer Vorsichtsmaßnahmen keine Gefährdung der Allgemeinheit anzunehmen ist (z. B. die lebens- oder gesundheitsgefährdenden Lebensmittel unterliegen einer besonderen Beaufsichtigung). Die Umstände des konkreten Falls vermögen die indizielle Wirkung der artbedingten Gefährlichkeit im Einzelfall zu entkräften (vgl. *Göhler*, 18. Auflage 2021, Rdnr. 23 zu § 22).

4.2 Gefahr straf- oder bußgeldbewehrter Handlungen

Es müssen hiernach konkrete Anhaltspunkte dafür bestehen, dass die Gegenstände in der Hand des Täters, eines Tatbeteiligten oder eines Dritten der Begehung einer straf- oder bußgeldbewehrten Handlung dienen werden. Die Prognose muss einigermaßen naheliegend sein. Die zweite Fallgruppe des Abs. 2 Nr. 2 erfasst nicht nur die instrumenta sceleris, sondern auch die Beziehungsgegenstände (vgl. OLG Oldenburg, NJW 1971 S. 769 f.). Sie gewinnt vor allem dann eigenständige Bedeutung, wenn keine Gefährdung der Allgemeinheit im Sinne der ersten Fallgruppe vorliegt. Das entgegen einem bestimmten Jagdausübungsverbot gejagte Wild (z. B. Art. 56 Abs. 1 Nr. 4h BayJG) stellt selbst keine Gefahr für die Allgemeinheit dar, es kann aber eingezogen werden, wenn der Täter in der Vergangenheit bereits wegen § 58 Abs. 1 Nr. 1 LFGB bestraft wurde.

5. Einziehungsanordnung

Die Anordnung der Einziehung liegt im pflichtgemäßen Ermessen der jeweils zur Entscheidung berufenen Stelle. Dies lässt sich schon dem Wortlaut des Absatzes 1 entnehmen („dürfen eingezogen werden"). Die Einziehung ist zwingend, wenn sie zum Schutz der Allgemeinheit unerlässlich ist. Im Falle der Einziehung nach Abs. 2 Nr. 1 ist die Angemessenheit zum Tatvorwurf bzw. zur Bedeutung der Handlung zu untersuchen, § 24 Abs. 1 (zum Verhältnismäßigkeitsgrundsatz im Übrigen vgl. die Erl. zu § 24). Die Einziehungsanordnung ist im Bußgeldbescheid, Urteil oder Beschluss nach § 72 zu begründen. Es sind die Tatsachen zu schildern und unter die die Einziehung rechtfertigende Vorschrift zu subsumieren (vgl. Erl. 6.2 zu §§ 65, 66; *Göhler*, 18. Auflage 2021, Rdnr. 21 zu § 66; die Einziehungsanordnung muss erkennen lassen, ob sie zu Sicherungs- und/oder Ahndungszwecken erfolgt, BayObLG, VRS 86, 300, 302); der Tenor der Bußgeldentscheidung und der gerichtlichen Entscheidung muss aber nur die Anordnung der Einziehung selbst und eine Beschreibung der eingezogenen Gegenstände enthalten (vgl. im Einzelnen zum Einziehungsverfahren die Erl. zu § 87).

§ 23
Erweiterte Voraussetzungen der Einziehung

Verweist das Gesetz auf diese Vorschrift, so dürfen die Gegenstände abweichend von § 22 Abs. 2 Nr. 1 auch dann eingezogen werden, wenn derjenige, dem sie zur Zeit der Entscheidung gehören oder zustehen,

1. **wenigstens leichtfertig dazu beigetragen hat, daß die Sache oder das Recht Mittel oder Gegenstand der Handlung oder ihrer Vorbereitung gewesen ist, oder**
2. **die Gegenstände in Kenntnis der Umstände, welche die Einziehung zugelassen hätten, in verwerflicher Weise erworben hat.**

Erläuterungen

Übersicht

Vorbemerkung

Die Vorschrift entspricht § 74a StGB. Sie umschreibt die Voraussetzungen, nach denen die Einziehung, sofern diese nicht bereits nach § 22 Abs. 2 Nr. 2, Abs. 3 zugelassen ist, gegen den an der Tat unbeteiligten Dritten angeordnet werden kann. § 22 Abs. 2 Nr. 1 ist in diesem Fall nicht einschlägig, da er eine Tatbeteiligung desjenigen verlangt, dem der Einziehungsgegenstand gehört oder zusteht (vgl. Erl. 3.1 zu § 22).

1. Allgemeines

§ 23 kann nur angewendet werden, wenn ein Gesetz auf diese Vorschrift verweist. Es wäre systemwidrig, würde man für die Verweisung zu § 23 ein formelles Gesetz verlangen (in diesem Sinne *RRH*, 32. Aktualisierung 2022, Rdnr. 2 zu § 23, weil nur so sichergestellt sei, dass hierfür ein zwingendes kriminalpolitisches Bedürfnis besteht), während man als Gesetz im Sinne des § 1 auch das materielle Gesetz genügen lässt. Es reicht deshalb aus, wenn die Verweisung in einer Rechtsverordnung oder Satzung enthalten ist (in diesem Sinne auch *Göhler*, 18. Auflage 2021, Rdnr. 1 zu § 23: Gesetz im materiellen Sinn).

Die Vorschrift beruht auf dem Gedanken, dass man unter dem Gesichtspunkt des Ahndungscharakters des § 22 Abs. 2 Nr. 1 auch gegen einen tatunbeteiligten Dritten die Einziehung anordnen kann, wenn diesem ein Ahndungsvorwurf gemacht werden kann. Nur dann hat die Einziehung auch vor der Eigentumsgarantie des Art. 14 GG Bestand (vgl. BGHSt 19, 123, 126). Die Einziehung müsste also zulässig sein, wenn der Betroffene Tatbeteiligter gewesen wäre. Die entscheidende Stelle muss eine hypothetische Prüfung des § 22 (Abs. 2 Nr. 1) anstellen, deren Voraussetzungen durch § 23 lediglich erweitert werden (vgl. *Krenberger/Krumm*, OWiG, 7. Auflage 2022, Rdnr. 5 zu § 23).

Ein Vertreter-Handeln ist dem Vertretenen nach § 29 zuzurechnen.

Die Einziehung des Gegenstandes gegen einen Dritten schließt es aus, die Einziehung des Wertersatzes gegen den Täter anzuordnen, da die Einziehung des Wertersatzes eine subsidiäre Funktion hat (vgl. hierzu Erl. 1.3 zu § 25). Sind die Eigentumsverhältnisse unklar, d. h. lässt sich nicht genau feststellen, wem der der Einziehung unterliegende Gegenstand zur Zeit der Entscheidung gehört oder zusteht (dem Tatbeteiligten oder einem Dritten), kann die Einziehung wahlweise mit § 22 Abs. 2 Nr. 1 und § 23 begründet werden (vgl. *Göhler*, 18. Auflage 2021, Rdnr. 16 zu § 23 mit Verweis auf eine Entscheidung des OLG Oldenburg, VRS 90 S. 285).

Bei Vorliegen der Voraussetzungen des § 22 Abs. 2 Nr. 2 ist die Dritteinziehung in erster Linie auf diese Vorschrift zu stützen, da insoweit weiterreichende Besonderheiten gelten als bei der Einziehung nach § 23 (vgl. § 24 Abs. 1, § 26 Abs. 2 Satz 2), auf die man sie dann lediglich hilfsweise stützt.

Zu den Rechten des Dritteigentümers bzw. Drittberechtigten im Verfahren vgl. die Erl. zu § 87.

2. Beihilfeklausel

Der Dritte muss nach Nr. 1 wenigstens leichtfertig dazu beigetragen haben, dass die Sache oder das Recht Mittel oder Gegenstand der Handlung oder ihrer Vorbereitung gewesen ist.

2.1 Objektive Voraussetzungen

Zu den Gegenständen, die Mittel der Handlung gewesen sind oder deren Vorbereitung gedient haben, zählen etwa dem Täter zur Verfügung gestellte Werkzeuge zur Herstellung der Platten im Sinne des § 127 Abs. 1 Nr. 1.

Sachen und Rechte, die Gegenstand der Handlung gewesen sind oder deren Vorbereitung gedient haben, sind zum einen die Beziehungsgegenstände, zum anderen die durch die Ordnungswidrigkeit hervorgebrachten Gegenstände (vgl. hierzu Erl. 2 zu § 22).

Sofern sich der Einziehungsgegenstand auf die Vorbereitung der Ordnungswidrigkeit bezogen hat, muss diese dann zumindest in das Versuchsstadium gelangt und der Versuch ahndbar sein. Der Beitrag des Dritten kann auch in einem Unterlassen bestehen, sofern eine Rechtspflicht zum Handeln bestand: Der Eigentümer eines Gegenstandes unterlässt Sicherungsmaßnahmen gegen unbefugte Verwendung. Der Gegenstand wird anschließend zur Begehung einer Ordnungswidrigkeit benutzt.

Der Zusammenhang zwischen dem Beitrag des Dritten und der Ordnungswidrigkeit muss lediglich darin bestehen, dass die Verwirklichung der Handlung gefördert wurde, es ist dagegen nicht erforderlich, dass der Beitrag des Dritten die Tat überhaupt erst ermöglicht hat (vgl. *Schönke/Schröder/Eser/Schuster*, StGB, 30. Auflage 2019, Rdnr. 5 zu § 74a).

Es ist nicht erforderlich, dass mit dem Einziehungsgegenstand ausschließlich oder überwiegend Zwecke verfolgt werden, die mit der Begehung einer Ordnungswidrigkeit im Zusammenhang stehen (vgl. BGHSt 3, 1).

2.2 Subjektive Voraussetzungen

Der Dritte muss leichtfertig dafür gesorgt haben, dass der Einziehungsgegenstand in das Tatgeschehen verstrickt wurde. Leichtfertigkeit ist gleichzusetzen mit grober Fahrlässigkeit, einem besonders starken Grad von Sorglosigkeit (vgl. *Schönke/Schröder/Eser/Schuster*, StGB, 30. Auflage 2019, Rdnr. 6 zu § 74a). Dem Dritten muss der Vorwurf gemacht werden können, dass er ohne Weiteres die dem Täter vorgeworfene Ordnungswidrigkeit in groben Umrissen hätte voraussehen können (vgl. OLG Karlsruhe, NJW 1974 S. 709, 710) und demgemäß hätte dafür Sorge tragen müssen, dass der Gegenstand nicht tatverstrickt wird. Der Vorwurf der Leichtfertigkeit kann nicht gemacht werden, wenn der Dritte für die Begehung des Ordnungswidrigkeitentatbestandes gem. § 12 nicht verantwortlich gemacht werden könnte.

Kommt der Beitrag des Dritten zustande, obwohl er von der Ordnungswidrigkeit weiß bzw. die Begehung für möglich hält, dies aber billigend in Kauf nimmt, liegt bereits eine Beteiligung im Sinne des § 14 vor. Dann kann die Einziehung aber gem. § 22 Abs. 2 Nr. 1 erfolgen. Eines Rückgriffs auf § 23 bedarf es in diesem Fall nicht.

3. Erwerbsklausel

Hat der Dritte den Einziehungsgegenstand in Kenntnis der Umstände, welche die Einziehung zugelassen hätten, in verwerflicher Weise erworben, lässt Nr. 2 die Einziehung in Abweichung von § 22 Abs. 2 Nr. 1 zu.

3.1 Objektive Voraussetzungen

Erwerb im Sinne der Nr. 2 bedeutet, dass die Rechtsinhaberschaft bzw. das Eigentum an der Sache erlangt wird. Ein bloßer Anspruch auf Übertragung genügt nicht, ebenso nicht der bloße Abschluss des schuldrechtlichen Grundgeschäfts (z. B. Kaufvertrag). Ein gesetzlicher Erwerb ist nicht tatbestandsmäßig, da er von selbst erfolgt, während Nr. 2 ein Tätigwerden des Erwerbers verlangt. Der Umfang der Gegenstände ist der gleiche wie in Nr. 1. Zeitlich ist der Erwerb nach Begehung der Handlung angesiedelt (vgl. *Krenberger/Krumm*, OWiG, 7. Auflage 2022, Rdnr. 8 zu § 22).

3.2 Subjektive Voraussetzungen

Der Dritte muss in Kenntnis der Umstände erworben haben. Dies erfordert dreierlei:

- Kenntnis der Tatumstände, d. h. der objektiven und subjektiven Tatbestandsmerkmale der Ordnungswidrigkeit.
- Kenntnis dahingehend, dass der erworbene Gegenstand zu den einziehungsunterworfenen Gegenständen gehört.
- Kenntnis der Täterschaft des Veräußernden bzw. Übertragenden im Sinne des § 14 bzw. bei bereits erfolgter Veräußerung oder Übertragung (Kettenerwerb) Kenntnis der Umstände, die in der Person des Veräußernden oder Übertragenden den Vorwurf nach § 23 begründen können.

Ein kollusives Zusammenwirken zwischen Täter und Drittem bzw. Zwischenerwerber im Sinne des § 23 und Folgeerwerber nach § 23 ist nicht erforderlich. Beim Erwerber genügt das Vorliegen bedingten Vorsatzes. Die Kenntnis muss im Zeitpunkt des Erwerbs vorhanden sein. Die nachträgliche Erlangung der Kenntnis genügt nicht.

Der Erwerb in Kenntnis der Umstände indiziert die Verwerflichkeit des Erwerbs. Nur ausnahmsweise kann diese entfallen. Dies ist immer dann der Fall, wenn trotz Kenntnis der Umstände dem Dritten der Erwerb nicht zum Vorwurf zu machen ist (z. B.: Der Dritte hat einen Anspruch auf Übereignung oder Übertragung des Einziehungsgegenstandes aus der Zeit vor Begehung der Ordnungswidrigkeit.).

§ 24
Grundsatz der Verhältnismäßigkeit

(1) Die Einziehung darf in den Fällen des § 22 Abs. 2 Nr. 1 und des § 23 nicht angeordnet werden, wenn sie zur Bedeutung der begangenen Handlung und zum Vorwurf, der den von der Einziehung betroffenen Täter oder in den Fällen des § 23 den Dritten trifft, außer Verhältnis steht.

(2) In den Fällen der §§ 22 und 23 wird angeordnet, daß die Einziehung vorbehalten bleibt, und eine weniger einschneidende Maßnahme getroffen, wenn der Zweck der Einziehung auch durch sie erreicht werden kann. In Betracht kommt namentlich die Anweisung,

1. **die Gegenstände unbrauchbar zu machen,**
2. **an den Gegenständen bestimmte Einrichtungen oder Kennzeichen zu beseitigen oder die Gegenstände sonst zu ändern oder**
3. **über die Gegenstände in bestimmter Weise zu verfügen.**

Wird die Anweisung befolgt, so wird der Vorbehalt der Einziehung aufgehoben; andernfalls wird die Einziehung nachträglich angeordnet.

(3) Die Einziehung kann auf einen Teil der Gegenstände beschränkt werden.

Erläuterungen

Übersicht

Vorbemerkung

§ 24 formt für das Einziehungsrecht den Grundsatz der Verhältnismäßigkeit aus, dem Verfassungsrang zukommt (vgl. BVerfGE 27, 211, 219). Die Zulassung der Einziehung gem. § 22 Abs. 1 kann die Option der Einziehung und die Art der Einziehungsgegenstände nur abstrakt vorsehen. Im Einzelfall kann die Einziehung aber den Betroffenen unverhältnismäßig schwer treffen. Hier schafft § 24 Abhilfe.

1. Einziehungsverbot, Absatz 1

Steht die Einziehung ihrem wirtschaftlichen Wert nach in den Fällen des § 22 Abs. 2 Nr. 1 und § 23 in offensichtlichem Missverhältnis zur Bedeutung der begangenen Handlung und zum Grad der persönlichen Vorwerfbarkeit (vgl. zu dem Begriffspaar Erl. 3.1 und 3.2 zu § 17), ist sie nach Absatz 1 untersagt (vgl. *Göhler*, 18. Auflage 2021, Rdnr. 4 zu § 24: Es muss geradezu auf der Hand liegen, dass die Einziehung über das noch vertretbare Maß hinaus geht.). Bei der Dritteinziehung kommt es bei der Bedeutung der Handlung auch auf die begangene Ordnungswidrigkeit an, nicht auf die Handlung im Sinne des § 23. Auch wenn dem Dritten ein Ahndungsvorwurf zu machen ist (vgl. Erl. 1 zu § 23), ist die Verwirklichung der Beihilfe- bzw. Erwerbsklausel keine begangene Ordnungswidrigkeit im Sinne des § 1. Der Grad der persönlichen Vorwerfbarkeit ist aber nach demjenigen zu bestimmen, den die Einziehung belastet (vgl. *Göhler*, 18. Auflage 2021, Rdnr. 3 zu § 24).

Beispiel für eine unverhältnismäßige Einziehungsanordnung: Eine Probenahme nach § 43 Abs. 1 Satz 1 LFGB wird nicht geduldet, und deshalb der Ordnungswidrigkeitentatbestand des § 60 Abs. 2 Nr. 19 LFGB erfüllt. Das gesamte Warenlager wird eingezogen.

Der Grundsatz der Verhältnismäßigkeit ist auch im Falle des § 22 Abs. 2 Nr. 2 zu beachten (vgl. *Göhler*, 18. Auflage 2021, Rdnr. 2 zu § 24 mit Verweis insbesondere auf eine Entscheidung des BayObLG, NJW 1994 S. 534), wie die folgenden Erl. 2 und 3 zeigen.

2. Einziehungsvorbehalt, Absatz 2

Die Vorschrift des Absatzes 2 gilt für das gesamte Einziehungsrecht, d. h. nicht nur für die Fälle des § 22 Abs. 2 Nr. 2. Hier liegt aber der Schwerpunkt. Während eine sichernde Einziehung zum Schutz der Allgemeinheit häufig auch durch weniger einschneidende Maßnahmen mit dem gleichen Ziel ersetzbar ist, ist diese Möglichkeit bei der sanktionierenden Einziehung nach §§ 22 Abs. 2 Nr. 1, 23 nicht gegeben. Wird die Einziehung als bußgeldähnliche Sanktion ausgesprochen, scheidet eine weniger einschneidende Maßnahme aus. Auf Absatz 2 muss deshalb nicht eingegangen werden. Lediglich wenn die Einziehung auch Sicherungszwecken dient, d. h. neben den Voraussetzungen der §§ 22 Abs. 2 Nr. 1, 23 auch die des § 22 Abs. 2 Nr. 2 erfüllt sind, liegt ein Eingehen auf Absatz 2 nahe (vgl. BayObLG, VRS 86, 300, 302). Auch in diesem Fall kann es aber sein, dass der

Schwerpunkt der Einziehung auf der Ahndung liegt, die Prüfung des Absatzes 1 damit gegenüber Absatz 2 den Ausschlag gibt.

Absatz 2 Satz 2 zählt beispielhaft, d. h. in einer nicht abschließenden Aufzählung, weniger einschneidende Maßnahmen auf:

Die Anweisung, Gegenstände unbrauchbar zu machen (Nr. 1), bietet sich dann an, wenn es gilt, die Verwendung oder Weitergabe zur Verwendung eines Gegenstandes zu verhindern, andererseits aber der Materialwert erhalten bleiben kann (vgl. die ausdrückliche gesetzliche Bestimmung des § 123 Abs. 2 Satz 1 Nr. 2).

Die Anweisung, an den Gegenständen bestimmte Einrichtungen oder Kennzeichen zu beseitigen oder die Gegenstände sonst zu ändern (Nr. 2), kommt u. a. dann in Betracht, wenn gegen Kennzeichnungspflichten verstoßen wurde (vgl. z. B. §§ 11 Abs. 1 Satz 1, 59 Abs. 1 Nr. 7, 60 Abs. 1 Nr. 2 LFGB).

Die Anweisung, über die Gegenstände in bestimmter Weise zu verfügen (Nr. 3), kommt dann in Frage, wenn die Gefährlichkeit des Gegenstandes gerade darin liegt, dass er sich im Besitz des Tatbeteiligten befindet. Auf die zivilrechtliche Terminologie kommt es beim Verfügen nicht an. Eine Vermietung kann ausreichen, allgemein jeder Akt, durch den sich der Tatbeteiligte des Gegenstandes unter Schaffung von Rechtssicherheit für den Erwerber entledigt (vgl. BayObLG, VRS 86, 300, 302 – Übertragung des Eigentums, im Falle der Sicherungsübereignung des Anwartschaftsrechts auf Eigentumsrückfall, jeweils verbunden mit der Übertragung des Besitzes). Die Verfügungsanweisung ist gewissermaßen das Gegenteil des Veräußerungsverbots gem. § 26 Abs. 3 Satz 2.

3. Teileinziehung, Absatz 3

Die Möglichkeit der Teileinziehung ist für alle Einziehungstatbestände der §§ 22, 23 gegeben und eine weitere Ausprägung des Verhältnismäßigkeitsgrundsatzes. Sie kommt zum einen in der Fallgestaltung vor, dass die Einziehung auf einzelne von mehreren der Einziehung unterliegenden Gegenständen beschränkt wird, zum anderen dort, wo die Einziehung auf einen Teil eines teilbaren Gegenstandes beschränkt wird (Zu Tatobjekten bzw. Beziehungsgegenständen im Fall der Vermischung inkriminierten Vermögens mit legalem Vermögen gem. § 74 Abs. 2 StGB vgl. BGH, Urt. vom 10.11.2021, BeckRS 2021, 43781. Es kommt auf den Verkehrswert zum Zeitpunkt der Tatbegehung an.). Absatz 2 kann im Verhältnis zu Absatz 3 die weniger einschneidende Maßnahme sein.

4. Verfahrensfragen

Das Ermessen bei Erlass der Einziehungsanordnung ist durch § 24 begrenzt. Damit ist auch die Möglichkeit einer Nachprüfung der Ermessensschranke durch das Rechtsbeschwerdegericht gegeben.

Der Vorbehalt der nachträglichen Einziehung ist in der Bußgeldentscheidung auszusprechen. Die Folge ist ein Veräußerungsverbot (vgl. § 26 Abs. 3 Satz 2).

Zur Sicherung der Anweisungen nach Absatz 2 bzw. einer nachfolgenden Einziehung ist die Beschlagnahme der Einziehungsgegenstände angezeigt, §§ 46 Abs. 1, 111b Abs. 1 Satz 1 StPO. Die Beschlagnahme ist selbst dann noch möglich, wenn die Bußgeldentscheidung, die auch den Einziehungsvorbehalt anordnete, rechtskräftig wird. Ein der Einziehung unterliegender Gegenstand kommt so lange für eine Beschlagnahme in Betracht, als die Frage des Wegfalls des Vorbehalts noch nicht abschließend geklärt ist. Die Beschlagnahme muss nicht aufgehoben werden, um die Maßnahmen nach Absatz 2 zu ermöglichen. Andererseits muss die Durchführung der Anweisungen zugelassen werden.

Wird die Anweisung innerhalb einer gesetzten Frist nicht befolgt, erfolgt die nachträgliche Anordnung der Einziehung, Absatz 2 Satz 2. Zur Zuständigkeit vgl. § 100 Abs. 1. Über die Aufhebung des Vorbehalts der Einziehung gem. Absatz 2 Satz 2 entscheidet entweder die Verwaltungsbehörde, die den Bußgeldbescheid erlassen hat, oder bei einer gerichtlichen

Bußgeldentscheidung das Gericht. Gegen die Entscheidung der Verwaltungsbehörde ist innerhalb von zwei Wochen nach Zustellung des Bescheides der Antrag auf gerichtliche Entscheidung nach § 62 statthaft, § 100 Abs. 2 Satz 1, gegen die Entscheidung des Gerichts die sofortige Beschwerde, wenn der Wert des Beschwerdegegenstandes zweihundertfünfzig Euro übersteigt, § 100 Abs. 2 Satz 2.

§ 25
Einziehung des Wertersatzes

(1) Hat der Täter den Gegenstand, der ihm zur Zeit der Handlung gehörte oder zustand und dessen Einziehung hätte angeordnet werden können, vor der Anordnung der Einziehung verwertet, namentlich veräußert oder verbraucht, oder hat er die Einziehung des Gegenstandes sonst vereitelt, so kann die Einziehung eines Geldbetrages gegen den Täter bis zu der Höhe angeordnet werden, die dem Wert des Gegenstandes entspricht.

(2) Eine solche Anordnung kann auch neben der Einziehung eines Gegenstandes oder an deren Stelle getroffen werden, wenn ihn der Täter vor der Anordnung der Einziehung mit dem Recht eines Dritten belastet hat, dessen Erlöschen ohne Entschädigung nicht angeordnet werden kann oder im Falle der Einziehung nicht angeordnet werden könnte (§ 26 Abs. 2, § 28); wird die Anordnung neben der Einziehung getroffen, so bemißt sich die Höhe des Wertersatzes nach dem Wert der Belastung des Gegenstandes.

(3) Der Wert des Gegenstandes und der Belastung kann geschätzt werden.

(4) Ist die Anordnung der Einziehung eines Gegenstandes nicht ausführbar oder unzureichend, weil nach der Anordnung eine der in den Absätzen 1 oder 2 bezeichneten Voraussetzungen eingetreten oder bekanntgeworden ist, so kann die Einziehung des Wertersatzes nachträglich angeordnet werden.

(5) Für die Bewilligung von Zahlungserleichterungen gilt § 18.

Erläuterungen

Übersicht

Vorbemerkung

§ 25 dient der Lückenschließung für die Fälle, in denen die Originaleinziehung unmöglich geworden ist (vgl. *Schönke/Schröder/Eser/Schuster*, StGB, 30. Auflage 2019, Rdnr. 1 zu § 74c). Die Einziehung des Wertersatzes ist eine Ersatzsanktion gegen den Täter, der vorwerfbar die Originaleinziehung durch eine Handlung zwischen Begehung der Ordnungswidrigkeit und Entscheidung unmöglich gemacht hat.

1. Einziehung des Wertersatzes nach Absatz 1

1.1 Einziehungsgegenstand des Täters zur Zeit der Handlung

Der Täter muss im Zeitpunkt der Begehung der Ordnungswidrigkeit Eigentümer bzw. Rechtsinhaber des Einziehungsgegenstandes gewesen sein.

1.2 Die Einziehung hätte angeordnet werden können

Von der Unerreichbarkeit des Einziehungsgegenstandes abgesehen, müssen alle Voraussetzungen des Einziehungstatbestandes vorgelegen haben, insbesondere die Beachtung des Grundsatzes der Verhältnismäßigkeit, § 24.

1.3 Unmöglichkeit der Originaleinziehung

Die Anordnung der Einziehung muss aus tatsächlichen bzw. rechtlichen Gründen zum Scheitern verurteilt sein. Hauptfall ist die Veräußerung des Einziehungsgegenstandes an einen unbekannten Dritten nach der Begehung der Ordnungswidrigkeit. In diesem Fall kommt eine Einziehungsanordnung nach § 22 Abs. 2 Nr. 1 nicht in Betracht, weil der Einziehungsgegenstand dem Täter zur Zeit der Entscheidung weder gehört noch zusteht. Wenn der Dritte nicht bekannt ist, kann die Einziehung deshalb auch nicht nach § 22 Abs. 2 Nr. 2 oder § 23 angeordnet werden. Die Voraussetzungen der Einziehung können in diesem Fall nicht untersucht werden, bleiben offen.

Zwischen der Originaleinziehung und der Einziehung des Wertersatzes besteht keine Wahlmöglichkeit (vgl. *Göhler*, 18. Auflage 2021, Rdnr. 3a zu § 25). Kann die Einziehung gegen den Dritten angeordnet werden, hat diese den Vorrang.

1.4 Vereitelung der Originaleinziehung

Das Gesetz spricht von Verwertung, Veräußerung, Verbrauch oder sonstiger Vereitelung der Einziehung des Gegenstandes. Die Vereitelung ist deshalb der Grundtatbestand, der neben einem objektiven auch ein subjektives Element besitzt. Neben der objektiven Einziehungsverhinderung muss dem Täter diese Tatsache auch bewusst sein oder er muss diese zumindest für möglich halten, aber billigend in Kauf nehmen (vgl. *Göhler*, 18. Auflage 2021, Rdnr. 5b zu § 25). Fahrlässigkeit reicht nicht aus. Beispiele für eine Vereitelung sind die Zerstörung und das Verschenken des Einziehungsgegenstandes. Der Begriff der Vorwerfbarkeit ist im Begriff der Vereitelung enthalten (vgl. *Göhler*, 18. Auflage 2021, Rdnr. 5b zu § 25, mit Hinweis auf die Beratungen im Bundestag, die aus diesem Grund die Streichung der Vorwerfbarkeit im Gesetzestext als Ergebnis hatten).

Die wirtschaftliche Verwertung durch Veräußerung meint Rechtsgeschäfte, durch die dem Täter der Einziehungsgegenstand entzogen wird. In Betracht kommen deshalb nur dingliche Übertragungsakte. Ein unfreiwilliger Verlust (z. B. durch eine Zwangsvollstreckungsmaßnahme) scheidet als Anknüpfungspunkt für eine Wertersatzeinziehung aus.

Zur wirtschaftlichen Verwertung durch Verbrauch zählt insbesondere der Verzehr bzw. der Verschleiß des Einziehungsgegenstandes.

Eine Verwertung des Einziehungsgegenstandes liegt auch dann vor, wenn er mit anderen Gegenständen verbunden, vermischt oder verarbeitet wird (vgl. §§ 946 ff. BGB), und demzufolge nicht mehr identifizierbar ist.

2. Einziehung des Wertersatzes nach Absatz 2

Die Belastung des Einziehungsgegenstandes mit dem Recht eines Dritten wird als besondere Form der Einziehungsvereitelung behandelt. Voraussetzung ist zunächst, dass das Recht im Falle der Einziehung entweder überhaupt nicht oder nur gegen Entschädigung zum Erlöschen gebracht werden kann. Nur dann verringert sie tatsächlich den wirtschaftlichen Wert des Gegenstands. Die Voraussetzungen des Absatzes 2 liegen deshalb nicht vor, wenn das Erlöschen der Belastung angeordnet werden kann, entweder, weil die Einziehung auf § 22 Abs. 2 Nr. 2 gestützt wird, oder weil dem Dritten eine Entschädigung nicht gewährt werden muss (vgl. §§ 26 Abs. 2 Sätze 2, 3, 28 Abs. 2 Nr. 1 oder Nr. 2). Die Belastung muss wie im Falle des Absatzes 1 zwischen Begehung der Ordnungswidrigkeit und Einziehungsanordnung erfolgt sein. Zur Vorwerfbarkeit gelten die Ausführungen unter Erl. 1.4. Die Wertersatzeinziehung anstelle der Originaleinziehung wird vor allem in den Fällen in Betracht kommen, bei denen der Einziehungsgegenstand durch die Belastung weitgehend entwertet ist (vgl. *Schönke/Schröder/Eser/Schuster*, StGB, 30. Auflage 2019, Rdnr. 11 zu § 74 c). In den übrigen Fällen ist eine kumulative Anordnung (Originaleinziehung und Wertersatzeinziehung) rechtlich möglich, wenn sie verhältnismäßig ist (vgl. hierzu auch Erl. 4.1).

3. Reichweite des Wertersatzes

Der Wertersatz wird der Höhe nach begrenzt durch den Wert des Gegenstandes (Absatz 1 a. E.) bzw. den Wert der Belastung (Absatz 2 a. E.).

Bei der Wertersatzeinziehung nach Absatz 1 kommt es auf den Verkehrswert als dem erzielbaren Preis für Waren gleicher Art, Güte und Menge zur Zeit der Entscheidung (vgl. BGHSt 28, 369 f.) an.

Der Wert der Belastung im Sinne des Absatzes 2 Satz 1 ist danach zu bestimmen, welche Summe erforderlich ist, um die Belastung zu beseitigen (vgl. *Göhler*, 18. Auflage 2021, Rdnr. 11 zu § 25). Bei einem Pfandrecht ist demnach vom Wert der abgesicherten Forderung auszugehen.

Absatz 3 erlaubt eine Schätzung des Werts. Dies gilt aber nur dann, wenn die genaue Feststellung des Werts nicht ohne wesentliche Schwierigkeiten möglich ist.

4. Anordnung der Wertersatzeinziehung

4.1 Pflichtgemäßes Ermessen

Die Anordnung der Wertersatzeinziehung steht im pflichtgemäßen Ermessen (vgl. Erl. 5 zu § 22) der zuständigen Stelle. Hier sind die Voraussetzungen des § 24 Abs. 1 erneut zu prüfen. Selbst wenn die Originaleinziehung vor dem Verhältnismäßigkeitsgrundsatz Bestand hätte, kann die Wertersatzeinziehung unverhältnismäßig sein, da diese den Täter häufig schwerer treffen wird. Präventive Gesichtspunkte können von der zuständigen Stelle in die Verhältnismäßigkeitsprüfung eingestellt werden. Die Anordnung des Wertersatzes ist nur gegen den Täter oder einen als Täter angesehenen Beteiligten im Sinne des § 14, nicht gegen eine an der Tat unbeteiligte Person (vgl. *Göhler*, 18. Auflage 2021, Rdnr. 14 zu § 25) rechtlich zulässig. Voraussetzung für die Anordnung der Wertersatzeinziehung ist wie im Fall des § 22 eine Ordnungswidrigkeit, § 1 Abs. 1, nicht nur eine mit Geldbuße bedrohte Handlung, § 1 Abs. 2.

4.2 Selbständige Anordnung des Wertersatzes

Zur selbständigen Anordnung des Wertersatzes vgl. die Erl. zu § 27.

4.3 Nachträgliche Anordnung der Wertersatzeinziehung, Absatz 4

Die nachträgliche Anordnung des Wertersatzes gem. Absatz 4 stellt keine nochmalige Ahndung dar, sondern ein Ersatzmittel für die sonst (ganz oder zum Teil) wirkungslose

Einziehungsanordnung. Sie setzt voraus, dass die Anordnung der Einziehung nicht ausführbar (Erl. 4.3.1) oder unzureichend (Erl. 4.3.2) ist.

4.3.1 Die Originaleinziehung ist nicht ausführbar

Die erste Alternative des Absatzes 4 (Anordnung der Einziehung ist nicht ausführbar) meint folgende Fallkonstellation: Vor der Rechtskraft der Entscheidung veräußert der Täter den Einziehungsgegenstand an einen Dritten, der von dem nach § 26 Abs. 3 bestehenden Veräußerungsverbot keine Kenntnis hatte und deshalb nach §§ 136, 135 Abs. 2, 932 BGB gutgläubig Eigentum erwarb. Die Einziehungsanordnung ist in diesem Falle nicht ausführbar im Sinne des Absatzes 4, d. h. nicht vollziehbar.

4.3.2 Die Originaleinziehung ist unzureichend

Die Anordnung der Einziehung des Gegenstandes ist unzureichend (zweite Alternative des Absatzes 4), wenn nach der Anordnung ein Dritter gutgläubig ein Recht an dem Einziehungsgegenstand erworben hat, das bei der Entscheidung über die Einziehung bestehen bleiben würde oder dessen Erlöschen nicht entschädigungslos angeordnet werden könnte, Absatz 4 i. V. m. Absatz 2.

4.4 Vermögensarrest

Zur Sicherung der Wertersatzeinziehung kann nach §§ 46 Abs. 1 OWiG, 111e Abs. 1 StPO der Vermögensarrest in das bewegliche und unbewegliche Vermögen des Betroffenen angeordnet werden.

4.5 Vollstreckung

Vgl. hierzu die Erl. zu § 90.

5. Zahlungserleichterungen

Die Bewilligung von Zahlungserleichterungen, Absatz 5, richtet sich nach §§ 18, 93.

§ 26
Wirkung der Einziehung

(1) Wird ein Gegenstand eingezogen, so geht das Eigentum an der Sache oder das eingezogene Recht mit der Rechtskraft der Entscheidung auf den Staat oder, soweit das Gesetz dies bestimmt, auf die Körperschaft oder Anstalt des öffentlichen Rechts über, deren Organ oder Stelle die Einziehung angeordnet hat.

(2) Rechte Dritter an dem Gegenstand bleiben bestehen. Das Erlöschen dieser Rechte wird jedoch angeordnet, wenn die Einziehung darauf gestützt wird, daß die Voraussetzungen des § 22 Abs. 2 Nr. 2 vorliegen. Das Erlöschen des Rechts eines Dritten kann auch dann angeordnet werden, wenn diesem eine Entschädigung nach § 28 Abs. 2 Nr. 1 oder 2 nicht zu gewähren ist.

(3) Vor der Rechtskraft wirkt die Anordnung der Einziehung als Veräußerungsverbot im Sinne des § 136 des Bürgerlichen Gesetzbuches; das Verbot umfaßt auch andere Verfügungen als Veräußerungen. Die gleiche Wirkung hat die Anordnung des Vorbehalts der Einziehung, auch wenn sie noch nicht rechtskräftig ist.

Erläuterungen

Übersicht

Vorbemerkung

Die Vorschrift regelt die Rechtsfolgen der Einziehung.

Insoweit ist zunächst nach dem Zeitpunkt des Eintritts der Rechtsfolgen zu unterscheiden. Absatz 3 regelt die Rechtsfolgen zwischen Einziehungsanordnung und Rechtskraft, die Absätze 1 und 2 die Rechtsfolgen nach dem Eintritt der Rechtskraft. Die Absätze 1 und 2 treffen unterschiedliche Regelungen für das Einziehungsobjekt (Abs. 1) und Rechte Dritter (Abs. 2).

1. Rechtsfolgen der rechtskräftigen Einziehungsanordnung

1.1 Einziehungsobjekt

Absatz 1 ordnet an, dass das Eigentum an der eingezogenen Sache bzw. die Inhaberschaft am eingezogenen Recht mit der Rechtskraft der Entscheidung auf den Staat übergeht. Bei Anordnung durch eine Verfolgungsbehörde des Bundes wird der Bund Eigentümer bzw. Rechtsinhaber, ansonsten, d. h. bei Anordnung durch eine Verfolgungsbehörde eines Landes oder durch das Gericht, das betreffende Bundesland (vgl. *Göhler*, 18. Auflage 2021, Rdnr. 2 zu § 26). Eine Ausnahme von dieser Regelzuordnung gilt lediglich für den Fall, dass durch Gesetz der Rechtsübergang auf eine Körperschaft oder Anstalt des öffentlichen Rechts vorgesehen ist, deren Verfolgungsbehörde die Einziehung angeordnet hat (vgl. z. B. für Baden-Württemberg § 3 Abs. 1 LOWiG: Rechtsübergang auf die juristische Person des öffentlichen Rechts, deren Behörde, Organ oder Stelle die Einziehung angeordnet hat).

Der Rechtsübergang tritt kraft Gesetzes ein. Besonderer Übertragungsakte bedarf es nicht. Der Rechtsübergang wirkt ferner gegenüber jedermann, unabhängig von der tatsächlichen Rechtslage. Hat deshalb zwischen Einziehungsanordnung und Rechtskraft ein Dritter trotz des nach Abs. 3 bestehenden Veräußerungsverbotes gutgläubig Eigentum am Einziehungsgegenstand erworben (vgl. §§ 136, 135 Abs. 2, 932 BGB), geht das Eigentum am Einziehungsgegenstand gleichwohl kraft Gesetzes auf den Staat über. Der Dritte kann aber seine Rechte im Nachverfahren geltend machen, § 87 Abs. 4 OWiG, § 433 StPO. Die Geltendmachung hat innerhalb eines Monats seit Kenntnis von der rechtskräftigen Entscheidung zu erfolgen, spätestens bis zum Ablauf von zwei Jahren seit Eintritt der Rechtskraft und Beendigung der Vollstreckung, § 433 Abs. 2 StPO, ist sie unzulässig. Daneben besteht alternativ die Entschädigungspflicht nach § 28 Abs. 1 (vgl. Erl. 1.1 zu § 28).

1.2 Rechte Dritter

Rechte Dritter an dem Einziehungsgegenstand bleiben nach Abs. 2 Satz 1 grundsätzlich bestehen. Hiervon sehen Sätze 2 und 3 zwei Ausnahmen vor:

- Nach Satz 2 ist das Erlöschen der Rechte bei einer Einziehung nach § 22 Abs. 2 Nr. 2 anzuordnen. Die schützenswerten Interessen des Rechtsinhabers werden hier durch die Entschädigungspflicht nach § 28 Abs. 1 ausreichend gewahrt.
- Nach Satz 3 kann das Erlöschen der Rechte bei einer Einziehung, gestützt auf § 22 Abs. 2 Nr. 1 oder auf § 23, angeordnet werden, wenn dem Rechtsinhaber eine Entschädigung nach § 28 Abs. 2 Nr. 1 oder Nr. 2 nicht zu gewähren ist. Die Vorschrift will einen Wertungswiderspruch vermeiden. Wird die Einziehung auf § 22 Abs. 2 Nr. 2 gestützt und ist dem Dritten ein Verhalten nach § 28 Abs. 2 Nr. 1 oder 2 vorwerfbar, verliert er sein Recht entschädigungslos. Würde es die Vorschrift des Satzes 3 nicht geben, bliebe

bei einer Einziehung nach § 22 Abs. 2 Nr. 1 oder § 23 und gleicher Vorwerfbarkeit das Recht des Dritten bestehen.

Die Ausgestaltung des Satzes 3 als Kann-Bestimmung erlaubt, eine Abwägung zwischen dem Grad der Vorwerfbarkeit und dem wirtschaftlichen Verlust vorzunehmen. Ist der Grad der Vorwerfbarkeit gegenüber dem wirtschaftlichen Verlust sehr gering, wird man es bei der Rechtsfolge des Satzes 1 bewenden lassen. Im Übrigen besteht zum Ausgleich unbilliger Härten bei Anwendung des § 28 Abs. 2 die Vorschrift des § 28 Abs. 3.

2. Rechtsfolgen der Einziehungsanordnung bis zum Eintritt der Rechtskraft

Nach Absatz 3 Satz 1 wirkt die Einziehungsanordnung bis zum Eintritt der Rechtskraft als Veräußerungsverbot im Sinne des § 136 BGB. Dasselbe gilt gem. Absatz 3 Satz 2 für die Anordnung des Einziehungsvorbehalts gem. § 24 Abs. 2 auch bis nach dem Zeitpunkt des Eintritts der Rechtskraft bis zur endgültigen Entscheidung über die Einziehung. Schließlich hat schon die Beschlagnahme als verfahrenssichernde Anordnung bis zur Einziehungsanordnung selbst die Wirkung eines Veräußerungsverbots, §§ 111b, 111d Abs. 1 Satz 1 StPO, § 46 Abs. 1 OWiG. Die Wirkung des Abs. 3 Satz 1 wird damit vorverlagert.

Unter der Wirkung des Veräußerungsverbotes kann ein Dritter sich deshalb grundsätzlich nicht auf gesicherten Rechtserwerb berufen, vielmehr tritt im Falle des Eintritts der Rechtskraft der Einziehungsanordnung die Rechtsfolge des Abs. 1 ein. Gutgläubiger Erwerb gem. §§ 136, 135 Abs. 2, 932 BGB ist aber möglich (sog. relatives Veräußerungsverbot; zur Geltendmachung der Rechte im Nachverfahren siehe oben Erl. 1.1). Insoweit schadet gem. § 932 Abs. 2 BGB grobfahrlässige Unkenntnis von der das Veräußerungsverbot begründenden behördlichen Maßnahme. Für eine grobfahrlässige Unkenntnis in diesem Sinne wird es ausreichen, wenn der Erwerber weiß, dass der Gegenstand bei einer bestimmten Handlung, die bereits als Ordnungswidrigkeit verfolgt wird, tatverstrickt war.

Lediglich bei abstrakt (generell) gefährlichen Gegenständen wird eine absolute Wirkung des Veräußerungsverbotes im Sinne des § 134 BGB angenommen (vgl. *Göhler*, 18. Auflage 2021, Rdnr. 9 zu § 26), d. h. die Verfügung ist bereits von vorneherein gem. § 134 BGB nichtig. Ein gutgläubiger Erwerb des Dritten kommt hier nicht in Betracht. Die Auffassung ist insoweit anfechtbar, als sie sich im Gesetzeswortlaut nicht einmal ansatzweise festmachen lässt.

§ 27
Selbständige Anordnung

(1) Kann wegen der Ordnungswidrigkeit aus tatsächlichen Gründen keine bestimmte Person verfolgt oder eine Geldbuße gegen eine bestimmte Person nicht festgesetzt werden, so kann die Einziehung des Gegenstandes oder des Wertersatzes selbständig angeordnet werden, wenn die Voraussetzungen, unter denen die Maßnahme zugelassen ist, im übrigen vorliegen.

(2) Unter den Voraussetzungen des § 22 Abs. 2 Nr. 2 oder Abs. 3 ist Absatz 1 auch dann anzuwenden, wenn

1. **die Verfolgung der Ordnungswidrigkeit verjährt ist oder**
2. **sonst aus rechtlichen Gründen keine bestimmte Person verfolgt werden kann und das Gesetz nichts anderes bestimmt.**

Die Einziehung darf jedoch nicht angeordnet werden, wenn Antrag oder Ermächtigung fehlen.

(3) Absatz 1 ist auch anzuwenden, wenn nach § 47 die Verfolgungsbehörde von der Verfolgung der Ordnungswidrigkeit absieht oder das Gericht das Verfahren einstellt.

Erläuterungen

Übersicht

Vorbemerkung

§ 27 nennt die materiellen Voraussetzungen für das selbständige Einziehungsverfahren. *Eser/Schuster* (vgl. *Schönke/Schröder/Eser/Schuster*, StGB, 30. Auflage 2019, Rdnr. 1 zu § 76a) bezeichnen die vergleichbare Vorschrift des StGB (§ 76a) als Norm, die eine besondere Verfahrensform vorsieht. Man kann in der Tat von einem objektiven Verfahren deshalb sprechen, weil es auf die persönliche Verfolgbarkeit des Täters (subjektives Verfahren) für die Durchführung des Verfahrens nicht ankommt. Das selbständige Einziehungsverfahren enthält keine Entscheidung über Schuld oder Nichtschuld eines Beteiligten. Bei Durchführung des selbständigen Einziehungsverfahrens wird deshalb nicht gegen die im Grundgesetz verankerte Unschuldsvermutung verstoßen (vgl. Brandenburgisches VerfG, NJW 1997 S. 451, 452). Die selbständige Anordnung der Unbrauchbarmachung ist immer dann möglich, wenn der Einziehungszweck auch durch sie als weniger einschneidende Maßnahme erreicht werden kann, § 24 Abs. 2 Satz 2 Nr. 1. Die Verweisung in § 123 Abs. 2 Satz 3 auf § 27 hat den Zweck, klarzustellen, dass die Unbrauchbarmachung auch im selbständigen Verfahren angeordnet werden kann, obwohl § 27 nur von der Einziehung spricht (vgl. *Göhler*, 18. Auflage 2021, Rdnr. 7 zu § 123 und Rdnr. 11 zu § 27). Die Voraussetzungen des § 27 müssen in jeder Lage des Verfahrens vorliegen. Sie sind von Amts wegen zu prüfen. Die Verneinung führt zur Verfahrenseinstellung (vgl. BGHSt 21, 55 f.). Zu Verfahrensfragen vgl. im Einzelnen § 87 Abs. 3 und die Erl. dort.

1. Einziehung mit Ahndungscharakter

Bei den Einziehungstatbeständen mit Ahndungscharakter (§§ 22 Abs. 2 Nr. 1, 23) kommt die selbständige Einziehungsanordnung nach Absatz 1 dann in Betracht, wenn alle Voraussetzungen des Einziehungstatbestandes gegeben sind, lediglich die tatsächliche Verfolgbarkeit der Tat aber scheitert. Die selbständige Einziehungsanordnung unterscheidet sich deshalb insoweit von der unselbständigen lediglich dadurch, dass zwar eine tatbestandsmäßige, rechtswidrige und vorwerfbare Ordnungswidrigkeit vorliegt, der persönlichen Verfolgung des Täters aber ein tatsächliches Hindernis entgegensteht. Exemplarisch sind hierfür die Fälle, in denen der Täter nicht ermittelt werden kann (vgl. *Oppe*, MDR 1973 S. 183, 185), flüchtig ist oder sich unerreichbar außer Landes aufhält (vgl. LG Bayreuth, NJW 1970 S. 574, 575 f.: Hier war nicht zu erwarten, dass sich der Betroffene der inländischen Verfolgung stellt. Eine Abgabe an die ausländischen Behörden war nicht zielführend). Eine selbständige Einziehungsanordnung würde ausscheiden, wenn etwa ein subjektives Tatbestandsmerkmal nicht festgestellt ist, der Täter sich auf einen Rechtfertigungsgrund berufen kann oder die Voraussetzungen des § 13 Abs. 3 zu bejahen sind.

2. Sicherungsbedingte Einziehung

Über die Fälle des bloßen tatsächlichen Verfolgungshindernisses hinaus (oben Erl. 1) ist die selbständige Einziehungsanordnung bei der sicherungsbedingten Einziehung nach § 22 Abs. 2 Nr. 2, Abs. 3 nach Abs. 2 Satz 1 auch dann zulässig, wenn ein rechtliches Verfolgungshindernis besteht. Der Eintritt der Verfolgungsverjährung (vgl. hierzu die Erl. zu § 31), Absatz 2 Satz 1 Nr. 1, ist ein gesetzliches Beispiel für ein unschädliches rechtliches Verfolgungshindernis. Die Vorschrift wurde vom Bundesverfassungsgericht (vgl. *Göhler*, NStZ 1994 S. 71, 72) im Hinblick auf Art. 103 Abs. 2 GG als verfassungsrechtlich unbedenklich angesehen. Als Mindestvoraussetzung wird man aber nach der gesetzlichen Wertung des § 22 Abs. 2 Nr. 2, Abs. 3 zumindest eine tatbestandsmäßige und rechtswidrige Handlung verlangen müssen. Rechtliche Verfolgungshindernisse in diesem Sinne sind die dauernde Verhandlungsunfähigkeit, eine Amnestie (vgl. BGHSt 23, 64, 67) oder der Tod des Täters (vgl. *Schönke/Schröder/Eser/Schuster*, StGB, 30. Auflage 2019, Rdnr. 6 zu § 76a). Ferner sind hier die Fälle fehlender Entscheidungsbefugnis deutscher Behörden gegenüber Exterritorialen zu nennen (vgl. §§ 18 bis 20 GVG i. V. m. 46 Abs. 1). Zu den rechtlichen Verfolgungshindernissen vgl. auch Erl. 2 vor § 59.

Besteht das rechtliche Verfolgungshindernis im Fehlen des Antrags (vgl. z. B. Antrag der Landesrundfunkanstalt nach § 12 Abs. 3 HS 1 Rundfunkbeitragsstaatsvertrag in der Fassung der Bekanntmachung vom 7.6.2011, BayGVBl. S. 258, ber. S. 404, zuletzt geändert durch Art. 2 des Vertrages vom 17.11.2017, BayGVBl. 2018 S. 210, BayGVBl. 2020 S. 203, zur Verfolgung der Ordnungswidrigkeit nach § 12 Abs. 1 Rundfunkbeitragsstaatsvertrag), kommt eine selbständige Einziehungsanordnung nicht in Betracht, Absatz 2 Satz 2. Dasselbe gilt beim Fehlen der Ermächtigung, wenn sich die Tat gegen ein Staatsorgan richtet (vgl. *Schönke/Schröder/Bosch*, StGB, 30. Auflage 2019, Rdnr. 2 zu § 77 e: Die Ermächtigung muss lediglich zum Ausdruck bringen, dass der Wille des Staatsorgans der Verfolgung nicht entgegensteht.). Ein weiterer Ausschlussgrund für die selbständige Einziehungsanordnung nach Absatz 2 ist eine anderslautende gesetzliche Bestimmung (vgl. Abs. 2 Satz 1 a. E.). In einem Amnestiegesetz kann z. B. ausdrücklich geregelt sein, dass eine selbstständige Einziehungsanordnung zu unterbleiben hat.

3. Absehen von der Verfolgung, Einstellung des Verfahrens

Nach Absatz 3 kann bei Absehen von der Verfolgung durch die Verwaltungsbehörde bzw. Einstellung des Verfahrens durch das Gericht, § 47, die Einziehung ebenfalls selbständig angeordnet werden. Wenn deshalb eine Ahndung nicht geboten ist, kann trotzdem die Einziehung angeordnet werden. Hat die Behörde lediglich einen selbständigen Einziehungsbescheid erlassen, § 87 Abs. 3, ist ein konkludentes Absehen von der Verfolgung durch die Behörde anzunehmen (vgl. hierzu *Göhler*, JR 1971 S. 386). Ist das Verfahren bereits beim Amtsgericht gegen eine bestimmte Person anhängig, so darf die selbständige Einziehungsanordnung in einem freisprechenden oder einstellenden Urteil getroffen werden (vgl. *Göhler*, 18. Auflage 2021, Rdnr. 57 zu § 87). Eines vorherigen Antrags der Staatsanwaltschaft bzw. der Verwaltungsbehörde gem. §§ 46 Abs. 1, 2, 435 Abs. 1 Satz 1 StPO bedarf es hierzu nicht (vgl. zu diesem Fragenkreis *Beukelmann*, NJW Spezial 2022 S. 56, unter Hinweis auf einen Anfragebeschluss des 3. Strafsenats des BGH, BeckRS 2021, 37780).

Das objektive Verfahren dient aber nicht dazu, eine in einem rechtskräftigen subjektiven Verfahren, das zur Festsetzung einer Geldbuße geführt hat, ausdrücklich in der Entscheidung unterlassene Einziehung („Absehen von der Einziehung", vgl. § 421 StPO) mittels eines objektiven Verfahrens nachzuholen (vgl. *Schönke/Schröder/Eser/Schuster*, StGB, 30. Auflage 2019, Rdnr. 6 und 9 zu § 76a). Dies würde dem Grundsatz „ne bis in idem" widersprechen. Etwas anderes gilt in dem Fall, bei dem gegen einen Beteiligten eine Geldbuße festgesetzt wurde, gegen einen anderen Beteiligten aber eine selbständige Einziehungsanordnung erging (vgl. BayObLGSt 56, 174, 177). Dagegen bestehen keine Bedenken.

4. Mehrere Beteiligte

Würde sich die Einziehungsanordnung gegen den Täter bzw. Beteiligten im Sinne des § 14 richten (§ 22 Abs. 2 Nr. 1), muss das Verfolgungshindernis in seiner Person bestehen (vgl. BayObLGSt 57, 32, 34). Würde sich die Einziehungsanordnung nicht gegen den Täter bzw. Beteiligten im Sinne des § 14, sondern gegen einen Dritten richten, reicht es aus, wenn das

Verfolgungshindernis bei einem Beteiligten vorliegt (vgl. *Göhler*, 18. Auflage 2021, Rdnr. 9 zu § 27; *RRH*, 32. Aktualisierung 2022, Rdnr. 15 zu § 27), vorausgesetzt, dass sein Tatbeitrag die Einziehung rechtfertigen würde.

5. Verwarnung und selbständige Einziehungsanordnung

Die selbständige Einziehungsanordnung ist nach Erteilung einer Verwarnung nicht mehr zulässig. Hierdurch würde das Vertrauen des Betroffenen dahingehend enttäuscht, dass mit der Zahlung des Verwarnungsgeldes das Verfahren erledigt ist, § 56 Abs. 4. Dies gilt allerdings nicht für die Sicherungseinziehung. Hier muss der Grundsatz des Vertrauensschutzes hinter dem Gebot zurückstehen, Gefahren für die Allgemeinheit entgegen zu wirken (vgl. *Göhler*, 18. Auflage 2021, Rdnr. 10 zu § 27). Die Einziehung kann nicht mit der Verwarnung selbst verbunden werden (vgl. *Göhler*, 18. Auflage 2021, Rdnr. 46 zu § 56).

§ 28
Entschädigung

(1) Stand das Eigentum an der Sache oder das eingezogene Recht zur Zeit der Rechtskraft der Entscheidung über die Einziehung einem Dritten zu oder war der Gegenstand mit dem Recht eines Dritten belastet, das durch die Entscheidung erloschen oder beeinträchtigt ist, so wird der Dritte unter Berücksichtigung des Verkehrswertes angemessen in Geld entschädigt. Die Entschädigungspflicht trifft den Staat oder die Körperschaft oder Anstalt des öffentlichen Rechts, auf die das Eigentum an der Sache oder das eingezogene Recht übergegangen ist.

(2) Eine Entschädigung wird nicht gewährt, wenn

1. **der Dritte wenigstens leichtfertig dazu beigetragen hat, daß die Sache oder das Recht Mittel oder Gegenstand der Handlung oder ihrer Vorbereitung gewesen ist,**
2. **der Dritte den Gegenstand oder das Recht an dem Gegenstand in Kenntnis der Umstände, welche die Einziehung zulassen, in verwerflicher Weise erworben hat oder**
3. **es nach den Umständen, welche die Einziehung begründet haben, auf Grund von Rechtsvorschriften außerhalb des Ordnungswidrigkeitenrechts zulässig wäre, den Gegenstand dem Dritten ohne Entschädigung dauernd zu entziehen.**

(3) In den Fällen des Absatzes 2 kann eine Entschädigung gewährt werden, soweit es eine unbillige Härte wäre, sie zu versagen.

Erläuterungen

Übersicht

Vorbemerkung

Die Entschädigungsregelung für tatunbeteiligte Dritte hat vor Art. 14 GG Bestand. Die Einziehung ist der klassische Fall der Enteignung in Gestalt der vollen Rechtsentziehung. Tatunbeteiligte Dritte erhalten grundsätzlich nach § 28 eine Entschädigung. Art. 14 Abs. 3 Satz 2 GG ist damit genügt. Soweit der Täter als Rechtsinhaber von der Einziehung betroffen ist, § 22 Abs. 2 Nr. 1, bzw. eine sog. Dritteinziehung nach § 23 vorliegt, rechtfertigt sich der entschädigungslose Entzug des Rechts (vgl. für den Täter: § 28 Abs. 1, für den vorwerfbar handelnden Dritten: § 28 Abs. 2 Nr. 1 und 2) aus dem Ahndungscharakter der Einziehung, die der Einziehungsunterworfene als Eigentumsbindung (Art. 14 Abs. 1 Satz 2 GG) zu dulden hat (vgl. BVerfGE 22, 387, 422).

§ 28 gilt auch für den Fall der Unbrauchbarmachung. Dies ist ausdrücklich geregelt in § 123 Abs. 2 Satz 3, gilt aber immer dann, wenn die Unbrauchbarmachung gegenüber der Einziehung die weniger einschneidende Maßnahme nach § 24 Abs. 2 Satz 2 Nr. 1 war (vgl. auch Vorbemerkung zu § 27; im Folgenden Erl. 1.1).

1. Entschädigungsberechtigte

1.1 Eigentümer, Inhaber des eingezogenen Rechts

Der Anspruch auf Entschädigung des Eigentümers bzw. des Inhabers des eingezogenen Rechts besteht nicht nur bei Rechtsübergang nach § 26 Abs. 1 mit Rechtskraft der Einziehungsanordnung, sondern über den Wortlaut hinaus bei jeder den wirtschaftlichen Wert des Gegenstandes beeinträchtigenden Maßnahme gem. § 24 Abs. 2 (vgl. *Göhler*, 18. Auflage 2021, Rdnr. 6 zu § 28: Vorbehalt der Einziehung, Unbrauchbarmachung).

Hat im Falle einer Einziehung nach § 22 Abs. 2 Nr. 1 ein Dritter den Einziehungsgegenstand zwischen Erlass der Einziehungsanordnung und deren Rechtskraft gutgläubig erworben (vgl. Erl. 1.1 zu § 26), kann dieser entweder im Wege des Nachverfahrens geltend machen, dass die Einziehung ihm gegenüber unwirksam ist, §§ 87 Abs. 4, 433 StPO, oder den Anspruch nach § 28 erheben. Vom Fristenlauf des Nachverfahrens (vgl. § 433 Abs. 2 StPO) ist die Anspruchserhebung unabhängig.

1.2 Inhaber beschränkt-dinglicher Rechte am Einziehungsgegenstand

Inhaber beschränkt dinglicher Rechte am Einziehungsgegenstand haben einen Entschädigungsanspruch nach § 28, wenn ihre Rechte durch die Einziehung erlöschen oder beeinträchtigt werden. Die Erlöschenstatbestände sind in § 26 Abs. 2 Sätze 2 und 3 aufgeführt. Von § 28 Abs. 1 kann damit nur der Erlöschenstatbestand des § 26 Abs. 2 Satz 2 gemeint sein, d. h. der Fall der Sicherungseinziehung gem. § 22 Abs. 2 Nr. 2, weil im Fall der §§ 22 Abs. 2 Nr. 1, 23 der Erlöschenstatbestand des § 26 Abs. 2 Satz 3 voraussetzt, dass eine Entschädigung nach § 28 Abs. 2 Nr. 1 oder 2 nicht zu gewähren ist. Eine Beeinträchtigung ist dann denkbar, wenn hinsichtlich des Einziehungsgegenstandes die Anordnung der Unbrauchbarmachung ergeht, hierdurch der wirtschaftliche Wert des Gegenstandes eine Einbuße erleidet und in der Folge auch die Belastung weniger wert ist. Ein erlöschendes Anwartschaftsrecht des Sicherungsgebers bzw. Vorbehaltskäufers löst einen Entschädigungsanspruch der Anwartschaftsberechtigten aus.

2. Entschädigungsverpflichtete

Entschädigungsverpflichtet ist die juristische Person, auf die das Eigentum bzw. die Rechtsinhaberschaft nach § 26 Abs. 1 überging (vgl. Erl. 1.1 zu § 26), Abs. 1 Satz 2.

3. Ausschluss des Entschädigungsanspruchs

Absatz 2 zählt die Ausschlusstatbestände auf. Nr. 1 und 2 entsprechen § 23 (vgl. die Erl. dort). Nr. 3 rechtfertigt eine Versagung der Entschädigung dann, wenn bereits nach Rechtsvorschriften außerhalb des Ordnungswidrigkeitenrechts eine entschädigungslose

Entziehung möglich wäre. Hier gewinnen vor allem die landesrechtlichen Polizeigesetze an Bedeutung (vgl. z. B. für Bayern: Kein Entschädigungsanspruch des Rechtsinhabers, wenn die Polizei einen Gegenstand sicherstellt, um eine gegenwärtige Gefahr abzuwehren, und anschließend vernichtet, da bei einer anderweitigen Verwertung Sicherstellungsgründe fortbestehen würden, Art. 25 Abs. 1 Nr. 1a, 27 Abs. 4 Satz 1 Nr. 1, 28 Abs. 2 Satz 3, 87 Abs. 5 BayPAG).

4. Billigkeitsentschädigung

Eine unbillige Härte, die den Entschädigungsanspruch wiederaufleben lässt, wird immer dann anzunehmen sein, wenn das vorwerfbare Verhalten des Dritten außer Verhältnis zu der damit verbundenen wirtschaftlichen Einbuße steht (Der Tatbeitrag des Dritten ist unbedeutend und der Vorwurf, der ihn trifft, gering, vgl. KKOWiG-*Mitsch*, 5. Auflage 2018, Rdnr. 25 zu § 28). Dies schließt nicht aus, dass die Einziehung selbst verhältnismäßig im Sinne des § 24 war. Die Formulierung des Gesetzgebers („soweit") erlaubt eine flexible Handhabung. Obergrenze der Billigkeitsentschädigung ist der Ausgleich der unbilligen Härte.

5. Höhe der Entschädigung

Der Entschädigungsanspruch geht auf Geldersatz. Die Höhe richtet sich nach dem Verkehrswert des Gegenstandes, d. h. dem üblichen Verkaufspreis für Gegenstände gleicher Art und Güte (vgl. insoweit Erl. 3 zu § 25). Bei Rechten ist auf deren wirtschaftlichen Wert abzustellen, der insbesondere vom Wert des Belastungsobjektes und etwaigen vorrangigen Belastungen geprägt sein wird. Ein Anhaltspunkt dürfte sein, welcher wirtschaftliche Aufwand erforderlich ist, um das Recht abzulösen. Bei Unbrauchbarmachung ist die Wertminderung zu ersetzen, die der Gegenstand durch die Maßnahme erlitten hat. Die Angemessenheit der Entschädigung „unter Berücksichtigung des Verkehrswertes" erlaubt ein Eingehen auf den Einzelfall, d. h. ein Überschreiten bzw. Unterschreiten des Verkehrswerts.

Der Ausschluss des Entschädigungsanspruchs nach Absatz 2 Nr. 3 lässt die Herausgabe eines etwaigen Verwertungserlöses abzüglich der Verwertungskosten unberührt (vgl. *Göhler*, 18. Auflage 2021, Rdnr. 17 zu § 28), sofern sich aus dem Zweck der Vorschrift, die die Einziehung des Gegenstands vorschreibt, nichts anderes ergibt. Dies lässt sich schon aus Absatz 3 ableiten, wonach trotz der Versagungsgründe nach Absatz 2 eine Entschädigung aus Billigkeitsgründen zulässig ist.

6. Entscheidungszuständigkeit

Die Entscheidung über die Entschädigung, einschließlich ihrer Höhe, ist grundsätzlich vom Zivilgericht zu treffen (vgl. *Göhler*, 18. Auflage 2021, Rdnr. 23 zu § 28 mit Verweis auf die bürgerlich-rechtliche Wirkung der Einziehung), sofern mit dem Entschädigungsverpflichteten keine Einigung erzielt werden kann.

Von diesem Grundsatz gibt es zwei Ausnahmen:

Die Verfolgungsbehörde bzw. das Gericht spricht zugleich aus, dass eine Entschädigung nicht zu gewähren ist, wenn die Einziehung auf Grund von Umständen angeordnet wird, die einem Entschädigungsausspruch entgegenstehen, §§ 46 Abs. 1, 430 Abs. 3 Satz 1 StPO. Der Negativ-Ausspruch wird vor allem in Fällen der Dritteinziehung nach § 23 mit der Folge der Anwendbarkeit des § 28 Abs. 2 Nr. 1 oder 2 relevant sein.

Wird eine Entschädigung des Einziehungsbeteiligten aus Billigkeitsgründen für geboten erachtet (vgl. § 28 Abs. 3), hat die Verfolgungsbehörde bzw. das Gericht positiv über Grund und Höhe der Billigkeitsentschädigung zu befinden, §§ 46 Abs. 1, 430 Abs. 3 Satz 2 StPO.

§ 29
Sondervorschrift für Organe und Vertreter

(1) Hat jemand

1. als vertretungsberechtigtes Organ einer juristischen Person oder als Mitglied eines solchen Organs,

2. als Vorstand eines nicht rechtsfähigen Vereins oder als Mitglied eines solchen Vorstandes,

3. als vertretungsberechtigter Gesellschafter einer rechtsfähigen Personengesellschaft,

4. als Generalbevollmächtigter oder in leitender Stellung als Prokurist oder Handlungsbevollmächtigter einer juristischen Person oder einer in Nummer 2 oder 3 genannten Personenvereinigung oder

5. als sonstige Person, die für die Leitung des Betriebs oder Unternehmens einer juristischen Person oder einer in Nummer 2 oder 3 genannten Personenvereinigung verantwortlich handelt, wozu auch die Überwachung der Geschäftsführung oder die sonstige Ausübung von Kontrollbefugnissen in leitender Stellung gehört,

eine Handlung vorgenommen, die ihm gegenüber unter den übrigen Voraussetzungen der §§ 22 bis 25 und 28 die Einziehung eines Gegenstandes oder des Wertersatzes zulassen oder den Ausschluß der Entschädigung begründen würde, so wird seine Handlung bei Anwendung dieser Vorschriften dem Vertretenen zugerechnet.

(2) § 9 Abs. 3 gilt entsprechend.

Erläuterungen

Vorbemerkung

Die Vorschrift ermöglicht die Einziehung von Verbandseigentum in den Fällen des § 22 Abs. 2 Nr. 1, 23 Nr. 1 und 2, in denen vorwerfbare Handlung und Eigentum bzw. Rechtsinhaberschaft auseinanderfallen, bzw. in den Fällen des § 22 Abs. 2 Nr. 2, Abs. 3, in denen eine zumindest rechtswidrige Handlung und Eigentum bzw. Rechtsinhaberschaft auseinanderfallen. Würde die Norm nicht existieren, käme man zu dem unerwünschten Ergebnis, dass eine Einziehung bei Vertreter-Handeln scheitert. Dem Verband selbst kann mangels Handlungsfähigkeit kein ahndungsähnlicher Vorwurf gemacht werden. Andererseits ist der konkret Handelnde weder Eigentümer noch Rechtsinhaber.

1. Subjektive Voraussetzungen der Zurechnung

Absatz 1 Nr. 1 und Absatz 1 Nr. 3 haben dieselben Voraussetzungen wie § 9 Abs. 1 Nr. 1 und 2 (vgl. Erl. 1.1 zu § 9). Absatz 1 Nr. 2 knüpft die Zurechnung an die Eigenschaft des Vorstands bzw. des Vorstandsmitglieds eines nicht-rechtsfähigen Vereins (vgl. § 54 BGB). Absatz 1 Nr. 4 erweitert die Fälle der organschaftlichen bzw. gesetzlichen Vertretung (Nr. 1 bis 3) als Zurechnungstatbestände um in leitender Stellung verantwortlich Handelnde. Die Bestimmung wurde aufgenommen durch das Gesetz vom 27.6.1994 (31. Strafrechtsänderungsgesetz, BGBl. I S. 1440), um Umgehungstatbestände zu vermeiden. Der juristischen Person, der rechtsfähigen Personengesellschaft und dem nicht-rechtsfähigen Verein soll die Möglichkeit abgeschnitten werden, innerorganisatorisch durch entsprechende rechtsgeschäftliche Einräumung von Vertretungsmacht den Zurechnungstatbeständen der Nr. 1 bis 3 zu entgehen. Nr. 4 verlangt eine leitende Stellung in der juristischen Person bzw. Personenvereinigung gem. Nr. 2 und 3. Während sich dies für den Generalbevollmächtigten von selbst ergibt, hat das Handeln in leitender Stellung beim Prokuristen (§§ 48 ff. HGB) bzw. Handlungsbevollmächtigten (§ 54 HGB) die vom Gesetz vorgesehene einschränkende Funktion. Das Gesetz verlangt also, dass eine einem Organ ähnliche Stellung eingenommen wird.

Mit der aufgrund Art. 2 des Gesetzes vom 22.8.2002 (BGBl. I S. 3387) in § 29 Abs. 1 eingefügten Nr. 5 sollen Personen erfasst werden, die, ohne Vertretungs- bzw. Geschäftsführungsbefugnis für die juristische Person gem. Abs. 1 Nr. 1 oder die Personenvereinigung gem. Abs. 1 Nr. 2 und 3 zu besitzen, bestimmte Überwachungs- oder Kontrollaufgaben wahrnehmen. Von der amtlichen Begründung werden genannt die mit der internen Finanzkontrolle oder Rechnungsprüfung betrauten Personen, der mit Leitungsaufgaben ausgestattete Umweltbeauftragte und Mitglieder des Aufsichtsrats (vgl. BT-Drucks. 14/8998 vom 13.12.2002 S. 10).

§ 29 gilt nicht für sonstige Fälle gesetzlicher Vertretung (z. B. Eltern) oder gewillkürter Vertretung (z. B. Prokurist eines Einzelkaufmanns).

Auf die Wirksamkeit des Bestellungsaktes kommt es im Übrigen nicht an, Absatz 2 mit der Verweisung auf § 9 Abs. 3.

2. Objektive Voraussetzungen der Zurechnung

Das Organ bzw. der Vertreter muss im Rahmen des allgemeinen Geschäftsbereichs des Vertretenen und im Interesse des Verbandes tätig geworden sein. Eine Zurechnung des Vertreter-Handelns über § 29 müsste abgelehnt werden, wenn der Vertreter nur „gelegentlich" einer geschäftlichen Tätigkeit handelt, die Handlung im Grunde aber privatnützig vorgenommen wird. Es kommt nicht darauf an, dass konkret im Innenverhältnis zum Vertretenen die Vertretungsmacht eingehalten wurde. Entscheidend ist vielmehr das Handeln in Wahrnehmung von Angelegenheiten des Vertretenen (vgl. hierzu auch Erl. 2.2 und 2.3 zu § 30). Die Handlung des Vertreters wird dem Vertretenen nur dann zugerechnet, wenn der Vertreter – abgesehen von der fehlenden Eigentümerstellung bzw. Rechtsinhaberschaft – in seiner Person alle Voraussetzungen der §§ 22 bis 25 und 28 erfüllt. So kommt es im Falle der Dritteinziehung nach § 23 auf die Handlung des Vertreters an. Die Beurteilung der Verhältnismäßigkeit nach § 24 richtet sich nach der Bedeutung der Handlung und dem Grad des Vorwurfs, der den Vertreter trifft. Lediglich bei der Billigkeitsentschädigung nach § 28 Abs. 3 kommt es auf die Verhältnisse des Vertretenen an (vgl. *Göhler*, 18. Auflage 2021, Rdnr. 4 zu § 29). §§ 26 und 27 sind deshalb in § 29 nicht erwähnt, weil es insoweit nicht auf eine Zurechnung von Handlungen ankommt.

3. Verfahrensfragen

Der vertretene Verband ist Einziehungsbeteiligter, §§ 46 Abs. 1, 424 Abs. 1, 3 StPO, 87. Die Verfahrensbeteiligung kann bis zum Erlass des Bußgeldbescheids bzw. des selbständigen Einziehungsbescheids von der Verwaltungsbehörde, aber auch noch im gerichtlichen Verfahren nach Einspruch, aber nicht mehr im Rechtsbeschwerdeverfahren angeordnet werden (vgl. *Göhler*, 18. Auflage 2021, Rdnr. 12 zu § 87).

Die Vollstreckung der Einziehung der Gegenstände oder des Wertersatzes gegen den Vertretenen richtet sich beim Bußgeldbescheid nach § 90 und bei gerichtlichen Bußgeldentscheidungen nach § 91 (vgl. die Erl. dort).

Sechster Abschnitt.
Einziehung des Wertes von Taterträgen; Geldbuße gegen juristische Personen und Personenvereinigungen

§ 29a
Einziehung des Wertes von Taterträgen

(1) Hat der Täter durch eine mit Geldbuße bedrohte Handlung oder für sie etwas erlangt und wird gegen ihn wegen der Handlung eine Geldbuße nicht festgesetzt, so kann gegen ihn die Einziehung eines Geldbetrages bis zu der Höhe angeordnet werden, die dem Wert des Erlangten entspricht.

(2) Die Anordnung der Einziehung eines Geldbetrages bis zu der in Absatz 1 genannten Höhe kann sich gegen einen anderen, der nicht Täter ist, richten,

wenn

1. er durch eine mit Geldbuße bedrohte Handlung etwas erlangt hat und der Täter für ihn gehandelt hat,

2. ihm das Erlangte

   a) unentgeltlich oder ohne rechtlichen Grund übertragen wurde oder

   b) übertragen wurde und er erkannt hat oder hätte erkennen müssen, dass das Erlangte aus einer mit Geldbuße bedrohten Handlung herrührt, oder

3. das Erlangte auf ihn

   a) als Erbe übergegangen ist oder

   b) als Pflichtteilsberechtigter oder Vermächtnisnehmer übertragen worden ist.

Satz 1 Nummer 2 und 3 findet keine Anwendung, wenn das Erlangte zuvor einem Dritten, der nicht erkannt hat oder hätte erkennen müssen, dass das Erlangte aus einer mit Geldbuße bedrohten Handlung herrührt, entgeltlich und mit rechtlichem Grund übertragen wurde.

(3) Bei der Bestimmung des Wertes des Erlangten sind die Aufwendungen des Täters oder des anderen abzuziehen. Außer Betracht bleibt jedoch das, was für die Begehung der Tat oder für ihre Vorbereitung aufgewendet oder eingesetzt worden ist.

(4) Umfang und Wert des Erlangten einschließlich der abzuziehenden Aufwendungen können geschätzt werden. § 18 gilt entsprechend.

(5) Wird gegen den Täter ein Bußgeldverfahren nicht eingeleitet oder wird es eingestellt, so kann die Einziehung selbständig angeordnet werden.

Erläuterungen

Übersicht

Vorbemerkung

Die Vorschrift dient dazu, Vermögensvorteile abzuschöpfen, die nicht in die Höhe der Geldbußenfestsetzung gem. § 17 Abs. 4 einfließen können. Gäbe es die Vorschrift nicht, entstünden Lücken, wenn der Täter selbst den Vermögensvorteil erlangt, eine Geldbuße gegen ihn aber nicht festgesetzt wird, oder wenn der Vermögensvorteil einem Dritten zufließt, die Vorschriften der §§ 30, 130 aber nicht greifen. Die Vorschrift ist mit Wirkung vom 1.7.2017 neu gefasst worden durch Gesetz vom 13.4.2017 (BGBl. I S. 872).

1. Einziehungsanordnung gegen den Täter

1.1 Vermögensvorteil

Der Täter muss „durch eine mit Geldbuße bedrohte Handlung (vgl. § 1 Abs. 2) bzw. für sie etwas erlangt" haben. Die Vorschrift spricht nicht von „Vermögensvorteil". Aus der Anbindung der Einziehungsanordnung an die Höhe eines Geldbetrages, die dem Wert des Erlangten entspricht, ist jedoch herzuleiten, dass es sich nur um geldlich bezifferbare Vorteile handeln kann. Anders als bei dem in § 17 Abs. 4 geltenden „Nettoprinzip", bei dem der wirtschaftliche Vorteil durch einen Vergleich der Vermögenslage vor und nach Begehung der Ordnungswidrigkeit ermittelt wird, gilt im Rahmen des § 29a das sog. „Bruttoprinzip" (vgl. BGH, NStZ 1994 S. 123 f. zu §§ 73, 73a StGB: Seit der am 7.3.1992 in Kraft getretenen gesetzlichen Neuregelung zum Verfall ist alles das, was der Täter für die Straftat oder aus ihr erlangt hat, in seiner Gesamtheit ohne Abzug gewinnmindernder Kosten abzuschöpfen; vgl. auch *Göhler*, 18. Auflage 2021, Rdnr. 6 zu § 29a).

Der Täter muss die Vermögensvorteile für die Tat (Tatentgelt, Gegenleistung für die Tatbegehung) oder durch die Tat (Tatfrüchte, z. B. Wettbewerbsvorteil nach Verstoß gegen das GWB) erlangt haben (vgl. *Göhler*, 18. Auflage 2021, Rdnr. 8 zu § 29a). Der Vermögensvorteil ist erlangt, wenn er dem Täter auf irgendeine Weise (direkt oder indirekt) wirtschaftlich zugute kommt. Ein Unmittelbarkeitserfordernis, das der 5. Strafsenat des BGH entwickelt hatte (vgl. BGHSt 47, 260–270), besteht nach dem Gesetz vom 13.4.2017 (BGBl. I S. 872) nicht mehr (vgl. BT-Drs. 18/9525 S. 55 zu § 73 Abs. 1 StGB). Die Neufassung der Bestimmung („durch" statt „aus") unterstreicht den quasi-kondiktionellen Charakter der Vermögensabschöpfung. Die erforderliche Kausalbeziehung zwischen der Tat und dem rein gegenständlich zu bestimmenden Erlangten richtet sich allein nach den Wertungen des Bereicherungsrechts (vgl. BT-Drs. 18/9525 S. 55 zu § 73 Abs. 1 StGB; BayObLG, Beschl. vom 13.12.2021, BeckRS 2021, 42221: Auf eine unmittelbare Kausalbeziehung zwischen Tat und Bereicherung kommt es nicht an.).

Nach dem Bruttoprinzip sind alle Vermögenswerte in ihrer Gesamtheit abzuschöpfen. Erst in einem zweiten Schritt sind nach Absatz 3 (siehe im Folgenden Erl. 3) wertende Gesichtspunkte zu berücksichtigen, die dem quasi-bereicherungsrechtlichen Charakter der Vermögensabschöpfung entsprechen (vgl. BT-Drs. 18/9525 S. 62).

1.2 Nichtfestsetzung einer Geldbuße

Die Gewinnabschöpfung durch Anordnung der Einziehung des Wertes von Taterträgen kommt immer dann in Betracht, wenn die Ahndung mittels einer Geldbuße unterbleibt. Dem Fehlen der Vorwerfbarkeit steht das Absehen von der Verfolgung gem. § 47 oder eine Amnestie gleich, sofern das Amnestiegesetz nichts anderes bestimmt. Die Einziehungsanordnung widerspricht nicht der Amnestie, da sie keinen Sanktionscharakter hat.

1.3 Anordnung

Die Abführung des Vermögensvorteils kann lediglich in Form der Anordnung der Einziehung eines Geldbetrags angeordnet werden bis zu der Höhe, die dem erlangten Vermögensvorteil entspricht. Die Einziehungsanordnung nach § 29a ist im Gegensatz zu § 73 Abs. 1 StGB als Ermessensnorm ausgestaltet. Zum Schutz des Täters wird das Opportunitätsprinzip dann Bedeutung gewinnen, wenn dem erzielten Vermögensvorteil Ersatzansprüche Dritter entgegenstehen, deren Erfüllung den erzielten Vermögensvorteil beseitigen, schmälern oder gefährden würde. Von der Einziehungsanordnung kann dann ganz abgesehen werden oder sie kann lediglich in Höhe des die Ersatzansprüche überschießenden Betrages ergehen. Man würde andernfalls der Einziehungsanordnung systemwidrig einen Sanktionscharakter verleihen.

2. Einziehungsanordnung gegen einen Dritten

Absatz 2 Satz 1 Nr. 1 gestattet die Einziehungsanordnung gegen den Dritten, der einen Vermögensvorteil durch eine mit Geldbuße bedrohte Handlung erlangt hat. Dritter kann sowohl eine natürliche wie auch eine juristische Person sein. Erforderlich ist jeweils, dass der Täter im Interesse des Dritten gehandelt hat (vgl. *Göhler*, 18. Auflage 2021, Rdnr. 21 zu § 29a). Das Handeln für den Dritten muss für einen Außenstehenden aber nicht erkennbar sein. Es bedarf keines Organschafts-, Vertretungs- oder Auftragsverhältnisses zwischen Täter und Drittem im Sinne des § 9, wenngleich diese Fälle selbstverständlich von Absatz 2 Satz 1 Nr. 1 erfasst sind (man spricht deshalb von Vertretungsfällen im weiteren Sinn im Gegensatz zu den Vertretungsfällen im engeren Sinn, die von § 9 erfasst sind, vgl. *Göhler*, a. a. O.).

Absatz 2 Satz 1 Nr. 2 erfasst die sog. „Verschiebungsfälle" (vgl. BT-Drs. 18/9525 S. 66 zu § 73b StGB) im Falle des unentgeltlichen, des rechtsgrundlosen und des bösgläubigen Erwerbs (Der Dritte hat erkannt bzw. er hätte erkennen müssen, dass das Erlangte aus einer mit Geldbuße bedrohten Handlung herrührt), wobei der Tatertrag dem Drittbegünstigten nicht unmittelbar vom Täter zugewendet sein muss, sofern eine ununterbrochene Bereicherungskette ausgehend vom Täter vorliegt (vgl. BT-Drs. 18/9525 S. 66), die die Voraussetzungen des Absatzes 2 Satz 1 Nr. 2 erfüllt.

Absatz 2 Satz 1 Nr. 3 erfasst die Fälle, in denen der Tatvorteil dem Drittbegünstigten als Erbe, Pflichtteilsberechtigter oder Vermächtnisnehmer zugeflossen ist.

Absatz 2 Satz 2 bestimmt, dass ein entgeltliches Rechtsgeschäft, auf Grund dessen das Erlangte „zuvor" auf einen Dritten übertragen wurde, der nicht erkannt hat oder hätte erkennen müssen, dass das Erlangte aus einer mit Geldbuße bedrohten Handlung herrührt, eine Zäsur in der Bereicherungskette bildet. Die Einziehung kann in diesen Fällen gegen einen Dritten im Sinne von Absatz 2 Satz 1 Nr. 2 und 3 nicht mehr angeordnet werden, Absatz 2 Satz 1 Nr. 2 und 3 ist also nicht anwendbar. Die Rechte gutgläubiger Dritter dürfen nicht beeinträchtigt werden.

3. Bestimmung des Wertes des Erlangten

Absatz 3 konkretisiert den Rechtsgedanken der bereicherungsrechtlichen Vorschrift des § 817 Satz 2 BGB für die ordnungswidrigkeitenrechtliche Vermögensabschöpfung. Was in ein verbotenes Geschäft investiert worden ist, muss unwiederbringlich verloren sein. Das Gesetz stellt entscheidend darauf ab, ob die Handlung oder das Geschäft, das zur Vermögensmehrung geführt hat, selbst verboten war oder nicht. Absatz 3 Satz 2 beschränkt das aus dem Bruttoprinzip folgende Abzugsverbot deshalb auf das, was der Täter oder der Tatbeteiligte bewusst für die Vorbereitung oder Begehung einer Ordnungswidrigkeit aufwendet oder einsetzt (Mit dem Tatbestandsmerkmal „für" wollte der Gesetzgeber in Anlehnung an § 817 Satz 2 BGB sicherstellen, dass das, was in ein verbotenes Geschäft investiert worden ist, unwiederbringlich verloren sein muss, BayObLG, Beschl. vom 13.12.2021, BeckRS 2021, 42221 mit Verweis auf BT-Drs. 18/9525, 105). Fehlt dieser Zusammenhang, sind die Aufwendungen gem. Absatz 3 Satz 1 zu berücksichtigen. Aufwendungen für nicht zu beanstandende Leistungen werden damit in Abzug gebracht, selbst wenn sie demselben tatsächlichen Verhältnis wie der ordnungswidrigkeitenrechtlich missbilligte Vorgang entstammen (vgl. BT-Drs. 18/9525 S. 68 zu § 73d Abs. 1 StGB). Das Abzugsverbot greift nicht, wenn der Täter oder Tatbeteiligte lediglich fahrlässig gehandelt hat (vgl. *Göhler*, 18. Auflage 2021, Rdnr. 12 zu § 29a mit Verweis auf BT-Drucks. 18/11640 S. 79). Das BVerfG hat in seinem Beschl. vom 7.4.2022, BeckRS 2022,

8942 zu § 73e Abs. 1 Satz 2 StGB, sogar eine echte Rückwirkung der Einziehung für verfassungskonform gehalten.

Unterschiede in der Bestimmung des Vorteils haben im Übrigen insoweit zu gelten, als es sich beim wirtschaftlichen Vorteil des § 17 Abs. 4 OWiG um einen Teil der bußgeldrechtlichen Sanktion handelt, während § 29a OWiG keinen Sanktionscharakter hat, sondern ausschließlich der Gewinnabschöpfung dient. In der Frage hypothetischer Gewinne ist deshalb hier anders zu urteilen. Während bei § 17 OWiG nur auf den tatsächlichen Zufluss abgestellt wurde (vgl. Erl. 4 zu § 17), ist bei § 29a OWiG der Gewinn, der auch bei rechtmäßigem Handeln erzielt worden wäre, abzuziehen (a. A. offensichtlich *Göhler*, 18. Auflage 2021, Rdnr. 12 zu § 29 a: Nicht abzugsfähig sind hypothetische Gewinne, die bei einem rechtmäßigen Handeln erzielt worden wären.).

4. Schätzung

Wenn Umfang und Wert des erlangten Vermögensvorteils bzw. der abzuziehenden Aufwendungen nicht ohne Schwierigkeiten festgestellt werden können, erlaubt Absatz 4 Satz 1 die Schätzung. Der in Absatz 4 Satz 2 in Bezug genommene § 18 lässt auch bei der Einziehungsanordnung die Bewilligung von Zahlungserleichterungen zu.

5. Verfahrensfragen

Wird gegen den Täter ein Bußgeldverfahren nicht eingeleitet oder wird es eingestellt, kann die Einziehungsanordnung im selbständigen Verfahren ergehen, Absatz 5. Die Zuständigkeit regelt sich nach § 87 Abs. 3 Satz 3 HS 1 OWiG. § 87 Abs. 3 Satz 3 HS 2 OWiG gilt nicht im Verfahren bei Anordnung der Einziehung nach § 29a OWiG (vgl. § 87 Abs. 6).

Im Bußgeldverfahren gegen den Täter sollte die Einziehungsanordnung gegen ihn oder den Dritten zugleich mit der Entscheidung über die Tat ergehen. Eine nachträgliche Anordnung ist hier nicht möglich, was sich mittelbar aus Absatz 5 ergibt (vgl. *Göhler*, 18. Auflage 2021, Rdnr. 28 zu § 29a).

Nach § 30 Abs. 5 OWiG ist es unzulässig, wegen derselben Tat, die schon Gegenstand einer Geldbuße zum Nachteil der juristischen Person oder Personenvereinigung war, eine Einziehungsanordnung nach § 29a OWiG zu treffen. Dies würde der Lückenfüllungsfunktion des § 29a OWiG widersprechen. Der Gewinn konnte hier über §§ 30 Abs. 3, 17 Abs. 4 OWiG abgeschöpft werden. § 30 Abs. 5 OWiG gilt mit seinem Verweis auf § 29a entsprechend für die Abführung des Mehrerlöses gem. § 8 Abs. 4 Satz 1 WiStG 1954. Die Geldbußenfestsetzung nach § 30 OWiG wird aber andererseits nicht durch die Einziehungsanordnung nach § 29a OWiG ausgeschlossen. Der wirtschaftliche Vorteil ist dann um die bereits erfolgte Gewinnabschöpfung zu vermindern.

§ 99 Abs. 2 OWiG (zur Zuständigkeit des Gerichts: vgl. § 103 Abs. 1 Nr. 2) bezeichnet nachträglich geltend gemachte rechtskräftige Ersatzansprüche Dritter wegen der mit Geldbuße bedrohten Handlung als Vollstreckungshindernis hinsichtlich der Anordnung der Einziehung eines Geldbetrags nach § 29a OWiG. Die Vorschrift setzt damit die bereits im Rahmen des Opportunitätsprinzips bei der Einziehungsanordnung genannte Wertung im Vollstreckungsverfahren fort (siehe oben Erl. 1.3). Ist die Annahme begründet, dass die Voraussetzungen der Einziehung des Wertes von Taterträgen vorliegen, kann gem. §§ 46 Abs. 1, 111e Abs. 1 Satz 1 StPO zur Sicherung der Vollstreckung der Vermögensarrest in das bewegliche und unbewegliche Vermögen des Betroffenen angeordnet werden (Einziehung von Wertersatz im Sinne des § 111e Abs. 1 Satz 1 StPO meint auch die Einziehung des Werts von Taterträgen, vgl. *Meyer-Goßner/Schmitt/Köhler*, StPO, 66. Auflage 2023, Rdnr. 4 zu § 111e). Liegen dringende Gründe für diese Annahme vor, so soll der Vermögensarrest angeordnet werden, §§ 46 Abs. 1, 111e Abs. 1 Satz 2 StPO.

§ 30
Geldbuße gegen juristische Personen und Personenvereinigungen

(1) Hat jemand

1. als vertretungsberechtigtes Organ einer juristischen Person oder als Mitglied eines solchen Organs,
2. als Vorstand eines nicht rechtsfähigen Vereins oder als Mitglied eines solchen Vorstandes,
3. als vertretungsberechtigter Gesellschafter einer rechtsfähigen Personengesellschaft,
4. als Generalbevollmächtigter oder in leitender Stellung als Prokurist oder Handlungsbevollmächtigter einer juristischen Person oder einer in Nummer 2 oder 3 genannten Personenvereinigung oder
5. als sonstige Person, die für die Leitung des Betriebs oder Unternehmens einer juristischen Person oder einer in Nummer 2 oder 3 genannten Personenvereinigung verantwortlich handelt, wozu auch die Überwachung der Geschäftsführung oder die sonstige Ausübung von Kontrollbefugnissen in leitender Stellung gehört,

eine Straftat oder Ordnungswidrigkeit begangen, durch die Pflichten, welche die juristische Person oder Personenvereinigung treffen, verletzt worden sind oder die juristische Person oder die Personenvereinigung bereichert worden ist oder werden sollte, so kann gegen diese eine Geldbuße festgesetzt werden.

(2) Die Geldbuße beträgt

1. im Falle einer vorsätzlichen Straftat bis zu zehn Millionen Euro,
2. im Falle einer fahrlässigen Straftat bis zu fünf Millionen Euro.

Im Falle einer Ordnungswidrigkeit bestimmt sich das Höchstmaß der Geldbuße nach dem für die Ordnungswidrigkeit angedrohten Höchstmaß der Geldbuße. Verweist das Gesetz auf diese Vorschrift, so verzehnfacht sich das Höchstmaß der Geldbuße nach Satz 2 für die im Gesetz bezeichneten Tatbestände. Satz 2 gilt auch im Falle einer Tat, die gleichzeitig Straftat und Ordnungswidrigkeit ist, wenn das für die Ordnungswidrigkeit angedrohte Höchstmaß der Geldbuße das Höchstmaß nach Satz 1 übersteigt.

(2a) Im Falle einer Gesamtrechtsnachfolge oder einer partiellen Gesamtrechtsnachfolge durch Aufspaltung (§ 123 Absatz 1 des Umwandlungsgesetzes) kann die Geldbuße nach Absatz 1 und 2 gegen den oder die Rechtsnachfolger festgesetzt werden. Die Geldbuße darf in diesen Fällen den Wert des übernommenen Vermögens sowie die Höhe der gegenüber dem Rechtsvorgänger angemessenen Geldbuße nicht übersteigen. Im Bußgeldverfahren tritt der Rechtsnachfolger oder treten die Rechtsnachfolger in die Verfahrensstellung ein, in der sich der Rechtsvorgänger zum Zeitpunkt des Wirksamwerdens der Rechtsnachfolge befunden hat.

(3) § 17 Abs. 4 und § 18 gelten entsprechend.

(4) Wird wegen der Straftat oder Ordnungswidrigkeit ein Straf- oder Bußgeldverfahren nicht eingeleitet oder wird es eingestellt oder wird von Strafe abgesehen, so kann die Geldbuße selbständig festgesetzt werden. Durch Gesetz kann bestimmt werden, daß die Geldbuße auch in weiteren Fällen selbständig festgesetzt werden kann. Die selbständige Festsetzung einer Geldbuße gegen die juristische Person oder Personenvereinigung ist jedoch ausgeschlossen, wenn die Straftat oder Ordnungswidrigkeit aus rechtlichen Gründen nicht verfolgt werden kann; § 33 Abs. 1 Satz 2 bleibt unberührt.

(5) Die Festsetzung einer Geldbuße gegen die juristische Person oder Personenvereinigung schließt es aus, gegen sie wegen derselben Tat die Einziehung nach den §§ 73 oder 73c des Strafgesetzbuches oder nach § 29a anzuordnen.

(6) Bei Erlass eines Bußgeldbescheids ist zur Sicherung der Geldbuße § 111e Absatz 2 der Strafprozessordnung mit der Maßgabe anzuwenden, dass an die Stelle des Urteils der Bußgeldbescheid tritt.

Erläuterungen

Übersicht

Vorbemerkung

Der Zweck der Vorschrift besteht darin, die juristische Person bzw. Personenvereinigung nicht besser zu stellen als den Einzelunternehmer. Verletzt dieser bußgeldwehrte Unternehmerpflichten, kann die Festsetzung der Geldbuße gegen ihn unter Berücksichtigung des wirtschaftlichen Werts seines Unternehmens, § 17 Abs. 3 Satz 2, und der erzielten wirtschaftlichen Vorteile, § 17 Abs. 4 Satz 1, erfolgen. Würde § 30 nicht existieren, könnte allenfalls eine Geldbuße gegen das handelnde Organ festgesetzt werden. Die Höhe der Geldbuße könnte sich demnach nur nach den wirtschaftlichen Verhältnissen des Organs richten. Trotz der Möglichkeit, die Einziehung des Werts von Taterträgen nach § 29a Abs. 2 Satz 1 Nr. 1 gegen die juristische Person oder Personenvereinigung anzuordnen, könnte die Geldbuße demnach der Tat nicht gerecht werden.

Neben dieser repressiven Funktion steht die Überlegung, dass die Gefahr der Verhängung einer Geldbuße gegen die vertretene juristische Person oder Personenvereinigung eine disziplinierende Wirkung im Hinblick auf die Auswahl der Vertretungsorgane hat.

Die Sanktionsregelung des § 30 steht im Übrigen in engem Zusammenhang mit § 130. Gegen die juristische Person oder Personenvereinigung besteht über § 130 eine Ahndungsmöglichkeit auch in den Fällen, in denen die eigentliche Zuwiderhandlung, die

Anknüpfungstat, unterhalb der gesetzlichen Vertretung (Organschaft, Leitungsebene) des Verbands begangen wird (vgl. *Göhler*, 18. Auflage 2021, Rdnr. 11a Vor § 29a).

1. Juristische Personen und Personenvereinigungen

1.1 Juristische Personen

Vgl. zu den juristischen Personen bereits Erl. 1.1 zu § 9. Die Vorschrift des Absatz 1 Nr. 1 ist auch anwendbar bei juristischen Personen des öffentlichen Rechts (vgl. OLG Frankfurt, NJW 1976 S. 1276 – Landkreis; OLG Hamm, NJW 1979 S. 1312 – Gemeinde).

1.2 Personenvereinigungen

Der juristischen Person sind im Sinne des § 30 die rechtsfähige Personengesellschaft und der nicht-rechtsfähige Verein gleichgestellt, Absatz 1 Nr. 2 und 3.

1.2.1 Rechtsfähige Personengesellschaft

Zu den rechtsfähigen Personengesellschaften vgl. bereits die Erl. 1.1 zu § 9 und die Erl. 1 zu § 29. Von der Vorschrift erfasst sind als Personenhandelsgesellschaften die offene Handelsgesellschaft (§§ 105 ff. HGB) und die Kommanditgesellschaft (§§ 161 ff. HGB), die Gesellschaft bürgerlichen Rechts (§ 705 BGB), die Partnerschaftsgesellschaft (§§ 1 ff. PartGG) und die Europäische Wirtschaftliche Interessenvereinigung (vgl. § 1 HS 1 AG-EWIV – die für die OHG geltenden Vorschriften sind entsprechend anzuwenden, soweit nicht das AG-EWIV spezielle Vorschriften enthält. Die Vereinigung gilt als Handelsgesellschaft im Sinne des HGB, § 1 HS 2 AG-EWIV.).

Bei diesen Gesellschaftsformen besteht die Besonderheit, dass der vertretungsberechtigte Gesellschafter, an dessen Handeln die Festsetzung der Geldbuße gegen die Personengesellschaft anknüpft, häufig Anteile am Gesellschaftsvermögen hält. Bei Festsetzung einer Geldbuße gegen den Vertreter und die Gesellschaft kann es deshalb zu einer doppelten Ahndung kommen, die im Wege des einheitlichen Verfahrens vermieden werden kann (vgl. hierzu die Ausführungen unter Erl. 5).

1.2.2 Nicht-rechtsfähiger Verein

Der nicht-rechtsfähige Verein (§ 54 BGB) ist eine auf Dauer berechnete Verbindung einer größeren Anzahl von Personen zur Erreichung eines gemeinsamen Zweckes, die nach ihrer Satzung körperschaftlich organisiert ist, einen Vereinsnamen führt und auf einen wechselnden Mitgliederbestand angelegt ist (vgl. RGZ 143, 212, 213). Nicht-rechtsfähige Vereine sind oft Inhaber bedeutender Vermögenswerte, weshalb § 30 diese mit guten Gründen als Normadressaten anführt.

1.2.3 Vorgesellschaft

Gesellschaften nach der Gründung, aber vor ihrem Wirksamwerden nach außen (für die GmbH vgl. § 11 Abs. 1 GmbHG, für die offene Handelsgesellschaft vgl. § 123 Abs. 1, 2 HGB), müssen, um von § 30 erfasst zu werden, einer in Absatz 1 genannten Kategorie gleichgesetzt werden können. In Betracht kommt (vgl. KKOWiG-*Rogall*, 5. Auflage 2018, Rdnr. 44 zu § 30) eine Gesellschaft bürgerlichen Rechts (siehe oben Erl. 1.2.1) und, vorausgesetzt, es wird ein Handelsgewerbe betrieben, eine OHG, §§ 1 Abs. 2, 105 Abs. 1 HGB. Der Vorverein ist bis zu seiner Eintragung als nicht-rechtsfähiger Verein (siehe oben Erl. 1.2.2) zu betrachten. Die spätere juristische Person oder Personenvereinigung ist mit der Vorgesellschaft oder dem Vorverein identisch (vgl. KKOWiG-*Rogall*, 5. Auflage 2018, Rdnr. 50 zu § 30), sie übernimmt also dessen Rechte und Pflichten.

1.2.4 Faktische Gesellschaft

Tritt eine Gesellschaft nach außen wie eine gültige Gesellschaft auf, ist aber etwa der Gesellschaftsvertrag nichtig, ist § 30 anwendbar, sofern sich die Gesellschaft in einer der in Absatz 1 genannten Formen im Rechtsverkehr betätigt und es sich um keine Scheingesellschaft handelt (vgl. *Göhler*, 18. Auflage 2021, Rdnr. 7 zu § 30). Die in Vollzug gesetzte fehlerhafte juristische Person ist grundsätzlich eine gültige Gesellschaft (§§ 75 ff. GmbHG, 275 ff. AktG), die § 30 OWiG unterfällt. Dies gilt auch für die fehlerhafte Personengesellschaft. Die Gesellschaft muss sich auch im Bereich des OWiG ihr Auftreten im Rechtsverkehr entgegenhalten lassen.

2. Vertreterhandeln

2.1 Personenkreis

Die AG wird vom Vorstand vertreten, § 78 Abs. 1 Satz 1 AktG. Die Kommanditgesellschaft auf Aktien wird durch die persönlich haftenden Gesellschafter vertreten, § 278 Abs. 2 AktG, 125 Abs. 1, 161 Abs. 2, 170 HGB. Vertretungsberechtigt innerhalb der GmbH sind die Geschäftsführer bzw. deren Stellvertreter, §§ 6, 35, 44 GmbHG. Die Genossenschaft wird durch den Vorstand vertreten, § 24 GenG. Bezüglich der Vertretung der Vorstandsmitglieder gilt eine Regelung ähnlich wie bei der GmbH, § 35 GenG. Eingetragener (nicht wirtschaftlicher) und wirtschaftlicher Verein werden durch den Vorstand vertreten, § 26 BGB. Durch die Satzung kann bestimmt werden, dass für gewisse Geschäfte neben dem Vorstand besondere Vertreter zu bestellen sind, § 30 BGB. Das Recht der privatrechtlichen rechtsfähigen Stiftung verweist in § 86 auf das Vereinsrecht einschließlich der Vertretungsregelungen. Beim nicht-eingetragenen Verein spricht § 30 Abs. 1 Nr. 2 ausdrücklich nur vom Vorstand bzw. Vorstandsmitglied. Der besondere Vertreter im Sinne des § 30 BGB ist deshalb im Gegensatz zum eingetragenen Verein nicht erfasst (siehe aber *Göhler*, 18. Auflage 2021, Rdnr. 11 zu § 30: Sofern er nicht im Rahmen einer wirtschaftlichen Betätigung schon als Generalbevollmächtigter oder Handlungsbevollmächtigter in leitender Stellung im Sinne von Nr. 4 erfasst ist, wird er jedenfalls unter die Generalklausel nach Absatz 1 Nr. 5 zu subsumieren sein.). Bei den Personenhandelsgesellschaften OHG und KG sind vorbehaltlich einer anderen Regelung im Gesellschaftsvertrag alle persönlich haftenden Gesellschafter Vertreter, §§ 125 Abs. 1, 161 Abs. 2, 170 HGB. Bei der GmbH u. Co. KG ist der Geschäftsführer der GmbH das handelnde Vertretungsorgan der Personengesellschaft (vgl. BGH, NStZ 1986 S. 79). Bei der Gesellschaft bürgerlichen Rechts sind grundsätzlich, d. h. vorbehaltlich einer anderen Regelung im Gesellschaftsvertrag, die Gesellschafter gemeinschaftlich vertretungsberechtigt, §§ 709, 714 BGB. Auf die Vertretung der Partnerschaftsgesellschaft ist das Recht der OHG anwendbar (vgl. § 7 Abs. 3 PartGG). Dies gilt auch für die Europäische Wirtschaftliche Interessenvereinigung (siehe oben Erl. 1.2.1).

Zu Absatz 1 Nr. 4 und 5 vgl. bereits § 29 Abs. 1 Nr. 4 und 5 und Erl. 1 zu § 29.

2.2 Vertretungsberechtigung

Sie ist abstrakt zu ermitteln. Es muss nicht konkret festgestellt werden, ob der Handelnde im konkreten Einzelfall mit Vertretungsmacht agiert hat. Der Handelnde muss aber grundsätzlich, wenn auch nur in Gemeinschaft mit anderen (z. B. auch einem Prokuristen), zur Vertretung berechtigt sein. Die „Vertretungsberechtigung“ im Sinne des § 30 will die Organ-Stellung kennzeichnen und sie von anderen in Betracht kommenden Organen (z. B. Mitgliederversammlung oder Aufsichtsrat) abgrenzen. Eine Aufteilung der Geschäftsbereiche hindert nicht, die Vertretungsberechtigung im Sinne des § 30 anzunehmen, wenn der unzuständige Vertreter erkennt, dass eine in den Aufgabenbereich des Zuständigen fallende rechtlich gebotene Handlung nicht oder möglicherweise nicht vorgenommen wird (vgl. hierzu Erl. 1.2 zu § 9: Der Grundsatz der Generalverantwortung und Allzuständigkeit der Geschäftsleitung greift ein, wenn das Unternehmen in Ausnahme- und Krisensituationen als Ganzes betroffen ist.). Auf die Wirksamkeit des Bestellungsaktes kommt es nicht an. §§ 9 Abs. 3, 29 Abs. 2 sind Ausdruck des allgemeinen Grundsatzes der faktischen Betrachtungsweise.

2.3 Handeln als Vertreter

Insoweit kommt es zunächst darauf an, dass der Vertreter im Aufgabenkreis des Vertretenen handelt. Ohne Belang ist dagegen eine Zuständigkeitsüberschreitung im Verhältnis der Vertreter zueinander (s. o. Erl. 2.2). Ein innerer Zusammenhang mit der Vertreterstellung muss aber verneint werden, wenn der Vertreter eine Handlung vornimmt, die nach ihrem Zuschnitt ebenso von einem beliebigen Betriebsangehörigen vorgenommen werden könnte oder wenn er „gelegentlich" seiner Vertreter-Tätigkeit eine privatnützige Handlung vornimmt, z. B. einen Diebstahl oder eine Unterschlagung (vgl. bereits Erl. 2 zu § 29 und *Göhler*, 18. Auflage 2021, Rdnr. 25 zu § 30). Eine privatnützige Handlung ist es aber gerade nicht und der innere Zusammenhang mit der Vertreterstellung bleibt bestehen, wenn bei Vertragsverhandlungen der Vertragspartner durch Bestechung zum Vertragsschluss bewegt wird (vgl. *Göhler*, a. a. O.).

2.4 Begehung einer Straftat oder Ordnungswidrigkeit

Die Verhängung einer Geldbuße gegen die juristische Person bzw. Personenvereinigung ist streng akzessorisch zur Anknüpfungstat, d. h. das Organ muss tatbestandsmäßig, rechtswidrig und schuldhaft (vorwerfbar) eine Straf- oder Bußgeldnorm verletzt haben. Nicht jeder im Betrieb der juristischen Person oder Personenvereinigung vorgekommene Verstoß ist den vertretungsberechtigten Organen zuzurechnen, sondern es ist die konkrete Verantwortlichkeit festzustellen. Im Fall eines Verstoßes nach dem SchwarzArbG (Schwarzarbeitsbekämpfungsgesetz vom 23.7.2004, BGBl. I S. 1842, zuletzt geändert durch Gesetz vom 25.6.2021, BGBl. I S. 2099), kommt eine Verantwortung des Geschäftsführers dann in Betracht, wenn er an dem konkreten Vorgang mitgewirkt oder diesen wissentlich geduldet hat oder wenn er seiner Aufsichtspflicht als für den gesamten Betrieb verantwortliche Person nicht nachgekommen ist (vgl. OLG Düsseldorf, NStZ 1996 S. 193 f.). Ordnungswidrigkeit im Sinne des § 30 ist auch die Verletzung der Aufsichtspflicht gem. § 130 (vgl. *Göhler*, 18. Auflage 2021, Rdnr. 15 zu § 30). Die Verhängung einer Geldbuße gegen eine juristische Person oder Personenvereinigung hängt allerdings nicht davon ab, dass festgestellt wird, welcher von mehreren in Frage kommenden Verantwortlichen die Aufsichtspflicht nicht erfüllt hat. Notwendig ist allein die Feststellung, dass ein i. S. von § 30 OWiG Verantwortlicher die Zuwiderhandlung vorwerfbar begangen hat (vgl. BGH, NStZ 1994 S. 346).

3. Verletzung von Pflichten, die die juristische Person oder Personenvereinigung treffen

Durch die Begehung der Straftat bzw. Ordnungswidrigkeit müssen Pflichten verletzt worden sein, welche die juristische Person oder Personenvereinigung treffen. Die Aufsichtspflichtverletzung nach § 130 ist der wichtigste Anwendungsfall. Aufsichtsmaßnahmen in Betrieben und Unternehmen sind in erster Linie vom Inhaber selbst zu treffen. Bei juristischen Personen und Personenvereinigungen obliegt die Aufsichtspflicht den Organen. Als betriebsbezogene sind im Übrigen die Pflichten zu umreißen, die die juristische Person oder Personenvereinigung als solche treffen. (Die juristische Person ist Gewerbetreibender, Arbeitgeber, Unternehmer im Sinne der bußgeld- oder strafbewehrten Norm.) Jedermann treffende Pflichten werden dann zu betriebsbezogenen, wenn sie dem aufgabenspezifischen Bereich des Betriebs zuzuordnen sind (Beispiele: Ein Organ veräußert nach Abschreibung einen Firmenwagen an eine Privatperson bei arglistigem Verschweigen der Tatsache, dass es sich um einen Unfallwagen handelt; eine Fabrik wird nicht auf eine Art und Weise geführt, dass die der Reinhaltung eines nahe gelegenen Gewässers dienenden Bußgeldvorschriften beachtet werden, vgl. *Göhler*, 18. Auflage 2021, Rdnr. 20 zu § 30).

4. Bereicherung der juristischen Person oder Personenvereinigung

Eine Geldbußenfestsetzung gegen die juristische Person oder Personenvereinigung ist nach dem Gesetzeswortlaut des Absatzes 1 auch dann möglich, wenn diese durch die Begehung der Straftat oder Ordnungswidrigkeit bereichert worden ist oder bereichert werden sollte. Es kommt hier nicht darauf an, dass eine betriebsbezogene Pflicht im Sinne der Erl. 3 verletzt wurde. Die Straftat bzw. Ordnungswidrigkeit muss aber durch ein Handeln als Vertreter begangen worden sein (vgl. oben Erl. 2.3), d. h. zwischen der Tat der Leitungsperson und dem Wirkungskreis der juristischen Person oder Personenvereinigung muss ein innerer Zusammenhang bestehen. Als Beispiel mag dienen die Bestechung eines für Vergaben zuständigen kommunalen Beamten durch das Organ, um einen Auftrag für den Vertretenen an Land zu ziehen. Unter Bereicherung ist jede Erhöhung des wirtschaftlichen Werts des Vermögens zu verstehen (vgl. BGH, VRS 42, 110). Die Bereicherung muss entweder eingetreten sein oder zumindest vom Täter, wenn auch nicht als Hauptzweck (vgl. *Göhler*, 18. Auflage 2021, Rdnr. 22 zu § 30), erstrebt worden sein.

5. Verhältnis der Verfahren gegen die juristische Person oder Personenvereinigung und gegen deren Organ

Aus Absatz 4 lässt sich entnehmen, dass die Verhängung einer Geldbuße gegen die juristische Person oder Personenvereinigung und gegen deren Organ grundsätzlich in einem einheitlichen Verfahren untersucht wird. Wird gegen das Organ kein Straf- oder Bußgeldverfahren durchgeführt („eingeleitet") oder wird ein solches eingestellt oder wird von Strafe abgesehen, kann selbständig ein Verfahren gegen den Vertretenen durchgeführt werden, Absatz 4 Satz 1. Dies gilt gem. Absatz 4 Satz 3, 1. HS nicht bei rechtlichen Verfolgungshindernissen bezüglich der Handlung des Organs (z. B. Verjährung, vgl. hierzu die Erl. zu § 31). Andererseits kann die Verjährung durch Verfolgungshandlungen zur Durchführung des selbstständigen Verfahrens unterbrochen werden (vgl. Abs. 4 Satz 3, 2. Halbsatz, § 33 Abs. 1 Satz 2). Allerdings darf die Organtat dann noch nicht verjährt sein (vgl. OLG Frankfurt bei *Göhler,* NStZ 1993 S. 71, 72). Abs. 4 Satz 2, eingefügt durch Gesetz vom 13.8.1997 (BGBl. I S. 2038), ermöglicht es, durch Gesetz zu bestimmen, dass die Geldbuße auch in weiteren Fällen selbständig festgesetzt werden kann. Nach § 82 Abs. 2 Satz 1 GWB ist die Kartellbehörde für Verfahren wegen der Festsetzung einer Geldbuße gegen eine juristische Person oder Personenvereinigung nach § 30 in Fällen ausschließlich zuständig, denen eine Straftat, die auch den Tatbestand des § 81 Abs. 1, 2 Nr. 1 und Absatz 3 verwirklicht, oder eine vorsätzliche oder fahrlässige Ordnungswidrigkeit nach § 130 OWiG, bei der eine mit Strafe bedrohte Pflichtverletzung auch den Tatbestand des § 81 Abs. 1, 2 Nr. 1 und Absatz 3 verwirklicht, zugrunde liegt. Die ausschließliche Zuständigkeit gilt allerdings nicht, wenn die Kartellbehörde das § 30 OWiG betreffende Verfahren an die Staatsanwaltschaft abgibt, § 82 Abs. 2 Satz 2 GWB.

Die Einheitlichkeit des Verfahrens bedeutet, dass die Festsetzung einer Geldbuße gegen den Vertretenen in einem abgetrennten Verfahren solange nicht zulässig ist, als ein Verfahren gegen das Organ schwebt. Andererseits kann es trotz dieses Grundsatzes zu der Konstellation kommen, dass das Organ nach Einlegung der Rechtsbeschwerde freigesprochen wird, die Festsetzung der Geldbuße gegen den Vertretenen aber in Rechtskraft erwächst (vgl. auch KKOWiG-*Rogall*, 5. Auflage 2018, Rdnr. 182 – 184 zu § 30: Der bloße Verstoß gegen § 30 Abs. 4 stellt mangels Offenkundigkeit keinen Nichtigkeitsgrund dar. Der gegen § 30 Abs. 4 OWiG verstoßende Bußgeldbescheid ist auf Einspruch hin aufzuheben und das Verfahren wegen eines Verfahrenshindernisses einzustellen. Ist der Bußgeldbescheid gegen die juristische Person oder Personenvereinigung bereits rechtskräftig, so bleibt allenfalls die Wiederaufnahme gem. § 85 OWiG, wenn nachträglich bekannt wird, dass die Voraussetzungen des Absatzes 4 nicht vorgelegen haben.).

Im Verfahren gegen den vertretungsberechtigten Gesellschafter einer Personenhandelsgesellschaft und diese selbst liegt kein Verstoß gegen Art. 103 Abs. 3 GG (vgl. OLG Hamm, NJW 1973 S. 1851, 1853). Bei der Festsetzung der Geldbuße gegen das Organ muss aber berücksichtigt werden, inwieweit es durch die Festsetzung der Geldbuße gegen den Vertretenen bereits einen Nachteil erlitten hat.

6. Wechsel der Rechtsform der juristischen Person oder Personenvereinigung; Haftung des Rechtsnachfolgers

Eine Änderung der Rechtsform nach dem Verstoß des Organs steht der Verhängung einer Geldbuße gegen die neue Gesellschaft grundsätzlich nicht entgegen, wenn wirtschaftliche Identität zwischen alter und neuer Gesellschaft gegeben ist und auch die neue Gesellschaft unter die Organisationsformen des Absatzes 1 fällt (vgl. OLG Stuttgart, Die Justiz 1972 S. 325, 326). Andernfalls könnte ein Verfahren durch Rechtsgestaltung vereitelt werden. Eine BGB-Gesellschaft, die an die Stelle einer OHG tritt, ist dann Normadressat des § 30, wenn Personenidentität zu den OHG-Gesellschaftern besteht (vgl. OLG Stuttgart, a. a. O.).

Mit Art. 4 des Achten Gesetzes zur Änderung des GWB vom 26.6.2013 (vgl. BGBl. I S. 1738) hat der Gesetzgeber in Absatz 2a eine Haftung des Rechtsnachfolgers statuiert, selbst wenn die Gesellschaftsidentität im vorstehenden Sinne nicht besteht. Vom Begriff der Gesamtrechtsnachfolge in Absatz 2a Satz 1 sind erfasst die Fälle der Verschmelzung im Sinne der §§ 2 ff. UmwG und der Vollübertragung nach § 174 Abs. 1 UmwG. Bei der in Absatz 2a Satz 1 ebenfalls erwähnten partiellen Gesamtrechtsnachfolge durch Aufspaltung (vgl. § 123 Abs. 1 UmwG) spaltet ein übertragender Rechtsträger sein Vermögen auf mindestens zwei bereits bestehende oder neu gegründete übernehmende Rechtsträger als Teilrechtsnachfolger auf mit der Konsequenz, dass sämtliche Teilrechtsnachfolger in die Rechtsstellung des Rechtsvorgängers eintreten und die Geldbuße gegen jeden Teilrechtsnachfolger festgesetzt werden kann. Verwaltungsbehörde bzw. Gericht haben dann zu entscheiden, gegen welchen Teilrechtsnachfolger die Geldbuße festgesetzt wird. Absatz 2a Satz 1 gilt nicht, wenn es zwar zu Abspaltungen oder Ausgliederungen kommt, der Rechtsträger aber fortbesteht, wie in den Fällen des § 123 Abs. 2 und 3 UmwG. Auch wenn der Rechtsträger lediglich einzelne Vermögensgegenstände überträgt, mögen diese auch wesentlich sein, gilt Absatz 2a Satz 1 nicht. Absatz 2a Satz 1 gilt schließlich nicht im Falle der Einzelrechtsnachfolge (vgl. *Göhler*, 18. Auflage 2021, Rdnr. 38c zu § 30; sog. „asset deal", bei dem die einzelnen Wirtschaftsgüter des Unternehmens im Wege der Singularsukzession übertragen werden). Wird eine juristische Person von einer natürlichen Person als Einzelunternehmer übernommen, verbleibt es bei den allgemeinen Grundsätzen. Der Einzelunternehmer ist nicht Normadressat des § 30 OWiG und wird nicht zum Betroffenen.

Für die Fälle der Rechtsnachfolge gem. Absatz 2a Satz 1 bestimmt Absatz 2a Satz 3, dass der Rechtsnachfolger im Bußgeldverfahren in die Verfahrensstellung eintritt, in der sich der Rechtsvorgänger zum Zeitpunkt des Wirksamwerdens der Rechtsnachfolge befunden hat. Eine Hemmung oder Unterbrechung der Verjährung gegenüber dem Rechtsvorgänger muss sich damit auch der Rechtsnachfolger entgegenhalten lassen. Zur Höhe der Festsetzung der Geldbuße gegenüber dem Rechtsnachfolger, Absatz 2a Satz 2, vgl. Erl. 8.

7. Opportunitätsprinzip

Ausgehend vom Normzweck des § 30 ist jeweils ein Vergleich anzustellen zu der Konstellation „Einzelunternehmer". Wäre die Geldbuße in diesem Fall nennenswert höher ausgefallen als bei der Festsetzung der Geldbuße lediglich gegen das Organ unter Berücksichtigung seiner wirtschaftlichen Verhältnisse, wird regelmäßig die Festsetzung einer Geldbuße gegen die juristische Person oder Personenvereinigung in Betracht kommen. Kommt die Verfolgungsbehörde zu dem Ergebnis, dass nach dem dem Täter zu machenden Vorwurf eine Ahndung gegen den Vertretenen ausreicht, kann sie das Verfahren gegen den Täter einstellen und selbständig gegen den Vertretenen vorgehen, Absatz 4 Satz 1. Jedenfalls sind mittelbare Nachteile, die der Täter durch die Geldbußenfestsetzung gegen die juristische Person oder Personenvereinigung erleidet, in seinem Verfahren zu berücksichtigen (vgl. OLG Hamm, NJW 1973 S. 1851, 1853 f.; oben Erl. 5).

8. Geldbuße

Das Höchstmaß der Geldbuße wurde mit Wirkung vom 30.6.2013 durch Art. 4 des Achten Gesetzes zur Änderung des GWB vom 26.6.2013 (vgl. BGBl. I S. 1738) in Absatz 2 Satz 1 Nr. 1 und 2 bei Begehung einer vorsätzlichen Straftat auf zehn Millionen Euro, bei Begehung einer fahrlässigen Straftat auf eine Million Euro festgelegt (zur bisherigen Rechtslage vgl. Art. 24 des Gesetzes vom 13.12.2001, BGBl. I S. 3574, und Art. 2 des Gesetzes vom 22.8.2002, BGBl. I S. 3387: Im Falle einer vorsätzlichen Straftat Geldbuße bis zu einer Million Euro, bei Begehung einer fahrlässigen Straftat Geldbuße bis zu fünfhunderttausend Euro). Bei Begehung einer Ordnungswidrigkeit richtet sich das Höchstmaß der Geldbuße nach dem für die begangene Ordnungswidrigkeit angedrohten Höchstmaß, Absatz 2 Satz 2. Absatz 2 Satz 3 sieht eine Verzehnfachung des Höchstmaßes der Geldbuße nach Absatz 2 Satz 2 vor, wenn das Gesetz wie etwa in § 130 Abs. 3 Satz 2 auf Absatz 2 Satz 3 verweist. Absatz 2 Satz 3 wurde ebenfalls eingefügt durch Art. 4 des Achten Gesetzes zur Änderung des GWB vom 26.6.2013 (vgl. BGBl. I S. 1738). Wenn also die Pflichtverletzung, die der Aufsichtspflichtige hätte verhindern sollen, in einer Straftat besteht, kann eine Verbandsgeldbuße bis zu zehn Millionen Euro verhängt werden. Bei Taten, die gleichzeitig Straftat und Ordnungswidrigkeiten sind, gilt das für die begangene Ordnungswidrigkeit angedrohte Höchstmaß, wenn dieses das Höchstmaß nach Absatz 2 Satz 1 übersteigt, Absatz 2 Satz 4, eingefügt durch Gesetz vom 13.8.1997 (BGBl. I Seite 2038). Ein Anwendungsfall des Absatzes 2 Satz 4 ist das Zusammentreffen einer Straftat nach § 298 StGB mit einer Kartellordnungswidrigkeit nach § 81 Abs. 1, Abs. 2 Nr. 1, 2 Buchstabe a und Nr. 5, Abs. 3 GWB. Das Höchstmaß der Geldbuße gem. § 81c Abs. 2 GWB kann das Höchstmaß nach Absatz 2 Satz 1 erheblich übersteigen (vgl. *Göhler*, 18. Auflage 2021, Rdnr. 36 zu § 30: Ggf. bis zu mehreren Milliarden Euro). Der Bußgeldrahmen für die Kartellordnungswidrigkeit reicht bis zu 10 Prozent des in dem der Behördenentscheidung vorausgegangenen Geschäftsjahr erzielten Gesamtumsatzes des Unternehmens oder der Unternehmensvereinigung, § 81c Abs. 2 Satz 2 GWB.

Bei Festsetzung der Geldbuße gegen einen Rechtsnachfolger gem. Absatz 2a Satz 1 darf diese den Wert des übernommenen Vermögens nicht übersteigen, Absatz 2a Satz 2. Die Bestimmung ist Ausdruck des Verhältnismäßigkeitsgrundsatzes (vgl. KKOWiG-*Rogall*, 5. Auflage 2018, Rdnr. 149 zu § 30 mit Verweis auf BT-Drs. 17/11053 S. 22). Insoweit kann auf die bei Unternehmensumstrukturierungen erforderlichen Bewertungen sowie auf Bilanzen zurückgegriffen werden. Die zu erwartende Geldbuße ist kein wertmindernder Faktor. Absatz 2a Satz 2 verbietet ferner, dass die Geldbuße die Höhe der gegenüber dem Rechtsvorgänger angemessenen Geldbuße übersteigt. Es ist also eine hypothetische Bußgeldbemessung erforderlich, aus der sich ergibt, welche Geldbuße gegenüber dem Rechtsvorgänger angemessen gewesen wäre.

Die Höhe der Geldbuße bestimmt sich nach Maßgabe des vorstehend genannten Rahmens nach dem Unrechtsgehalt der Bezugstat und deren Auswirkungen auf den geschützten Ordnungsbereich (vgl. *Göhler*, 18. Auflage 2021, Rdnr. 36a zu § 30). Zu Lasten der juristischen Person wird sich insbesondere ein Organisationsverschulden auswirken. Negativ sind auch Wiederholungsfälle zu bewerten. Über Absatz 3 sind §§ 17 Abs. 4 und 18 für anwendbar erklärt (vgl. die Erl. dort). Die Verweisung auf § 17 Abs. 4 steht in engem Zusammenhang zu Absatz 5. Wegen des Gebots, bei der Festsetzung der Geldbuße den wirtschaftlichen Vorteil zu überschreiten, § 17 Abs. 4 Satz 1, ist die gleichzeitige Anordnung der Einziehung nach § 29a OWiG bzw. nach den §§ 73 oder 73c StGB wegen derselben Tat gegen die juristische Person oder Personenvereinigung unzulässig (siehe auch Erl. 5 zu § 29a). Dasselbe gilt für die Abführung des Mehrerlöses gem. § 8 Abs. 4 Satz 1 WiStG 1954. Andererseits ist die Geldbußenfestsetzung nach der Anordnung der Einziehung des Werts von Taterträgen bzw. der Mehrerlösabführung nicht unzulässig, wenn diese Tatsachen bei ihr Berücksichtigung finden (siehe Erl. 5 zu § 29a).

9. Zuständigkeit

Für die **Festsetzung der Geldbuße** gegen die juristische Person oder Personenvereinigung sind die Verwaltungsbehörden zuständig, wenn Anknüpfungstat eine Ordnungswidrigkeit des Organs ist. Ist dagegen die Anknüpfungstat eine Straftat, ist für die Verfolgung die Staatsanwaltschaft und für die Bußgeldfestsetzung das Gericht zuständig, § 444 Abs. 1 StPO (vgl. *Göhler*, 18. Auflage 2021, Rdnr. 43 zu § 30). Bei einer Einstellung des Strafverfahrens durch die Staatsanwaltschaft kann durch sie die Geldbußenfestsetzung im selbstständigen Verfahren bei Gericht beantragt werden, §§ 444 Abs. 3, 435, 436 Abs. 1 und 2 StPO.

10. Vollstreckung

Die Vollstreckung von Bußgeldentscheidungen gegen juristische Personen und Personenvereinigungen richtet sich nach den §§ 89 ff. OWiG. Die Vollstreckbarkeit bleibt auch im Falle einer Gesamtrechtsnachfolge unberührt (vgl. KKOWiG-*Rogall*, 5. Auflage 2018, Rdnr. 252 zu § 30).

Vor dem durch Art. 4 des Achten Gesetzes zur Änderung des GWB vom 26.6.2013 mit Wirkung vom 30.6.2013 eingefügten Absatz 6 war es zwar möglich, gem. §§ 46 Abs. 1 OWiG, 111d Abs. 1 Satz 2 StPO a. F. wegen der Geldbuße und der voraussichtlich entstehenden Verfahrenskosten den dinglichen Arrest anzuordnen, aber erst nach einem auf Geldbuße lautenden Urteil (vgl. KKOWiG-*Rogall*, 5. Auflage 2018, Rdnr. 253 zu § 30). Absatz 6 erweitert diese Möglichkeit zur Sicherung der Geldbuße nach einem ergangenen Bußgeldbescheid. Der Verweis in Absatz 6 in die StPO ist durch Gesetz vom 13.4.2017 (BGBl. I S. 872) geändert worden. Der Vermögensarrest zur Sicherung der Vollstreckung einer Geldstrafe und der voraussichtlichen Kosten des Strafverfahrens ist seitdem in § 111e Abs. 2 StPO geregelt. Die Anordnung des Vermögensarrestes in das bewegliche und unbewegliche Vermögen setzt einen Arrestgrund voraus, §§ 46 Abs. 1 OWiG, 111e Abs. 2 StPO, 917 Abs. 1 ZPO. Es muss also zu besorgen sein, dass ohne dessen Verhängung die Vollstreckung des Bußgeldbescheids vereitelt oder wesentlich erschwert würde. Hierunter fällt insbesondere das Beiseiteschaffen oder die Verschleierung von Vermögenswerten (vgl. KKOWiG-*Rogall*, 5. Auflage 2018, Rdnr. 254 zu § 30). Für die Anordnung des Arrestes ist das Gericht zuständig gem. §§ 46 Abs. 1 OWiG, 111j Abs. 1 Satz 1 StPO. Bei Gefahr im Verzug besteht auch eine Zuständigkeit der Verwaltungsbehörde gem. §§ 46 Abs. 1, 2 OWiG, 111j Abs. 1 Satz 2 StPO. In diesem Fall besteht aber die Pflicht, innerhalb einer Woche die gerichtliche Bestätigung der Anordnung zu beantragen, §§ 46 Abs. 1, 2 OWiG, 111j Abs. 2 Satz 1 StPO.

Siebenter Abschnitt.
Verjährung

§ 31
Verfolgungsverjährung

(1) Durch die Verjährung werden die Verfolgung von Ordnungswidrigkeiten und die Anordnung von Nebenfolgen ausgeschlossen. § 27 Abs. 2 Satz 1 Nr. 1 bleibt unberührt.

(2) Die Verfolgung von Ordnungswidrigkeiten verjährt, wenn das Gesetz nichts anderes bestimmt,

1. **in drei Jahren bei Ordnungswidrigkeiten, die mit Geldbuße im Höchstmaß von mehr als fünfzehntausend Euro bedroht sind,**
2. **in zwei Jahren bei Ordnungswidrigkeiten, die mit Geldbuße im Höchstmaß von mehr als zweitausendfünfhundert bis zu fünfzehntausend Euro bedroht sind,**

3. in einem Jahr bei Ordnungswidrigkeiten, die mit Geldbuße im Höchstmaß von mehr als eintausend bis zu zweitausendfünfhundert Euro bedroht sind,

4. in sechs Monaten bei den übrigen Ordnungswidrigkeiten.

(3) Die Verjährung beginnt, sobald die Handlung beendet ist. Tritt ein zum Tatbestand gehörender Erfolg erst später ein, so beginnt die Verjährung mit diesem Zeitpunkt.

Erläuterungen

Übersicht

Vorbemerkung

Verfolgungsverjährung (§ 31) und Vollstreckungsverjährung (§ 34) sind beides Verfahrenshindernisse. Die Verfolgungsverjährung macht die Verfolgung der Ordnungswidrigkeit, die Vollstreckungsverjährung die Vollstreckung der Ordnungswidrigkeit unzulässig. Die früher vertretene Auffassung, wonach in der Verjährung sowohl eine Institution des materiellen als auch des Verfahrensrechts gesehen wurde, wird in der neueren Rechtsprechung nicht mehr vertreten (vgl. BVerfGE 25, 269, 287: Mit der Verfolgbarkeit entfällt nicht die Strafbarkeit, d. h., an der materiell-rechtlichen Bewertung der Handlung als rechtswidrig und vorwerfbar ändert sich nichts.).

1. Einheitlichkeit der Verjährung

Absatz 1 Satz 1 stellt den Grundsatz auf, dass die Verjährung einheitlich für die Verfolgung der Ordnungswidrigkeit und die Anordnung der Nebenfolgen gilt. Absatz 1 Satz 2 bestimmt in Ausnahme hiervon, dass die Einziehung aus Sicherungsgründen (§ 22 Abs. 2 Nr. 2, Abs. 3) im selbständigen Verfahren auch dann angeordnet werden kann, wenn die Tat bereits verjährt ist, § 27 Abs. 2 Satz 1 Nr. 1 (vgl. hierzu auch Erl. 1.16 zu § 33).

Bei mehreren Betroffenen kann der Eintritt der Verjährung unterschiedlich sein, da die Unterbrechung (§ 33) gegenüber jedem Beteiligten selbstständig erfolgt.

Tateinheitlich begangene Ordnungswidrigkeiten setzen jeweils eine eigene Verfolgungsverjährungsfrist in Lauf, andererseits tritt die Unterbrechungswirkung bezüglich aller innerhalb der Tat im Sinne des geschichtlichen Ereignisses (vgl. Erl. 3 vor § 59) begangenen Ordnungswidrigkeiten ein (vgl. BGHSt 22, 105, 107).

2. Verfolgungsverjährungsfrist

Absatz 2 bindet die Dauer der Verfolgungsverjährungsfrist an die abstrakte Bußgelddrohung an. Infolge von Art. 24 des Gesetzes vom 13.12.2001 (BGBl. I S. 3574) gilt die dreijährige Verfolgungsverjährungsfrist bei Ordnungswidrigkeiten, die mit Geldbuße im Höchstmaß von mehr als fünfzehntausend Euro bedroht sind, die zweijährige Verfolgungsverjährungsfrist bei Ordnungswidrigkeiten, die mit Geldbuße im Höchstmaß von mehr als zweitausendfünfhundert bis zu fünfzehntausend Euro bedroht sind, die einjährige Verfolgungsverjährungsfrist bei Ordnungswidrigkeiten, die mit Geldbuße von mehr als eintausend bis zu zweitausendfünfhundert Euro bedroht sind und die sechsmonatige Verfolgungsverjährungsfrist bei allen übrigen Ordnungswidrigkeiten. Unterscheidet der Bußgeldtatbestand im Höchstmaß nicht nach Vorsatz und Fahrlässigkeit, ist § 17 Abs. 2 zu beachten, d. h. für die fahrlässige Handlung gilt eine andere Verfolgungsverjährungsfrist als für die vorsätzliche Handlung. Zu Besonderheiten vgl. für das Straßenverkehrsrecht § 26 Abs. 3 StVG, für das Presserecht die landesrechtlichen Pressegesetze, deren Verjährungsfristen für strafrechtliche Presseinhaltsdelikte analog für entsprechende Bußgeldverstöße (d. h., die bußgeldrechtliche Relevanz liegt im Inhalt des Druckwerks, das verbreitet wird; ein Analogieschluss kann allerdings nicht gezogen werden, wenn die Pressegesetze – z. B. für Bayern: Art. 15 Abs. 2 PresseG – eine ausdrückliche Verfolgungsverjährungsfrist für Ordnungswidrigkeitentatbestände, die im Pressegesetz selbst geregelt sind, vorsehen) anzuwenden sind (vgl. BGHSt 28, 53, 56), für das Steuerrecht § 384 AO.

Eine gesetzliche Verlängerung der Verjährungsfrist, bzw. eine Erhöhung der Bußgelddrohung, die mittelbar eine Verlängerung der Verjährungsfrist bewirkt, ist nach Beendigung der Handlung (vgl. hierzu Erl. 3) unbeachtlich (vgl. OLG Stuttgart, Die Justiz 1975 S. 352).

3. Fristbeginn

Nach Absatz 3 Satz 1 beginnt die Verjährung mit der Beendigung der Handlung. Diese ist von der Vollendung abzugrenzen. Vollendet ist eine Handlung dann, wenn alle Tatbestandsmerkmale einer Norm erfüllt sind (vgl. BGHSt 16, 207, 208). Beendet ist eine Handlung erst dann, wenn der Betroffene seine Gesamttätigkeit beendet hat (vgl. BGHSt 24, 218, 220; Erl. 1 zu § 14: Wenn der über die Tatbestandserfüllung hinausgehende Handlungszweck erreicht ist).

Einzelfälle:

- Fortgesetzte Handlung: Beendigung der letzten Einzelhandlung (vgl. BGHSt 24, 218, 221). Beschränkt ein Beteiligter seine Mitwirkung auf bestimmte Teilakte, kommt es auf deren Beendigung an (vgl. BGHSt 20, 227, 228 f.).
- Dauerordnungswidrigkeit: Beseitigung des der Tat zugrundeliegenden rechtswidrigen Zustandes (vgl. BGHSt 20, 227, 228; LG Stuttgart, Beschl. vom 28.2.2022, BeckRS 2022, 4419 zur Insolvenzverschleppung mit Verweis auf die ständige Rechtsprechung des BGH, NJW 2017 S. 2565). Beim Bauen ohne Baugenehmigung beginnt die Verjährung mit Abschluss des Baus (vgl. RGSt 37, 78, 79). Eine praktikable Abgrenzungsformel bei Dauerordnungswidrigkeiten ist der Zeitpunkt, ab dem dem Täter kein zusätzlicher Vorwurf mehr gemacht werden kann. Zum Verjährungsbeginn bei Verstößen gegen das Mindestlohngesetz (§ 21 Abs. 1 Nr. 9) vgl. OLG Brandenburg, Beschl. vom 8.12.2021, BeckRS 2021, 40220: Die Existenzgefährdung des Betroffenen durch Unterschreitung des Mindestlohns wirkt ordnungsrechtlich über den Zeitpunkt der Fälligkeit bis zum Wegfall der Zahlungspflicht fort. Die Verjährung beginnt deshalb nicht bereits mit dem Zeitpunkt der Fälligkeit, sondern mit dem Wegfall der Zahlungspflicht.
- Echte Unterlassungsordnungswidrigkeiten: Zeitpunkt, ab dem die Pflicht zum Handeln entfällt (vgl. BGHSt 28, 371, 380), z. B. der Betroffene kommt seiner Pflicht zur Erbringung einer Anzeige über den Verlust eines Gegenstandes nicht nach: Die Verfolgungsverjährungsfrist beginnt mit der Kenntnisnahme des Verlustes durch die Behörde (vgl. OLG Karlsruhe, Die Justiz 1981 S. 449). Bei fahrlässigen echten Dauerunterlassungsordnungswidrigkeiten beginnt die Verjährung, sobald der Täter die Pflicht zum Handeln nicht mehr im Gedächtnis haben kann (vgl. BayObLG, NJW 1991 S. 711, 712) oder die Erfüllung unmöglich ist (vgl. BayObLG, VRS 90, 198: Die Verjährungsfrist hinsichtlich der Ordnungswidrigkeit des Verstoßes gegen die Pflicht zur Aufbewahrung und Vorlage von Schaublättern beginnt jedenfalls mit deren Vernichtung, bevor sie in den Besitz des Unternehmers gelangt sind).
- Versuch: Abschluss der auf Tatbestandsverwirklichung abzielenden Handlung.

- Objektive Bedingungen der Ahndbarkeit (vgl. hierzu Erl. 1.2 zu § 1): Sie müssen in jedem Fall gegeben sein, d. h., wenn die Tat vorher beendet war, beginnt die Verjährung nicht, bis nicht die objektiven Bedingungen der Ahndbarkeit gegeben sind.

4. Fristende

Die Fristberechnung erfolgt gem. §§ 46 Abs. 1, 43 Abs. 1 StPO (z. B.: 6-Monatsfrist – Fristbeginn: 2. 5. – Fristende: 2. 11.). § 43 Abs. 2 StPO ist dagegen nicht anzuwenden (vgl. KG, VRS 44, 127 f.).

Unabhängig vom Lauf der Verjährungsfrist endet die Verfolgungsverjährung mit dem Eintritt der Rechtskraft der Bußgeldentscheidung. Ab diesem Zeitpunkt beginnt die Vollstreckungsverjährung, § 34 Abs. 3. Die Verjährung ruht im Übrigen nach Erlass des Urteils 1. Instanz bzw. des Beschlusses nach § 72 bis zum rechtskräftigen Abschluss des Verfahrens, § 32 Abs. 2. Beim Einziehungsvorbehalt gem. § 24 Abs. 2 ruht die Verfolgungsverjährung bis zur endgültigen Entscheidung über die Einziehung (vgl. *Göhler*, 18. Auflage 2021, Rdnr. 21 zu § 31).

Die bereits beendete Verfolgungsverjährung beginnt in drei Fällen, denen eine Beseitigung der Rechtskraft der Bußgeldentscheidung gemeinsam ist, neu:

- Wiederaufnahme, §§ 85 Abs. 1, 370 Abs. 2 StPO. Mit dem Zeitpunkt der Rechtskraft des Wiederaufnahmebeschlusses beginnt eine neue Verfolgungsverjährungsfrist nach Absatz 2. Es darf jedoch in der Zwischenzeit keine Vollstreckungsverjährung eingetreten sein (vgl. KKOWiG-*Ellbogen*, 5. Auflage 2018, Rdnr. 37 zu § 31).
- Wiedereinsetzung, §§ 52, 46 Abs. 1, 44 ff. StPO. Die Rechtskraft der Bußgeldentscheidung wird durch die Wiedereinsetzung in den vorigen Stand beseitigt. In diesem Falle läuft eine neue Verfolgungsverjährungsfrist, es sei denn, es war bereits die Vollstreckungsverjährung eingetreten (vgl. OLG Frankfurt, VRS 50, 128; OLG Naumburg, NZV 1995 S. 201).
- Nachholung des rechtlichen Gehörs, §§ 46 Abs. 1, 33a StPO. Wird im Wege der Nachholung des rechtlichen Gehörs eine Entscheidung getroffen, die die Rechtskraft des Bußgeldbescheids wieder beseitigt und das Verfahren fortführt (vgl. OLG Frankfurt, MDR 1978 S. 513), läuft ebenfalls eine neue Verfolgungsverjährungsfrist, wenn in der Zwischenzeit noch keine Vollstreckungsverjährung eingetreten war.

5. Verfolgungsverjährung und Verfahren

Die Verjährung ist grundsätzlich in jeder Lage des Verfahrens von Amts wegen (vgl. BGHSt 11, 393, 395) zu berücksichtigen, das Verfahren wegen Vorliegens eines Verfahrenshindernisses einzustellen. Obwohl die Verjährung nach neuerer Rechtsprechung kein materiell-rechtliches Institut darstellt, gilt der Grundsatz „in dubio pro reo" (vgl. BayObLG, DAR 1974 S. 185), d. h. Zweifel über das Vorliegen der Voraussetzungen wirken sich zugunsten des Betroffenen aus.

5.1 Verwaltungsbehörde

Unter ihrer Verfahrensherrschaft erfolgt die Einstellung bei Verfolgungsverjährung gem. §§ 46 Abs. 1, 170 Abs. 2 StPO. Stellt sich der Eintritt der Verfolgungsverjährung auf den wirksamen Einspruch des Betroffenen hin heraus, ist der Bußgeldbescheid zurückzunehmen und das Verfahren nach den gleichen Vorschriften einzustellen. Ein im Sinne des § 69 Abs. 1 Satz 1 nicht wirksam eingelegter Einspruch führt dagegen zur Verwerfung des Einspruchs als unzulässig, unabhängig von der eingetretenen Verjährung (vgl. KKOWiG-*Ellbogen*, 5. Auflage 2018, Rdnr. 13 zu § 31).

5.2 Staatsanwaltschaft

Mit dem Eingang der Akten bei der Staatsanwaltschaft gehen die Aufgaben der Verfolgungsbehörde auf sie über, § 69 Abs. 4 Satz 1, d. h. die Einstellung erfolgt ebenfalls gem.

§§ 46 Abs. 1, 170 Abs. 2 StPO, wenn entgegen der Auffassung der Verwaltungsbehörde Verjährung angenommen wird.

5.3 Amtsgericht

Das Amtsgericht stellt das Verfahren nach Vorlage der Akten durch die Staatsanwaltschaft, § 69 Abs. 4 Satz 2, außerhalb der Hauptverhandlung nach §§ 46 Abs. 1, 206a StPO ein.

Wird der Verjährungseintritt vom Amtsgericht erst in der Hauptverhandlung bemerkt, erfolgt die Einstellung gem. §§ 71 Abs. 1, 260 Abs. 3 StPO. Bei unzulässigem Einspruch hat die Verwerfungsentscheidung, § 70 Abs. 1, unabhängig vom Eintritt der Verjährung zu erfolgen (vgl. BGHSt 16, 115 f. und oben Erl. 5.1).

5.4 Rechtsbeschwerdegericht

Das Rechtsbeschwerdegericht stellt das Verfahren dann ein, wenn die Rechtsbeschwerde nach § 79 Abs. 1 Satz 1 zulässig ist (vgl. BGHSt 16, 115 f.). In diesem Fall kann eine bereits vor der amtsgerichtlichen Bußgeldentscheidung (Urteil oder Beschluss nach § 72) eingetretene Verjährung durch Einstellung des Verfahrens berücksichtigt werden. Nach der amtsgerichtlichen Entscheidung kann ohnehin eine Verjährung nicht mehr eintreten, § 32 Abs. 2, wenn sie vor Ablauf der Verjährungsfrist ergangen ist. Eine Einstellung im Zulassungsverfahren, § 79 Abs. 1 Satz 2, kommt nicht in Betracht. Dem Rechtsbeschwerdegericht ist es verwehrt, im Zulassungsverfahren in eine Nachprüfung des Urteils hinsichtlich möglicher Verfahrenshindernisse einzutreten, solange es die Rechtsbeschwerde nicht zugelassen hat (vgl. *Göhler*, 18. Auflage 2021, Rdnr. 23 zu § 80). Andererseits schließt § 80 Abs. 5 nicht aus, die Rechtsbeschwerde zuzulassen, um ein klärendes Wort zur Frage der Verfolgungsverjährung zu sprechen (vgl. OLG Hamm, NStZ 1988 S. 137 f.; OLG Düsseldorf, DAR 1994 S. 76 – Die Frage der Verfolgungsverjährung ist vom Rechtsbeschwerdegericht im Zulassungsverfahren nur dann zu untersuchen, wenn es gerade wegen dieser Frage geboten ist, die Rechtsbeschwerde zuzulassen). Ist die Rechtsbeschwerde zugelassen, muss in jedem Fall bei eingetretener Verjährung gem. §§ 79 Abs. 5 Satz 2, 260 Abs. 3 StPO eine einstellende Entscheidung ergehen (vgl. auch BayObLG, NStZ 1988 S. 227 f.).

§ 32
Ruhen der Verfolgungsverjährung

(1) Die Verjährung ruht, solange nach dem Gesetz die Verfolgung nicht begonnen oder nicht fortgesetzt werden kann. Dies gilt nicht, wenn die Handlung nur deshalb nicht verfolgt werden kann, weil Antrag oder Ermächtigung fehlen.

(2) Ist vor Ablauf der Verjährungsfrist ein Urteil des ersten Rechtszuges oder ein Beschluß nach § 72 ergangen, so läuft die Verjährungsfrist nicht vor dem Zeitpunkt ab, in dem das Verfahren rechtskräftig abgeschlossen ist.

Erläuterungen

Übersicht

Vorbemerkung

Das Institut des Ruhens der Verjährung wird am deutlichsten in Abgrenzung zu dem der Verjährungsunterbrechung. Während beim Ruhen die bis zu dessen Beginn bereits abgelaufene Frist nach Beendigung weiterläuft, beginnt die Verjährung nach jeder Unterbrechung von neuem, § 33 Abs. 3 Satz 1. Das Ruhen ist für jeden Tatbeteiligten getrennt zu untersuchen und gilt sachlich für die Tat als geschichtliches Ereignis im Sinne des Art. 103 Abs. 3 GG (vgl. Erl. 3 vor § 59), d. h. für die Verfolgung der Tat unter allen rechtlichen Gesichtspunkten (vgl. BayObLG, VRS 57, 39, 41). Es ist deshalb nur folgerichtig, den Ruhens-Tatbestand einer Straftat (vgl. § 78b StGB), die mit einer Ordnungswidrigkeit in Tateinheit steht, § 21, auf diese zu erstrecken (vgl. KKOWiG-*Ellbogen*, 5. Auflage 2018, Rdnr. 6 zu § 32). In diesem Zusammenhang gewinnt auch die Vorschrift des § 153a Abs. 3 StPO an Bedeutung. Das Ruhen beginnt mit dem Erlass der Einstellungsverfügung nach § 153a Abs. 1 StPO bzw. des Beschlusses nach § 153a Abs. 2 StPO, wobei die Zustimmung des Beschuldigten vorliegen muss (vgl. BayObLG, VRS 65, 288 f.).

1. Ruhen der Verjährung, Absatz 1 Satz 1

Das Ruhen der Verjährung beginnt mit dem Vorliegen der Voraussetzungen eines gesetzlichen Verfolgungshindernisses und endet mit deren Wegfall.

1.1 Gesetzliche Verfolgungshindernisse

Hierzu zählt insbesondere das Fehlen der Entscheidungsbefugnis der inländischen Verfolgungsbehörde in den Fällen der §§ 18 bis 20 GVG (vgl. zu den Verfolgungshindernissen im Übrigen Erl. 2 vor § 59). Die Aussetzung eines Verfahrens nach Art. 100 GG führt zum Ruhen der Verfolgungsverjährung (vgl. KKOWiG-*Ellbogen*, 5. Auflage 2018, Rdnr. 11 zu § 32). Es ist aber nicht ausreichend, die Entscheidung des Bundesverfassungsgerichts in einem anderen schwebenden Verfahren abzuwarten, obwohl diese nach § 31 BVerfGG Bindungswirkung hat. Ist der Richter von der Verfassungswidrigkeit eines Gesetzes überzeugt, muss er, wenn es zum Ruhen der Verjährung kommen soll, selbst die Entscheidung des Bundesverfassungsgerichts einholen. Sofern die Durchführung des Bußgeldverfahrens von einer Vorfrage abhängig ist, die kraft gesetzlicher Vorschrift zwingend in einem anderen Verfahren erfolgen muss, ruht die Verfolgungsverjährung (vgl. *Schmid*, JR 1978 S. 8, 10).

1.2 Keine gesetzlichen Verfolgungshindernisse

Eine dem § 78b Abs. 2 StGB vergleichbare Vorschrift fehlt in § 32, weil die Immunität der Abgeordneten nach Art. 46 Abs. 2 GG und den meisten Länderverfassungen kein Verfolgungshindernis für das Bußgeldverfahren darstellt (vgl. Erl. 2 vor § 59).

Die Ablehnung eines Richters wegen Besorgnis der Befangenheit scheidet als Verfolgungshindernis deshalb aus, weil dieser berechtigt ist, unaufschiebbare Handlungen vorzunehmen, §§ 46 Abs. 1, 29 StPO.

Abgesehen von dem bereits erörterten Fall, dass die Vorentscheidung in einem anderen Verfahren eine unbedingte Notwendigkeit für das Bußgeldverfahren ist, reicht die Aussetzungsmöglichkeit nach Ermessen gem. §§ 46 Abs. 1, 262 Abs. 2 StPO für die Begründung eines Verfolgungshindernisses nicht aus (vgl. für das Bußgeldverfahren der AO: §§ 396 Abs. 1 und 3, 410 Abs. 1 Nr. 5: Hängt die Beurteilung der Tat als Steuerordnungswidrigkeit davon ab, ob ein Steueranspruch besteht, ob Steuern verkürzt oder ob nicht gerechtfertigte Steuervorteile erlangt sind, kann das Bußgeldverfahren ausgesetzt werden, bis das Besteuerungsverfahren rechtskräftig abgeschlossen ist. Während der Aussetzung des Verfahrens ruht die Verjährung.). Kein Verfolgungshindernis ist schließlich die Verfolgung der Tat als Straftat durch die Staatsanwaltschaft (vgl. KKOWiG-*Ellbogen*, 5. Auflage 2018, Rdnr. 13 zu § 32). Dies lässt sich schon aus § 33 Abs. 4 Satz 2 herleiten. Die Anordnung der Unterbrechungswirkung für die Verfolgung der Ordnungswidrigkeit auch dann, wenn die

Handlung auf die Verfolgung der Tat als Straftat gerichtet ist, spricht dafür, dass grundsätzlich der Lauf der Verjährungsfrist für die Ordnungswidrigkeit unberührt ist. Deshalb ordnen auch die RiStBV in Nr. 274 für die Staatsanwaltschaft an: „Kommt eine Ahndung der Tat auch unter dem rechtlichen Gesichtspunkt einer Ordnungswidrigkeit in Betracht, so ist es, namentlich in Verkehrssachen, vielfach geboten, die Verjährung der Ordnungswidrigkeit zu unterbrechen, damit diese geahndet werden kann, wenn der Täter wegen der anderen Rechtsverletzungen nicht verurteilt wird."

2. Ausnahme des Absatzes 1 Satz 2

Nach Absatz 1 Satz 2 hemmt das Fehlen des Antrags bzw. der Ermächtigung nicht den Lauf der Verjährung.

3. Ablaufhemmung nach Absatz 2

3.1 Entscheidung im Sinne des Absatzes 2

Erforderlich ist für die Ablaufhemmung ein Urteil bzw. ein Beschluss nach § 72. Auf den sachlichen Inhalt des Tenors kommt es nicht an. Dieser kann auf Verurteilung, Freispruch oder Einstellung lauten (vgl. BGHSt 32, 209). Eine verfahrensrechtlich inkorrekte Entscheidung wirkt nicht zu Lasten des Betroffenen (Das Gericht entscheidet in der Hauptverhandlung entgegen §§ 46 Abs. 1, 260 Abs. 3 StPO durch Beschluss, vgl. BayObLG, NJW 1978 S. 903). Andererseits ist § 32 Abs. 2 nicht anwendbar auf Beschlüsse nach § 70 und §§ 46 Abs. 1, 206a StPO außerhalb der Hauptverhandlung (vgl. BGHSt 34, 79, 81).

Sofern die Entscheidung keine Sachentscheidung ist, sondern prozessrechtliche Fragen regelt, gilt grundsätzlich auch § 32 Abs. 2 (vgl. KKOWiG-*Ellbogen*, 5. Auflage 2018, Rdnr. 24 zu § 32). Wenn die Verfolgung aber weiterhin möglich ist (z. B. ein Bußgeldbescheid bildet wegen unzureichender Begrenzung des Tatgeschehens keine ausreichende Verfahrensgrundlage, das Verfahren wird wegen Nichtvorliegens einer Prozessvoraussetzung eingestellt), läuft die bereits z. T. verstrichene Verjährungsfrist weiter (anders *Göhler*, 18. Auflage 2021, Rdnr. 10 zu § 32: Die Ablaufhemmung dauert auch dann bis zur endgültigen Erledigung der Sache fort, wenn das Verfahren nach Beseitigung des vorübergehenden Hindernisses fortgesetzt werden kann.). Die Verjährungsfrist ist in einem solchen Fall so zu berechnen, als ob eine Ablaufhemmung überhaupt nicht eingetreten wäre.

3.2 Regelungsgehalt des Absatzes 2

Der Ablauf der Verjährungsfrist ist nach einer Entscheidung im Sinne von Erl. 3.1 bis zum rechtskräftigen Abschluss des Verfahrens gehemmt. Die Ablaufhemmung beginnt beim Urteil mit der Verkündung, beim Beschluss nach § 72 mit der Unterzeichnung (vgl. aber die Formulierung: „abgefasst" in § 33 Abs. 2 Satz 1; Erl. 2.1 zu § 33 – Die Unterzeichnung mit Datumsangabe ist nach wie vor bei Papierdokumenten ein gewichtiges Indiz für den Nachweis der endgültigen Abfassung; OLG Hamburg, MDR 1981 S. 165 f.).

Die Ablaufhemmung gilt unabhängig von dem maximalen Lauf der Verjährungsfrist nach § 33 Abs. 3 Satz 2, § 33 Abs. 3 Satz 4, d. h. der Zeitpunkt der absoluten Verjährung wird hinausgeschoben. Die Zeit während des Ruhens wird nicht in die Verjährungsfrist miteingerechnet (vgl. *Göhler*, 18. Auflage 2021, Rdnr. 1 zu § 32). § 33 Abs. 2 soll verhindern, dass der im ersten Rechtszug verurteilte Betroffene durch Missbrauch seinem Schutz dienender Vorschriften, durch unbegründete Rechtsbehelfe sowie durch sachfremde oder von vorneherein aussichtslose Anträge oder andere auf Verschleppung des Verfahrens gerichtete Handlungen das Verfahren verzögert und damit den Eintritt der Verfolgungsverjährung herbeizuführen sucht (vgl. KKOWiG-*Ellbogen*, 5. Auflage 2018, Rdnr. 2 zu § 32). Die Gefahr besteht im Ordnungswidrigkeitenrecht wegen dessen kurzer Verjährungsfristen.

Tritt bereits vor dem Urteil bzw. dem Beschluss nach § 72 die Verjährung ein, wird diese durch eine fehlerhafte, d. h. diese Frage übersehende, Entscheidung nicht geheilt (vgl. *Göhler*, 18. Auflage 2021, Rdnr. 8 zu § 32).

Die Ablaufhemmung bezieht sich auf die Tat im prozessualen Sinne (vgl. Vorbemerkung). Erfasst eine Entscheidung fälschlicherweise eine nicht-verfahrensgegenständliche Tat, bezieht sich die Ablaufhemmung der Entscheidung trotzdem auf die verfahrensgegenständliche Tat (vgl. BayObLG, MDR 1979 S. 518). Auf die sachliche Richtigkeit des Urteils oder Beschlusses nach § 72 Abs. 1 kommt es somit nicht an.

Die bis zum rechtskräftigen Abschluss des Verfahrens andauernde Ablaufhemmung ist davon unabhängig, ob das Urteil oder der Beschluss nach § 72 im Rechtsmittelverfahren aufgehoben wird. Das folgt schon aus dem Gesetzeswortlaut.

§ 33
Unterbrechung der Verfolgungsverjährung

(1) Die Verjährung wird unterbrochen durch

1. **die erste Vernehmung des Betroffenen, die Bekanntgabe, daß gegen ihn das Ermittlungsverfahren eingeleitet ist, oder die Anordnung dieser Vernehmung oder Bekanntgabe,**
2. **jede richterliche Vernehmung des Betroffenen oder eines Zeugen oder die Anordnung dieser Vernehmung,**
3. **jede Beauftragung eines Sachverständigen durch die Verfolgungsbehörde oder den Richter, wenn vorher der Betroffene vernommen oder ihm die Einleitung des Ermittlungsverfahrens bekanntgegeben worden ist,**
4. **jede Beschlagnahme- oder Durchsuchungsanordnung der Verfolgungsbehörde oder des Richters und richterliche Entscheidungen, welche diese aufrechterhalten,**
5. **die vorläufige Einstellung des Verfahrens wegen Abwesenheit des Betroffenen durch die Verfolgungsbehörde oder den Richter sowie jede Anordnung der Verfolgungsbehörde oder des Richters, die nach einer solchen Einstellung des Verfahrens zur Ermittlung des Aufenthalts des Betroffenen oder zur Sicherung von Beweisen ergeht,**
6. **jedes Ersuchen der Verfolgungsbehörde oder des Richters, eine Untersuchungshandlung im Ausland vorzunehmen,**
7. **die gesetzlich bestimmte Anhörung einer anderen Behörde durch die Verfolgungsbehörde vor Abschluß der Ermittlungen,**
8. **die Abgabe der Sache durch die Staatsanwaltschaft an die Verwaltungsbehörde nach § 43,**
9. **den Erlaß des Bußgeldbescheides, sofern er binnen zwei Wochen zugestellt wird, ansonsten durch die Zustellung,**
10. **den Eingang der Akten beim Amtsgericht gem. § 69 Abs. 3 Satz 1 und Abs. 5 Satz 2 und die Zurückverweisung der Sache an die Verwaltungsbehörde nach § 69 Abs. 5 Satz 1,**
11. **jede Anberaumung einer Hauptverhandlung,**
12. **den Hinweis auf die Möglichkeit, ohne Hauptverhandlung zu entscheiden (§ 72 Abs. 1 Satz 2),**
13. **die Erhebung der öffentlichen Klage,**
14. **die Eröffnung des Hauptverfahrens,**
15. **den Strafbefehl oder eine andere dem Urteil entsprechende Entscheidung.**

Im selbständigen Verfahren wegen der Anordnung einer Nebenfolge oder der Festsetzung einer Geldbuße gegen eine juristische Person oder Personenvereinigung wird die Verjährung durch die dem Satz 1 entsprechenden Handlungen zur Durchführung des selbständigen Verfahrens unterbrochen.

(2) Die Verjährung ist bei einer schriftlichen Anordnung oder Entscheidung in dem Zeitpunkt unterbrochen, in dem die Anordnung oder Entscheidung abgefasst wird. Ist das Dokument nicht alsbald nach der Abfassung in den Geschäftsgang gelangt, so ist der Zeitpunkt maßgebend, in dem es tatsächlich in den Geschäftsgang gegeben worden ist.

(3) Nach jeder Unterbrechung beginnt die Verjährung von neuem. Die Verfolgung ist jedoch spätestens verjährt, wenn seit dem in § 31 Abs. 3 bezeichneten Zeitpunkt das Doppelte der gesetzlichen Verjährungsfrist, mindestens jedoch zwei Jahre verstrichen sind. Wird jemandem in einem bei Gericht anhängigen Verfahren eine Handlung zur Last gelegt, die gleichzeitig Straftat und Ordnungswidrigkeit ist, so gilt als gesetzliche Verjährungsfrist im Sinne des Satzes 2 die Frist, die sich aus der Strafdrohung ergibt. § 32 bleibt unberührt.

(4) Die Unterbrechung wirkt nur gegenüber demjenigen, auf den sich die Handlung bezieht. Die Unterbrechung tritt in den Fällen des Absatzes 1 Satz 1 Nr. 1 bis 7, 11 und 13 bis 15 auch dann ein, wenn die Handlung auf die Verfolgung der Tat als Straftat gerichtet ist.

Erläuterungen

Übersicht

Vorbemerkung

Die Unterbrechungswirkung besteht darin, dass die Verjährungsfrist von neuem zu laufen beginnt, Absatz 3 Satz 1. Sie ist angebunden an bestimmte Unterbrechungstatbestände, Absatz 1 Satz 1 (vgl. unten Erl. 1). Die abschließende Aufzählung dient der Rechtssicherheit, da so nicht in jedem Einzelfall festgestellt werden muss, ob die Verfolgungshandlung geeignet war, das Verfahren zu fördern (vgl. BGH, NStZ 1985 S. 545, 546: Auf Notwendigkeit bzw. Zweckmäßigkeit kommt es nicht an.). Der Unterbrechungstatbestand muss aber nicht nur objektiv, sondern auch subjektiv (vgl. OLG Celle, VRS 54, 52 f.) verwirklicht worden sein. Es genügt also nicht, wenn lediglich eine entsprechende Unterbrechungsabsicht besteht. Ferner reicht nicht die objektive Erfüllung des Unterbrechungstatbestandes, wenn dieser nicht beabsichtigt ist (z. B. die Hauptverhandlung wird zwar angeordnet (Absatz 1 Satz 1 Nr. 11), soll aber nicht durchgeführt werden, vgl. OLG Zweibrücken, VRS 48, 293, 294).

Die Unterbrechungswirkung bezieht sich auf die Tat als geschichtliches Ereignis im Sinne des Art. 103 Abs. 3 GG (vgl. hierzu Erl. 3 vor § 59). Nach § 47 ausgeschiedene Gesetzesverletzungen werden mitumfasst (vgl. BGHSt 22, 105, 106; KKOWiG-*Ellbogen*, 5. Auflage 2018, Rdnr. 125 zu § 33). Ist Untersuchungsgegenstand eine Einzelhandlung, während in Wirklichkeit eine fortgesetzte Handlung vorliegt, beschränkt sich die Unterbrechungswirkung nicht auf die Einzelhandlung. Wenn die Tatidentität gewahrt ist, erstreckt sich die Unterbrechungswirkung auch auf solche Tatbestandsverwirklichungen, die weder in der Anzeige noch im Bußgeldbescheid erwähnt worden sind (vgl. KKOWiG-*Ellbogen*, 5. Auflage 2018, Rdnr. 125 zu § 33). Die Unterbrechungshandlung kann die Unterbrechungswirkung aber nur dann entfalten, wenn das Tatgeschehen hinreichend umrissen ist und zumindest Merkmale bekannt sind, die den Täter individuell bestimmen und ihn von allen anderen, auf die diese Merkmale nicht zutreffen, unterscheiden (vgl. KKOWiG-*Ellbogen*, 5. Auflage 2018, Rdnr. 7 zu § 33).

Die einmal eingetretene Verjährungsunterbrechung entfällt nicht durch den Widerruf oder die Rücknahme der Unterbrechungshandlung (vgl. KKOWiG-*Ellbogen*, 5. Auflage 2018, Rdnr. 10 zu § 33).

Ein Zuständigkeitsfehler beeinträchtigt die Wirksamkeit der Unterbrechungshandlung dann, wenn der Fehler besonders schwer wiegt und offenkundig ist. Diese Voraussetzungen werden im Sinne von Erl. 7 zu § 36 bei Offenkundigkeit des Fehlers auch im Falle der sachlichen Unzuständigkeit angenommen (z. B. richterliche Verfolgungshandlung, obwohl das Verfahren noch nicht bei Gericht anhängig ist, vgl. OLG Hamm, VRS 57, 47, 48 f.).

Absatz 1 Satz 1 Nr. 8 bis 10 wurde neu gefasst durch Art. 1 Nr. 3 des OWiG-Änderungsgesetzes vom 26.1.1998 (BGBl. I S. 156), in Kraft seit 1.3.1998 (vgl. Art. 7 des Gesetzes, BGBl. I S. 159, 340).

1. Unterbrechungstatbestände, Absatz 1

1.1 Absatz 1 Satz 1 Nr. 1

Die Vorschrift regelt insgesamt vier Unterbrechungstatbestände: erste Vernehmung des Betroffenen; Anordnung der Vernehmung; Bekanntgabe der Einleitung des Ermittlungsverfahrens; Anordnung der Bekanntgabe. Die Verjährung kann aber nach Nr. 1 nur einmal unterbrochen werden (vgl. BayObLG, VRS 39, 119 f.).

1.1.1 Erste Vernehmung des Betroffenen

Die Vernehmung muss nicht von der Verfolgungsbehörde durchgeführt werden. Es reicht auch eine polizeiliche Vernehmung aus (vgl. OLG Karlsruhe, NZV 1994 S. 291 – Übersendet die zuständige Bußgeldbehörde die Akten an eine auswärtige Polizeidienststelle mit dem Ersuchen, über die Halterfirma den Fahrer zu ermitteln und zu vernehmen, und leitet diese sodann den Vorgang an das für den ermittelten Fahrer zuständige Polizeirevier weiter mit der Bitte, diesen als Betroffenen zu vernehmen, wird dadurch die Verjährung unterbrochen.). Die Vernehmung ist abzugrenzen von der informatorischen Befragung. Wird dem Betroffenen klargemacht, dass er als Verdächtiger einer Ordnungswidrigkeit in Betracht kommt, handelt es sich um eine Vernehmung im Sinne der Nr. 1 (vgl. BayObLG, VRS 44, 62; OLG Düsseldorf, VRS 87, 142, 143 – Bei einer Vorladung muss hinreichend klar zu entnehmen sein, dass der Adressat bereits zu diesem Zeitpunkt Betroffener eines behördlichen Ermittlungsverfahrens sein sollte; BayObLG bei *Bär,* DAR 1992 S. 368 – Macht der für eine Firma (Halterin) Zeichnungsberechtigte im Rahmen der Fahrerermittlung nur Angaben namens der Halterin, so wird dadurch die Verfolgungsverjährung gegen ihn nicht unterbrochen, auch wenn er als Fahrer in Betracht kommt.). Die informatorische Anhörung bildet dagegen häufig erst die Grundlage dafür, ob und gegen wen ein Ermittlungsverfahren eingeleitet wird. Der Betroffene kann auch schriftlich angehört werden.

1.1.2 Anordnung der Vernehmung

Die Anordnung der Vernehmung liegt denklogisch vor der Vernehmung selbst. Bei der mündlichen Anhörung liegt sie in der Vorladung des Betroffenen, bei der schriftlichen Anhörung in der Versendung des Anhörungsbogens. (Die gleichzeitige Versendung des Anhörbogens an die beiden Gesellschafter einer Gesellschaft bürgerlichen Rechts hat gegen jeden von ihnen eine verjährungsunterbrechende Wirkung, selbst wenn nur ein Gesellschafter als Betroffener in Betracht kommt – OLG Braunschweig bei *Göhler,* NStZ 1995 S. 116). Es kommt nicht darauf an, dass die Anordnung den Betroffenen erreicht (vgl. *Göhler*, 18. Auflage 2021, Rdnr. 6b zu § 33).

Erforderlich ist bei schriftlicher Anordnung die Einhaltung der Form des Absatzes 2, in jedem Fall aber zumindest ein Aktenvermerk (vgl. BGHSt 30, 215, 219). Der Ausdruck eines mittels EDV gefertigten Anhörbogens ist als Anordnung der Übersendung des Anhörbogens anzusehen. Die Behörde hat hier die von ihr vorprogrammierte Tätigkeit des Computers in ihren Willen aufgenommen (vgl. *Göhler*, 18. Auflage 2021, Rdnr. 12 zu § 33).

Erfolgt in einem Amtshilfeersuchen ein Hinweis auf eine Kommanditgesellschaft als Halterin eines Fahrzeugs mit dem Ersuchen, den Fahrer zu ermitteln und sodann zu vernehmen, reicht dies für eine Verjährungsunterbrechung nach § 33 Abs. 1 Satz 1 Nr. 1 nicht aus, weil der Betroffene noch nicht konkretisiert oder jedenfalls nicht aufgrund bei den Akten befindlicher Unterlagen bestimmbar ist (vgl. OLG Düsseldorf, VRS 89, 464, 465; OLG Köln, DAR 1996 S. 246). In diesem Sinne auch BayObLG, VRS 90, 292, 293: Ein Ermittlungsauftrag, von dessen Ergebnis es erst abhängt, wer als Betroffener in Betracht kommt, gibt nicht die Vernehmung eines bestimmten Betroffenen in Auftrag.

Liegt eine wirksame Anordnung der Vernehmung des Betroffenen nicht vor, so wird durch die durchgeführte Vernehmung des Betroffenen selbst die Verfolgungsverjährung unterbrochen (vgl. BayObLG, DAR 1996 S. 30).

1.1.3 Bekanntgabe der Einleitung eines Ermittlungsverfahrens

Für den Betroffenen muss erkennbar eine Maßnahme getroffen sein, die darauf abzielt, gegen ihn unter dem Gesichtspunkt einer Ordnungswidrigkeit zu ermitteln, um von der Einleitung eines Ermittlungsverfahrens sprechen zu können. Die gesonderte Bekanntgabe an den Betroffenen wird immer dann in Betracht kommen, wenn die Vernehmung noch verfrüht wäre, vielmehr der Sachverhalt noch zusätzlicher Aufklärung bedarf. Die Bekanntgabe verlangt die Angabe der Handlung, die Gegenstand des Ermittlungsverfahrens ist. Die Tatsache der Bekanntgabe durch einen identifizierbaren Amtswalter, ihr Zeitpunkt und ihr Inhalt müssen sich aus den Akten ergeben, auch wenn diese elektronisch geführt werden (vgl. *Krenberger/Krumm*, OWiG, 7. Auflage 2022, Rdnr. 20 zu § 33).

1.1.4 Anordnung der Bekanntgabe

Diese wird vor allem in den Fällen schriftlicher Bekanntgabe in Betracht kommen. Zur Form vgl. Erl. 1.1.2 und 1.1.3. Will der zuständige Beamte dem Betroffenen die Einleitung des Ermittlungsverfahrens durch die Übersendung des Anhörbogens bekanntgeben, wird die Verfolgungsverjährung durch die Anordnung der Übersendung auch dann unterbrochen, wenn der Anhörbogen dem Betroffenen nicht zugeht (vgl. OLG Frankfurt, NJW 1998 S. 1328). Die erneute Verfügung der Versendung eines Anhörbogens unterbricht die Verjährung nicht noch einmal (vgl. OLG Stuttgart, NZV 1998 S. 214, 215; siehe bereits oben Erl. 1.1 – Die Anordnung muss den Betroffenen nicht erreichen.).

Auch der Absendung eines in behördlichem Auftrag von einer Privatfirma hergestellten Anhörbogens kommt verjährungsunterbrechende Wirkung im Sinne des § 33 Abs. 1 Satz 1 Nr. 1 zu (vgl. OLG Dresden, NZV 1996 S. 210).

1.2 Absatz 1 Satz 1 Nr. 2

Richterliche Vernehmung und Anordnung dieser Vernehmung stehen alternativ nebeneinander. Im Gegensatz zu Nr. 1 tritt die Unterbrechungswirkung aber bei jeder Vernehmung bzw. Anordnung ein.

1.2.1 Richterliche Vernehmung

Die richterliche Vernehmung kann im Bußgeldverfahren der Verwaltungsbehörde, §§ 46 Abs. 1 und 2, 162 StPO (vgl. OLG Düsseldorf, VRS 93, 178, 179), im gerichtlichen Bußgeldverfahren oder im Strafverfahren (vgl. Abs. 4 Satz 2) erfolgen. Eine mehrfache Vernehmung derselben Person unterbricht die Verjährung dann mehrmals, wenn die Vernehmung bereits insgesamt abgeschlossen war.

1.2.2 Anordnung

Die Anordnung der Vernehmung liegt in der Ladungsverfügung, kann aber auch konkludent getroffen sein. Die Verlegung des Vernehmungstermins ist zugleich als erneute Anordnung der Vernehmung anzusehen (vgl. BayObLG, DAR 1984 S. 246 f.: Dies gilt sogar dann, wenn das Datum der Terminsverlegung im Freibeweisverfahren ermittelt werden muss). Jeder einzelnen Vernehmung oder Vernehmungsanordnung kommt erneute Unterbrechungswirkung zu (vgl. KKOWiG-*Ellbogen*, 5. Auflage 2018, Rdnr. 37 zu § 33; vgl. bereits oben Erl. 1.2 und 1.2.1). Im Bußgeldverfahren wegen einer Verkehrsordnungswidrigkeit wird die Verjährung durch die richterliche Anordnung der Vernehmung eines Zeugen zur Ermittlung der noch unbekannten Personalien des Fahrzeugführers nicht unterbrochen. Das gilt auch dann, wenn sich in den Akten ein zu dessen Identifizierung geeignetes Beweisfoto befindet (vgl. BGH, NJW 1997 S. 598, 599). Gem. § 33 Abs. 4 Satz 1 OWiG wirkt die Unterbrechung nur gegenüber demjenigen, auf den sich die Unterbrechungshandlung bezieht. Daraus folgt, dass nur eine gegen eine bestimmte Person gerichtete, nicht aber eine die Ermittlung des noch unbekannten Täters bezweckende Untersuchungshandlung geeignet ist, die Verjährung zu unterbrechen. Das Vorhandensein eines bei den Akten befindlichen Beweisfotos, das nach Qualität und Bildausschnitt geeignet ist, den Fahrzeugführer zu ermitteln, ändert nichts an der Tatsache, dass der Betroffene der Verwaltungsbehörde noch nicht bekannt ist. Der Erwägung des vorlegenden BayObLG, die Zeugeneinvernahme diene nicht der Täterermittlung sondern lediglich der Namensfeststellung, schloss sich der BGH nicht an. Wenn der Zeuge die Auskunft verweigert und es gelingt demzufolge nicht, den Fahrer zu ermitteln, muss das Verfahren eingestellt werden. Einstellungsgrund ist, dass der Fahrzeugführer, obwohl sich von ihm ein zu seiner Identifizierung geeignetes Beweisfoto bei den Akten befindet, unbekannt ist. Dann kann aber das Verfahren auch vor der Zeugenvernehmung nicht gegen einen bekannten Täter gerichtet gewesen sein (dem folgend: OLG Hamburg, VRS 93, 115, 116; OLG Celle, VRS 93, 353, 354; OLG Hamm, DAR 1997 S. 250).

1.3 Absatz 1 Satz 1 Nr. 3

Jede Beauftragung eines Sachverständigen (nicht nur die erste, sondern jede weitere Beauftragung – vgl. OLG Düsseldorf, DAR 1994 S. 76) durch die Verfolgungsbehörde oder den Richter unterbricht die Verjährung, wenn der Betroffene vorher vernommen oder ihm die Einleitung des Ermittlungsverfahrens bekanntgegeben worden ist. Die Beauftragung liegt in der Anordnung, einen bestimmten Sachverständigen zuzuziehen, §§ 46 Abs. 1, 73 Abs. 1 StPO. Der Beauftragung muss zur eigenverantwortlichen Begutachtung ein bestimmtes Beweisthema zugrunde liegen, ferner muss der Beauftragte seiner Person nach bestimmt sein (vgl. KKOWiG-*Ellbogen*, 5. Auflage 2018, Rdnr. 40 zu § 33).

1.4 Absatz 1 Satz 1 Nr. 4

Jede Beschlagnahme- oder Durchsuchungsanordnung der Verfolgungsbehörde bzw. des Richters und diese aufrechterhaltende richterliche Entscheidungen, §§ 46 Abs. 1, 98, 105, 111b, j StPO, unterbrechen die Verjährung. Anordnungen von Polizeibeamten, seien es auch Ermittlungspersonen der Staatsanwaltschaft (vgl. § 152 GVG), genügen nicht. Die Durchführung der Beschlagnahme bzw. der Durchsuchung ist für die Unterbrechung der Verjährung irrelevant.

1.5 Absatz 1 Satz 1 Nr. 5

Die vorläufige Einstellung des Verfahrens wegen Abwesenheit des Betroffenen erfolgt durch die Verfolgungsbehörde oder das Gericht, §§ 46 Abs. 1, 205 StPO. Sie unterbricht die Verjährung ebenso wie eine danach, d. h. bei noch andauernder vorläufiger Einstellung, ergangene Anordnung der Verfolgungsbehörde oder des Richters zur Aufenthaltsermittlung (Anfrage beim Einwohnermeldeamt) oder zur Sicherung von Beweisen (Zeugenvernehmung). Bei einer Aufnahme des Verfahrens nach vorläufiger Einstellung unterbricht eine hinterher ergangene Anordnung zur Aufenthaltsermittlung nur dann, wenn das Verfahren vorher erneut vorläufig eingestellt worden ist (vgl. BayObLG, VRS 62, 288 f.).

1.6 Absatz 1 Satz 1 Nr. 6

Jedes Ersuchen um Vornahme einer Untersuchungshandlung im Ausland unterbricht die Verjährung. Ob das Ersuchen Erfolg hat oder nicht, ist für den Unterbrechungstatbestand nicht entscheidend. Hierzu zählt auch das Ersuchen um Übernahme der Verfolgung (vgl. *Göhler*, 18. Auflage 2021, Rdnr. 28 zu § 33; kritisch KKOWiG-*Ellbogen*, 5. Auflage 2018, Rdnr. 64 zu § 33: Absatz 1 Satz 1 Nr. 6 spreche von der Übernahme einer Untersuchungshandlung, nicht von der Übernahme der Verfolgung.). Die Zulässigkeit der Ersuchen richtet sich nach der Reichweite der zwischenstaatlich zu leistenden Rechts- und Amtshilfe, die wiederum davon abhängt, inwieweit der ausländische Staat hiermit auf Grund von Gesetzen, Gewohnheitsrecht oder völkerrechtlichen Verträgen einverstanden ist (vgl. hierzu näher Erl. 1 vor § 59). Das unstatthafte Rechtshilfeersuchen unterbricht nicht.

1.7 Absatz 1 Satz 1 Nr. 7

Die Anhörung einer anderen Behörde vor Abschluss der Ermittlungen ist etwa gesetzlich vorgesehen in Art. 119 Abs. 2 Satz 1 Bayerisches Gesetz über das Erziehungs- und Unterrichtswesen. Hierunter fällt auch die Anhörung nach § 39 Abs. 2 Satz 2 (vgl. OLG Hamm, VRS 55, 367 f.). Die in § 63 Abs. 3 und § 403 Abs. 4 AO der Staatsanwaltschaft vorgeschriebenen Anhörungen der sonst zuständigen Verwaltungs- oder Finanzbehörde führen nicht zur Verjährungsunterbrechung (vgl. KKOWiG-*Ellbogen*, 5. Auflage 2018, Rdnr. 67 zu § 33). Diese Anhörungen erfolgen erst, wenn die Staatsanwaltschaft nach Durchführung und Abschluss der ihr obliegenden Ermittlungen erwägt, das Verfahren einzustellen. Zum Zeitpunkt der Unterbrechung vgl. Abs. 2 Satz 1 (siehe Erl. 2). Die Vorschrift ist dann einschlägig, wenn die Anhörung schriftlich erfolgt. Erfolgt die Anhörung mündlich oder fernmündlich, ist der Zeitpunkt des sie vermittelnden Gesprächs maßgebend. Keine verjährungsunterbrechende Wirkung haben solche Anhörungen, die nur im Verwaltungswege, etwa durch die RiStBV oder ministerielle Erlasse, vorgeschrieben sind (vgl. KKOWiG-*Ellbogen*, 5. Auflage 2018, Rdnr. 67 zu § 33). Dazu zählt auch die Anfrage beim Fahreignungsregister.

1.8 Absatz 1 Satz 1 Nr. 8

Die Abgabe der Sache durch die Staatsanwaltschaft an die Verwaltungsbehörde meint alle Fälle des § 43:

a) Die primäre Zuständigkeit der Staatsanwaltschaft nach § 40 endet, weil das Verfahren unter dem rechtlichen Gesichtspunkt der Straftat eingestellt wird, § 43 Abs. 1.

b) Nicht-Übernahme der Verfolgung in den Fällen des § 42, § 43 Abs. 1.

c) Übernahme der Verfolgung nach § 42. Die Staatsanwaltschaft möchte ihre Zuständigkeit aber wieder beseitigen, weil die Übernahmegründe nach § 42 Abs. 2 weggefallen sind, § 43 Abs. 2, 1. Halbsatz.

d) Übernahme der Verfolgung nach § 42. Die Staatsanwaltschaft stellt das Verfahren wegen der zusammenhängenden Straftat ein, § 43 Abs. 2, 2. Halbsatz.

Der Regelungszweck liegt darin, dass dem Betroffenen der Zeitaufwand für die Untersuchung der Straftat durch Verjährung der Ordnungswidrigkeit nicht zugute kommen soll.

Der Unterbrechungszeitpunkt richtet sich nach Abs. 2 Satz 1, da die Abgabe auf Grund einer Anordnung der Staatsanwaltschaft erfolgt.

1.9 Absatz 1 Satz 1 Nr. 9

Der wirksame Bußgeldbescheid (zur Unwirksamkeit vgl. Erl. 7 zu § 36 und Erl. 12 zu §§ 65, 66) unterbricht die Verjährung. Die Rücknahme ändert an der verjährungsunterbrechenden Wirkung nichts (vgl. BayObLG, VRS 39, 361). Der weitere Bußgeldbescheid unterbricht erneut die Verjährung (vgl. OLG Frankfurt, NJW 1979 S. 2161 f.). Entspricht die schriftliche Anordnung des Sachbearbeiters, einen Bußgeldbescheid zu erlassen, inhaltlich den Anforderungen eines Bußgeldbescheids, so wird die Verfolgungsverjährung gem. § 33 Abs. 1 Nr. 9 und Abs. 2 Satz 1 (vgl. hierzu Erl. 2) auch dann unterbrochen, wenn der später mittels EDV-Anlage ausgedruckte Bußgeldbescheid eine andere Geldbuße enthält als die in der Anordnung vorgesehene (vgl. OLG Naumburg, DAR 1995 S. 209). Verfügt der Sachbearbeiter zwei Mal unter verschiedenen Daten den Erlass eines Bußgeldbescheids und der Computer druckt den Bußgeldbescheid unter dem Datum der zweiten Verfügung aus, so ist für die Unterbrechung der Verjährung gem. § 33 Abs. 1 Satz 1 Nr. 9 dieses ausgedruckte Datum maßgebend (vgl. OLG Stuttgart, VRS 94, 456, 459). Der Erlass des Bußgeldbescheides gilt allerdings nur dann als Unterbrechungszeitpunkt, wenn er binnen zwei Wochen danach zugestellt wird. Ansonsten gilt der Zustellungszeitpunkt als Unterbrechungszeitpunkt.

1.10 Absatz 1 Satz 1 Nr. 10

Nach § 69 Abs. 4 Satz 2 legt die Staatsanwaltschaft die Akten der Verwaltungsbehörde, Abs. 3 Satz 1, dem Richter beim Amtsgericht vor, wenn sie das Verfahren nicht einstellt und weitere Ermittlungen nicht für erforderlich hält. Auf die Übersendung der Akten von der Verwaltungsbehörde an die Staatsanwaltschaft kommt es nicht an. Maßgeblicher Unterbrechungszeitpunkt im Sinne von Absatz 1 Satz 1 Nr. 10 ist der Eingang der Akten beim Gericht (vgl. BGHSt 26, 384, 387). Der Eingang der Akten beim Gericht muss vor Ablauf der Verjährung anhand des Akteninhalts und ohne zusätzliche Ermittlungen nachgewiesen werden können (vgl. OLG Brandenburg, NStZ 1997 S. 139). Die staatsanwaltschaftliche Anordnung der Aktenvorlage an das Amtsgericht reicht für die Unterbrechung nicht aus (vgl. OLG Düsseldorf, VRS 89, 464, 465). Die Verjährung wird auch dann unterbrochen, wenn eine örtlich unzuständige Staatsanwaltschaft die Sache einem örtlich unzuständigen Gericht vorlegt (vgl. BayObLG, VRS 60, 155, 157). Beruft sich das Gericht auf seine Unzuständigkeit und gibt die Akten an die Staatsanwaltschaft zurück, bleibt es trotzdem bei der eingetretenen Unterbrechungswirkung. Die Unterbrechung kann danach durch Eingang der Akten beim zuständigen Gericht erneut unterbrochen werden (vgl. OLG Hamm, VRS 59, 443, 444, 445).

Eine die Verjährung unterbrechende Zurückverweisung nach § 69 Abs. 5 Satz 1, 1. Halbsatz liegt nur dann vor, wenn die Zurückverweisung auf die offensichtlich ungenügende Aufklärung des Sachverhalts gestützt wird. Verweist das Gericht die Sache aus Rechtsgründen an die Verwaltungsbehörde zurück, weil der Sachverhalt die Tatbestandsverwirklichung nicht stützt, wird damit die Verjährung nicht unterbrochen. Als Unterbrechungszeitpunkt gilt die Abfassung der schriftlichen Verweisungsanordnung, Abs. 2 Satz 1.

Der dritte Unterbrechungstatbestand im Rahmen des Abs. 1 Satz 1 Nr. 10 ist der erneute Eingang der Akten beim Amtsgericht nach vorheriger Zurückverweisung der Sache an die Verwaltungsbehörde, § 69 Abs. 5 Satz 2.

1.11 Absatz 1 Satz 1 Nr. 11

Die Anberaumung der Hauptverhandlung setzt eine gleichzeitige Terminsbestimmung voraus, um die Verjährung unterbrechen zu können (vgl. BayObLG, DAR 1973 S. 212). Die Wiederabsetzung der Hauptverhandlung beseitigt die Unterbrechungswirkung nicht. Die neue Anberaumung einer Hauptverhandlung nach Unterbrechung bzw. Aussetzung, §§ 46 Abs. 1, 228 f. StPO, unterbricht erneut die Verjährung. Unterbrechungszeitpunkt ist in der Regel der des Abs. 2 Satz 1, sofern die Anberaumung nicht in der mündlichen Verhandlung geschieht, §§ 46 Abs. 1, 229 Abs. 2 StPO. Darauf, ob der Termin notwendig oder zweckmäßig ist, ob also das Verfahren dadurch gefördert wird, kommt es nicht an (vgl. KKOWiG-*Ellbogen*, 5. Auflage 2018, Rdnr. 88 zu § 33).

1.12 Absatz 1 Satz 1 Nr. 12

Der Hinweis nach § 72 Abs. 1 Satz 2 ist nur zur einmaligen Unterbrechung der Verjährung in der Lage (vgl. BayObLG, DAR 1981 S. 253). Der Hinweis wird schriftlich durch eine Anordnung in den Akten gegeben, der maßgebliche Unterbrechungszeitpunkt bestimmt sich deshalb nach Abs. 2 Satz 1. Wird eine bereits anberaumte Hauptverhandlung wieder abgesetzt und dem Verteidiger mitgeteilt, dass im schriftlichen Verfahren gem. § 72 entschieden werde, nachdem der Verteidiger um Entscheidung im schriftlichen Verfahren ohne Hauptverhandlung gebeten hatte, sich aber schon früher mit einer Beschlussentscheidung einverstanden erklärt hat, führt dies nicht zur Unterbrechung (vgl. BayObLG, NStZ 1987 S. 58 f.). In diesem Fall handelt es sich lediglich um eine Unterrichtung über das weitere Vorgehen, nicht aber um eine Prozessverfügung, die darauf abzielt, dem Verteidiger die Gelegenheit zu einem Widerspruch gegen das schriftliche Verfahren zu geben.

1.13 Absatz 1 Satz 1 Nr. 13

Nr. 13 meint die Fälle, in denen die Staatsanwaltschaft nach §§ 40, 42 die Verfolgung der Ordnungswidrigkeit übernimmt bzw. für die Verfolgung der Tat auch unter dem rechtlichen Gesichtspunkt der Ordnungswidrigkeit zuständig ist. Maßgeblicher Zeitpunkt für die Unterbrechung ist der Eingang der Klage bei Gericht (vgl. BayObLG, VRS 66, 288, zum Strafbefehlsantrag, der lediglich eine besondere Art der Erhebung der öffentlichen Klage darstellt.). Der Antrag auf Aburteilung im beschleunigten Verfahren, § 417 StPO, stellt noch keine Erhebung der öffentliche Klage dar, sondern kündigt diese lediglich an (vgl. § 418 Abs. 3 Satz 2 StPO – Anklageerhebung mündlich bei Beginn der Hauptverhandlung, die dann auch gem. Absatz 1 Satz 1 Nr. 13 unterbricht).

1.14 Absatz 1 Satz 1 Nr. 14

Die Eröffnung des Hauptverfahrens, § 203 StPO, unterbricht in den Fallgestaltungen der Nr. 13, d. h. bei Anklageerhebung mittels Einreichung einer Anklageschrift, die Verjährung. Die Verjährungsunterbrechung nach Nr. 14 setzt einen wirksamen Eröffnungsbeschluss voraus. Dies ist dann nicht der Fall, wenn unter dem Eröffnungsbeschluss die Unterschrift des zuständigen Richters fehlt und sich nicht mit Sicherheit ergibt, dass das Gericht das Verfahren eröffnen wollte (vgl. KKOWiG-*Ellbogen*, 5. Auflage 2018, Rdnr. 99 zu § 33).

1.15 Absatz 1 Satz 1 Nr. 15

Nur der Strafbefehl oder eine andere dem Urteil entsprechende Entscheidung unterbricht die Verjährung, nicht jedoch das Urteil selbst. Entsprechende Entscheidungen sind der Beschluss des Amtsgerichts über die Verwerfung des Einspruchs nach § 70 (vgl. OLG Frankfurt, NStZ 1983 S. 224 f.) und die Einstellung des Verfahrens außerhalb der Hauptverhandlung gem. §§ 46 Abs. 1, 206a StPO.

Das Urteil muss wegen § 32 Abs. 2 keine verjährungsunterbrechende Wirkung entfalten.

1.16 Absatz 1 Satz 2

Ist die Verfolgung der Ordnungswidrigkeit verjährt, stellt dies grundsätzlich ein rechtliches Verfolgungshindernis für die Durchführung des selbständigen Verfahrens dar, vom Fall des § 27 Abs. 2 Satz 1 Nr. 1 abgesehen. Aus dieser Vorschrift lässt sich (e contrario) ableiten, dass in der Regel ein Verfahrenshindernis anzunehmen ist. Zum selbständigen Verfahren vgl. §§ 27, 29a Abs. 5, 30 Abs. 4, 87 Abs. 3, 88 Abs. 2, 10 WiStG 1954.

Dem Satz 1 entsprechende Handlungen unterbrechen deshalb die Verfolgungsverjährung der Ordnungswidrigkeit und vermeiden dadurch ein Verfahrenshindernis für das selbständige Verfahren.

Dem Satz 1 entsprechende Handlungen sind insbesondere: Beauftragung eines Sachverständigen (vgl. Absatz 1 Satz 1 Nr. 3) zur Ermittlung der Betriebsstrukur der juristischen Person oder Personenvereinigung im Verfahren nach § 30 Abs. 4, Beschlagnahmeanordnung (vgl. Absatz 1 Satz 1 Nr. 4) in demselben Verfahren.

Die verjährungsunterbrechende Handlung wirkt nur gegenüber demjenigen („Nebenbeteiligten", vgl. KKOWiG-*Ellbogen*, 5. Auflage 2018, Rdnr. 106 zu § 33), gegen den sich das Verfahren richtet, d. h. z. B. im Verfahren nach § 30 Abs. 4 die juristische Person oder Personenvereinigung.

2. Unterbrechungszeitpunkt, Absatz 2

Insoweit ist zu unterscheiden zwischen schriftlichen und mündlichen Unterbrechungshandlungen.

2.1 Schriftliche Unterbrechungshandlungen

Durch das Gesetz vom 25.6.2021 (BGBl. I S. 2099) ist mit Wirkung vom 1.7.2021 bei einer schriftlichen Anordnung oder Entscheidung für die Verjährungsunterbrechung im Sinne des § 33 Abs. 2 Satz 1 OWiG nicht mehr der Zeitpunkt maßgebend, in dem die Anordnung oder Entscheidung „unterzeichnet" wird, sondern der Zeitpunkt, in dem sie „abgefasst" wird. Der Begriff der Abfassung, der vom Gesetzgeber auch in der strafrechtlichen Parallelvorschrift des § 78c Abs. 2 Satz 1 und Satz 2 StGB, sowie in § 32a Abs. 3 StPO verwendet wird, meint, dass die Anordnung oder Entscheidung das Entwurfsstadium verlassen hat und nunmehr „fertig" bzw. „endgültig" ist (vgl. BT-Drucks. 19/27654 S. 129). Im Folgenden wird man zwischen Papierdokumenten und elektronischen Dokumenten zu differenzieren haben. Der Begriff „Dokument" wurde vom Gesetzgeber bereits durch Gesetz vom 5.7.2017 (BGBl. I S. 2208) mit Wirkung vom 1.1.2018 im Zuge der Einführung der elektronischen Akte in der Justiz und zur weiteren Förderung des elektronischen Rechtsverkehrs aus Gründen der Medienneutralität (vgl. BT-Drucks. 18/9416 S. 74) an die Stelle des Begriffs „Schriftstück" in § 33 Abs. 2 Satz 2 OWiG gesetzt.

Bei Papierdokumenten wird für den Nachweis der endgültigen Abfassung nach wie vor die Unterzeichnung durch Unterschrift oder Abzeichnung mit Namenskürzel jeweils mit Datumsangabe ein gewichtiges Indiz darstellen (vgl. BT-Drucks. 19/27654 S. 129). Es empfiehlt sich deshalb, wenngleich der Gesetzgeber auf das Erfordernis einer Unterzeichnung für die schriftliche Unterbrechungshandlung verzichtet hat, schriftliche Unterbrechungshandlungen vom anordnenden Amtsträger mit Datumsangabe zu unterschreiben oder jedenfalls, mit einem Handzeichen versehen, aktenkundig zu machen (vgl. hierzu zu § 33 Abs. 2 OWiG a. F. BayObLG, VRS 60, 126 f.; OLG Hamburg, DAR 1997 S. 161; OLG Düsseldorf, VRS 92, 342, 343). Das Handzeichen genügt auch bei richterlichen Verfügungen (vgl. OLG Koblenz, JR 1981 S. 42). Die Paraphe muss lediglich mit hinreichender Sicherheit erkennen lassen, dass die Verfügung von dem zuständigen Richter und nicht von einer für eine solche Handlung nicht zuständigen Person stammt. Der Tag der Unterzeichnung darf nicht rückdatiert werden (vgl. BayObLG, DAR 1973 S. 212: Beim Diktieren einer Entscheidung kommt es nicht auf den Zeitpunkt des Diktats an, sondern auf den Tag, an dem die Unterschrift tatsächlich geleistet wurde.). Indizwirkung für den Zeitpunkt der Abfassung kann ferner das Datum des Ausdrucks des Dokuments haben (vgl. BT-Drucks. 19/27654 S. 129). Dies setzt aber voraus, dass der Ausdruck nicht hinterher noch überarbeitet wird (vgl. OLG Celle, MDR 1989 S. 287). In diesem Falle ist der spätere Zeitpunkt maßgebend. Das schriftliche Dokument der Anordnung bzw. Entscheidung kann auch als Teil eines automatisch ablaufenden Arbeitsprogramms abgefasst werden (z. B. mittels elektronischer Datenverarbeitung gefertigter Anhörungsbogen, vgl. OLG Hamburg, VRS 93, 115, 116; OLG Düsseldorf, NZV 1998 S. 254: Der Ausdruck eines mittels EDV-Anlage gefertigten Anhörungsbogens entspricht dem schematisierten Ablauf des Computers, den die Behörde durch den Einsatz des vorgefertigten Computerprogramms in ihren Willen aufgenommen hat. Es ist unschädlich, wenn der Ausdruck nicht aufgrund einer unmittelbaren Verfügung des Sachbearbeiters, sondern aufgrund der Anzeige und ergänzender über das KBA erfasster Daten und Personalien im Rahmen eines vorprogrammierten Fristenplans erfolgt).

Bei einem elektronischen Dokument wird der Zeitpunkt der endgültigen Abfassung in der Regel dann gegeben sein, wenn das Dokument nach Hinzufügung des Namens der verantwortenden Person von dieser als freigegeben gespeichert wird (vgl. BT-Drucks. 19/27654 S. 129). Ein gesetzlicher Anhaltspunkt für diese Beweisregel findet sich in § 32b Abs. 2 StPO. Ein Namenszusatz der verantwortenden Person ist gem. § 32b Abs. 1 Satz 1 StPO ausreichend. Einer qualifizierten elektronischen Signatur bedarf es für die Abfassung nach § 32b Abs. 1 Satz 2 StPO in der Fassung des Gesetzes vom 25.6.2021 (BGBl. I S. 2099) seit 1.7.2021 grundsätzlich nicht mehr. Von diesem Grundsatz macht die Vorschrift des § 32a Abs. 3 StPO für schriftlich abzufassende Dokumente, die bei den Strafverfolgungsbehörden und bei den Gerichten eingereicht werden, wiederum eine Ausnahme: In diesem Fall muss das Dokument entweder mit der qualifizierten elektronischen Signatur der verantwortenden Person versehen sein oder hilfsweise mit einer einfachen elektronischen Signatur unter Hinzufügung des Namenszuges, wenn das Dokument auf einem sicheren Übermittlungsweg eingereicht wird (vgl. OLG Hamm, BeckRS 2021, 34100: Die Übermittlung eines Schriftstücks mit einfacher elektronischer Signatur durch Hinzufügung des Namenszuges über den Postfach- und Versanddienst eines De-Mail-Kontos kann den Schriftformerfordernissen an ein elektronisches Dokument gem. § 32a StPO entsprechen. Nach der abschließenden Aufzählung für sichere Übermittlungswege in § 32a Abs. 4 StPO zählt auch die Übermittlung über den Postfach- und Versanddienst eines De-Mail-Kontos hierzu.). Die entsprechende Anwendung von § 32a und b StPO im OWi-Verfahren ordnet § 110c OWiG mit den dortigen Maßgaben an. Der Gesetzgeber geht davon aus, dass für die Bestimmung des Unterbrechungszeitpunkts bei elektronischen Anordnungen und Verfügungen die elektronische Datenverarbeitung erhöhte Nachweismöglichkeiten bietet, auch wenn man auf die qualifizierte elektronische Signatur als Pendant der handschriftlichen Unterzeichnung verzichtet (vgl. BT-Drucks. 19/27654 S. 55). Die nachträgliche Veränderung von Dokumenten kann anhand entsprechender Metadaten überprüft werden. Auch die Herkunft eines elektronisch auf einem sicheren Übermittlungsweg übersandten Dokuments ist in der Regel besser nachvollziehbar, als wenn es auf dem Postweg übersandt wird (vgl. BT-Drucks. a. a. O.).

Absatz 2 Satz 2 macht eine Ausnahme von dem in Satz 1 aufgestellten Grundsatz. Unter Geschäftsgang versteht man die Stationen, die behördenintern durchlaufen werden müssen (vgl. OLG Stuttgart, Die Justiz 1976 S. 524 f.). Ein Zeitablauf von elf Tagen zwischen Abfassung und Aufgabe zur Post begründet keine Zweifel, dass das Dokument alsbald in den Geschäftsgang gelangt ist (vgl. BayObLG, DAR 1984 S. 247, noch zum Zeitablauf zwischen Unterzeichnung und Aufgabe zur Post). Auch längere Verzögerungen im Geschäftsgang selbst beseitigen die durch die Abfassung eingetretene Verjährungsunterbrechung nicht (vgl. noch zur Verjährungsunterbrechung durch Unterzeichnung OLG Düsseldorf bei *Göhler*, NStZ 1994 S. 71, 72 – zwei Monate zwischen Unterzeichnung und Zustellung).

Im Falle des Abs. 1 Satz 1 Nr. 9 ist allerdings aufgrund Art. 1 Nr. 3b des OWiG-Änderungsgesetzes vom 26.1.1998 (BGBl. I S. 156) zu beachten, dass, selbst wenn die Ausnahme des Absatz 2 Satz 2 nicht gegeben ist, die Zustellung binnen zwei Wochen nach Unterzeichnung erfolgen muss, wenn es auf den Erlass des Bußgeldbescheids als Unterbrechungstatbestand ankommt.

In den Fällen des Absatz 1 Satz 1 Nr. 10, 13 reicht die Form des Absatz 2 Satz 1 nicht aus. Hier kommt es auf eine Übermittlung des Dokuments an (vgl. die Erl. dort).

2.2 Mündliche Unterbrechungshandlungen

Hier tritt die Unterbrechungswirkung sofort ein. Es verbleibt beim Grundsatz des Abs. 1 Satz 1.

3. Spätester Zeitpunkt der Verjährung, Absatz 3

Die Unterbrechungswirkung ist zeitlich begrenzt. Die Höchstgrenze liegt beim Doppelten der gesetzlichen Verjährungsfrist, bzw. bei zwei Jahren, wenn dieser Zeitraum länger ist (Beispiel: Gesetzliche Verjährungsfrist sechs Monate – die Verjährung kann solange unterbrochen werden, bis zwei Jahre verstrichen sind, gerechnet von dem in § 31 Abs. 3 bestimmten Zeitpunkt.). Die Zeiten, in denen die Verjährung geruht hat, sind nicht miteinzubeziehen, Absatz 3 Satz 4 (vgl. bereits Erl. 3.2 zu § 32). Nach Erlass des Urteils bzw. des Beschlusses nach § 72 kann die Verjährung ohnehin nicht mehr eintreten, § 32 Abs. 2.

Die Verjährungsobergrenze richtet sich nach der gerichtlich anhängigen Straftat, wenn es darum geht, eine Handlung, die gleichzeitig Straftat und Ordnungswidrigkeit ist, noch unter dem rechtlichen Gesichtspunkt einer Ordnungswidrigkeit zu ahnden, wenn eine Strafe nicht verhängt wird (vgl. § 21 Abs. 2), Absatz 3 Satz 3.

4. Persönliche Reichweite der Unterbrechung

Die Unterbrechungshandlung gilt nur gegenüber demjenigen, auf den sie sich bezieht, Abs. 4 Satz 1.

Unterbrechungshandlungen wirken auch zu Lasten eines Dritten, wenn sie erkennbar den Zweck verfolgen, auch den Sachverhalt in diesem Verfahren aufzuklären (vgl. *Göhler*, 18. Auflage 2021, Rdnr. 53 zu § 33 entgegen Rspr. und h. M., wonach durch die Vernehmung des Betroffenen die Verjährung gegen einen Mitbetroffenen selbst dann nicht unterbrochen wird, wenn die Vernehmung erkennbar zugleich der Sachaufklärung in dem Verfahren gegen den anderen Betroffenen dient, vgl. BGH, NStZ 2006 S. 228). Gibt die Staatsanwaltschaft eine Sache nach § 43 ab, erstreckt sich die Unterbrechungswirkung auf den nicht verfahrensgegenständlichen Dritten, wenn erkennbar ist, dass die Abgabe auch unter dem Gesichtspunkt der möglichen Verfolgung des Dritten gewollt war (vgl. OLG Zweibrücken, VRS 53, 446 f.).

Die Unterbrechungshandlung muss sich auf eine bestimmte Person beziehen (vgl. BGHSt 24, 321, 323). Unterscheidungsmerkmale im Tatgeschehen, die noch nicht einen bestimmten Betroffenen identifizieren, reichen nicht aus. Hat eine Zeugenvernehmung lediglich den Zweck, die Person des Täters zu ermitteln, kommt ihr keine Unterbrechungswirkung zu (vgl. OLG Koblenz, VRS 46, 458 f.). Der Täter muss auf Grund bei den Akten befindlicher Unterlagen bestimmt werden können. Dies ist nicht bereits der Fall, wenn etwa ein Lichtbild vorliegt (siehe oben Erl. 1.2.2; vgl. BayObLG, NStZ 1990 S. 74). Der Betroffene ist der Verwaltungsbehörde noch nicht bekannt. Es handelt sich vor der Zeugenvernehmung noch um ein Verfahren gegen einen unbekannten Täter. Verfolgungshandlungen gegen eine Firma konkretisieren den Täter nicht nach allgemeinen Merkmalen, können eine Unterbrechungswirkung also nur dann entfalten, wenn es sich um die Firma eines Einzelkaufmanns handelt, d. h. hinter der Firma nur eine Person steht (vgl. BayObLG, VRS 75, 218).

5. Verfolgungshandlungen im Strafverfahren

Die Unterbrechung bezieht sich auf die Tat als geschichtlichem Ereignis (siehe oben Vorbemerkung) unter allen rechtlichen Gesichtspunkten. Es ist deshalb nur folgerichtig, dass die im Strafverfahren vorgenommene Untersuchungshandlung die Verjährung der Ordnungswidrigkeit nach Abs. 1 Satz 1 Nr. 1 bis 7, 11, 13 bis 15 im gleichen Maß unterbricht wie bei der Verfolgung einer Ordnungswidrigkeit im Bußgeldverfahren (vgl. OLG Karlsruhe, MDR 1975 S. 426 f.), Abs. 4 Satz 2. Die Staatsanwaltschaft ist aufgerufen, entsprechende Unterbrechungshandlungen zur Vermeidung einer Verfolgungsverjährung der Ordnungswidrigkeit vorzunehmen (vgl. RiStBV Nr. 274, siehe Erl. 1.2 zu § 32).

§ 34
Vollstreckungsverjährung

(1) Eine rechtskräftig festgesetzte Geldbuße darf nach Ablauf der Verjährungsfrist nicht mehr vollstreckt werden.

(2) Die Verjährungsfrist beträgt

1. **fünf Jahre bei einer Geldbuße von mehr als eintausend Euro,**
2. **drei Jahre bei einer Geldbuße bis zu eintausend Euro.**

(3) Die Verjährung beginnt mit der Rechtskraft der Entscheidung.

(4) Die Verjährung ruht, solange

1. **nach dem Gesetz die Vollstreckung nicht begonnen oder nicht fortgesetzt werden kann,**
2. **die Vollstreckung ausgesetzt ist oder**
3. **eine Zahlungserleichterung bewilligt ist.**

(5) Die Absätze 1 bis 4 gelten entsprechend für Nebenfolgen, die zu einer Geldzahlung verpflichten. Ist eine solche Nebenfolge neben einer Geldbuße angeordnet, so verjährt die Vollstreckung der einen Rechtsfolge nicht früher als die der anderen.

Erläuterungen

Übersicht

Vorbemerkung

Zwischen Verfolgungs- und Vollstreckungsverjährung gibt es keinen verjährungsfreien Zeitraum, da die Verfolgungsverjährung mit dem Beginn der Vollstreckungsverjährung, also mit dem Tag der Rechtskraft der Bußgeldentscheidung, Absatz 3, endet (vgl. BGHSt 20, 198, 200; Erl. 4 zu § 31). Zum Eintritt der Rechtskraft vgl. die Erl. zu § 89.

1. Vollstreckungshindernis

Der Eintritt der Vollstreckungsverjährung stellt die Zulässigkeit der Vollstreckung wegen Vorliegens eines Vollstreckungshindernisses in Frage, Absatz 1, § 103 Abs. 1 Nr. 1.

2. Vollstreckungsverjährungsfrist

Die Dauer der Vollstreckungsverjährungsfrist bestimmt sich nach der Höhe der festgesetzten Geldbuße, Absatz 2. Infolge von Art. 24 des Gesetzes vom 13.12.2001 (BGBl. I S. 3574) gilt eine fünfjährige Vollstreckungsverjährungsfrist bei einer Geldbuße von mehr als eintausend Euro, eine dreijährige Vollstreckungsverjährungsfrist bei einer Geldbuße bis zu eintausend Euro. Sind in einer Bußgeldentscheidung mehrere Geldbußen festgesetzt worden, läuft für jede Geldbuße eine gesonderte Vollstreckungsverjährungsfrist. Für die angeordneten Nebenfolgen gilt ebenfalls ein getrennter Fristenlauf (vgl. hierzu Erl. 4). Für die Berechnung der Frist gelten die Ausführungen zum Lauf der Verfolgungsverjährungsfrist entsprechend (vgl. Erl. 4 zu § 31).

3. Ruhen der Vollstreckungsverjährung

Bei der Vollstreckungsverjährung gibt es im Unterschied zur Verfolgungsverjährung lediglich einen Ruhens-Tatbestand, nicht aber einen Unterbrechungs-Tatbestand.

Abs. 4 Nr. 1 entspricht § 32 Abs. 1 Satz 1. Nur ein gesetzliches Vollstreckungshindernis hemmt deshalb den Ablauf der Vollstreckungsverjährungsfrist (z. B. die Schonfrist des § 95 Abs. 1 ist noch nicht abgelaufen).

Absatz 4 Nr. 2 nimmt Bezug auf die Aussetzung der Vollstreckung, die gem. §§ 46 Abs. 1, 47 Abs. 2 StPO, oder nach §§ 102 Abs. 1, 103 Abs. 2 Satz 2 erfolgen kann.

Absatz 4 Nr. 3 bestimmt, dass die Vollstreckungsverjährung ruht, solange eine Zahlungserleichterung (§§ 18, 93) bewilligt ist.

Sofern der Ruhens-Tatbestand auf eine schriftliche Anordnung oder Entscheidung zurückgeht (in den Fällen des Absatz 4 Nr. 2 und 3), ist für den Ruhens-Beginn die Regelung des § 33 Abs. 2 als Ausdruck eines allgemeinen Rechtsgedankens (vgl. *Göhler*, 18. Auflage 2021, Rdnr. 3 zu § 34) entsprechend anzuwenden. Beim gesetzlichen Vollstreckungshindernis nach Absatz 4 Nr. 1 kommt es auf den Zeitpunkt von dessen Entstehung an.

Das Ruhen endet mit dem Wegfall der Voraussetzungen des Ruhens-Tatbestandes. Bei einer bewilligten Ratenzahlung endet das Ruhen hinsichtlich der einzelnen Rate mit dem Eintritt der Fälligkeit.

4. Nebenfolgen

Absatz 5 Satz 1 regelt die entsprechende Geltung der Absätze 1 bis 4 lediglich für die Anordnung von Nebenfolgen, die zu einer Geldzahlung verpflichten (s. Erl. 4.1). Für andere Nebenfolgen ist Abs. 5 nicht anzuwenden (s. Erl. 4.2).

4.1 Nebenfolgen, die zu einer Geldzahlung verpflichten

Die Regelung erfasst die Einziehung des Wertersatzes nach § 25, die Einziehung des Werts von Taterträgen nach § 29a und die Abführung des Mehrerlöses gem. § 8 WiStG 1954.

Die Anordnung der entsprechenden Geltung der Absätze 1 bis 4 bedeutet insbesondere, dass sich die Dauer der Vollstreckungsverjährungsfrist für die Nebenfolge nach deren Höhe richtet, Absatz 5 Satz 1 i. V. m. Absatz 2, und zunächst gesondert im Verhältnis zur Vollstreckungsverjährungsfrist der Geldbuße zu bestimmen ist. Die nach Absatz 5 Satz 2 angeordnete gleichzeitige Vollstreckungsverjährung von Geldbuße und Nebenfolge gilt nur für den Fall, dass gegen den Betroffenen neben der Geldbuße eine Nebenfolge angeordnet ist, die zu einer Geldzahlung verpflichtet, und regelt nicht den Fall, dass neben der Geldbuße gegen den Betroffenen eine Nebenfolge gegen einen Dritten angeordnet wird. Die gegen einen Nebenbeteiligten (z. B. den Einziehungsbeteiligten gem. § 29a Abs. 2 Satz 1) angeordnete Nebenfolge verjährt gesondert (vgl. *Göhler*, 18. Auflage 2021, Rdnr. 5 zu § 34).

4.2 Übrige Nebenfolgen

Für die übrigen Nebenfolgen, die nicht zu einer Geldzahlung verpflichten, gilt Absatz 5 nicht. Bei der Einziehung geht mit der Rechtskraft der Bußgeldentscheidung das Eigentum am Einziehungsgegenstand auf den Staat bzw. die sonst gesetzlich bestimmte Stelle über, § 26 Abs. 1. Der Herausgabeanspruch gegen den Betroffenen oder den Einziehungsbeteiligten unterliegt der bürgerlich-rechtlichen Verjährungsfrist nach §§ 195, 197 Abs. 1 Nr. 2 BGB (30 Jahre). Im Falle des Fahrverbots läuft die Verbotsfrist erst ab amtlicher Verwahrung, § 25 Abs. 5 Satz 1 StVG. Das Fahrverbot wird mit der Rechtskraft der Bußgeldentscheidung wirksam, § 25 Abs. 2 Satz 1 StVG. Für seine Dauer wird der Führerschein amtlich verwahrt, § 25 Abs. 2 Satz 2 StVG. Wird der Führerschein nicht freiwillig herausgegeben, wird er beschlagnahmt, § 25 Abs. 2 Satz 4 StVG. Für die Beschlagnahme gilt keine Vollstreckungsverjährungsfrist. Um die Verbotsfrist nicht unangemessen zu verlängern, ist der Führerschein aber so schnell wie möglich sicherzustellen (vgl. *Göhler*, 18. Auflage 2021, Rdnr. 8 zu § 34).

ZWEITER TEIL.
BUßGELDVERFAHREN

Erster Abschnitt.
Zuständigkeit zur Verfolgung und Ahndung von Ordnungswidrigkeiten

§ 35
Verfolgung und Ahndung durch die Verwaltungsbehörde

(1) Für die Verfolgung von Ordnungswidrigkeiten ist die Verwaltungsbehörde zuständig, soweit nicht hierzu nach diesem Gesetz die Staatsanwaltschaft oder an ihrer Stelle für einzelne Verfolgungshandlungen der Richter berufen ist.

(2) Die Verwaltungsbehörde ist auch für die Ahndung von Ordnungswidrigkeiten zuständig, soweit nicht hierzu nach diesem Gesetz das Gericht berufen ist.

Erläuterungen

Übersicht

Vorbemerkung

Die Vorschrift regelt die funktionelle Zuständigkeit für die Verfolgung und Ahndung von Ordnungswidrigkeiten. Die funktionelle Zuständigkeit für die Verfolgung ist dreipolig (Verwaltungsbehörde, Staatsanwaltschaft, Gericht), für die Ahndung dagegen nur zweipolig (Verwaltungsbehörde, Gericht).

1. Zuständigkeit für die Verfolgung von Ordnungswidrigkeiten

Nach Absatz 1 liegt die Verfolgungszuständigkeit bei der Verwaltungsbehörde, soweit nicht nach dem Gesetz eine anderweitige Zuständigkeit der Staatsanwaltschaft bzw. des Richters gegeben ist.

1.1 Verfolgungszuständigkeit

Hierunter versteht man die selbständige und eigenverantwortliche Ermittlungstätigkeit, daneben die Mitwirkung an einer etwaigen gerichtlichen Entscheidung durch Unterbreitung des Sachverhalts.

1.2 Verwaltungsbehörde

Der Begriff ist funktionell im Sinne von § 1 Abs. 4 VwVfG des Bundes (und der entsprechenden Regelungen in den Verwaltungsverfahrensgesetzen der Länder) zu verstehen. Zuständig zur Verfolgung sind damit die Behörden, denen auch der Vollzug der entsprechenden Rechtsmaterie obliegt. Auf den Grad der Verselbständigung der Verwaltungseinheit kommt es nicht an (vgl. § 36 Abs. 2 Satz 1: *„auf eine andere Behörde oder sonstige Stelle"*).

1.3 Staatsanwaltschaft

Die Staatsanwaltschaft kann wegen des funktionellen Begriffs der Verwaltungsbehörde zu deren Aufgabenerfüllung berufen sein (vgl. §§ 87 Abs. 1 Satz 1, 92 der Zuständigkeitsverordnung der bayer. Staatsregierung vom 16.6.2015, GVBl. S. 184, zuletzt geändert durch Verordnung vom 13.12.2022 (GVBl. S. 726, 727).

Sie nimmt hiervon abgesehen die Aufgaben der Verfolgungsbehörde in folgenden Fällen wahr (vgl. RiStBV Nr. 270 und 271):

1. Ermittlungsverfahren. Hier besteht eine Verfolgungszuständigkeit der Staatsanwaltschaft in den Fällen der §§ 40 und 42. Die Staatsanwaltschaft ist hiernach für die Verfolgung der Tat auch unter dem rechtlichen Gesichtspunkt der Ordnungswidrigkeit zuständig (§ 40). Ferner besteht eine Verfolgungszuständigkeit dann, wenn die Verfolgung einer Ordnungswidrigkeit wegen des Zusammenhangs mit einer Straftat übernommen worden ist (§ 42).
2. Gerichtliches Verfahren. Die Staatsanwaltschaft ist für die Verfolgung zuständig im
   - Verfahren nach dem Einspruch gegen den Bußgeldbescheid, sobald die Akten bei der Staatsanwaltschaft eingegangen sind, § 69 Abs. 4 Satz 1,

- Verfahren nach Anklageerhebung wegen einer Straftat, soweit es hier auf den rechtlichen Gesichtspunkt der Ordnungswidrigkeit ankommt, §§ 40, 82,
- Verfahren wegen Ordnungswidrigkeiten, die mit Straftaten zusammenhängen, §§ 42, 83,
- Wiederaufnahmeverfahren gegen einen Bußgeldbescheid oder eine gerichtliche Bußgeldentscheidung, § 85 Abs. 4 Satz 2 und 3,
- Nachverfahren gegen einen Bußgeldbescheid oder eine gerichtliche Bußgeldentscheidung, § 87 Abs. 4 Satz 1 und 3.

1.4 Richter

Gemäß §§ 46 Abs. 1, 165 StPO könnte der Richter anstelle der nicht erreichbaren Verwaltungsbehörde bzw. des nicht erreichbaren Staatsanwaltes die erforderlichen Untersuchungshandlungen bei Gefahr in Verzug vornehmen.

1.5 Behörden und Beamte des Polizeidienstes

Sie sind grundsätzlich nicht für die Verfolgung zuständig, es sei denn, ihnen wird durch gesetzliche Regelung die Eigenschaft der Verwaltungsbehörde zuerkannt (§§ 26 Abs. 1 Satz 1 StVG, 91 Zuständigkeitsverordnung der bayer. Staatsregierung, siehe oben Erl. 1.3). Die Polizei ist ansonsten lediglich Ermittlungsorgan der Verwaltungsbehörde. Die Pflicht zur Erforschung von Ordnungswidrigkeiten nach pflichtgemäßem Ermessen, § 53 Abs. 1 Satz 1, mündet deshalb in die Pflicht, die Akten unverzüglich der Verwaltungsbehörde bzw. der Staatsanwaltschaft zu übersenden, § 53 Abs. 1 Satz 3.

2. Zuständigkeit für die Ahndung von Ordnungswidrigkeiten

Nach Absatz 2 ist auch für die Ahndung von Ordnungswidrigkeiten die Verwaltungsbehörde zuständig, sofern nicht hierzu nach dem OWiG das Gericht berufen ist. Die Regelung ist verfassungsrechtlich unbedenklich, da das Bußgeldverfahren nur ein Vorschaltverfahren darstellt, im Sinne eines Angebots an den Betroffenen, das Verfahren durch Hinnahme der festgesetzten Rechtsfolgen zum Abschluss zu bringen (vgl. BVerfGE 27, 18, 339).

2.1 Ahndung

Hierunter versteht man die Befugnis, für die begangene Tat Rechtsfolgen festzusetzen (Geldbuße, Nebenfolgen).

2.2 Verwaltungsbehörde

(vgl. hierzu Erl. 1.2).

2.3 Gericht

Das Gericht ist für die Ahndung zuständig im

- Verfahren nach Einspruch gegen den Bußgeldbescheid, §§ 71 ff.,
- Strafverfahren, soweit es auf den rechtlichen Gesichtspunkt der Ordnungswidrigkeit ankommt, § 82,
- Verfahren wegen Ordnungswidrigkeiten, dessen Verfolgung die Staatsanwaltschaft wegen des Zusammenhangs mit einem Strafverfahren übernommen hat, §§ 42, 83,
- Wiederaufnahmeverfahren, § 85 Abs. 4 Satz 1,
- Nachverfahren, § 87 Abs. 4 Satz 2.

§ 36
Sachliche Zuständigkeit der Verwaltungsbehörde

(1) Sachlich zuständig ist

1. die Verwaltungsbehörde, die durch Gesetz bestimmt wird,

2. mangels einer solchen Bestimmung

a) die fachlich zuständige oberste Landesbehörde oder

b) das fachlich zuständige Bundesministerium, soweit das Gesetz von Bundesbehörden ausgeführt wird.

(2) Die Landesregierung kann die Zuständigkeit nach Absatz 1 Nr. 2 Buchstabe a durch Rechtsverordnung auf eine andere Behörde oder sonstige Stelle übertragen. Die Landesregierung kann die Ermächtigung auf die oberste Landesbehörde übertragen.

(3) Das nach Absatz 1 Nr. 2 Buchstabe b zuständige Bundesministerium kann seine Zuständigkeit durch Rechtsverordnung, die nicht der Zustimmung des Bundesrates bedarf, auf eine andere Behörde oder sonstige Stelle übertragen.

Erläuterungen

Übersicht

Vorbemerkung

Im Unterschied zur funktionellen Zuständigkeit (§ 35) beantwortet die sachliche Zuständigkeit die Frage, welche Verwaltungsbehörde horizontal (Bestimmung des Verwaltungszweigs, Ressorts: z. B. innere Verwaltung) und vertikal (Bestimmung der Ebene im Verwaltungsaufbau: z. B. oberste Landesbehörde oder Kreisverwaltungsbehörde) zuständig ist, wenn man die funktionelle Zuständigkeit bereits zugunsten der Verwaltungsbehörde bejaht hat.

Für die nach dem Einigungsvertrag fortgeltenden Tatbestände des Rechts der früheren DDR (vgl. Art. 9 EinigVtr. i. V. m. Anlage II, Kapitel III, Sachgebiet C, Abschnitt I Nr. 3, BGBl. 1990 II S. 885 ff.) galten auch die Zuständigkeitsbestimmungen der früheren DDR weiter (vgl. z. B. § 16 Abs. 4 Verordnung zur Bekämpfung von Ordnungswidrigkeiten – OWVO – vom 22.3.1984, GBl. I S. 173, zuletzt geändert durch Verordnung vom 27.6.1990, GBl. I S. 542), soweit nichts anderes bestimmt wurde (vgl. Art. 8 EinigVtr. i. V. m. Anlage I, Kapitel III, Sachgebiet C, Abschnitt III Nr. 4c). Inzwischen haben alle neuen Bundesländer eigene Zuständigkeitsverordnungen erlassen, sodass die Überleitungsvorschriften überholt sind.

1. Gesetzliche Bestimmung

Nach Absatz 1 Nr. 1 ist die Verwaltungsbehörde, die durch Gesetz bestimmt wird, sachlich zuständig. Beruht der Bußgeldtatbestand auf der Zuwiderhandlung gegen Bundesrecht, erfolgt die Bestimmung durch Bundesgesetz, bei Zuwiderhandlung gegen Landesrecht erfolgt die Bestimmung durch Landesgesetz. Selbst wenn es sich um einen bundesrechtlichen Bußgeldtatbestand handelt, kann der Landesgesetzgeber die gesetzliche Zuständigkeitsbestimmung treffen, wenn ihm die Ausführung des Bundesgesetzes als eigene Angelegenheit obliegt und der Bund keine abschließende Zuständigkeitsbestimmung getroffen hat, Art. 84 Abs. 1 GG, oder wenn das Bundesgesetz im Auftrag des Bundes ausgeführt wird, Art. 85 GG, und das Bundesgesetz nicht etwas anderes bestimmt.

Der Gesetzgeber kann die Zuständigkeitsbestimmung auf den Verordnungsgeber übertragen (vgl. § 26 Abs. 1 StVG), wenn die gesetzliche Ermächtigung den Voraussetzungen des Art. 80 Abs. 1 GG genügt (vgl. BVerfGE 27, 18, 33, 35).

Die planmäßige Durchführung von Geschwindigkeitsmessungen allein durch private Firmen im Rahmen der Verkehrsüberwachung zur Ermittlung und Dokumentation von Ordnungswidrigkeiten ist mangels einer gesetzlichen Ermächtigung auch dann unzulässig, wenn die zuständige Gemeinde Ort, Zeit, Dauer und Häufigkeit der Messung bestimmt und der Angestellte der Privatfirma während der Durchführung der Messung aufgrund eines befristeten Arbeitnehmerüberlassungsvertrages der Gemeinde von der Privatfirma zur Verfügung gestellt wird (vgl. BayObLG, VRS 93, 416 ff.). In Fällen, in denen Hoheitsaufgaben vom Staat nicht selbst vorgenommen werden müssen, kann sich der Verwaltungsträger zu deren Wahrnehmung unter Umständen zwar privatrechtlicher Formen bedienen, ohne dass es zu einer Aufgabenverlagerung kommt. Auf dem Gebiet der öffentlichen Sicherheit kann aber eine solche Privatisierung in aller Regel nur in der Gestalt der Beleihung Privater erfolgen, die einer gesetzlichen Ermächtigung bedarf (vgl. BayObLG, a. a. O., S. 418). Systematische Geschwindigkeitsmessung durch beauftragte Privatunternehmer ist als Übernahme von Funktionen der Ermittlung und Verfolgung, also funktionell originärer Staatsaufgaben, und nicht nur als rein technische Verwaltungshilfe zu werten, auch wenn die zuständige Verwaltungsbehörde Ort, Zeit und Dauer des Geräteeinsatzes vorgibt. Bei einer Arbeitnehmerüberlassung bleibt die Gemeinde nicht Herrin des Ermittlungsverfahrens (vgl. hierzu Erl. 2 zu § 53), wenn die Leiharbeitnehmer in die Gemeindeverwaltung nicht physisch-räumlich und organisatorisch integriert sind (vgl. BayObLG, a. a. O., S. 419). Im gleichen Sinn ist die Feststellung von Parkverstößen durch private Firmen im Rahmen der Überwachung des ruhenden Verkehrs zur Ermittlung und Dokumentation von Ordnungswidrigkeiten mangels einer gesetzlichen Ermächtigung auch dann unzulässig, wenn die zuständige Gemeinde die Auswertung der festgestellten Parkverstöße und den Erlass des Bußgeldbescheids vornimmt (vgl. BayObLG, BayVBl. 1998 S. 90 f.). Von kommunalen Ordnungsbehörden angeordnete Geschwindigkeitsmessungen zur Verkehrsüberwachung dürfen dann von privaten Dritten vorgenommen werden, wenn ein Beamter oder Angestellter der kommunalen Ordnungsbehörde daran teilnimmt, der von seinen Kenntnissen her in der Lage ist, ihre Durchführung zu überwachen und ggf. leitend einzugreifen (vgl. OLG Frankfurt, DAR 1995 S. 335 f.).

Ein allgemeiner Grundsatz, wonach ein Beweiserhebungsverbot ein Beweisverwertungsverbot nach sich zieht, besteht nicht. Ob eine rechtswidrige Ermittlungsmaßnahme als Ausnahme vom Grundsatz umfassender Beweisaufnahme ein Verbot der Verwertung des Beweisergebnisses zur Folge hat, kann nur im Einzelfall entschieden werden. Hierbei ist das Individualinteresse des Bürgers am Schutz seiner Rechtsgüter gegen das Interesse des Staates an der Tataufklärung zum Schutz der Allgemeinheit abzuwägen. Bei dieser Abwägung hat die Tatsache erhebliche Bedeutung, dass die Geschwindigkeitsmessung bzw. die Parküberwachung durch die Gemeinde selbst mit an Sicherheit grenzender Wahrscheinlichkeit dasselbe Ergebnis erbracht hätte, die rechtliche Stellung des Betroffenen damit nicht gravierend beeinträchtigt ist (vgl. BayObLG, a. a. O., S. 421 bzw. S. 91). Ein Beweisverwertungsverbot ist deshalb grundsätzlich zu verneinen. Der Fall liegt aber anders, wenn sich die rechtswidrige Beweiserhebung im Einzelfall als bewusste oder jedenfalls grob fahrlässige Missachtung zwingender Rechtsvorschriften darstellt (vgl. KG, VRS 92, 403, 409: Die Verwaltungsbehörde ist durch eigene Dienststellen oder von außerhalb über die rechtlichen Risiken in Kenntnis gesetzt worden).

2. Oberste Landesbehörde

Bei Fehlen einer gesetzlichen Regelung im Sinne des Absatzes 1 Nr. 1 ist gem. Absatz 1 Nr. 2a die fachlich zuständige oberste Landesbehörde sachlich zuständig. Fachlich zuständig ist der Landesminister, zu dessen Geschäftsbereich die Behörde gehört, die das Gesetz auszuführen hat, das durch Bußgeldvorschriften abgesichert ist. Beim Gesetz kann es sich um ein Bundes- oder Landesgesetz handeln. Das Bundesgesetz muss von den Ländern als eigene Angelegenheit (Art. 84 GG) oder im Auftrag des Bundes (Art. 85 GG) ausgeführt werden. Die Bestimmung des Absatzes 1 Nr. 2a ist auch dann anwendbar, wenn dem Bußgeldtatbestand keine verwaltungsrechtliche Regelung zugrunde liegt, deren Nichtbeachtung sanktioniert werden soll (z. B. § 111).

3. Bundesministerium

Soweit eine gesetzliche Zuständigkeitsbestimmung fehlt und das Gesetz von Bundesbehörden ausgeführt wird (vgl. Art. 86 und 87 GG), ist das fachlich zuständige Bundesministerium sachlich zuständig, Abs. 1 Nr. 2 b. Hier kann es nur um den Vollzug von Bundesgesetzen gehen.

4. Übertragung durch die Landesregierung

Sofern die Bestimmung des Absatzes 1 Nr. 2a zutrifft, kann die Landesregierung die Zuständigkeit durch Rechtsverordnung auf eine andere Behörde oder sonstige Stelle weiterübertragen, Absatz 2 Satz 1. Hierzu kann die Landesregierung auch die oberste Landesbehörde ermächtigen (vgl. z. B. § 2 OWiZustVO Schleswig-Holstein vom 22.1.1988, GVOBl. S. 32, zuletzt geändert durch Verordnung vom 1.4.2020, GVOBl. S. 173), Absatz 2 Satz 2. Dies hat aber auch in Form der Rechtsverordnung zu geschehen.

Die Weiterübertragung nach Absatz 2 kann nur auf eine Behörde oder sonstige Stelle des Landes erfolgen. Eine umfassende Weiterübertragung gem. Abs. 2 Satz 1 geschah z. B. in Bayern durch §§ 87 ff. der Zuständigkeitsverordnung vom 16.6.2015, GVBl. S. 184, zuletzt geändert durch Verordnung vom 13.12.2022, GVBl. S. 726 und 727.

5. Übertragung durch das Bundesministerium

Das nach Absatz 1 Nr. 2b fachlich zuständige Bundesministerium kann die Zuständigkeit durch Rechtsverordnung, die nicht der Zustimmung des Bundesrates bedarf, auf eine Behörde oder sonstige Stelle weiterübertragen, Absatz 3 (vgl. § 78 Aufenthaltsverordnung). Entsprechend der Erl. 4 kann es sich bei der Behörde oder sonstigen Stelle nur um eine solche des Bundes handeln.

6. Mehrfache sachliche Zuständigkeit

Eine mehrfache sachliche Zuständigkeit kann dann bestehen, wenn eine Tat (als geschichtliches Ereignis, vgl. hierzu Erl. 3 vor § 59) die Verwirklichung mehrerer Bußgeldtatbestände vereint, für deren Verfolgung und Ahndung verschiedene Verwaltungsbehörden zuständig sind. Sofern hier § 39 durch Bestehen einer Vorzugszuständigkeit keine Abhilfe schafft, kann die Zuständigkeitskonkurrenz nur fachaufsichtlich bereinigt werden.

Eine mehrfache sachliche Zuständigkeit liegt dann nicht vor, wenn der Gesetz- oder Verordnungsgeber lediglich bestimmt, dass neben der generellen Zuständigkeit einer Behörde (im konkreten Fall des Polizeiverwaltungsamtes) auch eine andere (im konkreten Fall die Landespolizei und die Bereitschaftspolizei) im ersten Zugriff für bestimmte Fälle, insbesondere die Verfolgung von Verkehrsordnungswidrigkeiten, zuständig ist (vgl. § 91 Abs. 2 der Zuständigkeitsverordnung der bayerischen Staatsregierung, siehe oben Erl. 4), solange keine Abgabe an die generell zuständige Behörde erfolgt ist. Eine Zuständigkeitskonkurrenz kann hier nicht eintreten. Die Zuständigkeit kann in jedem Einzelfall eindeutig bestimmt werden.

7. Fehlen der sachlichen Zuständigkeit

Die fehlende sachliche Zuständigkeit macht den Bußgeldbescheid nur dann unwirksam und nichtig (vgl. Erl. 12 zu §§ 65, 66), wenn der Zuständigkeitsfehler bei verständiger Würdigung aller in Betracht kommenden Umstände offenkundig ist (angesichts der Zuständigkeit der Gemeinden Bayerns für die Verfolgung und Ahndung bestimmter Ordnungswidrigkeiten nach § 24 StVG, § 88 Abs. 3 Zuständigkeitsverordnung, siehe oben Erl. 4, sowie der Auffangzuständigkeit der Kreisverwaltungsbehörde gem. § 87 Abs. 2 ZustV keine Offenkundigkeit, wenn anstelle der Zentralen Bußgeldstelle im Bayerischen Polizeiverwaltungsamt wegen einer Verkehrsordnungswidrigkeit die Kreisverwaltungsbehörde den Bußgeldbescheid erlässt, in diesem Sinne aber noch BayObLG, VRS 41, 445, 447). Die Offenkundigkeit des Zuständigkeitsfehlers ist bei zweifelhafter Rechtslage zu verneinen (vgl. OLG Köln, NJW 1988 S. 1606). Sie wird im Übrigen immer dann zu verneinen sein, wenn die unzuständige Behörde einen Verstoß gegen Vorschriften ahndet, deren Vollzug in einem Teilbereich in ihre Zuständigkeit fällt.

§ 37

Örtliche Zuständigkeit der Verwaltungsbehörde

(1) Örtlich zuständig ist die Verwaltungsbehörde, in deren Bezirk

1. die Ordnungswidrigkeit begangen oder entdeckt worden ist oder

2. der Betroffene zur Zeit der Einleitung des Bußgeldverfahrens seinen Wohnsitz hat.

(2) Ändert sich der Wohnsitz des Betroffenen nach Einleitung des Bußgeldverfahrens, so ist auch die Verwaltungsbehörde örtlich zuständig, in deren Bezirk der neue Wohnsitz liegt.

(3) Hat der Betroffene im räumlichen Geltungsbereich dieses Gesetzes keinen Wohnsitz, so wird die Zuständigkeit auch durch den gewöhnlichen Aufenthaltsort bestimmt.

(4) Ist die Ordnungswidrigkeit auf einem Schiff, das berechtigt ist, die Bundesflagge zu führen, außerhalb des räumlichen Geltungsbereichs dieses Gesetzes begangen worden, so ist auch die Verwaltungsbehörde örtlich zuständig, in deren Bezirk der Heimathafen oder der Hafen im räumlichen Geltungsbereich dieses Gesetzes liegt, den das Schiff nach der Tat zuerst erreicht. Satz 1 gilt entsprechend für Luftfahrzeuge, die berechtigt sind, das Staatszugehörigkeitszeichen der Bundesrepublik Deutschland zu führen.

Erläuterungen

Übersicht

Vorbemerkung

Die Vorschrift bestimmt die von mehreren sachlich zuständigen Verwaltungsbehörden örtlich zuständigen. Wie bei § 36 ist auch hier eine mehrfache örtliche Zuständigkeit denkbar, die, sofern nicht eine Vorzugszuständigkeit gem. § 39 besteht, fachaufsichtlich zu klären ist (vgl. Erl. 6 zu § 36).

Die abweichende Bestimmung der örtlichen Zuständigkeit in Bundes- oder Landesgesetzen ist nach Maßgabe des § 2 zu beurteilen. Selbst wenn § 37 keine Vorbehaltsklausel zugunsten eines anders lautenden Gesetzes beigegeben ist, wird man eine besondere Zuständigkeitsvorschrift in einem Landesgesetz immer dann für zulässig halten können, wenn die Regelungsmaterie ohne Abweichung vom OWiG nicht sachgerecht bewältigt werden kann (vgl. Erl. 2.3 zu § 2). Was für den Landesgesetzgeber gilt, muss aber erst recht für den Bund gelten (vgl. §§ 388, 410 Abs. 1 Nr. 1 AO). Besondere örtliche Zuständigkeiten im selbständigen Verfahren normieren §§ 87 Abs. 3 Satz 3, 2. HS, 88 Abs. 2 Satz 2, 2. HS.

1. Begehung, Entdeckung, Absatz 1 Nr. 1

Der Begehungsort im Sinne des Absatzes 1 Nr. 1 bestimmt sich nach den Kriterien des § 7. Die Ordnungswidrigkeit ist entdeckt, wenn konkrete Tatsachen den Verdacht der Ordnungswidrigkeit begründen, sodass es geboten ist, ein Bußgeldverfahren einzuleiten (vgl. *RRH*, 32. Aktualisierung 2022, Rdnr. 2a zu § 37: z. B. Ergebnis von Betriebsprüfungen). Die Entdeckung durch Polizeibeamte reicht aus, d. h. es ist nicht notwendig, dass Ermittlungsbeamte der Verwaltungsbehörde die Ordnungswidrigkeit entdecken (vgl. KKOWiG-*Lampe*, 5. Auflage 2018, Rdnr. 5 zu § 37).

2. Wohnsitz, Absatz 1 Nr. 2, Absatz 2

Wohnsitz ist der räumliche Schwerpunkt der gesamten Lebensverhältnisse einer Person (vgl. BayObLGZ 84, 289, 290, 291). Er wird begründet durch das tatsächliche Niederlassen verbunden mit dem Willen, den Ort zu einem dauernden räumlichen Mittelpunkt der gesamten Lebensbeziehungen zu machen (vgl. BayObLGZ 85, 158, 161), § 7 BGB. Zum Wohnsitz nicht voll Geschäftsfähiger, von Soldaten und Kindern vgl. §§ 8, 9, 11 BGB.

Das Bußgeldverfahren ist mit jeder Maßnahme der Verwaltungsbehörde, der Polizei oder der Staatsanwaltschaft eingeleitet, die erkennbar darauf abzielt, gegen jemanden wegen einer Ordnungswidrigkeit vorzugehen (vgl. §§ 397 Abs. 1, 410 Abs. 1 Nr. 6 AO). Der Akt der Einleitung des Ermittlungsverfahrens ist – abgesehen von den Sondervorschriften der §§ 397 Abs. 2 und 3, 410 Abs. 1 Nr. 6 AO – an keine Form gebunden.

Eine mehrfache örtliche Zuständigkeit tritt ein, wenn sich nach Einleitung des Bußgeldverfahrens der Wohnsitz des Betroffenen ändert. Dann sind die Verwaltungsbehörde des alten und die des neuen Wohnsitzes zuständig, Abs. 2.

3. Gewöhnlicher Aufenthaltsort, Absatz 3

Der gewöhnliche Aufenthaltsort wird bereits durch tatsächliches Verweilen von gewisser Dauer begründet (vgl. BayObLGZ 80, 52, 56). Auf den Begründungswillen kommt es hier nicht an, sodass die Justizvollzugsanstalt gewöhnlicher Aufenthaltsort sein kann. Der gewöhnliche Aufenthaltsort tritt hilfsweise an die Stelle des Wohnsitzes. Maßgebender Zeitpunkt für die Bestimmung der örtlichen Zuständigkeit ist der Zeitpunkt der Einleitung des Bußgeldverfahrens (vgl. für den Wohnsitz Absatz 1 Nr. 2). Eine nachträgliche Änderung des gewöhnlichen Aufenthaltsortes begründet eine mehrfache örtliche Zuständigkeit (vgl. für den Wohnsitz Absatz 2).

4. Schiffe, Luftfahrzeuge, Absatz 4

Die Berechtigung für Schiffe, die Bundesflagge zu führen, und für Luftfahrzeuge, das Staatszugehörigkeitszeichen der Bundesrepublik Deutschland zu führen, ist ebenso wie in § 5 zu verstehen (vgl. Erl. 2 zu § 5). Dem Heimathafen des Schiffes (vgl. § 480 HGB in der bis zum 24.4.2013 geltenden Fassung: Als Heimathafen des Schiffes gilt der Hafen, von welchem aus die Seefahrt mit dem Schiff betrieben wird.) entspricht bei Luftfahrzeugen der regelmäßige Standort (vgl. § 8 Abs. 1 Nr. 8 LuftVZO). Einen Heimatflughafen kennt das Luftverkehrsrecht nicht (vgl. KKOWiG-*Lampe*, 5. Auflage 2018, Rdnr. 20 zu § 37).

5. Fehlen der örtlichen Zuständigkeit

Die fehlende örtliche Zuständigkeit führt nicht zur Unwirksamkeit des Bußgeldbescheides (vgl. OLG Düsseldorf, VRS 61, 275 f., Erl. 12 zu §§ 65, 66), weil es sich hier nicht um einen schwerwiegenden Mangel handelt. Auf die Offenkundigkeit des Fehlers kommt es deshalb nicht an (vgl. den in § 44 Abs. 3 Nr. 1 VwVfG des Bundes und der entsprechenden Regelungen in den Verwaltungsverfahrensgesetzen der Länder zum Ausdruck kommenden Rechtsgedanken. Die Ausnahme des § 44 Abs. 2 Nr. 3 VwVfG wird im OWiG keine Rolle spielen.).

§ 38
Zusammenhängende Ordnungswidrigkeiten

Bei zusammenhängenden Ordnungswidrigkeiten, die einzeln nach § 37 zur Zuständigkeit verschiedener Verwaltungsbehörden gehören würden, ist jede dieser Verwaltungsbehörden zuständig. Zwischen mehreren Ordnungswidrigkeiten besteht ein Zusammenhang, wenn jemand mehrerer Ordnungswidrigkeiten beschuldigt wird oder wenn hinsichtlich derselben Tat mehrere Personen einer Ordnungswidrigkeit beschuldigt werden.

Erläuterungen

Übersicht

Vorbemerkung

In Anlehnung an § 13 StPO ist bei zusammenhängenden Ordnungswidrigkeiten, für deren Verfolgung und Ahndung einzeln verschiedene Verwaltungsbehörden örtlich zuständig sind, jede Verwaltungsbehörde für die Verfolgung und Ahndung aller Ordnungswidrigkeiten örtlich zuständig. § 38 bezieht sich wegen der Verweisung auf § 37 nur auf die örtliche, nicht dagegen auf die sachliche Zuständigkeit. In den Fällen der rechtlichen Handlungseinheit liegt nur eine Ordnungswidrigkeit vor, für deren Verfolgung und Ahndung aber trotzdem eine mehrfache örtliche Zuständigkeit bestehen kann, wenn die Teilakte der fortgesetzten Handlung an verschiedenen Orten begangen wurden.

Würde man den in § 38 aufgestellten Grundsatz auch auf die sachliche Zuständigkeit anwenden, könnten Probleme in der Bewältigung des Verfahrensstoffes auftauchen. Die Bußgeldbehörde, die nach dem Gesetz lediglich für eine bestimmte Art von Ordnungswidrigkeiten Verwaltungsbehörde ist, müsste sich nur wegen des Zusammenhangs in eine völlig andere Rechtsmaterie einarbeiten. Die genannten Probleme müssen aber bei mehrfacher sachlicher Zuständigkeit für Ordnungswidrigkeiten innerhalb eines Tatgeschehens im prozessualen (vgl. hierzu Erl. 3 vor § 59) oder materiellen Sinn (§ 19) wegen des Grundsatzes „ne bis in idem", Art. 103 Abs. 3 GG, hintangestellt werden. Hier muss die Ahndung durch eine Verwaltungsbehörde erfolgen (vgl. KKOWiG-*Lampe*, 5. Auflage 2018, Rdnr. 4 zu § 38).

1. Persönlicher Zusammenhang

Jemand wird mehrerer Ordnungswidrigkeiten beschuldigt, die die örtliche Zuständigkeit verschiedener Verwaltungsbehörden eröffnen würden. Die mehreren Ordnungswidrigkeiten müssen hier jeweils eigenständige Taten im Sinne des Art. 103 Abs. 3 GG sein, andernfalls bedürfte es der Vorschrift nicht, da Ordnungswidrigkeiten innerhalb eines Tatgeschehens grundsätzlich von jeder sachlich und örtlich zuständigen Verwaltungsbehörde verfolgt und geahndet werden dürfen, die für die Verfolgung und Ahndung einer Ordnungswidrigkeit zuständig ist (vgl. oben Vorbemerkung zur mehrfachen sachlichen Zuständigkeit). Der persönliche Zusammenhang lässt sich deshalb auf die Formel „mehrere Taten, eine Person" verkürzen.

Beispiel:

A veranstaltet in mehreren Lokalen Schaustellungen von Personen ohne die nach § 33a GewO erforderliche Erlaubnis. Die Lokale liegen im Gebiet verschiedener Kreisverwaltungsbehörden (KVB 1, KVB 2 und KVB 3). Wegen § 38 ist jede KVB für alle Ordnungswidrigkeiten im Sinne des § 144 Abs. 1 Nr. 1c GewO zuständig, selbst wenn sie nicht für alle Vorwürfe die Wohnsitz-Verwaltungsbehörde im Sinne des § 37 Abs. 1 Nr. 2 ist.

2. Sachlicher Zusammenhang

Hinsichtlich derselben Tat (vgl. hierzu Erl. 3 vor § 59) werden mehrere Personen einer Ordnungswidrigkeit beschuldigt.

Beispiel:

A veranstaltet im Lokal „Z" Schaustellungen von Personen ohne die erforderliche Erlaubnis. Für die Ordnungswidrigkeit gem. § 144 Abs. 1 Nr. 1c GewO ist KVB 1 zuständig, weil in deren Gebiet das Lokal liegt und A seinen Wohnsitz hat, § 37 Abs. 1 Nr. 1 und 2. Zur Begehung der Ordnungswidrigkeit wurde A von B angestiftet, der seinen Wohnsitz im Gebiet der KVB 2 hat. Wegen §§ 7 Abs. 2, 37 Abs. 1 Nr. 1 ist KVB 1 auch für die Ordnungswidrigkeit des B gem. §§ 144 Abs. 1 Nr. 1c GewO, 14 Abs. 1 Satz 1 zuständig. Gemäß §§ 38, 37 Abs. 1 Nr. 2 ist aber auch KVB 2 für die Ordnungswidrigkeiten von A und B zuständig.

§ 39
Mehrfache Zuständigkeit

(1) Sind nach den §§ 36 bis 38 mehrere Verwaltungsbehörden zuständig, so gebührt der Vorzug der Verwaltungsbehörde, die wegen der Tat den Betroffenen zuerst vernommen hat, ihn durch die Polizei zuerst hat vernehmen lassen oder der die Akten von der Polizei nach der Vernehmung des Betroffenen zuerst übersandt worden sind. Diese Verwaltungsbehörde kann in den Fällen des § 38 das Verfahren wegen der zusammenhängenden Tat wieder abtrennen.

(2) In den Fällen des Absatzes 1 Satz 1 kann die Verfolgung und Ahndung jedoch einer anderen der zuständigen Verwaltungsbehörden durch eine Vereinbarung dieser Verwaltungsbehörden übertragen werden, wenn dies zur Beschleunigung oder Vereinfachung des Verfahrens oder aus anderen Gründen sachdienlich erscheint. Sind mehrere Verwaltungsbehörden sachlich zuständig, so soll die Verwaltungsbehörde, der nach Absatz 1 Satz 1 der Vorzug gebührt, die anderen sachlich zuständigen Verwaltungsbehörden spätestens vor dem Abschluß der Ermittlungen hören.

(3) Kommt eine Vereinbarung nach Absatz 2 Satz 1 nicht zustande, so entscheidet auf Antrag einer der beteiligten Verwaltungsbehörden

1. die gemeinsame nächsthöhere Verwaltungsbehörde,

2. wenn eine gemeinsame höhere Verwaltungsbehörde fehlt, das nach § 68 zuständige gemeinsame Gericht und,

3. wenn nach § 68 verschiedene Gerichte zuständig wären, das für diese Gerichte gemeinsame obere Gericht.

(4) In den Fällen der Absätze 2 und 3 kann die Übertragung in gleicher Weise wieder aufgehoben werden.

Erläuterungen

Übersicht

Vorbemerkung

Die Vorschrift behandelt die Fälle der mehrfachen sachlichen oder örtlichen Zuständigkeit und begründet zunächst eine Vorzugszuständigkeit (Absatz 1), lässt andererseits aber auch eine Abweichung hiervon durch Vereinbarung (Absatz 2) oder Entscheidung (Absatz 3) zu. Für die Fälle, in denen die Vorzugszuständigkeit noch nicht begründet ist, ist § 39 nicht anwendbar (vgl. insoweit Erl. 6 zu § 36 und Vorbemerkung zu § 37).

§ 39 gilt nur für Mehrfachzuständigkeiten innerhalb einer Tat im Sinne des Art. 103 Abs. 3 GG als geschichtlichem Ereignis (vgl. Erl. 3 vor § 59; *Göhler*, 18. Auflage 2021, Rdnr. 2 zu § 39).

§§ 390, 410 Abs. 1 Nr. 1 AO sind insoweit leges speciales gegenüber § 39, als es sich um eine Mehrfachzuständigkeit von Finanzbehörden bei Steuerordnungswidrigkeiten handelt.

1. Vorzugszuständigkeit, Absatz 1

1.1 Voraussetzungen

1.1.1 Vernehmung durch die Verwaltungsbehörde

Sie geschieht dadurch, dass dem Betroffenen Gelegenheit gegeben wird, sich zur Beschuldigung zu äußern, § 55 Abs. 1. Die Äußerung kann mündlich oder schriftlich erfolgen. Bei der Aufforderung zur schriftlichen Äußerung ist der Zeitpunkt des Zugangs des Anhörungsbogens entscheidend, während es bei der mündlichen Äußerung auf den Vernehmungstermin ankommt.

1.1.2 Ersuchen an die Polizei zur Vernehmung

Hier sind nur die Fälle der mündlichen Anhörung gemeint, weshalb auch hier der Zeitpunkt des Anhörungstermins selbst entscheidend ist.

1.1.3 Aktenübersendung von der Polizei nach Vernehmung

Vernimmt die Polizei den Betroffenen, ohne dass sie von der Verwaltungsbehörde hierzu ersucht worden ist, kommt es auf den Zeitpunkt des Eingangs bei der zuständigen Verwaltungsbehörde an. Hieran ändert sich auch bei Unzuständigkeit nichts, da die unzuständige Verwaltungsbehörde dann lediglich Amtshilfe für die zuständige Verwaltungsbehörde leistet (vgl. KKOWiG-*Lampe*, 5. Auflage 2018, Rdnr. 13 zu § 39; *Göhler*, 18. Auflage 2021, Rdnr. 6 zu § 39).

1.1.4 Aktenübersendung durch die Staatsanwaltschaft

Diese ist der Aktenübersendung durch die Polizei gleichgestellt, sofern der Betroffene bereits vernommen ist (vgl. RiStBV Nr. 272 Abs. 3 Satz 3: Der Staatsanwalt führt durch Übersendung der Akten an eine der mehreren zuständigen Verwaltungsbehörden bei sinngemäßer Anwendung des § 39 Abs. 1 Satz 1 OWiG deren Vorzugszuständigkeit herbei, wenn der Betroffene wegen der Tat bereits vernommen ist.). Die Vernehmung im Strafverfahren reicht aus. Die Abgabe allein, d. h. ohne stattgefundene Vernehmung, begründet aber keine Vorzugszuständigkeit.

1.2 Beseitigung der Vorzugszuständigkeit

Nach Absatz 1 Satz 2 kann die Verwaltungsbehörde die Vorzugszuständigkeit insoweit wieder beseitigen, als es um Ordnungswidrigkeiten geht, für die lediglich eine örtliche Zuständigkeit kraft Zusammenhangs nach § 38 OWiG besteht. Eine Aktenübersendung an die andere zuständige Verwaltungsbehörde – verbunden mit einem Aktenvermerk – reicht aus und begründet dann ggf. auch deren Vorzugszuständigkeit (vgl. *RRH*, 32. Aktualisierung 2022, Rdnr. 13 zu § 39; a. A. *Göhler*, 18. Auflage 2021, Rdnr. 11 zu § 39 und KK-OWiG-*Lampe*, 5. Auflage 2018, Rdnr. 18 zu § 39), arg. Absatz 1 Satz 1. Wenn die Polizei durch Aktenübersendung nach Vernehmung des Betroffenen die Vorzugszuständigkeit begründen kann, dann muss dies entsprechend auch für eine andere mit den Ermittlungen befasste Behörde gelten.

2. Vereinbarung, Absatz 2, 4

Durch Vereinbarung zwischen der Verwaltungsbehörde, die sich auf eine Vorzugszuständigkeit gem. Absatz 1 Satz 1 stützen kann, und einer anderen (übernehmenden) Verwaltungsbehörde kann die Zuständigkeit abweichend von Absatz 1 zugunsten der übernehmenden Verwaltungsbehörde geregelt werden, Absatz 2 Satz 1. Die Vereinbarung ist lediglich zur Beschleunigung und Vereinfachung des Verfahrens bzw. aus sonstigen sachdienlichen Gründen zulässig. Sachdienliche Gründe werden vorliegen, wenn bei einer fortgesetzten Handlung, deren Teilakte im Bezirk mehrerer Verwaltungsbehörden begangen wurden, das Schwergewicht der Tat auf eine Verwaltungsbehörde hinweist, der jedoch nicht die Vorzugszuständigkeit nach Abs. 1 Satz 1 zukommt. Sachdienliche Gründe liegen auch darin, dass eine Verwaltungsbehörde bei der Verfolgung und Ahndung der in Rede stehenden Ordnungswidrigkeiten besondere Erfahrung und Sachkunde hat (vgl. KKOWiG-*Lampe*, 5. Auflage 2018, Rdnr. 21 zu § 39). Die Unwirksamkeit der Vereinbarung wegen Nichtvorliegens der Voraussetzungen macht den Bußgeldbescheid nicht unwirksam. Es handelt sich hierbei nicht um einen besonders schwerwiegenden Mangel.

Die Vereinbarung kann im Vereinbarungswege wieder rückgängig gemacht werden, Absatz 4, wenn deren Voraussetzungen nicht vorlagen oder nicht mehr vorliegen.

Absatz 2 Satz 2 verlangt, wenn mehrere Verwaltungsbehörden sachlich zuständig sind, die Anhörung der anderen sachlich zuständigen Verwaltungsbehörden durch die Behörde, die sich auf eine Vorzugszuständigkeit gem. Absatz 1 Satz 1 stützen kann, spätestens vor dem Abschluss der Ermittlungen (vgl. hierzu § 61). Diese werden dadurch in die Lage versetzt, ihren speziellen Sachverstand in das Verfahren einzubringen. Die Anhörung nach Absatz 2 Satz 2 unterbricht die Verjährung gem. § 33 Abs. 1 Satz 1 Nr. 7. Die unterlassene

Anhörung berührt die sachliche Zuständigkeit nicht (vgl. KKOWiG-*Lampe*, 5. Auflage 2018, Rdnr. 24 zu § 39 mit Verweis auf die Rechtsprechung des BayObLG in LRE 11, 180, 184).

3. Entscheidung, Absatz 3, 4

Kommt eine Vereinbarung nach Absatz 2 Satz 1 nicht zustande, obwohl die Verwaltungsbehörde der Vorzugszuständigkeit bzw. diejenige, die die Zuständigkeit für sich begehrt, dies wünschen, bedarf es der Entscheidung der gemeinsamen nächsthöheren Verwaltungsbehörde, hilfsweise des nach § 68 zuständigen gemeinsamen Gerichts, hilfsweise des gemeinsamen oberen Gerichts, Absatz 3 Nr. 1 bis 3. Entscheidungsmaßstab sind die in Absatz 2 Satz 1 genannten Kriterien, deren Nichtvorliegen bzw. Entfallen die Entscheidung auf den Widerspruch des Betroffenen bzw. die Gegenvorstellung einer nicht gehörten Behörde reversibel macht, Absatz 4 (vgl. KKOWiG-*Lampe*, 5. Auflage 2018, Rdnr. 32 zu § 39).

> *Beispiel:*
>
> *Örtlich zuständig sind zwei Verwaltungsbehörden, von denen eine in Bayern, die andere in Hessen liegt. Die bayerische Verwaltungsbehörde möchte die Vorzugszuständigkeit abgeben, die hessische Verwaltungsbehörde stimmt jedoch nicht zu. Hier müsste gem. Absatz 3 Nr. 3 der BGH entscheiden.*

§ 40
Verfolgung durch die Staatsanwaltschaft

Im Strafverfahren ist die Staatsanwaltschaft für die Verfolgung der Tat auch unter dem rechtlichen Gesichtspunkt einer Ordnungswidrigkeit zuständig, soweit ein Gesetz nichts anderes bestimmt.

Erläuterungen

Übersicht

Vorbemerkung
1. Eine Tat, eine Handlung
2. Eine Tat, mehrere Handlungen
3. Abschlussverfügung der Staatsanwaltschaft
   - 3.1 Anklage
   - 3.2 Einstellung
4. Vorbehaltsklausel

Vorbemerkung

Die Vorschrift bringt den Vorrang des Strafverfahrens vor dem Bußgeldverfahren zum Ausdruck, wenn eine Tat im verfahrensrechtlichen Sinn (vgl. Art. 103 Abs. 3 GG, Erl. 3 vor § 59) vorliegt. Der Staatsanwalt erstreckt die Ermittlungen wegen einer Straftat auch auf den rechtlichen Gesichtspunkt einer Ordnungswidrigkeit, soweit er für die Beurteilung der Tat von Bedeutung ist oder sein kann (vgl. RiStBV Nr. 273 Abs. 1). Eine ausdrückliche Übernahme der Verfolgung der Ordnungswidrigkeit ist nicht notwendig, lediglich dann zweckmäßig, wenn zweifelhaft ist, ob ein einheitliches Tatgeschehen gegeben ist (RiStBV Nr. 273 Abs. 3 Satz 2 und 3, 277 Abs. 3).

1. Eine Tat, eine Handlung

Liegt innerhalb der Tat im verfahrensrechtlichen Sinn nur eine materiell-rechtliche Handlung vor, kann das ordnungswidrige Verhalten für die Strafbemessung von Bedeutung sein oder die Grundlage für die Anordnung einer Nebenfolge bilden, § 21 Abs. 1 Satz 2 (vgl. RiStBV Nr. 273 Abs. 2 Satz 1). Die Ordnungswidrigkeit erlangt dann selbstständige Bedeutung, wenn sich der Verdacht der Straftat nicht erweist oder wenn eine Straftat nicht verhängt wird, § 21 Abs. 2 (vgl. RiStBV Nr. 273 Abs. 2 Satz 2).

2. Eine Tat, mehrere Handlungen

Umfasst die dem Beschuldigten zur Last gelegte Tat mehrere Handlungen im materiell-rechtlichen Sinn und ist eine von ihnen eine Ordnungswidrigkeit, hat die Staatsanwaltschaft zu prüfen, ob die Verfolgung der Ordnungswidrigkeit geboten ist, § 47 Abs. 1 Satz 1 (vgl. RiStBV Nr. 273 Abs. 3 Satz 1).

3. Abschlussverfügung der Staatsanwaltschaft

3.1 Anklage

Bei einer materiell-rechtlichen Handlung hat sich die Anklage zu den Bußgeldtatbeständen zu äußern, wenn sie den Tatvorwurf steigern bzw. wenn sie die Grundlage für die Anordnung einer Nebenfolge bilden. Liegen mehrere materiell-rechtliche Handlungen vor, unter denen auch Ordnungswidrigkeiten sind, hat sich die Anklage zur Verwirklichung der Bußgeldvorschriften zu äußern. Auf Strafe und Geldbuße wird in diesem Fall gesondert erkannt.

3.2 Einstellung

Die Staatsanwaltschaft kann das Verfahren wegen der Straftat auch unter dem rechtlichen Gesichtspunkt der Ordnungswidrigkeit (§ 40) einstellen. Die Verwaltungsbehörde ist hier anzuhören, es sei denn, deren besondere Sachkunde kann entbehrt werden, § 63 Abs. 3 Satz 1 und 2. Dies ist dann der Fall, wenn der Staatsanwalt in der Beurteilung bestimmter Ordnungswidrigkeiten ausreichende Erfahrung hat oder wenn die Einstellung des Verfahrens allein von einer Rechtsfrage abhängt, für deren Entscheidung es auf die besondere Sachkunde der Verwaltungsbehörde nicht ankommt (vgl. RiStBV Nr. 275 Abs. 1 Satz 1 und 2). Die Einstellung erfolgt durch einheitliche Einstellungsverfügung (vgl. RiStBV Nr. 275 Abs. 4).

Die Staatsanwaltschaft kann die Einstellung auch auf den rechtlichen Gesichtspunkt der Ordnungswidrigkeit beschränken (vgl. RiStBV Nr. 275 Abs. 5). Auch insoweit gilt die Anhörungspflicht gem. § 63 Abs. 3 Satz 1 mit der Möglichkeit, hiervon abzusehen gem. § 63 Abs. 3 Satz 2. Beiden Fällen der Einstellung ist gemeinsam, dass die Verwaltungsbehörde die Verfolgung nur mit Zustimmung der Staatsanwaltschaft wieder aufnehmen könnte, weil sie andernfalls die Zuständigkeit der Staatsanwaltschaft aushöhlen könnte (vgl. *Göhler*, 18. Auflage 2021, Rdnr. 6 zu § 40).

Stellt die Staatsanwaltschaft nur wegen der Straftat ein, gibt sie die Sache an die Verwaltungsbehörde ab, wenn Anhaltspunkte dafür vorhanden sind, dass die Tat als Ordnungswidrigkeit verfolgt werden kann, § 43 Abs. 1 (vgl. RiStBV Nr. 276 Abs. 1).

4. Vorbehaltsklausel

Die Vorbehaltsklausel wurde eingefügt durch Gesetz vom 13.8.1997 (BGBl. I S. 2038). Von dem Vorbehalt wurde in § 82 GWB und § 96 EnWG Gebrauch gemacht (vgl. zu § 82 GWB auch Erl. 5 zu § 30).

§ 41
Abgabe an die Staatsanwaltschaft

(1) Die Verwaltungsbehörde gibt die Sache an die Staatsanwaltschaft ab, wenn Anhaltspunkte dafür vorhanden sind, daß die Tat eine Straftat ist.

(2) Sieht die Staatsanwaltschaft davon ab, ein Strafverfahren einzuleiten, so gibt sie die Sache an die Verwaltungsbehörde zurück.

Erläuterungen

Vorbemerkung

Die Vorschrift ist das notwendige Korrelat zu § 40. Wenn es dort heißt, dass die Staatsanwaltschaft im Strafverfahren für die Verfolgung der Tat auch unter dem rechtlichen Gesichtspunkt der Ordnungswidrigkeit zuständig ist, kann diesem Grundsatz vor allem dadurch Geltung verschafft werden, dass die Verwaltungsbehörde zur Abgabe der Sache verpflichtet ist, wenn Anhaltspunkte dafür vorhanden sind, dass die Tat eine Straftat ist.

1. Abgabe an die Staatsanwaltschaft

1.1 Anhaltspunkte für eine Straftat

Anhaltspunkte und damit in der Folge der Anfangsverdacht für eine Straftat sind dann gegeben, wenn es aufgrund zureichender tatsächlicher Anhaltspunkte (vgl. § 152 Abs. 2 StPO), d. h. konkreter Tatsachen, nach den kriminalistischen Erfahrungen als möglich erscheint, dass eine verfolgbare Straftat vorliegt (vgl. *Meyer-Goßner/Schmitt/Schmitt*, StPO, 66. Auflage 2023, Rdnr. 4 zu § 152). Bloße Vermutungen genügen hierfür nicht. Über den Anfangsverdacht im Sinne des § 152 Abs. 2 StPO hat aber nicht die Verwaltungsbehörde, sondern die Staatsanwaltschaft zu befinden, weshalb die „Anhaltspunkte für eine Straftat“ im Sinne des § 41 Abs. 1 zeitlich früher ansetzen müssen als der Anfangsverdacht. Der Verwaltungsbehörde müssen konkrete Tatsachen für die Möglichkeit des Vorliegens einer Straftat bekannt sein. Die Verwaltungsbehörde wird zu prüfen haben, ob mit einiger Wahrscheinlichkeit eine Straftat vorliegt (vgl. KKOWiG-*Lampe*, 5. Auflage 2018, Rdnr. 3 zu § 41). Sofern die Anhaltspunkte für die Straftat nicht im Rahmen der Ermittlungen für ein Bußgeldverfahren bekannt werden, besteht keine Abgabepflicht gem. § 41. Die Verwaltungsbehörde unterliegt hier der allgemeinen Pflicht zur Erstattung einer Strafanzeige nach § 138 StGB (für Steuerstraftaten vgl. § 116 AO). Im Sinne einer effektiven Zusammenarbeit mit der Staatsanwaltschaft wird die Verwaltungsbehörde jedoch über die Pflicht zur Erstattung einer Strafanzeige hinaus auch dann die Staatsanwaltschaft einschalten, wenn Anhaltspunkte für das Vorliegen einer Straftat außerhalb eines Bußgeldverfahrens bekannt werden, sofern nicht datenschutzrechtliche Gründe (z. B. die Wahrung von Privatgeheimnissen) entgegenstehen (vgl. *Göhler*, 18. Auflage 2021, Rdnr. 163 Vor § 59).

Etwaige Strafverfolgungshindernisse hat die Verwaltungsbehörde nicht zu prüfen. Dies bleibt der Staatsanwaltschaft vorbehalten.

1.2 Abgabe

Sie hat nicht unverzüglich zu erfolgen. § 163 Abs. 2 StPO gilt nicht. Die Abgabeverfügung, die aktenkundig gemacht werden sollte, wird zweckmäßigerweise kurz begründet, um die weitere Verfolgung zu erleichtern. Sie beendet die Zuständigkeit der Verwaltungsbehörde.

Wird die Abgabepflicht von der Verwaltungsbehörde verletzt, ist dies im gerichtlichen Verfahren ohne Bedeutung, da der trotzdem ergangene Bußgeldbescheid wirksam und rechtskraftfähig ist (vgl. *Krenberger/Krumm*, OWiG, 7. Auflage 2022, Rdnr. 7 zu § 41). Die Verletzung des § 41 stellt keinen besonders schwerwiegenden Fehler des Bußgeldbescheids dar. Dies gilt selbst für den Fall, dass die Verwaltungsbehörde einen Bußgeldbescheid erlassen hat, während parallel hierzu die Staatsanwaltschaft ein Strafverfahren betreibt. Der Bußgeldbescheid ist in diesem Fall aber aufhebbar, § 86, sofern ein Strafererkenntnis bezüglich derselben Handlung erfolgt. Soll im Strafverfahren neben Strafe auch auf Geldbuße erkannt werden, steht die Rechtskraft des Bußgeldbescheids entgegen, § 84 Abs. 1 („ne bis in idem", Art. 103 Abs. 3 GG). Wenn die Mitarbeiter der Verwaltungsbehörde absichtlich oder wissentlich der Abgabepflicht gem. § 41 Abs. 1 nicht entsprechen, laufen sie Gefahr, wegen Strafvereitelung durch Unterlassen, §§ 258, 13 StGB, verfolgt zu werden (vgl. *Göhler*, 18. Auflage 2021, Rdnr. 1 zu § 41)

1.3 Staatsanwaltschaft

Deren Zuständigkeit richtet sich nach der des Gerichts, §§ 142, 143 Abs. 1 GVG, 7 ff. StPO.

2. Rückgabe an die Verwaltungsbehörde

Verneint die Staatsanwaltschaft einen Anfangsverdacht im Sinne des § 152 Abs. 2 StPO, d. h. die Einleitung eines Strafverfahrens findet nicht statt, gibt sie die Sache an die Verwaltungsbehörde zurück, Absatz 2. § 43 (Abgabe) ist hier nicht einschlägig, weil ein Strafverfahren nicht eingeleitet wurde, die Voraussetzungen von §§ 40, 42 deshalb nicht vorliegen.

Die Rückgabe hat an die abgebende Verwaltungsbehörde schon deshalb zu erfolgen, weil die Staatsanwaltschaft lediglich den Anfangsverdacht einer Straftat prüft, nicht jedoch das Vorliegen einer Ordnungswidrigkeit und damit auch nicht die Zuständigkeit für deren Verfolgung (vgl. KKOWiG-*Lampe*, 5. Auflage 2018, Rdnr. 13 zu § 41).

§ 42
Übernahme durch die Staatsanwaltschaft

(1) Die Staatsanwaltschaft kann bis zum Erlaß des Bußgeldbescheides die Verfolgung der Ordnungswidrigkeit übernehmen, wenn sie eine Straftat verfolgt, die mit der Ordnungswidrigkeit zusammenhängt. Zwischen einer Straftat und einer Ordnungswidrigkeit besteht ein Zusammenhang, wenn jemand sowohl einer Straftat als auch einer Ordnungswidrigkeit oder wenn hinsichtlich derselben Tat eine Person einer Straftat und eine andere einer Ordnungswidrigkeit beschuldigt wird.

(2) Die Staatsanwaltschaft soll die Verfolgung nur übernehmen, wenn dies zur Beschleunigung des Verfahrens oder wegen des Sachzusammenhangs oder aus anderen Gründen für die Ermittlungen oder die Entscheidung sachdienlich erscheint.

Erläuterungen

Übersicht

Vorbemerkung

In den Fällen des persönlichen und sachlichen Zusammenhangs, § 42 Abs. 1 Satz 2 OWiG, kann die Staatsanwaltschaft die Verfolgungszuständigkeit durch Übernahme begründen. Eine Sonderregelung im Steuerstraf- und Steuerordnungswidrigkeitenrecht enthält § 410 Abs. 2 AO. Zur verfassungsrechtlichen Unbedenklichkeit der Übernahmemöglichkeit im Hinblick auf Art. 101 Abs. 1 Satz 2 GG vgl. KKOWiG-*Lampe*, 5. Auflage 2018, Rdnr. 24 zu § 42: Es ist zulässig, gewisse Verfahren, die sich durch besondere Merkmale aus der Masse der Verfahren herausheben, verfahrensrechtlich anders zu behandeln, wenn das Ziel ein gerechtes und angemessenes Verfahren und ein Urteil durch ein dazu geeignetes Gericht ist.

1. Voraussetzungen der Übernahme

1.1 Verfolgung einer Straftat, die mit der Ordnungswidrigkeit zusammenhängt

1.1.1 Persönlicher Zusammenhang

Ein persönlicher Zusammenhang im Sinne des Absatzes 1 Satz 2 liegt dann vor, wenn jemand sowohl einer Straftat als auch einer Ordnungswidrigkeit beschuldigt wird und es sich um mehrere Taten im verfahrensrechtlichen Sinn (Art. 103 Abs. 3 GG, Erl. 3 vor § 59) handelt. Bei einer Tat ist § 40 einschlägig.

1.1.2 Sachlicher Zusammenhang

Wird eine Person einer Straftat und eine andere einer Ordnungswidrigkeit beschuldigt, ist ein sachlicher Zusammenhang dann gegeben, wenn es sich um dieselbe Tat im verfahrensrechtlichen Sinn (Art. 103 Abs. 3 GG, s. o. Erl. 1.1.1) handelt. Dies ist völlig unproblematisch, wenn die mehreren Personen Beteiligte im Sinne des § 14 sind. Handelt es sich dagegen um Nebentäter (Beispiel: Gefährdung des Straßenverkehrs gem. § 315c Abs. 1 Nr. 1a StGB durch den Fahrzeugführer und Verletzung der Gurtpflicht gem. §§ 49 Abs. 1 Nr. 20a, 21a Abs. 1 Satz 1 StVO durch den Beifahrer), kommt es darauf an, ob das Verhalten des einen von dem des anderen gelöst werden kann, ohne dass der Sinnzusammenhang des Gesamtgeschehens wesentlich gestört wird (vgl. BGHSt 12, 335, 341). Das Tatgeschehen muss bei natürlicher Betrachtung als ein einheitlicher Vorgang erscheinen.

1.2 Zeitliche Begrenzung der Übernahmemöglichkeit

Die Übernahme ist bis zum Erlass des Bußgeldbescheides möglich. Zu den Fehlerfällen vgl. Erl. 3. Übernimmt die Staatsanwaltschaft nach Anklageerhebung die Verfolgung der Ordnungswidrigkeit, wird sie wegen der zusammenhängenden Ordnungswidrigkeit Nachtragsanklage erheben, §§ 46 Abs. 1, 266 StPO.

Das Strafverfahren muss aber in jedem Fall bereits eingeleitet und darf nicht durch Einstellung abgeschlossen sein.

1.3 Sachliche Begrenzung der Übernahmemöglichkeit

Der Staatsanwalt soll die Verfolgung einer Ordnungswidrigkeit nur dann übernehmen, wenn diese Verfahrensgestaltung wegen besonderer Umstände (zur Beschleunigung des Verfahrens, wegen des Sachzusammenhangs oder aus anderen Gründen) für die Ermittlungen oder die Entscheidung sachdienlich erscheint, § 42 Abs. 2. Das wird in erster Linie zu bejahen sein, wenn die Taten in einer engen zeitlichen oder räumlichen Beziehung zueinander stehen (vgl. RiStBV Nr. 277 Abs. 1 Satz 2). Sachdienlichkeit ist auch anzunehmen, wenn einheitliche Ermittlungen den Betroffenen oder die Ermittlungsbehörden weniger belasten (vgl. RiStBV Nr. 277 Abs. 1 Satz 3).

Andererseits ist die Staatsanwaltschaft angewiesen, die Verfolgung solcher Ordnungswidrigkeiten grundsätzlich nicht zu übernehmen, mit deren Beurteilung sie im Allgemeinen nicht vertraut ist (vgl. RiStBV Nr. 277 Abs. 2 Satz 1: z. B. Ordnungswidrigkeiten nach den innerstaatlichen EG-Durchführungsbestimmungen. Oder Kartellordnungswidrigkeiten, vgl. *Göhler*, 18. Auflage 2021, Rdnr. 20 zu § 42).

Die Sachdienlichkeit der Verfolgungsübernahme wird allgemein immer dann anzunehmen sein, wenn sie prozessökonomischer ist als die getrennte Durchführung der Verfahren.

2. Übernahmeformalitäten

Die Staatsanwaltschaft hat die Übernahme aktenkundig zu machen und zugleich die Verwaltungsbehörde zu unterrichten, wenn diese bereits ein Bußgeldverfahren eingeleitet hat oder diese Möglichkeit nahe liegt (vgl. RiStBV Nr. 277 Abs. 3). Eine förmliche Anhörung der sonst zuständigen Verwaltungsbehörde vor Übernahme ist nicht vorgeschrieben, aber immer dann zweckmäßig, wenn es zweifelhaft erscheint, ob die Übernahme der Verfolgung sachdienlich ist (vgl. RiStBV Nr. 277 Abs. 2 Satz 2).

3. Folgen der Übernahme

3.1 Rechte der Staatsanwaltschaft

Wenn die Ermittlungen hierfür genügenden Anlass bieten, wird die Staatsanwaltschaft die öffentliche Klage auf die Ordnungswidrigkeit erstrecken, d. h. auch wegen der Ordnungswidrigkeit Anklage erheben, §§ 64, 46 Abs. 1, 170 Abs. 1 StPO. Neben einer Einstellung nach § 47 ist auch eine Einstellung wegen Verneinung des hinreichenden Tatverdachts, §§ 46 Abs. 1, 170 Abs. 2 StPO, möglich. Die Staatsanwaltschaft kann auch nach § 43 Abs. 2 reagieren. Hiernach kann die Staatsanwaltschaft nach Übernahme der Verfolgung die Sache an die Verwaltungsbehörde abgeben, solange das Verfahren noch nicht bei Gericht anhängig ist. Sie hat die Sache abzugeben, wenn sie das Verfahren nur wegen der zusammenhängenden Straftat einstellt.

3.2 Prüfung durch das Gericht

Liegen die Voraussetzungen des Absatzes 1 nicht vor, lehnt das Gericht die Eröffnung des Hauptverfahrens (vgl. § 204 Abs. 1 StPO) bzw. den Erlass des Strafbefehls (vgl. § 408 Abs. 2 Satz 1 StPO) ab. Nach positiver Entscheidung des Gerichts tritt eine Heilung des Fehlers ein (vgl. *Göhler*, 18. Auflage 2021, Rdnr. 23 zu § 42). Die Verletzung der Sollvorschrift des Absatzes 2 macht die Übernahme nicht unwirksam (vgl. *Göhler*, 18. Auflage 2021, Rdnr. 17 zu § 42). Im Falle einer Verletzung des Willkürverbots kann das Gericht aber die Eröffnung des Hauptverfahrens bzw. den Erlass des Strafbefehls mit der Begründung ablehnen, dass die Zuständigkeit der Staatsanwaltschaft zur Verfolgung der Ordnungswidrigkeit fehlt. Bei positiver Entscheidung des Gerichts bleibt auch hier der Verstoß unbeachtlich (a. A. *Göhler*, 18. Auflage 2021, Rdnr. 17 zu § 42: Im weiteren Verfahren beachtlich.).

3.3 Verfahrensdisparität

1. Die Staatsanwaltschaft übernimmt die Verfolgung nach Erlass des Bußgeldbescheides und erhebt Anklage: Das Verfahren ist gem. §§ 46 Abs. 1, 206a StPO wegen anderweitiger Rechtshängigkeit bzw. entgegenstehender Rechtskraft, § 84 Abs. 1, einzustellen. Das Verfahrenshindernis entfällt, wenn die Verwaltungsbehörde den Bußgeldbescheid zurücknimmt (vgl. *Göhler*, 18. Auflage 2021, Rdnr. 12 zu § 42).
2. Die Verwaltungsbehörde erlässt nach Übernahme der Verfolgung durch die Staatsanwaltschaft einen Bußgeldbescheid: Das Verfahren ist auf den Einspruch des Betroffenen wegen anderweitiger Rechtshängigkeit einzustellen, §§ 46 Abs. 1, 206a StPO (vgl. *Göhler*, 18. Auflage 2021, Rdnr. 22 zu § 42).
3. Im Fall 2 wird der Bußgeldbescheid rechtskräftig: Vgl. hierzu schon Erl. 1.2 zu § 41. Einer weiteren Verfolgung durch die Staatsanwaltschaft steht „ne bis in idem" entgegen (Art. 103 Abs. 3 GG). Die beschränkte Rechtskraft des § 84 Abs. 1 kommt im Falle des § 42 voll zum Tragen, weil es hier gerade um die Verfolgung als Ordnungswidrigkeit geht.

§ 43
Abgabe an die Verwaltungsbehörde

(1) Stellt die Staatsanwaltschaft in den Fällen des § 40 das Verfahren nur wegen der Straftat ein oder übernimmt sie in den Fällen des § 42 die Verfolgung nicht, sind aber Anhaltspunkte dafür vorhanden, daß die Tat als Ordnungswidrigkeit verfolgt werden kann, so gibt sie die Sache an die Verwaltungsbehörde ab.

(2) Hat die Staatsanwaltschaft die Verfolgung übernommen, so kann sie die Sache an die Verwaltungsbehörde abgeben, solange das Verfahren noch nicht bei Gericht anhängig ist; sie hat die Sache abzugeben, wenn sie das Verfahren nur wegen der zusammenhängenden Straftat einstellt.

Erläuterungen

Vorbemerkung

Während § 41 Abs. 2 die Rückgabepflicht der Staatsanwaltschaft für den Fall regelt, dass sie davon absieht, wegen der Tat ein Strafverfahren einzuleiten, regelt § 43 die Tatbestände der Abgabe von der Staatsanwaltschaft an die Verwaltungsbehörde, wenn bereits ein Strafverfahren eingeleitet war. § 43 gilt nur im Ermittlungsverfahren, d. h. eine Abgabe ist nach Anklageerhebung, erst recht im gerichtlichen Verfahren, nicht mehr möglich (vgl. *Göhler*, 18. Auflage 2021, Rdnr. 1 zu § 43).

1. Abgabe nach Absatz 1

Absatz 1 nennt die ersten beiden Abgabetatbestände:

Die Staatsanwaltschaft gibt die Sache an die Verwaltungsbehörde ab, wenn sie in den Fällen des § 40 das Verfahren nur wegen der Straftat einstellt, andererseits aber Anhaltspunkte dafür vorhanden sind, dass die Tat als Ordnungswidrigkeit verfolgt werden kann, Absatz 1, 1. Alt. (vgl. RiStBV Nr. 276 Abs. 1 Satz 1).

Die Staatsanwaltschaft gibt die Sache ferner dann an die Verwaltungsbehörde ab, wenn sie in den Fällen des § 42 die Verfolgung nicht übernimmt, andererseits aber Anhaltspunkte dafür vorhanden sind, dass die Tat als Ordnungswidrigkeit verfolgt werden kann, Absatz 1, 2. Alt. (vgl. RiStBV Nr. 277 Abs. 4, 276 Abs. 2).

Beiden Fällen ist gemeinsam, dass konkrete Tatsachen für das Vorliegen einer Ordnungswidrigkeit bekannt sein müssen. Ferner dürfen keine Verfahrenshindernisse (z. B. Verjährung) bestehen. Die Staatsanwaltschaft hat aber insoweit keine Ermittlungspflicht. Es kommt nur auf die Erkenntnisse an, die sie hat.

Liegen die Voraussetzungen des Absatzes 1 vor, ist die Staatsanwaltschaft für eine weitere Verfolgung der Ordnungswidrigkeit nicht mehr zuständig. Der Abgabe kommt insoweit keine konstitutive Wirkung zu. § 43 begründet nur die Pflicht, der bereits zuständigen Verwaltungsbehörde die Akten abzugeben (vgl. RiStBV Nr. 276 Abs. 2, siehe auch Erl. 3).

2. Abgabe nach Absatz 2

Absatz 2 sieht zwei weitere Abgabetatbestände vor. Ergeben die Ermittlungen wegen der Ordnungswidrigkeit, dass deren weitere Verfolgung im Zusammenhang mit der Straftat nicht sachdienlich erscheint, kann die Staatsanwaltschaft die Sache insoweit an die Verwaltungsbehörde abgeben, § 43 Abs. 2, 1. HS (vgl. RiStBV Nr. 278 Abs. 1 Satz 1 in Ausfüllung der Kann-Bestimmung des Gesetzes).

Nach Absatz 2, 2. Halbsatz hat die Staatsanwaltschaft die Sache an die Verwaltungsbehörde abzugeben, wenn sie das Verfahren nach Übernahme nur wegen der zusammenhängenden Straftat einstellt (vgl. RiStBV Nr. 279).

Beiden Fällen des Absatzes 2 ist gemeinsam, dass durch die Übernahme der Verfolgung bereits ein Ermittlungsverfahren wegen der Ordnungswidrigkeit eingeleitet wurde. Die Prüfungspunkte des Absatzes 1 (Anhaltspunkte für das Vorliegen einer Ordnungswidrigkeit; Verfolgbarkeit) entfallen damit. Im Bereich des Absatzes 2 ist aber wichtig, dass das Ermittlungsverfahren noch nicht abgeschlossen ist.

3. Abgabeformalitäten

Der Verwaltungsbehörde wird der Vorgang, soweit er sich auf die Ordnungswidrigkeit bezieht, übersandt, und gleichzeitig (im Falles des Absatzes 1) mitgeteilt, worin die Anhaltspunkte dafür gesehen werden, dass die Tat als Ordnungswidrigkeit verfolgt werden kann, sofern dieser Hinweis für die Verwaltungsbehörde nicht entbehrlich ist (vgl. RiStBV Nr. 276 Abs. 2, 277 Abs. 4, 278 Abs. 1, 279).

Die Beschwerde nach § 172 Abs. 1 Satz 1 StPO hindert die Abgabe der Sache an die Verwaltungsbehörde wegen des Verdachts der Ordnungswidrigkeit nicht. Die Abgabe wird in diesem Falle namentlich dann geboten sein, wenn die Beschwerde unbegründet erscheint und die Verfolgung der Ordnungswidrigkeit zu verjähren droht (vgl. RiStBV Nr. 276 Abs. 3).

4. Besonderheiten bei Privatklagedelikten

Die Staatsanwaltschaft verneint das öffentliche Interesse bei einem Privatklagedelikt (z. B. Sachbeschädigung, §§ 303 StGB, 374 Abs. 1 Nr. 6, 376 StPO), stellt das Ermittlungsverfahren ein, verweist auf den Privatklageweg und gibt die Sache zur Verfolgung derselben Tat als Ordnungswidrigkeit gem. § 43 Abs. 1 an die Verwaltungsbehörde ab.

Legt in diesem Fall der Betroffene gegen den darauf erlassenen Bußgeldbescheid Einspruch ein, hat der Verletzte aber keine Privatklage erhoben, muss das Gericht auf den Einspruch das Bußgeldverfahren nach § 81 in das Strafverfahren überleiten und das Privatklagedelikt mitaburteilen (vgl. BayObLGSt 1976 S. 117, 118 – für die fahrlässige Körperverletzung), falls ein erforderlicher Strafantrag gestellt ist und es den Tatbestand als verwirklicht ansieht. Dies folgt aus dem Grundsatz, dass Offizial- und Privatklagedelikt innerhalb desselben Tatgeschehens einheitlich zu verfolgen sind, unabhängig vom Vorliegen des öffentlichen Interesses oder der Erhebung der Privatklage. Auf diese Weise wird eine unzulässige Doppelsanktion wegen derselben Handlung vermieden.

Andererseits hindert die erhobene Privatklage die Durchführung des Bußgeldverfahrens (anderweitige Rechtshängigkeit) hinsichtlich derselben Tat (vgl. hierzu Erl. 3 vor § 59). Ein trotzdem ergangener Bußgeldbescheid ist aber wirksam und rechtskraftfähig, d. h. er verhindert lediglich eine erneute Verfolgung der Tat als Ordnungswidrigkeit, § 84 Abs. 1. Eine Aufhebung des Bußgeldbescheids nach § 86 Abs. 1 Satz 1 ist bei einer späteren Verurteilung im Strafverfahren möglich (vgl. KKOWiG-*Lampe*, 5. Auflage 2018, Rdnr. 18 zu § 43), wenn die Anknüpfungshandlung des Bußgeldbescheids und des Privatklageverfahrens dieselbe Handlung im materiellen Sinn darstellen.

§ 44
Bindung der Verwaltungsbehörde

Die Verwaltungsbehörde ist an die Entschließung der Staatsanwaltschaft gebunden, ob eine Tat als Strafat verfolgt wird oder nicht.

Erläuterungen

Übersicht

Vorbemerkung

Hinter der Vorschrift steht der Grundsatz, dass die Straftat Vorrang vor der Ordnungswidrigkeit hat (vgl. § 21 Abs. 1 Satz 1) und die Beurteilung von Straftaten zur ausschließlichen Zuständigkeit der Organe der Strafrechtspflege gehört (vgl. *Göhler*, 18. Auflage 2021, Rdnr. 1 zu § 44).

1. Entschließung der Staatsanwaltschaft

Eine Entschließung der Staatsanwaltschaft, ob eine Tat als Straftat verfolgt wird oder nicht, ist aus konkludentem Handeln zu folgern:

Die Entschließung, dass eine Tat als Straftat verfolgt wird, liegt bereits in der Einleitung des Ermittlungsverfahrens und schließlich in der Anklageerhebung selbst.

Die Entschließung, dass eine Tat nicht als Straftat verfolgt wird, liegt in der Rückgabe nach § 41 Abs. 2, in der Verweigerung der Einleitung eines Strafverfahrens nach § 171 StPO und in der Einstellung des Verfahrens nach §§ 170 Abs. 2, 153 ff. StPO.

Um die Vorschrift anwenden zu können, muss die Entschließung nicht der Verwaltungsbehörde gegenüber kund getan werden.

2. Bindung

Die Bindungswirkung reicht von der Einordnung der materiell-rechtlichen Handlung innerhalb der Tat als Straftatbestand, dem Konkurrenzverhältnis des Straftatbestandes zu gleichzeitig innerhalb desselben Tatgeschehens verwirklichten Ordnungswidrigkeiten (Tateinheit, Tatmehrheit), bis zur Frage der Verfolgbarkeit (Vorliegen von Verfolgungshindernissen, z. B. Verjährung) und tatsächlichen Verfolgung (Anklageerhebung) oder Nichtverfolgung (Einstellung) der Tat als Straftat.

Beispiel:

Die Staatsanwaltschaft stellt im Falle des § 40 das Ermittlungsverfahren unter allen rechtlichen Gesichtspunkten ein, d. h. sowohl der Straftat als auch der Ordnungswidrigkeit, da in beiden Richtungen kein hinreichender Tatverdacht besteht, §§ 46 Abs. 1, 170 Abs. 2 Satz 1 StPO.

Die Einstellung nach § 170 Abs. 2 Satz 1 StPO wegen der Ordnungswidrigkeit entfaltet keine Bindungswirkung nach § 44 zu Lasten der Verwaltungsbehörde, da es nicht um die Verfolgung der Tat als Straftat geht. Trotzdem kann die Verwaltungsbehörde nicht wegen einer gegenteiligen Auffassung ein Ermittlungsverfahren wegen der Ordnungswidrigkeit einleiten. Dies würde die Verfolgungszuständigkeit der Staatsanwaltschaft nach § 40 unterlaufen (siehe bereits oben Erl. 3.2 zu § 40; vgl. auch den gleich gelagerten Fall der Einstellung wegen der zusammenhängenden Ordnungswidrigkeit im Falle des § 42).

Die Verwaltungsbehörde kann daher die Ermittlungen nur mit Zustimmung der Staatsanwaltschaft wieder aufnehmen (vgl. KKOWiG-*Lampe*, 5. Auflage 2018, Rdnr. 21 zu § 40). Von einem Unterlaufen der Verfolgungszuständigkeit der Staatsanwaltschaft durch Einleitung eines Ermittlungsverfahrens wegen einer Ordnungswidrigkeit kann dann keine Rede sein, wenn das Entscheidungsmaterial der Verwaltungsbehörde ein anderes ist als es das der Staatsanwaltschaft vor der Einstellungsverfügung war. Die Zustimmungspflicht gibt aber der Staatsanwaltschaft wenigstens die Möglichkeit, zu prüfen.

Keine Bindung besteht in den Fällen des § 43, d. h. die Verwaltungsbehörde ist nicht an die Einschätzung der Staatsanwaltschaft gebunden, dass die Tat nicht als Ordnungswidrigkeit verfolgt werden kann, wenn das Verfahren nur wegen der Straftat eingestellt wird (vgl. *Göhler*, 18. Auflage 2021, Rdnr. 4 zu § 44 – Die Staatsanwaltschaft sieht von einer Abgabe ab, weil sie keine Anhaltspunkte für die Verfolgung der Tat als Ordnungswidrigkeit sieht.).

Sofern ein Bindungs-Tatbestand gegeben ist, kann die Verwaltungsbehörde lediglich im Wege der Gegenvorstellung gegen die Entschließung der Staatsanwaltschaft vorgehen oder im Wege der Aufsichtsbeschwerde gem. § 147 Nr. 3 GVG durch Anrufung des Generalstaatsanwalts.

Von der Bindungswirkung nach § 44 ist die Rechtskraftwirkung nach § 84 zu unterscheiden (vgl. die Erl. dort). Ist der Bußgeldbescheid rechtskräftig geworden oder hat das Gericht über die Tat als Straftat oder als Ordnungswidrigkeit rechtskräftig entschieden, so kann dieselbe Tat nicht mehr als Ordnungswidrigkeit verfolgt werden, § 84 Abs. 1.

§ 45

Zuständigkeit des Gerichts

Verfolgt die Staatsanwaltschaft die Ordnungswidrigkeit mit einer zusammenhängenden Straftat, so ist für die Ahndung der Ordnungswidrigkeit das Gericht zuständig, das für die Strafsache zuständig ist.

Erläuterungen

Übersicht

Vorbemerkung

Die Vorschrift knüpft an die Übernahme der Verfolgung im Sinne des § 42 an. Für die Fälle des § 40 bestand kein Regelungsbedarf, weil die Zuständigkeit des Strafgerichts in diesem Fall wegen der Tat- und Täteridentität verlangt ist.

1. Maßgeblichkeit der Zuständigkeit des Strafgerichts

§ 45 erstreckt die örtliche und sachliche Zuständigkeit des Strafgerichts auch auf die Verfolgung der Ordnungswidrigkeit. Ein Wechsel in der Zuständigkeit des Strafgerichts (etwa dadurch, dass das Gericht, bei dem die Anklage eingereicht wird, die Zuständigkeit eines Gerichts niedrigerer Ordnung für begründet hält und das Hauptverfahren vor diesem Gericht eröffnet, § 209 Abs. 1 StPO) wirkt auch für die Ordnungswidrigkeit.

Eine Verfahrenstrennung (vgl. §§ 2 Abs. 2, 4, 13 Abs. 3 StPO) von Straf- und Bußgeldsache ist deshalb nicht möglich, weil eine selbständige gerichtliche Zuständigkeit für die Ahndung einer Ordnungswidrigkeit ohne Vorschaltverfahren fehlt (vgl. *Göhler*, 18. Auflage 2021, Rdnr. 4 zu § 45). Die selbständige gerichtliche Zuständigkeit ist nur im Falle eines Einspruchs gegen einen Bußgeldbescheid gegeben. Dies schließt andererseits nicht aus, dass es im Strafverfahren lediglich zu einem Bußgelderkenntnis kommt, § 82 Abs. 1.

2. Besonderheiten im Verfahren gegen Jugendliche und Heranwachsende

Ist bei der Strafsache ein Jugendlicher oder Heranwachsender beschuldigt, erstreckt sich die Zuständigkeit des Jugendgerichts nach § 45 auch auf die zusammenhängende Ordnungswidrigkeit. Im Fall einer Strafsache gegen einen Erwachsenen und einer Bußgeldsache gegen einen Jugendlichen oder Heranwachsenden sind dagegen die allgemeinen Strafgerichte zuständig. §§ 103, 112 JGG sind nicht anwendbar, weil es sich im Verfahren gegen den Jugendlichen oder Heranwachsenden um keine Strafsache handelt. Die Zuständigkeit des Jugendgerichts kann auf diese Weise deshalb nicht begründet werden. Die Zuständigkeit des Jugendgerichts für Ordnungswidrigkeiten von Jugendlichen und Heranwachsenden besteht nur im Einspruchsverfahren, § 68 Abs. 1 Satz 1, Abs. 2 (vgl. *Göhler*, 18. Auflage 2021, Rdnr. 5 zu § 45).

Zweiter Abschnitt.
Allgemeine Verfahrensvorschriften

§ 46
Anwendung der Vorschriften über das Strafverfahren

(1) Für das Bußgeldverfahren gelten, soweit dieses Gesetz nichts anderes bestimmt, sinngemäß die Vorschriften der allgemeinen Gesetze über das Strafverfahren, namentlich der Strafprozessordnung, des Gerichtsverfassungsgesetzes und des Jugendgerichtsgesetzes.

(2) Die Verfolgungsbehörde hat, soweit dieses Gesetz nichts anderes bestimmt, im Bußgeldverfahren dieselben Rechte und Pflichten wie die Staatsanwaltschaft bei der Verfolgung von Straftaten.

(3) Anstaltsunterbringung, Verhaftung und vorläufige Festnahme, Beschlagnahme von Postsendungen und Telegrammen sowie Auskunftsersuchen über Umstände, die dem Post- und Fernmeldegeheimnis unterliegen, sind unzulässig. § 160 Abs. 3 Satz 2 der Strafprozessordnung über die Gerichtshilfe ist nicht anzuwenden. Ein Klageerzwingungsverfahren findet nicht statt. Die Vorschriften über die Beteiligung des Verletzten am Verfahren und über das länderübergreifende staatsanwaltschaftliche Verfahrensregister sind nicht anzuwenden; dies gilt nicht für § 406e der Strafprozessordnung.

(4) § 81a Abs. 1 Satz 2 der Strafprozessordnung ist mit der Einschränkung anzuwenden, dass nur die Entnahme von Blutproben und andere geringfügige Eingriffe zulässig sind.

Die Entnahme einer Blutprobe bedarf abweichend von § 81a Absatz 2 Satz 1 der Strafprozessordnung keiner richterlichen Anordnung, wenn bestimmte Tatsachen den Verdacht begründen, dass eine Ordnungswidrigkeit begangen worden ist

1. **nach den §§ 24a und 24c des Straßenverkehrsgesetzes oder**
2. **nach § 7 Absatz 1 des Binnenschifffahrtsaufgabengesetzes in Verbindung mit einer Vorschrift einer auf Grund des § 3 Absatz 1 Satz 1 Nummer 1 des Binnenschifffahrtsaufgabengesetzes erlassenen Rechtsverordnung, sofern diese Vorschrift das Verhalten im Verkehr im Sinne des § 3 Absatz 1 Satz 1 Nummer 1 Buchstabe a Doppelbuchstabe aa des Binnenschifffahrtsaufgabengesetzes regelt.**

In einem Strafverfahren entnommene Blutproben und sonstige Körperzellen, deren Entnahme im Bußgeldverfahren nach Satz 1 zulässig gewesen wäre, dürfen verwendet werden. Die Verwendung von Blutproben und sonstigen Körperzellen zur Durchführung einer Untersuchung im Sinne des § 81e der Strafprozessordnung ist unzulässig.

(4a) § 100j Absatz 1 Satz 1 Nummer 2 der Strafprozessordnung, auch in Verbindung mit § 100j Absatz 2 der Strafprozessordnung, ist mit der Einschränkung anzuwenden, dass die Erhebung von Bestandsdaten nur zur Verfolgung von Ordnungswidrigkeiten zulässig ist, die gegenüber natürlichen Personen mit Geldbußen im Höchstmaß von mehr als fünfzehntausend Euro bedroht sind.

(5) Die Anordnung der Vorführung des Betroffenen und der Zeugen, die einer Ladung nicht nachkommen, bleibt dem Richter vorbehalten. Die Haft zur Erzwingung des Zeugnisses (§ 70 Abs. 2 der Strafprozessordnung) darf sechs Wochen nicht überschreiten.

(6) Im Verfahren gegen Jugendliche und Heranwachsende kann von der Heranziehung der Jugendgerichtshilfe (§ 38 des Jugendgerichtsgesetzes) abgesehen werden, wenn ihre Mitwirkung für die sachgemäße Durchführung des Verfahrens entbehrlich ist.

(7) Im gerichtlichen Verfahren entscheiden beim Amtsgericht Abteilungen für Bußgeldsachen, beim Landgericht Kammern für Bußgeldsachen und beim Oberlandesgericht sowie beim Bundesgerichtshof Senate für Bußgeldsachen.

(8) Die Vorschriften zur Durchführung des § 191a Absatz 1 Satz 1 bis 4 des Gerichtsverfassungsgesetzes im Bußgeldverfahren sind in der Rechtsverordnung nach § 191a Abs. 2 des Gerichtsverfassungsgesetzes zu bestimmen.

Erläuterungen

Übersicht

Vorbemerkung

§ 46 regelt die Reichweite der allgemeinen Gesetze über das Strafverfahren im Bußgeldverfahren. Für das Verfahren vor der Verwaltungsbehörde vgl. zusätzlich die Erl. vor § 59, für das gerichtliche Verfahren vgl. zusätzlich die Erl. zu § 71.

1. Sinngemäße Geltung der Vorschriften der allgemeinen Gesetze über das Strafverfahren, Absatz 1, 2

Soweit das OWiG nichts anderes bestimmt (vgl. hierzu z. B. Absatz 3 bis 6 und Erl. 2), gelten für das Bußgeldverfahren die Vorschriften der allgemeinen Gesetze über das Strafverfahren sinngemäß, Absatz 1.

Die sinngemäße Anwendbarkeit verlangt für Normen, die nicht mit einem Eingriff verbunden sind, die Prüfung der Geeignetheit für das Bußgeldverfahren.

> *Beispiel:*
>
> *Unschuldsvermutung, Art. 6 Abs. 2 MRK – Die Konvention zum Schutze der Menschenrechte und Grundfreiheiten vom 4.11.1950 (vgl. BGBl. 1952 II S. 685, ber. S. 953) ist durch Zustimmungsgesetz vom 7.8.1952 (vgl. BGBl. II S. 685, 953) unmittelbar geltendes innerstaatliches Recht der Bundesrepublik im Rang eines einfachen Bundesgesetzes. Sie wurde neu bekannt gemacht am 22.10.2010 (vgl. BGBl. II S. 1198), geändert durch das 15. EMRK-Protokoll vom 24.6.2013 (BGBl. 2014 II S. 1034, 1035).*

Bei Art. 6 Abs. 2 MRK handelt es sich um eine strafprozessuale Norm, nach der vermutet wird, dass der wegen einer strafbaren Handlung Angeklagte bis zum gesetzlichen Nachweis seiner Schuld unschuldig ist.

Das Bußgeldverfahren hat den Sinn und Zweck, zu untersuchen, ob der Betroffene eine Ordnungswidrigkeit begangen hat, die bejahendenfalls durch Geldbuße zu ahnden ist. Die Geldbuße ist eine Unrechtsfolge für eine tatbestandsmäßige, rechtswidrige und vorwerfbare Handlung mit repressivem Charakter. Insoweit besteht Übereinstimmung mit der Kriminalstrafe. Die Anwendung der Norm im Bußgeldverfahren ist deshalb gerechtfertigt.

Zur Anwendbarkeit des Art. 6 MRK im Übrigen vgl. die Entscheidung des Europäischen Gerichtshofs für Menschenrechte vom 21.2.1984 (NJW 1985 S. 1273 ff.). Hiernach ist ein Betroffener spätestens nach Mitteilung des Bußgeldbescheids als angeklagt im Sinne des Art. 6 MRK anzusehen, sofern er die Beschuldigung nicht zu akzeptieren bereit ist (vgl. auch *Meyer-Goßner/Schmitt/Schmitt*, StPO, 66. Auflage 2023, Rdnr. 1 zu Art. 6 MRK: Die Vorschrift gilt nicht nur für die Strafgerichtsbarkeit, sondern auch für das Bußgeldverfahren.).

Die sinngemäße Anwendbarkeit verlangt für Normen, die mit einem Eingriff verbunden sind, die Prüfung des Verhältnismäßigkeitsgrundsatzes. Der Eingriff muss zur Erreichung des angestrebten Zweckes geeignet und erforderlich sein und darf nicht außer Verhältnis zur Bedeutung der Sache und der Stärke des bestehenden Tatverdachts stehen (vgl.

BVerfGE 27, 211, 219). Im Hinblick darauf, dass der Vorwurf einer Ordnungswidrigkeit stets weniger schwer wiegt als der einer Straftat, ist in Ordnungswidrigkeitenverfahren beim Gebrauch von Eingriffsbefugnissen der Grundsatz der Verhältnismäßigkeit von ganz erheblicher Bedeutung. Er verlangt aber nicht, dass bei Ordnungswidrigkeiten generell von einer Durchsuchung und Beschlagnahme abgesehen wird, BVerfG, Beschl. vom 14.7.2016, – 2 BvR 2748/14 –. Vgl. zur Durchführung des Ermittlungsverfahrens im Einzelnen auch Erl. 4 vor § 59.

Beispiel:

Verdeckte Ermittler, §§ 110a ff. StPO: Der Einsatz wird auch dann nicht gerechtfertigt sein, wenn eine Ordnungswidrigkeit zu verfolgen ist, die ihrem Gewicht nach erheblich über dem Durchschnitt liegt und eine Ahndung dringend erforderlich ist (ein Vermieter lässt sich für eine Vielzahl von Wohnungen unangemessen hohe Entgelte versprechen, § 5 WiStG 1954. Die Mieter sind aus Furcht vor einer Kündigung nicht zu einer Anzeige zu bewegen).

Mit dem Einsatz verdeckter Ermittler im Sinne der §§ 110a ff. StPO soll das Eindringen in das Innere der kriminellen Organisationen erreicht werden (vgl. *Meyer-Goßner/Schmitt/Köhler*, StPO, 66. Auflage 2023, Rdnr. 5 zu § 110a). Er bleibt deshalb der Bekämpfung besonders gefährlicher und schwer aufklärbarer Kriminalität vorbehalten.

Die effiziente Verfolgung der Ordnungswidrigkeit nach § 5 WiStG 1954 kann auch durch den Einsatz eines Schein-Mieters erreicht werden.

Im Bußgeldverfahren steht die Anzeige der Wahl des Verteidigers gemäß §§ 46 Abs. 1, 218 StPO bei der Verwaltungsbehörde der Anzeige der Wahl bei Gericht gleich, wenn zum Zeitpunkt der Anzeige das Verfahren noch bei der Verwaltungsbehörde anhängig ist. Dasselbe gilt nach Abgabe der Akten an die Staatsanwaltschaft oder an das Gericht, wenn der Betroffene in Unkenntnis dieses Verfahrensstandes die Anzeige bei der Verwaltungsbehörde so rechtzeitig anbringt, dass bei unverzüglicher Weiterleitung der Mitteilung an das Gericht diesem die Ladung des Verteidigers noch möglich gewesen wäre (vgl. OLG Koblenz, VRS 94, 219 ff.). Der Betroffene darf sich darauf verlassen, dass Verwaltungsbehörde und Staatsanwaltschaft wichtige Aktenbestandteile wie eine Anzeige nach § 218 StPO ggf. dem Gericht unverzüglich nachreichen. Eine etwaige erneute Anzeige unmittelbar gegenüber dem Gericht ist deshalb selbst dann nicht erforderlich, wenn der Betroffene nach der Verteidigeranzeige bei der Verwaltungsbehörde das gerichtliche Aktenzeichen erfährt.

Auf dem Prinzip der sinngemäßen Anwendbarkeit basiert auch Absatz 2. Die Verfolgungsbehörde (vgl. hierzu die Erl. zu § 35) rückt in die Stellung ein, die die Staatsanwaltschaft im Strafverfahren hat. Richterliche Rechte können der Verwaltungsbehörde nur durch Gesetz eingeräumt werden („soweit dieses Gesetz nichts anderes bestimmt“: §§ 35 Abs. 2, 60, 62, 87 Abs. 1, 88 Abs. 1, 105, 110).

2. Abweichende Normierung, Absatz 3 bis 6

2.1 Anstaltsunterbringung, Verhaftung, vorläufige Festnahme

Die in §§ 81, 112 bis 131 StPO vorgesehenen Maßnahmen sind unzulässig, soweit es sich nicht um kurzfristige Freiheitsbeschränkungen handelt:

1. §§ 46 Abs. 1, 163b Abs. 1 Satz 2 StPO (Festhalten zur Identitätsfeststellung)
2. §§ 46 Abs. 1, 133 Abs. 2, 134 Abs. 1 und 2, 163a Abs. 3 Satz 2 StPO (Vorführung des Betroffenen);
   §§ 46 Abs. 1, 51 Abs. 1 Satz 3, 161a Abs. 2 Satz 1 (Vorführung des Zeugen)
   Die Anordnung ist nach Abs. 5 dem Richter vorbehalten (siehe Erl. 2.8)
3. Freiheitsbeschränkung zur Anwendung unmittelbaren Zwangs zur Durchsetzung eines körperlichen Eingriffs (Absatz 4), einer Beschlagnahme- (§§ 46 Abs. 1, 98, 111b StPO) oder Durchsuchungsanordnung (§§ 46 Abs. 1, 105 StPO)

4. §§ 46 Abs. 1, 177, 178 GVG (Ordnungshaft)
   Die Ordnungshaft ist nicht durch Absatz 3 Satz 1 ausgeschlossen, da sie nicht eine Verhaftung im Sinne der §§ 112 ff. StPO darstellt (vgl. *Göhler*, 18. Auflage 2021, Rdnr. 17 zu § 46). Sie kann nur im gerichtlichen Verfahren angeordnet werden, § 161a Abs. 2 Satz 2 StPO. Den Beamten der Verwaltungsbehörde stehen diese sitzungspolizeilichen Maßnahmen nicht zu.
5. §§ 46 Abs. 1, 164 StPO (amtliches Selbsthilferecht)
   Das Selbsthilferecht gilt auch zugunsten der Verwaltungsbehörde und der für sie Handelnden (vgl. *Göhler*, 18. Auflage 2021, Rdnr. 17 zu § 46).

2.2 Beschlagnahme von Postsendungen und Telegrammen sowie Auskunftsersuchen über Umstände, die dem Post- und Fernmeldegeheimnis unterliegen

Die Postbeschlagnahme nach §§ 99, 100 StPO, sowie Auskunftsersuchen über Umstände, die dem Post- und Fernmeldegeheimnis unterliegen (vgl. Art. 10 GG), § 161 StPO, sind unzulässig, Abs. 3 Satz 1. Vom Sinn und Zweck der Vorschrift wird auch der Ausschluss der Überwachung der Telekommunikation, § 100a StPO, erfasst.

2.3 Gerichtshilfe

§ 160 Abs. 3 Satz 2 StPO ist nicht anzuwenden, Abs. 3 Satz 2. Die Gerichtshilfe hat im Strafverfahren die Aufgabe, zur Gewinnung der Tatsachengrundlage für die richtige Rechtsfolgenentscheidung beizutragen und bei der Resozialisierung des Verurteilten mitzuhelfen. Diese Aufgabenstellung wird der vergleichsweise geringeren Bedeutung des Bußgeldverfahrens nicht gerecht.

2.4 Klageerzwingungsverfahren

Nach Abs. 3 Satz 3 findet das in §§ 172 ff. StPO vorgesehene Klageerzwingungsverfahren nicht statt. Wird auf Grund der Anzeige des Verletzten von der Verwaltungsbehörde kein Bußgeldverfahren durchgeführt, bleibt diesem nur der Weg der Gegenvorstellung an die Verwaltungsbehörde bzw. der Aufsichtsbeschwerde an die übergeordnete Behörde. In dem Bescheid nach §§ 46 Abs. 1, 171 StPO muss der Anzeigeerstatter über diese Möglichkeit aber nicht belehrt werden.

2.5 Beteiligung des Verletzten, länderübergreifendes staatsanwaltschaftliches Verfahrensregister

2.5.1 Beteiligung des Verletzten

Die Vorschriften über die Beteiligung des Verletzten am Verfahren, §§ 373b bis 406l StPO, sind nicht anzuwenden, Absatz 3 Satz 4. Dies ist insoweit konsequent, als das OWiG nicht primär dem Rechtsgüterschutz dient, sondern eine bestimmte Ordnung durchsetzen will.

Mit Wirkung vom 1.6.1998 wurde durch Art. 19 des Justizmitteilungsgesetzes vom 18.6.1997 (BGBl. I S. 1430) Abs. 3 Satz 4 ein 2. Halbsatz angefügt, wonach § 406e StPO (Akteneinsicht) im Ordnungswidrigkeitenverfahren anzuwenden ist.

Für den Begriff des Verletzten ist eine unmittelbare Beeinträchtigung in seinen Rechtsgütern oder ein unmittelbarer Schadenseintritt durch eine Ordnungswidrigkeit (die Begehung der Tat unterstellt oder rechtskräftig festgestellt) erforderlich, § 373b Abs. 1 StPO. Zu denken ist hier an einen Körper- oder Sachschaden, der in erster Linie bei Verkehrsordnungswidrigkeiten vorliegen wird. Der Verletzte muss ein berechtigtes Interesse für die Akteneinsicht darlegen, § 406e Abs. 1 Satz 1 StPO. Die Glaubhaftmachung ist nicht erforderlich. Ein berechtigtes Interesse wird insbesondere dann vorliegen, wenn die Geltendmachung möglicher bürgerlich-rechtlicher Ansprüche gegenüber dem Betroffenen geprüft werden soll bzw. wenn derartige Ansprüche abzuwehren sind (vgl. *Göhler*, 18. Auflage 2021, Rdnr. 20d zu § 46). Das Akteneinsichtsrecht kann nicht nur nur von einem Rechtsanwalt für den Verletzten geltend gemacht werden, § 406e Abs. 1 Satz 1 StPO, sondern auch vom Verletzten selbst, der nicht durch einen Rechtsanwalt vertreten wird, § 406e Abs. 3 StPO. Die Akteneinsicht ist zwingend zu versagen, soweit überwiegende schutzwürdige Interessen des Betroffenen oder anderer Personen entgegenstehen, § 406e Abs. 2 Satz 1 StPO. In diesem Zusammenhang ist eine Abwägung durchzuführen zwischen dem Geheimhaltungsinteresse hinsichtlich der in den Akten enthaltenen personenbezogenen Daten und dem berechtigten Interesse des Verletzten an der Akteneinsicht. Die Akteneinsicht kann versagt werden, soweit der Untersuchungszweck, auch in einem anderen Bußgeldverfahren, gefährdet erscheint oder durch sie das Verfahren erheblich verzögert würde, § 406e Abs. 2 Satz 2 und 3 StPO. Letzteres ist dann nicht zu befürchten, wenn die Ermittlungen abgeschlossen sind, § 61. Vor einer Versagung sollte geprüft werden, ob die Akteneinsicht auf einzelne Aktenteile beschränkt werden kann, wenn dadurch die Bloßstellung einer Privatperson durch Übermittlung erkennbar sensibler persönlicher Informationen vermieden werden kann, Nr. 186 Abs. 2 RiStBV. Erkennbar sensible persönliche Informationen in diesem Sinne enthalten medizinische und psychologische Gutachten sowie Berichte der Gerichts- und Bewährungshilfe und anderer sozialer Dienste. Die Akteneinsicht wird von der Behörde gewährt, in deren Herrschaft sich das Verfahren befindet, §§ 46 Abs. 2, 406e Abs. 5 Satz 1 StPO. Nach Rechtskraft des Verfahrens ist die Verwaltungsbehörde zuständig, die das Verfahren ursprünglich geführt hatte. Dem Betroffenen ist vor der Entscheidung rechtliches Gehör zu gewähren (vgl. *Göhler*, 18. Auflage 2021, Rdnr. 20g zu § 46). Wird die Akteneinsicht versagt, hat ein begründeter Bescheid zu ergehen. Gegen die Versagung der Akteneinsicht ist Antrag auf gerichtliche Entscheidung gemäß § 62 zulässig. Diesen Antrag kann auch der Betroffene stellen, wenn dem Verletzten Akteneinsicht gewährt wurde. Für die Entscheidung der Staatsanwaltschaft gilt § 406e Abs. 5 Satz 2 StPO. Die Entscheidung des Gerichts ist unanfechtbar, §§ 406e Abs. 5 Satz 4 StPO, solange die Ermittlungen noch nicht abgeschlossen sind. Für die Art und Weise der Gewährung der Akteneinsicht gelten §§ 110c Satz 1, 32 f StPO, während § 406e Abs. 1 und 3 die Anspruchsgrundlagen für die Akteneinsicht darstellen. Diese wird von § 32 f StPO vorausgesetzt (vgl. *Göhler*, 18. Auflage 2021, Rdnr. 6 zu § 110c). Die Einsicht in elektronische Akten wird von § 32 f Abs. 1 StPO geregelt. Hiernach erfolgt die Akteneinsicht grundsätzlich durch Bereitstellen des Inhalts der Akte zum Abruf oder durch Übermittlung des Inhalts der Akte auf einem sicheren Übermittlungsweg, § 32 f Abs. 1 Satz 1 StPO. Auf besonderen Antrag wird die Akteneinsicht durch Einsichtnahme in die elektronischen Akten in Diensträumen gewährt, § 32 f Abs. 1 Satz 2 StPO. Ein Aktenausdruck oder ein Datenträger mit dem Inhalt der elektronischen Akten wird auf besonders zu begründenden Antrag nur übermittelt, wenn der Antragsteller hieran ein berechtigtes Interesse hat, § 32f Abs. 1 Satz 3 StPO. Die Einsicht in Papierakten regelt § 32 f Abs. 2 StPO. Einsicht in Akten, die in Papierform vorliegen, wird durch Einsichtnahme in die Akten in Diensträumen gewährt, § 32 f Abs. 2 Satz 1 StPO. Die Akteneinsicht kann, soweit nicht wichtige Gründe entgegenstehen, auch durch Bereitstellen des Inhalts der Akten zum Abruf, durch Übermittlung des Inhalts der Akte auf einem sicheren Übermittlungsweg oder durch Bereitstellen einer Aktenkopie zur Mitnahme gewährt werden, § 32 f Abs. 2 Satz 2 StPO. Gem. § 406e Abs. 3 Satz 2 StPO können dem Verletzten, der nicht durch einen Rechtsanwalt vertreten ist, an Stelle der Einsichtnahme in die Akten Kopien aus den Akten übermittelt werden. Der Vorbehalt entgegenstehender wichtiger Gründe wird an dieser Stelle vom Gesetzgeber nicht gemacht. Auf besonderen Antrag werden einem Verteidiger oder Rechtsanwalt, soweit nicht wichtige Gründe entgegenstehen, die Akten zur Einsichtnahme in seine Geschäftsräume oder in seine Wohnung mitgegeben, § 32 f Abs. 2 Satz 3 StPO (in diesem Sinne auch Nr. 187 Abs. 2 RiStBV). Die Regelung des § 32 f StPO bezieht sich nicht auf die Beweisstücke. Diese können am Verwahrungsort, d. h. in der Regel in den Diensträumen der Verwaltungsbehörde, vom Rechtsanwalt des Verletzten bzw. vom Verletzten selbst, der nicht durch einen Rechtsanwalt vertreten wird, besichtigt werden, § 406e Abs. 1 Satz 1 und Abs. 3 Satz 1 StPO. Für den Verletzten, der nicht durch einen Rechtsanwalt vertreten wird, schreibt § 406e Abs. 3 Satz 1 StPO die Besichtigung unter Aufsicht vor. Ton-/Film- oder Videoaufzeichnungen müssen vorgespielt werden (vgl. *Göh-*

ler, 18. Auflage 2021, Rdnr. 49b zu § 60 mit Verweis auf BGH NStZ 2014 S. 347). Dem Anspruch auf rechtliches Gehör wird die Verwaltung gerecht, wenn sie eine Überspielung des Dokuments auf einen vom Rechtsanwalt oder vom Verletzten selbst zur Verfügung gestellten Datenträger anbietet (in diesem Sinne auch *Göhler*, 18. Auflage 2021, Rdnr. 49 zu § 60).

2.5.2 Länderübergreifendes staatsanwaltschaftliches Verfahrensregister

Für die Verfolgung von Ordnungswidrigkeiten erhalten die zuständigen Behörden keine Auskunft aus dem länderübergreifenden staatsanwaltschaftlichen Verfahrensregister. Absatz 3 Satz 4 stellt dies mit der Nichtanwendbarkeit der §§ 492 bis 495 StPO klar, obwohl in § 492 Abs. 3 Satz 2 StPO bereits eine eindeutige Regelung dahingehend enthalten ist, dass Auskünfte aus dem Verfahrensregister nur Strafverfolgungsbehörden für Zwecke eines Strafverfahrens erteilt werden dürfen.

2.6 Körperliche Untersuchung

2.6.1 Betroffene

Sie kommt dann in Betracht, wenn dies zur Feststellung von Tatsachen, die für das Verfahren von Bedeutung sind, erforderlich ist, §§ 46 Abs. 1, 81a Abs. 1 Satz 1 StPO. Hauptfall ist hier die Blutuntersuchung bei Verkehrsordnungswidrigkeiten nach § 24a StVG (vgl. OLG Köln, VRS 60, 201, 202: Da die beiden Polizeibeamten konkrete Anhaltspunkte für eine Trunkenheitsfahrt hatten und zur Aufklärung die sofortige Anordnung der Entnahme der Blutprobe erforderlich war, lagen die gesetzlichen Voraussetzungen zur vorübergehenden Festnahme des Betroffenen zur Durchführung des mit der Entnahme verbundenen Eingriffs an sich vor.). Denkbar ist aber auch die körperliche Untersuchung zur Identitätsfeststellung (vgl. OLG Düsseldorf, VRS 80, 458, 459 – Ein Betroffener ist unter Wahrung des Verhältnismäßigkeitsgrundsatzes verpflichtet, Maßnahmen zum Zwecke der Identitätsfeststellung zu dulden. Sie können gegen seinen Willen durchgesetzt werden).

Geräte zur Messung der Atemalkoholkonzentration werden von der Polizei bei Verkehrsteilnehmern eingesetzt, die zur Messung bereit sind. Die Anordnung einer Blutprobe bedarf eines durch konkrete Anhaltspunkte gerechtfertigten Verdachts für das Vorliegen einer Trunkenheitsfahrt im Sinne von § 24a StVG. Die Nichtteilnahme an einer Atemalkoholmessung allein ist kein konkreter Anhaltspunkt für eine Trunkenheitsfahrt.

Absatz 4 Satz 1 erlaubt jedoch lediglich geringfügige Eingriffe. Beispielhaft wird die Blutprobenentnahme nach § 81a Abs. 1 Satz 2 genannt. Nicht mehr geringfügig ist die Urinabnahme mittels Katheters zur Feststellung eines Drogen- oder Medikamentenkonsums wegen der gesundheitlichen Risiken für den Betroffenen. Der Betroffene ist nicht Objekt des Verfahrens. Er kann deshalb grundsätzlich nicht zur aktiven Mitwirkung gezwungen werden. Insbesondere ist er nicht verpflichtet, bei einer Untersuchungshandlung mitzuwirken. Die zwangsweise Verabreichung eines Brechmittels verstößt gegen diesen Grundsatz der Passivität (vgl. OLG Frankfurt, NJW 1997 S. 1647, 1648).

Zur Durchsetzung des Eingriffs ist unmittelbarer Zwang möglich; der Betroffene kann also nach Anordnung der Blutentnahme zu einem Arzt gebracht werden. Die Ausführung des Eingriffs ist eigenverantwortlich nur durch einen approbierten Arzt, nicht durch einen Medizinalassistenten (vgl. BGHSt 24, 125, 128) zulässig. Das zur Operationsvorbereitung entnommene Blut ist zwar nicht unter den Voraussetzungen des § 81a StPO als Blutprobe gewonnen worden, es vertritt aber aus Gründen der Verhältnismäßigkeit die nach § 81a StPO zu gewinnende Blutprobe (vgl. OLG Zweibrücken, NJW 1994 S. 810).

Die Untersuchungsanordnung trifft grundsätzlich der Richter, bei Gefährdung des Untersuchungserfolgs durch Verzögerung auch die Verwaltungsbehörde bzw. die zu Ermittlungspersonen der Staatsanwaltschaft bestellten Polizeibeamten, §§ 46 Abs. 1 und 2, 53 Abs. 2, 81a Abs. 2 Satz 1 StPO. Die Entnahme einer Blutprobe bedarf aber gem. § 46

Abs. 4 Satz 2 (Nr. 1) in der Fassung von Art. 5 Nr. 1 des Gesetzes zur effektiveren und praxistauglicheren Ausgestaltung des Strafverfahrens vom 17.8.2017 (BGBl. I S. 3202, 3210 f.) mit Wirkung vom 24.8.2017 keiner richterlichen Anordnung, wenn bestimmte Tatsachen den Verdacht begründen, dass eine Ordnungswidrigkeit nach den §§ 24a und 24c des Straßenverkehrsgesetzes begangen worden ist. In der amtlichen Begründung zu Art. 5 Nr. 1 des Gesetzes vom 17.8.2017 hat der Gesetzgeber betont, dass die Verfolgungsbehörde im Bußgeldverfahren dieselben Rechte und Pflichten wie die Staatsanwaltschaft bei der Verfolgung von Straftaten hat, sodass auch die Staatsanwaltschaft – wie bereits nach geltendem Recht – nicht kontaktiert werden muss (vgl. BT-Drucks. 18/11272 S. 36 f.). § 46 Abs. 4 Satz 2 soll einen Wertungswiderspruch zu § 81a Abs. 2 Satz 2 StPO vermeiden (vgl. BT-Drucks. a. a. O.). Nach dieser Bestimmung, die ebenfalls durch das Gesetz vom 17.8.2017 (BGBl. I S. 3202) in die Strafprozessordnung aufgenommen wurde, bedarf die Entnahme einer Blutprobe abweichend von § 81a Abs. 2 Satz 1 StPO keiner richterlichen Anordnung, wenn bestimmte Tatsachen den Verdacht begründen, dass eine Straftat nach § 315a Absatz 1 Nummer 1, Absatz 2 und 3, § 315c Absatz 1 Nummer 1 Buchstabe a, Absatz 2 und 3 oder § 316 des Strafgesetzbuchs begangen worden ist. Der Gesetzgeber hat sich bei der Neufassung von § 81a Abs. 2 Satz 2 StPO und § 46 Abs. 4 Satz 2 auf die Rechtsprechung des Bundesverfassungsgerichts berufen, wonach das Grundgesetz eine vorherige richterliche Entscheidung für einen derartigen Eingriff nicht erfordert und der einfachgesetzliche Richtervorbehalt nicht zum rechtsstaatlichen Mindeststandard gehört (vgl. BT-Drucks. 18/11272 S. 21). So wird vermieden, dass die (Straf-)Verfolgungsbehörden auch für Blutprobenentnahmen in Eilsituationen zunächst zu versuchen haben, die Anordnung des zuständigen Richters zu erlangen. Eine Gefährdung des Untersuchungserfolgs musste mit einzelfallbezogenen Tatsachen begründet werden, die in den Ermittlungsakten zu dokumentieren waren, sofern die Dringlichkeit nicht evident war (vgl. BT-Drucks. 18/11272 S. 21 mit Verweis auf BVerfG – 2 BvR 273/06 – vom 12.2.2007). Mit Art. 5 des Zweiten Gesetzes zur Änderung schifffahrtsrechtlicher Vorschriften vom 14.3.2023 (vgl. BGBl. I Nr. 73 S. 8), in Kraft seit 21.3.2023, wurde § 46 Abs. 4 Satz 2 erneut neu gefasst und um eine Nr. 2 ergänzt mit dem Ziel, dass auch in der Binnenschifffahrt bei Trunkenheitsfahrten und Ähnlichem eine Blutprobe angeordnet werden kann, ohne dass eine richterliche Anordnung erforderlich wäre (vgl. die Begründung der Neufassung in der Beschlussempfehlung und dem Bericht des Verkehrsausschusses, BT-Drucks. 20/5569, Seite 7). Die bereits für den Straßenverkehr bestehende Ausnahme vom Richtervorbehalt für die Entnahme von Blutproben werde damit auf die Verfolgung von Verstößen gegen Vorschriften in der Binnenschifffahrt ausgeweitet, die einen Verstoß bewehren gegen das Verbot, unter der berauschenden Wirkung von Alkohol, Betäubungsmitteln oder Medikamenten ein Fahrzeug zu führen oder eine andere Tätigkeit des Brücken-, Decks- oder Maschinendienstes auszuüben. Durch die Änderung in § 46 Abs. 4 Satz 2 werde der Staatsanwaltschaft (bzw. der Verfolgungsbehörde, § 46 Abs. 2, Anm. des Verf.) und ihren Ermittlungspersonen neben dem Richter auch im Hinblick auf Ordnungswidrigkeiten in der Binnenschifffahrt eine eigenständige, gleichrangige Anordnungskompetenz für die Entnahme von Blutproben zum Nachweis von Alkohol, Betäubungsmitteln oder Medikamenten im Blut eingeräumt. Mit dieser Anpassung im OWiG könne die Wirksamkeit der Kontrolltätigkeit der Wasserschutzpolizei auf den Flüssen und Seen maßgeblich erhöht werden (vgl. BT-Drucks. 20/5569 S. 7, a. a. O.).

Die Durchsetzung der Anordnung obliegt der Verwaltungsbehörde bzw. den zu Ermittlungspersonen der Staatsanwaltschaft bestellten Polizeibeamten.

Ist der Betroffene mit der körperlichen Untersuchung und dem Eingriff einverstanden, bedarf es keiner Anordnung nach § 81a StPO, es sei denn, es handelt sich um einen schwerwiegenden Eingriff (vgl. *Meyer-Goßner/Schmitt/Schmitt*, StPO, 66. Auflage 2023, Rdnr. 3 zu § 81a).

Abs. 4 Satz 3 behält den Eingriffsstandard des Satzes 1 auch bei einem Übergang vom Strafverfahren in das Bußgeldverfahren bei. Im Bußgeldverfahren dürfen nur die in einem

Strafverfahren entnommenen Blutproben und sonstigen Körperzellen verwendet werden, deren Entnahme im Bußgeldverfahren nach Satz 1 zulässig gewesen wäre. Über Absatz 1 gilt für das Bußgeldverfahren auch die Verwendungsbeschränkung und das Vernichtungsgebot des § 81a Abs. 3 StPO. Dem Betroffenen entnommene Blutproben oder sonstige Körperzellen dürfen nur für die Zwecke des der Entnahme zugrundeliegenden oder eines anderen anhängigen Bußgeldverfahrens verwendet werden. Sie sind unverzüglich zu vernichten, sobald sie hierfür nicht mehr erforderlich sind. In diesem Zusammenhang steht auch das Verwendungsverbot zur Durchführung einer molekulargenetischen Untersuchung nach § 81e StPO, Absatz 4 Satz 4. Die Verwendung von Blutproben und sonstigen Körperzellen zur Durchführung einer Untersuchung im Sinne des § 81e der Strafprozessordnung ist unzulässig. Absatz 4 Satz 3 und 4 (vor dem Gesetz vom 17.8.2017, BGBl. I S. 3202, Satz 2 und Satz 3) sind eingefügt worden durch das Strafverfahrensänderungsgesetz vom 17.3.1997 (BGBl. I S. 534).

2.6.2 Zeugen

Eine Untersuchung anderer Personen als des Betroffenen ist im Bußgeldverfahren schwer vorstellbar. Sollte es in einem Verfahren etwa zur Untersuchung einer Verkehrsordnungswidrigkeit auch auf die körperliche Untersuchung des Zeugen ankommen (Feststellung der Folgen eines Verkehrsunfalls), gelten §§ 46 Abs. 1, 81c StPO. Die Entnahme einer Blutprobe ist hier nur zulässig, wenn sie zur Erforschung der Wahrheit unerlässlich ist und dem Zeugen bei Würdigung aller Umstände zugemutet werden kann, § 81c Abs. 2 Satz 1, Abs. 4 StPO. § 81c Abs. 3 Satz 1 StPO verweist auf § 52 StPO, womit dem Zeugen ein Untersuchungsverweigerungsrecht zugestanden wird, worüber der Zeuge, in den Fällen des § 81c Abs. 3 Satz 2, 1. HS StPO der gesetzliche Vertreter, zu belehren ist, §§ 81c Abs. 3 Satz 2, 2. HS, 52 Abs. 3 Satz 1 StPO. Die unterbliebene Belehrung eines Zeugen über sein Recht, nach § 81c Abs. 3 StPO die Mitwirkung an der Begutachtung durch einen Sachverständigen verweigern zu können, begründet ein Beweisverwertungsverbot (vgl. BGH, NStZ 1996 S. 275).

Hat ein Zeuge von der Bedeutung seines Untersuchungsverweigerungsrechts als Angehöriger des Beschuldigten (Betroffenen) mangels Verstandesreife keine genügende Vorstellung, so entscheidet über die Einwilligung zur Untersuchung allein sein gesetzlicher Vertreter. Nur dieser ist über das Weigerungsrecht zu belehren, §§ 81c Abs. 3 Satz 2, 2. HS, 52 Abs. 3 Satz 1 StPO (vgl. BGH, NJW 1995 S. 1501, 1502).

Die Anordnungsbefugnis nach § 81c Abs. 5 StPO entspricht der in § 81a Abs. 2 StPO enthaltenen Regelung. Unmittelbarer Zwang darf nur auf besondere Anordnung des Richters angewandt werden, § 81c Abs. 6 Satz 2 StPO.

2.6.3 Anfechtung

Gegen die richterliche Anordnung ist die Beschwerde nach § 304 StPO statthaft. Gegen Anordnungen der Verwaltungsbehörde kann die gerichtliche Entscheidung beantragt werden, § 62 Abs. 1. Eine aufschiebende Wirkung löst dies nicht aus, §§ 62 Abs. 2 Satz 2, 307 StPO.

Im Übrigen kann Gegenvorstellung oder Aufsichtsbeschwerde erhoben werden.

2.7 Erhebung von Bestandsdaten

Abs. 4a wurde mit Wirkung vom 2.4.2021 eingefügt durch Art. 9a des Gesetzes vom 30.3.2021 zur Anpassung der Regelungen über die Bestandsdatenauskunft an die Vorgaben aus der Entscheidung des Bundesverfassungsgerichts vom 27.5.2020 (BGBl. I S. 448, 458). Mit dem Beschluss vom 27.5.2020 – 1 BvR 1873/13 –, – 1 BvR 2618/13 – („Bestandsdatenauskunft II") hat der Erste Senat des Bundesverfassungsgerichts § 113 TKG sowie mehrere Fachgesetze des Bundes, die die manuelle Bestandsdatenauskunft regeln, für verfassungswidrig erklärt. Die manuelle Bestandsdatenauskunft ermöglicht es Sicherheitsbehörden, von Telekommunikationsunternehmen bzw. Telemediendienstanbietern Auskunft insbesondere über den Anschlussinhaber eines Telefonanschlusses oder einer zu einem bestimmten Zeitpunkt zugewiesenen IP-Adresse zu erlangen. Mitgeteilt werden dann personenbezogene Daten des Kunden, die im Zusammenhang mit dem Abschluss oder der Durchführung von Verträgen stehen. Man spricht deshalb von Bestandsdaten (zum geltenden Recht vgl. §§ 2 Abs. 2 Nr. 2, 22 Abs. 1 Satz 3 und 4 TTDSG). Nicht mitgeteilt werden dagegen Daten, die sich auf die Nutzung von Telekommunikationsdiensten beziehen (sog. Verkehrsdaten). Die Erteilung einer Auskunft über Bestandsdaten wird vom BVerfG grundsätzlich als verfassungsrechtlich zulässig angesehen. Der Gesetzgeber muss aber nach dem Bild einer Doppeltür sowohl für die Übermittlung der Bestandsdaten durch die Telekommunikations- bzw. Telemediendienstanbieter als auch für den Abruf dieser Daten durch die Behörden jeweils verhältnismäßige Rechtsgrundlagen schaffen. Übermittlungs- und Abrufregelungen müssen die Verwendungszwecke der Daten hinreichend begrenzen, indem sie insbesondere tatbestandliche Eingriffsschwellen und einen gewichtigen Rechtsgüterschutz vorsehen. Die allgemeinen Befugnisse zur Übermittlung und zum Abruf von Bestandsdaten bedürfen im repressiven Bereich eines Anfangsverdachts. Findet eine Zuordnung dynamischer IP-Adressen statt, muss diese im Hinblick auf ihr erhöhtes Eingriffsgewicht darüber hinaus auch dem Schutz oder der Bewehrung von Rechtsgütern von zumindest hervorgehobenem Gewicht dienen. Eine Auskunft über Zugangsdaten darf nur dann erteilt werden, wenn die gesetzlichen Voraussetzungen für ihre Nutzung gegeben sind.

Der Gesetzeswortlaut geht zurück auf eine Beschlussempfehlung des Vermittlungsausschusses vom 24.3.2021 (BT-Drucks. 19/27900 S. 9). Im ursprünglichen Gesetzentwurf von CDU und SPD (BT-Drucks. 19/25294) war eine Änderung des OWiG nicht vorgesehen.

Von Telemediendienstanbietern darf damit Auskunft zu den ihnen jeweils vorliegenden Bestandsdaten nicht zur Verfolgung jedweder Ordnungswidrigkeit, sondern nur zur Verfolgung besonders gewichtiger Ordnungswidrigkeiten, die mit Geldbußen im Höchstmaß von mehr als fünfzehntausend Euro bedroht sind, verlangt werden, soweit dies für die Erforschung des Sachverhalts oder die Ermittlung des Aufenthaltsorts des Betroffenen erforderlich ist.

Für den Abruf der Bestandsdaten hat sich der Gesetzgeber in Absatz 4a um eine den Anforderungen des BVerfG entsprechende verhältnismäßige Regelung bemüht. Den Anforderungen der Doppeltür, wonach Abruf und Übermittlung zusammengehen müssen, ist man aber nicht gerecht geworden:

§ 22 Abs. 3 Nr. 1 TTDSG enthält für die Übermittlung von Bestandsdaten gem. § 22 Abs. 1 Satz 1 TTDSG eine mit Absatz 4a kongruente Regelung. Hiernach darf die Auskunft nach § 22 Abs. 1 Satz 1 TTDSG nur erteilt werden an die für die Verfolgung von Straftaten und Ordnungswidrigkeiten zuständigen Behörden, soweit zureichende tatsächliche Anhaltspunkte für eine Straftat oder Ordnungswidrigkeit, die gegenüber einer natürlichen Person mit Geldbuße im Höchstmaß von mehr als 15.000 € bedroht sind, vorliegen und die in die Auskunft aufzunehmenden Daten erforderlich sind, um den Sachverhalt zu erforschen, den Aufenthaltsort eines Beschuldigten oder Betroffenen zu ermitteln oder eine Strafe zu vollstrecken. Dies ist in § 22 Abs. 4 Nr. 1 TTDSG für die Datenübermittlung nach § 22 Abs. 1 Satz 3 TTDSG (Bestandsdatenauskunft anhand einer zu einem bestimmten Zeitpunkt zugewiesenen Internetprotokoll-Adresse) nicht gegeben. Die Auskunft darf hiernach nur erteilt werden an Strafverfolgungsbehörden, soweit zureichende tatsächliche Anhaltspunkte für eine Straftat vorliegen und die in die Auskunft aufzunehmenden Daten erforderlich sind, um den Sachverhalt zu erforschen, den Aufenthaltsort des Beschuldigten zu ermitteln oder eine Strafe zu vollstrecken.

Die Bezugnahme in Abs. 4a auf § 100j Abs. 2 StPO wird deshalb für das Bußgeldverfahren leerlaufen.

2.8 Vorführungs- und Haftanordnung

Nach Absatz 5 Satz 1 ist die Vorführungsanordnung dem Richter vorbehalten. Ist die Staatsanwaltschaft Verfolgungsbehörde, kommt ihr hiernach eine schwächere Stellung zu als im Strafverfahren (vgl. §§ 161a Abs. 2 Satz 1, 51 Abs. 1 Satz 3, 70 Abs. 2, 163a Abs. 3 Satz 2, 134 StPO).

Nach Absatz 5 Satz 2 darf die Haft zur Erzwingung des Zeugnisses gem. § 70 Abs. 2 der Strafprozessordnung, deren Anordnung ebenfalls dem Richter vorbehalten ist, sechs Wochen nicht überschreiten. Absatz 5 Satz 2 wurde angefügt durch Art. 5 des 1. Justizmodernisierungsgesetzes vom 24.8.2004 (BGBl. I S. 2198).

2.9 Jugendgerichtshilfe

Die nach §§ 38 Abs. 6 Satz 1, 107 JGG im Strafverfahren gegen Jugendliche und Heranwachsende zwingend heranzuziehende Jugendgerichtshilfe wird im Bußgeldverfahren in der Regel nicht beteiligt, Absatz 6. Von der Heranziehung der Jugendgerichtshilfe kann im Verfahren gegen Jugendliche und Heranwachsende nach dieser Bestimmung abgesehen werden, wenn ihre Mitwirkung für die sachgemäße Durchführung des Verfahrens entbehrlich ist. Eine Beteiligung wird dann in Betracht kommen, wenn es um Fragen der Verantwortlichkeit, §§ 12 Abs. 1 Satz 2, 3 Satz 1 JGG, geht, eine besonders schwerwiegende Ordnungswidrigkeit es erfordert, die erzieherischen, sozialen und fürsorgerischen Gesichtspunkte in das Verfahren einzubringen, oder im Vollstreckungsverfahren gegen einen Jugendlichen oder Heranwachsenden nach § 98 der Sachverstand der Jugendgerichtshilfe gefragt ist.

3. Funktionelle Zuständigkeit im gerichtlichen Verfahren, Absatz 7

Nach Absatz 7 entscheiden im gerichtlichen Verfahren beim Amtsgericht Abteilungen für Bußgeldsachen, beim Landgericht Kammern für Bußgeldsachen und beim Oberlandesgericht sowie beim Bundesgerichtshof Senate für Bußgeldsachen. Die Vorschrift schließt nicht aus, dass derselbe Spruchkörper Straf- und Bußgeldsachen judiziert. In Bayern ist gem. Art. 12 Nr. 2 AGGVG die Entscheidung über Rechtsbeschwerden aufgrund des OWiG, für die nach Bundesrecht die Oberlandesgerichte gem. §§ 79 Abs. 3 Satz 1, 121 Abs. 1 Nr. 1a GVG zuständig sind, dem Bayerischen Obersten Landesgericht zugewiesen.

4. Zugänglichmachen von Schriftstücken für blinde oder sehbehinderte Personen

Bereits gem. Absatz 1 gilt § 191a GVG unmittelbar im Bußgeldverfahren. Gem. § 191a Abs. 1 Satz 1 GVG kann eine blinde oder sehbehinderte Person Schriftsätze und andere Dokumente in einer für sie wahrnehmbaren Form bei Gericht einreichen. Sie kann gem. § 191a Abs. 1 Satz 2 GVG nach Maßgabe der Rechtsverordnung nach § 191a Abs. 2 GVG verlangen, dass ihr Schriftsätze und andere Dokumente eines gerichtlichen Verfahrens barrierefrei zugänglich gemacht werden. Ist der blinden oder sehbehinderten Person Akteneinsicht zu gewähren, kann sie verlangen, dass ihr die Akteneinsicht nach Maßgabe der Rechtsverordnung nach § 191a Abs. 2 GVG barrierefrei gewährt wird, § 191a Abs. 1 Satz 3 GVG. Ein Anspruch im Sinne der Sätze 1 bis 3 des § 191a GVG steht auch einer blinden oder sehbehinderten Person zu, die von einer anderen Person mit der Wahrnehmung ihrer Rechte beauftragt oder hierfür bestellt worden ist, § 191a Abs. 1 Satz 4 GVG. Auslagen für die barrierefreie Zugänglichmachung gem. § 191a Abs. 1 Satz 1 bis 4 GVG werden nicht erhoben, § 191a Abs. 1 Satz 5 GVG. Absatz 8, zuletzt geändert durch Gesetz vom 10.10.2013 (vgl. BGBl. I S. 3786) mit Wirkung vom 1.7.2014, formuliert den Auftrag an das Bundesministerium der Justiz und für Verbraucherschutz, in der Rechtsverordnung auch die Vorschriften zur Durchführung des § 191a Abs. 1 Satz 1 bis 4 GVG im Bußgeldverfahren zu bestimmen. Die sog. Zugänglichmachungsverordnung ist erlassen worden am 26.2.2007 (vgl. BGBl. I S. 215) und wurde zuletzt geändert durch das bereits o. g. Gesetz vom 10.10.2013 (BGBl. I S. 3786). Die blinde oder sehbehinderte Person hat durch ärztliche Zeugnisse darzulegen, dass sie die Dokumente in Blindenschrift oder in vergleichbarer Form benötigt und ihr das Lesen, z. B. mit Brillen und vergleichbaren Sehhilfen, nicht möglich ist (vgl. KKOWiG-*Lampe*, 5. Auflage 2018, Rdnr. 53 zu § 46). § 191a Abs. 3 Satz 1 GVG statuiert die Pflicht, elektronische Dokumente für blinde oder sehbehinderte Personen barrierefrei zu gestalten, soweit sie in Schriftzeichen wiedergegeben werden. Erfolgt die Übermittlung eines elektronischen Dokuments auf einem sicheren Übermittlungsweg, ist dieser barrierefrei auszugestalten, § 191a Abs. 3 Satz 2 GVG.

§ 47
Verfolgung von Ordnungswidrigkeiten

(1) Die Verfolgung von Ordnungswidrigkeiten liegt im pflichtgemäßen Ermessen der Verfolgungsbehörde. Solange das Verfahren bei ihr anhängig ist, kann sie es einstellen.

(2) Ist das Verfahren bei Gericht anhängig und hält dieses eine Ahndung nicht für geboten, so kann es das Verfahren mit Zustimmung der Staatsanwaltschaft in jeder Lage einstellen. Die Zustimmung ist nicht erforderlich, wenn durch den Bußgeldbescheid eine Geldbuße bis zu einhundert Euro verhängt worden ist und die Staatsanwaltschaft erklärt hat, sie nehme an der Hauptverhandlung nicht teil. Der Beschluß ist nicht anfechtbar.

(3) Die Einstellung des Verfahrens darf nicht von der Zahlung eines Geldbetrages an eine gemeinnützige Einrichtung oder sonstige Stelle abhängig gemacht oder damit in Zusammenhang gebracht werden.

Erläuterungen

Übersicht

Vorbemerkung

Die Vorschrift enthält das im Ordnungswidrigkeitenrecht geltende Opportunitätsprinzip, nach dem die Verfolgung von Ordnungswidrigkeiten im pflichtgemäßen Ermessen der Verfolgungsbehörde liegt, während im Strafverfahren die Staatsanwaltschaft gem. § 152 Abs. 2 StPO verpflichtet ist, wegen aller verfolgbaren Straftaten einzuschreiten, sofern zureichende tatsächliche Anhaltspunkte vorliegen. Hintergrund des Opportunitätsprinzips ist der Gedanke, dass die Ahndung von Ordnungsverstößen im Einzelfall unangemessen sein kann, da sie im Vergleich zu Straftatbeständen einen wesentlich geringeren Unrechtsgehalt haben.

Die Einstellung nach §§ 46 Abs. 1, 170 Abs. 2 StPO mangels Vorliegens eines hinreichenden Tatverdachts geht der Einstellung nach § 47 vor. Dasselbe gilt dann, wenn freigesprochen werden kann.

1. Verfahren vor der Verfolgungsbehörde

1.1 Pflichtgemäßes Ermessen

Die Verfolgung von Ordnungswidrigkeiten liegt im pflichtgemäßen Ermessen der Verfolgungsbehörde, Abs. 1 Satz 1. Das Ermessen wird dann pflichtgemäß ausgeübt, wenn es dem Zweck der gesetzlichen Ermächtigung entspricht und die gesetzlichen Grenzen des Ermessens eingehalten werden (vgl. in diesem Zusammenhang § 40 VwVfG des Bundes und die vergleichbaren Regelungen in den Verwaltungsverfahrensgesetzen der Länder). Die entscheidenden Parameter für die Ermessensentscheidung sind die Bedeutung der begangenen Ordnungswidrigkeit (das durch sie verwirklichte Unrecht) und der hierfür erforderliche Verfolgungs- und Ahndungsaufwand. Die Verfolgung muss verhältnismäßig sein.

Folgende Gesichtspunkte sind von der Verfolgungsbehörde zu beachten:

1.1.1 Sachverhalt

Die Verfolgungsbehörde sollte sich bei unklarer Sachlage nicht dazu genötigt sehen, Ermittlungen in einem Umfang zu betreiben, der dem in Frage stehenden Ordnungsverstoß nicht gerecht wird.

1.1.2 Rechtslage

Entgegen *Göhler* (vgl. 18. Auflage 2021, Rdnr. 4a zu § 47) sollten Schwierigkeiten in der rechtlichen Subsumtion des ermittelten Lebenssachverhalts nicht für ein Absehen von Verfolgung angeführt werden. Dies würde die Gefahr einer sachfremden, beliebigen und zu wenig objektivierbaren Argumentation implizieren. Ein Absehen von Verfolgung bzw. eine Einstellung erscheinen allerdings dann sachgerecht, wenn ein Normenkontrollverfahren bezüglich der die Grundlage der Ahndung bildenden Rechtsvorschrift anhängig ist (vgl. BayObLG, NJW 1994 S. 2104, 2105 für die Aussetzung des Rechtsbeschwerdeverfahrens).

1.1.3 Bewertung der Tat

Der Vorwurf, der den Täter trifft (vgl. § 17 Abs. 3 Satz 1), ist für die Entscheidung zu umreißen: Ist das Gewicht der Tat angesichts der Vorwerfbarkeit, der Beeinträchtigung von Rechtsgütern, des Verhaltens nach der Tat oder der Singularität des Verstoßes am untersten Rand vergleichbarer Fälle, spricht dies für ein Absehen von Verfolgung.

Bloße geringfügige Formalverstöße sollen unverfolgt bleiben. Eine zu weitgehende Ausdehnung der Verfolgung auf Randbereiche birgt die Gefahr in sich, dass die Verfolgungsmaßnahmen dem Bürger nicht mehr einsichtig erscheinen (vgl. OLG Düsseldorf, NZV 1994 S. 328).

Bei einem einminütigen Parkverstoß auf einem Behindertenparkplatz, um Post einzuwerfen, würde eine Verwarnung ohne Verwarnungsgeld ausreichen (vgl. *Janiszewski*, NStZ 1994 S. 272, 274).

Hierunter fallen auch völlig unwesentliche Geschwindigkeitsüberschreitungen zu Zeiten niedrigen Verkehrsaufkommens (vgl. *Löhle/Beck*, Fehlerquellen bei Geschwindigkeitsmessungen, DAR 1994 S. 465, 478).

1.1.4 Gleichheitsgrundsatz

Die Verfolgungsbehörde darf ohne sachlichen Grund wesentlich Gleiches nicht ungleich und wesentlich Ungleiches nicht gleich behandeln. Dies heißt aber nicht, dass die Verfolgungsbehörde an einer pflichtwidrigen Ermessensausübung festhalten muss (vgl. OLG Hamburg, NJW 1988 S. 2630: Es ist zwar allgemeinkundig, dass die Verfolgungsbehörden in Hamburg in Bezug auf Bewohner mancher Häuser in der Hafenstraße das Legalitätsprinzip häufig außer Acht lassen. Aus diesem gesetzwidrigen Zustand lässt sich aber kein rechtliches Hindernis für die Verfolgung von Straftaten oder Ordnungswidrigkeiten herleiten.). Es gibt keine Gleichheit im Unrecht.

Ein Verstoß gegen den Gleichheitsgrundsatz kann nicht aus einer unterschiedlichen Ahndungspraxis verschiedener Verwaltungsbehörden hergeleitet werden (vgl. BVerfGE 1, 332, 345).

Die Wahrung des Gleichheitsgrundsatzes wird sichergestellt durch fachaufsichtliche Weisung an die Verwaltungsbehörden (vgl. hierzu die Bußgeldkatalogverordnung vom 14.3.2013, BGBl. I S. 498, zuletzt geändert durch Verordnung vom 13.10.2021, BGBl. I S. 4688, und die ergänzenden Tatbestandskataloge der Länder). Die Weisung, ein Bußgeldverfahren durchzuführen, obwohl der Angewiesene von der Unschuld des Betroffenen überzeugt ist, darf nicht befolgt werden, §§ 36 Abs. 2 Satz 4 BeamtStG, 344 Abs. 2 Satz 2 Nr. 1 StGB. Auch im umgekehrten Fall (Anweisung zur Einstellung des Verfahrens, der Angewiesene ist von der Schuld überzeugt und es gibt keine sachlichen Gründe für die Einstellung) ist die Weisung nicht zu befolgen. Hier macht sich der Angewiesene nicht gleichermaßen strafbar gem. § 339 StGB (vgl. *Schönke/Schröder/Hecker*, StGB, 30. Auflage 2019, Rdnr. 6 zu § 339 StGB: Zu den Rechtssachen gehören Bußgeldverfahren nach dem OWiG). § 258a StGB erfasst nicht die Vereitelung der Ahndung mit einer Geldbuße wegen begangener Ordnungswidrigkeit (vgl. *Schönke/Schröder/Hecker*, StGB, 30. Auflage 2019, Rdnr. 12 zu § 258). Hilfsweise führt aber der Grundsatz, dass eine Weisung nicht der sachgerechten und rechtmäßigen Erfüllung der Aufgabe des Angewiesenen entgegenstehen darf, zur Nichtbeachtung (vgl. BVerfGE 9, 223, 229).

1.1.5 Andere Handlungsoptionen

Kann die Verwaltungsbehörde den Ordnungsverstoß durch Verwaltungszwang schneller und wirksamer aus der Welt schaffen, kann dies für ein Absehen von Verfolgung sprechen. Es muss aber andererseits nicht in jedem Fall geprüft werden, ob eine andere Möglichkeit der Abhilfe besteht (vgl. OLG Köln, MDR 1960 S. 426, 427 – Der polizeiliche Grundsatz der Subsidiarität gilt nicht für das Gebiet der Ordnungswidrigkeiten.).

1.1.6 Zahlung eines Geldbetrags

Nach Absatz 3 darf die Einstellung des Verfahrens nicht von der Zahlung eines Geldbetrages an eine gemeinnützige Einrichtung oder sonstige Stelle abhängig gemacht oder damit in Zusammenhang gebracht werden. Die Vorschrift ist damit anders konzipiert als § 153a Abs. 1 Satz 1 StPO. „In Zusammenhang gebracht" ist die Einstellung mit der Zahlung des Geldbetrages, wenn das Gericht die Einstellung unter dieser Prämisse in Aussicht stellt. Die Verfolgungsbehörde, die sich über das Verbot des Absatzes 3 hinwegsetzt, läuft Gefahr, wegen § 339 StGB verfolgt zu werden (vgl. *Würzberg*, DAR 1995 S. 265, 266; siehe bereits oben Erl. 1.1.4). Durch die Vorschrift wird nicht ausgeschlossen, dass die Einstellung von der Erfüllung von Ersatzansprüchen des Verletzten abhängig gemacht wird. Der Verletzte ist keine „sonstige Stelle" im Sinne des Absatzes 3 (vgl. *Göhler*, 18. Auflage 2021, Rdnr. 34 zu § 47).

1.1.7 Verfahren gegen Jugendliche und Heranwachsende

Hier können erzieherische Erwägungen eine Rolle spielen. Die Verwaltungsbehörde sollte untersuchen, ob im Einzelfall das Gespräch mit dem Jugendlichen, verbunden mit der Androhung der Geldbuße für den Fall der erneuten Zuwiderhandlung, nicht die angemessenere Reaktion darstellt. Die Illiquidität des betroffenen Jugendlichen bzw. Heranwachsenden zwingt dagegen nicht zum Absehen von der Verfolgung, da § 98 in der Vollstreckung ein Eingehen auf die besondere Situation des Jugendlichen bzw. Heranwachsenden erlaubt.

1.1.8 Verkehrsordnungswidrigkeiten

Auch hier ist zwischen dem Ziel, die Verkehrsdisziplin zu fördern, und der Frage, ob der Einsatz der Mittel dazu in einem angemessenen Verhältnis steht, abzuwägen (vgl. *Göhler*, DAR 1977 S. 1, 2). In die Ermessensentscheidung sind einzubeziehen:

- Erhebliche Schädigung des Betroffenen
- Grad der Verkehrsgefährdung nach den besonderen örtlichen Verhältnissen
- Erhebliches Mitverschulden eines anderen Unfallbeteiligten
- Erforderlichkeit von Sachverständigengutachten

1.2 Reichweite des Opportunitätsgrundsatzes

Die Verfolgungsbehörde entscheidet nach pflichtgemäßem Ermessen, **ob** die Tat verfolgt werden soll, und **in welchem Umfang.**

1.2.1 Nichteinleitung, Einstellung

Die Verfolgungsbehörde kann deshalb ein Ermittlungsverfahren nicht einleiten bzw. ein eingeleitetes Ermittlungsverfahren einstellen, Abs. 1 Sätze 1 und 2. Die Einstellung kann in jeder Lage des Verfahrens, in der die Verfolgungsbehörde zuständig ist, erfolgen, d. h. durch die Verwaltungsbehörde noch nach Einspruch, durch die Staatsanwaltschaft nach Aktenübersendung durch die Verwaltungsbehörde, § 69 Abs. 4 Sätze 1 und 2.

Ist die Einstellung nach der Zustellung des Bußgeldbescheides erfolgt, kann die Verfolgungsbehörde wegen der Vertrauenswirkung nach außen die Verfolgung nur dann wieder aufnehmen, wenn neue Tatsachen oder Beweismittel bekannt werden, die zu einer anderen Beurteilung führen, d. h. dem Einstellungsbeschluss die Grundlage entziehen (vgl. *Krenberger/Krumm*, 7. Auflage 2022, Rdnr. 26 zu § 47). Vor der Zustellung des Bußgeldbescheides besteht diese Bindung an die Einstellung nicht.

1.2.2 Beschränkung

Die Verfolgungsbehörde kann die Verfolgung auch lediglich beschränken. Die Beschränkung kann in tatsächlicher oder rechtlicher Hinsicht erfolgen.

a) Tatsächliche Beschränkung

Sowohl einzelne Handlungen von mehreren Handlungen im materiellen Sinn als auch einzelne abtrennbare Tatteile können von der Verfolgung ausgenommen werden.

b) Rechtliche Beschränkung

Verletzt dieselbe Handlung mehrere Gesetze, können auch einzelne Gesetzesverletzungen unverfolgt bleiben.

Im Hinblick auf ein späteres gerichtliches Verfahren sollte die Beschränkung aktenkundig gemacht werden, damit das Gericht in die Lage versetzt wird, eine stattgefundene Beschränkung rückgängig zu machen.

1.3 Verfahrensfragen bei der Einstellung

Die Einstellung erfolgt durch schriftliche Verfügung. Bei Mehrfachzuständigkeit ist § 39 Abs. 2 Satz 2 zu beachten.

Eine Mitteilung an den Betroffenen ist in den in § 170 Abs. 2 Satz 2 StPO genannten Fällen notwendig (stattgefundene Vernehmung zur Sache; Bitte um Bescheid; besonderes Interesse an der Bekanntgabe). Die Einstellungsverfügung bedarf nicht der Begründung (vgl. §§ 46 Abs. 1, 34 StPO – kein förmlicher Rechtsbehelf gegeben) und wird formlos bekanntgemacht, § 50 Abs. 1 Satz 1 (dem gewählten Verteidiger, dessen Bevollmächtigung nachgewiesen ist, oder dem bestellten Verteidiger, § 51 Abs. 3 Satz 1, 1. HS, ansonsten dem Betroffenen selbst).

Eine Mitteilung der Einstellungsverfügung an den Anzeigeerstatter gem. §§ 46 Abs. 1, 171 Satz 1 StPO ist erforderlich, wenn es diesem um die Durchführung eines Bußgeldverfahrens gegen den Angezeigten ging und dieser der Verfolgungsbehörde nicht lediglich einen Verdacht zur Prüfung mitteilte. Der Bescheid bedarf keiner Begründung, da gegen die Einstellung kein förmlicher Rechtsbehelf (s. o.), sondern nur die Gegenvorstellung an die einstellende Verfolgungsbehörde selbst bzw. die Aufsichtsbeschwerde an die übergeordnete Behörde gegeben ist (vgl. *Göhler*, 18. Auflage 2021, Rdnr. 159, 160 Vor § 59). Zur Kostenentscheidung vgl. die Erl. zu § 105 und Erl. 2.3.5.

2. Gerichtliches Verfahren

2.1 Gebotensein der Ahndung

Nach Absatz 2 Satz 1 kann das Gericht das Verfahren mit Zustimmung der Staatsanwaltschaft einstellen, wenn es eine Ahndung nicht für geboten hält. Das Gericht überprüft insoweit nicht die Ermessensentscheidung der Verwaltungsbehörde, sondern stellt eigene Ermessenserwägungen an. Entscheidend wird die Angemessenheit der Ahndung angesichts der Bedeutung der Ordnungswidrigkeit sein. Verfahrensökonomische Gesichtspunkte können nicht in gleichem Maße auf die Einstellungsentscheidung Einfluss haben wie auf der Ebene der Verwaltungsbehörde. Das Verfahren ist, wenn es bei Gericht anhängig ist, ohnehin schon weit fortgeschritten. Im Wege der Rechtsbeschwerde kann nicht gerügt werden, dass das Gericht fehlerhaft nicht einstellte (vgl. BayObLG, VRS 40, 279, 280).

2.2 Reichweite des Opportunitätsgrundsatzes

Das Gericht kann das Verfahren in jeder Lage mit Zustimmung der Staatsanwaltschaft einstellen.

a. Zustimmung der Staatsanwaltschaft. Das Zustimmungserfordernis gewährleistet die einheitliche Geltendmachung des Verfolgungswillens. Die Beteiligung der Verwaltungsbehörde im gerichtlichen Verfahren ist dagegen vergleichsweise schwach ausgeprägt (vgl. § 76 Abs. 1 Satz 2, Abs. 2). Die Verwaltungsbehörde wird gehört, wenn das Gericht erwägt, einzustellen, es sei denn, die besondere Sachkunde der Verwaltungsbehörde kann für die Entscheidung entbehrt werden. Die Nichtbeachtung innerbehördlicher Weisungen ändert nichts an der Wirksamkeit der Zustimmung (vgl. BGHSt 19, 377, 382).

Der Zustimmung der Staatsanwaltschaft zur Einstellung des Verfahrens bedarf es nicht im Falle des § 75 Abs. 2, d. h., wenn sie an der Hauptverhandlung nicht teilnimmt. Durch Art. 1 Nr. 6, 7 OWiG-Änderungsgesetz vom 26.1.1998 (BGBl. I S. 156, 159, 340) wurde mit Wirkung vom 1.3.1998 in § 47 Abs. 2 ein Satz 2 des Inhalts eingefügt, dass die Zustimmung der Staatsanwaltschaft ferner nicht erforderlich ist, wenn durch den Bußgeldbescheid eine

Geldbuße bis zu 200,– DM (nunmehr infolge von Art. 24 des Gesetzes vom 13.12.2001, BGBl. I S. 3574: bis zu 100 Euro) verhängt worden ist und die Staatsanwaltschaft erklärt hat, sie nehme an der Hauptverhandlung nicht teil. Abs. 2 Satz 2 meint angesichts der Regelung des § 75 Abs. 2 offensichtlich lediglich den Fall der Einstellung außerhalb der Hauptverhandlung.

b. In jeder Lage des Verfahrens. Mit der Einschränkung des Absatzes 2 Satz 1 und 2 (siehe oben Buchstabe a)) kann das Amtsgericht in der Hauptverhandlung oder außerhalb der Hauptverhandlung einstellen. Eine Einstellung ist auch noch durch das Rechtsbeschwerdegericht möglich. Die einstellende Entscheidung ist im Zulassungsverfahren nach § 80 sogar ohne vorherige Zulassung der Rechtsbeschwerde möglich (vgl. OLG Hamm, NJW 1970 S. 622).

Das Gericht kann die Untersuchung und Ahndung auch lediglich in tatsächlicher oder rechtlicher Hinsicht beschränken (vgl. bereits Erl. 1.2.2). Eine seitens der Verwaltungsbehörde vorgenommene Beschränkung kann das Gericht wieder rückgängig machen und ausgeschiedene Tatteile bzw. Handlungen (tatsächliche Beschränkung) oder einzelne Gesetzesverletzungen (rechtliche Beschränkung) wieder zum Gegenstand des Verfahrens machen. Hierzu ist die Zustimmung der Staatsanwaltschaft nicht notwendig.

Der umgekehrte Fall (das Gericht beschränkt selbst) bedarf dagegen der Zustimmung der Staatsanwaltschaft, es sei denn, es liegen die Fälle des § 47 Abs. 2 Satz 2 oder des § 75 Abs. 2 vor.

Auf die ausgeschiedenen Handlungen oder Tatteile bzw. Gesetzesverletzungen muss das Gericht im Urteil bzw. im Beschluss nach § 72 nicht eingehen. Die Beschränkung und die Wiedereinbeziehung ausgeschiedener Handlungen und Tatteile bzw. Gesetzesverletzungen sollte aber aktenkundig gemacht werden und unterliegt der Hinweispflicht an den Betroffenen gem. §§ 71 Abs. 1, 265 StPO.

Soweit in einem Verfahren Straftaten und Ordnungswidrigkeiten als mehrere Taten im Sinne des Art. 103 Abs. 3 GG verfolgt werden, gilt § 47, sofern eine Tat nur als Ordnungswidrigkeit verfolgt wird, § 83 Abs. 1.

2.3 Verfahrensfragen

2.3.1 Anhörung

Die Anhörung des Betroffenen bzw. des Nebenbeteiligten (vgl. §§ 87 Abs. 2 Satz 1, 88 Abs. 3) ist nicht ausdrücklich vorgeschrieben. Sie hat aber deshalb zu erfolgen, um ihnen die Gelegenheit zu geben, auf einen günstigeren Verfahrensausgang hinzuwirken (Freispruch, vgl. § 467 Abs. 1, 4 StPO, unten Erl. 2.3.5). Der Beteiligung bedarf es nicht, wenn die Einstellung in der Hauptverhandlung erfolgt, der Betroffene bzw. der Nebenbeteiligte aber abwesend ist, oder wenn die Tat bzw. die die Anordnung der Nebenfolge begründenden Umstände bereits eingeräumt wurden. Dann kommt vom Standpunkt des Betroffenen bzw. Nebenbeteiligten aus eine günstigere Erledigung nicht in Betracht (vgl. *Göhler*, 18. Auflage 2021, Rdnr. 36 zu § 47). Die Verwaltungsbehörde ist anzuhören gem. § 76 Abs. 1 Satz 1 und 2 OWiG, es sei denn, ihre besondere Sachkunde kann für die Entscheidung entbehrt werden, § 76 Abs. 2 (siehe bereits oben Erl. 2.2).

2.3.2 Die Einstellung erfolgt in und außerhalb der Hauptverhandlung durch Beschluss, § 47 Abs. 2 Satz 3

Sofern die Einstellung zugleich mit einer Sachentscheidung (Freispruch, Verurteilung) ausgesprochen wird (z. B. im Falle des § 42 verurteilendes Erkenntnis in der Strafsache, einstellende Entscheidung in der Bußgeldsache), gilt einheitlich die Urteilsform, im Übrigen die Form des Beschlusses (arg. § 47 Abs. 2 Satz 3).

2.3.3 Anfechtung

Der Beschluss ist nicht anfechtbar, § 47 Abs. 2 Satz 3. Der Betroffene ist durch die einstellende Entscheidung nicht beschwert. Er hat deshalb auch keinen Anspruch auf nachträgliches Gehör gem. §§ 46 Abs. 1, 33a StPO (vgl. BayObLG bei *Rüth*, DAR 1979 S. 229, 243). § 47 Abs. 2 Satz 3 führt auch dazu, dass der Betroffene eine für ihn nachteilige Entscheidung nach §§ 71 Abs. 1, 467 Abs. 4 StPO nicht anfechten kann, §§ 71 Abs. 1, 464 Abs. 3 Satz 1, 2. Halbsatz. Eine Ausnahme gilt für die Staatsanwaltschaft, die gem. §§ 46 Abs. 1, 304 StPO zur Einlegung der Beschwerde berechtigt ist, wenn die einstellende Entscheidung ohne ihre Zustimmung ergeht (vgl. OLG Karlsruhe, Die Justiz 1987 S. 508, 509) bzw. § 47 überhaupt nicht anwendbar ist, weil eine Straftat vorliegt (vgl. OLG Karlsruhe, a. a. O.).

2.3.4 Beschränkte Rechtskraft

Eine Verfolgung der Tat ist für die Zukunft lediglich auf Grund neuer Tatsachen oder Beweismittel, die dem Gericht nicht bekannt waren, zulässig, wenn diese zu einer anderen Beurteilung der Tat führen, d. h. der Sachentscheidung den Boden entziehen (vgl. *Meyer-Goßner/Schmitt/Schmitt*, StPO, 66. Auflage 2023, Rdnr. 1, 3 zu § 211, KKOWiG-*Mitsch*, 5. Auflage 2018, Rdnr. 37 zu § 47 mit Verweis auf den Rechtsgedanken des § 211 StPO). Dies gilt sowohl für die Verfolgung als Ordnungswidrigkeit als auch für die Verfolgung als Straftat.

2.3.5 Kosten- und Auslagenentscheidung

Sie richtet sich nach §§ 46 Abs. 1, 467 Abs. 1, 4 StPO. Wird in deren Begründung auf den Tatverdacht abgestellt, verlangt es die verfassungsrechtliche Unschuldsvermutung, dass lediglich eine Verdachtslage beschrieben und bewertet, nicht aber eine gerichtliche Schuldfeststellung vorgenommen wird (vgl. BVerfG bei *Göhler*, NStZ 1993 S. 71, 72 f.).

§ 48

(aufgehoben durch Art. 5 des 1. Justizmodernisierungsgesetzes vom 24.8.2004, BGBl I S. 2198, mit Wirkung vom 1.9.2004)

§ 49

Akteneinsicht des Betroffenen und der Verwaltungsbehörde

(1) Die Verwaltungsbehörde gewährt dem Betroffenen auf Antrag Einsicht in die Akten, soweit der Untersuchungszweck, auch in einem anderen Straf- oder Bußgeldverfahren, nicht gefährdet werden kann und nicht überwiegende schutzwürdige Interessen Dritter entgegenstehen. Werden die Akten nicht elektronisch geführt, können an Stelle der Einsichtnahme in die Akten Kopien aus den Akten übermittelt werden.

(2) Ist die Staatsanwaltschaft Verfolgungsbehörde, so ist die sonst zuständige Verwaltungsbehörde befugt, die Akten, die dem Gericht vorliegen oder im gerichtlichen Verfahren vorzulegen wären, einzusehen sowie sichergestellte und beschlagnahmte Gegenstände zu besichtigen. Akten, die in Papierform geführt werden, werden der Verwaltungsbehörde auf Antrag zur Einsichtnahme übersandt.

Erläuterungen

Übersicht

Vorbemerkung

Die Vorschrift regelt seit Erlass des Justizmitteilungsgesetzes (Art. 19) vom 18.6.1997 (BGBl. I S. 1430) mit Wirkung vom 1.6.1998 auch die Akteneinsicht des Betroffenen, der sich selbst verteidigen will. Die bisherige Fassung des § 49 (Akteneinsichtsrecht der sonst zuständigen Verwaltungsbehörde) ist seitdem in Absatz 2 niedergelegt. Das Akteneinsichtsrecht des Verteidigers folgt aus §§ 46 Abs. 1, 147 Abs. 1 StPO (vgl. Erl. 3.1 zu § 60). Durch Gesetz vom 5.7.2017 (BGBl. I S. 2208) wurde mit Wirkung vom 1.1.2018 Absatz 1 neu gefasst und Absatz 2 Satz 2 geändert.

1. Akteneinsicht des Betroffenen

Der Betroffene hat nach Antragstellung grundsätzlich einen Anspruch auf Akteneinsicht. Das Akteneinsichtsrecht des sich selbst verteidigenden Beschuldigten (bzw. Betroffenen) gehört zur Gewährleistung eines fairen Verfahrens gemäß Art. 6 Abs. 1 und 6 der Europäischen Menschenrechtskonvention (vgl. amtliche Begründung des Gesetzes vom 5.7.2017 zu § 147 Abs. 4 StPO in BT-Drucks. 18/9416 S. 60 mit Verweis auf ein Urteil des Europäischen Gerichtshofs für Menschenrechte vom 17.2.1997, – 10/1996/629/812 –, NStZ 1998 S. 429). Gesetzliche Hinderungsgründe für die Gewährung der Akteneinsicht sind lediglich:

- Entgegenstehende überwiegende schutzwürdige Interessen Dritter (vgl. Erl. 2.5.1 zu § 46). Das Bundesverfassungsgericht hat mit Beschluss vom 26.10.2006, – 2 BvR 67/06 – (vgl. NJW 2007 S. 1052) betont, dass bei der Entscheidung über die Gewährung der Akteneinsicht das Recht auf informationelle Selbstbestimmung solcher Personen, deren personenbezogene Daten auf diese Weise zugänglich gemacht werden, zumindest im Rahmen einer Abwägung zu berücksichtigen ist. So kann es unverhältnismäßig sein, in einem Bagatellverfahren Kenntnis von besonders sensiblen medizinischen, psychiatrischen oder sonst sensitiven Unterlagen zu erlangen (vgl. amtliche Begründung des Gesetzes vom 5.7.2017 in BT-Drucks. 18/9416 zu § 385 Abs. 3 StPO).
- Gefährdung des Untersuchungszwecks, auch in einem anderen Straf- oder Bußgeldverfahren (vgl. hierzu Erl. 3.1.2 zu § 60 mit Verweis auf §§ 46 Abs. 1, 147 Abs. 4 StPO).

Zum Akten-Begriff vgl. Erl. 3.1.1 zu § 60. Wie § 147 Abs. 4 StPO zeigt, gehören amtlich verwahrte Beweisstücke nicht zum Begriff der „Akte". Insoweit besteht ein Besichtigungsrecht des Betroffenen über § 46 Abs. 1 unter Aufsicht.

Absatz 1 wird vor allem bei Verkehrsordnungswidrigkeiten Bedeutung erlangen, wenn der Betroffene Einsichtnahme in vorhandene Beweisfotos nehmen will. Das Akteneinsichtsrecht kann hier unnötige Bußgeldverfahren vermeiden.

Für die Form der Gewährung von Akteneinsicht gelten grundsätzlich §§ 110c Satz 1, 32 f StPO. Letztere Bestimmung ist auch durch Gesetz vom 5.7.2017 (BGBl. I S. 2208) eingefügt worden. Einsicht in elektronische Akten wird hiernach durch Bereitstellen des Inhalts der Akte zum Abruf oder durch Übermittlung des Inhalts der Akte auf einem sicheren Übermittlungsweg gewährt, §§ 110c Satz 1, 32 f Abs. 1 Satz 1 StPO. Auf besonderen Antrag wird Akteneinsicht durch Einsichtnahme in die elektronischen Akten in Diensträumen gewährt, §§ 110c Satz 1, 32 f Abs. 1 Satz 2 StPO. Ein Aktenausdruck oder ein Datenträger mit dem Inhalt der elektronischen Akten wird auf besonders zu begründenden Antrag nur übermittelt, wenn der Antragsteller hieran ein berechtigtes Interesse hat, §§ 110c Satz 1, 32 f Abs. 1 Satz 3 StPO. Die amtliche Begründung weist darauf hin, dass bei elektronischer Aktenführung Gesichtspunkte der Verfahrensökonomie wie der Umfang der Akten oder die Eilbedürftigkeit konkreter Ermittlungen nicht mehr einer Akteneinsicht durch den

Betroffenen entgegenstehen. Zudem ist die Manipulationsgefahr als weiteres Argument gegen die Gewährung von Akteneinsicht entfallen.

Einsicht in Akten, die in Papierform vorliegen, wird durch Einsichtnahme in die Akten in Diensträumen gewährt, §§ 110c Satz 1, 32 f Abs. 2 Satz 1 StPO. Absatz 1 Satz 2 des § 49 gestattet es nunmehr auch, anstelle der Einsichtnahme in die Akten Kopien aus den Akten zu übermitteln. Die amtliche Begründung führt hierfür den Schutz der Integrität der Akten in Papierform an (vgl. BT-Drucks. 18/9416 S. 74). Dies ist aber auch der Maßstab der StPO in § 32 f Abs. 2 Satz 2. Hiernach kann die Akteneinsicht in Papierakten, soweit nicht wichtige Gründe entgegenstehen, auch durch Bereitstellen des Inhalts der Akten zum Abruf, durch Übermittlung des Inhalts der Akte auf einem sicheren Übermittlungsweg oder durch Bereitstellen einer Aktenkopie zur Mitnahme gewährt werden.

Zur Anfechtung der Versagung der Akteneinsicht vgl. Erl. 3.1.3 zu § 60. Entscheidungen über die Form der Gewährung von Akteneinsicht sind nicht anfechtbar, §§ 110c Satz 1, 32 f Abs. 3 i. V. m. Abs. 1 und Abs. 2 StPO.

2. Akteneinsicht der Verwaltungsbehörde

2.1 Anspruchsberechtigte, Anspruchsverpflichtete

Ist die Staatsanwaltschaft Verfolgungsbehörde, hat die sonst zuständige Verwaltungsbehörde ein Recht auf Akteneinsicht, Absatz 2 Satz 1.

Die Formulierung „sonst zuständige Verwaltungsbehörde" weist darauf hin, dass trotz der Zuständigkeit der Staatsanwaltschaft als Verfolgungsbehörde (vgl. hierzu Erl. 1.3 zu § 35) grundsätzlich auch eine Zuständigkeit der Verwaltungsbehörde denkbar wäre. Die Vorschrift geht also von einem Zuständigkeitsübergang aus. Hiermit ist die Fallgestaltung nicht vereinbar, dass die Staatsanwaltschaft selbst Verwaltungsbehörde ist (vgl. § 92 Zuständigkeitsverordnung der bayer. Staatsregierung, Erl. 1.3 zu § 35). Sofern deshalb die Verwaltungsbehörde nicht ohnehin schon mit der Sache befasst war (vgl. §§ 69 Abs. 4 Satz 1, 85 Abs. 4 Satz 3, 87 Abs. 4 Satz 3), steht das Akteneinsichtsrecht der nach den §§ 36 bis 38 fiktiv zuständigen Verwaltungsbehörde zu (vor allem in den Fällen der §§ 40, 42). Bei Mehrfachzuständigkeit gilt die Vorzugszuständigkeit gem. § 39 Abs. 1 Satz 1 bzw. es ist das in § 39 Abs. 2 und 3 vorgesehene Verfahren analog anzuwenden. Hilfsweise muss eine fachaufsichtliche Klärung der Zuständigkeit der Verwaltungsbehörde herbeigeführt werden. Würde man hier jeder zuständigen Verwaltungsbehörde ein Akteneinsichtsrecht zugestehen, würde man dem Vorrang der zügigen Verfahrensbearbeitung nicht gerecht (vgl. RiStBV Nr. 296, 184). Das Verfahren darf nicht unangemessen verzögert und der Untersuchungszweck darf nicht gefährdet werden.

Zur Akteneinsicht verpflichtet ist die Staatsanwaltschaft bzw. das Gericht (Akten, die dem Gericht vorliegen oder vorzulegen wären) jederzeit. Auch insoweit ist jedoch der Gesichtspunkt der unangemessenen Verfahrensverzögerung eine Schranke (vgl. RiStBV, a. a. O.). Man wird deshalb derselben Stelle Akteneinsicht nur dann mehrmals gewähren, wenn sich der Umfang der Tatsachen bzw. Beweismittel nennenswert erhöht hat.

2.2 Akteneinsichtsrecht

Die Akten werden der Verwaltungsbehörde zur Einsichtnahme übersandt, wenn sie dies beantragt, Abs. 2 Satz 2 (vgl. RiStBV Nr. 296, 187 Abs. 1). Das Gesetz vom 5.7.2017 (BGBl. I S. 2208) hat die Regelung in ihrem Anwendungsbereich auf noch in Papierform vorhandene Akten beschränkt (vgl. amtliche Begründung BT-Drucks. 18/9416 S. 75). Bei elektronischer Aktenführung steht der Weg gem. §§ 46 Abs. 1, 32 f Abs. 1 Satz 1 StPO zur Verfügung: Bereitstellen des Inhalts der Akte zum Abruf oder Übermittlung des Inhalts der Akte auf einem sicheren Übermittlungsweg.

Zu den Akten gehören alle verfahrensbezogenen Unterlagen der Polizei, der Verwaltungsbehörde, der Staatsanwaltschaft und des Gerichts. Von der Akteneinsicht ausgeschlossen sind die Handakten der Staatsanwaltschaft und andere innerdienstliche Vorgänge (vgl. RiStBV Nr. 296, 186 Abs. 3 Satz 1). In Akten einer anderen Verwaltung darf nur mit deren ausdrücklicher Zustimmung Einsicht gewährt werden (vgl. RiStBV Nr. 296, 186 Abs. 3 Satz 2), deren Nachweis dem Antragsteller obliegt.

Außer in den Fällen des § 474 Abs. 1 StPO soll die Akteneinsicht nur in dem Umfang erfolgen, als dies zur Erfüllung der Aufgaben der ersuchenden öffentlichen Stelle erkennbar erforderlich ist (vgl. RiStBV Nr. 296, 186 Abs. 1). Sofern mehrere Taten Verfahrensgegenstand sind, von denen einige Straftaten sind, bezieht sich das Akteneinsichtsrecht nur auf die Tat, die die Ordnungswidrigkeit zum Gegenstand hat. Auch innerhalb einer Tat ist das Akteneinsichtsrecht in diesem Sinne beschränkbar. Wenn eine derart beschränkte Akteneinsicht nur mit unverhältnismäßigem Aufwand möglich wäre, kann umfassende Akteneinsicht gewährt werden (vgl. RiStBV Nr. 296, 186 Abs. 1 Satz 2).

2.3 Besichtigungsrecht

Die im Sinne von Erl. 2.1 zuständige Verwaltungsbehörde ist befugt, sichergestellte und beschlagnahmte Gegenstände (vgl. §§ 46 Abs. 1, 94, 111b StPO) zu besichtigen.

§ 49a
Verfahrensübergreifende Mitteilungen von Amts wegen

(1) Von Amts wegen dürfen Gerichte, Staatsanwaltschaften und Verwaltungsbehörden personenbezogene Daten aus Bußgeldverfahren den zuständigen Behörden und Gerichten übermitteln, soweit dies aus Sicht der übermittelnden Stelle erforderlich ist für

1. die Verfolgung von Straftaten oder von anderen Ordnungswidrigkeiten,

2. Entscheidungen in anderen Bußgeldsachen einschließlich der Entscheidungen bei der Vollstreckung von Bußgeldentscheidungen oder in Gnadensachen oder

3. sonstige Entscheidungen oder Maßnahmen nach § 477 Absatz 2 der Strafprozessordnung;

Gleiches gilt für die Behörden des Polizeidienstes, soweit dies die entsprechende Anwendung von § 480 Absatz 1 der Strafprozessordnung gestattet. Die §§ 478, 479 Absatz 1, 2, 5 Satz 1 und Absatz 6 sowie § 480 Absatz 1 und 2 der Strafprozessordnung gelten sinngemäß.

(2) Die Übermittlung ist auch zulässig, wenn besondere Umstände des Einzelfalls die Übermittlung für die in § 14 Abs. 1 Nr. 4 bis 9 des Einführungsgesetzes zum Gerichtsverfassungsgesetz genannten Zwecke in Verbindung mit Absatz 2 Satz 2 und 4 jener Vorschrift in sinngemäßer Anwendung erfordern.

(3) Eine Übermittlung nach den Absätzen 1 und 2 unterbleibt, soweit für die übermittelnde Stelle offensichtlich ist, dass schutzwürdige Interessen des Betroffenen an dem Ausschluss der Übermittlung überwiegen.

(4) Für die Übermittlung durch Verwaltungsbehörden sind zusätzlich sinngemäß anzuwenden

1. die §§ 12, 13, 16, 17 Nr. 2 bis 5 und §§ 18 bis 21 des Einführungsgesetzes zum Gerichtsverfassungsgesetz und

2. § 22 des Einführungsgesetzes zum Gerichtsverfassungsgesetz mit der Maßgabe, daß an die Stelle des Verfahrens nach den §§ 23 bis 30 dieses Gesetzes das Verfahren nach § 62 Abs. 1 Satz 1, Abs. 2 und an die Stelle des in § 25 des Einführungsgesetzes zum Gerichtsverfassungsgesetz bezeichneten Gerichts das in § 68 bezeichnete Gericht tritt.

Die für das Bußgeldverfahren zuständige Behörde darf darüber hinaus die dieses Verfahren abschließende Entscheidung derjenigen Verwaltungsbehörde übermitteln, die das

Bußgeldverfahren veranlaßt oder sonst an dem Verfahren mitgewirkt hat, wenn dies aus der Sicht der übermittelnden Stelle zur Erfüllung einer in der Zuständigkeit des Empfängers liegenden Aufgabe, die im Zusammenhang mit dem Gegenstand des Verfahrens steht, erforderlich ist; ist mit der Entscheidung ein Rechtsmittel verworfen worden, so darf auch die angefochtene Entscheidung übermittelt werden. Das Bundesministerium, das für bundesrechtliche Bußgeldvorschriften in seinem Geschäftsbereich zuständig ist, kann insoweit mit Zustimmung des Bundesrates allgemeine Verwaltungsvorschriften im Sinne des § 12 Abs. 5 des Einführungsgesetzes zum Gerichtsverfassungsgesetz erlassen.

(5) § 481 der Strafprozessordnung ist sinngemäß anzuwenden. Eine Übermittlung entsprechend § 481 Abs. 1 Satz 2 der Strafprozessordnung unterbleibt unter der Voraussetzung des Absatzes 3. Von § 482 der Strafprozessordnung ist nur Absatz 1 sinngemäß anzuwenden, wobei die Mitteilung des Aktenzeichens auch an eine andere Verwaltungsbehörde, die das Bußgeldverfahren veranlasst oder sonst an dem Verfahren mitgewirkt hat, erfolgt.

Erläuterungen

Übersicht

Vorbemerkung

Der Zweck der Vorschrift, die mit Wirkung vom 1.6.1998 durch Art. 19 des Justizmitteilungsgesetzes vom 18.6.1997 (BGBl. I S. 1430) i. d. F. von Art. 1 Nr. 7 OWiG-Änderungsgesetz vom 26.1.1998 (BGBl. I S. 156) in das Gesetz eingefügt, durch Art. 1 des Gesetzes vom 26.7.2002 (BGBl. I S. 2864, ber. S. 3516) und zuletzt mit Wirkung vom 26.11.2019 durch Art. 26 Abs. 6 Nr. 1 des Gesetzes vom 20.11.2019 zur Umsetzung der RL (EU) 2016/80 im Strafverfahren sowie zur Anpassung datenschutzrechtlicher Bestimmungen an die VO (EU) 2016/679 (BGBl. I S. 1724, 1742) geändert worden ist, besteht darin, zu regeln, ob und inwieweit von Amts wegen die Übermittlung personenbezogener Daten im Bußgeldverfahren durch Gerichte, Staatsanwaltschaften und Verwaltungsbehörden zulässig ist. Sie stellt damit eine bereichsspezifische Regelung im Sinne des § 13 Abs. 1 Nr. 1 EGGVG dar.

1. Befugnis zur Übermittlung personenbezogener Daten des Betroffenen, die den Gegenstand des Verfahrens betreffen, nach Absatz 1

Die Übermittlungsbefugnis nach Absatz 1 Satz 1 bezieht sich auf personenbezogene Daten des Betroffenen, die den Gegenstand des Verfahrens betreffen, und besteht für Gerichte, Staatsanwaltschaften und Verwaltungsbehörden. Gegenstand des Verfahrens ist die Tat im Sinne des Art. 103 Abs. 3 GG (vgl. hierzu Erl. 3 vor § 59). Die Kenntnis der Daten muss erforderlich sein für die Verfolgung von Straftaten oder von anderen Ordnungswidrigkeiten (Absatz 1 Satz 1, 1. HS Nr. 1), für Entscheidungen in anderen Bußgeldsachen, worunter auch Entscheidungen bei der Vollstreckung von Bußgeldbescheiden oder in Gnadensachen fallen (Abs. 1 Satz 1, 1. HS Nr. 2), oder für sonstige Entscheidungen oder Maßnahmen gem. § 477 Abs. 2 StPO (Abs. 1 Satz 1, 1. HS Nr. 3), d. h. für die Vollstreckung von Strafen, von Maßregeln der Besserung und Sicherung, von Einziehung oder Unbrauchbarmachung oder für die Vollstreckung oder Durchführung von Erziehungsmaßregeln oder von Zuchtmitteln im Sinne des Jugendgerichtsgesetzes (§ 477 Abs. 2 Nr. 1 StPO), für den Vollzug von freiheitsentziehenden Maßnahmen (§ 477 Abs. 2 Nr. 2 StPO) oder schließlich für Entscheidungen in Strafsachen, insbesondere über die Strafaussetzung zur Bewährung oder deren Widerruf (§ 477 Abs. 2 Nr. 3 StPO). Die übermittelnde Stelle hat eine Schlüssigkeitsprüfung hinsichtlich der Erforderlichkeit der Kenntnis der Daten für die empfangende Stelle anzustellen. Es kommt nicht darauf an, ob die die Daten empfangende Stelle aufgrund der Datenübermittlung tatsächlich tätig wird.

§ 49a Abs. 1 Satz 1, 1. HS gilt auch für die Behörden des Polizeidienstes, soweit dies die entsprechende Anwendung von § 480 Abs. 1 StPO gestattet, § 49a Abs. 1 Satz 1, 2. HS. Die Bestimmung gilt für den Fall, dass die Polizei Ermittlungsorgan gem. § 53 ist. Soweit die Polizei selbst Verwaltungsbehörde ist, gilt § 49a Abs. 1 Satz 1, 1. HS unmittelbar (vgl. *Göhler*, 18. Auflage 2021, Rdnr. 14 zu § 49a). Die entsprechende Anwendung von § 480 Abs. 1 StPO bedeutet, dass es für die Datenübermittlung eine hierzu ermächtigende Entscheidung der Verwaltungsbehörde, § 46 Abs. 2, der Staatsanwaltschaft oder des Vorsitzenden des mit der Sache befassten Gerichts bedarf, § 480 Abs. 1 Satz 1 StPO. Die Übermittlung personenbezogener Daten zwischen Behörden des Polizeidienstes ist ohne Entscheidung nach § 480 Abs. 1 Satz 1 StPO zulässig, sofern keine Zweifel an der Zulässigkeit der Übermittlung bestehen, § 480 Abs. 1 Satz 5 StPO. Es empfiehlt sich gleichwohl aus Gründen der Rechtssicherheit, dass sich die Polizei durch eine Entscheidung nach § 480 Abs. 1 Satz 1 absichert.

Nach Absatz 4 Satz 2, 1. HS darf die für das Bußgeldverfahren zuständige Behörde darüber hinaus die dieses Verfahren abschließende Entscheidung derjenigen Verwaltungsbehörde übermitteln, die das Bußgeldverfahren veranlasst oder sonst daran mitgewirkt hat. Voraussetzung für die Übermittlung ist, dass aus der Sicht der übermittelnden Stelle die Kenntnis der Entscheidung zur Erfüllung einer in der Zuständigkeit des Empfängers liegenden Aufgabe, die im Zusammenhang mit dem Gegenstand des Verfahrens steht, erforderlich ist. Ist mit der Entscheidung ein Rechtsmittel verworfen worden, so darf auch die angefochtene Entscheidung übermittelt werden, Absatz 4 Satz 2, 2. HS. Zur Ermächtigung zum Erlass von allgemeinen Verwaltungsvorschriften im Sinne des § 12 Abs. 5 EGGVG, vgl. Absatz 4 Satz 3.

§ 49a Abs. 1 Satz 2 erklärt die Vorschriften der §§ 478, 479 Abs. 1, 2, 5 Satz 1 und Abs. 6 sowie § 480 Abs. 1 und 2 der Strafprozessordnung für sinngemäß anwendbar. Gem. § 478 StPO können Datenübermittlungen von Amts wegen auch durch Übermittlung von Kopien aus den Akten erfolgen. Bei der Bezugnahme auf die Bestimmungen des § 479 StPO ist zu berücksichtigen, dass die Bestimmung mit Wirkung vom 1.7.2021 durch Gesetz vom 25.6.2021 (BGBl. I. S. 2099) geändert wurde. Der bisherige Absatz 3 wurde aufgehoben und die bisherigen Absätze 4 bis 6 wurden zu den Absätzen 3 bis 5. Infolge eines redaktionellen Versehens des Gesetzgebers wurde dies in § 49a Abs. 1 Satz 2 noch nicht eingearbeitet. Gem. § 479 Abs. 1 StPO sind bundes- oder landesgesetzliche Verwendungsregelungen zu beachten, die einer Datenübermittlung von Amts wegen entgegenstehen können. Zu denken ist neben Amts- und Berufsgeheimnissen an das Steuergeheimnis gem. § 30 AO und das Sozialgeheimnis gem. § 35 SGB I. § 479 Abs. 2 StPO wird für die Datenübermittlung aus Bußgeldverfahren keine praktische Bedeutung haben (vgl. hierzu Erl. 4 zu § 49b). Wenn der Gesetzgeber § 479 Abs. 5 Satz 1 StPO für sinngemäß anwendbar erklärt, ist dies aufgrund des Gesetzes vom 25.6.2021 (BGBl. I S. 2099) als § 479 Abs. 4 Satz 1 StPO zu lesen. Die Verantwortung für die Zulässigkeit der Datenübermittlung trägt hiernach die übermittelnde Stelle. Durch die Bezugnahme auf § 479 Abs. 6 StPO (richtigerweise: § 479 Abs. 5 StPO) gilt i. V. m. § 32 f Abs. 5 Satz 2 StPO der Grundsatz der Zweckbindung, d. h., die übermittelten Daten dürfen grundsätzlich nur zu dem Zweck verwendet werden, zu dem sie übermittelt wurden. Gem. § 479 Abs. 5 Nr. 2 StPO ist eine Verwendung der nach § 477 StPO erlangten personenbezogenen Daten für andere Zwecke zulässig, wenn dafür eine Übermittlung nach § 477 StPO erfolgen dürfte. Die Bezugnahme auf § 480 Abs. 1 StPO regelt die Zuständigkeit für die Entscheidung über die Datenübermittlung. Die Bestimmung wurde vom Gesetzgeber schon in § 49a Abs. 1 Satz 1, 2. HS in Bezug genommen. Die Bezugnahme in § 49a Abs. 1 Satz 2 meint damit Datenübermittlungen gem. § 49a Abs. 1 Satz 1, 1.HS. Die ebenfalls für sinngemäß anwendbar erklärte Bestimmung des § 480 Abs. 2 StPO besagt, dass Datenübermittlungen aus beigezogenen Akten, die nicht Aktenbestandteil sind, nur mit Zustimmung der Stelle erfolgen dürfen, um deren Akten es sich handelt, § 480 Abs. 2 Satz 1 StPO.

2. Befugnis zur Übermittlung personenbezogener Daten des Betroffenen, die den Gegenstand des Verfahrens betreffen, nach Absatz 2

In anderen Fällen als den in Absatz 1 genannten besteht eine Übermittlungsbefugnis hinsichtlich der personenbezogenen Daten des Betroffenen, die den Gegenstand des Verfahrens betreffen, wenn besondere Umstände des Einzelfalls die Übermittlung für die in § 14 Abs. 1 Nr. 4 bis 9 EGGVG genannten Zwecke in sinngemäßer Anwendung erfordern. Beispielhaft sei hier auf die Bestimmung des § 14 Abs. 1 Nr. 5 EGGVG eingegangen. Die Bestimmung berechtigt zur Übermittlung personenbezogener Daten des Betroffenen, die den Gegenstand eines gaststättenrechtlichen Ordnungswidrigkeitenverfahrens gem. § 28 Abs. 1 Nr. 9 GastG (Verabreichen alkoholischer Getränke durch einen Gastwirt an erkennbar Betrunkene im Rahmen sog. Flatrateparties) betreffen, an die Gaststättenbehörde zur Entscheidung über den Widerruf der Gaststättenerlaubnis oder die Anordnung einer Auflage. Die Daten lassen auf eine Verletzung von Pflichten schließen, die bei der Ausübung des Gewerbes zu beachten sind, § 14 Abs. 1 Nr. 5b EGGVG.

Der bei der Anwendung der Vorschrift zu beachtende Verhältnismäßigkeitsgrundsatz wird in § 14 Abs. 2 Satz 2 EGGVG, der im Rahmen des Absatzes 2 ebenfalls sinngemäß gilt, konkretisiert. Hiernach ist die Übermittlung insbesondere erforderlich, wenn die Tat bereits ihrer Art nach geeignet ist, Zweifel an der Zuverlässigkeit oder Eignung der betroffenen Person für die gerade von ihr ausgeübte berufliche, gewerbliche oder ehrenamtliche Tätigkeit oder für die Wahrnehmung von Rechten aus einer ihr erteilten Berechtigung, Genehmigung oder Erlaubnis hervorzurufen. Zu denken ist hier also an Ordnungswidrigkeiten, die sich auf die berufliche Eignung oder die persönliche Zuverlässigkeit eines Gewerbetreibenden auswirken können. Keine Zweifel an der Verhältnismäßigkeit werden beim o. g. Beispiel der Flatrateparties bestehen. Zweifel sind dagegen sehr wohl angebracht bei einer Ordnungswidrigkeit von geringerem Unrechtsgehalt (z. B. Ordnungswidrigkeit gem. § 146 Abs. 2 Nr. 3 GewO – Ein Automatenaufsteller bringt die gem. § 14 Abs. 3 Satz 2 GewO verlangten Angaben nicht vollständig sichtbar an dem Automaten an.) Zu prüfen ist dann aber, ob nicht eine Übermittlungsbefugnis hinsichtlich der das Verfahren abschließenden Entscheidung gem. § 49a Abs. 4 Satz 2 besteht. Häufig wird die Gewerbebehörde das Ordnungswidrigkeitenverfahren bei der Bußgeldstelle veranlasst haben. Auch verwirklichte Bußgeldtatbestände von geringerem Unrechtsgehalt können in Verbindung mit anderen Verstößen zuverlässigkeitsrelevant sein. Die Prüfung der Zuverlässigkeit des Gewerbetreibenden ist die Aufgabe der Gewerbebehörde.

Bei einer Einstellung des Verfahrens ist zu berücksichtigen, wie gesichert die zu übermittelnden Erkenntnisse sind, Abs. 2 i. V. m. § 14 Abs. 2 Satz 4 EGGVG. Vorsicht ist deshalb hier insbesondere dann geboten, wenn das Bußgeldverfahren gemäß §§ 46 Abs. 1, 170 Abs. 2 Satz 1 StPO wegen mangelnden hinreichenden Tatverdachts eingestellt worden ist.

3. Unterbleiben der Datenübermittlung nach Absatz 3

Nach Absatz 3 unterbleibt die Übermittlung nach den Absätzen 1 und 2 seitens Gericht, Staatsanwaltschaft oder Verwaltungsbehörde, soweit für die übermittelnde Stelle offensichtlich ist, dass schutzwürdige Interessen des Betroffenen an dem Ausschluss der Übermittlung überwiegen. Die Vorschrift ist lex specialis zur Abwägungsklausel des § 13 Abs. 2 Satz 1 EGGVG, gilt allerdings nicht in den Fällen des § 13 Abs. 1 EGGVG. Zu einer Interessenabwägung nach Absatz 3 besteht im Falle des § 13 Abs. 1 EGGVG kein Anlass (vgl. *Göhler*, 18. Auflage, Rdnr. 16 zu § 49a). Der Terminus „offensichtlich" in Abs. 3, der durch das OWiG-Änderungsgesetz vom 26.1.1998 (BGBl. I S. 156) anstelle des Wortes „erkennbar" in das Gesetz eingefügt wurde, soll verdeutlichen, dass die übermittelnde Stelle bei ihrem Abwägungsvorgang keine Ermittlungen anzustellen hat. Die schutzwürdigen Interessen des Betroffenen werden in der Regel bis zum rechtskräftigen Abschluss des Verfahrens überwiegen, soweit dies für die Erfüllung der Aufgaben des Empfängers ausreichend und vertretbar ist. Für die Berücksichtigung bei der Zuverlässigkeitsprüfung der Gaststättenbehörde in dem unter Nr. 2 angeführten Fall ist zwar die Rechtskraft des Bußgeldbescheids nicht erforderlich. Bei einer verwaltungsprozessualen Überprüfung einer behördlichen Maßnahme (z. B. Auflage oder Widerruf einer Konzession) werden die Verwaltungsgerichte im Zweifel aber nicht in die rechtliche Prüfung eines noch nicht rechtskräftigen Bußgeldbescheids einsteigen.

4. Sinngemäße Anwendung des EGGVG nach Absatz 4

4.1 § 12 EGGVG

§ 12 EGGVG, der den Geltungsbereich des zweiten Abschnitts des EGGVG näher bestimmt, gilt (ebenso wie die §§ 13, 16, 17 Nr. 2 bis 5 und §§ 18 bis 21 EGGVG) sinngemäß auch für die Übermittlung personenbezogener Daten in Bußgeldverfahren durch Verwaltungsbehörden, § 49a Abs. 4 Satz 1 Nr. 1.

§§ 12 ff. EGGVG beziehen sich auf die Übermittlung personenbezogener Daten für andere Zwecke als die des Verfahrens, für die die Daten erhoben worden sind. Personenbezogene Daten sind gem. §§ 46 Abs. 1, 500 Abs. 1 StPO, 46 Nr. 1 BDSG alle Informationen, die sich auf eine identifizierte oder identifizierbare natürliche Person (betroffene Person) beziehen; als identifizierbar wird eine natürliche Person angesehen, die direkt oder indirekt, insbesondere mittels Zuordnung zu einer Kennung wie einem Namen, zu einer Kennnummer, zu Standortdaten, zu einer Online-Kennung oder zu einem oder mehreren besonderen Merkmalen, die Ausdruck der physischen, physiologischen, genetischen, psychischen, wirtschaftlichen, kulturellen oder sozialen Identität dieser Person sind, identifiziert werden kann. Die Datenübermittlung ist lediglich zulässig an öffentliche Stellen des Bundes und der Länder. Öffentliche Stellen des Bundes sind die Behörden, die Organe der Rechtspflege und andere öffentlich-rechtlich organisierte Einrichtungen des Bundes, der bundesunmittelbaren Körperschaften, der Anstalten und Stiftungen des öffentlichen Rechts sowie deren Vereinigungen ungeachtet ihrer Rechtsform (vgl. § 2 Abs. 1 BDSG). Öffentliche Stellen der Länder sind die Behörden, die Organe der Rechtspflege und andere öffentlich-rechtlich organisierte Einrichtungen eines Landes, einer Gemeinde, eines Gemeindeverbandes oder sonstiger der Aufsicht des Landes unterstehender juristischer Personen des öffentlichen Rechts sowie deren Vereinigungen, ungeachtet ihrer Rechtsform (vgl. § 2 Abs. 2 BDSG). Nichtöffentliche Stellen sind natürliche und juristische Personen, Gesellschaften und andere Personenvereinigungen des privaten Rechts, § 2 Abs. 4 Satz 1 BDSG, soweit sie nicht unter § 2 Abs. 1 bis 3 BDSG fallen. Eine nichtöffentliche Stelle ist insoweit öffentliche Stelle im Sinne dieser Bestimmung, wenn sie hoheitliche Aufgaben der öffentlichen Verwaltung wahrnimmt (vgl. § 2 Abs. 4 Satz 2 BDSG).

§ 49a und §§ 12 ff. EGGVG beziehen sich nur auf die verfahrensübergreifende Datenübermittlung und nicht auf die Übermittlung von Daten an im Verfahren mitwirkende Stellen. Besondere bundes- oder landesrechtliche Verwendungsbeschränkungen (z. B. § 30 AO) stehen einer Übermittlung entgegen, § 12 Abs. 3 EGGVG. Die Verantwortung für die Zulässigkeit der Übermittlung trägt die übermittelnde Stelle, § 12 Abs. 4 EGGVG.

4.2 § 13 EGGVG

Die Vorschrift des § 13 Abs. 1 EGGVG regelt die Übermittlung personenbezogener Daten zur Erfüllung der in der Zuständigkeit des Empfängers liegenden Aufgaben. Die Zuständigkeit des Empfängers muss sich aus einer Rechtsnorm ergeben (vgl. *Göhler*, 18. Auflage 2021, Rdnr. 16 zu § 49a). Eine besondere Rechtsvorschrift im Sinne des § 13 Abs. 1 Nr. 1 sind § 49a Abs. 1 und Abs. 2. Die Einwilligung der betroffenen Person, § 13 Abs. 1 Nr. 2 EGGVG, macht eine besondere Befugnisnorm für die Datenübermittlung entbehrlich. § 13 Abs. 1 Nr. 3 EGGVG meint die Fälle, in denen eine aus der Sicht des Betroffenen günstige Entscheidung (Freispruch oder Einstellung) mitgeteilt wird. In diesen Fällen besteht die Übermittlungsbefugnis, weil offensichtlich ist, dass die Übermittlung im Interesse der betroffenen Person liegt, und kein Grund zu der Annahme besteht, dass sie in Kenntnis dieses Zwecks ihre Einwilligung verweigern würde. § 13 Abs. 1 Nr. 4 EGGVG gilt für den Fall, dass die Daten aufgrund einer Rechtsvorschrift öffentlich bekannt zu machen sind oder in ein gerichtliches für jedermann einsehbares öffentliches Register einzutragen sind. Zu denken ist insoweit an die Vorschrift des § 40 LFGB, wenn die dort genannten Voraussetzungen für eine Information der Öffentlichkeit bei lebensmittelrechtlichen Verstößen vorliegen. § 13 Abs. 1 Nr. 5 EGGVG gibt die Befugnis, ein Fahrverbot der Polizei und der Fahrerlaubnisbehörde bekannt zu geben, weil die betroffene Person ihr durch Verwaltungsakt gewährte Rechte auch nur vorläufig nicht wahrnehmen darf. § 13 Abs. 2 Satz 1 EGGVG gibt eine Befugnis zur Übermittlung personenbezogener Daten zur Erfüllung der in der Zuständigkeit des Empfängers liegenden Aufgaben, einschließlich der Wahrnehmung personalrechtlicher Befugnisse, wenn eine Übermittlung nach §§ 14 bis 17 zulässig ist und soweit nicht für die übermittelnde Stelle offensichtlich ist, dass schutzwürdige Interessen der betroffenen Person an dem Ausschluss der Übermittlung überwiegen. Eine Interessenabwägung in diesem Sinne ähnlich wie in § 49a Abs. 3 ist aber nur im Rahmen des § 13 Abs. 2 EGGVG, d. h. in anderen als in den in Absatz 1 genannten Fällen, angeordnet. Zur Frage der Interessenabwägung im Falle des § 13 Abs. 1 EGGVG vgl. bereits oben Erl. 3.

4.3 § 16 EGGVG

Eine gleichzeitige Übermittlung der Daten an das Bundesministerium der Justiz und für Verbraucherschutz und an das Auswärtige Amt, § 16 Nr. 1 EGGVG, wird vom Gesetz sinnvoller Weise für zulässig angesehen, wenn die Übermittlung personenbezogener Daten an ausländische öffentliche Stellen oder an über- oder zwischenstaatliche Stellen nach den hierfür geltenden Rechtsvorschriften (auf diplomatischem Wege) zu erfolgen hat. Die Abwägungsklausel nach § 49a Abs. 3 gilt auch hier. Die Übermittlungsbefugnis gem. § 16 Nr. 2 EGGVG ist auf Strafsachen beschränkt, sie gilt damit nicht für Bußgeldsachen des Gerichts und der Staatsanwaltschaft und ist deshalb auch sinngemäß nicht für Bußgeldsachen der Verwaltungsbehörde anwendbar (in diesem Sinne auch *Göhler*, 18. Auflage, Rdnr. 17 zu § 49a).

4.4 § 17 EGGVG

Nach Nr. 1 des § 17 EGGVG ist die Übermittlung personenbezogener Daten an die Strafverfolgungsbehörde bzw. die für die Verfolgung von Ordnungswidrigkeiten zuständige Verwaltungsbehörde zulässig, wenn die Kenntnis der Daten aus der Sicht der übermittelnden Stelle zur Verfolgung einer Straftat oder Ordnungswidrigkeit erforderlich ist. Die Übermittlungsbefugnis insoweit ist bereits durch § 49a Abs. 1 geregelt. Von einer Bezugnahme auf Nr. 1 des § 17 EGGVG konnte deshalb in § 49a Abs. 4 Satz 1 Nr. 1 abgesehen werden. Nach Nr. 2 ist die Übermittlung personenbezogener Daten zulässig für ein Verfahren der internationalen Rechtshilfe (vgl. hierzu Erl. 1 vor § 59). Nr. 3 erlaubt die Übermittlung personenbezogener Daten, wenn deren Kenntnis erforderlich ist zur Abwehr erheblicher Nachteile für das Gemeinwohl oder einer Gefahr für die öffentliche Sicherheit. Nach Nr. 4 ist die Übermittlung personenbezogener Daten zulässig, wenn deren Kenntnis erforderlich ist zur Abwehr einer schwerwiegenden Beeinträchtigung der Rechte einer anderen Person. Nr. 5 verlangt für die Zulässigkeit der Übermittlung personenbezogener Daten, dass deren Kenntnis erforderlich ist zur Prüfung gewichtiger Anhaltspunkte für die Gefährdung des Wohls eines Kindes oder Jugendlichen. Die Vorschrift entspricht dem datenschutzrechtlichen Maßstab für die Übermittlung personenbezogener Daten gem. §§ 46 Abs. 1, 500 Abs. 1 StPO, 49 Satz 1 und 2 BDSG. Entweder entspricht die Verarbeitung der personenbezogenen Daten (wozu gem. § 46 Nr. 2 BDSG auch die Offenlegung durch Übermittlung gehört) zu einem anderen Zweck als demjenigen, zu dem sie erhoben wurden, einem der in § 45 BDSG genannten Zwecke, § 49 Satz 1 BDSG, oder die Verarbeitung zu dem anderen in § 45 BDSG nicht genannten Zweck ist in einer Rechtsvorschrift (§ 17 EGGVG) vorgesehen. Die Abwägungsklausel des § 49a Abs. 3 gilt auch im Rahmen des § 17 EGGVG und gewährleistet damit den Grundsatz der Verhältnismäßigkeit.

4.5 § 18 EGGVG

Die Vorschrift des § 18 Abs. 1 Satz 1 EGGVG, die datenschutzrechtlich sehr eng auszulegen ist, ermöglicht die Übermittlung von personenbezogenen Daten, ohne dass ein Befugnistatbestand gegeben ist (sog. „überschießende Daten"). Voraussetzung ist allerdings, dass sie mit personenbezogenen Daten, für deren Übermittlung ein Befugnistatbestand vorliegt, derart verbunden sind, dass eine Trennung nicht oder nur mit unvertretbarem Aufwand möglich ist. Im Zweifel wird man die überschießenden Daten in einem gesonderten Dokument auszusondern haben. Die Übermittlung der überschießenden Daten ist ferner nur zulässig, soweit nicht berechtigte Interessen der betroffenen Person oder eines Dritten an deren Geheimhaltung offensichtlich überwiegen, § 18 Abs. 1 Satz 1 EGGVG. Eine Verwendung der Daten durch den Empfänger ist grundsätzlich unzulässig, § 18 Abs. 1 Satz 2, 1. HS EGGVG. Für Daten des Betroffenen gilt aber § 19 Abs. 1 Satz 2 entsprechend, d. h., sie dürfen auch für andere Zwecke verwendet werden, soweit sie auch dafür hätten übermittelt werden dürfen, § 18 Abs. 1 Satz 2, 2. HS EGGVG. Die Form der Übermittlung bestimmt die übermittelnde Stelle nach pflichtgemäßem Ermessen, § 18 Abs. 2 Satz 1 EGGVG. Soweit dies nach der Art der zu übermittelnden Daten und der Organisation des Empfängers geboten ist, trifft sie angemessene Vorkehrungen, um sicherzustellen, dass die Daten unmittelbar den beim Empfänger funktionell zuständigen Bediensteten erreichen, § 18 Abs. 2 Satz 2 EGGVG.Angemessene Vorkehrungen im Sinne des Abs. 2 Satz 2 sind insbesondere der verschlossene Umschlag und die entsprechende Adressierung. Der Gesetzgeber hat hier an die Wahrnehmung personalrechtlicher Befugnisse seitens des Empfängers gedacht (vgl. *Göhler*, 18. Auflage 2021, Rdnr. 24 zu § 49a).

4.6 § 19 EGGVG

Die übermittelten Daten dürfen nur zu dem Zweck, zu dessen Erfüllung sie übermittelt wurden, verarbeitet werden, § 19 Abs. 1 Satz 1 EGGVG. Dies setzt voraus, dass die übermittelnde Stelle den Zweck bei der Übermittlung bestimmt und dem Empfänger mitteilt (vgl. *Göhler*, 18. Auflage 2021, Rdnr. 26 zu § 49a). Die Zweckbestimmung ist im Hinblick auf eine gerichtliche Nachprüfung gem. § 22 EGGVG aktenkundig zu machen (vgl. *Göhler*, a. a. O.). Für einen anderen Zweck als den von der übermittelnden Stelle bestimmten ist die Verwendung nur zulässig, soweit die Daten auch dafür hätten übermittelt werden dürfen, § 19 Abs. 1 Satz 2 EGGVG. § 19 Abs. 2 Satz 1 EGGVG verlangt, dass der Empfänger prüft, ob die übermittelten Daten für die in Abs. 1 genannten Zwecke erforderlich sind.

Auch dieses Ergebnis sollte aktenkundig gemacht werden (vgl. *Göhler*, 18. Auflage 2021, Rdnr. 27 zu § 49a). Die Erforderlichkeit ist jedenfalls zu bejahen, wenn die empfangende Stelle in eine Prüfung von zu erlassenden Maßnahmen nach Maßgabe der für sie geltenden Befugnisnormen einzutreten hat. Das Ergebnis der Prüfung ist dagegen für die Erforderlichkeit im Sinne von § 19 Abs. 2 Satz 1 EGGVG irrelevant. Im Fall der Nicht-Erforderlichkeit sind die Daten an die übermittelnde Stelle zurückzusenden, § 19 Abs. 2 Satz 2 EGGVG. § 19 Abs. 2 Satz 3 EGGVG regelt den Fall der Unzuständigkeit der empfangenden Stelle. Wenn der empfangenden Stelle die zuständige Stelle bekannt ist, werden die übermittelten Unterlagen dorthin weitergeleitet und die übermittelnde Stelle benachrichtigt.

4.7 § 20 EGGVG

Wenn Daten, die den Gegenstand eines Verfahrens betreffen, bereits vor Beendigung des Verfahrens übermittelt worden sind, besteht eine Nachberichtspflicht gegenüber dem Empfänger nach § 20 Abs. 1 Satz 1, 1. HS EGGVG. Der Empfänger ist dann über den Ausgang des Verfahrens zu unterrichten. Es empfiehlt sich, insoweit den Eintritt der Rechtskraft abzuwarten. Die gleiche Nachberichtspflicht gilt, wenn eine übermittelte Entscheidung abgeändert oder aufgehoben wird, das Verfahren, abgesehen von den Fällen des § 153a StPO, auch nur vorläufig eingestellt worden ist oder nach den Umständen angenommen werden kann, dass das Verfahren auch nur vorläufig nicht weiter betrieben wird, § 20 Abs. 1 Satz 1, 2. HS EGGVG. Eine unverzügliche Unterrichtungspflicht über neue Erkenntnisse besteht nach § 20 Abs. 1 Satz 2 EGGVG, wenn dem Betroffenen bei einer späteren Unterrichtung, d. h. erst nach Ausgang des Verfahrens gem. § 20 Abs. 1 Satz 1 EGGVG, Nachteile drohen würden. Der Empfänger ist ferner unverzüglich zu unterrichten, wenn sich erweist, dass unrichtige Daten übermittelt worden sind, § 20 Abs. 2 Satz 1 EGGVG. Der Empfänger hat dann die Berichtigung vorzunehmen oder die Unrichtigkeit in den Akten zu vermerken, § 20 Abs. 2 Satz 2 EGGVG. Die Unterrichtung nach § 20 Abs. 1 oder Abs. 2 Satz 1 kann unterbleiben, wenn sie erkennbar weder zur Wahrung der schutzwürdigen Interessen der betroffenen Person noch zur Erfüllung der Aufgaben des Empfängers erforderlich ist, § 20 Abs. 3 EGGVG.

4.8 § 21 EGGVG

§ 21 EGGVG statuiert einen Auskunftsanspruch der betroffenen Person hinsichtlich der übermittelten Daten und deren Empfänger, § 21 Abs. 1 Satz 1 EGGVG. Der Antrag ist schriftlich zu stellen, § 21 Abs. 1 Satz 2 EGGVG. Die Auskunft wird nur erteilt, soweit die betroffene Person Angaben macht, die das Auffinden der Daten ermöglichen, und der für die Erteilung der Auskunft erforderliche Aufwand nicht außer Verhältnis zu dem geltend gemachten Informationsinteresse steht, § 21 Abs. 1 Satz 3 EGGVG. Die übermittelnde Stelle bestimmt das Verfahren, insbesondere die Form der Auskunftserteilung nach pflichtgemäßem Ermessen, § 21 Abs. 1 Satz 4 EGGVG. Es bestehen keine Einwände, Auskunftsansprüche der betroffenen Person mit einfachem Brief zu erfüllen. § 21 Abs. 2 EGGVG sichert den Auskunftsanspruch nach § 21 Abs. 1 EGGVG ab, indem gleichzeitig mit der Übermittlung personenbezogener Daten die betroffene Person über Inhalt und Empfänger zu unterrichten ist, § 21 Abs. 2 Satz 1 EGGVG. Die betroffene Person muss nicht persönlich unterrichtet werden, es reicht die Unterrichtung des Vertreters oder Verteidigers aus, § 21 Abs. 2 Satz 2 EGGVG. Auch die Form der Unterrichtung liegt wie die Form der Auskunftserteilung im pflichtgemäßen Ermessen der übermittelnden Stelle, § 21 Abs. 2 Satz 3 EGGVG. Die Unterichtungspflicht entfällt, wenn die Anschrift des zu Unterrichtenden nur mit unvertretbarem Aufwand festgestellt werden kann, § 21 Abs. 2 Satz 4 EGGVG. Man wird diese Ausnahme sehr eng auslegen müssen, um dem Grundrecht auf informationelle Selbstbestimmung der betroffenen Personen (Art. 1, 2 Abs. 1 GG) effektive Geltung zu verschaffen. Der Anwendungsbereich des § 21 Abs. 3 EGGVG wird sich bei Durchführung eines Ordnungswidrigkeitenverfahrens in Grenzen halten. Bei Übermittlung personenbezogener Daten an die Verfassungsschutzbehörden, den BND, den MAD oder, soweit die Sicherheit des Bundes berührt wird, an andere Behörden des BMVg, ist Auskunftserteilung und Unterrichtung nur mit Zustimmung dieser Stellen zulässig. Ausschlusstatbestände für die Auskunftserteilung und die Unterrichtung formuliert § 21 Abs. 4 EGGVG, eine Vorschrift, die aus denselben Gründen wie § 21 Abs. 2 Satz 4 EGGVG eng auszulegen ist. Auskunftserteilung und Unterrichtung unterbleiben insbesondere gem. § 21 Abs. 4 Satz 1 Nr. 2 EGGVG, soweit sie die öffentliche Sicherheit oder Ordnung gefährden oder sonst dem Wohle des Bundes oder eines Landes Nachteile bereiten würden und deswegen das Interesse der betroffenen Person an der Auskunftserteilung oder Unterrichtung zurücktreten muss. Ein Anwendungsfall dieser Bestimmung kann sein die Übermittlung personenbezogener Daten an eine Strafverfolgungsbehörde zur Verfolgung einer Straftat oder an eine Verwaltungsbehörde zur Verfolgung einer Ordnungswidrigkeit. Auskunftserteilung und Unterrichtung sollen die Verfolgung von Straftat bzw. Ordnungswidrigkeit nicht konterkarieren. Auskunftserteilung und Unterrichtung unterbleiben auch, wenn die Daten oder die Tatsache ihrer Übermittlung ihrem Wesen nach, insbesondere wegen der überwiegenden berechtigten Interessen eines Dritten, geheim gehalten werden müssen und deswegen das Interesse der betroffenen Person an der Auskunftserteilung oder Unterrichtung zurücktreten muss, § 21 Abs. 4 Satz 1 Nr. 3 EGGVG. Die Unterrichtung der betroffenen Person unterbleibt ferner gem. § 21 Abs. 4 Satz 2 EGGVG, wenn erhebliche Nachteile für seine Gesundheit zu befürchten sind, wofür die übermittelnde Stelle aber erst konkrete Anhaltspunkte haben müsste. Nach § 21 Abs. 5 EGGVG bedarf die Ablehnung der Auskunftserteilung keiner Begründung, soweit durch die Mitteilung der tatsächlichen und rechtlichen Gründe, auf die die Entscheidung gestützt wird, der mit der Auskunftsverweigerung verfolgte Zweck gefährdet würde. Hier gilt das zu § 21 Abs. 4 Satz 1 Nr. 2 EGGVG Gesagte entsprechend. Die Datenschutz-Grundverordnung (EU) 2016/679 geht in ihrem Anwendungsbereich den Absätzen 1 bis 5 des § 21 EGGVG vor, § 21 Abs. 6 EGGVG.

5. Anwendung der §§ 481 und 482 der Strafprozessordnung auf Datenübermittlungen von Amts wegen nach Absatz 5

Absatz 5 Satz 1 statuiert mit der sinngemäßen Anwendbarkeit des § 481 StPO eine Befugnis zur Übermittlung personenbezogener Daten aus Bußgeldverfahren an die Polizeibehörden zur Gefahrenabwehr, § 481 Abs. 1 Satz 2 StPO. Die Übermittlungsbefugnis gilt für Strafverfolgungsbehörden und Gerichte, über § 46 Abs. 2 auch für Verwaltungsbehörden. Daneben bleiben unberührt besondere gesetzliche Bestimmungen, die die Übermittlung personenbezogener Daten aus Bußgeldverfahren anordnen oder erlauben. Eine ausdrückliche Klarstellung insoweit, wie sie vor dem Gesetz vom 20.11.2019 (BGBl. I S. 1724) durch Verweis auf § 480 StPO a. F. in Absatz 5 Satz 1 enthalten war, hält der Gesetzgeber für entbehrlich (vgl. die amtliche Begründung des Gesetzes vom 20.11.2019, BT-Drucks. 19/4671 S. 116). Auch die StPO selbst enthält für das Strafverfahren keine entsprechende Norm mehr.

Eine Übermittlung entsprechend § 481 Abs. 1 Satz 2 StPO hat unter den Voraussetzungen des § 49a Abs. 3 zu unterbleiben, Absatz 5 Satz 2 (siehe hierzu oben Erl. 3). Absatz 5 Satz 1 i. V. m. § 481 Abs. 1 Satz 1 StPO ist die Konsequenz aus Absatz 5 Satz 2 i. V. m. § 481 Abs. 1 Satz 2 StPO: Wenn der Gesetzgeber schon eine Befugnis zur Übermittlung personenbezogener Daten aus Bußgeldverfahren an die Polizeibehörden vorsieht, dann müssen die Polizeibehörden diese auch verwenden dürfen. Man beachte allerdings die Beschränkung „nach Maßgabe der Polizeigesetze". Die Polizeibehörden müssen also den datenschutzrechtlichen Vorgaben in den Polizeigesetzen entsprechen.

Gemäß Absatz 5 Satz 3 i. V. m. § 482 Abs. 1 StPO teilt die Verwaltungsbehörde, § 46 Abs. 2, der Polizei oder einer anderen Verwaltungsbehörde, die das Verfahren veranlasst oder sonst an dem Verfahren mitgewirkt hat, ihr Aktenzeichen mit.

6. Überprüfung der Rechtmäßigkeit der Datenübermittlung

Nach § 49a Abs. 4 Satz 1 Nr. 2 ist § 22 EGGVG für die Übermittlung personenbezogener Daten durch die Verwaltungsbehörde mit folgender Maßgabe sinngemäß anwendbar: Während im Bußgeldverfahren des Gerichts und der Staatsanwaltschaft über die Rechtmäßigkeit der Datenübermittlung im Verfahren gem. §§ 23 ff. EGGVG ein Strafsenat des Oberlandesgerichts, in dessen Bezirk die Justizbehörde ihren Sitz hat, entscheidet, § 25 Abs. 1 Satz 1 EGGVG, entscheidet im Bußgeldverfahren der Verwaltungsbehörde im Verfahren gem. § 62 Abs. 1 Satz 1, Abs. 2 das nach § 68 zuständige Amtsgericht, in dessen Bezirk die Verwaltungsbehörde ihren Sitz hat, § 49a Abs. 4 Satz 1 Nr. 2. Die Einschränkung des § 62 Abs. 1 Satz 2 gilt nicht, sonst wäre sie in § 49a Abs. 4 Satz 1 Nr. 2 zu erwähnen gewesen (vgl. *Göhler*, 18. Auflage 2021, Rdnr. 33 zu § 49a). Mit dem Rechtsbehelf nach § 23 EGGVG bzw. § 62 können nur verfahrensübergreifende Mitteilungen angefochten werden, die ihre Rechtsgrundlage nicht im Verfahrensrecht der übermittelnden Stelle haben, d. h. nicht Mitteilungen, deren Rechtsgrundlage in den Vorschriften enthalten ist, die das Verfahren der übermittelnden Stelle regeln, § 22 Abs. 1 Satz 1 EGGVG (in diesem Sinne auch *Göhler*, 18. Auflage 2021, Rdnr. 31 zu § 49a). Der Rechtsbehelf ist ausgeschlossen, wenn der Empfänger aufgrund der übermittelten Daten bereits eine Entscheidung oder andere Maßnahme getroffen und dies der betroffenen Person bekanntgegeben hat, bevor ein Antrag auf gerichtliche Entscheidung gestellt worden ist. In diesem Fall wird die Rechtmäßigkeit der Übermittlung ausschließlich von dem Gericht überprüft, das gegen die Entscheidung oder Maßnahme des Empfängers in der dafür vorgesehenen Verfahrensart angerufen werden kann, § 22 Abs. 1 Satz 2 EGGVG. § 22 Abs. 2 Satz 1 EGGVG sieht deshalb die Unterrichtung des Empfängers vor, wenn ein Antrag auf gerichtliche Entscheidung gestellt wird. Der Empfänger hat dann dem zuständigen Gericht mitzuteilen, ob ein Fall des § 22 Abs. 1 Satz 2 EGGVG vorliegt, § 22 Abs. 2 Satz 2 EGGVG. Die Formulierung: „ob die Voraussetzungen des Absatzes 1 oder 2 vorliegen" in § 22 Abs. 2 Satz 2, letzter HS EGGVG kann nur ein redaktionelles Versehen des Gesetzgebers sein. Stellt das Gericht die Rechtswidrigkeit der Datenübermittlung nach § 22 Abs. 3 Satz 1 EGGVG fest, bindet dies den Empfänger, § 22 Abs. 3 Satz 2 EGGVG. Deshalb ist ihm auch die Entscheidung des Gerichts bekannt zu machen, § 22 Abs. 3 Satz 2 EGGVG. Die Verarbeitung der übermittelten Daten durch ihn ist unzulässig, wenn die Rechtswidrigkeit der Übermittlung festgestellt worden ist, § 22 Abs. 3 Satz 1 und 3 EGGVG. Die Datenübermittlung ist regelmäßig dann rechtswidrig, wenn eine Mitteilungsbefugnis fehlt oder wenn sie gegen gesetzliche Verwendungsbeschränkungen verstößt.

§ 49b

Verfahrensübergreifende Mitteilungen auf Ersuchen; sonstige Verwendung von Daten für verfahrensübergreifende Zwecke

Für die Erteilung von Auskünften und Gewährung von Akteneinsicht auf Ersuchen sowie die sonstige Verwendung von Daten aus Bußgeldverfahren für verfahrensübergreifende Zwecke gelten die §§ 474 bis 476, 478 bis 481 und 498 Absatz 2 der Strafprozessordnung sinngemäß, wobei

1. **in § 474 Absatz 2 Satz 1 Nummer 1 der Strafprozessordnung an die Stelle der Straftat die Ordnungswidrigkeit tritt,**
2. **in § 474 Absatz 2 Satz 1 Nummer 2 und 3 und § 481 der Strafprozessordnung an die Stelle besonderer Vorschriften über die Übermittlung oder Verwendung personenbezogener Informationen aus Strafverfahren solche über die Übermittlung oder Verwendung personenbezogener Daten aus Bußgeldverfahren treten,**
3. **in § 479 Absatz 1 der Strafprozessordnung an die Stelle der Zwecke des Strafverfahrens die Zwecke des Bußgeldverfahrens treten,**
4. **in § 479 Absatz 4 Nummer 2 der Strafprozessordnung an die Stelle der Frist von zwei Jahren eine Frist von einem Jahr tritt und**

5. **§ 480 Absatz 3 Satz 1 der Strafprozessordnung mit der Maßgabe anzuwenden ist, dass für die Übermittlung durch Verwaltungsbehörden über den Antrag auf gerichtliche Entscheidung das in § 68 bezeichnete Gericht im Verfahren nach § 62 Abs. 1 Satz 1, Abs. 2 entscheidet.**

Erläuterungen

Übersicht

Vorbemerkung

Die Vorschrift wurde in das Gesetz eingefügt durch Art. 1 des Gesetzes vom 26.7.2002 (BGBl. I S. 2864, ber. S. 3516). Nr. 3 und Nr. 4 wurden geändert sowie die Nr. 5 angefügt durch das Justizkommunikationsgesetz vom 22.3.2005 (BGBl. I S. 837) mit Wirkung vom 1.4.2005. Mit dem Gesetz zur Einführung der elektronischen Akte vom 5.7.2017 (BGBl. I S. 2208) wurde mit Wirkung vom 1.1.2018 der einleitende Satzteil geändert. Zuletzt wurden durch das Gesetz zur Umsetzung der Richtlinie (EU) 2016/80 im Strafverfahren sowie zur Anpassung datenschutzrechtlicher Bestimmungen an die Verordnung (EU) 2016/679 vom 20.11.2019 (BGBl. I S. 1724) mit Wirkung vom 26.11.2019 der einleitende Satzteil und die Nr. 1 bis 5 geändert. Die Systematik der Vorschrift besteht darin, dass in Konkretisierung der Verweisung in § 46 Abs. 1 die §§ 474 bis 481 StPO grundsätzlich sinngemäß gelten mit den in den Nr. 1 bis 5 genannten Abweichungen. Die Vorschrift regelt im Gegensatz zu § 49a Akteneinsichts- und Auskunftsbegehren, d. h., die Informationsübermittlung wird veranlasst vom Empfänger. §§ 477 und 482 StPO werden deshalb nicht in Bezug genommen, weil es sich bei beiden Vorschriften um Mitteilungen von Amts wegen handelt. Besondere gesetzliche Bestimmungen, die die Übermittlung personenbezogener Daten aus Bußgeldverfahren anordnen oder erlauben, bleiben unberührt (vgl. die amtliche Begründung des Gesetzes vom 20.11.2019, BT-Drucks. 19/4671 S. 116). Hieran hat sich auch dadurch nichts geändert, dass der frühere § 480 StPO mit dem Gesetz vom 20.11.2019 aufgehoben wurde. Eine Klarstellung dahingehend, dass besondere gesetzliche Bestimmungen, die die Übermittlung personenbezogener Daten aus Strafverfahren anordnen oder erlauben, unberührt bleiben (so der Wortlaut von § 480 StPO a.F.), hält der Gesetzgeber für entbehrlich (vgl. BT-Drucks. 19/4671, a. a. O.).

1. Auskünfte und Akteneinsicht für Justizbehörden und andere öffentliche Stellen

§ 49b erklärt nach Maßgabe der Nr. 1 und 2 die Vorschrift des § 474 StPO für sinngemäß anwendbar, worin Auskünfte und Akteneinsicht für Justizbehörden und andere öffentliche Stellen geregelt sind.

Gerichte, Staatsanwaltschaften und andere Justizbehörden erhalten Akteneinsicht, wenn dies für Zwecke der Rechtspflege erforderlich ist, § 474 Abs. 1 StPO. Unter den „Zwecken der Rechtspflege" sind anhängige Straf- oder Ordnungswidrigkeitenverfahren zu verstehen, für die die Erkenntnisse aus dem Verfahren, hinsichtlich dessen Akteneinsicht begehrt wird, bedeutsam sind.

Andere öffentliche Stellen müssen sich grundsätzlich mit einer Auskunftserteilung aus Akten gem. § 474 Abs. 2 Satz 1 Nr. 1 bis 3 StPO zufrieden geben. Die Auskünfte müssen zur Feststellung, Durchsetzung oder zur Abwehr von Rechtsansprüchen im Zusammenhang mit der Ordnungswidrigkeit erforderlich sein (§ 474 Abs. 2 Satz 1 Nr. 1 StPO), den öffentlichen Stellen dürfen auf Grund einer besonderen Vorschrift von Amts wegen personenbezogene Informationen aus Bußgeldverfahren übermittelt werden oder nach einer Übermittlung von Amts wegen ist die Übermittlung weiterer personenbezogener Informationen zur Aufgabenerfüllung erforderlich (§ 474 Abs. 2 Satz 1 Nr. 2 StPO) oder die Auskünfte sind zur Vorbereitung von Maßnahmen erforderlich, nach deren Erlass auf Grund einer besonderen Vorschrift von Amts wegen personenbezogene Daten aus Bußgeldverfahren an diese Stellen übermittelt werden dürfen (§ 474 Abs. 2 Satz 1 Nr. 3 StPO).

Es ist selbstverständlich nur konsequent, wenn die Polizeibehörden gem. § 49a Abs. 5 Satz 1 i. V. m. § 481 Abs. 1 Satz 2 StPO von Amts wegen zur Gefahrenabwehr personenbezogene Informationen aus Bußgeldverfahren erhalten können, diese Übermittlung gem. § 474 Abs. 2 Satz 1 Nr. 2 StPO auch auf besonderes Auskunftsbegehren für zulässig zu erklären. Dasselbe gilt, wenn die begehrten Informationen zur Vorbereitung einer Maßnahme erforderlich sind, nach deren Erlass eine Übermittlung von Amts wegen stattfinden könnte (vgl. §§ 49a Abs. 2, 14 Abs. 1 Nr. 7 EGGVG).

Die öffentliche Stelle erhält gem. § 474 Abs. 3 StPO Akteneinsicht ähnlich wie die Justizbehörden gem. § 474 Abs. 1 StPO, wenn die Erteilung von Auskünften einen unverhältnismäßigen Aufwand erfordern würde (z. B. umfangreicher Fragenkatalog der die Auskunft begehrenden Stelle) oder die die Akteneinsicht begehrende Stelle unter Angabe von Gründen erklärt, dass die Erteilung einer Auskunft zur Erfüllung ihrer Aufgabe nicht ausreichen würde.

Im Falle des Akteneinsichtsrechts nach § 474 Abs. 1 und Abs. 3 StPO können die Akten, die noch in Papierform vorliegen, auch übersandt werden, § 474 Abs. 5 StPO. Im Übrigen gelten zur Form der Akteneinsicht, insbesondere zur Einsicht in elektronische Akten, § 110c Satz 1 i. V. m. § 32 f StPO. Amtlich verwahrte Beweisstücke können von den zur Akteneinsicht befugten Stellen unter den Voraussetzungen der Absätze 1 und 3 allerdings nur besichtigt werden, § 474 Abs. 4 StPO.

Zur Erteilung von Auskünften an die Nachrichtendienste vgl. die Verweisung in die einschlägigen Fachgesetze gem. § 474 Abs. 2 Satz 2 StPO: § 18 Bundesverfassungsschutzgesetz, § 12 Sicherheitsüberprüfungsgesetz, § 10 MAD-Gesetz, § 10 BND-Gesetz sowie die entsprechenden landesrechtlichen Vorschriften.

Landesgesetzliche Regelungen, die den parlamentarischen Ausschüssen ein Recht auf Akteneinsicht einräumen (vgl. z. B. Art. 25 Abs. 3 Satz 4 der Bayerischen Verfassung: *„Die Akten der Behörden sind ihnen auf Verlangen vorzulegen"*), lässt die Strafprozessordnung unberührt, § 474 Abs. 6 StPO.

2. Auskünfte und Akteneinsicht für Privatpersonen

Auskünfte und Akteneinsicht für Privatpersonen und sonstige nicht-öffentliche Stellen sind durch die Bezugnahme im einleitenden Satzteil von § 49b auf § 475 StPO geregelt.

Die Erteilung der Auskunft verlangt die Darlegung eines berechtigten Interesses, § 475 Abs. 1 Satz 1 StPO, das jedenfalls dann vorliegen wird, wenn die Auskunft zur Feststellung, Durchsetzung oder zur Abwehr von Rechtsansprüchen im Zusammenhang mit der Ordnungswidrigkeit erforderlich ist (vgl. den Maßstab des § 474 Abs. 2 Satz 1 Nr. 1 StPO). Das berechtigte Interesse verlangt zwar nicht notwendig die Verfolgung von Rechtsansprüchen (zur Abgrenzung des berechtigten vom rechtlichen Interesse vgl. Erl. 4). Häufig wird es aber darum gehen, z. B. um die Prüfung von Schadensersatzansprüchen. Die Darlegung des berechtigten Interesses verlangt einen schlüssigen Tatsachenvortrag (vgl. *Göhler*, OWiG, 18. Auflage, Rdnr. 4 zu § 49b).

Auf der Seite des Betroffenen darf ein schutzwürdiges Interesse der Auskunftserteilung nicht entgegenstehen, § 475 Abs. 1 Satz 2 StPO. Zum *„schutzwürdigen Interesse des Betroffenen"* vgl. bereits § 49a Abs. 3 und die Erl. 3 zu § 49 a.

Auskunftssteller kann die Privatperson oder eine sonstige nicht-öffentliche Stelle sein bzw. ein mandatierter Rechtsanwalt, § 475 Abs. 1 Satz 1, Abs. 4 StPO.

Statt der Auskunft aus Akten kann – wie im Rahmen des § 474 StPO (dort Abs. 3) – unter den Voraussetzungen des Absatzes 1 Akteneinsicht gewährt werden, wenn die Erteilung von Auskünften einen unverhältnismäßigen Aufwand erfordern würde, oder nach Darlegung dessen, der die Akteneinsicht begehrt, zur Wahrnehmung des berechtigten Interesses nicht ausreichen würde, § 475 Abs. 2 StPO. Die Akteneinsicht erhält also nur der Rechtsanwalt, was auch aus dem Wortlaut des § 475 Abs. 4 StPO eindeutig hervorgeht. Nach dem Maßstab, unter Zugrundelegung dessen Akteneinsicht gewährt wird, können auch die Beweisstücke besichtigt werden, § 475 Abs. 2, Abs. 3 StPO. Dem Rechtsanwalt können die Akten, die in Papierform vorliegen, zur Einsichtnahme auf Antrag mit Ausnahme der Beweisstücke, soweit nicht wichtige Gründe entgegenstehen, übersandt werden, § 110c Satz 1 i. V. m. § 32 f Abs. 2 Satz 3 StPO. Zur Akteneinsicht in elektronische Akten vgl. § 110c Satz 1 i. V. m. § 32f Abs. 1 StPO.

Der Verweis auf § 57 BDSG in § 475 Abs. 1 Satz 1 StPO hat den Zweck, klarzustellen, dass der datenschutzrechtliche Auskunftsanspruch unberührt („unbeschadet") bleibt (vgl. *Göhler*, OWiG, 18. Auflage, Rdnr. 4 zu § 49b mit Verweis auf die amtliche Begründung des Gesetzes vom 20.11.2019, BT-Drucks. 19/4671, S. 64 f.). Der für die Datenverarbeitung Verantwortliche hat auf Antrag Auskunft zu erteilen, ob den Antragsteller betreffende Daten verarbeitet werden, § 57 Abs. 1 Satz 1 BDSG. Ferner besteht ein Recht der betroffenen Person auf Informationserteilung gem. § 57 Abs. 1 Satz 2 BDSG. Zum Verhältnis des datenschutzrechtlichen Auskunftsanspruchs zum Auskunftsanspruch gem. § 475 Abs. 1 und Abs. 4 StPO vgl. Erl. 5 a. E. zu § 49 c.

3. Übermittlung personenbezogener Daten zu Forschungszwecken

Die Übermittlung personenbezogener Informationen zu Forschungszwecken wird von dem im einleitenden Satzteil von § 49b in Bezug genommenen § 476 StPO geregelt.

Die Zulässigkeitsvoraussetzungen der Datenübermittlung sind in § 476 Abs. 1 Satz 1 StPO genannt. Sie müssen kumulativ erfüllt sein. Die Übermittlung personenbezogener Informationen in Akten an Hochschulen, andere Einrichtungen, die wissenschaftliche Forschung betreiben, und öffentliche Stellen ist zulässig, soweit dies für die Durchführung bestimmter wissenschaftlicher Forschungsarbeiten erforderlich ist, eine Nutzung anonymisierter Daten zu diesem Zweck nicht möglich oder die Anonymisierung mit einem unverhältnismäßigen Aufwand verbunden ist und das öffentliche Interesse an der Forschungsarbeit, das nach Maßgabe des wissenschaftlichen Interesses an dem Forschungsvorhaben gem. § 476 Abs. 1 Satz 2 StPO besonders zu berücksichtigen ist, das schutzwürdige Interesse des Betroffenen an dem Ausschluss der Übermittlung erheblich überwiegt.

Wer eine wissenschaftliche Arbeit über die am häufigsten vorkommenden Ursachen von Fahrverboten anfertigt, wird die einschlägigen Daten nicht personenbezogen benötigen. Der Zweck der Forschungsarbeit kann auch durch die anonymisierte Erteilung von Auskünften erreicht werden. Bei unverhältnismäßigem Aufwand kann statt der Auskunftserteilung auch Akteneinsicht gewährt werden. Die Verwaltungsbehörde kann dadurch vermeiden, jeden Fahrverbotsfall noch einmal nach den Gründen zu untersuchen, was ein unzumutbarer Aufwand wäre und von ihr etwas verlangen würde, was im Grunde zum Zweck der Forschungsarbeit gehört. Vor der Gewährung der Akteneinsicht die Akten zu anonymisieren, verursacht ebenfalls einen ungeheuren manuellen Aufwand, der das operative Geschäft der Verwaltungsbehörde erheblich beeinträchtigen würde. Im konkreten Fall wird man deshalb zur Zulässigkeit der Akteneinsicht der Forschungseinrichtung gem. § 476 Abs. 1 Satz 1 und 2, Abs. 2 Satz 1 und 2 StPO kommen. Die Akten, die in Papierform vorliegen, können auch zur Einsichtnahme übersandt werden, § 476 Abs. 2 Satz 3 StPO. Für die Einsichtnahme in elektronische Akten gilt § 110c Satz 1 und § 32 f Abs. 1 StPO.

Adressat der Datenübermittlung dürfen ausschließlich Amtsträger oder für den öffentlichen Dienst oder zur Geheimhaltung besonders Verpflichtete sein, § 476 Abs. 3 Satz 1 StPO.

Die Zweckbindung der Daten wird von § 476 Abs. 4 StPO angeordnet. Die Daten dürfen nur für die Forschungsarbeit verwendet werden, für die sie übermittelt worden sind. Die Verwendung für andere Zwecke und die Weitergabe verlangt die Zustimmung der übermittelnden Stelle.

§ 476 Abs. 5 StPO verlangt vom Empfänger Datensicherungsmaßnahmen. Es ist ein Schutz gegen unbefugte Kenntnisnahme durch Dritte vorzusehen, ferner müssen die Daten getrennt von der Erfüllung solcher Verwaltungsaufgaben oder Geschäftszwecke gehalten werden, für die diese Informationen gleichfalls von Bedeutung sein können.

Nach § 476 Abs. 6 StPO sind die personenbezogenen Informationen, sobald der Forschungszweck dies erlaubt, zu anonymisieren. Solange dies noch nicht möglich ist, sind die Merkmale, mit denen Einzelangaben über persönliche oder sachliche Verhältnisse einer bestimmten oder bestimmbaren Person zugeordnet werden können, gesondert aufzubewahren. Eine Zusammenführung mit den Einzelangaben ist nur erlaubt, soweit der Forschungszweck dies erfordert. Wenn in unserem Fall die Akten von der Forschungseinrichtung ausgewertet sind, wird man aus Gründen des Grundrechts des Betroffenen an seiner informationellen Selbstbestimmung verlangen müssen, dass die personenbezogenen Informationen anonymisiert werden. Einen Fall zu bilden, in dem die Forschungsreinrichtung über bestimmte Merkmale zur Verfolgung des Forschungszwecks berechtigt ist, weiterhin eine Personenbeziehbarkeit der Einzelangaben über persönliche oder sachliche Verhältnisse herstellen zu können, dürfte sehr schwer sein.

Die Veröffentlichung von personenbezogenen Informationen, die man gem. § 476 Abs. 1 bis 3 StPO erhalten hat, ist nur zulässig, wenn dies für die Darstellung von Forschungsergebnissen über Ereignisse der Zeitgeschichte unerlässlich ist, § 476 Abs. 7 Satz 1 StPO. Das ist ein äußerst strenger Maßstab, der kaum je erfüllt sein wird. Die übermittelnde Stelle, deren Zustimmung § 476 Abs. 7 Satz 2 StPO für die Veröffentlichung verlangt, wird gut beraten sein, diese im Zweifel nicht zu erteilen.

Ist der Datenempfänger eine nicht-öffentliche Stelle, finden die Vorschriften der Verordnung (EU) 2016/679 (DS-GVO) und des Bundesdatenschutzgesetzes auch dann Anwendung, wenn die personenbezogenen Daten nicht automatisiert verarbeitet werden und nicht in einem Dateisystem gespeichert sind oder gespeichert werden, § 476 Abs. 8 StPO.

4. Zulässigkeit der Informationsübermittlung

Mit den besonderen Maßgaben der Nr. 3 und 4 wird von § 49b auch die Bestimmung des § 479 StPO für sinngemäß anwendbar erklärt.

Einen Versagungsgrund für die Erteilung von Auskünften aus Akten und die Gewährung der Akteneinsicht regelt § 479 Abs. 1 StPO mit der Maßgabe des § 49b Nr. 3. Der Datenübermittlung dürfen Zwecke des Bußgeldverfahrens, auch die Gefährdung des Untersuchungszwecks in einem anderen Straf- oder Bußgeldverfahren, oder besondere bundesgesetzliche oder entsprechende landesgesetzliche Verwendungsregelungen nicht entgegenstehen. Die Beschränkung des § 479 Abs. 2 StPO kann für die Informationsübermittlung aus Bußgeldverfahren keine praktische Bedeutung haben (in diesem Sinne auch *Göhler*, OWiG, 18. Auflage, Rdnr. 6 zu § 49b). Die Bestimmung setzt voraus, dass eine strafprozessuale Ermittlungsmaßnahme nur bei Verdacht bestimmter Straftaten zulässig ist, § 497 Abs. 2 Satz 1 StPO. Dies gilt z. B. für die Rasterfahndung gem. § 98a StPO, die Überwachung der Telekommunikation gem. § 100a StPO, die verdeckte Ermittlung gem. § 110a StPO oder die längerfristige Observation gem. § 163 f StPO. Auf das Bußgeldverfahren sind die Ermittlungsbefugnisse gem. § 46 Abs. 1 nicht übertragbar (vgl. *Göhler*, OWiG, 18. Auflage, Rdnr. 8 zu § 46).

Mit Gesetz vom 5.7.2017 wurde die Verweisung in § 49b auch auf § 498 Abs. 2 StPO erweitert (vgl. BGBl. I S. 2208, 2216). § 498 Abs. 2 StPO verbietet einen verfahrensübergreifenden maschinellen Abgleich personenbezogener Daten mit elektronischen Akten oder elektronischen Aktenkopien gem. § 98c StPO, es sei denn, er erfolgt mit einzelnen, zuvor individualisierten Akten oder Aktenkopien (vgl. BT-Drucks. 18/9416 S. 75). Der Gesetzgeber will damit den spezifischen tatsächlichen Gefahren entgegenwirken, die mit der elektronischen Aktenführung einhergehen. Wesentlich einfacher als bei papierbasierter Aktenführung wäre es hier grundsätzlich technisch möglich, die Akten verschiedener oder sämtlicher Verfahren zu einem einzigen Datenbestand zu verbinden, miteinander zu verknüpfen und zu durchsuchen (vgl. BT-Drucks. 18/9416 S. 69). Ein zielgerichteter Abgleich mit spezifisch ausgewählten und damit quasi „elektronisch beigezogenen" Akten bleibt zulässig.

In Verfahren, in denen der Betroffene freigesprochen bzw. das Verfahren gegen ihn eingestellt wurde oder die Verurteilung nicht in ein Führungszeugnis für Behörden aufgenommen wird und seit der Rechtskraft der Entscheidung mehr als ein Jahr verstrichen ist, dürfen Auskünfte aus Akten und Akteneinsicht an nicht-öffentliche Stellen nur gewährt werden, wenn ein rechtliches Interesse an der Kenntnis der Information glaubhaft gemacht wird und der frühere Betroffene kein schutzwürdiges Interesse an der Versagung hat, § 479 Abs. 3 StPO i. V. m. § 49b Nr. 4. Die Bestimmung im Verweis des § 49b Nr. 4 müsste infolge des Gesetzes vom 25.6.2021 (vgl. BGBl. I S. 2099) richtigerweise lauten: „§ 479 Absatz 3 Nummer 2 der Strafprozessordnung". Mit Gesetz vom 25.6.2021 wurde mit Wirkung vom 1.7.2021 § 479 Abs. 3 StPO aufgehoben, die bisherigen Absätze 4 bis 6 wurden Absätze 3 bis 5 gem. Art. 1 Nr. 67 des Gesetzes. In Art. 23 des Gesetzes hat man nur die §§ 33 Abs. 2 und 51 Abs. 3 OWiG geändert, bedauerlicherweise aber nicht den Verweis in § 49b Nr. 4 auf die StPO angepasst.

Der Betroffene wird hier mehr als im Rahmen des § 475 Abs. 1 Satz 1 StPO geschützt. Das „berechtigte Interesse" ist ein nach vernünftiger Erwägung durch die Sachlage gerechtfertigtes Interesse, das auch tatsächlicher (wirtschaftlicher) Art sein kann, nicht notwendig rechtlicher Art sein muss. Das „rechtliche Interesse" ist wesentlich enger zu verstehen. Die Informationen müssen zur Verfolgung (Feststellung, Durchsetzung, Abwehr) eines Rechtsanspruchs benötigt werden (vgl. die treffende Umschreibung in § 474 Abs. 2 Satz 1 Nr. 1 StPO).

Die Verantwortung für die Zulässigkeit der Datenübermittlung trägt im Rahmen des § 49b gem. § 479 Abs. 4 Satz 1 StPO grundsätzlich die übermittelnde Stelle. Abweichend hiervon trägt der Empfänger die Verantwortung für die Zulässigkeit der Übermittlung, soweit dieser eine öffentliche Stelle oder ein Rechtsanwalt ist, § 479 Abs. 4 Satz 2 StPO (vgl. im Gegensatz dazu §§ 49a Abs. 4 Satz 1 Nr. 1, 12 Abs. 4 EGGVG: Verantwortung der übermittelnden Stelle). Die übermittelnde Stelle hat gem. § 479 Abs. 4 Satz 3 StPO lediglich eine grobe Prüfung dahingehend vorzunehmen, ob das Übermittlungsersuchen im Rahmen der Aufgaben des Empfängers ist, es sei denn, es bestünde Anlass zu einer weitergehenden Prüfung der Zulässigkeit der Übermittlung.

§§ 32 f Abs. 5, 479 Abs. 5 StPO machen Aussagen zur Zweckbindung der Daten. Der Empfänger darf personenbezogene Daten, die er nach den §§ 474 und 475 StPO erlangt hat, für andere Zwecke verwenden, wenn dafür Auskunft oder Akteneinsicht gewährt werden dürfte und im Falle des § 475 StPO die Stelle, die Auskunft oder Akteneinsicht gewährt hat, zustimmt, § 49b i. V. m. §§ 32 f Abs. 5 Satz 3, 479 Abs. 5 Nr. 1 StPO. Eine Verwendung der nach § 477 StPO erlangten personenbezogenen Daten ist für andere Zwecke zulässig, wenn dafür eine Übermittlung nach § 477 StPO erfolgen dürfte, § 49b i. V. m. §§ 32 f Abs. 5 Satz 3, 479 Abs. 5 Nr. 2 StPO. Wenn diese beiden Ausnahmen nicht zutreffen, wird es aber beim Grundsatz des § 32 f Abs. 5 Satz 2 StPO zu bleiben haben, wonach erlangte personenbezogene Daten nur zu dem Zweck verwendet werden werden dürfen, zu dem sie übermittelt worden sind. Auf die Zweckbindung sind Personen, denen Akteneinsicht gewährt wird, hinzuweisen, § 110c Satz 1 i. V. m. § 32 f Abs. 5 Satz 4 StPO. Personen, denen Akteneinsicht gewährt wird, dürfen Akten, Dokumente, Ausdrucke oder Abschriften, die ihnen im Rahmen der Gewährung der Akteneinsicht überlassen worden sind, weder ganz noch teilweise öffentlich verbreiten oder sie Dritten zu verfahrensfremden Zwecken übermitteln oder zugänglich machen, § 110c Satz 1 i. V. m. § 32 f Abs. 5 Satz 1 StPO.

Zur Form der Datenübermittlung gilt zum einen § 478 StPO, der im einleitenden Satzteil von § 49b für entsprechend anwendbar erklärt wird. Auskünfte können damit auch durch Überlassung von Kopien aus den Akten erfolgen, was den Verwaltungsaufwand sehr gering hält. Zum anderen, d. h. für die Form der Gewährung von Akteneinsicht, gelten § 110c Satz 1 i. V. m. § 32 f Abs. 1 bis 4 StPO.

5. Entscheidung über Auskunftserteilung und Akteneinsicht

Zuständig für die Entscheidung über Auskunftserteilung und Akteneinsicht ist die Verwaltungsbehörde bis zur Abgabe der Sache an die Staatsanwaltschaft gem. § 69 Abs. 3 Satz 1, anschließend die Staatsanwaltschaft ab dem Eingang der Akten bei ihr gem. § 69 Abs. 4 Satz 1 bis zur Aktenvorlage an das Gericht gem. § 69 Abs. 4 Satz 2, danach das Gericht, das mit der Sache befasst ist, § 49b i. V. m. § 480 Abs. 1 Satz 1 StPO. Nach Rechtskraft ist wiederum die Verwaltungsbehörde zuständig, §§ 46 Abs. 2, 49b i. V. m. § 480 Abs. 1 Satz 1 StPO (vgl. in diesem Sinne auch *Göhler*, OWiG, 18 Auflage, Rdnr. 7 zu § 49b).

Die Behörden des Polizeidienstes können von der Verwaltungsbehörde, solange sie zuständig ist, nach Aktenvorlage von der Verwaltungsbehörde an die Staatsanwaltschaft von dieser ermächtigt werden, in den Fällen des § 475 StPO Akteneinsicht und Auskünfte zu erteilen, §§ 46 Abs. 2, 49b i. V. m. § 480 Abs. 1 Satz 3 StPO. Gegen deren Entscheidung kann die Entscheidung der Verwaltungsbehörde, wenn diese die Ermächtigung erteilt hat, sonst der Staatsanwaltschaft eingeholt werden, §§ 46 Abs. 2, 49b i. V. m. § 480 Abs. 1 Satz 4 StPO. Es stellt sich die Frage, ob eine derartige Ermächtigung an die Behörden des Polizeidienstes verwaltungsökonomisch und angemessen ist. Die zuständige Stelle, bei der das Verfahren anhängig ist, wird aufgrund ihrer Sachkenntnis eher für die zu treffende Entscheidung berufen sein als die dem Verfahren ferner stehenden Behörden des Polizeidienstes, selbst wenn diese das Verfahren veranlasst haben.

Gegen die Entscheidung der Verwaltungsbehörde in den Fällen des § 475 StPO ist im Verfahren nach § 62 Abs. 1 Satz 1, Abs. 2 das in § 68 bezeichnete Gericht, also das Amtsgericht, zur Entscheidung berufen, § 49b Nr. 5 i. V. m. § 480 Abs. 3 Satz 1 StPO. Die Entscheidung des Gerichts ist gem. § 62 Abs. 2 Satz 3 grundsätzlich nicht anfechtbar, es sei denn, das Gesetz bestimmt etwas anderes. Dies gilt hier gem. § 49b i. V. m. § 480 Abs. 3 Satz 3 StPO. Die Entscheidung ist unanfechtbar, solange die Ermittlungen noch nicht abgeschlossen sind.

Gegen die Entscheidung der Staatsanwaltschaft in den Fällen des § 475 StPO kann die gerichtliche Entscheidung durch das nach § 162 StPO zuständige Gericht beantragt werden, § 49b i. V. m. § 480 Abs. 3 Satz 1 StPO. Die Entscheidung des Gerichts ist auch hier nicht anfechtbar, solange die Ermittlungen noch nicht abgeschlossen sind, § 49b i. V. m. § 480 Abs. 3 Satz 3 StPO.

Für die Entscheidung des Vorsitzenden in den Fällen des § 475 StPO nach Abgabe der Akten von der Staatsanwaltschaft an das Amtsgericht gem. § 69 Abs. 4 Satz 2 hat auch der Maßstab gem. § 49b i. V. m. § 480 Abs. 3 Satz 3 StPO zu gelten. Sie ist nicht anfechtbar, solange die Ermittlungen noch nicht abgeschlossen sind.

Die vorgenannten gerichtlichen Entscheidungen werden nicht mit Gründen versehen, soweit durch deren Offenlegung der Untersuchungszweck gefährdet werden könnte, § 49b i. V. m. § 480 Abs. 3 Satz 4 StPO.

Aus beigezogenen Akten, die nicht Aktenbestandteil sind, dürfen Datenübermittlungen nur erfolgen, wenn die Stelle, um deren Akten es sich handelt, zugestimmt hat, § 49b i. V. m. § 480 Abs. 2 Satz 1, 1. HS StPO. Gleiches gilt für die Akteneinsicht, § 49b i. V. m. § 480 Abs. 2 Satz 1, 2. HS StPO. In den Fällen der §§ 474 bis 476 StPO sind Auskünfte und Akteneinsicht nur zulässig, wenn der Antragsteller diese Zustimmung nachweist, § 49b i. V. m. § 480 Abs. 2 Satz 2 StPO.

§ 49c
Dateiregelungen

(1) Für die Verarbeitung und Nutzung personenbezogener Daten in Dateien gelten vorbehaltlich des § 496 Absatz 3 der Strafprozessordnung und besonderer Regelungen in anderen Gesetzen die Vorschriften des Zweiten Abschnitts des Achten Buches der Strafprozessordnung nach Maßgabe der folgenden Vorschriften sinngemäß.

(2) Die Speicherung, Veränderung und Nutzung darf vorbehaltlich des Absatzes 3 nur bei Gerichten, Staatsanwaltschaften und Verwaltungsbehörden einschließlich Vollstreckungsbehörden sowie den Behörden des Polizeidienstes erfolgen, soweit dies entsprechend den §§ 483, 484 Abs. 1 und § 485 der Strafprozessordnung zulässig ist; dabei treten an die Stelle der Zwecke des Strafverfahrens die Zwecke des Bußgeldverfahrens. Personenbezogene Daten aus Bußgeldverfahren dürfen auch verwendet werden, soweit es für Zwecke eines Strafverfahrens, Gnadenverfahrens oder der internationalen Rechts- und Amtshilfe in Straf- und Bußgeldsachen erforderlich ist. Die Speicherung personenbezogener Daten von Personen, die zur Tatzeit nicht strafmündig waren, für Zwecke künftiger Bußgeldverfahren ist unzulässig.

(3) Die Errichtung einer gemeinsamen automatisierten Datei entsprechend § 486 der Strafprozessordnung für die in Absatz 2 genannten Stellen, die den Geschäftsbereichen verschiedener Bundes- oder Landesministerien angehören, ist nur zulässig, wenn sie zur ordnungsgemäßen Aufgabenerfüllung erforderlich und unter Berücksichtigung der schutzwürdigen Interessen der Betroffenen angemessen ist.

(4) § 487 Abs. 1 Satz 1 der Strafprozessordnung ist mit der Maßgabe anzuwenden, dass die nach den Absätzen 1 bis 3 gespeicherten Daten den zuständigen Stellen nur für die in Absatz 2 genannten Zwecke übermittelt werden dürfen; § 49a Abs. 3 gilt für Übermittlungen von Amts wegen entsprechend. § 487 Abs. 2 der Strafprozessordnung ist mit der Maßgabe anzuwenden, dass die Übermittlung erfolgen kann, soweit sie nach diesem Gesetz aus den Akten erfolgen könnte.

(5) Soweit personenbezogene Daten für Zwecke der künftigen Verfolgung von Ordnungswidrigkeiten gespeichert werden, darf die Frist im Sinne von § 489 Absatz 3 Satz 2 Nummer 1 der Strafprozessordnung bei einer Geldbuße von mehr als 250 Euro fünf Jahre, in allen übrigen Fällen des § 489 Absatz 3 Satz 2 Nummer 1 bis 3 der Strafprozessordnung zwei Jahre nicht übersteigen.

Erläuterungen

Übersicht

Vorbemerkung

Die Vorschrift wurde mit Wirkung vom 1.10.2002 in das Gesetz eingefügt durch Art. 1 des Gesetzes vom 26.7.2002 (BGBl. I S. 2864 ber. S. 3516). Die Übergangsvorschrift des § 133 Abs. 5, wonach für Dateien, die am 1.10.2002 bestehen, die Vorschrift erst ab dem 1.10.2003 anzuwenden ist, hat sich durch Zeitablauf erledigt.

In Absatz 1 werden, vorbehaltlich des § 496 Abs. 3 StPO und besonderer Regelungen in anderen Gesetzen, nach Maßgabe der Absätze 2 bis 5 für die Verarbeitung und Nutzung personenbezogener Daten in Dateien die Vorschriften der §§ 483 bis 491 der Strafprozessordnung für anwendbar erklärt. Der Vorbehalt des § 496 Abs. 3 StPO wurde mit Wirkung vom 1.1.2018 durch Art. 8 Nr. 4 des Gesetzes vom 5.7.2017 (BGBl. I S. 2208, 2216) eingefügt. Hiermit soll klargestellt werden, dass die elektronische Akte keine Datei im Sinne des Zweiten Abschnitts des Achten Buchs der Strafprozessordnung, d. h. der §§ 483 bis 491 StPO, ist (vgl. BT-Drucks. 18/9416 S. 75). Zu den Anforderungen des Datenschutzes bei elektronischer Aktenführung vgl. § 110a Abs. 2 und §§ 496 bis 499 StPO. Als Beispiele besonderer gesetzlicher Regelungen im Sinne von Absatz 1 seien genannt die Vorschriften über das Fahreignungsregister, §§ 28 ff. StVG, das Gewerbezentralregister, §§ 149 ff. GewO, und die Datei des Bundesamtes für Güterverkehr über abgeschlossene Bußgeldverfahren, § 16 GüKG.

Absatz 2 modifiziert §§ 483–485 StPO (vgl. im Folgenden die Erl. 1 bis 3).

Absatz 3 modifiziert § 486 StPO. Absatz 3 richtet sich nicht an die für die Bearbeitung der Bußgeldsachen zuständigen Stellen im Sinne des Absatzes 2 (Gerichte, Staatsanwaltschaften, Verwaltungsbehörden einschließlich Vollstreckungsbehörden, Behörden des Polizeidienstes), sondern an die obersten Landes- und Bundesbehörden. Eine gemeinsame automatisierte Datei für die zuständigen Stellen, die den Geschäftsbereichen verschiedener Bundes- oder Landesministerien angehören, ist entsprechend § 486 StPO nur zulässig, wenn sie zur ordnungsgemäßen Aufgabenerfüllung erforderlich und unter Berücksichtigung der schutzwürdigen Interessen der Betroffenen angemessen, mit anderen Worten: der Verhältnismäßigkeitsgrundsatz gewahrt ist. *Göhler* (vgl. OWiG, 18. Auflage, Rdnr. 10 zu § 49c) ist zuzustimmen, dass dieser Grundsatz generell für die Errichtung von Dateien (vgl. hierzu im Übrigen § 49c Abs. 1 i. V. m. § 490 StPO) gilt.

Absatz 4 modifiziert § 487 StPO (vgl. im Folgenden Erl. 4).

Absatz 5 modifiziert § 489 StPO (vgl. im Folgenden Erl. 5). Absatz 5 wurde mit Wirkung vom 26.11.2019 geändert durch Gesetz vom 20.11.2019 (BGBl. I. S. 1724, 1742). Hierbei handelte es sich um eine Folgeänderung anlässlich der Neufassung der StPO, die eine Aktualisierung der Verweise erforderlich machte, aber nicht mit einer Änderung der Rechtslage einherging (vgl. BT-Drucks. 19/4671 S. 116)

1. Datenverarbeitung für Zwecke des Bußgeldverfahrens

Die Speicherung, Veränderung und Nutzung personenbezogener Daten darf bei Gerichten, Staatsanwaltschaften und Verwaltungsbehörden einschließlich Vollstreckungsbehörden sowie den Behörden des Polizeidienstes erfolgen, soweit dies für die Zwecke des Bußgeldverfahrens erforderlich ist, §§ 49c Abs. 2 Satz 1, 483 Abs. 1 Satz 1 StPO. Die Daten dürfen auch für andere Bußgeldverfahren genutzt werden, §§ 49c Abs. 2 Satz 1, 483 Abs. 2 StPO. Die Daten dürfen auch verwendet werden, soweit es für Zwecke eines Strafverfahrens, Gnadenverfahrens oder der internationalen Rechts- und Amtshilfe in Straf- und Bußgeldsachen erforderlich ist, § 49c Abs. 2 Satz 2. Die Regelungen des Absatzes 3 bleiben unberührt.

Zu § 483 Abs. 1 Satz 2 und Abs. 3 StPO vgl. die Erl. 3 a. E.

2. Datenverarbeitung für Zwecke künftiger Bußgeldverfahren

Gerichte, Staatsanwaltschaften, Verwaltungsbehörden einschließlich Vollstreckungsbehörden sowie die Behörden des Polizeidienstes dürfen gem. §§ 49c Abs. 2 Satz 1, 484 Abs. 1 StPO für Zwecke künftiger Bußgeldverfahren folgende personenbezogene Daten in Dateien speichern, verändern und nutzen:

a) Die Personendaten des Betroffenen und, soweit erforderlich, andere zur Identifizierung geeignete Merkmale,

b) die zuständige Stelle und das Aktenzeichen,

c) die nähere Bezeichnung der Ordnungswidrigkeiten, insbesondere die Tatzeiten, die Tatorte und die Höhe etwaiger Schäden,

d) die Tatvorwürfe durch Angabe der gesetzlichen Vorschriften,

e) Angaben über den prozessualen Verlauf (Einleitung des Verfahrens, Verfahrenserledigung bei der Verwaltungsbehörde, der Staatsanwaltschaft und bei Gericht), nebst Angabe der gesetzlichen Vorschriften.

Die Speicherung personenbezogener Daten von Personen, die zur Tatzeit nicht strafmündig waren (vgl. § 19 StGB, § 12 Abs. 1 Satz 1 OWiG), für Zwecke künftiger Bußgeldverfahren ist unzulässig, § 49c Abs. 2 Satz 3. Die Schranke gilt allerdings nicht für Zwecke künftiger Strafverfahren oder für Ahndungsverfahren gegen Dritte, an denen der Strafunmündige tatbeteiligt war (vgl. *Krenberger/Krumm*, OWiG, 7. Auflage 2022, Rdnr. 4 zu § 49c).

Von § 49c Abs. 2 Satz 1 nicht in Bezug genommen sind § 484 Abs. 2 bis 4 StPO. Es erschiene als in sich widersprüchlich zur Regelung des § 49c Abs. 2 Satz 1, über § 49c Abs. 1 doch wieder § 484 Abs. 2 bis 4 StPO für anwendbar zu erklären (so aber *Göhler*, OWiG, 18. Auflage, Rdnr. 6 zu § 49c für § 484 Abs. 4 StPO).

3. Datenverarbeitung für Zwecke der Vorgangsverwaltung

Gerichte, Staatsanwaltschaften, Verwaltungsbehörden einschließlich Vollstreckungsbehörden, sowie Behörden des Polizeidienstes dürfen gem. §§ 49c Abs. 2 Satz 1, 485 Satz 1 StPO personenbezogene Daten speichern, verändern und nutzen, soweit dies für Zwecke der Vorgangsverwaltung erforderlich ist. § 485 Satz 1 StPO sagt im Grunde etwas Selbstverständliches. Daten dürfen im Rahmen der Bearbeitung der Bußgeldsache (*„des Vorgangs"*) von deren Entstehung (im Regelfall durch die Anzeige einer Ordnungswidrigkeit) bis zu deren endgültiger Erledigung gespeichert, verändert und genutzt werden. Die Abgrenzung zu den in § 483 StPO genannten Zwecken dürfte fließend sein, spielt aber keine große Rolle, da § 485 Satz 2 StPO ohnehin die Nutzung für die in § 483 StPO bezeichneten Zwecke für zulässig erklärt. Für die Bearbeitung der Bußgeldsache im Sinne des § 485 Satz 1 StPO nicht erforderlich, allerdings für die Zwecke des Bußgeldverfahrens im Sinne des § 49c Abs. 2 Satz 1 i. V. m. § 483 Abs. 1 Satz 1 StPO ist die Speicherung eines Protokolls über die mündliche Verhandlung beim Amtsgericht. Wenn dieses Protokoll auch für die Bearbeitung der Bußgeldsache nicht mehr relevant ist, so ist es doch ein wesentlicher Vorgang des Verfahrens, der über den prozessualen Verlauf Auskunft gibt und damit den Zwecken des Bußgeldverfahrens im Sinne von § 49c Abs. 2 Satz 1 i. V. m. § 483 Abs. 1 Satz 1 StPO zu dienen bestimmt ist.

§ 485 Satz 3 StPO ordnet an, dass eine Nutzung für die in § 484 StPO genannten Zwecke zulässig ist, soweit die Speicherung nach dieser Vorschrift zulässig wäre. Wenn also personenbezogene Daten für die Zwecke künftiger Bußgeldverfahren verarbeitet werden dürfen, darf hierauf auch im Rahmen der Vorgangsverwaltung des konkreten Bußgeldverfahrens zugegriffen werden.

§ 485 Satz 4 StPO richtet sich an die Polizei. § 483 Abs. 1 Satz 2 und § 483 Abs. 3 StPO werden für entsprechend anwendbar erklärt. Die Polizei ist also befugt, wenn dies für die Zwecke der Vorgangsverwaltung oder auch für die Zwecke des Bußgeldverfahrens erforderlich ist, personenbezogene Daten in einem Informationssystem zu verarbeiten, das nach

Maßgabe eines anderen Gesetzes errichtet ist. Erfolgt in einem Dateisystem der Polizei die Speicherung zusammen mit Daten, deren Speicherung sich nach den Polizeigesetzen richtet, so ist für die Verarbeitung personenbezogener Daten und die Rechte der Betroffenen das für die speichernde Stelle („jeweils" – Anm. des Verfassers) geltende Recht maßgeblich.

4. Übermittlung gespeicherter Daten

Die Übermittlung gem. § 49c Abs. 1 bis 3 gespeicherter Daten an die zuständigen Stellen ist gem. § 49c Abs. 4 Satz 1, 1. HS, § 487 Abs. 1 Satz 1 StPO nur zulässig, soweit dies für die Zwecke eines Bußgeldverfahrens, eines Strafverfahrens, Gnadenverfahrens oder der internationalen Rechts- und Amtshilfe in Straf- und Bußgeldsachen erforderlich ist. Für Übermittlungen von Amts wegen gilt § 49a Abs. 3 entsprechend, d. h. eine Übermittlung hat zu unterbleiben, soweit für die übermittelnde Stelle offensichtlich ist, dass schutzwürdige Interessen des Betroffenen an dem Ausschluss der Übermittlung überwiegen, § 49c Abs. 4 Satz 1, 2. Halbsatz.

Gem. §§ 49c Abs. 4 Satz 2, 487 Abs. 2 StPO darf die Übermittlung gespeicherter Daten auch erfolgen, soweit sie nach diesem Gesetz (d. h. gem. §§ 49a und b) aus den Akten erfolgen könnte.

Über § 49c Abs. 1 sind schließlich für die Übermittlung gespeicherter Daten auch die Abs. 3 bis 6 des § 487 StPO sinngemäß anwendbar.

Die Verantwortung für die Zulässigkeit der Übermittlung trägt die übermittelnde Stelle, § 487 Abs. 3 Satz 1 StPO. Wenn die Übermittlung auf Ersuchen des Empfängers erfolgt, geht die Verantwortung auf diesen über, § 487 Abs. 3 Satz 2 StPO. In diesem Fall hat die übermittelnde Stelle lediglich zu prüfen, ob das Übermittlungsersuchen im Rahmen der Aufgaben des Empfängers liegt, es sei denn, es bestünde besonderer Anlass zu einer weitergehenden Prüfung der Zulässigkeit der Übermittlung, § 487 Abs. 3 Satz 3 StPO.

Die gespeicherten Daten dürfen auch für wissenschaftliche Zwecke übermittelt werden, § 487 Abs. 4 Satz 1 StPO. Die Bestimmung des § 476 StPO gilt in diesem Fall entsprechend, § 487 Abs. 4 Satz 2 StPO.

Die Zweckbindung ist gem. § 487 Abs. 6 StPO auch hier zu beachten. Die Daten dürfen nur zu dem Zweck verwendet werden, zu dem sie übermittelt wurden, § 487 Abs. 6 Satz 1 StPO. Eine Verwendung für andere Zwecke setzt voraus, dass die Daten auch dafür hätten übermittelt werden dürfen, § 487 Abs. 6 Satz 2 StPO.

Besondere gesetzliche Bestimmungen, die die Übermittlung von Daten aus einem Bußgeldverfahren anordnen oder diese erlauben, bleiben unberührt, § 487 Abs. 5 StPO.

5. Löschung gespeicherter Daten

Gespeicherte personenbezogene Daten sind zu berichtigen, wenn sie unrichtig sind, § 75 Abs. 1 BDSG. Sie sind unverzüglich zu löschen, wenn ihre Verarbeitung unzulässig ist, sie zur Erfüllung einer rechtlichen Verpflichtung gelöscht werden müssen oder ihre Kenntnis für die Aufgabenerfüllung nicht mehr erforderlich ist, § 75 Abs. 2 BDSG. § 489 Abs. 1 StPO konkretisiert die Löschpflichten gem. § 75 Abs. 2 BDSG:

Nach § 485 StPO gespeicherte Daten sind zu löschen, sobald ihre Speicherung zur Vorgangsverwaltung nicht mehr erforderlich ist, §§ 49c Abs. 1, 489 Abs. 1 Nr. 3 StPO.

Nach § 483 StPO gespeicherte Daten sind mit der Erledigung des Verfahrens zu löschen, soweit die Speicherung nicht nach § 484 StPO oder nach § 485 StPO zulässig ist, §§ 49c Abs. 1, 489 Abs. 1 Nr. 1 StPO. Die Erledigung des Verfahrens ist in § 489 Abs. 2 StPO definiert.

Nach § 484 StPO gespeicherte Daten sind gem. §§ 49c Abs. 1, 489 Abs. 1 Nr. 2 StPO zu löschen, soweit die in § 484 StPO genannten Voraussetzungen nicht mehr vorliegen, d. h.

die Kenntnis für den in § 484 StPO bezeichneten Zweck nicht mehr erforderlich ist und ihre Speicherung nicht nach § 485 StPO zulässig ist. Zum Löschungsanspruch (bzw. Anspruch auf Vollsperrung, da die Löschung technisch nicht möglich war) vgl. OLG Hamm, Beschl. vom 8.8.2022, BeckRS 2022, 26713 im Falle einer Einstellung gem. § 170 Abs. 2 StPO: Ein pauschaler Hinweis auf die strafrechtliche Verjährung und die bis dahin grundsätzlich mögliche Wiederaufnahme der Ermittlungen legt die Einzelfallprüfung zur Erforderlichkeit der Speicherung unter dem Gesichtspunkt der Transparenz nicht nachvollziehbar dar.

Die Prüffristen gem. § 489 Abs. 3 Satz 2 StPO werden durch § 49c Abs. 5 modifiziert. § 75 Abs. 4 BDSG, auf den § 489 Abs. 3 Satz 2 StPO Bezug nimmt, statuiert die Pflicht der speichernden Stelle, für eine regelmäßige Überprüfung der Notwendigkeit der Speicherung angemessene Fristen vorzusehen. § 489 Abs. 3 Satz 2 StPO gibt einen Mindestmaßstab vor. Die gesetzlichen Prüffristen können in der Errichtungsanordnung gem. § 490 StPO aber verkürzt werden, § 489 Abs. 4 StPO. Die gesetzliche Frist zur Überprüfung der Notwendigkeit der Speicherung beträgt demnach für die nach § 484 StPO gespeicherten Daten gem. §§ 49c Abs. 5, 489 Abs. 3 Satz 2 Nr. 1 bei Betroffenen, die zur Tatzeit das achtzehnte Lebensjahr vollendet hatten, sofern die Geldbuße mehr als 250 Euro beträgt, höchstens fünf Jahre. Die gesetzliche Prüffrist beträgt höchstens zwei Jahre bei Betroffenen, die zur Tatzeit das achtzehnte Lebensjahr vollendet hatten, sofern die Geldbuße einen Betrag bis zu 250 Euro ausmacht, bei Jugendlichen und in den Fällen des rechtskräftigen Freispruchs und der nicht nur vorläufigen Verfahrenseinstellung, §§ 49c Abs. 5, 489 Abs. 3 Satz 2 Nr. 1 bis 3 StPO. Die Rückgabe nach § 69 Abs. 5 Satz 2 als Fall des § 489 Abs. 3 Satz 2 Nr. 3 StPO anzusehen, ist nicht notwendig, weil diese zur endgültigen Verfahrenseinstellung führt, die vom Gesetzeswortlaut ohnehin erfasst ist (in diesem Sinne auch *Göhler*, OWiG, 18. Auflage, Rdnr. 17 zu § 49c). § 489 Abs. 3 Satz 2 Nr. 4 StPO wird von § 49c Abs. 5 deshalb nicht in Bezug genommen, weil die Speicherung von personenbezogenen Daten Strafunmündiger für Zwecke künftiger Bußgeldverfahren ohnehin unzulässig ist gem. § 49c Abs. 2 Satz 3. §§ 49c Abs. 1, 489 Abs. 5 StPO definiert den Beginn der Frist gem. § 489 Abs. 3 Satz 2 StPO mit dem Tag, an dem das letzte Ereignis eingetreten ist, das zur Speicherung der Daten geführt hat.

§§ 49c Abs. 1, 489 Abs. 6 StPO sehen in folgenden Fällen anstelle der Löschung der personenbezogenen Daten eine Einschränkung der Verarbeitung vor:

Zunächst werden in § 489 Abs. 6 Satz 1 StPO die Regelungen von § 58 Abs. 3 Satz 1 Nr. 1 und Nr. 3 BDSG für entsprechend anwendbar erklärt. Die speichernde Stelle kann anstelle der Löschung die Verarbeitung einschränken, wenn Grund zur Annahme besteht, dass eine Löschung schutzwürdige Interessen einer betroffenen Person beeinträchtigen würde. Dasselbe gilt auch in dem Fall, dass eine Löschung wegen der besonderen Art der Speicherung nicht oder nur mit unverhältnismäßigem Aufwand möglich ist. Darüber hinaus sieht § 489 Abs. 6 Satz 2 StPO die Pflicht der speichernden Stelle zur Einschränkung der Verarbeitung der personenbezogenen Daten statt der Löschung vor, soweit die Daten für laufende Forschungszwecke benötigt werden. Dieselbe Pflicht der speichernden Stelle besteht gem. § 489 Abs. 6 Satz 3 StPO, soweit die personenbezogenen Daten nur zu Zwecken der Datensicherung oder der Datenschutzkontrolle gespeichert sind.

§ 489 Abs. 6 Satz 4 und Satz 5 StPO konkretisieren dann den datenschutzrechtlichen Grundsatz der Zweckbindung für die Einschränkung der Verarbeitung statt der Löschung in den Fällen von § 489 Abs. 6 Satz 1 und Satz 2 StPO. Die Daten dürfen nur zu dem Zweck verwendet werden, für den ihre Löschung unterblieben ist. Sie dürfen auch verwendet werden, soweit dies zur Behebung einer bestehenden Beweisnot unerlässlich ist.

Gem. §§ 49c Abs. 1, 489 Abs. 7 StPO sind schließlich anstelle der Löschung der personenbezogenen Daten die Datenträger an ein Staatsarchiv abzugeben, soweit besondere archivrechtliche Regelungen dies vorsehen.

Hinsichtlich des Auskunftsanspruchs des Betroffenen verweisen §§ 49c Abs. 1, 491 Abs. 2 StPO auf die Bestimmung des § 57 BDSG (zur Anwendbarkeit des BDSG im Bußgeldverfahren vgl. allgemein §§ 45 BDSG, 500 StPO). Die speichernde Stelle hat betroffenen Personen auf Antrag Auskunft zu erteilen, ob sie sie betreffende Daten verarbeitet, § 57 Abs. 1 Satz 1 BDSG. Ferner hat die betroffene Person das Recht, gem. § 57 Abs. 1 Satz 2 BDSG Informationen zu erhalten. Der Auskunftsanspruch ist beschränkbar gem. §§ 57 Abs. 4, 56 Abs. 2 BDSG. Insbesondere darf die Erfüllung der in § 45 BDSG genannten Aufgaben nicht gefährdet werden, wenn zusätzlich das Interesse an der Vermeidung dieser Gefahren das Informationsinteresse der betroffenen Person überwiegt. Bei gemeinsamen Dateisystemen im Sinne des § 486 StPO kann sich die betroffene Person zum Zwecke der Auskunft an jede speicherungsberechtigte Stelle wenden, die dann im Einvernehmen mit der verantwortlichen Stelle über die Erteilung der Auskunft befindet, § 491 Abs. 1 StPO.

Der datenschutzrechtliche Auskunftsanspruch hat in der Regel eine andere Zielrichtung als der Auskunftsanspruch gem. § 49c Abs. 4 Satz 2, § 49b, 475 Abs. 1 und Abs. 4 StPO. Die beiden Ansprüche stehen nebeneinander. Im letzteren Fall geht es um Rechtsverfolgung bzw. Rechtsverteidigung im Zusammenhang mit einer verfolgten Ordnungswidrigkeit, im ersteren Fall will die betroffene Person von der Behörde erfahren, ob und wie sie ihre personenbezogenen Daten verarbeitet, sowie Aufklärung über ihre datenschutzrechtlichen Rechte. Es empfiehlt sich deshalb, beim Anspruchsteller detailliert nachzufragen, worin sein Rechtsschutzziel besteht. Inhaltliche Überschneidungen der beiden Ansprüche mag es geben, z. B. beim Umfang der personenbezogenen Daten, die verarbeitet werden, und deren Herkunft, vgl. § 57 Abs. 1 Satz 2 Nr. 1 und Nr. 2 BDSG.

§ 49d
Schutz personenbezogener Daten in einer elektronischen Akte

§ 496 Absatz 1 und 2 sowie die §§ 497 und 498 Absatz 1 der Strafprozessordnung gelten entsprechend, wobei in § 496 Absatz 1 und § 498 Absatz 1 der Strafprozessordnung an die Stelle des jeweiligen Strafverfahrens das jeweilige Bußgeldverfahren tritt.

Erläuterungen

Vorbemerkung

Die Vorschrift wurde in das Gesetz eingefügt durch Art. 1 des Gesetzes vom 26.7.2002 (BGBl. I S. 2864, ber. S. 3516) und geändert durch Art. 7 Justizkommunikationsgesetz vom 22.3.2005 (BGBl. I S. 837) sowie mit Wirkung vom 1.1.2018 durch Art. 8 Nr. 5 des Gesetzes zur Einführung der elektronischen Akte in der Justiz und zur weiteren Förderung des elektronischen Rechtsverkehrs vom 5.7.2017 (BGBl. I S. 2208, 2216).

1. Fassung bis 31.12.2017

§ 49d in der bis zum 31.12.2017 geltenden Fassung lautete: *„Sind die Akten nach Abschluss des Verfahrens nach ordnungsgemäßen Grundsätzen zur Ersetzung der Urschrift auf einen Bild- oder anderen Datenträger übertragen worden und liegt der schriftliche Nachweis darüber vor, dass die Wiedergabe inhaltlich und bildlich mit der Urschrift übereinstimmt, so kann Akteneinsicht durch Übermittlung eines Ausdrucks von dem Bild- oder anderen Datenträger erteilt werden; Gleiches gilt für die Erteilung von Auskünften oder anderen Mitteilungen aus den Akten. Auf der Urschrift anzubringende Vermerke werden in diesem Fall bei dem Nachweis angebracht."*

2. Ab 1.1.2018 geltende Fassung

In der amtlichen Begründung zu Art. 8 Nr. 5 des Gesetzes zur Einführung der elektronischen Akte in der Justiz und zur weiteren Förderung des elektronischen Rechtsverkehrs vom 5.7.2017 (BGBl. I S. 2208, 2216) heißt es: *„Für den Schutz personenbezogener Daten in einer elektronischen Akte in Bußgeldverfahren soll § 49d OWiG künftig ausdrücklich auf § 496 Abs. 1 bis 2 StPO, § 497 und § 498 Abs. 1 StPO verweisen. Ein Bedürfnis, daneben Akteneinsicht, Auskunft oder Mitteilungen bei mittels Bild- oder anderer Datenträger archivierten Akten unter bestimmten Voraussetzungen durch Übermittlung eines Ausdrucks vorzusehen, besteht nicht, so dass der Regelungsgehalt des geltenden § 49d OWiG wegfallen soll."* (vgl. BT-Drucks. 18/9416 S. 75)

Die Verweisung auf § 496 Abs. 1 StPO bedeutet, dass das Verarbeiten und Nutzen personenbezogener Daten in einer elektronischen Akte oder in elektronischen Aktenkopien zulässig ist, soweit dies für die Zwecke des Bußgeldverfahrens erforderlich ist. Damit wird ein überragend wichtiger datenschutzrechtlicher Grundsatz abgebildet: Die Verarbeitung bzw. Nutzung personenbezogener Daten muss, um die Datenschutzrechtskonformität zu gewährleisten, für die Aufgabenerfüllung im Bußgeldverfahren erforderlich sein. Gem. § 49d ist der Begriff: „Strafverfahren" in § 496 Abs. 1 StPO durch den Begriff: „Bußgeldverfahren" zu ersetzen. Die Verweisung auf § 496 Abs. 2 StPO meint Folgendes: Für die Verwendung personenbezogener Daten in einer elektronischen Akte sind die organisatorischen und technischen Maßnahmen zu treffen, die erforderlich sind, um den besonderen Anforderungen des Datenschutzes und der Datensicherheit gerecht zu werden, § 496 Abs. 2 Nr. 1 StPO. Ferner sind die Grundsätze einer ordnungsgemäßen Datenverarbeitung einzuhalten, insbesondere die Daten ständig verfügbar zu halten und Vorkehrungen gegen einen Datenverlust zu treffen, § 496 Abs. 2 Nr. 2 StPO.

Die Verweisung auf § 497 StPO betrifft Anforderungen an die Datenverarbeitung im Auftrag. Mit der dauerhaften rechtsverbindlichen Speicherung elektronischer Akten dürfen nichtöffentliche Stellen nur dann beauftragt werden, wenn eine öffentliche Stelle den Zutritt und den Zugang zu den Datenverarbeitungsanlagen, in denen die elektronischen Akten rechtsverbindlich gespeichert werden, tatsächlich und ausschließlich kontrolliert, § 497 Abs. 1 StPO. Diese Anforderung darf nicht durch ein Unterauftragsverhältnis umgangen werden, § 497 Abs. 2 StPO. Eine Begründung eines Unterauftragsverhältnisses durch nichtöffentliche Stellen im Rahmen des dauerhaften rechtsverbindlichen Speicherns der elektronischen Akte ist nur zulässig, wenn der Auftraggeber im Einzelfall zuvor eingewilligt hat, wobei die Einwilligung nur erteilt werden darf, wenn der Zutritt und der Zugang zu den Datenverarbeitungsanlagen in dem Unterauftragsverhältnis entsprechend § 497 Abs. 1 StPO geregelt wird. Sogar einen Pfändungsschutz hat der Gesetzgeber in § 497 Abs. 3 StPO implementiert. Die Pfändung von Einrichtungen, in denen eine nichtöffentliche Stelle im Auftrag einer öffentlichen Stelle Daten verarbeitet, ist unzulässig. Eine Beschlagnahme solcher Einrichtungen setzt voraus, dass die öffentliche Stelle im Einzelfall eingewilligt hat.

Die Verweisung auf § 498 Abs. 1 StPO knüpft an die Regelung des § 496 Abs. 1 StPO an. Während es dort um die Zulässigkeit der Verarbeitung und Nutzung personenbezogener Daten in einer elektronischen Akte oder in elektronischen Aktenkopien für die Zwecke des Bußgeldverfahrens geht, formuliert § 498 Abs. 1 StPO den Zulässigkeitsmaßstab für die Verarbeitung und Nutzung personenbezogener Daten aus elektronischen Akten oder elektronischen Aktenkopien. Zulässig ist dies, soweit eine Rechtsvorschrift die Verwendung personenbezogener Daten aus einem Bußgeldverfahren erlaubt oder anordnet. Wie bei § 496 Abs. 1 StPO ist in § 498 Abs. 1 StPO an die Stelle des Begriffs: „Strafverfahren" der Begriff: „Bußgeldverfahren" zu setzen.

§ 50
Bekanntmachung von Maßnahmen der Verwaltungsbehörde

(1) Anordnungen, Verfügungen und sonstige Maßnahmen der Verwaltungsbehörde werden der Person, an die sich die Maßnahme richtet, formlos bekanntgemacht. Ist gegen die Maßnahme ein befristeter Rechtsbehelf zulässig, so wird sie in einem Bescheid durch Zustellung bekanntgemacht.

(2) Bei der Bekanntmachung eines Bescheides der Verwaltungsbehörde, der durch einen befristeten Rechtsbehelf angefochten werden kann, ist die Person, an die sich die Maßnahme richtet, über die Möglichkeit der Anfechtung und die dafür vorgeschriebene Frist und Form zu belehren.

Erläuterungen

Übersicht

Vorbemerkung

§ 50 gilt für das Verfahren vor der Verwaltungsbehörde. Für das gerichtliche Bußgeldverfahren gelten §§ 46 Abs. 1, 35, 35a StPO. Soweit nicht besondere Regelungen im OWiG oder sonstigen Gesetzen getroffen sind (vgl. §§ 108a Abs. 2, 2. HS, 25a Abs. 3 Satz 2, 2. HS StVG), gilt Letzteres auch für Maßnahmen der Staatsanwaltschaft.

1. Anordnungen, Verfügungen und sonstige Maßnahmen

Oberbegriff ist der der Maßnahme, die die Tatbestandsmerkmale des Verwaltungsaktes (vgl. § 35 Satz 1 Verwaltungsverfahrensgesetz des Bundes und der entsprechenden Regelungen in den Verwaltungsverfahrensgesetzen der Länder) in sich vereint.

Beispiele:

Bußgeldbescheid, § 65
Einspruchsverwerfung, § 69
Kostenfestsetzungsbescheid, § 106
Entschädigungsbescheid, § 110

Für die Subsumtion unter den Begriff der Maßnahme kommt es nicht auf die Handlungsform (mündlich, schriftlich) an.

2. Adressat

Die Person, an die sich die Maßnahme richtet, muss nicht notwendig beschwert, sondern kann auch begünstigt sein, oder der Regelungsgehalt der Maßnahme ist für sie völlig neutral.

Beispiele:

Betroffener (als Adressat des Bußgeldbescheids, § 66 Abs. 1 Nr. 1),
Nebenbeteiligter (dto.),
Erziehungsberechtigter (§§ 46 Abs. 1, 67 Abs. 2 JGG),
gesetzlicher Vertreter (§§ 46 Abs. 1, 67 Abs. 2 JGG),
Zeuge (als Adressat eines Ordnungsgeldbescheids, §§ 46 Abs. 1, 51 Abs. 1 Satz 2 StPO).

3. Zustellung

Zustellung ist die Bekanntgabe eines schriftlichen oder elektronischen Dokuments in der gesetzlich bestimmten Form. Sie ist eine besondere Form der Bekanntgabe und hat den Zweck, bei bedeutungsvolleren Vorgängen den Nachweis von Zeit und Art der Übergabe zu sichern. Zu diesem Zweck müssen bei der Übergabe des Schriftstückes bestimmte Formvorschriften beachtet werden. Zum Zustellungsverfahren vgl. im Einzelnen die Erl. zu § 51.

3.1 Abs. 1 Satz 2

Die Zustellung ist erforderlich, wenn gegen die Maßnahme ein befristeter Rechtsbehelf zulässig ist. Die Maßnahme hat dann in Bescheidsform zu ergehen.

Beispiele:

- *Bußgeldbescheid, § 67 Abs. 1 Satz 1 (In der Vorschrift müsste deshalb nicht zwingend von Zustellung die Rede sein, es erleichtert aber die Rechtsanwendung.)*
- *Verwerfung des Antrags auf Wiedereinsetzung, § 52 Abs. 2 Satz 3 (dto.)*

Ein Verstoß gegen Abs. 1 Satz 2 setzt die Rechtsbehelfsfrist nicht in Lauf (vgl. *Göhler*, 18. Auflage 2021, Rdnr. 51 zu § 51). Ein Bußgeldbescheid kann dann nicht rechtskräftig werden.

3.2 Abs. 1 Satz 1

Zugestellt werden kann auch auf Grund behördlicher Anordnung, § 1 Abs. 2 VwZG (z. B. die Ladung zu einem Vernehmungstermin), auch in den Fällen des Abs. 1 Satz 1.

4. Formlose Bekanntmachung

Die formlose Bekanntmachung geschieht durch einfachen Brief, mündlich oder elektronisch im Wege einer E-Mail bzw. durch Übermittlung eines elektronischen Dokuments (vgl. *Göhler*, 18. Auflage 2021, Rdnr. 8 zu § 50). Bei der mündlichen Bekanntmachung empfiehlt sich zumindest ein Aktenvermerk. Die Schriftform wird sich in jedem Fall bei beschwerenden Maßnahmen, gegen die Antrag auf gerichtliche Entscheidung nach § 62 gestellt werden kann, empfehlen (vgl. KKOWiG-*Lampe*, 5. Auflage 2018, Rdnr. 7 zu § 50). Elektronische Dokumente, die mit einer qualifizierten elektronischen Signatur der verantwortenden Person versehen sind (bei automatisierter Herstellung des Dokuments ist die begleitende Verfügung zu signieren), dürfen auf einem sicheren Übermittlungsweg übermittelt werden, § 110c Satz 1 und 2, § 32b Abs. 1 Satz 2 StPO, § 4 Abs. 1 Nr. 1 ERRV. Zu den sicheren Übermittlungswegen vgl. § 32a Abs. 4 Satz 1 und 2 StPO und die ERRV, Kapitel 3 und 4.

5. Belehrung

Bei Bescheiden, die mit einem befristeten Rechtsbehelf angefochten werden können, sieht Absatz 2 eine Belehrungspflicht vor:

5.1 Inhalt

5.1.1 Möglichkeit der Anfechtung

Zu belehren ist zunächst über die Möglichkeit der Anfechtung, d. h. den jeweils statthaften Rechtsbehelf. Beim Wiedereinsetzungsantrag handelt es sich nicht um einen befristeten Rechtsbehelf im Sinne des § 50 Abs. 2 (vgl. KKOWiG-*Lampe*, 5. Auflage 2018, Rdnr. 12 zu § 50 mit Hinweis darauf, dass sich der Wiedereinsetzungsantrag nicht unmittelbar gegen den Bescheid der Verwaltungsbehörde richtet). Der Wiedereinsetzungsantrag überprüft keine Entscheidung, sondern erstrebt lediglich eine Zurückversetzung des Verfahrens in den Stand, der bei rechtzeitiger Rechtsbehelfseinlegung bestanden hätte. Er ficht deshalb den Bescheid nicht an. Wenn Rechtsbehelfe wegen nicht frist- oder formgerechter Einlegung als unzulässig verworfen werden, wird allerdings das Gebot des fair trial (Art. 6 Abs. 1 Satz 1 EMRK) eine entsprechende Belehrung erfordern (vgl. KKOWiG-*Lampe*, 5. Auflage 2018, Rdnr. 12 zu § 50), obwohl eine Belehrung über die Zulässigkeit des Antrags auf Wiedereinsetzung in den vorigen Stand gesetzlich nicht vorgesehen ist.

5.1.2 Anfechtungsfrist

Zu belehren ist ferner über die Anfechtungsfrist.

Angegeben werden muss daneben der Beginn oder das Ende. Die Rechtsbehelfsbelehrung muss allerdings nicht auf alle denkbaren Möglichkeiten des Fristbeginns oder -ablaufs hinweisen, die auch von der Zustellungsart abhängen. Aus der Belehrung muss hervorgehen, dass die Frist nur dann gewahrt ist, wenn die Rechtsbehelfsschrift noch vor ihrem Ablauf bei der zuständigen Verwaltungsbehörde eingeht (vgl. *Göhler*, 18. Auflage 2021, Rdnr. 12 zu § 50).

Die konkrete Berechnung der Frist ist Sache des Betroffenen (vgl. BVerfGE 31, 388, 390).

5.1.3 Form der Anfechtung

Zu belehren ist schließlich über die Form der Anfechtung (z. B. im Falle des § 67 Abs. 1 Satz 1: schriftlich oder zur Niederschrift bei der den Bußgeldbescheid erlassenden Behörde). Bei Ausländern gehört zur Belehrung über die Form, dass die Rechtsbehelfsschrift in deutscher Sprache abgefasst sein muss (vgl. BVerfGE 64, 135, 149; siehe insoweit im Einzelnen auch Erl. 4 vor § 59).

5.2 Belehrung bei der Bekanntmachung

Dies geschieht dadurch, dass die Belehrung im Bescheid selbst enthalten ist (vgl. § 66 Abs. 2 Nr. 1a) bzw. im Wege eines Merkblattes erteilt wird. Um bei Ausländern zu vermeiden, dass die Versäumung einer Rechtsbehelfsfrist als unverschuldet angesehen wird, §§ 52, 44 StPO, kann die Übersetzung der Rechtsbehelfsbelehrung in die Heimatsprache angezeigt sein (vgl. näher hierzu Erl. 1.2.2 zu § 52; zur Zustellung der Ladung an einen deutschunkundigen Ausländer vgl. BayObLG, NStZ 1996 S. 248, 249: Da die Gerichtssprache deutsch ist, ist die Ladung zur Hauptverhandlung in deutscher Sprache abzufassen. Sie wird nicht dadurch unwirksam, dass sie einem der deutschen Sprache nicht mächtigen Ausländer ohne Übersetzung zugestellt wird. Nach Nr. 181 Abs. 2 der Richtlinien für das Straf- und Bußgeldverfahren (RiStBV) sind zwar dem Ausländer, der die deutsche Sprache nicht hinreichend beherrscht, Ladungen mit einer Übersetzung in einer ihm verständlichen Sprache bekannt zu geben, doch handelt es sich hierbei um eine Verwaltungsvorschrift, die weder die Gerichte bindet noch Verfahrensrechte des Angeklagten begründet. Auch aus Art. 6 Abs. 3 EMRK ergibt sich keine Verpflichtung, eine Ladung übersetzen zu lassen.).

5.3 Adressat der Belehrung

Zu belehren ist derjenige, der gegen die Entscheidung einen befristeten Rechtsbehelf einlegen könnte.

Bei Zustellung an den Verteidiger ist der Betroffene bei der Benachrichtigung gem. § 51 Abs. 3 Satz 4 nicht erneut zu belehren, d. h., es schadet nicht, wenn in der Abschrift des Bescheides die Belehrung nicht enthalten ist (vgl. OLG Karlsruhe, Die Justiz 1989 S. 68 zu § 145a Abs. 3 Satz 1 StPO). Bei Jugendlichen gelten §§ 46 Abs. 1, 67 Abs. 2 JGG entsprechend für die Rechtsbehelfsbelehrung (vgl. *Göhler*, 18. Auflage 2021, Rdnr. 17 zu § 50). Erziehungsberechtigter und gesetzlicher Vertreter sollen aber darauf hingewiesen werden, dass sie ihr Anfechtungsrecht nur innerhalb der für den Jugendlichen laufenden Frist ausüben können (vgl. KKOWiG-*Lampe*, 5. Auflage 2018, Rdnr. 18 zu § 50).

5.4 Belehrungsfehler

Bei falscher oder unterbliebener Belehrung gelten §§ 52, 44 Satz 2 StPO (vgl. BVerfG, NJW 1996 Seite 1811: Beruht die Versäumung einer Rechtsmittelfrist auf einer unzureichenden Belehrung des anwaltlich nicht vertretenen Betroffenen, verwehrt es der Grundsatz des fairen Verfahrens, ihm diese Säumnis im Wiedereinsetzungsverfahren als Verschulden anzulasten.). Die Wirksamkeit der Zustellung und damit der Beginn der Rechtsbehelfsfrist bleiben davon unberührt (vgl. BGH, NStZ 1984 S. 181, 329). Ein Verzicht des zu Belehrenden auf die Belehrung ist zulässig (vgl. BGH, NStZ 1984 S. 329).

5.5 Sondervorschriften

Sondervorschriften enthalten §§ 66 Abs. 2 Nr. 1, 87 Abs. 3 Satz 1, 2. HS, Abs. 6, 88 Abs. 2 Satz 1.

§ 51
Verfahren bei Zustellungen der Verwaltungsbehörde

(1) Für das Zustellungsverfahren der Verwaltungsbehörde gelten die Vorschriften des Verwaltungszustellungsgesetzes, wenn eine Verwaltungsbehörde des Bundes das Verfahren durchführt, sonst die entsprechenden landesrechtlichen Vorschriften, soweit die Absätze 2 bis 5 nichts anderes bestimmen. Wird ein Dokument mit Hilfe automatischer Einrichtungen erstellt, so wird das so hergestellte Dokument zugestellt.

(2) Ein Bescheid (§ 50 Abs. 1 Satz 2) wird dem Betroffenen zugestellt und, wenn er einen gesetzlichen Vertreter hat, diesem mitgeteilt.

(3) Der gewählte Verteidiger, dessen Bevollmächtigung nachgewiesen ist, sowie der bestellte Verteidiger gelten als ermächtigt, Zustellungen und sonstige Mitteilungen für den Betroffenen in Empfang zu nehmen; für die Zustellung einer Ladung des Betroffenen gilt dies nur, wenn der Verteidiger in der Vollmacht ausdrücklich zur Empfangnahme von Ladungen ermächtigt ist. Zum Nachweis der Bevollmächtigung genügt die Übermittlung einer Kopie der Vollmacht durch den Verteidiger. Die Nachreichung der Vollmacht im Original kann verlangt werden; hierfür kann eine Frist bestimmt werden. Wird ein Bescheid dem Verteidiger nach Satz 1 Halbsatz 1 zugestellt, so wird der Betroffene hiervon zugleich unterrichtet; dabei erhält er formlos eine Abschrift des Bescheides. Wird ein Bescheid dem Betroffenen zugestellt, so wird der Verteidiger hiervon zugleich unterrichtet, auch wenn eine Vollmacht bei den Akten nicht vorliegt; dabei erhält er formlos eine Abschrift des Bescheides.

(4) Wird die für den Beteiligten bestimmte Zustellung an mehrere Empfangsberechtigte bewirkt, so richtet sich die Berechnung einer Frist nach der zuletzt bewirkten Zustellung.

(5) § 6 Abs. 1 des Verwaltungszustellungsgesetzes und die entsprechenden landesrechtlichen Vorschriften sind nicht anzuwenden. Hat der Betroffene einen Verteidiger, so sind auch § 7 Abs. 1 Satz 1 und 2 und Abs. 2 des Verwaltungszustellungsgesetzes und die entsprechenden landesrechtlichen Vorschriften nicht anzuwenden.

Erläuterungen

Übersicht

Vorbemerkung

Das Verwaltungszustellungsgesetz des Bundes (vom 12.8.2005, BGBl. I S. 2354, zuletzt geändert durch Gesetz vom 10.8.2021, BGBl. I S. 3436) wird in Absatz 1 Satz 1 für das Zustellungsverfahren der Bundesverwaltungsbehörden, die entsprechenden Ländergesetze für das Zustellungsverfahren der Landesverwaltungsbehörden für anwendbar erklärt, sofern nicht in § 51 selbst eine hiervon abweichende Regelung getroffen wird. Obwohl bei den steuerrechtlichen Bußgeldbescheiden eine Landesfinanzbehörde handelt, gilt gem. § 412 Abs. 1 Satz 1 AO gleichwohl das VwZG.

Zur Frage, **wann** die Verwaltungsbehörde zuzustellen hat, vgl. bereits Erl. 3.1 und 3.2 zu § 50.

Gegenstand der Zustellung ist im Regelfall die Urschrift, Ausfertigung oder beglaubigte Ablichtung eines Schriftstückes.

Die Ausfertigung besteht in einer Abschrift der Urschrift, die mit dem Ausfertigungsvermerk („Für die Übereinstimmung mit der Urschrift", Ort und Datum der Erteilung, Unterschrift und Dienstsiegel, vgl. hierzu auch § 49 Abs. 2 BeurkG) versehen ist. Die beglaubigte Ablichtung oder Abschrift (vgl. zum Beglaubigungsvermerk § 33 Abs. 3 Verwaltungsverfahrensgesetz des Bundes und die entsprechenden Regelungen in den Verwaltungsverfahrensgesetzen der Länder) soll nicht wie die Ausfertigung die Urschrift im Rechtsverkehr ersetzen. Da der Bußgeldbescheid bei Rechtskraft die Wirkung eines Urteils hat, § 84 Abs. 1, sollte auch – wie beim Urteil – eine Ausfertigung zugestellt werden. Bei einer Berichtigung des Bußgeldbescheids wird es sich empfehlen, die Ausfertigungen zur Anbringung des Berichtigungsvermerks zurückzufordern (vgl. § 42 Satz 3 Verwaltungsverfahrensgesetz des Bundes und die entsprechenden Regelungen in den Verwaltungsverfahrensgesetzen der Länder). Dies gilt schon aus Gründen der Rechtssicherheit. Die erteilten Ausfertigungen sind genau nachvollziehbar (vgl. § 49 Abs. 4 BeurkG: Auf der Urschrift soll vermerkt werden, wem und an welchem Tage eine Ausfertigung erteilt worden ist), was für die beglaubigten Ablichtungen nicht gilt. Die Zustellung ist unwirksam, wenn die Ausfertigung in wesentlichen Punkten nicht mit der Urschrift übereinstimmt (z. B. Nichtanführung der festgesetzten Geldbuße, vgl. OLG Düsseldorf, VRS 61, 274, 275). Weitere Beispiele wären die Angabe eines unrichtigen Betrags der festgesetzten Geldbuße oder das Fehlen der angeordneten Nebenfolge. Die Zustellung ist auch unwirksam, wenn der Ausfertigungsvermerk, das Dienstsiegel oder die Unterschrift fehlt (vgl. OLG Hamm, NJW 1978 S. 830, 831 – Fehlen des Ausfertigungsvermerks).

Der mit Hilfe automatischer Einrichtungen hergestellte Bescheid, Abs. 1 Satz 2, wird in der Form zugestellt, in der er von der Anlage hergestellt und ausgedruckt wird. Eines Ausfertigungsvermerks mit Dienstsiegel und Unterschrift bedarf es nicht (vgl. KKOWiG-*Lampe*, 5. Auflage 2018, Rdnr. 19 zu § 51; *Göhler*, 18. Auflage 2021, Rdnr. 5a zu § 51, der mit Verweis auf eine Entscheidung des OLG Stuttgart, NZV 2014 S. 186, auch darauf hinweist, dass die Bezeichnung als Abschrift die Wirksamkeit der Zustellung nicht berührt). Der Bescheid muss den Namen des Sachbearbeiters nicht enthalten und er bedarf keiner Unterschrift. Ferner ist kein Hinweis erforderlich, dass der Ausdruck automatisch erstellt wurde und ohne Unterschrift gültig ist (vgl. *Göhler*, a. a. O.). Der Gesetzgeber hat mit Wirkung vom 1.1.2018 durch Art. 8 Nr. 6 des Gesetzes vom 5.7.2017 (vgl. BGBl. I S. 2208, 2216) in § 51 Abs. 1 Satz 2 jeweils das Wort „Schriftstück" durch das Wort „Dokument" ersetzt und damit das Ziel der Herstellung von Medienneutralität verfolgt (vgl. die amtliche Begründung, BT-Drucks. 18/9416 S. 75). Entspricht der von der EDV-Anlage ausgedruckte Bescheid nicht dem Willen des Sachbearbeiters, ist die Zustellung unwirksam (vgl. OLG Stuttgart, VRS 63, 370, 371 – das tatsächlich ausgedruckte Datum entspricht nicht der Verfügung des Sachbearbeiters.). Das oben im Zusammenhang mit der Abweichung von Ausfertigung und Urschrift angesprochene Wesentlichkeitserfordernis gilt auch hier, sollte aber sehr eng gesehen werden, d. h., grundsätzlich führt ein Auseinanderfallen von Verfügung des Sachbearbeiters und Ausdruck zur Unwirksamkeit der Zustellung. Hinzunehmen wären Schreibfehler, Rechenfehler oder ähnliche offenbare Unrichtigkeiten im Sinne von § 42 VwVfG bzw. der entsprechenden landesrechtlichen Regelungen. **Zur Zustellung elektronischer Dokumente vgl. im Übrigen auch § 110c und die dortigen Erl.**

Über die **Arten der Zustellung** vgl. Erl. 1. Die Behörde hat zwischen mehreren Zustellungsarten die Wahl, § 2 Abs. 3 Satz 1 VwZG.

Zweck der Zustellung und Aufwand sind zu berücksichtigen. Bei Bußgeldbescheiden wird die Zustellung durch die Post mit Postzustellungsurkunde, § 3 VwZG, die geeignetste Form der Zustellung darstellen, da nach dem Aufwand (gegenüber § 5 Abs. 1 Satz 1 VwZG) und der Sicherheit des Zugangsnachweises (gegenüber § 4 VwZG) im Vergleich zu den anderen in Betracht kommenden Formen erhebliche Vorteile bestehen.

Zu den Zustellungskosten vgl. die Erl. zu § 107.

1. Arten der Zustellung

1.1 Zustellung durch die Post mit Zustellungsurkunde

1.1.1 Zustellung direkt an den Zustellungsadressaten

Die Verwaltungsbehörde hat hier das Schriftstück verschlossen der Post mit dem Ersuchen zu übergeben, die Zustellung einem Postbediensteten des Bestimmungsortes zu übertragen. Die Sendung hat die Anschrift des Empfängers, die Bezeichnung der absendenden Dienststelle, die Geschäftsnummer, die mit der auf der Zustellungsurkunde identisch sein muss, und einen Vordruck für die Zustellungsurkunde zu enthalten, § 3 Abs. 1 VwZG (vgl. *Göhler*, 18. Auflage 2021, Rdnr. 9 zu § 51 mit Verweis auf VGH München, BayVBl. 1989 S. 662). Es genügt, wenn die Geschäftsnummer bei Verwendung eines Fensterbriefumschlags auf dem zuzustellenden Schriftstück angebracht und durch das Sichtfenster des Umschlags lesbar ist (vgl. *Göhler*, 18. Auflage 2021, Rdnr. 9 zu § 51 mit Verweis auf OLG Brandenburg und OLG Hamm, NZV 2006 S. 315). Dabei sind die Vordrucke nach der Zustellungsvordruckverordnung vom 12.2.2002 (BGBl. I S. 671) zu verwenden, § 3 Abs. 2 Satz 3 VwZG. Fehlen die vorgeschriebenen Angaben, ist die Zustellung unwirksam (vgl. KKOWiG-*Lampe*, 5. Auflage 2018, Rdnr. 21 zu § 51).

Gemäß §§ 3 Abs. 2 Satz 1, 182 Abs. 1 Satz 1 ZPO hat der Postbedienstete auf dem hierfür vorgeschriebenen Formblatt eine den Vorschriften des § 182 Abs. 2 ZPO entsprechende Urkunde aufzunehmen, die insbesondere auch die Übergabe der Sendung bezeugen und die Bemerkung enthalten muss, dass der Tag der Zustellung auf dem Umschlag, der das zuzustellende Schriftstück enthält, vermerkt ist, und die Urkunde an die Behörde zurückzuleiten, §§ 3 Abs. 2 Satz 1 VwZG, 182 Abs. 3 ZPO. Fehlen die vorgeschriebenen Angaben in der Urkunde, ist die Zustellung unwirksam (vgl. BVerwG, NJW 1983 S. 1076 – Datum der Zustellung, früher: § 191 Nr. 1 ZPO, nunmehr: § 182 Abs. 2 Nr. 7 ZPO, lässt sich nicht entnehmen. Die Zustellung setzt damit eine Rechtsmittelfrist nicht in Lauf).

Die Übergabe einer Abschrift der Zustellungsurkunde ist nicht vorgesehen. Anstelle dessen ist in die Zustellungsurkunde die Bemerkung aufzunehmen, dass der Tag der Zustellung auf dem Umschlag, der das zuzustellende Schriftstück enthält, vermerkt ist, § 182 Abs. 2 Nr. 6 ZPO.

Nach §§ 3 Abs. 2 Satz 1 VwZG, 177 ZPO kann die Zustellung an jedem Ort erfolgen, an dem die Person, der zugestellt werden soll, angetroffen wird. Ort ist hierbei nicht im Sinne von Ortsgemeinde zu verstehen, d. h., es kann auch auf freiem Feld zugestellt werden (vgl. VwZGVwV Nr. 12 zum VwZG a. F.).

Die Postzustellungsurkunde ist eine öffentliche Urkunde, die vollen Beweis der darin bezeugten Tatsachen erbringt, §§ 3 Abs. 2 Satz 1 VwZG, 182 Abs. 1 Satz 2, 418 Abs. 1 ZPO (vgl. BVerwG, NJW 1986 S. 2127, 2128). Die Rechtsprechung des VG Frankfurt (vgl. NJW 1997 S. 3329, 3330: Postzustellungsurkunden, die von Mitarbeitern der Deutschen Post AG aufgenommen sind, begründen keinen vollen Beweis der darin bezeugten Tatsachen. Sie haben die Beweiskraft von Privaturkunden. Der Behördenbegriff des § 415 ZPO ist enger als der des § 1 Abs. 4 VwVfG. Er wird von einer Organisation nur dann erfüllt, wenn es sich um eine Stelle handelt, die so in den allgemeinen Organismus der Behörden eingefügt ist, dass ihr Bestand von dem einzelnen Amtsträger unabhängig ist. Dazu zählen demnach nicht juristische Personen des Privatrechts, die mit der Wahrnehmung bestimmter Hoheitsbefugnisse beliehen sind. Denn der beliehene Unternehmer ist eine Stelle, die an die Existenz der beliehenen Person geknüpft ist und mit dieser untergeht. Durch die Beleihung wurde die Deutsche Post AG nicht zur öffentlichen Behörde im Sinne des § 415 ZPO.) dürfte durch die ausdrückliche gesetzliche Bestimmung in § 182 Abs. 1 Satz 2 ZPO überholt sein. Der Gegenbeweis durch den Empfänger ist zulässig, § 418 Abs. 2 ZPO.

1.1.2 Ersatzzustellung

Die Ersatzzustellung kommt immer dann in Betracht, wenn das Schriftstück dem Empfänger nicht persönlich übergeben werden kann. Mit der ordnungsgemäßen Ersatzzustellung ist das Schriftstück dem Empfänger wirksam zugegangen, auch wenn er persönlich davon keine Kenntnis erhält (vgl. BGHSt 27, 85, 88). Für den Zustellungszeitpunkt kommt es allein auf den Tag der Ersatzzustellung an, nicht jedoch darauf, wann der Empfänger tatsächlich Kenntnis erhält (z. B. bei Niederlegung das niedergelegte Schriftstück abholt). Zur Wiedereinsetzung vgl. die Erl. zu § 52.

1.1.2.1 In Wohnung, Geschäftsräumen und Einrichtungen, §§ 3 Abs. 2 Satz 1 VwZG, 178 ZPO

Wohnung im Sinne des § 178 Abs. 1 Nr. 1 ZPO sind die Räume, in denen der Empfänger tatsächlich wohnt, d. h. es kommt darauf an, ob der Zustellungsempfänger hauptsächlich in den Räumen lebt und insbesondere darauf, ob er dort schläft. Auf die Wohnsitzbegründung im Sinne des § 7 BGB oder die polizeiliche Meldung kommt es nicht an (vgl. BGH, NJW 1978 S. 1858). Ist der Empfänger für längere Zeit abwesend (z. B. Ableistung des Wehrdienstes mit Kasernierung, BayObLG, VRS 41, 281, 282: Während des Wehrdienstes kann nicht in der Privatwohnung eine Ersatzzustellung bewirkt werden), ist die Voraussetzung des tatsächlichen Wohnens zu verneinen. Familienangehörige sind mit dem Empfänger familienrechtlich verbundene Personen (Ehegatte, Abkömmlinge, Eltern). Die ständigen Mitbewohner werden gleich gestellt, weil das ständige gemeinsame Zusammenwohnen ein der Familienzugehörigkeit vergleichbares Vertrauensverhältnis begründet. Hierzu gehört auch der nichteheliche Lebensgefährte (vgl. BGHZ 111, 1, 4). Eine eheähnliche Gemeinschaft mit gemeinsamer Haushaltsführung begründet ein Vertrauensverhältnis unter den Partnern, das die Erwartung zuverlässiger Weitergabe des Schriftstücks rechtfertigt. Dieses Verhältnis bedarf nicht der Verstärkung (familienähnliche Verbindung des Zustellungsadressaten zu den Kindern des Lebensgefährten). In der Familie beschäftigte Personen müssen auf Dauer angestellt oder beschäftigt sein (vgl. hierzu auch OLG Hamm, VRS 63, 52). Diese Voraussetzung wird auch von der stundenweise tätigen Putzfrau erfüllt. Es ist ohne Belang, ob vertragliche Vereinbarungen über Kündigungsfristen bzw. Entgelt getroffen wurden.

Ob eine Person erwachsen ist, bestimmt sich im Einzelfall nach ihrem Alter und ihrer körperlichen und geistigen Entwicklung. Volljährigkeit ist nicht erforderlich (vgl. VwZGVwV Nr. 13 Abs. 2 c. aa zum VwZG a. F.).

In einer Gemeinschaftseinrichtung kann dem Leiter der Einrichtung oder einem dazu ermächtigten Vertreter zugestellt werden, § 178 Abs. 1 Nr. 3 ZPO (z. B. Krankenhaus, Heim, Justizvollzugsanstalt). Es kommt nicht darauf an, ob die Einrichtung privatrechtlich oder öffentlich-rechtlich verfasst ist.

In Geschäftsräumen kann einer dort beschäftigten Person zugestellt werden, § 178 Abs. 1 Nr. 2 ZPO. Geschäftsräume werden von Gewerbetreibenden als auch freiberuflich Tätigen betrieben. Zu den Geschäftsräumen gehören die Räumlichkeiten, in denen die Arbeiten ausgeführt werden, die der gewerblichen oder freiberuflichen Tätigkeit dienen. Eine dort anwesende beschäftigte Person ist jede Person, die von dem Zustellungsempfänger mit einem Dienst für ihn betraut ist (vgl. *Göhler*, 18. Auflage 2021, Rdnr. 14 zu § 51), ohne Rücksicht darauf, ob zwischen ihnen ein Arbeits- oder Angestelltenverhältnis besteht.

Die Ersatzzustellung durch Einlegung in den Briefkasten gem. § 180 ZPO kommt in Betracht, wenn der Versuch der Ersatzzustellung nach § 178 Abs. 1 Nr. 1 oder 2 ZPO erfolglos war. Für § 178 Abs. 1 Nr. 3 ZPO gilt § 180 ZPO nicht. Erst wenn die Zustellung nach § 178 Abs. 1 Nr. 3 ZPO oder nach § 180 ZPO nicht ausführbar ist, kommt die Ersatzzustellung durch Niederlegung gem. § 181 ZPO in Betracht. Der Briefkasten bzw. die Vorrichtung im Sinne des § 180 ZPO müssen sich in ordnungsgemäßem Zustand befinden und für eine sichere Aufbewahrung des Postempfangs geeignet sein. Das Briefkastenschloss muss abgeschlossen sein. Ein an der Hauseingangstür eines Mehrfamilienhauses bestehender gemeinsamer Briefkastenschlitz genügt der Bestimmung des § 180 ZPO grundsätzlich nicht (vgl. *Göhler*, 18. Auflage 2021, Rdnr. 15 zu § 51 mit Verweis auf die Entscheidung des OLG Hamm, VRS 107, 109). Die Rechtsprechung des BGH (vgl. NJW 2011 S. 2440) hält es ausnahmsweise für ausreichend, wenn der Briefschlitz nur einem überschaubaren Personenkreis zugänglich ist, der Adressat die Post üblicherweise auf diesem Weg erhält und eine eindeutige Zuordnung zum Empfänger möglich ist. Gerade die eindeutige Zuordnung zum Empfänger ist aber beim gemeinsamen Briefkasten in Frage gestellt.

1.1.2.2 Durch Niederlegung, §§ 3 Abs. 2 Satz 2 VwZG, 181 ZPO

1.1.2.2.1 Niederlegung

Die Zustellung nach § 178 Abs. 1 Nr. 3 oder § 180 ZPO muss erfolglos versucht worden sein. Der Postbedienstete kann das Schriftstück in diesem Fall beim Zustellpostamt oder einer anderen von der Post dafür bestimmten Stelle am Zustellungsort oder am Ort des Amtsgerichts, in dessen Bezirk der Ort der Zustellung liegt (vgl. § 3 Abs. 2 Satz 2 VwZG), niederlegen oder bei der Behörde, die den Zustellungsauftrag erteilt hat, wenn sie ihren Sitz an einem der vorgezeichneten Orte hat. Zustellungszeitpunkt ist nicht mehr der Zeitpunkt, in dem der Postbedienstete das Schriftstück in den Geschäftsgang des Postamtes gibt (vgl. BVerwG, NJW 1991 S. 1904), sondern die Abgabe der schriftlichen Mitteilung gem. § 181 Abs. 1 Satz 3 ZPO (vgl. § 181 Abs. 1 Satz 4 ZPO).

Ein bei der Deutschen Post AG wegen vorübergehender Abwesenheit des Empfängers gestellter Nachsendungsantrag schließt eine Ersatzzustellung durch Niederlegung des zu übergebenden Schriftstücks am Zustellort nicht aus. Der Empfänger, welcher einen Nachsendungsantrag wegen vorübergehender Abwesenheit gestellt hat, kann nicht beanspruchen, dass die Deutsche Post AG ihm Schriftstücke am Ort des vorübergehenden Aufenthalts förmlich zustellt (vgl. VGH Mannheim, NJW 1997 S. 3330, 3331).

1.1.2.2.2 Schriftliche Mitteilung

Die schriftliche Mitteilung muss in der bei gewöhnlichen Briefen üblichen Weise (vgl. hierzu BVerwG, NJW 1985 S. 1179) abgegeben werden, (d. h., der Postzusteller hat so zu verfahren, wie er es auch sonst bei den für einen konkreten Empfänger bestimmten Sendungen tut), hilfsweise ist sie an der Tür der Wohnung, des Geschäftsraums oder der Gemeinschaftseinrichtung anzuheften. Sie ist unter der Anschrift der Person, der zugestellt werden soll, auf dem einschlägigen Vordruck nach der Zustellungsvordruckverordnung (siehe hierzu bereits oben Erl. 1.1.1) abzugeben, §§ 3 Abs. 2 Satz 3 VwZG, 181 Abs. 1 Satz 3 ZPO. Der Einwurf einer Niederlegungsbenachrichtung in einen Gemeinschaftsbriefkasten für mehrere Mietparteien mag gegen Postbenutzungsvorschriften verstoßen (vgl. LG Neuruppin, NJW 1997 S. 2337). Darauf kommt es aber nicht an, sondern auf die tatsächlich praktizierte und vom Empfänger akzeptierte oder jedenfalls hingenommene Übung der Briefzustellung (vgl. *Göhler*, 18. Auflage 2021, Rdnr. 17 zu § 51 mit Verweis auf BVerwG, a. a. O.). Man wird hier großzügiger sein können als im Falle des § 180 ZPO (siehe oben Erl. 1.1.2.1).

Unterbleibt die schriftliche Mitteilung, ist die Zustellung unwirksam (vgl. *Göhler*, 18. Auflage 2021, Rdnr. 17 zu § 51).

1.2 Zustellung durch die Post mittels Einschreiben

Nach § 4 Abs. 2 Satz 2 VwZG gilt ein eingeschriebener Brief mit dem dritten Tag nach der Aufgabe zur Post als zugestellt, es sei denn, dass das zuzustellende Schriftstück nicht oder zu einem späteren Zeitpunkt zugegangen ist.

1.2.1 Aufgabe zur Post

Nach § 4 Abs. 2 Satz 4 VwZG muss der Tag der Aufgabe zur Post in den Akten vermerkt werden. Der Posteinlieferungsschein, der sich in den Akten befindet, tritt an die Stelle des Aktenvermerks (vgl. BVerwG, Rpfleger 1982 S. 30).

1.2.2 Mittels Einschreiben

Die Behörde kann von sich aus anordnen, dass mittels Einschreiben (durch Übergabe oder mit Rückschein, § 4 Abs. 1 VwZG) zuzustellen ist. Dies empfiehlt sich jedoch nur dann, wenn zu erwarten ist, dass der Empfänger oder ein Ersatzempfänger (z. B. Angehörige, in der Wohnung oder im Geschäft angestellte Personen) angetroffen und auch bereit sein wird, das zuzustellende Schriftstück anzunehmen (vgl. Nr. 6 Abs. 2 VwZGVwV zum VwZG a. F.). Das Dokument wird nur gegen schriftliche oder elektronische Empfangsbestätigung ausgeliefert. Konnte das Schriftstück nicht ausgeliefert werden, hält es die Post sieben Werktage, beginnend mit dem Tag, der auf die versuchte Erstablieferung folgt, zur Abholung durch den Empfänger oder einen Empfangsbevollmächtigten bereit (vgl. *Göhler*, 18. Auflage 2021, Rdnr. 23a zu § 51 mit Verweis auf Abschnitt 4 Abs. 4 AGB Brief National). Verstreicht die Frist fruchtlos, ist das Schriftstück im Sinne von § 4 Abs. 1 VwZG nicht zugegangen (vgl. *Göhler*, 18. Auflage 2021, Rdnr. 23a zu § 51 mit Verweis auf BVerwG, NJW 1983 S. 2344, 2345).

1.2.3 Zugang

Mit der Auslieferung an den Empfänger oder einen Ersatzempfänger ist das Schriftstück im Sinne des § 4 Abs. 1 VwZG zugegangen. Bestehen im Einzelfall Zweifel über die Tatsache bzw. den Zeitpunkt des Zugangs, ist die Verwaltungsbehörde beweispflichtig (vgl. BayVerfGH, MDR 1977 S. 642, 643). Bringt eine Nachfrage bei der Postdienststelle keine Aufklärung, ist erneut zuzustellen (vgl. Nr. 6 Abs. 1 VwZGVwV zum VwZG a. F.).

1.3 Zustellung durch die Behörde gegen Empfangsbekenntnis

1.3.1 § 5 Abs. 1 VwZG

Das Schriftstück wird hier dem Empfänger von dem Bediensteten der Behörde grundsätzlich in einem verschlossenen Umschlag übergeben, § 5 Abs. 1 Satz 1 VwZG. Sofern keine schutzwürdigen Interessen des Empfängers entgegenstehen, kann das Dokument auch offen ausgehändigt werden, § 5 Abs. 1 Satz 2 VwZG. Der Empfänger hat ein mit dem Datum der Aushändigung versehenes Empfangsbekenntnis zu unterschreiben, § 5 Abs. 1 Satz 3 VwZG. Der Bedienstete bringt den Datumsvermerk auf dem Umschlag des auszuhändigenden Dokuments oder bei offener Aushändigung auf dem Dokument selbst an. Das Fehlen der Unterschrift des Empfängers mit vollem Namen auf dem Empfangsbekenntnis macht die Zustellung unwirksam (vgl. BGHZ 57, 160, 163, 166).

1.3.2 Ersatzzustellung

Für die Ersatzzustellung wird gem. § 5 Abs. 2 Satz 1 VwZG auf die §§ 177 bis 181 ZPO verwiesen. § 5 Abs. 2 Satz 2 VwZG bestimmt den Inhalt des Aktenvermerks je nach dem Tatbestand der Ersatzzustellung. Im Falle des § 178 ZPO ist der Grund zu vermerken, der diese Art der Zustellung rechtfertigt. Im Falle des § 179 ZPO ist zu vermerken, wer die

Annahme verweigert hat und dass das Dokument am Ort der Zustellung zurückgelassen oder an den Absender zurückgesandt wurde, sowie der Zeitpunkt und der Ort der verweigerten Annahme. In den Fällen der §§ 180, 181 ZPO ist zu vermerken, wann und wo die Dokumente in einen Briefkasten eingelegt oder sonst niedergelegt und in welcher Weise die Niederlegung schriftlich mitgeteilt wurde, sowie der Grund der Ersatzzustellung. § 5 Abs. 2 Satz 3 VwZG bestimmt, dass das zuzustellende Dokument im Falle des § 181 ZPO bei der Behörde, die den Zustellungsauftrag erteilt hat, niedergelegt werden kann, wenn diese Behörde ihren Sitz am Ort der Zustellung oder am Ort des Amtsgerichts hat, in dessen Bezirk der Ort der Zustellung liegt.

1.3.3 Zustellung zur Nachtzeit sowie an Sonn- allgemeinen Feiertagen

Zur Nachtzeit (vgl. hierzu § 5 Abs. 3 Satz 2 VwZG), sowie an Sonn- und allgemeinen Feiertagen darf eine Zustellung im Inland nach § 5 Abs. 1 und 2 VwZG nur mit schriftlicher oder elektronischer Erlaubnis des Behördenleiters bewirkt werden, die bei der Zustellung abschriftlich mitzuteilen ist, § 5 Abs. 3 Satz 1 und 3 VwZG. Werden die Vorschriften des § 5 Abs. 3 Satz 1 und 3 VwZG nicht beachtet, ist die Zustellung nur wirksam, wenn die Annahme des Dokuments nicht verweigert wird, sonst ist sie unwirksam, § 5 Abs. 3 Satz 4 VwZG.

1.3.4 § 5 Abs. 4, 5, § 5a VwZG

An die in § 5 Abs. 4 VwZG genannten Empfänger kann auch auf andere Weise gegen Empfangsbekenntnis zugestellt werden (z. B. durch Telefax, Computerfax oder E-Mail).

Über die Zustellungsform des § 5 Abs. 4 VwZG hinaus kann ein Dokument elektronisch zugestellt werden, wenn der Empfänger hierfür einen Zugang eröffnet hat, § 5 Abs. 5 Satz 1 VwZG. Das hat er dann getan, wenn er ein elektronisches Postfach einrichtet und dieses Postfach auch für die Zwecke der elektronischen Zustellung widmet (vgl. *Göhler*, 18. Auflage 2021, Rdnr. 27a zu § 51). Die bloße Angabe einer E-Mail-Adresse im Briefkopf reicht hierfür nicht aus (vgl. *Göhler*, a. a. O. mit Verweis auf die BT-Drucks. 15/5216, S. 13). Dies allein rechtfertigt nicht den Schluss, dass die Bereitschaft zum Empfang rechtlich verbindlicher Erklärungen auf diesem Wege besteht.

Voraussetzung der elektronischen Zustellung nach § 5 Abs. 5 VwZG ist, dass das Dokument mit einer qualifizierten elektronischen Signatur nach dem Signaturgesetz versehen wird und gegen unbefugte Kenntnisnahme Dritter geschützt ist, § 5 Abs. 5 Satz 3 VwZG. Das setzt einen sicheren Übermittlungsweg voraus, vgl. § 110c Satz 1 i. V. m. § 32a Abs. 4 Satz 1 und 2 StPO i. V. m. der ERRV, Kapitel 3 und 4 (zur Bekanntmachung eines elektronischen Dokuments vgl. auch bereits Erl. 4 zu § 50).

Nach § 5 Abs. 6 VwZG ist bei elektronischer Zustellung die Übermittlung mit dem Hinweis *„Zustellung gegen Empfangsbekenntnis"* einzuleiten, § 5 Abs. 6 Satz 1 VwZG. Die Übermittlung muss die absendende Behörde, den Namen und die Anschrift des Zustellungsadressaten sowie den Namen des Bediensteten erkennen lassen, der das Dokument zur Übermittlung aufgegeben hat, § 5 Abs. 6 Satz 2 VwZG. Unrichtigkeiten bei diesen Anforderungen machen die Zustellung nicht unwirksam (vgl. KKOWiG-*Lampe*, 5. Auflage 2018, Rdnr. 52b zu § 51).

Das mit Datum und Unterschrift versehene Empfangsbekenntnis ist zum Nachweis der Zustellung nach § 5 Abs. 4 und 5 VwZG durch die Post oder elektronisch mit einer qualifizierten elektronischen Signatur (§ 3a Abs. 2 Satz 2 VwVfG des Bundes bzw. der entsprechenden landesrechtlichen Regelungen) an die Behörde zurückzusenden, § 5 Abs. 7 Satz 1 VwZG. Zustellungszeitpunkt ist aber der Zeitpunkt, an dem der Empfänger das zuzustellende Schriftstück als zugestellt angenommen an (vgl. BVerwGE 58, 107, 108). Das ausgefüllte Empfangsbekenntnis erbringt vollen Beweis dafür, dass an dem vom Empfänger angegebenen Tag tatsächlich zugestellt wurde (vgl. BVerwG, BayVBl 1994 S. 251). Dies schließt allerdings nicht die Führung des Nachweises aus, dass die in dem Empfangsbekenntnis enthaltenen Angaben inhaltlich unzutreffend sind. Hieran sind aber strenge Anforderungen zu stellen (vgl. BGH, NJW 1996 S. 3014).

Ein elektronisches Dokument gilt in den Fällen des § 5 Abs. 5 Satz 2 VwZG am dritten Tag nach der Absendung an den vom Empfänger hierfür eröffneten Zugang als zugestellt, wenn der Behörde nicht spätestens an diesem Tag ein Empfangsbekenntnis nach § 5 Abs. 7 Satz 1 VwZG zugeht, § 5 Abs. 7 Satz 2 VwZG. § 5 Abs. 7 Satz 2 VwZG gilt nicht, wenn der Empfänger nachweist, dass das Dokument nicht oder zu einem späteren Zeitpunkt zugegangen ist, § 5 Abs. 7 Satz 3 VwZG. In den Fällen des § 5 Abs. 5 Satz 2 VwZG ist der Empfänger vor der Übermittlung über die Rechtsfolgen nach § 5 Abs. 7 Satz 2 und Satz 3 VwZG zu belehren, § 5 Abs. 7 Satz 4 VwZG. Die absendende Behörde hat zum Nachweis der Zustellung in den Akten zu vermerken, zu welchem Zeitpunkt und an welchen Zugang das Dokument gesendet wurde, § 5 Abs. 7 Satz 5 VwZG. Der Empfänger ist über den Eintritt der Zustellungsfiktion nach § 5 Abs. 7 Satz 2 VwZG zu benachrichtigen, § 5 Abs. 7 Satz 6 VwZG.

Die elektronische Zustellung kann über die in § 5 Abs. 4 und Abs. 5 Satz 1 und 2 VwZG vorgesehenen Möglichkeiten auch über De-Mail-Dienste erfolgen, § 5a VwZG, eingefügt mit Wirkung vom 3.5.2011 durch Gesetz vom 28.4.2011 (BGBl. I S. 666). Die elektronische Abholbestätigung soll den Zugangsbeweis verbessern (vgl. KKOWiG-*Lampe*, 5. Auflage 2018, Rdnr. 52d zu § 51).

Zum Nachweis der elektronischen Zustellung genügt die Abholbestätigung nach § 5 Abs. 9 des De-Mail-Gesetzes, § 5a Abs. 3 Satz 1 VwZG, die der Diensteanbieter (vgl. hierzu § 17 des De-Mail-Gesetzes) neben der Versandbestätigung nach § 5 Abs. 7 des De-Mail-Gesetzes zu erzeugen hat, § 5a Abs. 2 Satz 1 VwZG. Die Bestätigungen sind vom Diensteanbieter unverzüglich der absendenden Behörde zu übermitteln, § 5a Abs. 2 Satz 2 VwZG.

Ein elektronisches Dokument gilt in den Fällen des § 5 Abs. 5 Satz 2 VwZG am dritten Tag nach der Absendung an das De-Mail-Postfach des Empfängers als zugestellt, wenn er dieses Postfach als Zugang eröffnet hat und der Behörde nicht spätestens an diesem Tag eine Abholbestätigung nach § 5 Abs. 9 des De-Mail-Gesetzes zugeht, § 5a Abs. 4 Satz 1 VwZG. § 5a Abs. 4 Satz 1 VwZG gilt nicht, wenn der Empfänger nachweist, dass das Dokument nicht oder zu einem späteren Zeitpunkt zugegangen ist, § 5a Abs. 4 Satz 2 VwZG. Der Empfänger ist in den Fällen des § 5 Abs. 5 Satz 2 VwZG vor der Übermittlung über die Rechtsfolgen nach § 5a Abs. 4 Satz 1 und 2 zu belehren, § 5a Abs. 4 Satz 3 VwZG. Als Nachweis der Zustellung nach § 5a Abs. 4 Satz 1 VwZG dient die Versandbestätigung nach § 5 Abs. 7 des De-Mail-Gesetzes oder ein Vermerk der absendenden Behörde in den Akten, zu welchem Zeitpunkt und an welches De-Mail-Postfach das Dokument gesendet wurde, § 5a Abs. 4 Satz 4 VwZG. Der Empfänger ist über den Eintritt der Zustellungsfiktion nach § 5a Abs. 4 Satz 1 VwZG zu benachrichtigen, § 5a Abs. 4 Satz 5 VwZG.

1.4 Sonderarten der Zustellung

1.4.1 Zustellung im Ausland

Die Zustellung im Ausland, § 9 VwZG, ist die Vornahme einer Verfahrensmaßnahme außerhalb des eigenen Hoheitsgebietes.

Gem. § 9 Abs. 1 Nr. 1 VwZG darf ein Dokument im Ausland unmittelbar durch die Post durch Einschreiben mit Rückschein zugestellt werden, soweit dies völkerrechtlich zulässig ist. Dies ist dann der Fall, wenn eine zwischenstaatliche Vereinbarung besteht, der Aufenthaltsstaat dies einseitig einräumt oder wenn es das Völkergewohnheitsrecht gestattet. Der Übermittlungsweg ist in den Schengen-Staaten (ursprünglich Belgien, Niederlande, Luxemburg, Frankreich, Bundesrepublik) gem. Art. 52 Abs. 1, 4 SDÜ (BGBl. 1993 II S. 1010, 1994 II S. 631) vorgesehen. Die sog. Schengen-Liste sieht für deutsche Behörden die Mitteilung von Bußgeldbescheiden an Betroffene ausdrücklich vor (II E 2). Das zwischen den Mitgliedstaaten der EU geltende EU-RhÜbk (BGBl. 2005 II S. 650) hat die Regelungen des SDÜ weitgehend übernommen, wobei die Dokumente nicht auf die Schengen-Liste beschränkt sind. Im Verhältnis zu Österreich vgl. auch Art. 10 des Vertrages vom 31.8.1988 (BGBl. 1990 II S. 358, 1334) über die Rechts- und Amtshilfe in Verwaltungssachen – Unmittelbare Zustellung durch Einschreiben mit Rückschein ist zulässig. Für Zustellungen in die Schweiz gelten die deutsch-schweizerischen Verträge vom 27.4.1999 und 8.7.1999 zum EuRhÜbk (BGBl. 2001 II S. 946, 962, 2002 II S. 607), deren Liste der übermittlungsfähigen Schriftstücke im Wesentlichn der Schengen-Liste entspricht (vgl. im Einzelnen *Göhler*, 18. Auflage 2021, Rdnr. 28 zu § 51). Zum 12.12.2008 ist die Schweiz im Übrigen dem Schengen-Raum beigetreten (vgl. *Göhler*, a. a. O.), womit im Verhältnis zu ihr auch das SDÜ gilt. Dem SDÜ sind zahlreiche weitere Staaten beigetreten. Siehe im Einzelnen zu den Fallgestaltungen mit Auslandsberührung auch die Erl. 1 vor § 59 und Erl. 3 zu § 5.

Gem. § 9 Abs. 1 Nr. 2 VwZG erfolgt die Zustellung ins Ausland auf der Grundlage der zwischenstaatlichen Rechts- und Amtshilfe, wenn diese auch in Bußgeldsachen in zwischenstaatlichen Verträgen vorgesehen ist (vgl. z. B. Europäisches Übereinkommen in Verwaltungssachen über die Zustellung von Schriftstücken im Ausland, siehe hierzu Erl. 1 vor § 59), auf Ersuchen der Verwaltungsbehörde durch die Behörden des fremden Staates oder durch die zuständige diplomatische oder konsularische Vertretung der Bundesrepublik Deutschland.

§ 9 Abs. 1 Nr. 3 VwZG behandelt die Zustellung durch das Auswärtige Amt an Personen im Ausland, die das Recht der Immunität genießen und zu einer Vertretung der Bundesrepublik Deutschland im Ausland gehören, sowie an Familienangehörige einer solchen Person, wenn diese das Recht der Immunität genießen.

Soweit dies völkerrechtlich zulässig ist, kann eine Zustellung auch im Wege der Übermittlung elektronischer Dokumente nach § 5 Abs. 5 erfolgen, § 9 Abs. 1 Nr. 4 VwZG.

§ 9 Abs. 2 VwZG behandelt Fragen des Nachweises der Zustellung. Der Zustellungsnachweis begründet den vollen Beweis der darin bezeugten Tatsache. Bei der Zustellung gem. § 9 Abs. 1 Nr. 1 VwZG liegt der Nachweis im Rückschein, bei der Zustellung gem. § 9 Abs. 1 Nr. 2 und 3 VwZG im Zeugnis der ersuchten Behörde, bei der Zustellung gem. § 9 Abs. 1 Nr. 4 VwZG richtet sich der Nachweis der Zustellung nach § 5 Abs. 7 Satz 1 bis 3 und 5 VwZG sowie nach § 5a Abs. 3 und 4 Satz 1, 2 und 4 VwZG.

Den Bedürfnissen der Praxis wird die durch § 9 Abs. 3 Satz 1 VwZG eingeräumte Möglichkeit gerecht, in den Fällen der § 9 Abs. 1 Nr. 2 und 3 VwZG binnen einer angemessenen Frist einen Zustellungsbevollmächtigten zu benennen, der im Inland wohnt oder dort einen Geschäftsraum hat. Wird der Aufforderung nicht nachgekommen, können Zustellungen bis zur nachträglichen Benennung unter der Anschrift der Person, an die zugestellt werden soll, durch Aufgabe zur Post bewirkt werden, § 9 Abs. 3 Satz 2 VwZG. Das Dokument gilt dann am siebten Tag nach der Aufgabe zur Post als zugestellt, wenn nicht feststeht, dass es den Empfänger nicht oder zu einem späteren Zeitpunkt erreicht hat, § 9 Abs. 3 Satz 3 VwZG. Die Behörde kann eine längere Frist als sieben Tage bestimmen, § 9 Abs. 3 Satz 4 VwZG. Über die Rechtsfolge des § 9 Abs. 3 Satz 3 und 4 VwZG ist gem. § 9 Abs. 3 Satz 5 VwZG in der Anordnung nach § 9 Abs. 3 Satz 1 VwZG zu belehren. Die Aufgabe zur Post ist mit ihrem Zeitpunkt und der Anschrift des Dokuments zum Nachweis der Zustellung in den Akten zu vermerken, § 9 Abs. 3 Satz 6 VwZG. § 9 Abs. 3 Sätze 1 bis 6 VwZG finden keine Anwendung, wenn durch Rechtsvorschrift angeordnet ist, dass ein Verwaltungsverfahren über eine einheitliche Stelle nach §§ 71a ff. VwVfG abgewickelt werden kann, § 9 Abs. 3 Satz 7 VwZG.

1.4.2 Öffentliche Zustellung

1.4.2.1 Die öffentliche Zustellung hat folgende Voraussetzungen:

- Der Aufenthaltsort des Empfängers ist unbekannt und eine Zustellung an einen Vertreter oder Zustellungsbevollmächtigten nicht möglich, § 10 Abs. 1 Satz 1 Nr. 1 VwZG. Hierbei ist zu beachten, dass die öffentliche Zustellung nur als ultima ratio in Betracht kommt (vgl. BayObLG, VRS 66, 76, 77). Die Verwaltungsbehörde hat also unter Berücksichtigung des Verwaltungsaufwands, der Bedeutung der Sache und der Erfolgsaussichten alle zumutbaren Maßnahmen zu treffen. Ein Auskunftsersuchen an das Einwohnermeldeamt bzw. die Polizei, §§ 46 Abs. 1, 161 StPO, hat in jedem Fall zu erfolgen. Bei einem Ausländer muss auch beim Bundesverwaltungsamt (Ausländerzentralregister) nachgefragt werden (vgl. OLG Stuttgart, NJW 1976 S. 1599). Ein Suchvermerk im BZR wird eine überdurchschnittliche Bedeutung der Angelegenheit erfordern (vgl. §§ 27 ff. BZRG).
- Unausführbarkeit der Zustellung bei juristischen Personen, § 10 Abs. 1 Satz 1 Nr. 2 VwZG. Diese Voraussetzung liegt dann vor, wenn bei einer juristischen Person, die zur Anmeldung einer inländischen Geschäftsanschrift zum Handelsregister verpflichtet ist, eine Zustellung weder unter der eingetragenen Anschrift noch unter einer im Handelsregister eingetragenen Anschrift einer für Zustellungen empfangsberechtigten Person noch unter einer ohne Ermittlungen bekannten anderen inländischen Anschrift möglich ist.
- Unausführbarkeit der Zustellung im Ausland, d. h. die Auslandszustellung nach § 9 VwZG ist nicht möglich oder nicht Erfolg versprechend, § 10 Abs. 1 Satz 1 Nr. 3 VwZG.

Die Zustellung ist zunächst dann unausführbar, wenn im Falle des § 9 Abs. 1 Nr. 3 VwZG der exterritoriale Wohnungsinhaber das Betreten der Wohnung zum Zwecke der Zustellung verweigert, ferner dann, wenn im Falle des § 9 Abs. 1 Nr. 2 VwZG die Rechtshilfe verweigert wird, es im Ausland an geordneten staatlichen Einrichtungen fehlt oder bei Krieg.

1.4.2.2 Verfahren

Statt des Schriftstücks kann eine Benachrichtigung öffentlich bekannt gemacht werden, § 10 Abs. 2 VwZG. Die Bekanntmachung der Benachrichtigung erfolgt an der Stelle, die von der Behörde hierfür allgemein bestimmt ist oder durch Veröffentlichung der Benachrichtigung im (elektronischen) Bundesanzeiger. Die Mindestangaben der Benachrichtigung bestehen in der Angabe der zustellenden Behörde, § 10 Abs. 2 Satz 2 Nr. 1 VwZG, des Namens und der letzten bekannten Anschrift des Zustellungsadressaten, § 10 Abs. 2 Satz 2 Nr. 2 VwZG, im Datum und Aktenzeichen des Dokuments, § 10 Abs. 2 Satz 2 Nr. 3 VwZG, sowie der Stelle, wo das Dokument eingesehen werden kann, § 10 Abs. 2 Satz 2 Nr. 4 VwZG. Die Benachrichtigung muss belehrende Hinweise enthalten. Der allgemeine Hinweis nach § 10 Abs. 2 Satz 3 VwZG besteht darin, deutlich zu machen, dass das Dokument öffentlich zugestellt wird und Fristen in Gang gesetzt werden können, nach deren Ablauf Rechtsverluste drohen können. Bei Zustellung einer Ladung hat der Hinweis auf den Inhalt der Bestimmung des § 10 Abs. 2 Satz 4 VwZG zu genügen, d. h., es ist deutlich zu machen, dass das Dokument eine Ladung zu einem Termin enthält, dessen Versäumung Rechtsnachteile zur Folge haben kann. In den Akten ist Zeitpunkt und Art und Weise der Bekanntmachung zu vermerken, § 10 Abs. 2 Satz 5 VwZG. Die Zustellungsfiktion tritt gem. § 10 Abs. 2 Satz 6 VwZG ein, wenn zwei Wochen vergangen sind. Für die Fristberechnung gilt § 43 StPO.

Die öffentliche Zustellung muss durch einen zeichnungsberechtigten Bediensteten angeordnet werden, § 10 Abs. 1 Satz 2 VwZG. Die Zeichnungsberechtigung im Sinne dieser Bestimmung ist Sache der internen Behördenorganisation.

2. Adressaten der Zustellung

2.1 Allgemeines

Zustellungsbedürftige Bescheide (vgl. § 50 Abs. 1 Satz 2) sind an den Betroffenen zuzustellen, § 51 Abs. 2. Diesem gleichgestellt sind die Nebenbeteiligten, §§ 87 Abs. 2 Satz 2, Abs. 6, 88 Abs. 3.

2.2 Zustellung an den gesetzlichen Vertreter

2.2.1 Natürliche Personen

Nach Abs. 5 Satz 1 sind § 6 Abs. 1 VwZG und die entsprechenden landesrechtlichen Vorschriften nicht anzuwenden. Hintergrund ist, dass es für die Einlegung von Rechtsbehelfen nicht auf die Geschäftsfähigkeit, sondern auf die Verhandlungsfähigkeit ankommt. Hierunter versteht man die Fähigkeit, seine Interessen vernünftig wahrzunehmen, insbesondere die Bedeutung des Verfahrens sowie der einzelnen Verfahrensakte zu erkennen und sein Verhalten danach sinnvoll einzurichten (vgl. OLG Hamburg, MDR 1978 S. 422). Der Geschäftsunfähige wird aber in keinem Fall verhandlungsfähig und damit Zustellungsadressat sein können. Eine formlose Mitteilung ist erforderlich an den gesetzlichen Vertreter und den Erziehungsberechtigten, Abs. 2, §§ 46 Abs. 1, 67 Abs. 2 JGG. Für die Anfechtungsfrist kommt es aber auf die Zustellung an den Betroffenen an (vgl. bereits Erl. 5.3 zu § 50).

2.2.2 Juristische Personen

Bei Behörden wird an den Behördenleiter, bei juristischen Personen, nicht-rechtsfähigen Personenvereinigungen und Zweckvermögen wird an ihre gesetzlichen Vertreter zugestellt, § 6 Abs. 2 Satz 1 VwZG, die in dem Bescheid anzugeben sind. Bei mehreren gesetzlichen Vertretern oder Behördenleitern reicht die Zustellung an einen von ihnen, § 6 Abs. 3. Zur Ersatzzustellung vgl. §§ 3 Abs. 2 Satz 1 VwZG, 178 ZPO.

2.3 Zustellung an Bevollmächtigte

Die Zustellung an allgemeine oder für bestimmte Angelegenheiten bestellte Bevollmächtigte liegt im Ermessen der Verwaltungsbehörde, sofern nicht eine schriftliche Vollmacht vorliegt, § 7 Abs. 1 Satz 1 und 2 VwZG. Bestehen Zweifel, ob der Umfang der Vollmacht die Zustellung abdeckt, muss an den Betroffenen zugestellt werden. An den Insolvenzverwalter kann ein Bescheid mit Wirkung gegen den Gemeinschuldner nicht zugestellt werden (vgl. BayObLG, VRS 57, 225, 226 für den früheren Konkursverwalter – selbst bei Anordnung einer Postsperre nach § 121 Abs. 1 Satz 1 KO a. F.).

Vertritt ein Zustellungsbevollmächtigter mehrere Beteiligte, genügt für die Wirksamkeit der Zustellung die Zustellung eines Schriftstückes an ihn für alle Beteiligten, § 7 Abs. 1 Satz 3 VwZG, die Verwaltungsbehörde hat aber Ausfertigungen oder Abschriften in Höhe der Anzahl der Beteiligten zuzustellen, § 7 Abs. 2 VwZG.

2.4 Zustellung an den Verteidiger

Nach Abs. 5 Satz 2 sind § 7 Abs. 1 Satz 1 und 2 und Abs. 2 VwZG, sowie die entsprechenden landesrechtlichen Vorschriften nicht anzuwenden, wenn der Betroffene einen Verteidiger hat. Die Zustellung an einen anderen Bevollmächtigten ist dann ausgeschlossen. Dies gilt auch dann, wenn der Bevollmächtigte gem. § 7 Abs. 1 Satz 2 VwZG eine schriftliche Vollmacht vorgelegt hat.

2.4.1 Gesetzliche Zustellungsvollmacht

Während der Pflichtverteidiger bereits von der aktenkundigen Bestellung an als zustellungsbevollmächtigt gilt, muss beim Wahlverteidiger die Bevollmächtigung nachgewiesen sein, Absatz 3 Satz 1, 1. HS, um die gesetzliche Zustellungsvollmacht zu begründen. Durch Gesetz vom 25.6.2021 (BGBl. I. S. 2099, 2112, 2113) wurde mit Wirkung vom 1.7.2021 anstelle der Vollmacht, die sich bei den Akten befindet, der Nachweis der Bevollmächtigung in das Gesetz aufgenommen. Wie im Strafverfahren, so soll auch im Bußgeldverfahren vor der Verwaltungsbehörde im Regelfall die (elektronische) Kopie einer Vollmacht zum Nachweis der Bevollmächtigung ausreichen, Absatz 3 Satz 2. Dies ermöglicht es dem Verteidiger, die Vollmacht elektronisch zu den Akten einzureichen (vgl. amtliche Begründung des Gesetzes vom 25.6.2021, BT-Drucks. 19/27654 S. 132). Die Praxis hatte für die Begründung der gesetzlichen Zustellungsvollmacht die Vorlage der vom Beschuldigten (Betroffenen) unterschriebenen Originalvollmacht verlangt, was der elektronischen Einreichung der Verteidigervollmacht entgegenstünde (vgl. amtliche Begründung des Gesetzes vom 25.6.2021 zu § 145a StPO, BT-Drucks. 19/27654 S. 82). Soweit im Einzelfall begründete Zweifel daran bestehen, dass die vorgelegte Kopie einer beim Verteidiger vorhandenen Originalurkunde entspricht, können Strafverfolgungsbehörde oder Gericht die Vorlage der Vollmacht im Original verlangen, Absatz 3 Satz 3, 1. HS. Hierzu kann dem Verteidiger eine Frist gesetzt werden, Absatz 3 Satz 3, 2. HS, nach deren Ablauf nicht mehr davon ausgegangen werden kann, dass die Bevollmächtigung durch die übersandte Kopie nachgewiesen ist (vgl. amtliche Begründung des Gesetzes vom 25.6.2021 zu § 145a StPO, BT-Drucks. 19/27654 S. 82). In diesem Falle muss an den Betroffenen zugestellt werden (vgl. *Krenberger/Krumm*, 7. Auflage 2022, Rdnr. 22 zu § 51). Neben einer Abschrift oder Ablichtung der Vollmacht genügt für den Nachweis der Bevollmächtigung im Sinne von Absatz 3 Satz 1, 1. HS auch ein Aktenvermerk, dass der Betroffene dem Verteidiger mündlich vor der Verwaltungsbehörde Vollmacht erteilt hat (vgl. *Göhler*, 18. Auflage 2021, Rdnr. 44a zu § 51; BayObLG bei *Rüth*, DAR 1983 S. 241, 252; OLG Celle, NJW 1984 S. 244 zu § 145a StPO; BGH VRS 90, 387, 388: Konkludentes Handeln – Auftreten in der Hauptverhandlung – genügt nicht. Dasselbe gilt für das bloße Auftreten vor der Verwaltungsbehörde, vgl. *Göhler*, a. a. O.). Es genügt auch, wenn die Vollmacht vom Betroffenen in der Hauptverhandlung zu Protokoll erklärt worden ist (vgl. *Krenberger/Krumm*, 7. Auflage 2022, Rdnr. 22 zu § 51 mit Verweis auf OLG Köln, BeckRS 2013, 02528). Die Verwaltungsbehörde ist nicht verpflichtet, sich mit der mündlich erteilten Vollmacht zu begnügen (vgl. KKOWiG-*Lampe*, 5. Auflage 2018, Rdnr. 85 zu § 51). Eine bestimmte Formulierung seitens des Betroffenen ist für die Bevollmächtigung nicht notwendig, aber eine Blankovollmacht reicht jedenfalls nicht aus (vgl. *Krenberger/Krumm*, 7. Auflage 2022, Rdnr. 22 zu § 51 mit Verweis auf OLG Stuttgart, NStZ-RR 2001 S. 24).

Ein Verstoß gegen Absatz 3 Satz 1, 1. HS, d. h. das Fehlen der erforderlichen Legitimation des Verteidigers, macht die Zustellung an den Verteidiger unwirksam (vgl. OLG Karlsruhe, Die Justiz 1982 S. 375). Eine erst nach Zustellung zur Akte eingereichte Vollmacht heilt diesen Mangel nicht (vgl. *Göhler*, 18. Auflage 2021, Rdnr. 44a zu § 51 mit Verweis auf OLG Rostock, VRS 107, 442 und OLG Stuttgart, Die Justiz 1983 S. 466).

Liegen die Voraussetzungen der gesetzlichen Zustellungsfiktion im Sinne des Absatzes 3 Satz 1, 1. HS nicht vor, sollte das Vorliegen einer rechtsgeschäftlichen Zustellungsvollmacht geprüft werden, die nicht an eine besondere Form gebunden ist, zur Zeit der Zustellung nicht bereits zu den Akten gereicht sein, aber gleichwohl zum Zeitpunkt der Zustellung bestehen muss und auch nachträglich eindeutig nachgewiesen werden kann (vgl. *Krenberger/Krumm*, 7. Auflage 2022, Rdnr. 22a zu § 51 mit Verweis auf OLG Bamberg, BeckRS 2017, 103592). Die rechtsgeschäftliche Zustellungsvollmacht verlangt, dass sie entweder ausdrücklich als solche erteilt oder unbeschränkt ist (vgl. *Göhler*, 18. Auflage 2021, Rdnr. 44a zu § 51). Im Gegensatz zur gesetzlichen Zustellungsvollmacht im Sinne von Absatz 3 Satz 1, 1. HS ist sie widerruflich (vgl. § 168 Satz 2 BGB).

Zur Empfangnahme einer Ladung berechtigt die gesetzliche Zustellungsvollmacht nur dann, wenn der Verteidiger in der Vollmacht ausdrücklich hierzu ermächtigt ist, § 51 Absatz 3 Satz 1, 2. HS. Der gesetzliche Wortlaut ist nicht ähnlich eindeutig wie die Bestimmung des § 145a Abs. 2 Satz 1 StPO, die die ausdrückliche Ermächtigung offensichtlich nur für den Wahlverteidiger verlangt. Es besteht hiernach kein Grund, im Ordnungswidrigkeitenrecht strengere Anforderungen zu stellen als im Strafprozessrecht. Es versteht sich im Übrigen von selbst, wurde vom Gesetzgeber aber noch einmal in der amtlichen Begründung des Gesetzes vom 25.6.2021 klargestellt, dass es auch für die Zustellung von Ladungen nicht mehr darauf ankommen soll, dass sich die Vollmacht im Original bei den Akten befindet. Es genügt, dass sich die Bevollmächtigung zur Empfangnahme von Ladungen ausdrücklich aus einer zu den Akten gereichten (digitalen) Kopie der Vollmachtsurkunde ergibt (vgl. amtliche Begründung des Gesetzes vom 25.6.2021, BT-Drucks. 19/27654 S. 83). Der Gesetzgeber hat in diesem Zusammenhang sogar zusätzlich klargestellt, dass künftig auch die Möglichkeit bestehen soll, die Bevollmächtigung in der Hauptverhandlung zu Protokoll zu erklären und den Verteidiger darin zur Empfangnahme von Ladungen zu bevollmächtigen (vgl. BT-Drucks. a. a. O.). Die o. g. Rechtsprechung wurde vom Gesetzgeber also bestätigt.

Hat der Betroffene seinem Verteidiger das Mandat entzogen, gilt trotzdem die Vertretung im Interesse der Rechtssicherheit noch solange als fortbestehend, als nicht die Beendigung des Verteidigungsverhältnisses durch Erlöschen der Vollmacht der Verwaltungsbehörde angezeigt worden ist (vgl. OLG Koblenz, VRS 71, 203). Die Zustellungsvollmacht endet, wenn der Verteidiger zurückgewiesen wurde, §§ 46 Abs. 1, 146a StPO, wenn die Genehmigung fehlt, §§ 46 Abs. 1, 138 Abs. 2 StPO, beim Pflichtverteidiger, wenn die Bestellung zurückgenommen wurde.

2.4.2 Betroffener

Soweit nicht der Verteidiger ausdrücklich eine Zustellung an sich gewünscht hat, liegt es im pflichtgemäßen Ermessen der Verwaltungsbehörde, ob sie an den Betroffenen oder seinen Verteidiger zustellen will (vgl. LG Berlin, AnwBl. 1980 S. 120). Dies zeigt auch die gegenseitige Unterrichtung in Abs. 3 Satz 4 und 5, deren Nichteinhaltung aber die Zustellung nicht unwirksam macht. Zum Verwaltungsverfahrensrecht vgl. BVerwG, BayVBl 1998 S. 374: Die Bekanntgabe an den Betroffenen lässt den Verwaltungsakt in jedem Fall wirksam werden. Die Ergänzung, dass der Verwaltungsakt auch einem Bevollmächtigten bekannt gegeben werden kann, stellt danach lediglich eine Erweiterung der der Behörde eröffneten Möglichkeiten dar.

2.4.3 Mehrere Verteidiger

In diesem Fall kann an jeden Verteidiger zugestellt werden (vgl. BGH, NStZ 1987 S. 422, 423), wobei die übrigen dann aber, ebenso wie der Betroffene, zu unterrichten sind, Abs. 3 Satz 4 und 5 analog (vgl. KKOWiG-*Lampe*, 5. Auflage 2018, Rdnr. 90 zu § 51). Ist im Rubrum einer Verteidiger-Vollmacht lediglich der Name der Anwaltssozietät oder Anwaltskanzlei aufgeführt, erfasst die Vollmacht grundsätzlich alle der Kanzlei bzw. Sozietät angehörenden Rechtsanwälte (vgl. *Krenberger/Krumm*, 7. Auflage 2022, Rdnr. 22 zu § 51). Es erscheint nur konsequent, Zustellungen an die Anwaltskanzlei bzw. Anwaltssozietät als wirksam und verjährungsunterbrechend zu behandeln.

Für Zustellungen an einen Rechtsanwalt aus einem EG-Mitgliedstaat oder einem Vertragsstaat des EWR vgl. das Gesetz über die Tätigkeit europäischer Rechtsanwälte in Deutschland, EuRAG (vgl. BGBl. I 2000 S. 182, ber. S. 1349). Zustellungen können an den niedergelassenen europäischen Rechtsanwalt unmittelbar bewirkt werden.

2.5 Doppelzustellung

Absatz 3 Satz 4 und 5 gehen davon aus, dass es eine Doppelzustellung nach dem OWiG grundsätzlich nicht gibt. Wird dennoch z. B. an den Betroffenen und an den Verteidiger zugestellt, gilt nach Absatz 4 für die Fristberechnung die zuletzt bewirkte Zustellung (vgl. aber BayObLG bei *Bär,* DAR 1993 S. 369, 373: Um eine Doppelzustellung handelt es sich nicht, wenn die später an den Verteidiger bewirkte Zustellung unwirksam ist). Erforderlich ist jedoch, dass die spätere Zustellung vor Ablauf der mit der ersten Zustellung in Gang gesetzten Frist bewirkt sein muss (vgl. BGH bei *Pfeiffer/Miebach*, NStZ 1985 S. 13, 17 zu § 37 Abs. 2 StPO).

Eine Doppelzustellung im Sinne des Absatzes 4 erfordert die Zustellung an mehrere Empfangsberechtigte. Wird an einen Empfangsberechtigten mehrmals zugestellt, gilt für die Fristberechnung die erste Zustellung (vgl. BGH, NJW 1978 S. 60 zu § 37 StPO).

2.6 Sonderfälle

Bei der Zustellung an Soldaten der Bundeswehr gilt als Ersatzzustellungsart diejenige an den Kompaniefeldwebel bzw. dessen Stellvertreter (vgl. Erlass des BMVg vom 23.7.1998, VMBl. S. 246). Die Ersatzzustellung auf der Poststelle ist unwirksam (vgl. *Göhler*, 18. Auflage 2021, Rdnr. 37 zu § 51 mit Verweis auf LG Münster, MDR 1978 S. 427).

An Binnenschiffer und Seeleute kann kraft Gewohnheitsrechts auf allen Wasserstraßen und in allen Häfen der Bundesrepublik auch mit Hilfe der Wasserschutzpolizei gegen Empfangsbekenntnis zugestellt werden (vgl. Schiffahrtsobergericht Hamm, NJW 1965 S. 1613).

3. Zustellungsmängel

Hier kann es vernünftigerweise nur zwei Kategorien von Zustellungsmängeln geben. Schwere Zustellungsmängel machen die Zustellung unwirksam, eine Rechtsbehelfsfrist wird nicht in Lauf gesetzt. Der Bußgeldbescheid würde in diesem Fall nicht rechtskräftig (vgl. OLG Düsseldorf, VRS 61, 274, 275). Die Wirksamkeit des Bußgeldbescheids als Verfahrensgrundlage ist dadurch nicht in Frage gestellt.

Hiervon zu unterscheiden sind reine Ordnungsverstöße, die die Wirksamkeit der Zustellung und damit den Lauf der Rechtsbehelfsfrist unberührt lassen. Die Schaffung einer dritten Fallgruppe (Ordnungsverstoß, der Rechtsbehelfsfrist nicht in Lauf setzt, vgl. *Göhler*, 18. Auflage 2021, Rdnr. 50 zu § 51) ist von der Praxis her nicht geboten und wirkt gekünstelt. Brauchbare Ergebnisse sind hier genausogut mit den beiden genannten Fallgruppen zu erzielen.

3.1 Unwirksamkeit der Zustellung

Eine unwirksame Zustellung liegt zunächst dann vor, wenn sich die formgerechte Zustellung nicht nachweisen lässt (die Postzustellungsurkunde fehlt, vgl. OLG Braunschweig, NdsRpfl. 1973 S. 242, 243). Die Zustellung ist ferner dann unwirksam, wenn zwingende Zustellungsvorschriften verletzt wurden (z. B. Verletzung des Abs. 3 Satz 1, siehe oben Erl. 2.4.1).

Zustellungsmängel können geheilt werden (vgl. § 8 VwZG), indem der Mangel ausgeräumt wird oder ein Vorgang nachgeholt wird. Für alle Zustellungsarten ist ein Zustellungsmangel in dem Zeitpunkt geheilt, in dem das Schriftstück dem Empfangsberechtigten tatsächlich zugegangen ist, § 8 Satz 1 VwZG. Beim Sonderfall der elektronischen Zustellung gem. § 5 Abs. 5 VwZG muss der Empfänger das Empfangsbekenntnis zurückgesendet haben, § 8 Satz 2 VwZG. Die unwirksame, nicht geheilte Zustellung muss erneut ausgeführt werden. Die Entscheidung setzt in diesem Fall keine Rechtsbehelfsfrist in Gang. Die Entscheidung kann auch nicht vollstreckt werden. Der Zustellungsvorgang muss wiederholt werden.

3.2 Verstoß gegen Ordnungsvorschriften

Als Beispiel hierfür mag Absatz 3 Satz 4 und 5 dienen. Allgemein wird man einen Verstoß gegen Ordnungsvorschriften anzunehmen haben, wenn der Anspruch des Betroffenen auf rechtliches Gehör durch die Verletzung der Vorschrift nicht beeinträchtigt wird (vgl. BVerfGE 67, 208, 211). In dem genannten Beispiel ist die Rechtsverteidigung des Betroffenen nicht tangiert, da er in einem Fall selbst Zustellungsadressat ist, im anderen Fall ist es eine Person, die er mit der Wahrnehmung seiner Rechte betraut hat.

§ 52
Wiedereinsetzung in den vorigen Stand

(1) Für den befristeten Rechtsbehelf gegen den Bescheid der Verwaltungsbehörde gelten die §§ 44, 45, 46 Abs. 2 und 3 und § 47 der Strafprozessordnung über die Wiedereinsetzung in den vorigen Stand entsprechend, soweit Absatz 2 nichts anderes bestimmt.

(2) Über die Gewährung der Wiedereinsetzung in den vorigen Stand und den Aufschub der Vollstreckung entscheidet die Verwaltungsbehörde. Ist das Gericht, das bei rechtzeitigem Rechtsbehelf zur Entscheidung in der Sache selbst zuständig gewesen wäre, mit dem Rechtsbehelf befaßt, so entscheidet es auch über die Gewährung der Wiedereinsetzung in den vorigen Stand und den Aufschub der Vollstreckung. Verwirft die Verwaltungsbehörde den Antrag auf Wiedereinsetzung in den vorigen Stand, so ist gegen den Bescheid innerhalb von zwei Wochen nach Zustellung der Antrag auf gerichtliche Entscheidung nach § 62 zulässig.

Erläuterungen

Übersicht

Vorbemerkung

Die Wiedereinsetzung in den vorigen Stand bezweckt, den Antragsteller so zu stellen, wie wenn die Einlegung eines befristeten Rechtsbehelfs (vgl. hierzu Erl. 3.1 zu § 50) nicht versäumt worden wäre. Die bereits eingetretene Rechtskraft eines Bescheides der Verwaltungsbehörde wird beseitigt (vgl. Erl. 4 zu § 31). Die Einspruchsverwerfung als unzulässig, § 70, wird ebenfalls obsolet, unabhängig davon, ob die Entscheidung des Gerichts aufgehoben wird.

1. Materielle Voraussetzungen der Wiedereinsetzung

1.1 Verhinderung an der Einhaltung einer Rechtsbehelfsfrist

Gemäß §§ 52 Abs. 1, 44 Satz 1 StPO setzt die Wiedereinsetzung voraus, dass der Antragsteller (vgl. hierzu Erl. 2) an der Einhaltung der Rechtsbehelfsfrist verhindert war.

Eine Verhinderung in diesem Sinne ist immer dann anzunehmen, wenn man eine Frist einhalten wollte, aber nicht eingehalten hat. Wer von einem befristeten Rechtsbehelf bewusst keinen Gebrauch macht, war nicht verhindert (vgl. BayObLGSt 70, 148, 149). Ein bewusstes Absehen von der Rechtsbehelfseinlegung in diesem Sinne liegt auch dann vor, wenn die Rechtsfolgen der Entscheidung oder die Erfolgsaussichten des Rechtsbehelfs falsch beurteilt werden (vgl. OLG Düsseldorf, MDR 1982 S. 866).

1.2 Ohne Verschulden

Der Antragsteller muss ohne Verschulden an der Einhaltung der Rechtsbehelfsfrist verhindert gewesen sein, §§ 52 Abs. 1, 44 StPO.

Das Merkmal ist dann gegeben, wenn der Antragsteller die unter Berücksichtigung seiner persönlichen Verhältnisse gebotene und ihm im Einzelfall zumutbare Sorgfalt nicht außer Acht gelassen hat, ihm also kein Vorwurf gemacht werden kann, dass er die Frist versäumt hat (vgl. *Göhler*, 18. Auflage 2021, RdNr. 3b zu § 52). Die Gewährung von Wiedereinsetzung steht in engem Zusammenhang mit der Gewährung von rechtlichem Gehör. Die Anforderungen an die Sorgfaltspflicht dürfen deshalb nicht überspannt werden (vgl. BVerfGE 40, 42, 44).

1.2.1 Verschulden in der Person des Antragstellers

Die Unkenntnis von der Zustellung bzw. Ersatzzustellung (vgl. hierzu die Erl. zu § 51) entlastet den Antragsteller dann nicht, wenn er nicht nur vorübergehend (länger als sechs Wochen) oder häufiger, wenn auch nur über kürzere Zeiträume (z. B. Vertreter), abwesend ist und keine Vorkehrungen dafür trifft, dass er über ein amtliches Schriftstück rechtzeitig unterrichtet wird (vgl. BVerfGE 41, 332, 335 – für die Zustellung eines Bußgeldbescheids oder Strafbefehls, wobei betont wird, dass für spätere Verfahrensabschnitte die Sorgfaltsanforderungen steigen können; BVerwG, NVwZ-RR 1995 S. 613: Begibt sich ein Geschäftsmann, der die Zustellung eines Widerspruchsbescheids erwartet, für zwei Wochen ins Ausland, ohne dies dem im Widerspruchsverfahren von ihm bevollmächtigten Rechtsanwalt mitzuteilen und ihn ausreichend zu instruieren oder auf andere Weise für die Nachsendung des Bescheides zu sorgen, so ist Wiedereinsetzung in den vorigen Stand wegen einer dadurch verursachten Versäumung der Klagefrist nicht zu gewähren.). Im gerichtlichen Bußgeldverfahren ist vom Betroffenen allgemein zu erwarten, dass er besondere Vorkehrungen zur Verfolgung seiner Interessen trifft (vgl. BGHSt 27, 85, 89). Ein der Wiedereinsetzung entgegenstehendes Verschulden des Betroffenen wird nicht allein schon wegen der unterlassenen Benachrichtigung des Verteidigers gemäß §§ 46 Abs. 1, 145a Abs. 3 Satz 2 StPO ausgeschlossen. Dies würde nur dann gelten, wenn er den Verteidiger beauftragt hätte, in dem gegenständlichen oder in allen gerichtlichen Verfahren von sich aus Rechtsmittel einzulegen, wenn er Kenntnis von Entscheidungen erlangt, die den Betroffenen beschweren. Ohne einen solchen Auftrag darf der Betroffene aber nicht darauf vertrauen, dass sein Verteidiger – dessen Kenntnis vom angefochtenen Urteil vorausgesetzt – von sich aus das zulässige Rechtsmittel einlegt. Vielmehr muss er sich mit dem Verteidiger in Verbindung setzen und ihn mit der Einlegung des Rechtsmittels beauftragen (vgl. OLG Düsseldorf, VRS 98, 41, 43; siehe auch Erl. 1.2.2).

Eine Verzögerung bei der Briefbeförderung ist dem Antragsteller dann zuzurechnen, wenn er die normale Postlaufzeit nicht einkalkuliert. Bei Unkenntnis hat sich der Antragsteller über die normale Brieflaufzeit bei der Post zu informieren (vgl. BVerfGE 41, 23, 27). Fehler in der Adressierung hat sich der Antragsteller entgegenhalten zu lassen (vgl. BVerwG,

BayVBl 1990 S. 378, 379). Hierauf beruhende Postverzögerungen rechtfertigen nur dann die Wiedereinsetzung, wenn sie auf dem (Mit-)Verschulden Dritter beruhen. Es gibt keinen allgemeinen Grundsatz, dass eine Verwaltungsbehörde verpflichtet ist, unterfrankierte Briefsendungen – zumal ohne Absenderangabe – anzunehmen und zwar auch dann nicht, wenn es um das Einhalten einer Ausschlussfrist geht (vgl. OVG Hamburg, NJW 1995 S. 3137, 3138).

1.2.2 Behördenverschulden

Behördenverschulden ist dem Antragsteller grundsätzlich nicht anzulasten.

Die unterlassene bzw. in einem wesentlichen Punkt unvollständige oder unrichtige Belehrung nach § 50 Abs. 2, die für die Fristversäumung ursächlich war (vgl. OLG Düsseldorf, NStZ 1986 S. 233 – § 44 Satz 2 StPO bezieht sich lediglich auf das in Satz 1 angesprochene Schuldelement. Unberührt bleibt jedoch die Voraussetzung der Verhinderung, sodass zusätzlich zur unterbliebenen Belehrung zwischen diesem Umstand und der Fristversäumnis ein ursächlicher Zusammenhang bestehen muß.), schließt das Verschulden aus. Bei Rechtskundigen müssen an die Glaubhaftmachung der Ursächlichkeit einer fehlerhaften Belehrung strengere Maßstäbe angelegt werden als bei Nicht-Rechtskundigen (vgl. *Wendisch*, NStZ 1986 S. 234). Bei letzteren wird im Zweifel Kausalität anzunehmen sein, es sei denn, es liegen besondere Anhaltspunkte für das Gegenteil vor. Versäumt ein Betroffener die Frist für den Antrag auf Zulassung der Rechtsbeschwerde, §§ 79 Abs. 3 Satz 1, 341 Abs. 1 StPO, weil er die mündlich erteilte Rechtsmittelbelehrung missverstanden hat, so ist Wiedereinsetzung in den vorigen Stand zu gewähren, wenn dem Betroffenen entgegen Nr. 142 i. V. m. Nr. 285 der Richtlinien für das Straf- und Bußgeldverfahren (RiStBV) kein Merkblatt ausgehändigt worden ist (vgl. OLG Köln, NStZ 1997 S. 404).

Eine für einen Ausländer abgefasste Rechtsbehelfsbelehrung in deutscher Sprache wird regelmäßig zur unverschuldeten Fristversäumnis führen, es sei denn, der Ausländer ist der deutschen Sprache ausreichend mächtig oder konnte zumindest den Inhalt des Bußgeldbescheides soweit erfassen, dass es sich insoweit um ein ihn belastendes amtliches Schriftstück handelt und hat sich trotzdem fristgerecht nicht Gewissheit über den genauen Inhalt verschafft (vgl. BVerfGE 42, 120, 127; vgl. auch Erl. 5.2 zu § 50).

Die unterlassene Unterrichtung des Verteidigers nach § 51 Abs. 3 Satz 5 muss der Antragsteller nicht durch eigene Information kompensieren. Er kann von der Unterrichtung ausgehen. Die daraus folgende Fristversäumung ist unverschuldet (vgl. auch oben Erl. 1.2.1).

Die unzuständige Stelle hat die zuständige Stelle mit der gebotenen und zuzumutenden Beschleunigung einzuschalten (vgl. KKOWiG-*Lampe*, 5. Auflage 2018, Rdnr. 17 zu § 52) und dadurch das Angehen der unzuständigen Stelle zu korrigieren (vgl. auch Erl. 3 zu § 67). Notfalls ist die zuständige Stelle telefonisch (vgl. OLG Zweibrücken, MDR 1982 S. 166) oder per Telefax vom Eingang zu benachrichtigen (a. A. *Meyer-Goßner/Schmitt/Schmitt*, StPO, 66. Auflage 2023, Rdnr. 12b und 17 zu § 44 mit Verweis auf die Rechtsprechung des OLG Hamm, NStZ-RR 2008 S. 283, NStZ 1985 S. 472, und des OLG Düsseldorf, NStZ 1984 S. 184).

Ein Behördenverschulden liegt ferner in der verzögerten Entgegennahme eines eingelegten Rechtsbehelfs (vgl. OLG Hamm, NJW 1976 S. 762: Fehlen eines Nachtbriefkastens, der die Rechtzeitigkeit eines Eingangs vor Mitternacht beweisen kann; BVerfGE 44, 302, 306: Nicht rechtzeitiges Abholen aus dem Postfach der Verwaltungsbehörde).

1.2.3 Verschulden des Verteidigers

Zu einer Überwachung des Verteidigers ist der Betroffene grundsätzlich nicht verpflichtet, es sei denn, ihm ist die Unzuverlässigkeit des Verteidigers bekannt (vgl. BGHSt 25, 89, 92 – Der Verteidiger nimmt es offenkundig mit der Einhaltung wichtiger verfahrensrechtlicher Bestimmungen nicht genau; BGH, NStZ 1997 S. 560, 561 – Der Betroffene kann dann nicht von der Verantwortung für die Versäumung einer Frist freigestellt werden, wenn er trotz wiederholter Anfragen den Eindruck gewinnt, der Anwalt treffe keine Anstalten, das Rechtsmittel fristgerecht zu bearbeiten; OLG Düsseldorf, NZV 1995 S. 164 – Der Betroffene hat Anlass, an der Zuverlässigkeit seines Verteidigers zu zweifeln.). Wird der Rechtsanwalt am letzten Tag der Rechtsmittelfrist mit der Einlegung des Rechtsmittels beauftragt, kann der Betroffene auf den rechtzeitigen Eingang der Rechtsmittelschrift vertrauen (vgl. OLG Rostock, NStZ 1994 S. 200). Ein Rechtsmittelschriftsatz, der durch Telefax eingelegt wird, ist verspätet, wenn die Übermittlung der letzten Seite mit der Unterschrift des Rechtsanwalts im konkreten Fall um 00.02 Uhr (am Tage nach Fristablauf erfolgt; vgl. hierzu auch Erl. 4 zu § 67). Erfolgt die Übermittlung durch den Verteidiger, ist Wiedereinsetzung in den vorigen Stand von Amts wegen zu gewähren, da der Betroffene die Fristversäumnis nicht zu vertreten hat (vgl. KG, NJW 1997 S. 1864).

Soweit es nicht um die Fristversäumnis bei einem Rechtsbehelf gegen die Ahndung (Schuld- und Rechtsfolgenanspruch) geht, gilt der allgemeine Verfahrensgrundsatz des § 85 Abs. 2 ZPO, d. h. das Verschulden des Verteidigers ist zuzurechnen (vgl. BGHSt 26, 126, 127). Als Beispiel mag dienen eine versäumte Frist nach § 110 Abs. 2. Der Rechtsanwalt muss sich bei Unterzeichnung des eine Gerichtsentscheidung betreffenden Empfangsbekenntnisses diese Entscheidung im Hinblick auf etwaige durch die Zustellung ausgelöste Fristen vorlegen lassen. Er muss auch durch entsprechende Weisung an das Büropersonal dafür sorgen, dass solche Gerichtsentscheidungen auch seinem Vertreter vorgelegt werden (vgl. BVerwG DÖV 1995 S. 564 zu § 60 VwGO). Ein Rechtsanwalt, der einer Anwaltssozietät angehört, nimmt ein ihm angetragenes Mandat zur Prozessführung in der Regel im Namen dieser Sozietät an und verpflichtet nicht nur sich persönlich, sondern auch die mit ihm zur gemeinsamen Berufsausübung verbundenen Kollegen. Der Zurechnung des Anwaltsverschuldens steht nicht entgegen, dass dem schuldhaft handelnden Anwalt nur eine untergeordnete Tätigkeit übertragen war (vgl. BGH, NJW 1995 S. 1841).

Die Verwendung der richtigen Empfängernummer im Telefax-Verkehr entspricht der Adressierung des Schreibens. Deshalb muss ein Rechtsanwalt bei Übermittlung fristgebundener Schriftsätze mittels Telefax durch organisatorische Maßnahmen sicherstellen, dass der Sendebericht nicht nur auf die vollständige und fehlerfreie Übermittlung des Textes sondern auch auf die richtige Empfängernummer abschließend kontrolliert wird (vgl. BAG, NJW 1995 S. 2742).

Verwendet ein Rechtsanwalt einen EDV-gestützten Fristenkalender, muss er durch eine hinreichende Kontrolle gewährleisten, dass Eingaben von Datensätzen, die von dem entsprechenden Programm nicht ausgeführt worden sind, rechtzeitig erkannt werden (vgl. BGH, NJW 1995 S. 1756, 1757).

Werden im Anwaltsbüro unterschiedliche Verfahren namensgleicher Parteien geführt, so stellt das Fehlen einer Anordnung, zur Kennzeichnung eines Aktenvorgangs im Fristenkalender außer den Parteinamen noch einen unterscheidenden Zusatz anzubringen, einen anwaltlichen Organisationsmangel dar (vgl. BGH, NJW 1995 S. 2562).

Erteilt das Gericht eine Auskunft über die Zustellung des Urteils, dann darf der Rechtsanwalt sich auf die Auskunft verlassen, soweit aus seiner Sicht keine Anhaltspunkte dafür vorliegen, dass diese Auskunft unzutreffend sein könnte (vgl. BGH, NJW 1996 S. 1477).

Für die Übermittlung fristwahrender Schriftsätze per Telefax ist nach ständiger Rechtsprechung für eine wirksame Endkontrolle erforderlich, dass die jeweilige Frist erst gelöscht wird, wenn ein von dem Telefaxgerät des Absenders ausgedruckter Einzelnachweis vorliegt, der die ordnungsgemäße Übermittlung belegt (vgl. LG Dortmund, NJW 1996, S. 1832, 1833).

Wird dem Anwalt eine Rechtssache zur Fertigung eines Rechtsmittels vorgelegt, so entsteht damit für diesen eine eigene Pflicht zur Prüfung des Fristablaufs, von der er sich auch nicht durch eine allgemeine Anweisung befreien kann, ihn täglich an unerledigte Fristsachen zu erinnern (vgl. BGH, NJW 1997 S. 1311). Der Rechtsanwalt muss durch büro-organisatorische Maßnahmen sicherstellen, dass die aufgrund einer mündlichen Mitteilung des

Gerichts, eine Frist sei verlängert worden, vorgenommene Eintragung im Fristenbuch mit der später eingehenden schriftlichen gerichtlichen Nachricht verglichen und ggf. berichtigt wird (vgl. BGH, NJW 1997 S. 1860). Den Verteidiger trifft ein eigenes Verschulden an der Fristversäumung, wenn er sich in Sachen, die ihm aufgrund Büroversehens als nichtfristgebunden vorgelegt werden, nicht in angemessener Zeit durch einen Blick in die Akten wenigstens davon überzeugt, was zu tun ist und wie lange er sich mit der Bearbeitung Zeit lassen kann (vgl. BGH, NJW 1998 S. 460, 461). Ein Kanzleiversehen ist wiederum dem Verteidiger und damit auch dem Antragsteller nur dann zuzurechnen, wenn der Verteidiger das Personal nicht sorgfältig ausgewählt bzw. überwacht hat oder wenn keine zur Verhinderung von Fristüberschreitungen taugliche Büroorganisation vorhanden ist (vgl. BGH, NJW 1975 S. 1362, 1363; BGH, NJW 1999 S. 1540: Zu der wirksamen Ausgangskontrolle in jedem Rechtsanwaltsbüro gehört neben der ordnungsgemäßen Führung des Fristenkalenders auch die Anordnung des Rechtsanwalts, durch die gewährleistet wird, dass die Erledigung der fristgebundenen Sachen am Abend eines jeden Arbeitstages anhand des Fristenkalenders von einer dazu beauftragten Bürokraft überprüft wird; BGH, NJW 1997 S. 327: Verwendet ein Rechtsanwalt einen von einer Fachfirma erstellten EDV-gestützten Fristenkalender, ist es nicht erforderlich, dass er als Vorsorge für etwaige Störungen des EDV-gestützten Fristenkalenders zusätzlich einen schriftlichen Fristenkalender führt. Ein Rechtsanwalt genügt den Anforderungen an eine hinreichende Büroorganisation für Störfälle des EDV-gestützten Fristenkalenders aber nur, wenn gewährleistet ist, dass die Servicefirma die Reparatur im Störfall unverzüglich durchführt oder den Versuch unternimmt, vor einer Reparatur dafür zu sorgen, dass die gespeicherten Fristen ausgegeben werden; BGH, NJW 1997 S. 1930: Ein Rechtsanwalt darf grundsätzlich darauf vertrauen, dass seine Büroangestellte, die sich bisher als zuverlässig erwiesen hat, eine konkrete Einzelanweisung befolgt; es besteht keine Verpflichtung, sich anschließend über die Ausführung zu vergewissern; BGH, NJW 1998 S. 907: Der Anwalt ist gehalten, durch entsprechende organisatorische Maßnahmen Fehlerquellen bei der Behandlung von Fristsachen in größtmöglichem Umfang auszuschließen. Dazu gehört insbesondere eine wirksame Ausgangskontrolle, die vor allem erfordert, dass Notfristen erst dann im Fristenkalender gelöscht werden, wenn das fristwahrende Schriftstück tatsächlich abgesandt worden ist oder zumindest sicher Vorsorge dafür getroffen ist, dass es tatsächlich rechtzeitig hinausgeht. Für die Übermittlung fristwahrender Schriftsätze per Telefax bedeutet dies, dass die Pflicht des Anwalts zur Ausgangskontrolle erst dann endet, wenn feststeht, dass der Schriftsatz wirklich übermittelt worden ist. Mit Rücksicht auf die Risiken beim Einsatz eines Telefaxgerätes kommt der Rechtsanwalt seiner Verpflichtung, für eine wirksame Ausgangskontrolle zu sorgen, nur dann nach, wenn er seinem dafür zuständigen Mitarbeiter die Weisung erteilt, sich einen Einzelnachweis ausdrucken zu lassen, auf dieser Grundlage die Vollständigkeit der Übermittlung zu prüfen und die Notfrist erst nach Kontrolle des Sendeberichts zu löschen (siehe bereits oben die Entscheidung des LG Dortmund, NJW 1996 S. 1832, 1833); BGH, NJW 1997 S. 3243: Ein Rechtsanwalt kann sich grundsätzlich darauf verlassen, dass das von ihm ausreichend geschulte und überwachte Personal die Einhaltung der im Fristenkalender notierten Fristen beachtet und die Akten rechtzeitig vorlegt. Zusätzliche Vorkehrungen oder Anweisungen, um die erneute Aktenvorlage vor Fristablauf sicherzustellen, etwa durch eine Wiedervorlageverfügung für den Tag des Fristablaufs, bedarf es nicht, solange keine Anhaltspunkte bestehen, dass die allgemeinen und ordnungsmäßigen Organisationsmaßnahmen zur Beachtung von Fristen versagen könnten).

Zu den Fällen des Kanzleiversehens gehört auch der Fall des angestellten Rechtsanwalts, dem eine Rechtssache nicht zur selbständigen Bearbeitung übertragen worden ist, sondern der nur als unselbständige Hilfsperson eingeschaltet ist (vgl. OLG Hamburg, NJW 1996 S. 2939).

2. Wiedereinsetzungsverfahren

2.1 Verfahren der Verwaltungsbehörde

2.1.1 Antrag

Gemäß Absatz 1 i. V. m. § 45 Abs. 1 StPO bedarf die Wiedereinsetzung grundsätzlich eines Antrages. Adressat des Antrages ist die Verwaltungsbehörde, bei der die Frist wahrzunehmen gewesen wäre, d. h. die Verwaltungsbehörde, die den Bescheid erlassen hat, Absatz 1 i. V. m. § 45 Abs. 1 Satz 1 StPO, Abs. 2 Satz 1, § 67 Abs. 1 Satz 1 (zum Gericht vgl. Erl. 2.2).

Die Erklärung des Antragstellers ist auslegungsfähig, d. h. er muß sich nicht der richtigen Bezeichnung bedienen (vgl. hierzu auch §§ 67 Abs. 1 Satz 2, 300 StPO). Bittet ein rechtsunkundiger Antragsteller in Kenntnis der Verspätung darum, den eingelegten Rechtsbehelf als wirksam zu behandeln, liegt ein Wiedereinsetzungsantrag vor (vgl. BVerfGE 37, 93, 97).

2.1.1.1 Antragsberechtigung

Sie folgt der Rechtsbehelfsbefugnis. Stellt der Verteidiger den Antrag für den Betroffenen selbst, braucht er hierzu eine Vertretungsvollmacht (zur Vertretungsvollmacht vgl. Vorbemerkung zu § 60).

2.1.1.2 Antragsfrist

Der Antrag ist binnen einer Woche nach Wegfall des Hindernisses zu stellen, §§ 52 Abs. 1, 45 Abs. 1 Satz 1 StPO. Fällt das Hindernis also am Mittwoch weg, endet die Wiedereinsetzungsfrist am Mittwoch der darauffolgenden Woche um 24.00 Uhr, vgl. §§ 46 Abs. 1, 42, 43 Abs. 1 StPO.

Ein „Wegfall des Hindernisses“ ist immer dann anzunehmen, wenn der Betroffene nunmehr in der Lage ist, den Rechtsbehelf einzulegen (Heimkehr von einer vierwöchigen Urlaubsreise, in derer Dauer die Zustellung eines Bußgeldbescheids fiel, dessen Einspruchsfrist vor der Heimkehr bereits abgelaufen war). Bestand das der rechtzeitigen Einlegung des Rechtsbehelfs entgegenstehende Hindernis in der unterbliebenen Belehrung nach § 50 Abs. 2, beginnt die Wochenfrist regelmäßig mit dem Zeitpunkt der Nachholung der Belehrung, soweit sich keine Anhaltspunkte dafür ergeben, dass der Betroffene von dem gesetzlichen Formerfordernis und der zu beachtenden Frist bereits vorher Kenntnis erlangt hat. Die Unrichtigkeit einer Rechtsmittelbelehrung steht einer unterlassenen Rechtsmittelbelehrung gleich. Eine unterlassene oder unrichtige Rechtsmittelbelehrung ist jedoch dann unbeachtlich, wenn sie sich nicht zum Nachteil des Betroffenen ausgewirkt hat, da sie für die Fristversäumung nicht ursächlich geworden ist (vgl. OLG Düsseldorf, VRS 92, 21, 22).

Der Antragsteller hat über den Zeitpunkt des Wegfalls des Hindernisses konkrete Angaben zu machen (vgl. OLG Hamm, VRS 86, 179, 180; OLG Düsseldorf, VRS 92, 113, 114).

Bei unverschuldeter Fristversäumnis kann wiederum Wiedereinsetzung beantragt werden.

2.1.1.3 Begründung des Antrages

Der Antragsteller hat bei der Antragstellung oder im Verfahren über den Antrag alle Tatsachen vorzutragen, mit denen er die unverschuldete Fristversäumnis stützen will, §§ 52 Abs. 1, 45 Abs. 2 Satz 1 StPO. Hiervon ausgenommen sind offenkundige Tatsachen (vgl. OLG München, MDR 1985 S. 162). Diese müssen nicht vorgebracht werden. Auf die Glaubhaftmachung der Tatsachen kann im Einzelfall auch aus Gründen der Billigkeit verzichtet werden. Hierzu zählen die Fälle, in denen der Antragsteller außerstande ist, Mittel der Glaubhaftmachung für eine unverschuldete Säumnis beizubringen, oder in denen ein

Beweisverlust durch das Versagen beweissichernder behördlicher Vorkehrungen eintritt, die etwa bei der Beförderung von Schriftstücken den Zeitpunkt der Aufgabe des Schriftstücks dokumentieren soll (vgl. OLG Düsseldorf, VRS 89, 122, 123).

Der Nachweis, dass ein Betroffener einen fristgebundenen Rechtsmittelschriftsatz rechtzeitig abgesandt hat, lässt sich in der Regel dem Briefumschlag mit dem Poststempel entnehmen. Wird der Briefumschlag vom Gericht nicht aufbewahrt, so darf dies bei der Prüfung eines Wiedereinsetzungsantrags nicht zu Lasten der Partei gehen, wenn deren Erklärung zur rechtzeitigen Absendung des Schriftstücks nicht von vorneherein unglaubhaft ist (vgl. BVerfG, NJW 1997 S. 1770 ff.).

Die Tatsachen sind – abgesehen von o. g. Ausnahmen – bei der Antragstellung oder im Verfahren über den Antrag glaubhaft zu machen, Absatz 1 i. V. m. § 45 Abs. 2 Satz 1 StPO, d. h. die Glaubhaftmachung kann auch noch im Verfahren nach Absatz 2 Satz 3, § 62 erfolgen.

Zur Glaubhaftmachung reicht es aus, wenn die beigebrachten Beweismittel in einem nach Lage der Sache vernünftigerweise zur Entscheidung hinreichenden Maße die Wahrscheinlichkeit der Richtigkeit dartun (vgl. BGHSt 21, 334, 350).

Als Mittel der Glaubhaftmachung kommen insbesondere in Betracht:

- Eidesstattliche Versicherung eines Zeugen, in der Regel nicht des Antragstellers (vgl. OLG Düsseldorf, VRS 89, 122). Eine eidesstattliche Versicherung des Betroffenen hat grundsätzlich nur den Wert einer „schlichten Erklärung". Diese ist nur dann ein geeignetes Mittel der Glaubhaftmachung, wenn die Darstellung des Betroffenen besonders naheliegend ist und der Lebenserfahrung entspricht, bzw. wenn der Betroffene außerstande ist, andere Beweismittel beizubringen (vgl. KKOWiG-*Lampe*, 5. Auflage 2018, Rdnr. 28, 30 zu § 52).
- Urkunden (z. B. Hotelrechnung)
- Benennung, dienstliche Äußerung eines Amtsträgers bei Behördenverschulden (vgl. RiStBV Nr. 155).

2.1.1.4 Nachholung des versäumten Rechtsbehelfs

Innerhalb der Antragsfrist muss die versäumte Handlung nachgeholt werden, Absatz 1 i. V. m. § 45 Abs. 2 Satz 2 StPO. Grundsätzlich ist der Wiedereinsetzungsantrag an keine bestimmte Form gebunden. Wenn er aber mit dem versäumten Rechtsbehelf verbunden wird, bedarf er dessen Form. Die Nachholung des versäumten Rechtsbehelfs führt dazu, dass Wiedereinsetzung auch ohne Antrag gewährt werden kann, Absatz 1 i. V. m. § 45 Abs. 2 Satz 3 StPO. Die Voraussetzungen für die Wiedereinsetzung im Übrigen müssen aber gegeben sein (z. B. unverschuldete Fristversäumnis ist offenkundig).

2.1.2 Entscheidung

2.1.2.1 Gewährung

Wiedereinsetzung wird gewährt, wenn der Antrag zulässig (Vorliegen der formellen Voraussetzungen: Fristgerechter, begründeter Antrag) und begründet (Der behauptete Wiedereinsetzungsgrund ist für die Verwaltungsbehörde glaubhaft gemacht.) ist.

Selbst wenn die Gewährung auch konkludent möglich ist (z. B. Die Verwaltungsbehörde nimmt weitere Ermittlungen vor.), sollte stets eine ausdrückliche Entscheidung ergehen:

„Dem Betroffenen wird auf seinen Antrag gegen die Versäumung der Frist zur Einlegung des Einspruchs gegen den Bußgeldbescheid vom … Wiedereinsetzung in den vorigen Stand gewährt. Kosten: …"

Die Entscheidung, die keiner weiteren Begründung bedarf, kann dem Antragsteller formlos mitgeteilt werden, § 50 Abs. 1 Satz 1.

2.1.2.2 Nicht-Gewährung

Ist der Wiedereinsetzungsantrag unzulässig und/oder unbegründet, wird er durch Bescheid verworfen. Hierfür hat die Verwaltungsbehörde einen Bescheid zu erstellen, der zu begründen (vgl. §§ 46 Abs. 1, 34 StPO) und zuzustellen ist (vgl. Abs. 2 Satz 3, § 50 Abs. 1 Satz 2). Der nachgeholte Einspruch ist zugleich von der Verwaltungsbehörde als unzulässig zu verwerfen, § 69 Abs. 1 Satz 1.

2.1.2.3 Kosten

Die Kosten der Wiedereinsetzung sind dem Antragsteller aufzuerlegen, §§ 105 Abs. 1, 473 Abs. 7 StPO. Der weitere Ausgang des Bußgeldverfahrens ist hierfür ohne Belang (vgl. KKOWiG-*Lampe*, 5. Auflage 2018, Rdnr. 39 zu § 52: Die abschließende Kostenentscheidung bei einem Freispruch muss dies auch zum Ausdruck bringen.).

Bei Verwerfung des Wiedereinsetzungsantrages sind die Kosten des Wiedereinsetzungsverfahrens von der Kostenentscheidung des Bußgeldbescheids erfasst (vgl. OLG Bremen, MDR 1961 S. 621).

2.1.2.4 Vollstreckung

Wenn der Wiedereinsetzungsantrag zulässig ist und Aussicht auf Erfolg hat, kommt die Anordnung eines Vollstreckungsaufschubs in Betracht, Absatz 1, 2 Satz 1 i. V. m. § 47 Abs. 2 StPO. Dies kann deshalb sinnvoll sein, weil der Wiedereinsetzungsantrag keinen Suspensiveffekt hat, Abs. 1 i. V. m. § 47 Abs. 1 StPO.

2.1.2.5 Anfechtung

Die Verwerfung kann mit dem Antrag auf gerichtliche Entscheidung gem. § 62 angefochten werden, Absatz 2 Satz 3. Sofern das Gericht den Verwerfungsbescheid aufhebt, gibt es die Akten an die Verwaltungsbehörde zur Durchführung des Zwischenverfahrens (§ 69) zurück. Die Gewährung ist unanfechtbar, Absatz 1 i. V. m. § 46 Abs. 2 StPO, und unwiderruflich (vgl. *Meyer-Goßner/Schmitt/Schmitt*, StPO, 66. Auflage 2023, Rdnr. 6 zu § 46). Die Entscheidung der Verwaltungsbehörde ist unabhängig von ihrer inhaltlichen Richtigkeit für das gerichtliche Bußgeldverfahren bindend (vgl. OLG Hamm, VRS 65, 33).

2.2 Gerichtliche Wiedereinsetzung

2.2.1 Gerichtliche Zuständigkeit

Voraussetzung der gerichtlichen Zuständigkeit ist, dass das Gericht bereits mit dem Rechtsbehelf selbst befasst ist, Absatz 2 Satz 2 (z. B. Die Verwaltungsbehörde und die Staatsanwaltschaft haben einen Wiedereinsetzungsantrag übersehen.).

Sachlich ist ausschließlich das nach § 68 zuständige Amtsgericht zur Entscheidung berufen. Sofern das Rechtsbeschwerdegericht einen übergangenen Wiedereinsetzungsantrag entdeckt, muss deshalb das Amtsgericht zur Entscheidung über den Wiedereinsetzungsantrag eingeschaltet werden (vgl. BGHSt 22, 52, 57).

2.2.2 Entscheidung

Die Wiedereinsetzung kann auch konkludent, z. B. durch Terminsanberaumung, gewährt werden. Aus Gründen der Eindeutigkeit ist aber eine beschlussmäßige Behandlung vorzuziehen. Bei Verwerfung ist zugleich der nachgeholte Rechtsbehelf zu verwerfen, § 70 Abs. 1 (siehe oben Erl. 2.1.2.2).

Lediglich der Verwerfungsbeschluss ist mit der sofortigen Beschwerde anfechtbar, Absatz 1 i. V. m. § 46 Abs. 3 StPO. Hierüber entscheidet beim Landgericht die Kammer für Bußgeldsachen, §§ 46 Abs. 1, 7, 73 GVG.

Die Kosten der Wiedereinsetzung fallen dem Antragsteller zur Last, §§ 46 Abs. 1, 473 Abs. 7 StPO. Bei einem Verwerfungsbeschluss ist anders als im Verfahren bei der Verwaltungsbehörde (vgl. Erl. 2.1.2.3) eine Kostenentscheidung des Gerichts notwendig, weil die Kostenentscheidung des Bußgeldbescheids gerichtliche Verfahrenskosten nicht erfasst.

Dritter Abschnitt.
Vorverfahren

I.
Allgemeine Vorschriften

§ 53
Aufgaben der Polizei

(1) Die Behörden und Beamten des Polizeidienstes haben nach pflichtgemäßem Ermessen Ordnungswidrigkeiten zu erforschen und dabei alle unaufschiebbaren Anordnungen zu treffen, um die Verdunkelung der Sache zu verhüten. Sie haben bei der Erforschung von Ordnungswidrigkeiten, soweit dieses Gesetz nichts anderes bestimmt, dieselben Rechte und Pflichten wie bei der Verfolgung von Straftaten. Ihre Akten übersenden sie unverzüglich der Verwaltungsbehörde, in den Fällen des Zusammenhangs (§ 42) der Staatsanwaltschaft.

(2) Die Beamten des Polizeidienstes, die zu Ermittlungspersonen der Staatsanwaltschaft bestellt sind (§ 152 des Gerichtsverfassungsgesetzes), können nach den für sie geltenden Vorschriften der Strafprozessordnung Beschlagnahmen, Durchsuchungen, Untersuchungen und sonstige Maßnahmen anordnen.

Erläuterungen

Übersicht

Vorbemerkung

Der dritte Abschnitt des zweiten Teils des Gesetzes handelt vom Vorverfahren. Die §§ 53 bis 64 behandeln das Vorverfahren aber nicht abschließend, sondern gelten neben den über § 46 anwendbaren Vorschriften der StPO.

Das Hauptverfahren beginnt erst mit der Vorlage der Akten beim Amtsgericht durch die Staatsanwaltschaft, § 69 Abs. 4 Satz 2. Zu einem Hauptverfahren kommt es erst gar nicht, wenn der Bußgeldbescheid nicht angefochten wird, die Verwaltungsbehörde nach Einspruch den Bußgeldbescheid zurücknimmt oder die Staatsanwaltschaft das Verfahren einstellt.

Zur Zuständigkeit der Polizei als Ermittlungs-, Verfolgungs- und Ordnungsbehörde im Ordnungswidrigkeitenrecht vgl. allgemein *Klauer,* Die Polizei, 1994 S. 177 ff.

1. Behörden und Beamte des Polizeidienstes

Der Begriff „Polizeidienst" ist funktional, nicht organisatorisch, zu verstehen. Neben dem allgemeinen Polizeidienst der Länder ist hiervon insbesondere mitumfasst:

- Bundespolizei (vgl. § 1 Abs. 1 Satz 1 und 2, Abs. 2, § 3, § 13 BPolG)
- Zollverwaltung (vgl. §§ 66 Abs. 1, 2, 68 BPolG)

Die Behörden sind deshalb neben den Beamten genannt, weil sie die organisatorischen Voraussetzungen schaffen müssen, damit der Erforschungsauftrag (vgl. Erl. 2) erfüllt werden kann. Die Behörde hat geeignete Beamte zur Verfügung zu stellen, auszurüsten, einzuteilen und zu überwachen.

2. Erforschungsauftrag

Die Polizei hat ihre Ermittlungstätigkeit erst dann aufzunehmen, wenn zureichende tatsächliche Anhaltspunkte den Verdacht einer Ordnungswidrigkeit begründen, §§ 46 Abs. 1, 152 Abs. 2, 163 Abs. 1 Satz 1 StPO.

Soweit der Anfangsverdacht noch der Klärung bedarf, richtet sich eine Sachverhaltsermittlung noch nicht gegen den Betroffenen. § 55 gilt erst dann, wenn sich der Anfangsverdacht bestätigt hat.

Die Polizei ist bei der Erforschung des Sachverhalts nicht auf unaufschiebbare Anordnungen, um die Verdunkelung der Sache zu verhüten (vgl. Absatz 1 Satz 1), beschränkt. Neben der Identitätsfeststellung und Vernehmung kann deshalb auch von anderen Behörden Auskunft bzw. von Sachverständigen Rat eingeholt werden (Absatz 1 Satz 2, § 163 Abs. 1 Satz 2 StPO).

Das „Ob" und das „Wie" der Erforschung richten sich nach pflichtgemäßem Ermessen. Die Polizei kann sich in diesem Zusammenhang auf den Grundsatz der Verhältnismäßigkeit berufen. Steht der Ermittlungsaufwand in keinem vernünftigen Verhältnis zur Bedeutung der Ordnungswidrigkeit, kann die Polizei von Ermittlungen absehen.

> *Beispiel:*
>
> *Ein Polizeibeamter unternimmt in 90 Fällen gegen die Gewährung von mindestens jeweils zwei Glas Bier nichts gegen fortgesetzte Ordnungsverstöße nach § 28 Abs. 1 Nr. 1 GastG (Verabreichung von Getränken ohne die erforderliche Gaststättenerlaubnis).*

Der Bundesgerichtshof vertritt in diesem Fall zum pflichtgemäßen Ermessen bei § 53 OWiG eine strenge Auffassung (vgl. Kriminalistik 1998 S. 418): Die Polizeibeamten sind verpflichtet, aus eigenem Antrieb Ordnungswidrigkeiten zu erforschen und ggf. eigene Maßnahmen zur Beweissicherung zu treffen. Wo sie nicht zur Verfolgung selbst zuständig sind, obliegt es ihnen, die zuständigen Behörden zu unterrichten. Es ist unerheblich, ob der Polizeibeamte in einigen Fällen bei dem Lokalbesuch nicht im Dienst war. Es liegt auf der Hand, dass er durch die Gewährung der Vorteile an diesen freien Tagen auch davon abgehalten werden sollte, gegen die Verstöße, die er in dienstlicher Eigenschaft bereits erfahren hatte und noch erfahren würde, etwas zu unternehmen. Jeder nicht ganz bedeutungslose Verstoß muss im Rahmen des § 53 OWiG vom Beamten verfolgt werden, d. h. mindestens durch Mitteilung an die sachliche zuständige Verfolgungsbehörde. Eine Dienstpflichtverletzung des Polizeibeamten durch Unterlassen liegt hiernach nicht nur in den Fällen der sog. Ermessensreduzierung auf Null (z. B. bei besonders schwerwiegenden Ordnungsverstößen) vor.

Dem Ersuchen der Verwaltungsbehörde ist jedoch grundsätzlich zu entsprechen, §§ 46 Abs. 1 und 2, 161 Abs. 1 Satz 2 StPO, da diese Herrin des Verfahrens ist, ähnlich wie im Strafverfahren die Staatsanwaltschaft im Verhältnis zur Polizei. Das pflichtgemäße Ermessen der Polizei ist insoweit eingeschränkt, aber nicht gänzlich ausgeschlossen. Die Polizei wird sich in jedem Fall auf die Einhaltung der örtlichen und sachlichen Zuständigkeit berufen können. Eine Berufung darauf, dass sie an der Erfüllung eigener oder wichtigerer Aufgaben gehindert würde (in diesem Sinne *Göhler*, 18. Auflage 2021, Rdnr. 20 zu § 53), erscheint höchst problematisch, da auf diese Weise das Weisungsrecht völlig unterlaufen werden könnte.

Bei der Polizei eingegangene Anzeigen, die nicht weiterverfolgt werden, sind an die Verwaltungsbehörde weiterzuleiten. Zu einer Einstellung des Verfahrens ist die Polizei selbstverständlich nicht befugt.

3. Rechte und Pflichten

Es gilt dieselbe Regelung wie im Strafverfahren, soweit nichts anderes bestimmt ist, Absatz 1 Satz 2, § 163 Abs. 1 Satz 2 StPO (siehe bereits oben Erl. 2).

Mit Ausnahme der Identitätsfeststellung, §§ 46 Abs. 1, 163b Abs. 1 Satz 1 StPO, bestehen Eingriffsbefugnisse nur für die Ermittlungspersonen der Staatsanwaltschaft, Absatz 2 (vgl. für Bayern: Verordnung über die Ermittlungspersonen der Staatsanwaltschaft vom 21.12.1995, GVBl. 1996 S. 4, zuletzt geändert durch Verordnung vom 15.6.2018, GVBl. S. 515). Für die körperliche Untersuchung vgl. § 81a Abs. 2 Satz 1 StPO, für die Beschlagnahme vgl. § 98 Abs. 1 Satz 1 StPO, für die Durchsuchung vgl. § 105 Abs. 1 Satz 1 StPO.

Hiervon unberührt ist die Befugnis, eine Beschlagnahmeanordnung der Verwaltungsbehörde bzw. eine sonstige Maßnahme, um deren Durchführung diese ersucht, zu vollziehen.

4. Aktenübersendung

Gemäß Abs. 1 Satz 3 sind die Akten nach Sachverhaltserforschung entweder an die örtlich und sachlich zuständige Verwaltungsbehörde zu übersenden (vgl. in diesem Zusammenhang § 39 Abs. 1 Satz 1) oder in den Fällen des Zusammenhangs, § 42, an die Staatsanwaltschaft. In den Fällen der §§ 21 und 40.ergibt sich die Pflicht zur Übersendung an die Staatsanwaltschaft schon aus § 163 Abs. 2 Satz 1 StPO.

5. Anfechtung

Polizeiliche Maßnahmen können zunächst über die ausdrücklich vorgesehenen Rechtsbehelfe angegriffen werden (vgl. §§ 46 Abs. 1, 98 Abs. 2 Satz 2 StPO. Der Antrag auf gerichtliche Entscheidung gilt in entsprechender Anwendung auch für die Durchsuchungsanordnung, vgl. *Meyer-Goßner/Schmitt/Köhler*, StPO, 66. Auflage 2023, Rdnr. 16 zu § 105. §§ 111b Abs. 2 und 132 Abs. 3 Satz 2 StPO verweisen auf diesen Maßstab.). Soweit kein Rechtsbehelf in den anwendbaren Verfahrensvorschriften selbst vorgesehen ist, gelten §§ 23 ff. EGGVG. Daneben stehen lediglich die informellen Rechtsbehelfe zur Verfügung: Die Gegenvorstellung richtet sich an die Polizeibehörde, deren Beamter gehandelt hat, mit der Bitte um Überprüfung der Maßnahme. Die Fachaufsichtsbeschwerde richtet sich mit demselben Begehren an die übergeordnete Behörde. Die Dienstaufsichtsbeschwerde richtet sich an den Dienstvorgesetzten des Beamten mit der Bitte um Überprüfung von dessen persönlichem Verhalten.

§ 54

(weggefallen)

§ 55

Anhörung des Betroffenen

(1) § 163a Abs. 1 der Strafprozessordnung ist mit der Einschränkung anzuwenden, daß es genügt, wenn dem Betroffenen Gelegenheit gegeben wird, sich zu der Beschuldigung zu äußern.

(2) Der Betroffene braucht nicht darauf hingewiesen zu werden, daß er auch schon vor seiner Vernehmung einen von ihm zu wählenden Verteidiger befragen kann. § 136 Abs. 1 Satz 3 bis 5 der Strafprozessordnung ist nicht anzuwenden.

Erläuterungen

Übersicht

Vorbemerkung

Würde § 55 keine Regelung über die Anhörung des Betroffenen vorsehen, würden § 46 Abs. 1 und 2 die Vernehmungsvorschriften des strafprozessualen Ermittlungsverfahrens für die Staatsanwaltschaft, § 163a Abs. 1 bis 3, Abs. 5 StPO, allein für anwendbar erklären. Im Falle des § 42 gilt für das durch die Staatsanwaltschaft übernommene Verfahren auch die Vorschrift des § 55, § 83 Abs. 1, während bei Vorliegen von Straftaten und Ordnungswidrigkeiten im materiellen Sinn im Rahmen einer Tat, § 40, insgesamt die StPO Anwendung findet.

Die richterliche Vernehmung im Vorverfahren, §§ 46 Abs. 1, 136 StPO, ist dann denkbar, wenn die Verwaltungsbehörde diese beantragt, §§ 46 Abs. 1 und 2, 162 StPO (vgl. LG Zweibrücken, NStZ 1993 S. 597). Die richterliche Vernehmung macht dann Sinn, wenn Anhaltspunkte dafür bestehen, dass sich der Betroffene vor dem Richter äußern will.

§ 55 wurde zuletzt mit Wirkung vom 5.9.2017 geändert durch Art. 5 des Gesetzes vom 27.8.2017 (BGBl. I S. 3295, 3297), dem sog. „Zweiten Gesetz zur Stärkung der Verfahrensrechte von Beschuldigten im Strafverfahren und zur Änderung des Schöffenrechts". § 136 Abs. 1 Satz 3 und 4 StPO wurden durch Art. 1 Nr. 3 des Gesetzes vom 27.8.2017 (BGBl. I S. 3295) in neuer Fassung eingefügt, die bisherigen Sätze 3 und 4 wurden Sätze 5 und 6. Der Gesetzgeber wollte hiermit Art. 3 Abs. 4 der RL 2013/48 des Europäischen Parlaments und des Rates vom 22.10.2013 umsetzen (vgl. Gesetzentwurf der Bundesregierung vom 12.8.2016, BR-Drucks. 419/16 Seite 18). Verdächtige oder beschuldigte Personen, denen die Freiheit entzogen ist, sollen nach der genannten RL-Bestimmung in die Lage versetzt werden, ihr Recht auf Zugang zu einem Rechtsbeistand wirksam auszuüben. Es war deshalb nur konsequent, dass der Gesetzgeber die Änderung für das Bußgeldverfahren in § 55

Abs. 2 Satz 2 ausschloss (vgl. Gesetzentwurf der Bundesregierung vom 12.8.2016, BR-Drucks. 419/16 Seite 27). § 136 Abs. 1 Satz 5 StPO (der frühere § 136 Abs. 1 Satz 3 vor dem Inkrafttreten von Art. 1 Nr. 3 des Gesetzes vom 27.8.2017, BGBl. I. S. 3295) wurde neu gefasst durch Gesetz vom 10.12.2019 mit Wirkung vom 13.12.2019 (BGBl. I S. 2128). Das änderte aber nichts an dessen Nichtanwendbarkeit gem. § 55 Abs. 2 Satz 2.

1. Anhörung

1.1 Form

Die „Vernehmung", von der §§ 136 und 163a StPO sprechen, setzt voraus, dass der Beschuldigte von der Vernehmungsperson mündlich befragt wird. Absatz 1 verwendet eine Formulierung, die der entsprechenden Vorschrift im Verwaltungsverfahrensrecht, § 28 Abs. 1 Verwaltungsverfahrensgesetz des Bundes und der entsprechenden Länderregelungen, ähnlich ist.

Die Verwaltungsbehörde entscheidet nach pflichtgemäßem Ermessen, ob dem Betroffenen durch Übersendung eines Anhörbogens, durch mündliche Befragung vor Ort oder durch mündliche Vernehmung in der Verwaltungsbehörde, die gem. §§ 46 Abs. 1, 168, 168a, 168b StPO zu protokollieren ist, Gelegenheit, sich zur Beschuldigung zu äußern, gegeben wird. Die Einschränkung des § 163a Abs. 1 Satz 2 StPO („In einfachen Sachen genügt es, dass ihm Gelegenheit gegeben wird, sich schriftlich zu äußern.") gilt nicht, d. h., es ist nicht nur in einfachen Sachen gestattet, dem Betroffenen einen Anhörbogen zu übersenden, der Gelegenheit zur schriftlichen Äußerung gibt (vgl. *Göhler*, 18. Auflage 2021, Rdnr. 4 zu § 55). Bußgeldstellen gehen mittlerweile, insbesondere in Verkehrsbußgeldsachen, dazu über, den Betroffenen einen digitalen Zugang zu Ordnungswidrigkeitenverfahren anzubieten. Dabei werden die Anhörungsschreiben zwar per Brief zugestellt. Mit den darin aufgeführten individuellen Zugangsdaten können sich die Adressaten aber anschließend in einem Online-Service-Portal anmelden und sich nochmals den Tatvorwurf und ggf. die vorliegenden Beweisfotos ansehen. In einem weiteren Schritt können die Angaben zur Person geprüft und erforderlichenfalls korrigiert werden. Schließlich besteht die Möglichkeit, sich zum Tatvorwurf zu äußern. Hierbei können eigene Dokumente hochgeladen werden. Die Angaben werden auf einer gesicherten Verbindung (SSL-Verschlüsselung) übertragen und unmittelbar dem Verfahren zugeordnet.

Die Polizei hat einem Vernehmungsersuchen gem. §§ 46 Abs. 1 und 2, 161 Abs. 1 Satz 2 StPO Folge zu leisten.

1.2 Inhalt

Die Vernehmung soll dem Betroffenen Gelegenheit geben, die gegen ihn vorliegenden Verdachtsgründe zu beseitigen und die zu seinen Gunsten sprechenden Tatsachen geltend zu machen, §§ 46 Abs. 1, 2, 163a Abs. 3 Satz 2, 136 Abs. 2 StPO. Die Ermittlung der persönlichen Verhältnisse des Betroffenen, §§ 46 Abs. 1, 2, 163a Abs. 3 Satz 2, 136 Abs. 3 StPO, ist insoweit Gegenstand der Anhörung, als diese für die Beurteilung der Tat und die Rechtsfolgenseite von Bedeutung sind. Die „persönlichen Verhältnisse" sind nicht zu verwechseln mit der durch § 111 bewehrten Personalienfeststellung. Zu den „persönlichen Verhältnissen" gehören insbesondere Vorleben, Werdegang, berufliche Ausbildung und Tätigkeit, familiäre und wirtschaftliche Verhältnisse (vgl. *Meyer-Goßner/Schmitt/Schmitt*, StPO, 66. Auflage 2023, Rdnr. 16 zu § 136).

Neben den in § 136 Abs. 2 und 3 umschriebenen Funktionen dient die Anhörung auch der Aufklärung des Sachverhaltes. Beantragt der Betroffene zu seiner Entlastung die Erhebung von Beweisen, wird die Verwaltungsbehörde dem entsprechen, wenn diese von Bedeutung sind, §§ 46 Abs. 1, 2, 163a Abs. 2 StPO. Eine Anfechtungsmöglichkeit für den Betroffenen bei Ablehnung des Beweisantrages besteht aber nicht, § 62 Abs. 1 Satz 2 (lediglich Maßnahme zur Vorbereitung der Entscheidung, ob ein Bußgeldbescheid erlassen wird oder das Verfahren eingestellt wird, ohne selbständige Bedeutung). Eine nochmalige Anhörung des Betroffenen ist immer dann notwendig, wenn der Vorwurf erweitert wird.

1.3 Anwesenheit

1.3.1 Betroffener

Der Betroffene ist verpflichtet, auf die Ladung der Verwaltungsbehörde vor dieser zu erscheinen, §§ 46 Abs. 1, 2, 163a Abs. 3 Satz 1 StPO. Die Vorführung ist aber dem Richter vorbehalten, § 46 Abs. 5 Satz 1. Die Verwaltungsbehörde kann aber in der Ladung die Vorführung androhen und dann eine richterliche Entscheidung hierüber herbeiführen, §§ 46 Abs. 1, 2, 133 Abs. 2, 162 StPO.

1.3.2 Verteidiger

Gemäß §§ 46 Abs. 1, 2, 163a Abs. 3 Satz 2, 168c Abs. 1, 5 StPO ist dem Verteidiger des Betroffenen die Anwesenheit bei der Vernehmung durch die Verwaltungsbehörde mittels Benachrichtigung zu ermöglichen. Die Einschränkung des Unterbleibens der Benachrichtigung, soweit sie den Untersuchungserfolg gefährden würde, § 168c Abs. 5 Satz 2 StPO, gilt nur für die Fälle des § 168c Abs. 2 StPO, d. h. für die Vernehmung von Zeugen und Sachverständigen, nicht für die Vernehmung des Betroffenen.

Auf Verlegung des Termins besteht aber bei Verhinderung kein Anspruch, § 168c Abs. 5 Satz 3 StPO. Unabhängig vom Unterlassen der Benachrichtigung besteht jedoch ein Anwesenheitsrecht des Verteidigers.

Unterlässt z. B. die Verwaltungsbehörde die Benachrichtigung des Verteidigers, weil sie Anhaltspunkte dafür hat, dass dieser den Betroffenen dahingehend unter Druck setzen will, nicht zur Sache auszusagen, bestehen keine Einwände gegen die Anwesenheit des Verteidigers, der auf andere Art und Weise vom Termin erfuhr (vgl. *Meyer-Goßner/Schmitt/Schmitt*, StPO, 66. Auflage 2023, Rdnr. 5e zu § 168c).

2. Belehrungen

Die Belehrungen, die gem. §§ 46 Abs. 1, 2, 163a Abs. 3 Satz 2, 136 Abs. 1 StPO erforderlich wären und durch Absatz 2 eingeschränkt werden, gelten lediglich zugunsten des Betroffenen. Ist die Verwaltungsbehörde deshalb erst in dem Stadium, zu klären, ob überhaupt ein Ermittlungsverfahren eingeleitet wird bzw. wer wegen konkreter Verdachtsgründe als Betroffener in Betracht kommt, gilt eine Befragung als sog. „informatorische Befragung", die keine Belehrungspflichten auslöst. Ein Verdächtiger erlangt die Stellung eines Betroffenen durch jede Maßnahme, die erkennbar darauf abzielt, gegen ihn wegen einer Ordnungswidrigkeit vorzugehen (vgl. hierzu Erl. 2 vor § 59; BGH, NStZ 1997 S. 398 zum Strafverfahren; OLG Oldenburg, NStZ 1995 S. 412: Wird der Halter eines Kraftfahrzeugs, das durch eine gefährliche Fahrweise aufgefallen war, mit diesem Sachverhalt konfrontiert, wäre es wirklichkeitsfremd, anzunehmen, der Halter komme nicht als Tatverdächtiger in Betracht; OLG Karlsruhe, NZV 1994 S. 122, 123 zum Belehrungszeitpunkt bei sog. Kennzeichenanzeigen). Nicht erfragte Spontanäußerungen sind ebenfalls nicht Bestandteil der Vernehmung (vgl. BayObLG bei *Rüth*, DAR 1981 S. 237, 250). Der Zeuge, bei dem Anhaltspunkte für eine Beschuldigung vorliegen, ist gem. §§ 46 Abs. 1, 55 Abs. 2 StPO über sein Auskunftsverweigerungsrecht zu belehren. Auf den Vorwurf gegen ihn selbst abzielende Fragen machen ihn zum Betroffenen und lösen die für den Betroffenen geltenden Belehrungspflichten aus.

2.1 §§ 46 Abs. 1, 2, 163a Abs. 3 Satz 2, 136 Abs. 1 Satz 1 StPO

Die Verwaltungsbehörde hat den Betroffenen davon in Kenntnis zu setzen, welche Tat ihm zur Last gelegt wird und welche Bußgeldvorschriften zur Anwendung kommen. Hört die Polizei als Ermittlungsorgan der Verwaltungsbehörde den Betroffenen an, gilt für sie § 163a Abs. 4 Satz 1 StPO, d. h. die Bußgeldvorschriften müssen nicht benannt werden.

Die Bekanntgabe der Beschuldigung hat vor der Anhörung zur Sache zu erfolgen und schließt sich an die Anhörung zur Person, § 111, an.

2.2 §§ 46 Abs. 1, 2, 163a Abs. 3 Satz 2, 136 Abs. 1 Satz 2 StPO

2.2.1 Aussagefreiheit

Dem Betroffenen steht es frei, sich zur Beschuldigung zu äußern oder nicht zur Sache auszusagen. Hierauf ist er vor der Anhörung zur Sache hinzuweisen. Eine Ausweitung dieses „Nemo-tenetur-Grundsatzes" (d. h. des Prinzips der Selbstbelastungsfreiheit, wonach niemand gezwungen werden darf, sich selbst einer Straftat oder Ordnungswidrigkeit zu bezichtigen und aktiv zur Sachaufklärung und damit ggf. zur eigenen Überführung beizutragen) auf Fälle, in denen Beweismaterial nicht durch eine Aussage, sondern durch die Erfüllung einer gesetzlichen Mitwirkungspflicht (im konkreten Fall ging es um eine Suchtmittelkontrollweisung, die zu einem den Suchtmittelkonsum belegenden Laborbefund führte) geschaffen wird, kommt nach einem Urteil des BayObLG vom 30.9.2022 (vgl. BeckRS 2022, 28619) nicht in Betracht und folgt auch nicht aus dem Anspruch des Betroffenen auf ein faires Verfahren gem. Art 6 Abs. 1 EMRK. Keine Anhörung zur Sache in diesem Sinn erfolgt durch den die Schuldfähigkeit des Betroffenen beurteilenden Sachverständigen. Der Sachverständige ist zur Belehrung des Betroffenen nicht verpflichtet. Dies gilt auch, wenn der Sachverständige zur Vorbereitung des Gutachtens den Betroffenen über das Tatgeschehen befragt hat (vgl. BGH, NJW 1998 S. 838, 839). Nicht weiter erörterungsbedürftig ist für die Frage der Beweiswürdigung die unbeschränkte Sachaussage des Betroffenen. Neben der unbeschränkten Sachaussage ist die beschränkte Sachaussage (2.2.1.2) und die völlige Aussageverweigerung (2.2.1.1) denkbar.

2.2.1.1 Völlige Aussageverweigerung (Schweigen)

Aus der völligen Aussageverweigerung dürfen zu Lasten des Betroffenen keine nachteiligen Schlüsse gezogen werden (vgl. BGHSt 34, 324, 326). Da ein Betroffener nach den Grundsätzen eines fairen und rechtsstaatlichen Verfahrens (siehe bereits oben Erl. 2.2.1) nicht gehalten ist, einen Beitrag zur Sachaufklärung zu leisten, dürfen zum Nachteil des Betroffenen keine Schlüsse daraus gezogen werden, dass er bis zur Hauptverhandlung davon abgesehen hat, sich zur Sache zu äußern (vgl. OLG Stuttgart, NZV 1998 S. 42 f.).

Wenn der Betroffene von Anfang an vollumfänglich zu den gegen ihn erhobenen Vorwürfen geschwiegen hat, macht es aber keinen Unterschied, ob nachteilige Schlüsse aus dem Schweigen des Betroffenen im Ermittlungsverfahren oder aus dem Schweigen in der Hauptverhandlung gezogen werden sollen (vgl. BVerfG, NStZ 1995 S. 555).

Schweigen heißt aber nicht zwingend, dass der Betroffene sich überhaupt nicht erklärt. Gleichgestellt sind die Fälle, in denen

- der Betroffene erklärt, er habe die Tat nicht begangen (vgl. BGH, a. a. O.),
- der Betroffene nur die Haltereigenschaft zugibt (vgl. BayObLG bei *Rüth*, DAR 1983, S. 241, 252 – Die Bestätigung, Halter zu sein, ist keine Teileinlassung zur Sache),
- der Betroffene angibt, ein Verwandter habe das Fahrzeug gelenkt (vgl. OLG Stuttgart, VRS 69, 295: Wenn der Betroffene bestreitet, selbst gefahren zu sein, beteuert er nur allgemein seine Unschuld. Dass dann ein anderer gefahren ist, ist eine logische Selbstverständlichkeit).

Das Schweigen hindert aber nicht, die Täterschaft aus sonstigen beweiskräftigen Indizien abzuleiten (z. B. der Betroffene hat keine Familienangehörigen und nach seinem Lebenszuschnitt ist es ganz unwahrscheinlich, das Kfz ausgeliehen zu haben – OLG Karlsruhe, Die Justiz 1975 S. 352; vgl. auch BVerfG, VRS 86, 81, 82 – Der Schluss von der Kfz-Halter-Eigenschaft auf die Person des Fahrers muss aber mit Indizien unterlegt werden, die geeignet sind, die Möglichkeit, dass eine andere Person als der Halter das Fahrzeug zur fraglichen Zeit geführt hat, auszuschließen. *Göhler*, 18. Auflage 2021, Rdnr. 11 zu § 55, verweist insoweit auf den Beruf des Betroffenen, seine Familienverhältnisse und Lebensumstände sowie Zeit und Ort der Ordnungswidrigkeit. Nicht haltbar erscheint die Rechtsprechung des LG München I, Az.: 9 O 4633/98, vom 12.10.1998, n. v., wo für Massenverfahren im Bagatellbereich – wie folgt – argumentiert wird: *„Eine zusätzliche Aufklärung stünde in keinem vernünftigen Verhältnis mehr zum erhobenen Vorwurf. Dem Betroffenen wäre es unschwer möglich, mittels einfachen Briefs die Anschuldigung insgesamt oder etwa durch Berufung auf die fehlende Fahrzeugführer-Eigenschaft zu entkräften. Hier kann ausnahmsweise aus dem Schweigen des Betroffenen der Schluss gezogen werden, er nehme die Ahndung im Rahmen des summarischen Ordnungswidrigkeitenverfahrens an."* Die Sachzwänge des Massenverfahrens rechtfertigen keine Einschränkung der Aussagefreiheit.). Allein die Tatsache, dass der Betroffene mit demselben Pkw bereits mehrfach Verkehrsverstöße begangen hat, rechtfertigt nicht den Schluss auf seine Täterschaft (vgl. OLG Köln, NZV 1995 S. 500). Um keine Verweigerung der Einlassung handelt es sich, wenn der Verteidiger angibt, der Betroffene räume die ihm gemachten Vorwürfe in vollem Umfang ein, auf weitere Fragen werde er aber keine Auskunft geben (vgl. BGH, NStZ 1994 S. 352).

2.2.1.2 Beschränkte Sachaussage (Teilschweigen)

Teilweises Schweigen ist auslegungsfähig und kann dem Betroffenen zum Nachteil gereichen (vgl. BGHSt 32, 140, 145: Der Angeklagte macht sich zum Beweismittel, wenn er zu einem bestimmten Sachverhalt eines einheitlichen Geschehens Angaben zur Sache macht. Unterlässt er insoweit die Beantwortung bestimmter Fragen, so kann dieses Schweigen von indizieller Bedeutung sein.). Teilschweigen ist grundsätzlich nur innerhalb einer Tat im historischen Sinn denkbar und besteht darin, dass der Betroffene in einigen Teilpunkten an der Aufklärung des Sachverhalts mitwirkt, dann aber einzelne Tatumstände nicht erwähnt, auf einzelne Fragen oder Vorhalte keine oder lückenhafte Antworten gibt (vgl. OLG Celle, NJW 1974 S. 202). Eine Verwertbarkeit zu Lasten des Betroffenen hat sich an dem Erfahrungssatz zu orientieren, dass der verteidigungswillige Betroffene in seinem Bestreben nur nachlässt, wenn es nichts zu verteidigen gibt (vgl. *Meyer*, JR 1966 S. 352).

Ein unterschiedliches Aussageverhalten in mehreren Anhörungen darf dem Betroffenen nicht zum Nachteil ausgelegt werden (vgl. BGH bei *Pfeiffer/Miebach*, NStZ 1986 S. 206, 208).

2.2.2 Verteidigerbefragung

Absatz 2 Satz 1 beinhaltet hier eine Sonderregelung gegenüber § 136 Abs. 1 Satz 2 StPO.

Des Hinweises an den Betroffenen, dass er auch schon vor seiner Vernehmung einen von ihm zu wählenden Verteidiger befragen kann, bedarf es von Rechts wegen nicht. Der Hinweis kann aber, insbesondere bei komplexer Sach- oder Rechtslage, die den Betroffenen überfordert, im Sinne der Wahrheitsermittlung geboten sein (vgl. *Göhler*, 18. Auflage 2021, Rdnr. 13 zu § 55).

2.3 §§ 46 Abs. 1, 2, 163a Abs. 3 Satz 2, 136 Abs. 1 Satz 3 und 4 StPO

Nach Absatz 2 Satz 2 sind § 136 Abs. 1 Satz 3 und 4 StPO nicht anwendbar. Hiernach sind dem Beschuldigten im Strafverfahren, wenn er vor der Vernehmung einen Verteidiger befragen möchte, Informationen zur Verfügung zu stellen, die es ihm erleichtern, einen Verteidiger zu kontaktieren, § 136 Abs. 1 Satz 3 StPO. Der Beschuldigte ist dabei im Strafverfahren auf bestehende Notdienste hinzuweisen, § 136 Abs. 1 Satz 4 StPO.

2.4 §§ 46 Abs. 1, 2, 163a Abs. 3 Satz 2, 136 Abs. 1 Satz 5 StPO

Nach Absatz 2 Satz 2 muss der Betroffene auch nicht darüber belehrt werden, dass er zu seiner Entlastung einzelne Beweiserhebungen beantragen kann, § 136 Abs. 1 Satz 5, 1. HS StPO. Ferner muss der Betroffene nicht darüber belehrt werden, dass er unter den Voraussetzungen des § 140 StPO die Bestellung eines Pflichtverteidigers nach Maßgabe des § 141 Abs. 1 und des § 142 Abs. 1 StPO beantragen kann, § 136 Abs. 1 Satz 5, 1. HS

StPO. Infolge des Nichtbestehens dieser Belehrungspflicht entfällt auch die Pflicht, auf die Kostenfolge des § 465 StPO hinzuweisen, § 136 Abs. 1 Satz 5, 2. HS StPO.

2.5 §§ 46 Abs. 1, 2, 163a Abs. 3 Satz 2, 136 Abs. 1 Satz 6 StPO

Der Hinweis auf die Möglichkeit der schriftlichen Äußerung ist dann notwendig, wenn die Verwaltungsbehörde die Befragung vor Ort oder die Vernehmung in der Behörde für erforderlich hält, aber andererseits nicht ausschließt, dass zusätzlich eine schriftliche Äußerungsmöglichkeit der Wahrheitsfindung dienen könnte. Auf die Möglichkeit eines Täter-Opfer-Ausgleichs muss nicht hingewiesen werden. Hierbei handelt es sich ausschließlich um ein Institut des Strafrechts (vgl. § 46a StGB).

2.6 Verstoß gegen die Belehrungspflichten

Ein Verbot, die Aussage des Betroffenen zu verwerten, folgt aus einem Verstoß gegen § 136 Abs. 1 Satz 2 StPO, wenn der Betroffene seine Aussagefreiheit nicht gekannt hat (vgl. KKOWiG-*Lutz*, 5. Auflage 2018, Rdnr. 16 zu § 55; im Einzelnen: *Meyer-Goßner/Schmitt/Schmitt*, StPO, 66. Auflage 2023, Rdnr. 20 zu § 136). Der Verstoß gegen die Belehrungspflicht stellt dann keine Beschränkung der Aussagefreiheit dar, wenn dem Betroffenen sein Schweigerecht trotz Unterlassens der Belehrung bekannt gewesen ist. Lässt sich nicht klären, ob die Belehrung erfolgt ist oder nicht, und hat der Betroffene seine Aussagefreiheit nicht gekannt, so ist die Aussage ebenfalls nicht verwertbar (vgl. *Meyer-Goßner/Schmitt/Schmitt*, StPO, 66. Auflage 2023, Rdnr. 20a zu § 136 mit Verweis auf BGH JR 2007 S. 125). Die Aussagefreiheit ist allerdings tangiert, wenn der Betroffene den Hinweis infolge einer geistig-seelischen Störung nicht verstanden hat (vgl. BGH, NJW 1994 S. 333; *Kiehl*, NJW 1994 S. 1267).

Von einer Kenntnis der Aussagefreiheit ist im Übrigen auszugehen, wenn sich bereits ein Verteidiger für den Betroffenen bestellt hat (zu weitgehend *Göhler*, NStZ 1994 S. 71, 72: In der Regel über die Aussagefreiheit „im Klaren" bei Betroffenen mit durchschnittlichem Intelligenzgrad und Zuwiderhandlungen in einfachen Sachen. Abgesehen von der Anfechtbarkeit des Erfahrungssatzes hinsichtlich der Kenntnis der Aussagefreiheit hat diese nichts mit der Schwere der Tat zu tun). Ein Verwertungsverbot besteht dann nicht, wenn der verteidigte Angeklagte in der Hauptverhandlung der Verwertung nicht bis zu dem in § 257 StPO genannten Zeitpunkt widersprochen hat. Der Widerspruch muss also spätestens in der Erklärung enthalten sein, die der Angeklagte oder sein Verteidiger im Anschluss an diejenige Beweiserhebung abgibt, die sich auf den Inhalt der ohne Belehrung gemachten Aussage bezieht (vgl. BayObLG, VRS 92, 250, 252 mit Verweis auf BGHSt 38, 214, 225, 226).

Eine unterlassene Belehrung kann im Übrigen durch eine erneute, ordnungsgemäße Vernehmung geheilt werden (vgl. BGHSt 22, 129, 134). Die Verletzung des Belehrungsgebots begründet aber kein Beweisverwertungsverbot im Verfahren gegen einen Dritten, in dem der fehlerhaft nicht Belehrte ausschließlich Zeuge ist (vgl. BayObLG, NJW 1994 S. 1296).

Die Belehrungspflichten entstehen im Übrigen nur bei Erweiterung des Vorwurfs neu (vgl. oben Erl. 1.2 a. E.).

Ein Verwertungsverbot besteht nicht für den Inhalt eines Telefongesprächs, das eine Privatperson auf Veranlassung der Ermittlungsbehörden mit dem Beschuldigten ohne Aufdeckung der Ermittlungsabsicht zum Untersuchungsgegenstand führt und das auf Veranlassung der Ermittlungsbehörden von einer dritten Person mitgehört wird. Zum Begriff der Vernehmung im Sinne der StPO gehört, dass der Vernehmende der Auskunftsperson in amtlicher Funktion gegenübertritt und in dieser Eigenschaft von ihr eine Aussage verlangt. Eine Erweiterung des Begriffs der Vernehmung in dem Sinn, dass hierzu alle Äußerungen des Beschuldigten gehören, die ein Strafverfolgungsorgan direkt oder indirekt herbeigeführt hat (sog. „funktionaler" Vernehmungsbegriff) lässt sich der StPO nicht entnehmen (vgl. BGH, NStZ 1996 S. 2940 ff.). Das Rechtsstaatsprinzip verlangt aber eine Abwägung des Verfolgungsinteresses mit dem allgemeinen Persönlichkeitsrecht des Beschuldigten, die nach Ansicht des BGH jedenfalls dann zugunsten des Verfolgungsinteresses ausfällt, wenn es um die Aufklärung einer Straftat von erheblicher Bedeutung geht und die Erforschung des Sachverhalts unter Einsatz anderer Ermittlungsmethoden erheblich weniger Erfolg versprechend oder wesentlich erschwert gewesen wäre. Die Rechtsprechung dürfte selbst bei Vorliegen von erheblichen Ordnungsverstößen nicht auf das Ordnungswidrigkeitenverfahren übertragbar sein.

Das Beweisverwertungsverbot bezieht sich unmittelbar nur auf den Nachweis des strafrechtlichen (oder ordnungswidrigkeitenrechtlichen) Schuldvorwurfs. Eine Fernwirkung dahin, dass von einem generellen Schweigen des Betroffenen auszugehen wäre mit der Folge, dass im Rahmen der Annexentscheidung über die Entschädigung keine nachteiligen Schlüsse gezogen werden dürften, besteht nicht. Das strafprozessuale Verwertungsverbot ist ausschließlich dazu bestimmt, die Grundlagen der verfahrensrechtlichen Stellung des Betroffenen zu sichern (vgl. OLG Karlsruhe, NStZ 1998 S. 211).

Die Nichtprotokollierung nach § 168b Abs. 2 StPO verpflichtet den Vernehmenden nicht zu dem Hinweis, dass Äußerungen in dem Gespräch gegen den Betroffenen verwertet werden können (vgl. BGH, NStZ 1995 S. 353).

Ein Verstoß gegen die Belehrungspflichten gem. Erl. 2.1 (§ 136 Abs. 1 Satz 1 StPO) und Erl. 2.5 (§ 136 Abs. 1 Satz 6 StPO) begründet kein Verwertungsverbot. Bei der gebotenen Einzelfallprüfung, ob bei einem Verstoß gegen ein Verbot oder Gebot im Prozessrecht auch ein Verwertungsverbot folgt, ist grundsätzlich auch zu beachten, ob das Beweismittel auf ordnungsgemäßem Wege ebenso sicher hätte erlangt werden können (vgl. *Göhler*, 18. Auflage 2021, Rdnr. 10c zu § 46), selbst wenn der Schutz von Individualinteressen betroffen ist. Der Rechtskreis des Betroffenen wäre insoweit auch einem legalen Eingriff ausgesetzt.

3. Verbotene Vernehmungsmethoden

Verbotene Vernehmungsmethoden, §§ 46 Abs. 1, 2, 163a Abs. 3 Satz 2, 136a Abs. 1, 2 StPO, führen zur Unverwertbarkeit der dadurch gewonnenen Aussage, § 136a Abs. 3 Satz 2 StPO (vgl. BGH, Beschl. vom 7.8.2022, BeckRS 2022, 16818: Das Verwertungsverbot des § 136a Abs. 3 Satz 2 StPO gilt absolut und auch zugunsten von Mitbeschuldigten. Im konkreten Fall hatte der Täter insbesondere Angaben zu anderen Tatbeteiligten gemacht.). Ist der Betroffene, z. B. infolge Alkoholkonsums, nicht mehr in der Lage, frei über seine Aussage, ihren Umfang und ihren Inhalt zu entscheiden, ist die Anhörung bzw. Vernehmung von vornherein untersagt.

Für das Bußgeldverfahren seien als verbotene Vernehmungsmethoden herausgegriffen:

– Die Täuschung, § 136a Abs. 1 Satz 1 StPO:

Der Betroffene ist objektiv in einen Irrtum versetzt worden, der die Willensentschließungs- bzw. -betätigungsfreiheit ausschließt.

Z. B. Die Anhörungsstelle gibt vor, dass der Mittäter schon gestanden habe.

Irrt der Betroffene bei seinen Äußerungen zur Tatbeteiligung einerseits über deren rechtliche Bedeutung, in dem er erkennbar davon ausgeht, nur schriftlich festgehaltene und von ihm unterzeichnete Angaben seien gerichtsverwertbar und vertraut er andererseits irrtümlich darauf, der Polizeibeamte werde seine Äußerungen nicht schriftlich festhalten, liegt im Erkennen und Nichtausräumen dieses doppelten Irrtums durch den Vernehmenden keine Täuschung im Sinne von § 136a StPO. Die Vorschrift schließt nicht jede List bei der Vernehmung aus, sondern verbietet nur Irreführungen, die bewusst darauf abzielen, die von § 136a StPO geschützte Aussagefreiheit zu beeinträchtigen (vgl. BGH, NStZ 1997 S. 251).

– Das Versprechen gesetzlich nicht vorgesehener Vorteile, § 136a Abs. 1 Satz 3 StPO:

Z. B. bindende Zusage, in einer bestimmten Art und Weise zu entscheiden.

Hiervon nicht erfasst sind Hinweise der Anhörungsstelle auf die infolge der Aussage eintretende verfahrensrechtliche Situation (vgl. BGHSt 20, 268 – im Strafverfahren günstige Auswirkung eines Geständnisses für Haftentlassung, Strafzumessung und späteren Gnadenerweis). Die Inaussichtstellung einer schuldunangemessen niedrigen Geldbuße für den Fall eines Geständnisses beeinträchtigt dagegen die Aussagefreiheit wegen des Versprechens gesetzlich nicht vorgesehener Vorteile (vgl. *Meyer-Goßner/Schmitt/Schmitt*, StPO, 66. Auflage 2023, Rdnr. 23 zu § 136a zum Versprechen einer schuldunangemessen niedrigen Strafe mit Verweis auf BGH StraFo 2003 S. 97).

Eine Fortwirkung hat der Verstoß gegen § 136a StPO grundsätzlich nicht. Der Beschuldigte kann daher erneut vernommen werden und die neue Aussage kann verwertet werden. Eine Fortwirkung wird allerdings angenommen, wenn sich der Betroffene bei der weiteren Vernehmung seiner Entscheidungsmöglichkeit über das Ob und Wie seiner Aussage nicht bewusst war. Letzteres ist dann der Fall, wenn der Betroffene bei der weiteren Vernehmung davon ausgeht, ein Schweigen zu diesem Zeitpunkt nütze ihm nichts, da er ohnehin schon alles gesagt hat und sich über die Nichtverwertbarkeit der ersten Aussage nicht bewusst ist. In diesem Fall ist der Betroffene qualifiziert über die Nichtverwertbarkeit der ersten Vernehmung zu belehren (vgl. LG Dortmund, NStZ 1997 S. 356 ff.).

II.
Verwarnungsverfahren

§ 56
Verwarnung durch die Verwaltungsbehörde

(1) Bei geringfügigen Ordnungswidrigkeiten kann die Verwaltungsbehörde den Betroffenen verwarnen und ein Verwarnungsgeld von fünf bis fünfundfünfzig Euro erheben. Sie kann eine Verwarnung ohne Verwarnungsgeld erteilen.

(2) Die Verwarnung nach Absatz 1 Satz 1 ist nur wirksam, wenn der Betroffene nach Belehrung über sein Weigerungsrecht mit ihr einverstanden ist und das Verwarnungsgeld entsprechend der Bestimmung der Verwaltungsbehörde entweder sofort zahlt oder innerhalb einer Frist, die eine Woche betragen soll, bei der hierfür bezeichneten Stelle oder bei der Post zur Überweisung an diese Stelle einzahlt. Eine solche Frist soll bewilligt werden, wenn der Betroffene das Verwarnungsgeld nicht sofort zahlen kann oder wenn es höher ist als zehn Euro.

(3) Über die Verwarnung nach Absatz 1 Satz 1, die Höhe des Verwarnungsgeldes und die Zahlung oder die etwa bestimmte Zahlungsfrist wird eine Bescheinigung erteilt. Kosten (Gebühren und Auslagen) werden nicht erhoben.

(4) Ist die Verwarnung nach Absatz 1 Satz 1 wirksam, so kann die Tat nicht mehr unter den tatsächlichen und rechtlichen Gesichtspunkten verfolgt werden, unter denen die Verwarnung erteilt worden ist.

Erläuterungen

Übersicht

Vorbemerkung

Das Verwarnungsverfahren bietet bei Bagatellverstößen eine Handhabe dafür, das förmliche Bußgeldverfahren zu vermeiden. Mit Einverständnis des Betroffenen verbleibt es bei einer geringfügigen präventiven Maßnahme, die ein Verfolgungshindernis schafft. Die Verwarnungsgelder fließen in die Kasse der juristischen Person, der die Verwaltungsbehörde angehört, die die Verwarnung erteilt hat (vgl. *Göhler*, 18. Auflage 2021, Rdnr. 47 zu § 56). Dies gilt auch, wenn besonders ermächtigte Polizeibeamte im Sinne des § 57 Abs. 2 die Verwarnung erteilen und nichts anderes bestimmt ist, da sie insoweit für die zuständige Verwaltungsbehörde tätig werden. Eine § 90 Abs. 2 ähnliche Regelung fehlt im OWiG (vgl. aber z. B. Art. 28 BayGO, wo es heißt, dass Geldbußen und Verwarnungsgelder, die auf Grund bewehrter Satzungen und Verordnungen festgesetzt werden, in die Gemeindekasse fließen). Abweichende Vorschriften im Landesrecht sind zulässig (vgl. z. B. § 5 NdsAGOWiG: Erheben Polizeibeamte in den Fällen des § 57 Abs. 2 Verwarnungsgelder, fließen diese der Landeskasse zu).

Die Bußgeldkatalog-Verordnung vom 14.3.2013 (BGBl. I S. 498), zuletzt geändert durch Verordnung vom 13.10.2021 (BGBl. I S. 4688), sowie die einschlägigen Tatbestandskataloge der Länder sind in ihrem Anwendungsbereich für die Durchführung des Verwarnungsverfahrens bindend. Falls es zum Bußgeldverfahren kommt, sind die Gerichte zwar nicht an Verwarnungsgeldkataloge gebunden. Wenn Geringfügigkeit angenommen wird, rechtfertigen aber im Interesse der Gleichbehandlung nur besondere Umstände des Einzelfalls, von den Katalogsätzen bei der Bemessung der Geldbuße abzuweichen (vgl. OLG Düsseldorf, NZV 1991 S. 82, 83).

1. Verwarnung

1.1 Geringfügige Ordnungswidrigkeit

Da das Verwarnungsverfahren die Durchführung eines formellen Bußgeldverfahrens gerade vermeiden will, ist es nicht notwendig, das Vorliegen einer Ordnungswidrigkeit erschöpfend zu prüfen. Es reicht aus, wenn auf Grund summarischer Prüfung von einer Ordnungswidrigkeit auszugehen ist (vgl. hierzu auch BVerfGE 22, 125, 133 – Der Sachverhalt muss offen zutage treten.).

Das Merkmal der Geringfügigkeit ist nach pflichtgemäßem Ermessen unter Beachtung der Bedeutung der Handlung und des Grades der Vorwerfbarkeit zu prüfen. Die Wirksamkeit der Verwarnung bleibt von einer Fehleinschätzung unberührt (vgl. OLG Frankfurt, VRS 16, 59, 60).

1.2 Verwarnung mit oder ohne Verwarnungsgeld

Absatz 1 unterscheidet zwischen der Verwarnung mit Verwarnungsgeld, Satz 1, und der Verwarnung ohne Verwarnungsgeld, Satz 2. Abs. 1 Satz 1 und Abs. 1 Satz 2 wurden mit Wirkung vom 1.3.1998 durch Art. 1 Nr. 8, 7 OWiG-Änderungsgesetz vom 26.1.1998 (BGBl. I S. 156, 159, 340) neu gefasst. Der Mindestbetrag wurde in Übereinstimmung mit § 17 Abs. 1 von 5,00 auf 10,00 DM erhöht. Die Verwarnung ohne Verwarnungsgeld, für die

die Absätze 2 bis 4 nicht gelten, wurde vom Gesetzgeber in schlichter Form als Option für die Verwaltungsbehörde formuliert. Angesichts des infolge der Euro-Einführung durch Art. 24 des Gesetzes vom 31.12.2001 (BGBl. I S. 3574) bestehenden Rahmens von fünf bis fünfunddreißig Euro für die Verwarnung, der mit Wirkung vom 1.5.2014 durch Art. 8 des Fünften Gesetzes zur Änderung des Straßenverkehrsgesetzes und anderer Gesetze (vgl. BGBl. I S. 3313) auf fünf bis fünfundfünfzig Euro erweitert wurde, bleibt für die Verwarnung ohne Verwarnungsgeld kaum noch Raum. Ist der Verstoß derart unbedeutend, dass nicht einmal ein Verwarnungsgeld von fünf Euro angemessen wäre, wird es regelmäßig an einem bußgeldrechtlichen Handlungsbedarf fehlen, § 47.

Bei der Bemessung des Verwarnungsgeldes ist, soweit nicht ohnehin Richtlinien bestehen (vgl. Vorbemerkung), wie bei der Beurteilung des Merkmals der Geringfügigkeit auf die Bedeutung der Handlung und den Grad der Vorwerfbarkeit abzustellen. In Fällen der Tateinheit, § 19, kann eine Verwarnung unter allen rechtlichen Gesichtspunkten erteilt werden, wenn das Merkmal der Geringfügigkeit und der Verwarnungsgeldrahmen von fünf bis fünfundfünfzig Euro insgesamt bei der Handlung noch erfüllt sind. Das höchste der in Betracht kommenden Verwarnungsgelder wird erhoben (vgl. § 2 Abs. 6 und 8 BKatV). In Fällen der Tatmehrheit gilt wie bei der Geldbuße das Kumulationsprinzip, § 20, d. h., bei Vorliegen mehrerer Handlungen können auch mehrere Verwarnungen erteilt werden (vgl. auch § 2 Abs. 7 BKatV). Hierbei kann es nicht darauf ankommen, ob die mehreren Verwarnungsgelder den Rahmen von fünfundfünfzig Euro übersteigen, da man eine derartige Gesamtbetrachtung auch bei einer größeren zeitlichen Differenz der Tatbestandsverwirklichung nicht anstellen würde (anders *Göhler*, 18. Auflage 2021, Rdnr. 20 zu § 56, der insbesondere auf die Bußgeldkatalog-Verordnung verweist. § 2 Abs. 7 BKatV sieht eine getrennte Verwarnung der einzelnen Verstöße vor, wenn der Betroffene durch mehrere Handlungen geringfügige Ordnungswidrigkeiten begangen oder gegen dieselbe Vorschrift mehrfach verstoßen hat. Es ist dann allerdings nach § 2 Abs. 8 BKatV zu prüfen, ob die Handlungen insgesamt noch geringfügig sind. Dies ist nach *Göhler* nicht der Fall, wenn der Verwarnungsgeldhöchstbetrag überschritten ist.).

1.3 Zuständigkeit

Die Verwarnung wird grundsätzlich durch die Verwaltungsbehörde erteilt. Da keine besondere Form vorgeschrieben ist, kann diese auch vor Ort durch Beamte des Außendienstes, § 57 Abs. 1, oder Polizeibeamte als Ermittlungsorgane der Verwaltungsbehörde, § 57 Abs. 2, ausgesprochen werden. Die mündliche Form der Verwarnungserteilung ist jedoch wegen Absatz 3 praxisfern. Eine vorherige Anhörung nach § 55 ist nicht notwendig. Erhält der Betroffene aber von der Verwaltungsbehörde auf dem Postwege die Verwarnung, empfiehlt es sich, einen Anhörungsbogen mitzuschicken für den Fall, dass mit der Verwarnung kein Einverständnis besteht.

2. Wirksamkeit

Die Verwarnung mit Verwarnungsgeld ist gem. Absatz 2 Satz 1 nur wirksam, wenn der Betroffene nach Belehrung über sein Weigerungsrecht mit ihr einverstanden ist und das Verwarnungsgeld entsprechend der Bestimmung der Verwaltungsbehörde entweder sofort oder innerhalb der gesetzten Frist, die eine Woche betragen soll, zahlt.

2.1 Belehrung

Dem Betroffenen muss deutlich gemacht werden, dass er einen Anspruch auf Durchführung des Bußgeldverfahrens hat, d. h. die Verwarnung nicht akzeptieren muss. Die Verwaltungsbehörde sollte deshalb darauf hinweisen, dass bei Weigerung das förmliche Bußgeldverfahren durchgeführt wird.

Der Betroffene hat andererseits keinen Anspruch auf Erteilung einer Verwarnung (vgl. OLG Düsseldorf, NZV 1991 S. 441). Es kann deshalb von seiner Seite nicht geltend gemacht werden, der Erlass eines Bußgeldbescheids sei unzulässig gewesen, weil die Voraussetzungen für die Erteilung einer Verwarnung vorgelegen hätten.

2.2 Einverständnis

Das Einverständnis des Betroffenen liegt regelmäßig konkludent in der Zahlung des Verwarnungsgeldes. Das Einverständnis liegt nicht in der Zahlung durch einen Dritten als Geschäftsführer ohne Auftrag. Das Einverständnis kann aber auch sofort erklärt werden. Das Einverständnis darf nicht unter Willensmängeln (arglistige Täuschung, Drohung, Zwangsausübung) leiden (vgl. KKOWiG-*Lutz*, 5. Auflage 2018, Rdnr. 29 zu § 56).

2.3 Zahlung

Die Verwaltungsbehörde bestimmt Ort, Zeit und Art und Weise der Zahlung.

Der Betroffene trägt bei einer Überweisung an die von der Verwaltungsbehörde bestimmte Stelle das Risiko des rechtzeitigen Eingangs, es sei denn, der Betrag wird bei der Post zur Weiterüberweisung eingezahlt. In diesem Falle reicht es aus, wenn das Verwarnungsgeld innerhalb der Frist bei der Post eingezahlt worden ist (vgl. *Göhler*, 18. Auflage 2021, Rdnr. 27 zu § 56: „Poststempel genügt."). Wird der Betroffene darüber belehrt, dass er das Verwarnungsgeld unter Angabe des Geschäftszeichens einzahlen muss, und kann eine Zahlung ohne bzw. fehlerhafter Angabe des Geschäftszeichens deshalb nicht zugeordnet werden, berührt dies die Wirksamkeit der Zahlung (vgl. *Göhler*, 18. Auflage 2021, Rdnr. 26 zu § 56).

Eine Zahlungsfrist soll immer dann gewährt werden, wenn der Betroffene nicht sofort zahlen kann (schriftliche Verwarnung) oder das Verwarnungsgeld höher ist als zehn Euro, Abs. 2 Satz 2. Unter besonderen Umständen kann auch eine längere Frist als eine Woche gewährt werden (z. B. Urlaubsabwesenheit).

Bei nicht fristgerechter Zahlung ist die Verwarnung nicht wirksam (vgl. OLG Köln, VRS 88, 375). Die Verwaltungsbehörde ist aber nicht daran gehindert, die Zahlungsfrist nachträglich zu verlängern. Eine konkludente Fristverlängerung liegt in der Annahme des Geldes in Kenntnis des Fristablaufs (vgl. OLG Koblenz, VRS 56, 158, 159). Das Institut der Wiedereinsetzung ist dem Verwarnungsverfahren gleichwohl fremd. Dem Betroffenen steht auch kein Anspruch auf Fristverlängerung zu und er kann konsequenterweise eine die Fristverlängerung ablehnende Entscheidung nicht anfechten.

2.4 Bescheinigung

Über die Verwarnung mit Verwarnungsgeld wird dem Betroffenen nach Absatz 3 Satz 1 eine Bescheinigung erteilt. Zu bescheinigen ist die Tatsache, dass der Betroffene wegen einer bestimmten Ordnungswidrigkeit verwarnt wurde, die Höhe des Verwarnungsgeldes und die Zahlung oder die etwaige Zahlungsfrist (vgl. *RRH*, 32. Aktualisierung 2022, Rdnr. 18 zu § 56). Ist eine Zahlungsfrist bestimmt und wird die Bescheinigung schon vor der Zahlung des Verwarnungsgeldes ausgestellt, sollte die Stelle, an die zu zahlen ist, in die Bescheinigung aufgenommen werden. Die Bescheinigung wird in der Praxis formularmäßig erteilt. Sie wird von der Verwaltungsbehörde bzw. den ermächtigten Beamten im Sinne des § 57 OWiG unterzeichnet, sofern sie nicht im EDV-Verfahren erstellt ist (vgl. § 51 Abs. 1 Satz 2 OWiG). Mängel bzw. das Fehlen der nach Absatz 3 Satz 1 zu erteilenden Bescheinigung haben auf die Wirksamkeit der Verwarnung keinen Einfluss (vgl. *Göhler*, 18. Auflage 2021, Rdnr. 30 zu § 56).

3. Bestand

3.1 Anfechtung

Der Betroffene kann die Verwarnung in formeller, nicht jedoch in materieller Hinsicht angreifen, weil er sich ansonsten zu seinem eigenen Verhalten (Einverständnis mit der

Verwarnung) in Widerspruch setzen würde (vgl. *Göhler*, 18. Auflage 2021, Rdnr. 33 zu § 56). Taugliche Anfechtungsgründe sind hiernach:

- Fehlende Belehrung über das Weigerungsrecht,
- fehlendes Einverständnis (vgl. BVerwGE 24, 8, 11),
- Fehlen der örtlichen oder sachlichen Zuständigkeit (vgl. KKOWiG-*Lutz*, 5. Auflage 2018, Rdnr. 30 zu § 56; a. A. *Göhler*, 18. Auflage 2021, Rdnr. 35 zu § 56: *„offenbar unzuständige Stelle"*).

Untaugliche Anfechtungsgründe sind hiernach:

- Nichtvorliegen einer Ordnungswidrigkeit,
- falsche Festsetzung des Verwarnungsgeldes.

Statthafter Rechtsbehelf ist der Antrag auf gerichtliche Entscheidung gem. § 62. Zum „Bußgeldverfahren im Sinne des § 62" gehört auch das Verwarnungsverfahren (vgl. *Göhler*, 18. Auflage 2021, Rdnr. 5 zu § 62).

3.2 Rücknahme

Aus Gründen der Rechtsklarheit sollte eine nicht wirksame Verwarnung (z. B. fehlendes Einverständnis) von der Verwaltungsbehörde zurückgenommen und das Verwarnungsgeld zurückbezahlt werden.

Die wirksam erteilte Verwarnung kann jedoch zum Nachteil des Betroffenen nicht zurückgenommen werden. Die Verwaltungsbehörde würde andernfalls die geschützte Rechtsposition aus Abs. 4, die wie eine formelle Rechtskraft wirkt, unterlaufen (vgl. KKOWiG-*Lutz*, 5. Auflage 2018, Rdnr. 33 zu § 56).

Die Verwaltungsbehörde ist andererseits nicht daran gehindert, ein Verwarnungsgeldangebot vor der Wirksamkeit der Verwarnung durch Erlass eines Bußgeldbescheides zurückzunehmen, wenn die Rücknahme im öffentlichen Interesse geboten ist, weil eine Verwarnung nicht hätte erteilt werden dürfen (vgl. KG, VRS 88, 459; NJW 1990 S. 1803). Wenn gegen den Betroffenen bereits zuvor zwei Bußgeldbescheide wegen Verkehrsverstößen verhängt worden sind, kommt die Erteilung einer Verwarnung nicht mehr in Betracht. Die Abwägung zwischen dem Vertrauensschutzgrundsatz und dem öffentlichen Interesse an der Wahrung der Gesetzlichkeit und der Vermeidung ungerechtfertigter Bevorzugung Einzelner ergibt dann den Vorrang des öffentlichen Interesses (a. A. KKOWiG-*Lutz*, 5. Auflage 2018, Rdnr. 33 zu § 56, der dem Vertrauensschutzgrundsatz das größere Gewicht gibt.).

4. Verfolgungshindernis

Die Tat kann nach Absatz 4 nicht mehr unter den tatsächlichen und rechtlichen Gesichtspunkten verfolgt werden, unter denen die Verwarnung erteilt worden ist. Im Gegenschluss heißt dies, dass die tatsächlich oder rechtlich nicht erfassten Handlungsteile oder Gesetzesverletzungen weiter verfolgt werden können (vgl. OLG Düsseldorf, NJW 1991 S. 241, 242). Beschränkt also die Verwaltungsbehörde bewusst oder versehentlich die Verwarnung auf einen bestimmten tatsächlichen oder rechtlichen Gesichtspunkt, so bleiben die nicht erfassten Handlungsteile oder Gesetzesverletzungen verfolgbar. Bei einer Dauerordnungswidrigkeit begründet ein Verwarnungsgeld ein Verfahrenshindernis nur für den Zeitraum, für den es ausgesprochen ist, es sei denn, der Betroffene durfte aufgrund bestimmter Umstände annehmen, dass das gesamte einheitliche Tatgeschehen erfasst werden sollte und er im Vertrauen darauf sein Einverständnis mit der Verwarnung erteilt hat (vgl. OLG Düsseldorf, VRS 91, 129, 130). Das Verfahrenshindernis des Abs. 4 erfasst keine Verstöße, die zu der mit der Verwarnung geahndeten Verfehlung in Tateinheit oder Tatmehrheit stehen.

Eine Verfolgung der Handlung in strafrechtlicher Hinsicht ist selbstverständlich nicht ausgeschlossen. Dies zeigt schon § 86 OWiG. Erfolgt eine strafrechtliche Ahndung wegen derselben Handlung, ist in entsprechender Anwendung des § 86 OWiG die Verwarnung zurückzunehmen und das Verwarnungsgeld nach den Grundsätzen des § 86 Abs. 2 OWiG anzurechnen (vgl. *RRH*, 32. Aktualisierung 2022, Rdnr. 21 zu 56), d. h. zunächst auf eine erkannte Geldstrafe, dann auf angeordnete Nebenfolgen, die zu einer Geldzahlung verpflichten, und zuletzt auf die Kosten des Strafverfahrens.

5. Kosten

Kosten werden im Verwarnungsverfahren grundsätzlich nicht erhoben, Absatz 3 Satz 2. Durch diese Bestimmung ist selbstverständlich eine sich unmittelbar an das Verwarnungsverfahren anschließende Kostenentscheidung gem. § 25a Abs. 1 Satz 1 StVG nach Einstellung des Bußgeldverfahrens gem. §§ 46 Abs. 1, 170 Abs. 2 StPO nicht ausgeschlossen, nachdem der Betroffene das Verwarnungsgeldangebot nicht angenommen hatte (vgl. *Göhler*, 18. Auflage 2021, Rdnr. 49 zu § 56).

§ 57

Verwarnung durch Beamte des Außen- und Polizeidienstes

(1) Personen, die ermächtigt sind, die Befugnis nach § 56 für die Verwaltungsbehörde im Außendienst wahrzunehmen, haben sich entsprechend auszuweisen.

(2) Die Befugnis nach § 56 steht auch den hierzu ermächtigten Beamten des Polizeidienstes zu, die eine Ordnungswidrigkeit entdecken oder im ersten Zugriff verfolgen und sich durch ihre Dienstkleidung oder in anderer Weise ausweisen.

§ 58

Ermächtigung zur Erteilung der Verwarnung

(1) Die Ermächtigung nach § 57 Abs. 2 erteilt die oberste Dienstbehörde des Beamten oder die von ihr bestimmte Stelle. Die oberste Dienstbehörde soll sich wegen der Frage, bei welchen Ordnungswidrigkeiten Ermächtigungen erteilt werden sollen, mit der zuständigen Behörde ins Benehmen setzen. Zuständig ist bei Ordnungswidrigkeiten, für deren Verfolgung und Ahndung eine Verwaltungsbehörde des Bundes zuständig ist, das fachlich zuständige Bundesministerium, sonst die fachlich zuständige oberste Landesbehörde.

(2) Soweit bei bestimmten Ordnungswidrigkeiten im Hinblick auf ihre Häufigkeit und Gleichartigkeit eine möglichst gleichmäßige Behandlung angezeigt ist, sollen allgemeine Ermächtigungen an Verwaltungsangehörige und Beamte des Polizeidienstes zur Erteilung einer Verwarnung nähere Bestimmungen darüber enthalten, in welchen Fällen und unter welchen Voraussetzungen die Verwarnung erteilt und in welcher Höhe das Verwarnungsgeld erhoben werden soll.

Erläuterungen

Übersicht

Vorbemerkung

§§ 57 und 58 OWiG stellen den Grundsatz auf, dass die Erteilung einer Verwarnung im Außendienst, sei es durch Angehörige der Verwaltungsbehörde selbst oder durch Polizeibeamte, der Ermächtigung bedarf. Ferner hat sich der die Verwarnung Erteilende auszuweisen.

In § 58 Abs. 1 Satz 3 OWiG wurde durch Art. 1 Nr. 9, 7 OWiG-Änderungsgesetz vom 26.1.1998 (BGBl. I S. 156, 159, 340) mit Wirkung vom 1.3.1998 anstelle des fachlich zuständigen Bundesministers als Adressat der Benehmensregelung für Ordnungswidrigkeiten, für deren Verfolgung und Ahndung eine Verwaltungsbehörde des Bundes zuständig ist, das fachlich zuständige Bundesministerium aufgenommen.

1. Ermächtigte Beamte des Außendienstes, § 57 Abs. 1 OWiG

Die Ermächtigung erteilt der Leiter der Verwaltungsbehörde. Nach § 58 Abs. 2 soll sich eine allgemeine Ermächtigung dazu äußern, in welchen Fällen und unter welchen Voraussetzungen die Verwarnung erteilt und in welcher Höhe das Verwarnungsgeld erhoben werden soll, soweit Häufigkeit und Gleichartigkeit eine möglichst gleichmäßige Behandlung angezeigt erscheinen lassen. Dies ist aber dann nicht notwendig, wenn unabhängig von der Ermächtigung bereits Richtlinien (vgl. Vorbemerkung zu § 56) bestehen.

Die Richtlinien enthalten üblicherweise bei den massenweise vorkommenden Ordnungswidrigkeiten die typischen Fallvarianten und ordnen diesen nach dem Gewicht der Tat bestimmte Verwarnungsgelder zu.

Der Ausweispflicht kommt der Beamte konkludent schon dadurch nach, dass er ein von der Verwaltungsbehörde stammendes Schriftstück aushändigt.

Das Fehlen der Ermächtigung, d. h. der Berechtigung, für die Verwaltungsbehörde zu handeln, ist rechtlich unbeachtlich, sofern der Betroffene von einer Verwarnung seitens der örtlich und sachlich zuständigen Stelle ausgehen durfte. Dieser Fall ist nicht anders zu behandeln als der, bei dem ein Beamter unter Verletzung der innerbehördlichen Geschäftsverteilung eine Verwaltungsanordnung trifft. Unbeachtlich für die Wirksamkeit der Verwarnung ist ferner die Verletzung der Ausweispflicht als reiner Ordnungsvorschrift (vgl. *Göhler*, 18. Auflage 2021, Rdnr. 1 zu § 57) oder des § 58 Abs. 2 (vgl. *Göhler*, 18. Auflage 2021, Rdnr. 5 zu § 58).

2. Ermächtigte Beamte des Polizeidienstes, § 57 Abs. 2 OWiG

Die Ermächtigung an die Beamten des Polizeidienstes hat eine andere Qualität als die Ermächtigung im Sinne des § 57 Abs. 1 OWiG, weil hierdurch die Verfahrensherrschaft der Verwaltungsbehörde zumindest für den Bereich des Verwarnungsverfahrens auf einen Dritten übergeht. Zur Ermächtigung zugunsten von Angestellten vgl. in Bayern Art. 2 Abs. 2 POG, wonach zur Verwarnung von Verkehrsteilnehmern wegen Zuwiderhandlungen gegen Vorschriften des Straßenverkehrsrechts auch Angestellte ermächtigt werden können.

Das Fehlen der Ermächtigung ist hier eine Frage der sachlichen Zuständigkeit und führt zur Anfechtbarkeit der Verwarnung (vgl. Erl. 3.1 zu § 56). Nichtigkeit und damit Unwirksamkeit der Verwarnung ist mangels Offenkundigkeit des Fehlers nicht anzunehmen (vgl. KKOWiG-*Lutz*, 5. Auflage 2018, Rdnr. 6 zu § 57 mit Verweis auf eine Entscheidung des BVerwG, VkBl. 1979 S. 710: Die Verwarnung ist lediglich anfechtbar.). Die Ermächtigung wird von der obersten Dienstbehörde des Beamten oder der von ihr bestimmten Stelle erteilt, die sich wegen der Frage, bei welchen Ordnungswidrigkeiten Ermächtigungen erteilt werden sollen, mit dem fachlich zuständigen Bundesministerium bei Zuständigkeit einer Verwaltungsbehörde des Bundes oder sonst mit der fachlich zuständigen obersten Landesbehörde ins Benehmen setzen soll, § 58 Abs. 1 OWiG. Die Verletzung der Benehmensregelung ist unbeachtlich. Es handelt sich um eine reine Ordnungsvorschrift. Über die Pflicht, gleichzeitig Richtlinien für die Erteilung von Verwarnungen zu erlassen, vgl. bereits unter Erl. 1.

Der Ausweispflicht kann schon durch die Uniformierung Rechnung getragen werden (vgl. im Übrigen unter Erl. 1).

Die Zuständigkeit für die Erteilung der Verwarnung besteht nur im Stadium der Entdeckung der Ordnungswidrigkeit oder der Verfolgung im ersten Zugriff. Der erste Zugriff liegt immer dann vor, wenn die Polizeibeamten in eigener Initiative ohne Ersuchen der Verwaltungsbehörde tätig werden. Der Begriff ist nicht zu verwechseln mit dem „auf frischer Tat Betroffensein" (vgl. *Göhler*, 18. Auflage 2021, Rdnr. 5 zu § 57). Das Merkmal der Verfolgung im ersten Zugriff rechtfertigt die Erteilung einer Verwarnung auch dann, wenn von dritter Seite eine Anzeige vorliegt. Die Berechtigung endet mit der Aktenübersendung an die Verwaltungsbehörde, § 53 Abs. 1 Satz 3 OWiG.

III.
Verfahren der Verwaltungsbehörde

Vorbemerkungen zu § 59

Übersicht

Einleitung

Über das (Ermittlungs-)Verfahren der Verwaltungsbehörde geben die §§ 59 bis 62 nur sehr unvollständig Auskunft. Letztlich beruht dies auf der in § 46 weitgehend für anwendbar erklärten StPO.

Im Folgenden seien Fragen der Zuständigkeit im Ermittlungsverfahren (1), der Einleitung (2), des Gegenstands (3) und der Durchführung des Ermittlungsverfahrens (4) näher angesprochen.

1. Zuständigkeit

Von den Fällen der §§ 40 und 42 abgesehen hat die Verwaltungsbehörde das Ermittlungsverfahren zu leiten (vgl. hierzu bereits § 46 Abs. 2). In den Kategorien des Strafprozessrechts gesprochen kommt deshalb ihr die Stellung der Anklagebehörde zu. Die Polizei ist das Ermittlungsorgan der Verwaltungsbehörde (vgl. hierzu bereits die Erl. zu § 53).

Die Verwaltungsbehörde kann sich durch das Amtsgericht gem. §§ 46 Abs. 2, 162 StPO unterstützen lassen. Der Richter hat gem. § 162 Abs. 2 StPO lediglich zu prüfen, ob die beantragte Untersuchungshandlung gesetzlich zulässig ist. Im Rahmen dieser gesetzlichen Zulässigkeitsprüfung kommt dem Verhältnismäßigkeitsgrundsatz überragende Bedeutung zu. Die Überprüfung von Zweckmäßigkeitsfragen ist dem Amtsgericht jedoch verwehrt (vgl. *Meyer-Goßner/Schmitt/Köhler*, StPO, 66. Auflage 2023, Rdnr. 14 zu § 162). Zuständig ist das Amtsgericht, in dessen Bezirk die Ermittlungshandlung vorzunehmen ist. Bei einer Beschlagnahmeanordnung, die die Verwaltungsbehörde wegen Nichtvorliegens der Voraussetzung „Gefahr im Verzug" (vgl. §§ 46 Abs. 1, 2, 98 Abs. 1 Satz 1 StPO) beantragt, ist das Amtsgericht zuständig, in dessen Bezirk die Anordnung auszuführen ist.

Das Bußgeldverfahren ist zu trennen vom Verwaltungsverfahren. Die Verfahrensherrschaft der Verwaltungsbehörde im Ordnungswidrigkeitenverfahren beinhaltet nicht die

Befugnis, präventive Verwaltungsakte zur Vermeidung der künftigen Begehung von Ordnungswidrigkeiten zu erlassen (vgl. BayVGH, BayVBl. 1983 S. 501 – Die Verfolgung der Ordnungswidrigkeit erstreckt sich nur auf die Ahndung eines begangenen Verwaltungsunrechts. Andere Befugnisse, insbesondere künftiges Verhalten betreffende Regelungsmöglichkeiten, sind damit nicht verbunden). Im Verwaltungsverfahren ergangene Entscheidungen sind für das Bußgeldverfahren nicht bindend (vgl. *Göhler*, 18. Auflage 2021, Rdnr. 1b Vor § 59).

Gem. §§ 46 Abs. 1, 2, 161 Abs. 1 Satz 1 StPO kann sich die Verwaltungsbehörde des Sachverstandes aller (öffentlichen) Behörden bedienen. Die Behörden sind der Verwaltungsbehörde gegenüber zur Auskunftserteilung verpflichtet, sofern nicht deren oberste Dienstbehörde erklärt, dass die Auskunftserteilung dem Wohl des Bundes oder eines deutschen Landes Nachteile bereiten würde, §§ 46 Abs. 1, 96 StPO. Die Verwaltungsbehörde kann gegen die Sperrerklärung lediglich informell mit den Mitteln der Gegenvorstellung bzw. Aufsichtsbeschwerde vorgehen. Die Auskunftspflicht der öffentlichen Behörden wird nicht eingeschränkt durch §§ 203 Abs. 2, 353b StGB bzw. § 30 VwVfG des Bundes und der gleichlautenden Länderregelungen, da bei einer bestehenden Auskunftspflicht gerade keine unbefugte Offenbarung vorliegt.

Die Banken sind nicht öffentliche Behörden im Sinne des § 161 StPO, soweit es sich nicht um öffentlich-rechtliche Kreditinstitute handelt, jedoch sind deren Sachbearbeiter als Zeugen zur Aussage der Verwaltungsbehörde gegenüber verpflichtet. Das „Bankgeheimnis" steht dem nicht entgegen. Es begründet kein Zeugnisverweigerungsrecht (vgl. *Meyer-Goßner/Schmitt/Schmitt*, StPO 66. Auflage 2023, Rdnr. 3 zu § 53). Zu Auskunftsersuchen, die dem Post- und Fernmeldegeheimnis unterliegen, vgl. bereits § 46 Abs. 3 Satz 1.

Abgesehen von der Durchführung von Bußgeldverfahren wegen Steuerordnungswidrigkeiten steht das Steuergeheimnis der Auskunftserteilung entgegen, § 30 Abs. 1, 4 Nr. 1 AO. Die Offenbarung wegen zwingenden öffentlichen Interesses, § 30 Abs. 4 Nr. 5 AO, ist für die Zwecke der Durchführung des Bußgeldverfahrens nicht heranzuziehen, da es sich insbesondere weder um die Abwehr erheblicher Nachteile für das Gemeinwohl noch um die Verfolgung von Straftaten noch um die Richtigstellung in der Öffentlichkeit verbreiteter unwahrer Tatsachen handelt.

Personenbezogene Daten, die unter das Sozialgeheimnis fallen, dürfen von den Leistungsträgern nur unter den Voraussetzungen der §§ 67 bis 85a SGB X offenbart werden, § 35 Abs. 1 und 2 SGB-AT. Eine Offenbarungsbefugnis kann gegeben sein gem. § 68 Abs. 1 Satz 1 SGB X.

Belange des Datenschutzes können gegenüber der Auskunftsverpflichtung gem. §§ 46 Abs. 1, 2, 161 Abs. 1 Satz 1 StPO nicht geltend gemacht werden, § 1 Abs. 2 Satz 1 BDSG (vgl. *Göhler*, 18. Auflage 2021, Rdnr. 65b vor § 59).

Wird zwischenstaatliche Rechts- bzw. Amtshilfe erforderlich, ist vom Grundsatz auszugehen, dass die Verwaltungsbehörde Hoheitsrechte, die ihr im Inland zur Durchführung des Bußgeldverfahrens zustehen, nicht im Ausland wahrnehmen darf. Die Inanspruchnahme von Hoheitsrechten liegt insbesondere in der Aufforderung des Adressaten zu einem bestimmten Tun oder Unterlassen (z. B. Anhörung).

Die Inanspruchnahme von Hoheitsrechten ist aber dann möglich, wenn der ausländische Staat sich in einem völkerrechtlichen Vertrag zur Mitwirkung beim inländischen Verfahren bereit erklärt hat.

Soweit völkerrechtliche Verträge Rechtshilfehandlungen nur durch Justizbehörden vorsehen, d. h. die Gewährung von Rechtshilfe nur für Ordnungswidrigkeiten regeln, die bei einer Justizbehörde (Gericht oder Staatsanwaltschaft) anhängig sind, ist die Verwaltungsbehörde gehalten, die Staatsanwaltschaft um Amtshilfe zu ersuchen (vgl. RiStBV Nr. 300), die dann das Rechtshilfeersuchen bei den ausländischen Behörden stellt. Unter diese Kategorie der völkerrechtlichen Verträge fällt das Europäische Übereinkommen vom 20.4.1959 über die Rechtshilfe in Strafsachen (in Kraft getreten für Albanien, Andorra, Armenien, Aserbeidschan, Belgien, Bosnien und Herzegowina, Bulgarien, Chile, Dänemark, Deutschland, Estland, Finnland, Frankreich, Georgien, Griechenland, Großbritannien, Irland, Island, Israel, Italien, Kroatien, Lettland, Liechtenstein, Litauen, Luxemburg, Malta, Mazedonien, Moldawien, Monaco, Montenegro, Niederlande, Norwegen, Österreich, Polen, Portugal, Rumänien, Russland, San Marino, Schweden, Schweiz, Serbien, Slowakei, Slowenien, Spanien, Tschechien, Türkei, Ukraine, Ungarn, Zypern, vgl. *Krenberger/Krumm*, OWiG, 7. Auflage 2022, Rdnr. 26 zu § 5).

Zusatzverträge zum EuRhÜbk stellen nicht auf die Anhängigkeit des Verfahrens bei einer Justizbehörde ab (vgl. insbesondere Frankreich: Art. Ia des Vertrages vom 24.10.1974, BGBl. 1978 II S. 328, 1980 II S. 1435, 1981 II S. 906; Israel: Art. IIa des Vertrages vom 20.7.1977, BGBl. 1980 II S. 1334 f., 1981 II S. 94, 1982 II S. 689, 691; Niederlande: Art. IIa des Vertrages vom 30.8.1979, BGBl. 1981 II S. 1158, 1983 II S. 32; 2002 II S. 635; Schweiz: Art. Ia des Vertrages vom 13.11.1969, BGBl. 1975 II S. 1169, 1171, 1976 II S. 1798, 1818, geändert durch Verträge vom 27.4.1999 und vom 8.7.1999, BGBl. 2001 II S. 946, 962, 2002 II S. 607).

Ferner sind die Europäischen Übereinkommen über die Amtshilfe in Verwaltungssachen im Ausland (Übereinkommen vom 24.11.1977 über die Zustellung von Schriftstücken, BGBl. 1981 II S. 533, 535; BGBl. 1982 II S. 1057; 1983 II S. 55; 1985 II S. 310; 1987 II S. 801; Übereinkommen vom 15.3.1978 über die Erlangung von Auskünften und Beweisen, BGBl. 1981 II S. 533, 550; 1982 II S. 1052; 1985 II S. 309, 774) zu beachten, die unmittelbar auf Bußgeldverfahren nicht anwendbar sind, aber dem Vertragsstaat ermöglichen, bei der Hinterlegung der Ratifikationsurkunde eine Erklärung des Inhalts abzugeben, dass Ersuchen auch in diesen Verfahren erledigt werden. Von der Bundesrepublik wurde eine derartige Erklärung unter dem Vorbehalt der Gegenseitigkeit abgegeben. Entsprechende Erklärungen wurden von Italien und Luxemburg, sowie von Österreich hinsichtlich des Übereinkommens über die Zustellung von Schriftstücken abgegeben. Im Verhältnis zu Österreich geht ohnehin der Vertrag vom 31.8.1988 über die Rechts- und Amtshilfe in Verwaltungssachen (BGBl. 1990 II S. 358, 1334) vor, der es den Verwaltungsbehörden beider Länder insbesondere ermöglicht, unmittelbar miteinander zu verkehren und Schriftstücke unmittelbar durch die Post übermitteln zu lassen (Art. II Nr. 4 des Vertrages zwischen der Bundesrepublik und Österreich vom 31.1.1972, BGBl. 1975 II S. 1157, 1159, 1976 II S. 1798, 1818, beschränkte dagegen die Gewährung von Rechtshilfe ausdrücklich auf gerichtlich anhängige Verfahren). Rechtskräftige Bußgeldbescheide können im Wege der Amtshilfe vollstreckt werden.

Eine deutlich intensivere Rechtshilfe als im Europäischen Übereinkommen über die Rechtshilfe in Strafsachen ist in Art. 48 ff. des Übereinkommens zur Durchführung des Übereinkommens von Schengen zwischen den Benelux-Staaten, der Bundesrepublik und Frankreich betreffend den schrittweisen Abbau der Kontrollen an den gemeinsamen Grenzen (vgl. BGBl. 1993 II S. 1010, 1994 II S. 631) vorgesehen. Es gilt zwischen folgenden Staaten: Belgien, Dänemark, ,Deutschland, Estland, Finnland, Frankreich, Griechenland, Großbritannien, Irland, Island, Italien, Lettland, Litauen, Luxemburg, Malta, Niederlande, Norwegen, Österreich, Polen, Portugal, Schweden, Schweiz, Slowenien, Slowakei, Spanien, Tschechien, Ungarn, Zypern, Bulgarien, Rumänien und Liechtenstein (vgl. *Krenberger/Krumm*, OWiG, 7. Auflage 2022, Rdnr. 38 zu § 5, *Göhler*, OWiG, 18. Auflage 2021, Rdnr. 23b Vor § 59). Nach dem SDÜ wird Rechtshilfe auch geleistet in Verfahren wegen Handlungen, die nach dem nationalen Recht einer oder beider Vertragsparteien als Zuwiderhandlungen gegen Ordnungsvorschriften durch Behörden geahndet werden, gegen deren Entscheidung ein auch in Strafsachen zuständiges Gericht angerufen werden kann, also auch schon im Bußgeldverfahren der Verwaltungsbehörde. Art. 52 SDÜ eröffnet auch im Bußgeldverfahren die Möglichkeit der unmittelbaren Übersendung von konkret bestimmten Urkunden (Schengen-Liste, BGBl. 1996 II S. 242 ff.) durch die Post an Personen, die sich in einem anderen Vertragsstaat aufhalten, wenn dem Ersuchen eine Handlung zugrunde liegt, die in beiden Vertragsstaaten durch eine Verwaltungsbehörde als Ordnungswidrigkeit geahndet werden kann. Die Mitteilung von Bußgeldbescheiden an Betroffene gehört dazu (vgl. *Göhler*, 18. Auflage 2021, Anhang A 18, Ziff. III E 2).

Zwischen den Mitgliedstaaten der EU gilt seit 2.2.2006 das Übereinkommen über die Rechtshilfe in Strafsachen (EU-RhÜbk, vgl. ABl. EG C 197 vom 12.7.2000 S. 1; Zustimmungsgesetz vom 22.7.2005, BGBl. II S. 650). Das EU-RhÜbk übernimmt im Wesentlichen die Regelungen des SDÜ. Insbesondere Art. 52 SDÜ findet zwischen den Mitgliedstaaten keine Anwendung mehr. Die Zustellung von Urkunden ist nicht – wie in Art. 52 SDÜ vorgesehen – auf die sog. Schengen-Liste beschränkt. Die Rechtshilfeersuchen können von der Verwaltungsbehörde selbst nach Maßgabe des Art. 6 EU-RhÜbk gestellt werden, wobei die Benennung der entsprechenden deutschen Behörden durch die Bundesrepublik noch aussteht (vgl. *Göhler*, OWiG, 18. Auflage 2021, Rdnr. 23c Vor § 59).

Die Richtlinie über die Europäische Ermittlungsanordnung in Strafsachen (2014/41/EU vom 3.4.2014) verpflichtet die Mitgliedstaaten, nach dem Prinzip der gegenseitigen Anerkennung die Anordnung grenzüberschreitender Ermittlungsmaßnahmen zu vollstrecken. Die korrespondierenden Vorschriften des EURhÜbk werden dadurch ersetzt. Das Gesetz zur Umsetzung der RL 2014/41/EU, das auch das Gesetz über die Internationale Rechtshilfe in Strafsachen (IRG) änderte, ist am 22.5.2017 in Kraft getreten (vgl. BGBl. I S. 31).

Aus pragmatischen Gründen empfiehlt sich bei Fällen mit Auslandsberührung, in denen die Vertragslage nicht eindeutig ist, eine Konsultation der obersten Landesbehörde. Siehe im Übrigen auch Erl. 3 zu § 5 und Erl. 1.4.1 zu § 51.

2. Einleitung

Die Einleitung des Ermittlungsverfahrens liegt in jeder Maßnahme, die erkennbar darauf abzielt, gegen jemanden wegen einer Ordnungswidrigkeit vorzugehen. Hierzu reicht allein schon die Übersendung des Anhörbogens aus.

Für die Einleitung des Ermittlungsverfahrens müssen konkrete Tatsachen vorliegen, die auf die Verwirklichung eines Bußgeldtatbestandes hindeuten. Im Vorfeld kann nicht die Anhörung eines Betroffenen mit den entsprechenden Belehrungspflichten inmitten stehen, sondern lediglich eine informatorische Befragung.

Sofern das Ermittlungsverfahren nicht durch die Verwaltungsbehörde oder die Polizei im ersten Zugriff auf eigene Initiative eingeleitet wird, kommt es hierzu häufig auf Grund einer Anzeige oder eines Antrages, §§ 46 Abs. 1, 158 Abs. 1, 2 StPO. Bei der Anzeige kommt es nicht darauf an, dass der Anzeigeerstatter ein irgendwie geartetes Interesse an der Anzeige vorträgt. Die Anzeige führt nicht automatisch zur Einleitung eines Ermittlungsverfahrens. Die Anzeige ist nichts anderes als die Anregung, es möge geprüft werden, ob Anlass zur Einleitung eines Ermittlungsverfahrens besteht (vgl. BayObLG, NJW 1986 S. 441, 442). Der Antragsvorbehalt für die Verfolgung ist im Ordnungswidrigkeitenrecht relativ selten (vgl. Erl. 2 zu § 27 – Antrag der Landesrundfunkanstalt), was sich daraus erklärt, dass es hier nicht notwendig um den individuellen Rechtsgüterschutz geht, der es rechtfertigen würde, die Verfolgung vom Wunsch des Verletzten abhängig zu machen. Der Antrag ist vorbehaltlich spezialgesetzlicher Regelung innerhalb von drei Monaten zu stellen, § 77b StGB (vgl. BayObLG, NStZ 1995 S. 197). Die Zurücknahme bestimmt sich nach § 77d StGB.

Wird der erforderliche Antrag nicht gestellt, liegt ein sog. Verfolgungshindernis vor, das der Einleitung bzw. Fortsetzung des Ermittlungsverfahrens entgegensteht (vgl. BayObLG, NStZ 1995 S. 197). Weitere Verfolgungshindernisse sind:

- Verfolgungsverjährung, § 31
- Dauernde Verhandlungsunfähigkeit des Betroffenen
- Entgegenstehende Rechtskraft, § 84
- Anderweitige Rechtshängigkeit (Verfolgung der Tat durch die Staatsanwaltschaft, § 40)

Der ergangene Bußgeldbescheid stellt für den später wegen derselben Tat ergangenen Bescheid ein Verfahrenshindernis dar (vgl. OLG Zweibrücken bei *Göhler,* NStZ 1994 S. 71, 73; OLG Saarbrücken bei *Göhler,* NStZ 1993 S. 71, 73)

- Wirksame Verwarnung, § 56 Abs. 4
- Exterritorialität, §§ 18 bis 20 GVG
  (Zur rechtlichen Stellung von Konsuln vgl. BayObLG bei *Bär,* DAR 1992 S. 368, 369: Sie unterliegen nur wegen Handlungen, die in Wahrnehmung konsularischer Aufgaben vorgenommen werden, nicht der Gerichtsbarkeit des Empfängerstaates)
- Vertrauenstatbestand
  (Erhält der Betroffene eine Frist zur Mängelbeseitigung, darf er darauf vertrauen, dass er die Frist voll ausschöpfen kann und dass er während des Fristlaufs nicht bußgeldrechtlich belangt wird, OLG Stuttgart, VRS 86, 197, 199)

Die Eigenschaft als Abgeordneter des deutschen Bundestages oder eines Landtages hindert unter dem Gesichtspunkt der Immunität nicht die Einleitung eines Bußgeldverfahrens (vgl. RiStBV Nr. 298: Dagegen ist der Übergang zum Strafverfahren nach § 81 OWiG nur mit Genehmigung der gesetzgebenden Körperschaft zulässig. Dies gilt auch für die Anordnung der Erzwingungshaft.). Zur Immunität von Abgeordneten des Europäischen Parlaments vgl. OLG Düsseldorf, VRS 76, 423 – Bußgeldverfahren fallen nicht unter Art. 46 Abs. 2 GG, weil eine Ordnungswidrigkeit keine mit Strafe bedrohte Handlung darstellt. Das Verfahrenshindernis der Immunität besteht damit nicht.

Bei einem Verfolgungshindernis sieht die Verwaltungsbehörde von der Einleitung eines Ermittlungsverfahrens ab, ein eingeleitetes Ermittlungsverfahren wird gem. §§ 46 Abs. 1, 170 Abs. 2 StPO eingestellt. Unter den Voraussetzungen des § 170 Abs. 2 Satz 2 StPO ist ein Betroffener hiervon in Kenntnis zu setzen. Der Anzeigeerstatter ist gem. §§ 46 Abs. 1, 171 Satz 1 StPO zu benachrichtigen. Eine Begründung ist abweichend von § 171 Satz 1 StPO nicht erforderlich, da gegen die Einstellung kein gesetzlicher Rechtsbehelf statthaft ist, §§ 46 Abs. 1, 34 StPO (vgl. *Göhler,* 18. Auflage 2021, Rdnr. 159 und 160 Vor § 59). Der Anzeigeerstatter kann allenfalls Gegenvorstellung oder Aufsichtsbeschwerde erheben.

3. Gegenstand

Gegenstand des Bußgeldverfahrens ist die Tat im Sinne des Art. 103 Abs. 3 GG. Es handelt sich hierbei um einen „geschichtlichen Vorgang" (vgl. BVerfGE 45, 434, 435), bei dem mehrere Handlungen derart miteinander verknüpft sind, dass ihre getrennte Würdigung und Ahndung als unnatürliche Aufspaltung eines einheitlichen Lebensvorgangs empfunden würde (vgl. BGHSt 23, 141, 143). Eine derartige Verknüpfung muss sich jedoch aus den Ereignissen selbst ergeben. Sie wird nicht allein dadurch begründet, dass eine Handlung, etwa zum besseren Verständnis der gesamten Umstände, im Bußgeldbescheid als solche dargestellt wird (vgl. BGH, NStZ 1996 S. 563; *Meyer-Goßner/Schmitt/Schmitt,* StPO, 66. Auflage 2023, Rdnr. 4 zu § 264).

Liegt eine Tat vor, verbietet der Grundsatz „ne bis in idem", Art. 103 Abs. 3 GG, die Ahndung in mehreren Bußgeldverfahren oder in voneinander unabhängigen Bußgeld- und Strafverfahren.

Darüber, was nach natürlicher Auffassung als einheitlicher Lebensvorgang anzusehen ist, gibt es eine umfangreiche Kasuistik. Zur Veranschaulichung seien folgende Fälle vorgestellt:

- Die Nichtanmeldung zum TÜV als Dauerordnungswidrigkeit und ein mit dem betreffenden Fahrzeug begangener Verkehrsverstoß sind zwei Taten im verfahrensrechtlichen Sinn (vgl. BayObLG, VRS 58, 432, 433). Der Verkehrsverstoß steht zur Dauerordnungswidrigkeit im Verhältnis der Tatmehrheit. Eine innerliche Verknüpfung der Handlungen besteht nicht, eine Aufspaltung in zwei Taten kann deshalb nicht als unnatürlich angesehen werden.

- Ein Gastwirt verstieß fortgesetzt in sechs Fällen gegen § 28 Abs. 1 Nr. 6 GastG. Zwischen den ersten drei Fällen und den übrigen Zuwiderhandlungen forderte die Gaststättenbehörde den Wirt durch Abmahnung zur Einhaltung seiner öffentlich-rechtlichen Pflichten auf. Hier wird man der Abmahnung nur dann die Eigenschaft zuschreiben können, ein Tatgeschehen in zwei Komplexe zu zerlegen, wenn beim Betroffenen nach der Abmahnung ein anderes Verhalten ausgelöst wird (vgl. *Göhler*, 18. Auflage 2021, Rdnr. 50b vor § 59: „Relevanter Einschnitt in das Tatgeschehen"). In einem solchen Fall kann man von einem Einschnitt im Tatgeschehen sprechen.
- Eine Gemeinde stellt an einem Tag in mehreren Straßen des Gemeindegebiets, bei denen 30 km/h als Höchstgeschwindigkeit gilt, Radaranlagen auf. Ein Kraftfahrer gerät in mehrere Radarkontrollen und macht sich mehrerer Verstöße schuldig. Hier wird man natürliche Handlungseinheit annehmen können, wenn die Verstöße auf einer einheitlichen, nicht unterbrochenen Fahrt begangen wurden (vgl. *Göhler*, 18. Auflage 2021, Rdnr. 51 Vor § 59; a. A. OLG Hamm, NStZ-RR 2012 S. 25: Bei mehreren Geschwindigkeitsüberschreitungen während einer nicht unterbrochenen Fahrt ist regelmäßig von mehreren Taten im prozessualen Sinn auszugehen.), d. h. der Verkehrsvorgang zwischen den Verstößen nicht abgeschlossen war. Wenn aber eine natürliche Handlungseinheit vorliegt, ist grundsätzlich auch von einer Tat im prozessualen Sinn auszugehen.

Mehrere Verkehrsverstöße werden allerdings nicht schon dadurch zu einer prozessualen Tat zusammengefasst, dass sie auf ein und derselben Fahrt begangen worden sind; mit dem Ende eines bestimmten Verkehrsvorgangs, der durch einen anderen abgelöst wird, ist i. d. R. das die Tat bildende „geschichtliche Ereignis" abgeschlossen. Ein entscheidendes Kriterium für die Bejahung oder Verneinung eines einheitlichen Tatgeschehens ist dabei die Länge des zeitlichen Abstandes (vgl. BayObLG, NJW 1994 S. 448, 449). Trotz nicht unterbrochener Fahrt liegen zwei Taten und zwei Geschwindigkeitsüberschreitungen in einem Abstand von 131 km und 75 Minuten vor (vgl. *Göhler*, 18. Auflage 2021, Rdnr. 51 Vor § 59 mit Verweis auf die Rechtsprechung des OLG Jena, NStZ 1999 S. 516).

Ein Verkehrsvorgang, der für sich betrachtet noch als einheitlicher historischer Geschehensablauf anzusehen ist, ist mit dem Abstellen des Fahrzeugs beendet (vgl. OLG Düsseldorf, DAR 1994 S. 76). Liegen etwa mehrere Geschwindigkeitsüberschreitungen jeweils ca. 30 bis 35 Minuten auseinander und sind durch Anhaltevorgänge unterbrochen, handelt es sich um verfahrensrechtlich selbständige Taten (vgl. OLG Köln, NZV 1994 S. 292; BayObLG, VRS 93, 141, 142: Bei mehreren Geschwindigkeitsüberschreitungen im Verlauf einer Fahrt ist eine Tat im verfahrensrechtlichen Sinn solange gegeben, bis das Fahrzeug nicht nur verkehrsbedingt zum Stillstand gekommen ist.). Die Zäsur setzt also entweder beim Anhaltevorgang an oder bei einem großen zeitlichen Abstand zwischen den einzelnen Übertretungen.

Um eine Tat handelt es sich dagegen dann, wenn der Betroffene im Rahmen eines Überholvorgangs zu dicht auffährt und anschließend beim Vorbeifahren die zulässige Geschwindigkeit überschreitet (vgl. OLG Zweibrücken, NZV 1993 S. 451). Dies gilt auch dann, wenn der Betroffene zunächst die zulässige Höchstgeschwindigkeit überschreitet und anschließend gegen ein Überholverbot verstößt (vgl. OLG Naumburg, NJW 1995 S. 3332, 3333).

Der von aktivem Tun in Unterlassen umgestellte Vorwurf ändert nichts an der Identität der verfolgten Tat. Wurde dem Betroffenen im Bußgeldbescheid ein mehrfacher Verstoß gegen das Nachtarbeitsverbot (hier: Art. 11 Abs. 1 BayImSchG, mittlerweile aufgehoben) zu bestimmten Zeitpunkten durch aktives Tun zum Vorwurf gemacht und erfolgt dann die Verurteilung wegen Verstoßes zu anderen Zeitpunkten, aber durch dauerndes Unterlassen von Aufsichtsmaßnahmen, handelt es sich um eine Tat im prozessualen Sinn (vgl. BayObLG, NJW 1997 S. 2394, 2395).

4. Durchführung

Das Ermittlungsverfahren ist unter Beachtung der rechtsstaatlichen Voraussetzungen durchzuführen, wozu insbesondere die Grundrechte, das Recht auf ein faires Verfahren gem. Art. 6 Abs. 1 Satz 1 EMRK sowie der Verhältnismäßigkeitsgrundsatz (vgl. hierzu bereits Erl. 1 zu § 46) und schlicht und einfach die Einhaltung der gesetzlichen Verfahrensvorschriften gehört (vgl. auch BVerfG, NJW 1992 S. 2472 f. – Die Verwaltungsbehörden und Gerichte haben das aus dem Rechtsstaatsgebot des Grundgesetzes herzuleitende Beschleunigungsgebot zu beachten. Die rechtstaatswidrige Verfahrensverzögerung kann Auswirkungen auf die Höhe des Bußgeldes haben und führt in Extremfällen zur Einstellung des Verfahrens; BVerfG, NJW 1998 S. 1938, 1939 – Aus Art. 103 Abs. 1 GG folgt kein Anspruch auf ein bestimmtes Beweismittel). In seinem Urteil vom 7.2.2022, BeckRS 2022, 11212 sieht der Bundesgerichtshof die subjektiven Rechte des Angeklagten gem. Art. 6 Abs. 1 Satz 1 EMRK nicht dadurch verletzt, dass die Polizei nicht ausschließbar „den Dingen ihren Lauf" ließ. Aus dem Recht auf ein faires Verfahren gem. Art. 6 Abs. 1 Satz 1 EMRK erwächst dem Straftäter kein Anspruch darauf, dass die Ermittlungsbehörden rechtzeitig gegen ihn einschreiten. Eine Einschränkung macht der BGH in Verfahren wegen Steuerhinterziehung. Hier kann ein Verstoß gegen den Grundsatz des fairen Verfahrens dann vorliegen, wenn Finanzbehörden die Einleitung eines steuerstrafrechtlichen Ermittlungsverfahrens entgegen § 152 Abs. 2 StPO bewusst hinauszögern, um den Beschuldigten wegen vollendeter statt lediglich wegen versuchter Steuerhinterziehung verfolgen zu können.

Nicht jedes Mittel ist für die Wahrheitserforschung „recht", sondern in der Regel nur dasjenige, das dem Gewicht der Tat angemessen ist.

Das OLG Frankfurt (vgl. NJW 1997 S. 2963, 2964) hat die Übermittlung der Kopie des Lichtbildes des Betroffenen von der Meldebehörde an die Ordnungsbehörde als nicht konform mit dem damals geltenden § 2b Abs. 2 Personalausweisgesetz angesehen. Dieser Verstoß führt allerdings nicht zu einem Beweisverwertungsverbot. Der Strafprozessordnung lässt sich kein allgemeines Beweisverwertungsverbot bei Verfahrensverstößen entnehmen. Es kommt bei der Würdigung des Verfahrensfehlers immer auf eine Abwägung zwischen den geschützten Interessen des Betroffenen und dem staatlichen Verfolgungsinteresse an. Im konkreten Fall ist von entscheidender Bedeutung, dass der festgestellte Verfahrensfehler nicht so schwerwiegend ist, da die Übermittlung des Fotos den Kernbereich der Privatsphäre des Betroffenen nicht berührt und seine Identifizierung durch die Polizei jederzeit auch auf gesetzlichem Wege hätte erfolgen können.

Die **Beschlagnahme** dient dem Zweck, Beweismittel (§§ 46 Abs. 1, 94 StPO), Einziehungsgegenstände (§§ 46 Abs. 1, 111b Abs. 1 Satz 1 StPO) oder Gegenstände, die nach § 123 Abs. 2 Satz 1 Nr. 2 unbrauchbar gemacht werden können, sicherzustellen (§§ 46 Abs. 1, 111b Abs. 1 Satz 1 StPO; vgl. *Göhler*, 18. Auflage 2021, Rdnr. 71 vor § 59).

Beschlagnahmen als solche – auch in fremder Wohnung – berühren nicht den Schutzbereich des Art. 13 Abs. 1 GG (vgl. BVerfG, NJW 1995 S. 2839 ff.). Eine geeignete und erforderliche Beschlagnahme kann verfassungsrechtlich unzulässig sein, wenn die Schwere des in ihr liegenden Eingriffs nicht mehr in einem angemessenen Verhältnis zu der Schwere des Vorwurfs, dem Grad des abzuklärenden Verdachts und der Bedeutung des Beweisgegenstandes für das Verfahren steht (vgl. BVerfG, a. a. O., S. 2840).

Unterlagen, die sich ein Betroffener erkennbar zu seiner Verteidigung in dem gegen ihn laufenden Verfahren anfertigt, dürfen weder beschlagnahmt noch gegen seinen Widerspruch verwertet werden (vgl. BGH, NStZ 1998 S. 309, 310). Berührt eine strafprozessuale Maßnahme, wie die Beschlagnahme, die Koalitionsfreiheit, so muss der Bedeutung dieses Grundrechts bei der Auslegung und Anwendung der Vorschriften der Strafprozessordnung Rechnung getragen werden (BVerfG, NStZ 1998 S. 203). Zu diesem Zweck sollte dargelegt werden, warum im konkreten Fall das Verfolgungsinteresse das Interesse der Gewerkschaft überwiegt, von störenden Einflüssen freigehalten zu werden.

Die Beschlagnahmeanordnung trifft grundsätzlich der Richter, §§ 46 Abs. 1, 98 Abs. 1 Satz 1, 111j Abs. 1 Satz 1 StPO, dessen Entscheidung die Verwaltungsbehörde gem. §§ 46 Abs. 1, 2, 162 StPO beantragen kann. Bei Gefahr im Verzug ist auch die Verwaltungsbehörde zur Anordnung befugt, §§ 46 Abs. 2, 98 Abs. 1 Satz 1, 111j Abs. 1 Satz 2 StPO. Von Gefahr im Verzug ist immer dann auszugehen, wenn andernfalls der Erfolg der Maßnahme in Frage gestellt wäre, d. h. eine richterliche Entscheidung zu spät käme. Die Beschlagnahmeverbote im Falle von bestehenden Zeugnisverweigerungsrechten sind einzuhalten (vgl. §§ 46 Abs. 1, 97, 160a StPO). Ordnet der Richter – etwa gleichzeitig mit dem Erlass eines Durchsuchungsbeschlusses – die Beschlagnahme von Gegenständen an, bevor diese von den Strafverfolgungsbehörden in amtlichen Gewahrsam genommen sind, und bezeichnet er die Gegenstände nicht so genau, dass keine Zweifel darüber entstehen, ob sie von der Beschlagnahmeanordnung erfasst sind (etwa bei einer gattungsmäßigen Umschreibung – „Datenträger"), liegt noch keine wirksame Anordnung vor, sondern nur eine Richtlinie für die Durchsuchung. In einem solchen Fall hat ein Betroffener zunächst eine Entscheidung gem. § 98 Abs. 2 Satz 2 StPO über die Bestätigung der Beschlagnahme konkreter Beweismittel herbeizuführen, vgl. LG Mannheim, Beschl. vom 3.2.2022, BeckRS 2022, 1212.

Zur Dauer der rechtfertigenden Wirkung einer richterlichen Beschlagnahmeanordnung gilt die neuere Rechtsprechung des Bundesverfassungsgerichts, wonach eine richterliche Beschlagnahmeanordnung nicht mehr vollzogen werden darf, wenn seit der Anordnung mehr als sechs Monate verstrichen sind und eine erneute richterliche Bestätigung nicht erfolgt ist (vgl. *Meyer-Goßner/Schmitt/Köhler*, StPO, 66. Auflage 2023, Rdnr. 30a zu § 98, Rdnr. 8a zu § 105 mit Verweis auf BVerfGE 96, 44).

Bei den Gegenständen zur Sicherstellung der Einziehung oder Unbrauchbarmachung müssen für die Beschlagnahme dringende Gründe für das Vorliegen der Voraussetzungen der Einziehung oder Unbrauchbarmachung vorhanden sein, §§ 46 Abs. 1, 111b Abs. 1 Satz 2 StPO, d. h. die Wahrscheinlichkeit für die Einziehung bzw. Unbrauchbarmachung muss groß sein. Liegen dringende Gründe nicht vor, wird die Anordnung nach sechs Monaten aufgehoben. Die Dauer der Sicherungsmaßnahme richtet sich nach dem allgemeinen Verhältnismäßigkeitsgrundsatz (vgl. BT-Drs. 18/9525 S. 75). Was die Beweisstücke anbelangt, muss für das Vorliegen einer Ordnungswidrigkeit wenigstens ein konkreter (Anfangs-)Verdacht bestehen (vgl. *Meyer-Goßner/Schmitt/Köhler*, StPO, 66. Auflage 2023, Rdnr. 8 zu § 94), um eine Beschlagnahmeanordnung rechtfertigen zu können. Ist ein Geldbetrag beschlagnahmt worden, weil dessen Einziehung in Betracht kam, ist eine solche Anordnung aber in dem später ergangenen Urteil nicht getroffen worden, so endet die Beschlagnahme gleichwohl erst dann, wenn das Urteil insgesamt in Rechtskraft erwächst (vgl. OLG Düsseldorf, NJW 1995 S. 2239).

Gemäß §§ 46 Abs. 1, 111e Abs. 1 StPO besteht auch die Möglichkeit der Anordnung des Vermögensarrestes in das bewegliche und unbewegliche Vermögen zur Sicherung der Vollstreckung, wenn die Annahme begründet ist, dass die Voraussetzungen der Einziehung von Wertersatz, § 25, bzw. der Einziehung des Wertes von Taterträgen vorliegen, § 29a (vgl. im Übrigen Erl. 5 zu § 29a: auch vom Wortlaut des § 111e Abs. 1 Satz 1 StPO erfasst), ferner gem. §§ 46 Abs. 1, 111e Abs. 2 StPO zur Sicherung der Vollstreckung der Geldbuße und der voraussichtlich entstehenden Kosten des Bußgeldverfahrens. Zur Durchsetzung der Beschlagnahmeanordnung ist die Anwendung unmittelbaren Zwangs zulässig. Die Verwaltungsbehörde wird hierzu die Polizei um Vollzugshilfe bitten.

Die **Durchsuchung** der Wohnung und anderer Räume des Verdächtigen und anderer Personen bzw. der Person des Verdächtigen oder eines Dritten und der ihnen gehörenden Sachen ist gem. §§ 46 Abs. 1, 102, 103, 111b Abs. 2, 111e Abs. 5 StPO zum Auffinden von Beweisstücken und Einziehungsgegenständen, Gegenständen zur Unbrauchbarmachung und für den Vermögensarrest zulässig. Anordnungsbefugt ist der Richter, bei Gefahr im Verzug auch die Verwaltungsbehörde, §§ 46 Abs. 1, 2, 105 Abs. 1, 111b Abs. 2, 111e Abs. 5, 111j Abs. 1 Satz 1 und 2 StPO. Der Richter darf eine Durchsuchung nur anordnen, wenn er sich aufgrund eigenverantwortlicher Prüfung der Ermittlungen überzeugt hat, dass die Maßnahme verhältnismäßig ist. Seine Anordnung hat die Grundlage der konkreten Maßnahme zu schaffen und muss Rahmen, Grenzen und Ziel der Durchsuchung definieren. Der Zweck des Richtervorbehalts hat Auswirkungen auch auf den Zeitraum, innerhalb dessen die richterliche Durchsuchungsanordnung vollzogen werden darf. Spätestens nach Ablauf eines halben Jahres verliert ein Durchsuchungsbeschluss seine rechtfertigende Kraft (vgl. BVerfG, NStZ 1997 S. 502).

Die Rechtmäßigkeit der Durchsuchung einer Wohnung zur Auffindung eines nach rechtskräftiger Verhängung eines Fahrverbots wegen einer Verkehrsordnungswidrigkeit in amtliche Verwahrung zu nehmenden Führerscheins ist umstritten (vgl. AG Berlin-Tiergarten, NZV 1996 S. 506: Es gibt keine gesetzliche Ermächtigung; a. A. *Hentschel*, NZV 1996 S. 506 bis 508 und *Göhler*, NZV 1996 S. 508). Eine bloße Ausforschung ist nicht zulässig. Es müssen konkrete Tatsachen dafür vorliegen, dass bestimmte Beweismittel oder Einziehungsgegenstände, Gegenstände zur Unbrauchbarmachung oder für den Vermögensarrest beim Verdächtigen oder beim Dritten aufgefunden werden können. Zur Zulässigkeit der Anwendung körperlichen Zwangs bei Verdacht auf im Mund verborgene Beweisstücke vgl. OLG Celle, NStZ 1998 S. 87, 88.

Vor allem bei Ordnungsverstößen aus dem Bereich des Wirtschaftsrechts wird die Durchsuchung der Geschäftsräume des Verdächtigen in Betracht kommen, soweit dies dem Gewicht der Tat angemessen ist. Insoweit bestehen keine Zweifel bei der Verfolgung einer Ordnungswidrigkeit nach dem Schwarzarbeitsbekämpfungsgesetz. Zur Rechtmäßigkeit einer Durchsuchung (im Zuge von Ermittlungen gegen Mitarbeitende der Zentralstelle für Finanztransaktionsuntersuchungen wegen Nichtweitergabe von Geldwäscheverdachtsmeldungen an die Strafverfolgungsbehörden) beim Bundesministerium für Justiz und Verbraucherschutz, vgl. LG Osnabrück, BeckRS 2022, 1599, und allgemein zur Rechtmäßigkeit der Durchsuchung bei Behörden, vgl. *Heim*, NJW-Spezial 2022, S. 184. Die Durchsuchung ist nur dann zulässig, wenn die betreffende Behörde zuvor vergeblich durch ein mit Gründen versehenes Herausgabeverlangen unter genauer Bezeichnung des verlangten Schriftguts zur Herausgabe aufgefordert wurde, was nur dann entbehrlich ist, wenn eine Ablehnung sicher zu erwarten oder eine Vernichtung von Beweismitteln zu befürchten ist. Diesem Maßstab hat die Durchsuchungsanordnung nach Auffassung des Gerichts nicht entsprochen. Sie war nicht erforderlich und auch nicht angemessen, weil das Ansehen des Ministeriums und das der Bundesrepublik in Abrede stand.

Abhörmaßnahmen gemäß § 100f Abs. 1 StPO (z. B. Anbringen einer Wanze in einem Pkw) sind auch über § 46 Abs. 1 von vorneherein deshalb nicht möglich, weil sich die Vorschrift auf einen bestimmten Straftatenkatalog (§ 100a Abs. 2 StPO) bezieht. Gegen den Einsatz technischer Mittel zur Herstellung von Bildaufnahmen nach §§ 46 Abs. 1, 100h Abs. 1 Nr. 1 StPO bestehen allerdings keine Bedenken, wenn die Erforschung des Sachverhalts oder die Ermittlung des Aufenthaltsorts des Täters auf andere Weise weniger Erfolg versprechend oder erschwert wäre (vgl. zur Zulässigkeit einer längerfristigen Videoüberwachung im Strafverfahren BGH, NJW 1998 S. 1236 bis 1238).

Für die **Identitätsfeststellung** gelten §§ 163b, c StPO entsprechend, § 46 Abs. 1, 2 (vgl. *Göhler*, 18. Auflage 2021, Rdnr. 139 Vor § 59). Auch hier ist der Verhältnismäßigkeitsgrundsatz zu beachten. Der Polizeibeamte kann den Verdächtigen nicht zur Wache mitnehmen, wenn die Feststellung der Personalien in zumutbarer Weise ohne Zeitverlust auf andere Weise erlangt werden kann (vgl. OLG Hamm, NJW 1978 S. 231).

Zur Sicherstellung der Durchführung und Vollstreckung des Bußgeldverfahrens kann gem. §§ 46 Abs. 1, 2, 132 Abs. 1 Satz 1, Abs. 2 StPO vom Richter, bei Gefahr im Verzug auch von der Verwaltungsbehörde eine Sicherheitsleistung und die Benennung eines Zustellungsbevollmächtigten angeordnet werden. Voraussetzung ist, dass der Betroffene einer Ordnungswidrigkeit dringend verdächtig ist und in der Bundesrepublik keinen festen Wohnsitz oder Aufenthalt hat. Der Bußgeldbescheid wird dann dem Zustellungsbevollmächtigten zugestellt. Die Vollstreckung wird dadurch sichergestellt, dass Geldbuße und Kosten mit der Sicherheitsleistung verrechnet werden. Der Verhältnismäßigkeitsgrundsatz wird eine Prüfung dahingehend verlangen, ob der Vollzug eines bestehenden völkerrechtlichen Vertrages, z. B. über die direkte Zustellung im Ausland und Amtshilfe bei der Vollstreckung, ähnlich praktikabel ist wie die Anordnung der Benennung eines Zustellungsbevollmächtigten und einer Sicherheitsleistung. Sogar im Verhältnis zu Österreich wird das Verfahren gem. § 132 StPO praktikabler sein als die Anwendung des Vertrages vom 31.8.1988 über die Rechts- und Amtshilfe in Verwaltungssachen bzw. des EU-RhÜbk (vgl. hierzu auch Erl. 3 zu § 5, Erl. 1.4.1 zu § 51, oben Erl.1), jedenfalls dann, wenn der Betroffene erkennen lässt, dass er einen Bußgeldbescheid nicht hinnehmen wird (vgl. *Göhler*, 18. Auflage 2021, Rdnr. 127 Vor § 59).

Nach Art. 6 Abs. 1 der RL 2012/13/EU haben die Mitgliedstaaten sicherzustellen, dass Verdächtige oder beschuldigte Personen über die strafbare Handlung unterrichtet werden, deren sie verdächtigt oder beschuldigt werden. Diese Unterrichtung hat umgehend und so detailliert zu erfolgen, dass ein faires Verfahren und eine wirksame Ausübung ihrer Verteidigungsrechte gewährleistet werden. Der EuGH leitet daraus in dem Urt. vom 15.10.2015 – C-216/14 – ab, dass der Beschuldigte auch im Falle der Zustellungsbevollmächtigung tatsächlich über die volle Frist für einen Einspruch gegen den Strafbefehl verfügt.

Für die strafgerichtliche Praxis bedeutet dies, dass jedenfalls bei Zustellungen innerhalb der EU entweder der Zustellungsbevollmächtigte die weitere Zustellung ins Ausland selbst veranlasst oder das Gericht sogleich unmittelbar die Auslandszustellung, oft auch vereinfacht durch Einschreiben mit Rückschein möglich (vgl. Art. 52 Abs. 1 des Schengener Durchführungsübereinkommens), anordnet (vgl. *Böhm*, NJW 2016 S. 307).

Es bestehen erhebliche Zweifel, ob die strengen europarechtlichen Vorgaben auch schon im Bußgeldverfahren gelten, d. h. insbesondere für den Bußgeldbescheid bzw. einen Erzwingungshaftbeschluss. Das Urt. des EuGH vom 15.10.2015 und auch die einschlägige Richtlinie 2012/13/EU beziehen sich expressis verbis auf das Strafverfahren. Die Strafverfahrensvorschriften gelten gem. § 46 Abs. 1 OWiG im Bußgeldverfahren sinngemäß, d. h. den Besonderheiten des OWiG angepasst. Gerade im Bereich der osteuropäischen Sicherheitsstörer ergehen Bußgeldbescheide in großer Zahl. Die Auslandszustellung in jedem Einzelfall würde einen erheblichen Verwaltungsaufwand verursachen. Sollten in Einzelfällen Betroffene gegen den Bußgeldbescheid oder den Erzwingungshaftbeschluss vorgehen wollen, ohne dass sie die volle Einspruchsfrist (§ 67) bzw. die volle Frist zur Einlegung der sofortigen Beschwerde (§ 311 StPO) ausschöpfen konnten, könnte man ein faires Verfahren auch durch die Gewährung von Wiedereinsetzung in den vorigen Stand, § 52 OWiG bzw. § 44 StPO, gewährleisten.

Das Bußgeldverfahren wird grundsätzlich in deutscher Sprache durchgeführt, §§ 46 Abs. 1, 184 GVG. In der Konsequenz ist aber zu „Verhandlungen", wozu auch Vernehmungen gehören, ein Dolmetscher hinzuzuziehen, §§ 46 Abs. 1, 185 GVG. Die prozessuale Fürsorgepflicht gebietet es, den Ausländer darauf hinzuweisen, dass er schriftliche Erklärungen in deutscher Sprache vorlegen muss (vgl. hierzu bereits Erl. 5.1.3 zu § 50). Der Ausländer kann sich nicht auf einen Wiedereinsetzungsgrund berufen (vgl. hierzu Erl. 5.2 zu § 50, Erl. 1.2.2 zu § 52), wenn die Rechtsbehelfsbelehrung in der Landessprache des Ausländers erfolgt.

Die RL 2010/64/EU verlangt in Art. 3 Abs. 1, dass die Mitgliedstaaten sicherstellen, dass verdächtige oder beschuldigte Personen, die die Sprache des Strafverfahrens nicht verstehen, innerhalb einer angemessenen Frist eine schriftliche Übersetzung aller Unterlagen erhalten, die wesentlich sind, um zu gewährleisten, dass sie imstande sind, ihre Verteidigungsrechte wahrzunehmen, und um ein faires Verfahren zu gewährleisten. Zu den wesentlichen Unterlagen gehören nach Art. 3 Abs. 2 der Richtlinie jegliche Anordnung einer freiheitsentziehenden Maßnahme, jegliche Anklageschrift und jegliches Urteil. Nach Art. 3 Abs. 3 Satz 1 der Richtlinie entscheiden die zuständigen Behörden im konkreten Fall darüber, ob weitere Dokumente wesentlich sind.

Nach dem bereits o. g. Urt. des EuGH vom 15.10.2015 – C 216/14 – ist es Sache des vorlegenden Gerichts, darüber zu bestimmen, ob der schriftlich eingelegte Einspruch gegen einen Strafbefehl als wesentliches Dokument im Sinne von Art. 3 Abs. 2 der Richtlinie 2010/64/EU anzusehen ist. *Böhm* vertritt in seiner Urteilsanmerkung (vgl. NJW 2016 S. 307) eine sehr weite Auslegung. Im Sinne eines fairen und rechtsstaatlichen Verfahrens müssten s. E. ab sofort nicht in deutscher Sprache verfasste Schriftstücke, wenn ihnen nicht jede Verfahrensrelevanz fehlt, übersetzt werden. § 187 Abs. 2 Satz 1 GVG lehnt sich sehr eng an Art. 3 Abs. 2 der Richtlinie an. Hiernach sind freiheitsentziehende Anordnungen in der Regel schriftlich zu übersetzen. Der Erzwingungshaftbeschluss wird deshalb sicherlich als freiheitsentziehende Anordnung in diesem Sinne eine Übersetzungspflicht auslösen, §§ 46 Abs. 1 OWiG, 187 Abs. 2 Satz 1 GVG.

In der Folge stellt sich aber die Frage, ob bereits der Bußgeldbescheid zu übersetzen ist. Auch hier gilt wie oben zur Zustellungsbevollmächtigung, dass sich die einschlägige Rechtsprechung und die zugrunde liegende Richtlinie zunächst einmal expressis verbis auf das Strafverfahren beziehen. Eine auf das OWiG angepasste Anwendung der für das Strafverfahren geltenden Vorschriften der StPO und des Gerichtsverfassungsgesetzes bestünde darin, die Betroffenen auf einen Antrag gem. Art. 3 Abs. 3 Satz 2 RL 2010/64/EU zu verweisen, d. h. nicht von vorneherein jeden Bußgeldbescheid an Betroffene, die die Sprache des Ordnungswidrigkeitenverfahrens nicht verstehen, übersetzen zu lassen, sondern dies einem entsprechend begründeten Antrag vorzubehalten. Hierbei ist auch zu berücksichtigen, dass die Übersetzungspflicht nach der nationalen Vorschrift des § 187 Abs. 2 Satz 1 GVG nicht einmal für rechtskräftige Urteile und auch nicht für sonstige vollstreckungsrechtliche Entscheidungen gilt.

Kommt die Verwaltungsbehörde zu dem Ergebnis, dass auf der Grundlage des durchgeführten Ermittlungsverfahrens der Beweis für das Vorliegen einer Ordnungswidrigkeit nicht erbracht ist oder ein Verfolgungshindernis besteht, stellt sie das Verfahren gem. §§ 46 Abs. 1, 170 Abs. 2 StPO ein. Dasselbe gilt nach § 47, wenn die Verfolgung nicht geboten erscheint. Zur Benachrichtigung des Betroffenen bzw. des Anzeigeerstatters vgl. bereits oben Erl. 2.

§ 59

Vergütung von Sachverständigen, Dolmetschern und Übersetzern, Entschädigung von Zeugen und Dritten

Für die Vergütung von Sachverständigen, Dolmetschern und Übersetzern sowie die Entschädigung von Zeugen und Dritten (§ 23 des Justizvergütungs- und -entschädigungsgesetzes) ist das Justizvergütungs- und -entschädigungsgesetz anzuwenden.

Erläuterungen

Übersicht

1. Zeugen

1.1 Der Zeugenbeweis

Gegenstand des Zeugenbeweises sind Tatsachen, nicht reine Werturteile. Lassen tatsächliche Umstände den Schluss auf eine bestimmte Bewertung oder Schlussfolgerung (Trunkenheit) zu, liegt noch ein tauglicher Gegenstand eines Zeugenbeweises vor.

Zeugnisfähig ist grundsätzlich jeder, der zur Erfassung von Lebensvorgängen und deren Wiedergabe fähig ist (vgl. BGHSt 2, 269, 270). Eine feste Altersgrenze besteht für die Zeugnisfähigkeit nicht, ebenso nicht ein bestimmter Grad an Intelligenz. Kriterium ist allein, ob eine verständliche Aussage zu erwarten ist.

Von der Verfahrensstellung her kann der Betroffene bzw. ein Nebenbeteiligter (vgl. hierzu die Erl. zu § 87) nicht Zeuge sein. Der Zeuge ist grundsätzlich Beweismittel in einem Verfahren, das nicht geeignet ist, seine Rechtsstellung zu berühren.

Die **Zeugenpflicht** besteht darin, auf Ladung vor der Verwaltungsbehörde zu erscheinen und zur Sache auszusagen, §§ 46 Abs. 1, 2, 161a Abs. 1 Satz 1 StPO. Zur Pflicht, eine Gegenüberstellung oder eine körperliche Untersuchung zu dulden, vgl. §§ 46 Abs. 1, 58 Abs. 2, 81c StPO (vgl. auch Erl. 2.6.2 zu § 46).

Die Zeugenpflichten gelten für alle deutschen Staatsangehörigen, für Ausländer und Staatenlose, soweit sie sich im Inland aufhalten (vgl. OLG Hamburg, MDR 1967 S. 686). Exterritoriale im Sinne der §§ 18 ff. GVG sind von den Zeugenpflichten befreit.

1.2 Die Erhebung des Zeugenbeweises

Der Zeugenbeweis wird von der Verwaltungsbehörde entweder durch schriftliche Aussage oder mündliche Vernehmung erhoben. Die mündliche Vernehmung kann die Verwaltungsbehörde auch der Polizei übertragen. Wohnt der Zeuge außerhalb des Zuständigkeitsbereichs der Verwaltungsbehörde, kommt als vernehmende Stelle auch die örtlich zuständige Verwaltungsbehörde in Betracht, die im Wege des Amtshilfeersuchens eingeschaltet wird. § 161a Abs. 1 Satz 2 StPO verweist im Grundsatz auf die Vorschriften der §§ 48 bis 93 StPO über Zeugen und Sachverständige.

1.2.1 Die schriftliche Aussage

Sofern vom Zeugen eine vollständige Auskunft erwartet werden kann und er glaubwürdig erscheint, reicht gem. RiStBV Nr. 67 die Einholung einer schriftlichen Aussage aus. Die schriftliche Aussage empfiehlt sich auch, wenn der Zeuge umfangreiches Schriftgut sichten muss (vgl. RiStBV, a. a. O.). Die Einholung der schriftlichen Aussage muss die nach §§ 52 Abs. 3, 55 Abs. 2, 57 StPO erforderlichen Belehrungen enthalten und zu Angaben zur Person im Sinne des § 68 StPO und zur Sache im Sinne des § 69 StPO auffordern. Kommt der Zeuge seiner schriftlichen Aussagepflicht nicht nach, bleibt der Verwaltungsbehörde nur die Ladung zur mündlichen Vernehmung, da nur diese Sanktionen gem. §§ 46 Abs. 1, 2, 51, 70, 161a Abs. 2 Satz 1 StPO erlaubt. (Die Maßgaben nach § 161a Abs. 2 Satz 2 StPO und § 46 Abs. 5 Satz 1 sind aber zu beachten.)

1.2.2 Die mündliche Vernehmung

Die mündliche Vernehmung ist im Sinne der Wahrheitserforschung der schriftlichen Aussage weit überlegen. Der Vernehmende gewinnt einen persönlichen Eindruck vom Zeugen und damit von dessen Beweiswert. Ferner ist es möglich, Rückfragen zu stellen, was bei der schriftlichen Aussage ausscheidet. Wenn es auf die Aussage Ausschlag gebend ankommt, wird man deshalb an der mündlichen Vernehmung nicht vorbeikommen.

1.2.2.1 Vorbereitung

§ 161a Abs. 1 Satz 1 StPO spricht selbst von der Ladung als Voraussetzung der Erscheinenspflicht. Zum Inhalt der Ladung machen RiStBV Nr. 64 Abs. 1 und 2 Ausführungen: Die Ladung eines Zeugen muss erkennen lassen, dass er als Zeuge vernommen werden soll. Der Name des Betroffenen ist anzugeben, wenn der Zweck der Untersuchung es nicht verbietet, der Vorwurf nur dann, wenn dies zur Vorbereitung der Aussage des Zeugen erforderlich ist.

Ist anzunehmen, dass der Zeuge Schriftstücke oder andere Beweismittel besitzt, die für die Untersuchung von Bedeutung sein können, so soll er in der Ladung aufgefordert werden, sie bei der Vernehmung vorzulegen.

Eine Zustellung der Ladung ist deshalb angezeigt, um die Voraussetzungen für die Festsetzung der Sanktionen des § 51 StPO nachweisen zu können.

1.2.2.2 Durchführung

Vor der Vernehmung ist der Zeuge gem. § 57 Satz 1 StPO zur Wahrheit zu ermahnen und bei Anhaltspunkten für das Vorliegen eines Zeugnis- oder Auskunftsverweigerungsrechts auch hierüber zu belehren, §§ 52 Abs. 3, 55 Abs. 2 StPO, jeweils in Verbindung mit § 46 Abs. 1. Die Zeugen sind einzeln und in Abwesenheit der später zu hörenden Zeugen zu vernehmen, §§ 46 Abs. 1, 58 Abs. 1 StPO. Der erste Teil der Vernehmung ist die Vernehmung zur Person, §§ 46 Abs. 1, 68 StPO. Unrichtige oder unterlassene Angaben sind bußgeldbewehrt, § 111. Zur Beschränkung von Angaben zum Zwecke des Zeugenschutzes vgl. § 68 Abs. 2 bis 4 StPO. Der zweite Teil der Vernehmung ist die Vernehmung zur Sache, §§ 46 Abs. 1, 68a, 69 StPO. Vor der Vernehmung ist dem Zeugen der Gegenstand der Untersuchung und die Person des Betroffenen, sofern vorhanden, zu bezeichnen, § 69 Abs. 1 Satz 2 StPO. Grundstruktur der Vernehmung ist der zusammenhängende Bericht des Zeugen, § 69 Abs. 1 Satz 1 StPO, der durch Fragen und Vorhalte des Vernehmenden, § 69 Abs. 2 StPO, vervollständigt und ergänzt wird.

Dem Betroffenen und seinem Verteidiger kann von der Verwaltungsbehörde die Anwesenheit bei der Zeugenvernehmung gestattet werden (vgl. *Göhler*, 18. Auflage 2021, Rdnr. 125 Vor § 59). Vom Grundsatz des rechtlichen Gehörs ist die Gestattung der Anwesenheit nicht geboten, da der Betroffene nach Einspruch volles rechtliches Gehör erhält. Die Nicht-Gestattung ist nicht anfechtbar, § 62 Abs. 1 Satz 2. Vom Anwesenheitsrecht des gesetzlichen Vertreters des Zeugen gehen schon § 52 Abs. 3 Satz 1, Abs. 2 Satz 1 StPO aus, wenn er der Vernehmung zustimmen muss. Der Zeuge kann sich im gesamten Verfahren eines anwaltschaftlichen Beistands bedienen, §§ 46 Abs. 1, 68b Abs. 1 Satz 1 StPO. Dem zur Vernehmung des Zeugen erschienenen anwaltlichen Beistand ist die Anwesenheit gestattet, §§ 46 Abs. 1 StPO, 68b Abs. 1 Satz 2 StPO. Ein Ausschluss von der Vernehmung ist nur unter engen Voraussetzungen möglich, §§ 46 Abs. 1, 68b Abs. 1 Satz 3 und 4 StPO. Voraussetzung einer Beiordnung eines anwaltlichen Beistands für die Vernehmung ist, dass den schutzwürdigen Interessen des Zeugen nicht auf andere Weise Rechnung getragen werden kann und besondere Umstände vorliegen, aus denen sich ergibt, dass der

Zeuge seine Befugnisse bei seiner Vernehmung nicht selbst wahrnehmen kann, §§ 46 Abs. 1, 68b Abs. 2 StPO. Die Bestimmung hat selbst im Strafverfahren Ausnahmecharakter. Dies wird erst recht im Bußgeldverfahren gelten (vgl. *Göhler*, 18. Auflage 2021, Rdnr. 19a zu § 59). Die Beiordnung ist im gerichtlichen Verfahren unanfechtbar, § 68b Abs. 3 Satz 1 StPO. Im Verfahren der Verwaltungsbehörde gilt § 62 OWiG. Für den anwaltschaftlichen Beistand des Zeugen entstehen die gleichen Gebühren wie für einen Verteidiger, allerdings nur, soweit es sich um die Vernehmung handelt (vgl. *Göhler*, 18. Auflage 2021, Rdnr. 19 zu § 59, Rdnr. 40 Vor § 105). Außerhalb von Vernehmungen sind Gebühren für den anwaltlichen Beistand nicht erstattungsfähig.

1.2.2.3 Protokoll

Die Vernehmung ist gem. §§ 46 Abs. 1, 2, 168, 168a, 168b Abs. 2 StPO zu protokollieren, soweit dies ohne erhebliche Verzögerung der Ermittlungen geschehen kann. Lediglich wenn der Beweiswert der Aussage ohnehin sehr gering ist, wird ein Ergebnisprotokoll gem. §§ 46 Abs. 1, 168b Abs. 1 StPO in Frage kommen. Zur Aufzeichnung der Vernehmung in Bild und Ton vgl. § 58a StPO. Praktisch wird diese dann in Betracht kommen, wenn der Zeuge in der Hauptverhandlung nicht vernommen werden kann und die Aufzeichnung zur Erforschung der Wahrheit erforderlich ist, vgl. § 58a Abs. 1 Satz 2 Nr. 2 StPO.

1.3 Zeugnis- und Auskunftsverweigerungsrechte

1.3.1 §§ 46 Abs. 1, Abs. 2, 161a Abs. 1 Satz 2, 52 StPO

Das Zeugnisverweigerungsrecht hat den Sinn, einen Konflikt zwischen wahrheitsgemäßer Aussage und Nachteilen für den Betroffenen oder einen Nebenbeteiligten (vgl. hierzu die Erl. zu § 87) zu vermeiden. Das Zeugnisverweigerungsrecht der Angehörigen gilt unbeschränkt für die Tat, die dem Betroffenen zur Last gelegt wird. Das Zeugnisverweigerungsrecht erlischt, wenn der Angehörige rechtskräftig freigesprochen ist und nur gegen einen nichtverwandten weiteren Beteiligten vorgegangen wird (vgl. BGH, NJW 1993 S. 2326).

Will ein Kind aussagen und fehlt ihm die erforderliche Einsicht in die Bedeutung seines Zeugnisverweigerungsrechts, bedarf es für die Ausübung des Zeugnisverweigerungsrechts der Entscheidung des gesetzlichen Vertreters, § 52 Abs. 2 Satz 1 StPO, hilfsweise eines Ergänzungspflegers (vgl. BayObLG, NJW 1998 S. 614, 615), wenn er selbst Betroffener ist, § 52 Abs. 2 Satz 2 StPO. Vor der Vernehmung sind die zur Verweigerung des Zeugnisses berechtigten Personen bzw. die gem. § 52 Abs. 2 Satz 1 StPO Entscheidungsbefugten über ihr Recht zu belehren, § 52 Abs. 3 Satz 1 StPO.

Der Zeuge ist auch über sein Recht zu belehren, eine Glaubwürdigkeitsuntersuchung abzulehnen, wenn er ein Zeugnisverweigerungsrecht hat (vgl. BGH, Kriminalistik 1996 S. 198).

1.3.2 §§ 46 Abs. 1, Abs. 2, 161a Abs. 1 Satz 2, 53, 53a StPO

Beruflich zur Geheimhaltung Verpflichtete haben ein unbeschränktes Zeugnisverweigerungsrecht über die ihnen in dieser Eigenschaft anvertrauten oder bekannt gewordenen Tatsachen. Es ist verfassungsrechtlich nicht geboten, das für Drogenberater in einer amtlich anerkannten oder eingerichteten Beratungsstelle gemäß § 53 Abs. 1 Nr. 3b StPO bestehende Zeugnisverweigerungsrecht auf die ehrenamtlich tätige Beratung in sog. Selbsthilfegruppen zu erstrecken (vgl. BVerfG, NJW 1996 S. 1587). Ein Problem besteht hier aber bei Inkongruenz mit dem strafrechtlichen Geheimnisschutz nach § 203 StGB. Das Zeugnisverweigerungsrecht geht weiter als der materielle Strafrechtsschutz, weil es sich auch auf Tatsachen bezieht, die keine Geheimnisse sind. Andererseits ist der betroffene Personenkreis in §§ 53, 53a StPO identisch mit demjenigen in § 203 StGB (vgl. *Meyer-Goßner/Schmitt/Schmitt*, StPO, 66. Auflage 2023, Rdnr. 4 zu § 53 mit Verweis auf das Gesetz vom 30.10.2017, BGBl. I S. 3618). Aus der strafrechtlichen Schweigepflicht folgt nicht das Recht, die Aussage nach § 53 StPO zu verweigern. Andererseits beinhaltet § 53 StPO keinen Rechtfertigungsgrund für einen Bruch der Schweigepflicht nach § 203 Abs. 1 StGB (vgl. *Meyer-Goßner/Schmitt/Schmitt*, StPO, 66. Auflage 2023, Rdnr. 4 und 5 zu § 53). Der Zeuge darf nur aussagen, wenn er sich im Sinne des § 34 StGB darauf berufen kann, dass er eigene Interessen schützen muss oder das Interesse an der Geheimhaltung der Tatsachen geringer ist als das Allgemeininteresse an ihrer Offenbarung. Die Entscheidung liegt allein bei ihm (vgl. *Meyer-Goßner/Schmitt/Schmitt*, a. a. O., Rdnr. 5). Das ordnungswidrigkeitenrechtliche Aufklärungsinteresse wird aber nur bei bedeutenden Fällen einen strafrechtlichen Geheimnisbruch rechtfertigen.

§ 54 Abs. 4 StPO ist entsprechend anzuwenden, d. h. das Zeugnisverweigerungsrecht besteht auch nach Beendigung der Tätigkeit fort.

Den Berufsgehilfen steht lediglich ein abgeleitetes Zeugnisverweigerungsrecht zu, § 53a StPO. Über die Ausübung des Zeugnisverweigerungsrechts entscheiden die Berufsgeheimnisträger, § 53a Abs. 1 Satz 2.

Das Zeugnisverweigerungsrecht gilt nicht mehr bei Entbindung von der Schweigepflicht, §§ 53 Abs. 2 Satz 1, Abs. 1 Nr. 2 bis 3b, 53a Abs. 2 StPO. Die Entbindung hat durch denjenigen zu erfolgen, dessen Geheimnissphäre geschützt ist. Die Entbindung von der Schweigepflicht ist jederzeit widerruflich (vgl. BGH, VRS 92, 116, 117).

Ein falscher Hinweis auf eine angeblich fortbestehende Befreiung von der Schweigepflicht führt zu einem Beweisverwertungsverbot.

1.3.3 §§ 46 Abs. 1, Abs. 2, 161a Abs. 1 Satz 2, 54 StPO

Aussagepflicht und Aussagebefugnis entfallen, soweit die Amtsverschwiegenheit reicht, § 37 Abs. 1 Satz 1 BeamtStG, § 54 Abs. 1 StPO. Die vernehmende Stelle hat beim Dienstvorgesetzten des Beamten die nach § 37 Abs. 3 BeamtStG erforderliche Aussagegenehmigung einzuholen (vgl. RiStBV Nr. 66). Wird die Aussagegenehmigung erteilt, tritt die allgemeine Zeugenpflicht wieder in Kraft. Soweit die Genehmigung nach § 37 Abs. 3 BeamtStG versagt wurde, ist die Vernehmung unzulässig (vgl. *Meyer-Goßner/Schmitt/Schmitt*, StPO, 66. Auflage 2023, Rdnr. 24 zu § 54). Die Verwaltungsbehörde kann hiergegen allenfalls mit den Mitteln der Gegenvorstellung oder Aufsichtsbeschwerde vorgehen. Die Entscheidung der obersten Dienstbehörde ist im Fall der Aufsichtsbeschwerde auch dann herbeizuführen, wenn das Landesrecht die Ausübung der Entscheidungsbefugnis generell delegiert hat (vgl. BGH, NJW 1996 S. 2738, 2739). Leuchten die Gründe für die Versagung der Aussagegenehmigung nicht ein, würde der Pflicht zur Wahrheitsermittlung zuwidergehandelt, wenn die Entscheidung der obersten Dienstbehörden nicht eingeholt wird.

Die Aussagegenehmigung und die daraus folgende Aussagepflicht lassen aber die strafrechtlichen Pflichten nach § 203 Abs. 2 Satz 1 Nr. 1 StGB unberührt. Der Genehmigende kann hierüber nicht verfügen. Die Ausführungen bei Erl. 1.3.2 gelten insoweit entsprechend.

1.3.4 §§ 46 Abs. 1, Abs. 2, 161a Abs. 1 Satz 2, 55 StPO

Ein Auskunftsverweigerungsrecht gem. § 55 StPO setzt voraus, dass der Zeuge sich selbst oder einen der in § 52 Abs. 1 StPO bezeichneten Angehörigen der Gefahr der Strafverfolgung aussetzt, wenn er bei wahrheitsgemäßer Aussage bestimmte Angaben machen müsste, die zumindest einen prozessualen Anfangsverdacht i. S. d. § 152 Abs. 2 StPO begründen würden. Ein solcher Anfangsverdacht muss sich auf zureichende tatsächliche Anhaltspunkte, d. h. auf konkrete Tatsachen stützen, die dafür sprechen, dass gerade der zu untersuchende Lebenssachverhalt eine Straftat bzw. Ordnungswidrigkeit enthält. Bloße, nicht durch konkrete Umstände belegte Vermutungen oder rein denktheoretische Möglichkeiten reichen weder für einen prozessual ausreichenden Anfangsverdacht noch für ein Auskunftsverweigerungsrecht nach § 55 StPO aus (vgl. BGH, NJW 1994 S. 2839, 2840).

Eine Verfolgungsgefahr im Sinne des § 55 StPO besteht dann nicht mehr, wenn wegen des betreffenden Sachverhalts bereits rechtskräftig auf Strafe oder Geldbuße erkannt ist (vgl. BVerfG, NStZ 1985 S. 277).

1.3.5 Verwertung der Aussage

Ist die Belehrung nach § 52 Abs. 3 Satz 1 StPO oder die Einholung der Zustimmung nach § 52 Abs. 2 StPO unterblieben, ist die Aussage unverwertbar (vgl. *Meyer-Goßner/Schmitt/Schmitt*, StPO, 66. Auflage 2023, Rdnr. 32 zu § 52).

Unabhängig von der Belehrung entsteht nach Geltendmachen des Zeugnisverweigerungsrechts nach § 52 StPO das Verwertungsverbot nach § 252 StPO (vgl. BGHSt 32, 25, 29). § 252 StPO greift seinem Wortlaut nach nur ein, wenn der Zeuge in der Hauptverhandlung von seinem Recht, das Zeugnis zu verweigern, Gebrauch macht. Darüber hinaus besteht zur Verhinderung von Gesetzesumgehungen ein Beweiserhebungsverbot hinsichtlich des Inhalts der früheren Aussage eines erreichbaren Zeugen für die Hauptverhandlung, solange Unklarheit darüber herrscht, ob dieser von seinem Zeugnisverweigerungsrecht Gebrauch machen will oder nicht (vgl. BGH, NStZ 1996 S. 295).

Der durch § 252 StPO gewährte Schutz tritt allerdings in den Fällen früherer richterlicher mit einer Belehrung über das Zeugnisverweigerungsrecht verbundener Vernehmung insofern zurück, als eine Beweisaufnahme über die vorausgegangenen Angaben durch Anhörung des vernehmenden Richters als Zeugen zulässig ist. Voraussetzung ist aber ein nach Belehrung bewusst erklärter Verzicht des Zeugen auf die Ausübung des Zeugnisverweigerungsrechts. Hiervon ist dann nicht auszugehen, wenn der Richter im Verfahren der freiwilligen Gerichtsbarkeit ein Kind gemäß § 50b FGG (zum 1.9.2009 außer Kraft getreten; vgl. nunmehr § 159 FamFG) zur Vorbereitung einer sorgerechtlichen Entscheidung anhört und hierbei nicht auf ein später aktuelles Aussageverweigerungsrecht hinweist (vgl. BGH, NJW 1998 S. 2229 ff.). Bei einem später geltend gemachten Aussageverweigerungsrecht des Kindes darf der Richter dann nicht als Zeuge vernommen werden. Für die Zeugnisverweigerungsrechte nach §§ 53, 53a StPO gilt Entsprechendes, wobei allerdings eine Belehrung aus Gründen der prozessualen Fürsorgepflicht nur dann stattzufinden hat, wenn der Zeuge seine Berufsrechte und -pflichten offensichtlich nicht kennt (vgl. *Meyer-Goßner/Schmitt/Schmitt*, StPO, 66. Auflage 2023, Rdnr. 44 zu § 53). Während aber im Fall des § 52 StPO gleichgültig ist, ob das Angehörigenverhältnis vor oder nach der früheren Vernehmung entstanden ist, kann im Fall der §§ 53, 53a StPO die Bestimmung des § 252 StPO nur angewendet werden, wenn schon bei der früheren Vernehmung ein Zeugnisverweigerungsrecht bestanden hat (vgl. *Meyer-Goßner/Schmitt/Schmitt*, StPO, 66. Auflage 2023, Rdnr. 2, 3 zu § 252), nicht aber, wenn der Zeuge damals nach §§ 53 Abs. 2 Satz 1, 53a Abs. 2 StPO von der Schweigepflicht entbunden war.

Die ohne Aussagegenehmigung gemachte Aussage im Sinne des § 54 StPO ist verwertbar (vgl. *Meyer-Goßner/Schmitt/Schmitt*, StPO, 66. Auflage 2023, Rdnr. 2 zu § 54). Im Falle des § 54 StPO gilt § 252 StPO, wenn der Zeuge in der irrigen Annahme ausgesagt hatte, er sei nicht zum Schweigen verpflichtet (vgl. *Meyer-Goßner/Schmitt/Schmitt*, StPO, 66. Auflage 2023, Rdnr. 4 zu § 252).

Die Geltendmachung des Auskunftsverweigerungsrechts führt nicht zu einem Verwertungsverbot im Sinne des § 252 StPO (vgl. BGHSt 17, 245, 247). Eine Verlesung der Niederschriften über frühere Vernehmungen ist aber ausgeschlossen (vgl. BGH, NStZ 1996 S. 96, 97). Bei rechtlichen Hindernissen gilt § 251 Abs. 1 Nr. 3 StPO nicht. Die bisherigen Angaben sind vielmehr durch die Vernehmung der Verhörperson in die Hauptverhandlung einzuführen (vgl. BGH, a. a. O.). Ferner begründet das Unterlassen der Belehrung nach § 55 Abs. 2 StPO kein Verwertungsverbot (vgl. BGHSt 11, 213, 218), d. h. die bis zur Erklärung der Auskunftsverweigerung gemachten Angaben bleiben verwertbar (vgl. BGH, Kriminalistik 1998 S. 213).

Dies gilt auch dann, wenn der Zeuge seine Erklärung auf seine bisherigen Angaben bezogen wissen will.

1.4 Vereidigung

Die eidliche Vernehmung ist dem Richter vorbehalten, §§ 46 Abs. 1, 59, 161a Abs. 1 Satz 3 StPO. Zu einer richterlichen Vernehmung kann es bereits im Verfahren vor der Verwaltungsbehörde kommen, §§ 46 Abs. 1, 2, 162 StPO.

Nach §§ 46 Abs. 1, 59 Abs. 1 Satz 1 StPO werden Zeugen zum einen dann vereidigt, wenn das Gericht die Vereidigung wegen der ausschlaggebenden Bedeutung der Aussage für notwendig hält. Dies ist dann der Fall, wenn die Aussage das „Zünglein an der Waage" sein kann (vgl. BGHSt 16, 99, 103) und der Wahrheitsgehalt der Aussage bekräftigt werden soll. Dasselbe gilt selbstverständlich für die Aussage mit einem widersprechenden Tenor, die „Zünglein an der Waage" in der anderen Richtung wäre.

Will der Richter die Vereidigung zur Herbeiführung einer wahren Aussage anordnen, müssen Tatsachen die Annahme begründen, der Zeuge werde unter Eid mehr oder anders aussagen (vgl. OLG Koblenz, VRS 51, 216).

Vereidigungsverbote sind vom Richter gem. §§ 46 Abs. 1, 60 StPO zu beachten, d. h. insbesondere, dass bei Zeugen, die der Tat, welche den Gegenstand der Untersuchung bildet, verdächtig sind bzw. der Beteiligung an ihr, oder gegen die bereits deswegen eine Geldbuße festgesetzt wurde, zwingend von einer Vereidigung abzusehen ist, § 60 Nr. 2 StPO.

Die Eidesverweigerungsrechte gem. §§ 46 Abs. 1, 61 StPO haben deshalb keine Bedeutung, da die Vorschrift des § 59 Abs. 1 Satz 1 StPO ohnehin eine Ausnahmevorschrift ist, die es erlaubt, Absehensgründe bei der Prüfung der Voraussetzungen der Vereidigung, die nach pflichtgemäßem Ermessen zu erfolgen hat (vgl. OLG Koblenz, VRS 51, 216), zu berücksichtigen. Verneint das Gericht irrigerweise die Voraussetzungen des § 59 Abs. 1 Satz 1 StPO, kann nicht ausgeschlossen werden, dass das Urteil anders ausgefallen wäre, sofern es auf die Aussage ankam. Das Urteil würde dann auf dem Fehler beruhen, §§ 79 Abs. 3 Satz 1, 337 StPO.

Das Protokoll sollte sich dazu äußern, ob zur Frage der Vereidigung eine Entschließung gefasst wurde (vgl. OLG Koblenz, VRS 59, 135, 136: Verstoß kann die Verfahrensrüge gem. §§ 79 Abs. 3 Satz 1, 344 Abs. 2 Satz 2 StPO begründen). Zur Angabe des Grundes dafür, dass der Zeuge vereidigt wurde, im Protokoll vgl. §§ 46 Abs. 1, 59 Abs. 1 Satz 2 StPO.

1.5 Verletzung der Zeugenpflichten

Bei unberechtigtem Ausbleiben oder unberechtigter Zeugnisverweigerung werden dem Zeugen die hierdurch verursachten Kosten auferlegt. Zugleich wird gegen ihn ein Ordnungsgeld und für den Fall, dass dieses nicht beigetrieben werden kann, Ordnungshaft festgesetzt, §§ 46 Abs. 1, 2, 161a Abs. 2 Satz 1, 51, 70 StPO. Die Anordnung der Vorführung, § 51 Abs. 1 Satz 3 StPO, bleibt dem Richter vorbehalten, § 46 Abs. 5 Satz 1. Dasselbe gilt für die Festsetzung der Haft, §§ 51 Abs. 1 Satz 2, 70 Abs. 1 Satz 2, 70 Abs. 2, 161a Abs. 2 Satz 2 StPO (vgl. Erl. 2.1 und 2.8 zu § 46).

1.5.1 Kosten

Hierunter fallen etwa die dem Betroffenen oder seinem Verteidiger entstandenen Auslagen, falls diese am Termin teilnehmen sollten. Die Kostentragungspflicht des Betroffenen gem. §§ 465, 464a Abs. 2 StPO würde sich hierauf nicht erstrecken.

1.5.2 Ordnungsgeld

Zur Höhe vgl. Art. 6 EGStGB. Der Verhältnismäßigkeitsgrundsatz ist zu beachten. Hier spielen vor allem die Fälle geringen Verschuldens, nur unwesentlicher Verzögerung und der der Inkongruenz zwischen strafprozessualer Aussagepflicht und Strafbewehrung herein, die ein Ordnungsgeld im Einzelfall als unverhältnismäßig erscheinen lassen können.

1.5.3 Ordnungshaft

Die zulässige Länge der Ordnungshaft im Sinne des § 51 Abs. 1 Satz 2 StPO ist in Art. 6 Abs. 2 EGStGB bestimmt. Für den Fall der unberechtigten Zeugnisverweigerung sieht § 70 Abs. 2 StPO eine besondere Regelung vor, die allerdings von § 46 Abs. 5 Satz 2 im Ordnungswidrigkeitenrecht überholt wird. Die Haft zur Erzwingung des Zeugnisses darf sechs Wochen nicht überschreiten. Damit besteht wiederum ein Gleichklang mit Art. 6 Abs. 2 EGStGB.

Beim Nichterscheinen trotz ordnungsgemäßer Ladung werden Kosten und Ordnungsmittel im Falle rechtzeitiger genügender Entschuldigung nicht festgesetzt, bei nicht rechtzeitiger Entschuldigung unterbleiben Kostenauferlegung und Ordnungsmittelfestsetzung bzw. werden aufgehoben bei nachträglicher genügender Entschuldigung und Glaubhaftmachung der unverschuldeten verspäteten Geltendmachung, §§ 46 Abs. 1, 51 Abs. 2 Satz 1 bis 3 StPO.

Gegen den Ordnungsgeld- und Kostenbescheid kann der Zeuge gem. § 62 Abs. 1 Satz 1 Antrag auf gerichtliche Entscheidung stellen. Dasselbe Recht steht dem Betroffenen zu, wenn ihm Auslagen entstanden sind und die Verwaltungsbehörde eine Auferlegung von Kosten an den Zeugen abgelehnt hat (vgl. *Göhler*, 18. Auflage 2021, Rdnr. 72 zu § 59). Gegen die Haftanordnung kann der Zeuge mit der Beschwerde, §§ 46 Abs. 1, 304 StPO vorgehen.

2. Sachverständige

2.1 Der Beweis durch Sachverständige

Der Sachverständige erweitert das Wissen der Verwaltungsbehörde bzw. des Gerichts auf einem bestimmten Sachgebiet. Der Sachverständige

- wendet zur Begutachtung eines bestimmten Sachverhalts (sog. Anknüpfungstatsachen) sein Erfahrungswissen an,
- macht selbst Tatsachenbekundungen (sog. Befundtatsachen), sofern er dazu bestellt ist, auf Grund seiner besonderen Sachkunde Wahrnehmungen zu machen.

Soweit der Sachverständige bei seiner Tätigkeit Tatsachen feststellt, deren Feststellung keiner besonderen Sachkunde bedarf (sog. Zusatztatsachen), ist er einfacher Zeuge. Der sachverständige Zeuge, §§ 46 Abs. 1, 85 StPO, sagt über Wahrnehmungen aus, die er mit besonderer Sachkunde ohne behördlichen Auftrag gemacht hat. Auch insoweit gelten die Zeugenvorschriften.

Die Auswahl des Sachverständigen liegt im pflichtgemäßen Ermessen der Verwaltungsbehörde. Die Verwaltungsbehörde kann, wenn ihr kein geeigneter Sachverständiger bekannt ist, die Berufsorganisation oder die Behörde, in deren Geschäftsbereich die zu begutachtende Frage fällt, mit der Bitte um Benennung von Vorschlägen ersuchen (vgl. RiStBV Nr. 70 Abs. 2).

Der Sachverständige kann vom Betroffenen oder vom Nebenbeteiligten (vgl. hierzu die Erl. zu § 87) aus denselben Gründen wie ein Richter abgelehnt werden, §§ 46 Abs. 1, 74, 22 ff. StPO, jedoch erst im gerichtlichen Verfahren, da § 74 StPO erst anwendbar ist, wenn die Sache gerichtlich anhängig ist (vgl. KKOWiG-*Lutz*, 5. Auflage 2018, Rdnr. 81 zu § 59). Die Verwaltungsbehörde hat jedoch bei einem begründeten Ablehnungsantrag (z. B. despektierliche Äußerung des Sachverständigen über den Betroffenen, die geeignet ist, Misstrauen gegen die Unparteilichkeit des Sachverständigen zu begründen, Verschweigen der Tätigkeit für die Verfolgungsbehörde bei einer Glaubwürdigkeitsuntersuchung des Kindes in einem Verfahren gegen seine Eltern, BGH, Kriminalistik 1998 S. 198), §§ 46 Abs. 1,

Abs. 2, 161a Abs. 1 Satz 2, 74 Abs. 1 Satz 1, Abs. 3, 24 Abs. 2 StPO, die Prozessunwirtschaftlichkeit einer erneuten Bestellung im gerichtlichen Verfahren zu bedenken und die Bestellung doch zurückzunehmen. Gegen die Entscheidung der Verwaltungsbehörde findet kein Rechtsbehelf statt, § 62 Abs. 1 Satz 2.

Der Sachverständige hat auf Ladung bei der Verwaltungsbehörde zu erscheinen, §§ 46 Abs. 1, Abs. 2, 161a Abs. 1 Satz 1 StPO, eine Erstattungsfrist abzusprechen, §§ 46 Abs. 1, Abs. 2, 161a Abs. 1 Satz 2, 73 Abs. 1 Satz 2 StPO, schließlich das Gutachten mündlich oder schriftlich zu erstatten, §§ 46 Abs. 1, Abs. 2, 161a Abs. 1 Satz 2, 82, 75 StPO. Die Gutachterpflicht trifft aber nur die Personen, die auf dem betreffenden Fachgebiet zum Gutachter öffentlich bestellt oder ermächtigt sind, hierin öffentlich erwerbsmäßig tätig sind oder ihre Bereitschaft zur Gutachtenerstattung erklärt haben.

Für die Belehrung des Sachverständigen gelten die Zeugenvorschriften entsprechend, §§ 46 Abs. 1, Abs. 2, 161a Abs. 1 Satz 2, 72 StPO, RiStBV Nr. 70 Abs. 5, Nr. 65. Ein Sachverständigeneid, dessen Abnahme ohnehin dem Richter vorbehalten bleibt, wird sich häufig gem. §§ 46 Abs. 1, Abs. 2, 161a Abs. 1 Satz 2, 79 Abs. 3 StPO erübrigen.

2.2 Gutachtenverweigerungsrechte

Zu den für Zeugen geltenden Verweigerungsrechten, §§ 46 Abs. 1, Abs. 2, 161a Abs. 1 Satz 2, 76 Abs. 1 Satz 1 StPO, hinzu kann ein Sachverständiger auch aus anderen Gründen von der Verpflichtung zur Erstattung des Gutachtens entbunden werden, §§ 46 Abs. 1, Abs. 2, 161a Abs. 1 Satz 2, 76 Abs. 1 Satz 2 StPO (z. B. Arbeitsüberlastung).

2.3 Verletzung der Gutachterpflichten

Im Falle des Nichterscheinens und der unberechtigten Verweigerung des Gutachtens erfolgt, ähnlich wie beim Zeugen, Kostenauferlegung und Ordnungsgeldfestsetzung, §§ 46 Abs. 1, Abs. 2, 161a Abs. 1 Satz 2, 77 Abs. 1 Satz 1 StPO. Die Ordnungsgeldfestsetzung kommt auch für den Fall in Betracht, dass sich der Gutachter weigert, eine Erstattungsfrist abzusprechen, oder die abgesprochene Frist versäumt, §§ 46 Abs. 1, Abs. 2, 161a Abs. 1 Satz 2, 77 Abs. 2 Satz 1 StPO. Die Maßnahmen können einmal wiederholt werden, §§ 46 Abs. 1, Abs. 2, 161a Abs. 1 Satz 2, 77 Abs. 1 Satz 3, Abs. 2 Satz 3 StPO.

3. Vergütung und Entschädigung

Mit Wirkung vom 1.7.2004 wurde durch Art. 4 Abs. 53 Kostenrechtsmodernisierungsgesetz vom 5.5.2004 (BGBl. I S. 718, 766) für die Vergütung von Sachverständigen, Dolmetschern und Übersetzern, sowie die Entschädigung von Zeugen und Dritten das Justizvergütungs- und -entschädigungsgesetz für anwendbar erklärt. Die Verweisung ist nicht konstitutiv sondern deklaratorisch. Das JVEG, zuletzt geändert durch Gesetz vom 25.6.2021 (BGBl. I S. 2154), trifft in seinem § 1 (Geltungsbereich und Anspruchsberechtigte) selbst eine eindeutige Aussage über seine Anwendbarkeit. Gem. § 1 Abs. 1 Satz 1 Nr. 1 JVEG regelt das Gesetz insbesondere die Vergütung der Sachverständigen, Dolmetscher und Übersetzer, die vom Gericht, von der Staatsanwaltschaft oder von der Verwaltungsbehörde im Verfahren nach dem Gesetz über Ordnungswidrigkeiten herangezogen werden. Das Gesetz regelt gem. § 1 Abs. 1 Satz 1 Nr. 3 JVEG auch die Entschädigung von Zeugen und Dritten (§ 23), die von einer der in § 1 Abs. 1 Satz 1 Nr. 1 genannten Stelle herangezogen werden. Hinsichtlich der „Dritten" wird auch in § 59 ausdrücklich auf die Bestimmung des § 23 JVEG verwiesen. Dritte sind demnach Personen, die von einer Behörde oder einem Gericht ersucht wurden, Urkunden, sonstige Unterlagen oder andere Gegenstände vorzulegen oder deren Inaugenscheinnahme zu dulden, Auskunft zu erteilen, die Überwachung und Aufzeichnung der Telekommunikation bzw. die Ermittlung eines bestimmten Telekommunikationsanschlusses zu ermöglichen.

Im Verfahren der Verwaltungsbehörde ist gegen die von ihr vorzunehmende Festsetzung der Vergütung bzw. Entschädigung, die kostenrechtlich als „Auslagen" anzusehen sind, der Antrag auf gerichtliche Entscheidung gem. § 62 statthaft, § 108 Abs. 1 Satz 1 Nr. 3, § 4 Abs. 2 Satz 2 JVEG.

Der Anspruch auf Vergütung oder Entschädigung erlischt, wenn er nicht binnen drei Monaten bei der Stelle, die den Berechtigten herangezogen oder beauftragt hat, geltend gemacht wird, § 2 Abs. 1 Satz 1 JVEG. Die Frist beginnt im Falle der schriftlichen Begutachtung oder der Anfertigung einer Übersetzung mit deren Eingang bei der anfordernden Stelle, § 2 Abs. 1 Satz 2 Nr. 1 JVEG, im Falle der Vernehmung als Sachverständiger oder Zeuge oder der Zuziehung als Dolmetscher mit Beendigung der Vernehmung bzw. Zuziehung, § 2 Abs. 1 Satz 2 Nr. 2 JVEG, in den Fällen des § 23 JVEG mit Beendigung der Maßnahme, § 2 Abs. 1 Satz 2 Nr. 4 JVEG. § 2 Abs. 1 Satz 2 Nr. 3 und 5 regeln den Fristbeginn bei vorzeitiger Beendigung der Heranziehung oder des Auftrags und im Falle der Dienstleistung als ehrenamtliche Richter. Die Frist kann auf begründeten Antrag verlängert werden, § 2 Abs. 1 Satz 4, 1. HS JVEG. Bei Ablehnung des Verlängerungsantrags ist dieser unverzüglich dem nach § 4 JVEG zuständigen Gericht vorzulegen, das durch unanfechtbaren Beschluss entscheidet, § 2 Abs. 1 Satz 4, 2.HS JVEG. Vom Gericht kann auch Wiedereinsetzung in den vorigen Stand gewährt werden, § 2 Abs. 2 JVEG.

§ 3 JVEG regelt die Bewilligung von Vorschüssen auf Antrag, wenn dem Berechtigten erhebliche Fahrtkosten oder sonstige Aufwendungen entstanden sind oder voraussichtlich entstehen werden oder wenn die zu erwartende Vergütung für bereits erbrachte Teilleistungen einen Betrag von 1. 000 Euro übersteigt.

Die Vergütung der Sachverständigen und Dolmetscher wird im Honorar-Teil grundsätzlich nach geleisteten Stunden berechnet, § 9 Abs. 1 Satz 1 und Abs. 3 JVEG. Für den Übersetzer gilt die Sondervorschrift des § 11 JVEG. Zum Honorar hinzu kommen gem. § 8 Abs. 1 Nr. 2 bis 4 JVEG der Fahrtkostenersatz gem. § 5 JVEG, die Aufwandsentschädigung gem. § 6 JVEG (Tage- bzw. Übernachtungsgeld) sowie ggf. der Aufwendungsersatz gem. §§ 7 und 12 JVEG (Schreibauslagen und Kosten für Hilfskräfte).

Die Entschädigung der Zeugen und Dritten gliedert sich gem. § 19 Abs. 1 Satz 1 Nr. 1 bis 6 JVEG in den Fahrtkostenersatz gem. § 5 JVEG, die Aufwandsentschädigung gem. § 6 JVEG, den Aufwendungsersatz gem. § 7 JVEG (z. B. Kosten einer notwendigen Begleitperson), die Entschädigung für Nachteile bei der Haushaltsführung gem. § 21 JVEG (im Regelfall 17 Euro je Stunde für Nicht-Erwerbstätige), die Entschädigung für Verdienstausfall gem. § 22 JVEG (Maßstab ist der Bruttoverdienst einschließlich der Sozialversicherungsbeiträge des Arbeitgebers, höchstens 25 Euro je Stunde) und die Zeitversäumnis gem. § 20 JVEG (4 Euro je Stunde, es sei denn, dem Zeugen ist durch seine Heranziehung ersichtlich kein Nachteil entstanden), die allerdings gegenüber der Entschädigung für Nachteile bei der Haushaltsführung und der Entschädigung für Verdienstausfall subsidiär ist, d. h. nur dann gewährt wird, wenn keine Nachteile für Haushaltsführung und Verdienstausfall entschädigt werden.

§ 60
Verteidigung

Ist die Mitwirkung eines Verteidigers im Verfahren der Verwaltungsbehörde geboten (§ 140 Absatz 2 der Strafprozessordnung), so ist für dessen Bestellung die Verwaltungsbehörde zuständig. Sie entscheidet auch über die Zulassung anderer Personen als Verteidiger und die Zurückweisung eines Verteidigers (§ 138 Abs. 2, § 146a Abs. 1 Satz 1, 2 der Strafprozessordnung).

Erläuterungen

Übersicht

Vorbemerkung

Vorbemerkung

§ 60 bezweckt, für das Verfahren vor der Verwaltungsbehörde klarzustellen, dass es auch hier Wahl- und Pflichtverteidigung gibt und anstelle der Gerichtszuständigkeiten in §§ 137 ff. StPO die Zuständigkeit der Verwaltungsbehörde gegeben ist.

Der Verteidiger ist unabhängig, handelt also unter eigener Verantwortung und unabhängig vom Betroffenen (vgl. BGHSt 13, 337, 343). Er ist grundsätzlich nicht Vertreter, sondern Beistand des Betroffenen (vgl. BGHSt 12, 367, 369, 370 – Das Gesetz gestattet es allerdings in bestimmten Fällen, dass sich der Beschuldigte (bzw. Betroffene) zur Abgabe seiner Erklärungen eines Vertreters bedient, wobei es im Allgemeinen davon ausgeht, dass dem Verteidiger insoweit Vertretungsvollmacht erteilt wird, vgl. z. B. § 411 Abs. 2 StPO). Der Verteidiger ist aber keineswegs zur Unparteilichkeit verpflichtet. Er hat vielmehr die Rechte des Betroffenen allseitig zu wahren und auf ein faires Verfahren hinzuwirken. Er darf aber andererseits nicht die Wahrheitserforschung behindern (vgl. BGHSt 9, 20, 22).

1. Wahlverteidigung

1.1 Wahlberechtigung

In jeder Lage des Verfahrens, d. h. schon zu dem Zeitpunkt, in dem durch eine Tätigkeit der Polizei oder der Verwaltungsbehörde selbst das Ermittlungsverfahren beginnt, kann sich der Betroffene des Beistandes eines Verteidigers bedienen, §§ 46 Abs. 1, 137 Abs. 1 Satz 1 StPO. Da das Rechtsverhältnis zum Verteidiger auf einem zivilrechtlichen Vertrag (Geschäftsbesorgungsvertrag gem. §§ 675, 611 BGB) beruht, ist bei Nicht-Geschäftsfähigen die Zustimmung des gesetzlichen Vertreters erforderlich (vgl. OLG Schleswig, NJW 1981 S. 1681, 1682). Allerdings setzt die Wirksamkeit der Verteidigerwahl als solcher, d. h. unabhängig von der Verpflichtung zur Honorarzahlung, weder die volle noch die beschränkte Geschäftsfähigkeit des Auftraggebers voraus (vgl. OLG Schleswig, a. a. O.).

Der gesetzliche Vertreter kann auch aus eigenem Recht einen Verteidiger beauftragen, §§ 46 Abs. 1, 137 Abs. 2 Satz 1 StPO. Dasselbe Recht steht dem Erziehungsberechtigten gem. § 67 Abs. 2 JGG zu.

1.2 Wählbare Personen

1.2.1 Rechtsanwälte

Rechtsanwälte, die von der für den Kanzleisitz zuständigen Rechtsanwaltskammer im Geltungsbereich der StPO zugelassen sind, §§ 46 Abs. 1, 138 Abs. 1 StPO. Rechtsanwälte aus anderen EU-Mitgliedstaaten oder anderen Vertragsstaaten des Abkommens über den Europäischen Wirtschaftsraum (EWR) und der Schweiz dürfen nach dem Gesetz über die Tätigkeit europäischer Rechtsanwälte in Deutschland (EuRAG) unter der Berufsbezeichnung des Herkunftsstaates (vgl. §§ 5 Abs. 1 Satz 1 und 2, 26 Abs. 1 EuRAG) als Wahlverteidiger im Bußgeldverfahren ohne Genehmigung gem. §§ 46 Abs. 1, 138 Abs. 2 StPO tätig werden. Als niedergelassene und in die für den Ort der Niederlassung zuständige Rechtsanwaltskammer aufgenommene europäische Rechtsanwälte können sie gem. §§ 2 ff. EuRAG alleinverantwortlich als Verteidiger handeln, als nur vorübergehend und gelegentlich in Deutschland tätige dienstleistende europäische Rechtsanwälte gem. §§ 25 ff. EuRAG können sie nur alleinverantwortlich als Verteidiger handeln, wenn der Betroffene sich selbst verteidigen kann, also kein Fall der notwendigen Verteidigung vorliegt. Im Fall der notwendigen Verteidigung darf der ausländische Rechtsanwalt nur im Einvernehmen mit einem (deutschen) Rechtsanwalt handeln, § 28 Abs. 1 EuRAG, der aber nicht selbst Verteidiger sein muss.

1.2.2 Rechtsreferendare

Rechtsreferendaren kann die Verteidigung vom Rechtsanwalt, der zum Verteidiger gewählt worden ist, mit Zustimmung des Betroffenen übertragen werden, wenn das Referendarexamen abgelegt ist und 15 Monate des Referendardienstes verstrichen sind, §§ 46 Abs. 1, 139 StPO.

1.2.3 Rechtslehrer an deutschen Hochschulen

Rechtslehrer an deutschen Hochschulen im Sinne des Hochschulrahmengesetzes, §§ 46 Abs. 1, 138 Abs. 1 StPO. Entscheidend ist insoweit, ob ein Lehrauftrag an einer Universität oder gleichrangigen Hochschule mit der Berechtigung besteht, rechtswissenschaftliche Vorlesungen halten zu dürfen (vgl. *Göhler*, 18. Auflage 2021, Rdnr. 6a zu § 60). Ferner müssen die Rechtslehrer im Sinne dieser Bestimmung die Befähigung zum Richteramt erworben haben. Dazu gehören nicht nur ordentliche und außerordentliche Professoren, Honorarprofessoren, Privatdozenten, Lehrbeauftragte und wissenschaftliche Assistenten der juristischen Fakultäten der Universitäten, sondern auch Fachhochschullehrer mit Befähigung zum Richteramt.

1.2.4 Selbstbestellung

Eine **Selbstbestellung** ist unzulässig, d. h. ein Betroffener, der Rechtsanwalt oder Rechtslehrer an einer deutschen Hochschule ist, darf sich nicht selbst zum Verteidiger wählen (vgl. BVerfGE 53, 207, 214 – der Status des Verteidigers und die Stellung des Beschuldigten oder Betroffenen sind offensichtlich miteinander unvereinbar.).

1.2.5 Andere Personen

Andere Personen können nur mit Genehmigung der Verwaltungsbehörde bestellt werden, §§ 60 Satz 2, 138 Abs. 2 StPO.

Genehmigungsmaßstab für die Verwaltungsbehörde ist, ob der Gewählte genügend sachkundig im materiellen Recht sowie Verfahrensrecht und vertrauenswürdig erscheint und auch sonst keine Bedenken gegen sein Auftreten als Verteidiger bestehen (vgl. BayObLG, MDR 1978 S. 862; OLG Zweibrücken, NZV 1993 S. 493 – mit der Betroffenen verheirateter Volljurist. Verwandtschaftliche Beziehungen allein stellen die Genehmigungsfähigkeit nicht in Frage). Ein besonderes Interesse des Betroffenen an einer Verteidigung gerade durch die von ihm gewählte Person wird nicht vorausgesetzt.

Die Genehmigung gilt auch für das Zwischenverfahren vor der Staatsanwaltschaft, nicht jedoch für das gerichtliche Verfahren.

Juristische Personen, nicht rechtsfähige Vereinigungen und Verbände, wie Gewerkschaften (vgl. KKOWiG-*Kurz*, 5. Auflage 2018, Rdnr. 24 zu § 60) und Anwaltssozietäten (vgl. BVerfGE 43, 79, 91) können nicht Verteidiger sein. Die Zulassung bleibt auf natürliche Personen beschränkt. Die Entscheidung der Verwaltungsbehörde ergeht im pflichtgemäßen Ermessen und ist jedenfalls dann zu begründen, wenn sie eine Wahl des Betroffenen ablehnt, §§ 46 Abs. 1, 34 StPO.

Die Verwaltungsbehörde kann die Genehmigung zurücknehmen, wenn sie rechtsfehlerhaft erteilt wurde. Hiergegen können der Betroffene und der gewählte Verteidiger gem. § 62 (vgl. *Göhler*, 18. Auflage 2021, Rdnr. 11 zu § 60 mit dem Hinweis auf eine a. A. des OLG Frankfurt, NStZ-RR S. 250; vgl. im Übrigen Erl. 2.2.5 zum Maßstab bei der Pflichtverteidigung) vorgehen. Dasselbe gilt in den Fällen der Versagung der Genehmigung.

1.3 Die Verteidigerstellung

Zur Begründung des Geschäftsbesorgungsvertrages (vgl. oben Erl. 1.1) und damit der Verteidigerstellung ist die Annahme der Wahl des Betroffenen durch den gewählten Verteidiger erforderlich. Dies folgt schon aus vertragsrechtlichen Grundsätzen. Soweit die Beauftragung nicht auf bestimmte Handlungen beschränkt wird, gilt die Verteidigerstellung für das gesamte Bußgeldverfahren, einschließlich des Vollstreckungsverfahrens, §§ 89 ff., bzw. des Wiederaufnahmeverfahrens, § 85 (vgl. OLG Düsseldorf, VRS 78, 360). Das Kostenfestsetzungsverfahren, § 106, und das Verfahren gem. § 110 als nicht von der Verteidigerstellung erfasst anzusehen (vgl. *Göhler*, 18. Auflage 2021, Rdnr. 12 zu § 60 jedenfalls für das Kostenfestsetzungsverfahren und das Verfahren gem. § 110 Abs. 3) erscheint als zu eng. Schließlich hängen diese Verfahren nicht weniger mit dem Bußgeldverfahren zusammen als ein Vollstreckungsverfahren bzw. ein Wiederaufnahmeverfahren.

Zweifel an der Bevollmächtigung (z. B. für das Kostenfestsetzungsverfahren oder die Verfahren gem. § 110) sind gegebenenfalls durch sachdienliche Nachforschungen zu klären (vgl. *Göhler*, 18. Auflage 2021, Rdnr. 13 zu § 60), zweckmäßigerweise durch Vorlage der Vollmachtsurkunde. Im Regelfall ist es aber nicht erforderlich, dass eine schriftliche Vollmachtsurkunde des Betroffenen beigebracht wird. Bevollmächtigung ist zu vermuten, wenn sich ein Rechtsanwalt als Verteidiger meldet und gleichzeitig eine Prozesshandlung für den Betroffenen vornimmt (vgl. BayObLG, VRS 61, 39, 40). Soll der Verteidiger auch als Vertreter des Betroffenen auftreten, ist eine schriftliche Vollmacht zu verlangen (vgl. § 73 Abs. 3), aus der hervorgeht, dass der Verteidiger auch zur Vertretung des Betroffenen berechtigt ist. Zur Unterbevollmächtigung zugunsten von Rechtsreferendaren vgl. oben Erl. 1.2.2. Der Wahlverteidiger kann im Gegensatz zum Pflichtverteidiger (vgl. Erl. 2.2.2) einen unterbevollmächtigten Verteidiger auswählen und bevollmächtigen, wenn ihn der Betroffene hierzu ermächtigt hat (vgl. *Meyer-Goßner/Schmitt/Schmitt*, StPO, 66. Auflage 2023, Rdnr. 11 Vor § 137).

Die Verteidigerstellung endet mit der Kündigung seitens des Betroffenen bzw. der Niederlegung des Mandats durch den Rechtsanwalt.

1.4 Zahl der gewählten Verteidiger

Die Zahl der gewählten Verteidiger darf drei nicht übersteigen, §§ 46 Abs. 1, 137 Abs. 1 Satz 2 StPO. Der Pflichtverteidiger ist bei dieser Zahl nicht zu berücksichtigen. Die Höchstzahl darf für alle zur Wahl Berechtigten insgesamt nicht überschritten werden (vgl. OLG Stuttgart, Die Justiz, 1981 S. 59), d. h., sie gilt auch dann, wenn die Verteidigerwahl zusätzlich durch den gesetzlichen Vertreter (vgl. §§ 46 Abs. 1, 137 Abs. 2 Satz 1 und 2 StPO) oder den Erziehungsberechtigten (vgl. § 67 Abs. 2 JGG) erfolgt.

1.5 Mehrfachverteidigung

Gemäß §§ 46 Abs. 1, 146 Satz 1 StPO ist es unzulässig, gleichzeitig mehrere Betroffene zu verteidigen, denen dieselbe Tat vorgeworfen wird. Dies gilt selbst dann, wenn getrennte Verfahren durchgeführt werden (vgl. BGHSt 26, 291, 295 f. – Ein Gegensatz der Verteidigungsinteressen mehrerer Beschuldigter und ein möglicher Konflikt eines und desselben Verteidigers bei Verteidigung anderer der gleichen Tat Beschuldigter kann von der Verbindung oder Trennung der Verfahren ganz unabhängig sein).

Gemäß §§ 46 Abs. 1, 146 Satz 2 StPO ist es unzulässig, gleichzeitig mehrere Betroffene zu verteidigen, denen in einem Verfahren mehrere Taten vorgeworfen werden. Mehrere Taten liegen auch im Fall der Nebentäterschaft vor (z. B. mehrere Personen begehen unabhängig voneinander dieselbe Ordnungswidrigkeit – Teilnahme an einer Versammlung trotz angeordneten Versammlungsverbots, Art. 21 Abs. 1 Nr. 6 BayVersG).

Das Gleichzeitigkeitserfordernis lässt die sukzessive Mehrfachverteidigung zu, d. h. der Verteidiger kann, wenn er das Mandat im Verhältnis zu einem Betroffenen niedergelegt hat, anschließend den anderen Betroffenen verteidigen.

Verteidigen mehrere Mitglieder einer Anwaltssozietät mehrere Betroffene, ist § 146 StPO nicht anzuwenden, wenn jeder Sozius einen anderen Betroffenen verteidigt (vgl. BVerfGE 43, 79, 90).

1.6 Zurückweisung

Ein Verstoß gegen § 137 Abs. 1 Satz 2 StPO bzw. gegen § 146 StPO führt zur Zurückweisung des Verteidigers, §§ 46 Abs. 1, 146a Abs. 1 Satz 1 und 2 StPO. Zuständig für die Zurückweisung ist bis zum Übergang der Verfolgungszuständigkeit auf die Staatsanwaltschaft, § 69 Abs. 4 Satz 1, die Verwaltungsbehörde, dann das Amtsgericht, §§ 46 Abs. 1, 146a Abs. 1 Satz 3 StPO (vgl. *Göhler*, 18. Auflage 2021, Rdnr. 47b zu § 60).

Im Falle des § 137 Abs. 1 Satz 2 StPO ist bei nicht gleichzeitiger Wahl der zuletzt Gewählte zurückzuweisen, §§ 46 Abs. 1, 146a Abs. 1 Satz 1 StPO, während bei gleichzeitiger Wahl alle Gewählten zurückzuweisen sind, §§ 46 Abs. 1, 146a Abs. 1 Satz 2 StPO, es sei denn, der Betroffene beschränkt die Zahl auf das zulässige Maß.

Ähnlich ist es im Falle des § 146 StPO. Bei gleichzeitiger Beauftragung durch mehrere Betroffene ist der Verteidiger insgesamt zurückzuweisen (vgl. OLG Hamm, NJW 1980 S. 1059, 1060), bei nicht gleichzeitiger Beauftragung ist die zuerst übernommene Verteidigung weiterhin zulässig (vgl. BGHSt 27, 148, 150). Der Verteidiger kann einer Zurückweisung selbstverständlich durch Mandatsniederlegung zuvorkommen.

Vor ihrer Entscheidung gewährt die Verwaltungsbehörde dem Betroffenen bzw. seinem Verteidiger rechtliches Gehör. Dies ist auch die Gelegenheit, rechtskonforme Zustände herzustellen. Die Zurückweisung steht nicht im Ermessen der Verwaltungsbehörde. Es handelt sich um eine gebundene Entscheidung, §§ 46 Abs. 1, 146a Abs. 1 Satz 1 StPO, die zu begründen (vgl. §§ 46 Abs. 1, 34 StPO) und dem Betroffenen formlos bekannt zu machen ist. Gegen die Zurückweisung kann der Betroffene und der Verteidiger gem. § 62 vorgehen. Handlungen vor der Zurückweisung bleiben wirksam, §§ 46 Abs. 1, 146a Abs. 2 StPO.

1.7 Ausschließung

§§ 46 Abs. 1, 138a bis d StPO regeln die Ausschließung des Verteidigers.

Als Ausschließungstatbestände kommen nur § 138a Abs. 1 Nr. 1 und 2 StPO in Betracht (vgl. *Göhler*, 18. Auflage 2021, Rdnr. 18a zu § 60). § 138a Abs. 1 Nr. 3 StPO kommt nicht in Betracht, weil Hehlerei, Datenhehlerei, Strafvereitelung und Begünstigung in Bezug auf eine Ordnungswidrigkeit ausscheiden. Kommunalrechtliche Vertretungsverbote (z. B. Art. 50 BayGO) begründen keinen Ausschließungstatbestand. Ist die Gemeinde Verwaltungsbehörde eines Bußgeldverfahrens, macht das als Verteidiger des Betroffenen auftretende Gemeinderatsmitglied keinen Anspruch gegen die Gemeinde geltend (vgl. BVerfGE 41, 231, 242). Die Ausschließung erfolgt auf Antrag der Verwaltungsbehörde durch das Oberlandesgericht, §§ 46 Abs. 1 und 2, 138c Abs. 1 Satz 1, Abs. 2 Satz 1 StPO. Der Antrag muss die die Ausschließung stützenden Tatsachen und Beweismittel enthalten (vgl. OLG Düsseldorf, NStZ 1983 S. 185). Der Ausschließungsantrag ist andernfalls als unzulässig zu verwerfen. Zuständig ist naheliegenderweise das Oberlandesgericht, in dessen Bezirk die Verwaltungsbehörde ihren Sitz hat. An die Stelle des Antrags der Verwaltungsbehörde tritt nach Übergang der Verfolgungszuständigkeit auf die Staatsanwaltschaft, § 69 Abs. 4 Satz 1, deren Antrag, schließlich nach Vorlage der Akten an das Amtsgericht, § 69 Abs. 4 Satz 2, die Vorlage des Gerichts, §§ 46 Abs. 1, 138c Abs. 2 Satz 1 und 2 StPO. Über die Ausschließung des Verteidigers wird vom Oberlandesgericht nach mündlicher Verhandlung entschieden, §§ 46 Abs. 1, 138d Abs. 1 StPO. Die rechtskräftige (vgl. §§ 46 Abs. 1, 138d Abs. 6 Satz 1 StPO – Gegen die Entscheidung, durch die ein Verteidiger ausgeschlossen wird, ist die sofortige Beschwerde zulässig.) Ausschließung wirkt für das gesamte Verfahren, sofern keine Aufhebung nach §§ 46 Abs. 1, 138a Abs. 3 Satz 1 StPO erfolgt (vgl. *Göhler*, 18. Auflage 2021, Rdnr. 21 zu § 60). §§ 46 Abs. 1, 138a Abs. 4 Satz 1 StPO verhindern eine Umgehung. Der Verteidiger kann, solange er ausgeschlossen ist, den Betroffenen auch in anderen gesetzlich geordneten Verfahren nicht verteidigen.

Hält sich der Verteidiger nicht an die Ausschließung, ist er in entsprechender Anwendung von §§ 46 Abs. 1, 146a StPO zurückzuweisen (vgl. *Göhler*, 18. Auflage 2021, Rdnr. 21 zu § 60).

2. Pflichtverteidigung

2.1 Voraussetzungen der Bestellung

Die Mitwirkung eines Verteidigers muss im Verfahren der Verwaltungsbehörde gem. § 140 Abs. 2 StPO geboten sein, § 60 Satz 1. § 60 Satz 1 wurde zuletzt durch das Gesetz zur Neuregelung des Rechts der notwendigen Verteidigung vom 10.12.2019 (BGBl. I S. 2128) insoweit geändert, als die Angabe „§ 140 Abs. 2 Satz 1" durch die Angabe „§ 140 Absatz 2" ersetzt wurde (vgl. Art. 8 des Gesetzes vom 10.12.2019, BGBl. I S. 2128, 2134). Nach der amtlichen Begründung des Gesetzes vom 10.12.2019 (BGBl. I. S. 2128) handelte es sich insoweit lediglich um eine redaktionelle, durch die Streichung des § 140 Abs. 2 Satz 2 StPO bedingte Folgeänderung (vgl. BT-Drucks. 19/13829 S. 64).

2.1.1 Schwere der Tat und der zu erwartenden Rechtsfolge

Das unter Erl. 2.1 angesprochene Gesetz vom 10.12.2019 (BGBl. I S. 2128) hat insbesondere die Bestimmung des § 140 Abs. 2 StPO, die § 60 Satz 1 in Bezug nimmt, neu gefasst. Der Gesetzgeber hat ausdrücklich die „Schwere der zu erwartenden Rechtsfolge" aufgenommen. Hiermit sollte den Vorgaben des Art. 4 Abs. 4 der RL (EU) 2016/1919 vom 26.10.2016 (sog. PKH-Richtlinie) Rechnung getragen werden (vgl. BT-Drucks. 19/13829 S. 32). Inhaltlich soll damit keine Änderung verbunden sein, da die Rechtsprechung schon bisher bei der Auslegung des in § 140 Abs. 2 StPO bereits genannten Kriteriums der Schwere der Tat maßgeblich auf die Rechtsfolge abgestellt hat (vgl. BT-Drucks., a. a. O.). In Art. 4 Abs. 4 der genannten RL (EU) 2016/1919 wird den Mitgliedstaaten aufgetragen, bei der Prüfung der materiellen Kriterien (für die PKH) der Schwere der Straftat, der Komplexität des Falles und der Schwere der zu erwartenden Strafe Rechnung zu tragen. Die Schwere von Tat und zu erwartender Rechtsfolgen beurteilt sich nach alledem maßgeblich nach der Höhe der zu erwartenden Geldbuße oder der Bedeutung einer möglichen Nebenfolge (vgl. KKOWiG-*Kurz*, 5. Auflage 2018, Rdnr. 31 zu § 60) für den Betroffenen. Die Höhe der Geldbuße wird in Beziehung zu den wirtschaftlichen Verhältnissen des Betroffenen zu setzen sein. Eine fünfstellige Geldbuße gegen einen prominenten und wohlhabenden Gewerbetreibenden wegen einer lebensmittelrechtlichen Ordnungswidrigkeit reicht nicht aus (aber eine zu erwartende Einziehung des Werts von Taterträgen in Höhe von 10.000 € bei einer Empfängerin von Sozialleistungen, vgl. LG Magdeburg, Beschl. vom 28.4.2022, BeckRS 2022, 14465). Andererseits können aus der begangenen Ordnungswidrigkeit folgende Eintragungen im Fahreignungsregister (vgl. § 28 Abs. 2 Nr. 3 StVG, § 40 Fahrerlaubnisverordnung mit Anlage 13) oder Gewerbezentralregister (vgl. § 149 Abs. 2 Nr. 3 GewO) zu Verwaltungsverfahren wegen Fahrerlaubnisentziehung (vgl. § 4 Abs. 5 Satz 1 Nr. 3 StVG) oder Gewerbeuntersagung (vgl. § 35 GewO) führen, die die wirtschaftliche Existenz des Betroffenen in Frage stellen. Wenn die Verwaltungsbehörde konkrete Anhaltspunkte in diese Richtung hat, liegen die Voraussetzungen von § 140 Abs. 2 Fall 1 und 2 StPO vor.

2.1.2 Schwierigkeit der Sachlage

Sie ist insbesondere dann gegeben, wenn die Kenntnis des Akteninhalts für die Verteidigung erforderlich ist und dem Betroffenen selbst keine Akteneinsicht gem. § 49 Abs. 1 bzw. gem. §§ 46 Abs. 1, 147 Abs. 4 StPO gewährt wird (vgl. zur Akteneinsichtsberechtigung Erl. 3.1.2). Von einer Schwierigkeit der Sachlage ist auch auszugehen, wenn die Beweisführung zum Nachweis der begangenen Ordnungswidrigkeit umfangreich und komplex ist, wie es häufig bei Ordnungswidrigkeiten nach § 8 Schwarzarbeitsbekämpfungsgesetz der Fall sein kann.

2.1.3 Schwierigkeit der Rechtslage

Sie wird angenommen bei Vorliegen von streitigen, obergerichtlich noch nicht entschiedenen Rechtsfragen des materiellen oder Verfahrensrechts (vgl. *Göhler*, 18. Auflage 2021, Rdnr. 27 zu § 60). Wenn Spezialkenntnisse zur Beherrschung der einschlägigen Rechtsmaterie verlangt sind, spricht viel für § 140 Abs. 2 Fall 4 StPO.

2.1.4 Verteidigungsfähigkeit

Der Betroffene ist nicht verteidigungsfähig, wenn er ersichtlich geistig nicht in der Lage ist, sich selbst zu verteidigen (vgl. BGH, AnwBl. 1963 S. 194). Sprachliche Defizite des der deutschen Sprache nicht Kundigen können durch Hinzuziehung eines Dolmetschers ausgeglichen werden (vgl. *Göhler*, 18. Auflage 2021, Rdnr. 28 zu § 60). Die in § 140 Abs. 1 Nr. 11 StPO genannten Fälle (Seh-, Hör-, Sprachbehinderung) sind bei der Auslegung des § 140 Abs. 2 StPO in die Prüfung der Verteidigungsfähigkeit einzubeziehen, selbst wenn § 60 Satz 1 hierauf nicht verweist. Die Sehbehinderung wird die Verteidigungsfähigkeit generell in Frage stellen, weil der Betroffene andernfalls nicht wahrnehmen kann, was ihm die Verwaltungsbehörde bei der Anhörung überhaupt vorwirft. Die Hör- und Sprachbehinderung schließt die Verteidigungsfähigkeit aus, wenn der Betroffene selbst vor Ort von der Verwaltungsbehörde vernommen wird oder an einer Vernehmung eines Zeugen oder Sachverständigen teilnehmen soll.

2.1.5 Gebotensein

Bei Vorliegen der Voraussetzungen der Erl. 2.1.1 bis 2.1.4 wird die prozessuale Fürsorgepflicht in der Regel die Mitwirkung eines Verteidigers geboten erscheinen lassen. Eine Korrektur durch den Begriff „Gebotensein" kommt etwa dann in Frage, wenn zwar das Merkmal „Schwere der Tat bzw. Schwere der zu erwartenden Rechtsfolge", auch im Hinblick auf die wirtschaftlichen Verhältnisse des Betroffenen vorliegt, die eigene Verteidigungsfähigkeit aber einen Rückgriff auf einen Verteidiger nicht erforderlich macht (z. B. Ermittlungsverfahren gegen einen Rechtsanwalt oder gegen einen Gastwirt mit ausreichender Berufserfahrung bei einem unternehmensbezogenen Verstoß).

2.2 Entscheidung der Verwaltungsbehörde

2.2.1 Bestellungsentscheidung

Die Entscheidung darüber, ob ein Verteidiger zu bestellen ist, liegt im pflichtgemäßen Ermessen der Verwaltungsbehörde, § 60 Satz 1. Es handelt sich hierbei um nichts Anderes als um die „Gebotensein"-Prüfung. Die Entscheidung ergeht von Amts wegen oder auf Antrag des Betroffenen bzw. seines gesetzlichen Vertreters (vgl. §§ 46 Abs. 1, 141 Abs. 1 Satz 1, bzw. 141 Abs. 2 Satz 1, insbesondere Nr. 3, StPO). Der Bundesgerichtshof hat mit Beschluss vom 5.4.2022, BeckRS 2022, 11288, klargestellt, dass im Falle einer notwendigen Verteidigung ein Pflichtverteidiger nicht ohne Weiteres sofort bestellt wird, sondern die Bestellung gem. § 141 Abs. 1 StPO grundsätzlich einen Antrag erfordert, sofern nicht die Voraussetzungen des § 141 Abs. 2 StPO gegeben sind. Der 3. Strafsenat hat keine Bedenken, dass das Gesetz einer fairen Verfahrensgestaltung genügt.

2.2.2 Auswahlentscheidung

Auch diese trifft die Verwaltungsbehörde nach pflichtgemäßem Ermessen. Der zu bestellende Verteidiger muss nicht mehr möglichst aus der Zahl der Rechtsanwälte ausgewählt werden, die im Bezirk des nach § 68 zuständigen Amtsgerichts niedergelassen sind (vgl. *Göhler*, 18. Auflage 2021, Rdnr. 30 zu § 60). Diese Beschränkung muss die Verwaltungsbehörde nicht mehr beachten. Der Pflichtverteidiger ist aus dem Gesamtverzeichnis der Bundesrechtsanwaltskammer auszuwählen, §§ 46 Abs. 1, 142 Abs. 6 Satz 1 StPO. Dabei soll aus den dort eingetragenen Rechtsanwälten entweder ein Fachanwalt für Strafrecht oder ein anderer Rechtsanwalt, der gegenüber der Rechtsanwaltskammer sein Interesse an der Übernahme von Pflichtverteidigungen angezeigt hat und für die Übernahme der Verteidigung geeignet ist, ausgewählt werden, §§ 46 Abs. 1, 142 Abs. 6 Satz 2 StPO. Dem Bestellungswunsch des Betroffenen, den dieser innerhalb der ihm von der Verwaltungsbehörde gesetzten Frist äußert, wird grundsätzlich nachgekommen, wenn dem kein wichtiger Grund entgegensteht, z. B. das Verbot der Mehrfachverteidigung gem. § 146 StPO, §§ 46 Abs. 1, 142 Abs. 5 Satz 1 und 3 StPO.

Der bestellte und ausgewählte Verteidiger kann sich nur aus wichtigen Gründen seiner Pflicht, die Verteidigung zu übernehmen, entziehen, §§ 49, 48 Abs. 2 BRAO.

Die Bestellung eines Rechtsreferendars war bis zum Gesetz vom 10.12.2019 (BGBl. I S. 2128) möglich, ist es aber nach geltendem Recht nicht mehr. Die Bestellung ist auf die Person beschränkt. Eine Unterbevollmächtigung und die Übertragung der Verteidigung auf einen Rechtsreferendar sind anders als bei der Wahlverteidigung (siehe oben Erl. 1.3) nicht zulässig (vgl. *Meyer-Goßner/Schmitt/Schmitt*, StPO, 66. Auflage 2023, Rdnr. 60 zu § 142).

2.2.3 Wirkung der Bestellung

Die Bestellung wirkt für das Verwaltungsverfahren und das Zwischenverfahren bis zur Vorlage der Akten an das Amtsgericht, § 69 Abs. 4 Satz 2. Im gerichtlichen Bußgeldverfahren ist eine erneute Bestellung erforderlich (vgl. *Göhler*, 18. Auflage 2021, Rdnr. 35 zu § 60). Die Verteidigerbestellung endet aber grundsätzlich mit der Rechtskraft der Entscheidung, §§ 46 Abs. 1, 143 Abs. 1 StPO. Sie gilt nicht mehr für das Vollstreckungsverfahren, da insoweit für das Gebotensein im Sinne des § 140 Abs. 2 StPO (vgl. Erl. 2.1.5) wegen der reinen Vollzugsfolgen ein strengerer Maßstab angelegt werden müsste. Sie gilt auch fort, wenn die Staatsanwaltschaft die Verfolgung der Ordnungswidrigkeit gem. § 42 übernimmt (vgl. *Göhler*, a. a. O.). Der Fortgeltung für ein Wiederaufnahmeverfahren gem. § 85 stehen §§ 46 Abs. 1, 143 Abs. 1 StPO entgegen.

2.2.4 Aufhebung der Bestellung

Die Bestellung kann aufgehoben werden, wenn kein Fall der notwendigen Verteidigung mehr vorliegt, §§ 46 Abs. 1, 143 Abs. 2 Satz 1 StPO, wobei „kann" als Ermächtigung der Verwaltungsbehörde und nicht im Sinne der Einräumung pflichtgemäßen Ermessens zu verstehen ist. Die Bestellung ist aufzuheben, wenn der Betroffene einen anderen Verteidiger gewählt hat und dieser die Wahl angenommen hat, §§ 46 Abs. 1, 143a Abs. 1 Satz 1 StPO. Dies ist die logische Konsequenz dessen, dass schon die Bestellung gem. § 141 Abs. 1 Satz 1 und § 141 Abs. 2 Satz 1 StPO das Nichtvorhandensein eines Wahlverteidigers voraussetzt. Die Aufhebung der Bestellung unterbleibt aber in den Fällen des § 138 Abs. 2 StPO, d. h. in den Fällen, in denen der Wahlverteidiger nicht die Genehmigung der Verwaltungsbehörde bzw. nur in Gemeinschaft mit dem Pflichtverteidiger erhält.

Eine Aufhebung der Bestellung und anschließende Neubestellung hat ferner bei Vorliegen wichtiger Gründe (vgl. KKOWiG-*Kurz*, 5. Auflage 2018, Rdnr. 49 zu § 60) zu erfolgen, die in §§ 46 Abs. 1, 143a Abs. 2 Satz 1 StPO vom Gesetzgeber formuliert sind. Zum Antrag auf Wechsel des Pflichtverteidigers innerhalb von drei Wochen nach Bekanntmachung der gerichtlichen Entscheidung gem. § 143a Abs. 2 Satz 1 Nr. 1 StPO vgl. LG Nürnberg-Fürth, Beschl. vom 9.3.2022, BeckRS 2022, 14464. Der praktisch wichtigste Aufhebungstatbestand ist in § 143a Abs. 2 Satz 1 Nr. 3 StPO genannt, wenn also das Vertrauensverhältnis zwischen Betroffenem und Verteidiger endgültig zerstört (vgl. BVerfGE 39, 238, 244) oder aus einem sonstigen Grund keine angemessene Verteidigung des Betroffenen gewährleistet ist. Die Bestellung ist auch aufzuheben, wenn die Voraussetzungen der §§ 46 Abs. 1, 146 Satz 1 und 2 StPO vorliegen. Ein Verteidiger kann nicht gleichzeitig mehrere wegen derselben Tat verfolgte Betroffene verteidigen, in einem Verfahren kann er auch nicht gleichzeitig mehrere wegen verschiedener Taten verfolgte Betroffene verteidigen. Im Übrigen gelten auch bei der Pflichtverteidigung die §§ 46 Abs. 1, 138a ff. StPO (vgl. hierzu BGH, NJW 1996 S. 1975; BGH, NStZ 1997 S. 46, 47: Die Vorschriften der §§ 138a ff. StPO über den Ausschluss des Verteidigers sind auch auf den Pflichtverteidiger anwendbar.). Nach einem Beschluss des OLG Jena vom 18.1.2022, BeckRS 2022, 843, besteht gem. § 138a Abs. 1 StPO kein Ausschlussgrund gegen den Verteidiger, der einen in den Akten vorgefundenen Antrag auf Erlass eines Haftbefehls an den Beschuldigten weitergibt, wenn keine Anhaltspunkte dafür bestehen, dass der Verteidiger in unzulässiger Weise vom Haftbefehlsentwurf Kenntnis erlangt hat. Der Verteidiger ist für eine sachgerechte Strafverteidigung in der Regel berechtigt und sogar verpflichtet, dem Beschuldigten mitzuteilen, was er aus den Akten erfahren hat.

Das Grundrecht der freien Berufsausübung verleiht einem Rechtsanwalt keinen Anspruch, eine ihm übertragene Pflichtverteidigung weiterzuführen und seiner Abberufung entgegenzutreten (vgl. BVerfG, NStZ 1998 S. 46).

2.2.5 Anfechtung

Gegen die Ablehnung der Bestellung kann der Betroffene nach § 62 vorgehen. Der nicht bestellte Verteidiger hat kein Antragsrecht (vgl. KKOWiG-*Kurz*, 5. Auflage 2018, Rdnr. 55

zu § 60). Die Bestellung selbst ist mangels Beschwer der Anfechtung durch den Betroffenen entzogen (vgl. OLG München, AnwBl. 1980 S. 466, 467 – es sei denn, es werden die Auswahlgrundsätze gerügt). Der bestellte Verteidiger muss ein Antragsrecht haben, um wichtige Gründe im Sinne der §§ 49, 48 Abs. 2 BRAO vortragen zu können. Gegen die Rücknahme der Bestellung kann der Betroffene nach § 62 vorgehen, der Verteidiger hat kein Antragsrecht (vgl. OLG Bamberg, MDR 1990 S. 460 – Der Pflichtverteidiger hat aus eigenem Recht keinen Anspruch auf Beiordnung bzw. Aufhebung, da nur die Interessen des Betroffenen geschützt werden sollen).

2.3 Verfahren gegen Jugendliche und Heranwachsende

Im Verfahren gegen Jugendliche und Heranwachsende gelten die unter Erl. 2.1 und 2.2 dargestellten Grundsätze entsprechend, §§ 46 Abs. 1, 68 Nr. 1, 109 Abs. 1 Satz 1 JGG. § 68 Nr. 2 bis 5 JGG sind dagegen nur eingeschränkt anwendbar. § 68 Nr. 2 JGG kommt allenfalls für das gerichtliche Bußgeldverfahren in Betracht (vgl. § 67 Abs. 4 JGG). Die dem Erziehungsberechtigten und dem gesetzlichen Vertreter nach dem JGG zustehenden Rechte kann nur ein Richter entziehen. § 68 Nr. 3 JGG betrifft den Ausschluss der Erziehungsberechtigten und gesetzlichen Vertreter von der Verhandlung, kann sich deshalb nur auf das gerichtliche Bußgeldverfahren beziehen. § 68 Nr. 4 und 5 JGG scheiden wegen § 46 Abs. 3 Satz 1 aus.

3. Gemeinsames

3.1 Akteneinsicht, §§ 46 Abs. 1, 147 StPO

3.1.1 Gegenstand der Akteneinsicht

Das Akteneinsichtsrecht des Verteidigers gem. §§ 46 Abs. 1, 147 Abs. 1 StPO und des Betroffenen, der keinen Verteidiger hat, gem. §§ 46 Abs. 1, 147 Abs. 4 StPO bezieht sich auf alle verfahrensbezogenen Unterlagen, die zu den Akten genommen worden sind, ausschließlich der innerdienstlichen Vorgänge. Die Vertraulichkeitsbitte einer anderen aktenführenden Stelle, die ihre Akten nicht gemäß § 96 StPO sperren ließ, sondern sie vorlegte, ist unbeachtlich. Sie kann eine Begrenzung des Akteneinsichtsrechts nicht begründen. Sie führt andererseits auch nicht zur Unverwertbarkeit des Akteninhalts (vgl. BGH, NStZ 1997 S. 43, 44). Hinsichtlich amtlich verwahrter Beweisstücke (vgl. §§ 46 Abs. 1, 94 ff. StPO) besteht ein Besichtigungsrecht, §§ 46 Abs. 1, 147 Abs. 1 und Abs. 4 Satz 1 StPO.

Eine Beschränkung der Akteneinsicht sowie der Besichtigung von amtlich verwahrten Beweisgegenständen ist für den Verteidiger möglich, wenn einerseits der Abschluss der Ermittlungen noch nicht in den Akten vermerkt ist, § 61, und andererseits eine Gefährdung des Untersuchungszwecks zu befürchten ist, §§ 46 Abs. 1, 147 Abs. 2 Satz 1 StPO, etwa durch vorzeitiges Bekanntwerden einer beabsichtigten Ermittlungsmaßnahme. § 147 Abs. 3 StPO zeigt die Grenze der Beschränkung auf. Für den Betroffenen, der keinen Verteidiger hat, gelten die Beschränkungen gem. §§ 46 Abs. 1, 147 Abs. 4 Satz 1 StPO (siehe hierzu Erl. 3.1.2)

3.1.2 Akteneinsichtsberechtigung

Hat der Betroffene einen Verteidiger, so ist dieser zur Akteneinsicht und zur Besichtigung der amtlich verwahrten Beweisstücke befugt gem. §§ 46 Abs. 1, 147 Abs. 1 StPO.

Soweit nicht bereits die Regelung des § 49 Abs. 1 greift, besteht auch im Rahmen der §§ 46 Abs. 1, 147 Abs. 4 StPO ein Anspruch des Betroffenen, der keinen Verteidiger hat, auf Akteneinsicht und Besichtigung der amtlich verwahrten Beweisstücke unter Aufsicht in entsprechender Anwendung von § 147 Abs. 1 bis 3 StPO, soweit nicht der Untersuchungszweck – auch in einem anderen Straf- oder Bußgeldverfahren – gefährdet werden könnte und nicht überwiegende schutzwürdige Interessen Dritter entgegen stehen. Die beiden

Anspruchsgrundlagen des § 49 Abs. 1 und der §§ 46 Abs. 1, 147 Abs. 4 StPO stehen nebeneinander (vgl. *Göhler*, 18. Auflage 2021, Rdnr. 55 zu § 60).

3.1.3 Gewährung

Einsicht in Akten, die in Papierform vorliegen, wird durch Einsichtnahme in die Akten in Diensträumen gewährt, §§ 110c Satz 1, 32 f Abs. 2 Satz 1 StPO (vgl. auch RiStBV Nr. 187 Abs. 3). Die Akteneinsicht kann, soweit nicht wichtige Gründe entgegenstehen, auch durch Bereitstellen des Inhalts der Akten zum Abruf, durch Übermittlung des Inhalts der Akte auf einem sicheren Übermittlungsweg oder durch Bereitstellen einer Aktenkopie zur Mitnahme gewährt werden, §§ 110c Satz 1, 32 f Abs. 2 Satz 2 StPO. Dem entspricht die Regelung der §§ 46 Abs. 1, 147 Abs. 4 Satz 2 StPO. Dem Betroffenen, der keinen Verteidiger hat, können hiernach anstelle der Einsichtnahme in die Akten Kopien aus den Akten bereitgestellt werden. Einem Verteidiger oder Rechtsanwalt werden auf besonderen Antrag die Akten mit Ausnahme der Beweisstücke zur Einsichtnahme in seine Geschäftsräume oder in seine Wohnung mitgegeben oder übersandt, soweit nicht wichtige Gründe entgegenstehen, §§ 110c Satz 1, 32 f Abs. 2 Satz 3 StPO (vgl. auch RiStBV Nr. 187 Abs. 2). Die Erhebung einer Auslagenpauschale für die Aktenversendung schränkt das Akteneinsichtsrecht des Verteidigers in seinem durch § 147 StPO bestimmten Umfang nicht ein (vgl. BVerfG, NStZ 1997 S. 42, 43). Für die Einsichtnahme in elektronische Akten gelten §§ 110c Satz 1, 32 f Abs. 1 StPO. Zur Akteneinsicht des Betroffenen gegenüber der Verwaltungsbehörde vgl. im Übrigen bereits Erl. 1 zu § 49, zur Akteneinsicht an Privatpersonen vgl. Erl. 2 zu § 49 b.

Die Akteneinsicht wird von der Behörde gewährt, in deren Herrschaft sich das Verfahren befindet (vgl. § 69 Abs. 3 Satz 2, Abs. 4 Satz 1). Gegen die Versagung der Akteneinsicht durch die Staatsanwaltschaft im Zwischenverfahren kann gem. §§ 46 Abs. 1, 147 Abs. 5 Satz 2 StPO gerichtliche Entscheidung durch das nach § 162 StPO zuständige Gericht beantragt werden. Voraussetzung ist der Vermerk des Abschlusses der Ermittlungen in den Akten, § 61. Gegen die Versagung der Akteneinsicht durch die Verwaltungsbehörde wird man dann unter den entsprechenden Voraussetzungen den Antrag gem. § 62 als statthaft ansehen müssen. Die Versagung der Versendung der Akten an den Verteidiger oder Rechtsanwalt ist als bloße Entscheidung über die Form der Gewährung von Akteneinsicht nicht anfechtbar, §§ 46 Abs. 1, 32 f Abs. 2 Satz 3, Abs. 3 StPO.

3.2 Verkehr

Zum Verkehr des Betroffenen mit seinem Verteidiger vgl. §§ 46 Abs. 1, 148 StPO, 26 ff. StVollzG. Die Beschränkung für den ausgeschlossenen Verteidiger nach §§ 46 Abs. 1, 138a Abs. 4 Satz 2 StPO ist zu beachten.

3.3 Gebühren und Auslagen

Die Gebühren und Auslagen des Rechtsanwalts als Wahlverteidiger gehören zu den notwendigen Auslagen des Betroffenen gem. §§ 105 Abs. 1, 464a Abs. 2 Nr. 2 StPO.

Die Pflichtverteidigervergütung, die von der Verwaltungsbehörde festzusetzen ist, § 55 Abs. 1, 7 RVG, rechnet zu den Auslagen gem. § 107 Abs. 3 Nr. 7. Die Festsetzung ist angreifbar gem. §§ 57 RVG, 62 durch Antrag auf gerichtliche Entscheidung. Der Beschluss des nach § 68 zuständigen Gerichts ist unanfechtbar, § 62 Abs. 2 Satz 1 und 3.

4. Beistand

Der Ehegatte oder Lebenspartner und der gesetzliche Vertreter des Betroffenen können von der Verwaltungsbehörde nach pflichtgemäßem Ermessen gem. §§ 46 Abs. 1, 149 Abs. 1 Satz 1, Abs. 2 und 3 StPO als Beistand zugelassen werden. Der Beistand hat, abgesehen von den Rechten gem. §§ 62 Abs. 2 Satz 2, 67 Abs. 1 Satz 2, die nur dem Beistand zustehen, der gesetzlicher Vertreter ist (§§ 46 Abs. 1, 298 StPO), keine prozessualen Rechte. Seine Aufgaben erschöpfen sich in Beratung und informeller Unterstützung.

Der Beistand, der dem Jugendlichen auch von der Verwaltungsbehörde nach §§ 46 Abs. 1, 69 Abs. 1 JGG bestellt werden kann, hat wesentlich weitergehende Rechte, §§ 46 Abs. 1, 69 Abs. 3 Satz 1 und 2 JGG.

Gegen die Ablehnung und den Widerruf der Zulassung können Betroffener und Beistand gem. § 62 vorgehen (vgl. *Göhler*, 18. Auflage 2021, Rdnr. 61 zu § 60).

§ 61
Abschluß der Ermittlungen

Sobald die Verwaltungsbehörde die Ermittlungen abgeschlossen hat, vermerkt sie dies in den Akten, wenn sie die weitere Verfolgung der Ordnungswidrigkeit erwägt.

Erläuterungen

Übersicht

Vorbemerkung

Der Vermerk über den Abschluss der Ermittlungen trennt Verfolgung und Ahndung. Sobald der Abschluss der Ermittlungen in den Akten vermerkt ist, ist die Akteneinsicht des Verteidigers unbeschränkbar, §§ 46 Abs. 1, 147 Abs. 2 StPO.

1. Abschluss der Ermittlungen

Die Ermittlungen sind abgeschlossen, wenn die Verwaltungsbehörde in der Lage ist, eine abschließende Entscheidung zu treffen. Dies wird immer dann der Fall sein, wenn eine Prognose dahingehend möglich ist, ob ein von der Verwaltungsbehörde erlassener Bußgeldbescheid im gerichtlichen Verfahren wahrscheinlich bestätigt würde oder nicht.

2. Vermerk

Der Vermerk über den Abschluss der Ermittlungen ist mit dem Datum und der Unterschrift des zuständigen Sachbearbeiters der Verwaltungsbehörde zu versehen. Bei einem Verfahren gegen mehrere Betroffene muss erkennbar sein, gegen welchen Betroffenen die Ermittlungen abgeschlossen sind (vgl. RiStBV Nr. 109 Abs. 3).

Weitere Ermittlungen der Verwaltungsbehörde sind durch den Vermerk nicht ausgeschlossen. Das einmal entstandene Recht des Verteidigers auf Akteneinsicht bleibt während der laufenden ergänzenden Ermittlungen unbeschränkt erhalten. Es ist dann aber ein erneuter Vermerk in den Akten anzubringen, wenn die weiteren Ermittlungen abgeschlossen sind (vgl. KKOWiG-*Kurz*, 5. Auflage 2018, Rdnr. 6 zu § 61).

Der Vermerk hat keine selbständige Bedeutung und kann deshalb nicht angefochten werden, § 62 Abs. 1 Satz 2.

Bei Einstellung des Verfahrens bedarf es des Vermerks nicht.

§ 62
Rechtsbehelf gegen Maßnahmen der Verwaltungsbehörde

(1) Gegen Anordnungen, Verfügungen und sonstige Maßnahmen, die von der Verwaltungsbehörde im Bußgeldverfahren getroffen werden, können der Betroffene und andere Personen, gegen die sich die Maßnahme richtet, gerichtliche Entscheidung beantragen.

Dies gilt nicht für Maßnahmen, die nur zur Vorbereitung der Entscheidung, ob ein Bußgeldbescheid erlassen oder das Verfahren eingestellt wird, getroffen werden und keine selbständige Bedeutung haben.

(2) Über den Antrag entscheidet das nach § 68 zuständige Gericht. Die §§ 297 bis 300, 302, 306 bis 309 und 311a der Strafprozessordnung sowie die Vorschriften der Strafprozessordnung über die Auferlegung der Kosten des Beschwerdeverfahrens gelten sinngemäß. Die Entscheidung des Gerichts ist nicht anfechtbar, soweit das Gesetz nichts anderes bestimmt.

Erläuterungen

Übersicht

Vorbemerkung

§ 62 will verhindern, dass Entscheidungen der Verwaltungsbehörde, für die nicht ohnehin das Verfahren zu den ordentlichen Gerichten eröffnet ist (vgl. §§ 67 ff.), von den Verwaltungsgerichten überprüft werden. Nach § 62 gilt auch insoweit der Rechtsweg zu dem nach § 68 zuständigen Gericht.

§ 62 verdrängt für die Verwaltungsbehörde §§ 23 ff. EGGVG. Dies gilt auch dann, wenn die Staatsanwaltschaft zuständige Verwaltungsbehörde im Sinne des § 35 ist. Soweit die Staatsanwaltschaft nicht selbst zuständige Verwaltungsbehörde ist, sind ihre Maßnahmen mit den Rechtsbehelfen der StPO, hilfsweise gem. §§ 23 ff. EGGVG anfechtbar (siehe aber: §§ 25a Abs. 3 Satz 1 StVG, 108a Abs. 2).

Sondervorschriften für die Verwaltungsbehörde bestehen in §§ 52 Abs. 2 Satz 3, 69 Abs. 1 Satz 2, 100 Abs. 2 Satz 1, 103 Abs. 1 i. V. m. 104 Abs. 1 Nr. 1, 108 Abs. 1 Satz 1, 110 Abs. 2 Satz 1, 25a Abs. 3 Satz 1 StVG.

Für die neben § 62 bestehenden Rechtsbehelfe der Gegenvorstellung, der Fachaufsichtsbeschwerde und der Dienstaufsichtsbeschwerde (vgl. hierzu bereits die Erl. 5 zu § 53) besteht kein Form- und Fristerfordernis, ferner wird keine Beschwer vorausgesetzt. Die Gegenvorstellung ist an die Verwaltungsbehörde selbst mit der Bitte um sachliche Überprüfung der Maßnahme zu richten. Die Fachaufsichtsbeschwerde wendet sich mit demselben Begehren an die übergeordnete Behörde, während die Dienstaufsichtsbeschwerde das persönliche Verhalten des Sachbearbeiters rügt und an dessen Dienstvorgesetzten gerichtet ist. Die zuständige Stelle hat die beanstandete Maßnahme zu überprüfen und den Beschwerdeführer zu verbescheiden (vgl. BVerfGE 2, 225, 230 – zur Reichweite des Art. 17 GG). Eine besondere Begründung ist nicht erforderlich. Es genügt ein sachlicher Bescheid, aus dem ersichtlich ist, wie die angegangene Stelle die Petition zu behandeln gedenkt.

1. Zulässigkeit des Antrags

1.1 Statthaftigkeit

Der Antrag auf gerichtliche Entscheidung ist lediglich gegen Anordnungen, Verfügungen und sonstige Maßnahmen zulässig, die nicht nur zur Vorbereitung der Entscheidung getroffen werden, ob ein Bußgeldbescheid erlassen oder das Verfahren eingestellt wird, sondern selbständige Bedeutung haben, Abs. 1 Satz 2.

Beispiele für eine selbständige Bedeutung:

- Beschlagnahme
- Durchsuchung
- Anordnung der erkennungsdienstlichen Behandlung

Beispiele für nicht-selbständige Bedeutung:

- Einleitung des Bußgeldverfahrens
- Vermerk über den Abschluss der Ermittlungen
- Ablehnung eines Beweisantrags

Die Abgrenzung zwischen einer Maßnahme, die selbständige Bedeutung hat, und einer solchen, die dieses Kriterium nicht erfüllt, wird danach zu ziehen sein, ob bereits durch die Maßnahme selbst Rechtsbeeinträchtigungen stattfinden, die bei Erlass des Bußgeldbescheids nicht mehr rückwirkend beseitigt bzw. nachgeholt werden können (dann: selbständig). Besonders deutlich wird die selbständige Bedeutung bei Drittbetroffenheit. Wird gegen einen Zeugen ein Ordnungsgeld festgesetzt, würde es dem Grundsatz des Art. 19 Abs. 4 GG widersprechen, diese Maßnahme als unselbständige anzusehen. Die Sachentscheidung kann von ihm schließlich nicht angegriffen werden.

1.2 Antragsbefugnis

Die Antragsbefugnis steht dem Betroffenen und anderen Personen, gegen die sich die Maßnahme richtet, zu. Den Nebenbeteiligten (vgl. §§ 87 Abs. 2 Satz 1, Abs. 6, 88 Abs. 3) steht die Stellung des Betroffenen erst mit Erlass des Bußgeldbescheids zu. Sie gehören deshalb zu den „anderen Personen" im Sinne des Abs. 1 Satz 1, d. h. zu denjenigen, gegen die das Bußgeldverfahren selbst nicht gerichtet ist (z. B. auch der Verteidiger, der die nach §§ 46 Abs. 1, 138 Abs. 2 StPO erforderliche Genehmigung nicht erhält).

Bei Maßnahmen gegen den Betroffenen besteht ein selbständiges Antragsrecht des Verteidigers (vgl. Abs. 2 Satz 2, § 297 StPO), des gesetzlichen Vertreters (vgl. Abs. 2 Satz 2, 298 StPO) und des Erziehungsberechtigten (vgl. Abs. 2 Satz 2, 298 StPO, 67 Abs. 2 JGG). Für den Nebenbeteiligten kann auch sein Vertreter (vgl. §§ 46 Abs. 1, 428 Abs. 1 Satz 1, 444 Abs. 2 Satz 2 StPO) den Rechtsbehelf einlegen. Zu der für die Antragstellung erforderlichen Verhandlungsfähigkeit vgl. Erl. 2 zu § 67.

Der Antragsteller muss im Zeitpunkt der beantragten Entscheidung in seinen Rechten und schutzwürdigen Interessen unmittelbar beeinträchtigt sein (vgl. *Göhler*, 18. Auflage 2021, Rdnr. 10 zu § 62). Hat sich die Maßnahme durch Vollzug oder Aufhebung oder in sonstiger Weise erledigt, ohne dass die nachteiligen Folgen rückwirkend weggefallen wären, stellt sich die Frage, ob die Befugnis für einen Fortsetzungsfeststellungsantrag gegeben ist (vgl. BGHSt 28, 57, 58 – nachwirkendes Bedürfnis für eine richterliche Überprüfung). Dies wird man bei Wiederholungsgefahr bzw. einem Rehabilitationsinteresse (diskriminierende Auswirkungen einer Vollzugsmaßnahme) des Antragstellers bejahen können (vgl. BGHSt 36, 30, 32). Die Wiederholungsgefahr liegt vor, wenn in absehbarer Zeit mit der gleichen Entscheidung zu rechnen ist. Auf ein Rehabilitationsinteresse kann sich der Antragsteller jedenfalls dann berufen, wenn die Verwaltungsbehörde in ein Grundrecht eingegriffen hat.

1.3 Form

Der Antrag ist bei der Verwaltungsbehörde schriftlich oder zur Niederschrift einzulegen, Absatz 2 Satz 2, § 306 Abs. 1 StPO. Die Einlegung per Telefax wahrt das Schriftlichkeitserfordernis. Dies gilt auch für die elektronische Übermittlung per E-Mail, wenn das Dokument mit einer qualifizierten elektronischen Signatur der verantwortenden Person versehen ist oder von dieser signiert und auf einem sicheren Übermittlungsweg eingereicht wird, §§ 110c Satz 1, 32a Abs. 3, Abs. 4 StPO, insbesondere durch Verwendung eines besonderen elektronischen Bürger- und Organisationenpostfachs gem. § 10 ERRV. Eine Verordnung nach § 110b ist bisher nicht erlassen worden (vgl. *Göhler*, 18. Auflage 2021, Rdnr. 3 zu § 110b). Eine Pflicht zur elektronischen Übermittlung gem. §§ 110c Satz 1, 32d StPO besteht für Verteidiger und Rechtsanwälte nicht. Der Antrag auf gerichtliche Entscheidung ist in § 32d Satz 2 StPO nicht genannt. Es gilt das Enumerationsprinzip (vgl. OLG Karlsruhe, Beschluss vom 22.3.2023, BeckRS 2023, 4890). Eine Begründung ist nicht vorgeschrieben. Das Gericht muss bei Einräumung einer Äußerungsfrist deren Ablauf abwarten und kann erst dann entscheiden (vgl. BVerGE 46, 313, 314 – Dies gilt selbst dann, wenn das Gericht die Sache für entscheidungsreif hält.). Nach Ablauf der Äußerungsfrist eingegangene Stellungnahmen sind zu berücksichtigen, solange nicht die Entscheidung existent, d. h. unterschrieben und in den Geschäftslauf gegeben ist. Eine Falschbezeichnung ist unschädlich, Abs. 2 Satz 2, § 300 StPO. Als Prozesshandlung ist der Antrag bedingungsfeindlich (vgl. hierzu auch Erl. 3 zu § 67).

1.4 Frist

Der Antrag ist nur in den Fällen der §§ 52 Abs. 2 Satz 3, 69 Abs. 1 Satz 2, 100 Abs. 2 Satz 1, 108 Abs. 1 Satz 2, 1. Halbsatz, 110 Abs. 2 Satz 1, 25a Abs. 3 Satz 1 StVG fristgerecht zu stellen.

2. Entscheidung

2.1 Verwaltungsbehörde

Sofern die Verwaltungsbehörde den Antrag als zulässig und begründet erachtet, hat sie ihm abzuhelfen, Abs. 2 Satz 2, § 306 Abs. 2, 1. Halbsatz StPO. Die Abhilfeentscheidung kann auf Aufhebung der getroffenen, Erlass einer neuen Maßnahme oder Feststellung der Rechtswidrigkeit der getroffenen Maßnahme lauten. Andernfalls, d. h. bei Nicht- oder Teilabhilfe, ist der Antrag sofort, spätestens vor Ablauf von drei Tagen dem Gericht zur Entscheidung vorzulegen, Abs. 2 Satz 2, § 306 Abs. 2, 2. HSStPO. Die Staatsanwaltschaft ist am Verfahren nicht beteiligt (vgl. RiStBV Nr. 271 Abs. 2).

Die Nichtabhilfe ist lediglich in den Akten zu vermerken und bedarf nur dann der Begründung, wenn neue Tatsachen oder Beweismittel vorgetragen sind (vgl. OLG München, NJW 1973 S. 1143).

Das Abhilfeverfahren findet auch bei den Anträgen statt, für die ein Fristerfordernis gilt, da § 311 Abs. 3 Satz 1 in Abs. 2 Satz 2 nicht für anwendbar erklärt wurde. Der Antrag gem. § 62 hat keine aufschiebende Wirkung, es sei denn, sie wird von der Verwaltungsbehörde oder dem Gericht angeordnet, Abs. 2 Satz 2, § 307 StPO. Gegen die Ablehnung der Aussetzungsanordnung der Verwaltungsbehörde ist wiederum der Antrag gem. § 62 statthaft, solange das Gericht über den Hauptantrag noch nicht entschieden hat. Die entsprechende Entscheidung des Gerichts ist mit der Beschwerde anfechtbar, sofern die Entscheidung über den (Haupt-)Antrag selbst anfechtbar ist, Absatz 2 Satz 3 (vgl. *Göhler*, 18. Auflage 2021, Rdnr. 23 zu § 62).

Bei unzulässigem Antrag hat die Verwaltungsbehörde im Abhilfeverfahren nicht das Recht zur Verwerfung des Antrags (vgl. KKOWiG-*Kurz*, 5. Auflage 2018, Rdnr. 21 zu § 62). Die Gegenmeinung würde dazu führen, dass der Verwaltungsbehörde mehr Rechte zugestanden werden als dem Ausgangsgericht im Beschwerdeverfahren.

2.2 Gericht

Die Entscheidung des nach § 68 zuständigen Gerichts ergeht ohne mündliche Verhandlung, Absatz 2 Satz 2, § 309 Abs. 1 StPO. Die Entscheidung wird dann begründet, wenn der Antrag abgelehnt wird oder wenn sie anfechtbar ist, §§ 46 Abs. 1, 34 StPO.

Sofortige Beschwerde ist aber nur in den Fällen der §§ 100 Abs. 2 Satz 2, 108 Abs. 1 Satz 2, 2. Halbsatz, 110 Abs. 2 Satz 2 statthaft. Über die sofortige Beschwerde entscheidet die Kammer für Bußgeldsachen beim Landgericht, §§ 46 Abs. 7, 73 Abs. 1 GVG (vgl. für Jugendliche und Heranwachsende §§ 41 Abs. 2 Satz 2, 108 Abs. 1 JGG).

Soweit die sofortige Beschwerde nicht statthaft ist, gilt Absatz 2 Satz 3, d. h. Unanfechtbarkeit.

Das Gericht entscheidet grundsätzlich in der Sache selbst, Absatz 2 Satz 2, § 309 Abs. 1 StPO. Die Staatsanwaltschaft ist auch im gerichtlichen Verfahren nicht beteiligt und muss deshalb auch nicht angehört werden. Eine Aufhebung und Zurückverweisung an die Verwaltungsbehörde kommt bei schweren Verfahrensmängeln in Betracht (vgl. KKOWiG-*Kurz*, 5. Auflage 2018, Rdnr. 26 zu § 62). Das Gericht kann Ermittlungen anordnen oder selbst vornehmen, Abs. 2 Satz 2, § 308 Abs. 2 StPO. Das Ermessen der Verwaltungsbehörde wird lediglich dahingehend überprüft, ob die gesetzlichen Grenzen des Ermessens eingehalten sind oder von dem Ermessen in einer dem Zweck der Ermächtigung nicht entsprechenden Weise Gebrauch gemacht ist (vgl. die ausdrückliche Regelung des § 28 Abs. 3 EGGVG bei der Anfechtung der Justizverwaltungsakte). Das behördliche Ermessen kann allerdings ersetzt werden, wenn nur eine einzige Entscheidung ermessensfehlerfrei ergehen könnte, das Ermessen also auf Null reduziert ist (vgl. KKOWiG-*Kurz*, 5. Auflage 2018, Rdnr. 26 zu § 62). Das Verschlechterungsverbot gilt – wie im Beschwerdeverfahren (vgl. *Meyer-Goßner/Schmitt/Schmitt*, StPO, 66. Auflage 2023, Rdnr. 5 vor § 304) – nicht. Das Gericht darf aber die angefochtene Entscheidung nicht zum Nachteil des Gegners des Antragstellers ändern, ohne diesen vorher angehört zu haben, Absatz 2 Satz 2, § 308 Abs. 1 Satz 1 StPO. „Gegner" ist derjenige, dessen Rechtsstellung bei einer Änderung der Entscheidung beeinträchtigt würde. Dies ist nicht die Verwaltungsbehörde selbst. Wurde die Anhörung unterlassen, gelten Absatz 2 Satz 2, § 311a StPO.

Der erfolglose Antrag hat für den Antragsteller eine negative Kostenentscheidung zur Folge, Absatz 2 Satz 2, § 473 Abs. 1 Satz 1 StPO.

Bei erfolgreichem Antrag ist im Gegenzug hinsichtlich der Kosten und Auslagen des Rechtsbehelfsverfahrens gem. § 467 Abs. 1 StPO in entsprechender Anwendung eine Kosten- und Auslagenentscheidung zugunsten des Antragstellers zu treffen (vgl. *Göhler*, 18. Auflage 2021, Rdnr. 32a zu § 62). Eine ausdrückliche Regelung beinhaltet § 109 Abs. 1. In den dort genannten Fällen ist keine gesonderte Kosten- und Auslagenentscheidung zu treffen, da die das Bußgeldverfahren abschließende Entscheidung maßgebend ist.

Von der Entscheidung über einen Antrag nach § 62 zu trennen ist die Frage, ob die Verwaltungsbehörde ermächtigt ist, eine von ihr getroffene Maßnahme von Amts wegen zu ändern. Bis zur Rechtskraft, Absatz 2 Satz 3, ist grundsätzlich eine Änderungsbefugnis der Verwaltungsbehörde anzunehmen. Bei Maßnahmen, gegen die ein befristeter Antrag statthaft ist, besteht die Änderungsbefugnis nach Ablauf der Rechtsbehelfsfrist und damit formeller Rechtskraft nicht mehr (vgl. KKOWiG-*Kurz*, 5. Auflage 2018, Rdnr. 35 zu § 62). Die Beschränkungen gelten nicht bei Nichtigkeit der Maßnahme (für den Bußgeldbescheid vgl. Erl. 2 vor §§ 65, 66; 1.2.4 zu § 69). Die förmliche Rücknahme dient hier Gründen der Rechtsklarheit.

IV.

Verfahren der Staatsanwaltschaft

§ 63
Beteiligung der Verwaltungsbehörde

(1) Hat die Staatsanwaltschaft die Verfolgung der Ordnungswidrigkeit übernommen (§ 42), so haben die mit der Ermittlung von Ordnungswidrigkeiten betrauten Angehörigen der sonst zuständigen Verwaltungsbehörde dieselben Rechte und Pflichten wie die Beamten des Polizeidienstes im Bußgeldverfahren. Die sonst zuständige Verwaltungsbehörde kann Beschlagnahmen, Notveräußerungen, Durchsuchungen und Untersuchungen nach den für Ermittlungspersonen der Staatsanwaltschaft geltenden Vorschriften der Strafprozessordnung anordnen.

(2) Der sonst zuständigen Verwaltungsbehörde sind die Anklageschrift und der Antrag auf Erlass eines Strafbefehls mitzuteilen, soweit sie sich auf eine Ordnungswidrigkeit beziehen.

(3) Erwägt die Staatsanwaltschaft in den Fällen des § 40 oder § 42, das Verfahren wegen der Ordnungswidrigkeit einzustellen, so hat sie die sonst zuständige Verwaltungsbehörde zu hören. Sie kann davon absehen, wenn für die Entschließung die besondere Sachkunde der Verwaltungsbehörde entbehrt werden kann.

Erläuterungen

Übersicht

Vorbemerkung

§ 63 regelt Fragen der Zusammenarbeit zwischen Staatsanwaltschaft und Verwaltungsbehörde in den Fällen, in denen die Staatsanwaltschaft für die Verfolgung der Tat auch unter dem rechtlichen Gesichtspunkt einer Ordnungswidrigkeit zuständig ist bzw. die Verfolgung wegen einer zusammenhängenden Ordnungswidrigkeit übernommen hat, §§ 40 und 42.

1. Beteiligung der Verwaltungsbehörde

Hinter Absatz 1 steht die Überlegung, dass sich die Staatsanwaltschaft – soweit sie für die Verfolgung von Ordnungswidrigkeiten zuständig ist – im Interesse einer sachgerechten Beurteilung und gleichmäßigen Behandlung die besondere Sachkunde der Verwaltungsbehörde zunutze machen soll. Dies gilt vor allem dann, wenn Verstöße gegen Rechtsvorschriften im Raum stehen, die nicht zum vertrauten Arbeitsgebiet des Staatsanwalts gehören (vgl. RiStBV Nr. 272 Abs. 1).

Absatz 1 stellt zu diesem Zweck die Angehörigen der Verwaltungsbehörden, die nach §§ 35 ff. zuständig wären, den Behörden und Beamten des Polizeidienstes im Sinne des § 53 gleich. Ermittlungsersuchen der Staatsanwaltschaft sind gem. §§ 46 Abs. 1, 161 Abs. 1 Satz 2 StPO zu erledigen. Abgesehen vom Ermittlungsersuchen besteht die auch für die Polizei geltende Notkompetenz zur Beweissicherung, Abs. 1 Satz 1 i. V. m. § 53 Abs. 1 Satz 1 (*„unaufschiebbare Anordnungen, um die Verdunkelung der Sache zu verhüten“).* Die Akten sind im Anschluss unverzüglich der Staatsanwaltschaft zu übersenden, Absatz 1 Satz 1 i. V. m. § 53 Abs. 1 Satz 3.

Die Anordnungsbefugnis für Beschlagnahmen (vgl. §§ 46 Abs. 1, 94 ff., 111b ff. StPO), Notveräußerungen (vgl. §§ 46 Abs. 1, 111p StPO), Durchsuchungen (vgl. §§ 46 Abs. 1, 102 ff. StPO) und Untersuchungen (vgl. §§ 46 Abs. 1, 81a ff. StPO) liegt bei der zuständigen Verwaltungsbehörde selbst in Ausfüllung der in der StPO zugunsten der für Ermittlungspersonen der Staatsanwaltschaft bestehenden Kompetenzen, Absatz 1 Satz 2.

Bei Mehrfachzuständigkeit kann die Staatsanwaltschaft eine nicht bereits anderweit bestehende Vorzugszuständigkeit (z. B. aufgrund Vereinbarung, § 39 Abs. 2 Satz 1) in entsprechender Anwendung des § 39 Abs. 1 Satz 1 durch Übersendung der Akten selbst begründen, sofern der Betroffene wegen der Tat bereits vernommen ist (vgl. RiStBV Nr. 272 Abs. 3 Satz 3). Unter mehreren zuständigen Verwaltungsbehörden wählt der Staatsanwalt diejenige aus, deren Einschaltung wegen ihrer besonderen Sachkunde oder im Interesse der Beschleunigung oder Vereinfachung des Verfahrens oder aus anderen Gründen sachdienlich erscheint (vgl. RiStBV Nr. 272 Abs. 3 Satz 2).

Soweit keine Vorzugszuständigkeit nach § 39 begründet ist, kann sich jede zuständige Verwaltungsbehörde auf § 63 berufen.

Absatz 1 erwähnt nicht die Bestimmung des § 40 als Voraussetzung einer Zusammenarbeit zwischen Staatsanwaltschaft und Verwaltungsbehörde. Nach dem Sinn und Zweck der Regelung ist insoweit eine erweiternde Auslegung geboten (vgl. auch den Wortlaut von RiStBV Nr. 272 Abs. 1, der allein auf die Verfolgungszuständigkeit der Staatsanwaltschaft für Ordnungswidrigkeiten abstellt; hierzu gehört aber auch § 40, RiStBV Nr. 275 Abs. 1).

2. Unterrichtung der Verwaltungsbehörde

Nach Absatz 2 sind der sonst zuständigen Verwaltungsbehörde die Anklageschrift, § 200 StPO, bzw. der Antrag auf Erlass eines Strafbefehls, § 407 StPO, mitzuteilen, soweit sie sich auf eine Ordnungswidrigkeit beziehen und auf die Unterrichtung nicht konkret oder pauschal verzichtet wurde (vgl. KKOWiG-*Kurz*, 5. Auflage 2018, Rdnr. 11 zu § 63). Praktisch wird die Unterrichtung durch Übersendung einer Abschrift geschehen, die die Zuständigkeit der Verwaltungsbehörde betreffenden Passagen enthält. Soweit eine Teilbarkeit ausscheidet, wie im Falle des § 40 (zur erweiternden Auslegung siehe oben unter Erl. 1.), wird die Abschrift zur Gänze zu übersenden sein. Die Formulierung „soweit" in Absatz 2 ist nicht so zu verstehen, dass bei Unteilbarkeit eine Information der Verwaltungsbehörde ausscheidet (so aber offenbar *Göhler*, 18. Auflage 2021, Rdnr. 7 zu § 63). Parameter für das Maß der Unterrichtung ist die Zuständigkeit der Verwaltungsbehörde. Wenn der Sachverhalt nicht teilbar ist, spricht dies aber nicht weniger für die Zuständigkeit der Verwaltungsbehörde.

3. Anhörung der Verwaltungsbehörde

Erwägt die Staatsanwaltschaft in den Fällen des § 40 oder § 42, das Verfahren wegen der Ordnungswidrigkeit einzustellen, ist die sonst zuständige Verwaltungsbehörde zu hören, Absatz 3 Satz 1. Hiervon kann abgesehen werden, wenn es für die Einstellungsverfügung auf die besondere Sachkunde der Verwaltungsbehörde nicht ankommt, Absatz 3 Satz 2 (vgl. auch RiStBV Nr. 275 Abs. 1 Satz 2 – Der Staatsanwalt besitzt in der Beurteilung bestimmter Ordnungswidrigkeiten ausreichende Erfahrung oder die Einstellung des Verfahrens hängt allein von einer Rechtsfrage ab, für deren Entscheidung es auf die besondere Sachkunde der Verwaltungsbehörde nicht ankommt.). Der Verwaltungsbehörde ist auf diese Weise die Möglichkeit eröffnet, der Staatsanwaltschaft der Einstellung entgegenstehende Anhaltspunkte anzuzeigen.

Würde die Anhörung aber das Verfahren unangemessen verzögern, sieht die Staatsanwaltschaft von einer Einstellung wegen der Ordnungswidrigkeit ab und verfährt nach § 43 Abs. 1 bzw. § 43 Abs. 2, 1. HS (vgl. RiStBV Nr. 275 Abs. 3, 276 Abs. 1 und 2, 278 Abs. 1), d. h. sie gibt die Sache, sofern sie die Tat nicht als Straftat weiterverfolgt, an die Verwaltungsbehörde ab, wenn Anhaltspunkte für eine Verfolgbarkeit als Ordnungswidrigkeit gegeben sind.

Das Anhörungserfordernis impliziert auch die Bekanntgabe der anschließenden Entscheidung der Staatsanwaltschaft.

§ 64
Erstreckung der öffentlichen Klage auf die Ordnungswidrigkeit

Erhebt die Staatsanwaltschaft in den Fällen des § 42 wegen der Straftat die öffentliche Klage, so erstreckt sie diese auf die Ordnungswidrigkeit, sofern die Ermittlungen hierfür genügenden Anlaß bieten.

Erläuterungen

In den Fällen der Übernahme wegen Zusammenhangs, § 42, erstreckt die Staatsanwaltschaft die Anklageschrift bzw. den Antrag auf Erlass des Strafbefehls auf die Ordnungswidrigkeit, wenn die Ermittlungen hierfür genügenden Anlass bieten. Genügenden Anlass bieten die Ermittlungen, negativ formuliert, immer dann, wenn eine Einstellung mangels hinreichenden Tatverdachts (vgl. §§ 46 Abs. 1, 170 Abs. 2 StPO) oder gem. § 47 ausscheidet.

Straftat und Ordnungswidrigkeit sind dann formal in einer einheitlichen Anklage- bzw. Antragsschrift zusammenzufassen, RiStBV Nr. 280 Abs. 1, 4. In der Anklageschrift ist die Ordnungswidrigkeit zu bezeichnen, die dem Angeschuldigten oder einem Betroffenen zur Last gelegt wird, § 42 Abs. 1 Satz 2, 1. und 2. Fall OWiG, RiStBV Nr. 280 Abs. 2 Satz 1. Der für die Anklageschrift und den Strafbefehlsantrag im Übrigen vorgeschriebene Inhalt gilt auch für die Teile, die sich auf die Ordnungswidrigkeit beziehen, RiStBV Nr. 280 Abs. 2 Satz 2, Abs. 4.

Das weitere Verfahren richtet sich auch wegen der Ordnungswidrigkeit grundsätzlich nach der StPO. Zu einzelnen Besonderheiten vgl. § 83 und die Erl. hierzu. Bezüglich des strafrechtlichen Teils der Entscheidung des Gerichts, dessen Zuständigkeit sich allein nach den für Strafsachen geltenden Vorschriften bestimmt, § 45, sind demzufolge die Rechtsmittel der StPO statthaft, bezüglich des bußgeldrechtlichen Teils die Rechtsbeschwerde, §§ 79, 80. Beim Strafbefehl, dessen Erlass der Eröffnung des Hauptverfahrens gleichsteht, §§ 408 Abs. 2 Satz 1, 203 StPO (vgl. *Meyer-Goßner/Schmitt/Schmitt*, StPO, 66. Auflage 2023, Rdnr. 3 vor § 407), ist lediglich der Einspruch statthaft, § 410 StPO. Die Rechtsbeschwerde nach §§ 79, 80 kann nur gegen Urteile eingelegt werden. Wird nunmehr lediglich wegen des bußgeldrechtlichen Teils des Strafbefehls Einspruch eingelegt, ist das Verfahren als reines Bußgeldverfahren fortzusetzen, § 82 Abs. 2 analog (vgl. *Göhler*, 18. Auflage 2021, Rdnr. 3 zu § 64; vgl. aber BGH, NZV 1988 S. 109, 110: § 82 enthält keine gesetzliche Ausformung eines allgemeinen Rechtsprinzips, das der Übertragung auf gleichartige Fälle zugänglich wäre.). § 72 ist allerdings nicht anzuwenden, da diese Bestimmung den Erlass eines Bußgeldbescheids voraussetzt, von dem das Gericht nicht zum Nachteil des Betroffenen abweichen darf, § 72 Abs. 3 Satz 2 (vgl. *Göhler*, 18. Auflage 2021, Rdnr. 19 zu § 82). Ein Bußgeldbescheid wird aber in den Fällen des § 42 weder seitens der Staatsanwaltschaft, noch anschließend seitens des Gerichts erlassen.

Vierter Abschnitt.

Bußgeldbescheid

Vorbemerkungen zu §§ 65, 66

Übersicht

1. Ahndung durch Bußgeldbescheid

Soweit dieses Gesetz nichts anderes bestimmt (vgl. §§ 56 ff.), wird die Ordnungswidrigkeit durch Bußgeldbescheid geahndet, § 65. Die Verwaltungsbehörde muss hiernach vom Vorliegen einer Ordnungswidrigkeit überzeugt sein. Dafür genügt ein nach der Lebenserfahrung ausreichendes Maß an Sicherheit, demgegenüber vernünftige Zweifel nicht mehr aufkommen (vgl. BGH, VRS 24, 207, 210).

Gewinnt die Verwaltungsbehörde nicht die volle Überzeugung in diesem Sinne, schreibt der Grundsatz „in dubio pro reo" („im Zweifel für den Angeklagten", im Bußgeldverfahren sinngemäß: „für den Betroffenen") vor, dass die den Betroffenen jeweils am wenigsten beschwerende (günstigste) Rechtsfolge eintreten muss (vgl. BVerfG, MDR 1975 S. 468 f.; *Meyer-Goßner/Schmitt/Schmitt*, StPO, 66. Auflage 2023, Rdnr. 26 zu § 261).

Beachtliche Zweifel können nicht dadurch zerstreut werden, dass der Betroffene schließlich die Möglichkeit hat, gegen den Bußgeldbescheid Einspruch einzulegen. Eine derartige Vorgehensweise würde den Zweifelsgrundsatz leer laufen lassen.

Selbst bei einer ausreichend gewonnenen Überzeugung vom Vorliegen einer Ordnungswidrigkeit ist weiter erforderlich, dass keine Verfolgungshindernisse bestehen (vgl. hierzu Erl. 2 vor § 59) und die Ahndung auch im pflichtgemäßen Ermessen der Verwaltungsbehörde, § 47, liegt.

2. Erlass des Bußgeldbescheids

Die Ahndung durch „Bußgeldbescheid", § 65, zeigt zunächst das Schriftformerfordernis an. Ein Gebot handschriftlicher Unterzeichnung des Bußgeldbescheids lässt sich dem OWiG nicht entnehmen. Eine aktenkundige Verfügung muss aber belegen können, dass der Bescheid die Entscheidung des zuständigen Verwaltungsangehörigen wiedergibt (vgl. OLG Düsseldorf, NJW 1989 S. 600 – Auch ohne Unterschrift ist der Bußgeldbescheid wirksam, wenn er ersichtlich die gewollte Willenserklärung der Verwaltungsbehörde ist, ihm also die Entscheidung des zuständigen Verwaltungsangehörigen zugrunde liegt. Das ist bei einem bloßen Entwurf nicht der Fall; OLG Düsseldorf, DAR 1994 S. 125 – Ausreichend ist die unterzeichnete Abschlussverfügung, die auf den anliegenden, mit einer Paraphe abgezeichneten Bußgeldbescheid Bezug nimmt.

Entscheidendes Kriterium ist deshalb die Eindeutigkeit der Urheberschaft. Statt der vollständigen Unterschrift genügt hierfür auch das Namenszeichen (vgl. OLG Hamm, VRS 49, 280 f.). Die Zuständigkeit des Behördenangehörigen richtet sich nach der internen Geschäftsverteilung der Behörde. Ein Verstoß gegen die hiernach gegebene innerbehördliche Zuständigkeit (z. B. Unterzeichnungsbefugnis in Abhängigkeit von der Höhe der in Betracht kommenden Geldbuße) berührt die Wirksamkeit des Bußgeldbescheids nicht (vgl. OLG Zweibrücken, VRS 40, 458, 460). Dasselbe gilt für den Fall, dass sich der Behördenangehörige, der kraft Gesetzes von der Mitwirkung ausgeschlossen ist, §§ 46 Abs. 1, 22 StPO, oder in dessen Person ein Misstrauen gegen die unparteiische Amtsausübung rechtfertigender Grund besteht oder von einem Beteiligten geltend gemacht wird, §§ 46 Abs. 1,

24 StPO, weder an seinen Dienstvorgesetzten gewandt, noch der Mitwirkung enthalten hat (vgl. *Göhler*, 18. Auflage 2021, Rdnr. 5 Vor § 65).

Dem Schriftformerfordernis entspricht auch der im EDV-Verfahren hergestellte Bußgeldbescheid (vgl. bereits Erl. 2.1 zu § 33). Die Eindeutigkeit der Urheberschaft verlangt aber auch insoweit eine aktenkundige Verfügung (vgl. OLG Frankfurt, NJW 1976 S. 337 f; Brandenburgisches OLG, VRS 88, 291, 293: Die aktenmäßige Verfügung hat grundsätzlich aus einem von dem Sachbearbeiter in den Verwaltungsakten angebrachten Eintrag zu bestehen, dem sich entnehmen lässt, dass ein bestimmter Bediensteter der Bußgeldbehörde den Fall geprüft, das Vorliegen einer Ordnungswidrigkeit, das Fehlen eines Verfahrenshindernisses und – nach seinem pflichtgemäßen Ermessen, § 47 Abs. 1 Satz 1 OWiG, – die Notwendigkeit einer Ahndung festgestellt hat. Der Vermerk unterliegt zwar keiner bestimmten Form und bedarf namentlich nicht der vollen Unterschrift des Verfassers. Er muss aber noch als Verkörperung der auf den Erlass eines Bescheides gerichteten Anordnung des bearbeitenden Bediensteten erkennbar sein.).

Der Bußgeldbescheid ist erlassen, wenn er unterzeichnet und vollinhaltlich zur Kenntnis für Personen außerhalb der Behörde niedergelegt ist (vgl. *Meyer-Goßner/Schmitt/Schmitt*, StPO, 66. Auflage 2023, Rdnr. 5 Vor § 33 für die gerichtliche Entscheidung). Bei dem im EDV-Verfahren hergestellten Bußgeldbescheid ist das Datum des Ausdrucks maßgebend, es sei denn, die aktenkundige Verfügung entspricht inhaltlich den Anforderungen eines Bußgeldbescheids (vgl. OLG Zweibrücken, NStZ 1987 S. 30). Dann ist der Bußgeldbescheid zu dem hiervon abweichenden früheren Zeitpunkt erlassen. Zur Zustellung als elektronisches Dokument vgl. Erl. 1.3.4 zu § 51.

Der Bußgeldbescheid kann auf eine Anlage Bezug nehmen, selbst wenn diese mit dem Formular nicht fest verbunden ist (vgl. OLG Düsseldorf bei *Göhler*, NStZ 1995 S. 71, 73).

Nach dem Erlass des Bußgeldbescheids bis zu seiner Zustellung, §§ 50 Abs. 1 Satz 2, 67 Abs. 1 Satz 1, kann er nach allgemeiner Auffassung unbeschränkt zurückgenommen und abgeändert werden. Dasselbe gilt nach der Zustellung bis zum Ablauf der Rechtsbehelfsfrist (siehe Erl. 2.2 zu § 62). Nach anderer Ansicht (vgl. *Göhler*, 18. Auflage 2021, Rdnr. 37 zu § 66) ist nach der Zustellung eine Änderung nur bei offenbaren Unrichtigkeiten (vgl. auch Erl. 1.2.4 zu § 69 zur rein deklaratorischen Wirkung der Rücknahme bei nichtigen Bußgeldbescheiden) möglich. Der Erlass eröffnet auch bereits die Anfechtungsmöglichkeit (vgl. BayObLG, JR 1989 S. 477, 478).

3. Rechtscharakter

Der Bußgeldbescheid ist eine vorläufige Entscheidung und hat nach zulässigem Einspruch lediglich die Bedeutung einer den Gegenstand des Verfahrens in sachlicher, persönlicher und rechtlicher Hinsicht begrenzenden Beschuldigung (vgl. BGHSt 23, 280 f.). Das Gericht prüft nicht den Bußgeldbescheid auf seine Zulässigkeit und Begründetheit, sondern die Berechtigung der ihm zugrunde liegenden Beschuldigung (vgl. BGHSt 23, 336, 341). Daraus folgt zugleich, dass Mängel des Bußgeldbescheids oder des ihm vorausgegangenen Verfahrens im gerichtlichen Verfahren unbeachtlich sind, wenn nicht der Bußgeldbescheid unwirksam ist und deshalb keine Verfahrensgrundlage bilden kann (vgl. OLG Düsseldorf, VRS 78, 440, 441; zur Unwirksamkeit: siehe unten Erl. 12 zu §§ 65, 66).

Der Bußgeldbescheid ist lediglich einer beschränkten Rechtskraft fähig, § 84 Abs. 1: Er steht der nochmaligen Verfolgung derselben Tat wegen einer Ordnungswidrigkeit, nicht aber wegen einer Straftat im Wege.

§ 65
Allgemeines

Die Ordnungswidrigkeit wird, soweit dieses Gesetz nichts anderes bestimmt, durch Bußgeldbescheid geahndet.

§ 66
Inhalt des Bußgeldbescheides

(1) Der Bußgeldbescheid enthält

1. die Angaben zur Person des Betroffenen und etwaiger Nebenbeteiligter,

2. den Namen und die Anschrift des Verteidigers,

3. die Bezeichnung der Tat, die dem Betroffenen zur Last gelegt wird, Zeit und Ort ihrer Begehung, die gesetzlichen Merkmale der Ordnungswidrigkeit und die angewendeten Bußgeldvorschriften,

4. die Beweismittel,

5. die Geldbuße und die Nebenfolgen.

(2) Der Bußgeldbescheid enthält ferner

1. den Hinweis, daß

a) der Bußgeldbescheid rechtskräftig und vollstreckbar wird, wenn kein Einspruch nach § 67 eingelegt wird,

b) bei einem Einspruch auch eine für den Betroffenen nachteiligere Entscheidung getroffen werden kann,

2. die Aufforderung an den Betroffenen, spätestens zwei Wochen nach Rechtskraft oder einer etwa bestimmten späteren Fälligkeit (§ 18)

a) die Geldbuße oder die bestimmten Teilbeträge an die zuständige Kasse zu zahlen oder

b) im Falle der Zahlungsunfähigkeit der Vollstreckungsbehörde (§ 92) schriftlich oder zur Niederschrift darzutun, warum ihm die fristgemäße Zahlung nach seinen wirtschaftlichen Verhältnissen nicht zuzumuten ist, und

3. die Belehrung, daß Erzwingungshaft (§ 96) angeordnet werden kann, wenn der Betroffene seiner Pflicht nach Nummer 2 nicht genügt.

(3) Über die Angaben nach Absatz 1 Nr. 3 und 4 hinaus braucht der Bußgeldbescheid nicht begründet zu werden.

Erläuterungen

Übersicht

8. Aufforderungen, § 66 Abs. 2 Nr. 2
9. Belehrung, § 66 Abs. 2 Nr. 3
10. Begründung, § 66 Abs. 3
11. Kostenentscheidung
12. Fehlerfolgen

1. Angaben zur Person des Betroffenen, § 66 Abs. 1 Nr. 1

Die Identität des Betroffenen muss im Bußgeldbescheid zweifelsfrei feststehen. Anzugeben sind deshalb: Familienname, Vorname, Geburtsname, Wohnort, Wohnung, Geburtstag und Geburtsort, bei Minderjährigen Name und Wohnort des gesetzlichen Vertreters.

Der Bußgeldbescheid gegen eine juristische Person oder Personenvereinigung, § 30, kann diese unter ihrer Firma mit Angabe der Vertretungsberechtigung, § 6 Abs. 2 Satz 1 VwZG, bezeichnen. Der gegen eine GmbH erlassene Bußgeldbescheid kann nicht dahin umgedeutet werden, dass er gegen den Geschäftsführer der Gesellschaft gerichtet sei (vgl. OLG Düsseldorf bei *Göhler*, NStZ 1993 S. 71, 73).

Ansonsten ist es im Straf- und Bußgeldverfahren aber unangebracht, Personen mit ihren Handelsnamen zu bezeichnen. Eine solche Bezeichnung ist nur dann wirksam, wenn auch unter der Firmenbezeichnung eine Person eindeutig bestimmt werden kann. Dies ist nur für die Firma eines Einzelkaufmanns möglich (vgl. OLG Hamm, JR 1971 S. 383 f.).

Gegen mehrere Personen kann ein Bußgeldbescheid ergehen, wenn ein Zusammenhang im Sinne des § 3 StPO gegeben ist, d. h. im Rahmen einer Tat (vgl. hierzu Erl. 3 vor § 59) mehrere Personen beteiligt sind.

Die Zustellung des Bußgeldbescheids an den falschen Adressaten führt beim Zustellungsempfänger nicht zur fehlenden Wirksamkeit des Bescheids, aber die Rechtsbehelfsfrist wird für den wirklich Betroffenen nicht in Lauf gesetzt. Ihm ist ein Bußgeldbescheid nicht wirksam zugestellt worden (vgl. *Göhler*, 18. Auflage 2021, Rdnr. 4b zu § 66). Der Bußgeldbescheid kann damit nicht rechtskräftig werden.

- Legt der vermeintliche Betroffene und tatsächliche Zustellungsempfänger Einspruch in eigener Sache ein und wird das Verfahren gegen ihn fortgesetzt, muss zwingend gem. §§ 46 Abs. 1, 71 Abs. 1, 206a, 260 Abs. 3 StPO eingestellt werden, da es an der Verfahrensvoraussetzung des Bußgeldbescheids gegen ihn fehlt (vgl. *Göhler*, 18. Auflage 2021, Rdnr. 4b zu § 66).
- Dieselbe Entscheidung hat zu ergehen, wenn auf den Einspruch des vermeintlich Betroffenen und tatsächlichen Zustellungsempfängers das Verfahren gegen den wirklichen Betroffenen fortgesetzt wird. Hier fehlt es deshalb an einer Verfahrensvoraussetzung, weil der Betroffene selbst nicht das bei der Verwaltungsbehörde anhängige Verfahren in das gerichtliche Bußgeldverfahren überführt hat (vgl. *Göhler*, 18. Auflage 2021, Rdnr. 4c zu § 66). Er hat ein Recht darauf, dass ihm der Bußgeldbescheid von der Verwaltungsbehörde zugestellt wird und er sich dann entschließen kann, ob er dagegen Einspruch einlegt.

2. Angaben zur Person etwaiger Nebenbeteiligter, § 66 Abs. 1 Nr. 1

Nebenbeteiligte sind andere Personen als der Betroffene, in deren Rechte aber der Bußgeldbescheid durch die Anordnung einer Nebenfolge eingreift. Die Nebenbeteiligten, z. B. die Einziehungsbeteiligten (vgl. näher die Erl. zu § 87), sind deshalb im Bußgeldbescheid mit den unter Ziff. 1. genannten Angaben näher aufzuführen. Die Verfahrensbeteiligung kann zugleich mit dem Bußgeldbescheid angeordnet werden (vgl. KKOWiG-*Kurz*, 5. Auflage 2018, Rdnr. 7 zu § 66).

3. Name und Anschrift des Verteidigers, § 66 Abs. 1 Nr. 2

Sofern dem Betroffenen ein Wahl- oder Pflichtverteidiger zur Seite steht, ist dieser neben dem Betroffenen mit Name und Anschrift aufzuführen.

4. Bezeichnung der Tat, der gesetzlichen Merkmale der Ordnungswidrigkeit und der angewendeten Bußgeldvorschriften, § 66 Abs. 1 Nr. 3

Der Vorwurf muss für den Betroffenen in tatsächlicher und rechtlicher Hinsicht so konkret geschildert werden, dass ihm erkennbar wird, welches Tun oder Unterlassen Gegenstand der Ahndung sein soll und gegen welchen Vorwurf er sich daher verteidigen muss (vgl. BGHSt 23, 336, 339; OLG Braunschweig, VRS 87, 143, 144).

Die Tat als geschichtliches Ereignis (vgl. hierzu bereits Erl. 3 vor § 59) ist in ihren zeitlichen und örtlichen Komponenten so genau zu umreißen, dass für den Betroffenen eine Verwechslung mit anderen möglichen Taten ausscheidet. Der genauen Bezeichnung der Tatzeit kommt deshalb besondere Bedeutung zu (vgl. OLG Braunschweig, VRS 87, 143, 144).

Der pauschale Vorwurf, der Betroffene sei von 1989 bis 1994 unerlaubt im untersagten Dachdeckerhandwerk tätig gewesen, beinhaltet keine Konkretisierung der Tathandlungen nach Art, Zeit und Ort (vgl. OLG Düsseldorf, VRS 95, 40, 41).

Die hinreichende Bestimmtheit verlangt nicht, dass das Gericht bereits allein aus dem Inhalt des Bußgeldbescheids endgültig entnehmen kann, welche konkrete Handlung dem Betroffenen zur Last gelegt wird. Vielmehr kann in Ergänzung des Bußgeldbescheids auf den gesamten Akteninhalt Bezug genommen werden, um zu klären, welcher Sachverhalt auch für den Betroffenen erkennbar und unverwechselbar gemeint ist (vgl. BayObLG, NZV 1994 S. 448, 449). Geht es um die Überschreitung der fahrzeugbezogenen Höchstgeschwindigkeit, führt das Fehlen der Angabe des Tatorts nicht dazu, dass der Bußgeldbescheid keine genügende Grundlage für das gerichtliche Bußgeldverfahren bildet, wenn der Tatnachweis durch die Auswertung von Schaublättern des Kontrollgeräts/Fahrtenschreibers geführt werden kann (vgl. OLG Düsseldorf, DAR 1994 S. 247, 248; BayObLG, VRS 90, 293 ff.). In der Schilderung des Tathergangs sollen sich die gesetzlichen Merkmale des Bußgeldtatbestandes wiederfinden.

Bei der fortgesetzten Handlung sind ebenso wie bei Einzeltaten die Teilakte möglichst genau nach Tatzeit, Tatort, Ausführungsart und anderen individualisierenden Merkmalen zu bezeichnen. Ist die Tathäufigkeit nach dem für die Überzeugungsbildung nötigen Grad des Verdachts nicht genau zu ermitteln, genügt die Angabe der auf bestimmte Tatzeiträume bezogenen Mindestzahl der im Übrigen allerdings noch näher zu konkretisierenden Teilakte. Diese Angabe der Mindestzahl der verwirklichten Tatbegehungen innerhalb eines bestimmten Tatzeitraums gilt auch für seriell tatmehrheitlich verwirklichte Akte (vgl. BGH, NJW 1994 S. 1663, 1668).

Wegen §§ 10 und 17 Abs. 2 empfiehlt sich unbedingt auch die Angabe der Schuldform. Bei Verkehrsordnungswidrigkeiten ist vom Vorwurf fahrlässigen Handelns auszugehen (vgl. OLG Hamm, VRS 63, 56; OLG Düsseldorf, NStZ 1994 S. 347), wenn der Bußgeldbescheid keine Angaben zur Schuldform enthält.

Unter den gesetzlichen Merkmalen der Ordnungswidrigkeit versteht man die abstrakten Tatbestandsmerkmale der Bußgeldvorschrift (z. B. im Falle des § 130:

„Sie haben daher als Inhaber eines Betriebs oder Unternehmens fahrlässig die Aufsichtsmaßnahmen unterlassen, die erforderlich sind, um in dem Betrieb oder Unternehmen Zuwiderhandlungen gegen Pflichten zu verhindern, die den Inhaber als solchen treffen und deren Verletzung mit Strafe oder Geldbuße bedroht ist. Die begangene Zuwiderhandlung hätte durch gehörige Aufsicht verhindert werden können").

Für Tateinheit empfiehlt sich die Formulierung: „und durch dieselbe Handlung", für Tatmehrheit die Formulierung: "durch eine weitere Handlung".

Die angewendeten Bußgeldvorschriften sind genau und vollständig zu zitieren. Bei Blankettbußgeldnormen (vgl. hierzu Erl. 1.1 zu § 3) ist zusätzlich die ausfüllende Norm zu nennen.

5. Beweismittel, § 66 Abs. 1 Nr. 4

Der Bußgeldbescheid verlangt nicht eine Beweiswürdigung, aber die möglichst genaue Bezeichnung der Beweismittel (z. B. bei Zeugen: Name und Anschrift, vgl. BayObLG, MDR 1970 S. 440). Der Betroffene muss in die Lage versetzt werden, zu prüfen, ob der ihm angelastete Vorwurf überhaupt beweisbar ist. Ein bei der Akte befindliches Lichtbild zur Identifizierung des Betroffenen reicht nur aus, wenn das Foto generell zur Identifizierung geeignet ist. Das ist regelmäßig nicht der Fall, wenn auf dem Foto das Gesicht des Fahrers nicht oder nur zu einem geringen Teil abgebildet ist (vgl. OLG Hamm, VRS 91, 369, 370). Bestehen nach Inhalt oder Qualität des Fotos Zweifel an seiner Eignung als Grundlage für eine Identifizierung des Fahrers, muss angegeben werden, aufgrund welcher Identifizierungsmerkmale auf dem Foto die Überzeugung von der Identität des Betroffenen mit dem abgebildeten Fahrzeugführer gewonnen werden kann. Wird nicht auf ein bei den Akten befindliches Beweisfoto verwiesen (vgl. § 267 Abs. 1 Satz 3 StPO), sind Ausführungen zur Bildqualität zu machen und die abgebildete Person oder jedenfalls mehrere charakteristische Identifizierungsmerkmale so präzise zu beschreiben, dass anhand der Beschreibung in gleicher Weise wie bei Betrachtung des Fotos die Prüfung für eine Eignung zur Identifizierung ermöglicht wird (vgl. BGH, NJW 1996 S. 1420, 1422).

6. Rechtsfolgen (Geldbuße und Nebenfolgen), § 66 Abs. 1 Nr. 5

6.1 Geldbuße

Die Geldbuße muss der Höhe nach bestimmt sein. Bei Tateinheit wird nur eine Geldbuße festgesetzt, bei Tatmehrheit gesonderte Geldbußen für jede Handlung.

6.2 Nebenfolgen

Bei der Anordnung von Nebenfolgen sind die Rechtsvorschriften, die sie zulassen, und die zugrunde liegenden Tatsachen genau zu bezeichnen.

Zu den möglichen Nebenfolgen einer Ordnungswidrigkeit vgl. bereits die Vorbemerkung der Erl. zu § 22.

6.2.1 Einziehung von Gegenständen

Bei der **Einziehung** von Gegenständen sind die Einziehungsgegenstände im Bußgeldbescheid selbst oder in der Anlage zur Gewährleistung der Vollstreckungsfähigkeit bestimmt zu bezeichnen und grundsätzlich einzeln aufzuzählen, vgl. KKOWiG-*Kurz*, 5. Auflage 2018, Rdnr. 24 zu § 66. Bei einer Sachgesamtheit ist eine Sammelbezeichnung möglich (vgl. BGHSt 9, 88, 90 – Hinweis auf Lagerraum).

Das Erlöschen von Rechten Dritter, § 26 Abs. 2 Sätze 2 und 3, ist anzuordnen, ferner die Maßnahmen nach § 24 Abs. 2 Sätze 1 und 2. Eine Entschädigungsentscheidung bleibt den in Erl. 6 zu § 28 geschilderten Fällen vorbehalten.

6.2.2 Einziehung des Wertes von Taterträgen

Die **Einziehungsanordnung** gem. § 29a Abs. 1 gegen den Täter bzw. nach § 29a Abs. 2 gegen den Dritten lautet: *„Gegen … wird die Einziehung eines Geldbetrages in Höhe von … Euro angeordnet.“*

6.2.3 Abführung des Mehrerlöses

Die **Abführung des Mehrerlöses** gem. §§ 8 ff. WiStG 1954 ist nicht nur gegenüber dem Täter möglich, sondern bei rechtswidrigen Taten nach diesem Gesetz, die in einem Betrieb begangen wurden, auch gegenüber dem Inhaber oder Leiter des Betriebs und, falls der Inhaber eine juristische Person oder Personengesellschaft des Handelsrechts ist, auch selbständig gegenüber dieser, wenn ihnen der Mehrerlös zugeflossen ist, § 10 Abs. 2 WiStG. Entgegen dem Wortlaut des § 10 WiStG kann diese Anordnung auch im Bußgeldverfahren gegen den Täter ergehen (vgl. BayObLG, NJW 1954 S. 810 f.).

Wegen der Möglichkeit, bei Festsetzung einer Geldbuße gegen eine juristische Person oder Personenvereinigung gem. § 30 den zugeflossenen wirtschaftlichen Vorteil zu berücksichtigen, ist die gleichzeitige Anordnung der Mehrerlösabführung unzulässig (vgl. bereits Erl. 8 zu § 30). Anstelle der Mehrerlösabführung kann auch die Rückerstattung des Mehrerlöses an den Geschädigten angeordnet werden, § 9 Abs. 1 WiStG (vgl. bereits Vorbemerkung der Erl. zu § 22).

6.2.4 Fahrverbot

Das **Fahrverbot** gem. § 25 StVG kann gegen den Betroffenen für die Dauer von einem bis zu drei Monaten angeordnet werden. Eine Differenzierung nach Maßgabe bestimmter Arten von Kraftfahrzeugen, für die § 6 Abs. 1 Satz 3 Fahrerlaubnisverordnung (FeV) eine Beschränkung der Fahrerlaubnis vorsieht (vgl. *Göhler*, 18. Auflage 2021, Rdnr. 24 zu § 66), oder nach dem Verwendungszweck oder der Bauart kann ausnahmsweise vorgenommen werden. In der Regel wird es aber einer pflichtgemäßen Ermessensausübung entsprechen, von einer Differenzierung abzusehen, da der Verkehrsverstoß selbst, der die Grundlage des Fahrverbots bildet, auch keiner Differenzierung zugänglich ist.

Das Fahrverbot wird mit der Rechtskraft des Bußgeldbescheides wirksam, § 25 Abs. 2 Satz 1 StVG. Die Verbotsfrist läuft aber erst von dem Tage an, an dem der Führerschein abgeliefert und amtlich verwahrt oder das Fahrverbot in dem ausländischen Fahrausweis vermerkt wird, § 25 Abs. 5 Satz 1 StVG (vgl. hierzu bereits Vorbemerkung der Erl. zu § 22). Der Betroffene ist hierüber bei Zustellung der Bußgeldentscheidung oder im Anschluss an deren Verkündung zu belehren, § 25 Abs. 8 StVG. Bei der Anordnung ist zugleich darüber zu befinden, ob und inwieweit die Zeit einer vorläufigen Entziehung der Fahrerlaubnis, einer Verwahrung, Sicherstellung oder Beschlagnahme des Führerscheins auf das Fahrverbot angerechnet wird, § 25 Abs. 6 StVG.

Selbst wenn in einem Bußgeldbescheid mehrere Geldbußen festgesetzt werden, die jede für sich die Anordnung eines Fahrverbots rechtfertigen würden, kann nur ein einheitliches Fahrverbot angeordnet werden (vgl. BayObLG, VRS 51, 221, 223).

Zum Regelfahrverbot nach § 4 BKatV vgl. *Scheffler*, NZV 1995 S. 176 f. („Fahrverbot und Ordnungswidrigkeitenrecht"). Zwar ist das Gericht bei Vorliegen eines Regelfalls nach der Bußgeldkatalogverordnung, wenn keine durchgreifenden Anhaltspunkte für ein Abweichen erkennbar sind (existenzbedrohende Nachteile), der Verpflichtung enthoben, die grundsätzliche Angemessenheit der Verhängung eines Fahrverbotes besonders zu begründen. Es sind auch keine näheren Feststellungen dazu erforderlich, ob der durch das Fahrverbot angestrebte Erfolg auch durch eine Erhöhung der Geldbuße erreicht werden kann. Der Tatrichter muss sich aber dieser Möglichkeit bewusst gewesen sein und dies in seinen Entscheidungsgründen grundsätzlich erkennen lassen (vgl. OLG Hamm, VRS 93, 219, 220, 221).

Zu Ausnahmen vom Regelfahrverbot vgl. *Beck*, DAR 1997 S. 32 ff. Im Rahmen einer Gesamtwürdigung kann unter Abwägung der Umstände des Einzelfalls bestimmt werden, ob das gesamte Tatbild vom Durchschnitt der erfahrungsgemäß vorkommenden Fälle in einer Weise abweicht, dass das Fahrverbot unangemessen wäre. Hierbei sind insbesondere die persönlichen Umstände des Betroffenen nicht nur in objektiver, sondern vor allem auch in subjektiver Hinsicht zu berücksichtigen (vgl. *Beck*, a. a. O., S. 32).

Zur Aussetzung eines Fahrverbots im Wege der einstweiligen Anordnung im Verfassungsbeschwerdeverfahren wegen drohenden Verlustes des Arbeitsplatzes vgl. BVerfG, NJW 1994 S. 573 f.

6.2.5 Verbot der Jagdausübung

Zum **Verbot der Jagdausübung** vgl. bereits die Vorbemerkung der Erl. zu § 22. Im Gegensatz zum Fahrverbot kann das Verbot der Jagdausübung für die Dauer von einem Monat bis zu sechs Monaten ausgesprochen werden (vgl. für Bayern: Art. 57 Abs. 1 BayJG). Bezüglich Wirksamkeit des Verbots, Beginn der Verbotsfrist und Belehrung gelten ähnliche Regelungen wie beim Fahrverbot (vgl. für Bayern: Art. 57 Abs. 2 Satz 1, Abs. 3 Satz 1, Abs. 4 BayJG).

7. Hinweise, § 66 Abs. 2 Nr. 1

Der Hinweis gem. § 66 Abs. 2 Nr. 1a hat zusätzlich zu der bereits in § 50 Abs. 2 niedergelegten Belehrungspflicht über den statthaften Rechtsbehelf (Einspruch), die Anfechtungsfrist *(„gegen diesen Bescheid kann innerhalb von zwei Wochen nach Zustellung")* und die Form der Anfechtung *(„schriftlich oder zur Niederschrift bei der Verwaltungsbehörde, die den Bußgeldbescheid erlassen hat")* Sinn, da auf die Folgen der Nichtanfechtung hingewiesen werden muss. Die Belehrung über die Form erfordert nicht, dass auf die einzelnen Möglichkeiten einer schriftlichen Einlegung hingewiesen wird (vgl. *Göhler*, 18. Auflage 2021, Rdnr. 13 zu § 50).

Der Hinweis auf das fehlende Verbot der sog. reformatio in peius, § 66 Abs. 2 Nr. 1b, sollte so gefasst werden, dass auch eine verbösernde Entscheidung der Verwaltungsbehörde ergehen kann (z. B. die Verwaltungsbehörde nimmt nach Einspruchseinlegung den Bußgeldbescheid zurück und setzt anschließend in einem zweiten Bußgeldbescheid gravierendere Rechtsfolgen fest). Auf die Besonderheit im gerichtlichen Beschlussverfahren (vgl. § 72 Abs. 3 Satz 2) muss nicht hingewiesen werden.

8. Aufforderungen, § 66 Abs. 2 Nr. 2

Der Betroffene hat spätestens zwei Wochen nach Rechtskraft, § 95 Abs. 1, die Geldbuße an die zuständige Kasse zu zahlen oder der Vollsteckungsbehörde, § 92, im Falle der Zahlungsunfähigkeit schriftlich oder zur Niederschrift darzutun, warum ihm die fristgemäße Zahlung nach seinen wirtschaftlichen Verhältnissen nicht zuzumuten ist, § 66 Abs. 2 Nr. 2a, b. Werden im Bußgeldbescheid Zahlungserleichterungen, § 18, bewilligt, treten an die Stelle des durch die Rechtskraft fixierten Fälligkeitstermins die eingeräumten späteren Zahlungstermine und an die Stelle der Geldbuße die Teilbeträge.

§ 66 Abs. 2 Nr. 2a gilt auch für angeordnete Nebenfolgen, die zu einer Geldzahlung verpflichten (vgl. *Göhler*, 18. Auflage 2021, Rdnr. 27 zu § 66). In diesen Fällen ist aber die Anordnung der Erzwingungshaft nicht zulässig, weshalb auf den Hinweis gem. § 66 Abs. 2 Nr. 2b verzichtet werden kann (siehe auch Erl. 9).

9. Belehrung, § 66 Abs. 2 Nr. 3

Die Belehrung, dass Erzwingungshaft, § 96, angeordnet werden kann, wenn der Pflicht nach Nr. 2 nicht genügt wird, ist nur für die Geldbuße notwendig. Die Anordnung der Erzwingungshaft ist nur wegen einer Geldbuße zulässig (vgl. *Göhler*, 18. Auflage 2021, Rdnr. 7 zu § 96). Zur Vollstreckung sonstiger Nebenfolgen, die zu einer Geldzahlung verpflichten oder auch der Kosten des Bußgeldverfahrens kann die Erzwingungshaft nicht angeordnet werden (siehe auch Erl. 8). Auch für die Vollstreckung eines Ordnungsgeldes kommt die Erzwingungshaft nicht in Betracht.

10. Begründung, § 66 Abs. 3

Absatz 3 schließt eine Begründung über Abs. 1 Nr. 3 und 4 hinaus nicht aus. Empfehlenswert ist eine Begründung bei Schwierigkeit der Sach- oder Rechtslage bzw. bei Bemessung der Geldbuße in Abweichung von Regelsätzen. Kriterium wird sein, inwieweit man dem Betroffenen aus Gründen der prozessualen Fürsorgepflicht Hilfestellung bei der Entscheidung geben sollte, ob er den Rechtsweg beschreitet. Eine Begründung ist in jedem Fall geeignet, die Akzeptanz des Bußgeldbescheids beim Betroffenen zu erhöhen. Die Begründung sollte auf den Vortrag des Betroffenen in der Anhörung eingehen und wird damit auch seinem Anspruch auf rechtliches Gehör gerecht.

11. Kostenentscheidung

Der Bußgeldbescheid muss sich darüber aussprechen, wer die Kosten des Verfahrens zu tragen hat, §§ 105 Abs. 1, 464 Abs. 1 StPO. Die Auslagenentscheidung, §§ 105 Abs. 1, 464 Abs. 2 StPO, ist immer dann entbehrlich, wenn es sich von selbst versteht, wer die Auslagen zu tragen hat (vgl. BGH, NStZ 1989 S. 239 – Es ist unrichtig, weil rechtlich selbstverständlich, wenn dem Angeklagten im Falle seiner Verurteilung neben den Kosten des Verfahrens auch seine notwendigen Auslagen auferlegt werden; *Meyer-Goßner/Schmitt/ Schmitt*, StPO, 66. Auflage 2023, Rdnr. 9, 10 zu § 464). Für die Auferlegung der Kosten im Bußgeldbescheid an den Betroffenen gilt dies entsprechend (vgl. im Einzelnen die Erl. zu § 105).

12. Fehlerfolgen

Drei Kategorien von Fehlern lassen sich unterscheiden:

- Fehler, die die Wirksamkeit des Bußgeldbescheids nicht berühren (im Folgenden: a);
- Fehler, die zur Unwirksamkeit des Bußgeldbescheids führen (im Folgenden: b);
- Fehler, die die Nichtigkeit des Bußgeldbescheids bewirken (im Folgenden: c);

Während Fehler unterhalb der Schwelle der Unwirksamkeit für das weitere gerichtliche Verfahren irrelevant sind, ist bei die Unwirksamkeit herbeiführenden Fehlern das Verfahren mangels Vorliegens einer Verfahrensgrundlage auf den Einspruch des Betroffenen hin einzustellen, §§ 46 Abs. 1, 71 Abs. 1, 206a, 260 Abs. 3 StPO. Letzteres gilt grundsätzlich auch bei die Nichtigkeit herbeiführenden Fehlern. Hier besteht aber die Besonderheit darin, dass der Bußgeldbescheid wegen eines besonders schwerwiegenden Fehlers, der bei verständiger Würdigung aller in Betracht kommenden Umstände offenkundig ist (Rechtsgedanke des § 44 Abs. 1 Verwaltungsverfahrensgesetze des Bundes und der Länder), nicht der Rechtskraft fähig ist. Der nicht nichtige Bußgeldbescheid ist dagegen, auch wenn er unwirksam ist, der Rechtskraft fähig.

Nach diesen „vor die Klammer gezogenen" Ausführungen nun zu Fehlern im Einzelnen (die jeweilige Kategorie ist mit a, b oder c angegeben):

- Der Betroffene ist mit dem falschen Vornamen angegeben: a, vgl. BayObLG, VRS 57, 295 f.
- Die Zustellung des Bußgeldbescheides ist unwirksam: a (vgl. OLG Düsseldorf, DAR 1994 S. 125 – Eine unwirksame Zustellung führt lediglich dazu, dass die Einspruchsfrist nicht in Lauf gesetzt wird). Hierzu gehört auch der Fall, dass ein im EDV-Verfahren ausgedruckter Bußgeldbescheid in der Rechtsfolge von der Verfügung des Sachbearbeiters abweicht, z. B. das Fahrverbot nicht enthält. Diese wesentliche Divergenz zwischen dem in der Verfügung des Sachbearbeiters zum Ausdruck gekommenen Sanktionswillen der Bußgeldbehörde und der im Bußgeldbescheid aufgeführten Sanktionen bewirkt allerdings nur, dass die Zustellung unwirksam ist und dass die Rechtsbehelfsfrist nicht in Lauf gesetzt wird (vgl. OLG Stuttgart, NZV 1998 S. 81). Die Wirksamkeit des Bußgeldbescheids wird hiervon jedoch nicht berührt.
- Der Tatsachenstoff im Bescheid beschränkt sich darauf, dass „bei einer Entnahme von Wasserproben aus einer Abwasserbehandlungsanlage durch das Wasserwirtschaftsamt festgestellt worden sei, dass das Abwasser in keiner Weise den Anforderungen entspreche": b, vgl. OLG Stuttgart, Die Justiz 1975 S. 154. Der Bußgeldbescheid muss die dem Betroffenen vorgeworfene Tat zeitlich, örtlich und ihrem wesentlichen Inhalt nach hinreichend festlegen und begrenzen (siehe oben Erl. 4).

- Falsche Angabe von Tatort oder Tatzeit: a, wenn die näheren Umstände eine Verwechslung ausschließen (vgl. OLG Hamm, VRS 47, 203 – zum Tatort). Es muss aber klar erkennbar sein, um welchen Vorfall es sich in der Sache handelt. Bei fahrzeugbezogenen Geschwindigkeitsverstößen wird der Bußgeldbescheid in seiner Wirksamkeit nicht dadurch beeinträchtigt, dass in ihm ein Tatort nicht mitgeteilt ist (vgl. BayObLG, DAR 1996 S. 31). Bei mehreren Geschwindigkeitsverstößen ist es auch ausreichend, die einzelnen Verstöße durch den Zeitraum, in dem sie begangen worden sein sollen, im Bußgeldbescheid zu beschreiben (vgl. OLG Hamm, DAR 1996 S. 324, 325). Wenn der Zeitpunkt und der Ort der Geschwindigkeitsüberschreitung bei der Auswertung der Diagrammscheiben des Fahrtenschreibers nicht mitgeteilt werden können, vgl. LG Münster, DAR 1995 S. 303: b.
- Auch wenn die Bußgeldkatalogverordnung für eine Geschwindigkeitsüberschreitung bis zu 15 km/h in mehr als zwei Fällen nach Fahrtantritt eine bestimmte Geldbuße vorsieht, muss der Bußgeldbescheid die einzelnen Geschwindigkeitsüberschreitungen zeitlich genau bestimmen. Soweit die prozessrechtliche Individualisierung der einzelnen Taten nicht außer Zweifel steht, vgl. BayObLG, VRS 90, 204 ff., ist von Unwirksamkeit im Sinne von Buchstabe b. auszugehen.
- Mangelhafte Angabe der angewendeten Bußgeldvorschriften: grundsätzlich a, vgl. OLG Koblenz, GewArch. 1977 S. 102, es sei denn, der Tatvorwurf steht nicht unzweifelhaft fest. Die Verwaltungsbehörde kann sich nicht auf „iura novit curia“ („Das Gericht kennt das Recht.“) berufen, wenn dem Gericht nicht ersichtlich ist, worauf der Vorwurf rechtlich gestützt werden sollte. Bei Zweifeln in diesem Sinne deshalb: b. Für die Wirksamkeit des Bußgeldbescheides als Prozessvoraussetzung ist seine Aufgabe wesentlich, den Tatvorwurf in persönlicher, sachlicher und rechtlicher Hinsicht von anderen denkbaren Tatvorwürfen abzugrenzen. In sachlicher Hinsicht erfüllt er diese Aufgabe, wenn nach seinem Inhalt kein Zweifel über die Identität der Tat entstehen kann, wenn mithin feststeht, welcher Lebensvorgang erfasst und geahndet werden soll (vgl. OLG Düsseldorf, VRS 90 S. 200, 201).
- Der Bußgeldbescheid enthält keine Beweismittel oder führt diese nur unvollständig an: a., vgl. BayObLG, VRS 38, 366 f.
- Die Anordnung eines Fahrverbots ist lediglich in einer Anlage zum Bußgeldbescheid enthalten, vgl. OLG Köln, NZV 1995 S. 500: a.
- Im Bußgeldbescheid wird von der Verwaltungsbehörde übersehen, eine Geldbuße festzusetzen: c.
- Unterlassen des Hinweises nach § 66 Abs. 2 Nr. 1: a, vgl. BayObLG bei *Rüth,* DAR 1985 S. 233, 248.
- Verstöße gegen die sachliche oder örtliche Zuständigkeit: a, mit Ausnahme der in Erl. 7 zu § 36 geschilderten Fälle (hier: c).
- Der Bußgeldbescheid lässt die ausstellende Behörde nicht erkennen: c (vgl. den in § 44 Abs. 2 Nr. 1 Verwaltungsverfahrensgesetz des Bundes und in den entsprechenden Länderregelungen enthaltenen Rechtsgedanken).
- Die Urheberschaft des Bußgeldbescheids lässt sich nicht feststellen: b. Es reicht aber aus, wenn zwar eine von vorneherein aus den Akten ersichtliche Verfügung des Sachbearbeiters nicht gegeben ist, jedoch nachträglich im Wege des Freibeweises festgestellt werden kann, dass der Bußgeldbescheid von dem zuständigen Sachbearbeiter durch Benutzung der EDV-Anlage erlassen worden ist (vgl. BGH, VRS 93, 117). In diesem Sinne auch OLG Dresden, NZV 1996, S. 42/43: Ist weder im Bußgeldbescheid noch auf den bei den Akten verbliebenen Formularen des Durchschreibesatzes der Name des Sachbearbeiters genannt, so ist der Bußgeldbescheid gleichwohl wirksam, wenn er ausreichende andere Angaben enthält, aufgrund derer der Betroffene und das Gericht den Sachbearbeiter unschwer ermitteln können. Vgl. auch OLG Hamm, NZV 1997 S. 196, 197: Voraussetzung für die Wirksamkeit eines im EDV-Verfahren erstellten Bußgeldbe-

scheides ist, dass ein Sachbearbeiter nach umfassender Prüfung des ermittelten Sachverhalts zu der Überzeugung gelangt, die objektiven und subjektiven Voraussetzungen eines Bußgeldtatbestandes seien erfüllt und erst daraufhin die Entscheidung fällt, einen Bußgeldbescheid zu erlassen.

- Ein Bußgeldbescheid gegen eine juristische Person oder Personenvereinigung trifft keine ausreichenden Feststellungen zu den einem Organ vorgeworfenen Ordnungswidrigkeiten und dazu, auf Grund welcher Umstände diese der juristischen Person oder Personenvereinigung zuzurechnen sind: b (vgl. OLG Stuttgart bei *Göhler*, NStZ 1994 S. 71, 72 f.; a. A. *Göhler*, a. a. O.: Selbst wenn der für die Handlung Verantwortliche nicht genannt ist, die Tat aber als geschichtlicher Vorgang im Übrigen zweifelsfrei gekennzeichnet worden und die Betriebsbezogenheit der vorgeworfenen Pflichtverletzung erkennbar ist, stellt der Bußgeldbescheid gegen die juristische Person oder Personenvereinigung eine ausreichende Verfahrensgrundlage dar; so auch *Göhler*, 18. Auflage 2021, Rdnr. 47 zu § 66).
- Gegen den Betroffenen wird zunächst ein Bußgeldbescheid ohne Anordnung eines Fahrverbots erlassen. Nach dessen Zustellung wird wegen derselben Tat ein Bußgeldbescheid mit Anordnung eines Fahrverbots erlassen: c offengelassen, jedenfalls b (vgl. OLG Saarbrücken bei *Göhler*, NStZ 1993 S. 71, 73; Verfassungsgrundsatz „ne bis in idem", Art. 103 Abs. 3 GG, verletzt, vgl. *Göhler*, 18. Auflage 2021, Rdnr. 48 zu § 66).

Fünfter Abschnitt.
Einspruch und gerichtliches Verfahren

I.
Einspruch

§ 67
Form und Frist

(1) Der Betroffene kann gegen den Bußgeldbescheid innerhalb von zwei Wochen nach Zustellung schriftlich oder zur Niederschrift bei der Verwaltungsbehörde, die den Bußgeldbescheid erlassen hat, Einspruch einlegen. Die §§ 297 bis 300 und 302 der Strafprozessordnung über Rechtsmittel gelten entsprechend.

(2) Der Einspruch kann auf bestimmte Beschwerdepunkte beschränkt werden.

Erläuterungen

Übersicht

Vorbemerkung
1. Statthaftigkeit
2. Einspruchsbefugnis
3. Form
4. Frist
5. Beschränkung
6. Rücknahme
7. Verzicht
8. Kosten

Vorbemerkung

Mit dem Einspruch macht der Rechtsbehelfsführer klar, dass er mit dem Bußgeldbescheid als vorläufiger Entscheidung nicht einverstanden ist und die gerichtliche Überprüfung des im Bußgeldbescheid enthaltenen Tatvorwurfs begehrt. Vor dem Gericht hat aber die Verwaltungsbehörde Gelegenheit, zu prüfen, ob sie den Bußgeldbescheid aufrechterhält oder zurücknimmt, § 69 Abs. 2 Satz 1 (sog. Zwischenverfahren).

1. Statthaftigkeit

Gemäß § 67 Abs. 1 Satz 1 ist der Einspruch statthaft gegen den Bußgeldbescheid. Der Einspruch ist aber auch statthafter Rechtsbehelf gegen die dem Bußgeldbescheid gleichstehenden Bescheide:

- Selbständiger Einziehungsbescheid, § 87 Abs. 3 Satz 1 und 2
- Selbständiger Bescheid über die Einziehung des Werts von Taterträgen, § 87 Abs. 6, Abs. 3 Satz 1 und 2
- Selbständige Anordnung der Mehrerlösabführung, §§ 10 Abs. 1, 11 Abs. 2 Satz 2 WiStG 1954.

2. Einspruchsbefugnis

Die Einspruchsbefugnis liegt zunächst beim Betroffenen. Dem Betroffenen stehen bei Anordnung einer Nebenfolge die Nebenbeteiligten gleich, §§ 87 Abs. 2 Satz 1, Abs. 6, 88 Abs. 3.

Der Verteidiger (vgl. hierzu die Erl. zu § 60) hat eine vom Betroffenen unabhängige Einspruchsbefugnis, Absatz 1 Satz 2, § 297 StPO, es sei denn, es besteht ein gegenteiliger ausdrücklicher Wille des Betroffenen (vgl. OLG Düsseldorf, VRS 91, 191 f.: Ermächtigung kraft Gesetzes ohne besonders erteilte Vertretungsvollmacht).

Der gesetzliche Vertreter des Betroffenen kann binnen der für den Betroffenen laufenden Rechtsbehelfsfrist selbständig Einspruch einlegen, Absatz 1 Satz 2, § 298 StPO. Neben dem gesetzlichen Vertreter hat in Verfahren gegen Jugendliche auch der Erziehungsberechtigte die Einspruchsbefugnis, §§ 46 Abs. 1, 67 Abs. 3 JGG, 298 StPO. Sind mehrere erziehungsberechtigt, d. h. das Recht zur Personensorge über den Betroffenen steht mehreren zu, hat jeder die Einspruchsbefugnis, §§ 46 Abs. 1, 67 Abs. 5 Satz 1 JGG. Mitteilungen oder Ladungen können nur an einen Erziehungsberechtigten gerichtet werden, § 67 Abs. 5 Satz 3 JGG.

Die Einspruchsbefugnis steht auch rechtsgeschäftlich Bevollmächtigten des Betroffenen bzw. der Nebenbeteiligten zu, die dann aber nicht im eigenen Namen, sondern im Namen des Betroffenen oder Nebenbeteiligten auftreten (vgl. OLG Hamm, NJW 1952 S. 1150 f. – Die Vertretung in der Erklärung hat mit einer Verteidigung nichts zu tun. Vertreterin in der Erklärung kann deshalb auch eine juristische Person sein).

Die Einlegung des Einspruchs setzt Verhandlungsfähigkeit voraus. Hierunter versteht man die Fähigkeit, in oder außerhalb der Verhandlung seine Interessen vernünftig wahrzunehmen, die Verteidigung in verständiger und verständlicher Weise zu führen, Prozesserklärungen in ihrer Bedeutung zu erfassen und abzugeben sowie ggf. entgegenzunehmen (vgl. *Meyer-Goßner/Schmitt/Schmitt*, StPO, 66. Auflage 2023, Rdnr. 97 Einl.). Sie setzt nicht Geschäfts- oder Schuldfähigkeit voraus (vgl. BGH, NStZ 1983 S. 280), sondern nur einen genügenden Reifegrad, sowie die Freiheit der Willensentschließung und Willensbetätigung. Für einen jugendlichen Betroffenen (vgl. hierzu §§ 46 Abs. 1, 1 Abs. 2 JGG) wird man unter Umständen bei genügendem Reifegrad die Verhandlungsfähigkeit bejahen können. Bei einem Volljährigen entfällt die Verhandlungsfähigkeit in der Regel nur durch schwere körperliche oder seelische Mängel oder Krankheiten, die es unmöglich machen, eine selbstverantwortliche Entscheidung über grundlegende Fragen der Verteidigung zu treffen (vgl. *Meyer-Goßner/Schmitt/Schmitt*, a. a. O.).

3. Form

Der Einspruch ist schriftlich oder zur Niederschrift bei der Verwaltungsbehörde einzulegen, die den Bußgeldbescheid erlassen hat, Absatz 1 Satz 1. Wird er bei einer unzuständigen Stelle eingelegt, ist das Zulässigkeitserfordernis erst gewahrt, wenn er bei der zuständigen Stelle eingegangen ist, wobei es jedoch zur Fristwahrung genügt, dass die unzuständige Stelle der zuständigen Stelle fernmündlich den Inhalt der Einspruchsschrift übermittelt (vgl. BayObLG bei *Bär*, DAR 1988 S. 361, 371) und hierüber einen Aktenvermerk fertigt (vgl. auch Erl. 1.2.2 zu § 52). Außenstelle und Zweigstelle einer Verwaltungsbehörde sind als Einheit anzusehen (vgl. BayObLG, VRS 53, 433 f. – für die Zweigstelle eines Gerichts).

Der nicht auf freiem Fuß sich befindende Betroffene kann den Einspruch zu Protokoll der Geschäftsstelle des Amtsgerichts geben, in dessen Bezirk seine Anstalt liegt, Abs. 1 Satz 2, § 299 StPO.

Zur Wahrung der Schriftform ist erforderlich, dass es sich eindeutig nicht um einen Entwurf handelt, sondern dass das Schriftstück mit Wissen und Willen des Berechtigten der Verwaltungsbehörde zugeleitet worden ist (vgl. GmS-OGB, NJW 1980 S. 172, 174 – Bei Schriftsätzen von Behörden oder öffentlich-rechtlichen Körperschaften oder Anstalten reicht es aus, wenn der auf der Reinschrift in Maschinenschrift wiedergegebene Name des Verfassers mit einem Beglaubigungsvermerk versehen ist. Eines Dienstsiegels bedarf es nicht). Handschriftliche Unterzeichnung ist nicht unbedingt notwendig. Es genügt auch ein Faksimile-Stempel (vgl. KKOWiG-*Ellbogen*, 5. Auflage 2018, Rdnr. 63 zu § 67) zur ausreichenden Identifizierung. Beim Rechtsanwalt genügt sogar das maschinenschriftliche Diktatzeichen in Verbindung mit dem gedruckten Briefkopf (vgl. BGHSt 2, 77, 78; KKOWiG-*Ellbogen*, 5. Auflage 2018, Rdnr. 63 zu § 67).

Die Schriftform ist gewahrt, wenn der Einspruch per Telefax vom Sendegerät des Einspruchsführers unmittelbar, d. h. ohne privaten Zwischenempfänger, an das Empfangsgerät der Verwaltungsbehörde übermittelt wird (vgl. BGH, NJW 1992 S. 244; OLG Düsseldorf, VRS 98, 374, 375).

Die Schriftform kann auch gewahrt werden durch elektronische Übermittlung des Einspruchs per E-Mail unter den in Erl. 1.3 zu § 62 genannten Voraussetzungen. Eine Pflicht zur elektronischen Einlegung des Einspruchs gem. § 110c Satz 1 i. V. m. § 32d StPO besteht auch im Bereich des § 67 nicht für Verteidiger und Rechtsanwälte. Der Einspruch ist in § 32d Satz 2 StPO nicht genannt (vgl. die Erl. 1.3 zu § 62).

Die Einspruchsschrift ist im Übrigen in deutscher Sprache abzufassen, §§ 46 Abs. 1, 184 GVG.

Die Verwaltungsbehörde ist zur Aufnahme der Niederschrift verpflichtet, auch wenn der Betroffene nicht persönlich vorspricht, sondern nur anruft (vgl. BGHSt 29, 173, 175 ff.). Die Niederschrift muss die aufnehmende Behörde, den Tag der Niederschrift, die Person des Betroffenen und den Inhalt der Erklärung wiedergeben. Die Niederschrift sollte vom zuständigen Verwaltungsangehörigen unterschrieben werden, wenngleich das Unterlassen der Unterschrift dann nicht schadet, wenn auf andere Weise eindeutig der Schluss auf das Handeln des zuständigen Bediensteten möglich ist und andererseits feststeht, dass es sich nicht um einen bloßen Entwurf handelt (vgl. OLG Düsseldorf, VRS 54, 361 f.).

Von Gesetzes wegen ist keine Begründung des Einspruchs vorgeschrieben. Sie empfiehlt sich aber zur Begünstigung einer Rücknahmeentscheidung.

Der Rechtsbehelf muss nicht ausdrücklich mit „Einspruch" bezeichnet werden, Absatz 1 Satz 2, § 300 StPO, sofern der Anfechtungswille aus der Erklärung eindeutig hervorgeht (vgl. BayObLG, JR 1989 S. 477, 478).

Der Einspruch ist bedingungsfeindlich. Die Anfechtung darf deshalb nicht vom Eintritt eines künftigen ungewissen Ereignisses abhängig gemacht werden (z. B. Einspruch unter der Bedingung, dass keine Zahlungserleichterung gewährt wird, OLG Hamm, NJW 1973

S. 257). Der Einspruch ist als Prozesshandlung andernfalls unwirksam (vgl. BGHSt 25, 187, 188). Die Verknüpfung mit einer reinen Rechtsbedingung schadet dagegen nicht (z. B. Verknüpfung mit Einspruchsbefugnis; BGH, a. a. O.).

4. Frist

Der Einspruch ist innerhalb von zwei Wochen nach Zustellung des Bußgeldbescheids einzulegen, Absatz 1 Satz 1.

Beispiel:

Zustellung des Bußgeldbescheids am Mittwoch. Fristende am übernächsten Mittwoch, 24.00 Uhr, §§ 46 Abs. 1, 42, 43 Abs. 1 StPO.

Die Frist wird nur in Lauf gesetzt, wenn die Zustellung wirksam ist (vgl. Erl. 3.1 zu § 51). Noch vor Fristlauf, nach Erlass des Bußgeldbescheids, kann der Betroffene Einspruch einlegen (vgl. Erl. 2 vor §§ 65, 66).

Der Einspruch muss innerhalb der Einspruchsfrist bei der zuständigen Verwaltungsbehörde eingegangen oder zu deren Niederschrift erklärt worden sein:

- Hausbriefkasten

Einwurf am letzten Tag der Frist reicht aus, auch wenn kein Nachtbriefkasten vorhanden ist (vgl. OLG Hamm, NJW 1976 S. 762), auch wenn mit der Leerung am selben Tag nicht mehr gerechnet werden konnte (vgl. BGH, NJW 1984 S. 1237). Die Beweislast für den rechtzeitigen Einwurf der Sendung liegt dann aber beim Einspruchsführer (vgl. *Meyer-Goßner/Schmitt/Schmitt*, StPO, 66. Auflage 2023, Rdnr. 14 vor § 42; OLG Frankfurt, NJW 1974 S. 1959 – Eidesstattliche Versicherung einer Anwaltsangestellten dahin, dass die Schrift fristgerecht in die Verfügungsgewalt des Gerichts gelangte, genügt).

Bestehen im Übrigen nicht ausräumbare Zweifel, ob die Einspruchsfrist gewahrt ist, bei Verschulden der Behörde oder der Post an der Ungewissheit (z. B.: Zustellungszeitpunkt offen; defekte Zeituhr beim Nachtbriefkasten; Fehlen des Eingangsstempels bei der Briefannahmestelle), ist der Einspruch als rechtzeitig zu behandeln (vgl. BGH, NJW 1960 S. 2202 f.), obwohl der Satz „in dubio pro reo" nicht gilt. Dies folgt schlicht aus der für die Verwerfung erforderlichen Überzeugung von der verspäteten Einlegung. Der Eingangsstempel ist eine öffentliche Urkunde im Sinne des § 418 ZPO, der Beweis für den Zeitpunkt des Eingangs erbringt. Der Beweis kann aber durch den Nachweis der Unrichtigkeit des ausgewiesenen Zeitpunkts entkräftet werden.

- Postfach

Sendungen, die in ein Postfach eingelegt werden, sind mit dem Einsortieren zugegangen, nicht erst mit der Abholung (vgl. *Meyer-Goßner/Schmitt/Schmitt*, StPO, 66. Auflage 2023, Rdnr. 13 Vor § 42, mit Verweis auf eine Entscheidung des OLG Frankfurt, NStZ-RR 2007 S. 206). Die Beweislast für die Fristwahrung liegt auch hier beim Einspruchsführer (vgl. *Meyer-Goßner/Schmitt/Schmitt*, StPO, 66. Auflage 2023, Rdnr. 14 Vor § 42, mit Verweis auf eine Entscheidung des BGH, MDR 87 S. 134).

- Telefax

Der Einspruch ist eingegangen, wenn der Text vollständig vorliegt, d. h., wenn das Schriftstück am Empfangsgerät ausgedruckt wird, selbst wenn dieser Zeitpunkt nach Dienstschluss liegt und keine Dienstkraft mehr zugegen ist.

Allerdings trägt der Einspruchsführer das Risiko, ob die Einspruchsschrift überhaupt beim Empfänger angekommen ist und ob die Übermittlung technisch einwandfrei stattfand. Der Sendebericht vermag diesen Nachweis nicht zu erbringen. Allein der „OK"-Vermerk im Sendebericht belegt nicht den ordnungsgemäßen Empfang des vom Verteidiger abgesendeten Telefax-Schreibens und ist daher nicht geeignet, die fristgerechte Einlegung des Rechtsbehelfs zu beweisen (vgl. OLG Düsseldorf, NJW 1995 S. 2303). Tritt hiernach Fristversäumnis ein, ist Wiedereinsetzung zu gewähren, wenn technisches Versagen vorliegt (vgl. OLG Karlsruhe, VRS 86, 181 ff.).

Ganz allgemein verlangt der Eingang das Gelangen in den Herrschaftsbereich der Verwaltungsbehörde dergestalt, dass diese in zumutbarer Weise davon Kenntnis erhält. Abzugrenzen hiervon sind die Fälle, in denen z. B. die Einspruchsschrift dem Reinigungspersonal übergeben wird.

Bei unverschuldeter Fristversäumnis kann der Betroffene Wiedereinsetzungsantrag stellen, § 52. Dies befreit ihn aber nicht von der Pflicht, sofort geeignete Maßnahmen zur Einhaltung der Frist zu treffen, wenn diese infolge einer Ersatzzustellung zwar objektiv schon lief, die Kenntniserlangung hiervon aber später lag, gleichwohl innerhalb der Frist (vgl. BVerfGE 43, 75, 78). Versäumt er diese Pflicht, liegt keine unverschuldete Fristversäumnis vor. Dies gilt selbst dann, wenn zwischen Kenntniserlangung und Fristende weniger als 24 Stunden liegen (vgl. BVerfGE 31, 388, 391 – Dem Beschwerdeführer kann zugemutet werden, dass er noch am gleichen Tag den von ihm beabsichtigten Einspruch bei der zuständigen Stelle einlegt.).

5. Beschränkung

Der Einspruchsführer kann seinen Einspruch auf **einzelne Taten** des Bußgeldbescheids (vgl. hierzu Erl. 3 vor § 59) beschränken. Man spricht insoweit von einer vertikalen Beschränkbarkeit (vgl. *Göhler*, 18. Auflage 2021, Rdnr. 34a zu § 67). Nach Art. 1 Nr. 10, 7 OWiG-Änderungsgesetz vom 26.1.1998 (vgl. BGBl. I S. 156, 159, 340), in Kraft seit 1.3.1998, kann der Einspruch auch auf bestimmte Beschwerdepunkte beschränkt werden (sog. horizontale Beschränkbarkeit, vgl. *Göhler*, 18. Auflage 2021, Rdnr. 34d zu § 67), Absatz 2. Die Rechtslage entspricht demnach der im Strafbefehlsverfahren (vgl. § 410 Abs. 2 StPO). Die Aufspaltung des Rechtsbehelfs setzt aber voraus, dass die Sachverhalte voneinander trennbar sind und unabhängig voneinander beurteilt werden können. Der Einspruch kann deshalb nicht auf die Anordnung eines Fahrverbots neben einer festgesetzten Geldbuße beschränkt werden, weil diese Rechtsfolgen in einer engen Beziehung zueinander stehen. Die Höhe der Geldbuße hängt regelmäßig davon ab, ob ein Fahrverbot festgesetzt wird oder nicht. Dies zeigt auch § 4 Abs. 4 Bußgeldkatalogverordnung, wonach der für den betreffenden Tatbestand bestimmte Regelsatz angemessen erhöht werden soll, wenn von der Anordnung eines Fahrverbots abgesehen wird.

Liegt die Einspruchsbefugnis beim Betroffenen und bei Nebenbeteiligten, kann jeder gesondert Einspruch einlegen. Dies ist aber keine Frage der Beschränkbarkeit des Einspruchs, denn dieser kann natürlich nur für den Einspruchsführer selbst Rechtswirkungen entfalten.

Der Einspruch ist auch auf die **Kosten- und Auslagenentscheidung** der Verwaltungsbehörde beschränkbar (vgl. *Göhler*, 18. Auflage 2021, Rdnr. 34b zu § 67). Hierzu kann dem Betroffenen aber nur in Ausnahmefällen geraten werden, da er grundsätzlich gem. § 465 Abs. 1 StPO kostentragungspflichtig ist (siehe unten Erl. 8). Hat die Verwaltungsbehörde §§ 105 Abs. 1, 465 Abs. 2 StPO nicht angewendet, kann dies mit Erfolg gerügt werden.

Der Nebenbeteiligte kann seinen Einspruch auf die festgesetzte **Höhe der Entschädigung**, §§ 46 Abs. 1, 87 Abs. 1, 430 Abs. 3 Satz 2 StPO, beschränken.

Bei unzulässiger Beschränkung des Einspruchs ist dieser als unbeschränkt zu behandeln.

> *Beispiel:*
>
> *Der Bußgeldbescheid setzt eine Geldbuße fest und ordnet ein Fahrverbot an. Der Betroffene erhebt Einspruch und beschränkt diesen auf die Anordnung des Fahrverbots. Die Verwaltungsbehörde geht irrigerweise von einer zulässigen Einspruchsbeschränkung und damit von Teilrechtskraft aus, obwohl der unzulässig beschränkte Einspruch als unbeschränkter zu behandeln ist. Hat sie bereits vollstreckt, besteht*

ein öffentlich-rechtlicher Erstattungsanspruch gegen die begünstigte Stelle im Sinne des § 90 Abs. 2.

6. Rücknahme

Die Rücknahme des Einspruchs ist grundsätzlich zulässig, §§ 67 Abs. 1 Satz 2, 302 Abs. 1 Satz 1 StPO.

Die Rücknahme des Einspruchs durch den Betroffenen erstreckt sich auch auf einen vom Verteidiger eingelegten Einspruch. Der Verteidiger bedarf zur Rücknahme einer ausdrücklichen Ermächtigung, §§ 67 Abs. 1 Satz 2, 302 Abs. 2 StPO. Dies gilt sowohl für den Einspruch des Betroffenen als auch für den vom Verteidiger selbst eingelegten Einspruch (vgl. *Göhler*, 18. Auflage 2021, Rdnr. 36 zu § 67). Die Ermächtigung kann in der Vollmacht enthalten sein. Sie muss vor der gerichtlichen Entscheidung dem Gericht vorliegen (vgl. BayObLG bei *Bär*, DAR 1987 S. 301, 314). Der Widerruf der Ermächtigung ist zulässig (vgl. BayObLGSt 84, 9, 10). Der Betroffene muss ihn dem Gericht oder dem Verteidiger gegenüber erklären. Eine besondere Form hierfür ist nicht vorgeschrieben. Er kann schriftlich oder mündlich – auch fernmündlich – erteilt werden (vgl. BGH, NStZ 1995 S. 356 f.). Er kann auch in einem Handeln liegen, aus dem sich der Wille, die Ermächtigung des Verteidigers nicht weitergelten zu lassen, schlüssig ergibt.

Der gesetzliche Vertreter kann seinen Einspruch nur mit Zustimmung des Betroffenen zurücknehmen oder beschränken, §§ 67 Abs. 1 Satz 2, 302 Abs. 1 Satz 3 StPO analog (vgl. *Meyer-Goßner/Schmitt/Schmitt*, StPO, 66. Auflage 2023, Rdnr. 3 zu § 298; OLG Celle, NJW 1964 S. 417 – Der gesetzliche Vertreter kann von seinem selbständigen Rechtsmittel nur zugunsten des Beschuldigten Gebrauch machen.).

Die Rücknahme des Einspruchs ist in der Form, die für dessen Einlegung gilt, bis zur gerichtlichen Entscheidung statthaft. Die Zurücknahme des Einspruchs ab diesem Zeitpunkt ist nicht mehr zulässig, auch wenn das Urteil des Amtsgerichts auf eine auf den Rechtsfolgenausspruch beschränkte Rechtsbeschwerde insoweit aufgehoben und die Sache insoweit an das Amtsgericht zurückverwiesen wird (vgl. BayObLG, DAR 1996 S. 503). Die Zurücknahme kann nur dann noch rechtswirksam erklärt werden, wenn das Urteil in vollem Umfang aufgehoben wird, nicht dagegen dann, wenn die Aufhebung nur die Rechtsfolgenentscheidung erfasst. Dies folgt aus §§ 71 Abs. 1, 411 Abs. 3 Satz 1 StPO. Zuständig für die Entgegennahme der Rücknahmeerklärung ist die Verwaltungsbehörde, solange die Akten noch nicht bei der Staatsanwaltschaft (§ 69 Abs. 4 Satz 1) oder dem nach § 68 zuständigen Gericht (§ 69 Abs. 4 Satz 2) als dann jeweils zuständigen Adressaten der Rücknahmeerklärung eingegangen sind (vgl. Bay-ObLG bei *Bär*, DAR 1994 S. 381, 387). Erst mit Eingang der Erklärung bei der Stelle, bei der das Verfahren anhängig ist, wird diese wirksam (vgl. BayObLG, VRS 63, 221, 222).

Beantragt der Betroffene die Fortsetzung des Verfahrens, weil die Rücknahme unwirksam sei, hat die zuständige Stelle über Fortsetzung bzw. Erledigung des Einspruchsverfahrens zu entscheiden. Gegen den Erledigungsbeschluss des Gerichts ist sofortige Beschwerde gem. § 70 Abs. 2 analog statthaft, gegen die entsprechenden Verfügungen der Verwaltungsbehörde bzw. der Staatsanwaltschaft folgerichtig der befristete Antrag auf gerichtliche Entscheidung gem. § 62. Die Beschwerde- bzw. Antragsfrist beträgt eine Woche, § 311 Abs. 2 StPO.

Die wirksame Rücknahme enthält den Verzicht auf die erneute Einspruchseinlegung (vgl. BGHSt 10, 245, 247). Der erneute Einspruch ist damit unzulässig. Mit der wirksamen Rücknahme des Einspruchs wird ferner der Bußgeldbescheid rechtskräftig (vgl. OLG Karlsruhe, Die Justiz 1981 S. 447).

7. Verzicht

Der Verzicht, §§ 67 Abs. 1 Satz 2, 302 Abs. 1 Satz 1 StPO, kann lediglich innerhalb der Einspruchsfrist wirksam erklärt werden (vgl. OLG Köln, NJW 1980 S. 2720 – Der Verzicht ist schon vor Beginn der Einlegungsfrist möglich, wenn zuverlässige Kenntnis vom Inhalt der erlassenen Entscheidung besteht.).

Für die Formalien des Verzichts gelten die Ausführungen unter Erl. 6. entsprechend. Ist der Verzicht wirksam erklärt, ist der Einspruch als unzulässig zu verwerfen (vgl. BGH, NJW 1984 S. 1974, 1975 für die Revision).

Die Bezahlung der in einem Bußgeldbescheid festgesetzten Geldbuße vor Einlegung des Einspruchs beinhaltet in aller Regel keinen Einspruchsverzicht. Der Bewirkung der Zahlung fehlt es an einem eindeutigen Erklärungswert durch konkludentes Handeln. Die Bezahlung der Geldbuße muss nicht bedeuten, dass der Betroffene die Sanktion als endgültig hinnehmen will. Sie kann auch auf der irrigen Meinung beruhen, eine Geldbuße müsse wie öffentlich-rechtliche Abgaben nach § 80 Abs. 2 Satz 1 Nr. 1 VwGO unabhängig von der Anfechtung des Bescheids sofort bezahlt werden. Die Bezahlung der Geldbuße für sich allein lässt daher ebensowenig wie ein Ratenzahlungsgesuch einen eindeutigen Schluss auf den Verzichtswillen des Betroffenen zu. Hierzu bedarf es vielmehr einer schriftlichen Erklärung des Betroffenen, die den zweifelsfreien Schluss auf den Verzichtswillen ermöglicht (vgl. OLG Stuttgart, NZV 1998 S. 81). Hiervon abweichend sah das OLG Naumburg (vgl. NZV 1997 S. 493) darin einen wirksamen Rechtsmittelverzicht des Betroffenen, dass dieser seinen Führerschein zur Akte reichte, um rechtzeitige Rücksendung nach Ablauf von vier Wochen, der Dauer des Fahrverbots, und um Übersendung einer Zahlkarte bat, da er nicht wisse, wohin er die 200,– DM schicken solle. Wegen der prozessualen Folgen empfiehlt es sich, eindeutige Erklärungen des Rechtsbehelfsführers zu verlangen.

8. Kosten

Bei vollem Erfolg des Einspruchs gelten §§ 105 Abs. 1, 467a StPO (vgl. auch Erl. 1.2.4 zu § 69). Der Betroffene ist im Übrigen, vom Fall des § 465 Abs. 2 StPO abgesehen, Kosten- und Auslagenschuldner, selbst wenn er mit seinem Einspruch zum Teil durchdringt. § 473 Abs. 3 und 4 StPO sind auf den Einspruch nicht anwendbar (vgl. *Göhler*, 18. Auflage 2021, Rdnr. 42 zu § 67), weil der Einspruch kein Rechtsmittel im Sinne des § 473 StPO ist. Es kommt deshalb grundsätzlich nicht auf das Maß der Verurteilung an, um diesen über § 465 Abs. 1 StPO haften zu lassen.

§ 68
Zuständiges Gericht

(1) Bei einem Einspruch gegen den Bußgeldbescheid entscheidet das Amtsgericht, in dessen Bezirk die Verwaltungsbehörde ihren Sitz hat. Der Richter beim Amtsgericht entscheidet allein.

(2) Im Verfahren gegen Jugendliche und Heranwachsende ist der Jugendrichter zuständig.

(3) Sind in dem Bezirk der Verwaltungsbehörde eines Landes mehrere Amtsgerichtsbezirke oder mehrere Teile solcher Bezirke vorhanden, so kann die Landesregierung durch Rechtsverordnung die Zuständigkeit des Amtsgerichts abweichend von Absatz 1 danach bestimmen, in welchem Bezirk

1. **die Ordnungswidrigkeit oder eine der Ordnungswidrigkeiten begangen worden ist (Begehungsort) oder**
2. **der Betroffene seinen Wohnsitz hat (Wohnort),**

soweit es mit Rücksicht auf die große Zahl von Verfahren oder die weite Entfernung zwischen Begehungs- oder Wohnort und dem Sitz des nach Absatz 1 zuständigen Amtsgerichts sachdienlich erscheint, die Verfahren auf mehrere Amtsgerichte aufzuteilen; § 37 Abs. 3 gilt entsprechend. Der Bezirk, von dem die Zuständigkeit des Amtsgerichts

nach Satz 1 abhängt, kann die Bezirke mehrerer Amtsgerichte umfassen. Die Landesregierung kann die Ermächtigung auf die Landesjustizverwaltung übertragen.

Erläuterungen

Vorbemerkung

Neben der Entscheidung über den Einspruch hat das nach § 68 zuständige Gericht in folgenden Fällen zu judizieren:

- § 39 Abs. 3 Nr. 2
- § 52 Abs. 2 Satz 2
- § 62 Abs. 2 Satz 1
- § 85 Abs. 4 Satz 1
- § 87 Abs. 4 Satz 2
- § 104 Abs. 1 Nr. 1
- § 108a Abs. 2

1. Grundsatz

Nach Absatz 1 Satz 1 hat über einen Einspruch sachlich das Amtsgericht zu entscheiden. Die örtliche Zuständigkeit richtet sich nach dem Sitz der Verwaltungsbehörde. Der Richter am Amtsgericht entscheidet allein, Absatz 1 Satz 2.

Auf die richtige Ausgangszuständigkeit der Verwaltungsbehörde kommt es für die Zuständigkeit des Gerichts nicht an, d. h. die örtliche Zuständigkeit nach Absatz 1 Satz 1 knüpft auch an das Handeln einer örtlich oder sachlich unzuständigen Verwaltungsbehörde an (vgl. OLG Düsseldorf, VRS 61, 275, 278 für die örtliche Unzuständigkeit der Verwaltungsbehörde). Nach Erlass des Bußgeldbescheids eintretende Zuständigkeitsänderungen bei der Verwaltungsbehörde lassen die ursprünglich gegebene gerichtliche Zuständigkeit unberührt (vgl. OLG Celle, VRS 55, 285, 286).

Im Verhältnis von Haupt- und Zweigstelle einer Verwaltungsbehörde kommt es für die Zuständigkeit des Gerichts auf den Sitz der Hauptstelle an (vgl. *Göhler*, 18. Auflage 2021, Rdnr. 4 zu § 68), es sei denn, der Zweigstelle selbst ist nach § 36 die Zuständigkeit für Verfolgung und Ahndung übertragen.

Bei zusammenhängenden Ordnungswidrigkeiten kommt über § 46 Abs. 1 die Anwendung des § 13 Abs. 2 StPO in Betracht, d. h. sie können bei einem der verschiedenen nach § 68 zuständigen Gerichte verbunden werden.

2. Verfahren gegen Jugendliche und Heranwachsende

Gemäß Absatz 2 ist im Verfahren gegen Jugendliche und Heranwachsende der Jugendrichter zuständig. Gleichberechtigt daneben steht der Gerichtsstand gem. §§ 46 Abs. 1, 42, 108 JGG (vgl. BGHSt 25, 263, 265). Das Ermessen der Staatsanwaltschaft, wem die Akten vorgelegt werden, ist allenfalls durch § 42 Abs. 2 JGG gebunden.

Bei Aufenthaltswechsel kann der Richter das Verfahren gem. § 42 Abs. 3 Satz 1 JGG mit Zustimmung der Staatsanwaltschaft an den Richter des neuen Aufenthalts abgeben. Diese Bestimmung hat vor allem deswegen Bedeutung, weil sie eine Übertragung der Sache von einem zuständigen Gericht auf ein anderes ermöglicht. Die gem. §§ 46 Abs. 1, 16 Abs. 1 Satz 3 StPO bestehende Zuständigkeitsperpetuierung (vgl. hierzu unten Erl. 4) wird damit durchbrochen. Den Konfliktfall regelt § 42 Abs. 3 Satz 2 JGG.

3. Abweichende Bestimmung der Zuständigkeit

Absatz 3 ermöglicht es der Landesregierung, die nach Absatz 1 bestehende örtliche Zuständigkeit des Amtsgerichts zu modifizieren. Die Verordnungsermächtigung ist gem. Abs. 3 Satz 3 übertragbar auf die Landesjustizverwaltung.

Voraussetzung für eine Verordnung nach Absatz 3 ist zunächst, dass der Bezirk der Verwaltungsbehörde mehrere Amtsgerichtsbezirke oder mehrere Teile solcher Bezirke umfasst. Ferner soll es mit Rücksicht auf die große Zahl von Verfahren oder die weite Entfernung zwischen Begehungs- oder Wohnort und dem Sitz des nach Absatz 1 zuständigen Amtsgerichts sachdienlich erscheinen, die Verfahren auf mehrere Amtsgerichte aufzuteilen, Absatz 3 Satz 1, 1. Halbsatz. Das Bayerische Staatsministerium der Justiz hat z. B. von der Verordnungsermächtigung Gebrauch gemacht (vgl. § 57 Gerichtliche Zuständigkeitsverordnung Justiz vom 11.6.2012, GVBl. S. 295, zuletzt geändert durch Verordnung vom 13.12.2022, GVBl. S. 727, 2023 S. 18). Das Vorliegen entweder einer großen Zahl von Verfahren oder der weiten Entfernung zwischen Begehungs- oder Wohnort und dem Sitz des nach Absatz 1 zuständigen Amtsgerichts reichen für die Wahrnehmung der Verordnungsermächtigung aus. Gerade wenn die Zuständigkeit auf Verwaltungsseite konzentriert ist, empfiehlt sich eine gerichtliche Dekonzentration, um dem Betroffenen nicht wegen der weiten Entfernung zum Gerichtsort die Anwesenheit in der Hauptverhandlung unzumutbar zu machen (vgl. *Göhler*, 18. Auflage 2021, Rdnr. 18 zu § 68).

Absatz 3 Satz 2 eröffnet für den Verordnungsgeber die Möglichkeit, auch einen Bezirk zu wählen, der mehrere Amtsgerichte umfasst, was wiederum der Staatsanwaltschaft die Wahl lässt, welchem Amtsgericht die Akten gem. § 69 Abs. 4 Satz 2 vorgelegt werden.

4. Unzuständigkeit

Über § 46 Abs. 1 ist § 16 StPO sinngemäß anzuwenden. Das Gericht prüft nach § 16 Abs. 1 Satz 1 StPO seine örtliche Zuständigkeit bis zur Eröffnung des Hauptverfahrens von Amts wegen (vgl. BayObLG, VRS 58, 44) und hat sich ggf. durch Beschluss für unzuständig zu erklären.

Der Eröffnung des Hauptverfahrens entspricht im Bußgeldverfahren die Anberaumung des Termins der Hauptverhandlung (vgl. KKOWiG-*Ellbogen*, 5. Auflage 2018, Rdnr. 11 zu § 68) bzw. im schriftlichen Verfahren die Aufforderung an den Betroffenen, sich zu äußern, § 72 Abs. 1 Satz 2 (vgl. *Göhler*, 18. Auflage 2021, Rdnr. 21 zu § 68). Die Prüfung von Amts wegen entfällt, wenn die Hauptverhandlung anberaumt bzw. im schriftlichen Verfahren der Betroffene aufgefordert wurde, sich zu äußern. Das Gericht spricht dann seine Unzuständigkeit (durch Einstellungsbeschluss gem. §§ 46 Abs. 1, § 206a StPO bzw. § 72 oder durch Einstellungsurteil gem. §§ 46 Abs. 1, 260 Abs. 3 StPO) nur auf den Einwand des Betroffenen aus, vgl. §§ 46 Abs. 1, 16 Abs. 1 Satz 2 StPO.

Der Einwand ist wiederum nur bis zum Beginn seiner Vernehmung zur Sache beachtlich, vgl. §§ 46 Abs. 1, 16 Abs. 1 Satz 3 StPO. Bei Abwesenheit des Betroffenen ist der Zeitpunkt entscheidend, an dem seinem Verteidiger das Wort zur Sache erteilt wird (vgl. KKOWiG-*Ellbogen*, 5. Auflage 2018, Rdnr. 11 zu § 68), soweit es sich um eine Vertretung im Sinne des § 73 Abs. 3 handelt. Im Falle des § 74 Abs. 1, d. h. der Betroffene bleibt in der Hauptverhandlung aus, ohne dass sein persönliches Erscheinen oder seine richterliche Vernehmung angeordnet ist, und ist auch nicht durch einen Verteidiger vertreten, tritt der Ausschluss des Einwands mit dem Zeitpunkt ein, der dem Beginn der Sachvernehmung entspricht, also dem Beginn der Bekanntgabe des Vernehmungsergebnisses. Ist der Einwand schon bei dieser Vernehmung erhoben worden, ist er rechtzeitig angebracht, ohne dass es auf den Zeitpunkt der Verlesung ankommt (vgl. RGSt 40, 353, 357). Im schriftlichen Verfahren ist letzter Zeitpunkt der Geltendmachung des Einwands die fristgerechte Abgabe der Einverständniserklärung nach § 72 Abs. 1 Satz 1 und 2.

Die Abgabe vom unzuständigen an das zuständige Amtsgericht ist möglich, wenn die Staatsanwaltschaft hiermit einverstanden ist (vgl. KKOWiG-*Ellbogen*, 5. Auflage 2018, Rdnr. 12 zu § 68). Dieses Einverständnis wird sie dann nicht erteilen, wenn sie gegen den Einstellungsbeschluss nach §§ 46 Abs. 1, 206a Abs. 1 StPO gem. § 206a Abs. 2 StPO im Wege der sofortigen Beschwerde bzw. gegen Einstellungsurteil gem. §§ 46 Abs. 1, 260 Abs. 3 StPO oder Einstellungsbeschluss nach § 72 im Wege der Rechtsbeschwerde vorgehen will. Würde sich das Gericht dieses Einverständnisses nicht vergewissern, missachtete es – abgesehen vom Anfechtungsrecht der Staatsanwaltschaft – deren Auswahlrecht hinsichtlich des zuständigen Gerichts (vgl. RiStBV Nr. 284).

Das unzuständige Amtsgericht kann bei der Staatsanwaltschaft auch eine Überprüfung der örtlichen Zuständigkeit anregen und dieser die Möglichkeit geben, die Sache beim zuständigen Gericht anhängig zu machen (sog. „Klagerücknahme", §§ 71 Abs. 1, 411 Abs. 3 Satz 1 StPO). Eines gerichtlichen Einstellungsbeschlusses bedarf es in diesem Falle nicht.

Zum Kompetenzkonflikt vgl. §§ 46 Abs. 1, 14, 19 StPO. Bei einem negativen Kompetenzkonflikt zwischen mehreren Gerichten entscheidet das gemeinschaftliche obere Gericht, welches Gericht sich der Untersuchung und Entscheidung zu unterziehen hat. Im Falle des § 19 StPO haben die Gerichte schon unanfechtbar ihre Unzuständigkeit ausgesprochen, vorher ist § 14 StPO anwendbar.

§ 69
Zwischenverfahren

(1) Ist der Einspruch nicht rechtzeitig, nicht in der vorgeschriebenen Form oder sonst nicht wirksam eingelegt, so verwirft ihn die Verwaltungsbehörde als unzulässig. Gegen den Bescheid ist innerhalb von zwei Wochen nach Zustellung der Antrag auf gerichtliche Entscheidung nach § 62 zulässig.

(2) Ist der Einspruch zulässig, so prüft die Verwaltungsbehörde, ob sie den Bußgeldbescheid aufrechterhält oder zurücknimmt. Zu diesem Zweck kann sie

1. **weitere Ermittlungen anordnen oder selbst vornehmen,**
2. **von Behörden und sonstigen Stellen die Abgabe von Erklärungen über dienstliche Wahrnehmungen, Untersuchungen und Erkenntnisse (§ 77a Abs. 2) verlangen.**

Die Verwaltungsbehörde kann auch dem Betroffenen Gelegenheit geben, sich innerhalb einer zu bestimmenden Frist dazu zu äußern, ob und welche Tatsachen und Beweismittel er im weiteren Verfahren zu seiner Entlastung vorbringen will; dabei ist er darauf hinzuweisen, daß es ihm nach dem Gesetz freistehe, sich zu der Beschuldigung zu äußern oder nicht zur Sache auszusagen.

(3) Die Verwaltungsbehörde übersendet die Akten über die Staatsanwaltschaft an das Amtsgericht, wenn sie den Bußgeldbescheid nicht zurücknimmt und nicht nach Absatz 1 Satz 1 verfährt; sie vermerkt die Gründe dafür in den Akten, soweit dies nach der Sachlage angezeigt ist. Die Entscheidung über einen Antrag auf Akteneinsicht und deren Gewährung (§ 49 Abs. 1 dieses Gesetzes, § 147 der Strafprozessordnung) erfolgen vor Übersendung der Akten.

(4) Mit dem Eingang der Akten bei der Staatsanwaltschaft gehen die Aufgaben der Verfolgungsbehörde auf sie über. Die Staatsanwaltschaft legt die Akten dem Richter beim

Amtsgericht vor, wenn sie weder das Verfahren einstellt noch weitere Ermittlungen durchführt.

(5) Bei offensichtlich ungenügender Aufklärung des Sachverhalts kann der Richter beim Amtsgericht die Sache unter Angabe der Gründe mit Zustimmung der Staatsanwaltschaft an die Verwaltungsbehörde zurückverweisen; diese wird mit dem Eingang der Akten wieder für die Verfolgung und Ahndung zuständig. Verneint der Richter beim Amtsgericht bei erneuter Übersendung den hinreichenden Tatverdacht einer Ordnungswidrigkeit, so kann er die Sache durch Beschluß endgültig an die Verwaltungsbehörde zurückgeben. Der Beschluß ist unanfechtbar.

Erläuterungen

Übersicht

Vorbemerkung

§ 69 verfolgt den Zweck eines Filters für das Gericht. Nur wenn Verwaltungsbehörde und Staatsanwaltschaft nacheinander zu dem Ergebnis kommen, dass der Einspruch zwar zulässig ist, andererseits aber der hinreichende Verdacht einer Ordnungswidrigkeit besteht, die Verfolgung geboten ist und Verfahrenshindernisse nicht entgegenstehen, werden die Verfahrensakten dem Amtsgericht vorgelegt.

Das sog. „Zwischenverfahren" führt damit vor der Einschaltung des Gerichts eine Selbstkontrolle der Verwaltungsbehörde, ferner in einer zweiten Stufe eine Prüfungspflicht der Staatsanwaltschaft ein. Es drängt sich damit der Vergleich mit dem ebenfalls zweistufig gestalteten Widerspruchsverfahren der VwGO auf.

1. Zuständigkeit der Verwaltungsbehörde im Zwischenverfahren

1.1 Verwerfung

Ist der Einspruch nicht rechtzeitig, nicht in der vorgeschriebenen Form oder sonst nicht wirksam eingelegt, verwirft ihn die Verwaltungsbehörde als unzulässig, Absatz 1 Satz 1.

Zu den Zulässigkeitsvoraussetzungen vgl. im Einzelnen die Erl. zu § 67.

Die Verwaltungsbehörde hat die Verwerfung förmlich zu verbescheiden, Abs. 1 Satz 2, § 50 Abs. 1 Satz 2. Der Bescheid ist zu begründen, §§ 46 Abs. 1, 34 StPO. Der Verwerfungsbescheid muss zugestellt werden, Abs. 1 Satz 2, § 50 Abs. 1 Satz 2. Die Verwaltungsbehörde hat über die Möglichkeit der Anfechtung und die dafür vorgeschriebene Frist und Form nach Abs. 1 Satz 2 zu belehren, § 50 Abs. 2. Beim Wiedereinsetzungsantrag handelt es sich nicht um einen befristeten Rechtsbehelf im Sinne des § 50 Abs. 2 (vgl. hierzu bereits Erl. 5.1.1 zu § 50), die Belehrung hierüber wird deshalb vom Gesetz nicht gefordert (siehe aber das Gebot des fair trial (Erl. 5.1.1 zu § 50).

Gegen den Verwerfungsbescheid kann innerhalb von zwei Wochen nach Zustellung der Antrag auf gerichtliche Entscheidung nach § 62 gestellt werden, Abs. 1 Satz 2 (zum Verfahren vgl. im Einzelnen die Erl. zu § 62).

Der Betroffene wird seinen Antrag gem. Absatz 1 Satz 2 häufig mit einem Wiedereinsetzungsantrag verbinden. Wird die Wiedereinsetzung gewährt, entfällt die Wirksamkeit des Verwerfungsbescheids (vgl. *Göhler*, 18. Auflage 2021, Rdnr. 45 zu § 52). Der Rechtsbehelf nach Abs. 1 Satz 2 hat sich erledigt. Die Verwaltungsbehörde hat in die Begründetheitsprüfung nach Abs. 2 einzutreten.

Wird der Wiedereinsetzungsantrag verworfen, empfiehlt es sich, einen Antrag nach § 52 Abs. 2 Satz 3 abzuwarten, um dann entweder abzuhelfen (Erledigung des Rechtsbehelfs nach Abs. 1 Satz 2) oder einheitlich (bezüglich der Anträge nach § 52 Abs. 2 Satz 3 und Abs. 1 Satz 2) nicht abzuhelfen und damit dem Gericht eine einheitliche Entscheidung zu ermöglichen.

Im Verfahren nach Absatz 1 Satz 2 ist das Gericht selbstverständlich nur zu einer Entscheidung über den Verwerfungsbescheid befugt, kann aber nicht über den Einspruch selbst entscheiden. Eine derartige Entscheidung würde das Zwischenverfahren übergehen.

Der Verwerfungsbescheid bedarf keiner Kostenentscheidung, da entstandene Kosten (z. B. Zustellungsauslagen) von der Kostenentscheidung des Bußgeldbescheids erfasst werden. Hinsichtlich der Kosten des Verfahrens nach Absatz 1 Satz 2 bei erfolgreichem Antrag vgl. § 109 Abs. 1 (keine gesonderte Kosten- und Auslagenentscheidung, sondern es gilt die abschließende Entscheidung nach § 464 Abs. 1 und 2 der Strafprozessordnung) und siehe auch Erl. 2.2 zu § 62 bei erfolglosem Antrag (§§ 62 Abs. 2 Satz 2, 473 Abs. 1 Satz 1 StPO).

1.2 Begründetheitsprüfung

Bei Zulässigkeit des Einspruchs hat die Verwaltungsbehörde zu prüfen, ob sie den Bußgeldbescheid aufrecht erhält oder zurück nimmt, Absatz 2 Satz 1. Dies wiederum wird davon abhängen, ob der hinreichende Verdacht einer Ordnungswidrigkeit besteht, die Verfolgung geboten ist (§ 47 Abs. 1) und Verfahrenshindernisse nicht entgegenstehen (vgl. für die Staatsanwaltschaft RiStBV Nr. 282 Abs. 1).

1.2.1 Weitere Ermittlungen

In Ausübung ihrer Prüfungspflicht kann die Verwaltungsbehörde gem. Absatz 2 Satz 2 Nr. 1 weitere Ermittlungen anordnen oder selbst vornehmen, z. B.:

a) Beauftragung eines Sachverständigen.

b) Überprüfung der getroffenen Feststellungen durch die Polizei bzw. eigene Kräfte.

c) Einholung schriftlicher Zeugenaussagen, deren Verwertung in der Hauptverhandlung gem. § 77a Abs. 1 möglich ist.

Der zusätzliche Ermittlungsaufwand muss angezeigt sein. Dies ist dann nicht der Fall, wenn der Sachverhalt auf der Grundlage der vorliegenden Beweismittel eindeutig ist (vgl. für das gerichtliche Verfahren § 77 Abs. 2). Der Anstoß für zusätzliche Ermittlungen muss nicht vom Betroffenen bzw. seinem Verteidiger, insbesondere durch die Stellung eines Beweisantrages, ausgehen. Die Ermittlungen können auch von Amts wegen angeordnet werden.

1.2.2 Dienstliche Wahrnehmungen, Untersuchungen, Erkenntnisse

Die Verwaltungsbehörde kann von Behörden und sonstigen Stellen die Abgabe von Erklärungen über dienstliche Wahrnehmungen, Untersuchungen und Erkenntnisse (vgl. § 77a Abs. 2) verlangen, Absatz 2 Satz 2 Nr. 2, z. B.:

a) Erkenntnisse der Polizei bzw. der Verwaltungsbehörde in vergleichbaren Fällen.
b) Dienstliche Wahrnehmungen von Polizeibeamten bzw. Angehörigen der Verwaltungsbehörde zum Fall selbst, soweit der Bußgeldbescheid hierauf noch nicht gestützt war.
c) Erkenntnisse von Behörden, die über den Einzelfall hinausgehen (z. B. statistische Erhebungen über die Gefährlichkeit eines bestimmten bußgeldbewehrten Verhaltens).

Wie bei Erl. 1.2.1 muss der zusätzliche Ermittlungsaufwand angezeigt sein.

1.2.3 Befragung des Betroffenen

Gemäß Absatz 2 Satz 3, 1. Halbsatz kann die Verwaltungsbehörde dem Betroffenen Gelegenheit geben, sich zu äußern, ob und welche Tatsachen und Beweismittel er im weiteren Verfahren zu seiner Entlastung vorbringen will. Die Verwaltungsbehörde wird diesen Weg immer dann wählen, wenn der Einspruch nicht begründet ist. Für die Zulässigkeit des Rechtsbehelfs ist eine Begründung nicht vorgeschrieben (vgl. Erl. 3 zu § 67). Die Befragung kann allerdings nur unter Hinweis auf die Aussagefreiheit geschehen, Absatz 2 Satz 3, 2. Halbsatz (vgl. hierzu bereits Erl. 2.2 zu § 55).

1.2.4 Ergebnis

Absatz 2 Satz 1 nennt zwei Entscheidungsoptionen für die Verwaltungsbehörde: Sie kann den Bußgeldbescheid entweder aufrechterhalten oder zurücknehmen.

1.2.4.1 Rücknahme

Die Rücknahme **im Zwischenverfahren** setzt voraus, dass die Verwaltungsbehörde einen Einstellungsgrund gem. §§ 46 Abs. 1, 170 Abs. 2 StPO (kein hinreichender Tatverdacht, Vorliegen eines Verfolgungshindernisses) oder gem. § 47 Abs. 1 (Verfolgung ist nicht geboten) als gegeben ansieht. Das Verfolgungshindernis kann darin bestehen, dass ein die Unwirksamkeit des Bußgeldbescheids herbeiführender Verfahrensfehler vorliegt (vgl. Erl. 12 zu §§ 65, 66; zu den Verfolgungshindernissen allgemein: Erl. 2 vor § 59). Wegen seiner „verfahrenstragenden Bedeutung" (vgl. *Meyer-Goßner/Schmitt/Schmitt*, StPO, 66. Auflage 2023, Einl. Rdnr. 112a für den Eröffnungsbeschluss – keine Widerruflichkeit ab Bekanntgabe) wird man allerdings **außerhalb des** Zwischenverfahrens eine Änderbarkeit des Bußgeldbescheids nach Ablauf der Rechtsbehelfsfrist zu verneinen haben (vgl. hierzu bereits Erl. 2 vor §§ 65, 66), soweit eine Rücknahme – wie bei nichtigen Bußgeldbescheiden (vgl. hierzu Erl. 12 zu §§ 65, 66) – nicht nur deklaratorische Wirkung hat.

Eine teilweise Rücknahme erlaubt Absatz 2 Satz 1 nicht (vgl. BayObLGSt 63, 56, 57).

Die Rücknahme bedarf zu ihrer Wirksamkeit der Schriftform (vgl. OLG Stuttgart, Die Justiz 1992 S. 486, 487 – Da der Bußgeldbescheid selbst der Schriftform bedarf, gilt dies aus Gründen der Rechtsklarheit und Rechtssicherheit auch für den Akt, durch den der Bußgeldbescheid beseitigt wird.).

Sie ist dem Betroffenen gem. § 50 Abs. 1 Satz 1 formlos bekannt zu geben.

Die Rücknahme versetzt das Verfahren in den Stand vor Erlass des Bußgeldbescheids. Die Verwaltungsbehörde kann sich damit des gesamten ihr zustehenden Entscheidungsspektrums bedienen, insbesondere kann sie erneut einen Bußgeldbescheid erlassen. Dies kommt etwa dann in Frage, wenn der Betroffene mit seinem Einspruch nur die Höhe der Geldbuße angreift. Die Einstellung des Verfahrens bindet die Verwaltungsbehörde für die Zukunft grundsätzlich nicht (anders im Falle des § 47, vgl. hierzu Erl. 1.2.1 zu § 47).

Kommt die Verwaltungsbehörde im Zwischenverfahren zu dem Ergebnis, dass der ursprünglich erlassene Bußgeldbescheid zu verschärfen wäre, sollte sie auf Rücknahme und Erlass eines zweiten Bußgeldbescheides verzichten, wenn sie davon ausgehen muss, dass der Betroffene auch gegen den zweiten Bußgeldbescheid vorgehen wird. Die Verböserung kann auch über die Staatsanwaltschaft im gerichtlichen Verfahren geltend gemacht werden, Abs. 3 Satz 1. Für die Verwaltungsbehörde gilt aber grundsätzlich kein Verbot der reformatio in peius (vgl. hierzu bereits Erl. 7 zu §§ 65, 66).

Rücknahme des Bußgeldbescheids und Einstellung des Verfahrens ziehen grundsätzlich keine Kostenentscheidung der Verwaltungsbehörde nach sich. § 467 StPO wird in § 105 nicht für anwendbar erklärt. Die Kostentragungspflicht der Staatskasse besteht allerdings unabhängig davon. Zur Auslagenentscheidung vgl. §§ 105 Abs. 1, 467a StPO und im Einzelnen die Erl. zu § 105.

1.2.4.2 Übersendung der Akten über die Staatsanwaltschaft an das Amtsgericht

Wenn die Verwaltungsbehörde den Einspruch nicht verwirft und den Bußgeldbescheid nicht zurücknimmt, übersendet sie die Akten über die Staatsanwaltschaft an das Amtsgericht, Absatz 3 Satz 1. Die Verwaltungsbehörde ist verpflichtet, die vollständigen Akten zuzuleiten. Vollständig sind die Akten nur, wenn sie alle für die gerichtliche Entscheidung möglicherweise erheblichen Verfahrensvorgänge – namentlich zur Unterbrechung der Verfolgungsverjährung – so wiedergeben, dass Inhalt und Beweiskraft der jeweiligen Aktenteile ohne Erläuterungen und ohne die Notwendigkeit zusätzlicher Ermittlungen erkennbar sind (vgl. OLG Brandenburg, DAR 1997 S. 320).

Ein Aktenvermerk nach Absatz 3 Satz 1, 2. Halbsatz ist nach Sachlage immer dann angezeigt, wenn die Prüfung der Verwaltungsbehörde im Zwischenverfahren der Erläuterung bedarf. Die Verwaltungsbehörde sollte in jedem Fall darstellen, aus welchen Gründen dem Einspruchsvorbringen in tatsächlicher und rechtlicher Hinsicht nicht gefolgt wird.

Vor Übersendung der Akten ist über einen Antrag auf Akteneinsicht und deren Gewährung (§§ 49 Abs. 1, 147 der Strafprozessordnung) zu entscheiden, Absatz 3 Satz 2. Zur Entscheidung der Verwaltungsbehörde über die Gewährung von Akteneinsicht an den Verteidiger gem. §§ 46 Abs. 1, 147 StPO vgl. Erl. 3.1 zu § 60, über die Gewährung von Akteneinsicht an den Betroffenen vgl. Erl. 1 zu § 49. Gedanke des Gesetzgebers war der, dass die Gewährung von Akteneinsicht zu einer Rücknahme des Einspruchs führen kann, falls sich seine Aussichtslosigkeit herausstellt (vgl. *Göhler*, 18. Auflage 2021, Rdnr. 38 zu § 69) und damit ein gerichtliches Verfahren vermieden wird.

Die örtliche Zuständigkeit der Staatsanwaltschaft folgt der Zuständigkeit des Gerichts, §§ 46 Abs. 1, 143 Abs. 1 Satz 1 GVG, 68.

2. Zuständigkeit der Staatsanwaltschaft im Zwischenverfahren

Mit dem Eingang der Akten bei der Staatsanwaltschaft gehen die Aufgaben der Verfolgungsbehörde auf sie über, Absatz 4 Satz 1 (vgl. hierzu bereits Erl. 1.3 zu § 35).

2.1 Zulässigkeitsprüfung

Kommt die Staatsanwaltschaft zu dem Ergebnis, dass der Einspruch nicht rechtzeitig, nicht in der vorgeschriebenen Form oder sonst nicht wirksam eingelegt ist, so gibt sie die Akten an die Verwaltungsbehörde zur Entscheidung über die Zulässigkeit des Einspruchs (Absatz 1 Satz 1) zurück. Gleiches gilt, sofern ein noch nicht von der Verwaltungsbehörde verbeschiedener Wiedereinsetzungsantrag vorliegt (vgl. RiStBV Nr. 281 Satz 1 und 2).

Die Verwaltungsbehörde ist vor der Befassung des Gerichts für die Entscheidung über die Zulässigkeit des Einspruchs und über einen Antrag auf Wiedereinsetzung in den vorigen Stand zuständig (vgl. Absatz 1 Satz 1, § 52 Abs. 2 Satz 1 einerseits und §§ 70, 52 Abs. 2 Satz 2 andererseits). Die erneute Abgabe an die Staatsanwaltschaft ist sachlich nicht eingeschränkt.

2.2 Begründetheitsprüfung

Der Staatsanwaltschaft obliegt – abgesehen von der Prüfung der Zulässigkeit des Einspruchs – vor der Vorlage der Akten an das Amtsgericht die Untersuchung, ob ein hinreichender Tatverdacht besteht oder Verfahrens- (bzw. Verfolgungs-) hindernisse entgegenstehen (andernfalls: Einstellung gem. §§ 46 Abs. 1, 170 Abs. 2 StPO) bzw., ob die Verfolgung geboten ist (andernfalls: Einstellung gem. § 47 Abs. 1), vgl. RiStBV Nr. 282 Abs. 1.

2.2.1 Weitere Ermittlungen

Die Staatsanwaltschaft kann selbst Ermittlungen vornehmen, Ermittlungsorgane (Polizeibeamte) darum ersuchen oder von Behörden oder sonstigen Stellen die Abgabe von Erklärungen über dienstliche Wahrnehmungen, Untersuchungen und Erkenntnisse (§ 77a Abs. 2) verlangen (vgl. RiStBV Nr. 282 Abs. 2). Die Ausführungen unter Erl. 1.2.1 und 1.2.2 gelten hier entsprechend.

2.2.2 Einstellung

Verneint die Staatsanwaltschaft den hinreichenden Tatverdacht bzw. das Gebotensein der Verfolgung, stellt sie das Verfahren gem. §§ 46 Abs. 1, 170 Abs. 2 StPO bzw. § 47 ein. Aus Nr. 282 Abs. 3 Satz 1, 2. Halbsatz, 275 Abs. 2 RiStBV folgt, dass die Verwaltungsbehörde in den dort genannten Fällen vorher anzuhören ist. Mit der Einstellung entfällt die Verfahrensgrundlage für das Bußgeldverfahren. Besinnt sich die Staatsanwaltschaft anders, d. h. will sie von ihrer Einstellungsverfügung abrücken und die Sache doch dem Gericht vorlegen, ist ihr dies nach erfolgter Einstellung verwehrt (vgl. BayObLG, NJW 1973 S. 257, 259). Die Verwaltungsbehörde würde wiederum in die Zuständigkeit der Staatsanwaltschaft eingreifen, wollte sie selbst das Verfahren wiederaufnehmen (vgl. *Göhler*, 18. Auflage 2021, Rdnr. 6 zu § 40).

Zur Kosten- und Auslagenentscheidung vgl. § 108a, RiStBV Nr. 282 Abs. 3 Satz 2 und 3 und die Erl. zu § 108 a.

2.2.3 Vorlage der Akten an das Amtsgericht

Bejaht die Staatsanwaltschaft den hinreichenden Tatverdacht und das Gebotensein der Verfolgung, nachdem sie die Notwendigkeit weiterer Ermittlungen verneint hat, legt sie die Akten dem Amtsgericht vor, Absatz 4 Satz 2. Bei der Aktenvorlage soll sich der Staatsanwalt dazu äußern, ob er einer Entscheidung durch Beschluss gem. § 72 widerspricht, auf Teilnahme an der Hauptverhandlung und Terminsnachricht verzichtet, die Vorladung eines Zeugen für erforderlich hält oder eine vereinfachte Art der Beweisaufnahme für ausreichend erachtet (§ 77a), die schriftliche Begründung des Urteils beantragt (vgl. RiStBV Nr. 284 Abs. 1). Wenn einer Entscheidung durch Beschluss gem. § 72 zugestimmt wird, soll sich der Staatsanwalt gleichzeitig zur Sache äußern und einen bestimmten Antrag stellen (vgl. RiStBV Nr. 284 Abs. 2).

Sieht die Staatsanwaltschaft den hinreichenden Verdacht einer Straftat als gegeben an, wird sie mit der Aktenvorlage die Antragstellung gem. § 81 Abs. 2 Satz 1 verbinden.

3. Zuständigkeit des Amtsgerichts im Zwischenverfahren

3.1 Zurückverweisung

Anstelle der Rückgabebefugnis der Staatsanwaltschaft nach Absatz 4 Satz 3 a. F. wurde mit Wirkung vom 1.3.1998 durch Art. 1 Nr. 11d, 7 OWiG-Änderungsgesetz vom 26.1.1998 (BGBl. I S. 156, 159, 340) in Absatz 5 Satz 1 eine Zurückverweisungsbefugnis des Amtsgerichts statuiert. Bei offensichtlich ungenügender Aufklärung des Sachverhalts kann der Richter beim Amtsgericht die Sache unter Angabe der Gründe mit Zustimmung der Staatsanwaltschaft an die Verwaltungsbehörde zurückverweisen, womit diese nach Eingang der Akten wieder für die Verfolgung und Ahndung zuständig wird. Die Zurückverweisung („Rückgabe") wegen offensichtlich ungenügender Aufklärung des Sachverhalts kommt aus der Sicht der Staatsanwaltschaft (vgl. RiStBV Nr. 283 Satz 1) namentlich in Betracht, wenn nach dem Akteninhalt Beweismittel zur Feststellung der Beschuldigung fehlen oder naheliegende Beweise hierzu nicht erhoben sind oder Beweisanregungen des Betroffenen, die für die Entscheidung von wesentlicher Bedeutung sind, ohne Angabe von Gründen nicht entsprochen ist (vgl. RiStBV Nr. 283 Satz 2: Die Zustimmung der Staatsanwaltschaft zur Rückgabe ist in diesen Fällen geboten, wenn es angezeigt ist, die Verwaltungsbehörde auch für künftige Fälle zu einer näheren Prüfung nach § 69 Abs. 2 OWiG zu veranlassen).

Die Zurückverweisung liegt im Ermessen des Richters beim Amtsgericht. Das Gesetz sieht eine „kann"-Regelung vor. Die Zurückverweisung wird aber in aller Regel geboten sein, wenn es angezeigt ist, dass die Staatsanwaltschaft die Zustimmung zu erteilen hat (s. o.). Bei der Zurückverweisung sind gem. Absatz 5 Satz 1 die Gründe anzugeben, dass und warum der Sachverhalt offensichtlich ungenügend aufgeklärt ist. Die Zurückverweisung kommt nur bei offenen Sachverhaltsfragen, nicht bei Rechtsfragen in Betracht. Zur Unterbrechungswirkung vgl. § 33 Abs. 1 Satz 1 Nr. 10.

Die Zurückverweisung der Sache an die Verwaltungsbehörde ist von der Zustimmung der Staatsanwaltschaft abhängig. Der Richter beim Amtsgericht übersendet deshalb die Akten an die Verwaltungsbehörde über die Staatsanwaltschaft mit der Bitte um Erteilung der Zustimmung. Hierin liegt ein Bruch zu Absatz 4 Satz 2. Die Vorlage der Akten von der Staatsanwaltschaft an das Amtsgericht impliziert gerade, dass die Staatsanwaltschaft den Sachverhalt für eine Bejahung des hinreichenden Tatverdachts und das Gebotensein der Verfolgung als ausreichend ansieht. Nunmehr soll sie im Rahmen des Absatz 5 Satz 1 die Zustimmung zu einer Zurückverweisung an die Verwaltungsbehörde erteilen, die wegen offensichtlich ungenügender Aufklärung des Sachverhalts erfolgt.

Nach der Zurückverweisung wird die Verwaltungsbehörde wieder Verfolgungsbehörde und hat dieselben Befugnisse wie vor der Übersendung der Akten an die Staatsanwaltschaft. Sie kann den Bußgeldbescheid zurücknehmen, das Verfahren einstellen oder einen neuen Bußgeldbescheid erlassen. Sie kann aber auch die Sache nach Durchführung weiterer Ermittlungen erneut an den Richter beim Amtsgericht übersenden (vgl. hierzu Erl. 3.2).

3.2 Rückgabe der Sache an die Verwaltungsbehörde

Bei erneuter Übersendung der Akten durch die Verwaltungsbehörde hat der Richter beim Amtsgericht zu prüfen, ob der hinreichende Tatverdacht für das Vorliegen einer Ordnungswidrigkeit nunmehr besteht. Sofern er dies verneint, kann er die Sache durch Beschluss endgültig an die Verwaltungsbehörde zurückgeben, Absatz 5 Satz 2. Der Beschluss ist unanfechtbar, Absatz 5 Satz 3. Einer Zustimmung der Staatsanwaltschaft hierfür bedarf es nicht. Zur Unterbrechung der Verjährung durch Eingang der Akten beim Amtsgericht nach Absatz 5 Satz 2 vgl. § 33 Abs. 1 Satz 1 Nr. 10.

Die Verwaltungsbehörde wird zwar nach der Rückgabe der Sache wieder Verfolgungsbehörde. Sie kann aber nur noch den Bußgeldbescheid zurücknehmen und das Verfahren nach §§ 46 Abs. 1, 170 Abs. 2 Satz 1 StPO einstellen. Die Kosten des Verfahrens trägt die Staatskasse, §§ 105 Abs. 1, 467a Abs. 1 StPO.

§ 70
Entscheidung des Gerichts über die Zulässigkeit des Einspruchs

(1) Sind die Vorschriften über die Einlegung des Einspruchs nicht beachtet, so verwirft das Gericht den Einspruch als unzulässig.

(2) Gegen den Beschluß ist die sofortige Beschwerde zulässig.

Erläuterungen

Übersicht

Vorbemerkung

Die Bestimmung hat den Sinn, mit der Schaffung einer zweiten Verwerfungskompetenz neben der verwaltungsbehördlichen nach § 69 Abs. 1 Satz 1 die Durchführung des Bußgeldverfahrens möglichst effektiv zu gestalten. Hielte man nur an einer Verwerfungskompetenz (der Verwaltungsbehörde) fest, entstünden Reibungsverluste durch einen zusätzlichen Aufwand im Verfahrensablauf. Ferner wird die Zulässigkeit des Einspruchs durch die Schaffung einer zweiten Verwerfungskompetenz noch einmal überprüft.

1. Verwerfung des Einspruchs durch das Gericht

Nach Absatz 1 verwirft das Gericht den Einspruch als unzulässig, wenn die Vorschriften über die Einlegung des Einspruchs nicht beachtet sind (vgl. hierzu bereits Erl. 1.1 zu § 69).

Das Gericht kann den Einspruch auch dann als unzulässig verwerfen, wenn die Verwaltungsbehörde den Einspruch als zulässig angesehen hat. Eine Bindung des Gerichts kann nach dem Sinn und Zweck der Vorschrift nicht gewollt sein (s. oben Vorbemerkung).

Die Entscheidung des Gerichts erfolgt entweder durch Beschluss oder durch Urteil. Das Gericht hat den Einspruch durch Urteil zu verwerfen, wenn sich erst nach Beginn der Hauptverhandlung die Unzulässigkeit des Einspruchs ergibt (vgl. BayObLG, NJW 1978 S. 903). Außerhalb der Hauptverhandlung ergeht die Entscheidung im Beschlusswege (vgl. zum Einspruch gegen den Strafbefehl § 411 Abs. 1 Satz 1 StPO). Der Beschluss ist zu begründen, Absatz 2, §§ 46 Abs. 1, 34 StPO. Das Gericht hat den Beschluss ferner mit Rechtsmittelbelehrung zuzustellen, Absatz 2, §§ 46 Abs. 1, 35 Abs. 2 Satz 1, 35a Satz 1 StPO. Zur Unterbrechung der Verjährung vgl. § 33 Abs. 1 Satz 1 Nr. 15.

2. Anfechtung der gerichtlichen Entscheidung

Gegen das Urteil ist die Rechtsbeschwerde statthaft, § 79 Abs. 1 Satz 1 Nr. 4. Dies gilt auch für den Fall, dass das Gericht fehlerhaft (nach Beginn der Hauptverhandlung) durch Beschluss entschieden hat (vgl. BayObLG, NJW 1978 S. 903 – Dem Betroffenen steht das Rechtsmittel zu, das zulässig wäre, wenn verfahrensrechtlich ordnungsgemäß, nämlich durch Urteil, entschieden worden wäre.). Gegen den Beschluss ist die sofortige Beschwerde statthaft, Absatz 2, §§ 46 Abs. 1, 311 StPO.

Kommt erst das Rechtsbeschwerdegericht zum Ergebnis der Unzulässigkeit des Einspruchs, wird die amtsgerichtliche Ausgangsentscheidung aufgehoben und der Einspruch als unzulässig verworfen (vgl. BGHSt 26, 183, 184). Dies gilt sogar dann, wenn das Landgericht (§§ 46 Abs. 1, 7, 73 Abs. 1 GVG) auf die sofortige Beschwerde des Betroffenen den Einspruch als zulässig behandelt hat (vgl. OLG Hamm, NJW 1970 S. 1092, 1093). Allerdings hat sich das Rechtsbeschwerdegericht an das Verböserungsverbot zu halten, d. h. die Aufhebung der amtsgerichtlichen Entscheidung führt nicht dazu, dass nunmehr ein im

Vergleich zur Geldbuße, die das Amtsgericht festgesetzt hat, schärferer Rechtsfolgenausspruch der Verwaltungsbehörde wiederauflebt, §§ 79 Abs. 3 Satz 1, 358 Abs. 2 StPO (vgl. BGHSt 18, 127, 130 – Aufhebung mit der Maßgabe, dass es bei der herabgesetzten Geldbuße bleibt).

Gemäß § 52 Abs. 2 Satz 2 ist das Amtsgericht, nachdem ihm die Akten von der Staatsanwaltschaft vorgelegt wurden, auch für die Entscheidung über einen Wiedereinsetzungsantrag zuständig. Wird mit der sofortigen Beschwerde nach Absatz 2 Wiedereinsetzungsantrag gestellt, muss vor der Entscheidung des Landgerichts über die sofortige Beschwerde (das Amtsgericht ist zu einer Abänderung seiner Entscheidung nicht befugt, §§ 46 Abs. 1, 311 Abs. 3 Satz 1 StPO) das Amtsgericht über den Wiedereinsetzungsantrag entscheiden (vgl. *Göhler*, 18. Auflage 2021, Rdnr. 9 zu § 70).

Die Wiedereinsetzung, die auch dann gewährt werden kann, wenn der Antragsteller fälschlicherweise so behandelt wurde, als habe er die Frist versäumt, mit der Folge des Ergehens einer Verwerfungsentscheidung (vgl. BGH bei *Miebach*, NStZ 1988 S. 209, 210), ist in der Lage, selbst eine bereits rechtskräftige Verwerfungsentscheidung außer Kraft zu setzen (vgl. *Göhler*, 18. Auflage 2021, Rdnr. 45 zu § 52).

II.
Hauptverfahren

Vorbemerkung zu §§ 71–78

Das Hauptverfahren ist das „Kernstück" des gerichtlichen Verfahrens. Das Hauptverfahren ist jedoch, obwohl die Vorschriften der StPO gelten, kein Strafverfahren. Gegenstand des Hauptverfahrens auf den Einspruch gegen einen Bußgeldbescheid hin ist lediglich der Vorwurf einer Ordnungswidrigkeit und nicht der, ein strafbewehrtes Unrecht begangen zu haben. Aus diesem Grund entscheiden über den Einspruch auch eigene Abteilungen für Bußgeldsachen bei den Amtsgerichten, vgl. § 46 Abs. 7 HS 1 OWiG. Die vom Gesetzgeber gewollte Unterscheidung von Straftaten und Ordnungswidrigkeiten (vgl. Einführung Erl. 1) spiegelt sich also auch im gerichtlichen Verfahren wider. Verfahrensgrundlage ist der Bußgeldbescheid. Die in dem Bußgeldbescheid enthaltene Beschuldigung begrenzt den Verfahrensgegenstand bzgl. Person (Adressat des Bußgeldbescheides) und Sache (Inhalt des Ordnungswidrigkeitenverstoßes).

§ 71
Hauptverhandlung

(1) Das Verfahren nach zulässigem Einspruch richtet sich, soweit dieses Gesetz nichts anderes bestimmt, nach den Vorschriften der Strafprozessordnung, die nach zulässigem Einspruch gegen einen Strafbefehl gelten.

(2) Zur besseren Aufklärung der Sache kann das Gericht

1. **einzelne Beweiserhebungen anordnen,**
2. **von Behörden und sonstigen Stellen die Abgabe von Erklärungen über dienstliche Wahrnehmungen, Untersuchungen und Erkenntnisse (§ 77a Abs. 2) verlangen.**

Zur Vorbereitung der Hauptverhandlung kann das Gericht auch dem Betroffenen Gelegenheit geben, sich innerhalb einer zu bestimmenden Frist dazu zu äußern, ob und welche Tatsachen und Beweismittel er zu seiner Entlastung vorbringen will; § 69 Abs. 2 Satz 3 Halbsatz 2 ist anzuwenden.

Erläuterungen

Übersicht

1. Anwendung der Vorschriften der StPO, § 71 Abs. 1 OWiG

§ 71 Abs. 1 OWiG bestimmt, dass für das gerichtliche Verfahren nach einem zulässigen Einspruch (vgl. §§ 67–70 OWiG) grundsätzlich die Vorschriften der StPO, die nach zulässigem Einspruch gegen einen Strafbefehl gelten, zur Anwendung kommen. § 71 Abs. 1 OWiG ergänzt die Vorschrift des § 46 Abs. 1 OWiG. Für das Hauptverfahren finden somit u. a. die Vorschriften des § 411 Abs. 1, 3 und 4 StPO Anwendung.

Die Vorschriften der StPO gelten aber immer nur dann, wenn nicht im Ordnungswidrigkeitengesetz etwas anderes bestimmt ist. Von der StPO abweichende Vorschriften stellen insbesondere §§ 72 –78 OWiG dar. Diese Vorschriften tragen – im Vergleich zu Straftaten – dem geringen Unrechtsgehalt der Ordnungswidrigkeiten Rechnung. Bei den im Ordnungswidrigkeitengesetz festgeschriebenen Abweichungen handelt es sich um solche grundsätzlicher Art, d. h. die jeweiligen Vorschriften beinhalten teilweise weitreichende Änderungen gegenüber den für das Hauptverfahren der StPO geltenden Vorschriften, vgl. *Seitz/Bauer* in Göhler, OWiG, 18. Aufl., § 71 Rdnr. 24. Das gerichtliche Verfahren und die Hauptverhandlung in Strafsachen ist im Wesentlichen in §§ 212 bis 275 StPO geregelt.

Insbesondere folgende wesentliche Abweichungen sind im Ordnungswidrigkeitengesetz (vgl. hierzu §§ 72 ff. OWiG) geregelt und besonders zu beachten:

- Abweichend von den Vorschriften zur Vorbereitung der Hauptverhandlung (§§ 212 bis 225a StPO) gilt § 215 StPO – Zustellung des Eröffnungsbeschlusses – nicht, da im Bußgeldverfahren keine Entscheidung über die Eröffnung des Hauptverfahrens vorgeschrieben ist.
- § 216 StPO – Ladung des Angeklagten – gilt nicht uneingeschränkt, vgl. dazu näher *Seitz/Bauer* in Göhler, OWiG, 18. Aufl., § 71 Rdnr. 25.
- Eine Mitteilung über die Besetzung des Gerichtes (§ 222a StPO), der Einwand gegen die Besetzung des Gerichtes (§ 222b StPO) sowie die Vorschrift über die Zuständigkeitsänderung vor der Hauptverhandlung (§ 225a StPO) kommen jeweils nur dann in Betracht, wenn es sich um Kartellordnungswidrigkeiten (§ 83 GWB) handelt.
- Die Vorschriften über die Anwesenheit in der Hauptverhandlung (§§ 226, 227, 230 bis 236 StPO und 247 StPO) gelten nur zum Teil, vgl. auch dazu näher *Seitz/Bauer* in Göhler, OWiG, 18. Aufl., § 71 Rdnr. 28.

2. Anwendung der Vorschriften des GVG und des JGG, § 71 Abs. 1 OWiG

2.1 Sinngemäße Anwendung der Vorschriften des GVG

Die Vorschriften des GVG (§§ 169 ff. GVG) gelten – von einzelnen Ausnahmen abgesehen – für die Hauptverhandlung in Bußgeldsachen entsprechend (vgl. § 46 Abs. 1 OWiG). Ebenso wie der Strafprozess ist auch die Verhandlung in Bußgeldsachen grundsätzlich öffentlich (§ 169 Satz 1 GVG). Im Gegensatz zum Strafverfahren wird dieses Prinzip jedoch aufgrund der geringeren Bedeutung für die Allgemeinheit und der auch sonst vereinfachten Ausgestaltung (vgl. §§ 72 ff. OWiG) des Bußgeldverfahrens nicht immer aufrechterhalten. Als Beispiel ist die Einschränkung der Anwesenheitspflicht des Betroffenen gem. § 73 Abs. 1 i. V. m. Abs. 2 OWiG zu nennen. Ebenso wie im Strafverfahren erfolgt die Urteilsverkündung in jedem Fall öffentlich (§ 46 Abs. 1 OWiG i. V. m. § 173 Abs. 1 GVG). Wird der Grundsatz der Öffentlichkeit verletzt, so ist nach der Rechtsprechung ein absoluter Beschwerdegrund (§ 79 Abs. 3 Satz 1 OWiG i. V. m. § 338 Nr. 6 StPO) gegeben. Sitzungspolizeiliche Maßnahmen (§§ 176 ff. GVG) sind in der Hauptverhandlung zulässig. Die Vorschriften über die Gerichtssprache (§§ 184 –191a GVG) gelten entsprechend. Die Gerichtssprache ist deutsch, § 184 Satz 1 GVG.

2.2 Sinngemäße Anwendung der Vorschriften des JGG

Folgende Vorschriften des JGG sind sinngemäß anzuwenden:

- Jugendgerichtsverfassung, §§ 33 – 38 JGG
- Zuständigkeit, §§ 39 – 42 JGG
- Stellung des Erziehungsberechtigten und des gesetzlichen Vertreters, § 67 JGG
- notwendige Verteidigung, § 68 JGG
- Beistand, § 69 JGG
- Mitteilungen, § 70 Satz 1 JGG
- Nichtöffentlichkeit der Verhandlung, §§ 48, 109 Abs. 1 Satz 4 JGG
- Anwesenheit in der Hauptverhandlung, §§ 50 Abs. 1– 3, 51 JGG
- Bekanntgabe der Urteilsgründe, § 54 Abs. 2 JGG
- Verfahrensvereinfachung, §§ 76 –78 JGG

3. Aufklärung des Sachverhaltes, § 71 Abs. 2 OWiG

Im Bußgeldverfahren soll nach dem Willen des Gesetzgebers (vgl. Begr. EOWiGÄndG, BT-Drs. 10/2652 S. 19) möglichst ohne Vertagung in einer einzigen Hauptverhandlung entschieden werden. Aus diesem Grund hat das Gericht, ebenso wie die Verwaltungsbehörde (vgl. § 69 Abs. 2 Satz 2 und 3 OWiG), die Befugnis, bereits vor der Hauptverhandlung weitere Ermittlungen anzustellen und den Sachverhalt aufzuklären.

3.1 Anordnung einzelner Beweiserhebungen, § 71 Abs. 2 Satz 1 Nr. 1 OWiG

Das Gericht kann vor der Hauptverhandlung einzelne Beweiserhebungen selbst durchführen oder die Verwaltungsbehörde, Beamte des Polizeidienstes oder die Staatsanwaltschaft hierzu beauftragen. Insbesondere Letzteres wird nur selten in Betracht kommen. Die vom jeweiligen Gericht mit den weiteren Ermittlungen beauftragten Behörden müssen der richterlichen Anordnung nachkommen; zu den einzelnen Beweiserhebungen vgl. auch § 69 OWiG Erl. 1.2.1. In der Praxis kommt die Anordnung von Beweiserhebungen im Vorfeld der Hauptverhandlung eher selten zum Tragen, da das Verfahren hierdurch vielfach verzögert wird und eine mehrfache Beweiserhebung zu dem selben Thema ausgelöst werden kann. So muss etwa, wenn die Verfahrensbeteiligten mit einer Verlesung der Vernehmungsprotokolle in der Hauptverhandlung nicht einverstanden sind, eine erneute Zeugenvernehmung angeordnet werden; vgl. § 77a Abs. 4 OWiG (Beispiel nach *Seitz/Bauer* in Göhler, OWiG, 18. Aufl., § 71 Rdnr. 23b).

3.2 Einholung behördlicher Erklärungen, § 71 Abs. 2 Satz 1 Nr. 2 OWiG

Ebenso wie die Verwaltungsbehörde im Zwischenverfahren gem. § 69 Abs. 2 Satz 2 Nr. 2 OWiG kann das Gericht von Behörden und sonstigen Stellen die Abgabe von Erklärungen über dienstliche Wahrnehmungen, Untersuchungen und Erkenntnisse (§ 77a Abs. 2 OWiG) verlangen. Zu den möglichen Erklärungen vgl. Erl. 1.2.2 zu §§ 69, 77a OWiG.

3.3 Gelegenheit zur Äußerung für den Betroffenen, § 71 Abs. 2 Satz 2 OWiG

Das Gericht kann dem Betroffenen die Möglichkeit geben, sich innerhalb einer zu bestimmenden Frist zu äußern. Die Frist wird in der Regel mit ein bis zwei Wochen anzusetzen sein. Entscheidend ist der Einzelfall. Das Gericht wird jedoch bestrebt sein, das Verfahren nicht zu sehr zu verlängern. Die Vorschrift entspricht § 69 Abs. 2 Satz 3 OWiG. Die Behörde wendet im Zwischenverfahren diese Vorgehensweise regelmäßig dann an, wenn die Einspruchsschrift nicht begründet ist (vgl. Erl. 1.2.3 zu § 69 OWiG). Im Bereich des gerichtlichen Verfahrens führt diese Vorgehensweise dagegen nur selten weiter, insbesondere dann nicht, wenn der Betroffene bereits im Zwischenverfahren Gelegenheit zur Äußerung hatte und diese nicht genutzt hat.

§ 72
Entscheidung durch Beschluss

(1) Hält das Gericht eine Hauptverhandlung nicht für erforderlich, so kann es durch Beschluss entscheiden, wenn der Betroffene und die Staatsanwaltschaft diesem Verfahren nicht widersprechen. Das Gericht weist sie zuvor auf die Möglichkeit eines solchen Verfahrens und des Widerspruchs hin und gibt ihnen Gelegenheit, sich innerhalb von zwei Wochen nach Zustellung des Hinweises zu äußern; § 145a Abs. 1 und 3 der Strafprozessordnung gilt entsprechend. Das Gericht kann von einem Hinweis an den Betroffenen absehen und auch gegen seinen Widerspruch durch Beschluss entscheiden, wenn es den Betroffenen freispricht.

(2) Geht der Widerspruch erst nach Ablauf der Frist ein, so ist er unbeachtlich. In diesem Falle kann jedoch gegen den Beschluss innerhalb einer Woche nach Zustellung die Wiedereinsetzung in den vorigen Stand unter den gleichen Voraussetzungen wie gegen die Versäumung einer Frist beantragt werden; hierüber ist der Betroffene bei der Zustellung des Beschlusses zu belehren.

(3) Das Gericht entscheidet darüber, ob der Betroffene freigesprochen, gegen ihn eine Geldbuße festgesetzt, eine Nebenfolge angeordnet oder das Verfahren eingestellt wird. Das Gericht darf von der im Bußgeldbescheid getroffenen Entscheidung nicht zum Nachteil des Betroffenen abweichen.

(4) Wird eine Geldbuße festgesetzt, so gibt der Beschluss die Ordnungswidrigkeit an; hat der Bußgeldtatbestand eine gesetzliche Überschrift, so soll diese zur Bezeichnung der Ordnungswidrigkeit verwendet werden. § 260 Abs. 5 Satz 1 der Strafprozessordnung gilt entsprechend. Die Begründung des Beschlusses enthält die für erwiesen erachteten Tatsachen, in denen das Gericht die gesetzlichen Merkmale der Ordnungswidrigkeit sieht. Soweit der Beweis aus anderen Tatsachen gefolgert wird, sollen auch diese Tatsachen angegeben werden. Ferner sind die Umstände anzuführen, die für die Zumessung der Geldbuße und die Anordnung einer Nebenfolge bestimmend sind.

(5) Wird der Betroffene freigesprochen, so muss die Begründung ergeben, ob der Betroffene für nicht überführt oder ob und aus welchen Gründen die als erwiesen angenommene Tat nicht als Ordnungswidrigkeit angesehen worden ist. Kann der Beschluss nicht mit der Rechtsbeschwerde angefochten werden, so braucht nur angegeben zu werden, ob die dem Betroffenen zur Last gelegte Ordnungswidrigkeit aus tatsächlichen oder rechtlichen Gründen nicht festgestellt worden ist.

(6) Von einer Begründung kann abgesehen werden, wenn die am Verfahren Beteiligten hierauf verzichten. In diesem Fall reicht der Hinweis auf den Inhalt des Bußgeldbescheides; das Gericht kann unter Berücksichtigung der Umstände des Einzelfalls nach seinem Ermessen zusätzliche Ausführungen machen. Die vollständigen Gründe sind innerhalb von fünf Wochen zu den Akten zu bringen, wenn gegen den Beschluss Rechtsbeschwerde eingelegt wird.

Erläuterungen

Übersicht

1. Voraussetzungen für eine Entscheidung durch Beschluss

§ 72 OWiG regelt die Voraussetzungen für eine Entscheidung des Gerichtes durch Beschluss. Abweichend von § 71 Abs. 1 OWiG i. V. m. den Vorschriften der StPO kann das erkennende Gericht auf eine Hauptverhandlung verzichten und aus Gründen der Beschleunigung des Verfahrens durch Beschluss das Verfahren abschließen.

1.1 Entbehrlichkeit der Hauptverhandlung

Das Gericht kann nur dann durch Beschluss entscheiden, wenn eine Hauptverhandlung aus seiner Sicht nicht notwendig ist. Die Entscheidung steht allein im Ermessen des Gerichtes und ist unabhängig von der Höhe der im Bußgeldbescheid festgesetzten Geldbuße, vgl. *Seitz/Bauer* in Göhler, OWiG, 18. Aufl., § 72 Rdnr. 1.

Die Hauptverhandlung ist insbesondere dann entbehrlich, wenn der Sachverhalt aufgrund der schriftlichen Unterlagen hinreichend aufgeklärt ist, oder wenn der Betroffene bereits im Vorfeld des gerichtlichen Verfahrens den Verstoß zugegeben hat. Gleiches gilt, wenn nur über eine Rechtsfrage zu entscheiden ist. Hält das Gericht weitere Ermittlungen für erforderlich, so kann es diese auch schon vor einer Hauptverhandlung durchführen (vgl. Erl. zu § 71 Abs. 2 OWiG). Dies gilt auch dann, wenn das Gericht durch Beschluss entscheiden möchte, eine Hauptverhandlung also für entbehrlich hält. Insofern schließt auch die Notwendigkeit einer Beweiserhebung das schriftliche Verfahren nicht aus, vgl. *Senge* in Karlsruher Kommentar, OWiG, 5. Aufl., § 72 Rdnr. 5. Das Gericht muss aber in jedem Fall das rechtliche Gehör gewährleisten. Dies bedeutet, dass Beweisergebnisse nicht zum Nachteil eines Betroffenen verwertet werden dürfen, ohne dass dieser hierzu nochmals gehört wird.

In der Praxis wird ein Gericht nicht durch Beschluss entscheiden, wenn es weitere Ermittlungen für erforderlich hält, da dann oftmals das Verfahren in der Hauptverhandlung schneller abgeschlossen werden kann. Wenn nochmals rechtliches Gehör gewährt werden muss, wird sich das Gericht schon aus prozessökonomischen Gesichtspunkten für eine Durchführung der Hauptverhandlung entscheiden.

1.2 Kein Widerspruch

Es darf kein Widerspruch gegen die Entscheidung durch Beschluss vorliegen. Eine ausdrückliche Zustimmung der Beteiligten ist aber auch nicht notwendig. Die Rechtsprechung verlangt als Grundlage für das schriftliche Verfahren lediglich ein zumindest stillschweigendes Einverständnis der Beteiligten (BGHSt. 24, 294; BayObLG VRS 53, 285). Dieses Einverständnis wird grundsätzlich unterstellt, wenn die Beteiligten die ihnen vom Gericht nach § 72 Abs. 1 Satz 1 OWiG eingeräumte Möglichkeit zum Widerspruch nicht innerhalb der Frist von zwei Wochen nutzen. Der Hinweis des Gerichtes auf die Möglichkeit des Einspruchs ist gemäß § 72 Abs. 1 Satz 2 HS 1 OWiG förmlich zuzustellen. Kommt es im Verlauf des Verfahrens zu Änderungen der Sach- oder Rechtslage, muss das Gericht nach den Grundsätzen eines fairen Verfahrens den Beteiligten jeweils erneut Gelegenheit zur Stellungnahme geben. Nach § 72 Abs. 1 Satz 3 OWiG kann das Gericht auch gegen den Widerspruch des Betroffenen durch Beschluss entscheiden, sofern nach Aktenlage von vornherein ein Freispruch in Betracht kommt, vgl. *Senge* in Karlsruher Kommentar, OWiG, 5. Aufl., § 72 Rdnr. 10.

1.2.1 Widerspruchsberechtigte

Widerspruchsberechtigt sind der Betroffene und die Staatsanwaltschaft. Daneben kann auch ein Nebenbeteiligter Widerspruch gegen eine Entscheidung durch Beschluss einlegen, da er gem. § 87 Abs. 2 Satz 1, Abs. 6, § 88 Abs. 3 OWiG die Rechte des Betroffenen hat. Natürlich kann auch ein Verteidiger bzw. ein gesetzlicher Vertreter Widerspruch für den Betroffenen einlegen, jedoch nur insoweit, als dies dem Willen des Betroffenen entspricht. So ist z. B. dann, wenn der Betroffene selbst einem schriftlichen Verfahren, und damit der Entscheidung durch Beschluss, zustimmt, ein vorher durch den Verteidiger ausgesprochener Widerspruch nicht mehr gültig, vgl. BayObLG GA 1986, 36 = VRS 68, 469. Ein Widerspruch ist nicht mehr möglich, wenn der Widerspruchsberechtigte vorher eine Verzichtserklärung abgegeben hat. Der Verzicht ist für den Betroffenen bindend, vgl. *Krenberger/Krumm*, OWiG, 7. Aufl., § 72 Rdnr. 23. Dies gilt jedoch nur, soweit die Sach- und Rechtslage unverändert ist. Wenn sich neue tatsächliche oder rechtliche Gesichtspunkte ergeben, verbietet der Grundsatz des fairen Verfahrens, den Verzicht anzuerkennen.

1.2.2 Widerspruchserklärung

Die Widerspruchserklärung bedarf keiner besonderen Form. Auch schlüssiges Verhalten kann für die Annahme einer Widerspruchserklärung ausreichen. Dies führt dazu, dass die Gerichte immer dann von einer Widerspruchserklärung auszugehen haben, wenn die Beteiligten durch ihr Verhalten zu erkennen geben, dass sie mit einer Entscheidung durch Beschluss nicht einverstanden sind. Ein Widerspruch ist aber dann nicht gegeben, wenn lediglich die Rechtsauffassung bestritten wird. Liegen unklare oder widersprüchliche Erklärungen vor, hat das Gericht den Beteiligten Gelegenheit zur Klarstellung zu geben. In der Praxis sollte der Erklärende die schriftliche Form des Widerspruchs wählen. Den Erklärenden trifft die Beweislast bezüglich des Zuganges seiner Erklärung bei Gericht.

1.2.3 Adressat der Widerspruchserklärung

Adressat der Widerspruchserklärung ist das zuständige Gericht. Mit dem Eingang des Widerspruchs bei Gericht gilt dieser als abgegeben. Als Gericht gilt grundsätzlich das zuständige Amtsgericht. Ist das Verfahren bei einer Zweigstelle des Amtsgerichts anhängig, genügt der Eingang des Widerspruchs im Bereich des Amtsgerichts (gleichgültig, ob Neben-, Außenstelle oder Hauptgericht).

1.2.4 Widerspruchsfrist

Die Widerspruchsfrist beträgt zwei Wochen (vgl. § 72 Abs. 1 Satz 2 HS 1 OWiG). Sie beginnt mit der Zustellung des Hinweises an die Beteiligten. Die Frist kann nicht verlängert werden. Auch eine kürzer gesetzte Frist ist unwirksam. Ein verspätet eingegangener Widerspruch ist gem. § 71 Abs. 2 Satz 1 OWiG grundsätzlich unbeachtlich. Das Gericht kann gleichwohl den verspäteten Widerspruch beachten und durch Hauptverhandlung entscheiden. Es ist aber nicht dazu verpflichtet. In der Praxis wird der Richter jedoch so vorgehen, wenn Anhaltspunkte dafür vorliegen, dass der Betroffene die Frist unverschuldet versäumt hat, vgl. *Seitz/Bauer* in Göhler, OWiG, 18. Aufl., § 72 Rdnr. 44 a. In diesem Fall könnte der Betroffene nämlich die Wiedereinsetzung in den vorigen Stand beantragen, vgl. § 77 Abs. 2 Satz 2 OWiG.

1.2.5 Rücknahme des Widerspruchs

Eine Rücknahme des Widerspruchs ist zulässig. Sie bedarf ebenso wie die Einlegung keiner bestimmten Form.

2. Beschlussentscheidung

2.1 Inhalt und Begründung

Inhalt und Begründung der Entscheidung durch Beschluss entsprechen dem des Urteils in Strafsachen, vgl. §§ 260 und 267 StPO. §§ 261 und 264 StPO finden wegen der fehlenden Hauptverhandlung keine Anwendung. Das Gericht entscheidet gem. § 72 Abs. 3 Satz 1 OWiG selbstständig über die Beschuldigung. Es prüft daher nicht den Bußgeldbescheid nach. Es kann den Betroffenen freisprechen, ihm eine Geldbuße auferlegen, Nebenfolgen (zu den möglichen Nebenfolgen vgl. Erl. vor § 22 OWiG) bestimmen oder aber die Einstellung des Verfahrens anordnen. Der Bußgeldbescheid hat nach erfolgtem Einspruch nur noch die Bedeutung einer Verfahrensgrundlage – vergleichbar der Anklage in Strafsachen. Gegenstand der Beschlussentscheidung ist die Tat, wie sie sich nach dem gesamten Akteninhalt darstellt, vgl. *Senge* in Karlsruher Kommentar, OWiG, 5. Aufl., § 72 Rdnr. 58.

Von einer Begründung des Beschlusses kann gem. § 72 Abs. 6 Satz 1 OWiG abgesehen werden, wenn ein Einverständnis aller Beteiligten hierzu besteht. Das Gericht muss in diesem Fall auf den Bußgeldbescheid hinweisen (§ 72 Abs. 6 Satz 2 OWiG); immer dann, wenn gegen den Beschluss Rechtsbeschwerde eingelegt wird, hat das Gericht nachträglich innerhalb von fünf Wochen eine vollständige Begründung abzugeben (§ 72 Abs. 6 Satz 3 OWiG).

2.2 Verschlechterungsverbot (reformatio in peius)

§ 72 Abs. 3 Satz 2 OWiG bestimmt, dass das Gericht von der im Bußgeldbescheid getroffenen Entscheidung nicht zum Nachteil des Betroffenen abweichen darf. Es dürfen somit keine nachteiligeren Rechtsfolgen ausgesprochen werden als im Bußgeldbescheid der Verwaltungsbehörde. Eine höhere Geldbuße oder Nebenfolgen, die nicht bereits im Bußgeldbescheid angeordnet worden sind, können nicht ausgesprochen werden. Eine rechtlich andere Qualifikation ist keine andere Entscheidung i. S. des § 72 Abs. 3 Satz 2 OWiG und ist daher möglich. Gegenstand des Verschlechterungsverbotes sind nur Art und Höhe der Rechtsfolgen einer Tat.

Eine Ausnahme vom Verschlechterungsverbot gilt jedoch in folgendem Fall: Beschließt das Gericht im Gegensatz zur Verwaltungsbehörde neben einer Geldstrafe kein Fahrverbot anzuordnen, kann eine höhere Geldbuße als im Bußgeldbescheid festgesetzt werden, da lediglich die Gesamtschau der angeordneten Rechtsfolgen keine nachteilige Veränderung für den Betroffenen erkennen lassen darf (vgl. BGHSt. 24, 11 = NJW 1971 S. 105).

2.3 Kosten- und Auslagenentscheidung

Nachdem der Beschluss das gerichtliche Verfahren abschließt, muss er eine Kosten- und Auslagenentscheidung enthalten (vgl. § 46 Abs. 1 OWiG i. V. m. § 464 Abs. 1, 2 StPO).

Zum Inhalt der Kosten- und Auslagenentscheidung vgl. § 105 OWiG.

2.4 Zustellung des Beschlusses

Das Gericht stellt den Beschluss der Staatsanwaltschaft, dem Betroffenen sowie etwaigen Nebenbeteiligten mit einer Rechtsmittelbelehrung versehen zu (§ 46 Abs. 1 OWiG i. V. m. §§ 35 Abs. 2 Satz 1, 35a StPO).

Nur wenn der Beschluss zugestellt wird, kann er rechtskräftig werden. Dies gilt auch dann, wenn der Beschluss unanfechtbar ist und die Rechtsbeschwerde gem. § 79 OWiG nicht eröffnet ist (vgl. BGHSt. 25, 259; BayObLG VRS 44, 50).

3. Rechtsbeschwerde

Liegen die Voraussetzungen des § 79 Abs. 1 Satz 1 Nr. 1 bis 3, 5 OWiG vor, kann der Beschluss mit der Rechtsbeschwerde angefochten werden. In den Fällen des § 79 Abs. 1 Satz 1 Nr. 1 bis 3 OWiG sind die jeweiligen Wertgrenzen zu beachten. Nach § 79 Abs. 1 Satz 1 Nr. 5 OWiG ist die Möglichkeit einer Rechtsbeschwerde gegeben, wenn durch Beschluss nach § 72 OWiG entschieden worden ist, obwohl der jeweilige Beschwerdeführer diesem Verfahren rechtzeitig widersprochen hatte oder ihm in sonstiger Weise das rechtliche Gehör versagt wurde.

Über den Gesetzeswortlaut des § 79 Abs. 1 Satz 1 Nr. 5 OWiG hinaus ist die Rechtsbeschwerde zulässig, wenn der nach § 72 Abs. 1 Satz 2 OWiG erforderliche Hinweis nicht oder nicht vollständig gegeben worden ist. Die oben genannten Wertgrenzen spielen in diesem Fall keine Rolle.

Daneben ist die Rechtsbeschwerde des Weiteren bei einem Verstoß gegen das Verschlechterungsverbot (vgl. Erl. 2.2) in analoger Anwendung des § 79 Abs. 1 Satz 1 Nr. 5 OWiG möglich, allerdings nur soweit der Betroffene nach der ihm erteilten Belehrung davon ausgehen durfte, das Verbot werde beachtet. Zu der erweiternden Auslegung des § 79 Abs. 1 Satz 1 Nr. 5 OWiG mit weiteren Fallbeispielen siehe *Seitz/Bauer* in Göhler, OWiG, 18. Aufl., § 72 Rdnr. 70 ff.

4. Rechtskraft des Beschlusses

Die Rechtskraft des Beschlusses nach § 72 OWiG tritt ein mit der Zurücknahme der Rechtsbeschwerde bzw. mit deren Verwerfung. Aber auch bei einer unanfechtbaren Entscheidung tritt Rechtskraft erst ein, wenn die Beschwerdeeinlegungsfrist fruchtlos verstrichen ist. Aus diesem Grund muss der Beschluss in jedem Fall zugestellt werden (vgl. Erl. 2.4). Gegen einen rechtskräftigen Beschluss kann nach § 85 OWiG die Wiederaufnahme des Verfahrens beantragt werden.

§ 73
Anwesenheit des Betroffenen in der Hauptverhandlung

(1) Der Betroffene ist zum Erscheinen in der Hauptverhandlung verpflichtet.

(2) Das Gericht entbindet ihn auf seinen Antrag von dieser Verpflichtung, wenn er sich zur Sache geäußert oder erklärt hat, dass er sich in der Hauptverhandlung nicht zur Sache äußern werde, und seine Anwesenheit zur Aufklärung wesentlicher Gesichtspunkte des Sachverhalts nicht erforderlich ist.

(3) Hat das Gericht den Betroffenen von der Verpflichtung zum persönlichen Erscheinen entbunden, so kann er sich durch einen mit nachgewiesener Vollmacht versehenen Verteidiger vertreten lassen.

Erläuterungen

Übersicht

1. Anwesenheitspflicht des Betroffenen, § 73 Abs. 1 OWiG

1. Anwesenheitspflicht des Betroffenen, § 73 Abs. 1 OWiG

Die Verpflichtung für den Betroffenen zum Erscheinen in der Hauptverhandlung wurde erst durch das OWiGÄndG vom 26.1.1998 (BGBl. I S. 156, 340) eingeführt. Die bis dahin geltende Fassung des § 73 OWiG lautete:

(1) Der Betroffene ist zum Erscheinen in der Hauptverhandlung nicht verpflichtet.

(2) Das Gericht kann jedoch zur Aufklärung des Sachverhalts das persönliche Erscheinen des Betroffenen anordnen.

(3) Das Gericht kann auch die Vernehmung des Betroffenen durch einen ersuchten Richter anordnen. Von dem zum Zweck der Vernehmung anberaumten Termin sind die Staatsanwaltschaft und der Verteidiger zu benachrichtigen; ihrer Anwesenheit bei der Vernehmung bedarf es nicht. Das Protokoll über die Vernehmung ist in der Hauptverhandlung zu verlesen.

(4) Hat das Gericht das persönliche Erscheinen des Betroffenen nicht angeordnet, so kann er sich durch einen schriftlich bevollmächtigten Verteidiger vertreten lassen.

Mit der Einführung des § 73 Abs. 1 OWiG wurde also die bisherige Regelung verkehrt und das Anwesenheitsrecht des Betroffenen in eine Anwesenheitspflicht umgewandelt. Der Gesetzgeber begründete diese grundlegende Änderung damit, dass künftig Auseinandersetzungen darüber, ob die Anordnung des persönlichen Erscheinens gerechtfertigt war oder nicht, vermieden werden sollten (vgl. EOWiGÄndG 1998, S. 9). Letztlich sollte hierdurch eine Entlastung der Gerichte erreicht werden, die bislang häufig Rechtsbeschwerden wegen der Frage der Rechtmäßigkeit der richterlichen Anordnung des persönlichen Erscheinens zu entscheiden hatten.

2. Entbindungsantrag, § 73 Abs. 2 OWiG

2.1 Voraussetzungen für eine Entbindung von der Anwesenheitspflicht

Die Anwesenheitspflicht des § 73 Abs. 1 OWiG kann für den Betroffenen eine oftmals erhebliche Belastung darstellen. So z. B., wenn er wegen eines an sich nur geringfügigen Ordnungswidrigkeitenverstoßes zu einem unter Umständen sehr weit von seinem Wohnort entfernten Gerichtsort fahren muss.

Die Anwesenheitspflicht ist gleichwohl mit dem Grundsatz der Verhältnismäßigkeit sowie mit dem Grundsatz eines fairen Verfahrens in Einklang zu bringen. Mit § 73 Abs. 2 OWiG und der darin geregelten möglichen Entbindung des Betroffenen von der Anwesenheitspflicht hat der Gesetzgeber eine mit diesen Verfahrensgrundsätzen vereinbare Regelung geschaffen. Der Betroffene hat demnach einen Anspruch darauf, von der Anwesenheitspflicht entbunden zu werden, wenn er sich zu der Sache bereits in einer durch das Gericht verwertbaren Weise geäußert oder wenn er vorab erklärt hat, dass er sich in der anstehenden Hauptverhandlung nicht zur Sache äußern werde. Der Betroffene kann sich also durch eigene Initiative von der Verpflichtung nach § 73 Abs. 1 OWiG befreien. Das Gericht überprüft jedoch die Entscheidung des Betroffenen, nicht teilnehmen zu wollen, dahingehend, ob eine Teilnahme nicht dennoch zur Aufklärung des Sachverhaltes erforderlich ist (§ 73 Abs. 2 HS 2 OWiG). Im Rahmen des Entbindungsantrages steht dem Richter ein Ermessen nicht zu.

2.2 Formelle Anforderungen an den Entbindungsantrag

Der Entbindungsantrag des Betroffenen unterliegt keiner bestimmten Formvorschrift. Es genügt also, dass der Betroffene den Entbindungsantrag mündlich oder fernmündlich zu Protokoll der Geschäftsstelle des Gerichts stellt. In der Praxis bietet es sich jedoch aus Gründen der Beweissicherung an, den Antrag schriftlich zu stellen. Der Antrag muss nicht begründet werden. Ausreichend ist, wenn der Betroffene zum Ausdruck bringt, dass er nicht zur Hauptverhandlung erscheinen möchte. Antragsberechtigt sind neben dem Betroffenen auch ein mit nachgewiesener Vollmacht versehener Rechtsanwalt und sonstige Vertreter.

Das Gesetz regelt jedoch nicht, wann ein Entbindungsantrag bei Gericht eingegangen sein muss. Für die Annahme, dass ein Antrag bereits vor Beginn der Hauptverhandlung eingegangen sein muss, spricht der Wortlaut des § 74 Abs. 2 OWiG („... *obwohl der Betroffene von der Verpflichtung zum Erscheinen ... nicht entbunden war* ..."). Der Gesetzgeber hat in der Begründung zum OWiGÄndG jedoch ausgeführt, dass der zuständige Richter in bestimmten Fällen noch in der Hauptverhandlung einen Antrag zurückweisen kann (vgl. EOWiGÄndG, S. 9), was dafür spricht, dass ein nach Eröffnung der Hauptverhandlung gestellter Antrag ebenfalls noch zu berücksichtigen ist. Beiden Auffassungen kann nichts Entscheidendes entgegengehalten werden. Nach der Rechtsprechung des OLG Bamberg vom 30.10.2007 – 2 Ss OWi 1409/07 –, gilt: „*Das Unterlassen der rechtzeitig und begründet – vier Stunden vor dem angesetzten Beginn der Hauptverhandlung – beantragten Entbindung des Betroffenen von seiner Verpflichtung zum persönlichen Erscheinen in der Hauptverhandlung ist rechtsfehlerhaft und sperrt die Einspruchsverwerfung nach § 74 Abs. 2 OWiG mit der Folge, dass das dennoch ergangene Verwerfungsurteil ebenfalls rechtsfehlerhaft ist.*" Dahinstehen könne – so das Gericht – ob dem Tatrichter dieser Antrag tatsächlich bis zu seiner angefochtenen Entscheidung zur Kenntnis gelangt war. Maßgeblich sei insoweit lediglich, dass der Antrag vier Stunden vor Terminbeginn beim Amtsgericht eingegangen war und deshalb bei gehöriger gerichtsinterner Organisation dem Tatrichter rechtzeitig zugeleitet hätte werden können.

3. Vertretung durch Verteidiger, § 73 Abs. 3 OWiG

Gemäß § 73 Abs. 3 OWiG ist die Vertretung in der Hauptverhandlung durch einen Verteidiger zulässig, wenn das Gericht den Betroffenen von der Verpflichtung zum Erscheinen wirksam entbunden hat. Fehlt der Betroffene unentschuldigt und ist er mithin nicht wirksam von der Verpflichtung zum Erscheinen durch das Gericht entbunden worden, ist die Vertretung durch einen Verteidiger unzulässig. Der Verteidiger vertritt den Betroffenen in der Erklärung und im Willen, d. h. er kann sowohl Erklärungen, die vorab mit dem Betroffenen abgesprochen wurden, abgeben als auch ohne Absprache für diesen zur Sache selbst aussagen, vgl. §§ 234, 411 Abs. 2 StPO. Bislang war gemäß dem Wortlaut des § 73 Abs. 3 OWiG eine schriftliche Vollmacht erforderlich. Nach der Neufassung des § 73 Abs. 3 OWiG durch Art. 8 (Änderung des Gesetzes über Ordnungswidrigkeiten) Ziff. 7 des Gesetzes zur Einführung der elektronischen Akte in der Justiz und zur weiteren Förderung des elektronischen Rechtsverkehrs ist es nun ausreichend, dass der für den Betroffenen in der Hauptverhandlung auftretende Verteidiger mit einer dafür nachgewiesenen Vollmacht versehen ist, vgl. *Senge* in Karlsruher Kommentar, OWiG, 5. Aufl., § 73 Rdnr. 2a. Im Reg. Entw. BT-Drs. 18/9416 S. 70, wird dazu ausgeführt: „*Die Änderung eröffnet nunmehr auch ausdrücklich andere Möglichkeiten, das Bestehen der Vollmacht sicher nachzuweisen. Zu denken ist insbesondere an die Übermittlung eines mit einer qualifizierten elektronischen Signatur versehenen Dokuments, in dem der Vertretene das Bestehen einer Vollmacht bestätigt.*" Das frühere Erfordernis der Schriftlichkeit wurde also medienneutral und technikoffen durch die „nachgewiesene Vollmacht" ersetzt, vgl. *Krenberger/Krumm*, OWiG, 7. Aufl., § 73 Rndr. 21. Die Vollmacht muss dem Gericht zu Beginn der Hauptverhandlung vorliegen, vgl. OLG Bamberg, NZV 2011 S. 509.

4. Vernehmung durch einen ersuchten Richter

Die Vernehmung des Betroffenen durch einen ersuchten Richter war früher in § 73 Abs. 3 OWiG a. F. geregelt. Die Vorschrift entsprach den Vorgaben des Grundsatzes des rechtlichen Gehörs sowie der rechtsstaatlichen Fürsorgepflicht eines Gerichtes. Da diese Grundsätze auch weiterhin gültig sind, müsste eigentlich nach wie vor die Vernehmung durch einen ersuchten Richter möglich sein, wenn dem Betroffenen das Erscheinen in der Hauptverhandlung nicht möglich ist oder ihm nicht zugemutet werden kann (z. B. Begehung einer Verkehrsordnungswidrigkeit während einer Urlaubsfahrt). Die Rechtsprechung lehnt die kommissarische Vernehmung im Bußgeldverfahren ab, vgl. BGHSt. 44, 345 = NStZ 1999 S. 250. In §§ 73 und 74 OWiG seien Sonderregelungen enthalten, die einen Rückgriff auf allgemeine strafprozessuale Grundsätze über § 71 OWiG ausschließen würden. Nach geltendem Recht sei die kommissarische Vernehmung des Betroffenen keine Ermessensentscheidung des Richters, sie sei vielmehr schlechthin unzulässig. Dies ergebe ein Vergleich der neuen Regelung mit der alten Gesetzesfassung unter Berücksichtigung des gesetzgeberischen Willens, wie er in den Gesetzesmaterialien zum Ausdruck gekommen sei, und dem mit der Gesetzesänderung verfolgten Ziel, das gerichtliche Bußgeldverfahren zu vereinfachen und zu straffen. Die verfassungsrechtlichen Grundsätze des rechtlichen Gehörs und der Verhältnismäßigkeit stünden der Unzulässigkeit der kommissarischen Vernehmung des Betroffenen nicht entgegen.

§ 74
Verfahren bei Abwesenheit

(1) Die Hauptverhandlung wird in Abwesenheit des Betroffenen durchgeführt, wenn er nicht erschienen ist und von der Verpflichtung zum persönlichen Erscheinen entbunden war. Frühere Vernehmungen des Betroffenen und seine protokollierten und sonstigen Erklärungen sind durch Mitteilung ihres wesentlichen Inhalts oder durch Verlesung in die Hauptverhandlung einzuführen. Es genügt, wenn die nach § 265 Abs. 1 und 2 der Strafprozessordnung erforderlichen Hinweise dem Verteidiger gegeben werden.

(2) Bleibt der Betroffene ohne genügende Entschuldigung aus, obwohl er von der Verpflichtung zum Erscheinen nicht entbunden war, hat das Gericht den Einspruch ohne Verhandlung zur Sache durch Urteil zu verwerfen.

(3) Der Betroffene ist in der Ladung über die Absätze 1 und 2 und die §§ 73 und 77b Abs. 1 Satz 1 und 3 zu belehren.

(4) Hat die Hauptverhandlung nach Absatz 1 oder Absatz 2 ohne den Betroffenen stattgefunden, so kann er gegen das Urteil binnen einer Woche nach Zustellung die Wiedereinsetzung in den vorigen Stand unter den gleichen Voraussetzungen wie gegen die Versäumung einer Frist nachsuchen. Hierüber ist er bei der Zustellung des Urteils zu belehren.

Erläuterungen

Übersicht

1. Hauptverhandlung bei erlaubter Abwesenheit des Betroffenen, § 74 Abs. 1 Satz 1 OWiG

Bei einer entschuldigten Abwesenheit des Betroffenen kann die Hauptverhandlung auch ohne den Betroffenen durchgeführt werden. Voraussetzung hierfür ist, dass der Betroffene tatsächlich nicht erschienen ist (vgl. nachfolgend Erl. 1.1) und er von der Verpflichtung zum Erscheinen entbunden war (vgl. nachfolgend Erl. 1.2.).

1.1 Abwesenheit des Betroffenen

Der Betroffene ist in der Hauptverhandlung abwesend, wenn er oder ein von ihm zur Vertretung berechtigter Verteidiger zur Hauptverhandlung trotz ordnungsgemäßer Ladung nicht erschienen ist. Maßgeblicher Zeitpunkt ist der Beginn der Hauptverhandlung (Aufruf der Sache). Bei einer bloß geringfügigen Verspätung (etwa 15 Minuten) ist jedoch unter Umständen dennoch von einer Anwesenheit auszugehen (vgl. etwa BayObLG NZV 1989 S. 321 ff.). Die Anwesenheitspflicht in der Hauptverhandlung begründet für den Betroffenen eine Mitwirkungspflicht. Diese ist dann verletzt, wenn sich der Betroffene vorzeitig, d. h. ohne zur Sache ausgesagt zu haben, aus der Hauptverhandlung entfernt. Ebenfalls als abwesend gilt nach der Rechtsprechung des BGH, wer infolge Trunkenheit verhandlungsunfähig ist (vgl. BGHSt. 23, 331, 334).

Auch die Abwesenheit eines vertretungsberechtigten Verteidigers ist dem Betroffenen zuzurechnen. Die gerichtliche Fürsorgepflicht gebietet es jedoch, in den Fällen, in denen der Verteidiger zu erkennen gegeben hat, er werde an der Hauptverhandlung teilnehmen, etwaige Verspätungs- oder Säumnisgründe zu berücksichtigen.

1.2 Entbindung von der Verpflichtung zum persönlichen Erscheinen

Die Entbindung von der Verpflichtung zum persönlichen Erscheinen erfolgt nach § 73 Abs. 2 OWiG, vgl. hierzu die Erl. 2 zu § 73 Abs. 2 OWiG.

2. Einführung früherer Vernehmungen und Erklärungen des Betroffenen, § 74 Abs. 1 Satz 2 und 3 OWiG

Mit der Einführung früherer Vernehmungen und Erklärungen wird das Gericht als Aussagemittler des Betroffenen tätig. Der Betroffene ermächtigt das Gericht hierzu (stillschweigend), in dem er nicht zur Hauptverhandlung erscheint. Er muss allerdings wissen, dass die Möglichkeit der Einführung früherer Vernehmungen und Erklärungen in die Hauptverhandlung besteht (Belehrung nach § 74 Abs. 3 OWiG). § 74 Abs. 1 Satz 2 OWiG stellt sicher, dass alle wesentlichen Erklärungen des Betroffenen bei der gerichtlichen Entscheidung berücksichtigt werden.

2.1 Frühere Vernehmungen und Erklärungen des Betroffenen

Das Gericht ist gem. § 74 Abs. 1 Satz 2 OWiG dazu verpflichtet, frühere Vernehmungen des Betroffenen und seine protokollierten oder sonstigen Erklärungen durch Mitteilung ihres wesentlichen Inhalts oder durch Verlesung in die Hauptverhandlung einzuführen. Nach der Neufassung des § 74 Abs. 1 Satz 2 OWiG durch Art. 8 (Änderung des Gesetzes über Ordnungswidrigkeiten) Ziff. 8 des Gesetzes zur Einführung der elektronischen Akte in der Justiz und zur weiteren Förderung des elektronischen Rechtsverkehrs ist das Gericht nunmehr verpflichtet, frühere Äußerungen zur Sache des in der Hauptverhandlung abwesenden Betroffenen in Vernehmungen oder schriftlichen oder protokollarischen Erklärungen unter den weiteren Voraussetzungen des § 74 Abs. 1 OWiG bekannt zu geben, vgl. *Senge* in Karlsruher Kommentar, OWiG, 5. Aufl., § 74 Rdnr. 11.

Nur eine Vernehmung, in der sich der Betroffene bewusst zur Sache, also nicht nur als Zeuge in einem anderen Verfahren, geäußert hat, kann eingeführt werden. Der Betroffene muss seiner Vernehmung und deren Niederschrift zugestimmt haben, vgl. OLG Stuttgart, Beschl. vom 4.10.1978 – 4 Ss 639/78. Ein bloßer Vermerk, z. B. des vernehmenden Beamten, über eine mündliche Anhörung kann nicht eingeführt werden. Im Übrigen kommt es nicht darauf an, ob die Vernehmung vor einem Richter, der Staatsanwaltschaft oder einem Verwaltungsbeamten durchgeführt wurde. Liegen mehrere Vernehmungen oder Erklärungen vor, wird die zeitlich zuletzt abgegebene eingeführt, sofern sich die Vernehmungen decken und kein Widerspruch vorliegt.

Die früheren Vernehmungen und Erklärungen werden mit deren wesentlichen Inhalten oder als Verlesung in das Protokoll der Hauptverhandlung aufgenommen. Hat sich der Betroffene zu dem Verfahren nicht geäußert, obwohl er hierzu Gelegenheit hatte, so hat das Gericht dies ebenfalls im Protokoll festzuhalten. Der Betroffene ist dann so zu behandeln, als habe er in der Hauptverhandlung erklärt, er wolle sich nicht zur Sache äußern, vgl. *Seitz/Bauer* in Göhler, OWiG, 18. Aufl., § 74 Rdnr. 15.

2.2 Belehrung, § 74 Abs. 3 OWiG

Die ordnungsgemäße Belehrung nach § 74 Abs. 3 OWiG ist Grundvoraussetzung dafür, dass Vernehmungen oder Erklärungen des Betroffenen eingeführt werden können. Ohne die Belehrung fehlt daher die Grundlage für die Funktion des Gerichts als Aussagemittler, vgl. *Seitz/Bauer* in Göhler, OWiG, 18. Aufl., § 74 Rdnr. 10.

Die Belehrung ist so zu fassen, dass dem Betroffenen die Folgen seines Fernbleibens von der Verhandlung klar werden. Ein bloßer Hinweis auf die gesetzlichen Vorschriften des § 74 Abs. 1 und 2 OWiG genügt dabei nicht, die Rechtsfolgen sollen vielmehr für den Betroffenen verständlich ausformuliert werden. Die Wiedergabe des Gesetzestextes ist Mindestvoraussetzung. Die Belehrung wird in der Regel zusammen mit der Ladung zum Verhandlungstermin erfolgen, da auch sie in jedem Fall förmlich zugestellt werden muss.

3. Verfahren bei unerlaubter Abwesenheit des Betroffenen, § 74 Abs. 2 OWiG

Die gesetzliche Regelung des § 74 Abs. 2 OWiG lässt dem zuständigen Gericht im Falle der unerlaubten, d. h. nicht vorab auf Antrag durch das Gericht genehmigten (§ 73 Abs. 2 OWiG) Abwesenheit des Betroffenen keine andere Wahl, als den Einspruch ohne Verhandlung zur Sache zu verwerfen. Die gesetzliche Regelung ist insoweit eindeutig.

Voraussetzung für die Verwerfung des Einspruchs ist, dass das Gericht einem Antrag des Betroffenen nach § 73 Abs. 2 OWiG auf Entbindung von der Anwesenheitspflicht nicht entsprochen hat, der Betroffene ordnungsgemäß geladen ist und über die Folgen eines unerlaubten Ausbleibens belehrt wurde. Bleibt der Betroffene bei Vorliegen dieser Voraussetzung ohne genügende Entschuldigung der Verhandlung fern, so ist der Einspruch zu verwerfen. Fehlt eine dieser Voraussetzungen, so kann der Einspruch dagegen nicht verworfen werden. Eine Einspruchsverwerfung hat auch dann zu erfolgen, wenn zwar nicht der Betroffene, dafür aber sein Verteidiger erscheint und eine schriftliche Vollmacht vorlegt. Eine Rechtsanwaltsvertretung ist in der Hauptverhandlung nur dann zulässig, wenn der Betroffene von seiner Anwesenheitspflicht entbunden wurde.

4. Wiedereinsetzung in den vorigen Stand, § 74 Abs. 4 OWiG

§ 74 Abs. 4 OWiG gibt dem Betroffenen die Möglichkeit, Wiedereinsetzung in den vorigen Stand zu beantragen. Die Wiedereinsetzung wird gegen das in Abwesenheit ergangene Urteil beantragt und gewährt. Gemäß dem Wortlaut der Norm ist eine Wiedereinsetzung in den vorigen Stand auch dann zulässig, wenn ein Urteil im Abwesenheitsverfahren gem. § 74 Abs. 1 OWiG ergangen ist, der Betroffene also von seiner Anwesenheitspflicht in der Hauptverhandlung entbunden war.

§ 75
Teilnahme der Staatsanwaltschaft an der Hauptverhandlung

(1) Die Staatsanwaltschaft ist zur Teilnahme an der Hauptverhandlung nicht verpflichtet. Das Gericht macht der Staatsanwaltschaft Mitteilung, wenn es ihre Mitwirkung für angemessen hält.

(2) Nimmt die Staatsanwaltschaft an der Hauptverhandlung nicht teil, so bedarf es ihrer Zustimmung zur Einstellung des Verfahrens (§ 47 Abs. 2) und zur Rücknahme des Einspruchs in der Hauptverhandlung nicht.

Erläuterungen

1. Keine Verpflichtung der Staatsanwaltschaft zur Teilnahme an der Hauptverhandlung, § 75 Abs. 1 Satz 1 OWiG

Die Staatsanwaltschaft übernimmt die Vertretung vor Gericht und die Verantwortung für die Beschuldigung gegen den Betroffenen damit, dass sie die Bußgeldsache nach erfolgtem Einspruch gegen den Bußgeldbescheid an das Gericht weiterleitet und somit überhaupt den Weg von der Verwaltungsbehörde hin zum Gericht eröffnet. Aus diesem Grund bestimmt § 75 Abs. 1 Satz 1 OWiG, dass die Staatsanwaltschaft im Gegensatz zum Strafverfahren nicht zu einer Teilnahme an der Hauptverhandlung verpflichtet ist. Die Staatsanwaltschaft hat damit ihrer Pflicht zur Mitwirkung am Verfahren ausreichend Rechnung getragen.

Dies entbindet das Gericht jedoch nicht davon, die Staatsanwaltschaft von dem Termin der Hauptverhandlung zu benachrichtigen. Fehlt eine Terminsnachricht und findet die Hauptverhandlung infolgedessen gegen den Willen der Staatsanwaltschaft ohne diese statt, so kann hierauf eine Rechtsbeschwerde gestützt werden.

Aus dem Recht der Staatsanwaltschaft, der Hauptverhandlung insgesamt fernzubleiben, ergibt sich auch das Recht, nur an einem Teil der Hauptverhandlung teilzunehmen. Ob die Staatsanwaltschaft an der Hauptverhandlung oder nur an einem Teil der Hauptverhandlung teilnimmt, entscheidet sie selbstständig nach pflichtgemäßem Ermessen. Die Entscheidung der Staatsanwaltschaft richtet sich hierbei insbesondere nach den Vorgaben der Richtlinien für das Strafverfahren und das Bußgeldverfahren (RiStBV), die bestimmen, wann die Staatsanwaltschaft teilnehmen soll. Eine Absprache mit der Verwaltungsbehörde ist dabei empfehlenswert.

Nr. 287 RiStBV lautet:

„I. *Der Staatsanwalt nimmt an der Hauptverhandlung teil, wenn*

a) *er einer Entscheidung durch Beschluss widersprochen hat (§ 72 Abs. 1 OWiG, oder*

b) *Anhaltspunkte dafür vorhanden sind, dass die Tat auch unter dem rechtlichen Gesichtspunkt einer Straftat beurteilt werden kann (§ 81 OWiG; vgl. Nr. 290).*

II. *Der Staatsanwalt soll im Übrigen an der Hauptverhandlung teilnehmen, wenn seine Mitwirkung aus besonderen Gründen geboten erscheint. Das kommt vor allem in Betracht, wenn*

a) *das Gericht ihm mitgeteilt hat, dass es seine Mitwirkung an der Hauptverhandlung für angemessen hält (§ 75 Abs. 1 Satz 2 OWiG),*

b) *die Aufklärung des Sachverhalts eine umfangreiche Beweisaufnahme erfordert,*

c) *eine hohe Geldbuße oder eine bedeutsame Nebenfolge in Betracht kommt,*

d) *eine Rechtsfrage von allgemeiner Bedeutung zu entscheiden ist,*

e) *die Verwaltungsbehörde die Teilnahme des Staatsanwalts an der Hauptverhandlung angeregt hat oder*

f) *mit einer gerichtlichen Einstellung des Verfahrens nach § 47 Abs. 2 OWiG in Fällen zu rechnen ist, in denen dies vom Standpunkt des öffentlichen Interesses nicht vertretbar erscheint (vgl. § 75 Abs. 2 OWiG)."*

Die Staatsanwaltschaft wird aber, selbst bei Vorliegen einer der Gründe der Nr. 287 RiStBV, dann nicht an der Hauptverhandlung teilnehmen, wenn es unter Berücksichtigung des Grundsatzes der Verhältnismäßigkeit nicht angemessen erscheint, teilzunehmen. Dies bestimmt sich grundsätzlich nach der Bedeutung der Sache und der jeweiligen Sach- und Rechtslage. Handelt es sich z. B. lediglich um einen Verstoß gegen eine wenig bedeutende Verwaltungsvorschrift, die keine Nähe zum Strafrecht aufweist (Bsp.: Verletzung einer Pflicht zur Ummeldung), so wird die Staatsanwaltschaft in der Regel nicht teilnehmen.

2. Mitteilung des Gerichtes an die Staatsanwaltschaft nach § 75 Abs. 1 Satz 2 OWiG

Liegen die in Nr. 287 RiStBV angegebenen Voraussetzungen vor, wird das Gericht die Staatsanwaltschaft benachrichtigen, dass es eine Mitwirkung an der Hauptverhandlung für angemessen hält (§ 75 Abs. 1 Satz 2 OWiG). Eine Mitteilung erfolgt auch, wenn das Gericht in Abweichung von der Auffassung der Staatsanwaltschaft eine Beweisaufnahme durchführen will. Die Mitteilung kann formlos (schriftlich oder mündlich) erfolgen und wird in der Praxis zweckmäßigerweise mit der Terminsnachricht verbunden. Die Staatsanwaltschaft ist zwar auch nach der Benachrichtigung nicht verpflichtet, an der Hauptverhandlung teilzunehmen, sie wird dies aber in der Regel tun.

3. Kein Zustimmungserfordernis hinsichtlich der Einstellung des Verfahrens und der Rücknahme des Einspruchs, § 75 Abs. 2 OWiG

Die Staatsanwaltschaft muss gemäß § 47 Abs. 2 Satz 1 OWiG einer Einstellung des Verfahrens zustimmen. Nimmt die Staatsanwaltschaft jedoch an der Hauptverhandlung nicht teil, so bedarf es ihrer Zustimmung in Bezug auf die Verfahrenseinstellung nicht. Dies gilt jedoch nur dann, wenn die Verfahrenseinstellung in der Hauptverhandlung erfolgt.

Für den Fall, dass die Staatsanwaltschaft an der Hauptverhandlung nicht teilnimmt, bedarf es ebenfalls ihrer Zustimmung zur Zurücknahme des Einspruchs in der Hauptverhandlung nicht, vgl. *Senge* in Karlsruher Kommentar, OWiG, 5. Aufl., § 76 Rdnr. 9. § 75 Abs. 2 OWiG ist insoweit eine Ausnahmeregelung. Nimmt die Staatsanwaltschaft an der Hauptverhandlung nicht teil, wird sogar ein von ihr vorher mündlich oder schriftlich erklärter Widerspruch gegen die Einstellung des Verfahrens oder die Rücknahme des Einspruchs wirkungslos. Das Gericht hat bei seiner Entscheidung aber die hierzu von der Staatsanwaltschaft vorgetragenen Bedenken weiterhin zu berücksichtigen, lediglich eine Zustimmung muss nicht mehr eingeholt werden, um das Verfahren nicht unnötig zu verlängern, vgl. *Seitz/Bauer* in Göhler, OWiG, 18. Aufl., § 75 Rdnr. 8.

§ 76
Beteiligung der Verwaltungsbehörde

(1) Das Gericht gibt der Verwaltungsbehörde Gelegenheit, die Gesichtspunkte vorzubringen, die von ihrem Standpunkt für die Entscheidung von Bedeutung sind. Dies gilt auch, wenn das Gericht erwägt, das Verfahren nach § 47 Abs. 2 einzustellen. Der Termin

zur Hauptverhandlung wird der Verwaltungsbehörde mitgeteilt. Ihr Vertreter erhält in der Hauptverhandlung auf Verlangen das Wort.

(2) Das Gericht kann davon absehen, die Verwaltungsbehörde nach Absatz 1 zu beteiligen, wenn ihre besondere Sachkunde für die Entscheidung entbehrt werden kann.

(3) Erwägt die Staatsanwaltschaft, die Klage zurückzunehmen, so gilt § 63 Abs. 3 entsprechend.

(4) Das Urteil und andere das Verfahren abschließende Entscheidungen sind der Verwaltungsbehörde mitzuteilen.

Erläuterungen

Übersicht

1. Zweck der Vorschrift

Die Verwaltungsbehörde hat in vielen Fällen auf ihrem Sachgebiet eine gegenüber dem Gericht größere Sachkunde und Erfahrung. Häufig betreffen Ordnungswidrigkeiten rechtliche Spezialmaterien, die nicht zu den für Amtsgerichte vertrauten Arbeitsgebieten gehören. Aus diesem Grund gibt § 76 OWiG den Gerichten grundsätzlich die Möglichkeit, durch Mithilfe der Verwaltungsbehörde eine bessere Aufklärung und Beurteilung des Sachverhaltes zu erreichen. Beteiligt werden soll die fachlich zuständige Verwaltungsbehörde, die das vom Betroffenen verletzte Gesetz ausführt und daher mit dem Zweck und der Bedeutung der jeweiligen Vorschrift vertraut ist.

2. Gelegenheit zur Äußerung, § 76 Abs. 1 OWiG

2.1 Hilfsorgan des Gerichtes

Gibt das Gericht der Verwaltungsbehörde Gelegenheit zur Äußerung, so wird diese als Hilfsorgan des Gerichtes tätig. Der Vertreter der Verwaltungsbehörde ist in diesem Fall weder Sachverständiger noch Zeuge. Die Verwaltungsbehörde ist ebenso wie das Gericht zu Objektivität verpflichtet, d. h. es dürfen nicht nur einseitig den Betroffenen belastende Umstände vorgebracht werden, sondern auch günstige Tatsachen sind zu berücksichtigen. Dem Gericht sollen durch die mit der Materie betraute Verwaltungsbehörde Erfahrungssätze dargelegt und Tatsachenmaterial aufgezeigt werden.

2.2 Beteiligung der Verwaltungsbehörde

Eine Beteiligung der Verwaltungsbehörde kommt im gesamten gerichtlichen Verfahren – also nicht nur in der Hauptverhandlung – in Betracht, wenn es nach Ansicht des entscheidenden Gerichtes auf die besondere Sachkunde ankommen kann. Dies ist z. B. bei prozessleitenden Verfügungen nicht der Fall, eine Beteiligung kommt hier nicht in Frage. Die Beteiligung erfolgt dadurch, dass das Gericht der Verwaltungsbehörde die Gelegenheit zur Äußerung gibt (§ 76 Abs. 1 Satz 1 OWiG). Die Gelegenheit zur Äußerung wird vor einer Sachentscheidung als auch vor allen sonstigen bedeutsamen Beschlüssen und Verfügungen gegeben (vgl. § 76 Abs. 1 Satz 2 OWiG), für die es auf die Sachkunde der Verwaltungsbehörde ankommt. Wird der Verwaltungsbehörde durch das Gericht Gelegenheit zur Stellungnahme gegeben, hat dies nicht zur Folge, dass sie zur Abgabe einer Stellungnahme verpflichtet ist. Das Gericht kann grundsätzlich keine Stellungnahme erzwingen; die Verwaltungsbehörde wird jedoch in der Regel dann Stellung nehmen, wenn das Gericht sie als Hilfsorgan dazu aufgerufen hat.

2.3 Arten der Beteiligung

Die Art und Weise, wie der Verwaltungsbehörde vom Gericht Gelegenheit zur Äußerung gegeben wird, richtet sich grundsätzlich danach, ob eine Hauptverhandlung (§ 71 OWiG) stattfindet oder im schriftlichen Verfahren durch Beschluss (§ 72 OWiG) entschieden wird.

2.3.1 Beteiligung im Rahmen einer Hauptverhandlung

Findet eine Hauptverhandlung statt, so teilt das Gericht der Verwaltungsbehörde gem. § 76 Abs. 1 Satz 3 OWiG den Verhandlungstermin mit. Eine spezielle Form ist hierfür nicht vorgesehen, die Mitteilung kann also z. B. auch telefonisch erfolgen. Der Termin ist der Verwaltungsbehörde frühzeitig mitzuteilen, damit sich der Vertreter der Behörde fundiert auf die Verhandlung vorbereiten kann. In der Hauptverhandlung hat der Vertreter der Verwaltungsbehörde auf Verlangen das Recht zur Äußerung (§ 76 Abs. 1 Satz 4 OWiG). Hieraus ergibt sich auch das Recht zur Anwesenheit in der Hauptverhandlung.

Das Gericht ist an die geäußerten Rechtsansichten der Verwaltungsbehörde nicht gebunden.

2.3.2 Beteiligung außerhalb der Hauptverhandlung

Im schriftlichen Verfahren wird die Verwaltungsbehörde beteiligt, indem ihr das Gericht alle für eine sachgerechte Stellungnahme erforderlichen Unterlagen, insbesondere auch die Einlassungen des Betroffenen, die erst im gerichtlichen Verfahren vorgebracht wurden, zur Stellungnahme vorlegt. Hat die Verwaltungsbehörde bereits im Rahmen der Übersendung der Akten an die Staatsanwaltschaft eine Stellungnahme i. S. von § 76 Abs. 1 OWiG abgegeben, ist eine erneute Anhörung in der Regel entbehrlich.

Die Verwaltungsbehörde kann sich auch unaufgefordert äußern, da sie ein Recht auf Gehör hat.

2.4 Vernehmung eines Vertreters der Verwaltungsbehörde als Zeuge

Wie oben ausgeführt (vgl. Erl. 2.1), ist die Verwaltungsbehörde Hilfsorgan des Gerichtes. Das Gericht kann aber auch einen Vertreter der Verwaltungsbehörde als Zeugen vernehmen, ihn insoweit also als Beweismittel heranziehen. Hierbei ist aber § 46 Abs. 1 OWiG i. V. m. § 54 StPO – Aussagegenehmigung für Beamte – zu beachten.

Wird der Vertreter der Verwaltungsbehörde als Zeuge vernommen, wird seine Aussage hierdurch zum Gegenstand der Beweisaufnahme, während die Stellungnahme der Verwaltungsbehörde ansonsten lediglich Hilfsmittel für die Entscheidung des Gerichtes ist.

Kommt der Vertreter der Verwaltungsbehörde als Zeuge in Betracht, kann das Anwesenheitsrecht unter Umständen eingeschränkt sein, weil dann § 46 Abs. 1 OWiG i. V. m. §§ 58 Abs. 1, 243 Abs. 2 Satz 1 StPO gilt. Das Gericht hat im Einzelfall abzuwägen, ob das Anwesenheitsrecht der Einhaltung der prozessualen Ordnungsvorschriften vorgeht.

Gelöst werden kann dieser Konflikt in der Praxis z. B. dadurch, dass der Vertreter der Verwaltungsbehörde als erster Zeuge, ganz am Anfang der Beweisaufnahme, vernommen wird. Nach Beendigung seiner Aussage und der Entlassung als Zeuge kann er die verbleibende Zeit der Hauptverhandlung dann ohne Verstoß gegen die Ordnungsvorschrift des § 46 Abs. 1 OWiG i. V. m. §§ 58 Abs. 1, 243 Abs. 2 Satz 1 StPO beiwohnen.

2.5 Vernehmung eines Vertreters der Verwaltungsbehörde als Sachverständiger

Eine weitere Möglichkeit ist die Vernehmung des Vertreters der Verwaltungsbehörde als Sachverständiger. Hierbei ist aber die Möglichkeit der Ablehnung des Sachverständigen (vgl. § 46 Abs. 1 OWiG i. V. m. §§ 74, 22 Nr. 4 StPO) gegeben. Insbesondere dann, wenn der Vertreter der Verwaltungsbehörde selbst an den Ermittlungen im Vorverfahren beteiligt war, wird eine Ablehnung auch erfolgreich sein.

3. Absehen von Beteiligung der Verwaltungsbehörde, § 76 Abs. 2 OWiG

Das Gericht kann von einer Beteiligung der Verwaltungsbehörde absehen, wenn die besondere Sachkunde entbehrt werden kann. Dies ist immer dann der Fall, wenn das Gericht über genügend eigene Sachkunde verfügt und es insofern die Verwaltungsbehörde als Hilfsorgan nicht benötigt. Verkehrsordnungswidrigkeiten sind beispielsweise so weit verbreitet, dass die Gerichte hierbei genügend eigene Erfahrungen und Sachkunde besitzen. In diesen Fällen wird daher von der Beteiligung der Verwaltungsbehörden in der Regel abgesehen werden. Bei der Regelung des § 76 Abs. 2 OWiG handelt es sich aber um eine eng auszulegende Ausnahmevorschrift. Macht das Gericht von der Vorschrift des § 76 Abs. 2 OWiG keinen Gebrauch, kann dies nicht mit der Rechtsbeschwerde gerügt werden.

4. Klagerücknahme der Staatsanwaltschaft, § 76 Abs. 3 OWiG

Es gilt § 63 Abs. 3 OWiG entsprechend (vgl. dort Erl. 3).

5. Mitteilung des Urteils und anderer das Verfahren abschließender Entscheidungen, § 76 Abs. 4 OWiG

Unabhängig davon, ob die Verwaltungsbehörde wegen ihrer besonderen Sachkunde vom Gericht beteiligt wurde oder nicht, ist die Mitteilung des Urteils und anderer verfahrensabschließender Entscheidungen an die Verwaltungsbehörde stets notwendig (vgl. hierzu auch Erl. 2 zu § 63 OWiG). Die Mitteilung ist an keine besondere Form gebunden. Durch die Mitteilung ist die Verwaltungsbehörde in der Lage, die gerichtliche Entscheidung zu bewerten und ggf. in ähnlich gelagerten Fällen zu berücksichtigen.

§ 77

Umfang der Beweisaufnahme

(1) Das Gericht bestimmt, unbeschadet der Pflicht, die Wahrheit von Amts wegen zu erforschen, den Umfang der Beweisaufnahme. Dabei berücksichtigt es auch die Bedeutung der Sache.

(2) Hält das Gericht den Sachverhalt nach dem bisherigen Ergebnis der Beweisaufnahme für geklärt, so kann es außer in den Fällen des § 244 Abs. 3 der Strafprozessordnung einen Beweisantrag auch dann ablehnen, wenn

1. **nach seinem pflichtgemäßen Ermessen die Beweiserhebung zur Erforschung der Wahrheit nicht erforderlich ist oder**
2. **nach seiner freien Würdigung das Beweismittel oder die zu beweisende Tatsache ohne verständigen Grund so spät vorgebracht wird, dass die Beweiserhebung zur Aussetzung der Hauptverhandlung führen würde.**

(3) Die Begründung für die Ablehnung eines Beweisantrages nach Absatz 2 Nr. 1 kann in dem Gerichtsbeschluss (§ 244 Abs. 6 der Strafprozessordnung) in der Regel darauf

beschränkt werden, dass die Beweiserhebung zur Erforschung der Wahrheit nicht erforderlich ist.

Erläuterungen

Übersicht

Vorbemerkung

§ 77 OWiG lockert im gerichtlichen Ordnungswidrigkeitenverfahren die Beweisaufnahme und löst diese von § 244 Abs. 2 StPO, d. h. dem Gericht steht die Möglichkeit zu, Beweisanträge über § 244 Abs. 3 StPO hinaus abzulehnen und deren Begründung nach Absatz 3 formelhaft zu beschränken.

1. Pflicht zur Wahrheitserforschung nach Absatz 1

1.1 Von Amts wegen

Auch im gerichtlichen Bußgeldverfahren gilt der Grundsatz der Aufklärungspflicht von Amts wegen, vgl. BGHSt. 25, 365, 368 = NJW 1974 S. 2295. Dabei überprüft das Gericht, ob sich der Sachverhalt anhand der Akten eindeutig darstellt. Das Gericht kann nach § 71 Abs. 2 OWiG verfahren oder die Hauptverhandlung anberaumen. Da das Gericht den Sachverhalt nach Absatz 1 Satz 1 von Amts wegen zu erforschen hat, trifft den Betroffenen keine Beweislast, d. h. er muss sein Entlastungsvorbringen nicht beweisen und ist auch nicht zur Mitwirkung bei der Feststellung des Täters verpflichtet (OLG Koblenz DAR 1987 S. 296; OLG Naumburg ZfS 1995 S. 356). Wie für den Angeklagten im Strafverfahren gilt für ihn der Grundsatz „nemo tenetur se ipsum accusare", wonach niemand verpflichtet ist, sich selbst anzuklagen.

1.2 Umfang der Beweisaufnahme

Die Aufklärungspflicht reicht soweit, wie dem Gericht durch die aus den Akten bekannt gewordenen Tatsachen der Gebrauch von Beweismitteln aufgedrängt wird. Das Gericht ist deshalb zur Erhebung jener Beweise verpflichtet, die für die Entscheidung von Bedeutung sind, vgl. *Senge* in Karlsruher Kommentar, OWiG, 5. Aufl., § 77 Rdnr. 3. Da nach Absatz 1 Satz 1 der Richter den Umfang der Beweisaufnahme zu bestimmen hat, wurde ihm vom Gesetzgeber eine Dispositionsbefugnis eingeräumt. Dies ist gerade im Ordnungswidrigkeitenverfahren mit seinen zahlreichen Bagatellfällen von Bedeutung, weil insbesondere in rechtlich einfach gelagerten Fällen auf eine umfangreiche Beweisaufnahme verzichtet werden kann. Daher ist eine Beweisaufnahme bei gerichtskundigen Tatsachen oder Erfahrungssätzen, d. h. bei solchen Tatsachen, von denen der Richter aufgrund seiner beruflichen Tätigkeit zuverlässig Kenntnis hat, ebenso wenig erforderlich wie bei allgemeinen Tatsachen und Erfahrungssätzen, von denen jeder verständige Mensch Kenntnis hat oder sich ohne großen Aufwand unterrichten kann, vgl. *Senge* in Karlsruher Kommentar,

OWiG, 5. Aufl., § 77 Rdnr. 9. Die Grenze der Dispositionsbefugnis stellt die Amtsaufklärungspflicht dar; dem Richter steht es daher nicht zu, den Umfang der Beweisaufnahme nach seinem Belieben zu bestimmen (vgl. OLG Düsseldorf, NJW 1992 S. 1521).

1.3 Die Bedeutung der Sache nach Absatz 1 Satz 2

Satz 2 wurde vom Gesetzgeber eingefügt, damit der Richter wegen der Aufklärungspflicht von Amts wegen nicht *„auch bei der geringfügigsten Sache jede nur denkbare Erkenntnisquelle bis auf den letzten Rest ausschöpfen muss"* (Begr. EOWiGÄndG, BT-Drs. 10/2652 S. 22). *Senge,* vgl. Karlsruher Kommentar, OWiG, 5. Aufl., § 77 Rdnr. 4, weist zu Recht darauf hin, dass der Hinweis auf die Bedeutung der Sache jedoch nicht dazu führen darf, der Pflicht zur Wahrheitserforschung im Bagatellbereich einen anderen Inhalt zu geben als in bedeutungsvolleren Verfahren.

1.4 Aufklärungsrüge

Die Aufklärungsrüge kann dann erhoben werden, wenn eine Verletzung der Amtsaufklärungspflicht vorliegt. Eine Verletzung der Aufklärungspflicht im Bußgeldverfahren ist gegeben, wenn das Gericht davon absieht, Beweise zu erheben, deren Benutzung sich nach der Sachlage aufdrängt oder zumindest naheliegt (vgl. *Seitz/Bauer* in Göhler, OWiG, 18. Aufl., § 77 Rdnr. 7). Eine Verletzung der Aufklärungspflicht stellt z. B. dar, wenn der Betroffene vor der Hauptverhandlung, zu der er nicht erschienen ist, mehrere Entlastungszeugen benennt und das Gericht in der Verhandlung nur einen – den Betroffenen belastenden – Zeugen vernimmt (vgl. BayObLG, DAR 1984 S. 247). Dies ist aber nicht der Fall, wenn die benannten Zeugen nicht erreichbar sind (KG, NZV 1990 S. 43). Hat sich das Gericht bereits nach der Vernehmung eines Polizeibeamten seine Überzeugung von dem zu beurteilenden Sachverhalt gemacht, so müssen aufgrund der Aufklärungspflicht trotz Bestreitens des Betroffenen weitere Polizeibeamte nicht vernommen werden, wenn nach Aktenlage keine abweichende Aussage zu erwarten ist und der Betroffene konkret nichts anderes vorträgt (OLG Hamm, NStZ 1984 S. 462). Kann ein weiterer Zeuge dagegen die Aussage eines bereits vernommenen Zeugen entkräften, so drängt es sich auf, auch diesen Zeugen zu vernehmen (OLG Karlsruhe, NStZ 1988 S. 226).

Die Aufklärungsrüge, die eine Verfahrensrüge ist, muss den Anforderungen des § 344 Abs. 2 Satz 2 StPO entsprechen, d. h. dass der Beschwerdeführer a) die Tatsache benennen muss, deren Aufklärung erforderlich gewesen wäre, b) das Beweismittel benennt, dessen sich das Gericht hätte bedienen müssen, c) darlegt, warum sich das Gericht zur Beweisaufnahme hätte gedrängt sehen müssen und d) zu welchem Ergebnis die unterlassene Sachaufklärung geführt hätte (vgl. *Senge* in Karlsruher Kommentar, OWiG, 5. Aufl., § 77 Rdnr. 51). Das Rechtsbeschwerdegericht muss allein anhand der Begründung prüfen können, ob ein Verfahrensfehler vorliegt.

Rügt der Betroffene beispielsweise, das Gericht habe einen Beweisantrag zu Unrecht nach Absatz 2 Nr. 1 abgelehnt, handelt es sich hierbei um eine Aufklärungsrüge. Diese muss entsprechend begründet werden. Dabei müssen auch der Inhalt des Antrags und des gerichtlichen Ablehnungsbeschlusses mitgeteilt und die Tatsachen dargelegt werden, die die Fehlerhaftigkeit des Beschlusses begründen (BGH, NJW 1980 S. 1292).

2. Ablehnung von Beweisanträgen nach Absatz 2

Die Ablehnung des Beweisantrages kann nur erfolgen, wenn ein Ablehnungsgrund nach § 244 Abs. 3, 4, 5 Satz 1 StPO oder § 77 Abs. 2 Nr. 1 und 2 OWiG vorliegt. Voraussetzung für die Ablehnung eines Beweisantrages ist, dass ein Beweisantrag im Rechtssinne gestellt wurde.

2.1 Ablehnung nach § 244 Abs. 3 StPO

Da in Absatz 2 auf § 244 Abs. 3 StPO Bezug genommen wird, gelten im Ordnungswidrigkeitenverfahren die dazu von der Rechtsprechung entwickelten Grundsätze. Zu berücksichtigen ist jedoch, dass aufgrund der Verweisungsnorm des § 71 Abs. 1 OWiG auch § 244 Abs. 4 und 5 Satz 1 StPO entsprechend gilt.

Nach § 244 Abs. 3 StPO ist ein Beweisantrag abzulehnen, wenn die Beweiserhebung unzulässig ist. Eine Beweiserhebung ist unzulässig, wenn sie mit in der StPO nicht zugelassenen Beweismitteln durchgeführt wurde oder sich über Themen erstreckt, die nicht Gegenstand einer Beweisaufnahme sein können. Gem. § 244 Abs. 3 Satz 2 StPO darf der Beweisantrag abgelehnt werden, wenn eine Beweiserhebung offenkundig überflüssig ist, die Tatsache, die bewiesen werden soll, für die Entscheidung ohne Bedeutung oder bereits erwiesen ist, wenn das Beweismittel völlig ungeeignet oder unerreichbar ist, wenn der Antrag zum Zweck der Prozessverschleppung gestellt ist oder wenn eine erhebliche Behauptung, die zur Entlastung des Angeklagten bewiesen werden soll, so behandelt werden kann, als wäre die behauptete Tatsache wahr. Kurz zusammengefasst wird die Ablehnung nach § 244 Abs. 3 Satz 2 StPO damit begründet, dass eine Beweiserhebung zur Erforschung der Wahrheit nicht erforderlich ist, vgl. *Seitz/Bauer* in Göhler, OWiG, 18. Aufl., § 77 Rdnr. 10.

2.2 Ablehnung nach Absatz 2 Nr. 1

Nach Absatz 2 Nr. 1 kann das Gericht einen Beweisantrag ablehnen, wenn nach seinem pflichtgemäßen Ermessen die Beweiserhebung zur Wahrheitserforschung nicht erforderlich ist. Dies führt zu einer vorweggenommenen Wertung des Beweismittels (OLG Zweibrücken, GA 91, 367). Voraussetzung dafür ist, dass bereits eine Beweisaufnahme über eine entscheidungserhebliche Tatsache stattgefunden haben muss, aufgrund derer das Gericht zu der Überzeugung gelangt ist, die Wahrheit gefunden zu haben (OLG Düsseldorf, NStZ 1991 S. 542). D. h., es muss in dem bisherigen Verfahren der Beweis erbracht worden sein, aufgrund dessen die richterliche Überzeugung gestützt ist, dass der Sachverhalt als geklärt betrachtet werden kann. Ist dies der Fall, hat das Gericht abzuwägen, ob die beantragte Beweiserhebung zur Erforschung der Wahrheit erforderlich ist. Dabei hat es die Ergebnisse der bisherigen Beweisaufnahme im Verhältnis zu dem beantragten Beweis zu betrachten (Beweisthema, Erinnerungsvermögen von Zeugen und deren Objektivität, Verlässlichkeitsgrad der bisherigen und beantragten Beweisaufnahme, vgl. *Seitz/Bauer* in Göhler, OWiG, 18. Aufl., § 77 Rdnr. 11).

Der Beweisantrag kann nicht mit der bloßen Begründung abgelehnt werden, dass das Gegenteil der unter Beweis gestellten Tatsache bereits erwiesen sei (OLG Düsseldorf, NZV 1989 S. 163; OLG Köln, VRS 81, 201). Dem Gericht steht ein gewisser Beurteilungsspielraum zu, weil es nach pflichtgemäßem Ermessen über eine Ablehnung des Beweisantrags entscheidet.

Da nach dem Grundsatz der Aufklärungspflicht der Beweis von Amts wegen zu erheben ist, wenn dieser sich aufdrängt oder zumindest naheliegt (vgl. Erl. 1.1), folgt aus dem Umkehrschluss, dass von einer Beweiserhebung abzusehen ist, wenn eine solche sich nicht aufdrängt bzw. naheliegt (*Seitz/Bauer* in Göhler, OWiG, 18. Aufl., § 77 Rdnr. 11).

Die Entscheidung des Gerichts ist dahingehend überprüfbar, ob sie den Gesetzen der Logik, den feststehenden Erkenntnissen der Wissenschaft, den gesicherten Tatsachen der Lebenserfahrung und der Beurteilung der gesamten Beweislage nicht widerspricht, vgl. *Seitz/Bauer* in Göhler, OWiG, 18. Aufl., § 77 Rdnr. 16.

2.3 Ablehnung nach Absatz 2 Nr. 2

Nach Absatz 2 Nr. 2 kann das Gericht einen Beweisantrag wegen verspäteten Vorbringens ablehnen. Ziel dieser Bestimmung ist, aus prozessökonomischen Gesichtspunkten den Betroffenen oder Nebenbeteiligte davon abzuhalten, Beweismittel, die bereits bekannt sind, zurückzuhalten, um eine Aussetzung der Hauptverhandlung zu erwirken (vgl. *Seitz/Bauer* in Göhler, OWiG, 18. Aufl., § 77 Rdnr. 20). Voraussetzung für die Ablehnung des Beweisantrags ist, dass eine Beweisaufnahme durchgeführt worden ist und das

Gericht danach den Sachverhalt als hinreichend geklärt ansieht, das Beweismittel oder die zu beweisende Tatsache ohne hinreichenden Grund verspätet vorgebracht worden ist und die Beweiserhebung zur Aussetzung der Verhandlung führen würde (vgl. *Senge* in Karlsruher Kommentar, OWiG, 5. Aufl., § 77 Rdnr. 19 bis 21). Wegen der Aufklärungspflicht von Amts wegen nach Absatz 1 darf sich die Beweisaufnahme auch nicht aufdrängen oder naheliegen.

Der Betroffene bringt das Beweismittel oder die zu beweisende Tatsache ohne verständigen Grund zu spät vor, wenn ihm ein früheres Vorbringen möglich bzw. zumutbar gewesen wäre. Dies ist der Fall, wenn ein früheres Vorbringen des Beweismittels weder für den Betroffenen noch für einen Angehörigen nachteilig gewesen wäre. Hätte dagegen ein früheres Vorbringen die Verteidigungssituation des Betroffenen beeinträchtigt oder einen Angehörigen in die Gefahr der Verfolgung wegen einer Ordnungswidrigkeit o. Ä. gebracht, würde ein verständiger Grund vorliegen.

3. Begründung der Ablehnung von Beweisanträgen nach Absatz 3

Die Begründung für die Ablehnung des Beweisantrags erfolgt in einem Gerichtsbeschluss, vgl. Absatz 3 i. V. m. § 244 Abs. 6 StPO. Dabei ist eine Kurzbegründung ausreichend, vgl. Absatz 3. Bei der Ablehnung eines Beweisantrags nach Abs. 2 Nr. 1 ist die Begründung, dass die Beweiserhebung zur Erforschung der Wahrheit nicht erforderlich ist, ausreichend. Eine ausführlichere Begründung ist notwendig, wenn sich die Ablehnung des Beweisantrags auf Fälle des § 244 Abs. 3, 4 und 5 Satz 1 StPO stützt. Wird etwa der Beweisantrag als bedeutungslos i. S. des § 244 Abs. 3 StPO abgelehnt, ist in dem Beschluss zu erläutern, ob dies aus rechtlichen oder tatsächlichen Gründen der Fall ist, wobei auch die Tatsachen anzugeben sind, woraus sich die Unerheblichkeit ergibt (vgl. OLG Koblenz, VRS 68, 58). Für das Gericht ist es daher einfacher, die Ablehnung eines Beweisantrags auf Absatz 1 Nr. 1 zu stützen.

Auch die Ablehnung nach Absatz 2 Nr. 2 bedarf einer näheren Begründung, da die Gründe für die Ablehnung nach dieser Vorschrift so unterschiedlich sein können, dass insoweit eine nähere Darlegung durch das Gericht unumgänglich erscheint (Begr. EOWiGÄndG, BT-Drs. 10/2652 S. 24). Die reine Angabe des Wortlautes ist in keinem Fall eine ausreichende Begründung (vgl. OLG Köln, VRS 88, 203; 75, 119). Gleiches gilt erst recht für eine bloße Bezugnahme auf den Gesetzeswortlaut. Ist der Beweisantrag mit einer Kurzbegründung i. S. des Absatz 3 abgelehnt worden, muss im Urteil die Ablehnung im Rahmen der Beweiswürdigung so begründet werden, dass sie für das Rechtsbeschwerdegericht nachprüfbar ist (vgl. BayObLG, VRS 87, 42; KG, VRS 76, 202 m. Anm. *Göhler* in NStZ 1990 S. 74). Dabei ist im Einzelnen darzulegen, worauf die gesicherte Überzeugung gestützt ist und weshalb die vorgebrachten Beweismittel keinen weiteren Aufklärungswert haben (vgl. BayObLG, DAR 1997 S. 318). Ausreichend ist in dieser Hinsicht, wenn der Urteilsbegründung im Zusammenhang entnommen werden kann, dass der Sachverhalt so eindeutig geklärt ist, dass die zusätzlich beantragte Beweiserhebung an der Überzeugung des Gerichts nichts geändert hätte und für die Aufklärung des Sachverhalts entbehrlich gewesen wäre (vgl. OLG Zweibrücken, MDR 1991 S. 1192; *Seitz/Bauer* in Göhler, OWiG, 18. Aufl., § 77 Rdnr. 26).

§ 77a

Vereinfachte Art der Beweisaufnahme

(1) Die Vernehmung eines Zeugen, Sachverständigen oder Mitbetroffenen darf durch Verlesung von Protokollen über eine frühere Vernehmung sowie von Urkunden, die eine von ihnen stammende Äußerung enthalten, ersetzt werden.

(2) Erklärungen von Behörden und sonstigen Stellen über ihre dienstlichen Wahrnehmungen, Untersuchungen und Erkenntnisse sowie über diejenigen ihrer Angehörigen

dürfen auch dann verlesen werden, wenn die Voraussetzungen des § 256 der Strafprozessordnung nicht vorliegen.

(3) Das Gericht kann eine behördliche Erklärung (Absatz 2) auch fernmündlich einholen und deren wesentlichen Inhalt in der Hauptverhandlung bekanntgeben. Der Inhalt der bekanntgegebenen Erklärung ist auf Antrag in das Protokoll aufzunehmen.

(4) Das Verfahren nach den Absätzen 1 bis 3 bedarf der Zustimmung des Betroffenen, des Verteidigers und der Staatsanwaltschaft, soweit sie in der Hauptverhandlung anwesend sind. § 251 Absatz 1 Nummer 3 und 4, Abs. 2 Nr. 1 und 2, Abs. 3 und 4 sowie die §§ 252 und 253 der Strafprozessordnung bleiben unberührt.

Erläuterungen

Übersicht

Vorbemerkung

§ 77a OWiG ermöglicht eine einfache Art der Beweisaufnahme, d. h. dem Gericht ist die Möglichkeit eingeräumt worden, „*eine rasche Entscheidung ohne übermäßigen Verfahrensaufwand treffen zu können*" (BT-Drs. 10/2652 S. 24), da in gewissen Grenzen vom Grundsatz der Unmittelbarkeit der Beweisaufnahme (vgl. § 250 StPO) abgewichen werden kann. Voraussetzung dafür ist allerdings die Zustimmung nach Absatz 4.

1. Der Grundsatz der Unmittelbarkeit der Beweisaufnahme

Der Grundsatz der Unmittelbarkeit der Beweisaufnahme bedeutet den Vorrang des Personalbeweises vor dem Urkundenbeweis (vgl. BGHSt. 15, 253). Weil diese Vorschrift Abweichungen vom Unmittelbarkeitsgrundsatz zulässt, kann davon ausgegangen werden, dass dieser Grundsatz im Bußgeldverfahren ansonsten Anwendung findet. Es ist daher unzulässig, von einer Beweisaufnahme ganz abzusehen und diese durch einfache richterliche Kenntnisnahme vom Akteninhalt zu ersetzen (vgl. OLG Düsseldorf, VRS 86, 183).

2. Die Verlesung von Protokollen und Urkunden nach Absatz 1

Nach Absatz 1 darf die Vernehmung eines Zeugen, Sachverständigen oder Mitbetroffenen durch Verlesung von Protokollen über frühere Vernehmungen sowie von Urkunden, die eine von ihnen stammende Äußerung enthalten, ersetzt werden. Durch Art. 8 (Änderung des Gesetzes über Ordnungswidrigkeiten) Ziff. 9 des Gesetzes zur Einführung der elektronischen Akte in der Justiz und zur weiteren Förderung des elektronischen Rechtsverkehrs wurde in § 77a Abs. 1 OWiG das Wort „Niederschriften" durch das Wort „Protokollen" ersetzt. Ferner wurde das Wort „schriftliche" gestrichen. Absatz 1 geht über § 251 Abs. 2 Nr. 1 und 2 StPO hinaus, da es nicht darauf ankommt, ob eine richterliche Vernehmung möglich gewesen wäre. Niederschriften über frühere Vernehmungen können richterliche und nichtrichterliche (staatsanwaltliche, polizeiliche, behördliche) Protokolle sein. Die Begriffe „Protokolle über eine frühere Vernehmung" und „Urkunden, die eine von ihnen stammende Äußerung enthalten" sind in der gleichen Weise wie bei § 251 Abs. 1 StPO auszulegen (Begr. EOWiGÄndG, BT-Drs. 10/2652 S. 24). Urkunden i. S. von Absatz 1 sind nur solche, die dem Beweisverbot des § 250 StPO unterfallen, z. B. Gutachten, Polizeiprotokolle, Anhörungen. Bei Urkunden ist es nicht erforderlich, dass sie von den Zeugen, Sachverständigen oder Mitbetroffenen ge- und unterschrieben worden sind (Begr. EOWiGÄndG, BT-Drs. 10/2652 S. 24). Ausreichend ist, wenn die Urkunde in ihrem Auftrag und mit ihrem Willen von einer anderen Person gefertigt und unterschrieben wurde, vgl. OLG Düsseldorf, NJW 1970 S. 958.

Bei Zeugen ist § 252 StPO zu beachten. Steht demnach einem Zeugen das Zeugnisverweigerungsrecht zu, muss das Gericht vor der Verlesung der Vernehmungsniederschrift zunächst klären, ob der Zeuge mit der Verwertung seiner früheren Aussage einverstanden ist, vgl. *Seitz/Bauer* in Göhler, OWiG, 18. Aufl., § 77a Rdnr. 2 a.

3. Die Verlesung von Behördenerklärungen nach Absatz 2

Nach Absatz 2 können Erklärungen von Behörden und sonstigen Stellen auch dann verlesen werden, wenn die Voraussetzungen von § 256 StPO nicht vorliegen. Die Vorschrift geht über § 256 StPO deutlich hinaus, da dort nur bestimmte Behörden und bestimmte Inhalte behördlicher Zeugnisse oder Gutachten gemeint sind, während Absatz 2 eine solche Begrenzung nicht enthält. Behördliche Erklärungen i. S. von Absatz 2 sind auch solche Vorgänge, die in dem Bußgeldverfahren bei der Polizei, der Verwaltungsbehörde oder der Staatsanwaltschaft angefallen sind. Es können daher z. B. der Bericht eines Polizeibeamten über seine Wahrnehmungen am Unfallort und die Äußerungen des Betroffenen ihm gegenüber, die Aktenvermerke des Sachbearbeiters der Verwaltungsbehörde über das Verhalten des Betroffenen bei einer Anhörung oder die Mitteilung der zuständigen Polizeidienststelle über technische Einzelheiten einer Geschwindigkeitsmessung verlesen werden (vgl. *Senge* in Karlsruher Kommentar, OWiG, 5. Aufl., § 77a Rdnr. 10). Es wird davon ausgegangen, dass die von den Behörden festgehaltenen Wahrnehmungen und Erkenntnisse wegen deren Pflicht zur Unparteilichkeit besonders objektive Beweismaterialien darstellen und eine richterliche Vernehmung der Behördenangehörigen deshalb nur zur Wiederholung der Akteninhalte führen würde (vgl. *Seitz/Bauer* in Göhler, OWiG, 18. Aufl., § 77a Rdnr. 3).

Behörde ist eine nach öffentlichem Recht errichtete, mit der Erfüllung öffentlicher Aufgaben betraute Stelle des Staates oder eines anderen Trägers der öffentlichen Verwaltung, die in ihrem Bestand von den sie vertretenden Personen unabhängig ist (vgl. OLG Koblenz, NJW 1984 S. 2424). Sonstige Stellen sind solche, die Aufgaben der öffentlichen Verwaltung wahrnehmen (auch Teile der Behörde), vgl. Lemke/Mosbacher, OWiG, 2. Aufl., § 77a Rdnr. 16. Behörden und sonstige Stellen sind z. B. alle Polizei- und Verwaltungsbehörden, Handwerkskammern, Träger der Sozialversicherung, Krankenanstalten der öffentlichen Hand usw. (vgl. Lemke/Mosbacher, OWiG, 2. Aufl., § 77a Rdnr. 17). Erklärungen der Behörde nach dieser Vorschrift sind solche, die für sie von den im Rahmen der inneren Behördenorganisation zuständigen Personen abgegeben werden (Begr. EOWiGÄndG, BT-Drs. 10/2652 S. 25; BGH, VRS 48, 209). Dienstliche Wahrnehmungen, Untersuchungen und Erkenntnisse sind Wahrnehmungen tatsächlicher Art und gutachtliche Äußerungen, die bei einer amtlichen Tätigkeit angefallen sind (vgl. Lemke/Mosbacher, OWiG, 2. Aufl., § 77a Rdnr. 20). Dem Gericht können auf der Grundlage von Absatz 2 bei einer eingerichteten Kontrollstelle zur Feststellung von Geschwindigkeitsüberschreitungen oder der Nichtbeachtung des Rotlichts in behördlichen Erklärungen zur Verwertung für die Hauptverhandlung Erkenntnisse darüber vermittelt werden, wie das Messverfahren funktioniert, welche Fehlerquellen vorhanden oder ausgeschaltet sind, wie viele Unfälle sich vor oder nach der Einrichtung der Kontrollstelle ereignet haben und welche Wahrnehmungen der bei der Kontrolle eingeschaltete Amtsträger gemacht hat, vgl. *Seitz/Bauer* in Göhler, OWiG, 18. Aufl., § 77a Rdnr. 7. Mithilfe solcher Entscheidungsgrundlagen, die sonst nach dem strengen Beweisrecht nur mit Hilfe eines erheblichen Personal-, Zeit- und Kostenaufwands beschafft werden könnten, kann das gerichtliche Verfahren rasch und beschränkt auf die Einwendungen des Betroffenen durchgeführt werden (Begr. EOWiGÄndG, BT-Drs. 10/2652 S. 26; *Seitz/Bauer* in Göhler, OWiG, 18. Aufl., § 77a Rdnr. 7).

4. Die fernmündliche Einholung behördlicher Erklärungen nach Absatz 3

Das Gericht kann eine behördliche Erklärung (Absatz 2) auch fernmündlich einholen und deren wesentlichen Inhalt in der Hauptverhandlung bekanntgeben, vgl. Absatz 3 Satz 1. Sinnvoll ist eine solche Maßnahme, wenn es um Erkenntnisse im Rahmen allgemeiner Überwachungsmaßnahmen oder um sonstige objektive Messdaten, wie z. B. Wetter- oder Verkehrsverhältnisse, geht, vgl. Begr. EOWiGÄndG, BT-Drs. 10/2652 S. 26. Auch kann auf diese Art schnell geklärt werden, ob bei einer durchgeführten Radarmessung bestimmte Fehlerquellen erkannt oder ausgeschaltet worden sind, vgl. *Senge* in Karlsruher Kommentar, OWiG, 5. Aufl., § 77a Rdnr. 16.

In der Praxis sollte – obwohl zulässig – darauf verzichtet werden, Wahrnehmungen von Behördenangehörigen zum Tatgeschehen oder zum Inhalt von Zeugenaussagen fernmündlich zu erfragen. Gleiches gilt für Befragungen eines Polizeibeamten zum Tatgeschehen. Die Gefahr von Übermittlungsfehlern und Missverständnissen ist während eines Telefonates sehr groß; der Beweiswert der Informationen mithin gering.

Dem Betroffenen und seinem Verteidiger sollte die Möglichkeit eingeräumt werden, an dem Telefongespräch teilzunehmen, damit der Betroffene bzw. der Verteidiger beurteilen kann, ob der Verwertung der fernmündlich eingeholten behördlichen Erklärung zugestimmt werden kann oder ob ergänzende Fragen zu stellen sind. Auf Antrag ist der Inhalt der eingeholten Erklärung in dem Protokoll festzuhalten. Es kann aber auch im Rahmen der Beweiswürdigung notwendig sein, auch ohne ausdrücklichen Antrag den wesentlichen Inhalt der eingeholten Erklärung im Protokoll wiederzugeben.

5. Zustimmungsbedürftigkeit des vereinfachten Verfahrens nach Absatz 4

Die Zustimmungsbedürftigkeit des vereinfachten Verfahrens nach den Absätzen 1 bis 3 gilt für alle Verfahrensbeteiligten (Betroffener, Verteidiger, Staatsanwaltschaft), sofern sie in der Hauptverhandlung anwesend sind. Stimmt nur ein Anwesender nicht zu, ist die Zustimmung der anderen unbeachtlich. Da sich die Zustimmung auf die Verwertbarkeit der vereinfachten Beweisaufnahme erstrecken muss, ist es erforderlich, vor der Verlesung deren Grund anzugeben und klarzustellen, dass sie Grundlage der Urteilsfindung sein kann (vgl. BayObLG, NZV 1993 S. 282; OLG Köln, StV 1987 S. 525; *Seitz/Bauer* in Göhler, OWiG, 18. Aufl., § 77a Rdnr. 14). Stimmt der Betroffene oder sein Verteidiger der Verlesung einer Niederschrift oder der Einholung einer behördlichen Erklärung zu, ist er mit dieser Zustimmung nicht bis zur Entscheidung gebunden (*Seitz/Bauer* in Göhler, OWiG, 18. Aufl., § 77a Rdnr. 14; a. A. *Senge* in Karlsruher Kommentar, OWiG, 5. Aufl., § 77a Rdnr. 19: *„Eine einmal erklärte Zustimmung ist unwiderruflich. Es liegt an dem Betroffenen, sich vor der Abgabe seiner Erklärung über den Inhalt der Niederschrift oder behördlichen Erklärungen zu informieren."*). Er kann sich daher z. B. mit der fernmündlichen Einholung einer behördlichen Erklärung einverstanden erklären, aber dann deren Verwertung widersprechen.

Für die Zustimmung sind nur die in der Hauptverhandlung abgegebenen Erklärungen entscheidend. Sind Beteiligte in der Hauptverhandlung abwesend, so entfällt das Erfordernis ihrer Zustimmung. Der Betroffene muss nicht darüber aufgeklärt werden, dass bei einer Hauptverhandlung in seiner Abwesenheit die Verlesung von schriftlichen Beweismitteln nach den Absätzen 1 bis 3 zulässig ist, da er, wenn er nicht zur Hauptverhandlung erscheint, damit rechnen muss, dass das Gericht den Sachverhalt nach den gesetzlichen Vorschriften aufklärt und dabei nicht nur unmittelbare Beweismittel zur Wahrheitserforschung gebraucht (*Seitz/Bauer* in Göhler, OWiG, 18. Aufl., § 77a Rdnr. 16). Die Zustimmung kann auch stillschweigend oder durch eine schlüssige Handlung erfolgen (vgl. BGH, NStZ 1986 S. 207). Dies ist z. B. der Fall, wenn der Richter die Beteiligten fragt, ob der Verlesung zugestimmt werde und gegen die Verlesung kein Widerspruch erhoben wird. Der Verfahrensbeteiligte muss sich jedoch der Tragweite seiner Zustimmung bewusst sein, d. h. er muss dahingehend aufgeklärt sein, dass mit seinem Einverständnis das mittelbare

Beweismittel verwertbar wird (vgl. BayObLG, NZV 1993 S. 282; OLG Köln, StV 1987 S. 525).

Liegt keine Zustimmung i. S. des Absatzes 4 Satz 1 vor, kann gleichwohl nach § 251 Abs. 1 Nr. 2 und 3, Abs. 2 Nr. 1 und 2, Abs. 3 StPO, § 253 StPO vorgegangen werden, sofern die gesetzlichen Voraussetzungen der Normen vorliegen, vgl. Absatz 4 Satz 2.

6. Entscheidung des Gerichts über das vereinfachte Verfahren

Das Gericht entscheidet durch einen Beschluss in der Hauptverhandlung, ob es nach den Absätzen 1 bis 3 verfährt. Die Entscheidung erfolgt nach pflichtgemäßem Ermessen, wobei die Amtsaufklärungspflicht nach § 77 Abs. 1 OWiG die Grenze des Ermessens darstellt. Das Gericht muss klären, ob eine mittelbare Beweisaufnahme nach den Absätzen 1 bis 3 ausreicht oder ob sich zur Erforschung der Wahrheit eine unmittelbare Beweisaufnahme aufdrängt oder zumindest naheliegt (vgl. OLG Hamm, VRS 85, 375, 377; *Senge* in Karlsruher Kommentar, OWiG, 5. Aufl., § 77a Rdnr. 22). Die Verwendung von nur mittelbaren Beweismitteln kann mit der Aufklärungsrüge als rechtsfehlerhaft beanstandet werden (*Seitz/Bauer* in Göhler, OWiG, 18. Aufl., § 77a Rdnr. 19). In das Protokoll ist der Beschluss des Gerichts zur Verlesung aufzunehmen, wobei die tatsächlichen Gründe für die Verlesung anzugeben sind, damit nachprüfbar ist, ob die Voraussetzungen für eine Verlesung vorlagen.

Mit der Verfahrensrüge kann geltend gemacht werden, dass die Voraussetzungen für eine vereinfachte Art der Beweisaufnahme nicht vorlagen, vgl. *Seitz/Bauer* in Göhler, OWiG, 18. Aufl., § 77a Rdnr. 22.

§ 77b
Absehen von Urteilsgründen

(1) Von einer schriftlichen Begründung des Urteils kann abgesehen werden, wenn alle zur Anfechtung Berechtigten auf die Einlegung der Rechtsbeschwerde verzichten oder wenn innerhalb der Frist Rechtsbeschwerde nicht eingelegt wird. Hat die Staatsanwaltschaft an der Hauptverhandlung nicht teilgenommen, so ist ihre Verzichterklärung entbehrlich; eine schriftliche Begründung des Urteils ist jedoch erforderlich, wenn die Staatsanwaltschaft dies vor der Hauptverhandlung beantragt hat. Die Verzichtserklärung des Betroffenen ist entbehrlich, wenn er von der Verpflichtung zum Erscheinen in der Hauptverhandlung entbunden worden ist, im Verlaufe der Hauptverhandlung von einem Verteidiger vertreten worden ist und im Urteil lediglich eine Geldbuße von nicht mehr als zweihundertfünfzig Euro festgesetzt worden ist.

(2) Die Urteilsgründe sind innerhalb der in § 275 Abs. 1 Satz 2 der Strafprozessordnung vorgesehenen Frist zu den Akten zu bringen, wenn gegen die Versäumung der Frist für die Rechtsbeschwerde Wiedereinsetzung in den vorigen Stand gewährt, in den Fällen des Absatzes 1 Satz 2 erster Halbsatz von der Staatsanwaltschaft oder in den Fällen des Absatzes 1 Satz 3 von dem Betroffenen Rechtsbeschwerde eingelegt wird.

Erläuterungen

Übersicht

Vorbemerkung

Die Vorschrift ermöglicht dem Gericht, wenn ein Rechtsmittelverzicht von allen Anfechtungsberechtigten erklärt oder innerhalb einer Frist keine Rechtsbeschwerde eingelegt wurde, von einer schriftlichen Urteilsbegründung abzusehen, vgl. Absatz 1 Satz 1. § 267 Abs. 4, 5 Satz 2 StPO wird durch die Spezialregelung daher verdrängt. § 77b Abs. 1 Satz 1 OWiG gilt grundsätzlich nicht für Urteile, die im Abwesenheitsverfahren nach § 74 Abs. 1 OWiG ergangen sind (Umkehrschluss aus § 77b Abs. 1 Satz 3 OWiG). Ferner gilt § 77b Abs. 1 Satz 1 OWiG nicht für Urteilsrubrum und Urteilsformel.

1. Absehen von Urteilsgründen

1.1 Voraussetzungen nach Absatz 1 Satz 1 und 2

Voraussetzung für das Absehen einer schriftlichen Begründung des Urteils ist, dass alle zur Einlegung der Rechtsbeschwerde Berechtigten auf die Einlegung verzichten oder innerhalb der Frist die Rechtsbeschwerde (bzw. Zulassungsrechtsbeschwerde) nicht eingelegt wurde. Der Verzicht kann von den Verfahrensbeteiligten unmittelbar nach der Urteilsverkündung schriftlich oder zu Protokoll oder während der Rechtsmittelfrist erklärt werden (vgl. BGH, NJW 1984 S. 1974; Lemke/Mosbacher, OWiG, 2. Aufl., § 77b Rdnr. 3). Widerruf, Zurücknahme oder Anfechtung des Verzichts sind unzulässig (vgl. BGH, NStZ 1983 S. 280). Bei mehreren Taten kann von der Begründung der Tat abgesehen werden, bei der die Voraussetzungen von Absatz 1 vorliegen; dies gilt aber nicht, wenn wegen einer Tat im verfahrensrechtlichen Sinne Tatmehrheit oder Tateinheit angenommen und auf die Einlegung einer Rechtsbeschwerde (resp. Zulassungsrechtsbeschwerde) wegen der Verurteilung einzelner Gesetzesverletzungen verzichtet worden ist (vgl. *Seitz/Bauer* in Göhler, OWiG, 18. Aufl., § 77b Rdnr. 1).

Nimmt die Staatsanwaltschaft an der Hauptverhandlung nicht teil, so ist ihre Verzichtserklärung entbehrlich, Absatz 1 Satz 2 HS 1. Damit kann das Urteil der Staatsanwaltschaft ohne Begründung zugestellt werden, wenn der Betroffene auf die Einlegung eines Rechtsmittels verzichtet oder innerhalb der Rechtsmittelfrist kein Rechtsmittel einlegt (Begr. EOWiGÄndG, BT-Drs. 10/2652 S. 27). Bei Fehlen eines Rechtsmittelverzichts des Betroffenen ist es sinnvoll, nicht darauf zu warten, ob ein Rechtsmittel eingelegt wird, sondern das unbegründete Urteil nach der Hauptverhandlung der Staatsanwaltschaft zuzustellen mit der Anfrage, ob sie auf Einlegung eines Rechtmittels verzichtet (vgl. *Seitz/Bauer* in Göhler, OWiG, 18. Aufl., § 77b Rdnr. 3). Die Frist zur Einlegung der Rechtsbeschwerde beginnt durch die Zustellung des Urteils ohne Gründe (vgl. BGHSt. 44, 190 = NStZ 1999 S. 139). Wird das Urteil nachträglich nach Absatz 2 begründet und zugestellt, so beginnt mit dessen Zustellung die Rechtsbeschwerdebegründungsfrist.

Hat die Staatsanwaltschaft nicht an der Hauptverhandlung teilgenommen, aber bereits vor dieser die Begründung des Urteils beantragt, Absatz 1 Satz 2 HS 2, kann der Staatsanwaltschaft nur ein mit einer schriftlichen Begründung versehenes Urteil zugestellt werden. Wird der Antrag auf schriftliche Begründung übersehen und stellt das Gericht das Urteil ohne Begründung zu, so ist eine nachträgliche Ergänzung nach Absatz 2 möglich (vgl. BGH, NStZ 1997 S. 396; *Senge* in Karlsruher Kommentar, OWiG, 5. Aufl., § 77b Rdnr. 12).

1.2 Entbehrlichkeit der Verzichtserklärung nach Absatz 1 Satz 3

Absatz 1 Satz 3 dient der Entlastung der Gerichte. Die Verzichtserklärung ist demnach entbehrlich, wenn a) der Betroffene auf seinen Antrag hin vom Erscheinen in der Hauptverhandlung entbunden worden ist, b) der Betroffene im Laufe der Hauptverhandlung von einem Verteidiger vertreten worden ist und c) im Urteil lediglich eine Geldbuße von nicht mehr als 250,- Euro festgesetzt worden ist. Es genügt, wenn der Verteidiger zu irgendeinem Zeitpunkt der Hauptverhandlung aufgetreten ist. Jedenfalls dann, wenn der Verteidiger zum Zeitpunkt der Urteilsverkündung aufgetreten ist, ist es dem Betroffenen zuzumuten, dass er sich von seinem Verteidiger über die mündliche Urteilsbegründung unterrichten lässt, vgl. Lemke/Mosbacher, OWiG, 2. Aufl., § 77b Rdnr. 10.

2. Nachträgliche Begründung bei Wiedereinsetzung und Rechtsbeschwerde

Das Urteil ist nachträglich innerhalb der in § 275 Abs. 1 Satz 2 StPO vorgesehenen Frist zu begründen, wenn Wiedereinsetzung in den vorigen Stand gegen die Frist zur Einlegung der Rechtsbeschwerde gewährt wird oder die Staatsanwaltschaft oder der Betroffene Rechtsbeschwerde eingelegt hat. Wird die Wiedereinsetzung durch das OLG gewährt, muss das Urteil innerhalb von fünf Wochen nach Erlass des Wiedereinsetzungsbeschlusses zu den Akten gebracht werden, wobei die mit der Aktenrückleitung befasste Justizbehörde dafür Sorge zu tragen hat, dass diese Frist eingehalten werden kann (vgl. KG, NZV 1992 S. 123). Die Frist verlängert sich um zwei Wochen, wenn die Hauptverhandlung länger als drei Tage gedauert hat und für jeden begonnenen Abschnitt von zehn Hauptverhandlungstagen um weitere zwei Wochen, wenn die Hauptverhandlung länger als zehn Tage gedauert hat, § 275 Abs. 1 Satz 2 StPO. Fehlen nach Ablauf der Frist die Urteilsgründe, ist das Urteil im Falle einer zulässigen Rechtsbeschwerde schon auf die Sachrüge hin aufzuheben, da in diesem Fall dem Rechtsbeschwerdegericht eine Nachprüfung auf sachlichrechtliche Fehler nicht möglich ist (vgl. BayObLG, VRS 78, 464; OLG Düsseldorf, VRS 92, 344). Nach Fristablauf ist eine Begründung oder Ergänzung der Urteilsgründe unbeachtlich und zwar auch dann, wenn das Amtsgericht wegen irrtümlicher Annahme der Rechtskraft von einer schriftlichen Begründung des Urteils abgesehen hat (vgl. BayObLG, NStZ 1992 S. 136; Lemke/ Mosbacher, OWiG, 2. Aufl., § 77b Rdnr. 14).

Hat das Gericht von einer Urteilsbegründung irrtümlich oder aus Unkenntnis über den fristgerechten Eingang einer Rechtsbeschwerde abgesehen und ist das Urteil aus dem inneren Dienstbereich herausgegeben worden, liegt ein vollständig in das Sitzungsprotokoll nach § 275 Abs. 1 Satz 1 StPO i. V. m. § 71 Abs. 1 OWiG aufgenommenes Urteil zumindest dann vor, wenn sich außer der Urteilsformel alle für den Urteilskopf erforderlichen Angaben ergeben; die fünfwöchige Urteilsabsetzungsfrist gilt dann nicht (vgl. OLG Köln, NZV 1997 S. 371).

Das Fehlen von Urteilsgründen kann bei einer Zulassungsrechtsbeschwerde nicht mit der Verfahrensrüge angegriffen werden, soweit es sich um ein Verfahren wegen geringfügiger Ordnungswidrigkeiten handelt. In diesen Fällen ist das Fehlen von Urteilsgründen auch mit der Sachrüge im Zulassungsrechtsbeschwerdeverfahren nur begrenzt angreifbar (vgl. *Seitz/Bauer* in Göhler, OWiG, 18. Aufl., § 77b Rdnr. 9). Im Übrigen ist ein unzulässig abgekürztes Urteil kein absoluter Rechtsbeschwerdegrund i. S. v. § 338 Nr. 7 StPO i. V. m. § 79 Abs. 3 Satz 1 OWiG, sondern kann nur nach § 337 StPO i. V. m. § 79 Abs. 3 Satz 1 OWiG die Rechtsbeschwerde begründen (vgl. KG, NZV 1992 S. 332), es sei denn, dass das Urteil erst nach Ablauf der Frist nach § 275 Abs. 1 Satz 2 StPO zu den Akten gebracht worden ist (vgl. OLG Oldenburg, NdsRpfl 1986 S. 132; Lemke/Mosbacher, OWiG, 2. Aufl., § 77b Rdnr. 15).

§ 78
Weitere Verfahrensvereinfachungen

(1) Statt der Verlesung einer Urkunde kann das Gericht dessen wesentlichen Inhalt bekanntgeben; dies gilt jedoch nicht, soweit es auf den Wortlaut der Urkunde ankommt. Haben der Betroffene, der Verteidiger und der in der Hauptverhandlung anwesende Vertreter der Staatsanwaltschaft von dem Wortlaut der Urkunde Kenntnis genommen oder dazu Gelegenheit gehabt, so genügt es, die Feststellung hierüber in das Protokoll aufzunehmen. Soweit die Verlesung von Urkunden von der Zustimmung der Verfahrensbeteiligten abhängig ist, gilt dies auch für das Verfahren nach den Sätzen 1 und 2.

(2) § 243 Absatz 4 der Strafprozessordnung gilt nur, wenn eine Erörterung stattgefunden hat; § 273 Absatz 1a Satz 3 und Absatz 2 der Strafprozessordnung ist nicht anzuwenden.

(3) Im Verfahren gegen Jugendliche gilt § 78 Abs. 3 des Jugendgerichtsgesetzes entsprechend.

(4) Wird gegen einen Jugendlichen oder Heranwachsenden eine Geldbuße festgesetzt, so kann der Jugendrichter zugleich eine Vollstreckungsanordnung nach § 98 Abs. 1 treffen.

Erläuterungen

Übersicht

Vorbemerkung

§ 78 Abs. 5 OWiG wurde durch das 1. Justizmodernisierungsgesetz vom 24.8.2004 (BGBl. I S. 2198, 2204) aufgehoben. § 78 Abs. 2 OWiG wurde durch das Gesetz zur Regelung der Verständigung im Strafverfahren vom 29.7.2009 geändert (BGBl. I 2353, 2354).

Durch Art. 8 (Änderung des Gesetzes über Ordnungswidrigkeiten) Ziff. 10 des Gesetzes zur Einführung der elektronischen Akte in der Justiz und zur weiteren Förderung des elektronischen Rechtsverkehrs wurde der Begriff „Schriftstück" durch die Formulierung „Urkunde" ersetzt.

Die Vorschrift stellt eine weitere Verfahrensvereinfachung gegenüber der StPO in Bezug auf das Verlesen von Urkunden dar. Sie gilt v. a. für die Hauptverhandlung.

1. Bekanntgabe des Inhalts einer Urkunde nach Absatz 1

1.1 Urkunde i. S. von Absatz 1

Urkunden nach Absatz 1 sind alle Schriftstücke, die verlesbar sind und einen gedanklichen Inhalt haben (vgl. BGHSt. 27, 135, 136). Dazu gehören z. B. Urteile, schriftliche Äußerungen von Betroffenen, Zeugen, Sachverständigen und Behörden, Auskünfte aus dem Bundeszentralregister usw. Auch die Verlesung eines Bußgeldbescheids nach § 243 Abs. 3 Satz 1 StPO i. V. m. § 46 Abs. 1 OWiG fällt unter diese Vorschrift (vgl. *Seitz/Bauer* in Göhler, OWiG, 18. Aufl., § 78 Rdnr. 1a). Urkunden i. S. d. Absatz 1 sind nicht nur solche, die als Beweismittel in Betracht kommen, vgl. *Senge* in Karlsruher Kommentar, OWiG, 5. Aufl., § 78 Rdnr. 3, wenngleich der Hauptanwendungsbereich bei solchen Urkunden liegen wird, die als Beweismittel verwertet werden sollen.

1.2 Die Bekanntgabe des wesentlichen Inhalts der Urkunde

Nach Absatz 1 Satz 1 HS 1 kann statt der Verlesung der wesentliche Inhalt einer Urkunde bekannt gegeben werden. Dabei darf der Inhalt nur streng sachlich geschildert werden; eine Würdigung der Bedeutung der Urkunde ist unzulässig. Kommt es dagegen auf den Wortlaut an, genügt die Bekanntgabe des wesentlichen Inhalts nicht, Absatz 1 Satz 1 HS 2. Dies ist v. a. der Fall, wenn es nicht nur auf den Inhalt der Urkunde ankommt, sondern die Art der Darstellung (Schrift, Redewendung) für die Wahrheitsfindung von Bedeutung ist. Der Vorsitzende Richter oder der beauftragte Beisitzer gibt den wesentlichen Inhalt der Urkunde vor Abschluss der Beweisaufnahme bekannt. Dadurch werden die Öffentlichkeit und die Verfahrensbeteiligten von dem Teil einer Urkunde unterrichtet, der nach Auffassung des Gerichts wesentlich ist (vgl. *Kurth* NStZ 1981 S. 232). Die Bekanntgabe des wesentlichen Inhalts einer Urkunde ist – soweit es auf den Wortlaut nicht ankommt – nicht von der Zustimmung der Verfahrensbeteiligten abhängig, vgl. *Seitz/Bauer* in Göhler, OWiG, 18. Aufl., § 78 Rdnr. 1 b. § 78 Abs. 1 Satz 1 OWiG setzt jedoch die Lesbarkeit der Urkunde voraus.

1.3 Verzicht auf die Bekanntgabe nach Satz 2

Satz 2 geht noch ein Stück weiter als Satz 1 und ermöglicht es, wenn den Beteiligten der Inhalt der Urkunden ohnehin bekannt ist oder sie Gelegenheit zur Kenntnisnahme hatten, von der Bekanntgabe des wesentlichen Inhalts ganz abzusehen. Es muss aber protokolliert werden, dass die Beteiligten von dem Wortlaut des Schriftstücks Kenntnis genommen oder dazu Gelegenheit gehabt haben. Damit wird klargestellt, dass das Schriftstück so in die Verhandlung eingebracht worden ist, als ob es verlesen worden wäre, d. h. es ist verwertbar, ohne dass sein Inhalt in der Hauptverhandlung erörtert worden wäre (vgl. *Senge* in Karlsruher Kommentar, OWiG, 5. Aufl., § 78 Rdnr. 2).

1.4 Zustimmungsbedürftigkeit nach Satz 3

Soweit die Verlesung von der Zustimmung der Verfahrensbeteiligten abhängig ist (vgl. § 77a Abs. 4 OWiG), bestimmt Satz 3, dass dies auch für das Verfahren nach Satz 1 und 2 gilt. Damit soll Klarheit geschaffen werden: Der Betroffene, der der Verlesung einer Urkunde zugestimmt hat, könnte sonst ohnehin der Verwertung der Urkunde widersprechen, wenn es dann nicht einmal verlesen, sondern nach Satz 1 und 2 verfahren wird (Begr. EOWiGÄndG, BT-Drs. 10/2652 S. 28; *Seitz/Bauer* in Göhler, OWiG, 18. Aufl., § 78 Rdnr. 1e).

Will das Gericht daher nach § 78 Abs. 1 OWiG verfahren, sind in den Fällen der vereinfachten Beweisaufnahme nach § 77a Abs. 1 und 2 OWiG zwei Zustimmungserklärungen erforderlich, vgl. *Senge* in Karlsruher Kommentar, OWiG, 5. Aufl., § 78 Rdnr. 5.

Bei Abwesenheit der Verfahrensbeteiligten ist deren Zustimmung nicht erforderlich.

2. Der Inhalt des Protokolls nach Absatz 2

Absatz 2 HS 1 bestimmt, dass § 243 Abs. 4 StPO nur gilt, wenn eine Erörterung stattgefunden hat. Diese Bestimmung war aufzunehmen, da die Regelungen der Strafprozessordnung zur Verständigung im Grundsatz auch im Bußgeldverfahren gelten (vgl. §§ 46 Abs. 1, 71 Abs. 1 OWiG), obwohl es im Bußgeldverfahren regelmäßig keine geeigneten Fälle für eine Verständigung gibt. Absatz 2 HS 1 schränkt insofern die Anwendbarkeit der Verständigungsvorschriften der Strafprozessordnung ein. Haben also keine Verständigungsgespräche stattgefunden, besteht für den Bußgeldrichter keine Mitteilungspflicht im Rahmen der Hauptverhandlung. Folgerichtig ist § 273 Abs. 1a Satz 3 StPO nicht anzuwenden, was bedeutet, dass auch im Protokoll nicht festgehalten werden muss, dass es zu keiner Verständigung gekommen ist.

Im Strafverfahren muss das Gericht nach § 243 Abs. 4 Satz 1 StPO in der Hauptverhandlung mitteilen, ob Erörterungen nach §§ 202a, 212 StPO stattgefunden haben, wenn deren Gegenstand die Möglichkeit einer Verständigung (§ 247c StPO) gewesen ist.

Gem. Absatz 2 HS 2 ist § 273 Abs. 2 StPO nicht anzuwenden. Daher brauchen die wesentlichen Ergebnisse der Vernehmungen nicht in das Protokoll aufgenommen werden. § 273 Abs. 3 StPO i. V. m. § 46 Abs. 1 OWiG bleibt aber unberührt (vgl. OLG Hamm, MDR 1971 S. 508). Folglich ist im Einzelfall die vollständige Niederschrift und Verlesung der Ergebnisse der Vernehmung erforderlich, wenn es auf die Feststellung eines Vorgangs in der Hauptverhandlung oder des Wortlauts einer Aussage oder Äußerung ankommt.

3. Verfahrensvereinfachung gegen Jugendliche nach Absatz 3

Im Verfahren gegen Jugendliche gilt die Vorschrift über das vereinfachte Jugendverfahren nach § 78 Abs. 3 JGG entsprechend, s. Absatz 3. Das Gericht darf danach zur Vereinfachung, Beschleunigung und jugendgemäßen Gestaltung des Verfahrens von Verfahrensvorschriften abweichen. Dabei darf jedoch die Pflicht zur Wahrheitserforschung von Amts wegen nicht verletzt werden. Verzichtet werden kann etwa auf die Einhaltung der Ladungsfristen (§ 217 StPO) oder auf die Beiziehung eines Protokollführers. Auf die Beachtung des Grundsatzes der Unmittelbarkeit der Beweisaufnahme und die Gewährung des rechtlichen Gehörs kann dagegen nicht verzichtet werden (vgl. Lemke/Mosbacher, OWiG, 2. Aufl., § 78 Rdnr. 12).

4. Vollstreckungsanordnung nach Absatz 4, § 98 Abs. 1 OWiG

Bei Festsetzung einer Geldbuße gegen einen Jugendlichen oder Heranwachsenden kann der Jugendrichter zugleich festlegen, dass der Jugendliche oder Heranwachsende, wenn er die Geldbuße nicht bezahlen kann, an deren Stelle a) Arbeitsleistung erbringen muss, b) nach Kräften den durch die Handlung verursachten Schaden wiedergutmachen muss, c) bei Verletzung einer Verkehrsvorschrift am Verkehrsunterricht teilnehmen oder d) sonst eine bestimmte Leistung erbringen muss. Der Betroffene hat dann die Wahl, ob er die Geldbuße bezahlen oder die andere Leistung erbringen will (vgl. OLG Köln, VRS 1967, 45).

Der Jugendrichter trifft die Vollstreckungsanordnung in dem Urteil oder Beschluss nach § 72 OWiG („zugleich"). Ein gesonderter Beschluss ist nicht notwendig, da die Vollstreckungsanordnung nicht anfechtbar ist, vgl. § 104 Abs. 3 Satz 2 OWiG, d. h. unterschiedliche Rechtsmittel kommen nicht in Betracht. Der Jugendliche oder Heranwachsende ist über die Bedeutung der Anordnung und über die Folgen ihrer vorwerfbaren Zuwiderhandlung zu belehren. Die Belehrung ist in der Niederschrift über die Hauptverhandlung oder sonst aktenkundig zu machen (vgl. *Seitz/Bauer* in Göhler, OWiG, 18. Aufl., § 78 Rdnr. 7). Für die nachträgliche Änderung der Vollstreckungsanordnung und die Verhängung von Jugendarrest ist der Vollstreckungsleiter zuständig.

III.
Rechtsmittel

§ 79
Rechtsbeschwerde

(1) Gegen das Urteil und den Beschluss nach § 72 ist Rechtsbeschwerde zulässig, wenn

1. gegen den Betroffenen eine Geldbuße von mehr als zweihundertfünfzig Euro festgesetzt worden ist,

2. eine Nebenfolge angeordnet worden ist, es sei denn, dass es sich um eine Nebenfolge vermögensrechtlicher Art handelt, deren Wert im Urteil oder im Beschluss nach § 72 auf nicht mehr als zweihundertfünfzig Euro festgesetzt worden ist,

3. der Betroffene wegen einer Ordnungswidrigkeit freigesprochen oder das Verfahren eingestellt oder von der Verhängung eines Fahrverbotes abgesehen worden ist und wegen der Tat im Bußgeldbescheid oder Strafbefehl eine Geldbuße von mehr als sechshundert Euro festgesetzt, ein Fahrverbot verhängt oder eine solche Geldbuße oder ein Fahrverbot von der Staatsanwaltschaft beantragt worden war,

4. der Einspruch durch Urteil als unzulässig verworfen worden ist oder

5. durch Beschluss nach § 72 entschieden worden ist, obwohl der Beschwerdeführer diesem Verfahren rechtzeitig widersprochen hatte oder ihm in sonstiger Weise das rechtliche Gehör versagt wurde.

Gegen das Urteil ist die Rechtsbeschwerde ferner zulässig, wenn sie zugelassen wird (§ 80).

(2) Hat das Urteil oder der Beschluss nach § 72 mehrere Taten zum Gegenstand und sind die Voraussetzungen des Absatzes 1 Satz 1 Nr. 1 bis 3 oder Satz 2 nur hinsichtlich einzelner Taten gegeben, so ist die Rechtsbeschwerde nur insoweit zulässig.

(3) Für die Rechtsbeschwerde und das weitere Verfahren gelten, soweit dieses Gesetz nichts anderes bestimmt, die Vorschriften der Strafprozessordnung und des Gerichtsverfassungsgesetzes über die Revision entsprechend. § 342 der Strafprozessordnung gilt auch entsprechend für den Antrag auf Wiedereinsetzung in den vorigen Stand nach § 72 Abs. 2 Satz 2 Halbsatz 1.

(4) Die Frist für die Einlegung der Rechtsbeschwerde beginnt mit der Zustellung des Beschlusses nach § 72 oder des Urteils, wenn es in Abwesenheit des Beschwerdeführers verkündet und dieser dabei auch nicht nach § 73 Abs. 3 durch einen mit nachgewiesener Vollmacht versehenen Verteidiger vertreten worden ist.

(5) Das Beschwerdegericht entscheidet durch Beschluss. Richtet sich die Rechtsbeschwerde gegen ein Urteil, so kann das Beschwerdegericht auf Grund einer Hauptverhandlung durch Urteil entscheiden.

(6) Hebt das Beschwerdegericht die angefochtene Entscheidung auf, so kann es abweichend von § 354 der Strafprozessordnung in der Sache selbst entscheiden oder sie an das Amtsgericht, dessen Entscheidung aufgehoben wird, oder an ein anderes Amtsgericht desselben Landes zurückverweisen.

Erläuterungen

Übersicht

Vorbemerkung

Wie allgemein im Bußgeldverfahren, vgl. § 46 Abs. 1 OWiG, gelten auch die Vorschriften der StPO über Rechtsmittel im gerichtlichen Bußgeldverfahren sinngemäß, soweit nicht das Ordnungswidrigkeitengesetz etwas anderes bestimmt.

Im gerichtlichen Bußgeldverfahren gelten insbesondere die §§ 296 bis 303 StPO (allgemeine Vorschriften über Rechtsmittel) und die §§ 304 bis 311a StPO (Vorschriften über das Beschwerdeverfahren) – mit Ausnahme des § 305a StPO sinngemäß.

Keine (unmittelbare) Anwendung im gerichtlichen Bußgeldverfahren finden die Vorschriften über Berufung und Revision (§§ 312 ff. StPO), weil §§ 79 und 80 OWiG insoweit für die Anfechtung einer Sachentscheidung im gerichtlichen Verfahren eine von den Vorschriften der StPO abweichende Regelung treffen, vgl. *Seitz/Bauer* in Göhler, OWiG, 18. Aufl., vor § 79 Rdnr. 4.

§§ 79 ff. OWiG sind aber weitgehend dem Revisionsverfahren in Strafsachen nachgebildet. In § 79 Abs. 3 Satz 1 OWiG wird daher auch grundsätzlich auf die Vorschriften über die Revision in der Strafprozessordnung und dem Gerichtsverfassungsgesetz verwiesen. Beide Rechtsmittel – Revision im Strafrecht und Rechtsbeschwerde im Bußgeldverfahren – ermöglichen jeweils eine Nachprüfung des vorangegangenen gerichtlichen Verfahrens in rechtlicher Hinsicht. Als eine grundlegende Unterscheidung ist jedoch hervorzuheben, dass im Gegensatz zum Revisionsverfahren in Strafsachen das Rechtsbeschwerdeverfahren in Bußgeldsachen für alle Arten von Entscheidungen eines Bußgeldgerichtes – also für Urteile und Beschlüsse – gilt (vgl. § 79 Abs. 1 OWiG).

Des Weiteren entscheidet das Beschwerdegericht in Bußgeldsachen grundsätzlich durch Beschluss ohne den Aufwand einer Hauptverhandlung, während in der strafgerichtlichen Revision ein Revisionsurteil nach der Hauptverhandlung ergeht. Das Rechtsmittelverfahren in Bußgeldsachen ist insoweit also gegenüber dem Verfahren in Strafsachen vereinfacht.

Das Beschwerdegericht ist an die tatsächlichen Feststellungen sowie an die Beweiswürdigung in der angefochtenen Entscheidung gebunden, vgl. Lemke/Mosbacher, OWiG, 2. Aufl., § 79 Rdnr. 2. Das Beschwerdegericht prüft lediglich, ob eine Gesetzesverletzung vorliegt. Dies ist der Fall, wenn eine Rechtsnorm nicht oder nicht richtig angewendet worden ist. Die Rechtsbeschwerde weist einen Devolutiv- und Suspensiveffekt auf.

1. Generelle Zulässigkeit einer Rechtsbeschwerde, § 79 Abs. 1 OWiG

Die Rechtsbeschwerde ist generell zulässig in den Fällen des § 79 Abs. 1 Satz 1 Nr. 1 bis 5 OWiG und § 79 Abs. 1 Satz 2 OWiG. In allen nicht von § 79 Abs. 1 Satz 1 OWiG erfassten Fällen gilt, dass die Rechtsbeschwerde grundsätzlich nicht zulässig ist. Sie kann dann nur ausnahmsweise in den Fällen des § 80 OWiG (vgl. dort) zugelassen werden (§ 79 Abs. 1 Satz 2 OWiG).

1.1 Wertgrenze, § 79 Abs. 1 Satz 1 Nr. 1 OWiG

§ 79 Abs. 1 Satz 1 Nr. 1 OWiG bestimmt für die Zulässigkeit eine Wertgrenze in Höhe von 250,- Euro. Ist gegen den Betroffenen eine Geldbuße von mehr als 250,- Euro festgesetzt worden, ist die Rechtsbeschwerde zulässig.

Der Gesetzgeber war sich bei der Festlegung der Wertgrenze dabei durchaus im Klaren, dass er hierdurch möglicherweise jemanden, der in besseren wirtschaftlichen Verhältnissen lebt (was im Bußgeldverfahren auch zu einer höher bemessenen Geldbuße führen kann), privilegiert, hat dies aber in Kauf genommen (vgl. Begründung zu § 68 EOWiG, S. 100).

Sowohl die Rechtsprechung (vgl. etwa BGH, NJW 1991 S. 1367) als auch die überwiegende Meinung in der Literatur (vgl. *Senge* in Karlsruher Kommentar, OWiG, 5. Aufl., § 79 Rdnr. 10) geht davon aus, dass diese Entscheidung sachgerecht ist.

Begründet wird dies vor allem damit, dass zum einen die wirtschaftlichen Verhältnisse bei der Bemessung der Geldbuße nicht zwingend als ausschlaggebendes Entscheidungskriterium vorgegeben, sondern nur mit in Betracht zu ziehen sind und gerade im unteren Bereich der Geldbuße weitgehend unberücksichtigt bleiben, und zum anderen damit, dass es vielfach vorgegebene Bußgeldkataloge gibt (so z. B. der Bußgeldkatalog im Bereich der Verkehrsordnungswidrigkeiten), die für die Gerichte bei der Festsetzung der Geldbuße von Bedeutung sind.

Werden wegen einer Tat im verfahrensrechtlichen Sinne (vgl. Vorbemerkung zu § 59 OWiG, Erl. 3) mehrere Geldbußen festgesetzt, sind diese für die Berechnung der Wertgrenze nach § 79 Abs. 1 Satz 1 Nr. 1 OWiG zusammenzurechnen.

Maßgeblich ist dann die Summe der Einzelgeldbußen, die einen Betrag von über 250,- Euro ergeben muss (vgl. etwa BayObLG, NStZ-RR 1997 S. 248; OLG Koblenz, VRS 1975, 71).

Dies gilt aber nur, soweit die Rechtsbeschwerde unbeschränkt eingelegt wird. Wird die Rechtsbeschwerde dagegen nicht auf alle Einzelgeldbußen erstreckt, sondern nur bestimmte Geldbußen angefochten, sind auch nur diese für Berechnung der Erreichung der Wertgrenze maßgeblich.

Die Wertgrenze des § 79 Abs. 1 Satz 1 Nr. 1 OWiG gilt sowohl für die Rechtsbeschwerde des Betroffenen als auch für die Rechtsbeschwerde der Staatsanwaltschaft. Der BGH (vgl. BGHSt. 37 S. 316 = NJW 1991 S. 1367) hat dies entgegen anderslautender Entscheidungen verschiedener Oberlandesgerichte (so etwa OLG Zweibrücken, NStZ 1989 S. 234; OLG Karlsruhe, VRS 1980, 360) auf Vorlage des BayObLG (NStZ 1990 S. 497) hin mit der Begründung entschieden, dies entspräche dem Gesetzeswortlaut und sei auch aus den Gesetzesmaterialien ersichtlich so gewollt.

1.2 Verhängung von Nebenfolgen, § 79 Abs. 1 Satz 1 Nr. 2 OWiG

§ 79 Abs. 1 Satz 1 Nr. 2 OWiG bestimmt, dass für Bußgeldentscheidungen, in denen eine Nebenfolge angeordnet worden ist, grundsätzlich die Rechtsbeschwerde zulässig ist.

Das Gesetz unterscheidet jedoch danach, ob eine Nebenfolge vermögensrechtlicher Art oder eine nicht vermögensrechtlicher Art angeordnet wurde.

1.2.1 Nebenfolgen nicht vermögensrechtlicher Art

Für Nebenfolgen nicht vermögensrechtlicher Art gilt, dass die Rechtsbeschwerde stets eröffnet ist. Der Gesetzgeber begründet dies damit, dass diese Nebenfolgen in der Regel für den Betroffenen eine erhebliche Tragweite haben und daher stets einer Nachprüfung zugänglich sein sollen (vgl. EOWiG zu § 68, S. 100).

Nebenfolgen nicht vermögensrechtlicher Art sind:

- Fahrverbot (§ 25 StVG),
- Verbot der Jagdausübung (§ 41a Abs. 1 BJagdG sowie landesrechtliche Bestimmungen i. V. m. § 42 BJagdG, z. B. für Bayern: Art. 57 BayJagdG),
- Entziehung des Jagdscheines (z. B. § 31 Abs. 2 HmbJagdG).

1.2.2 Nebenfolge vermögensrechtlicher Art

Im Falle einer angeordneten Nebenfolge vermögensrechtlicher Art gilt, dass die Rechtsbeschwerde nur dann zulässig ist, wenn der Wert der Nebenfolge die Wertgrenze von 250,- Euro übersteigt.

Nebenfolgen vermögensrechtlicher Art sind:

- Einziehung (§§ 22 ff. OWiG),
- Verfallsanordnung (§ 29a OWiG),

– Abführung des Mehrerlöses (§§ 8 ff. WiStG).

Für die Wertgrenze der Zulässigkeit der Rechtsbeschwerde ist bei einer unbeschränkten Anfechtung der gerichtlichen Bußgeldentscheidung die Summe aus Geldbuße und vermögensrechtlicher Nebenfolge maßgeblich. Da Geldbuße und Nebenfolge gleichgerichtete Wirkungen haben und auch sonst als Einheit behandelt werden (etwa beim Verschlechterungsverbot), werden sie für die Berechnung der Wertgrenze zusammengerechnet (vgl. BayObLG, NJW 1994 S. 534; KG Berlin, VRS 1985, 125; OLG Schleswig-Holstein, VRS 1974, 55; *Senge* in Karlsruher Kommentar, OWiG, 5. Aufl., § 79 Rdnr. 21 m. w. N.).

Bei der Berechnung der Wertgrenze zusammengerechnet werden auch mehrere Nebenfolgen vermögensrechtlicher Art, soweit sie wegen einer prozessualen Tat (vgl. Vorbemerkung zu § 59 OWiG, Erl. 3) angeordnet wurden.

Die Wertfestsetzung des Gerichtes im Urteil oder Beschluss ist nicht isoliert anfechtbar und für das Beschwerdegericht absolut verbindlich (vgl. *Senge* in Karlsruher Kommentar, OWiG, 5. Aufl., § 79 Rdnr. 21; *Seitz/Bauer* in Göhler, OWiG, 18. Aufl., § 79 Rdnr. 6). Der Gesetzgeber wollte diese Bindung, um etwaige Zweifel darüber, ob eine Entscheidung anfechtbar ist oder nicht, von vornherein ausschließen (vgl. EOWiG zu § 68, S. 100).

1.2.3 Fehlende Wertfestsetzung bei vermögensrechtlicher Nebenfolge

Fraglich erscheint, wie zu verfahren ist, wenn das Ausgangsgericht bei der Bußgeldentscheidung für die Nebenfolge eine Wertfestsetzung unterlassen hat. Für die Wertfestsetzung der Nebenfolge kommt es grundsätzlich auf die Entscheidung des erstinstanzlichen Gerichtes im Urteils- oder Beschlusstenor an. Die Frage, ob die Wertgrenze des § 79 Abs. 1 OWiG erreicht ist oder nicht, kann bei einer fehlenden Wertfestsetzung folglich auf den ersten Blick nicht beantwortet werden.

Das Beschwerdegericht ist in jedem Fall nicht befugt, die fehlende Wertfestsetzung des erstinstanzlichen Gerichts nachzuholen. Dies wäre eine verbotene sachliche Ergänzung der erstinstanzlichen Entscheidung.

Richtigerweise ist bei einer fehlenden Wertfestsetzung bei der Nebenfolge die Rechtsbeschwerde nach dem Wortlaut des Gesetzes als zulässig anzusehen, da die vom Gesetz normierte Ausnahme *(… „es sei denn, dass …")* nicht vorliegt, vgl. *Senge* in Karlsruher Kommentar, OWiG, 5. Aufl., § 79 Rdnr 19.

Das Unterbleiben einer Wertfestsetzung soll jedoch dann unschädlich sein, wenn a) sich der Wert der Nebenfolge bereits aus dem Geldbetrag ergibt oder b) sonst betragsmäßig verlautbart ist, vgl. *Senge* in Karlsruher Kommentar, OWiG, 5. Aufl., § 79 Rdnr. 19.

1.3 Nichtverurteilung, § 79 Abs. 1 Satz 1 Nr. 3 OWiG

Die Vorschrift des § 79 Abs. 1 Satz 1 Nr. 3 OWiG gibt der Staatsanwaltschaft im Falle eines Freispruchs, einer Einstellung des Verfahrens oder bei einem Absehen von einem Fahrverbot die Möglichkeit, Rechtsbeschwerde einzulegen.

Um die Belange des Betroffenen, der von einer solchen Entscheidung begünstigt wurde, besonders zu berücksichtigen, hat der Gesetzgeber die Grenze, bei der in einem solchen Fall die Rechtsbeschwerde zulässig sein soll, höher gezogen als bei einer für den Betroffenen positiven Entscheidung. Die Wertgrenze liegt bei 600,- Euro.

§ 79 Abs. 1 Satz 1 Nr. 3 OWiG verlangt für die Zulässigkeit der Rechtsbeschwerde der Staatsanwaltschaft alternativ, dass wegen der Tat im Bußgeldbescheid oder im Strafbefehl eine Geldbuße von mehr als 600,- Euro festgesetzt oder seitens der Staatsanwaltschaft beantragt war. Es muss also zumindest ein solcher Betrag seitens der Staatsanwaltschaft spätestens in der Hauptverhandlung schriftlich oder mündlich beantragt gewesen sein.

Eine weitere Möglichkeit zur Rechtsbeschwerde für die Staatsanwaltschaft ist gegeben, wenn im Bußgeldbescheid oder im Strafbefehl ein Fahrverbot verhängt oder beantragt war. Diese Regelung wurde mit dem OWiGÄndG vom 26.1.1998 (BGBl. I S. 156, 340) zum 1.3.1998 eingeführt, um Unbilligkeiten zu vermeiden.

Der Betroffene hat nach § 79 Abs. 1 Satz 1 Nr. 3 OWiG keine Möglichkeit, Rechtsbeschwerde zu beantragen. Gem. § 47 Abs. 2 Satz 3 OWiG ist ein Beschluss hinsichtlich einer Einstellung des Verfahrens nach § 47 Abs. 2 OWiG unanfechtbar, sodass § 79 Abs. 1 Satz 1 Nr. OWiG hier nicht gilt (vgl. *Hadamitzky* in Karlsruher Kommentar, OWiG, 5. Aufl., § 79 Rdnr. 22) und entsprechend hier nur die Einstellung des Verfahrens wegen eines Verfahrenshindernisses gemeint sein kann.

1.4 Verwerfung des Einspruchs als unzulässig, § 79 Abs. 1 Satz 1 Nr. 4 OWiG

Hat das Bußgeldgericht einen Einspruch gegen einen Bußgeldbescheid als unzulässig verworfen, ist die Rechtsbeschwerde ohne Rücksicht auf die Wertgrenzen des § 79 Abs. 1 Satz 1 Nr. 1 und 2 OWiG zulässig.

Angesichts der in § 70 Abs. 2 OWiG geregelten Möglichkeit der sofortigen Beschwerde in einem solchen Fall stellt sich die Frage, wann die Vorschrift des § 79 Abs. 1 Satz 1 Nr. 4 OWiG zur Anwendung kommt. Der Gesetzgeber hatte insbesondere folgenden Beispielsfall im Sinn: Nach einer Verwerfung des Einspruchs als unzulässig mit Beschluss nach § 70 Abs. 1 OWiG wird im Verfahren der sofortigen Beschwerde von der zuständigen Kammer des Landgerichtes der Beschluss aufgehoben und an das Amtsgericht zurückverwiesen. Das zuständige Amtsgericht ist dann gehalten, eine Hauptverhandlung anzuberaumen und durch Urteil zu entscheiden. Es ist in dem Verfahren aber nicht gehindert, erneut die Unzulässigkeit des Einspruchs durch Urteil auszusprechen. Das Amtsgericht ist an die Rechtsansicht des Landgerichtes nicht gebunden. Eine erneute sofortige Beschwerde ist aber im Ordnungswidrigkeitengesetz in einem solchen Fall nicht vorgesehen. Der Betroffene ist also auf die Vorschrift des § 79 Abs. 1 Satz 1 Nr. 4 OWiG angewiesen.

Ohne die Regelung des § 79 Abs. 1 Satz 1 Nr. 4 OWiG wäre ansonsten in bestimmten Fällen keine Anfechtungsmöglichkeit gegeben, obwohl dies aus Gründen der Billigkeit dringend erforderlich ist.

1.5 Widerspruch gegen das schriftliche Verfahren, § 79 Abs. 1 Satz 1 Nr. 5 OWiG

Hat das Bußgeldgericht durch Beschluss nach § 72 OWiG entschieden, obwohl der Betroffene rechtzeitig Widerspruch gegen das schriftliche Verfahren und somit gegen die Entscheidung durch Beschluss eingelegt hatte, eröffnet § 79 Abs. 1 Satz 1 Nr. 5 OWiG die Möglichkeit der Rechtsbeschwerde.

Auf die Wertgrenzen des § 79 Abs. 1 Satz 1 Nr. 1 und 2 OWiG kommt es hier ebenso wie bei § 79 Abs. 1 Satz 1 Nr. 4 OWiG nicht an.

§ 79 Abs. 1 Satz 1 Nr. 5 OWiG verlangt ausdrücklich, dass der Beschwerdeführer dem schriftlichen Verfahren rechtzeitig widersprochen hat, also innerhalb der Zweiwochenfrist des § 72 Abs. 1 Satz 2 OWiG.

Das Beschwerdegericht muss im Rahmen seiner Prüfung, ob ein solcher Widerspruch nach § 72 Abs. 1 OWiG fristgerecht eingelegt wurde, auch prüfen, ob das in § 72 Abs. 1 OWiG (vgl. hierzu die Erl. zu § 72 OWiG) vorgesehene Verfahren eingehalten worden ist. Hierbei ist insbesondere auch die Frage des förmlich zugestellten Hinweises auf die Widerspruchsmöglichkeit zu beachten.

Durch das Gesetz über die Rechtsbehelfe bei Verletzung des Anspruchs auf rechtliches Gehör (Anhörungsrügengesetz) vom 9.12.2004, BGBl. I Nr. 66 S. 3220, wurde § 79 Abs. 1 Satz 1 Nr. 5 OWiG erweitert. Wurde dem Betroffenen im Beschlussverfahren das rechtliche Gehör versagt, ist die Rechtsbeschwerde nunmehr ebenfalls zulässig.

Bei der Rüge des § 79 Abs. 1 Nr. 5 OWiG handelt es sich um eine Verfahrensrüge, die den Begründungsanforderungen des § 344 Abs. 2 Satz 2 StPO entsprechen muss, vgl. *Senge* in

Karlsruher Kommentar, OWiG, 5. Aufl., § 79 Rdnr. 27. Der Beschwerdeführer muss daher die den Verfahrensmangel enthaltenen Tatsachen angeben.

2. Zulässigkeit der Rechtsbeschwerde bei mehreren Taten, § 79 Abs. 2 OWiG

Die Frage der Zulässigkeit einer Rechtsbeschwerde gegen Urteile oder Beschlüsse, die mehrere Taten zum Gegenstand haben, wird in § 79 Abs. 2 OWiG geregelt. Danach ist eine Rechtsbeschwerde auch bei Vorliegen mehrerer Taten im verfahrensrechtlichen Sinne (vgl. Vorbemerkung zu § 59, OWiG, Erl. 3) immer nur insoweit zulässig, wie für die einzelnen Taten die Voraussetzungen des § 79 Abs. 1 Satz 1 Nr. 1 bis 3 OWiG oder § 79 Abs. 1 Satz 2 OWiG erfüllt sind.

So ist z. B. bei einer Rechtsbeschwerde gegen ein Urteil, in dem der Betroffene wegen einer Tat im verfahrensrechtlichen Sinne zu einer Geldbuße in Höhe von 500,- Euro und wegen einer anderen Tat im verfahrensrechtlichen Sinne zu einer Geldbuße in Höhe von 100,- Euro verurteilt worden ist, die Zulässigkeit nur für diejenige Tat mit der Geldbuße, die über der Wertgrenze des § 79 Abs. 1 Satz 1 Nr. 1 OWiG liegt, gegeben.

§ 79 Abs. 2 OWiG regelt dagegen nicht den Fall, dass mehrere Betroffene verurteilt werden. Hier gilt, dass für jeden Betroffenen die Prüfung der Voraussetzungen für die Zulassung der Rechtsbeschwerde individuell zu erfolgen hat (individuelle Betrachtungsweise). Die Vorschrift des § 79 Abs. 2 OWiG trifft auch nicht auf den Fall zu, dass ein Betroffener mehrere Geldbußen wegen einer Tat im verfahrensrechtlichen Sinne erhalten hat. Auch hier gelten die allgemeinen Grundsätze des § 79 Abs. 1 OWiG.

3. Entsprechende Anwendung des Revisionsrechts der StPO und des GVG, § 79 Abs. 3 OWiG

3.1 Anwendung der Vorschriften der StPO über die Revision

Wie bereits in der Vorbemerkung ausgeführt, gelten schon über die Verweisung in § 46 Abs. 1 OWiG die Regelungen über Rechtsmittel, §§ 296 ff. StPO.

§ 79 Abs. 3 Satz 1 OWiG verweist für die Rechtsbeschwerde und das weitere Verfahren auf die Vorschriften der Strafprozessordnung über die Revision (§§ 333 ff. StPO). Damit gelten unabhängig von dem Ende des Bußgeldverfahrens in erster Instanz – Urteil oder Beschluss – im Rechtsbeschwerdeverfahren die Vorschriften über die Revision im Strafprozess (§§ 333 ff. StPO) entsprechend. Dies allerdings nur, soweit nicht das OWiG hiervon abweichende Regelungen beinhaltet.

Folgende Vorschriften des OWiG beinhalten von der StPO abweichende Regelungen:

- §§ 79, 80, 80a und 83 Abs. 2 OWiG enthalten von den §§ 333 bis 335 StPO abweichende Sonderregelungen.
  §§ 333 bis 335 StPO finden daher im Ordnungswidrigkeitenrecht keine Anwendung.
- §§ 73 und 75 OWiG beinhalten Einschränkungen für die Anwendung des § 338 Nr. 5 StPO. Der absolute Revisionsgrund des § 338 Nr. 5 StPO gilt im Ordnungswidrigkeitenverfahren nur dann, wenn die Hauptverhandlung gegen den Willen der Staatsanwaltschaft oder des Betroffenen in ihrer Abwesenheit stattgefunden hat.
  Entgegen den Vorschriften der StPO ist die Staatsanwaltschaft gem. § 75 Abs. 1 OWiG nicht zur Teilnahme an der Hauptverhandlung verpflichtet, und auch der Betroffene kann, trotz seiner Verpflichtung zur Teilnahme, gem. § 73 Abs. 2 OWiG auf Antrag unter bestimmten Voraussetzungen von der Teilnahme entbunden werden.
- § 79 Abs. 4 OWiG ergänzt die Vorschrift des § 341 StPO für die Frage des Fristbeginns bei Verkündung des Urteils oder Beschlusses in Abwesenheit des Betroffenen.
- § 79 Abs. 3 Satz 2 OWiG weitet die Anwendbarkeit des § 342 StPO im Ordnungswidrigkeitenverfahren auch auf einen Wiedereinsetzungsantrag nach § 72 Abs. 2 Satz 2 HS 1 OWiG aus.

- § 79 Abs. 5 OWiG modifiziert das in § 349 StPO geregelte Verfahren über die Verwerfung der Revision. Das Beschwerdegericht entscheidet grundsätzlich durch Beschluss.
- § 79 Abs. 6 OWiG regelt die Entscheidungsbefugnis des Beschwerdegerichts im Ordnungswidrigkeitenverfahren abweichend von der Vorschrift des § 354 Abs. 1 und 2 StPO.
- §§ 350, 351 und 356 StPO gelten wegen ihres Regelungsgehaltes nur dann im Beschwerdeverfahren des Ordnungswidrigkeitenverfahrens, wenn eine Hauptverhandlung stattgefunden hat (vgl. zum Ganzen: *Senge* in Karlsruher Kommentar, OWiG, 5. Aufl., § 79 Rdnr. 47).

3.2 Anwendung der Vorschriften des GVG

§ 79 Abs. 3 Satz 1 OWiG verweist des Weiteren auch auf die Vorschriften des GVG über die Revision.

Nach § 121 Abs. 1 Nr. 1a GVG ist daher zur Entscheidung über die Rechtsbeschwerde das OLG zuständig. In Bayern war nach Art. 11 Abs. 2 Nr. 3 BayAGGVG a. F. und § 9 EGGVG statt dem OLG das Bayerische Oberste Landesgericht (BayObLG) zuständig. Nach der Auflösung dieses Gerichts ist nunmehr das OLG Bamberg für die Rechtsbeschwerden gegen Bußgeldentscheidungen bayerischer Amtsgerichte zuständig.

Auch die Vorschriften über die Vorlage von Rechtssachen zur Entscheidung an den BGH gem. § 121 Abs. 2 GVG finden Anwendung.

4. Verfahren und Entscheidung, § 79 Abs. 4, 5 und Abs. 6 OWiG

Die Rechtsbeschwerde muss form- und fristgerecht eingelegt werden, um zulässig zu sein. Nach Absatz 3 Satz 1 i. V. m. § 341 Abs. 1 StPO muss sie bei dem Gericht, dessen Urteil angefochten wird, zu Protokoll der Geschäftsstelle oder schriftlich eingelegt werden, vgl. Lemke/Mosbacher, OWiG, 2. Aufl., § 79 Rdnr. 43. Die Rechtsbeschwerde muss binnen einer Woche nach Verkündung des Urteils eingelegt sein, vgl. Abs. 3 Satz 1 i. V. m. § 341 Abs. 1 StPO. Für den Fall, dass die Verkündung des Urteils nicht in Anwesenheit des Betroffenen oder eines nach § 73 Abs. 3 OWiG mit nachgewiesener Vollmacht versehenen Verteidigers stattgefunden hat, beginnt die Frist mit der Zustellung, vgl. Abs. 3 i. V. m. § 341 Abs. 2 StPO. Die Zustellung ist auch maßgeblich, falls ein Beschluss nach § 72 OWiG vorliegt.

Die Rechtsbeschwerde muss gem. 345 Abs. 1 Satz 1 StPO spätestens binnen eines Monats nach Ablauf der Frist zur Einlegung des Rechtsmittels bei dem Gericht, dessen Urteil angefochten wird, begründet werden.

Das Beschwerdegericht entscheidet gemäß § 79 Abs. 5 Satz 1 OWiG grundsätzlich durch Beschluss. Bei einer Anfechtung eines Beschlusses nach § 72 OWiG ist dies die alleinige Entscheidungsmöglichkeit des Gerichtes. Richtet sich die Rechtsbeschwerde dagegen gegen ein Urteil, kann das Beschwerdegericht nach eigenem Ermessen auch durch Urteil aufgrund einer Hauptverhandlung entscheiden.

Gemäß § 79 Abs. 6 OWiG ist die Entscheidungsmöglichkeit gegenüber der eines Revisionsgerichts in Strafsachen (vgl. dort § 354 Abs. 1 und Abs. 2 StPO) in zweifacher Hinsicht erweitert:

- Abweichend zu § 354 Abs. 1 und Abs. 2 StPO im strafrechtlichen Revisionsverfahren kann das Beschwerdegericht im Ordnungswidrigkeitenverfahren in der Sache selbst entscheiden, wenn es die angefochtene Entscheidung aufhebt. In der strafrechtlichen Revision ist eine eigene Entscheidung des Revisionsgerichts nur unter den engen Voraussetzungen des § 354 Abs. 1 StPO möglich. Ansonsten ist die Sache zurückzuverweisen.
- Die zweite Abweichung zu den Vorschriften der StPO besteht darin, dass das Beschwerdegericht im Ordnungswidrigkeitenverfahren abweichend von § 354 Abs. 2 StPO die

Sache auch an dieselbe Abteilung des Amtsgerichtes, das in der Bußgeldsache in erster Instanz entschieden hat, zurückverweisen kann. In der Praxis wird dies auch zumeist so praktiziert. Es entscheidet dann also regelmäßig derselbe Richter, der auch schon im ersten Rechtszug entschieden hatte.
Das Amtsgericht ist bei der neuen Entscheidung nach der Zurückweisung an die Rechtsauffassung des Rechtsbeschwerdegerichts gebunden.

§ 80
Zulassung der Rechtsbeschwerde

(1) Das Beschwerdegericht lässt die Rechtsbeschwerde nach § 79 Abs. 1 Satz 2 auf Antrag zu, wenn es geboten ist,

1. die Nachprüfung des Urteils zur Fortbildung des Rechts oder zur Sicherung einer einheitlichen Rechtsprechung zu ermöglichen, soweit Absatz 2 nichts anderes bestimmt, oder

2. das Urteil wegen Versagung des rechtlichen Gehörs aufzuheben.

(2) Die Rechtsbeschwerde wird wegen der Anwendung von Rechtsnormen über das Verfahren nicht und wegen der Anwendung von anderen Rechtsnormen nur zur Fortbildung der Rechts zugelassen, wenn

1. gegen den Betroffenen eine Geldbuße von nicht mehr als einhundert Euro festgesetzt oder eine Nebenfolge vermögensrechtlicher Art angeordnet worden ist, deren Wert im Urteil auf nicht mehr als einhundert Euro festgesetzt worden ist, oder

2. der Betroffene wegen einer Ordnungswidrigkeit freigesprochen oder das Verfahren eingestellt worden ist und wegen der Tat im Bußgeldbescheid oder im Strafbefehl eine Geldbuße von nicht mehr als einhundertfünfzig Euro festgesetzt oder eine solche Geldbuße von der Staatsanwaltschaft beantragt worden war.

(3) Für den Zulassungsantrag gelten die Vorschriften über die Einlegung der Rechtsbeschwerde entsprechend. Der Antrag gilt als vorsorglich eingelegte Rechtsbeschwerde. Die Vorschriften über die Anbringung der Beschwerdeanträge und deren Begründung (§§ 344, 345 der Strafprozessordnung) sind zu beachten. Bei der Begründung der Beschwerdeanträge soll der Antragsteller zugleich angeben, aus welchen Gründen die in Absatz 1 bezeichneten Voraussetzungen vorliegen. § 35a der Strafprozessordnung gilt entsprechend.

(4) Das Beschwerdegericht entscheidet über den Antrag durch Beschluss. Die §§ 346 bis 348 der Strafprozessordnung gelten entsprechend. Der Beschluss, durch den der Antrag verworfen wird, bedarf keiner Begründung. Wird der Antrag verworfen, so gilt die Rechtsbeschwerde als zurückgenommen.

(5) Stellt sich vor der Entscheidung über den Zulassungsantrag heraus, dass ein Verfahrenshindernis besteht, so stellt das Beschwerdegericht das Verfahren nur dann ein, wenn das Verfahrenshindernis nach Erlass des Urteils eingetreten ist.

Erläuterungen

Übersicht

2. Erweiterung der Zulassungsgründe des § 80 Abs. 1 Nr. 1 OWiG
3. Zulassungseinschränkung, § 80 Abs. 2 OWiG
4. Zulassungsverfahren
5. Verfahrenshindernis i. S. des Absatzes 5

Vorbemerkung

Der Gesetzgeber hat den Antrag auf Zulassung der Rechtsbeschwerde gem. § 80 OWiG geschaffen, damit zumindest in Ausnahmefällen auch bei weniger schwerwiegenden Ordnungswidrigkeiten abweichend von § 79 OWiG eine höchstrichterliche Entscheidung herbeigeführt werden kann (vgl. EOWiG zu § 69 OWiG).

Würde eine derartige Regelung fehlen, könnte es bei Bagatellverstößen, also solchen, die unter den Wertgrenzen des § 79 OWiG liegen, zu erheblichen Abweichungen bei der Ahndung von Bußgeldverstößen kommen. Dies soll aber im Interesse einer einheitlichen Rechtsprechung durch § 80 OWiG vermieden werden.

Die Zulassung einer Rechtsbeschwerde ist aber auf die Fälle beschränkt, die unter übergeordneten Gesichtspunkten zu betrachten und nicht bloß auf den Einzelfall beschränkt sind (vgl. *Seitz/Bauer* in Göhler, OWiG, 18. Aufl., § 80 Rdnr. 1a; *Senge* in Karlsruher Kommentar, OWiG, 5. Aufl., § 80 Rdnr. 1 m. w. N.).

So kann z. B. die Zulassung gerechtfertigt sein, wenn ein einzelnes Amtsgericht in einer bestimmten Rechtsfrage wiederholt von der höchstrichterlichen Rechtsprechung abgewichen ist und durch die Zulassung der Rechtsbeschwerde die Einheitlichkeit der Rechtsprechung wiederhergestellt werden soll (vgl. BGHSt. 24, 15).

In der Literatur wird die Frage der Rechtsnatur des Rechtsbeschwerdezulassungsverfahrens nicht einheitlich beantwortet. Während z. B. *Seitz/Bauer* in Göhler, OWiG, 18. Aufl., § 80 Rdnr. 18, von einem Rechtsbehelf besonderer Art ausgeht und dem Zulassungsantrag damit eine eigenständige Bedeutung zuspricht, geht *Senge* in Karlsruher Kommentar, OWiG, 5. Aufl., § 80 Rdnr. 5, nicht von einer solchen eigenständigen Bedeutung aus. *Senge* sieht in dem Zulassungsverfahren ein der Rechtsbeschwerde vorangestelltes „Vorschaltverfahren". Die Ansicht von *Senge* scheint richtig zu sein. Es gibt im Ordnungswidrigkeitenverfahren lediglich ein Rechtsmittel, die Rechtsbeschwerde. Die Ansicht von *Seitz*, der Zulassungsantrag sei ein Rechtsbehelf besonderer Art, überzeugt nicht.

Letztlich gehen aber beide Meinungen zutreffend davon aus, dass gleichzeitig mit dem Zulassungsantrag automatisch auch die Rechtsbeschwerde eingelegt ist. Hierfür spricht auch der Wortlaut des § 80 Abs. 3 Satz 2 OWiG. Die Frage der Rechtsnatur ist daher ohne besondere Auswirkung.

1. Zulassungsgründe, § 80 Abs. 1 Nr. 1 OWiG

Die Möglichkeit der Zulassung einer Rechtsbeschwerde gegen ein Urteil wird schon in § 79 Abs. 1 Satz 2 OWiG erwähnt.

§ 80 Abs. 1 Nr. 1 OWiG zählt die beiden Fälle auf, bei denen eine Rechtsbeschwerde zugelassen werden kann. In beiden Fällen wird vorausgesetzt, dass die Zulassung der Nachprüfung geboten ist. Dies ist dann der Fall, wenn sich die Nachprüfung aufdrängt, nicht dagegen, wenn sie bloß angezeigt erscheint oder aus unterschiedlichen Gründen naheliegt. Die Gerichte haben insoweit einen eigenen Beurteilungsspielraum, jedoch kein freies Handlungsermessen (vgl. *Seitz/Bauer* in Göhler, OWiG, 18. Aufl., § 80 Rdnr. 15). Hält das Beschwerdegericht die Nachprüfung des Urteils für erforderlich, so muss es die Rechtsbeschwerde zulassen, vgl. Lemke/Mosbacher, OWiG, 2. Aufl., § 80 Rdnr. 6.

1.1 Fortbildung des Rechts, § 80 Abs. 1 Nr. 1 Fall 1 OWiG

Die Fortbildung des Rechts besteht darin, bei der Auslegung von Rechtssätzen des materiellen und des Verfahrensrechts und bei der Ausfüllung von Gesetzeslücken bestimmte Leitsätze aufzustellen und zu festigen (vgl. BGHSt. 24, 15).

Dem zuständigen Rechtsbeschwerdegericht (in der Regel das OLG, es sei denn, der BGH entscheidet nach Vorlage gem. § 121 Abs. 2 GVG) soll Gelegenheit gegeben werden, in dem Rechtsbeschwerdeverfahren gegenüber den nachgeordneten Gerichten seine Rechtsauffassung in richtungsgebender Weise zum Ausdruck zu bringen.

Die Fortbildung des Rechts kommt dabei aber nur für Rechtsfragen in Betracht, die (kumulativ)

- entscheidungserheblich sind, also den Tenor der Entscheidung beeinflussen (dies gilt nicht bei einem abweichenden Votum eines beteiligten Richters);
- noch offen, zweifelhaft oder bestritten und daher noch klärungsbedürftig sind;
- durch Aufstellen von abstrakt generellen Regeln von praktischer Bedeutung sind.

Dass bereits ein anderes Beschwerdegericht die in Frage stehende Rechtsfrage im gleichen Sinne entschieden hat, ist für die Zulassung unbedeutend, da durch eine erneute, gleichlautende Entscheidung ein Leitsatz geprägt und eine einheitliche Rechtsprechung gefestigt werden kann.

1.2 Sicherung einer einheitlichen Rechtsprechung, § 80 Abs. 1 Nr. 1 Fall 2 OWiG

Würde durch die Nichtzulassung der Rechtsbeschwerde ein schwer erträglicher Unterschied in der Rechtsprechung entstehen oder fortbestehen, ist die Rechtsbeschwerde gemäß § 80 Abs. 1 Nr. 1 Fall 2 OWiG zur Sicherung einer einheitlichen Rechtsprechung zuzulassen.

Auch hier gilt, dass die unterschiedlich behandelte Rechtsfrage entscheidungserheblich (s. Erl. 1.1) sein muss. Die überwiegende Rechtsprechung verlangt allerdings im Gegensatz zu § 80 Abs. 1 Nr. 1 Fall 1 OWiG nicht, dass es sich auch um eine klärungsbedürftige Frage handelt (vgl. OLG Düsseldorf, NStZ 1991 S. 395 und VRS 1988, 211).

Grundsätzlich lassen sich zwei Fallgruppen bei der Zulassung zur Sicherung einer einheitlichen Rechtsprechung unterscheiden:

1. Fallgruppe:
   Es liegt eine Fehlentscheidung des erstinstanzlichen Gerichts vor, die durch das Rechtsbeschwerdegericht zur Sicherung einer einheitlichen Rechtsprechung abgeändert werden muss.
   Bei Vorliegen einer solchen Fehlentscheidung ist aber darauf zu achten, dass die Einheitlichkeit der Rechtsprechung nur dann gefährdet ist, wenn es sich um eine grundsätzliche Frage handelt. Die Rechtsfrage darf also nicht bloß auf einen Einzelfall bezogen sein und es sollte eine gewisse Gefahr weiterer Fehlentscheidungen gegeben sein. Dies gilt selbst dann, wenn der Rechtsfehler offensichtlich ist (vgl. BGHSt. 24, 15; OLG Hamm, NZV 1993 S. 204; OLG Koblenz, NJW 1990 S. 2398; zusammenfassend *Senge* in Karlsruher Kommentar, OWiG, 5. Aufl., § 80 Rdnr. 9 ff.).
2. Fallgruppe:
   Die Entscheidung des erstinstanzlichen Gerichtes behandelt eine noch ungeklärte Rechtsfrage.
   In diesen Fällen kann das Rechtsbeschwerdegericht durch seine Entscheidung von vornherein verhindern, dass sich bei den unteren Gerichten eine unterschiedliche Rechtsprechung entwickelt. Das Rechtsbeschwerdegericht trägt in diesen Fällen, quasi vorweg, zu einer Sicherung der einheitlichen Rechtsprechung bei.

Tätig wird ein Rechtsbeschwerdegericht aber in der Regel nur bei ungeklärten Rechtsfragen, die für die Rechtsanwendung von großer praktischer Bedeutung sind, etwa bei Fragen zur Auslegung neuer Verfahrensregeln.

2. Erweiterung der Zulassungsgründe des § 80 Abs. 1 Nr. 1 OWiG

Während § 80 Abs. 1 Nr. 1 OWiG die eigentlichen Zulassungsgründe regelt, enthält § 80 Abs. 1 Nr. 2 OWiG eine Erweiterung der Zulassungsrechtsbeschwerde. Bei einer Versagung des rechtlichen Gehörs wird das Rechtsbeschwerdegericht durch Zulassung der Beschwerde und Aufhebung des Urteils den vorangegangenen Fehler korrigieren. Dies in der Regel schon deshalb, da ansonsten eine Verfassungsbeschwerde begründet wäre, die hierdurch erspart bleibt (vgl. Begr. EOWiGÄndG, BT-Drs. 10/2652 S. 29).

Maßgeblich für die Frage, ob die Zulassungsvoraussetzung des § 80 Abs. 1 Nr. 2 OWiG gegeben ist, sind die Abgrenzungsmerkmale des Grundrechts auf rechtliches Gehör, Art. 103 Abs. 1 GG. Dabei ist bereits im Zulassungsverfahren zu prüfen, ob das rechtliche Gehör verletzt ist (vgl. BVerfG, NJW 1992 S. 2811).

Das zuständige Gericht prüft dies im Freibeweisverfahren. Der Betroffene muss daher schon im Zulassungsverfahren darlegen, was er bei einer Anhörung vorgebracht hätte (vgl. u. a. BayObLG, NJW 1992 S. 1907; OLG Düsseldorf, NZV 1997 S. 497).

3. Zulassungseinschränkung, § 80 Abs. 2 OWiG

Eine erste Einschränkung der Zulassung einer Rechtsbeschwerde beinhaltet bereits der Verweis in § 79 Abs. 1 Satz 2 OWiG sowie der Wortlaut des § 80 Abs. 1 Nr. 1 OWiG. Beide Vorschriften ermöglichen die Zulassung einer Rechtsbeschwerde allgemein nur gegen Urteile. Gegen Beschlüsse kann daher keine Rechtsbeschwerde zugelassen werden, selbst wenn sie mit „Urteil" überschrieben sind. Maßgeblich ist nicht die Bezeichnung der Entscheidung als Urteil. Entscheidend ist allein, dass die Entscheidung aufgrund einer Hauptverhandlung ergangen ist, vgl. *Senge* in Karlsruher Kommentar, OWiG, 5. Aufl., § 80 Rdnr. 2.

Weitere Einschränkungen der Zulassung beinhaltet § 80 Abs. 2 OWiG. Bei weniger bedeutsamen Fällen ist die Zulassung der Rechtsbeschwerde in zweifacher Hinsicht eingeschränkt.

Allgemein ausgeschlossen ist die Zulassung der Rechtsbeschwerde wegen der Anwendung von Rechtsnormen über das Verfahren (§ 80 Abs. 2 Alt. 1 OWiG). Eine Rechtsbeschwerde wegen der Anwendung anderer Rechtsnormen wird nur unter bestimmten Voraussetzungen zur Fortbildung des Rechts zugelassen.

4. Zulassungsverfahren

Für das Zulassungsverfahren gelten gemäß § 80 Abs. 3 Satz 1 OWiG allgemein die Vorschriften über die Einlegung der Rechtsbeschwerde entsprechend. Antragsberechtigt ist derjenige, der im Falle der Zulassung auch zur Einlegung der Rechtsbeschwerde berechtigt wäre.

Für die Form und Frist des Zulassungsantrages gelten § 79 Abs. 4 OWiG sowie §§ 341 Abs. 1, 342 StPO entsprechend. Der Zulassungsantrag muss also bei dem Gericht, dessen Urteil angefochten wird, binnen einer Woche nach Verkündung des Urteils zu Protokoll der Geschäftsstelle oder schriftlich eingelegt werden.

Gem. § 80 Abs. 3 Satz 3 OWiG sind die Vorschriften über die Anbringung der Beschwerdeanträge und deren Begründung (§§ 344, 345 StPO) zu beachten. Insofern muss der Zulassungsantrag begründet werden.

Über die Verweisung in § 80 Abs. 4 Satz 2 OWiG finden §§ 346 bis 348 StPO Anwendung. Im Rahmen des Zulassungsverfahrens wird zunächst dem Amtsgericht die Aufgabe übertragen, über den Zulassungsantrag zu entscheiden. Es entscheidet aber nur, wenn die

Einlegungsfrist nicht eingehalten wurde oder die Förmlichkeiten nicht beachtet wurden und somit das Verfahren einzustellen ist, vgl. § 346 Abs. 1 StPO i. V. m. § 80 Abs. 5 OWiG. Das Amtsgericht verwirft also den Zulassungsantrag, wenn er unzulässig ist. Der Beschwerdeführer kann binnen einer Woche nach Zustellung des Beschlusses die Entscheidung des OLG beantragen, vgl. § 346 Abs. 2 StPO.

Das Beschwerdegericht entscheidet über den Antrag auf Zulassung der Rechtsbeschwerde durch Beschluss (§ 80 Abs. 4 Satz 1 OWiG). Der Beschluss ist nicht anfechtbar (vgl. § 46 Abs. 1 OWiG i. V. m. § 304 Abs. 4 Satz 2 StPO). Wird der Zulassungsantrag verworfen, so gilt auch die Rechtsbeschwerde als zurückgenommen (§ 80 Abs. 4 Satz 4 OWiG). Der Beschluss des OLG führt zur Rechtskraft der angefochtenen Entscheidung, vgl. § 34a StPO, Lemke/Mosbacher, OWiG, 2. Aufl., § 80 Rdnr. 54.

5. Verfahrenshindernis i. S. des Absatzes 5

Stellt sich vor der Entscheidung über den Zulassungsantrag heraus, dass ein Verfahrenshindernis vorliegt, so stellt das Beschwerdegericht das Verfahren nur dann ein, wenn das Hindernis nach Erlass des Urteils im erstinstanzlichen Verfahren eingetreten ist. Eine Einstellung des Verfahrens kommt also trotz des Vorliegens eines Verfahrenshindernisses nicht in jedem Falle zum Tragen. Verfahrenshindernisse sind im Rahmen der Zulassung der Rechtsbeschwerde in der Regel unbeachtlich, wenn sie vor Erlass des Urteils bereits vorgelegen haben, der Rechtsfehler des Urteils also darin liegt, dass sie dort nicht beachtet worden sind, vgl. Lemke/Mosbacher, OWiG, 2. Aufl., § 80 Rdnr. 66; OLG Düsseldorf, NZV 1993 S. 204; BayObLG, NJW 1992 S. 641.

§ 80a

Besetzung der Bußgeldsenate der Oberlandesgerichte

(1) Die Bußgeldsenate der Oberlandesgerichte sind mit einem Richter besetzt, soweit nichts anderes bestimmt ist.

(2) Die Bußgeldsenate der Oberlandesgerichte sind mit drei Richtern einschließlich des Vorsitzenden besetzt in Verfahren über Rechtsbeschwerden in den in § 79 Abs. 1 Satz 1 bezeichneten Fällen, wenn eine Geldbuße von mehr als fünftausend Euro oder eine Nebenfolge vermögensrechtlicher Art im Wert von mehr als fünftausend Euro festgesetzt oder beantragt worden ist. Der Wert einer Geldbuße und der Wert einer vermögensrechtlichen Nebenfolge werden gegebenenfalls zusammengerechnet.

(3) In den in Absatz 1 bezeichneten Fällen überträgt der Richter die Sache dem Bußgeldsenat in der Besetzung mit drei Richtern, wenn es geboten ist, das Urteil oder den Beschluss nach § 72 zur Fortbildung des Rechts oder zur Sicherung einer einheitlichen Rechtsprechung nachzuprüfen. Dies gilt auch in Verfahren über eine zugelassene Rechtsbeschwerde, nicht aber in Verfahren über deren Zulassung.

Erläuterungen

Vorbemerkung

Die Vorgängerbestimmung wurde durch das Gesetz zur Änderung des Gesetzes über Ordnungswidrigkeiten und anderer Gesetze vom 26.1.1998 (BGBl. I S. 156, 340) mit dem Ziel eingefügt, *„durch eine teilweise Reduzierung der Richterbank eine deutlich spürbare Entlastung im Bereich der Oberlandesgerichte"* eintreten zu lassen (vgl. OWiGÄndG, BT-Drs. 13/8655 S. 2). Die Vorschrift des § 80a OWiG wurde durch das 1. Justizmodernisierungsgesetz vom 24.8.2004 (BGBl. I S. 2198) erheblich geändert. Das verfolgte Ziel ist im Wesentlichen gleich geblieben: Durch die Neufassung des § 80a OWiG sollen die OLG (noch mehr) entlastet werden. Nach Ansicht von *Senge* in Karlsruher Kommentar, OWiG, 5. Aufl., § 80a Rdnr. 1, hatte die Vorgängernorm, die in Absatz 1 a. F. an der Regelbesetzung der Bußgeldsenate mit drei Richtern festhielt, nicht den erhofften Entlastungseffekt gebracht.

Durch die Neufassung des § 80a OWiG ist das Regel-Ausnahmeverhältnis umgekehrt worden. Soweit nichts anderes bestimmt ist, sind die Bußgeldsenate der OLG nunmehr nur mit einem Richter besetzt, vgl. § 80a Abs. 1 OWiG. Nur in Ausnahmefällen kommt die Dreierbesetzung zum Tragen. Nach Absatz 2 ist dies in Verfahren über Rechtsbeschwerden in den in § 79 Abs. 1 Satz 1 OWiG bezeichneten Konstellationen der Fall, wenn eine Geldbuße und/oder eine vermögensrechtliche Nebenfolge festgesetzt oder beantragt worden ist, deren Wert – allein oder zusammengerechnet – 5000,- Euro übersteigt; nach Absatz 3, wenn dem Senat die Entscheidung zur Fortbildung des Rechts oder zur Sicherung der Rechtseinheitlichkeit übertragen worden ist, vgl. BT-Drs. 15/999 S. 36 und 15/1491 S. 33.

1. Besetzung des Bußgeldsenates am OLG mit einem Richter, § 80a Abs. 1 OWiG (Regelbesetzung)

§ 80a Abs. 1 OWiG regelt das Einzelrichterprinzip. Die Bußgeldsenate der OLG sind demnach nur mit einem Richter besetzt, soweit nicht in Absatz 2 und 3 etwas anderes bestimmt ist. Im Rahmen des Verfahrens über die Zulassung der Rechtsbeschwerde, vgl. §§ 79 Abs. 1 Satz 2, 80 Abs. 1 OWiG, ist der Bußgeldsenat ausnahmslos mit nur einem Richter besetzt; eine Dreierbesetzung kommt in keinem Falle – weder nach Absatz 2 noch nach Absatz 3 – in Betracht. Der Wert der Geldbuße oder Nebenfolge spielt hier keine Rolle.

Der Einzelrichter ist auch – unabhängig von den Wertgrenzen des Absatz 2 – originär zuständig für zugelassene Rechtsbeschwerden i. S. des § 79 Abs. 1 Satz 2 OWiG. Nach der Rechtsprechung des BGH, vgl. Beschl. vom 14.9.2004 – 4 StR 62/04 –, gilt dies auch dann, wenn die Zulassung auf eine Versagung des rechtlichen Gehörs gestützt wird (*„Hingegen hat nach der neuen Rechtslage der Einzelrichter auch in der Sache zu entscheiden, wenn die Zulassung der Rechtsbeschwerde (nur) deshalb erfolgt ist, weil die Versagung des rechtlichen Gehörs die Urteilsaufhebung geboten erscheinen lässt (§ 80 Abs. 1 Nr. 2 OWiG). Dieser gesetzgeberische Wille wird auch in der Stellungnahme der Bundesregierung zum Entwurf eines Gesetzes zur Änderung des Gesetzes über Ordnungswidrigkeiten (BT-Drs. 15/780 S. 7, 8) und in der Beschlussempfehlung des Rechtsausschusses zum Entwurf des Justizmodernisierungsgesetzes (BT-Drs. 15/3482 S. 23) deutlich. Hieraus erschließt sich, dass die gesetzliche Fassung des § 80a Abs. 3 Satz 2 Halbs. 1 OWiG lediglich eine einheitliche Handhabung der Besetzungsregelung (Dreierbesetzung) bei zulassungsfreien und zugelassenen Rechtsbeschwerden für Fälle, in denen die Überprüfung des Urteils zur Fortbildung des Rechts oder zur Sicherung einer einheitlichen Rechtsprechung erforderlich ist, sicherstellen soll. Eine weitere Ausnahme von der Regel des § 80a Abs. 1 OWiG auch für Entscheidungen über Rechtsbeschwerden, die lediglich wegen der Versagung des rechtlichen Gehörs zugelassen worden sind, sollte durch § 80a Abs. 3 Satz 2 Halbs. 1 OWiG daher ersichtlich nicht geschaffen werden."*). Der Einzelrichter hat daher nach der Zulassung der Rechtsbeschwerde grundsätzlich auch über ihre Begründetheit zu entscheiden. § 80a Abs. 3 Satz 2 HS 1 OWiG stellt jedoch klar, dass § 80a Abs. 3 Satz 1 OWiG auch in Verfahren über eine zugelassene Rechtsbeschwerde Anwendung findet. Lässt der Einzelrichter demnach die Rechtsbeschwerde nach § 80 Abs. 1 Nr. 1 OWiG

(Nachprüfung des Urteils zur Fortbildung des Rechts oder zur Sicherung einer einheitlichen Rechtsprechung) zu, dann liegen aufgrund der gleichen Kriterien zugleich die Voraussetzungen des § 80a Abs. 3 Satz 1 OWiG vor, vgl. *Seitz/Bauer* in Göhler, OWiG, 18. Aufl., § 80a Rdnr. 6. Lässt hingegen der Einzelrichter die Rechtsbeschwerde gem. § 80 Abs. 1 Nr. 2 OWiG (Zulassung der Rechtsbeschwerde wegen Versagung des rechtlichen Gehörs) zu, dann scheidet eine Übertragung der Sache vom Einzelrichter an den mit drei Richtern besetzten Bußgeldsenat von vornherein aus. In diesem Fall verbleibt es bei einer Entscheidung des Einzelrichters.

Liegt eine Nebenfolge nichtvermögensrechtlicher Art vor (z. B. Fahrverbot), ist grundsätzlich der Einzelrichter zuständig, es sei denn, im Übrigen liegen die Voraussetzungen des Absatz 2 oder 3 vor, vgl. Lemke/Mosbacher, OWiG, 2. Aufl., § 80a Rdnr. 4.

2. Besetzung des Bußgeldsenates am OLG mit drei Richtern, § 80a Abs. 2 OWiG (Ausnahmebesetzung)

Die Dreierbesetzung des Senats kommt in Verfahren über Rechtsbeschwerden in den in § 79 Abs. 1 Satz 1 OWiG bezeichneten Fällen zum Tragen, wenn eine Geldbuße von mehr als 5000,- Euro oder eine Nebenfolge vermögensrechtlicher Art im Wert von mehr als 5000,- Euro festgesetzt oder beantragt worden ist. Der Wert einer Geldbuße und der Wert einer vermögensrechtlichen Nebenfolge werden gegebenenfalls zusammengerechnet. Werden für mehrere Ordnungswidrigkeiten Geldbußen verhängt, deren Summe 5000,- Euro übersteigt, so führt dies dann zur Besetzung des Senates mit drei Richtern, wenn die Geldbußen wegen einer prozessualen Tat verhängt wurden, vgl. OLG Hamm – 3 Ss OWi 870/09 –. Bei mehreren Taten im verfahrensrechtlichen Sinne (§ 264 StPO) ist der Betrag für jede einzelne Tat entscheidend.

Die Besetzung des Senates mit drei Richtern ist in dem Fall des Absatz 2 obligatorisch.

Gem. § 21g Abs. 1 Satz 1 GVG werden innerhalb des mit mehreren Richtern besetzten Spruchkörpers die Geschäfte durch Beschluss aller dem Spruchkörper angehörenden Berufsrichter auf die Mitglieder verteilt. Der Beschluss bestimmt vor Beginn des Geschäftsjahres für dessen Dauer, nach welchen Grundsätzen die Mitglieder an den Verfahren mitwirken; er kann nur geändert werden, wenn es wegen Überlastung, ungenügender Auslastung, Wechsels oder dauernder Verhinderung einzelner Mitglieder des Spruchkörpers nötig wird, § 21g Abs. 2 GVG.

3. Besetzung des Bußgeldsenates am OLG mit drei Richtern, § 80a Abs. 3 OWiG (Ausnahmebesetzung)

In den in § 80a Abs. 1 OWiG bezeichneten Fällen überträgt der Einzelrichter die Sache dem Bußgeldsenat in der Besetzung mit drei Richtern, wenn es geboten ist, das Urteil oder den Beschluss nach § 72 OWiG zur Fortbildung des Rechts oder zur Sicherung einer einheitlichen Rechtsprechung nachzuprüfen. Nach § 80a Abs. 3 Satz 2 OWiG gilt dies auch in Verfahren über zugelassene Rechtsbeschwerden, nicht aber in Verfahren über deren Zulassung, vgl. Erl. 1 zu § 80a OWiG. Die Entscheidung des Einzelrichters ist unanfechtbar. Insofern muss der Senat auch dann in Dreierbesetzung entscheiden, wenn er die Rechtsansicht des Einzelrichters bezüglich des Vorliegens der Voraussetzungen des § 80a Abs. 3 Satz 1 OWiG nicht teilt.

Sechster Abschnitt

Bußgeld- und Strafverfahren

§ 81
Übergang vom Bußgeld- zum Strafverfahren

(1) Das Gericht ist im Bußgeldverfahren an die Beurteilung der Tat als Ordnungswidrigkeit nicht gebunden. Jedoch darf es auf Grund eines Strafgesetzes nur entscheiden, wenn der Betroffene zuvor auf die Veränderung des rechtlichen Gesichtspunktes hingewiesen und ihm Gelegenheit zur Verteidigung gegeben worden ist.

(2) Der Betroffene wird auf die Veränderung des rechtlichen Gesichtspunktes auf Antrag der Staatsanwaltschaft oder von Amts wegen hingewiesen. Mit diesem Hinweis erhält er die Rechtsstellung des Angeklagten. Die Verhandlung wird unterbrochen, wenn das Gericht es für erforderlich hält oder wenn der Angeklagte es beantragt. Über sein Recht, die Unterbrechung zu beantragen, wird der Angeklagte belehrt.

(3) In dem weiteren Verfahren sind die besonderen Vorschriften dieses Gesetzes nicht mehr anzuwenden. Jedoch kann die bisherige Beweisaufnahme, die in Anwesenheit des Betroffenen stattgefunden hat, auch dann verwertet werden, wenn sie nach diesen Vorschriften durchgeführt worden ist; dies gilt aber nicht für eine Beweisaufnahme nach den §§ 77a und 78 Abs. 1.

Erläuterungen

Übersicht

Vorbemerkung
1. Übergang in das Strafverfahren ohne Antrag
2. Kein Übergang im Falle der Einstellung nach § 153 StPO
3. Hinweis auf Veränderung der rechtlichen Lage
   - 3.1 Hinweispflicht nach Absatz 1 Satz 2
   - 3.2 Form des Hinweises
   - 3.3 Hinweis auf Antrag der Staatsanwaltschaft
   - 3.4 Hinweis von Amts wegen
4. Der Übergang in das Strafverfahren nach Absatz 2 Satz 2
5. Unterbrechung der Hauptverhandlung nach Absatz 2 Satz 3
6. Das weitere Verfahren nach Absatz 3 Satz 1
7. Verwertung der bisherigen Beweisaufnahme nach Absatz 3 Satz 2
8. Rechtsmittel nach dem Übergang in das Strafverfahren
9. Nebenkläger im Strafverfahren

Vorbemerkung

§ 81 OWiG regelt den Übergang vom Bußgeld- ins Strafverfahren. Danach erstreckt sich die Untersuchung und Entscheidung des Gerichts nicht nur auf die Tat, für deren Beurteilung es angerufen worden ist, sondern nach § 81 OWiG hat das Gericht das Recht und die Pflicht, die Tat unter strafrechtlichen Gesichtspunkten zu beurteilen. Dies ist v. a. unter dem Gesichtspunkt der Rechtskraftwirkung nach § 84 Abs. 2 OWiG (vgl. Erl. 3 zu § 84 OWiG) von Bedeutung.

1. Übergang in das Strafverfahren ohne Antrag

Im Bußgeldverfahren entscheidet das Gericht über die Tat im prozessualen Sinne, wobei Verfahrensgrundlage der Bußgeldbescheid ist, der die Tat in tatsächlicher Hinsicht begrenzt. Seitens der Staatsanwaltschaft bedarf es keines Antrags für den Übergang vom Bußgeld- ins Strafverfahren. Das Gericht hat diesen von Amts wegen vorzunehmen, wenn Anhaltspunkte für das Vorliegen einer Straftat existieren.

2. Kein Übergang im Falle der Einstellung nach § 153 StPO

Da es prozessunwirtschaftlich wäre, wenn das Gericht z. B. wegen eines Strafbefehlantrages zum Strafverfahren übergehen müsste, um dieses dann einzustellen, kann es nach § 153 Abs. 2 StPO mit Zustimmung der Staatsanwaltschaft bereits vor dem Übergang zum Strafverfahren die Verfolgung einstellen und die Tat nur noch unter dem Gesichtspunkt einer Ordnungswidrigkeit beurteilen, vgl. *Seitz/Bauer* in Göhler, OWiG, 18. Aufl., § 81 Rdnr. 4; a. A. *Lutz* in Karlsruher Kommentar, OWiG, 5. Aufl., § 81 Rdnr. 9 f. Nach *Lutz* ist eine Einstellung nach § 153 StPO im Bußgeldverfahren nicht möglich, da § 153 StPO im Bußgeldverfahren keine Anwendung finden würde. Der Hinweis i. S. des Absatzes 1 Satz 2, Abs. 2 Satz 1 dürfe allerdings nur ergehen, wenn bei vorläufiger Tatbewertung mit Wahrscheinlichkeit eine spätere Verurteilung zu erwarten sei. Durch die Verknüpfung mit den Anforderungen an einen Eröffnungsbeschluss gem. § 203 StPO ergibt sich nach Ansicht von *Lutz*, dass alle Gründe, die zu einer Nichteröffnung i. S. von § 204 StPO führen, auch der Erteilung des Hinweises entgegenstehen. Neben den Verfahrenshindernissen und dem Fehlen eines hinreichenden Tatverdachtes sollen hier auch die Fälle in Betracht kommen, in denen das Verfahren durch Einstellungsbeschluss nach § 153 Abs. 2 StPO erledigt werden soll.

3. Hinweis auf Veränderung der rechtlichen Lage

3.1 Hinweispflicht nach Absatz 1 Satz 2

Der Übergang ins Strafverfahren bedeutet für den Betroffenen eine wesentliche Veränderung seiner rechtlichen Stellung, vgl. etwa Abs. 2 Satz 2, Abs. 3 Satz 1; die Entscheidung aufgrund eines Strafgesetzes ist daher von dem Hinweis des Gerichts auf die rechtliche Veränderung abhängig. Diese Vorschrift lehnt sich an § 265 Abs. 1 StPO an. Damit soll vermieden werden, dass der Verurteilte für ihn überraschend als Straftäter verurteilt wird, vgl. Lemke/Mosbacher, OWiG, 2. Aufl., § 81 Rdnr. 7. Im Gegensatz zu § 265 StPO gilt die Hinweispflicht aber nicht nur für die Verurteilung, sondern auch für die Entscheidung aufgrund eines Strafgesetzes (vgl. BGH, NJW 1988 S. 3163). Hat das Gericht auf die Veränderung der rechtlichen Lage nicht hingewiesen und kommt es sodann zu einer Verurteilung wegen einer Straftat, so stellt dies kein von Amts wegen zu beachtendes Verfahrenshindernis dar. Der Übergang zum Strafverfahren tritt in diesem Fall mit der Urteilsfällung ein, vgl. OLG Hamburg, NStZ 1986 S. 81. Aus diesem Grund gelten hier die Rechtsmittel der Strafprozessordnung, vgl. *Lutz* in Karlsruher Kommentar, OWiG, 5. Aufl., § 81 Rdnr. 18.

3.2 Form des Hinweises

Der Hinweis muss eindeutig und so klar sein, dass dem Betroffenen verständlich wird, auf welche Tat er sich bezieht, welchen gesetzlichen Tatbestand das Gericht in Erwägung zieht und aufgrund welcher tatsächlichen Umstände das Gericht die Entscheidung in Betracht zieht, damit sich der Betroffene entsprechend verteidigen kann (vgl. OLG Karlsruhe, Die Justiz 1988 S. 72; BGHSt. 22, 29, 30). Gegenüber einem Abgeordneten darf in der Regel der Hinweis erst gegeben werden, wenn zuvor für eine Strafverfolgung eine Genehmigung erteilt wurde (Art. 46 Abs. 2 GG). Ohne eine entsprechende Genehmigung wird die Tat lediglich unter dem Gesichtspunkt einer Ordnungswidrigkeit verfolgt (vgl. *Seitz/Bauer* in Göhler, OWiG, 18. Aufl., § 81 Rdnr. 7).

Da die Form des Hinweises gesetzlich nicht geregelt ist, richtet sie sich nach dem Zeitpunkt, zu dem ein Hinweis erforderlich ist (vgl. *Lutz* in Karlsruher Kommentar, OWiG, 5. Aufl., § 81 Rdnr. 12). Findet eine Überleitung in das Strafverfahren bereits vor der Hauptverhandlung statt, sollte der Hinweis mit der Ladung verbunden und wegen der Folgen, die der Hinweis bewirkt, zugestellt werden (vgl. *Seitz/Bauer* in Göhler, OWiG, 18. Aufl., § 81 Rdnr. 14). Wird der Hinweis erst in der Hauptverhandlung erforderlich, ist die Aufnahme des Vorgangs in die Sitzungsniederschrift geboten.

Ist der Betroffene in der Hauptverhandlung abwesend, kann der Hinweis zu Protokoll gegeben werden; ohne den abwesenden Betroffenen darf aber nicht weiter verhandelt werden. Die Bekanntgabe des Hinweises an den mit nachgewiesener Vollmacht versehenen Verteidiger ist nicht ausreichend, da dessen Vertretungsbefugnis in der Regel nur für das Ordnungswidrigkeitenverfahren erteilt worden ist (vgl. *Lutz* in Karlsruher Kommentar, OWiG, 5. Aufl., § 81 Rdnr. 13). Wird nach dem Hinweis in Abwesenheit des Angeklagten verhandelt, so sind gegen das Urteil die Rechtsmittel der Strafprozessordnung gegeben, selbst wenn das Gericht die Straftat verneint hat (vgl. BayObLG, NJW 1969 S. 1313; *Seitz/Bauer* in Göhler, OWiG, 18. Aufl., § 81 Rdnr. 15).

3.3 Hinweis auf Antrag der Staatsanwaltschaft

Nach Absatz 2 Satz 1 Alt. 1 hat das Gericht den Betroffenen auf die Veränderung der rechtlichen Gesichtspunkte auf Antrag der Staatsanwaltschaft hinzuweisen. Die Staatsanwaltschaft kann damit, wenn sich der Verdacht einer Straftat ergibt, den Übergang in das Strafverfahren herbeiführen. Sie kann das öffentliche Interesse auch dann noch nachträglich bejahen, wenn sie es zunächst verneint und das Verfahren unter dem rechtlichen Gesichtspunkt einer Straftat eingestellt hat (vgl. OLG Hamburg, NStZ 1986 S. 81). In dem Antrag auf Übergang in das Strafverfahren liegt schlüssig die Bejahung des öffentlichen Interesses an der Strafverfolgung, die nicht zusätzlich ausgesprochen werden muss (vgl. BayObLG, 1990 S. 461). Die Entscheidung der Staatsanwaltschaft über das Vorliegen eines besonderen öffentlichen Interesses an der Strafverfolgung unterliegt keiner richterlichen Nachprüfung (vgl. BGH, NJW 1991 S. 1726, Lemke/Mosbacher, OWiG, 2. Aufl., § 81 Rdnr. 13).

Wegen der Folgen, die sich aus dem Antrag für den Betroffenen ergeben, soll die Staatsanwaltschaft darauf hinwirken, dass dem Betroffenen und seinem Verteidiger die Möglichkeit eingeräumt wird, zu dem Antrag Stellung zu nehmen, bevor das Gericht den Hinweis ausspricht (RiStBV Nr. 290 Abs. 3). Die Staatsanwaltschaft ist zur Rücknahme ihres Antrags berechtigt. Stellt sie den Antrag vor der Hauptverhandlung und bleibt sie trotz einer ordnungsgemäßen Ladung der Verhandlung fern, so kann darin schlüssig die Rücknahme des Antrags gesehen werden. Gleiches gilt, wenn sie nach der Beweisaufnahme die Festsetzung einer Geldbuße beantragt und somit nicht mehr auf ihrem Antrag beharrt (vgl. *Seitz/Bauer* in Göhler, OWiG, 18. Aufl., § 81 Rdnr. 12).

Liegt ein Antrag der Staatsanwaltschaft nach Absatz 2 Satz 1 vor, so ist darin zugleich ein Widerspruch gegen das schriftliche Verfahren nach § 72 OWiG zu sehen.

Stellt die Staatsanwaltschaft den Antrag, so muss das Gericht gemäß dem klaren Wortlaut dem stattgeben. Lehnt das Gericht gleichwohl den Antrag in der Hauptverhandlung durch Beschluss ab (z. B. bei Vorliegen eines voreiligen und unbegründeten Antrags) und urteilt es abschließend durch Sachurteil im Bußgeldverfahren, ist in entsprechender Anwendung des § 79 Abs. 1 Satz 1 Nr. 5 OWiG die Rechtsbeschwerde zulässig (vgl. Lemke/Mosbacher, OWiG, 2. Aufl., § 81 Rdnr. 15). Wird dagegen dem Antrag der Staatsanwaltschaft nicht entsprochen und das Verfahren in der Hauptverhandlung gem. § 47 Abs. 2 OWiG eingestellt, kann dies nur mit der Beschwerde der Staatsanwaltschaft an das übergeordnete Gericht angefochten werden (vgl. OLG Oldenburg, DAR 1992 S. 437; *Lutz* in Karlsruher Kommentar, OWiG, 5. Aufl., § 81 Rdnr. 16).

3.4 Hinweis von Amts wegen

Das Gericht erteilt den Hinweis von Amts wegen, wenn der Betroffene einer Straftat hinreichend verdächtig im Sinne von § 203 StPO erscheint und keine Verfahrenshindernisse vorliegen. Ist dies der Fall, hat das Gericht den Hinweis zu geben, d. h. es steht ihm kein Ermessensspielraum zur Verfügung (vgl. *Seitz/Bauer* in Göhler, OWiG, 18. Aufl., § 81 Rdnr. 8). Muss für die Verfolgung der Straftat das öffentliche Interesse durch die Staatsanwaltschaft bejaht werden, so ist deren Entschluss abzuwarten. Der Staatsanwaltschaft sollte im Übrigen auch sonst Gelegenheit zur Stellung eines entsprechenden Antrags gegeben werden (vgl. *Lutz* in Karlsruher Kommentar, OWiG, 5. Aufl., § 81 Rdnr. 15), da der Richter primär nicht für die Strafverfolgung zuständig ist. Liegt ein wirksamer Strafantrag des Verletzten trotz Verneinung des öffentlichen Interesses durch die Staatsanwaltschaft vor, muss das Gericht zum Strafverfahren übergehen (vgl. BayObLG, MDR 1977 S. 246), es sei denn, das Gericht verfährt nach § 153 Abs. 2 StPO.

4. Der Übergang in das Strafverfahren nach Absatz 2 Satz 2

Mit dem Hinweis nach Absatz 2 Satz 1 vollzieht sich der Übergang in das Strafverfahren, weil der Betroffene von da an die Rechtsstellung eines Angeklagten hat, vgl. Absatz 2 Satz 2. Ob das Gericht die Sach- oder Rechtslage richtig beurteilt hat, ist unerheblich (vgl. OLG Zweibrücken, VRS 53 S. 455). Weil der Übergang in das Strafverfahren zu dem Zeitpunkt eintritt, in dem der Hinweis erteilt wird, ist es unerheblich, ob er auch den Betroffenen, der z. B. nicht in der Hauptverhandlung anwesend ist, erreicht. Die Hauptverhandlung darf aber nicht in dessen Abwesenheit weitergeführt werden (vgl. BayObLG, NJW 1969 S. 1313; *Lutz* in Karlsruher Kommentar, OWiG, 5. Aufl., § 81 Rdnr. 14).

Der Betroffene kann die Veränderung der Verfahrenslage nicht anfechten. Ebenso kann er die Rücknahme des Hinweises nicht beantragen. Nach dem Übergang in das Strafverfahren ist eine Rücknahme des Einspruchs (§§ 67 ff. OWiG) nicht mehr möglich (vgl. BGHSt. 29, 305; BayObLG, JR 1976 S. 209). Erweist sich der Einspruch jedoch als unzulässig, kann er auch noch nach dem Übergang ins Strafverfahren verworfen werden, weil das Gericht sich nicht mit der Sache befassen darf (vgl. *Lutz* in Karlsruher Kommentar, OWiG, 5. Aufl., § 81 Rdnr. 28). Der Übergang in das Strafverfahren tritt auch mit der Verurteilung aufgrund eines Strafgesetzes ein, selbst wenn das Gericht einen Hinweis nach Absatz 2 Satz 1 zuvor nicht erteilt hat (vgl. *Seitz/Bauer* in Göhler, OWiG, 18. Aufl., § 81 Rdnr. 20a).

5. Unterbrechung der Hauptverhandlung nach Absatz 2 Satz 3

Die Hauptverhandlung wird unterbrochen, wenn das Gericht es für erforderlich hält oder der Angeklagte es beantragt, Absatz 2 Satz 3. Ist der Betroffene oder die Staatsanwaltschaft nicht anwesend, muss auf jeden Fall unterbrochen werden, weil dann § 226 StPO gilt. Dem Betroffenen ist der zu Protokoll gegebene Hinweis dann mitzuteilen. Das Unterlassen der Belehrung ist ein Revisionsgrund, §§ 337, 338 Nr. 8 StPO. Dasselbe gilt, wenn dem Antrag des Betroffenen auf Aussetzung nicht stattgegeben wird, weil das Recht auf Unterbrechung der Hauptverhandlung absolut ist (vgl. *Seitz/Bauer* in Göhler, OWiG, 18. Aufl., § 81 Rdnr. 21).

6. Das weitere Verfahren nach Absatz 3 Satz 1

Die besonderen Vorschriften des Ordnungswidrigkeitengesetzes sind in dem weiteren Verfahren nicht anwendbar. Damit ist die Anwendung der verfahrensrechtlichen Vorschriften, insbesondere §§ 72 bis 80 OWiG, ausgeschlossen, während das materielle Ordnungswidrigkeitenrecht weiterhin angewendet werden kann (vgl. *Lutz* in Karlsruher Kommentar, OWiG, 5. Aufl., § 81 Rdnr. 25). Die Tat kann trotz des Übergangs noch immer als Ordnungswidrigkeit beurteilt werden. Ist dies der Fall, gilt § 82 OWiG.

7. Verwertung der bisherigen Beweisaufnahme nach Absatz 3 Satz 2

Die bisherige Beweisaufnahme kann, wenn sie in Anwesenheit des Betroffenen stattgefunden hat, weiterhin verwertet werden, auch wenn sie nach den vereinfachten Vorschriften des Ordnungswidrigkeitengesetzes durchgeführt worden ist, es sei denn, es handelt sich um eine Beweisaufnahme nach §§ 77a und 78 Abs. 1 OWiG, vgl. Lemke/Mosbacher, OWiG, 2. Aufl., § 81 Rdnr. 27. Bereits vernommene Zeugen und Sachverständige müssen in der Regel nicht erneut vernommen werden, Urkunden nicht nochmals verlesen und Ortsbesichtigungen nicht erneut vorgenommen werden (Begr. zu § 70 Abs. 3 EOWiG). Ist ein Zeuge nicht vereidigt worden, kann sich im Strafverfahren wegen der Bedeutung der Sache die Notwendigkeit ergeben, von der Vereidigungspflicht nach § 59 StPO Gebrauch zu machen. Zuvor ist jedoch zu prüfen, ob die unbeeidigte Aussage nicht dennoch verwertet werden kann. Ist vor dem Übergang in das Strafverfahren ein Beweisantrag abgelehnt worden, lebt dieser danach nicht wieder auf. Ist von dem Grundsatz der Unmittelbarkeit der Beweisaufnahme nach §§ 77a, 78 Abs. 1 OWiG abgewichen worden, muss die Beweisaufnahme nachgeholt werden, Absatz 3 Satz 2.

8. Rechtsmittel nach dem Übergang in das Strafverfahren

Nach dem Übergang in das Strafverfahren sind nur noch die Rechtsmittel der StPO gegeben. Dies ist selbst dann der Fall, wenn der Hinweis in Verkennung der Sach- oder Rechtslage gegeben worden ist (vgl. OLG Zweibrücken, VRS 1953, 455), das Gericht eine Straftat oder deren Verfolgbarkeit verneint hat (vgl. Bay ObLG, NJW 69 S. 1313; OLG Köln, VRS 84, 104) oder wegen einer Straftat auf Geldbuße erkannt hat (vgl. OLG Düsseldorf, JMBINW 1975 S. 268). Legt der Betroffene dann gegen die Geldbuße „Rechtsbeschwerde" ein, so ist diese als Berufung zu behandeln (vgl. *Seitz/Bauer* in Göhler, OWiG, 18. Aufl., § 81 Rdnr. 24).

9. Nebenkläger im Strafverfahren

Nach dem Übergang in das Strafverfahren ist der Anschluss als Nebenkläger zulässig (§§ 395, 396 StPO), vorher aber nicht (vgl. *Seitz/Bauer* in Göhler, OWiG, 18. Aufl., § 81 Rdnr. 26). Ein Privatklagedelikt berücksichtigt das Gericht auch dann, wenn die Staatsanwaltschaft den Verletzten auf den Weg der Privatklage verwiesen hat, da neben dem Bußgeldverfahren wegen derselben Tat das Privatklageverfahren nicht zulässig ist.

§ 82

Bußgelderkenntnis im Strafverfahren

(1) Im Strafverfahren beurteilt das Gericht die in der Anklage bezeichnete Tat zugleich unter dem rechtlichen Gesichtspunkt einer Ordnungswidrigkeit.

(2) Lässt das Gericht die Anklage zur Hauptverhandlung nur unter dem rechtlichen Gesichtspunkt einer Ordnungswidrigkeit zu, so sind in dem weiteren Verfahren die besonderen Vorschriften dieses Gesetzes anzuwenden.

Erläuterungen

Übersicht

Vorbemerkung

§ 82 OWiG ergänzt § 81 OWiG. § 81 OWiG regelt aus prozessökonomischen Gründen die Beurteilung einer Tat als Ordnungswidrigkeit im Rahmen eines Strafverfahrens, damit die Tat in ein und demselben Verfahren unter jedem möglichen Gesichtspunkt rechtskräftig erledigt werden kann. Die Beurteilung einer Tat als Ordnungswidrigkeit im Strafverfahren ist aber nur dann vorzunehmen, wenn bei Tateinheit zwischen Straftat und Ordnungswidrigkeit eine Strafe nicht verhängt wird (§ 21 Abs. 2 OWiG) oder die Tat aus mehreren Handlungen im materiell-rechtlichen Sinne besteht, von denen die eine als Straftat, die andere als Ordnungswidrigkeit verfolgt wird, vgl. Lemke/Mosbacher, OWiG, 2. Aufl., § 82 Rdnr. 1.

1. Einheitliches Verfahren bei Straftat und Ordnungswidrigkeit

Die Staatsanwaltschaft muss bereits im Vorverfahren die Tat unter allen rechtlichen Gesichtspunkten, d. h. auch als Ordnungswidrigkeit, beurteilen, da sie dazu nach § 40 OWiG verpflichtet ist. Ist die Tat im verfahrensrechtlichen Sinne materiell-rechtlich als Tatmehrheit zu beurteilen und stellt eine von den Handlungen eine Ordnungswidrigkeit dar, prüft die Staatsanwaltschaft, ob die Verfolgung der Tat bezüglich der Ordnungswidrigkeit geboten ist, vgl. § 47 Abs. 1 OWiG, also das Strafverfahren nicht verzögern würde, vgl. Lemke/Mosbacher, OWiG, 2. Aufl., § 82 Rdnr. 4. Hat die Ordnungswidrigkeit erhebliches Gewicht, kommt eine Einstellung in der Regel nicht in Betracht.

Im Strafverfahren sind die besonderen Vorschriften des Ordnungswidrigkeitengesetzes grundsätzlich nicht anzuwenden, selbst wenn die Tat auch als Ordnungswidrigkeit verfolgt wird. Wird die Tat jedoch nur unter dem Gesichtspunkt einer Ordnungswidrigkeit aufgeklärt, müssen die §§ 46 Abs. 3 und 4, 47 Abs. 2 und 3 OWiG gelten (vgl. *Seitz/Bauer* in Göhler, OWiG, 18. Aufl., § 82 Rdnr. 3).

2. Einleitung des Eröffnungsverfahrens

Nach Absatz 1 wird vorausgesetzt, dass eine Anklageschrift der Staatsanwaltschaft vorliegt. Das Eröffnungsverfahren nach §§ 199 ff. StPO wird mit Erhebung der Anklage eingeleitet. Absatz 1 gilt bereits im Eröffnungsverfahren, wie sich aus dessen Wortlaut *(„die in der Anklage bezeichnete Tat")* ergibt.

Ist Anklage erhoben worden, hat das zuständige Gericht zu untersuchen, ob der Angeschuldigte hinreichend verdächtig ist (vgl. § 203 StPO). Liegt bezüglich der Straftat und der Ordnungswidrigkeit kein hinreichender Tatverdacht vor, wird das Hauptverfahren nicht eröffnet, § 204 StPO. Gegen diesen Beschluss steht der Staatsanwaltschaft die sofortige Beschwerde nach § 210 StPO zu.

Wird der hinreichende Verdacht einer Straftat verneint und lediglich ein Verdacht in Bezug auf eine Ordnungswidrigkeit bejaht, vgl. Absatz 2, wird das Hauptverfahren eröffnet und die Tat rechtlich abweichend von der Anklageschrift gewürdigt, § 207 Abs. 2 Nr. 3 StPO. Das Gericht leitet dann die Sache in ein Bußgeldverfahren über. Da dies keine Ablehnung der Eröffnung des Hauptverfahrens darstellt, kann die Staatsanwaltschaft nicht nach § 210 Abs. 2 StPO vorgehen. Hält das Gericht die Verfolgung der Ordnungswidrigkeit aber nicht für geboten, so wird das Hauptverfahren nicht eröffnet. Mit Zustimmung der Staatsanwaltschaft wird das Verfahren sodann gem. § 47 Abs. 2 OWiG eingestellt.

Liegt hinreichender Tatverdacht lediglich hinsichtlich der Straftat vor, wird das Hauptverfahren eröffnet, § 203 StPO. Die Straftat verdrängt dann die Ordnungswidrigkeit (vgl. § 21 OWiG).

Wird nur wegen einer Tat im verfahrensrechtlichen Sinne angeklagt, wobei diese verschiedene Handlungen im Sinne einer Straftat und einer Ordnungswidrigkeit enthält, erfolgt bei Verneinung des dringenden Tatverdachts hinsichtlich der Straftat Teileröffnung. Die Eröffnung des Hauptverfahrens wird nach § 204 StPO abgelehnt, wenn sowohl bei der Straftat als auch bei der Ordnungswidrigkeit der hinreichende Tatverdacht abgelehnt wird. Bei hinreichendem Tatverdacht bezüglich beider Tatteile wird die Eröffnung des Hauptverfahrens beschlossen, vgl. Lemke/Mosbacher, OWiG, 2. Aufl., § 82 Rdnr. 8.

3. Das Hauptverfahren

Da die Tat im Strafverfahren zugleich unter dem rechtlichen Gesichtspunkt einer Ordnungswidrigkeit beurteilt wird, wird über diese abschließend entschieden, vgl. § 84 OWiG. So hat das Gericht auch die bußgeldrechtlichen Gesichtspunkte zu berücksichtigen, selbst wenn die Staatsanwaltschaft dies in der Anklage vernachlässigt, vgl. *Seitz/Bauer* in Göhler, OWiG, 18. Aufl., § 82 Rdnr. 11. Zulässig ist jedoch eine Einstellung des Verfahrens nach § 47 Abs. 2 OWiG.

Bei Verneinung einer Straftat und Bejahung einer Ordnungswidrigkeit wird nur wegen der Ordnungswidrigkeit verurteilt, d. h. es wird eine Geldbuße festgesetzt. Ist weder eine Straftat noch eine Ordnungswidrigkeit erwiesen, so wird einheitlich freigesprochen. Ein Freispruch erfolgt auch, wenn eine Ordnungswidrigkeit zwar vorliegt, ihrer Verfolgung aber ein Verfahrenshindernis entgegensteht (vgl. BayObLG, NJW 1993 S. 2882; OLG Karlsruhe, MDR 1975 S. 426). Wird das Verfahren lediglich eingestellt, so ist das Urteil im Revisionsverfahren aufzuheben und freizusprechen (vgl. *Seitz/Bauer* in Göhler, OWiG, 18. Aufl., § 82 Rdnr. 11).

Macht das Gericht von § 153 Abs. 2 StPO Gebrauch, kann es das Verfahren wegen der Straftat unter Opportunitätsgesichtspunkten einstellen; ein Freispruch erfolgt nicht. Bezüglich der Ordnungswidrigkeit ergeht ein Urteil. Soll wegen der Straftat freigesprochen und wegen der Ordnungswidrigkeit das Verfahren nach § 47 Abs. 2 OWiG eingestellt werden, ergeht eine einheitliche Entscheidung (vgl. *Lutz* in Karlsruher Kommentar, OWiG, 5. Aufl., § 82 Rdnr. 9).

Liegen mehrere Taten im verfahrensrechtlichen Sinne vor, wird in einem einheitlichen Urteil eine Strafe ausgesprochen und eine Geldbuße verhängt (vgl. *Lutz* in Karlsruher Kommentar, OWiG, 5. Aufl., § 82 Rdnr. 10; *Seitz/Bauer* in Göhler, OWiG, 18. Aufl., § 82 Rdnr. 14). Ist eine der Taten nicht erwiesen, ergeht ein Teilfreispruch.

Liegt eine Tat im verfahrensrechtlichen Sinne vor (z. B. Verkehrsverstoß in Verbindung mit Unfallflucht), ist es unzulässig, die Verfahren zu trennen und über die zur Last gelegten Handlungen gesondert zu entscheiden. Wird dies dennoch getan, erfolgt durch das erste Urteil ein Verbrauch der Strafklage (vgl. OLG Hamburg, VRS 49, 379; *Lutz* in Karlsruher Kommentar, OWiG, 5. Aufl., § 82 Rdnr. 10).

4. Das Rechtsmittelverfahren

Absatz 1 ist auch im Rechtsmittelverfahren anzuwenden. Die Überprüfung des Rechtsmittelgerichts erstreckt sich damit auch auf die Ordnungswidrigkeit, wenn eine solche selbstständig neben der Straftat vorliegt (vgl. BGHSt. 35, 298). Dessen Auffassung ist dann maßgebend – auch in Bezug über die Frage von Tateinheit oder Tatmehrheit unter der Prämisse einer prozessualen Tat, vgl. *Lutz* in Karlsruher Kommentar, OWiG, 5. Aufl., § 82 Rdnr. 12. Hebt das Revisionsgericht das Urteil daraufhin auf, kann es entsprechend §§ 79

Abs. 6, 83 Abs. 3 OWiG unter dem Gesichtspunkt einer Ordnungswidrigkeit in der Sache selbst entscheiden, wenn es das Vorliegen einer Straftat oder deren Verfolgbarkeit endgültig verneint (BGHSt. 35, 298; OLG Düsseldorf, NZV 1991 S. 282; *Seitz/Bauer* in Göhler, OWiG, 18. Aufl., § 82 Rdnr. 16). Auch kann es entsprechend §§ 79 Abs. 6, 83 Abs. 3 OWiG bei einem einheitlichen Tatgeschehen über rechtsfehlerhaft ausgeschiedene tatmehrheitliche Ordnungswidrigkeiten selbstständig entscheiden (*Seitz/Bauer* in Göhler, OWiG, 18. Aufl., § 82 Rdnr. 16).

5. Hinweispflicht

Bevor gegen den Angeklagten eine Geldbuße wegen einer Ordnungswidrigkeit festgesetzt wird, ist ein Hinweis auf die Veränderung des rechtlichen Gesichtspunktes erforderlich. Dies ergibt sich aus § 265 StPO, der auch bei Anwendung eines milderen Gesetzes gilt. Dabei ist zu beachten, dass nach § 265 Abs. 3 und 4 StPO die Möglichkeit auf Aussetzung des Verfahrens besteht. Trotz des Hinweises findet eine Überleitung vom Straf- ins Bußgeldverfahren nicht statt.

6. Der Übergang vom Straf- ins Ordnungswidrigkeitenverfahren nach Absatz 2

Nach Absatz 2 kann das Gericht die Anklage auch nur unter dem rechtlichen Gesichtspunkt einer Ordnungswidrigkeit zur Hauptverhandlung zulassen, wobei dann in dem weiteren Verfahren die besonderen Vorschriften des Ordnungswidrigkeitengesetzes gelten. Besondere Vorschriften sind diejenigen, die auf eine Verfahrensvereinfachung abzielen (§§ 73 bis 80a OWiG; nicht hingegen § 72 OWiG). Durch Beschluss kann das Gericht dann aber nicht entscheiden, weil § 72 OWiG einen vorangegangenen Bußgeldbescheid voraussetzt, von dem das Gericht nicht zum Nachteil des Betroffenen abweichen darf (vgl. *Seitz/Bauer* in Göhler, OWiG, 18. Aufl., § 82 Rdnr. 15). Durch einen Antrag nach § 81 Abs. 2 Satz 1 OWiG kann die Staatsanwaltschaft den Übergang in das ursprüngliche Strafverfahren erzwingen. Das Gericht kann aber dennoch nur wegen einer Ordnungswidrigkeit eine Geldbuße verhängen.

6.1 Im Strafbefehlsverfahren

Hat die Staatsanwaltschaft einen Antrag auf Erlass eines Strafbefehls gestellt, gilt Absatz 2 gleichermaßen, vgl. Lemke/Mosbacher, OWiG, 2. Aufl., § 82 Rdnr. 23. Der Richter lehnt den Erlass eines Strafbefehls ab, wenn er den Angeschuldigten nicht für hinreichend verdächtig hält, § 408 Abs. 2 Satz 1 StPO. Dabei prüft er auch das Vorliegen einer Ordnungswidrigkeit. Ist nach Ansicht des Gerichts lediglich eine Ordnungswidrigkeit gegeben und beharrt die Staatsanwaltschaft auf ihrem Strafbefehlsantrag, so beraumt das Gericht einen Termin zur Hauptverhandlung unter Hinweis auf die rechtliche Veränderung an, § 408 Abs. 3 Satz 2 StPO.

Nimmt die Staatsanwaltschaft auf Anregung des Gerichtes den Strafbefehlsantrag zurück, gibt sie die Sache nach § 43 Abs. 1 OWiG an die Verwaltungsbehörde ab und stellt das Strafverfahren ein, vgl. Lemke/Mosbacher, OWiG, 2. Aufl., § 82 Rdnr. 24. Liegt eine Ordnungswidrigkeit vor, ist die bloße Zurückweisung des Strafbefehlsantrags unzulässig, da die rechtskräftige Ablehnung des Antrages die Überleitung in das Bußgeldverfahren wegen derselben Tat hindert und lediglich aufgrund neuer Tatsachen oder Beweismittel möglich ist (BayObLG, NStZ 1983 S. 418; vgl. Lemke/Mosbacher, OWiG, 2. Aufl., § 82 Rdnr. 24).

Wird nur das Vorliegen einer Ordnungswidrigkeit bejaht, hält das Gericht die Verfolgung aber nicht für geboten, lehnt es den Erlass eines Strafbefehls ab und stellt mit Zustimmung der Staatsanwaltschaft das Verfahren ein, § 47 Abs. 2 OWiG, vgl. *Lutz* in Karlsruher Kommentar, OWiG, 5. Aufl., § 82 Rdnr. 16.

6.2 Im Privatklageverfahren

Eine Verurteilung ist im Privatklageverfahren nur nach den in § 374 StPO enthaltenen Tatbeständen möglich. Ist ein Urteil im Privatklageverfahren ergangen, kann die Tat nicht unter dem Gesichtspunkt einer Ordnungswidrigkeit abermals verfolgt werden (BayObLG, VRS 41, 382).

Liegt nur eine Ordnungswidrigkeit vor und hält das Gericht ihre Verfolgung für geboten, unterrichtet es die Staatsanwaltschaft, § 377 Abs. 1 Satz 2 StPO. Für die Übernahme der Sache durch die Staatsanwaltschaft bedarf es ihrer ausdrücklichen Erklärung, § 377 Abs. 2 StPO. Übernimmt die Staatsanwaltschaft die Verfolgung nicht, obwohl das Gericht die Verfolgung der Ordnungswidrigkeit für geboten hält, so stellt das Gericht das Verfahren ein und teilt dies der Verwaltungsbehörde nach § 389 Abs. 2 StPO mit, sofern kein Privatklagedelikt gegeben ist (vgl. *Lutz* in Karlsruher Kommentar, OWiG, 5. Aufl., § 82 Rdnr. 17). Hält das Gericht ein Privatklagedelikt nicht für gegeben, aber auch die Verfolgung der Ordnungswidrigkeit nicht für geboten, so wird wegen des Privatklagedelikts freigesprochen (*Lutz* in Karlsruher Kommentar, OWiG, 5. Aufl., § 82 Rdnr. 17; Lemke/Mosbacher, OWiG, 2. Aufl., § 82 Rdnr. 27).

Besteht zwischen dem Privatklagedelikt und der Ordnungswidrigkeit Tateinheit, ist das Privatklageverfahren zulässig, da die Ordnungswidrigkeit nach § 21 Abs. 1 Satz 1 OWiG durch die Straftat verdrängt wird. Ist bereits ein Bußgeldbescheid erlassen worden, muss dieser nach § 86 Abs. 1 OWiG bei Verurteilung aufgehoben werden.

Liegt im Rahmen einer einheitlichen Tat im verfahrensrechtlichen Sinne Tatmehrheit zwischen dem Privatklagedelikt und der Ordnungswidrigkeit vor, etwa bei einer Verkehrsordnungswidrigkeit und einer Beleidigung, ist das Privatklageverfahren bezüglich der Ordnungswidrigkeit unzulässig, wenn nicht eine Katalogtat des § 374 Abs. 1 StPO vorliegt, vgl. Lemke/Mosbacher, OWiG, 2. Aufl., § 82 Rdnr. 27. In der Praxis wird das Amtsgericht sodann von der Verfolgung der Ordnungswidrigkeit absehen; die Verwaltungsbehörde kann einen Bußgeldbescheid erlassen.

6.3 Im Verfahren gegen Jugendliche und Heranwachsende

Im Verfahren gegen Jugendliche und Heranwachsende ist bei Verhängung einer Geldbuße im Strafverfahren § 78 Abs. 4 OWiG entsprechend anzuwenden (vgl. *Seitz/Bauer* in Göhler, OWiG, 18. Aufl., § 82 Rdnr. 23).

7. Kosten des Verfahrens

Der Angeklagte hat nach § 465 Abs. 1 StPO i. V. m. § 46 Abs. 1 OWiG auch dann die Kosten des Verfahrens zu tragen, wenn er im Strafverfahren nur zu einer Geldbuße verurteilt worden ist, da die Festsetzung einer Geldbuße der Sache nach eine Verurteilung ist (vgl. *Seitz/Bauer* in Göhler, OWiG, 18. Aufl., § 82 Rdnr. 24). Sind durch Untersuchungen zur Aufklärung bestimmter belastender oder entlastender Umstände besondere Auslagen entstanden und sind diese Untersuchungen zugunsten des Angeklagten ausgegangen, hat das Gericht die entstandenen Auslagen teilweise oder auch ganz der Staatskasse aufzuerlegen, wenn es unbillig wäre, den Angeklagten damit zu belasten, § 465 Abs. 2 Satz 1 StPO.

8. Rechtsmittel

Ist der Angeklagte nur wegen einer Ordnungswidrigkeit verurteilt worden, gelten trotzdem die Rechtsmittel der Strafprozessordnung (Berufung und Revision), da es sich um ein Urteil im Strafverfahren handelt.

Die Rechtsbeschwerde ist nicht zulässig (BGHSt. 35, 290, 298). Wird dennoch „Rechtsbeschwerde" eingelegt oder deren Zulassung beantragt, ist Berufung anzunehmen (OLG Jena, VRS 116, 364). Ergibt sich aus den Umständen, dass der Beschwerdeführer keine Nachprüfung des Urteils in tatsächlicher Hinsicht möchte, wird die Rechtsbeschwerde als

Revision behandelt (BayObLG, NJW 1969 S. 1313). Ist der Angeklagte zu einer Geldstrafe von nicht mehr als fünfzehn Tagessätzen verurteilt worden, beträgt im Falle einer Verwarnung die vorbehaltene Strafe nicht mehr als fünfzehn Tagessätze oder ist eine Verurteilung zu einer Geldbuße erfolgt, so ist die Berufung nur zulässig, wenn sie angenommen wird, vgl. § 313 Abs. 1 Satz 1 StPO.

Die Berufung gegen ein auf Geldbuße, Freispruch oder Einstellung wegen einer Ordnungswidrigkeit lautendes Urteil ist stets anzunehmen, wenn die Rechtsbeschwerde nach § 79 Abs. 1 OWiG zulässig oder nach § 80 Abs. 1 und 2 OWiG zuzulassen wäre, § 313 Abs. 3 StPO. Im Übrigen wird die Berufung angenommen, wenn sie nicht offensichtlich unbegründet ist, §§ 313 Abs. 2 Satz 1 StPO i. V. m. Abs. 3 Satz 2 StPO. Dies bedeutet, dass für den Angeklagten, der lediglich wegen einer Ordnungswidrigkeit zu einer Geldbuße von nicht mehr als 250,- Euro verurteilt worden ist und damit die Wertgrenze im Rahmen der Rechtsbeschwerde nicht erreicht, die Berufung dennoch weiterhin zur Verfügung steht, wenn sie nicht offensichtlich unbegründet ist.

§ 83

Verfahren bei Ordnungswidrigkeiten und Straftaten

(1) Hat das Verfahren Ordnungswidrigkeiten und Straftaten zum Gegenstand und werden einzelne Taten nur als Ordnungswidrigkeiten verfolgt, so gelten für das Verfahren wegen dieser Taten auch § 46 Abs. 3, 4, 5 Satz 2 und Abs. 7, die §§ 47, 49, 55, 76 bis 78, 79 Abs. 1 bis 3 sowie § 80.

(2) Wird in den Fällen des Absatzes 1 gegen das Urteil, soweit es nur Ordnungswidrigkeiten betrifft, Rechtsbeschwerde und im Übrigen Berufung eingelegt, so wird eine rechtzeitig und in der vorgeschriebenen Form eingelegte Rechtsbeschwerde, solange die Berufung nicht zurückgenommen oder als unzulässig verworfen ist, als Berufung behandelt. Die Beschwerdeanträge und deren Begründung sind gleichwohl in der vorgeschriebenen Form anzubringen und dem Gegner zuzustellen (§§ 344 bis 347 der Strafprozessordnung); einer Zulassung nach § 79 Abs. 1 Satz 2 bedarf es jedoch nicht. Gegen das Berufungsurteil ist die Rechtsbeschwerde nach § 79 Abs. 1 und 2 sowie § 80 zulässig.

(3) Hebt das Beschwerdegericht das Urteil auf, soweit es nur Ordnungswidrigkeiten betrifft, so kann es in der Sache selbst entscheiden.

Erläuterungen

Übersicht

Vorbemerkung

§ 83 OWiG regelt das Verfahren bei gleichzeitiger Verfolgung mehrerer Taten im verfahrensrechtlichen Sinne, von denen eine als Straftat, eine andere als Ordnungswidrigkeit verfolgt wird. Eine solche Sachlage ist dann gegeben, wenn die Staatsanwaltschaft, die eine Straftat verfolgt, die Verfolgung einer Ordnungswidrigkeit wegen eines Zusammenhangs zu der Straftat übernimmt und die Anklage daher auch auf die Ordnungswidrigkeit erstreckt (vgl. §§ 42 Abs. 1, 64 OWiG), des Weiteren, wenn das wegen mehrerer Taten eingeleitete Bußgeldverfahren hinsichtlich einer Tat in das Strafverfahren übergeht (§ 81 OWiG) oder wenn das Gericht die Anklage der Staatsanwaltschaft wegen mehrerer Straftaten zwar zulässt, aber hinsichtlich einer Tat nur unter dem Gesichtspunkt einer Ordnungswidrigkeit, § 82 Abs. 2 OWiG, vgl. Lemke/Mosbacher, OWiG, 2. Aufl., § 83 Rdnr. 1.

Bei gleichzeitiger Verfolgung von Straftaten und Ordnungswidrigkeit gilt grundsätzlich die StPO als einheitliche Verfahrensordnung (OLG Stuttgart, VRS 61 S. 452). Nach Absatz 1 sind dennoch einige Vorschriften des OWiG neben der StPO anwendbar, da die Einheitlichkeit der Verfahrensordnung nicht dahin führen darf, dass Besonderheiten des Bußgeldverfahrens, wie etwa mögliche Verfahrensvereinfachungen, bei gleichzeitiger Verfolgung von Straftaten und Ordnungswidrigkeiten unberücksichtigt bleiben (Begr. zu § 72 EOWiG). Die in Absatz 1 geregelten Ausnahmen gelten jedoch nur hinsichtlich der Taten, die als Ordnungswidrigkeit verfolgt werden.

1. Voraussetzung für die Anwendung einzelner Vorschriften

Voraussetzung für die Anwendbarkeit von Absatz 1 ist, dass mehrere Taten – also nicht nur eine Tat – im verfahrensrechtlichen Sinne vorliegen und mindestens eine davon als Ordnungswidrigkeit verfolgt wird. Einzelne Taten werden nur dann als Ordnungswidrigkeiten verfolgt, wenn sie unter dem rechtlichen Gesichtspunkt der Verletzung von Bußgeldvorschriften dem Gericht zur Entscheidung vorgelegt sind. Ist dies der Fall, dann finden die in Absatz 1 aufgeführten Vorschriften für die als Ordnungswidrigkeit verfolgten Taten neben der grundsätzlich geltenden StPO Anwendung.

Richtet sich das Verfahren gegen eine Person, muss diese wegen mehrerer Taten im prozessualen Sinne belangt werden, die auch in verschiedenen Verfahren verfolgt werden können. Handelt es sich dagegen um mehrere Taten im materiell-rechtlichen Sinne, von denen die eine eine Straftat und die andere eine Ordnungswidrigkeit darstellt, findet Absatz 1 keine Anwendung (vgl. *Seitz/Bauer* in Göhler, OWiG, 18. Aufl., § 83 Rdnr. 4).

Findet ein Verfahren gegen mehrere Personen statt, von denen ein Beteiligter wegen einer Ordnungswidrigkeit und ein anderer hinsichtlich derselben Tat wegen einer Straftat verfolgt wird, gilt Absatz 1 mit der Abweichung, dass §§ 77 bis 78 Abs. 1 bis 3 OWiG nicht gelten, da bezüglich derselben Tat eine verfahrensrechtliche Unterscheidung nicht möglich ist (vgl. *Lutz* in Karlsruher Kommentar, OWiG, 5. Aufl., § 83 Rdnr. 6). Ist gegen den einen Beteiligten wegen einer Straftat und gegen den anderen wegen einer Ordnungswidrigkeit ein einheitlicher Strafbefehl ergangen und legt nur der von der Ordnungswidrigkeit Betroffene Einspruch ein, wird das Verfahren als reines Bußgeldverfahren fortgesetzt (vgl. BayObLG, VRS 46 S. 368).

2. Rechtsmittel gegen das Urteil nach Absatz 2

Absatz 2, der die Rechtsmittel im Verfahren bei Ordnungswidrigkeiten und Straftaten regelt, soll verhindern, dass in einem einheitlichen Verfahren verschiedene Rechtsmittelinstanzen entscheiden (vgl. *Lutz* in Karlsruher Kommentar, OWiG, 5. Aufl., § 83 Rdnr. 7). Die Vorschrift ist § 335 Abs. 3 StPO nachgebildet. Nach dieser Norm wird bei Zusammentreffen von Revision und Berufung die Revision als Berufung behandelt, solange die Berufung nicht zurückgenommen oder als unzulässig verworfen wird.

2.1 Berufung und Rechtsbeschwerde

Wird gleichzeitig Berufung und Rechtsbeschwerde eingelegt, wird nach Absatz 2 die rechtzeitig und in der vorgeschriebenen Form eingelegte Rechtsbeschwerde als Berufung behandelt, solange die Berufung nicht zurückgenommen oder als unzulässig verworfen wird. Damit wird dem Angeklagten aber nicht die Möglichkeit gegeben, die Berufung wegen der Verurteilung einer Straftat von vornherein auf die Festsetzung der Geldbuße zu erstrecken, wenn es sich um zwei Taten handelt (vgl. *Seitz/Bauer* in Göhler, OWiG,

18. Aufl., § 83 Rdnr. 10). Gegen die Festsetzung der Geldbuße ist nur die Rechtsbeschwerde zulässig.

Nach Absatz 2 Satz 2 müssen die Beschwerdeanträge und deren Begründung in der vorgeschriebenen Form angebracht und dem Gegner zugestellt werden, §§ 344 bis 347 StPO.

2.2 Ohne Zulassung der Rechtsbeschwerde, Absatz 2 Satz 2 HS 2

Nach Absatz 2 Satz 2 HS 2 bedarf die Rechtsbeschwerde, solange sie als Berufung behandelt wird, keiner Zulassung nach § 79 Abs. 1 OWiG Satz 2 OWiG. D. h., dass bei gleichzeitiger Einlegung von Berufung und Rechtsbeschwerde Letztere auch als Berufung behandelt wird, wenn die Voraussetzungen des § 79 Abs. 1 Satz 1 Nr. 1 bis 5 OWiG nicht gegeben sind, vgl. Lemke/Mosbacher, OWiG, 2. Aufl., § 83 Rdnr. 12.

Wird jedoch die Berufung zurückgenommen oder als unzulässig verworfen, müssen die Voraussetzungen des § 79 Abs. 1 OWiG vorliegen, da der Zulassungsantrag nach § 80 OWiG nicht später nachgeholt werden kann. Eine unbedingt eingelegte Rechtsbeschwerde wird dann jedoch gem. § 300 StPO i. V. m. § 46 Abs. 1 OWiG als Antrag auf Zulassung der Rechtsbeschwerde behandelt, mit der Folge, dass praktisch keine Verfristung vorliegt (vgl. BayObLG, NJW 1970 S. 1202).

2.3 Rechtsbeschwerde gegen das Berufungsurteil nach Absatz 2 Satz 3

Nach Absatz 2 Satz 3 ist gegen das Berufungsurteil die Rechtsbeschwerde gem. § 79 Abs. 1 und 2 OWiG und § 80 OWiG zulässig. Ist im Berufungsverfahren eine Geldbuße von nicht mehr als 250,- Euro festgesetzt worden, kann aber nur eine Zulassungsbeschwerde nach § 80 OWiG beantragt werden. Ist von dem Landgericht über Straftaten und Ordnungswidrigkeiten ein Berufungsurteil erlassen worden, dann ist dieses Urteil mit der Revision oder der Rechtsbeschwerde anfechtbar, vgl. Lemke/Mosbacher, OWiG, 2. Aufl., § 83 Rdnr. 14.

3. Verfahrensvereinfachung nach Absatz 3

Eine Verfahrensvereinfachung in der Weise, dass das Beschwerdegericht eine Sachentscheidung treffen darf, stellt Absatz 3 dar. Diese Vorschrift findet nicht nur dann Anwendung, wenn Rechtsbeschwerde eingelegt worden ist, sondern auch, wenn ein Verfahrensbeteiligter wegen einer anderen Tat oder ein anderer Verfahrensbeteiligter bezüglich derselben Tat Revision eingelegt hat (vgl. *Seitz/Bauer* in Göhler, OWiG, 18. Aufl., § 83 Rdnr. 14). Dann entscheidet das Revisionsgericht zugleich als Beschwerdegericht und kann bei Aufhebung des Urteils hinsichtlich der Ordnungswidrigkeit selbst in der Sache entscheiden.

Absatz 3 gilt aber dann nicht, wenn ein Verfahrensbeteiligter wegen einer einzigen Tat im verfahrensrechtlichen Sinne das Rechtsmittel eingelegt hat. In diesem Fall wäre lediglich die Revision zulässig.

Verneint allerdings das Revisionsgericht das Vorliegen einer Straftat oder deren Verfolgbarkeit, so gilt Absatz 3 entsprechend (vgl. *Lutz* in Karlsruher Kommentar, OWiG, 5. Aufl., § 83 Rdnr. 13; *Seitz/Bauer* in Göhler, OWiG, 18. Aufl., § 83 Rdnr. 14).

Siebenter Abschnitt

Rechtskraft und Wiederaufnahme des Verfahrens

§ 84
Wirkung der Rechtskraft

(1) Ist der Bußgeldbescheid rechtskräftig geworden oder hat das Gericht über die Tat als Ordnungswidrigkeit oder als Straftat rechtskräftig entschieden, so kann dieselbe Tat nicht mehr als Ordnungswidrigkeit verfolgt werden.

(2) Das rechtskräftige Urteil über die Tat als Ordnungswidrigkeit steht auch ihrer Verfolgung als Straftat entgegen. Dem rechtskräftigen Urteil stehen der Beschluss nach § 72 und der Beschluss des Beschwerdegerichts über die Tat als Ordnungswidrigkeit gleich.

Erläuterungen

Übersicht

Vorbemerkung

§ 84 OWiG regelt die Wirkungen der materiellen Rechtskraft von Bußgeldbescheiden sowie gerichtlichen Entscheidungen im Bußgeldverfahren.

Die in § 84 OWiG festgelegte Sperrwirkung für eine spätere Verfolgung desselben Täters wegen derselben Tat ergibt sich auch bereits aus den Vorschriften der StPO, die gem. § 46 Abs. 1 OWiG im Bußgeldverfahren sinngemäß gelten, sowie aus Art. 103 Abs. 3 GG (Grundsatz „ne bis in idem"). § 84 OWiG stellt diese Sperrwirkung nochmals ausdrücklich dar.

1. Rechtskraft im Allgemeinen

§ 84 Abs. 1 OWiG bezieht sich zwar auf rechtskräftige Bußgeldbescheide, definiert jedoch nicht ausdrücklich die Voraussetzungen für den Eintritt der Rechtskraft.

Der Begriff „Rechtskraft" wird eigentlich in Verwaltungsverfahren nicht angewandt. Üblicherweise spricht man bei Verwaltungsakten von „Bindung resp. Bindungswirkung". Wegen des justizähnlichen Verfahrens beim Erlass eines Bußgeldbescheides und der Vergleichbarkeit mit dem gerichtlichen Strafbefehlsverfahren (§§ 407 ff. StPO) hat sich aber auch im Bußgeldverfahren der Begriff „Rechtskraft" eingebürgert.

Ein Bußgeldbescheid, Urteil oder Beschluss wird formell rechtskräftig, wenn die Rechtsbehelfsfrist ungenutzt abgelaufen ist, ein Rechtsbehelf zurückgenommen, auf einen Rechtsbehelf wirksam verzichtet oder wenn der Rechtsbehelf wirksam verworfen wurde.

Liegt einer dieser Fälle vor, entfaltet die Entscheidung eine Sperrwirkung für spätere Verfahren, die von Amts wegen zu berücksichtigen ist. Das entsprechende Verfahren ist dann wegen Vorliegen eines Verfahrenshindernisses einzustellen. Die Sperrwirkung reicht dabei grundsätzlich aber immer nur so weit, wie Tatidentität gegeben ist (vgl. hierzu im Einzelnen Erl. 2 und 3).

Rechtskräftig werden kann grundsätzlich nur eine Sachentscheidung, also die Entscheidung über die Tat (d. h. Festsetzung einer Geldbuße, Verurteilung, Freispruch usw.). Bloße

Entscheidungen prozessualer Art können nicht rechtskräftig werden, entfalten also auch keine Sperrwirkung. So führt z. B. die gerichtliche Entscheidung, das Verfahren wegen Fehlen bestimmter Prozessvoraussetzungen oder wegen eines Verfahrenshindernisses einzustellen, nicht dazu, dass Rechtskraft eintritt.

Anderes gilt bei einer Einstellung nach § 47 Abs. 2 OWiG; hier liegt eine beschränkte Rechtskraftwirkung vor (vgl. hierzu Erl. 2.3.4 zu § 47 OWiG).

2. Wirkung der Rechtskraft eines Bußgeldbescheides

Ein rechtskräftiger Bußgeldbescheid hindert eine nochmalige Verfolgung der Tat als Ordnungswidrigkeit, § 84 Abs. 1 OWiG. Eine Verfolgung derselben Tat als Straftat wird dagegen durch einen rechtskräftigen Bußgeldbescheid nicht ausgeschlossen. Die für den Erlass des Bußgeldbescheides zuständige Verwaltungsbehörde hat keine Kompetenz, über das Vorliegen einer Straftat zu entscheiden. Dies obliegt den Ermittlungsbehörden (Staatsanwaltschaft und Polizei) und Gerichten. Die Wirkung der Rechtskraft kann grundsätzlich nicht weiter reichen als die Befugnis zur Entscheidung. Der von einer Verwaltungsbehörde erlassene Bußgeldbescheid entfaltet daher keine Sperrwirkung für eine spätere Verfolgung derselben Tat als Straftat. Dies würde über die Entscheidungsbefugnis einer Verwaltungsbehörde hinausgehen. Der Bußgeldbescheid hat insoweit eine nur eingeschränkte Rechtskraftwirkung. § 84 Abs. 1 OWiG legt fest, dass dieselbe „Tat" nicht mehr als Ordnungswidrigkeit verfolgt werden kann. Der Begriff „Tat" ist dabei im verfahrensrechtlichen Sinne zu verstehen, d. h. als ein bestimmter Lebensvorgang, innerhalb dessen ein bestimmter Bußgeldtatbestand verwirklicht worden ist (vgl. zum Begriff der Tat Vorbemerkung zu § 59 OWiG, Erl. 3). Bei einer Dauerordnungswidrigkeit erstreckt sich die Rechtskraft grundsätzlich nur auf den Handlungszeitraum bis zum rechtskräftigen Bußgeldbescheid resp. bis zu dem tatrichterlichen Urteil (vgl. zur Definition einer Dauerordnungswidrigkeit Erl. 1.2.2 zu § 19 OWiG). Danach kann vom selben Täter mit derselben Handlung eine neue Dauerordnungswidrigkeit begangen werden, deren Ahndung nicht durch die vorangegangene Bußgeldentscheidung gehindert ist. Wird entgegen § 84 Abs. 1 OWiG ein neuer Bußgeldbescheid erlassen, ist dieser nicht immer als nichtig anzusehen, vgl. *Seitz/Bauer* in Göhler, OWiG, 18. Aufl., § 84 Rdnr. 11, da Nichtigkeit nur dann eintritt, wenn die Maßnahme an einem besonders schwerwiegenden Mangel leidet, der nicht nur in die Kategorie der Verfahrens-, Form- oder Zuständigkeitsmängel gehört, und bei verständiger Würdigung aller in Betracht kommenden Umstände offenkundig ist, vgl. *Lutz* in Karlsruher Kommentar, OWiG, 5. Aufl., § 84 Rdnr. 9. In jedem Fall steht jedoch fest, dass ein rechtskräftiger Bußgeldbescheid mit seiner Sperrwirkung ein Prozesshindernis für ein neues Bußgeldverfahren darstellt, so dass dieses von Amts wegen eingestellt werden muss. Aus § 84 Abs. 1 und Abs. 2 OWiG ergibt sich, dass ein rechtskräftiger Bußgeldbescheid die nachträgliche Verfolgung derselben Tat als Straftat nicht ausschließt. Eine nachträgliche Verfolgung der Tat als Straftat kommt insbesondere in den Fällen in Betracht, wo nachträglich neue Tatsachen oder Beweismittel hervortreten, die eine Bewertung als Straftat wahrscheinlich erscheinen lassen. In diesem Fall wird die Verwaltungsbehörde das Verfahren an die Staatsanwaltschaft abgeben.

3. Wirkung der Rechtskraft einer gerichtlichen Entscheidung

Im Gegensatz zu einer rechtskräftigen Bußgeldentscheidung entfaltet eine rechtskräftige gerichtliche Entscheidung in einem Bußgeldverfahren eine Sperrwirkung sowohl für die Verfolgung als Ordnungswidrigkeit (vgl. § 84 Abs. 1 OWiG) als auch für eine spätere Verfolgung als Straftat (vgl. § 84 Abs. 2 OWiG).

Die gegenüber einer Bußgeldentscheidung der Verwaltungsbehörde erweiterte Rechtskraft einer gerichtlichen Entscheidung ergibt sich daraus, dass das Gericht gem. § 81 OWiG die Tat im Bußgeldverfahren auch unter strafrechtlichen Gesichtspunkten zu prüfen hat (vgl. hierzu § 81 OWiG).

Eine spätere Verfolgung der Tat als Straftat ist bei Vorliegen neuer Tatsachen oder Beweismittel nur in einem förmlichen Wiederaufnahmeverfahren möglich (§ 85 Abs. 3 OWiG).

4. Wirkung ausländischer Entscheidungen

Hat eine ausländische Verwaltungsbehörde oder ein ausländisches Gericht entschieden, entfaltet diese Entscheidung in der Bundesrepublik Deutschland für die Verfolgung der Tat grundsätzlich keine Sperrwirkung. Urteile ausländischer Gerichte verbrauchen die Strafklage für inländische Gerichte nicht, denn nach ständiger Rechtsprechung gilt das Verbot der Doppelverfolgung nicht im Verhältnis zur ausländischen Gerichtsbarkeit (so etwa BGHSt. 24, 54, 57; *Lutz* in Karlsruher Kommentar, OWiG, 5. Aufl., § 84 Rdnr. 18). Eine Sperrwirkung kann jedoch dennoch bestehen, wenn dies durch eine zwischenstaatliche Vereinbarung, die durch Ratifikationsgesetz in Kraft gesetzt ist, vertraglich vereinbart wurde. Zu beachten sind auch die Art. 54 bis 58 des Übereinkommens von Schengen (Verbot der Doppelbestrafung). Entscheidungen ausländischer Stellen (Gericht und Verwaltungsbehörde) haben auch keine Sperrwirkung für die Verfolgung einer Tat als Ordnungswidrigkeit. Art. 54 ff. des Schengener Übereinkommens gilt für Entscheidungen einer ausländischen Verwaltungsbehörde nicht. Nur gerichtlichen Entscheidungen (inkl. Freispruch) kommt nach dem Schengener Durchführungsübereinkommen Sperrwirkung zu, vgl. *Seitz/Bauer* in Göhler, OWiG, 18. Aufl., § 84 Rdnr. 18. Auch ohne Sperrwirkung einer ausländischen Entscheidung ist aber dennoch in bestimmten Fällen von der Verfolgung als Ordnungswidrigkeit gemäß § 47 OWiG abzusehen. Liegt eine ausländische Entscheidung vor, deren Unrechtsgehalt auch unter dem Blickpunkt des Verstoßes gegen Vorschriften des nationalen Rechts voll erfasst ist, ist von einer weiteren Verfolgung abzusehen (vgl. etwa BayObLG, NJW 1997 S. 335). Wird trotz des Vorliegens einer ausländischen Entscheidung für dieselbe Tat eine Geldbuße festgesetzt, ist aber in jedem Fall zumindest bei der Festsetzung der Höhe der Geldbuße die im Ausland bereits getroffene Entscheidung zu berücksichtigen (Ausfluss aus dem Rechtsstaatsprinzip bzw. allgemeiner Billigkeitsgedanke/Opportunitätsprinzip; vgl. *Lutz* in Karlsruher Kommentar, OWiG, 5. Aufl., § 84 Rdnr. 18; sowie Rechtsgedanke des § 51 Abs. 3 Satz 1 StGB: *„Ist der Verurteilte wegen derselben Tat im Ausland bestraft worden, so wird auf die neue Strafe die ausländische angerechnet, soweit sie vollstreckt ist."*

§ 85
Wiederaufnahme des Verfahrens

(1) Für die Wiederaufnahme eines durch rechtskräftige Bußgeldentscheidung abgeschlossenen Verfahrens gelten die §§ 359 bis 373a der Strafprozessordnung entsprechend, soweit die nachstehenden Vorschriften nichts anderes bestimmen.

(2) Die Wiederaufnahme des Verfahrens zugunsten des Betroffenen, die auf neue Tatsachen oder Beweismittel gestützt wird (§ 359 Nr. 5 der Strafprozessordnung), ist nicht zulässig, wenn

1. **gegen den Betroffenen lediglich eine Geldbuße bis zu zweihundertfünfzig Euro festgesetzt ist oder**
2. **seit Rechtskraft der Bußgeldentscheidung drei Jahre verstrichen sind.**

Satz 1 Nr. 1 gilt entsprechend, wenn eine Nebenfolge vermögensrechtlicher Art angeordnet ist, deren Wert zweihundertfünfzig Euro nicht übersteigt.

(3) Die Wiederaufnahme des Verfahrens zuungunsten des Betroffenen ist unter den Voraussetzungen des § 362 der Strafprozessordnung nur zu dem Zweck zulässig, die Verurteilung nach einem Strafgesetz herbeizuführen. Zu diesem Zweck ist sie auch zulässig, wenn neue Tatsachen oder Beweismittel beigebracht sind, die allein oder in Verbindung mit den früher erhobenen Beweisen geeignet sind, die Verurteilung des Betroffenen wegen eines Verbrechens zu begründen.

(4) Im Wiederaufnahmeverfahren gegen den Bußgeldbescheid entscheidet das nach § 68 zuständige Gericht. Wird ein solches Wiederaufnahmeverfahren von dem Betroffenen beantragt oder werden der Verwaltungsbehörde Umstände bekannt, die eine Wiederaufnahme des Verfahrens zulassen, so übersendet sie die Akten der Staatsanwaltschaft. § 69 Abs. 4 Satz 1 gilt entsprechend.

Erläuterungen

Übersicht

Vorbemerkung

Die Wiederaufnahme des Verfahrens stellt einen außerordentlichen Rechtsbehelf dar, der zur Nachprüfung des rechtskräftig abgeschlossenen Verfahrens führt, wenn die Beweisgrundlagen der rechtskräftigen Entscheidung erschüttert sind. Sieht das Gesetz Möglichkeiten vor, eine Entscheidung auch außerhalb des Wiederaufnahmeverfahrens zu berichtigen, so scheidet die Anwendung von § 85 OWiG aus.

Für die Wiederaufnahme gemäß § 85 OWiG muss grundsätzlich ein rechtskräftiger Bußgeldbescheid vorliegen, dessen Sperrwirkung eine andere, neuerliche Sachentscheidung hindert. Kann die Bußgeldentscheidung dagegen – wie etwa in den Fällen der beschränkten Rechtskraft (z. B. Verfahrenseinstellung nach § 47 Abs. 2 OWiG) oder der Wiedereinsetzung in den vorigen Stand – auch außerhalb des Verfahrens nach § 85 OWiG zurückgenommen werden, so ist eine Wiederaufnahme des Verfahrens nicht zulässig.

Wichtig ist auch die Unterscheidung der verschiedenen möglichen Objekte der Wiederaufnahme.

Von § 85 OWiG werden folgende Entscheidungen erfasst:

- ein rechtskräftiger Bußgeldbescheid;
- eine gerichtliche Entscheidung nach Einspruch gegen den Bußgeldbescheid;
- Urteile in Strafsachen, sofern sie eine Geldbuße oder Nebenfolge nach dem OWiG festlegen;
- Strafbefehle, sofern der Betroffene wegen einer in Tatmehrheit begangenen Ordnungswidrigkeit mit einer Geldbuße belegt worden ist.

Die Wiederaufnahme des Verfahrens bewirkt keine Hemmung der Vollstreckung (vgl. § 360 Abs. 1 StPO). Einen Aufschub der Vollstreckung kann nur das Gericht anordnen (§ 360 Abs. 2 StPO) oder die Verwaltungsbehörde in ihrer Eigenschaft als Vollstreckungsbehörde. Die Verwaltungsbehörde sollte eine Unterbrechung der Vollstreckung insbesondere dann anordnen, wenn bei vorläufiger Bewertung dem Antrag eine hinreichende Aussicht auf Erfolg beizumessen ist (vgl. *Lutz* in Karlsruher Kommentar, OWiG, 5. Aufl., § 85 Rdnr. 42).

1. Wiederaufnahme zugunsten des Betroffenen

Die Wiederaufnahme des Verfahrens zugunsten des Betroffenen richtet sich grundsätzlich nach § 359 Nr. 1 bis 6 StPO (vgl. zu den einzelnen Wiederaufnahmegründen vgl. *Lutz* in Karlsruher Kommentar, OWiG, 5. Aufl., § 85 Rdnr. 6 ff.). Lediglich für den Wiederaufnahmegrund des § 359 Nr. 5 StPO ergeben sich durch § 85 Abs. 2 OWiG erhebliche Einschränkungen. Dies ist aber dennoch der in der Praxis bedeutsamste Wiederaufnahmegrund und ist daher hier näher zu erläutern.

1.1 Wiederaufnahmegrund § 359 Nr. 5 StPO

§ 359 Nr. 5 StPO ist eine Ausnahmevorschrift. Der Grundsatz „in dubio pro reo" gilt nicht. § 359 Nr. 5 StPO setzt das Beibringen neuer Tatsachen oder Beweismittel voraus, welche bei Erlass der Bußgeldentscheidung der entscheidenden Stelle, also der Verwaltungsbehörde oder dem Gericht, nicht bekannt gewesen oder von ihr versehentlich nicht berücksichtigt worden sind.

Tatsachen in diesem Sinn sind zum einen die in einer Entscheidung festgestellten Tatsachen, aber auch die der Entscheidung zugrundeliegenden sonstigen tatsächlichen Vorgänge, Verhältnisse oder Zustände. Der Begriff ist allumfassend zu verstehen, nur eingeschränkt dadurch, dass die Tatsachen nicht ausschließlich Verfahrensfehler betreffen dürfen und keine bloßen Rechtstatsachen sein dürfen (vgl. *Lutz* in Karlsruher Kommentar, OWiG, 5. Aufl., § 85 Rdnr. 8).

Beweismittel sind nur die institutionalisierten Beweismittel der StPO: Zeugen, Sachverständige, Urkunden und Augenschein.

Entscheidendes Kriterium sowohl bei Tatsachen wie auch bei Beweismitteln ist, dass sie „neu" sein müssen, vgl. *Lutz* in Karlsruher Kommentar, OWiG, 5. Aufl., § 85 Rdnr. 8. Voraussetzung ist, dass die Tatsachen und die diese untermauernden Beweismittel ihren Entstehungsgrund bis zum Zeitpunkt der vorliegenden Entscheidung hatten. Die neuen Tatsachen und Beweismittel müssen also geeignet sein, die ursprüngliche Beweisgrundlage aus den Angeln zu heben. Entstehen erst nach dem Entscheidungszeitraum neue Tatsachen, sind diese unbeachtlich. Entscheidend ist allein, dass die Tatsachen der zur Entscheidung berufenen Stelle im Zeitpunkt der Entscheidung nicht bekannt waren oder von ihr in ihrer wahren Bedeutung nicht erkannt worden sind, vgl. OLG Düsseldorf, NJW 1987 S. 2030; *Lutz* in Karlsruher Kommentar, OWiG, 5. Aufl., § 85 Rdnr. 10.

Änderungen von Gesetzen oder der Rechtsprechung sind nicht zu beachten. Die Tatsachen oder Beweismittel müssen sich unmittelbar auf die Beurteilung der Tat beziehen und geeignet sein, für sich alleine genommen oder zusammen mit früheren, bereits bekannten Beweismitteln einen Freispruch, die Einstellung nach § 47 OWiG, die Festsetzung einer geringeren Geldbuße oder den Wegfall einer Nebenfolge zu begründen, vgl. *Seitz/Bauer* in Göhler, OWiG, 18. Aufl., § 85 Rdnr. 9.

Ob die jeweiligen Tatsachen oder Beweismittel eine solche Begründung zulassen, ist vom Standpunkt einer Person zu beurteilen, welche die frühere Bußgeldentscheidung getroffen hat.

Praxisbeispiel: Ein weiterer Sachverständiger ist mitunter nur dann ein neues Beweismittel, wenn sich die Sachkunde des früheren Gutachters als unzureichend herausgestellt hat oder der neue Gutachter über überlegene Forschungsmittel verfügt, vgl. *Lutz* in Karlsruher Kommentar, OWiG, 5. Aufl., § 85 Rdnr. 15. Das Gutachten eines bisher nicht gehörten Sachverständigen ist demnach nicht dann bereits neu, wenn es von dem früheren Gutachten abweicht.

1.2 Einschränkungen nach § 85 Abs. 2 OWiG

Die Einschränkungen im Bußgeldverfahren gegenüber dem Strafverfahren ergeben sich aus § 85 Abs. 2 OWiG. Danach ist bei sog. Bagatellsachen (Geldbuße unter 250,- Euro) und nach Ablauf einer Frist von drei Jahren die Wiederaufnahme gem. § 359 Nr. 5 StPO eingeschränkt.

Die Einschränkung hinsichtlich Bagatellsachen gilt auch bei einem Wiederaufnahmeverfahren zur Beseitigung von Nebenfolgen, § 85 Abs. 2 Satz 2 OWiG.

Die Wiederaufnahme nach § 359 Nr. 5 StPO ist dann unzulässig, wenn nur eine Geldbuße resp. Nebenfolge bis zu 250,- Euro festgesetzt ist. Im Falle des Zusammentreffens einer Geldbuße und Nebenfolge sind beide Summen zusammenzurechnen. Hat die Bußgeldentscheidung mehrere Taten im prozessualen Sinne zum Gegenstand, gilt die Einschränkung für jede Einzelne von ihnen, vgl. *Seitz/Bauer* in Göhler, OWiG, 18. Aufl., § 85 Rdnr. 12.

Nach Ablauf von drei Jahren ist ein Wiederaufnahmeantrag nach § 359 Nr. 5 StPO schlechthin unzulässig. Die Frist des § 85 Abs. 2 Satz 1 Nr. 2 OWiG ist eine absolute Ausschlussfrist. Die Frist beginnt mit der formellen Rechtskraft der Bußgeldentscheidung. Gegen die Versäumung der Frist ist keine Wiedereinsetzung möglich. § 44 StPO findet auf Ausschlussfristen keine Anwendung.

2. Wiederaufnahme zuungunsten des Betroffenen

Die Wiederaufnahme zuungunsten des Betroffenen ist gegenüber den Vorschriften des § 362 StPO erheblich eingeschränkt.

§ 85 Abs. 3 Satz 1 OWiG bestimmt ausdrücklich, dass die Wiederaufnahme nach § 362 StPO nur zulässig ist, um die Verurteilung nach einem Strafgesetz herbeizuführen. Eine Wiederaufnahme zu Ungunsten des Betroffenen ist also nicht möglich, wenn sie lediglich auf eine Verurteilung wegen einer Ordnungswidrigkeit abzielt.

Im Einzelnen gilt (vgl. *Seitz/Bauer* in Göhler, OWiG, 18. Aufl., § 85 Rdnr. 17; *Lutz* in Karlsruher Kommentar, OWiG, 5. Aufl., § 85 Rdnr. 26 ff.):

- Bei einem Bußgeldbescheid ist die Wiederaufnahme des Verfahrens zu Ungunsten des Betroffenen niemals gegeben. Dies verbietet § 85 Abs. 3 Satz 1 OWiG.
- Bei einer gerichtlichen Entscheidung im Bußgeldverfahren ist die Wiederaufnahme zum Zwecke einer Ahndung oder strengeren Ahndung aufgrund von Bußgeldvorschriften ebenfalls ausgeschlossen. Dies gilt im Übrigen selbst dann, wenn etwa ein Freispruch mit strafbaren Mitteln herbeigeführt worden ist (z. B. durch Rechtsbeugung) oder wenn der Betroffene die Tat später gesteht. Dies gilt nicht, wenn nach § 85 Abs. 3 Satz 2 OWiG mit der Wiederaufnahme die Verurteilung wegen eines Verbrechens (§ 12 StGB) angestrebt wird oder wenn bei einem Freispruch ein Wiederaufnahmegrund des § 359 Nr. 1 bis 4 StPO gegeben ist.
- Bei einer gerichtlichen Entscheidung im Strafverfahren, durch die der Angeklagte zugleich wegen der Tat als Ordnungswidrigkeit freigesprochen oder gegen ihn eine Geldbuße festgesetzt wurde, kann die Wiederaufnahme zum Zwecke einer Ahndung aufgrund von Bußgeldvorschriften nicht mehr begehrt werden.
- Bei einer gerichtlichen Bußgeldentscheidung im Zusammenhang mit einer Strafsache ist die Wiederaufnahme unter den gleichen Voraussetzungen gegeben wie bei einer gerichtlichen Entscheidung in Bußgeldsachen.

3. Besonderer Wiederaufnahmegrund des § 79 Abs. 1 BVerfGG

Zugunsten des Betroffenen bietet § 79 Abs. 1 BVerfGG einen weiteren Wiederaufnahmegrund.

§ 79 Abs. 1 BVerfGG lautet: „*Gegen ein rechtskräftiges Strafurteil, das auf einer mit dem Grundgesetz für unvereinbar oder nach § 78 BVerfGG für nichtig erklärten Norm oder auf der Auslegung einer Norm beruht, die vom Bundesverfassungsgericht für unvereinbar mit dem Grundgesetz erklärt worden ist, ist die Wiederaufnahme des Verfahrens nach den Vorschriften der Strafprozessordnung zulässig.*“

Hat das BVerfG eine materielle Vorschrift des „Strafrechts“ – die h. M. geht davon aus, dass hierunter auch eine Vorschrift des Ordnungswidrigkeitenrechts gezählt wird, vgl. *Lutz* in Karlsruher Kommentar, OWiG, 5. Aufl., § 85 Rdnr. 21 m. w. N. – für verfassungswidrig erklärt, so ist eine Entscheidung im Bußgeldverfahren, die auf dieser Vorschrift beruht, zwar nicht nichtig, es ist aber ein Wiederaufnahmegrund zugunsten des Betroffenen gegeben. Niemand soll gezwungen werden, den Makel einer Strafe auf sich lasten zu haben, wenn die Strafe sich auf ein verfassungswidriges Gesetz stützt (vgl. BVerfGE 12, 338, 340 = NJW 1961 S. 1203).

§ 79 Abs. 1 BVerfGG gilt analog auch dann, wenn eine Landesvorschrift für verfassungswidrig erklärt wurde. Dies ergibt sich aus dem Grundgedanken dieser Vorschrift.

4. Verfahrensfragen

4.1 Zuständigkeit für die Entscheidung über den Antrag

Zuständig für die Entscheidung über die Wiederaufnahme ist bei einem vorausgegangenen Bußgeldbescheid gemäß § 85 Abs. 4 Satz 1 OWiG das nach § 68 OWiG zuständige Gericht. Dies ist in der Regel das Amtsgericht, in dessen Bezirk die Verwaltungsbehörde, die den Bußgeldbescheid erlassen hat, ihren Sitz hat (vgl. Erl. zu § 68 OWiG).

Richtet sich der Antrag gegen eine gerichtliche Entscheidung, so ist das Wiederaufnahmegericht gemäß § 85 Abs. 1 OWiG i. V. m. § 367 StPO und § 140a GVG ein anderes Amtsgericht.

Bei Kartellordnungswidrigkeiten ist § 85 GWB zu beachten. Danach ist das OLG zuständig.

Der Antrag ist grundsätzlich bei dem zuständigen Gericht einzureichen. Wird ein entsprechender Antrag bei der Verwaltungsbehörde eingereicht, übersendet diese den Antrag an die Staatsanwaltschaft, die ihn ihrerseits zusammen mit ihrer Stellungnahme dem Gericht vorlegt.

4.2 Antragsberechtigung

Antragsberechtigt sind neben dem Betroffenen und den Nebenbeteiligten die in §§ 297, 298 StPO bezeichneten Personen (Verteidiger, gesetzlicher Vertreter) sowie die Staatsanwaltschaft. Die Verwaltungsbehörde hat dagegen kein Antragsrecht, sie kann aber durch Vorsprache bei der Staatsanwaltschaft einen entsprechenden Antrag anregen.

4.3 Form und Inhalt des Antrages

Für die Form und den Inhalt des Antrages gelten §§ 365 und 366 StPO. Bei einem Antrag des Betroffenen ist darauf zu achten, dass er grundsätzlich nur durch den Verteidiger, einen Rechtsanwalt oder zu Protokoll des Rechtspflegers beim zuständigen Amtsgericht gestellt werden kann (vgl. § 366 Abs. 2 StPO, § 24 Abs. 1 Nr. 2 RPflG).

§ 86

Aufhebung des Bußgeldbescheides im Strafverfahren

(1) Ist gegen den Betroffenen ein Bußgeldbescheid ergangen und wird er später wegen derselben Handlung in einem Strafverfahren verurteilt, so wird der Bußgeldbescheid insoweit aufgehoben. Dasselbe gilt, wenn es im Strafverfahren nicht zu einer Verurteilung kommt, jedoch die Feststellungen, die das Gericht in der abschließenden Entscheidung trifft, dem Bußgeldbescheid entgegenstehen.

(2) Geldbeträge, die auf Grund des aufgehobenen Bußgeldbescheides gezahlt oder beigetrieben worden sind, werden zunächst auf eine erkannte Geldstrafe, dann auf angeord-

nete Nebenfolgen, die zu einer Geldzahlung verpflichten, und zuletzt auf die Kosten des Strafverfahrens angerechnet.

(3) Die Entscheidungen nach den Absätzen 1 und 2 werden im Urteil oder in der sonstigen abschließenden Entscheidung getroffen.

Erläuterungen

Übersicht

Vorbemerkung

Ein Bußgeldbescheid hat nur beschränkte Rechtskraft, da er die Aufnahme eines späteren Strafverfahrens wegen derselben Tat nicht ausschließt, vgl. § 84 OWiG. Um zu verhindern, dass voneinander abweichende Entscheidungen nebeneinander Bestand haben (z. B. ein rechtskräftiger Bußgeldbescheid mit Freispruch und eine strafgerichtliche Verurteilung wegen ein und derselben Handlung), hat der Gesetzgeber mit § 86 OWiG die Möglichkeit geschaffen, den Bußgeldbescheid in einem vereinfachten Wiederaufnahmeverfahren zu beseitigen. Mit der vereinfachten Wiederaufnahmeregelung soll auch der Grundsatz des § 21 Abs. 1 Satz 1 OWiG durchgesetzt werden, wonach immer dann, wenn eine Handlung gleichzeitig Straftat und Ordnungswidrigkeit ist, nur das Strafgesetz angewendet wird.

1. Aufhebung des Bußgeldbescheides, § 86 Abs. 1 OWiG

Ist gegen den Betroffenen bereits ein Bußgeldbescheid ergangen und wird er später wegen derselben Handlung in einem Strafverfahren verurteilt, wird der Bußgeldbescheid gem. § 86 Abs. 1 Satz 1 OWiG insoweit aufgehoben. Aufgrund des § 21 Abs. 1 Satz 1 OWiG kann die Ordnungswidrigkeit mit der Bejahung der Straftat keinen Bestand mehr haben und ist dementsprechend aufzuheben. Die Aufhebung des Bußgeldbescheides ist erforderlich, weil ansonsten eine Doppelahndung vorliegen würde, die dem Grundsatz „ne bis in idem" widersprechen würde.

Nicht erforderlich ist, dass der ergangene Bußgeldbescheid bereits rechtskräftig ist (vgl. BGH vom 1.9.1976 – 2 StR 50/76). Es genügt, dass der Bußgeldbescheid ergangen ist, also von der Verwaltungsbehörde erlassen wurde. § 86 Abs. 1 OWiG gilt jedoch nur für Bußgeldbescheide der Verwaltungsbehörde, nicht für gerichtliche Bußgeldentscheidungen, da richterliche Entscheidungen über eine Ordnungswidrigkeit immer den Aspekt der Straftat miterfassen (§ 84 Abs. 2 OWiG), vgl. *Krenberger/Krumm*, OWiG, 7. Aufl., § 86 Rdnr. 3.

Zu beachten ist auch, dass es sich um dieselbe Tat handeln muss. Die Verurteilung des Betroffenen im Rahmen des Strafverfahrens muss demnach wegen der derselben Handlung erfolgt sein, die auch dem Bußgeldbescheid zugrunde lag, vgl. Lemke/Mosbacher, OWiG, 2. Aufl., § 86 Rdnr. 5. Hat ein geschichtlicher Vorgang, der im natürlichen Sinne eine Einheit bildet, mehrere Handlungen zum Gegenstand (Tatmehrheit), kommt es darauf an, ob die spätere Verurteilung gerade diejenige Handlung betrifft, wegen der im Bußgeldbescheid die Geldbuße festgesetzt wurde, vgl. *Seitz/Bauer* in Göhler, OWiG, 18. Aufl., § 86 Rdnr. 2.

Bei Dauerordnungswidrigkeiten liegt eine Handlung in diesem Sinne dann nicht mehr vor, wenn ein rechtskräftiger Bußgeldbescheid vorliegt und der Betroffene dennoch die Handlung beharrlich fortsetzt, so dass diese in eine Straftat übergeht, vgl. z. B. § 148 Nr. 1

GewO. Ein rechtskräftiger Bußgeldbescheid unterbricht ein Dauerdelikt. Es liegt dann eine neue Handlung vor und nicht dieselbe.

§ 86 Abs. 1 Satz 2 OWiG legt fest, dass der Bußgeldbescheid auch dann aufgehoben wird, wenn es zwar nicht zu einer strafrichterlichen Verurteilung kommt, jedoch die Feststellungen, die das Gericht in der abschließenden Entscheidung trifft, dem Bußgeldbescheid entgegenstehen.

Dies ist zum einen erforderlich zur Vermeidung divergierender Entscheidungen und zum anderen aus prozessökonomischen Gründen, da ansonsten eine Wiederaufnahme des Verfahrens drohen könnte und damit ein neues Verfahren entstehen würde.

2. Anrechnung von aufgrund des Bußgeldbescheides gezahlten Geldbeträge, § 86 Abs. 2 OWiG

Die Vorschrift dient dem Schutz des Betroffenen. Die wirtschaftlichen Nachteile sollen möglichst rasch ausgeglichen werden. Die Regelung dient neben dem Schutz des Betroffenen auch der Prozessökonomie. Bei dem Verrechnungssystem des § 86 Abs. 2 OWiG wird berücksichtigt, dass mit den bereits gezahlten Geldbeträgen zunächst die für den Betroffenen nachteiligsten Folgen beseitigt werden sollen. Die in § 86 Abs. 2 OWiG festgelegte Verrechnung ist gesetzlich vorgeschrieben und kann vom Gericht nicht abgeändert werden.

3. Entscheidung über die Aufhebung und Anrechnung, § 86 Abs. 3 OWiG

Die Entscheidungen über die Aufhebung des Bußgeldbescheides, § 86 Abs. 1 OWiG, und über die Anrechnung der Geldbeträge, § 86 Abs. 2 OWiG, dienen dem Schutz des Betroffenen und der Vereinfachung eines Wiederaufnahmeverfahrens.

Aus diesem Grund hat der Gesetzgeber in § 86 Abs. 3 OWiG bestimmt, dass die Aufhebung des Bußgeldbescheides und die Anrechnung zugleich mit der gerichtlichen Entscheidung in dem Urteil oder der sonst abschließenden Entscheidung getroffen werden.

Achter Abschnitt

Verfahren bei Anordnung von Nebenfolgen oder der Festsetzung einer Geldbuße gegen eine juristische Person oder Personenvereinigung

§ 87

Anordnung der Einziehung

(1) Hat die Verwaltungsbehörde im Bußgeldverfahren über die Einziehung eines Gegenstandes zu entscheiden, so ist sie auch für die Anordnung der Verfahrensbeteiligung, die Beiordnung eines Rechtsanwalts oder einer anderen Person, die als Verteidiger bestellt werden darf, und die Entscheidung über die Entschädigung zuständig (§§ 424, 425, 428 Absatz 2, § 430 Absatz 3, § 438 Absatz 1 und 2 der Strafprozessordnung); § 60 Satz 2 gilt entsprechend.

(2) Vom Erlass des Bußgeldbescheides an hat der Einziehungsbeteiligte, soweit das Gesetz nichts anderes bestimmt, die Befugnisse, die einem Betroffenen zustehen. Ihm wird der Bußgeldbescheid, in dem die Einziehung angeordnet wird, zugestellt. Zugleich wird er darauf hingewiesen, dass über die Einziehung auch ihm gegenüber entschieden ist.

(3) Im selbstständigen Verfahren wird die Einziehung in einem selbstständigen Einziehungsbescheid angeordnet; § 66 Abs. 1, 2 Nr. 1 Buchstabe a und Abs. 3 gilt entsprechend. Der Einziehungsbescheid steht einem Bußgeldbescheid gleich. Zuständig ist die Verwaltungsbehörde, die im Falle der Verfolgung einer bestimmten Person zuständig

wäre; örtlich zuständig ist auch die Verwaltungsbehörde, in deren Bezirk der Gegenstand sichergestellt worden ist.

(4) Das Nachverfahren (§ 433 der Strafprozessordnung) gegen einen Bußgeldbescheid ist bei der Verwaltungsbehörde zu beantragen, welche die Einziehung angeordnet hat. Die Entscheidung trifft das nach § 68 zuständige Gericht. Die Verwaltungsbehörde übersendet die Akten der Staatsanwaltschaft, die sie dem Gericht vorlegt; § 69 Abs. 4 Satz 1 gilt entsprechend.

(5) Die Entscheidung des Gerichts über die Einziehung eines Gegenstandes, dessen Wert zweihundertfünfzig Euro nicht übersteigt, ist nicht anfechtbar.

(6) Absatz 2 Satz 3, Absatz 3 Satz 3 zweiter Halbsatz und Absatz 4 gelten nicht im Verfahren bei Anordnung der Einziehung nach § 29a.

Erläuterungen

Übersicht

Vorbemerkung

Das Gesetz zur Reform der strafrechtlichen Vermögensabschöpfung (BGBl. Jahrgang 2017, Teil I, Nr. 22, S. 872 ff.) vom 13.4.2017 änderte zahlreiche Vorschriften der Strafprozessordnung. Insofern musste § 87 OWiG ebenfalls geändert und inhaltlich modifiziert werden, vgl. Art. 6 des Gesetzes zur Reform der strafrechtlichen Vermögensabschöpfung. § 87 OWiG stellt die verfahrensrechtliche Beteiligung derjenigen Personen sicher, die zwar nicht Betroffene, in deren Rechtsstellung jedoch durch die Anordnung der Nebenfolge (z. B. Einziehung von Gegenständen nach § 22 ff. OWiG) eingegriffen werden kann, vgl. *Mitsch* in Karlsruher Kommentar, OWiG, 5. Aufl., § 87 Rdnr. 2. Die Verfahrensvorschriften konkretisieren mithin den verfassungsrechtlichen Anspruch auf rechtliches Gehör. §§ 421 bis 439 StPO und § 444 StPO finden über § 46 Abs. 1 OWiG im Verfahren der Verwaltungsbehörde und des Gerichts weiterhin sinngemäß Anwendung, obwohl § 87 OWiG einige der einschlägigen Vorschriften der StPO ausdrücklich benennt.

1. Einziehungsverfahren

Hat die Verwaltungsbehörde im Bußgeldbescheid über die Einziehung eines Gegenstandes (§§ 22 ff. OWiG) zu entscheiden und erscheint es glaubhaft, dass der Einziehungsgegenstand einem anderen als dem Betroffenen gehört oder zusteht oder ein anderer an dem Gegenstand ein sonstiges Recht hat, dessen Erlöschen im Falle der Einziehung angeordnet werden könnte (§ 438 Abs. 1 Satz 1 StPO i. V. m. § 46 Abs. 1 OWiG), so ordnet die Verwaltungsbehörde an, dass der andere an dem Verfahren beteiligt wird, soweit es die Einziehung betrifft. Unter welchen Voraussetzungen jemand als Einziehungsbeteiligter zum Verfahren hinzugezogen wird, regelt § 87 Abs. 1 OWiG nicht, die materiellen Voraussetzungen sind vielmehr § 438 StPO zu entnehmen.

Die Anordnung der Einziehungsbeteiligung erfolgt im Verfahren der Verwaltungsbehörde im Bußgeldbescheid, sie kann aber auch im selbstständigen Einziehungsbescheid gem. § 87 Abs. 3 OWiG enthalten sein oder durch einen gesonderten Bescheid (vgl. § 424 Abs. 4 Satz 1 StPO i. V. m. § 46 Abs. 1 OWiG) ergehen. Im gerichtlichen Verfahren ergeht ein Beschluss. Vor der Entscheidung ist der Einziehungsinteressent anzuhören, § 426 Abs. 1 Satz 1 StPO i. V. m. § 46 Abs. 1 OWiG. Bei einer Ablehnung der Verfahrensbeteiligung oder bei einer Beschränkung i. S. des § 438 Abs. 2 StPO i. V. m. § 46 Abs. 1 OWiG wird die begründete Entscheidung den Anfechtungsberechtigten mit einer Rechtsmittelbelehrung zugestellt, vgl. §§ 35 Abs. 2 Satz 1 StPO, 35a StPO i. V. m. § 46 Abs. 1 OWiG.

Die Anordnung der Einziehungsbeteiligung erfolgt von Amts wegen. Ein Antrag des Einziehungsinteressenten ist nicht erforderlich. Dadurch wird sichergestellt, dass sich der Dritte jedenfalls am Verfahren beteiligen kann. Ob er im Verfahren die Rechte des Einziehungsbeteiligten wahrnimmt oder nicht, steht in seinem Ermessen. Die Anordnung der Einziehungsbeteiligung erfolgt förmlich (§ 438 Abs. 1 Satz 1 StPO), unanfechtbar (§§ 438 Abs. 1 Satz 2 StPO i. V. m. § 424 Abs. 4 Satz 1 StPO i. V. m. § 46 Abs. 1 OWiG) und vor der Entscheidung über die Einziehung. Der Tenor der Anordnung lautet: *„Der Einziehungsinteressent wird am Verfahren beteiligt."* Im Bußgeldverfahren der Verwaltungsbehörde soll es ausreichen, wenn die Anordnung der Verfahrensbeteiligung mit dem Bußgeldbescheid getroffen wird, da der Einziehungsbeteiligte sodann das Recht zum Einspruch erhalte, vgl. *Gürtler/Thoma* in Göhler, OWiG, 18. Aufl., § 87 Rdnr. 5.

Erst die Anordnung der Beteiligung macht aus den sog. Einziehungsinteressenten (vgl. § 426 Abs. 1 Satz 1 StPO: „Jemand, der als Einziehungsbeteiligter in Betracht kommt") Verfahrensbeteiligte. Da durch die Anordnung der Einziehung in die Rechtsstellung der jeweiligen Eigentümer oder Rechtsinhaber der eingezogenen Sache eingegriffen wird, sichert die Einziehungsbeteiligung das rechtliche Gehör (Art. 103 Abs. 1 GG) der Nebenbeteiligten. Ferner wird den Nebenbeteiligten in Bezug auf das Eigentum ein effektiver Rechtsschutz eingeräumt. Vom Erlass des Bußgeldbescheides an – also nicht bereits mit der Verfahrensbeteiligung – hat der Einziehungsbeteiligte, soweit durch Gesetz nichts anderes bestimmt ist, die Befugnisse, die einem Betroffenen zustehen, § 87 Abs. 2 Satz 1 OWiG. Die Einziehungsbeteiligung sichert somit, dass die Nebenbeteiligten mit Erlass des Bußgeldbescheides Verfahrenssubjekte mit eigenen verfahrensrechtlichen Befugnissen werden, vgl. Lemke/Mosbacher, OWiG, 2. Aufl., § 87 Rdnr. 2.

Dem Einziehungsbeteiligten wird der Bußgeldbescheid, in dem die Einziehung regelmäßig angeordnet wird, zugestellt, § 87 Abs. 2 Satz 2 OWiG. Damit wird die Einspruchsfrist in Bezug auf den Einziehungsbeteiligten in Lauf gesetzt.

Die Rechtsstellung des Einziehungsbeteiligten verlangt, dass dieser verhandlungsfähig sein muss, wenn er die Einziehung des Gegenstandes verhindern möchte. Geschäfts- oder

Prozessfähigkeit wird nicht vorausgesetzt, vgl. *Mitsch* in Karlsruher Kommentar, OWiG, 5. Aufl., § 87 Rdnr. 46.

Ist die Verfahrensbeteiligung noch nicht angeordnet, kann der Beteiligungsinteressent gem. § 424 Abs. 2 Satz 1 StPO durch Erklärung erreichen, dass die Verfahrensbeteiligung nicht angeordnet wird. Diese Erklärung des Dritten beinhaltet jedoch keinen Verzicht auf das Recht an dem Einziehungsgegenstand, vgl. Lemke/Mosbacher, OWiG, 2. Aufl., § 87 Rdnr. 12. Der Verzicht bedeutet nur, dass der Verzichtende als Verfahrensbeteiligter ausscheidet. Die Voraussetzungen der Einziehung sind daher weiterhin von der Verwaltungsbehörde bzw. vom Gericht zu prüfen. Ebenso ist die Aufhebung der bereits ergangenen Anordnung nach Erklärung des Einziehungsbeteiligten möglich, vgl. § 424 Abs. 2 Satz 2 StPO.

Die Verwaltungsbehörde kann gem. § 425 Abs. 1 StPO i. V. m. § 46 Abs. 1 OWiG von der Anordnung absehen, wenn infolge bestimmter Tatsachen (z. B. unbekannter Aufenthaltsort des Beteiligungsinteressenten) anzunehmen ist, dass die Beteiligung nicht ausführbar ist. Dadurch wird eine unnötige Verzögerung des Bußgeldverfahrens verhindert.

1.1 Einziehungsbeteiligte

Wird ein Gegenstand eingezogen, so geht das Eigentum an der Sache oder das eingezogene Recht mit der Rechtskraft der Entscheidung auf den Staat oder, soweit das Gesetz dies bestimmt, auf die Körperschaft oder Anstalt des öffentlichen Rechts über, deren Organ oder Stelle die Einziehung angeordnet hat, § 26 Abs. 1 OWiG. Rechte Dritter an dem Gegenstand bleiben zwar gem. § 26 Abs. 2 Satz 1 OWiG bestehen, das Erlöschen dieser Rechte wird jedoch angeordnet, wenn die Einziehung darauf gestützt wird, dass die Voraussetzungen des § 22 Abs. 2 Nr. 2 OWiG vorliegen. Dem Einziehungsbeteiligten muss daher das Recht zustehen, die Einziehung des Gegenstandes zu verhindern, da er andernfalls sein Eigentum oder sein sonstiges Recht an dem Gegenstand verlieren würde. Einziehungsbeteiligte sind somit Personen, gegen die sich das Bußgeldverfahren zwar nicht als Betroffene richtet, deren Rechte aber durch die Anordnung von Nebenfolgen beeinträchtigt werden können, vgl. *Mitsch* in Karlsruher Kommentar, OWiG, 5. Aufl., § 87 Rdnr. 6. Einziehungsbeteiligte können in folgende Fallgruppen eingeordnet werden:

1.1.1 Tatunbeteiligte Person: § 22 Abs. 2 Nr. 1 OWiG

Nach § 22 Abs. 2 Nr. 1 OWiG ist die Einziehung ist nur zulässig, wenn die Gegenstände zur Zeit der Entscheidung dem Täter gehören oder zustehen. Die Vorschrift verlangt also eine Tatbeteiligung desjenigen, dem der Einziehungsgegenstand gehört oder zusteht. Die tatunbeteiligte Person kann für sich aber behaupten, Eigentümer des Gegenstandes zu sein, um auf diese Weise gegenüber der Verwaltungsbehörde das Nichtvorliegen der Einziehungsvoraussetzungen vorzutragen. Könnte die tatunbeteiligte Person dem Vorbringen der Verwaltungsbehörde nicht entgegentreten, müsste sie befürchten, ihr durch Art. 14 Abs. 1 GG geschütztes Eigentum gem. § 26 Abs. 1 OWiG zu verlieren.

1.1.2 Tatunbeteiligter Eigentümer oder Rechtsinhaber: § 22 Abs. 2 Nr. 2 OWiG

Gem. § 22 Abs. 2 Nr. 2 OWiG ist die Einziehung nur zulässig, wenn die Gegenstände nach ihrer Art und den Umständen die Allgemeinheit gefährden oder die Gefahr besteht, dass sie der Begehung von Handlungen dienen werden, die mit Strafe oder mit Geldbuße bedroht sind. Nach § 22 Abs. 3 OWiG genügt eine tatbestandsmäßige und rechtswidrige Handlung. Schuldhaftes Handeln ist nicht erforderlich. Im Rahmen der Prüfung der Anordnungsvoraussetzungen gem. § 22 Abs. 2 Nr. 2 OWiG ist die Person und das Verhalten des Eigentümers oder Rechtsinhabers zu berücksichtigen.

1.1.3 Tatunbeteiligter Eigentümer oder Rechtsinhaber: § 23 OWiG

§ 23 OWiG regelt die Voraussetzungen, nach denen die Einziehung, sofern diese nicht bereits nach § 22 Abs. 2 Nr. 2, Abs. 3 OWiG zugelassen ist, gegen den an der Tat unbeteiligten Dritten angeordnet werden kann. Im Rahmen des § 23 OWiG liefert der tatunbeteiligte Eigentümer oder Rechtsinhaber einen die Einziehung rechtfertigenden Grund durch sein unlauteres Verhalten, so dass ihn ein besonderer Vorwurf trifft. Insofern ist seine verfahrensrechtliche Stellung mit der des Betroffenen vergleichbar, vgl. *Mitsch* in Karlsruher Kommentar, OWiG, 5. Aufl., § 87 Rdnr. 10.

1.1.4 Beschränkt dinglich Berechtigte

Gem. § 26 Abs. 2 Satz 2, 3 OWiG i. V. m. § 438 Abs. 1 Satz 1 Nr. 2 StPO i. V. m. § 46 Abs. 1 OWiG müssen die beschränkt dinglich Berechtigten befürchten, ihr Recht an dem Einziehungsgegenstand im Falle der Einziehungsanordnung zu verlieren. Wird das Erlöschen ihres Rechts angeordnet, ist ihre verfahrensrechtliche Stellung der eines Betroffenen angenähert, vgl. *Mitsch* in Karlsruher Kommentar, OWiG, 5. Aufl., § 87 Rdnr. 11.

1.1.5 Juristische Personen und Personenvereinigungen

Auch juristische Personen und Personenvereinigungen können an dem Einziehungsverfahren beteiligt werden. Zu den Voraussetzungen der Beteiligung vgl. *Gürtler/Thoma* in Göhler, OWiG, 18. Aufl., § 87 Rdnr. 8.

1.2 Anforderungen an die Beteiligung

Je nach Fallkonstellation sind verschiedene Anforderungen an die Beteiligung zu stellen:

1.2.1 Eigentümer oder Rechtsinhaber i. S. des § 438 Abs. 1 Satz 1 Nr. 1 StPO

Der Eigentümer oder Rechtsinhaber des einzuziehenden Gegenstandes ist gem. § 438 Abs. 1 Satz 1 Nr. 1 StPO i. V. m. § 46 Abs. 1 OWiG am Verfahren zu beteiligen. Ausreichend ist, wenn der vom Betroffenen personenverschiedene Dritte nur Mitberechtigter nach Bruchteilen oder zur gesamten Hand ist, vgl. *Mitsch* in Karlsruher Kommentar, OWiG, 5. Aufl., § 87 Rdnr. 20. Da das formale Eigentum die Einziehung hindert, ist auch die Beteiligung des Vorbehalts- oder Sicherungseigentümers notwendig (a. A. *Gürtler/Thoma* in Göhler, OWiG, 18. Aufl., § 87 Rdnr. 2, der einen Fall von § 438 Abs. 1 Satz 1 Nr. 2 StPO annimmt). Voraussetzung für die Anordnung der Einziehungsbeteiligung ist, dass die Tatbestandsvoraussetzungen der Einziehung (§§ 22 ff. OWiG) wahrscheinlich vorliegen und mithin zu erwarten ist, dass die Einziehungsanordnung ergehen wird. Das Recht des Einziehungsinteressenten braucht nicht nachgewiesen zu werden. Es reicht aus, wenn die das Beteiligungsrecht begründenden Tatsachen glaubhaft erscheinen, vgl. *Gürtler/Thoma* in Göhler, OWiG, 18. Aufl., § 87 Rdnr. 6. Da die Beteiligungsanordnung von Amts wegen ergeht, braucht der Beteiligungsinteressent sein Recht nicht glaubhaft zu machen, vgl. BT-Drs. V/1269 S. 112.

1.2.2 Sonstiger Rechtsinhaber i. S. des § 438 Abs. 1 Satz 1 Nr. 2 StPO

Erscheint es glaubhaft, dass ein anderer an dem Gegenstand ein sonstiges Recht hat, dessen Erlöschen im Falle der Einziehung angeordnet werden könnte (vgl. § 26 Abs. 2 Satz 2 und 3 OWiG), so ist dieser ebenfalls zu beteiligen. Ein „sonstiges Recht" i. S. des § 438 Abs. 1 Satz 1 Nr. 2 StPO kann nur ein beschränkt dingliches Recht sein (z. B. Nießbrauch, Pfandrecht etc.). Ein rein schuldrechtlicher Anspruch auf den eingezogenen Anspruch reicht nicht aus. Auch der reine Besitz stellt kein sonstiges Recht i. S. des § 438 Abs. 1 Satz 1 Nr. 2 StPO dar. Die materiell-rechtlichen Voraussetzungen müssen lediglich glaubhaft erscheinen. Das Recht des Dritten an dem Einziehungsgegenstand muss nicht nachgewiesen werden. An den Grad der Wahrscheinlichkeit dürfen keine zu hohen Anforderungen gestellt werden, vgl. *Mitsch,* Karlsruher Kommentar, OWiG, 5. Aufl., § 87 Rdnr. 24, sodass dem Dritten in möglichst weitem Umfang die Gelegenheit gegeben werden soll, durch die Teilnahme an dem Verfahren seine Rechte zu wahren.

1.3 Zeitlicher Rahmen

Die Anordnung der Verfahrensbeteiligung kann bis zum Ausspruch der Einziehung angeordnet werden, vgl. § 424 Abs. 3 StPO i. V. m. § 46 Abs. 1 OWiG. Im Verfahren der Verwaltungsbehörde bedeutet dies, dass die Anordnung bis zum Erlass des Bußgeldbescheides resp. bis zum Erlass des selbstständigen Einziehungsbescheides, § 87 Abs. 3 OWiG, möglich ist. Gem. § 424 Abs. 3 StPO kann die Verfahrensbeteiligung, wenn eine zulässige Berufung eingelegt ist, nur bis zur Beendigung der Schlussvorträge im Berufungsverfahren angeordnet werden. Dies bedeutet im Rahmen der sinngemäßen Anwendung der Norm, dass die Verfahrensbeteiligung im gerichtlichen Verfahren nur bis zum Ende der letzten Tatsacheninstanz, mithin nicht im Rechtsbeschwerdeverfahren, angeordnet werden kann. Insoweit ist die Anordnung der Verfahrensbeteiligung im gerichtlichen Verfahren bis zur Urteilsverkündung bzw. bis zum Erlass des Beschlusses gem. § 72 OWiG möglich.

1.4 Fehlende Anfechtungsmöglichkeit

Gem. § 424 Abs. 4 Satz 1 StPO kann die Anordnung der Verfahrensbeteiligung nicht angefochten werden. Im Falle einer ablehnenden Entscheidung ist allerdings im gerichtlichen Verfahren die sofortige Beschwerde möglich. Ferner ist bei einer Änderung der Sachlage die Verwaltungsbehörde berechtigt, ihre eigene Entscheidung abzuändern.

Zu den Änderungsmöglichkeiten des Gerichts bzgl. der Beteiligungsanordnung der Verwaltungsbehörde siehe *Mitsch* in Karlsruher Kommentar, OWiG, 5. Aufl., § 87 Rdnr. 29.

1.5 Umfang und Beschränkung

Gem. § 438 Abs. 1 Satz 1 StPO ist die Verfahrensbeteiligung auf die Einziehungsfrage beschränkt, vgl. Lemke/Mosbacher, OWiG, 2. Aufl., § 87 Rdnr. 14. Dem Beteiligungsinteressent ist aber grundsätzlich auch die Gelegenheit zu geben, sich zu der Frage zu äußern, ob der Betroffene eine vorwerfbare Ordnungswidrigkeit resp. eine mit Geldbuße bedrohte Handlung, vgl. § 22 Abs. 3 OWiG, begangen hat, da diese Vorfrage die materielle Grundlage für die Einziehung darstellt, vgl. *Gürtler/Thoma* in Göhler, OWiG, 18. Aufl., § 87 Rdnr. 9. Gem. § 438 Abs. 2 Nr. 1 StPO ist jedoch eine Beteiligung zur sog. Schuldfrage ausgeschlossen, wenn die Einziehung im Falle des § 438 Abs. 1 Satz 1 Nr. 1 StPO nur unter der Voraussetzung in Betracht kommt, dass der Gegenstand dem Betroffenen gehört oder zusteht. Die schützenswerten Interessen des Einziehungsbeteiligten beziehen sich hier nicht auf die Schuldfrage. Der Einziehungsbeteiligte kann die Einziehung bereits aufgrund seiner Eigentümerstellung bzw. Rechtsinhaberschaft abwenden. Die Beteiligung zur Schuldfrage ist ferner im Falle des § 438 Abs. 2 Nr. 2 StPO entbehrlich, wenn der Gegenstand nach den Umständen, welche die Einziehung begründen können, dem Einziehungsbeteiligten auch aufgrund von Rechtsvorschriften außerhalb des Ordnungswidrigkeitenrechts ohne Entschädigung dauernd entzogen werden könnte.

Der Einziehungsbeteiligte, der, soweit seine Verfahrensbeteiligung betroffen ist, nicht Zeuge sein kann, kann im Falle der Beschränkung als Zeuge vernommen werden.

1.6 Rechtsstellung des Einziehungsinteressenten

Der Einziehungsinteressent erlangt die verfahrensrechtliche Stellung als Beteiligter erst mit der Anordnung der Beteiligung, s. Erl. 1. zu § 87 OWiG. Aber auch vor der konstitutiven Anordnung stehen dem Einziehungsinteressenten bereits Rechte zu. Er kann insbesondere seinen Verzicht auf die Beteiligung aussprechen, s. Erl. 1. zu § 87 OWiG. Der Verzichtende kann sodann als Zeuge vernommen werden, nicht jedoch zur Teilnahme an der Hauptverhandlung gezwungen werden, vgl. § 427 Abs. 2 Satz 1 StPO i. V. m. § 46 Abs. 1 OWiG („Das Gericht kann zur Aufklärung des Sachverhalts das persönliche Erscheinen des Einziehungsbeteiligten anordnen."). Der Verzicht findet Anwendung für das gesamte Verfahren und ist grundsätzlich nicht widerruflich, vgl. *Mitsch* in Karlsruher Kommentar, OWiG, 5. Aufl., § 87 Rdnr. 30. Dem Einziehungsinteressenten steht ferner das

Recht der Anhörung zu, wenn dies ausführbar erscheint. Erl. 1. zu § 87 OWiG stellt dar, dass der Einziehungsinteressent gegen die Ablehnung der Verfahrensbeteiligung sowie gegen die Beschränkungsanordnung i. S. des § 438 Abs. 2 StPO vorgehen kann (im Verfahren der Verwaltungsbehörde ist der unbefristete Rechtsbehelf des § 62 OWiG statthaft; im gerichtlichen Verfahren steht die sofortige Beschwerde gem. § 438 Abs. 1 Satz 2 StPO i. V. m. § 424 Abs. 4 Satz 2 StPO i. V. m. § 311 StPO i. V. m. § 46 Abs. 1 OWiG zur Verfügung).

1.7 Rechtsstellung des Einziehungsbeteiligten

Die Rechte des Betroffenen erhält der Einziehungsbeteiligte erst mit Erlass des Bußgeldbescheides, § 87 Abs. 2 Satz 1 OWiG, soweit das Gesetz nichts anderes bestimmt, vgl. Erl. 1. zu § 87 OWiG sowie *Krenberger/Krumm*, OWiG, 7. Aufl., § 87 Rdnr. 22. Dies setzt jedoch voraus, dass bis zu diesem Zeitpunkt die Beteiligungsanordnung bereits getroffen wurde. Der Einziehungsbeteiligte kann sodann Rechtsbehelfe (Einspruch, Rechtsbeschwerde, Akteneinsichtsrecht etc.) einlegen. Dem Einziehungsbeteiligten steht es auch zu, einen Richter wegen der Besorgnis der Befangenheit abzulehnen, vgl. OLG Karlsruhe, NJW 1973 S. 1658. Auch für den Fall, dass die Beteiligungsanordnung erst im gerichtlichen Verfahren getroffen wird, erlangt der Einziehungsinteressent seine Stellung als Beteiligter erst durch die Anordnung der Verfahrensbeteiligung.

2. Beiordnung eines Rechtsanwaltes oder einer anderen Person

Hat die Verwaltungsbehörde im Bußgeldverfahren über die Einziehung eines Gegenstandes zu entscheiden, so ist sie auch für die Beiordnung eines Rechtsanwaltes oder einer anderen Person, die als Verteidiger bestellt werden darf, zuständig. Der Einziehungsbeteiligte ist nicht verpflichtet, persönlich am Verfahren teilzunehmen. Gem. § 428 Abs. 2 Satz 1 StPO i. V. m. § 46 Abs. 1 OWiG kann die Beiordnung erfolgen, wenn die Sach- oder Rechtslage schwierig ist oder wenn der Einziehungsbeteiligte seine Rechte nicht selbst wahrnehmen kann. Da gem. § 87 Abs. 1 OWiG a. E. die Regelung des § 60 Satz 2 OWiG entsprechend anzuwenden ist, entscheidet die Verwaltungsbehörde auch über die Zulassung anderer Personen als Verteidiger sowie über die Zurückweisung eines Verteidigers (§§ 138 Abs. 2 StPO, 146a Abs. 1 Satz 1, 2 StPO). Die Anordnung der Verteidigerbestellung ist nicht angreifbar. Gegen die gerichtliche Ablehnung ist die einfache Beschwerde, § 304 StPO, zulässig, vgl. *Krenberger/Krumm*, OWiG, 7. Aufl., § 87 Rdnr. 11.

3. Entscheidung über Entschädigung

Gem. § 87 Abs. 1 OWiG ist die Verwaltungsbehörde, die im Bußgeldverfahren über die Einziehung eines Gegenstandes zu entscheiden hat, für die Entscheidung über die Entschädigung zuständig. Wird die Einziehung aufgrund von Umständen angeordnet, die einer Entschädigung des Einziehungsbeteiligten entgegenstehen (sog. Negativentscheidung), so wird zugleich ausgesprochen, dass dem Einziehungsbeteiligten eine Entschädigung nicht zusteht, vgl. § 430 Abs. 3 Satz 1 StPO i. V. m. § 46 Abs. 1 OWiG. § 28 Abs. 2 OWiG regelt, in welchen Fällen eine Entschädigung nicht gewährt wird. Eine Entschädigung steht dem Einziehungsbeteiligten nicht zu, wenn es als bewiesen angesehen wird, dass der Gegenstand nicht dem Einziehungsbeteiligten, sondern dem Betroffenen gehört, vgl. Lemke/Mosbacher, OWiG, 2. Aufl., § 87 Rdnr. 22. Die Entschädigung ist hingegen nicht zu versagen, wenn die zuständige Verwaltungsbehörde eine Entschädigung des Einziehungsbeteiligten für geboten hält, weil es eine unbillige Härte wäre, sie zu versagen; in diesem Falle entscheidet sie zugleich über die Höhe der Entschädigung, vgl. § 430 Abs. 3 Satz 2 StPO i. V. m. § 46 Abs. 1 OWiG. Die Verwaltungsbehörde weist den Einziehungsbeteiligten zuvor auf die Möglichkeit einer solchen Entscheidung hin und gibt ihm Gelegenheit, sich zu äußern, § 430 Abs. 3 Satz 3 StPO. Gegen die Entscheidung der Behörde über die Entschädigung kann der Betroffene Einspruch einlegen; gegen die Gerichtsentscheidung kann der Betroffene mit der Rechtsbeschwerde vorgehen. Beide Rechtsbehelfe können auf die Höhe der Entschädigung begrenzt werden, vgl. *Krenberger/Krumm*, OWiG, 7. Aufl., § 87 Rdnr. 16.

4. Einziehung im selbstständigen Verfahren

Im selbstständigen Verfahren wird die Einziehung in einem selbstständigen Einziehungsbescheid angeordnet. Insofern ist zu trennen zwischen der Anordnung der Einziehung neben der Geldbuße (einheitliches Verfahren) und ihrer isolierten Anordnung (selbstständiges Verfahren), vgl. *Krenberger/Krumm*, OWiG, 7. Aufl., § 87 Rdnr. 32. § 87 Abs. 3 Satz 1 OWiG verweist in Bezug auf den Mindestinhalt des Einziehungsbescheides auf § 66 Abs. 1, 2 Nr. 1 Buchst. a und Abs. 3 OWiG. Gem. § 87 Abs. 3 Satz 2 OWiG steht der Einziehungsbescheid einem Bußgeldbescheid gleich. Die örtliche und sachliche Zuständigkeit für die Einziehung im selbstständigen Verfahren ist in § 87 Abs. 3 Satz 3 OWiG geregelt. Gegen den Bescheid steht dem Beteiligten der Einspruch (§ 67 OWiG) zur Seite, der ins Zwischenverfahren (§ 69 OWiG) der Staatsanwaltschaft überleitet; nach dessen Durchführung entscheidet das Gericht durch Beschluss, vgl. *Krenberger/Krumm*, OWiG, 7. Aufl., § 87 Rdnr. 39. Gegen den Beschluss des Gerichts ist die sofortige Beschwerde zulässig.

5. Nachverfahren

Das Nachverfahren dient der Prüfung, ob die Einziehung dem in seinen Rechten beeinträchtigten Dritten gegenüber berechtigt war, vgl. *Mitsch* in Karlsruher Kommentar, OWiG, 5. Aufl., § 87 Rdnr. 89, und ist nur auf Antrag statthaft. Mit anderen Worten kommt es zum Nachverfahren dann, wenn – nach Rechtskraft einer Einziehungsentscheidung – jemand glaubhaft macht, zum Zeitpunkt der Rechtskraft der Entscheidung ein Recht an dem Gegenstand gehabt zu haben, welches durch die Entscheidung beeinträchtigt wurde, und ohne sein Verschulden seine Rechte als Einziehungsbeteiligter nicht habe wahrnehmen können, vgl. *Krenberger/Krumm*, OWiG, 7. Aufl., § 87 Rdnr. 43. Gem. § 87 Abs. 4 Satz 1 OWiG ist das Nachverfahren (§ 433 StPO) gegen einen Bußgeldbescheid bei der Verwaltungsbehörde zu beantragen (Antragserfordernis), welche die Einziehung angeordnet hat. Die Entscheidung trifft das gem. § 68 OWiG zuständige Gericht, § 87 Abs. 4 Satz 2 OWiG. Das Gericht entscheidet durch Beschluss, gegen den sofortige Beschwerde zulässig ist, § 434 Abs. 2 StPO i. V. m. § 46 Abs. 1 OWiG. Die Wertgrenze des § 87 Abs. 5 OWiG muss im Falle der sofortigen Beschwerde jedoch überschritten sein.

Die Verwaltungsbehörde übersendet die Akten der Staatsanwaltschaft, die sie dem Gericht vorlegt, § 87 Abs. 4 Satz 3 HS 1 OWiG. Mit dem Eingang der Akten bei der Staatsanwaltschaft gehen die Aufgaben der Verfolgungsbehörde auf sie über, vgl. § 87 Abs. 4 Satz 3 HS 2 i. V. m. § 69 Abs. 4 Satz 1 OWiG.

§ 433 Abs. 1 Satz 1 StPO i. V. m. § 46 Abs. 1 OWiG fordert, dass

- die Einziehung eines Gegenstandes rechtskräftig angeordnet wurde;
- vom Antragsteller glaubhaft gemacht wird, dass zur Zeit der Rechtskraft der Entscheidung ein Recht an dem Gegenstand bestanden hat, das infolge der Entscheidung beeinträchtigt ist oder nicht mehr besteht;
- der Antragsteller ohne Verschulden weder im behördlichen Verfahren noch im Einspruchsverfahren seine Rechte als Einziehungsbeteiligter hat wahrnehmen können.

Bei Vorliegen dieser Voraussetzungen wird – sofern ein fristgerechter Antrag vorliegt, vgl. § 433 Abs. 2 StPO – die rechtskräftige Einziehung des Gegenstandes nachträglich wieder beseitigt. Wird das vom Antragsteller behauptete Recht nicht hinreichend glaubhaft gemacht, so ist der Antrag unbegründet.

Gem. § 433 Abs. 2 StPO i. V. m. § 46 Abs. 1 OWiG muss das Nachverfahren binnen eines Monats nach Ablauf des Tages beantragt werden, an dem der Antragsteller Kenntnis von der rechtskräftigen Entscheidung erlangt hat. Wird der Antrag nicht fristgerecht gestellt, ist der Antrag als unzulässig zu verwerfen. Der Antrag, der schriftlich oder zur Niederschrift bei der Verwaltungsbehörde zu erfolgen hat, vgl. § 67 Abs. 1 Satz 1 OWiG, ist ferner unzulässig, wenn seit Eintritt der Rechtskraft (der Bußgeldentscheidung) zwei Jahre verstrichen sind und die Vollstreckung beendet ist, § 433 Abs. 2 Satz 2 StPO i. V. m. § 46 Abs. 1 OWiG. Eine Wiedereinsetzung in den vorigen Stand ist im Rahmen des § 433 Abs. 2 Satz 2 StPO i. V. m. § 46 Abs. 1 OWiG nicht möglich, vgl. Lemke/Mosbacher, OWiG, 2. Aufl., § 87 Rdnr. 31.

6. Verfahren bei Verfall

Art. 5 des Gesetzes zur Reform der strafrechtlichen Vermögensabschöpfung (BGBl. Jahrgang 2017, Teil I, Nr. 22, S. 872 ff.) vom 13.4.2017 änderte neben dem Wortlaut des § 29a OWiG auch den Inhalt des § 87 Abs. 6 OWiG. Nach der am 1.7.2017 in Kraft getretenen Gesetzesreform ermöglicht § 29a OWiG nunmehr die Einziehung von Taterträgen (vormals Verfall). § 87 Abs. 2 Satz 3, Abs. 3 Satz 3 HS 2 OWiG und § 87 Abs. 4 OWiG gelten gem. dem Wortlaut des § 87 Abs. 6 OWiG nicht im Verfahren bei Anordnung der Einziehung gem. § 29a OWiG. Mithin finden die Vorschriften der §§ 424 ff. StPO Anwendung. § 87 Abs. 6 OWiG stellt das Verfahren gem. § 29a OWiG (Einziehung des Wertes von Taterträgen) dem Einziehungsverfahren daher weiterhin gleich; vollständige Deckungsgleichheit besteht jedoch nicht, z. B. findet wegen der Nichtanwendbarkeit des § 87 Abs. 4 OWiG bei der Einziehung des Wertes von Taterträgen kein Nachverfahren gegen einen Bußgeldbescheid der Verwaltungsbehörde statt.

§ 88

Festsetzung der Geldbuße gegen juristische Personen und Personenvereinigungen

(1) Hat die Verwaltungsbehörde im Bußgeldverfahren über die Festsetzung einer Geldbuße gegen eine juristische Person oder eine Personenvereinigung zu entscheiden (§ 30), so ist sie auch für die Anordnung der Verfahrensbeteiligung und die Beiordnung eines Rechtsanwalts oder einer anderen Person, die als Verteidiger bestellt werden darf, zuständig (§ 444 Abs. 1, § 428 Absatz 2 der Strafprozessordnung); § 60 Satz 2 gilt entsprechend.

(2) Im selbstständigen Verfahren setzt die Verwaltungsbehörde die Geldbuße in einem selbstständigen Bußgeldbescheid fest. Zuständig ist die Verwaltungsbehörde, die im Falle der Verfolgung einer bestimmten Person zuständig wäre; örtlich zuständig ist auch die Verwaltungsbehörde, in deren Bezirk die juristische Person oder Personenvereinigung ihren Sitz oder eine Zweigniederlassung hat.

(3) § 87 Abs. 2 Satz 1 und 2 sowie Abs. 5 gilt entsprechend.

Erläuterungen

Übersicht

Vorbemerkung
1. Anordnung der Verfahrensbeteiligung
2. Beiordnung eines Rechtsanwaltes oder einer anderen Person
3. Selbstständiges Verfahren
4. Kein Nachverfahren

Vorbemerkung

§ 88 OWiG ist der Vorschrift des § 87 OWiG nachgebildet und enthält ergänzende Regelungen für den Fall, dass im Bußgeldverfahren eine Geldbuße gegen eine juristische Person oder Personenvereinigung festgesetzt wird. Hat die Verwaltungsbehörde im Bußgeldverfahren über die Festsetzung einer Geldbuße gegen eine juristische Person oder Personenvereinigung zu entscheiden (§ 30 OWiG), so ist sie auch für

- die Anordnung der Verfahrensbeteiligung
- sowie für die Beiordnung eines Rechtsanwaltes oder einer anderen Person, die als Verteidiger bestellt werden darf,

zuständig.

Im Rahmen des § 88 OWiG ist zu unterschieden zwischen dem einheitlichen (Absatz 1) und selbstständigen (Absatz 2) Verfahren.

1. Anordnung der Verfahrensbeteiligung

Die Anordnung der Verfahrensbeteiligung hat von Amts wegen und uneingeschränkt (insbesondere darf die juristische Person oder Personenvereinigung nicht von der Beteiligung zur Schuldfrage ausgeschlossen werden, da § 438 Abs. 2 StPO nicht zur Anwendung kommt) zu erfolgen, wenn im Bußgeldverfahren über die Festsetzung einer Geldbuße gegen eine juristische Person oder Personenvereinigung zu entscheiden ist, mithin die Voraussetzungen des § 30 OWiG wahrscheinlich vorliegen und die Festsetzung einer Verbandsgeldbuße in Betracht kommt, vgl. *Gürtler/Thoma* in Göhler, OWiG, 18. Aufl., § 88 Rdnr. 2. Infolge der Beteiligung wird der Grundsatz des rechtlichen Gehörs (Art. 103 Abs. 1 GG) hinreichend gewahrt. Durch die Inbezugnahme des § 444 Abs. 1 StPO in § 88 Abs. 1 OWiG ist über § 444 Abs. 1 Satz 2 StPO auch § 424 Abs. 3 und 4 StPO entsprechend anzuwenden. Dies bedeutet, dass

- die Verfahrensbeteiligung bis zur Festsetzung der Verbandsgeldbuße in einer Bußgeldentscheidung ergehen kann, vgl. § 424 Abs. 3 StPO i. V. m. § 46 Abs. 1 OWiG;
- die Verfahrensbeteiligung im gerichtlichen Verfahren nur bis zum Ende der letzten Tatsacheninstanz angeordnet werden kann, vgl. § 424 Abs. 3 StPO i. V. m. § 46 Abs. 1 OWiG; die Verfahrensbeteiligung kann also auch im gerichtlichen Verfahren erlassen werden, wenn ein Bußgeldbescheid nur gegen ein verantwortliches Organ der juristischen Person oder Personenvereinigung ergangen ist und dieses Einspruch eingelegt hat;
- die Anordnung der Verfahrensbeteiligung nicht angefochten werden kann, vgl. § 424 Abs. 4 Satz 1 StPO i. V. m. § 46 Abs. 1 OWiG. Ein Antrag auf gerichtliche Entscheidung (§ 62 OWiG) für den Fall, dass die Verwaltungsbehörde die Verfahrensbeteiligung ablehnt, steht der juristischen Person oder Personenvereinigung mangels Beschwer ebenfalls nicht zu. Lediglich die Staatsanwaltschaft kann gegen den die Verfahrensbeteiligung ablehnenden Beschluss des Amtsgerichts mit der sofortigen Beschwerde vorgehen, §§ 444 Abs. 1 Satz 2, 424 Abs. 4 Satz 2 StPO i. V. m. § 46 Abs. 1 OWiG.

Ist infolge bestimmter Tatsachen anzunehmen, dass die Beteiligung nicht ausführbar ist, § 425 Abs. 1 StPO i. V. m. § 46 Abs. 1 OWiG, so kann auch keine Verbandsgeldbuße festgesetzt werden, vgl. *Mitsch* in Karlsruher Kommentar, OWiG, 5. Aufl., § 88 Rdnr. 5. Es gilt: Ohne Anordnung der Verfahrensbeteiligung darf keine Geldbuße gegen die juristische Person oder Personenvereinigung festgesetzt werden. Für den Fall, dass gleichwohl eine Geldbuße gegen einen Verband festgesetzt wird, ist dies eine konkludente Beteiligungsanordnung, vgl. OLG Düsseldorf, NStZ 1984 S. 366; Lemke/Mosbacher, OWiG, 2. Aufl., § 88 Rdnr. 3.

Mitsch, a. a. O., § 88 OWiG Rdnr. 5, weist zutreffend darauf hin, dass stets die Beteiligung der juristischen Person oder Personenvereinigung und nicht die Beteiligung ihrer vertretungsberechtigten Personen angeordnet wird. Verfahrensbeteiligte des Bußgeldverfahrens i. S. des § 88 Abs. 1 OWiG wird allein die juristische Person oder Personenvereinigung.

Mit der Anordnung der Verfahrensbeteiligung tritt die Rechtsfolge des § 87 Abs. 2 Satz 1 OWiG ein, vgl. § 88 Abs. 3 OWiG. Vom Erlass des Bußgeldbescheides an hat die juristische Person oder Personenvereinigung die Befugnisse eines Betroffenen. Gem. § 88 Abs. 3 OWiG i. V. m. § 87 Abs. 2 Satz 2 OWiG wird der juristischen Person oder Personenvereinigung der Bußgeldbescheid zugestellt. Die juristische Person oder Personenvereinigung kann gegen den einheitlichen Bußgeldbescheid selbstständig, d. h. unabhängig vom Betroffenen, Einspruch (§ 67 OWiG) einlegen. Legt nur die juristische Person oder Personenvereinigung Einspruch ein, erwächst der Bescheid gegen die natürliche Person in Rechtskraft und umgekehrt. Ein Rechtsmittelverzicht wirkt ebenfalls nur für den Erklärenden.

2. Beiordnung eines Rechtsanwaltes oder einer anderen Person

Gem. § 88 Abs. 1 OWiG, § 428 Abs. 2 StPO i. V. m. § 46 Abs. 1 OWiG kann die Bußgeldbehörde der juristischen Person oder Personenvereinigung einen Rechtsanwalt oder eine andere Person, die als Verteidiger bestellt werden darf, beiordnen, wenn die Sach- oder Rechtslage schwierig ist oder wenn der Einziehungsbeteiligte seine Rechte nicht selbst wahrnehmen kann. Da gem. § 88 Abs. 1 OWiG a. E. die Regelung des § 60 Satz 2 OWiG entsprechend anzuwenden ist, entscheidet die Verwaltungsbehörde auch über die Zulassung anderer Personen als Verteidiger sowie über die Zurückweisung eines Verteidigers (§§ 138 Abs. 2, 146a Abs. 1 Satz 1, 2 StPO).

3. Selbstständiges Verfahren

Der Regelung des § 30 Abs. 4 OWiG lässt sich entnehmen, dass die Verhängung einer Geldbuße gegen die juristische Person oder Personenvereinigung und gegen deren Organ grundsätzlich in einem einheitlichen Verfahren untersucht wird. Wird gegen das Organ kein Straf- oder Bußgeldverfahren durchgeführt oder wird ein solches eingestellt oder wird von Strafe abgesehen, kann selbstständig ein Verfahren gegen den Vertretenen durchgeführt werden, § 30 Abs. 4 Satz 1 OWiG.

Die Verwaltungsbehörde setzt im selbstständigen Verfahren die Geldbuße in einem selbstständigen Bußgeldbescheid fest, § 88 Abs. 2 Satz 1 OWiG. Voraussetzung ist, dass es sich bei der zugrundeliegenden Tat, der sog. Bezugstat, um eine Ordnungswidrigkeit handelt. Der selbstständige Bußgeldbescheid steht dem sonstigen Bußgeldbescheid gleich.

Der an die juristische Person oder Personenvereinigung gerichtete Bußgeldbescheid muss den Anforderungen des § 66 OWiG genügen, vgl. Lemke/Mosbacher, OWiG, 2. Aufl., § 88 Rdnr. 10.

Die örtliche und sachliche Zuständigkeit für den Erlass des selbstständigen Bußgeldbescheides ist in § 88 Abs. 2 Satz 2 OWiG geregelt. Bei mehrfacher Zuständigkeit ist § 39 OWiG entsprechend anzuwenden.

4. Kein Nachverfahren

Ein Nachverfahren (§ 433 StPO) zum Zwecke der Aufhebung der gegen die juristischen Person oder Personenvereinigung rechtskräftig festgesetzten Geldbuße kommt nicht in Betracht, da es an der entsprechenden Verweisungsnorm auf § 439 StPO fehlt.

Neunter Abschnitt

Vollstreckung der Bußgeldentscheidungen

§ 89

Vollstreckbarkeit der Bußgeldentscheidungen

Bußgeldentscheidungen sind vollstreckbar, wenn sie rechtskräftig geworden sind.

Erläuterungen

Übersicht

Vorbemerkung

Die Vollstreckung verlangt, dass die Bußgeldentscheidung formell rechtskräftig geworden ist. Die Vollstreckungsbehörde hat den Eintritt der Rechtskraft selbstständig festzustellen, vgl. *Krenberger/ Krumm*, OWiG, 7. Aufl., § 90 Rdnr. 6. Allgemein versteht man unter Rechtskraft die Endgültigkeit und Maßgeblichkeit der getroffenen Entscheidung. Formelle Rechtskraft tritt ein, wenn die Entscheidung nicht mehr anfechtbar ist. Dies ist u. a. zu bejahen, wenn

- die Rechtsbehelfsfrist abgelaufen ist, ohne dass wirksam ein Rechtsbehelf eingelegt wurde. Wird dem Betroffenen die Wiedereinsetzung in den vorigen Stand gewährt, so wird die Rechtskraft der Bußgeldentscheidung nachträglich wieder beseitigt; die Voraussetzung für die Vollstreckung entfällt.
- auf einen Rechtsbehelf wirksam verzichtet wurde.
- der bereits eingelegte Rechtsbehelf wirksam zurückgenommen wurde.
- der eingelegte Rechtsbehelf letztinstanzlich nicht zum Erfolg führte.
- eine Entscheidung vorliegt, gegen die kein Rechtsbehelf vorgesehen ist, z. B. die Entscheidung des Rechtsbeschwerdegerichts.

Im Falle einer nur teilweisen Rechtskraft der Bußgeldentscheidung ist die Vollstreckung des rechtskräftigen Teils möglich, vgl. *Seitz/Bauer* in Göhler, OWiG, 18. Aufl., § 89 Rdnr. 4.

Wegen der mit der Vollstreckung für den Betroffenen verbundenen Rechtsnachteile erschien dem Gesetzgeber eine vorzeitige Vollstreckbarkeit bedenklich, vgl. BT-Drs. V/ 1269 S. 114. Auch hat das Recht, Verfassungsbeschwerde einzulegen, keine Auswirkung auf den Eintritt der formellen Rechtskraft. Das BVerfG kann allerdings die Vollstreckung aussetzen, § 32 BVerfGG.

§ 89 OWiG ist an § 449 StPO („*Strafurteile sind nicht vollstreckbar, bevor sie rechtskräftig geworden sind.*") angelehnt. Gerichtet ist die Vollstreckung auf die zwangsweise Durchsetzung der in der rechtskräftigen Bußgeldentscheidung festgelegten Unrechtsfolge, vgl. *Mitsch* in Karlsruher Kommentar, OWiG, 5. Aufl., § 89 Rdnr. 1, wie z. B. die Beitreibung der im Bußgeldbescheid festgesetzten Geldbuße. Der Begriff der Bußgeldentscheidung

i. S. des § 89 OWiG ist weit zu verstehen. Er umfasst sämtliche Entscheidungen der Verwaltungsbehörde (vor allem Bußgeldbescheide) und des Gerichts (vor allem Urteile oder Beschlüsse nach § 72 OWiG), sofern eine Geldbuße festgesetzt oder eine Nebenfolge angeordnet wird, vgl. *Mitsch* in Karlsruher Kommentar, OWiG, 5. Aufl., § 89 Rdnr. 7. Für die Festsetzung von Ordnungsgeld gegen Zeugen und Sachverständige gilt § 89 OWiG insofern nicht, da es sich nicht um eine Bußgeldentscheidung handelt, vgl. Lemke/Mosbacher, OWiG, 2. Aufl., § 89 Rdnr. 13.

In welcher Form die Entscheidung getroffen wird, ist im Rahmen des § 89 OWiG gleichgültig.

1. Kein Ermessen der Vollstreckungsbehörde

Die Vollstreckung von rechtskräftigen Bußgeldbescheiden und etwaiger Nebenfolgen wie einem Fahrverbot steht nicht im Ermessen der Vollstreckungsbehörde. Es besteht vielmehr eine Pflicht zur Vollstreckung, solange nicht ein von Amts wegen zu beachtendes Vollstreckungshindernis vorliegt, vgl. *Rebmann/Roth/Hermann*, OWiG, 32. EL, vor § 89 Rdnr. 2. Das Opportunitätsprinzip des § 47 OWiG findet im Vorstreckungsverfahren keine Anwendung, vgl. *Mitsch* in Karlsruher Kommentar, OWiG, 5. Aufl., § 89 Rdnr. 3. Diese Grundsätze kann man auch dem Wortlaut des § 90 Abs. 1 OWiG *(„wird … vollstreckt")* entnehmen. Der Antrag auf Anordnung der Erzwingungshaft sowie die Anordnung selbst unterliegen allerdings dem Opportunitätsprinzip, vgl. *Seitz/Bauer* in Göhler, OWiG, 18. Aufl., vor § 89 Rdnr. 1 a.

Vollstreckungshindernisse sind die Vollstreckungsverjährung, die Vollzugsuntauglichkeit bei der Erzwingungshaft, der Aufschub der Vollstreckung der Erzwingungshaft oder die Stundung der Geldbuße, § 93 OWiG, bzw. das Unterbleiben von deren Vollstreckung i. S. des § 95 Abs. 2 OWiG. Ein Vollstreckungshindernis in diesem Sinne ist auch der Gnadenerweis. Rechtskräftige Fahrverbote können nur im Gnadenwege aufgehoben oder verkürzt werden, vgl. *Mitsch* in Karlsruher Kommentar, OWiG, 5. Aufl., § 89 Rdnr. 21. Insofern ist es nicht zulässig, auf die Vollstreckung eines rechtskräftigen Fahrverbotes zu verzichten, selbst dann nicht, wenn die Vollstreckung des Fahrverbotes für den Betroffenen eine besondere Härte darstellt.

2. Nebengeschäfte der Vollstreckung

Außerhalb der eigentlichen Vollstreckung liegen die sog. Nebengeschäfte der Vollstreckung. Als Nebengeschäfte sind die Mitteilungen bestimmter Bußgeldentscheidungen an interessierte Behörden zu verstehen, z. B. Mitteilungen an das Gewerbezentralregister.

Die Nebengeschäfte sind nicht zu verwechseln mit den vollstreckungsfähigen Nebenfolgen, die zu einer Geldzahlung verpflichten (z. B. § 25 OWiG: Einziehung des Wertersatzes) und einer Vollstreckung zugänglich sind. Gegenstand der Vollstreckung sind somit nicht nur im Bußgeldbescheid festgesetzte Geldbußen, sondern auch die angeordneten Nebenfolgen sowie die Kosten des Verfahrens.

3. Straftaten (pflichtwidriges Unterlassen der Vollstreckung/unzulässige Vollstreckung)

Das pflichtwidrige Unterlassen der Vollstreckung einer Bußgeldentscheidung erfüllt nicht den Tatbestand der Strafvereitelung im Amt gem. § 258a StGB i. V. m. § 258 Abs. 2 StGB, vgl. BayObLG, Beschl. vom 15.10.1980, JR 1981 S. 296 („*Bei dem Tatbestand der Strafvereitelung reicht es […] nicht, dass ein anderer lediglich einer Geldbuße entzogen wird.*"). Die Norm findet auf Geldbußen keine Anwendung.

Gem. § 345 Abs. 3 Nr. 2 StGB (Vollstreckung gegen Unschuldige) wird jedoch bestraft, wer als Amtsträger, der zur Mitwirkung bei der Vollstreckung einer Geldbuße oder Nebenfolge nach dem Ordnungswidrigkeitenrecht berufen ist, eine solche Rechtsfolge vollstreckt, obwohl sie nach dem Gesetz nicht vollstreckt werden darf. Die Strafvorschrift schützt (in erster Linie) nicht die Rechtspflege, sondern die Freiheit der Bürger. Der Staatsbürger muss uneingeschränkt vor gesetzeswidrigen Vollstreckungsmaßnahmen geschützt werden.

4. Vollstreckungshilfe in Bußgeldsachen

Es existieren – bis auf wenige Ausnahmen – noch keine Vereinbarungen der Bundesrepublik mit anderen Staaten über die Vollstreckungshilfe in Bußgeldsachen, vgl. *Mitsch* in Karlsruher Kommentar, OWiG, 5. Aufl., § 89 Rdnr. 32. Die Vollstreckung einer ausländischen Bußgeldentscheidung im Inland und umgekehrt ist daher grundsätzlich noch nicht möglich. Zumindest im europäischen Raum bestehen Bestrebungen, rechtskräftige Bußgeldbescheide im Wege der Amtshilfe zu vollstrecken, vgl. z. B. den Vertrag zwischen der Bundesrepublik Deutschland und der Republik Österreich über Amts- und Rechtshilfe in Verwaltungssachen vom 31.5.1988 (BGBl. II 1990 S. 358). Gemäß diesem Vertrag können rechtskräftige Bußgeldbescheide, sofern sie über 25,- Euro liegen, im Bundesgebiet im Wege der Amtshilfe vollstreckt werden, vgl. Lemke/Mosbacher, OWiG, 2. Aufl., § 89 Rdnr. 4. Gemäß Art. 4 Abs. 1 des Amtshilfeabkommens wird Amtshilfe jedoch nicht geleistet, wenn sie nach dem Recht des ersuchten Staates unzulässig ist, vgl. hierzu die Rechtsprechung des Finanzgerichts Hamburg vom 16.3.2010 – 1 V 289/09 –. Das Gericht stellte im Rahmen des Beschlusses fest: Der Betroffene darf nicht dafür sanktioniert werden, dass er als Zulassungsbesitzer nicht über den Namen und die Anschrift derjenigen Person Auskunft gibt, der er das Kraftfahrzeug zu einem bestimmten Zeitpunkt überlassen hatte. Die deutsche Verwaltungsbehörde wäre bei Verweigerung einer Auskunft aufgrund anderer Erkenntnismittel gehalten, den Täter der Ordnungswidrigkeit zu ermitteln. Gelinge dies nicht, sei das Ordnungswidrigkeitenverfahren einzustellen und kein neues Verfahren wegen der Verweigerung der Auskunftserteilung zu führen. Eine Vollstreckung im Rahmen der Amtshilfe könnte gegen das Verbot eines Zwangs zur Selbstbezichtigung und gegen das Schweigerecht des Betroffenen verstoßen. Auch der Schutz des Angehörigenverhältnisses, der in seinem Kernbestand zu den rechtsstaatlich unverzichtbaren Erfordernissen eines fairen Verfahrens gehöre, könnte bei einer Umgehung des Zeugnisverweigerungsrechts berührt sein.

5. Unmittelbare Rechtsfolge der Rechtskraft

Der Eintritt der Rechtskraft der Bußgeldentscheidung hat im Einzelfall ohne besonderen Vollstreckungsakt bereits unmittelbare Rechtsfolgen. Als Beispiel ist § 41a BJagdG anzuführen (*„Wird gegen jemanden wegen einer Ordnungswidrigkeit nach § 39 BJagdG, die er unter grober oder beharrlicher Verletzung der Pflichten bei der Jagdausübung begangen hat, eine Geldbuße festgesetzt, so kann ihm in der Entscheidung für die Dauer von einem Monat bis zu sechs Monaten verboten werden, die Jagd auszuüben.“)*. Das Verbot der Jagdausübung wird hier bereits mit der Rechtskraft der Entscheidung wirksam, § 41a Abs. 2 Satz 1 BJagdG.

6. Keine Rechtskraft bei nichtigen Entscheidungen

Nichtige Entscheidungen sind nicht vollstreckungsfähig. Ein nichtiger Bußgeldbescheid braucht nicht befolgt zu werden.

§ 90

Vollstreckung des Bußgeldbescheides

(1) Der Bußgeldbescheid wird, soweit das Gesetz nichts anderes bestimmt, nach den Vorschriften des Verwaltungs-Vollstreckungsgesetzes vom 27. April 1953 (BGBl. I S. 157) in der jeweils geltenden Fassung vollstreckt, wenn eine Verwaltungsbehörde des Bundes den Bußgeldbescheid erlassen hat, sonst nach den entsprechenden landesrechtlichen Vorschriften.

(2) Die Geldbußen fließen, soweit das Gesetz nichts anderes bestimmt, in die Bundeskasse, wenn eine Verwaltungsbehörde des Bundes den Bußgeldbescheid erlassen hat, sonst in die Landeskasse. Satz 1 gilt für Nebenfolgen, die zu einer Geldzahlung verpflichten, entsprechend.

(3) Ist die Einziehung eines Gegenstandes oder Unbrauchbarmachung einer Sache angeordnet worden, so wird die Anordnung dadurch vollstreckt, dass die Sache dem Betroffenen oder dem Einziehungsbeteiligten weggenommen wird. Wird die Sache bei diesen Personen nicht vorgefunden, so haben sie auf Antrag der Verwaltungsbehörde bei dem Amtsgericht eine eidesstattliche Versicherung über den Verbleib der Sache abzugeben. § 883 Abs. 2 und 3 der Zivilprozessordnung gilt entsprechend.

(4) Absatz 1 gilt für die Vollstreckung eines von der Verwaltungsbehörde festgesetzten Ordnungsgeldes entsprechend.

Erläuterungen

Übersicht

Vorbemerkung

§ 90 Abs. 1 OWiG regelt, nach welchen Vorschriften ein Bußgeldbescheid vollstreckt wird. In § 90 Abs. 2 OWiG wird festgelegt, in welche Kassen die Geldbußen und Nebenfolgen, die zu einer Geldzahlung verpflichten, fließen. § 90 Abs. 3 OWiG beinhaltet spezielle Vorschriften bezüglich der Vollstreckung einer Einziehung oder Unbrauchbarmachung einer Sache. Absatz 4 der Vorschrift erklärt § 90 Abs. 1 OWiG für die Vollstreckung eines von der Verwaltungsbehörde festgesetzten Ordnungsgeldes für entsprechend anwendbar.

Die Vollstreckung umfasst alle Maßnahmen und Anordnungen, die auf die Verwirklichung der erlassenen Entscheidung gerichtet sind. Der Bußgeldbescheid wird nach den Vorschriften des Verwaltungs-Vollstreckungsgesetzes des Bundes vollstreckt, wenn eine Verwaltungsbehörde des Bundes den Bußgeldbescheid erlassen hat, § 90 Abs. 1 OWiG. Die entsprechenden Gesetze der Länder finden nur dann Anwendung, sofern eine Verwaltungsbehörde des Landes den Bußgeldbescheid erlassen hat. §§ 90 ff. OWiG sind gegenüber den genannten Vollstreckungsgesetzen vorrangig anzuwenden, sofern nicht Spezialgesetze (z. B. § 66 SGB X) diesen Vorrang aufheben, vgl. *Krenberger/Krumm*, OWiG, 7. Aufl., § 90 Rdnr. 1 und 3.

Gegenstand der Vollstreckung sind nicht nur im Bußgeldbescheid festgesetzte Geldbußen, sondern auch die angeordneten Nebenfolgen, die zu einer Geldzahlung verpflichten, sowie die Kosten des Verfahrens einschließlich der durch die Vollstreckung entstandenen

Kosten. Die Vollstreckung einer Nebenfolge erfolgt unter Anwendung derjenigen Vorschriften, die für die Vollstreckung der Geldbuße Anwendung finden. Nach § 99 Abs. 1 OWiG gelten für die Vollstreckung von Nebenfolgen, die zu einer Geldzahlung verpflichten, die §§ 93 bis 95 OWiG entsprechend. Die Anordnung von Erzwingungshaft ist gem. § 96 Abs. 1 Nr. 1 OWiG jedoch nur zulässig, wenn *„die Geldbuße oder der bestimmte Teilbetrag einer Geldbuße nicht gezahlt ist."* Die Erzwingungshaft bezieht sich daher nicht auf Nebenfolgen mit einer Verpflichtung zur Geldzahlung, vgl. *Mitsch* in Karlsruher Kommentar, OWiG, 5. Aufl., § 90 Rdnr. 33.

Vollstreckungsbehörde i. S. d. §§ 93 ff. OWiG ist in den Fällen des § 90 OWiG die Verwaltungsbehörde, die den Bußgeldbescheid erlassen hat, sonst die Stelle, der nach § 91 OWiG die Vollstreckung obliegt. Die Vollstreckungsbehörde leitet und überwacht das Vollstreckungsverfahren und trifft die nach §§ 93 ff. OWiG zulässigen Vollstreckungsentscheidungen. Die Vollstreckungsbehörde übt insofern die Verfahrensherrschaft im Vollstreckungsverfahren aus, vgl. *Krenberger/Krumm*, OWiG, 7. Aufl., § 92 Rdnr. 2. Gem. § 3 Abs. 1 VwVG Bund wird die Vollstreckung gegen den Vollstreckungsschuldner durch eine Vollstreckungsanordnung eingeleitet, die formlos möglich ist und dem Betroffenen nicht mitgeteilt werden braucht. Auch das Fehlen einer ausdrücklichen Vollstreckungsanordnung ist unschädlich, vgl. Lemke/Mosbacher, OWiG, 2. Aufl., § 90 Rdnr. 8.

Voraussetzung für die Einleitung des Zwangsvollstreckungsverfahrens ist:

- Die Rechtskraft des Bußgeldbescheides, vgl. § 89 OWiG. Der Bußgeldbescheid tritt insofern an die Stelle des in § 3 Abs. 2 Buchst. a) VwVG Bund genannten Leistungsbescheides; auch ansonsten werden die Voraussetzungen des § 3 VwVG Bund von den Sonderregelungen der §§ 93 ff. OWiG verdrängt.
- Die weiterhin bestehende Fälligkeit der Geldbuße (Nichtzahlung sowie keine bestehenden Zahlungserleichterungen).
- Das Nichtbestehen eines Vollstreckungshindernisses.
- Der Ablauf der Schonfrist (§ 95 Abs. 1 OWiG): Zwei Wochen nach Fälligkeit.
- Die Aufrechterhaltung der Beitreibung – keine Niederschlagung der Geldbuße i. S. des § 95 Abs. 2 OWiG.

Eine Mahnung i. S. des § 3 Abs. 3 VwVG Bund ist nicht erforderlich, da insofern § 95 OWiG vorrangig ist und diese Voraussetzung nicht aufstellt. Bei der Geldbuße handelt es sich nicht um eine übliche Geldschuld, vgl. *Seitz/Bauer* in Göhler, OWiG, 18. Aufl., § 90 Rdnr. 11, sondern um eine persönliche Leistung des Betroffenen. Zudem wird der Betroffene bereits im Bußgeldbescheid zur Zahlung aufgefordert. Es schlägt insofern der Anwendungsvorrang der §§ 93 ff. OWiG durch, vgl. den Wortlaut des § 90 Abs. 1 OWiG *(„… soweit das Gesetz nichts anderes bestimmt …")*.

Im Vollstreckungsverfahren ist die Rechtmäßigkeit der Bußgeldentscheidung nach Eintritt der Rechtskraft bedeutungslos, sofern keine Nichtigkeit der Bußgeldentscheidung vorliegt. Fehlerhafte Bußgeldentscheidungen können lediglich im Wege der Wiederaufnahme des Verfahrens, § 85 OWiG, korrigiert werden, vgl. *Mitsch* in Karlsruher Kommentar, OWiG, 5. Aufl., § 103 Rdnr. 7.

Die Vollstreckungsbehörde kann im Rahmen des Zwangsvollstreckungsverfahrens auf die Mithilfe (Amtshilfe) einer Vollzugsbehörde zurückgreifen, sofern sie nicht über eigene Vollzugsorgane verfügt. Die Vollzugsbehörden sind zwar mit der Durchführung der Zwangsvollstreckung betraut, d. h. sie führen die Vollstreckung tatsächlich durch, sie unterliegen jedoch der Weisung der Vollstreckungsbehörde, vgl. *Mitsch* in Karlsruher Kommentar, OWiG, 5. Aufl., § 90 Rdnr. 8. Welche Vollstreckungsmaßnahmen im konkreten Einzelfall zu treffen sind, entscheidet im Falle einer Weisungslage daher bei einem Nebeneinander von Vollstreckungs- und Vollzugsbehörde allein die Vollstreckungsbehörde. Spricht die Vollstreckungsbehörde hingegen keine Weisung aus und stehen nicht Befugnisse im Sinne der §§ 93 ff. OWiG in Rede, die allein der Vollstreckungsbehörde vorbehalten sind, kann die Vollzugsbehörde die Art und Weise der Zwangsvollstreckung eigenverantwortlich bestimmen, vgl. *Seitz/Bauer* in Göhler, OWiG, 18. Aufl., § 90 Rdnr. 3. Nach allgemeiner Ansicht, vgl. *Mitsch* in Karlsruher Kommentar, OWiG, 5. Aufl., § 90 Rdnr. 9, soll die Vollzugsbehörde im Einzelfall auch berechtigt sein, aus Gründen der Billigkeit die Zwangsvollstreckung einstweilen einzustellen oder zu beschränken, soweit ein solches Vorgehen gesetzlich vorgesehen ist und die vorrangige Zuständigkeit der Vollstreckungsbehörde nicht unterlaufen wird. Der Vollzugsbehörde ist es aber verwehrt, die Zwangsvollstreckung insgesamt einzustellen. Auch über die Bewilligung von gesetzlichen Zahlungserleichterungen entscheidet grundsätzlich die Vollstreckungsbehörde und nicht die Vollzugsbehörde.

1. Anwendungsbereich des § 90 OWiG

§ 90 OWiG regelt die Vollstreckung der Bußgeldbescheide der Verwaltungsbehörde, nicht die Vollstreckung gerichtlicher Bußgeldentscheidungen. Die Vollstreckung obliegt der Verwaltungsbehörde auch dann, wenn der Betroffene zwar gegen den Bußgeldbescheid Einspruch eingelegt hat, der Einspruch jedoch zurückgenommen oder gem. §§ 70, 74 Abs. 2 OWiG als unzulässig verworfen wurde. In diesem Fall bleibt der Bußgeldbescheid voll wirksam und erlangt Rechtskraft, vgl. *Seitz/Bauer* in Göhler, OWiG, 18. Aufl., § 90 Rdnr. 1 a. Der Anwendungsbereich des § 91 OWiG (Vollstreckung der gerichtlichen Bußgeldentscheidung) ist nicht eröffnet.

§ 90 OWiG differenziert nicht nach dem Alter des Betroffenen, insofern ist die Vorschrift auch für Bußgeldbescheide, die gegen Jugendliche und Heranwachsende ergangen sind, anwendbar.

2. Landesrechtliche Vollstreckungszuständigkeit

Zur landesrechtlichen Vollstreckungszuständigkeit wird auf die jeweilige Landesgesetzgebung verwiesen. Die behördliche Zuständigkeit für die Zwangsvollstreckung wird oftmals unterschiedlich geregelt.

3. Vollstreckung der Geldbuße

Die nachfolgenden Erl. 3.1 bis 3.3 zu § 90 OWiG behandeln aus Gründen der Vereinheitlichung der Darstellung den Fall, dass der zu vollstreckende Bescheid von einer Bundesverwaltungsbehörde stammt und mithin die Vorschriften des Verwaltungs-Vollstreckungsgesetzes (VwVG) gelten. Das Verwaltungszwangsverfahren und der Vollstreckungsschutz richten sich im Falle des § 4 VwVG (Vollstreckungsbehörden) nach den Vorschriften der Abgabenordnung, vgl. § 5 Abs. 1 VwVG.

3.1 Pfändung von beweglichen Sachen

Die Vollstreckungs- resp. die Vollzugsbehörde hat diejenigen Vollstreckungsmaßnahmen anzuwenden, die nach Lage des Einzelfalles am schnellsten und sichersten zum Ziel führen. Auf die persönlichen und wirtschaftlichen Verhältnisse der Zahlungspflichtigen und ihrer Familie ist dabei Rücksicht zu nehmen, soweit das Vollstreckungsziel hierdurch nicht beeinträchtigt wird. In das bewegliche Vermögen wird durch Pfändung vollstreckt, so dass an der gepfändeten Sache ein Pfandrecht entsteht. Die Vollstreckungsbehörde führt die Vollstreckung in bewegliche Sachen durch Vollziehungsbeamte aus, § 285 Abs. 1 AO. Befindet sich die zu pfändende Sache im Gewahrsam des Vollstreckungsschuldners, so erfolgt die Pfändung dadurch, dass der Vollziehungsbeamte die Sache in Besitz nimmt, § 286 Abs. 1 AO. Andere Sachen als Geld, Kostbarkeiten und Wertpapiere sind im Gewahrsam des Vollstreckungsschuldners zu lassen, wenn die Befriedigung hierdurch nicht gefährdet wird, § 286 Abs. 2 Satz 1 AO. Bleiben die Sachen im Gewahrsam des Vollstreckungsschuldners, so ist die Pfändung nur wirksam, wenn sie durch Anlegung von Siegeln oder in sonstiger Weise ersichtlich gemacht ist, § 286 Abs. 2 Satz 2 AO. Der Vollziehungsbeamte hat dem Vollstreckungsschuldner die Pfändung mitzuteilen, § 286 Abs. 3

AO. Die Vorschriften der Absätze 1 bis 3 des § 286 AO gelten auch für die Pfändung von Sachen im Gewahrsam eines Dritten, der zu ihrer Herausgabe bereit ist, § 286 Abs. 4 AO.

Der Vollziehungsbeamte ist befugt, die Wohn- und Geschäftsräume sowie die Behältnisse des Vollstreckungsschuldners zu durchsuchen, soweit dies der Zweck der Vollstreckung erfordert, § 287 Abs. 1 AO. Er ist befugt, verschlossene Türen und Behältnisse öffnen zu lassen. Wenn er Widerstand findet, kann er Gewalt anwenden und hierzu um Unterstützung durch Polizeibeamte nachsuchen. Die Wohn- und Geschäftsräume des Vollstreckungsschuldners dürfen ohne dessen Einwilligung aber nur aufgrund einer richterlichen Anordnung durchsucht werden. Dies gilt nicht, wenn die Einholung der Anordnung den Erfolg der Durchsuchung gefährden würde. Für die richterliche Anordnung einer Durchsuchung ist das Amtsgericht zuständig, in dessen Bezirk die Durchsuchung vorgenommen werden soll.

Die gepfändeten Sachen sind auf schriftliche Anordnung der Vollstreckungsbehörde öffentlich zu versteigern, § 296 Abs. 1 Satz 1 AO. Die Versteigerung erfolgt in der Regel durch den Vollziehungsbeamten.

Der Vollstreckungsschuldner muss der Vollstreckungsbehörde auf deren Verlangen für die Vollstreckung einer Forderung Auskunft über sein Vermögen erteilen, wenn er die Forderung nicht binnen zwei Wochen begleicht, nachdem ihn die Vollstreckungsbehörde unter Hinweis auf die Verpflichtung zur Abgabe der Vermögensauskunft zur Zahlung aufgefordert hat, § 284 Abs. 1 Satz 1 AO. Der Vollstreckungsschuldner hat zu Protokoll an Eides statt zu versichern, dass er die erforderlichen Angaben nach § 284 Abs. 1 und 2 AO nach bestem Wissen und Gewissen richtig und vollständig gemacht hat. Für die Abnahme der Vermögensauskunft ist die Vollstreckungsbehörde zuständig, in deren Bezirk sich der Wohnsitz oder der Aufenthaltsort des Vollstreckungsschuldners befindet, § 284 Abs. 5 Satz 1 AO.

Ist der Vollstreckungsschuldner ohne ausreichende Entschuldigung in dem zur Abgabe der Vermögensauskunft anberaumten Termin nicht erschienen oder verweigert er ohne Grund die Abgabe der Vermögensauskunft, so kann die Vollstreckungsbehörde, die die Vollstreckung betreibt, die Anordnung der Haft zur Erzwingung der Abgabe beantragen, § 284 Abs. 8 Satz 1 AO. Zuständig für die Anordnung der Haft ist das Amtsgericht.

3.2 Pfändung von (Geld-)Forderungen

Bei der Pfändung von Geldforderungen hat die Vollstreckungsbehörde dem Drittschuldner schriftlich zu verbieten, an den Vollstreckungsschuldner zu zahlen und dem Vollstreckungsschuldner schriftlich zu gebieten, sich jeder Verfügung über die Forderung, insbesondere ihrer Einziehung, zu enthalten (Pfändungsverfügung), § 309 Abs. 1 Satz 1 AO. Gem. § 314 Abs. 1 Satz 1 AO ordnet die Vollstreckungsbehörde die Einziehung der gepfändeten Forderung an, da das durch die Einziehung der Forderung eintretende Pfandrecht, vgl. § 282 Abs. 1 AO („*Durch die Pfändung erwirbt die Körperschaft, der die Vollstreckungsbehörde angehört, ein Pfandrecht an dem gepfändeten Gegenstand.*"), noch kein Verwertungsrecht begründet. Die Einziehungsverfügung kann mit der Pfändungsverfügung verbunden werden. §§ 309 und 314 AO sind den entsprechenden Vorschriften der Zivilprozessordnung (§§ 829, 836 ZPO) nachgebildet. An die Stelle des Pfändungs- und Überweisungsbeschlusses tritt die Pfändungs- und Überweisungsverfügung der Behörde, vgl. *Seitz/Bauer* in Göhler, OWiG, 18. Aufl., § 90 Rdnr. 13.

3.3 Vollstreckung in das unbewegliche Vermögen

Die Vollstreckung in das unbewegliche Vermögen (Grundstücke, Schiffe, Luftfahrzeuge) erfolgt durch Eintragung einer Sicherungshypothek für die Forderung, durch Zwangsversteigerung und Zwangsverwaltung, vgl. § 322 Abs. 1 AO i. V. m. § 866 Abs. 1 ZPO. Gem. § 322 Abs. 4 AO soll die Vollstreckungsbehörde die Zwangsversteigerung und Zwangsverwaltung nur beantragen, wenn festgestellt ist, dass der Geldbetrag durch die

Vollstreckung in das bewegliche Vermögen nicht beigetrieben werden kann. Nach *Seitz/Bauer* in Göhler, OWiG, 18. Aufl., § 90 Rdnr. 16, kommt die Anwendung dieser Vollstreckungsart nur in Betracht, wenn höhere Geldbußen oder Nebenfolgen, die zu einer Geldzahlung verpflichten, zu vollstrecken sind.

4. Verbleib der Geldbuße (§ 90 Abs. 2 OWiG)

Je nachdem, ob eine Verwaltungsbehörde des Bundes oder des Landes (dazu zählt auch die Gemeindebehörde) den Bußgeldbescheid erlassen hat, liegt ein unterschiedlicher Empfänger der Geldbußen vor. Die Geldbußen fließen, soweit das Gesetz nichts anderes bestimmt, in die Bundeskasse, wenn eine Verwaltungsbehörde des Bundes den Bußgeldbescheid erlassen hat, sonst in die Landeskasse. Von dem Vorbehalt für abweichende gesetzliche Regelungen haben insbesondere die Länder Gebrauch gemacht, vgl. z. B. Art. 28 Bayerische Gemeindeordnung (*„Geldbußen und Verwarnungsgelder, die auf Grund bewehrter Satzungen und Verordnungen festgesetzt werden, fließen in die Gemeindekasse.")*.

§ 90 Abs. 2 OWiG findet ausschließlich Anwendung für Geldbußen und Nebenfolgen, die zu einer Geldzahlung verpflichten. Für Verwarnungs- und Ordnungsgelder gilt § 90 Abs. 2 OWiG nicht.

5. Vollstreckung der Einziehungsanordnung und der Anordnung der Unbrauchbarmachung

Der Wortlaut des § 90 Abs. 3 OWiG verdeutlicht, dass der Gesetzgeber die Vollstreckung der Einziehungsanordnung und die Anordnung der Unbrauchbarmachung nicht dem Verwaltungs-Vollstreckungsgesetz des Bundes resp. den entsprechenden Ländergesetzen unterwerfen wollte.

5.1 Vollstreckung der Einziehungsanordnung

§ 26 Abs. 1 OWiG ordnet an, dass das Eigentum an der eingezogenen Sache bzw. die Inhaberschaft am eingezogenen Recht mit der Rechtskraft der Entscheidung auf den Staat übergeht. Bei Anordnung durch eine Verfolgungsbehörde des Bundes wird der Bund Eigentümer bzw. Rechtsinhaber, ansonsten, d. h. bei Anordnung durch eine Verfolgungsbehörde eines Landes, das betreffende Bundesland. Der Rechtsübergang tritt kraft Gesetzes ein. Ein besonderer Übertragungsakt ist nicht erforderlich, vgl. *Mitsch,* Karlsruher Kommentar, OWiG, 5. Aufl., § 90 Rdnr. 35. Bei Erlass eines selbstständigen Einziehungsbescheides geht das Eigentum an der Sache bzw. das eingezogene Recht mit der Rechtskraft des selbstständigen Einziehungsbescheides über.

Eine Vollstreckung ist dann nicht von Nöten, wenn sich der Gegenstand bei Eintritt der Rechtskraft des Bußgeldbescheides resp. des selbstständigen Einziehungsbescheides bereits im amtlichen Gewahrsam befindet. Ist eine Vollstreckung erforderlich, erfolgt diese durch Wegnahme der Sache. Dogmatisch handelt es sich um die Vollstreckung eines Herausgabeanspruchs. Das Eigentum ist gem. § 26 Abs. 1 OWiG bereits übergegangen. Der Bußgeldbescheid resp. der selbstständige Einziehungsbescheid stellt den erforderlichen Titel im Rahmen der Vollstreckung dar.

Wird die Sache bei dem Betroffenen oder bei dem Einziehungsbeteiligten nicht vorgefunden, so haben sie auf Antrag der Verwaltungsbehörde bei dem Amtsgericht eine eidesstattliche Versicherung über den Verbleib der Sache abzugeben, § 90 Abs. 3 Satz 2 OWiG.

Die Wegnahme scheidet aus, wenn sich die Sache weder im Besitz des Betroffenen noch im Besitz des Einziehungsbeteiligten befindet. Gegen den (unbeteiligten) Dritten kann nur nach § 985 BGB vorgegangen werden. Gleiches gilt für den Fall, dass der Einziehungsbeteiligte die Herausgabe der Sache verweigert und sich auf ein Besitzrecht beruft. Eine Vollstreckung ist in diesem Fall nur möglich, wenn gem. § 26 Abs. 2 OWiG das Erlöschen des Besitzrechts angeordnet wurde.

5.2 Vollstreckung der Anordnung der Unbrauchbarmachung

Die Vollstreckung der Anordnung der Unbrauchbarmachung wird gleichermaßen vollstreckt wie die Einziehung der Sache. Die Anordnung der Unbrauchbarmachung hat jedoch keinerlei Einfluss auf die Eigentumsverhältnisse. Geht von der Sache also keine Gefahr mehr aus, ist sie dem Eigentümer zurückzugeben.

6. Vollstreckung eines von der Verwaltungsbehörde festgesetzten Ordnungsgeldes

Ein Ordnungsgeld kann gegenüber einem säumigen Zeugen oder Sachverständigen verhängt werden. Gem. § 90 Abs. 4 OWiG gilt für die Vollstreckung des Ordnungsgeldes § 90 Abs. 1 OWiG entsprechend. § 90 Abs. 2 OWiG ist nicht anwendbar, da es sich bei dem Ordnungsgeld nicht um eine Geldbuße handelt. Aus den gleichen Gründen ist die Erzwingungshaft unzulässig. Das Ordnungsgeld fließt der Kasse der festsetzenden Behörde zu.

§ 91

Vollstreckung der gerichtlichen Bußgeldentscheidung

Für die Vollstreckung der gerichtlichen Bußgeldentscheidung gelten § 451 Abs. 1 und 2, die §§ 459 und 459g Abs. 1 sowie Abs. 2 in Verbindung mit § 459 der Strafprozessordnung, im Verfahren gegen Jugendliche und Heranwachsende auch § 82 Abs. 1, § 83 Abs. 2 sowie die §§ 84 und 85 Abs. 5 des Jugendgerichtsgesetzes sinngemäß.

Erläuterungen

Übersicht

Vorbemerkung

§ 91 OWiG regelt die Vollstreckung gerichtlicher Entscheidungen und erklärt bestimmte Vorschriften der Strafprozessordnung sowie des Jugendgerichtsgesetzes für sinngemäß anwendbar. § 91 OWiG gilt für alle gerichtlichen Bußgeldentscheidungen. Unter dem Begriff „gerichtliche Bußgeldentscheidungen" sind die im gerichtlichen Bußgeldverfahren und im Strafverfahren erlassenen Entscheidungen zu verstehen, in denen eine Geldbuße oder Nebenfolge einer Ordnungswidrigkeit verhängt worden ist, vgl. *Mitsch* in Karlsruher Kommentar, OWiG, 5. Aufl., § 91 Rdnr. 1.

1. Staatsanwaltschaft/Jugendrichter als Vollstreckungsbehörde

Gem. § 91 OWiG i. V. m. § 451 Abs. 1 StPO ist Vollstreckungsbehörde grundsätzlich die Staatsanwaltschaft. Nur bei Verfahren gegen Jugendliche und Heranwachsende verkörpert der Jugendrichter gem. § 91 OWiG i. V. m. § 82 Abs. 1 Satz 1 JGG die Vollstreckungsbehörde als Vollstreckungsleiter.

2. Vollstreckungsverfahren bei gerichtlichen Entscheidungen

Im Rahmen des Vollstreckungsverfahrens verweist § 91 OWiG auf bestimmte Vorschriften der Strafprozessordnung. Gem. § 91 OWiG i. V. m. § 459 StPO gelten für die Beitreibung einer Geldbuße, die in einer gerichtlichen Bußgeldentscheidung festgesetzt worden ist, die Vorschriften der Justizbeitreibungsordnung, soweit das Ordnungswidrigkeitengesetz nichts anderes bestimmt, vgl. *Mitsch* in Karlsruher Kommentar, OWiG, 5. Aufl., § 91 Rdnr. 19. Die Anwendung der Vorschriften der Justizbeitreibungsordnung ist auch im Rahmen des § 459g StPO von Bedeutung: Ist die Einziehung des Wertes von Taterträgen, die Einziehung oder die Unbrauchbarmachung einer Sache angeordnet worden, so wird die

Anordnung dadurch vollstreckt, dass die Sache demjenigen, gegen den sich die Anordnung richtet, weggenommen wird, § 459g Abs. 1 Satz 1 StPO. § 459g Abs. 1 Satz 2 StPO erklärt die Vorschriften der Justizbeitreibungsordnung für anwendbar. Für die Vollstreckung von Nebenfolgen, die zu einer Geldzahlung verpflichten, gelten die §§ 459, 459a, 459c Abs. 1 und 2 und § 459d StPO entsprechend, vgl. § 459g Abs. 2 StPO.

§ 92
Vollstreckungsbehörde

Vollstreckungsbehörde im Sinne der nachfolgenden Vorschriften dieses Abschnitts ist in den Fällen des § 90 die Verwaltungsbehörde, die den Bußgeldbescheid erlassen hat, sonst die Stelle, der nach § 91 die Vollstreckung obliegt.

Erläuterungen

Vollstreckungsbehörde im Sinne der §§ 93 ff. OWiG ist in den Fällen des § 90 OWiG (behördliche Bußgeldbescheide) die Verwaltungsbehörde, die den Bußgeldbescheid erlassen hat. Im Übrigen (gerichtliche Bußgeldentscheidungen, § 91 OWiG) ist Vollstreckungsbehörde diejenige Stelle, der nach § 91 OWiG die Vollstreckung obliegt. Die jeweils zuständige Vollstreckungsbehörde hat die erforderlichen Anordnungen zu treffen und übt die Verfahrensherrschaft im Vollstreckungsverfahren aus.

§ 93
Zahlungserleichterungen

(1) Nach Rechtskraft der Bußgeldentscheidung entscheidet über die Bewilligung von Zahlungserleichterungen (§ 18) die Vollstreckungsbehörde.

(2) Die Vollstreckungsbehörde kann eine Entscheidung über Zahlungserleichterungen nach Absatz 1 oder nach § 18 nachträglich ändern oder aufheben. Dabei darf sie von einer vorausgegangenen Entscheidung zum Nachteil des Betroffenen nur auf Grund neuer Tatsachen oder Beweismittel abweichen.

(3) Für Entscheidungen über Zahlungserleichterungen gilt § 66 Abs. 2 Nr. 2 und 3 sinngemäß. Die Entscheidung erstreckt sich auch auf die Kosten des Verfahrens; sie kann auch allein hinsichtlich der Kosten getroffen werden.

(4) Entfällt die Vergünstigung nach § 18 Satz 2, die Geldbuße in bestimmten Teilbeträgen zu zahlen, so wird dies in den Akten vermerkt. Die Vollstreckungsbehörde kann dem Betroffenen erneut eine Zahlungserleichterung bewilligen.

Erläuterungen

Übersicht

Vorbemerkung

§ 93 OWiG regelt die Bewilligung von Zahlungserleichterungen (Ratenzahlung und Stundung) nach Eintritt der Rechtskraft. Die Vorschrift bezieht sich auf Bußgeldbescheide sowie auf gerichtliche Bußgeldentscheidungen. Im Allgemeinen wird durch die Bewilligung von Zahlungserleichterungen der Bußgeldausspruch in seinem Kern nicht angetastet, vgl. BT-Drs. V/1269 S. 116.

1. Zuständigkeit der Vollstreckungsbehörde

Bis zur Rechtskraft der Bußgeldentscheidung ist die Stelle, die in der Sache zu entscheiden hat, für die Bewilligung von Zahlungserleichterungen zuständig, vgl. *Mitsch* in Karlsruher Kommentar, OWiG, 5. Aufl., § 93 Rdnr. 1.

Die inhaltlichen Voraussetzungen für die Bewilligung von Zahlungserleichterungen sind in § 18 OWiG geregelt. Sofern dem Betroffenen nach seinen wirtschaftlichen Verhältnissen nicht zumutbar ist, die Geldbuße sofort zu zahlen, wird ihm Stundung bzw. Zahlung in Teilbeträgen bewilligt. Unzumutbarkeit im Sinne des § 18 Satz 1 OWiG liegt dann vor, wenn der Betroffene die Geldbuße nicht aus seinen Rücklagen begleichen kann und auch eine Zahlung aus den laufenden Einkünften angesichts seiner sonstigen Verpflichtungen zum Lebensunterhalt für sich und seine Familie nicht auf einmal möglich ist.

Nach Rechtskraft der Bußgeldentscheidung entscheidet die Vollstreckungsbehörde (§ 92 OWiG) – nicht die Vollzugsbehörde – über die Bewilligung von Zahlungserleichterungen, § 93 Abs. 1 OWiG. Ein Antrag des Betroffenen ist nicht erforderlich, wenngleich dies die Regel sein wird. Die Bewilligung der Zahlungserleichterung ist vielmehr von Amts wegen zu treffen. Dass bis zur Rechtskraft der Bußgeldentscheidung noch nicht über eine Zahlungserleichterung entschieden worden ist, ist im Rahmen der Zuständigkeit der Vollstreckungsbehörde unerheblich.

Die Bewilligung von Zahlungserleichterungen ist in vielen Fällen erforderlich, da die Zahlung der Geldbuße nicht erzwungen werden kann, wenn die Vollstreckungsbehörde erkennt, dass dem Betroffenen die sofortige Zahlung (derzeit) nicht zugemutet werden kann. Nur auf diese Weise kann die Vollstreckungsbehörde den Grundsatz der Verhältnismäßigkeit beachten, vgl. BT-Drs. V/1269 S. 116, der den Aufschub der Vollstreckung jedenfalls für einen kurzen Zeitraum gebieten kann.

2. Zulässigkeit einer nachträglichen Änderung oder Aufhebung

Die Vollstreckungsbehörde kann eine Entscheidung über Zahlungserleichterungen nach § 93 Abs. 1 OWiG (gemeint ist die eigene Entscheidung der Vollstreckungsbehörde) oder nach § 18 OWiG (hier ist die Entscheidung gemeint, die vor Eintritt der Rechtskraft bereits im Bußgeldverfahren gewährt wurde) nachträglich ändern oder aufheben, § 93 Abs. 2 Satz 1 OWiG.

Dabei darf sie von einer vorausgegangenen Entscheidung zum Nachteil des Betroffenen nur aufgrund neuer Tatsachen oder Beweismittel abweichen. Gem. § 93 Abs. 2 Satz 2 OWiG müssen solche Tatsachen oder Beweismittel vorliegen, die der Behörde im Rahmen der früher gewährten Zahlungsvergünstigung noch nicht bekannt waren. Unerheblich ist, ob die Tatsachen oder Beweismittel hätten bekannt sein können, vgl. *Seitz/Bauer* in Göhler, OWiG, 18. Aufl., § 93 Rdnr. 3.

Zu Gunsten des Betroffenen sind die besonderen Voraussetzungen des § 93 Abs. 2 Satz 2 OWiG nicht zu beachten.

Die Vollstreckungsbehörde kann von der Möglichkeit der Änderung oder Aufhebung auch dann Gebrauch machen, wenn die Zahlungserleichterung bereits vor Rechtskraft bewilligt oder abgelehnt wurde. Der Wortlaut des § 93 Abs. 2 Satz 1 OWiG („kann") lässt erkennen, dass es sich um eine Ermessensnorm handelt. Änderungen und Aufhebungen sind sowohl bezüglich der Stundung als auch bezüglich der Ratenzahlung möglich. So kann die Vollstreckungsbehörde auch die Verfallsklausel i. S. des § 18 Satz 2 OWiG jederzeit ändern bzw. aufheben. Auch wiederholte Änderungen sind zulässig; der Sanktionscharakter der Geldbuße darf allerdings nicht verloren gehen, vgl. *Seitz/Bauer* in Göhler, OWiG, 18. Aufl., § 93 Rdnr. 2. Die Änderung resp. Aufhebung kann auf Antrag oder von Amts wegen vorgenommen werden, vgl. Lemke/Mosbacher, OWiG, 2. Aufl., § 93 Rdnr. 4.

3. Sinngemäße Anwendung des § 66 Abs. 2 Nr. 2 und 3 OWiG

Mit der Bewilligung einer Zahlungserleichterung ändert sich der Zeitpunkt, der in der ursprünglichen Aufforderung an den Betroffenen zur Zahlung oder im Falle der Zahlungsunfähigkeit zur Darlegung seiner wirtschaftlichen Verhältnisse genannt wird, vgl. BT-Drs. V/1269 S. 116. § 93 Abs. 3 Satz 1 OWiG erklärt daher § 66 Abs. 2 Nr. 2 und 3 OWiG für sinngemäß anwendbar. Insofern muss im Falle der Bewilligung einer Zahlungserleichterung nochmals über eine mögliche Erzwingungshaft für den Fall der Nichtzahlung belehrt sowie erneut zur Zahlung unter den geänderten Bedingungen aufgefordert werden.

4. Anwendungsbereich des § 93 OWiG

§ 93 Abs. 3 Satz 2 HS 1 OWiG stellt klar, dass sich die Entscheidung i. S. des § 93 Abs. 1 OWiG auch auf die Kosten des Verfahrens erstreckt. Es erfolgt daher aus Gründen der Zweckmäßigkeit eine einheitliche Entscheidung über die Bewilligung der Zahlungsvergünstigungen. Die Entscheidung kann aber auch allein hinsichtlich der Kosten getroffen werden, vgl. § 93 Abs. 3 Satz 2 HS 2 OWiG. Von der Möglichkeit einer isolierten Zahlungsvergünstigung bzgl. der Kosten kann die Vollstreckungsbehörde z. B. Gebrauch machen, wenn die Geldbuße nicht mehr zu vollstrecken ist und die Vollstreckungsvoraussetzungen nur noch hinsichtlich der Kosten vorliegen. Erforderlich ist aber stets, dass die Kosten im Zusammenhang mit einer Bußgeldentscheidung stehen. Bei einer Kostenentscheidung nach § 25a StVG kann daher § 93 Abs. 3 Satz 2 HS 2 OWiG nicht angewendet werden.

§ 93 OWiG findet darüber hinaus auch für Nebenfolgen, die zu einer Geldzahlung verpflichten, Anwendung. Dies kann § 99 Abs. 1 OWiG entnommen werden, der für die Vollstreckung von Nebenfolgen, die zu einer Geldzahlung verpflichten, die §§ 93 und 95 OWiG für sinngemäß anwendbar erklärt. Der Anwendungsbereich des § 93 OWiG ist daher weiter als der des § 18 OWiG.

5. Wegfall der Vergünstigung nach § 18 Satz 2 OWiG

Gem. § 18 Satz 2 OWiG kann angeordnet werden, dass die Vergünstigung, die Geldbuße in bestimmten Teilbeträgen zu zahlen, automatisch, d. h. ohne aufhebende Entscheidung, entfällt, wenn der Betroffene einen Teilbetrag nicht rechtzeitig zahlt. Im Falle, dass eine Zahlungsvergünstigung mit einer solchen Verfallsklausel versehen war und die Voraussetzungen der Verfallsklausel vorliegen, wird dies in den Akten vermerkt. Der Aktenvermerk ist ein rein interner Vorgang und mangels Außenwirkung nicht anfechtbar, vgl. Lemke/Mosbacher, OWiG, 2. Aufl., § 93 Rdnr. 9. Er soll lediglich dokumentieren, dass die Behörde vor Einleitung oder Fortsetzung des Vollstreckungsverfahrens die Voraussetzungen des § 18 Satz 2 OWiG geprüft hat, vgl. *Seitz/Bauer* in Göhler, OWiG, 18. Aufl., § 93 Rdnr. 6.

Gem. § 93 Abs. 4 Satz 2 OWiG kann die Vollstreckungsbehörde dem Betroffenen erneut eine Zahlungserleichterung bewilligen. Dieser Regelung kann entnommen werden, dass es auf ein Verschulden im Rahmen der Verfallsklausel nicht ankommt. Ob der Betroffene daher nachträglich die Unpünktlichkeit seiner Ratenzahlung entschuldigt, ist unerheblich.

6. Rechtsschutz

Über Einwendungen gegen die Ablehnung von Zahlungserleichterungen entscheidet das Gericht, § 103 Abs. 1 Nr. 2 OWiG. Gleiches gilt für Änderungen und Aufhebungen i. S. des § 93 Abs. 2 OWiG.

§ 94
Verrechnung von Teilbeträgen

Teilbeträge werden, wenn der Betroffene bei der Zahlung keine Bestimmung trifft, zunächst auf die Geldbuße, dann auf die etwa angeordneten Nebenfolgen, die zu einer Geldzahlung verpflichten, und zuletzt auf die Kosten des Verfahrens angerechnet.

Erläuterungen

Übersicht

Vorbemerkung

§ 94 OWiG regelt, in welcher Reihenfolge gezahlte Teilbeträge verrechnet werden, sofern der Betroffene bei der Zahlung keine Bestimmung trifft. Die Norm geht davon aus, dass aufgrund einer Bußgeldentscheidung mehrere Geldleistungen (Geldbuße, Nebenfolge, Kosten) zu erbringen sind. § 94 OWiG ist § 459b StPO nachgebildet.

1. Vorrangiges Bestimmungsrecht des Betroffenen

Zahlt der Betroffene in Teilbeträgen, so kann er bestimmen, ob seine Teilzahlung auf die Geldbuße, Nebenfolge oder auf die Kosten angerechnet werden soll. Eine besondere Form sieht das Gesetz in Bezug auf die Tilgungsbestimmung nicht vor. Sie kann auch durch einen Bevollmächtigten getroffen werden, vgl. *Seitz/Bauer* in Göhler, OWiG, 18. Aufl., § 94 Rdnr. 1. Erforderlich ist, dass die Bestimmung bei Zahlung oder vorher vorliegt. Eine Tilgungsbestimmung kann nachträglich nicht wirksam ausgesprochen werden.

Die Tilgungsbestimmung muss nicht ausdrücklich erklärt werden. Insofern ist auch eine konkludente Tilgungsbestimmung möglich. Beispiel: Zahlt der Betroffene einen Betrag ein, der exakt mit der Kostenschuld übereinstimmt, ist davon auszugehen, dass der Betroffene mit der Zahlung auf diese Schuld leisten wollte.

2. Nachrangige gesetzliche Festlegung

Nur für den Fall, dass der Betroffene von seinem Bestimmungsrecht keinen Gebrauch macht, tritt die gesetzliche Tilgungsreihenfolge des § 94 OWiG ein. Das Gesetzt geht von einer vorrangigen Anrechnung auf die Geldbuße aus, da nur hier im Falle der Nichtzahlung die Anordnung der Erzwingungshaft droht. Die Reihenfolge der Anrechnung ist so bestimmt, dass die für den Betroffenen nachteiligeren Folgen zunächst beseitigt werden, vgl. BT-Drs. V/1269 S. 117.

Die Vollstreckungsbehörde kann im Rahmen der Bewilligung einer Zahlungserleichterung i. S. des § 93 OWiG keine von § 94 OWiG abweichende Bestimmung treffen.

3. Mehrere Bußgeldentscheidungen

Für den Fall, dass der Betroffene aufgrund mehrerer Bußgeldentscheidungen mehrere Geldbußen zu entrichten hat, ist die Vollstreckungsbehörde befugt, Teilzahlungen auf diejenige Geldbuße zu verrechnen, die am ehesten verjährt, sofern keine Tilgungsbestimmung i. S. des § 94 OWiG vorliegt, vgl. *Mitsch,* Karlsruher Kommentar, OWiG, 5. Aufl., § 94 Rdnr. 4. Zur Begründung dieser Ansicht kann der Rechtsgedanke des § 366 Abs. 2

BGB herangezogen werden. Erst wenn alle Geldbußen entrichtet worden sind, ist eine Verrechnung der Teilbeträge mit den Kosten zulässig.

4. Mehrere Nebenfolgen, die zu einer Geldzahlung verpflichten

Auch hier greift der Grundsatz, dass zunächst eine Verrechnung mit der Nebenfolge erfolgt, die für den Betroffenen nachteiliger ist.

5. Geldstrafe und Geldbuße

Wird in einem Strafverfahren neben der Geldstrafe auch eine Geldbuße verhängt, sind Teilzahlungen zuerst auf die Geldstrafe anzurechnen, sofern keine Tilgungsbestimmung des Betroffenen vorliegt, vgl. Lemke/Mosbacher, OWiG, 2. Aufl., § 94 Rdnr. 5.

§ 95
Beitreibung der Geldbuße

(1) Die Geldbuße oder der Teilbetrag einer Geldbuße wird vor Ablauf von zwei Wochen nach Eintritt der Fälligkeit nur beigetrieben, wenn auf Grund bestimmter Tatsachen erkennbar ist, dass sich der Betroffene der Zahlung entziehen will.

(2) Ergibt sich, dass dem Betroffenen nach seinen wirtschaftlichen Verhältnissen die Zahlung in absehbarer Zeit nicht möglich ist, so kann die Vollstreckungsbehörde anordnen, dass die Vollstreckung unterbleibt.

Erläuterungen

Übersicht

Vorbemerkung

§ 95 OWiG regelt in Absatz 1 in Ergänzung zu § 89 OWiG (Vollstreckbarkeit der Bußgeldentscheidungen) abschließend die Voraussetzungen der zwangsweisen Beitreibung. Die Geldbuße soll vor Ablauf von zwei Wochen nach Eintritt der Fälligkeit nur beigetrieben werden, wenn aufgrund bestimmter Tatsachen erkennbar ist, dass sich der Betroffene der Zahlung entziehen will. In diesem Fall entfällt die Grundlage für die Schonfrist, vgl. BT-Drs. V/1269 S. 117.

Der Betroffene ist auf die Schonfrist hinzuweisen, vgl. § 66 Abs. 2 Nr. 2 Buchst. a) OWiG für den Bußgeldbescheid. Bei gerichtlichen Entscheidungen wird der Betroffene in den entsprechenden Zahlungsaufforderungen auf die Schonfrist hingewiesen.

Die Vollstreckungsbehörde – nicht die Vollzugsbehörde – kann unter den in § 95 Abs. 2 OWiG genannten Umständen von der Vollstreckung absehen.

§ 95 OWiG ist angelehnt an § 459c StPO (Beitreibung der Geldstrafe). § 95 OWiG findet entgegen dem Wortlaut umfassend Anwendung für

- die Beitreibung der Geldbuße;
- die Beitreibung der Kosten;
- die Vollstreckung der Nebenfolge, sofern diese zu einer Geldzahlung verpflichtet, vgl. § 99 Abs. 1 OWiG;

– für die Vollstreckung gegen eine juristische Person oder Personenvereinigung;

vgl. *Mitsch* in Karlsruher Kommentar, OWiG, 5. Aufl., § 95 Rdnr. 1. Umfasst sind von der Vorschrift des § 95 OWiG sowohl die Bußgeldbescheide der Verwaltungsbehörde als auch die gerichtlichen Bußgeldentscheidungen. § 95 OWiG betrifft aber stets nur die zwangsweise Geltendmachung von Geldansprüchen.

1. Voraussetzungen der Beitreibung

Mit der zwangsweisen Beitreibung, d. h. mit dem Ergreifen von Vollstreckungsmaßnahmen im Falle der Nichtzahlung, darf grundsätzlich erst mit Ablauf der Schonfrist begonnen werden, vgl. § 95 Abs. 1 OWiG. Dem Betroffenen soll die Gelegenheit gegeben werden, sich die erforderlichen Geldmittel zu besorgen. Ggf. kann der Betroffene während des Laufs der Schonfrist bei der Vollstreckungsbehörde einen Antrag auf Gewährung von Zahlungserleichterungen, § 93 OWiG, stellen oder seine Zahlungsunfähigkeit, vgl. § 66 Abs. 2 Nr. 2 Buchst. b) OWiG, darlegen. Ein Verstoß gegen die Schonfrist führt zur Unwirksamkeit der Vollstreckungsmaßnahme. Mit Ablauf der Schonfrist kann der Mangel jedoch mit Wirkung für die Zukunft (ex nunc) geheilt werden. Rechte Dritter, die in der Zwischenzeit begründet worden sind, bleiben bestehen, vgl. *Mitsch* in Karlsruher Kommentar, OWiG, 5. Aufl., § 95 Rdnr. 7.

Die Schonfrist, die ein Beitreibungsverbot begründet, beginnt mit Fälligkeit des staatlichen Anspruchs auf die Geldbuße resp. Nebenfolge, die zu einer Geldzahlung verpflichtet. Fälligkeit liegt grundsätzlich mit Eintritt der Rechtskraft der Bußgeldentscheidung vor. Bei der Berechnung des Schonfristablaufs gem. §§ 186 ff. BGB sind bewilligte Zahlungserleichterungen (§§ 18, 93 OWiG) zu berücksichtigen. Die Fälligkeit bestimmt sich hier nach den zuletzt festgesetzten Zahlungsterminen. Zu beachten ist im Rahmen der Zahlungserleichterungen ferner Folgendes: Beim Widerruf einer Zahlungserleichterung wird der gesamte noch geschuldete Restbetrag sofort fällig. Gleiches gilt im Falle der Anwendung der sog. Verfallsklausel nach § 18 Satz 2 OWiG. In beiden Fällen ist die Schonfrist des Absatz 1 anzuwenden.

Vor der Einleitung der Zwangsvollstreckung ist eine Mahnung nicht erforderlich, vgl. Vorbemerkung zu § 90 OWiG.

2. Nichtbeachtung der Schonfrist – Vorzeitige Beitreibung

Die Vollstreckungsbehörde ist berechtigt, auch vor Ablauf der Schonfrist die Zwangsvollstreckung zu betreiben, wenn aufgrund bestimmter Tatsachen erkennbar ist, dass sich der Betroffene der Zahlung entziehen will. Tatsache in diesem Sinne ist nur, was als konkreter Gegenstand der Umwelt in Erscheinung tritt. Folglich scheiden subjektive Vermutungen und Befürchtungen als Grundlage der vorzeitigen Beitreibung aus. Selbst ein hoher Verdachtsgrad sowie Säumigkeit gegenüber anderen Schuldnern reichen nicht aus, vgl. *Seitz/Bauer* in *Göhler*, OWiG, 18. Aufl., § 95 Rdnr. 2. Anerkannte Tatsachen sind beispielsweise: Wesentliche Vermögensverschiebungen auf Dritte oder ins Ausland, häufiger Wohnungs- und Arbeitsplatzwechsel zur Verhinderung von Pfändungen, vgl. *Seitz/Bauer* in Göhler, OWiG, 18. Aufl., § 95 Rdnr. 2. Hat der Betroffene bereits mehrfach erfolglose Stundungsgesuche gestellt bzw. bewilligte Zahlungsfristen nicht eingehalten, kann dies ebenfalls auf den Willen des Betroffenen hindeuten, sich der Vollstreckung entziehen zu wollen, Beispiel nach *Mitsch* in Karlsruher Kommentar, OWiG, 5. Aufl., § 95 Rdnr. 8.

3. Stundungsgesuche innerhalb der Schonfrist

Stellt der Betroffene innerhalb der Schonfrist einen Antrag auf Stundung der Geldbuße (Zahlungserleichterung i. S. des § 93 OWiG), so ist über diesen Antrag grundsätzlich vorrangig zu entscheiden, vgl. Lemke/Mosbacher, OWiG, 2. Aufl., § 95 Rdnr. 5. Nur ein Stundungsantrag, der erst nach Ablauf der Schonfrist gestellt wird, steht der zwangsweisen

Beitreibung nicht entgegen, vgl. *Mitsch* in Karlsruher Kommentar, OWiG, 5. Aufl., § 95 Rdnr. 8.

Unter bestimmten Voraussetzungen, s. Erl. 2 zu § 95 OWiG, kann innerhalb der Schonfrist die sofortige Vollstreckung zulässig sein, obwohl ein Antrag auf Stundung bei der Vollstreckungsbehörde eingegangen ist.

4. Niederschlagung der Vollstreckung

Es besteht eine Pflicht zur Vollstreckung, solange nicht ein von Amts wegen zu beachtendes Vollstreckungshindernis vorliegt, vgl. Erl. 1 zu § 89 OWiG. Gem. § 95 Abs. 2 OWiG ordnet die Vollstreckungsbehörde gleichwohl an, dass die Vollstreckung unterbleibt, sofern dem Betroffenen nach seinen wirtschaftlichen Verhältnissen die Zahlung in absehbarer Zeit nicht möglich ist. Dadurch soll unnötiger Verwaltungsaufwand (wiederholte Bewilligung von Zahlungserleichterungen, Prüfung der Vermögensverhältnisse, Ausschöpfung sämtlicher Vollstreckungsmaßnahmen etc.) vermieden werden.

Unter Unmöglichkeit der Zahlung i. S. des § 95 Abs. 2 OWiG ist langfristige Zahlungsunfähigkeit zu verstehen. Von einer solchen langfristigen Zahlungsunfähigkeit ist erst dann auszugehen, wenn der Betroffene in finanzieller Hinsicht sämtliche ihm zur Verfügung stehenden Möglichkeiten erfolglos ausgeschöpft hat und in naher Zukunft keine Besserung der finanziellen Lage zu erwarten ist. Entscheidend ist eine möglichst objektiv feststellbare Unmöglichkeit der Zahlung in absehbarer Zeit, vgl. Lemke/Mosbacher, OWiG, 2. Aufl., § 95 Rdnr. 8.

Dem Betroffenen ist es zuzumuten, einen Kredit oder eine Arbeit aufzunehmen oder wertvolle Gegenstände zu verkaufen resp. zu verpfänden, um auf diese Weise an Bargeld zu gelangen. Lang andauernde Arbeitslosigkeit in Verbindung mit einem Sozialhilfebezug indizieren die Vermögenslosigkeit. In der Praxis wird eine Niederschlagung erst dann angenommen werden können, wenn erste Vollstreckungsmaßnahmen gescheitert sind oder bereits Vermögensverzeichnisse resp. eidesstattliche Versicherungen des Betroffenen vorliegen, welche die langfristige Zahlungsunfähigkeit bestätigen.

Eine Niederschlagung der Vollstreckung bedeutet nicht, dass die Vollstreckungsbehörde auf die Beitreibung dauerhaft verzichtet oder die spätere erneute Beitreibung unzulässig wäre. Das Verfahren kann jederzeit wieder aufgenommen werden, sofern sich die finanzielle Lage des Betroffenen gebessert hat und mithin die Voraussetzungen für die Niederschlagung nicht mehr vorliegen. Nach der Niederschlagung der Vollstreckung ist die Vollstreckungsbehörde berechtigt, die wirtschaftliche Lage des Betroffenen von Zeit zu Zeit zu prüfen.

Eine rechtskräftig festgesetzte Geldbuße darf nach Ablauf der Verjährungsfrist nicht mehr vollstreckt werden, vgl. § 34 Abs. 1 OWiG. Durch die Niederschlagung des Vollstreckungsverfahrens wird die Verjährungsfrist nicht gehemmt.

Die Niederschlagung muss dem Betroffenen nur dann formlos bekanntgegeben werden, wenn ein Antrag auf Erlass der Anordnung vorliegt. Ergeht die Niederschlagung von Amts wegen, findet § 50 Abs. 1 Satz 1 OWiG keine Anwendung.

Eine Anfechtung der Niederschlagung ist nicht möglich. Es handelt sich um eine reine innerdienstliche Anordnung.

§ 96

Anordnung von Erzwingungshaft

(1) Nach Ablauf der in § 95 Abs. 1 bestimmten Frist kann das Gericht auf Antrag der Vollstreckungsbehörde oder, wenn ihm selbst die Vollstreckung obliegt, von Amts wegen Erzwingungshaft anordnen, wenn

1. die Geldbuße oder der bestimmte Teilbetrag einer Geldbuße nicht gezahlt ist,

2. der Betroffene seine Zahlungsunfähigkeit nicht dargetan hat (§ 66 Abs. 2 Nr. 2 Buchstabe b)

3. er nach § 66 Abs. 2 Nr. 3 belehrt ist und

4. keine Umstände bekannt sind, welche seine Zahlungsunfähigkeit ergeben.

(2) Ergibt sich, dass dem Betroffenen nach seinen wirtschaftlichen Verhältnissen nicht zuzumuten ist, den zu zahlenden Betrag der Geldbuße sofort zu entrichten, so bewilligt das Gericht eine Zahlungserleichterung oder überlässt die Entscheidung darüber der Vollstreckungsbehörde. Eine bereits ergangene Anordnung der Erzwingungshaft wird aufgehoben.

(3) Die Dauer der Erzwingungshaft wegen einer Geldbuße darf sechs Wochen, wegen mehrerer in einer Bußgeldentscheidung festgesetzter Geldbußen drei Monate nicht übersteigen. Sie wird, auch unter Berücksichtigung des zu zahlenden Betrages der Geldbuße, nach Tagen bemessen und kann nachträglich nicht verlängert, jedoch abgekürzt werden. Wegen desselben Betrages darf die Erzwingungshaft nicht wiederholt werden.

Erläuterungen

Übersicht

Vorbemerkung

Die Erzwingungshaft soll nach ihrer in § 96 OWiG niedergelegten gesetzgeberischen Intention gegen Betroffene angeordnet werden, die zwar zahlungsfähig, aber nicht zahlungswillig sind. Sie richtet sich gegen den Betroffenen, der sich – obwohl zahlungsfähig – ohne ersichtlichen Grund weigert, eine rechtskräftig festgesetzte Geldbuße zu begleichen. Diese Intention hat der Gesetzgeber dadurch zum Ausdruck gebracht, dass die Erzwingungshaft gemäß § 96 Abs. 1 Nr. 2 und Nr. 4 OWiG nur zulässig ist, wenn der Betroffene seine Zahlungsunfähigkeit nicht dargetan hat und keine Umstände bekannt sind, welche seine Zahlungsunfähigkeit ergeben, vgl. VerfGH Berlin, Beschl. vom 26.10.2000 – 102/00.

Im Rahmen der Erzwingungshaft sind folgende Punkte zu beachten:

– Sie findet ausschließlich zur Durchsetzung einer Geldbuße Anwendung. Für Nebenfolgen, die zu einer Geldzahlung verpflichten, sowie für Verfahrenskosten kann die Erzwingungshaft nicht angewendet werden.

- Sie dient zur Beugung des Willens des Zahlungsunwilligen und besitzt keinen Strafcharakter. Der Betroffene soll durch die Erzwingungshaft dazu bewegt werden, entweder die Geldbuße zu bezahlen oder seine Zahlungsunfähigkeit darzutun.
- Sie ist keine Ersatzhaft. Die Vollstreckung der Erzwingungshaft mindert nicht den festgesetzten Geldbetrag. Die Zahlungsverpflichtung besteht trotz Haftvollstreckung fort.
- Sie wird ausschließlich vom Gericht angeordnet, denn über die Zulässigkeit und Fortdauer einer Freiheitsentziehung hat nur der Richter zu entscheiden, vgl. Art. 104 Abs. 2 Satz 1 GG.
- Das Gericht kann auf Antrag der Vollstreckungsbehörde oder von Amts wegen die Erzwingungshaft anordnen. Das Gericht prüft im Rahmen der Entscheidung lediglich die rechtlichen Voraussetzungen der Erzwingungshaft; es prüft nicht den in der Bußgeldentscheidung enthaltenden Schuldspruch.
- Antrag und Anordnung („kann anordnen") stehen im pflichtgemäßen Ermessen. Es gilt das Opportunitätsprinzip des § 47 OWiG.

Für die Ermessensentscheidung können nur vollstreckungsrechtliche Erwägungen maßgeblich sein, da die Erzwingungshaft kein ersatzweises Übel darstellt. Die Erzwingungshaft ist (lediglich) ein Beugemittel zur Durchsetzung der dem Betroffenen obliegenden Verpflichtung, vgl. BT-Drs. V/1269 S. 117. Insofern hat die Vollstreckungsbehörde abzuwägen, ob das Ziel der Vollstreckung einfacher und rascher im Wege der zwangsweisen Beitreibung oder im Wege der Erzwingungshaft erreicht werden kann.

Da die beiden Verfahren grundsätzlich nebeneinander stehen, ist es auch zulässig, die Vollstreckung einzuleiten und daneben einen Antrag auf Anordnung der Erzwingungshaft zu stellen, vgl. BT-Drs. V/1269 S. 117. Es ist nicht zwingend erforderlich, dass dem Verfahren zur Anordnung der Erzwingungshaft ein Beitreibungsversuch vorausgehen muss. Umgekehrt muss nicht jedes erfolglose Vollstreckungsverfahren immer zur Anordnung der Erzwingungshaft führen.

Unter Beachtung des Verhältnismäßigkeitsgrundsatzes ist jedoch regelmäßig – insbesondere bei geringen Geldbußen – zu verlangen, dass zunächst die Vollstreckung eingeleitet und möglichst ausgeschöpft wird und erst anschließend die Erzwingungshaft beantragt wird. Die Vollstreckung ist im Allgemeinen für den Betroffenen weniger belastend. Anders stellt sich die Situation nur dann dar, wenn im Vorfeld bereits Vollstreckungsversuche ins Leere gelaufen sind oder die Vollstreckung mit hoher Wahrscheinlichkeit nicht zielführend ist.

Bei absolut geringwertigen Bußgeldern ist es nicht ausreichend, einen Betroffenen nur schriftlich zur Zahlung aufzufordern oder Vollstreckungsversuche einzig dadurch durchzuführen, dass der Wohnort des Betroffenen zu üblichen Arbeitszeiten aufgesucht und festgestellt wird, dass der Betroffene nicht angetroffen werden kann. Wird gleichwohl Erzwingungshaft angeordnet, dürfte das Übermaßverbot verletzt sein. Eine Erzwingungshaftanordnung bei einer zu zahlenden Geldbuße von 5,- Euro verstößt grundsätzlich gegen das Übermaßverbot, vgl. AG Lüdinghausen, Beschl. vom 12.7.2005 – 10 OWi 22/05 –.

Die Vollstreckungsbehörde hat stets zu beachten, dass eine Anordnung der Erzwingungshaft immer dann ausscheidet, wenn die vergeblichen Vollstreckungsversuche zeigen, dass der Betroffene zahlungsunfähig ist und mithin die Voraussetzung des § 96 Abs. 1 Nr. 4 OWiG nicht mehr vorliegt.

Auch das Gericht ist nicht verpflichtet, Erzwingungshaft anzuordnen, wenn die Voraussetzungen des § 96 Abs. 1 OWiG vorliegen. Es entscheidet nach pflichtgemäßem Ermessen unter Beachtung des Verhältnismäßigkeitsgrundsatzes, vgl. *Mitsch* in Karlsruher Kommentar, OWiG, 5. Aufl., § 96 Rdnr. 21. Das Vorliegen der vollstreckungsrechtlichen Voraussetzungen stellt daher erst die Grundlage des richterlichen Entscheidungsprozesses dar. Daher verbietet es sich, Erzwingungshaft allein deswegen anzuordnen, weil die vollstreckungsrechtlichen Voraussetzungen vorliegen. Das Gericht hat vielmehr zu prüfen, ob außerhalb rein vollstreckungsrechtlicher Erwägungen andere Umstände hinzutreten, die gegen die Anordnung der Erzwingungshaft sprechen, vgl. AG Bergheim, Beschl. vom 26.5.2006 – 48 OWi 285/06.

- Die Erzwingungshaft kann auch im Rahmen der Vollstreckung einer Geldbuße gegen eine juristische Person oder Personenvereinigung eingesetzt werden, vgl. § 99 Abs. 1 OWiG.
- Die Erzwingungshaft ist auch gegen Jugendliche und Heranwachsende zulässig. In der Praxis wird die Erzwingungshaft jedoch kaum anzuwenden sein, da sie aus Gründen der Erziehung meist nicht angebracht ist, vgl. Erl. zu § 98 OWiG.
- Vor der Anordnung muss der Betroffene angehört werden, § 104 Abs. 2 Satz 1 OWiG.
- Die Erzwingungshaft ist verfassungskonform.

Das BVerfG hat in seiner Entsch. vom 9.11.1976 – 2 BvL 1/76 –, BVerfGE 43, 101 – 108, bereits festgestellt, dass [...] diese Regelung, wonach die Erzwingungshaft auch wegen einer Geldbuße in geringer Höhe angeordnet werden kann und wonach die Vollstreckung der Erzwingungshaft nicht von der Pflicht zur Zahlung der Geldbuße befreit, mit dem Grundgesetz vereinbar ist. Auch der Grundsatz der Verhältnismäßigkeit verbiete nicht generell die Erzwingungshaft wegen geringer Geldbußen. Der Gesetzgeber habe insoweit den Grundsatz der Verhältnismäßigkeit zum Schutze des Betroffenen in verschiedener Weise ausdrücklich konkretisiert. Darüber hinaus stehe die Anordnung der Erzwingungshaft im Ermessen des Gerichts, so dass dieses bei der Auslegung und Anwendung der Norm über die einzelnen gesetzlichen Festlegungen hinaus dem Verhältnismäßigkeitsgrundsatz Rechnung tragen könne.

1. Voraussetzungen der Erzwingungshaft

Für eine rechtmäßige Anordnung der Erzwingungshaft müssen u. a. folgende Voraussetzungen vorliegen:

1.1 Rechtskraft der Entscheidung

Bußgeldentscheidungen sind nur vollstreckbar, wenn sie rechtskräftig geworden sind, § 89 OWiG.

1.2 Fehlen von Vollstreckungshindernissen

Liegt ein Vollstreckungshindernis vor, darf die Erzwingungshaft nicht angeordnet werden.

1.3 Ablauf der Schonfrist, § 95 Abs. 1 OWiG

Während der Schonfrist besteht grundsätzlich ein Beitreibungsverbot. Der Ausnahmetatbestand des § 95 Abs. 1 OWiG (Vorzeitige Vollstreckung vor Ablauf der Schonfrist, vgl. Erl. 2 zu § 95 OWiG) findet im Rahmen der Erzwingungshaft keine Anwendung.

1.4 Fälligkeit

Die weiterhin bestehende Fälligkeit der Geldbuße oder des bestimmten Teilbetrages (keine bestehenden Zahlungserleichterungen) ist ebenfalls Voraussetzung.

1.5 Nichtzahlung, § 96 Abs. 1 Nr. 1 OWiG

Erzwingungshaft ist nur zulässig, wenn der Betroffene die Geldbuße oder den bestimmten Teilbetrag einer Geldbuße nicht zahlt.

Zahlt der Betroffene nach Ablauf der Schonfrist, so wird dadurch die nachfolgende Anordnung der Haft unzulässig, vgl. *Seitz/Bauer* in Göhler, OWiG, 18. Aufl., § 96 Rdnr. 9. Die Voraussetzung des § 96 Abs. 1 Nr. 1 OWiG liegt nicht mehr vor. Ein bereits ergangener Anordnungsbeschluss ist aufzuheben.

1.6 Nichtdarlegung der wirtschaftlichen Verhältnisse gem. § 96 Abs. 1 Nr. 2 OWiG

Gem. § 96 Abs. 1 Nr. 2 OWiG ist im Rahmen der Zulässigkeit der Erzwingungshaft erforderlich, dass der Betroffene seine Zahlungsunfähigkeit innerhalb der Schonfrist nicht dargetan hat, § 66 Abs. 2 Nr. 2 Buchst. b) OWiG. Wer zwar nicht zahlt, aber darlegt, warum ihm die fristgemäße Zahlung nach seinen wirtschaftlichen Verhältnissen nicht zuzumuten ist, ist nicht zahlungsunwillig. In diesem Fall ist die Anordnung der Erzwingungshaft unzulässig.

An die Annahme von Zahlungsunfähigkeit i. S. von § 96 Abs. 1 OWiG sind aufgrund der Mitwirkungsobliegenheit des Betroffenen besonders strenge Anforderungen zu stellen. Der Betroffene muss selbst bei Ausschöpfung aller ihm zur Verfügung stehenden Vermögens- und Erwerbsquellen unter Einschränkung seiner Lebenshaltung außerstande sein, die Geldbuße oder den bestimmten Teilbetrag der Geldbuße zahlen zu können.

Da das Gesetz in § 66 Abs. 2 Nr. 2 Buchst. b) OWiG auf die Zumutbarkeit der Zahlung abstellt, ist der Betroffene nicht schon dann zahlungsunfähig, wenn er nicht über genügend Zahlungsmittel verfügt, um die Geldbuße fristgerecht zu begleichen. Vielmehr kann eine Zahlungsunfähigkeit erst dann bejaht werden, wenn der Betroffene den Mangel an Zahlungsmitteln auch nicht unter zumutbaren Bedingungen beseitigen kann. Der Betroffene muss ihm zumutbare Möglichkeiten, erreichbare finanzielle Mittel heranzuziehen, ausschöpfen, etwa durch Veräußerung oder Verpfändung von Gegenständen, Kreditaufnahme, Einsatz der Arbeitskraft oder Einschränkung der Lebenshaltung, vgl. LG Berlin, Beschl. vom 15.1.2007 – 504 Qs 7/07 –. Der Bezug von Sozialhilfe indiziert die Unmöglichkeit der Zahlung bei höheren Geldbußen, sofern der Betroffene am unteren Level des Existenzminimums lebt. Der Halter eines Pkw wird in der Regel aber über die Mittel verfügen, die Geldbuße im Rahmen einer Verkehrsordnungswidrigkeit bezahlen zu können.

Bei geringen Geldbußen ist grundsätzlich auch Empfängern von Sozialleistungen und Personen, die an der Grenze zum wirtschaftlichen Existenzminimum leben, eine Zahlung möglich. Denn auch einkommensschwachen und unpfändbaren Personen ist es grundsätzlich zuzumuten, eine geringe Geldbuße zu bezahlen, da sie sich ansonsten über bußgeldbewehrte Pflichten hinwegsetzen und risikolos Verkehrsverstöße begehen könnten (vgl. LG Münster, NStZ 2005 S. 711).

Ob die Eröffnung eines Insolvenzverfahrens ein zur Zahlungsunfähigkeit i. S. von § 96 OWiG führender Umstand ist, bemisst sich nach den Umständen des Einzelfalls. Die Vollstreckungsbehörde ist im Rahmen des ihr zustehenden Vollstreckungsermessens jedenfalls auch im Falle der Eröffnung eines Insolvenzverfahrens über das Vermögen eines Betroffenen nicht gehindert, gem. § 96 OWiG Erzwingungshaft zu bewirken, falls dem Betroffenen die Zahlung der jeweiligen Geldbuße zugemutet werden kann.

Die Abgabe der eidesstattlichen Versicherung indiziert in der Regel – zumindest bei hohen Verbindlichkeiten des Betroffenen – die Zahlungsunfähigkeit. Entscheidend ist jedoch auch hier der Einzelfall.

Im Gegensatz zu § 95 Abs. 2 OWiG muss die Zahlungsunfähigkeit nicht langfristig vorliegen, vgl. Erl. 4 zu § 95 OWiG.

Der Betroffene muss im Rahmen des § 96 Abs. 1 Nr. 2 OWiG substantiiert, d. h. umfassend und ergiebig, zur Frage der Zahlungsunfähigkeit vortragen.

Im Verfahren auf Anordnung der Erzwingungshaft hat der Betroffene seine Zahlungsunfähigkeit somit nicht dargelegt, wenn

- er sie ohne hinreichenden Tatsachenvortrag lediglich behauptet, der Betroffene sich also auf unsubstantiierte Erklärungen beschränkt;
- er zwar substantiiert vorträgt, die Zahlungsunfähigkeit sich jedoch aus den vorgebrachten Tatsachen nicht schlüssig ergibt;

- er sich während der Schonfrist überhaupt nicht an die Vollstreckungsbehörde gewandt hat;

vgl. zum Ganzen: OLG Koblenz – 1 Ws 424/91 –, NStZ 1992 S. 194.

Für die Frage, welche Mitwirkungshandlungen erforderlich sind, ist auch auf die Person des Betroffenen und seine Situation abzustellen. Von einem Rechtsanwalt oder Steuerberater kann eine sachgerechte Mitwirkung bei der Darlegung einer Zahlungsunfähigkeit in weit höherem Maße erwartet werden, als von einem Betroffenen, der nach seiner Ausbildung und seinen Kenntnissen zur Erstellung ordnungsgemäßer Bilanzen und Vermögensübersichten sowie sachgerechten Glaubhaftmachungen nicht in der Lage ist, vgl. VerfGH Berlin, Beschl. vom 26.10.2000 – 102/00 –.

Für die Frage, in welchem Rahmen das Gericht verpflichtet ist, den Sachverhalt weiter aufzuklären, muss wie folgt unterschieden werden: Ist der Betroffene während der Schonfrist untätig geblieben oder hat er nur unsubstantiiert in Bezug auf seine Zahlungsunfähigkeit Auskunft gegeben, braucht das Gericht den Sachverhalt nicht weiter aufklären, vgl. OLG Koblenz, NStZ 1992 S. 194. Bekannte Umstände müssen jedoch stets berücksichtigt werden. Dem Betroffenen kann hier der Vorwurf unterbreitet werden, dass er seiner Mitwirkungspflicht nicht bzw. nicht hinreichend nachgekommen ist. Liegt hingegen ein substantiierter Vortrag zur Frage der Zahlungsunfähigkeit vor, muss das Gericht prüfen, ob die Angaben glaubhaft sind. Ist dies der Fall, so darf das Gericht die Erzwingungshaft nicht anordnen, da die Voraussetzung des § 96 Abs. 1 Nr. 2 OWiG nicht gegeben ist. Sind die Angaben jedoch nach Ansicht des Gerichts nicht glaubhaft und bezweifelt es die Angaben, so hat das Gericht den Sachverhalt vor Anordnung der Erzwingungshaft von Amts wegen weiter aufzuklären. Verbleiben Restzweifel, gehen diese nicht zu Lasten des Betroffenen, vgl. *Lemke/Mosbacher*, OWiG, 2. Aufl., § 96 Rdnr. 6, da der Betroffene seine Zahlungsunfähigkeit zumindest dargetan hat und er mithin seiner Mitwirkungspflicht nachgekommen ist. Dass sich die Richtigkeit seiner Darstellung nicht erwiesen hat, ist unerheblich.

1.7 Belehrung, § 96 Abs. 1 Nr. 3 OWiG

Der Betroffene muss nach § 66 Abs. 2 Nr. 3 OWiG belehrt worden sein, vgl. § 96 Abs. 1 Nr. 3 OWiG. Eine fehlende Belehrung kann im Verfahren nach § 96 OWiG nachgeholt werden.

1.8 Keine Zahlungsunfähigkeit nach § 96 Abs. 1 Nr. 4 OWiG

Liegen die Voraussetzungen der Nummern 1 bis 3 vor, kann das Gericht regelmäßig davon ausgehen, dass der Betroffene zahlungsfähig, aber nicht zahlungswillig ist, vgl. BT-Drs. V/1269 S. 117.

Nach § 96 Abs. 1 Nr. 4 OWiG dürfen keine Umstände für eine Zahlungsunfähigkeit des Betroffenen bekannt sein. Die durch bestimmte Tatsachen begründete Annahme, dass der Betroffene nicht zahlt, obwohl er es könnte, entfällt, wenn dem Gericht gegenteilige Umstände bekannt sind, vgl. BT-Drs. V/1269 S. 117.

Die in § 96 Abs. 1 Nr. 4 OWiG genannten Umstände können z. B. dem Akteninhalt entnommen oder durch eigene gerichtliche Prüfungen begründet werden. Relevant wird § 96 Abs. 1 Nr. 4 OWiG auch dann, wenn der Betroffene erst nach Ablauf der Schonfrist Stellung zu seinen Vermögensverhältnissen bezieht. Das Gericht hat den Sachvortrag dann zumindest im Rahmen des § 96 Abs. 1 Nr. 4 OWiG zu berücksichtigen. Zwischen § 96 Abs. 1 Nr. 2 und 4 OWiG besteht insofern ein Sachzusammenhang.

1.9 Verhältnismäßigkeit

Trotz grundsätzlicher verfassungsrechtlicher Zulässigkeit ist die Erzwingungshaft nur unter strenger Abwägung der jeweils betroffenen Rechte zulässig und nur dann gerechtfertigt, wenn der Zweck der Erzwingungshaft die Rechte des Betroffenen im Einzelfall überwiegt. Mit dem Mittel der Erzwingungshaft soll nach der Intention des Gesetzgebers maßvoll und umsichtig umgegangen werden. Sie darf nur angeordnet werden, wenn dies unbedingt erforderlich erscheint, vgl. Vorbemerkung zu § 96 OWiG. Der Erzwingungshaft muss ständig der Freiheitsanspruch des Betroffenen als Korrektiv entgegengehalten werden.

1.10 Antrag

Das Gericht kann grundsätzlich nur auf Antrag der Vollstreckungsbehörde die Erzwingungshaft anordnen. Nur wenn dem zuständigen Gericht selbst die Vollstreckung obliegt, ist ein Antrag nicht erforderlich.

1.11 Anhörung

Die gerichtliche Entscheidung ergeht ohne mündliche Verhandlung, vgl. § 104 Abs. 2 Satz 1 OWiG. Vor der Entscheidung ist den Beteiligten deshalb Gelegenheit zu geben, Anträge zu stellen und zu begründen.

2. Zahlungserleichterungen im Anordnungsverfahren zur Erzwingungshaft, § 96 Abs. 2 OWiG

Ergibt sich, dass dem Betroffenen nach seinen wirtschaftlichen Verhältnissen nicht zuzumuten ist, den zu zahlenden Betrag der Geldbuße sofort zu entrichten, bewilligt das Gericht eine Zahlungserleichterung. Das Gericht kann aber auch die Entscheidung über die Zahlungserleichterung der Vollstreckungsbehörde überlassen. Die Voraussetzungen der Zahlungserleichterung ergeben sich aus § 18 OWiG.

§ 96 Abs. 2 OWiG betrifft den Fall, dass sich erst im Laufe des Verfahrens zur Anordnung der Erzwingungshaft die Frage stellt, ob dem Betroffenen zuzumuten ist, den zu zahlenden Betrag der Geldbuße sofort zu entrichten. In welcher Weise und zu welchem Zeitpunkt sich ergibt, dass der Betroffene nicht zahlen kann, ist ohne Bedeutung, vgl. BT-Drs. V/1269 S. 118. Gleichgültig ist daher auch, ob das Gericht die Überzeugung von der Zahlungsunfähigkeit aufgrund der glaubhaften Angaben des Betroffenen oder erst aufgrund eigener Ermittlungen gewonnen hat, vgl. *Mitsch* in Karlsruher Kommentar, OWiG, 5. Aufl., § 96 Rdnr. 27.

Das Gericht hat über die etwaige Zahlungserleichterung vorrangig zu entscheiden, auch wenn die Vollstreckungsbehörde bereits einen Antrag auf Anordnung der Erzwingungshaft gestellt hat. Wird eine Zahlungserleichterung (Stundung oder Ratenzahlung) bewilligt, wird die Fälligkeit der Geldbuße aufgeschoben, so dass die Voraussetzungen für die Anordnung der Erzwingungshaft nicht mehr vorliegen. Macht das Gericht somit von der Möglichkeit des § 96 Abs. 2 OWiG Gebrauch, wird davon auszugehen sein, dass die Vollstreckungsbehörde ihren Antrag auf Anordnung der Erzwingungshaft wegen der veränderten Sachlage nicht mehr aufrechterhält, so dass in der Regel eine (negative) Entscheidung über die Anordnung der Erzwingungshaft nicht mehr erforderlich ist. Eine bereits ergangene Anordnung der Erzwingungshaft wird aufgehoben, vgl. § 96 Abs. 2 Satz 2 OWiG. Die Regelung zeigt, dass § 96 Abs. 2 OWiG auch im Stadium der Vollstreckung der Erzwingungshaft Anwendung findet.

Das Gericht überlässt die Entscheidung über die Zahlungserleichterung der Vollstreckungsbehörde, wenn es zwar feststellt, dass der Betroffene nicht sofort zahlen kann, für die Entscheidung, welche Zahlungserleichterungen angemessen sind, aber eine weitere Aufklärung erforderlich ist. Hält die Vollstreckungsbehörde in diesem Fall an ihrem Antrag auf Anordnung der Erzwingungshaft fest, wird das Gericht den Antrag zurückweisen, weil die Voraussetzung des § 96 Abs. 1 Nr. 4 OWiG fehlt, vgl. BT-Drs. V/1269 S. 118.

3. Dauer und Bemessung, § 96 Abs. 3 OWiG

Die Dauer der Haft darf sechs Wochen nicht übersteigen, sofern sie nur wegen einer Geldbuße angeordnet wurde. Die maximal zulässige Höchstdauer beträgt drei Monate (mehrere Bußgelder in einer Bußgeldentscheidung; nach § 191 BGB wird der Monat zu 30 Tagen gerechnet). Sie wird, auch unter Berücksichtigung des zu zahlenden Betrages der Geldbuße, nach Tagen bemessen, um das Spannungsverhältnis zwischen dem grundrechtlich gesicherten Freiheitsanspruch des Einzelnen und dem staatlichen Anspruch auf Durchsetzung der Geldbuße in einen gerechten Ausgleich zu bringen.

Bei einer geringen Geldbuße kann regelmäßig das zeitliche Höchstmaß der Erzwingungshaft nicht voll ausgeschöpft werden, da für die Bemessung der Grundsatz der Verhältnismäßigkeit gilt. Die Höhe der Geldbuße ist jedoch nur ein Bezugspunkt für das Maß der Erzwingungshaft, vgl. BT-Drs. V/1269 S. 119. Dies ergibt sich aus dem Wortlaut des § 96 Abs. 3 Satz 2 OWiG (*„Sie wird, auch unter …"*).

Die Erzwingungshaft kann nachträglich nicht verlängert werden. Für den Betroffenen soll von vornherein Klarheit über die Dauer der Haft bestehen. Die Erzwingungshaft kann jedoch abgekürzt werden, wenn z. B. der Betroffene eine Teilzahlung leistet und lediglich noch die Zahlung eines kleinen Restbetrages durchgesetzt werden soll.

Gem. § 96 Abs. 3 Satz 3 OWiG ist es untersagt, wegen desselben Betrages die Erzwingungshaft zu wiederholen.

§ 97
Vollstreckung der Erzwingungshaft

(1) Für die Vollstreckung der Erzwingungshaft gilt § 451 Abs. 1 und 2 der Strafprozessordnung, im Verfahren gegen Jugendliche und Heranwachsende gelten auch § 82 Abs. 1, § 83 Abs. 2 sowie die §§ 84 und 85 Abs. 5 des Jugendgerichtsgesetzes sinngemäß.

(2) Der Betroffene kann die Vollstreckung der Erzwingungshaft jederzeit dadurch abwenden, dass er den zu zahlenden Betrag der Geldbuße entrichtet.

(3) Macht der Betroffene nach Anordnung der Erzwingungshaft geltend, dass ihm nach seinen wirtschaftlichen Verhältnissen nicht zuzumuten ist, den zu zahlenden Betrag der Geldbuße sofort zu entrichten, so wird dadurch die Vollziehung der Anordnung nicht gehemmt. Das Gericht kann jedoch die Vollziehung aussetzen.

Erläuterungen

Übersicht

Vorbemerkung

§ 97 Abs. 1 OWiG regelt die Vollstreckung der Erzwingungshaft und erklärt bestimmte Vorschriften der Strafprozessordnung sowie des Jugendgerichtsgesetzes für sinngemäß anwendbar. § 97 Abs. 2 OWiG gibt dem Betroffenen das Recht, die Erzwingungshaft abzuwenden. In § 97 Abs. 3 OWiG wird bestimmt, dass die Vollziehung der Anordnung der Erzwingungshaft nicht gehemmt wird, wenn der Betroffene erst nach Anordnung der Erzwingungshaft geltend macht, dass ihm nach seinen wirtschaftlichen Verhältnissen nicht zuzumuten ist, den zu zahlenden Betrag der Geldbuße sofort zu entrichten. In diesem Fall kann das Gericht aber die Vollziehung aussetzen.

Die Erzwingungshaft kann erst dann vollstreckt werden, wenn der Anordnungsbeschluss rechtskräftig ist, d. h. die sofortige Beschwerde gem. § 311 StPO i. V. m. § 104 Abs. 3 Satz 1 OWiG erfolglos war. Bei der Anordnung der Erzwingungshaft hat die sofortige Beschwerde also aufschiebende Wirkung. Ferner muss der Anordnungsbeschluss gem. § 97 Abs. 1 HS 1 OWiG i. V. m. 451 Abs. 1 StPO einen Vollstreckbarkeitsvermerk haben, vgl. *Krenberger/Krumm*, OWiG, 7. Aufl., § 97 Rdnr. 2.

1. Staatsanwaltschaft als Vollstreckungsbehörde, § 97 Abs. 1 HS 1 OWiG

Gem. § 97 Abs. 1 HS 1 OWiG i. V. m. § 451 Abs. 1 StPO vollstreckt die Staatsanwaltschaft die Erzwingungshaft, soweit der Betroffene Erwachsener ist. Den Amtsanwälten steht die Vollstreckung nur insoweit zu, als die Landesjustizverwaltung sie ihnen übertragen hat, § 97 Abs. 1 HS 1 OWiG i. V. m. § 451 Abs. 2 StPO. Unerheblich ist, ob die Vollstreckung des Bußgeldbescheides (§ 90 OWiG) oder die Vollstreckung einer gerichtlichen Entscheidung (§ 91 OWiG) betroffen ist. Örtlich zuständig ist die Staatsanwaltschaft im Bezirk des Gerichts, welches die Erzwingungshaft angeordnet hat, vgl. *Krenberger/Krumm*, OWiG, 7. Aufl., § 97 Rdnr. 1.

2. Jugendrichter als Vollstreckungsbehörde, § 97 Abs. 1 HS 2 OWiG

Nur bei Verfahren gegen Jugendliche und Heranwachsende verkörpert der Jugendrichter gem. § 97 Abs. 1 HS 2 OWiG i. V. m. § 82 Abs. 1 Satz 1 JGG die Vollstreckungsbehörde als Vollstreckungsleiter.

Für die Vollstreckung der Erzwingungshaft im Bußgeldverfahren bestimmt § 97 Abs. 1 OWiG i. V. m. § 84 Abs. 1 und 2 JGG, dass derjenige Jugendrichter zur Vollstreckung solcher Entscheidungen örtlich zuständig ist, die er selbst oder das Jugendschöffengericht unter seinem Vorsitz im ersten Rechtszug erlassen hat (§ 84 Abs. 1 JGG), ansonsten der Jugendrichter, dem die vormundschaftsrichterlichen Erziehungsaufgaben obliegen (§ 84 Abs. 2 JGG).

Auch bei Verfahren gegen Jugendliche und Heranwachsende ist unerheblich, ob die Geldbuße, deren Zahlung durch die Erzwingungshaft durchsetzt werden soll, in einem Bußgeldbescheid der Verwaltungsbehörde oder in einer gerichtlichen Bußgeldentscheidung ausgesprochen wurde, vgl. *Mitsch* in Karlsruher Kommentar, OWiG, 5. Aufl., § 97 Rdnr. 4.

3. Abwendung der Vollstreckung der Erzwingungshaft, § 97 Abs. 2 OWiG

Zahlt der Betroffene oder ein Dritter den fälligen Betrag der Geldbuße, entfällt die Grundlage für die Anordnung der Erzwingungshaft, da die Voraussetzung des § 96 Abs. 1 Nr. 1 OWiG nicht mehr vorliegt.

Die Zahlung kann jederzeit vorgenommen werden, auch während der Inhaftierung. Die Zahlung ist keine höchstpersönliche Schuld, insofern können auch Freunde, Bevollmächtigte oder Familienangehörige für den Betroffenen zahlen.

Ein bereits inhaftierter Betroffener ist bei Zahlung sofort aus der Haft zu entlassen. Ein formeller Aufhebungsbeschluss in Bezug auf die Anordnung der Erzwingungshaft ist in diesem Fall nicht abzuwarten, vgl. Lemke/Mosbacher, OWiG, 2. Aufl., § 97 Rdnr. 11.

4. Keine Hemmung des Vollzugs durch eine verspätete Geltendmachung der Zahlungsunfähigkeit, § 97 Abs. 3 OWiG

Macht der Betroffene erst nach der Anordnung der Erzwingungshaft geltend, dass ihm nicht zuzumuten sei, den zu zahlenden Betrag der Geldbuße sofort zu entrichten, wird dadurch die Vollziehung der Anordnung nicht gehemmt, § 97 Abs. 3 Satz 1 OWiG. Das zuständige Gericht, das die Erzwingungshaft angeordnet hat, kann jedoch die Vollziehung aussetzen, § 97 Abs. 3 Satz 2 OWiG, so dass ein bereits inhaftierter Betroffener aus der Haft zu entlassen wäre. Die Vorschrift des § 97 Abs. 3 OWiG will verhindern, dass ein zahlungsunwilliger Betroffener, der bis dahin untätig geblieben ist und jede Zahlungsaufforderung unbeachtet gelassen hat, durch wiederholte Gesuche um Zahlungserleichterungen die Vollstreckung in unangemessener Weise hinauszögert, vgl. BT-Drs. V/1269 S. 120.

Das Gericht wird die Vollziehung der Erzwingungshaft nur dann aussetzen, wenn der Betroffene substantiiert zu der behaupteten Zahlungsunfähigkeit vorträgt. Das Gericht wird substantiierten Angaben nachgehen müssen, vgl. BT-Drs. V/1269 S. 120. Bestätigt sich der Vortrag des Betroffenen, ist nach § 96 Abs. 2 OWiG zu verfahren: Das Gericht bewilligt eine Zahlungserleichterung oder überlässt die Entscheidung darüber der Vollstreckungsbehörde, § 96 Abs. 2 Satz 1 OWiG. Die Anordnung der Erzwingungshaft ist sodann aufzuheben, § 96 Abs. 2 Satz 2 OWiG. Bestätigt sich demgegenüber der Vortrag des Betroffenen nicht, wird der Antrag auf Bewilligung von Zahlungserleichterungen abgelehnt. Die ausgesetzte Vollziehung der Erzwingungshaft wird fortgesetzt.

Die Entscheidung über die Aussetzung der Vollziehung ist nicht anfechtbar.

§ 98
Vollstreckung gegen Jugendliche und Heranwachsende

(1) Wird die gegen einen Jugendlichen festgesetzte Geldbuße auch nach Ablauf der in § 95 Abs. 1 bestimmten Frist nicht gezahlt, so kann der Jugendrichter auf Antrag der Vollstreckungsbehörde oder, wenn ihm selbst die Vollstreckung obliegt, von Amts wegen dem Jugendlichen auferlegen, an Stelle der Geldbuße

1. Arbeitsleistungen zu erbringen,

2. nach Kräften den durch die Handlung verursachten Schaden wiedergutzumachen,

3. bei einer Verletzung von Verkehrsvorschriften an einem Verkehrsunterricht teilzunehmen,

4. sonst eine bestimmte Leistung zu erbringen,

wenn die Bewilligung einer Zahlungserleichterung, die Beitreibung der Geldbuße oder die Anordnung der Erzwingungshaft nicht möglich oder angebracht erscheint. Der Jugendrichter kann die Anordnungen nach Satz 1 nebeneinander treffen und nachträglich ändern.

(2) Kommt der Jugendliche einer Anordnung nach Absatz 1 schuldhaft nicht nach und zahlt er auch nicht die Geldbuße, so kann Jugendarrest (§ 16 Jugendgerichtsgesetz) gegen ihn verhängt werden, wenn er entsprechend belehrt worden ist. Hiernach verhängter Jugendarrest darf bei einer Bußgeldentscheidung eine Woche nicht übersteigen. Vor der Verhängung von Jugendarrest ist dem Jugendlichen Gelegenheit zur mündlichen Äußerung vor dem Richter zu geben.

(3) Wegen desselben Betrags darf Jugendarrest nicht wiederholt angeordnet werden. Der Richter sieht von der Vollstreckung des Jugendarrests ab, wenn der Jugendliche nach Verhängung der Weisung nachkommt oder die Geldbuße zahlt. Ist Jugendarrest vollstreckt worden, so kann der Jugendrichter die Vollstreckung der Geldbuße ganz oder zum Teil für erledigt erklären.

(4) Die Absätze 1 bis 3 gelten auch für die Vollstreckung der gegen einen Heranwachsenden festgesetzten Geldbuße.

Erläuterungen

Übersicht

2. Voraussetzungen für die besondere Gestaltung des Vollstreckungsverfahrens
3. Erbringung von Arbeitsleistungen, § 98 Abs. 1 Satz 1 Nr. 1 OWiG
4. Schadenswiedergutmachung, § 98 Abs. 1 Satz 1 Nr. 2 OWiG
5. Teilnahme an einem Verkehrsunterricht, § 98 Abs. 1 Satz 1 Nr. 3 OWiG
6. Erbringung einer sonstigen Leistung, § 98 Abs. 1 Satz 1 Nr. 4 OWiG
7. Voraussetzungen für die Verhängung von Jugendarrest, § 98 Abs. 2 OWiG
8. Wiederholungsverbot/Absehen von der Vollstreckung des Jugendarrestes, § 98 Abs. 3 Satz 1 und 2 OWiG
9. Erledigung der Vollstreckung der Geldbuße

Vorbemerkung

§ 98 OWiG regelt das Vollstreckungsverfahren gegen Jugendliche und Heranwachsende. § 98 Abs. 4 OWiG stellt Jugendliche und Heranwachsende gleich. Jugendliche sind Personen, die 14, aber noch nicht 18 Jahre alt sind. Heranwachsender ist, wer 18, aber noch nicht 21 Jahre alt ist. Entscheidend ist der Zeitpunkt der Festsetzung der Geldbuße. Das Alter zum Zeitpunkt der Begehung der Ordnungswidrigkeit ist nicht entscheidend.

Zahlt der Jugendliche die in der Bußgeldentscheidung festgesetzte Geldbuße auch nach Ablauf der Schonfrist, § 95 Abs. 1 OWiG, nicht und legt er auch seine Zahlungsunfähigkeit nicht dar, hat die Vollstreckungsbehörde darüber zu empfinden, ob die Voraussetzungen der zwangsweisen Beitreibung vorliegen und von der Möglichkeit der Erzwingungshaft Gebrauch gemacht werden soll. Im Verfahren gegen Jugendliche und Heranwachsende ist jedoch der Erziehungsgedanke zu beachten. Insofern kann die Bewilligung einer langfristig belastenden Zahlungserleichterung, die zwangsweise Beitreibung der Geldbuße oder die Anordnung der Erzwingungshaft oftmals nicht angebracht sein. Die Vorschrift lässt folglich das gesetzgeberische Bemühen erkennen, das Zwangsvollstreckungsverfahren und insbesondere die Erzwingungshaft bei Jugendlichen (und Heranwachsenden) nach Möglichkeit zu vermeiden.

Anstelle der Geldbuße können erzieherische Maßnahmen angeordnet werden, um auf diese Weise die Sache vollstreckungsrechtlich in jugendgemäßer Weise zum Abschluss zu bringen, vgl. BT-Drs. V/1269 S. 120. Die nach § 98 Abs. 1 Satz 1 Nr. 1 bis 4 OWiG angeordnete Auflage tritt also an die Stelle der ursprünglichen Leistungspflicht (Zahlung der in der Bußgeldentscheidung festgesetzten Geldbuße). Den erzieherischen Maßnahmen kommt daher auch Sanktionscharakter zu.

§ 98 OWiG ist nicht anwendbar auf Nebenfolgen, auch dann nicht, wenn sie zu einer Geldzahlung verpflichten.

Ist dem Betroffenen auferlegt worden, anstelle der Geldbuße eine erzieherische Maßnahme zu leisten, steht es ihm weiterhin frei, die Geldbuße zu zahlen, vgl. § 98 Abs. 2 Satz 1 OWiG, solange der Betroffene die Auflage noch nicht erfüllt hat. Die ursprüngliche Verpflichtung zur Zahlung der in der Bußgeldentscheidung festgesetzten Geldbuße wird durch die Anordnung, eine erzieherische Maßnahme zu leisten, nicht ersetzt. Dem Betroffenen wird lediglich ein Wahlrecht eingeräumt, die ursprüngliche Leistungspflicht durch Befolgung der Auflage nach § 98 Abs. 1 Satz 1 Nr. 1 bis 4 OWiG zu erfüllen. Erst mit der (vollständigen) Erfüllung der verhängten Auflage erlischt die Verpflichtung zur Zahlung der Geldbuße. Umgekehrt wird die Auflage von selbst gegenstandslos, wenn der Betroffene die Geldbuße zahlt, vgl. *Mitsch* in Karlsruher Kommentar, OWiG, 5. Aufl., § 98 Rdnr. 22. Eine förmliche Aufhebung der verhängten Anordnungen ist nicht von Nöten.

Jede Auflage i. S. des § 98 Abs. 1 Satz 1 OWiG ist mit einer Fristsetzung zu versehen, vgl. § 98 Abs. 2 OWiG. Die Frist kann gem. § 98 Abs. 1 Satz 2 OWiG nachträglich verlängert werden. Während der gewährten Frist darf die ursprüngliche Leistungspflicht nicht vollstreckt werden, da dem Betroffenen das Recht zugestanden worden ist, die ihm durch die Geldbuße auferlegte Leistungspflicht in anderer Weise zu erfüllen. Nach Ablauf der Frist ist die zwangsweise Beitreibung der Geldbuße zulässig.

Der Jugendrichter, der die Anordnungen trifft, prüft im Rahmen der Anordnung den Schuldspruch der Bußgeldentscheidung nicht nach.

1. Zuständigkeit des Jugendrichters/Ermessen

Maßnahmen im Sinne des § 98 Abs. 1 Satz 1 Nr. 1 bis 4 OWiG kann nur der Jugendrichter auf Antrag der Vollstreckungsbehörde anordnen. Obliegt dem Jugendrichter die Vollstreckung selbst, ergeht die Anordnung von Amts wegen. Die Anordnung hat in der Regel zu ergehen, wenn die Voraussetzungen hierfür vorliegen, vgl. *Seitz/Bauer* in Göhler, OWiG, 18. Aufl., § 97 Rdnr. 1. Begründet wird dies mit dem Zweck des § 98 OWiG, also mit der jugendgemäßen Gestaltung des Vollstreckungsverfahrens. Im Rahmen der Ermessensentscheidung ist zu prüfen, welche konkrete Maßnahme im Einzelfall angemessen ist und anstelle der Geldbuße treten soll. Die Persönlichkeit des Betroffenen, die Art und Weise der Tatbegehung, die Bedeutung der Sache für die Allgemeinheit sowie das soziale Umfeld des Betroffenen (Eltern, Familie, Ausbildung etc.) sind dabei zu berücksichtigen.

§ 98 Abs. 1 Satz 2 OWiG gibt dem Jugendrichter das Recht, die Anordnungen nach § 98 Abs. 1 Satz 1 OWiG nebeneinander zu treffen und nachträglich zu ändern. Eine ersatzlose Aufhebung der Auflage ist hingegen nicht zulässig. Der Richter kann somit auf veränderte Umstände reagieren. Es würde dem Erziehungsgedanken zuwiderlaufen, wenn nachträgliche Umstände nicht berücksichtigt werden könnten.

Denkbar ist zum Beispiel, dass sich der Betroffene freiwillig um Schadenswiedergutmachung bemüht, obwohl keine Anordnung nach § 98 Abs. 1 Satz 1 Nr. 2 OWiG ergangen ist. In diesem Fall wird der Jugendrichter zu überlegen haben, ob die ursprünglich angeordnete Maßnahme noch verhältnismäßig ist.

2. Voraussetzungen für die besondere Gestaltung des Vollstreckungsverfahrens

Anstelle der Geldbuße dürfen die bestimmten erzieherischen Maßnahmen nur angeordnet werden, wenn der Jugendliche die gegen ihn festgesetzte Geldbuße nicht zahlt und die Bewilligung einer Zahlungserleichterung, § 93 OWiG, die Beitreibung der Geldbuße, §§ 90, 91 OWiG, oder die Anordnung der Erzwingungshaft, § 96 OWiG, nicht möglich oder angebracht erscheint. Die Voraussetzung „nicht möglich oder angebracht" bezieht sich auf jede der angeführten Maßnahmen oder Entscheidungen. Ist eine dieser Maßnahmen oder Entscheidungen möglich oder angebracht, besteht keine Notwendigkeit für die besondere Gestaltung des Vollstreckungsverfahrens, vgl. BT-Drs. V/1269 S. 120.

Nicht möglich ist die Bewilligung einer Zahlungserleichterung, die Beitreibung der Geldbuße sowie die Anordnung der Erzwingungshaft, wenn der Jugendliche glaubhaft darlegt, dass er die Geldbuße in überschaubarer Zeit nicht begleichen kann, vgl. Lemke/Mosbacher, OWiG, 2. Aufl., § 97 Rdnr. 7.

Aus welchen Gründen die Entscheidungen oder Maßnahmen „nicht angebracht erscheinen", ist gesetzlich nicht explizit bestimmt. Die besondere Gestaltung des Verfahrens kommt hier allerdings nur in Betracht, wenn die Anwendung der allgemeinen Vorschriften aus Gründen, die im Alter des Betroffenen liegen, vor allem also aus Gründen der Erziehung, nicht angebracht erscheint, vgl. BT-Drs. V/1269 S. 120. So können für die Vollstreckungsbehörde folgende Erwägungen von Bedeutung sein:

- Die Zeit, die zwischen Begehung der Tat und Abschluss des Vollstreckungsverfahrens liegt, kann oftmals zu lang sein, um als effektive und gerechte Sanktion für das begangene Unrecht dienen zu können. Aus Gründen der Erziehung kann es daher angebracht sein, das Verfahren durch Anordnung einer Maßnahme i. S. des Absatz 1 Satz 1 Nr. 1 bis 4 in jugendgemäßer Weise zu beschleunigen und die Strafe „auf dem Fuße" folgen zu lassen, um den jungen Beschuldigten das Verwerfliche ihrer Tat sofort vor Augen zu führen. Eine an sich zulässige Zahlungserleichterung würde hier nur zu einer langfristigen Belastung führen.

- Im Rahmen des § 98 Abs. 1 Satz 1 Nr. 2 OWiG können die nachteiligen Folgen der Tat alsbald beseitigt werden.
- Die Vollstreckung einer Erzwingungshaft gegenüber einem Jugendlichen oder Heranwachsenden wird in der Regel nicht angebracht sein, weil die Haft regelmäßig auch Einfluss auf ein Ausbildungs- oder Arbeitsverhältnis hat. Oftmals verliert der Betroffene aufgrund der langen Haftdauer seinen Arbeitsplatz, was nicht selten in einem finanziellen Ruin endet. Durch das Ausbleiben des Gehalts kann der Betroffene regelmäßig laufende Verbindlichkeiten wie Miete, Versicherungen, Kredittilgungen und andere Verpflichtungen nicht mehr erfüllen. Freunde und Verwandte, die in dieser ohnehin schwierigen Situation neben der persönlichen Fürsorge auch finanziell einspringen können, stehen nur in seltenen Fällen helfend zur Seite.

3. Erbringung von Arbeitsleistungen, § 98 Abs. 1 Satz 1 Nr. 1 OWiG

Anstelle der Geldbuße kann der Jugendliche resp. Heranwachsende Arbeitsleistungen erbringen. In der Regel wird hier eine Anordnung ergehen, in einer sozialen oder gemeinnützigen Einrichtung unentgeltlich für einen bestimmten Zeitraum zu arbeiten. Während der Arbeitszeit ist der Betroffene gegen Arbeitsunfälle versichert. Ein Arbeitsverhältnis i. S. des Arbeitsrechts wird nicht begründet, ebenso kein Beschäftigungsverhältnis i. S. des Sozialversicherungsrechts. Dadurch soll die Benachteiligung arbeitsloser Jugendlicher vermieden werden.

4. Schadenswiedergutmachung, § 98 Abs. 1 Satz 1 Nr. 2 OWiG

Nach der Vorstellung des Gesetzgebers, vgl. BT-Drs. V/1269 S. 121, kann die Wiedergutmachung des durch die Ordnungswidrigkeit angerichteten Schadens erzieherisch besonders wirkungsvoll sein, weil der Jugendliche auf diese Art die Folgen seiner Tat am besten erkennen und spüren kann. Eine Anordnung nach § 98 Abs. 1 Satz 1 Nr. 2 OWiG setzt allerdings voraus, dass der Betroffene zivilrechtlich zum Schadensersatz verpflichtet ist, vgl. Lemke/Mosbacher, OWiG, 2. Aufl., § 98 Rdnr. 15. Die maximale Höhe der Wiedergutmachungsauflage richtet sich nach der Höhe des zivilrechtlichen Schadensersatzanspruches.

Erfüllt der Betroffene die Wiedergutmachungsauflage, so erlischt auch der zivilrechtliche Anspruch in gleicher Höhe.

In der Praxis wird § 98 Abs. 1 Satz 1 Nr. 2 OWiG jedoch selten zum Einsatz kommen, da eine Wiedergutmachung in der Regel mit einer Geldzahlung verbunden ist.

5. Teilnahme an einem Verkehrsunterricht, § 98 Abs. 1 Satz 1 Nr. 3 OWiG

Bei der Verletzung von Verkehrsvorschriften kann dem Betroffenen auferlegt werden, an einem Verkehrsunterricht teilzunehmen. Die Art und die Dauer des Unterrichts sind in der Anordnung festzulegen. Der Unterricht kann theoretischer und praktischer Natur (Fahrunterricht) sein. Die Kosten des Unterrichts sind von dem Betroffenen zu entrichten. Daher ist vor der Anordnung zu klären, ob der Jugendliche in der Lage ist, die Kosten zu tragen. Ist dies nicht der Fall, ist zu prüfen, ob die Unterhaltspflichtigen oder Dritte die Kosten übernehmen.

6. Erbringung einer sonstigen Leistung, § 98 Abs. 1 Satz 1 Nr. 4 OWiG

§ 98 Abs. 1 Satz 1 Nr. 4 OWiG enthält eine Generalklausel. Bei der Bestimmung der Auflage ist vom Jugendrichter – wie auch bei § 98 Abs. 1 Satz 1 Nr. 1 bis 3 OWiG – zu beachten, dass sie

- im Hinblick auf die Lebensführung des Betroffenen zumutbar sein muss;

- den Betroffenen weder psychisch noch physisch überfordern darf;
- nicht gegen Gesetz und Recht verstoßen darf (so darf eine umfangreiche Arbeitsauflage nicht während der Schulzeit angeordnet werden);
- verhältnismäßig sein muss und daher nicht außer Verhältnis zu der Tat und zu der festgesetzten Geldbuße stehen darf (verneint bei einer Arbeitsauflage von 50 Stunden bei einer Geldbuße in Höhe von 200,- Euro);
- leicht überwachbar; vgl. § 98 Abs. 2 OWiG, und mithin bestimmt und klar formuliert sein muss,

vgl. *Seitz/Bauer* in Göhler, OWiG, 18. Aufl., § 98 Rdnr. 8 und 9. Denkbare Beispiele für die Praxis sind: Das Schreiben eines Aufsatzes zu einem bestimmten Thema oder die Anordnung, bestimmte Verkehrsregeln zu lernen. In geeigneten Fällen auch, ein Krankenhaus zu besuchen und sich bei dem Verletzten zu entschuldigen, vgl. BT-Drs. V/1269 S. 121. Nicht angeordnet werden darf die Anweisung, den Führerschein für eine bestimmte Zeit zu hinterlegen, vgl. OLG Düsseldorf, NJW 1968 S. 2156. Eine Anordnung darf praktisch nicht der Entziehung der Fahrerlaubnis oder einem Fahrverbot gleichkommen. Ein Fahrverbot kann nur dann angeordnet werden, wenn die entsprechenden Voraussetzungen vorliegen. Gleiches gilt für die Entziehung der Fahrerlaubnis.

7. Voraussetzungen für die Verhängung von Jugendarrest, § 98 Abs. 2 OWiG

Erfüllt der Betroffene die verhängte Auflage nicht, kann die Erfüllung nicht zwangsweise durchgesetzt werden. Kommt der Jugendliche der Anordnung nach Absatz 1 allerdings schuldhaft nicht nach und zahlt er auch die Geldbuße nicht, so kann Jugendarrest (§ 16 JGG) gegen ihn verhängt werden, wenn er entsprechend belehrt worden ist (sog. Ungehorsamsfolge). Die Verhängung des Jugendarrestes kann aus erzieherischen Gründen erforderlich sein, um den jugendlichen Delinquenten dahingehend zu beeinflussen, dass er zukünftig behördlichen Anordnungen die erforderliche Beachtung schenkt, vgl. BT-Drs. V/1269 S. 121. Die Verhängung des Jugendarrestes steht im Ermessen des Jugendrichters („kann"). Der Jugendarrest als ultima-ratio-Maßnahme soll jedoch nur bei erheblichen Verstößen verhängt werden.

Der Jugendarrest ist Freizeitarrest, Kurzarrest oder Dauerarrest, § 16 Abs. 1 JGG.

Die Vollstreckung des Jugendarrestes lässt die Zahlungspflicht bezüglich der Geldbuße sowie die Verpflichtung zur Erfüllung der Auflagen unberührt, vgl. § 11 Abs. 3 JGG, wonach die Vollstreckung des Jugendarrestes den Bestand der Weisung unberührt lässt.

Schuldhaftes Handeln im Sinne des Absatz 2 liegt dann nicht vor, wenn dem Betroffenen die Ausführung der Auflage wegen einer entgegenstehenden Anweisung des Erziehungsberechtigten nicht zumutbar war. Gleiches gilt, wenn der Betroffene die Kosten für die Ausführung der Auflage nicht aufbringen kann, vgl. *Mitsch* in Karlsruher Kommentar, OWiG, 5. Aufl., § 98 Rdnr. 28. Zur Begrifflichkeit des schuldhaften Handelns vgl. Erl. zu § 10 OWiG.

Gegen die Verhängung des Jugendarrestes ist die sofortige Beschwerde zulässig, vgl. § 104 Abs. 3 Satz 1 Nr. 1 OWiG. Die sofortige Beschwerde hat in diesem Fall aufschiebende Wirkung, obwohl nach § 307 Abs. 1 StPO i. V. m. § 46 Abs. 1 OWiG der Vollzug der angefochtenen Entscheidung durch die Einlegung der Beschwerde nicht gehemmt wird.

8. Wiederholungsverbot/Absehen von der Vollstreckung des Jugendarrestes, § 98 Abs. 3 Satz 1 und 2 OWiG

Wegen desselben Betrags darf Jugendarrest nicht wiederholt angeordnet werden, § 98 Abs. 3 Satz 1 OWiG. Der Richter sieht von der Vollstreckung des Jugendarrests ab, wenn der Jugendliche nach Verhängung des Jugendarrestes der Weisung nachkommt oder die Geldbuße zahlt, § 98 Abs. 3 Satz 2 OWiG. Der Jugendarrest hat sich in diesem Fall erledigt.

9. Erledigung der Vollstreckung der Geldbuße

Ist Jugendarrest vollstreckt worden, kann der Jugendrichter die Vollstreckung der Geldbuße ganz oder zum Teil für erledigt erklären, § 98 Abs. 3 Satz 3 OWiG, obwohl die Vollstreckung des Jugendarrestes die Zahlungspflicht in Bezug auf die Geldbuße sowie die Verpflichtung zur Erfüllung der Auflagen unberührt lässt. Der Jugendrichter handelt nach pflichtgemäßem Ermessen. Eine Erledigungserklärung kommt in Betracht, wenn

- durch die Vollstreckung des Jugendarrestes der mit der Auflage oder Geldbuße beabsichtigte Erfolg erreicht ist (Beispiel: Der Betroffene zeigt sich einsichtig);
- sich herausstellt, dass der jugendliche Delinquent erziehungsmäßig durch Weisungen nicht zu beeinflussen ist;
- sich herausstellt, dass die Verhängung der Geldbuße im Einzelfall ungeeignet ist,

vgl. BT-Drs. V/1269 S. 121. Mit der Erledigungserklärung in Bezug auf die Vollstreckung der Geldbuße entfällt auch die Weisung im Sinne des § 98 Abs. 1 Satz 1 OWiG.

§ 99
Vollstreckung von Nebenfolgen, die zu einer Geldzahlung verpflichten

(1) Für die Vollstreckung von Nebenfolgen, die zu einer Geldzahlung verpflichten, gelten die §§ 93 und 95 entsprechend, für die Vollstreckung der Geldbuße gegen eine juristische Person oder eine Personenvereinigung gelten auch die §§ 94, 96 und 97.

(2) Ist die Einziehung eines Geldbetrages (§ 29a) rechtskräftig angeordnet worden und legt der Betroffene oder der Einziehungsbeteiligte eine rechtskräftige Entscheidung vor, in der gegen ihn wegen der mit Geldbuße bedrohten Handlung ein dem Verletzten erwachsener Anspruch festgestellt ist, so ordnet die Vollstreckungsbehörde an, dass die Anordnung der Einziehung insoweit nicht mehr vollstreckt wird. Ist der eingezogene Geldbetrag bereits gezahlt oder beigetrieben worden und wird die Zahlung auf Grund der rechtskräftigen Entscheidung an den Verletzten nachgewiesen, so ordnet die Vollstreckungsbehörde insoweit die Rückerstattung an den Betroffenen oder den Einziehungsbeteiligten an.

Erläuterungen

Vorbemerkung

§ 99 Abs. 1 HS 1 OWiG erklärt im Rahmen der Vollstreckung von rechtskräftigen Nebenfolgen, die zu einer Geldzahlung verpflichten, §§ 93 und 95 OWiG für sinngemäß anwendbar. Die Vollstreckungsbehörde (§ 92 OWiG) kann somit über die Bewilligung von Zahlungserleichterungen (§§ 18, 93 OWiG) entscheiden oder nach § 95 Abs. 2 OWiG vorgehen. Nach letztgenannter Vorschrift ordnet die Vollstreckungsbehörde an, dass die Vollstreckung unterbleibt, sofern dem Betroffenen nach seinen wirtschaftlichen Verhältnissen die Zahlung in absehbarer Zeit nicht möglich ist.

Für die Vollstreckung der Geldbuße gegen eine juristische Person oder Personenvereinigung finden auch §§ 94 (Verrechnung von Teilbeträgen), 96 und 97 OWiG (Erzwingungshaft) sowie § 99 Abs. 1 HS 2 OWiG Anwendung.

§ 99 Abs. 2 OWiG verhindert eine doppelte Gewinnabschöpfung.

1. § 99 Abs. 1 HS 1 OWiG, Anwendbarkeit der §§ 93 und 95 OWiG

Durch die gesetzliche Regelung des § 99 Abs. 1 HS 1 OWiG, dass §§ 93 und 95 OWiG für Nebenfolgen, die zu einer Geldzahlung verpflichten, entsprechend Anwendung finden, wird eine Angleichung der Vollstreckungsregelungen erreicht. Obwohl gesetzlich nicht ausdrücklich bestimmt, finden §§ 89 bis 92 OWiG hier ebenfalls Anwendung, da diese Rechtsfolgen in der Bußgeldentscheidung angeordnet werden.

2. § 99 Abs. 1 HS 2 OWiG, Anwendbarkeit der §§ 93 bis 97 OWiG

Da in §§ 93 bis 97 OWiG nur von dem Betroffenen die Rede ist und die juristische Person bzw. Personenvereinigung nur Nebenbeteiligte ist, bedarf es der gesetzlichen Verweisung des § 99 Abs. 1 HS 2 OWiG, vgl. BT-Drs. V/1269 S. 122. Aufgrund der Verweisung kann Erzwingungshaft auch wegen einer gegen eine juristische Person oder Personenvereinigung festgesetzten Geldbuße verhängt werden. Andernfalls wäre die juristische Person bzw. Personenvereinigung bessergestellt als die natürliche Person. Angeordnet und vollzogen wird die Erzwingungshaft gegen die vertretungsberechtigten Organe. Wegen einer Nebenfolge darf Erzwingungshaft nicht angeordnet werden.

§§ 89 bis 92 OWiG gelten auch ohne gesetzliche Verweisung für die Vollstreckung der gegen juristische Personen oder Personenvereinigungen festgesetzten Geldbußen.

3. § 99 Abs. 2 OWiG, Vermeidung einer doppelten Gewinnabschöpfung

§ 99 Abs. 2 OWiG schützt den Betroffenen resp. den Einziehungsbeteiligten vor einer doppelten Belastung, sofern eine rechtskräftige Entscheidung eines Zivilgerichts über einen Ersatzanspruch des Verletzten vorliegt. Die Vorschrift ist erforderlich, da § 29a OWiG im Gegensatz zu § 73 Abs. 1 Satz 2 StGB a. F. (Voraussetzung des Verfalls) die Anordnung der Einziehung von Vermögenswerten auch dann zulässt, wenn dem Verletzten aus der Tat ein Anspruch erwachsen ist, dessen Erfüllung dem Täter den Wert des aus der Tat Erlangten entziehen würde. Der Anwendungsbereich des § 99 Abs. 2 OWiG ist eingeschränkt, da zum Schutze des Täters Ersatzansprüche Dritter auf den Einziehungsbetrag anzurechnen sind. Von der Einziehungsanordnung kann also im Falle von Ersatzansprüchen Dritter ganz abgesehen werden oder sie kann lediglich in Höhe des die Ersatzansprüche überschießenden Betrages ergehen. Andernfalls würde man der Einziehungsanordnung systemwidrig einen Sanktionscharakter verleihen.

§ 99 Abs. 2 OWiG findet insofern regelmäßig dann Anwendung, wenn die Ersatzansprüche Dritter erst nach der rechtskräftigen Anordnung der Einziehung verfolgt werden. Für diesen Fall sieht § 99 Abs. 2 OWiG eine vollstreckungsrechtliche Bereinigung des Problems vor, vgl. *Mitsch* in Karlsruher Kommentar, OWiG, 5. Aufl., § 99 Rdnr. 7. In der Konstellation des § 99 Abs. 2 Satz 1 OWiG ordnet die Vollstreckungsbehörde an, dass die Anordnung der Einziehung nicht mehr vollstreckt wird. Bereits bezahlte oder beigetriebene Geldbeträge werden gem. § 99 Abs. 2 Satz 2 OWiG zurückerstattet.

4. Erfordernis der Deckungsgleichheit

§ 99 Abs. 1 Satz 1 und 2 OWiG kommen nur dann zur Anwendung, wenn dasselbe Verhalten des Betroffenen resp. des Einziehungsbeteiligten, das die mit Geldbuße bedrohte Handlung verwirklicht und damit die Einziehung ausgelöst hat, zugleich auch seine Schadensersatzpflicht begründet hat, vgl. Lemke/Mosbacher, OWiG, 2. Aufl., § 99 Rdnr. 5.

§ 100
Nachträgliche Entscheidungen über die Einziehung

(1) Über die Aufhebung des Vorbehalts der Einziehung und die nachträgliche Anordnung der Einziehung eines Gegenstandes oder des Wertersatzes (§ 24 Abs. 2 Satz 3, § 25 Abs. 4) entscheidet

1. die Verwaltungsbehörde, die den Bußgeldbescheid erlassen hat,

2. bei einer gerichtlichen Bußgeldentscheidung das Gericht.

(2) Gegen die nachträgliche Anordnung der Einziehung ist in den Fällen des Absatzes 1 Nr. 1 innerhalb von zwei Wochen nach Zustellung des Bescheides der Antrag auf gerichtliche Entscheidung nach § 62 zulässig. Gegen die Entscheidung des Gerichts ist sofortige Beschwerde zulässig, wenn der Wert des Beschwerdegegenstandes zweihundertfünfzig Euro übersteigt.

Erläuterungen

Übersicht

Vorbemerkung

§ 100 Abs. 1 OWiG bestimmt, welche Stelle für erforderliche Nachtragsentscheidungen zuständig ist. Dabei wird zwischen Bußgeldbescheiden der Verwaltungsbehörde und gerichtlichen Bußgeldentscheidung unterschieden.

§ 100 Abs. 2 OWiG regelt die Anfechtungsmöglichkeit gegen die nachträgliche Anordnung der Einziehung von Gegenständen (§ 24 Abs. 2 Satz 3 HS 2 OWiG) oder des Wertersatzes (§ 25 Abs. 4 OWiG) durch die Verwaltungsbehörde.

1. Zuständigkeiten nach § 100 Abs. 1 OWiG

In den Fällen der §§ 22 und 23 OWiG wird angeordnet, dass die Einziehung vorbehalten bleibt, und eine weniger einschneidende Maßnahme getroffen wird, wenn der Zweck der Einziehung auch durch sie erreicht werden kann, § 24 Abs. 2 Satz 1 OWiG.

§ 24 Abs. 2 Satz 2 OWiG zählt beispielhaft, d. h. in einer nicht abschließenden Aufzählung, weniger einschneidende Maßnahmen auf.

Wird die Anweisung befolgt, wird der Vorbehalt der Einziehung aufgehoben; andernfalls wird die Einziehung nachträglich angeordnet, § 24 Abs. 2 Satz 3 OWiG.

Der Vorbehalt der nachträglichen Einziehung ist in der Bußgeldentscheidung auszusprechen. Die Folge ist ein Veräußerungsverbot, § 26 Abs. 3 Satz 2 OWiG.

Über die Aufhebung des Vorbehalts der Einziehung und die nachträgliche Anordnung der Einziehung eines Gegenstandes entscheidet entweder die Verwaltungsbehörde, die den Bußgeldbescheid erlassen hat, oder das Gericht der ersten Instanz bei einer gerichtlichen Bußgeldentscheidung. Gleiches gilt für die nachträgliche Anordnung der Einziehung des Wertersatzes gem. § 25 Abs. 4 OWiG, sofern die Anordnung der Einziehung eines Gegenstandes nicht ausführbar oder unzureichend war.

Vor der Entscheidung nach § 100 Abs. 1 OWiG ist der Betroffene anzuhören. Dem Einziehungsbeteiligten ist ebenfalls rechtliches Gehör zu gewähren, wenn durch die nachträgliche Entscheidung stärker in seine Rechtsstellung eingegriffen werden kann, als das schon durch den Vorbehalt der Einziehung geschehen ist, vgl. *Mitsch* in Karlsruher Kommentar, OWiG, 5. Aufl., § 100 Rdnr. 3.

Der Bescheid ist in jeder Konstellation zuzustellen.

2. Zuständigkeiten nach § 100 Abs. 2 OWiG

Gegen die nachträgliche Anordnung der Einziehung ist in den Fällen des § 100 Abs. 1 Nr. 1 OWiG (Entscheidungen der Verwaltungsbehörde, die den Bußgeldbescheid erlassen hat) innerhalb von zwei Wochen nach Zustellung des Bescheides der Antrag auf gerichtliche Entscheidung nach § 62 OWiG zulässig, § 100 Abs. 2 Satz 1 OWiG.

Ist der Antragsteller ohne Verschulden an der Einhaltung der Rechtsbehelfsfrist verhindert gewesen, kann unter den Voraussetzungen des § 52 OWiG Wiedereinsetzung in den vorigen Stand gewährt werden.

Gegen die Entscheidung des Gerichts gem. § 100 Abs. 2 Satz 1 OWiG ist sofortige Beschwerde, § 311 StPO, zulässig. Voraussetzung ist, dass der Wert des Beschwerdegegenstandes 250,- Euro übersteigt, § 100 Abs. 2 Satz 2 OWiG.

§ 101
Vollstreckung in den Nachlass

In den Nachlass des Betroffenen darf eine Geldbuße nicht vollstreckt werden.

Erläuterungen

Übersicht

Vorbemerkung

Die Vorschrift lehnt sich an § 459c Abs. 3 StPO an. Nach letztgenannter Norm darf in den Nachlass des Verurteilten die Geldstrafe nicht vollstreckt werden.

1. Anwendungsbereich

Für Nebenfolgen, die zu einer Geldzahlung verpflichten, gilt das Vollstreckungsverbot des § 101 OWiG nicht, sofern die Entscheidung zu Lebzeiten des Betroffenen rechtskräftig geworden ist, vgl. *Mitsch* in Karlsruher Kommentar, OWiG, 5. Aufl., § 101 Rdnr. 3. Nur die Vollstreckung der Geldbuße in den Nachlass fällt unter das Vollstreckungsverbot des § 101 OWiG.

Für die Kosten gilt das Vollstreckungsverbot ebenfalls nicht. Die Kosten können daher in den Nachlass vollstreckt werden, vgl. § 105 Abs. 1 OWiG i. V. m. § 465 Abs. 3 StPO, sofern der Betroffene nicht vor Eintritt der Rechtskraft verstorben ist, vgl. Lemke/Mosbacher, OWiG, 2. Aufl., § 101 Rdnr. 3.

Ist die Bußgeldentscheidung nicht zu Lebzeiten des Betroffenen rechtskräftig geworden, ist sie insgesamt gegenstandslos.

2. Vollstreckungshindernis

Mit dem Tod des Betroffenen – nicht früher – erlischt die Geldbußenschuld des Betroffenen kraft Gesetzes. Begonnene Vollstreckungsmaßnahmen sind zu beenden.

Das gesetzliche Verbot, in den Nachlass zu vollstrecken, stellt ein Vollstreckungshindernis dar. Wird gleichwohl in den Nachlass vollstreckt, kann der Betroffene Einwendungen gegen die Zulässigkeit der Vollstreckung geltend machen, § 103 Abs. 1 Nr. 1 OWiG.

Das Vollstreckungshindernis des § 101 OWiG besteht auch dann, wenn die Bußgeldentscheidung bereits zu Lebzeiten des Betroffenen rechtskräftig wurde.

3. Rückabwicklung

Zahlen die Erben in Unkenntnis des bestehenden Vollstreckungshindernisses, ist den Erben der Geldbetrag zurückzuerstatten. Hatten die Erben hingegen Kenntnis von der Rechtslage, ist der Betrag nicht zurückzuerstatten, vgl. § 814 BGB (*„Das zum Zwecke der Erfüllung einer Verbindlichkeit Geleistete kann nicht zurückgefordert werden, wenn der Leistende gewusst hat, dass er zur Leistung nicht verpflichtet war."*).

§ 102
Nachträgliches Strafverfahren

(1) Wird nach Rechtskraft des Bußgeldbescheides wegen derselben Handlung die öffentliche Klage erhoben, so soll die Vollstreckungsbehörde die Vollstreckung des Bußgeldbescheides insoweit aussetzen.

(2) Sind die Entscheidungen nach § 86 Abs. 1 und 2 im Strafverfahren unterblieben, so sind sie von dem Gericht nachträglich zu treffen.

Erläuterungen

Vorbemerkung

Ein Bußgeldbescheid hat nur beschränkte Rechtskraft, da er die Aufnahme eines späteren Strafverfahrens wegen derselben Tat nicht ausschließt. Um zu verhindern, dass voneinander abweichende Entscheidungen nebeneinander Bestand haben, hat der Gesetzgeber in § 86 OWiG die Möglichkeit geschaffen, den Bußgeldbescheid zu beseitigen. Ist gegen den Betroffenen ein Bußgeldbescheid ergangen und wird er später wegen derselben Handlung in einem Strafverfahren verurteilt, wird der Bußgeldbescheid insoweit aufgehoben, § 86 Abs. 1 Satz 1 OWiG. Dasselbe gilt, wenn es im Strafverfahren nicht zu einer Verurteilung kommt, jedoch die Feststellungen, die das Gericht in der abschließenden Entscheidung trifft, dem Bußgeldbescheid entgegenstehen, § 86 Abs. 1 Satz 2 OWiG.

§ 102 OWiG ergänzt § 86 OWiG, stellt jedoch weder auf die Verurteilung des Betroffenen noch auf sich widersprechende Feststellungen ab. § 102 Abs. 1 OWiG ordnet vielmehr an, dass die Vollstreckung des rechtskräftigen Bußgeldbescheides auszusetzen ist, sofern öffentliche Klage erhoben wird.

1. Anwendungsbereich

§ 102 OWiG gilt nicht für gerichtliche Bußgeldentscheidungen.

§ 102 Abs. 2 OWiG gilt ferner nicht für Bußgeldbescheide, die erst nach der strafgerichtlichen Entscheidung erlassen werden. Da niemand wegen derselben Tat aufgrund der allgemeinen Strafgesetze mehrmals bestraft werden darf, Art. 103 Abs. 3 GG, ist ein solcher Bußgeldbescheid nichtig.

2. Aussetzung der Vollstreckung

Gem. § 102 Abs. 1 OWiG soll die Vollstreckungsbehörde die Vollstreckung des Bußgeldbescheides aussetzen, sofern nach Rechtskraft des Bußgeldbescheides wegen derselben Handlung die öffentliche Klage erhoben wurde. Bereits die Erhebung der öffentlichen Klage stellt insofern den Fortbestand des Bußgeldbescheides in Frage.

Die Erhebung der öffentlichen Klage richtet sich im Normalverfahren nach § 170 Abs. 1 StPO. Bieten die Ermittlungen genügenden Anlass zur Erhebung der öffentlichen Klage, erhebt die Staatsanwaltschaft sie durch Einreichung einer Anklageschrift bei dem zuständigen Gericht. Voraussetzung für die Einreichung einer Anklageschrift ist das Vorliegen eines hinreichenden Tatverdachts. Die öffentliche Klage kann aber auch durch Antrag auf Entscheidung im beschleunigten Verfahren (§ 417 StPO) oder auf Erlass eines Strafbefehls (§ 407 Abs. 1 StPO) erhoben werden. Ebenso ist eine Nachtragsanklage gem. § 266 StPO zulässig.

Aussetzen i. S. d. § 102 Abs. 1 OWiG bedeutet sowohl den Aufschub einer noch nicht begonnenen als auch die Unterbrechung oder vorläufige Einstellung einer bereits eingeleiteten Vollstreckung, vgl. BT-Drs. V/1269 S. 123.

Die Aussetzung der Vollstreckung erfolgt nur, wenn

- die öffentliche Klage nach Rechtskraft des Bußgeldbescheides erhoben wurde. Wird bereits vor Eintritt der Rechtskraft öffentliche Klage erhoben, liegt für das Bußgeldverfahren ein Verfahrenshindernis vor. Die Vollstreckungsbehörde hat in diesem Fall den Bußgeldbescheid zurückzunehmen. Das Bußgeldverfahren ist einzustellen, vgl. *Seitz/ Bauer* in Göhler, OWiG, 18. Aufl., § 102 Rdnr. 2; a. A. *Mitsch* in Karlsruher Kommentar, OWiG, 5. Aufl., § 102 Rdnr. 2, wonach § 102 Abs. 1 OWiG auch auf den Fall auszudehnen ist, dass der Bußgeldbescheid bei Klageerhebung zwar noch nicht rechtskräftig, aber schon erlassen ist.
- wegen der derselben Handlung die öffentliche Klage erhoben wurde. Gegebenenfalls ist daher die Aussetzung auf eine Geldbuße zu beschränken, sofern wegen mehrerer Handlungen mehrere Geldbußen festgesetzt wurden (§ 20 OWiG).

Die Vollstreckung ist von der Vollstreckungsbehörde solange auszusetzen, bis eine Entscheidung nach § 86 Abs. 1 und 2 OWiG ergangen ist.

Gegen die Ablehnung der Aussetzung kann nach § 103 Abs. 1 Nr. 2 OWiG vorgegangen werden.

3. Sollvorschrift

Gemäß dem Wortlaut des § 102 Abs. 1 OWiG („so soll") handelt es sich um eine Sollvorschrift. Die Vollstreckungsbehörde hat daher bei Vorliegen der Voraussetzungen regelmäßig die Vollstreckung auszusetzen. Nur in besonderen Ausnahmefällen darf die Behörde, die den Bußgeldbescheid erlassen hat, von diesem Grundsatz abweichen.

4. Nachträgliche gerichtliche Entscheidungen, § 102 Abs. 2 OWiG

Sind die Entscheidungen nach § 86 Abs. 1 OWiG (Aufhebung des Bußgeldbescheides) und § 86 Abs. 2 OWiG (Anrechnung bereits bezahlter oder beigetriebener Geldbeträge) im Strafverfahren versehentlich unterblieben, so sind sie von dem Gericht nachträglich zu treffen. Ohne die Vorschrift des § 102 OWiG könnte der Bußgeldbescheid nur im Wiederaufnahmeverfahren, also unter Umständen einengenden Voraussetzungen, beseitigt werden. Eine solche Lösung wäre weder sachgerecht noch prozesswirtschaftlich, vgl. BT-Drs. V/1269 S. 123.

Zuständig ist das Gericht des ersten Rechtszuges im Strafverfahren, § 104 Abs. 1 Nr. 4 OWiG. Das Gericht entscheidet von Amts wegen. Die Entscheidung ist unanfechtbar, § 104 Abs. 3 Satz 2 OWiG.

§ 103
Gerichtliche Entscheidung

(1) Über Einwendungen gegen

1. **die Zulässigkeit der Vollstreckung,**
2. **die von der Vollstreckungsbehörde nach den §§ 93, 99 Abs. 2 und § 102 Abs. 1 getroffenen Anordnungen,**
3. **die sonst bei der Vollstreckung eines Bußgeldbescheides getroffenen Maßnahmen**

entscheidet das Gericht.

(2) Durch Einwendungen nach Absatz 1 wird die Vollstreckung nicht gehemmt. Das Gericht kann jedoch die Vollstreckung aussetzen.

Erläuterungen

Übersicht

Vorbemerkung

§ 103 OWiG gibt den Berechtigten einen besonderen Rechtsbehelf für das Vollstreckungsverfahren zur Hand. Geltend gemacht werden können Einwendungen gegen die Zulässigkeit der Vollstreckung (§ 103 Abs. 1 Nr. 1 OWiG) sowie gegen bestimmte Anordnungen und Maßnahmen der Vollstreckungsbehörde (§ 103 Abs. 1 Nr. 2 und 3 OWiG). Es wird der Rechtsweg zu den ordentlichen Gerichten eröffnet, nicht zu den Verwaltungsgerichten.

Die Vollstreckungsbehörde selbst kann Zweifel, die sie an der Zulässigkeit der Vollstreckung hat, nicht gerichtlich klären lassen, vgl. BT-Drs. V/1269 S. 123. Zu der abweichenden Regelung im Strafprozess vgl. § 458 StPO.

1. Anwendungsbereich

Nicht von § 103 Abs. 1 Nr. 1 bis 3 OWiG umfasst sind Maßnahmen nach §§ 96, 97 Abs. 3 Satz 2 OWiG, §§ 98, 100 und 102 Abs. 2 OWiG. Es handelt sich bei den genannten Vorschriften nicht um Maßnahmen der Vollstreckungsbehörde, vgl. *Seitz/Bauer* in Göhler, OWiG, 18. Aufl., § 103 Rdnr. 1.

§ 103 Abs. 1 Nr. 1 und 2 OWiG ist sowohl bei der Vollstreckung von Bußgeldentscheidungen der Vollstreckungsbehörde als auch des Gerichts anwendbar. § 103 Abs. 1 Nr. 3 OWiG hingegen findet nur bei Maßnahmen zur Vollstreckung von Bußgeldbescheiden Anwendung, vgl. *Seitz/Bauer* in Göhler, OWiG, 18. Aufl., § 103 Rdnr. 1.

2. § 103 Abs. 1 Nr. 1 OWiG

Im Rahmen des § 103 Abs. 1 Nr. 1 OWiG ist zu beachten, dass sich die Einwendungen gegen die Zulässigkeit der Vollstreckung insgesamt richten müssen. Mit anderen Worten: Die Einwendungen müssen den Fortbestand der Vollstreckung, also das „Ob" der Vollstreckung betreffen. Werden (nur) Einwendungen gegen einzelne Vollstreckungsmaßnahmen geltend gemacht, also gegen das „Wie" der Vollstreckung (z. B. Einwendungen gegen eine bestimmte Pfändungsmaßnahme), dann ist lediglich die Art und Weise der Vollstreckung betroffen. In diesem Fall findet § 103 Abs. 1 Nr. 1 OWiG keine Anwendung. In Betracht kommt hier lediglich § 103 Abs. 1 Nr. 3 OWiG, sofern es sich um die Vollstreckung von Bußgeldbescheiden der Verwaltungsbehörde handelt.

Im Rahmen des § 103 Abs. 1 Nr. 1 OWiG können u. a. folgende Einwendungen in zulässiger Weise geltend gemacht werden:

- Vollstreckungsverjährung gem. § 34 OWiG: Eine rechtskräftig festgesetzte Geldbuße darf nach Ablauf der Verjährungsfrist nicht mehr vollstreckt werden.
- Vollstreckung in den Nachlass, § 101 OWiG: In den Nachlass des Betroffenen darf eine Geldbuße nicht vollstreckt werden.
- Vollstreckbarkeit der Bußgeldentscheidungen, § 89 OWiG: Bußgeldentscheidungen sind nur vollstreckbar, wenn sie rechtskräftig geworden sind.
- Erlass der verhängten Rechtsfolge im Gnadenwege.
- Nichtigkeit der Bußgeldentscheidung – Einwendungen gegen die Rechtmäßigkeit der Bußgeldentscheidung können im Vollstreckungsverfahren wegen der entgegenstehenden Rechtskraft nicht geltend gemacht werden. Die Fehlerhaftigkeit der Bußgeldentscheidung kann hier lediglich durch die Wiederaufnahme des Verfahrens, § 85 OWiG, korrigiert werden.
- Nichtablauf der Schonfrist, § 95 Abs. 1 OWiG: Die Geldbuße oder der Teilbetrag einer Geldbuße wird vor Ablauf von zwei Wochen nach Eintritt der Fälligkeit grundsätzlich nicht beigetrieben.
- Bewilligung von Zahlungserleichterungen, §§ 18, 93 OWiG.
- Nachträgliche Aufhebung des Bußgeldbescheides gem. §§ 86, 102 Abs. 2 OWiG.
- Erfüllung durch Zahlung.
- Personenverschiedenheit: Einwendung, die in der Bußgeldentscheidung genannte Person ist nicht identisch mit der Person, gegen die sich das Vollstreckungsverfahren richtet.

In der Regel werden mit § 103 Abs. 1 Nr. 1 OWiG Vollstreckungshindernisse geltend gemacht.

3. § 103 Abs. 1 Nr. 2 OWiG

Gem. § 103 Abs. 1 Nr. 2 OWiG können Einwendungen gegen die von der Vollstreckungsbehörde nach den §§ 93, 99 Abs. 2 und § 102 Abs. 1 OWiG getroffenen Anordnungen geltend gemacht werden. Damit unterliegen der gerichtlichen Nachprüfung u. a. folgende Einwendungen:

- Nichtbewilligung einer Zahlungserleichterung, § 93 Abs. 1, Abs. 4 Satz 2 OWiG, § 18 OWiG;
- nachträgliche Aufhebung oder Abänderung einer Zahlungserleichterung, § 93 Abs. 2 Satz 1 OWiG, § 18 OWiG;
- Weigerung der Vollstreckungsbehörde, eine Anordnung nach § 99 Abs. 2 OWiG zu erlassen (Anordnung, dass die Verfallsanordnung nicht mehr vollstreckt wird);
- Weigerung der Vollstreckungsbehörde, bereits gezahlte oder beigetriebene Beträge an den Betroffenen oder den Verfallsbeteiligten zurückzuerstatten, § 99 Abs. 2 Satz 2 OWiG;
- Weigerung der Vollstreckungsbehörde, eine Anordnung nach § 102 Abs. 1 OWiG zu erlassen (Aussetzung der Vollstreckung des Bußgeldbescheides).

Nur in dem Fall des § 103 Abs. 1 Nr. 2 OWiG i. V. m. § 99 Abs. 2 OWiG ist die sofortige Beschwerde zulässig, sofern der Wert des Beschwerdegegenstandes 250,- Euro übersteigt,

§ 104 Abs. 3 Satz 1 Nr. 3 OWiG. Ansonsten sind die Entscheidungen des Gerichts nach § 103 Abs. 1 OWiG unanfechtbar, § 104 Abs. 3 Satz 2 OWiG.

4. § 103 Abs. 1 Nr. 3 OWiG

§ 103 Abs. 1 Nr. 3 OWiG bezieht sich nur auf die Vollstreckung eines Bußgeldbescheides der Verwaltungsbehörde. Gerichtliche Bußgeldentscheidungen können im Rahmen dieser Vorschrift nicht angefochten werden. Sie werden nach der jeweiligen Verfahrensordnung überprüft. Ferner erfasst § 103 Abs. 1 Nr. 3 OWiG nur Einwendungen gegen die Art und Weise der Vollstreckung, s. Erl. 2 zu § 103 OWiG. Nach *Mitsch* in Karlsruher Kommentar, OWiG, 5. Aufl., § 103 Rdnr. 9, kommen u. a. folgende Einwendungen im Rahmen des § 103 Abs. 1 Nr. 3 OWiG in Betracht:

- Ausdehnung der Vollstreckung in das bewegliche Vermögen auf unpfändbare Gegenstände;
- Durchsuchung einer Wohnung ohne richterliche Anordnung;
- Vorliegen einer Aufrechnungserklärung;
- Verrechnung von Teilbeträgen unter Verstoß gegen § 94 OWiG.

Der Begriff der „Maßnahme" ist weit zu verstehen. Erfasst werden sowohl Maßnahmen der Vollstreckungsbehörde als auch der Vollzugsbehörde.

§ 103 Abs. 1 Nr. 3 OWiG ist nicht anwendbar, soweit nach den in den Verwaltungsvollstreckungsgesetzen für anwendbar erklärten Vorschriften der ZPO bestimmte Einwendungen nur im Wege der Klage vor den Zivilgerichten geltend gemacht werden können, vgl. Lemke/Mosbacher, OWiG, 2. Aufl., § 103 Rdnr. 5. Dies gilt zum Beispiel für die Drittwiderspruchsklage, § 771 ZPO.

5. Zuständigkeit, Verfahren und Form

Die sachliche und örtliche Zuständigkeit des Gerichts ergibt sich aus § 104 Abs. 1 OWiG.

Die Einwendungen sind gegenüber der Vollstreckungsbehörde zu erheben. Die Vollstreckungsbehörde prüft im Rahmen des Abhilfeverfahrens die vorgetragenen Einwendungen. Kommt die Vollstreckungsbehörde zu dem Ergebnis, dass die Einwendungen nicht durchgreifen, legt sie die Sache dem Gericht zur Entscheidung vor. In den Fällen des § 103 Abs. 1 Nr. 3 OWiG kann der Betroffene seine Einwendungen auch gegenüber der Vollzugsbehörde erheben. Hilft die Vollzugsbehörde nicht ab, gibt sie die Sache an die Vollstreckungsbehörde weiter. Erst gegen Entscheidungen der Vollstreckungsbehörde kann das Gericht angerufen werden, vgl. *Seitz/Bauer* in Göhler, OWiG, 18. Aufl., § 103 Rdnr. 6.

Einwendungen nach § 103 Abs. 1 OWiG unterliegen keiner Frist. Auch ist keine besondere Form vorgeschrieben. Zu verlangen ist jedoch Schriftform oder eine Erklärung zu Protokoll der Geschäftsstelle.

Der Betroffene muss geltend machen, dass er durch die angegriffene Anordnung oder Maßnahme resp. durch ihre Unterlassung in seinen Rechten verletzt ist, falls sich dies nicht bereits aus seinem Vorbringen ergibt oder auf der Hand liegt, vgl. *Seitz/Bauer* in Göhler, OWiG, 18. Aufl., § 103 Rdnr. 10 a. Eine behauptete Zahlung hat der Betroffene – ggf. durch Vorlage einer Quittung bzw. eines Zahlungsbeleges – zu beweisen. Dem Betroffenen kann jedoch nicht zugemutet werden, Belege über einen Zeitraum von mehr als einem Jahr aufzubewahren. Ist somit zwischen der Zustellung des Bußgeldbescheides und dem ersten Tätigwerden der Vollstreckungsbehörde mehr als ein Jahr verstrichen, trifft den Betroffenen regelmäßig keine Nachweispflicht mehr, vgl. LG Köln, MDR 1996 S. 1060.

Im Rahmen des § 103 Abs. 1 Nr. 3 OWiG ist zu beachten, dass eine gerichtliche Entscheidung nur dann zulässig ist, sofern die Vollstreckungsmaßnahme noch nicht beendet ist oder – im Falle der Beendigung der Vollstreckungsmaßnahme – ein nachwirkendes Feststellungsinteresse besteht.

Einwendungsberechtigt sind der Betroffene, sein Verteidiger, gesetzliche Vertreter und sonstige Bevollmächtigte. In Betracht kommen aber auch dritte Personen, die unmittelbar durch die Vollstreckung in ihren Rechten beeinträchtigt werden (z. B. der Erbe im Rahmen der Vollstreckung in den Nachlass), sowie der Einziehungs- und Verfallsbeteiligte. Der Einziehungsbeteiligte ist einwendungsberechtigt, wenn die Vollstreckung gegen ihn gerichtet ist; der Verfallsbeteiligte, wenn ein dem Verletzten erwachsener Anspruch rechtskräftig festgestellt wurde, vgl. *Seitz/Bauer* in Göhler, OWiG, 18. Aufl., § 103 Rdnr. 11. Einwendungsberechtigt ist ferner die juristische Person oder Personenvereinigung, gegen die eine Geldbuße nach § 30 OWiG festgesetzt worden ist.

6. Kosten

§ 103 OWiG enthält keine Bestimmung darüber, wer die Kosten und Auslagen zu tragen hat. Anerkannt ist jedoch, dass §§ 467 Abs. 1, 473 StPO entsprechend Anwendung finden. Hat der Betroffene somit mit seinen Einwendungen Erfolg, so trägt die „Behörden- bzw. Gerichtskasse" die notwendigen Auslagen des Betroffenen, vgl. § 467 Abs. 1 StPO.

7. Keine Hemmung, § 103 Abs. 2 OWiG

Nach § 103 Abs. 2 Satz 1 OWiG wird durch die Erhebung von Einwendungen nach § 103 Abs. 1 Nr. 1 bis 3 OWiG die Vollstreckung nicht gehemmt. Das Gericht kann jedoch die Vollstreckung aussetzen, § 103 Abs. 2 Satz 2 OWiG. Das gleiche Recht steht der Vollstreckungsbehörde zu, obwohl nicht ausdrücklich gesetzlich bestimmt. Die Aussetzung lässt die Vollstreckungsverjährung ruhen, § 34 Abs. 4 Nr. 2 OWiG.

Aussetzen i. S. d. § 103 Abs. 2 Satz 2 OWiG bedeutet sowohl den Aufschub einer noch nicht begonnenen als auch die Unterbrechung oder vorläufige Einstellung einer bereits eingeleiteten Vollstreckung.

Die Entscheidung des Gerichts, die eine Aussetzung i. S. d. § 103 Abs. 2 Satz 2 OWiG ablehnt, ist nicht anfechtbar, § 104 Abs. 3 Satz 2 OWiG.

§ 104
Verfahren bei gerichtlicher Entscheidung

(1) Die bei der Vollstreckung notwendig werdenden gerichtlichen Entscheidungen werden erlassen

1. **von dem nach § 68 zuständigen Gericht, wenn ein Bußgeldbescheid zu vollstrecken ist,**
2. **von dem Gericht des ersten Rechtszuges, wenn eine gerichtliche Bußgeldentscheidung zu vollstrecken ist,**
3. **von dem Jugendrichter, dem die Vollstreckung einer gerichtlichen Bußgeldentscheidung obliegt, soweit nicht eine Entscheidung nach § 100 Abs. 1 Nr. 2 zu treffen ist,**
4. **von dem Gericht des ersten Rechtszuges im Strafverfahren, wenn eine Entscheidung nach § 102 Abs. 2 zu treffen ist.**

(2) Die Entscheidung ergeht ohne mündliche Verhandlung. Vor der Entscheidung ist den Beteiligten Gelegenheit zu geben, Anträge zu stellen und zu begründen.

(3) Die sofortige Beschwerde ist zulässig gegen die

1. **Anordnung der Erzwingungshaft und die Verhängung des Jugendarrestes,**
2. **nachträgliche Entscheidung über die Einziehung (§ 100 Abs. 1 Nr. 2),**
3. **gerichtliche Entscheidung in den Fällen des § 103 Abs. 1 Nr. 2 in Verbindung mit § 99 Abs. 2;**

dies gilt in den Fällen der Nummern 2 und 3 jedoch nur dann, wenn der Wert des Beschwerdegegenstandes zweihundertfünfzig Euro übersteigt. In den übrigen Fällen ist die Entscheidung nicht anfechtbar.

Erläuterungen

Übersicht

Vorbemerkung

§ 104 OWiG enthält in Bezug auf die gerichtliche Entscheidung im Rahmen der Vollstreckung von Bußgeldentscheidungen Regelungen über die sachliche und örtliche Zuständigkeit (Absatz 1) sowie über das Verfahren (Absatz 2). Ferner ist die Zulässigkeit der sofortigen Beschwerde (Absatz 3) geregelt. § 104 OWiG entspricht den Regelungen des § 462 StPO im Bereich der Strafvollstreckung.

1. Anwendungsbereich des § 104 Abs. 1 OWiG

§ 104 Abs. 1 OWiG gilt für alle gerichtlichen Entscheidungen im Rahmen der Vollstreckung von Bußgeldentscheidungen und selbst dann, wenn §§ 90 Abs. 1, 91 OWiG nur sinngemäß Anwendung finden. § 104 Abs. 1 Nr. 1 OWiG findet daher auch für die gerichtliche Anordnung der Wohnungsdurchsuchung im Rahmen der Vollstreckung einer Bußgeldentscheidung Anwendung.

§ 104 Abs. 1 OWiG ist auch für die Vollstreckung von Bußgeldbescheiden der Verwaltungsbehörde anwendbar; keine Anwendung findet § 104 Abs. 1 OWiG jedoch, wenn spezielle vollstreckungsrechtliche Rechtsbehelfe nach den sinngemäß geltenden Vorschriften der ZPO eingreifen, vgl. *Mitsch* in Karlsruher Kommentar, OWiG, 5. Aufl., § 104 Rdnr. 3.

2. § 104 Abs. 1 Nr. 1 OWiG

Für den Fall, dass ein Bußgeldbescheid gegen Erwachsene zu vollstrecken ist, also ein Vollstreckungsakt der Verwaltung vorliegt, werden die bei der Vollstreckung notwendig werdenden gerichtlichen Entscheidungen von dem nach § 68 OWiG zuständigen Gericht erlassen. Es wird somit die Zuständigkeit des Amtsgerichts bestimmt, welches bei Einspruch gegen den Bußgeldbescheid zur Entscheidung berufen gewesen wäre, vgl. BT-Drs. V/1269 S. 124. Insofern entscheidet grundsätzlich das Amtsgericht, in dessen Bezirk die Verwaltungsbehörde ihren Sitz hat, vgl. § 68 Abs. 1 Satz 1 OWiG. Dadurch wird auch im Vollstreckungsverfahren eine gewisse Zuständigkeitskonzentration und mithin eine gleichmäßige Rechtsprechung erreicht.

Eine abweichende Zuständigkeitsregelung enthält § 68 Abs. 3 OWiG. Diese kann sich auch auf Fälle des § 104 Abs. 1 Nr. 1 OWiG erstrecken, da Nr. 1 nur allgemein auf § 68 OWiG und damit auch auf § 68 Abs. 3 OWiG verweist.

Der Richter beim Amtsgericht entscheidet allein, § 68 Abs. 1 Satz 2 OWiG. Im Verfahren gegen Jugendliche und Heranwachsende ist der Jugendrichter zuständig, § 68 Abs. 2 OWiG.

3. § 104 Abs. 1 Nr. 2 OWiG

Gem. § 104 Abs. 1 Nr. 2 OWiG werden die bei der Vollstreckung notwendig werdenden gerichtlichen Entscheidungen von dem Gericht des ersten Rechtszuges erlassen, wenn eine gerichtliche Bußgeldentscheidung gegen einen Erwachsenen zu vollstrecken ist.

4. § 104 Abs. 1 Nr. 3 OWiG

In § 104 Abs. 1 Nr. 3 OWiG ist die Zuständigkeit für gerichtliche Vollstreckungsentscheidungen bei gerichtlichen Bußgeldentscheidungen gegen Jugendliche und Heranwachsende geregelt. Soweit nicht eine Entscheidung nach § 100 Abs. 1 Nr. 2 OWiG zu treffen ist, ist der Jugendrichter zuständig, dem die Vollstreckung einer gerichtlichen Bußgeldentscheidung obliegt. Der zuständige Jugendrichter hat sämtliche Vollstreckungsentscheidungen zu treffen.

Ist der Jugendrichter Vollstreckungsbehörde, darf er nicht über Einwendungen gegen seine eigenen Anordnungen (§ 103 Abs. 1 Nr. 1 und 2 OWiG) richterlich entscheiden. Zuständig ist in diesem Fall die Jugendkammer.

Ist eine Entscheidung nach § 100 Abs. 1 Nr. 2 OWiG zu treffen, ist das Gericht des ersten Rechtszuges zuständig, vgl. § 104 Abs. 1 Nr. 2 OWiG.

5. § 104 Abs. 1 Nr. 4 OWiG

Für nachträgliche Entscheidungen nach § 86 Abs. 1 und 2 OWiG i. V. m. § 102 Abs. 2 OWiG ist das Gericht des ersten Rechtszuges im Strafverfahren zuständig. Diese Zuständigkeitsregelung ist sachgerecht, da nicht der Bußgeldbescheid, sondern die strafgerichtliche Entscheidung ergänzt wird, vgl. BT-Drs. V/1269 S. 124.

6. Verfahren

Vor der Entscheidung ist den Beteiligten rechtliches Gehör zu gewähren und Gelegenheit zu geben, Anträge zu stellen und zu begründen, vgl. § 104 Abs. 2 Satz 2 OWiG. Das Gericht kann Beweiserhebungen vornehmen und auch durch die Polizei weitere Ermittlungen anstellen lassen, vgl. *Mitsch* in Karlsruher Kommentar, OWiG, 5. Aufl., § 104 Rdnr. 11.

Gem. 104 Abs. 2 Satz 1 OWiG ergeht die Entscheidung nach Absatz 1 ohne mündliche Verhandlung. Die Entscheidung ergeht durch Beschluss. Der Beschluss ist zu begründen, wenn er anfechtbar ist oder durch ihn ein Antrag abgelehnt wird, vgl. § 34 StPO i. V. m. 46 Abs. 1 OWiG.

7. Sofortige Beschwerde

Sofortige Beschwerde ist nur in den Fällen des § 104 Abs. 3 Satz 1 Nr. 1 bis 3 OWiG zulässig. In den übrigen Fällen sind die bei der Vollstreckung notwendigen Entscheidungen unanfechtbar, § 104 Abs. 3 Satz 2 OWiG. So ist beispielsweise die Entscheidung des Gerichts, die eine Aussetzung i. S. des § 103 Abs. 2 Satz 2 OWiG ablehnt, nicht anfechtbar.

7.1 Anwendungsbereich

Die sofortige Beschwerde ist nur gegen

- die Anordnung der Erzwingungshaft, § 96 Abs. 1 OWiG, und gegen die Verhängung des Jugendarrestes, § 98 Abs. 2 OWiG;
- die nachträgliche gerichtliche Anordnung der Einziehung eines Gegenstandes oder des Wertersatzes, § 100 Abs. 1 Nr. 2 OWiG;

- eine gerichtliche Entscheidung, in welcher über Einwendungen i. S. des § 103 Abs. 1 Nr. 2 OWiG gegen eine Anordnung der Vollstreckungsbehörde nach § 99 Abs. 2 OWiG entschieden wurde,

zulässig.

§ 104 Abs. 3 Satz 1 Nr. 1 und 2 OWiG verlangt im Rahmen der sofortigen Beschwerde eine stattgebende Entscheidung. Dagegen beschränkt sich der Anwendungsbereich des § 104 Abs. 3 Satz 1 Nr. 4 OWiG auf ablehnende Entscheidungen.

Wird die Entscheidung aus formellen Gründen abgelehnt, ist lediglich die einfache Beschwerde statthaft. Die sofortige Beschwerde ist somit nur gegen Sachentscheidungen zulässig, vgl. *Seitz/Bauer* in Göhler, OWiG, 18. Aufl., § 104 Rdnr. 13.

In den Fällen des § 104 Abs. 3 Satz 1 Nr. 2 und 3 OWiG ist des Weiteren erforderlich, dass der Wert des Beschwerdegegenstandes 250,- Euro übersteigt.

7.2 Berechtigte

Sofortige Beschwerde können erheben: Der Betroffene, ein Nebenbeteiligter, in Jugendsachen auch der gesetzliche Vertreter oder der Erziehungsberechtigte. Der Vollstreckungsbehörde ist es verwehrt, selbst sofortige Beschwerde zu erheben.

7.3 Form, Frist und Verfahren

Die Beschwerde ist binnen einer Woche einzulegen; die Frist beginnt mit der Zustellung der angefochtenen Entscheidung, §§ 311 Abs. 2, 35 Abs. 2 Satz 1 StPO i. V. m. § 46 Abs. 1 OWiG.

Hinsichtlich der Form und des Verfahrens wird verwiesen auf die ausführliche Darstellung bei *Mitsch,* in: Karlsruher Kommentar, OWiG, 5. Aufl., § 104 Rdnr. 15 f. Im Wesentlichen ist Folgendes zu beachten:

- Die Beschwerde wird bei dem Gericht, von dem oder von dessen Vorsitzenden die angefochtene Entscheidung erlassen ist, zu Protokoll der Geschäftsstelle oder schriftlich eingelegt, § 306 Abs. 1 StPO i. V. m. § 46 Abs. 1 OWiG.
- Die Beschwerde braucht kraft Gesetzes nicht begründet werden, obwohl dies in der Praxis geschieht und sachdienlich ist. Erfolgt eine Begründung, kann diese auch nach Ablauf der Einlegungsfrist bei Gericht eingehen.
- Gem. § 311 Abs. 3 Satz 1 StPO i. V. m. 46 Abs. 1 OWiG hat der judex a quo (also das Gericht, das die angefochtene Entscheidung erlassen hat) keine Abhilfemöglichkeit. Nur ausnahmsweise hilft das Gericht der Beschwerde ab, wenn es zum Nachteil des Beschwerdeführers Tatsachen oder Beweisergebnisse verwertet hat, zu denen dieser noch nicht gehört worden ist, und es aufgrund des nachträglichen Vorbringens die Beschwerde für begründet erachtet, vgl. § 311 Abs. 3 Satz 2 StPO i. V. m. § 46 Abs. 1 OWiG.
- Durch Einlegung der Beschwerde wird der Vollzug der angefochtenen Entscheidung nicht gehemmt, vgl. § 307 Abs. 1 StPO i. V. m. § 46 Abs. 1 OWiG. Dies gilt nicht für die sofortige Beschwerde nach § 104 Abs. 3 Satz 1 Nr. 1 OWiG. Die sofortige Beschwerde gegen die Anordnung der Erzwingungshaft und die Verhängung des Jugendarrestes hat aufschiebende Wirkung.
- Beschwerdegericht ist das Landgericht, sofern eine Entscheidung des Amtsgerichts vorliegt, bzw. das OLG, wenn eine Entscheidung des Landgerichts mit der Beschwerde angegriffen wird. Gegen Entscheidungen des OLG ist die Beschwerde nicht zulässig, vgl. § 304 Abs. 4 StPO i. V. m. § 46 Abs. 1 OWiG.

Zehnter Abschnitt

Kosten

I.

Verfahren der Verwaltungsbehörde

§ 105
Kostenentscheidung

(1) Im Verfahren der Verwaltungsbehörde gelten § 464 Abs. 1 und 2, § 464a, § 464c, soweit die Kosten für Gebärdensprachdolmetscher betroffen sind, die §§ 464d, 465, 466, 467a Abs. 1 und 2, § 469 Abs. 1 und 2 sowie die §§ 470, 472b und 473 Abs. 7 der Strafprozessordnung sinngemäß, im Verfahren gegen Jugendliche und Heranwachsende ferner § 74 des Jugendgerichtsgesetzes.

(2) Die notwendigen Auslagen, die nach Absatz 1 in Verbindung mit § 465 Abs. 2, § 467a Abs. 1 und 2 sowie den §§ 470 und 472b der Strafprozessordnung die Staatskasse zu tragen hat, werden, soweit das Gesetz nichts anderes bestimmt, der Bundeskasse auferlegt, wenn eine Verwaltungsbehörde des Bundes das Verfahren durchführt, sonst der Landeskasse.

Erläuterungen

Übersicht

Vorbemerkung

Die Norm enthält ebenso wie die §§ 106 bis 108 OWiG Bestimmungen über die **Kosten der Verwaltungsbehörde** im Bußgeldverfahren. Diese besonderen Kostenvorschriften waren notwendig, denn die Verwaltungsbehörde nimmt zwar bei sinngemäßer Anwendung der StPO die Stellung der Staatsanwaltschaft ein (vgl. § 46 Abs. 2 OWiG), die Kostenvorschriften der StPO beziehen sich jedoch auf richterliche Entscheidungen, nicht auf solche der Staatsanwaltschaft. Mit der Verweisung in § 105 auf die Kostenvorschriften der StPO nimmt die Verwaltungsbehörde bei Kostenentscheidungen im Bußgeldverfahren somit die Stellung des Gerichts ein (vgl. *RRH*, 3. Aufl., Rdnr. 1; *KK*, 5. Aufl., Rdnr. 1). Für die **Kosten des gerichtlichen Bußgeldverfahrens** gelten gem. § 46 Abs. 1 OWiG die Vorschriften der StPO und des JGG sinngemäß, eine entsprechende Sonderregelung im OWiG war deshalb nicht erforderlich; die Kostenregelung im gerichtlichen Verfahren wird lediglich noch durch § 109 OWiG ergänzt. Die Kostenbestimmung des § 108a OWiG ist im **Verfahren bei der Staatsanwaltschaft** einschlägig, die Vorschriften des § 109a sind **in allen Verfahren** (bei der Verwaltungsbehörde, der Staatsanwaltschaft und beim Gericht) anzuwenden. Für die Verstöße im ruhenden Verkehr enthält § 25a StVG (siehe hierzu Erl. zu § 107) weitere kostenrechtliche Vorschriften, die ebenfalls für alle genannten Verfahrensarten gelten (vgl. *RRH*, a. a. O.; *KK*, 5. Aufl., Rdnr. 4).

1. Kosten- und Auslagenentscheidung (§ 105 OWiG, § 464 Abs. 1, 2 StPO)

§ 464 Abs. 1 StPO regelt, **von wem** die Verfahrenskosten zu tragen sind, nicht, in welcher Höhe Kosten anfallen. Mit Kosten sind die Gebühren und Auslagen gem. § 107 gemeint, nicht aber die „notwendigen" Auslagen (vgl. hierzu Erl. 1.2), welche einem Verfahrensbeteiligten (z. B. dem Betroffenen) entstanden sind, die er ggf. erstattet bekommt; diese notwendigen Auslagen werden separat in § 464 Abs. 2 StPO behandelt. Damit ist deutlich, dass zwei Entscheidungen erforderlich sind, nämlich die über die Verfahrenskosten und ausdrücklich eine über die notwendigen Auslagen (vgl. *RRH*, 3. Aufl., Rdnr. 4). Wird in einem Bußgeldbescheid z. B. bestimmt, *„die Kosten des Verfahrens trägt die Staatskasse"*, ist nichts darüber ausgesagt, wer die notwendigen Auslagen des Betroffenen zu tragen hat, und umgekehrt (vgl. *KK*, 5. Aufl., Rdnr. 8).

Mit diesen Entscheidungen kann vom Grundsatz abgewichen werden, dass jeder Verfahrensbeteiligte seine Kosten bzw. Auslagen selbst zu tragen hat (vgl. *KK*, 5. Aufl., Rdnr. 7). Fehlen die Entscheidungen, z. B. in einem rechtskräftigen Bußgeldbescheid, wird der Bußgeldbescheid nicht etwa unwirksam, sondern dann trägt dem Grundsatz folgend die Staatskasse (vgl. Erl. 8 ff.) die Verfahrenskosten und der Verfahrensbeteiligte seine eigenen notwendigen Auslagen (vgl. *KK*, a. a. O.); die Kostenentscheidung kann jedenfalls, auch wenn sie versehentlich unterblieben ist, nicht nachgeholt werden (vgl. *KK*, 5. Aufl., Rdnr. 9; *RRH*, 3. Aufl., Rdnr. 2 vor § 105; *Göhler*, 18. Aufl. 2020, Rdnr. 11 vor § 105). Im Übrigen muss nicht jede das Verfahren abschließende Entscheidung eine Auslagenentscheidung enthalten; sie ist überflüssig, wenn es nach dem Gesetz selbstverständlich ist, wer die Auslagen zu tragen hat, so z. B. im Normalfall der Betroffene, wenn gegen ihn ein Bußgeldbescheid ergeht (vgl. *KK*, 5. Aufl., Rdnr. 18; *Göhler*, 18. Aufl. 2020, Rdnr. 12 vor § 105). Sowohl bei der Kosten- als auch der Auslagenentscheidung handelt es sich um Grundentscheidungen, die keine Aussage über die Höhe bzw. den Umfang der Kosten beinhalten (vgl. *RRH*, a. a. O.).

> *Beispiel:*
>
> *Gegen einen Betroffenen wird wegen einer Ordnungswidrigkeit zunächst ein Bußgeldbescheid in Höhe von 500 Euro erlassen. Aufgrund des Einspruchs wird dieser, nachdem im Zwischenverfahren entlastende Umstände bekannt wurden, zurückgenommen und durch einen milderen, mit einem Bußgeldausspruch von nur noch 250 Euro, ersetzt.*

In diesem Fall kann es in Betracht kommen, dass die notwendigen Auslagen des Betroffenen aus Billigkeitsgründen ganz oder teilweise der Staatskasse (vgl. Erl. 8 ff.) auferlegt werden (§ 465 Abs. 2 Satz 3 StPO). Der neue Bußgeldbescheid müsste daher eine Entscheidung darüber enthalten, wer die notwendigen Auslagen zu tragen hat. Lagen die Voraussetzungen dafür vor, dass diese der Staatskasse ganz oder teilweise auferlegt werden, wird im Bußgeldbescheid hierüber aber (absichtlich oder versehentlich) nicht bestimmt, so verbleiben die Auslagen beim Betroffenen.

1.1 Kosten des Verfahrens (§ 464 Abs. 1 StPO)

Nach sinngemäßer Anwendung des § 464 Abs. 1 StPO muss jeder Bußgeldbescheid (§§ 65, 66 OWiG) und jede das Bußgeldverfahren abschließende Entscheidung der Verwaltungsbehörde darüber Bestimmung treffen, von wem die Kosten des Verfahrens dem Grunde nach zu tragen sind. Kosten des Verfahrens sind die Gebühren und Auslagen der Verwaltungsbehörde (§ 464a Abs. 1 Satz 1 StPO); sie sind abschließend in § 107 OWiG genannt. Zu den Kosten gehören **alle Gebühren und Auslagen, die** im Verfahren **bei der Verwaltungsbehörde** vom Beginn des Vorverfahrens an über das Zwischenverfahren (z. B. Kosten für die Verwerfung des Einspruchs) bis hin zum Eintritt der Rechtskraft **entstanden sind** (vgl. *Göhler*, 18. Aufl. 2020, Rdnr. 9 vor § 105; *KK*, 5. Aufl., Rdnr. 11). Zu beachten ist, dass nur solche Kosten zu berücksichtigen sind, die im Bußgeldverfahren **bei der Verfolgung einer Ordnungswidrigkeit** entstanden sind. Nicht hierzu zählen z. B. Auslagen, die für die Herstellung eines rechtmäßigen Zustandes anfallen, wie etwa Abschleppkosten (vgl. *RRH*, 3. Aufl., Rdnr. 3 vor 105; *Göhler*, 18. Aufl. 2020, Rdnr. 30 vor 105). Ebenfalls nicht erfasst sind die Auslagen, welche ausschließlich bei der Verfolgung der Tat als Straftat entstehen (vgl. *RRH*, a. a. O.), dagegen liegt die Sache anders, wenn die Auslagen zugleich bei der Verfolgung der Tat als Ordnungswidrigkeit erwachsen (vgl. *Göhler*, a. a. O.); in Betracht zu ziehen sind hier insbesondere Vorgänge, bei denen Straftat und Ordnungswidrigkeit zusammenhängen, bzw. solche Normen betreffen, die als so genannte Mischtatbestände charakterisiert werden.

Beispiel:

Die Staatsanwaltschaft ermittelt gegen einen Lebensmittelhersteller wegen des Verdachts einer Straftat im Lebensmittelrecht, weil er bei der Herstellung von Lebensmitteln vorsätzlich nicht zugelassene Lebensmittel-Zusatzstoffe verwendet haben soll (§ 59 Abs. 1 Nr. 1, § 6 Abs. 1 Nr. 1 Buchst. A, § 7 Abs. 1 Nr. 1 LFGB), und holt dabei ein Sachverständigengutachten ein. Die Strafverfolgungsbehörde stellt das Verfahren, nachdem ein Vorsatz nicht nachweisbar war, wegen der Straftat ein und gibt die Sache an die Verwaltungsbehörde zur Verfolgung der Tat als Ordnungswidrigkeit ab. Die Verwaltungsbehörde erlässt schließlich einen Bußgeldbescheid (vgl. § 60 Abs. 1 LFGB), da die oben bezeichnete Tat fahrlässig begangen wurde.

Bei den Auslagen für das Sachverständigengutachten handelte es sich zunächst um Kosten des strafrechtlichen Ermittlungsverfahrens, das Gutachten führte letztlich aber auch zum Nachweis der Ordnungswidrigkeit, sodass die Gutachterkosten auch in der Kostenentscheidung des Bußgeldbescheides zu berücksichtigen sind.

Außerdem ist zu beachten, dass Auslagen nur dann erhoben werden können, soweit sie nach Einleitung des Bußgeldverfahrens entstanden sind. Vorher angefallene Auslagen können nicht erhoben werden.

Beispiel:

Bei einer Lebensmittelkontrolle wird eine Planprobe (Stichprobe) genommen, die von einem Sachverständigen begutachtet wird. Wegen festgestellter Verstöße leitet die Verwaltungsbehörde gegen den verantwortlichen Lebensmittelhändler ein Bußgeldverfahren ein und erlässt schließlich einen Bußgeldbescheid.

Die Auslagen für das Sachverständigengutachten hat die Verwaltungsbehörde zu tragen, da die Stichprobenuntersuchung erst zur Einleitung des Bußgeldverfahrens geführt hat. Anderes gilt bei Verdachtsproben oder sog. Nachproben, weil in solchen Fällen das Ermittlungsverfahren in der Regel bereits eingeleitet wurde.

1.1.1 Verfahrensabschließende Entscheidung

Zu den Entscheidungen, die eine Aussage über die Kostentragungspflicht enthalten müssen, zählen im Verfahren der Verwaltungsbehörde der Bußgeldbescheid und die ihm gleichgestellten Bescheide, namentlich solche über die selbstständige Einziehung, die Abführung des Mehrerlöses nach § 8 WiStG, die Einziehung des Wertes von Taterträgen nach § 29a OWiG sowie die Festsetzung einer Geldbuße gegen eine juristische Person oder Personenvereinigung (vgl. *KK*, 5. Aufl., Rdnr. 11). Zu beachten ist, dass eine Gebühr nur für den Bußgeldbescheid oder die Festsetzung einer Verbandsgeldbuße (vgl. Erl. 1.3 zu § 107 OWiG) erhoben werden kann, darüber hinaus ist die Kostenentscheidung nur für die Auslagen des Verfahrens relevant (vgl. *RRH*, 3. Aufl., Rdnr. 5; *KK*, a. a. O.). Nicht erforderlich sind Kostenentscheidungen in Anordnungen und Verfügungen im Ermittlungsverfahren, z. B. die Beschlagnahmeanordnung, und Entscheidungen der Verwaltungsbehörde im Vollstreckungsverfahren, z. B. die Ablehnung einer Zahlungserleichterung, weil sie keine verfahrensabschließenden Entscheidungen darstellen (vgl. *RRH*, 3. Aufl., Rdnr. 6; *KK*, a. a. O.; *Göhler*, 18. Aufl. 2020, Rdnr. 9 vor § 105). Dagegen ist eine Kostengrundentscheidung ausdrücklich vorgesehen, wenn Wiedereinsetzung in den vorigen Stand gewährt wird (§ 473 Abs. 7 StPO; § 105 Abs. 1), da es hiergegen, anders als beim Verwerfungsbescheid, kein Rechtsmittel gibt und die Kosten sofort fällig sind (vgl. *RRH*, 3. Aufl., Rdnr. 40a; *KK*, a. a. O.).

1.1.2 Kostenentscheidung bei Einstellung des Verfahrens

Die Einstellung des Verfahrens durch die Verwaltungsbehörde sowohl nach § 46 Abs. 1 OWiG, § 170 Abs. 2 StPO als auch nach § 47 Abs. 1 OWiG zählen nicht als verfahrensabschließende Entscheidungen i. S. von § 464 Abs. 1 StPO; dies folgt daraus, dass § 467

Abs. 1 StPO nicht für anwendbar erklärt ist (vgl. *RRH*, 3. Aufl., Rdnr. 6; *Göhler*, 18. Aufl. 2020, Rdnr. 10 vor § 105;KK, 5. Aufl., Rdnr. 12). Die Einstellung durch die Verwaltungsbehörde entspricht folglich nicht dem Freispruch oder der Einstellung durch das Gericht, sondern der Einstellung durch die Staatsanwaltschaft; im letzteren Fall ist jedoch grundsätzlich keine Kostenentscheidung möglich (Ausnahmen: §§ 469, 470 StPO, § 25a Abs. 1 StVG; vgl. *KK*, 5. Aufl., Rdnr. 14). Das heißt, dass auch bei der Einstellung des Verfahrens durch die Verwaltungsbehörde *in der Regel* keine Kostenentscheidung in Betracht kommt, auch dann nicht (anders aber bei der Auslagenentscheidung), wenn zuvor ein Bußgeldbescheid erlassen und wieder zurückgenommen wurde, da § 467a StPO nur Bestimmungen über die notwendigen Auslagen enthält (vgl. *Göhler*, a. a. O.; *KK*, 5. Aufl., Rdnr. 13). Die Staatskasse (vgl. Erl. 8 ff.) hat also bei einer Einstellung durch die Verwaltungsbehörde im Normalfall die Kosten des Verfahrens zu tragen; einer besonderen Entscheidung bedarf es hierfür nicht (vgl. *Göhler*, a. a. O.). Ungeachtet dessen ist das Treffen einer kurzen Kostenentscheidung auch in diesen Fällen zur Klarstellung unschädlich und sicherlich auch praktikabel.

1.1.3 Verfahren der Staatsanwaltschaft und gerichtliches Verfahren

Im **Verfahren der Staatsanwaltschaft** kommt eine Kostenentscheidung nur in den Fällen des § 25a StVG in Betracht, nämlich dann, wenn diese Strafverfolgungsbehörde das Bußgeldverfahren einstellt, bevor sie die Akten dem Gericht vorlegt (vgl. *KK*, 5. Aufl., Rdnr. 15; *Göhler*, 18. Aufl. 2020, Rdnr. 10a vor § 105). In den anderen Fällen, in denen die Staatsanwaltschaft das Verfahren einstellt, kann sie nur eine Entscheidung über die notwendigen Auslagen, nicht aber über die Kosten treffen (§ 108a Abs. 1 OWiG, § 467a StPO; vgl. *KK*, a. a. O.). Im **gerichtlichen Bußgeldverfahren** müssen insbesondere folgende Entscheidungen darüber Bestimmung treffen, von wem die Kosten des Verfahrens zu tragen sind: das Urteil und der Beschluss nach § 72, die Einstellung nach § 47 Abs. 2 und die Einstellung wegen eines Verfahrenshindernisses (§ 206a StPO, § 46 Abs. 1 OWiG), nicht jedoch die vorläufige Einstellung gem. § 205 StPO, § 46 Abs. 1 OWiG), Entscheidungen gem. §§ 70, 74 Abs. 2 Satz 2 OWiG, die den Einspruch gegen einen Bußgeldbescheid verwerfen, und solche, die Wiedereinsetzung in den vorigen Stand (§ 473 Abs. 7 StPO, § 46 Abs. 1 OWiG) gewähren (vgl. *Göhler*, 18. Aufl. 2020, Rdnr. 7; *KK*, 5. Aufl., Rdnr. 16).

1.2 Notwendige Auslagen (§ 464 Abs. 2 StPO)

Nach sinngemäßer Anwendung des § 464 Abs. 2 StPO bestimmt die Verwaltungsbehörde, sofern dies überhaupt erforderlich ist (vgl. hierzu Erl. 1), zugleich mit der das Bußgeldverfahren abschließenden Entscheidung (vgl. Erl. 1.1.1), von wem die notwendigen Auslagen dem Grunde nach zu tragen sind. Im Bußgeldbescheid ist die Entscheidung grundsätzlich entbehrlich, da es selbstverständlich ist, dass der Betroffene, wenn gegen ihn eine Geldbuße verhängt wird, für seine eigenen Auslagen selbst aufkommen muss (vgl. BGH, NStZ 1989 S. 239; *KK*, 5. Aufl., Rdnr. 18; *RRH*, 3. Aufl., Rdnr. 9). Nur in dem Fall, in dem ein Bußgeldbescheid im Zwischenverfahren zurückgenommen und durch einen neuen Bescheid mit reduzierter Geldbuße ersetzt wird, ist darüber zu bestimmen, wem die notwendigen Auslagen auferlegt werden. Bei dieser Konstellation ist es nämlich nicht selbstverständlich, dass diese ebenfalls ganz dem Betroffenen aufzuerlegen sind, es kann sich auch eine (teilweise) Kostentragungspflicht der Staatskasse (vgl. Erl. 8 ff.) ergeben (vgl. Beispiel bei Erl. 1).

1.2.1 Auslagenentscheidung bei Einstellung des Verfahrens

Bei der Einstellung des Verfahrens vor dem Erlass eines Bußgeldbescheides (sowohl nach § 46 Abs. 1 OWiG, § 170 Abs. 2 StPO als auch nach § 47 Abs. 1 OWiG) ist eine Entscheidung über die notwendigen Auslagen grundsätzlich nicht vorgesehen; nur in dem Fall, in dem ein Bußgeldbescheid im Zwischenverfahren zurückgenommen und das Verfahren erst danach eingestellt wird, ist darüber zu bestimmen (vgl. hierzu Erl. 1.1.2; *KK*, 5. Aufl., Rdnr. 19; *Göhler*, 18. Aufl. 2020, Rdnr. 15; *RRH*, 3. Aufl., Rdnr. 9 – weitere Ausnahme:

§ 469 Abs. 1 StPO, vgl. *Göhler*, a. a. O.). Dies ergibt sich daraus, dass nach § 105 Abs. 1 OWiG zwar § 467a StPO Anwendung findet, nicht aber § 467 StPO. Spricht die Verwaltungsbehörde wegen einer geringfügigen Ordnungswidrigkeit zunächst eine Verwarnung mit Verwarnungsgeld aus, nimmt diese aber wieder zurück und stellt das Verfahren ein, kommt eine Auslagenentscheidung ebenfalls nicht in Betracht (vgl. *KK*, a. a. O.). Die Auslagenentscheidung der Verwaltungsbehörde, sofern sie vorgesehen ist, erfolgt in der Form eines selbstständigen Kosten- und Auslagenbescheides (§ 108 Abs. 1 Nr. 1 OWiG) in der Regel zusammen mit der Rücknahme- und Einstellungsverfügung (vgl. *Göhler*, 18. Aufl. 2020, Rdnr. 19). Auch die einem Nebenbeteiligten erwachsenen notwendigen Auslagen können der Staatskasse (vgl. Erl. 8 ff.) auferlegt werden (§ 467a Abs. 2 StPO).

Beispiel:

Die Verwaltungsbehörde spricht wegen einer geringfügigen Ordnungswidrigkeit zunächst eine Verwarnung mit Verwarnungsgeld aus und gibt dem Betroffenen zugleich die Gelegenheit, sollte er die Verwarnung nicht annehmen, sich gem. § 55 Abs. 1 OWiG zur Beschuldigung zu äußern. Nach einer Stellungnahme des anwaltschaftlichen Vertreters des Betroffenen nimmt die Behörde die Verwarnung wieder zurück und stellt das Verfahren gem. § 170 Abs. 2 StPO, § 46 Abs. 1 OWiG ein. Der Betroffene verlangt, dass seine notwendigen Auslagen für den Verteidiger der Verwaltungsbehörde auferlegt werden.

Der Antrag des Betroffenen ist zurückzuweisen. Die Überbürdung der notwendigen Auslagen des Betroffenen auf die Kasse der Verwaltungsbehörde ist nicht möglich, wenn das Bußgeldverfahren vor Erlass eines Bußgeldbescheides durch die Behörde eingestellt wurde. Begründung: Gem. § 467 Abs. 1 StPO fallen die notwendigen Auslagen des Betroffenen diesem nicht zur Last, wenn das Gericht den Angeschuldigten freispricht oder das Verfahren gegen ihn einstellt. Eine unmittelbare Anwendung des § 467 Abs. 1 StPO ist nicht möglich, da es sich bei dem Verfahren nicht um ein Strafverfahren, sondern um ein Ordnungswidrigkeitenverfahren handelt und die Verwaltungsbehörde kein Gericht ist. Eine analoge Anwendung des § 467 Abs. 1 StPO scheidet ebenfalls aus. § 105 Abs. 1 OWiG bestimmt, welche Kostenvorschriften der StPO für das Bußgeldverfahren analog gelten. § 467 StPO ist in der Aufzählung des § 105 Abs. 1 OWiG nicht enthalten. Damit ist auch eine analoge Anwendung des § 467 Abs. 1 StPO für das Bußgeldverfahren nicht möglich. Dies verhindert somit die Gleichbehandlung jener Fälle, in denen das Bußgeldverfahren vor Erlass eines Bußgeldbescheides eingestellt wurde, mit den Fällen eines gerichtlichen Freispruches oder einer gerichtlichen Einstellung. Eine Überbürdung der notwendigen Auslagen des Betroffenen auf die Verwaltungsbehörde kann sich auch nicht auf § 467a Abs. 1 StPO analog stützen. § 467a Abs. 1 StPO ist zwar in § 105 Abs. 1 OWiG aufgeführt, sodass grundsätzlich eine analoge Anwendung des § 467a Abs. 1 StPO im Bußgeldverfahren möglich ist. § 467a Abs. 1 StPO setzt jedoch voraus, dass die Staatsanwaltschaft die öffentliche Klage zurücknimmt und das Bußgeldverfahren einstellt. Für das Bußgeldverfahren bedeutet dies, dass die Verwaltungsbehörde einen Bußgeldbescheid zurücknimmt und das Verfahren einstellt. Hier wurde jedoch lediglich das Bußgeldverfahren eingestellt, ohne dass vorher ein Bußgeldbescheid erlassen worden war. Es fehlt somit die Voraussetzung „Rücknahme eines Bußgeldbescheides". Eine Verwarnung stellt nämlich ihrer Rechtsnatur nach keinen Bußgeldbescheid dar, sondern zielt darauf ab, bei geringfügigen Ordnungswidrigkeiten gerade die Durchführung eines Bußgeldverfahrens mit förmlicher Entscheidung zu vermeiden.

1.2.1.1 Einstellung nach §§ 170 Abs. 2 StPO, 46 Abs. 1 OWiG

Stellt die Verwaltungsbehörde das Verfahren nach Rücknahme des Bußgeldbescheides nach § 170 Abs. 2 StPO, § 46 Abs. 1 OWiG **aus rechtlichen Gründen** ein, hat grundsätzlich die Staatskasse (vgl. Erl. 8 ff.) die notwendigen Auslagen zu tragen (§ 467a Abs. 1 Satz 1 StPO), es sei denn, es liegen Ausnahmegründe nach § 467 Abs. 2, 3 und § 467a Abs. 1 Satz 2 StPO, § 109a OWiG oder § 25a StVG vor (vgl. *RRH*, 3. Aufl., Rdnr. 24). So hat ein

Betroffener seine Auslagen selbst zu tragen, wenn er durch sein Verhalten den Erlass des Bußgeldbescheides veranlasst hat, z. B. durch eine Selbstanzeige (§ 467 Abs. 3 Satz 1 StPO).

Die Entscheidung, ob die notwendigen Auslagen der Staatskasse überbürdet werden, liegt im pflichtgemäßen Ermessen der Verwaltungsbehörde, falls der Betroffene den Erlass des Bußgeldbescheides veranlasste, indem er sich selbst in wesentlichen Punkten wahrheitswidrig oder im Widerspruch zu seinen späteren Erklärungen belastete (§ 467 Abs. 3 Satz 2 Nr. 1 StPO). Das Gleiche gilt, wenn der Betroffene seine notwendigen Auslagen durch rechtzeitiges Vorbringen entlastender Umstände hätte vermeiden können (§ 109a Abs. 2 OWiG). Die Ausnahmevorschrift des § 109a Abs. 2 OWiG greift allerdings nicht, wenn der Betroffene persönlich vernommen wird und dabei entlastende Umstände verschweigt, jedoch im Umgang mit Behörden unter Betreuung steht und nicht als alleine handlungsfähig gilt, der Betreuer aber vom Sachverhalt erst durch den Bußgeldbescheid erfahren hat. Stellt die Verwaltungsbehörde bei Halt- und Parkverstößen das Bußgeldverfahren ein und erlässt gegen den Halter bzw. Beauftragten einen Kostenbescheid gem. § 25a StVG, hat dieser in der Regel seine notwendigen Auslagen selbst zu tragen (vgl. *RRH,* 3. Aufl., Rdnr. 24a). Außerdem kann davon abgesehen werden, die notwendigen Auslagen der Staatskasse aufzuerlegen, wenn der Betroffene nur deswegen nicht verurteilt wird, weil ein Verfahrenshindernis besteht, z. B. wenn Verfolgungsverjährung eingetreten ist (§ 467 Abs. 3 Satz 2 Nr. 2 StPO). Diese Vorschrift greift nur, wenn das Verfahrenshindernis nach Erlass des Bußgeldbescheides eingetreten ist, da ansonsten der Bescheid gar nicht hätte ergehen dürfen (vgl. *Göhler,* 18. Aufl. 2020, Rdnr. 90 vor 105). Sie findet keine Anwendung, wenn es zweifelhaft ist, ob bei einer Weiterführung des Verfahrens eine Geldbuße festgesetzt worden wäre oder wenn das Verfahrenshindernis schon bei Erlass des Bußgeldbescheides existierte, z. B. weil die Verfolgungsverjährung übersehen oder der Betroffene zuvor wirksam kostenpflichtig verwarnt worden war (vgl. *RRH,* a. a. O. mit weiteren Nachweisen).

1.2.1.2 Einstellung nach § 47 Abs. 1 OWiG

Bei der Einstellung nach § 47 Abs. 1 Satz 2 OWiG **aus Opportunitätsgründen** nach Rücknahme des Bußgeldbescheides entscheidet die Verwaltungsbehörde, anders als bei einer Einstellung nach § 170 Abs. 2 StPO, § 46 Abs. 1 OWiG, nach pflichtgemäßem Ermessen, ob die notwendigen Auslagen des Betroffenen die Staatskasse (vgl. Erl. 8 ff.) trägt (§ 467a Abs. 1 Satz 2 StPO, § 467 Abs. 4 StPO). Die Staatskasse wird diese in der Regel nicht zu tragen haben, wenn eine Ordnungswidrigkeit zwar erwiesen ist, eine Ahndung aber aus Opportunitätsgründen unterbleibt (vgl. *RRH,* 3. Aufl., Rdnr. 24b; *Göhler,* 18. Aufl. 2020, Rdnr. 96 vor § 105). Hat die Verwaltungsbehörde das Verfahren zu Unrecht nach § 47 Abs. 1 OWiG anstatt nach § 170 Abs. 2 StPO, § 46 Abs. 1, eingestellt, sind die notwendigen Auslagen grundsätzlich trotzdem der Staatskasse aufzuerlegen (vgl. *RRH* und *Göhler,* jeweils a. a. O.). Ist zweifelhaft, ob eine Ordnungswidrigkeit erwiesen ist, kommt es auf die Stärke des Tatverdachts an; ist die Verwaltungsbehörde der begründeten Überzeugung, dass die Tat nach Aktenlage mit hoher Wahrscheinlichkeit nachweisbar sein wird, weitere Ermittlungen jedoch unverhältnismäßig wären, so ist es sachgemäß, wenn die notwendigen Auslagen nicht der Staatskasse (vgl. Erl. 8 ff.) überbürdet werden; dem Grundsatz der Unschuldsvermutung steht dieses jedenfalls nicht entgegen, da es sich nicht um eine Ahndung handelt (vgl. *RRH,* a. a. O., mit weiteren Nachweisen). Bei Halt- und Parkverstößen hat der Halter auch bei einer Einstellung nach § 47 Abs. 1 Satz 2 OWiG in der Regel seine notwendigen Auslagen selbst zu tragen (§ 25a Abs. 1 StVG).

1.2.2 Verfahren der Staatsanwaltschaft und gerichtliches Verfahren

Im **Verfahren der Staatsanwaltschaft** kommt eine Auslagenentscheidung dann in Betracht, wenn die Staatsanwaltschaft nach Einspruch gegen den Bußgeldbescheid das Verfahren einstellt, bevor die Akten dem Gericht vorgelegt werden (§ 467a Abs. 1 und 2 StPO, § 46 Abs. 1 OWiG; § 108a Abs. 1, vgl. *Göhler,* 18. Aufl. 2020, Rdnr. 16 vor § 105). Im **gerichtli-**

chen Bußgeldverfahren (zu den dortigen verfahrensabschließenden Entscheidungen vgl. Erl. 1.1.3) ist eine Auslagenentscheidung dann zu treffen, wenn in der Hauptsache eine für den Betroffenen günstige Rechtsfolge festgesetzt wird, z. B. bei einer Einstellung des Verfahrens oder beim Freispruch (vgl. *KK,* 5. Aufl., Rdnr. 22).

1.3 Im Falle des Todes des Betroffenen

Stirbt ein Betroffener, bevor der Bußgeldbescheid Rechtskraft erlangt hat, so haftet sein Nachlass nicht für die Kosten (§ 465 Abs. 3 StPO), die Kostenpflicht wäre nämlich erst mit der Rechtskraft entstanden (vgl. *RRH,* 3. Aufl., Rdnr. 21). Das Bußgeldverfahren ist in diesem Fall gem. § 46 Abs. 1, § 206a StPO, da ein Verfahrenshindernis vorliegt, förmlich einzustellen, außerdem muss eine Kosten- und Auslagenentscheidung getroffen werden (vgl. BGH, NJW 1999 S. 3644; *RRH,* 3. Aufl., Rdnr. 21; *KK,* 5. Aufl., Rdnr. 28; *Göhler,* 18. Aufl. 2020, Rdnr. 20 vor § 105), wobei die Kosten des Verfahrens der Staatskasse (vgl. Erl. 8 ff.) aufzuerlegen sind (vgl. *RRH,* a. a. O.). Bei einem Freispruch, der noch nicht rechtskräftig ist, werden die notwendigen Auslagen im Falle des Todes des Betroffenen grundsätzlich der Staatskasse überbürdet (§ 467 Abs. 1 StPO); Ausnahmen sind unter bestimmten Voraussetzungen (§ 467 Abs. 3 Satz 2 Nr. 2 StPO, § 46 Abs. 1 OWiG) möglich (vgl. *RRH,* a. a. O.). Stirbt der Betroffene nach Rechtskraft des Bußgeldbescheides, haftet der Nachlass (vgl. *RRH,* a. a. O.), was sich aus dem Umkehrschluss zu § 465 Abs. 3 StPO ergibt.

2. Rechtsmittel gegen die Kosten- und Auslagenentscheidung

Die Rechtsmittelmöglichkeiten gegen die Kosten- und Auslagenentscheidung ergeben sich abschließend aus dem OWiG, da § 464 Abs. 3 StPO nicht sinngemäß im Verfahren der Verwaltungsbehörde gilt (§ 105 Abs. 1 OWiG).

2.1 Anfechtung der Kostenentscheidung im Bußgeldbescheid

Die Kosten- und Auslagenentscheidung im Bußgeldbescheid oder in den diesem gleichgestellten Bescheiden (vgl. Erl. 1.1.1) ist eine unselbstständige, mit dem Ausspruch in der Hauptsache verbundene Entscheidung; sie kann nur, wie die Hauptsache selbst, mit dem Einspruch (§ 67 OWiG) angefochten werden, wobei der Einspruch auf den Kosten- und Auslagenpunkt beschränkt werden kann (vgl. *RRH,* 3. Aufl., Rdnr. 12; *KK,* 5. Aufl., Rdnr. 29; *Göhler,* 18. Aufl. 2020, Rdnr. 27 vor § 105). Zu beachten ist, dass sich der Einspruch auf die Kostengrundentscheidung beziehen muss; soll aber gegen den Kosten**ansatz** vorgegangen werden, z. B., weil die Höhe der Gutachterkosten gerügt wird, ist als Rechtsbehelf der **Antrag auf gerichtliche Entscheidung** gem. § 108 Abs. 1 Nr. 3 OWiG vorgesehen (vgl. *RRH, KK, Göhler,* jeweils a. a. O.).

2.2 Anfechtung des selbstständigen Kostenbescheides

Gegen den selbstständigen Kostenbescheid der Verwaltungsbehörde ist als Rechtsbehelf der Antrag auf gerichtliche Entscheidung (§ 62 OWiG) gem. § 108 Abs. 1 Nr. 1 OWiG vorgesehen. Dies gilt auch für die Kostenentscheidung nach § 25a StVG (Kostentragungspflicht des Halters eines Kraftfahrzeugs) sowie für den Fall, dass die selbstständige Kostenentscheidung mit einer unanfechtbaren Einstellungsverfügung verbunden ist (vgl. *RRH,* a. a. O.; *KK,* 5. Aufl., Rdnr. 30).

2.3 Anfechtung im Verfahren der Staatsanwaltschaft und gerichtlichen Verfahren

Gegen die Auslagenentscheidung der Staatsanwaltschaft (vgl. Erl. 1.2.2) ist der Antrag auf gerichtliche Entscheidung (§ 108a Abs. 2) zulässig, als Rechtsmittel im Hinblick auf die gerichtliche Kosten- und Auslagenentscheidung kommt die sofortige Beschwerde gem. § 464 Abs. 3 Satz 1 StPO, § 46 Abs. 1 OWiG in Betracht (vgl. *Göhler,* 18. Aufl. 2020, Rdnr. 21 vor § 105; *KK,* 5. Aufl., Rdnr. 31, 32).

3. Kosten des Bußgeldverfahrens (§ 464a Abs. 1 Satz 1 StPO)

Kosten des Bußgeldverfahrens sind gem. § 464a Abs. 1 Satz 1 StPO, § 105 Abs. 1, § 46 Abs. 1 die im Verfahren der Verwaltungsbehörde und des Gerichts entstandenen Gebühren und Auslagen der Staatskasse (vgl. Erl. 8 ff.); um welche Gebühren und Auslagen es sich dabei handeln kann und in welcher Höhe sie erhoben werden können, bestimmt im Bußgeldverfahren der Verwaltungsbehörde abschließend § 107 OWiG, im gerichtlichen Verfahren ist das GKG einschlägig (vgl. *Göhler*, 18. Aufl. 2020, Rdnr. 29 vor § 105). Für die Entscheidung, wem die Kosten auferlegt werden, ist der Ausgang des Verfahrens zu berücksichtigen. Es gilt der Grundsatz, dass der Betroffene, gegen den eine Geldbuße festgesetzt wird, auch die Kosten des Verfahrens und seine notwendigen Auslagen tragen muss. Endet das Verfahren dagegen mit einer Einstellung oder einem Freispruch, werden die Kosten des Verfahrens und ggf. auch die notwendigen Auslagen des Betroffenen der Staatskasse auferlegt.

3.1 Kostentragungspflicht des Betroffenen (§ 465 Abs. 1 StPO)

Gem. § 465 Abs. 1 StPO, § 105 Abs. 1 OWiG hat der Betroffene die Kosten des Verfahrens insoweit zu tragen, als sie durch das Verfahren wegen einer Tat entstanden sind, wegen der gegen ihn eine Geldbuße festgesetzt wird. Der Begriff der Tat ist der gleiche wie in § 103 Abs. 3 GG (vgl. Erl. 3 der Vorbemerkung zu § 59). Es handelt sich danach um eine Tat im prozessualen Sinn, die einen einheitlichen geschichtlichen Vorgang umfasst (vgl. *Göhler*, 18. Aufl. 2020, Rdnr. 61 vor § 105). Ausschlaggebend für die Kostentragung in einem Verfahren ist stets die Kostenbestimmung in der letzten, endgültigen Bußgeldentscheidung. Übersendet die Verwaltungsbehörde z. B. nach dem Einspruch gegen den Bußgeldbescheid die Akten über die Staatsanwaltschaft an das Amtsgericht, das schließlich in der Hauptverhandlung mit dem Urteil eine eigene Sachentscheidung trifft, ist der Kostenausspruch im Urteil maßgeblich, nicht die Kostenentscheidung der Verwaltungsbehörde im Bußgeldbescheid. Diese entfällt gänzlich (vgl. *Göhler*, a. a. O.), da der Bußgeldbescheid in diesem Fall nur eine vorläufige Entscheidung war und nach zulässigem Einspruch lediglich die Bedeutung einer den Gegenstand des Verfahrens in sachlicher, persönlicher und rechtlicher Hinsicht begrenzenden Beschuldigung hatte (vgl. Erl. 3 der Vorbemerkung zu § 65).

3.2 Aufteilung der Kosten nach Bruchteilen (§ 464d StPO)

Gem. § 464d StPO besteht auch im Bußgeldverfahren die Möglichkeit, die Auslagen der Staatskasse (vgl. Erl. 8 ff.) und die notwendigen Auslagen der Verfahrensbeteiligten nach Bruchteilen zu verteilen. Verwaltungsbehörden und Gerichte können somit schnell auf der Grundlage ihres jeweiligen Erkenntnisstandes eine angemessene Kostenaufteilung durchführen; ob es sich dabei um einen einfach oder schwierig gelagerten Fall handelt, ist unerheblich (vgl. *KK*, 5. Aufl., Rdnr. 82; *RRH*, 3. Aufl., Rdnr. 14; *Göhler*, 18. Aufl. 2020, Rdnr. 66 vor § 105). Auch eine Aufteilung nach Bruchteilen im Wege der Schätzung ist zulässig (vgl. *RRH*, 3. Aufl., Rdnr. 19; *KK*, a. a. O.). In der Praxis wird die Bruchteilsentscheidung insbesondere dann Anwendung finden, wenn die Kosten bestimmter Untersuchungen nicht oder nur mit großer Mühe zu trennen sind (vgl. *KK*, a. a. O.; *RRH*, a. a. O.), z. B. in dem Fall, in dem Untersuchungen zur Sachverhaltsaufklärung zugunsten aber auch zulasten des Betroffenen ausgegangen sind (§ 465 Abs. 2). Der Kostenausspruch in einem Bußgeldbescheid könnte etwa folgendermaßen lauten: *„Der Betroffene hat die Kosten des Verfahrens zu tragen, mit Ausnahme der Auslagen, die für die Durchsuchung der Geschäftsräume entstanden sind (Schlüsseldienst), diese werden der Verwaltungsbehörde auferlegt.“*; oder, *„Der Betroffene hat die Kosten des Verfahrens zu tragen, die Hälfte der Auslagen für das Sachverständigengutachten wird jedoch der Verwaltungsbehörde auferlegt“* (vgl. *RRH*, 3. Aufl., a. a. O.). Aber auch die Überbürdung der gesamten Auslagen auf die Verwaltungsbehörde kann in Betracht kommen, nämlich dann, wenn die Auslagen für die Untersuchungen, die zulasten des Betroffenen gehen im Vergleich zu den übrigen Auslagen so gering sind, dass eine Quotelung unangemessen wäre (vgl. *KK* und *RRH*, jeweils a. a. O.).

Andererseits ist in diesem Zusammenhang nicht bei jeder Ermittlungsmaßnahme zu prüfen, ob sie zulasten oder zugunsten des Betroffenen ausgefallen ist. Macht z. B. ein Zeuge zum Sachverhalt keine Angaben, weil er sich nicht mehr erinnern kann, die Verwaltungsbehörde hält aber aufgrund anderer Zeugenaussagen im Gesamtergebnis die Tat für erwiesen und erlässt einen Bußgeldbescheid, so hat der Betroffene auch die Auslagen für denjenigen Zeugen zu übernehmen, der mangels Erinnerung nicht zu seinen Lasten ausgesagt hat (vgl. *RRH,* 3. Aufl., Rdnr. 17). Wurde in einem Bußgeldverfahren gegen einen Betroffenen beispielsweise wegen mehrerer Taten (jeweils im prozessualen Sinn) ermittelt, im Bescheid aber nur ein Bußgeld wegen einer Tat im prozessualen Sinn (also eines einheitlichen historischen Vorgangs) festgesetzt, die übrigen Verfahren dagegen eingestellt, so sind dem Betroffenen nur die Auslagen aufzuerlegen, die durch die Verfolgung der geahndeten Tat entstanden sind (vgl. *Göhler,* 18. Aufl. 2020, Rdnr. 73 vor § 105). Nimmt dagegen die Verwaltungsbehörde einen Bußgeldbescheid, in dem ein Fahrverbot ausgesprochen wurde, auf den Einspruch des Verteidigers hin zurück, weil der Verteidiger im Zwischenverfahren neue Umstände vortrug, die ein Fahrverbot nicht mehr rechtfertigen, und erlässt einen neuen Bußgeldbescheid, zwar mit gleicher Bußgeldhöhe, aber ohne Fahrverbot, so kann es durchaus in Betracht kommen, die Kosten des Verteidigers auch ganz der Verwaltungsbehörde aufzubürden, vor allem, wenn davon auszugehen ist, dass dieser ohne die Verhängung des Fahrverbots gar nicht beauftragt worden wäre (vgl. *RRH,* 3. Aufl., Rdnr. 20). Die Beweislast hierfür liegt allerdings beim Betroffenen (vgl. *Göhler,* 18. Aufl. 2020, Rdnr. 67; *KK,* 5. Aufl., Rdnr. 83); beispielsweise kann sich durch das (nachweisbare) Verhalten des Betroffenen in früheren Verfahren ein solcher Nachweis ergeben.

3.3 Gesamtschuldnerische Haftung bei mehreren Betroffenen (§ 466 StPO)

In einem Verfahren, in dem wegen derselben Tat (im prozessualen Sinn) gegen mehrere Betroffene jeweils eine Geldbuße verhängt wird, haften die Betroffenen für die Auslagen (§ 107 Abs. 3), nicht für die Gebühren, als sog. Gesamtschuldner (§ 466 Satz 1 StPO, § 105 Abs. 1, § 46 Abs. 1). Sie schulden somit den Ersatz der Auslagen in der Weise, dass jeder Einzelne verpflichtet ist, für die gesamten Auslagen aufzukommen, obwohl diese nur einmal zu entrichten sind (vgl. § 421 BGB). Die Regelung gilt kraft Gesetzes, ein besonderer Ausspruch in der Kostengrundentscheidung ist daher nicht erforderlich, die Mithaftung hinsichtlich der Auslagen ist nur im Kostenansatzverfahren von Amts wegen zu berücksichtigen (vgl. *Göhler,* 18. Aufl. 2020, Rdnr. 77a vor § 105; *RRH,* 3. Aufl., Rdnr. 22; *KK,* 5. Aufl., Rdnr. 96). Die einzelnen Geldbußen müssen in diesem Zusammenhang nicht im gleichen Bußgeldbescheid festgesetzt werden, freilich muss es sich jeweils um dieselbe Tat handeln (vgl. *Göhler,* 18. Aufl. 2020, Rdnr. 76 vor § 105; *RRH,* a. a. O.). Ob bzw. in welchem Umfang die Auslagen von den einzelnen Betroffenen einfordert werden, steht im pflichtgemäßen Ermessen der Vollstreckungsbehörde; in Betracht kommt dabei die Aufteilung nach Bruchteilen oder auch, dass nur der Hauptverantwortliche bzw. der Höherrangige in einem Betrieb in Anspruch genommen wird (vgl. *RRH,* a. a. O.). Die Ausgleichsverpflichtung der Schuldner untereinander bestimmt sich nach dem Zivilrecht (§ 426 BGB; vgl. *KK,* a. a. O.). **Ausgenommen** von dieser Regelung sind Aufwendungen für einen Pflichtverteidiger oder Dolmetscher und für die Vollstreckung, außerdem für Kosten, die durch Untersuchungshandlungen entstanden sind, welche sich ausschließlich gegen einen der Betroffenen richteten, etwa weil die Anderen im Falle einer Dauerordnungswidrigkeit in einem Gewerbebetrieb ab einem gewissen Zeitpunkt gar nicht mehr verantwortlich waren.

3.4 Kosten in selbstständigen Verfahren

Die Kosten für das selbstständige **Einziehungsverfahren** (§ 87 Abs. 3 OWiG) sind stets der Staatskasse (vgl. Erl. 8 ff.) aufzuerlegen, weil es an einem Betroffenen fehlt, (vgl. *RRH,* 3. Aufl., Rdnr. 15; *KK,* 5. Aufl., Rdnr. 90; *Göhler,* 18. Aufl. 2020, Rdnr. 74 vor § 105); der Umstand, dass der Einziehungsbescheid einem Bußgeldbescheid gleichsteht (§ 87 Abs. 3 Satz 2) spielt dabei keine Rolle. Allerdings können den Einziehungsbeteiligten (nicht dem

Betroffenen) die durch ihre Beteiligung erwachsenen besonderen Kosten auferlegt werden (§ 472b Abs. 1 Satz 1 vgl. *Göhler,* a. a. O.). Solche besonderen Kosten sind z. B. entstandene Auslagen im Zusammenhang mit Ermittlungsmaßnahmen, die durch unbegründete Einwendungen veranlasst waren. Die Kosten für das selbstständige Verfahren zur **Abführung des Mehrerlöses** (§§ 10, 11 Abs. 2 WiStG 1954) hat ebenfalls die Staatskasse zu tragen (vgl. *Göhler,* a. a. O.; *KK,* a. a. O.); dasselbe gilt auch für den Einziehungsbescheid nach § 29a OWiG). Dagegen ist eine **juristische Person oder Personenvereinigung** einem Betroffenen gleichgestellt, sodass diese, falls gegen sie eine Geldbuße in einem selbstständigen Bußgeldbescheid ausgesprochen wird (§ 88 Abs. 2 Satz 1 OWiG), die Kosten des Verfahrens (Gebühren und Auslagen) zu tragen hat (§§ 465, 472b Abs. 2 StPO, § 105 Abs. 1; vgl. *KK,* a. a. O., *RRH,* a. a. O.).

4. Notwendige Auslagen (§ 464a Abs. 2 StPO)

Neben dem Begriff „Kosten des Verfahrens" (vgl. Erl. 3) erwähnt das Gesetz den Begriff „notwendige Auslagen" (§ 464 Abs. 2, 464a Abs. 2 StPO). Damit sind die notwendigen Auslagen eines Beteiligten im Bußgeldverfahren gemeint. Als Verfahrensbeteiligte in diesem Sinne kommen außer dem Betroffenen auch die Anzeigenerstatter (§ 469 Abs. 1 StPO, § 46 Abs. 1 OWiG, § 105 Abs. 1 OWiG), Antragsteller (§ 470 Satz 1 StPO, § 105 Abs. 1, § 46 Abs. 1), die Nebenbeteiligten im Zusammenhang mit der Anordnung von Nebenfolgen (vgl. Erl. 3.3) und die Kfz-Halter (§ 25a Abs. 1 StVG) in Betracht (vgl. *Göhler,* 18. Aufl. 2020, Rdnr. 4). Als notwendige Auslagen nennt § 464a Abs. 2 StPO namentlich die Entschädigung für eine notwendige Zeitversäumnis nach den Vorschriften, die für die Entschädigung von Zeugen gelten, und die Gebühren und Auslagen eines Rechtsanwalts, soweit sie nach § 91 Abs. 2 ZPO zu erstatten sind. Darüber hinaus können aber auch andere Aufwendungen, falls sie zur zweckentsprechenden Verteidigung erforderlich sind, erstattungsfähig sein, was sich aus dem Wort „auch" in § 464a Abs. 2 StPO ergibt; solche Aufwendungen sind z. B. Fahrtkosten des Betroffenen zur Verwaltungsbehörde aufgrund einer Vorladung zur Vernehmung (vgl. *Göhler,* 18. Aufl. 2020, Rdnr. 49). Die Entscheidung gem. § 467a Abs. 1 StPO ergeht auf Antrag oder von Amts wegen (vgl. *RRH,* 3. Aufl., Rdnr. 27).

4.1 Entschädigung für notwendige Zeitversäumnis

Zu den notwendigen Auslagen beteiligter Personen gehört gem. § 464a Abs. 2 Satz 1 StPO, § 105 Abs. 1 OWiG ausdrücklich die Entschädigung für eine notwendige Zeitversäumnis nach den Vorschriften, die für die Entschädigung für Zeugen gelten (Gesetz über die Vergütung von Sachverständigen, Dolmetscherinnen, Dolmetschern, Übersetzerinnen und Übersetzern sowie die Entschädigung von ehrenamtlichen Richterinnen, ehrenamtlichen Richtern, Zeuginnen, Zeugen und Dritten (JVEG). Somit erhält z. B. ein Betroffener Entschädigung für seinen Verdienstausfall, deren Höhe sich nach dem regelmäßigen Bruttoverdienst einschließlich der vom Arbeitgeber zu tragenden Sozialversicherungsbeiträge richtet und für jede Stunde höchstens 25 Euro beträgt (§ 22 JVEG). Die Entschädigung wird in den Fällen entrichtet, in denen die beteiligte Person von der Staatsanwaltschaft, der Finanzbehörde, der Verwaltungsbehörde oder dem Gerichtsvollzieher herangezogen wird (§ 1 Abs. 1 Nr. 1 JVEG), aber auch, wenn dies durch die Polizei veranlasst wurde oder die Zeitversäumnis aufgrund einer Besprechung mit dem Verteidiger entstanden ist (vgl. *RRH,* 3. Aufl., Rdnr. 6a zu § 106 mit weiteren Nachweisen; *Göhler,* 18. Aufl. 2020, Rdnr. 36 vor § 105; *KK,* 5. Aufl., Rdnr. 66). Falls die Zeit während des Urlaubs aufgewendet wird, entsteht kein Verdienstausfall, sodass die Entschädigung nur 3,50 Euro je Stunde (§ 20 JVEG) beträgt (vgl. *RRH,* a. a. O.).

4.2 Kosten eines Rechtsanwalts

Zu den notwendigen Auslagen beteiligter Personen gehören gem. § 464a Abs. 2 Satz 2 StPO, § 105 Abs. 1 OWiG namentlich die Gebühren und Auslagen eines Rechtsanwalts, soweit sie nach § 91 Abs. 2 ZPO zu erstatten sind. Da in diesem Zusammenhang in § 464a

Abs. 2 Nr. 2 StPO nur § 91 Abs. 2, nicht aber § 91 Abs. 1 ZPO genannt ist, geht das Gesetz davon aus, dass im **Bußgeldverfahren** die Einschaltung eines Rechtsanwalts zu Verteidigungszwecken in der Regel dem Grunde nach notwendig ist; dies lässt sich auch aus dem Umkehrschluss zu § 109a Abs. 1 entnehmen, der bestimmt, dass bei Geldbußen bis 10 Euro die Gebühren und Auslagen des Rechtsanwalts grundsätzlich nicht zu den notwendigen Auslagen gehören. Andererseits lässt sich aus diesem Umkehrschluss folgern, dass eine zwar zulässige, aber nicht notwendige Verteidigertätigkeit keinen Erstattungsanspruch des Betroffenen auslöst. Ob die Hinzuziehung eines Verteidigers (aus der Sicht des durchschnittlich rechtlich gebildeten Betroffenen) notwendig war, wird sicher nicht immer einfach festzustellen sein. Die Einschaltung eines Rechtsanwaltes bereits im **Vorverfahren** wird in der Regel nicht erstattungsfähig sein.

Eine (nochmalige) Überprüfung der Notwendigkeit der Verteidigerkosten dem Grunde nach findet im Kostenfestsetzungsverfahren nicht mehr statt (vgl. *RRH*, 3. Aufl., Rdnr. 7 zu § 106; *Göhler*, 18. Aufl. 2020, Rdnr. 37 vor § 105; *KK*, 5. Aufl., Rdnr. 43), insbesondere kann eine anders lautende Auslagenentscheidung nach § 467 Abs. 1 StPO, § 46 Abs. 1 nicht mehr mit dem Argument korrigiert werden, dass bei der Einfachheit der Sach- und Rechtslage die Hinzuziehung eines Verteidigers nicht notwendig gewesen wäre.

4.2.1 Einschränkung der erstattungspflichtigen Rechtsanwaltskosten

Ausnahmen vom Grundsatz, dass Verteidigerkosten stets notwendige Auslagen sind, ergeben sich aus § 91 Abs. 2 ZPO, § 464a Abs. 2 Nr. 2 StPO. Danach sind etwa **die Reisekosten eines nicht am Sitz des Gerichts ansässigen Rechtsanwalts** nur dann notwendige Auslagen, wenn dessen Zuziehung zur zweckentsprechenden Verteidigung erforderlich ist, etwa weil es sich um einen Fachspezialisten handelt, ohne den die Rechte des Betroffenen nicht ausreichend gewahrt werden; lediglich das besondere Vertrauen des Betroffenen zum Verteidiger oder dessen allgemein guter Ruf reichen hierzu nicht aus (vgl. *RRH*, 3. Aufl., Rdnr. 7 zu § 106; *KK*, 5. Aufl., Rdnr. 46, jeweils mit weiteren Nachweisen). Die Reisekosten eines auswärtigen Rechtsanwalts können als notwendige Auslagen in Betracht kommen, falls der Betroffene selbst seinen Wohnsitz weit entfernt vom Gerichtsort hat (vgl. *RRH*, a. a. O.). **Die Kosten mehrerer Rechtsanwälte** (§ 91 Abs. 2 Satz 3 ZPO) sind nur insoweit zu erstatten, als sie die Kosten eines Rechtsanwalts nicht übersteigen oder weil in der Person des Rechtsanwalts ein Wechsel eintreten musste. Ob es sich um ein umfangreiches oder schwieriges Verfahren handelt, ist dabei unerheblich (vgl. *KK*, 5. Aufl., Rdnr. 45). Eine Erstattung der Kosten für mehrere Verteidiger erfolgt auch nicht in Fällen, in denen es um strafrechtliche und andere, z. B. steuerrechtliche Punkte geht, was auch dann gilt, wenn ein Steuerberater gemeinsam mit einem Rechtsanwalt auftritt (vgl. *KK*, a. a. O.; *RRH*, 3. Aufl., Rdnr. 7a zu § 106). Nimmt z. B. ein Rechtsanwalt in Vertretung des Hauptverteidigers einen Termin wahr, sind als notwendige Auslagen die Höhe der fiktiven Reisekosten des Hauptverteidigers erstattungsfähig (vgl. *KK*, a. a. O.; *Göhler*, 18. Aufl. 2020, Rdnr. 44). Bei **unzulässiger Doppelverteidigung** (§ 146 StPO, § 46 Abs. 1) sind die Kosten des Verteidigers nicht erstattungsfähig, soweit er mehrere Mandate zur gleichen Zeit übernommen hat, weil ihm wegen Nichtigkeit des Geschäftsbesorgungsvertrages (§ 134 BGB) kein Gebührenanspruch zusteht (vgl. *RRH*, a. a. O. mit weiteren Nachweisen). In diesem Fall spielt es auch keine Rolle, ob bzw. wann ein Zurückweisungsbeschluss ergangen ist (vgl. *KK*, 5. Aufl., Rdnr. 48). Erfolgte die Beauftragung des Verteidigers nicht zur gleichen Zeit, sind ausschließlich die Kosten aus dem vom Verteidiger zuerst übernommenen Mandat erstattungsfähig (vgl. *Göhler*, 18. Aufl. 2020, Rdnr. 48; *RRH*, a. a. O.; *KK*, a. a. O.). **Verteidigt sich ein Rechtsanwalt in eigener Sache selbst als Betroffener,** steht ihm keine Kostenerstattung zu (vgl. *KK*, 5. Aufl., Rdnr. 47; *Göhler*, 18. Aufl. 2020, Rdnr. 45; *RRH*, 3. Aufl., Rdnr. 7b zu § 106). Die Bestimmung in § 91 Abs. 2 Satz 4 ZPO, § 464a Abs. 2 Nr. 2 StPO gilt nämlich nur in solchen Fällen, in denen die Selbstvertretung eines Rechtsanwalts prozessual zulässig ist (Zivilprozess); da ein Verteidiger ein unabhängiges Organ der Rechtspflege ist, kann ein Rechtsanwalt nicht sein eigener Verteidiger sein; kommt ihm aber nicht die Stellung eines Verteidigers im Sinne der StPO zu, stehen ihm auch nicht die fiktiven Kosten eines Verteidigers zu (vgl. *KK*, a. a. O.).

4.2.2 Die gesetzliche Gebühr für Rechtsanwälte (RVG)

Die Vergütung (Gebühren und Auslagen) für Rechtsanwältinnen und Rechtsanwälte bemisst sich nach den Bestimmungen des Gesetzes über die Vergütung der Rechtsanwältinnen und Rechtsanwälte (Rechtsanwaltsvergütungsgesetz – RVG) vom 5.5.2004 (BGBl. I S. 718), zuletzt geändert am 21.12.2022 (BGBl. I S. 2817). Das RVG enthält einen Paragrafenteil und in der Anlage 1 ein Vergütungsverzeichnis, welches Bestandteil des Gesetzes ist und nach dem sich die Höhe der Vergütung bestimmt (§ 2 Abs. 2 Satz 1 RVG). In Bußgeldsachen sind die §§ 42, 43 RVG in Verbindung mit den Nrn. 5100 bis 5200 RVG Vergütungsverzeichnis einschlägig. Es handelt sich bei Wahlverteidigern um Betragsrahmengebühren, deren Höhe im Einzelfall nach bestimmten Kriterien wie z. B. Umfang und Schwierigkeit der anwaltlichen Tätigkeit und Bedeutung der Angelegenheit zu bemessen ist (§ 14 RVG). Der Verteidiger erhält eine **Grundgebühr** (§ 2 Abs. 2 Satz 1 RVG, Nr. 5100 RVG Vergütungsverzeichnis) unabhängig davon, in welchem Verfahrensabschnitt er tätig wird, also auch wenn er erstmals im gerichtlichen Verfahren beauftragt wird. Durch die Grundgebühr wird die gesamte Tätigkeit als Verteidiger entgolten, sie entsteht nur einmal in einem Verfahren (Vorbemerkung 5.1 Abs. 1 Teil 5 RVG Vergütungsverzeichnis) und soll den Arbeitsaufwand honorieren, der mit der Übernahme des Mandats entsteht, also das Erstgespräch mit Mandanten und die Beschaffung der erforderlichen Informationen. Im Verfahren vor der Verwaltungsbehörde erhält er die **Verfahrensgebühr** für das Betreiben des Geschäfts einschließlich der Information (Vorbemerkung zum Teil 5 Abs. 2 RVG Vergütungsverzeichnis) und für die Teilnahme an Vernehmungen vor der Polizei oder der Verwaltungsbehörde eine **Terminsgebühr** (Vorbemerkung zum Teil 5 Abs. 3, Vorbemerkung 5.1.2 Abs. 2, Nrn. 5101– 5106 RVG Vergütungsverzeichnis). Im gerichtlichen Verfahren können ebenfalls (zusätzlich) die Verfahrens- und Terminsgebühr entstehen (Nrn. 5107– 5114 RVG Vergütungsverzeichnis), wobei sich die Terminsgebühr nicht allein an der tatsächlichen Dauer der Hauptverhandlung orientiert, sondern auch die Vorbereitung für das Verfahren umfasst (vgl. LG Weiden, Beschl. vom 1.8.2005 –OWi 1 Qs 60/05 –). In den Fällen der Nr. 5115 RVG Vergütungsverzeichnis erhält der Verteidiger auch **Zusatzgebühren,** wenn durch die anwaltliche Mitwirkung das Bußgeldverfahren bereits bei der Verwaltungsbehörde abgeschlossen oder die Hauptverhandlung entbehrlich wird, weil z. B. das Gericht nach § 72 durch Beschluss entscheidet (vgl. *RRH*, 3. Aufl., Rdnr. 7c1 zu § 106). Zum Verfahren der Verwaltungsbehörde gehört auch das Verwarnungsverfahren und das Zwischenverfahren (§ 69 OWiG) bis zum Eingang der Akten bei Gericht (Vorbemerkung 5.1.2 RVG Vergütungsverzeichnis). Verwirft die Verwaltungsbehörde den Einspruch als nicht rechtzeitig und stellt der Betroffene hiergegen den Antrag auf gerichtliche Entscheidung nach § 62 OWiG, zählt auch dieser Verfahrensabschnitt zum Zwischenverfahren, weil das Amtsgericht keine Sachentscheidung trifft, sondern lediglich die Zulässigkeit des Einspruchs prüft (vgl. *RRH*, a. a. O.). Legt die Staatsanwaltschaft z. B. gegen eine amtsgerichtliche Bußgeldentscheidung Rechtsbeschwerde ein und der Verteidiger des Betroffenen regt in einem Schriftsatz die Rücknahme des Rechtsmittels seitens der Staatsanwaltschaft an und begründet dieses, worauf die Staatsanwaltschaft schließlich die Rechtsbeschwerde wieder zurücknimmt, erhält er eine solche Zusatzgebühr (vgl. LG Stralsund, AGS 2005 S. 442). Gem. § 17 Nr. 10 RVG sind das strafrechtliche Ermittlungsverfahren und ein nach dessen Einstellung sich anschließendes Bußgeldverfahren verschiedene Gebührenangelegenheiten; es entstehen also in einem solchen Fall Gebühren für das Strafverfahren und Gebühren für das Bußgeldverfahren. Ausgenommen von diesem Grundsatz ist die Grundgebühr. Sie ist wechselseitig anzurechnen, sodass sie insgesamt nur einmal entstehen kann (Nrn. 4100 und 5100 RVG Vergütungsverzeichnis).

4.2.2.1 Gebührenberechnung

Die Höhe der Gebühren hängt von der Höhe der Geldbuße ab, eingeteilt in drei Bereiche, nämlich Geldbußen von weniger als 60 Euro, 60 bis 5000 Euro und mehr als 5000 Euro (Nrn. 5101– 5112 RVG Vergütungsverzeichnis). Maßgebend ist die zum Zeitpunkt des Entstehens der Gebühr zuletzt festgesetzte Geldbuße (Vorbemerkung 5.1 Abs. 2 Teil 5 RVG Vergütungsverzeichnis). Wird der Rechtsanwalt direkt nach Erlass des Bußgeldbescheides beauftragt, ist für die Bemessung der Höhe der Gebühren die darin festgesetzte Geldbuße ausschlaggebend, nicht etwa die letzte, rechtskräftige Geldbuße. Wird der Rechtsanwalt bereits vor Erlass eines Bußgeldbescheides beauftragt, z. B. in der Anhörung (§ 55 OWiG), richtet sich die Höhe der Gebühren nach dem mittleren Betrag der in der Bußgeldvorschrift angedrohten Geldbuße, der sich durch die Addition des Mindest- und des Höchstbetrages und anschließender Division durch zwei errechnet. Dabei kann es oftmals zu höheren Gebühren kommen, als wenn der Anwalt erst nach der Festsetzung einer Geldbuße beauftragt worden wäre. Ist die Geldbuße nicht als Mindest- und Höchstbetrag, sondern in der konkreten Bußgeldvorschrift mit einem bestimmten Betrag angedroht, ist dieser zugrunde zu legen. Die Höhe ist im Einzelfall nach bestimmten Kriterien wie z. B. Umfang und Schwierigkeit der anwaltlichen Tätigkeit und Bedeutung der Angelegenheit zu bemessen (§ 14 RVG), wobei alle denkbaren Bußgeldverfahren miteinander zu vergleichen sind; in Bußgeldsachen mittleren Umfangs und Schwierigkeitsgrades, also in den „Normalfällen", kommt eine Mittelgebühr in Betracht (vgl. *RRH*, 3. Aufl., Rdnr. 7c2 zu § 106). In Bußgeldangelegenheiten geringerer Bedeutung, z. B. in einer Verkehrsordnungswidrigkeit mit einer Geldbuße von 15 Euro kann eine Grundgebühr der Nr. 5100 RVG Vergütungsverzeichnis von lediglich 50 Euro, also deutlich unterhalb der Mittelgebühr von 100 Euro, angemessen sein (vgl. LG Weiden, Beschl. vom 1.8.2005 – OWi 1 Qs 60/05 –; *RRH*, a. a. O.). Allgemein sind Bußgeldverfahren in Verkehrssachen (und ähnlich gelagerten häufig vorkommenden Bußgeldverfahren), die außer der verhängten Geldbuße für den Betroffenen keine weiteren Auswirkungen haben, mit einer unter der Mittelgebühr liegenden Gebühr abzugelten. Die Mittelgebühr kann aber gerechtfertigt sein und bei besonders umfangreicher Tätigkeit oder überdurchschnittlicher Bedeutung auch überschritten werden, wenn ein Fahrverbot droht oder eine Eintragung in der so genannten „Verkehrssünderkartei" den Verlust der Fahrerlaubnis bedeuten kann (vgl. AG Frankenthal, AGS 2005 S. 292 – 294; *RRH*, a. a. O.). Dagegen ist bei bloßen Kennzeichenanzeigen im ruhenden Verkehr, bei denen der Betroffene keine Angaben macht oder nur vorbringt, nicht gefahren zu sein, auch lediglich die Mindestgebühr angemessen, die für die denkbar einfachsten Fälle vorgesehen ist (vgl. *RRH*, a. a. O.). Zunächst hat der Rechtsanwalt die Gebühr innerhalb des vorgegebenen Rahmens unter Beachtung der Bewertungskriterien nach billigem Ermessen selbst bestimmt (§ 14 Abs. 1 Satz 1 RVG). Bei der Festsetzung der aus der Staatskasse (vgl. Erl. 8 ff.) zu erstattenden notwendigen Auslagen ist die vom Rechtsanwalt getroffene Gebührenentscheidung für die Verwaltungsbehörde bzw. das Gericht jedoch nicht verbindlich, wenn sie unbillig ist (§ 14 Abs. 1 Satz 4 RVG). Dem Betroffenen ist z. B. in einer Verkehrssache durchaus zuzumuten, durch die einfache Einlassung, dass er nicht der verantwortliche Fahrer war, was zu einer Rücknahme eines Bußgeldbescheides führen würde, sich selbst zu verteidigen, was im Zusammenhang mit der Gebührenbestimmung (hier kann wohl nur einer Mindestgebühr stattgegeben werden) durchaus sachgemäß ist (vgl. BVerfG, NJW 1982 S. 275; *RRH*, a. a. O.). Ein vereinbartes Verteidigerhonorar ist zwar zu erstatten, aber nur soweit es nicht über die gesetzlichen Gebühren hinausgeht und nach den Bemessungsgrundsätzen des § 14 RVG nicht übersetzt erscheint (vgl. *RRH*, a. a. O.).

4.2.2.2 Auslagenberechnung

Die Erhebung von **Auslagen** ist in Teil 7 Vergütungsverzeichnis RVG (VV RVG) geregelt. Danach gehören zu den Auslagen des Rechtsanwalts nach Nr. 7000 Ziffer 1 Buchstabe a RVG Vergütungsverzeichnis auch eine Dokumentenpauschale für das Anfertigen von Ablichtungen und Ausdrucken aus Behörden- und Gerichtsakten, soweit deren Herstellung zur sachgemäßen Bearbeitung geboten war. In der Praxis wird, was diesen Punkt anbelangt, durch die Festsetzungsstelle bei der Missbrauchsüberprüfung wohl kein kleinlicher Maßstab anzusetzen sein (vgl. *RRH,* 3. Aufl., Rdnr. 7d zu § 106; *KK,* 5. Aufl., Rdnr. 56). Auch Fotokopierkosten für solche Ablichtungen, die der Rechtsanwalt von in der Akte befindlichen eigenen Schriftsätzen fertigt, sind zumindest aus praktischen Gründen zu erstatten. Die Kosten für Ablichtungen zur notwendigen Unterrichtung des Betroffenen sind nur zu erstatten, soweit hierfür mehr als 100 Ablichtungen zu fertigen waren (Nr. 7000 Ziffer 1 Buchstabe c RVG Vergütungsverzeichnis), da die ersten 100 Ablichtungen bereits durch die Gebühren (vgl. Vorbemerkung 7 Abs. 1 Satz 1 Teil 7 Vergütungsverzeichnis RVG) entgolten sind (ebenso *RRH,* a. a. O.; entgegen *Hartung,* NJW 2004 S. 1409 –1420). Bei mehr als 100 Ablichtungen werden demzufolge ab Ablichtung 101 0,50 Euro je Seite und ab Ablichtung 151 0,15 Euro je Seite entrichtet. Außerdem erhält der Verteidiger folgenden Auslagenersatz: Entgelte für Post- und Telekommunikationsdienstleistungen, Fahrtkosten (0,30 Euro für jeden gefahrenen Kilometer), und zwar für den Hin- und Rückweg (vgl. *RRH,* a. a. O.), Tage- und Abwesenheitsgeld; erstattungsfähig ist auch die Umsatzsteuer, sofern diese überhaupt im Hinblick auf die Regelung für Kleinunternehmer erhoben wird (§ 19 Abs. 1 UStG).

Beispiel:

Ein Rechtsanwalt vertritt einen Betroffenen in einer waffenrechtlichen Ordnungswidrigkeitssache, nachdem gegen diesen ein Bußgeld in Höhe von 400 Euro verhängt wurde. Aufgrund des Sachvortrags des Verteidigers im Einspruch nimmt die Verwaltungsbehörde (VB) den Bußgeldbescheid zurück und stellt das Verfahren ein (§ 46 OWiG, § 170 Abs. 2 StPO). Über die zu erstattenden notwendigen Auslagen entscheidet die VB gemäß dem Antrag des anwaltlichen Vertreters im Kostenfestsetzungsbescheid wie folgt:

VV RVG Nr. 5100	Grundgebühr	100,00 Euro
VV RVG Nr. 5103	Verfahrensgebühr	160,00 Euro
VV RVG Nr. 5115	Zusätzliche Gebühr	160,00 Euro
VV RVG Nr. 7002	Pauschale für Post und Telekommunikation	20,00 Euro
VV RVG Vorb. 7 Abs. 1 Satz 2, §§ 670, 675 BGB, § 107 Abs. 5 Nr. 1	Pauschale für Aktenversand	12,00 Euro
Zwischensumme		452,00 Euro
VV RVG Nr. 7008	Umsatzsteuer, 19 %	85,88 Euro
Erstattungsgesamtbetrag		537,88 Euro

Im Hinblick auf die Umsatzsteuerbeträge ist zu berücksichtigen, dass diese nicht erstattet werden, wenn der Antragssteller die Beträge als Vorsteuer abziehen kann (vgl. *Göhler,* 18. Aufl. 2020, Rdnr. 6 zu § 106; *RRH,* 3. Aufl., Rdnr. 5 zu § 106), so z. B. wenn der Antragsberechtigte selbst Gewerbetreibender ist und es sich um eine Ordnungswidrigkeitensache im Zusammenhang mit seinem Gewerbebetrieb handelt.

4.3 Sonstige notwendige Aufwendungen

Zu den sonstigen notwendigen Aufwendungen zählen z. B. Fahrtkosten des Betroffenen, deren Höhe sich nach § 5 JVEG richtet, zu einem von der Verwaltungsbehörde oder dem Gericht anberaumten Termin zur Ortsbesichtigung (*Göhler,* 18. Aufl. 2020, Rdnr. 49 vor § 105; *KK,* 5. Aufl., Rdnr. 68; *RRH,* 3. Aufl., Rdnr. 20), sowie die Parkgebühren (vgl. *RRH,* 3. Aufl., Rdnr. 6 zu § 106). **Nicht erstattungsfähig** sind die Kosten für die Anschaffung eines Gesetzestextes und von Fachliteratur (vgl. *Göhler,* a. a. O.). Das Gleiche gilt grundsätzlich für Aufwendungen des Betroffenen für private Ermittlungen (z. B. Detektivkosten), solche sind nämlich nicht erforderlich, weil auch im Bußgeldverfahren die Möglichkeit besteht, Beweisanträge zu stellen; als Ausnahme von diesem Grundsatz kann in Betracht kommen, dass ohne unverzügliche private Feststellungen ein Beweisverlust droht (vgl. *KK*, 5. Aufl., Rdnr. 69; *Göhler*, 18. Aufl. 2020, Rdnr. 50). Auch Aufwendungen für private Gutachten sind ausnahmsweise nur dann zu erstatten, wenn es sich um komplizierte technische Fragen bzw. ein abgelegenes Rechtsgebiet handelt oder wenn es zur Abwehr des Vorwurfs unbedingt notwendig ist, etwa weil ein Beweisverlust droht (vgl. *RRH*, a. a. O.; *Göhler*, 18. Aufl. 2020, Rdnr. 51).

5. Kosten- und Auslagenentscheidung bei unwahrer Anzeige

Nach § 469 Abs. 1, 2 StPO sind die Kosten des Verfahrens sowie die notwendigen Auslagen des Betroffenen **dem Anzeigenden** aufzuerlegen, wenn er durch eine vorsätzlich oder leichtfertig (grob fahrlässig) erstattete **unwahre Anzeige** das Verfahren veranlasst hat. Unwahr ist die Anzeige, wenn ihr wesentlicher Inhalt nachweislich falsch ist oder wenn er den tatsächlichen Gegebenheiten widerspricht (vgl. *Göhler*, 18. Aufl. 2020, Rdnr. 109 vor § 105, *RRH*, 3. Aufl., Rdnr. 28). Um keine unwahre Anzeige handelt es sich, wenn jemand lediglich falsche Schlüsse aus einem Vorfall zieht (vgl. *RRH*, a. a. O.). Die Anzeige muss ursächlich für die Einleitung des Bußgeldverfahrens gewesen sein. Als Anzeige im Sinne dieser Vorschrift zählen auch Selbstbezichtigungen, Angaben bei einer Vernehmung oder öffentlich aufgestellte Behauptungen (vgl. *RRH* und *Göhler*, jeweils a. a. O.). Dienstliche Anzeigen der Verfolgungsbehörden werden nur dann von § 469 StPO erfasst, wenn die Amtsträger strafrechtlich wegen Verfolgung Unschuldiger (§ 344 StGB) oder disziplinarrechtlich belangt werden können (vgl. *Göhler*, 18. Aufl. 2020, Rdnr. 110 vor § 105; *RRH*, a. a. O.; *KK*, 5. Aufl., Rdnr. 120). Voraussetzung für eine Entscheidung nach § 469 StPO ist, dass das Bußgeldverfahren nach § 170 Abs. 2 StPO, § 46 Abs. 1 eingestellt wurde, ob vor oder nach dem Erlass eines Bußgeldbescheides ist unerheblich (vgl. *RRH*, a. a. O.). Die Kosten- und Auslagenentscheidung trifft die Verwaltungsbehörde, die auch für den Erlass des Bußgeldbescheides (nicht nur für die Verfolgung der Ordnungswidrigkeit) zuständig gewesen wäre, von Amts wegen nach Anhörung des Anzeigenden (vgl. *RRH*, 3. Aufl., Rdnr. 29; *Göhler*, 18. Aufl. 2020, Rdnr. 111). Die Entscheidung ergeht in einem selbstständigen Kostenbescheid und ist nach § 108 Abs. 1 Nr. 1 anfechtbar (vgl. *KK*, 5. Aufl., Rdnr. 123; *RRH*, a. a. O.).

6. Kosten- und Auslagenentscheidung bei Nebenbeteiligten

§ 472b Abs. 1 StPO, § 105 Abs. 1 OWiG, § 46 Abs. 1 OWiG regelt das Verfahren, wenn im Bußgeldverfahren Nebenfolgen (z. B. die Einziehung und der Vorbehalt der Einziehung gem. §§ 22 bis 24 sowie die Einziehung nach § 29a OWiG) angeordnet werden (vgl. *KK*, 5. Aufl., Rdnr. 132). Bei Festsetzung eines Bußgeldes gegen eine **juristische Person oder Personenvereinigung** gilt die Sonderregelung des § 472b Abs. 2 StPO). Danach hat diese die Kosten des Verfahrens, also die Gebühren und Auslagen, zu tragen und wird somit kostenmäßig mit einem Betroffenen gleichgestellt (vgl. *Göhler*, 18. Aufl. 2020, Rdnr. 122a vor § 105). Wird von der Anordnung einer Nebenfolge oder der Festsetzung einer Geldbuße gegen eine juristische Person oder eine Personenvereinigung abgesehen, gilt § 472b Abs. 3 StPO (vgl. Erl. 6.3). Die Entscheidung nach § 272b Abs. 1,2 StPO ergeht im Bußgeldbescheid oder ihm gleichgestellten Bescheiden (vgl. Erl. 1.1.1) und kann mittels Einspruch angefochten werden (vgl. *RRH*, 3. Aufl., Rdnr. 38; *KK*, 5. Aufl., Rdnr. 138). Im Falle des § 272b Abs. 3 StPO wird die Entscheidung über die notwendigen Auslagen, sofern kein Bußgeldbescheid erlassen wird, in einem selbstständigen Kostenbescheid getroffen, gegen den Antrag auf gerichtliche Entscheidung nach § 108 Abs. 1 gestellt werden kann (vgl. *RRH*, a. a. O.).

6.1 Kostenentscheidung bei angeordneter Nebenfolge

Abweichend zu § 465 StPO, der hier nicht einschlägig ist (vgl. Erl. 3.4), können dem Nebenbeteiligten bei Anordnung einer Nebenfolge zwar nicht die Kosten des Verfahrens, aber die durch ihn selbst aufgrund seiner Beteiligung entstandenen besonderen Kosten, das sind die besonderen Auslagen, auferlegt werden (§ 472b Abs. 1 StPO). Sinn dieser Regelung ist, den Betroffenen, der grundsätzlich die gesamten Kosten des Verfahrens zu tragen hat (§ 465 Abs. 1 StPO, § 105 Abs. 1 OWiG, § 46 Abs. 1 OWiG), von solchen Kosten zu entlasten, die z. B. durch unbegründete Sachangaben des Nebenbeteiligten erwachsen sind (vgl. *Göhler,* 18. Aufl. 2020, Rdnr. 121 vor § 105; *RRH,* 3. Aufl., Rdnr. 35). Solche besonderen Auslagen können sich z. B. ergeben, wenn aufgrund der Einwendung des Nebenbeteiligten weitere Zeugen einvernommen werden müssen (vgl. *Göhler,* a. a. O.). Diese Regelung gilt übrigens auch im selbstständigen Verfahren (vgl. *RRH,* a. a. O.).

6.2 Entscheidung über die notwendigen Auslagen bei angeordneter Nebenfolge

Nach § 472b Abs. 1 Satz 2 StPO können die dem Nebenbeteiligten erwachsenen notwendigen Auslagen aus Billigkeitsgründen dem Betroffenen, im selbstständigen Verfahren aber auch einem anderen Nebenbeteiligten, auferlegt werden, sofern eine Nebenfolge angeordnet wird. Der Betroffene wird z. B. die notwendigen Auslagen des Einziehungsbeteiligten zu tragen haben, wenn er (der Betroffene) wahrheitswidrig angab, dass der Einziehungsgegenstand einer anderen Person gehört, obwohl der Betroffene selbst der Eigentümer ist und so die Beteiligung der anderen Person (des Einziehungsbeteiligten) veranlasste (vgl. *Göhler,* 18. Aufl. 2020, Rdnr. 122 vor § 105).

6.3 Auslagenentscheidung in Fällen ohne angeordnete Nebenfolge

Wird von der Anordnung einer Nebenfolge oder der Festsetzung einer Geldbuße gegen eine juristische Person oder eine Personenvereinigung abgesehen, steht es im Ermessen der Behörde, ob sie die notwendigen Auslagen des Nebenbeteiligten, der sie im Normalfall selbst zu tragen hat (vgl. *RRH,* 3. Aufl., Rdnr. 37; *KK,* 5. Aufl., Rdnr. 135; *Göhler,* 18. Aufl. 2020, Rdnr. 123 vor § 105), der Staatskasse (vgl. Erl. 8 ff.) oder einem anderen Beteiligten auferlegt (§ 472b Abs. 3 StPO). Mit einem anderen Beteiligten ist auch der Betroffene gemeint (vgl. *Göhler,* a. a. O.). Behauptet z. B. ein Betroffener wider besseren Wissens, dass sich die juristische Person aus der Ordnungswidrigkeit bereichert hat, was dazu führt, dass die Verfahrensbeteiligung der juristischen Person angeordnet wird, werden ihm wohl deren notwendige Auslagen auferlegt werden (vgl. *RRH,* a. a. O.). Eine Auslagenentscheidung ist im Verfahren der Verwaltungsbehörde aber nur dann in Betracht zu ziehen, wenn zunächst ein Bußgeldbescheid mit einem Nebenfolgeausspruch erlassen wird, der Bescheid anschließend nach erfolgtem Einspruch zurückgenommen und schließlich ein neuer Bußgeldbescheid ohne Anordnung der Nebenfolge erlassen wird; dies folgt daraus, dass § 472b Abs. 3 StPO im Strafverfahren nur angewendet werden kann, wenn wegen der Nebenfolge Anklage erhoben wurde (vgl. *Göhler,* 17. Aufl., 2017, Rdnr. 124 vor § 105; *RRH,* a. a. O.; *KK,* 5. Aufl., Rdnr. 136). Im Falle der Rücknahme des Bußgeldbescheides und Einstellung des Bußgeldverfahrens sind bei der Entscheidung über die notwendigen Auslagen § 467a Abs. 2 StPO und § 105 Abs. 1 OWiG anzuwenden (vgl. *RRH,* a. a. O.).

7. Kostenentscheidung bei Jugendlichen und Heranwachsenden (§ 74 JGG)

Im Bußgeldverfahren gegen sowohl gegen Jugendliche als auch gegen Heranwachsende kann davon abgesehen werden, diesen die Kosten und Auslagen aufzuerlegen (§ 74 JGG, § 105 Abs. 1 OWiG). Als Kosten gelten die Gebühren und Auslagen im Sinne von § 107 OWiG (§ 464a Abs. 1 Satz 1 StPO), mit dem zusätzlichen Begriff **„Auslagen"** werden auch die Auslagen von Nebenbeteiligten erfasst, **nicht** aber **die notwendigen Auslagen des jugendlichen Betroffenen**; diese können nicht der Staatskasse (vgl. Erl. 8 ff.) überbürdet werden (vgl. *RRH,* 3. Aufl., Rdnr. 39; *Göhler,* 18. Aufl. 2020, Rdnr. 133; *KK,* 5. Aufl., Rdnr. 143 mit eingehender Begründung). Bei der Ermessensentscheidung sind sowohl wirtschaftliche als auch erzieherische Aspekte zu berücksichtigen, so z. B. ob bei einem Jugendlichen, der lediglich über ein monatliches Taschengeld verfügt, auch damit zu rechnen ist, dass er die Kosten und Auslagen selbst bezahlt (vgl. *RRH,* 3. Aufl., Rdnr. 40).

8. Der Begriff „Staatskasse" bei Auslagenentscheidungen (§ 105 Abs. 2 OWiG)

Im Bußgeldverfahren der Verwaltungsbehörde ist bei einer Auslagenentscheidung im Sinne der in § 105 OWiG genannten Vorschriften der StPO mit der Staatskasse die Bundeskasse gemeint, wenn eine Verwaltungsbehörde des Bundes das Verfahren durchführt, sonst die Landeskasse (§ 105 Abs. 2 OWiG). Diese Kassen haben grundsätzlich die notwendigen Auslagen zu tragen, soweit gesetzlich nichts anderes bestimmt ist. Mit der Kostenbestimmung wird konsequent der Regelung in § 90 Abs. 2 gefolgt, sodass die Möglichkeit besteht, durch Gesetz die Kassen, der die Geldbußen zufließen, auch mit den notwendigen Auslagen zu belasten, wovon der Bund und die Länder weitgehend Gebrauch gemacht haben (vgl. *RRH,* 3. Aufl., Rdnr. 41; *KK,* 5. Aufl., Rdnr. 144). Fehlt dagegen eine im Hinblick auf § 105 Abs. 2 OWiG anders lautende gesetzliche Regelung, bedeutet dies, dass die Landeskasse die notwendigen Auslagen zu tragen hat, auch wenn eine Gebietskörperschaft eines Landes das Verfahren durchführt (vgl. *RRH,* 3. Aufl., Rdnr. 7 vor § 105).

8.1 Bei Kostenentscheidungen

Zu beachten ist, dass § 105 Abs. 2 OWiG nicht bei den **Kosten des Verfahrens (Gebühren und Auslagen)** Anwendung findet, sondern nur bei den notwendigen Auslagen. Einer Kommunalbehörde steht folglich aufgrund dieser Vorschrift, sollte sie die Auslagen nicht einem Betroffenen oder sonstigen Beteiligten auferlegen können, kein Ersatz aus der Staatskasse für ihre eigenen Auslagen zu (vgl. *RRH,* 3. Aufl., Rdnr. 41). Es gilt nämlich der Grundsatz, dass jede Verwaltungsbehörde ihre Auslagen selbst zu tragen hat. Im Bußgeldverfahren der Verwaltungsbehörde ist im Hinblick auf die Verfahrenskosten als Staatskasse stets die Kasse des Verwaltungsträgers anzusehen, dem die Verwaltungsbehörde angehört, die das Bußgeldverfahren durchführt; das kann die Bundeskasse, die Landeskasse, die Kasse einer Gemeinde oder die Kasse einer Körperschaft oder Anstalt des öffentlichen Rechts sein (vgl. *RRH,* a. a. O.; *Göhler,* 18. Aufl. 2020, Rdnr. 60 vor § 105; *KK,* 5. Aufl., Rdnr. 145).

8.2 Im gerichtlichen Verfahren

Im **gerichtlichen Verfahren** ist § 105 Abs. 2 OWiG nicht einschlägig. Das bedeutet, dass bei einer gerichtlichen Kosten- und Auslagenentscheidung stets die Landeskasse betroffen ist, und das ist der Justizfiskus; dies gilt auch im Verfahren der Staatsanwaltschaft (vgl. *RRH,* 3. Aufl., Rdnr. 42; *Göhler,* 18. Aufl. 2020, Rdnr. 59).

§ 106
Kostenfestsetzung

(1) Die Höhe der Kosten und Auslagen, die ein Beteiligter einem anderen zu erstatten hat, wird auf Antrag durch die Verwaltungsbehörde festgesetzt. Auf Antrag ist auszusprechen, dass die festgesetzten Kosten und Auslagen von der Anbringung des Festsetzungsantrages an entsprechend § 104 Abs. 1 Satz 2 der Zivilprozessordnung zu verzinsen sind. Dem Festsetzungsantrag sind eine Berechnung der dem Antragsteller entstandenen Kosten, eine zur Mitteilung an den anderen Beteiligten bestimmte Abschrift und die Belege zur Rechtfertigung der einzelnen Ansätze beizufügen. Zur Berücksichtigung eines Ansatzes genügt es, dass er glaubhaft gemacht ist. Hinsichtlich der einem Rechtsanwalt erwachsenen Auslagen für Post- und Telekommunikationsdienstleistungen genügt die Versicherung des Rechtsanwalts, dass die Auslagen entstanden sind.

(2) Für die Zwangsvollstreckung aus dem Kostenfestsetzungsbescheid gelten die Vorschriften der Zivilprozessordnung über die Zwangsvollstreckung aus Kostenfestsetzungsbeschlüssen sinngemäß. Die Zwangsvollstreckung ist erst zulässig, wenn der Kostenfestsetzungsbescheid unanfechtbar geworden ist. Die vollstreckbare Ausfertigung wird vom Urkundsbeamten der Geschäftsstelle des nach § 68 zuständigen Gerichts erteilt.

Erläuterungen

Übersicht

Vorbemerkung

Die Norm gilt im Kostenfestsetzungsverfahren der Verwaltungsbehörde. Für das gerichtliche Bußgeldverfahren ist gem. § 46 Abs. 1 OWiG die entsprechende Regelung in § 464b StPO, die nicht für das Verfahren der Verwaltungsbehörde gilt (§ 105 Abs. 1 OWiG), maßgebend; das Kostenfestsetzungsverfahren der Staatsanwaltschaft richtet sich nach § 108a Abs. 3 OWiG (vgl. *Göhler,* 18. Aufl. 2020, Rdnr. 1). Die Entscheidung hierüber trifft die Verwaltungsbehörde, die den Bußgeldbescheid erlassen hat (vgl. *Göhler,* 18. Aufl. 2020, Rdnr. 2; *RRH,* 3. Aufl., Rdnr. 1).

1. Kosten und Auslagen

Im Kosten**festsetzungs**verfahren wird die **Höhe der Kosten und Auslagen** festgesetzt, die ein Beteiligter (vgl. hierzu Erl. 4 zu § 105), z. B. die Staatskasse (vgl. Erl. 8 ff. zu § 105), einem anderen, z. B. dem Betroffenen, erstatten muss (Absatz 1). Unter dem Begriff „Kosten und Auslagen" sind die notwendigen Auslagen eines Beteiligten im Bußgeldverfahren nach §§ 464 Abs. 2, 464a Abs. 2 StPO (vgl. Erl. 4 zu § 105) gemeint. Voraussetzung für den Erlass eines entsprechenden Bescheides ist eine rechtskräftige Auslagenentscheidung der Verwaltungsbehörde über die Kostentragungspflicht dem Grunde nach im Bußgeldbescheid oder selbstständigen Kostenbescheid (§ 464 Abs. 2 StPO, § 105 Abs. 1 OWiG; vgl. Erl. 1.2 ff. zu § 105; *RRH,* a. a. O.). Zu beachten ist, dass das Kostenfestsetzungsverfahren nicht die Kosten des Verfahrens betrifft, die vom Betroffenen oder einem anderen Beteiligten an die Staatskasse zu entrichten sind; diese werden nämlich im sog. Kostenansatz, einer besonderen Kostenrechnung, angefordert (vgl. *RRH,* a. a. O.; *KK,* 5. Aufl., Rdnr. 2; *Göhler,* 18. Aufl. 2020, Rdnr. 1).

2. Antragserfordernis

Die Kostenfestsetzung durch die Verwaltungsbehörde erfolgt nur auf Antrag; dieser ist nicht an eine Frist gebunden (vgl. *Göhler,* 18. Aufl. 2020, Rdnr. 3; *KK,* 5. Aufl., Rdnr. 3). Die Entstehung der notwendigen Auslagen – häufig handelt es sich hierbei um die Rechtsanwaltsvergütung (vgl. hierzu Erl. 4.2 zu § 105) – ist glaubhaft zu machen (Abs. 1 Sätze 3, 4, 5), was am zweckmäßigsten bereits bei der Antragstellung erfolgt (vgl. *KK,* 5. Aufl., Rdnr. 6).

2.1 Antragsberechtigung

Berechtigt zur **Antragsstellung ist, wer in der Auslagenentscheidung als erstattungsberechtigt benannt ist**, oder auch dessen Rechtsnachfolger (vgl. *RRH,* 3. Aufl., Rdnr. 5), das sind insbesondere der Betroffene oder dessen Verteidiger, dem der Erstattungsanspruch bereits bei dessen Bestellung abgetreten wurde (vgl. *Göhler,* 18. Aufl., 2020, Rdnr. 4; *KK,* 5. Aufl., Rdnr. 3). Dem Verteidiger obliegt kein eigenes selbstständiges Antragsrecht, was seine Vergütung anbelangt; wurde ihm der Erstattungsanspruch nicht abgetreten, kann er für den Erstattungsberechtigten, das ist in der Regel der Betroffene, den Festsetzungsantrag nur dann stellen, wenn er als Verteidiger hierfür ausdrücklich bevollmächtigt ist; normalerweise ergibt sich eine solche Vollmacht bereits aus der formularmäßigen Verteidigerbestellung (vgl. *KK* und *Göhler*, jeweils a. a. O.).

2.2 Antragsgegner

Antragsgegner ist, wem die Zahlungspflicht auferlegt wurde; das ist in der Regel die Staatskasse, oder, falls ein anderer Beteiligter zahlungspflichtig ist, ggf. auch dessen Rechtsnachfolger (vgl. *RRH*, 3. Aufl., Rdnr. 5; *KK*, 5. Aufl., Rdnr. 4). Bei mehreren Erstattungspflichtigen (Gesamtschuldner, vgl. Erl. 3.3 zu § 105) kann der Erstattungsberechtigte wählen, von wem er den Auslagenersatz erstattet haben will (vgl. *Göhler*, 18. Aufl. 2020; Rdnr. 5; *KK*, 5. Aufl., Rdnr. 5).

3. Verzinsung

Die festgesetzten Kosten sind – aber nur, wenn dies ausdrücklich beantragt wird – ab dem Eingang des Festsetzungsantrags, frühestens aber ab Rechtskraft des Kostenfestsetzungsbescheides (vgl. *RRH*, 3. Aufl., Rdnr. 5c), entsprechend § 104 Abs. 1 Satz 2 ZPO zu verzinsen (Absatz 1 Satz 3), und zwar mit fünf Prozentpunkten über dem Basiszinssatz nach § 247 BGB. Der Basiszinssatz wird halbjährlich von der Deutschen Bundesbank im Bundesanzeiger bekanntgegeben, er wird u. a. in den Tageszeitungen veröffentlicht und beträgt seit 1.7.2016 0,88 %. Die Verzinsung kann auch nach Rechtskraft des Kostenfestsetzungsbescheides (separat) beantragt und festgesetzt werden (vgl. *RRH*, a. a. O.).

4. Kostenfestsetzungsbescheid

Die Festsetzung der zu erstattenden Beträge erfolgt in einem Kostenfestsetzungsbescheid (vgl. *Göhler*, 18. Aufl. 2020, Rdnr. 9) durch die Verwaltungsbehörde. Sie ist dabei an die rechtskräftige Grundentscheidung über die notwendigen Auslagen (vgl. hierzu Erl. 1.2 zu § 105) gebunden und darf diese nicht mehr ändern, selbst wenn sie fehlerhaft oder gesetzeswidrig ist (vgl. *RRH*, 3. Aufl., Rdnr. 5a; *Göhler*, 18. Aufl. 2020, Rdnr. 2; *KK*, 5. Aufl., Rdnr. 8). Dagegen kann und muss die Verwaltungsbehörde prüfen, ob die geltend gemachten Auslagen im Einzelnen auch hinsichtlich der Höhe notwendig waren, z. B., ob die von einem Rechtsanwalt angesetzte Gebühr unangemessen hoch ist (vgl. *RRH*, a. a. O., *Göhler*, 18. Aufl. 2020, Rdnr. 9). Die Verwaltungsbehörde ist aber nicht befugt, einen höheren als den beantragten Betrag festzusetzen (§ 308 Abs. 1 Satz ZPO); sie kann allenfalls unter bestimmten Voraussetzungen (Näheres hierzu vgl. *KK*, 5. Aufl., Rdnr. 10) die Höhe einzelner Posten ausgleichen, wobei aber der geforderte Gesamtbetrag keinesfalls überschritten werden darf (vgl. *Göhler*, a. a. O.).

5. Einzelheiten zum Verfahren

Vor der Entscheidung muss der Antragsgegner (vgl. Erl. 2.2) zur Kostenrechnung des Antragstellers gehört werden (vgl. Art. 103 Abs. 1 GG; *RRH*, 3. Aufl., Rdnr. 5b; *Göhler*, 18. Aufl. 2020, Rdnr. 9a), es sei denn, es handelt sich bei dem Antragsgegner um die Verwaltungsbehörde selbst (vgl. *KK*, 5. Aufl., Rdnr. 7). Eine Begründung des Kostenfestsetzungsbescheides ist erforderlich, wenn dem Kostenantrag nicht oder nur zum Teil entsprochen wird (vgl. *RRH*, a. a. O.; *Göhler*, a. a. O.; KK, 5. Aufl., Rdnr. 12). Die Entscheidung der Verwaltungsbehörde ist dem Antragsteller durch Zustellung bekanntzumachen, wenn der Antrag ganz oder auch nur teilweise zurückgewiesen wird (§ 50 Abs. 1 Satz 2), ansonsten reicht eine formlose Mitteilung aus (§ 50 Abs. 1 Satz 1 OWiG). Der Bescheid muss eine Rechtsbehelfsbelehrung enthalten (§ 50 Abs. 2 OWiG). Als Rechtsbehelf kommt der Antrag auf gerichtliche Entscheidung gem. § 108 Abs. 1 Nr. 2 in Betracht (siehe Erl. 2 zu § 108). Für das Kostenfestsetzungsverfahren ist keine Gebühr vorgesehen (§ 107 OWiG), sodass der entsprechende Bescheid der Verwaltungsbehörde keiner Kostenentscheidung (über Gebühren und Auslagen) bedarf (vgl. *Göhler,* 18. Aufl., 2020, Rdnr. 11; *RRH,* 3. Aufl., Rdnr. 5d). Auch dem Rechtsanwalt als Vertreter des Antragstellers steht keine Verfahrensgebühr für den Kostenfestsetzungsantrag zu, dagegen aber unter anderem für den Antrag auf gerichtliche Entscheidung gegen einen Kostenfestsetzungsbescheid und den Ansatz der Gebühren und Auslagen nach § 108 OWiG sowie für seine Tätigkeit in der Zwangsvollstreckung aus der Kostenfestsetzungsentscheidung (Vorbemerkung 5 Abs. 4 Nr. 3500 RVG Vergütungsverzeichnis; vgl. *RRH,* 3. Aufl., Rdnr. 5d).

6. Zwangsvollstreckung (Absatz 2)

Der Kostenfestsetzungsbescheid ist ein gesetzlicher Schuldtitel (vgl. *RRH,* 3. Aufl., Rdnr. 8). Die Zwangsvollstreckung wird aufgrund einer mit der Vollstreckungsklausel (§ 725 ZPO) versehenen Ausfertigung des Kostenfestsetzungsbescheides (vollstreckbare Ausfertigung) durchgeführt (§§ 795, 724 Abs. 1 ZPO). Zuständig für die Erteilung der vollstreckbaren Ausfertigung ist der Urkundsbeamte der Geschäftsstelle des Amtsgerichts (§ 68 OWiG), in dessen Bezirk die Verwaltungsbehörde ansässig ist (Absatz 2 Satz 3; vgl. *RRH,* a. a. O.). Freilich ist die Zwangsvollstreckung erst dann zulässig, wenn der Kostenfestsetzungsbescheid unanfechtbar geworden ist (Absatz 2 Satz 2).

§ 107
Gebühren und Auslagen

(1) Im Verfahren der Verwaltungsbehörde bemißt sich die Gebühr nach der Geldbuße, die gegen den Betroffenen im Bußgeldbescheid festgesetzt ist. Wird gegen eine juristische Person oder eine Personenvereinigung eine Geldbuße nach § 30 festgesetzt, so ist von der juristischen Person oder der Personenvereinigung eine Gebühr zu erheben, die sich nach der gegen sie festgesetzten Geldbuße bemißt. Als Gebühr werden bei der Festsetzung einer Geldbuße fünf vom Hundert des Betrages der festgesetzten Geldbuße erhoben, jedoch mindestens 25 Euro und höchstens 7 500 Euro.

(2) Hat die Verwaltungsbehörde im Falle des § 25a des Straßenverkehrsgesetzes eine abschließende Entscheidung getroffen, so beträgt die Gebühr 20 Euro.

(3) Als Auslagen werden erhoben

1. **Entgelte für Telegramme;**
2. **für jede Zustellung mit Zustellungsurkunde, Einschreiben gegen Rückschein oder durch Bedienstete der Verwaltungsbehörde pauschal 3,50 Euro;**
3. ***(aufgehoben)***
4. **Auslagen für öffentliche Bekanntmachungen; Auslagen werden nicht erhoben für die Bekanntmachung in einem elektronischen Informations- und Kommunikationssystem, wenn das Entgelt nicht für den Einzelfall oder nicht für ein einzelnes Verfahren berechnet wird;**
5. **nach dem Justizvergütungs- und -entschädigungsgesetz zu zahlende Beträge, und zwar auch dann, wenn aus Gründen der Gegenseitigkeit, der Verwaltungsvereinfachung oder aus vergleichbaren Gründen keine Zahlungen zu leisten sind; ist aufgrund des § 1 Abs. 2 Satz 2 des Justizvergütungs- und -entschädigungsgesetzes keine Vergütung zu zahlen, ist der Betrag zu erheben, der ohne diese Vorschrift zu zahlen wäre; sind die Auslagen durch verschiedene Rechtssachen veranlasst, werden sie auf die einzelnen Rechtssachen angemessen verteilt; Auslagen für Übersetzer, die zur Erfüllung der Rechte blinder oder sehbehinderter Personen herangezogen werden (§ 191a Abs. 1 des Gerichtsverfassungsgesetzes), sowie für Sachverständige, die durch die Untersuchung eines Beschuldigten nach § 43 Absatz 2 des Jugendgerichtsgesetzes entstanden sind, werden nicht, Auslagen für Gebärdensprachdolmetscher werden nur entsprechend den §§ 464c, 467a Abs. 1 Satz 2 in Verbindung mit § 467 Abs. 2 Satz 1 der Strafprozessordnung erhoben;**

6. bei Geschäften außerhalb der Dienststelle
   a) die den Bediensteten der Verwaltungsbehörde aufgrund gesetzlicher Vorschriften gewährte Vergütung (Reisekosten, Auslagenersatz),
   b) die Auslagen für die Bereitstellung von Räumen,
   c) für den Einsatz von Dienstkraftfahrzeugen für jeden gefahrenen Kilometer 0,30 Euro;

   sind die Auslagen durch verschiedene Rechtssachen veranlasst, werden sie auf die einzelnen Rechtssachen angemessen verteilt;
7. an Rechtsanwälte zu zahlende Beträge;
8. Auslagen für die Beförderung von Personen;
9. Beträge, die mittellosen Personen für die Reise zum Ort einer Verhandlung, Vernehmung oder Untersuchung und für die Rückreise gezahlt werden, bis zur Höhe der nach dem Justizvergütungs- und -entschädigungsgesetz an Zeugen zu zahlenden Beträge;
10. an Dritte zu zahlende Beträge für
    a) die Beförderung von Tieren und Sachen mit Ausnahme der für Postdienstleistungen zu zahlenden Entgelte, die Verwahrung von Tieren und Sachen sowie die Fütterung von Tieren;
    b) die Durchsuchung oder Untersuchung von Räumen und Sachen einschließlich der die Durchsuchung oder Untersuchung vorbereitenden Maßnahmen;
    c) die Bewachung von Schiffen und Luftfahrzeugen;
11. Kosten einer Erzwingungshaft;
12. nach § 12 des Bundesgebührengesetzes, dem 5. Abschnitt des Konsulargesetzes und der Besonderen Gebührenverordnung des Auswärtigen Amts nach § 22 Absatz 4 des Bundesgebührengesetzes im Rahmen der Amtshilfe zu zahlende Beträge;
13. Gebühren, die an deutsche Behörden für die Erfüllung von deren eigenen Aufgaben zu zahlen sind, und Beträge, die diesen Behörden, öffentlichen Einrichtungen oder deren Bediensteten als Ersatz für Auslagen der in den Nummern 1 bis 11 bezeichneten Art zustehen, und zwar auch dann, wenn aus Gründen der Gegenseitigkeit, der Verwaltungsvereinfachung oder aus vergleichbaren Gründen keine Zahlungen zu leisten sind; die Auslagen sind in ihrer Höhe durch die Höchstsätze für die bezeichneten Auslagen begrenzt;
14. Beträge, die ausländischen Behörden, Einrichtungen oder Personen im Ausland zustehen, sowie Kosten des Amts- und Rechtshilfeverkehrs mit dem Ausland, und zwar auch dann, wenn aus Gründen der Gegenseitigkeit, der Verwaltungsvereinfachung oder aus vergleichbaren Gründen keine Zahlungen zu leisten sind.

(4) Hat eine Verwaltungsbehörde des Bundes den Bußgeldbescheid erlassen, so sind für die Niederschlagung der Kosten bei unrichtiger Sachbehandlung sowie die Niederschlagung, den Erlass, die Verjährung und die Erstattung von Kosten § 14 Abs. 2 sowie die §§ 19 bis 21 des Verwaltungskostengesetzes vom 23. Juni 1970 (BGBl. I S. 821) in der bis zum 14. August 2013 geltenden Fassung anzuwenden, sonst die entsprechenden landesrechtlichen Vorschriften.

(5) Von demjenigen, der die Versendung von Akten beantragt, werden je durchgeführte Sendung einschließlich der Rücksendung durch Behörden pauschal 12 Euro als Auslagen erhoben. Wird die Akte elektronisch geführt und erfolgt ihre Übermittlung elektronisch, wird eine Pauschale nicht erhoben.

Erläuterungen

Übersicht

Vorbemerkung

Die Norm bestimmt die Höhe bzw. den Umfang der Gebühr, die von der Verwaltungsbehörde im Bußgeldverfahren festzusetzen ist, und welche Auslagen (damit sind nicht die „notwendigen Auslagen" gemeint) sie zu erheben hat. Von wem diese Kosten (Gebühren und Auslagen) zu entrichten sind, ist aus dem Bußgeldbescheid zu entnehmen, der eine entsprechende Kostenentscheidung enthalten muss (§ 105 OWiG, § 464 Abs. 1 StPO; vgl. Erl. 1 zu § 105). Für das gerichtliche Verfahren sind die Vorschriften des GKG einschlägig (vgl. *RRH,* 3. Aufl., Rdnr. 1). § 107 stellt eine abschließende Regelung dar, sodass die Bestimmungen des VwKostG und die entsprechenden Vorschriften der Länder nur dann anzuwenden sind, soweit dies ausdrücklich in Absatz 4 bestimmt ist (vgl. *RRH,* a. a. O.; *KK,* 5. Aufl., Rdnr. 1). Mit den Gebühren gem. Abs. 1 Satz 1 und Absatz 2 wird der allgemeine Verwaltungsaufwand einschließlich der allgemeinen Auslagen der Behörde im Bußgeldverfahren abgegolten (vgl. *KK,* a. a. O.). Für die speziellen Auslagen, die abschließend in Absatz 3 genannt sind, ist eine gesonderte Erhebung vorgesehen (vgl. *Göhler,* 18. Aufl. 2020, Rdnr. 2; *KK,* a. a. O.). Zu den allgemeinen bereits mit der Gebühr nach Absätze 1 und 2 abgegoltenen Aufwendungen zählen z. B. die Porto- und Schreibauslagen (vgl. *RRH,* 3. Aufl., Rdnr. 8), die Entscheidung über die Wiedereinsetzung in den vorigen Stand oder die Verwerfung eines unzulässigen Einspruchs (vgl. *Göhler,* a. a. O.). Das Gleiche gilt für die Akteneinsicht in den Räumen der Verwaltungsbehörde im Rahmen des Bußgeldverfahrens (vgl. *RRH,* 3. Aufl., Rdnr. 1) und für die Niederschrift des Einspruchs. Falls die Akten auf Antrag versendet werden, ist dagegen Absatz 5 anzuwenden.

1. Gebühr für das Bußgeldverfahren (Absatz 1)

Die Gebühr bemisst sich nach Absatz 1 Satz 1 nach der Geldbuße. Damit ist klar, dass im Verfahren der Verwaltungsbehörde nur dann eine Gebühr anfällt (Ausnahme Absatz 2), wenn die Verwaltungsbehörde einen Bußgeldbescheid erlässt und dieser Bußgeldbescheid rechtskräftig wird (vgl. *Göhler,* 18. Aufl. 2020, Rdnr. 3; *KK,* 5. Aufl., Rdnr. 4). Bei mehreren Geldbußen in einem Bescheid (§ 20) sind diese bei der Berechnung der Gebühr zusammenzuzählen (vgl. *Göhler,* 18. Aufl. 2020, Rdnr. 6a; *KK,* 5. Aufl., Rdnr. 8; *RRH,* 3. Aufl., Rdnr. 4). Die Höhe der Gebühr bestimmt Absatz 1 Satz 3. Sie beträgt grundsätzlich 5 % des Betrages der festgesetzten Geldbuße, mindestens jedoch 25 Euro und höchstens 7 500 Euro. Der Mindestbetrag ist auch dann anzusetzen, wenn die ausgesprochene Geldbuße im Vergleich darunter liegt, z. B. bei lediglich 5 Euro (vgl. § 17 Abs. 1 OWiG, *RRH,* a. a. O.).

1.1 Rechtskräftige Bußgeldentscheidung

Rechtskräftig wird der Bußgeldbescheid, wenn kein Einspruch eingelegt oder der Einspruch bei der Verwaltungsbehörde oder vor dem Amtsgericht wieder zurückgenommen wird. Das Gleiche gilt, wenn die Verwaltungsbehörde oder das Amtsgericht den Einspruch verwerfen. Trifft das Amtsgericht im Bußgeldverfahren in der Hauptverhandlung oder durch Beschluss aber eine Sachentscheidung (Verurteilung zu einer Geldbuße, Freispruch oder Einstellung), wird der Bußgeldbescheid nicht rechtskräftig, auch dann nicht, wenn das Gericht das gleiche Bußgeld verhängt wie es bereits im Bußgeldbescheid festgesetzt wurde, der Bußgeldbescheid also durch das Gericht „bestätigt wird". Das bedeutet, dass bei einer Sachentscheidung des Gerichts nur eine Gerichtsgebühr gem. Nr. 4110 Kostenverzeichnis GKG, aber keine Gebühr bei der Verwaltungsbehörde anfällt, weil das Verfahren auch kostenmäßig als eine Einheit anzusehen ist und der Bußgeldbescheid lediglich einen *vorläufigen* Rechtsfolgeausspruch enthält, der dann seine Selbstständigkeit verliert (vgl. *RRH,* 3. Aufl., Rdnr. 4; *KK,* 5. Aufl., Rdnr. 6). Allerdings sind die bei der Verwaltungsbehörde entstandenen Auslagen nach Abs. 3 als Kosten des gerichtlichen Bußgeldverfahrens zu erheben und einzuziehen, sofern dem Betroffenen in der Gerichtsentscheidung die Kosten auferlegt wurden (§ 3 Abs. 2 GKG, Nr. 9016 Kostenverzeichnis GKG; vgl. *RRH*, a. a. O.). Sie sind der Verwaltungsbehörde zu erstatten, wenn nichts anderes in besonderen Vorschriften wie z. B. in Baden-Württemberg durch § 5 Landesgesetz über Ordnungswidrigkeiten – LOWiG (weitere Nachweise bei *RRH*, 3. Aufl., Rdnrn. 4, 20) bestimmt ist (vgl. *KK*, a. a. O.; *Göhler*, 18. Aufl. 2020, Rdnr. 5, *RRH*, 3. Aufl., Rdnr. 4). Bedingung hierfür ist allerdings, dass die Auslagen vom Zahlungspflichtigen eingezogen werden; ist dies nicht möglich, oder sind die Kosten der Staatskasse auferlegt worden, entfällt die Erstattungspflicht (vgl. *RRH*, a. a. O.). Zu beachten sind in diesem Zusammenhang auch die einzelnen Bestimmungen, insbesondere in den Ländern, über die Behandlung von Kleinbeträgen.

1.2 Gebühr für das Vollstreckungsverfahren

§ 107 gilt grundsätzlich nur bis zur Rechtskraft des Bußgeld- bzw. des Kostenbescheides (Abs. 2). Eine Ausnahme hiervon ist lediglich in § 107 Abs. 3 Nr. 11 für das Erzwingungshaftverfahren vorgesehen. Zu den Kosten des Bußgeldverfahrens gehören aber auch die Kosten der Vollstreckung (§ 464a Abs. 1 Satz 2 StPO, § 105), sodass der Betroffene auch diese zu tragen hat, sofern ihm die Kosten im Bußgeldbescheid auferlegt wurden. Die Höhe der Gebühren und Auslagen für die Vollstreckung des Bußgeldbescheides ist aus den jeweiligen Verwaltungsvollstreckungsgesetzen zu entnehmen (vgl. *KK*, 5. Aufl., Rdnr. 3; *RRH*, 3. Aufl., Rdnr. 2), z. B. im Bundesrecht § 19 VwVG, der auf die Bestimmungen der AO verweist, im Landesrecht für Bayern Art. 41 VwZVG vom 11.11.1970 (BayRS 2010-2-I) und das Kostengesetz vom 20.2.1998 (BayRS 2013-1-1-F) – weitere Nachweise vgl. *RRH*, a. a. O. Gebühren für die Vollstreckung gerichtlicher Bußgeldentscheidungen fallen nicht an, hinsichtlich der Auslagen sind in diesem Zusammenhang die Bestimmungen des § 5 Abs. 1 JVKostO, § 137 KostO (vgl. *Göhler*, 18. Aufl. 2020, Rdnr. 37) und für das Erzwingungshaftverfahren § 3 Abs. 2 GKG i. V. m. Nr. 9010 Kostenverzeichnis GKG einschlägig (vgl. *RRH*, 3. Aufl., Rdnr. 3; *Göhler*, 18. Aufl. 2020, Rdnr. 21).

1.3 Gebühr für angeordnete Nebenfolgen und bei Nebenbeteiligung

Nebenfolgen sind z. B. die Einziehung von Gegenständen oder des Wertersatzes, die Abführung des Mehrerlöses, der Verfall oder das Fahrverbot (vgl. Erl. vor § 22). Werden diese angeordnet, entsteht keine Gebühr; anderes gilt nur im gerichtliches Verfahren über die Beschwerde gem. Nr. 4210 ff. Kostenverzeichnis GKG (vgl. *RRH*, 3. Aufl., Rdnr. 6). Für die Festsetzung einer Geldbuße gegen eine **juristische Person oder Personenvereinigung** (§ 30) wird ebenfalls eine Gebühr erhoben (Abs. 1 Satz 2). Dabei ist es unerheblich, ob die Geldbuße in einem einheitlichen oder selbstständigen Bußgeldverfahren festgesetzt wurde (vgl. *Göhler*, 18. Aufl. 2020, Rdnr. 3; *RRH*, a. a. O.; *KK*, 5. Aufl., Rdnr. 5).

2. Kostenentscheidung nach § 25a StVG (Absatz 2)

Als Kosten gem. § 25a StVG werden Gebühren und Auslagen erhoben. Die Gebühr für die Kostenentscheidung der Verwaltungsbehörde nach § 25a StVG beträgt 20 Euro (Absatz 2), bei einer abschließenden Entscheidung des Gerichts gem. Nr. 4301 Kostenverzeichnis GKG 35 Euro und falls die Staatsanwaltschaft entscheidet, nach Nr. 4302 Kostenverzeichnis GKG 20 Euro (vgl. *RRH*, 3. Aufl., Rdnr. 7). Die Auslagen (z. B. die Kosten für die Zustellung des Halterhaftungsbescheides) richten sich im Verfahren bei der Verwaltungsbehörde nach § 107 Abs. 3 OWiG, im gerichtlichen Verfahren nach Nrn. 9001 ff. Kostenverzeichnis GKG. Die Entscheidung trifft die Behörde, die das Verfahren abschließt (Verwaltungsbehörde, Staatsanwaltschaft oder Gericht); zuvor ist dem Halter oder Beauftragten rechtliches Gehör zu gewähren, was aus verfahrensökonomischen Gründen bereits mit der Anhörung nach § 55 erfolgen kann (vgl. *RRH*, 3. Aufl., Rdnrn. 26a, 27 zu § 69). Ist die Anhörung versehentlich nicht durchgeführt worden, kann sie im Verfahren nach § 62 OWiG nachgeholt werden (vgl. *RRH*, a. a. O.; *Göhler*, 18. Aufl. 2020, Rdnr. 26 vor § 109a). Als Rechtsbehelf gegen die Kostenentscheidung der Verwaltungsbehörde und der Staatsanwaltschaft ist innerhalb von zwei Wochen nach dessen Zustellung Antrag auf gerichtliche Entscheidung statthaft (§ 25a Abs. 3 StVG). Einzelheiten zum Verfahren nach § 25a StVG siehe Erl. 6.

3. Auslagen (Absatz 3)

Außer der Gebühr nach Absatz 1 werden auch die in Absatz 3 **abschließend** genannten besonderen Auslagen erhoben, soweit nicht aus Billigkeitsgründen ganz oder teilweise davon abzusehen ist (vgl. hierzu Erl. 3.2 zu § 105; *Göhler*, 18. Aufl. 2020, Rdnr. 7). Andere Auslagen, als hier genannt, dürfen nicht verlangt werden. Abs. 3 Nr. 1 bis 10 erfasst die bei der Verwaltungsbehörde entstandenen Auslagen, Abs. 3 Nr. 11 bis 14 solche anderer Behörden (vgl. *RRH*, 3. Aufl., Rdnr. 8). Die Auslagen können nur erhoben werden, wenn sie im Zusammenhang mit der Verfolgung der Tat als Ordnungswidrigkeit entstanden sind (vgl. Erl. 1.1 zu § 105), und zwar hinsichtlich der Fälle Nr. 5, 12 und 13 auch dann, wenn aus Gründen der Gegenseitigkeit, der Verwaltungsvereinfachung und dergleichen keine Zahlungen erfolgen müssen (vgl. *RRH*, 3. Aufl., Rdnr. 8). Falls das Bußgeldverfahren durch eine Gerichtsentscheidung abgeschlossen wird, sind die Auslagen der Verwaltungsbehörde zusammen mit der verhängten Geldbuße und den Gerichtskosten zu erheben und einzuziehen (vgl. Erl. 1.1).

3.1 Entgelte für Telegramme

Die Erwähnung dieser Auslagen stammt aus dem prädigitalen Zeitalter, ist mittlerweile obsolet und wird mit der nächsten Gesetzesänderungen wegfallen. Seit dem 1.1.2023 wird dieser Dienst nicht mehr von der Deutschen Post angeboten.

3.2 Für Zustellungen

Nach Nr. 2 werden für alle drei genannten Zustellungsarten (Zustellungen mit Zustellungsurkunde, denen mit Einschreiben gegen Rückschein und denen durch Bedienstete der Verwaltungsbehörde) anstelle der tatsächlichen Kosten pauschal 3,50 Euro erhoben, und zwar für jede Zustellung. Mit erfasst sind auch erfolglose Zustellungen, z. B. weil die neue Adresse der Verwaltungsbehörde nicht bekannt ist; stellt die Verwaltungsbehörde dagegen an eine falsche Adresse zu, obwohl ihr die richtige bekannt ist, hat sie die falsche Zustellung also selbst verursacht, kann sie hierfür keinen Kostenersatz verlangen (vgl. *RRH*, 3. Aufl., Rdnr. 10; *Göhler*, 18. Aufl. 2020, Rdnr. 9). Wählt die Verwaltungsbehörde die Zustellung in der genannten Zustellungsart, obwohl eine solche nicht vorgeschrieben und im Einzelfall auch nicht erforderlich ist (vgl. *KK*, 5. Aufl., Rdnr. 13; *Göhler*, a. a. O.), so z. B., wenn sie den Anhörbogen (§ 55 OWiG) nicht mit einfachem Brief übersendet, sondern per Einschreiben gegen Rückschein zustellt, dürfen die Auslagen dafür nicht angesetzt werden. Für normales Postbeförderungsentgelt, formlose Bekanntmachungen, Mitteilungen und Ähnliches werden Auslagen nicht erhoben (vgl. *RRH*, a. a. O.).

3.3 (zurzeit nicht besetzt)

3.4 Bei Öffentlicher Bekanntmachung

Nach Nr. 4 HS 1 dürfen Kosten für öffentliche Bekanntmachungen im Rahmen einer öffentlichen Zustellung z. B. durch Veröffentlichungen im Bundesanzeiger, in örtlichen oder überörtlichen Zeitungen oder durch Anbringen von Plakaten erhoben werden (vgl. *RRH*, 3. Aufl., Rdnr. 11). Das Gleiche gilt für Rundfunk- oder Fernsehdurchsagen (vgl. *Göhler*, 18. Aufl. 2020, Rdnr. 10, *RRH*, a. a. O.). Portokosten können allerdings in diesem Zusammenhang nicht geltend gemacht werden (vgl. *Göhler* und *RRH*, jeweils a. a. O., *KK*, 5. Aufl., Rdnr. 15). Fallen keine Kosten an, wie bei Veröffentlichungen in behördeneigenen Schaukästen, werden keine Beträge erhoben. Nach Nr. 4 HS 2 werden Kosten für Bekanntmachungen in einem elektronischen Informations- und Kommunikationssystem nur erhoben, wenn der Betrag für den Einzelfall oder für ein einzelnes Verfahren berechnet wird. Bei z. B. pauschalen Gebühren eines kommerziellen Anbieters für öffentliche

Bekanntmachungen in einem bestimmten Zeitraum im Internet können keine Beträge erhoben werden (vgl. *RRH*, a. a. O.). Das Gleiche gilt bei Veröffentlichungen auf behördeneigenen Internetseiten.

3.5 Entschädigung für Zeugen, Sachverständige, Dolmetscher und Übersetzer

Nr. 5 bezieht sich auf das JVEG, welches die Vergütung von Sachverständigen, Dolmetscherinnen, Dolmetschern, Übersetzerinnen und Übersetzern sowie die Entschädigung von Zeuginnen und Zeugen regelt. Maßgeblich für den Kostenansatz sind die von der Verwaltungsbehörde gem. dem JVEG zu zahlenden, nicht die von ihr tatsächlich gezahlten Beträge; ist der Betroffene z. B. der Meinung, dass die Verwaltungsbehörde mehr als gesetzlich vorgesehen bezahlte, dies aber bei der Kostenerhebung nicht berücksichtigte, so kann er gegen den Kostenansatz Antrag auf gerichtliche Entscheidung stellen (vgl. *RRH*, 3. Aufl., Rdnr. 12; *Göhler*, 18. Aufl., 2020, Rdnr. 11; *KK*, 5. Aufl., Rdnr. 16). Die Auslagen müssen noch nicht bezahlt sein, für den Kostenansatz reicht es aus, dass sie geschuldet sind (vgl. *KK, RRH, Göhler*, jeweils a. a. O.). Die Vergütung für **Sachverständige** richtet sich nach §§ 8 f. JVEG. Sie erhalten für ihre Leistung ein Honorar nach den Bestimmungen der §§ 9, 10 JVEG und der Anlage 1 oder 2 des JVEG. Hinzu kommt der Fahrtkostenersatz (§§ 8 Abs. 1 Nr. 2, § 5 JVEG) und der Aufwand für Verpflegung und sonstiger Aufwand (§ 8 Abs. 1 Nr. 3 und 4 JVEG, §§ 6, 7, 12 JVEG). Die Vergütung der **Dolmetscher und Übersetzer** ergibt sich ebenfalls aus §§ 8 f. JVEG. Sie besteht aus dem Honorar (§§ 8 Abs. 1 Nr. 1, 9 Abs. 3, 11 JVEG), dem Fahrtkostenersatz (§ 8 Abs. 1 Nr. 2 JVEG, § 5 JVEG) und dem Aufwand für Verpflegung und sonstiger Aufwand (§ 8 Abs. 1 Nr. 3 und 4 JVEG, §§ 6, 7, 12 JVEG). Die Kosten für deren Hinzuziehung sind im Verfahren der Verwaltungsbehörde im Gegensatz zum gerichtlichen Bußgeldverfahren auch dann anzusetzen, wenn der Betroffene der deutschen Sprache nicht mächtig ist, da Nr. 9005 Abs. 4 Kostenverzeichnis GKG nur für das gerichtliche Bußgeldverfahren gilt und § 6 Abs. 3 Buchst. e MRK im Bußgeldverfahren der Verwaltungsbehörde wohl nicht entsprechend Anwendung findet (vgl. *Göhler*, 18. Aufl. 2020, Rdnr. 11; *KK*, 5. Aufl. Rdnr. 21a; *RRH*, 3. Aufl., Rdnr. 12a mit weiteren Einzelheiten). In Zeiten der Stärkung von Betroffenenrechten und nicht zuletzt zur europäischen Vereinheitlichung und Gleichbehandlung müssen Europäische Richtlinien zum Strafverfahren, wie etwa Artikel 5 Absatz 3 des Gesetzes zu dem Übereinkommen vom 29. Mai 2000 über die Rechtshilfe in Strafsachen zwischen den Mitgliedstaaten der Europäischen Union vom 22. Juli 2005, auch im deutschen Bußgeldverfahren gelten. Danach dürfen Dolmetscherkosten – jedenfalls, soweit es EU-Bürger anbelangt – nicht als Auslagen angesetzt werden. Gemäß diesem Übereinkommen sind zugestellte Schriftstücke grundsätzlich in die Amtssprache des Landes, in das das Schriftstück versandt wird, zu übersetzen. Wenn solche Schriftstücke zu übersetzten *sind*, muss auch hier gelten, dass – in Anlehnung an die Formulierung des § 464c StPO – die dadurch entstandenen Auslagen dem Betroffenen nur dann auferlegt werden können, wenn er sie schuldhaft und unnötigerweise verursacht hat. Auch nach Art. 1 Richtlinie 2010/64/EU besteht ein Recht des *Beschuldigten* auf Dolmetschleistungen *im Strafverfahren*. Für das Bußgeldverfahren wird dieses Recht durch Nr. 16 der Präambel zu dieser Richtlinie nicht automatisch eingeschränkt, wenn dort auf Fälle verwiesen wird, in denen *„eine europäische Behörde, die kein in Strafsachen zuständiges Gericht ist – vermeintlich in Deutschland die Verwaltungsbehörde als Bußgeldbehörde – für die Verhängung von Sanktionen hinsichtlich relativ geringfügiger Zuwiderhandlungen zuständig ist"*. Nach einer ***Erwägung könnte es unangemessen sein***, die zuständige Behörde zu verpflichten, alle Rechte nach dieser Richtlinie zu gewährleisten. In den Fällen, in denen die Verhängung einer Sanktion wegen geringfügiger Zuwiderhandlungen durch eine solche Behörde vorgesehen ist und bei einem in Strafsachen zuständigen Gericht Rechtsmittel eingelegt werden können, ***sollte*** diese Richtlinie daher nur auf das Verfahren vor diesem Gericht nach Einlegung eines solchen Rechtsmittels Anwendung finden. Damit ist jedoch keineswegs ausgeschlossen, dass die Rechte nach dieser Richtlinie auch im gesamten Ordnungswidrigkeitenrecht gewährleistet werden sollten oder sogar müssten. Je nach Auslegung der Erwägung in Bezug auf *„die*

Behörde, die kein in Strafsachen zuständiges Gericht ist" bzw. den Begriff der *„geringfügigen Zuwiderhandlung"* (genannt sind in der Erwägung *„häufig begangenen Verkehrsübertretungen"*, also die mögliche Unangemessenheit bei sog. Massenverfahren) – wie entsprechende Gerichtsentscheidungen deutscher Gerichte, etwa im Zusammenhang mit der Zustellung und Vollstreckung (z. B. hinsichtlich der Erzwingungshaft) bußgeldrechtlicher Entscheidungen im Ausland unter explizitem Hinweis auf diese Richtlinie, immer wieder zeigen. Eine ausdrückliche Ausnahme von der Überbürdung an den Betroffenen ist nur bei Auslagen für Gebärdensprachdolmetscher oder Übersetzer für sehbehinderte Personen vorgesehen (Nr. 5 HS 4). Auslagen für Übersetzer, die bei blinden oder sehbehinderten Personen hinzugezogen werden, damit ihnen, falls erforderlich, die für sie bestimmten Dokumente auch in einer für sie wahrnehmbaren Form zugänglich gemacht werden (§ 191a Abs. 1 GVG), sind von der Auslagenerhebung gänzlich ausgenommen, selbst wenn gegen die sehbehinderte Person eine Geldbuße verhängt wird (vgl. *RRH*, 3. Aufl., Rdnr. 12c). Auslagen für Gebärdendsprachdolmetscher, die bei hör- bzw. sprachbehinderten Personen hinzugezogen werden, können auch hier ausnahmsweise nur dann erhoben werden, wenn der Betroffene die Kosten durch sein schuldhaftes Säumnis oder in sonstiger Weise schuldhaft unnötig verursacht hat (§ 464c StPO, § 105 Abs. 1, Abs. 3 Nr. 5 HS 4 OWiG). Schuldhaft verursacht werden können die Kosten etwa, wenn der Betroffene einen Pflichttermin nicht wahrnimmt, ohne dass ausreichende Gründe hierfür vorliegen, oder wenn er vortäuscht, einen Dolmetscher, der der Gebärdensprache mächtig ist, zu benötigen (vgl. *KK*, 5. Aufl., Rdnr. 21; *RRH*, 3. Aufl., Rdnr. 12e). Werden solche Auslagen ausnahmsweise dem Betroffenen auferlegt, so muss dies grundsätzlich in der Entscheidung ausdrücklich ausgesprochen werden (§ 464c HS 2 StPO), beispielsweise mit der Formulierung *„die Kosten des Verfahrens einschließlich der Auslagen für den Gebärdensprachdolmetscher trägt der Betroffene"* (vgl. *RRH*, a. a. O.); dies ist nur in den Fällen entbehrlich, in denen der Bußgeldbescheid zurückgenommen und das Verfahren eingestellt wird (§ 467 Abs. 2 Satz 1 StPO). Beide Regelungen, sowohl die für Übersetzer für sehbehinderte Personen, als auch für Gebärdendolmetscher gelten im Verfahren bei der Verwaltungsbehörde und im gerichtlichen Verfahren. Im Übrigen bezieht sich die Regelung für Sachverständige und Dolmetscher grundsätzlich nur auf Fälle, in denen diese amtlicherseits, etwa durch die Verwaltungsbehörde, herangezogen werden (§ 1 Abs. 1 Nr. 1 JVEG). **Zeugen** erhalten Entschädigung für Verdienstausfall bzw. Zeitversäumnis oder Nachteile bei der Haushaltsführung, auch Entschädigung für andere notwendigen Aufwendungen gem. §§ 6 und 7 JVEG und Fahrtkostenersatz gem. § 5 JVEG kommt in Betracht (§§ 19 ff. JVEG). Für **Angehörige einer Behörde** oder einer sonstigen öffentlichen Stelle, die in Erfüllung ihrer Dienstaufgaben, also ohne dass sie eine Vergütung erhalten (§ 1 Abs. 2 JVEG), ein Gutachten erstatten, vertreten oder erläutern, sind die Beträge als Auslagen zu erheben, die dem Sachverständigen nach dem JVEG hypothetisch zustehen würden. Sind die Auslagen aufgrund verschiedener Rechtssachen erwachsen, müssen sie auf die einzelnen Rechtssachen, auch wenn es sich nicht nur um Bußgeldangelegenheiten handelt, angemessen verteilt werden (vgl. *RRH*, 3. Aufl., Rdnr. 13).

3.6 Aufwendungen bei Geschäften außerhalb der Dienststelle

Die Vorschrift gem. Nr. 6 betrifft die Verwaltungsangehörigen, also alle Personen im öffentlichen Dienst, die im Rahmen des konkreten Bußgeldverfahrens in amtlicher Eigenschaft tätig werden; nicht erfasst sind somit Zeugen, Sachverständige oder Rechtsanwälte (vgl. *RRH*, 3. Aufl., Rdnr. 14; *Göhler*, 18. Aufl. 2020, Rdnr. 14). Die Tätigkeiten müssen außerhalb der Dienststelle verrichtet werden. Der Begriff „Dienststelle" ist identisch mit dem Begriff „Dienststätte" i. S. des § 2 Abs. 1 Satz 1 BRKG und erfasst die Räume, in denen die Verwaltungsbehörde regelmäßig ihre Amtshandlungen ausführt (vgl. *KK*, 5. Aufl., Rdnr. 24; *RRH*, 3. Aufl., Rdnr. 15; *Göhler*, a. a. O.). Hierzu gehören auch Außenstellen; wird die Dienstkraft dort tätig, befindet sie sich folglich nicht außerhalb der Dienststelle (vgl. *KK*, a. a. O.). Geschäfte im Sinne dieser Vorschrift können z. B. Tatortbesichtigungen sowie Vernehmungen von Zeugen und Betroffenen sein oder wenn Beweisgegenstände in Augenschein genommen werden (vgl. *RRH*, a. a. O.). Als Vergütungen **(Buchst. a)** kommen Fahrtkosten, Tagegelder und Auslagenersatz in Betracht, die aber nur dann als Auslagen zu erheben sind, wenn sie anlässlich des außerhalb der Dienststelle vorgenommenen konkreten Dienstgeschäftes entstanden sind (vgl. *RRH* und *KK*, jeweils a. a. O.). Außerdem müssen sie aufgrund gesetzlicher Vorschriften, einschlägig sind die Reisekostenbestimmungen des Bundes (BRKG) und der Länder (vgl. *KK*, a. a. O.; *Göhler*, a. a. O.; *RRH*, 3. Aufl., Rdnr. 16), gewährt worden sein. Auslagen für die Bereitstellung von Räumen **(Buchst. b)** bei einem auswärtigen Termin sind z. B. Miete sowie Heizungs- und Stromkosten (vgl. *Göhler*, a. a. O.). Als Kosten für den Einsatz von Dienstkraftfahrzeugen **(Buchst. c)** ist bundeseinheitlich ein Pauschalbetrag von 0,30 Euro pro gefahrenen Kilometer anzusetzen. Sind die Auslagen durch verschiedene Rechtsgeschäfte veranlasst worden, gilt das bei Erl. 3.5 am Schluss Gesagte.

3.7 Vergütung für Rechtsanwälte

Hierbei handelt es sich um die Gebühren und Auslagen des Pflichtverteidigers, der von der Verwaltungsbehörde für den Betroffen gem. § 60 OWiG bestellt wurde. Ob der Betroffene mit der Beiordnung einverstanden war, ob er sie beantragte oder ob sie sogar gegen seinen Willen erfolgte ist unerheblich (vgl. *RRH*, 3. Aufl., Rdnr. 17; *KK*, 5. Aufl., Rdnr. 28); freilich können die Auslagen nur dann erhoben werden, wenn kein Ermessensfehler vorliegt, wenn also eine anwaltliche Mitwirkung geboten war. Auch Ausländer sind von der Erstattungspflicht nicht ausgenommen (vgl. *KK*, a. a. O.; *Göhler*, 18. Aufl. 2020, Rdnr. 16; *RRH*, a. a. O.).

3.8 Personenbeförderungskosten

Als Kosten für die Beförderung einer Person im Sinne von Nr. 8 kommen z. B. die Kosten für die Beförderung des Betroffenen zur Blutentnahme oder für den Transport eines gehbehinderten Zeugen in Betracht; solche Auslagen können aber auch bei der Vollstreckung der Erzwingungshaft oder der Vorführung des Betroffenen oder eines Zeugen erwachsen, das Gleiche gilt für die Beförderung des Betroffenen zur Feststellung seiner Identität (vgl. *RRH*, 3. Aufl., Rdnr. 18; *KK*, 5. Aufl., Rdnr. 29).

3.9 Reisebeihilfen für mittellose Personen

Als mittellose Person im Sinne der Nr. 9 kommt z. B. auch der Betroffene in Betracht. Die Zahlung einer Reisebeihilfe erfolgt beispielsweise für die Reise zum Ort der Verhandlung, Vernehmung oder Untersuchung und zurück. Allerdings können solche Beträge als Auslagen nur bis zu der Höhe erhoben werden, die gem. JVEG als Zahlungen an Zeugen zulässig sind. Wurden dem Betroffenen die Reisekosten vorgestreckt und wird gegen ihn ein Bußgeld festgesetzt, kann die Vorschusszahlung, falls der Betroffene die Kosten des Verfahrens zu tragen hat, wieder von ihm eingezogen werden (vgl. *Göhler*, 18. Aufl. 2020, Rdnr. 17a; *KK*, a. a. O.). Zu berücksichtigen ist, dass Vorschusszahlungen an mittellose Zeugen oder Sachverständige nach Abrechnung unter die Nr. 5 fallen (vgl. *Göhler*, a. a. O.; *RRH*, 3. Aufl., Rdnr. 18a; *KK*, a. a. O.).

3.10. Kosten Dritter für eine Beförderung, Verwahrung, Durchsuchung oder Untersuchung

3.10.1 Kosten für die Beförderung und Verwahrung von Tieren und Sachen

Kosten für die Beförderung von Tieren und Sachen **(Nr. 10 Buchst. a)** fallen z. B. an, wenn Beweisgegenstände oder der Einziehung unterliegende Sachen mit dem Kraftfahrzeug oder der Eisenbahn zur Behörde oder auch an den Tatort, etwa zu Rekonstruktionszwecken, transportiert werden (vgl. *RRH*, 3. Aufl., Rdnr. 19; *Göhler*, 18. Aufl. 2020, Rdnr. 18a; *KK*, 5. Aufl., Rdnr. 30). Für bereits rechtskräftig eingezogene Sachen können aber weder Transportkosten noch Verwahrkosten angesetzt werden (vgl. *RRH* und *KK*, jeweils a. a. O.). Postentgelte bleiben ebenfalls außer Ansatz. Dagegen können Auslagen für die

Verwahrung von Tieren und Sachen, z. B. von beschlagnahmten Kraftfahrzeugen oder Wertgegenständen, erhoben werden (vgl. *RRH*, a. a. O.). Das Gleiche gilt hinsichtlich der Kosten für die Fütterung von Tieren sowie für die Bewachung von Schiffen und Luftfahrzeugen **(Nr. 10 Buchst. b)**. Mit erfasst sind auch die Kosten für das Abschleppen von als Beweisstücke sichergestellten oder beschlagnahmten Fahrzeugen. Nicht erfasst sind Abschleppkosten, wenn das Abschleppen ausschließlich der Beseitigung eines rechtswidrigen Zustandes (z. B. das Abschleppen eines verkehrsbehindernd geparkten Kfz) dient (vgl. *Göhler*, a. a. O.).

3.10.2 Für Durchsuchung oder Untersuchung von Räumen und Sachen

Beträge, die an Dritte im Rahmen von Durchsuchungen oder Untersuchungen von Räumen und Sachen zu zahlen sind, sind gem. **Nr. 10 Buchst. c** als Auslagen zu erheben. Da auch die Kosten für die vorbereitenden Maßnahmen hiervon umfasst sind, können insbesondere auch die Aufwendungen für den Schlüsseldienst für das Öffnen von Türen oder für sonstige Dritte, die etwa für das Öffnen von Behältnissen herangezogen werden, angesetzt werden (vgl. *Göhler*, 18. Aufl. 2020, Rdnr. 19a; *RRH*, 3. Aufl., Rdnr. 19a).

3.11 Bei Erzwingungshaft

Zu den Kosten der Erzwingungshaft gem. Nr. 11 gehören die Haftkosten, die Aufwendungen der Polizei bei der Vollstreckung und die Auslagen für die Zustellung des Beschlusses über die Anordnung der Erzwingungshaft, vorausgesetzt, die Kosten stehen im Zusammenhang mit der Vollstreckung eines Bußgeldbescheides der Verwaltungsbehörde (vgl. *KK*, 5. Aufl., Rdnr. 34; *Göhler*, 18. Aufl. 2020, Rdnr. 21). Die Kosten der Erzwingungshaft sind im Gegensatz zu den Kosten der Vollstreckung einer Freiheitsstrafe vom Betroffenen stets zu erheben (vgl. *Göhler*, 18. Aufl. 2020, Rdnr. 21; *KK*, a. a. O.). Die Höhe der Haftkosten bei der Erzwingungshaft entspricht den Sätzen der Strafhaft nach § 50 Abs. 2, 3 StVollzG; die Vollstreckungsbehörde (§ 97 OWiG) teilt die Kosten der Verwaltungsbehörde zur Einziehung bei dem Betroffenen mit (vgl. *KK*, *Göhler*, jeweils a. a. O.). Die Kosten der Erzwingungshaft sind von der Verwaltungsbehörde an die Justizkasse abzuführen, es sei denn, die Erstattung wurde durch Gesetz oder Vereinbarung ausgeschlossen (vgl. *RRH*, 3. Aufl., Rdnr. 20 und *KK*, a. a. O. mit jeweils weiteren Nachweisen).

3.12 Beträge nach dem Auslandskostengesetz

Fallen Auslagen für Amtshandlungen der Auslandsvertretungen im Rahmen der Amtshilfe an, können diese in voller Höhe erhoben werden (Nr. 12; vgl. KV GKG Nr. 9012; vgl. *Krenberger/Krumm*, 6. Aufl. 2020, Rdnr. 37). Insbesondere handelt es sich dabei um Kosten für einen im Empfangsstaat zugelassenen Anwalt, der gem. § 3 Abs. 3 des Gesetzes über die Konsularbeamten von einem Berufskonsularbeamten im Rahmen der Wahrnehmung seiner Aufgaben in Rechtsangelegenheiten eingeschaltet wird (vgl. *RRH*, 3. Aufl., Rdnr. 20a).

3.13 Beträge für andere inländische Behörden

Als Gebühren und Auslagen werden nach Absatz 3 Nr. 13 auch Beträge erhoben, die inländischen Behörden, öffentlichen Einrichtungen oder Bediensteten zustehen, allerdings nur insoweit, als sie die Auslagen der in den Nummern 1 bis 11 bezeichneten Art ersetzen. Dazu gehören insbesondere Zahlungen an Sachverständige oder Fachbehörden für die Erstellung eines Gutachtens, z. B. für die Blutentnahme und Feststellung des Blutalkoholwertes oder für die Laboruntersuchung im Bereich der Lebensmittelüberwachung; Kosten der Rechts- und Amtshilfe, z. B. für Vernehmungen oder Zustellungen sowie die vom Amtsgericht entrichtete Entschädigung für Zeugen bei Durchführung der richterlichen Vernehmung auf Antrag der Verwaltungsbehörde fallen ebenfalls darunter (vgl. *Göhler*, 18. Aufl. 2020, Rdnr. 22; *KK*, 5. Aufl., Rdnr. 36). Die Zuständigkeit für die Erhebung dieser Kosten liegt bei der Verwaltungsbehörde, die Justizbehörde teilt ihr die konkreten Beträge zur Einziehung beim Betroffenen mit (vgl. *RRH,* a. a. O.). Zu beachten sind in diesem Zusammenhang auch die einzelnen Bestimmungen, insbesondere in den Ländern, über die Behandlung von Kleinbeträgen, auf deren Erstattung u. U. verzichtet wird. Die Auslagen nach Nr. 13 sind auch dann zu erheben, wenn aus Gründen der Gegenseitigkeit, der Verwaltungsvereinfachung o. Ä. keine Zahlungen an die anderen Behörden erfolgen. Solche rein verfahrensökonomischen Übereinkommen sollen nicht den Betroffenen begünstigen (vgl. *Göhler,* a. a. O.) Nach *RRH,* 3. Aufl., Rdnr. 22 findet eine Erstattung der eingezogenen Auslagen aus verwaltungsökonomischen Gründen unter staatlichen Behörden desselben Landes in der Regel nicht statt; anderes gilt aufgrund getrennter Haushaltsführung zwischen staatlichen und Kommunalbehörden und zwischen verschiedenen Landesbehörden und zwischen Bund und Ländern, soweit kein Erstattungsverzicht vereinbart oder bestimmt wurde (weitere Nachweise bei *RRH,* a. a. O.).

3.13.1 Beträge, die der Polizei zustehen

Die Verwaltungsbehörde erhebt auch die der Polizei (sie ist eine „andere inländische Behörde" im Sinne von Nr. 13) entstandenen Aufwendungen, sofern die Polizei nicht selbst Verwaltungsbehörde nach § 36 ist (vgl. *KK,* 5. Aufl., Rdnr. 37); diese teilt der Verwaltungsbehörde die entsprechenden Beträge mit (vgl. *RRH,* 3. Aufl., Rdnr. 21). Nicht zu den Auslagen der Polizei zählen die allgemeinen Personal- und Sachkosten wie die Kosten für den Einsatz von Polizeibeamten, für den allgemeinen Geschäftsbedarf, z. B. Schreibbedarf, den Einsatz von Polizeifahrzeugen und für Foto- und Filmmaterial, z. B. für Radarmessungen (vgl. *KK,* a. a. O.; *Göhler,* 18. Aufl. 2020, Rdnr. 22a; *RRH,* a. a. O.). Ist der Polizeieinsatz dagegen nicht dem allgemeinen Dienstbetrieb hinzuzurechnen, z. B. wenn Polizeifahrzeuge im Rahmen der Nr. 8 und Nr. 10 Buchst. a verwendet werden (vgl. *KK* und *Göhler,* jeweils a. a. O.) oder besondere Reisekosten nach Nr. 5 im Rahmen eines Ermittlungsverfahrens entstanden sind (vgl. *RRH,* a. a. O.), sind die dadurch entstandenen Auslagen zu erheben.

3.13.2 Begrenzung auf Höchstsätze

Außer der Einschränkung, dass Auslagen nur dann erhoben werden dürfen, wenn es sich um Auslagen der in den Nummern 1 bis 11 genannten Art handelt, gibt es auch die Einschränkung in der Höhe. Höhere Kosten als die Bußgeldbehörde selbst befugt ist zu erheben, können auch nicht für eine andere inländische Behörde angesetzt werden (vgl. *RRH,* 3. Aufl., Rdnr. 22a).

3.14 Beträge für ausländische Stellen

Nr. 14 regelt die Ansetzung von Beträgen, die ausländischen Behörden, Einrichtungen oder Personen im Ausland zustehen. Dabei spielt es keine Rolle, ob es sich der Art nach um Auslagen nach den Nrn. 1 bis 11 oder um andere Auslagen handelt; eine Begrenzung durch Höchstsätze wie in Nr. 13 ist nicht vorgesehen (vgl. *RRH,* 3. Aufl., Rdnr. 23). Die Kosten des Amts- und Rechtshilfeverkehrs mit dem Ausland sind ebenfalls erfasst. Die Auslagen nach Nr. 14 sind auch dann zu erheben, wenn aus Gründen der Gegenseitigkeit o. Ä. keine Zahlung an diese Stellen zu erfolgen hat.

3.15 Auslagenpauschale bei Aktenversendung (Absatz 5)

Die Auslagenpauschale beträgt für jede Versendung von Akten 12 Euro. Diese Regelung entspricht der Versendungspauschale gem. KV GKG Nr. 9003, also der entsprechenden Regelung im gerichtlichen Verfahren. Die Vorschrift gilt für alle Aktenversendungen, also sowohl für solche im Rahmen eines anhängigen Bußgeldverfahrens als auch nach Abschluss des Bußgeldverfahrens oder auch für ein anderes Verfahren, z. B. für ein Zivilverfahren aufgrund eines Antrags einer Versicherungsgesellschaft nach § 49b OWiG, § 475 StPO. Damit findet die Vorschrift nicht nur auf Aktenversendungen an den Betroffenen, sondern ebenso an nicht am Verfahren beteiligte Dritte Anwendung, was sich daraus ergibt, dass sich die Regelung nicht in § 107 Abs. 3 OWiG, sondern in einem gesonderten Absatz 5 befindet (vgl. *RRH*, 3. Aufl., Rdnr. 23a). Aufgrund des abschließenden Charakters der Kostenregelungen des § 107 sind die Kosten- und Gebührengesetze der Länder insoweit nicht einschlägig. Die Vorschrift ist nur bei beantragter Aktenversendung anzuwenden, nicht wenn die Versendung von Amts wegen oder im Wege der Rechts- oder Amtshilfe erfolgt (vgl. *RRH*, a. a. O.). Die Aktenversendungspauschale ist je Versendung, nicht je Akte, zu erheben. Werden mehrere Akten zu unterschiedlichen Verfahren mit einer Sendung übermittelt, darf die Aktenversendungspauschale nur einmal erhoben werden; werden versehentlich nicht alle Aktenbestandteile versandt, so fällt für die Nachsendung keine weitere Pauschale an (vgl. LSG Bayern, NJW-Spezial 2018, S. 571). Bei mehrfach durchgeführten Zusendungen einer Akte, z. B. auf Antrag eines Verteidigers, ist jede einzelne Sendung kostenpflichtig (vgl. *Göhler*, 18. Aufl. 2020, Rdnr. 23a). Erfolgt die Übermittlung einer elektronisch geführten Akte elektronisch, wird seit Änderung durch Art. 8 Nr. 12 des Gesetzes zur Einführung der elektronischen Akte in der Justiz und zur weiteren Förderung des elektronischen Rechtsverkehrs vom 5.7.2017 keine Pauschale erhoben.

3.15.1 Der Begriff „Akten"

Unter „Akten" sind mehrere zusammengefasste Schriftstücke, also nicht nur ein einzelner Schriftsatz, sondern auch Aktenteile und Beiakten zu verstehen (vgl. *RRH*, a. a. O.). Teilakten können auch nur aus mehreren Lichtbildern bestehen, dagegen stellt lediglich ein in den Akten befindliches Fotonegativ keine Akte dar.

3.15.2 Der Begriff „Versendung"

Keine Versendung liegt vor, wenn der Antragsteller die Akten abholt. Wird die Aktenübersendung an eine andere, z. B. näher gelegene Behörde beantragt, um dort die Akten abzuholen oder in den Diensträumen dieser Behörde Akteneinsicht zu nehmen, ist die Auslagenpauschale von 12 Euro für die Hin- und Rücksendung (zählen also in diesem Zusammenhang als eine Sendung – vgl. *Göhler*, 18. Aufl. 2020, Rdnr. 23a) zu erheben (vgl. *RRH*, a. a. O.). Für die Akteneinsicht in den Diensträumen der Verwaltungsbehörde entstehen keine Auslagen.

3.15.3 Kostenschuldner bei Aktenversendung

Die Auslagenpauschale ist ausschließlich von demjenigen zu erheben, der die Übersendung bzw. die elektronische Übermittlung der Akten beantragt hat. Beantragt in einem Bußgeldverfahren z. B. ein bevollmächtigter Rechtsanwalt Akteneinsicht, ist der Rechtsanwalt als Antragsteller Schuldner der Auslagenpauschale gegenüber der Verwaltungsbehörde, nicht sein Mandant, also nicht der Betroffene. Der Anwalt kann die Erstattung der Auslagen aber von seinem Mandanten oder unter Umständen auch von der Verwaltungsbehörde verlangen, im letzten Fall nur, wenn der Bußgeldbescheid zurückgenommen wird. Die Fälligkeit der Pauschale tritt mit der Entstehung der Auslagen ein, also nicht erst mit dem Abschluss des Verfahrens (vgl. *RRH*, a. a. O.).

> *Beispiel:*
>
> *Ein Verteidiger sendet die Verfahrensakten nach erfolgter Akteneinsicht wieder an die Verwaltungsbehörde zurück und teilt ihr mit, dass er den Kostenansatz in Höhe von 12 Euro für nicht gerechtfertigt hält, da die Pauschale für die Versendung einschließlich der Rücksendung 12 Euro beträgt, der Anwalt aber die Akten auf eigene Kosten zurückgereicht hat. Daher müssten die für die Rücksendung entstandenen Kosten von der Aktenversendungspauschale abgezogen werden, denn die Verwaltungsbehörde hat keinen Freiumschlag für die Rücksendung mitgeliefert.*

Bei dem Pauschalbetrag in Höhe von 12 Euro gem. Absatz 5 handelt es sich um eine Akten*versendungs*pauschale, womit die *Kosten der Verwaltungsbehörde* und nicht etwaige zusätzliche Kosten des Antragstellers abgedeckt werden, was sich aus der Formulierung *„einschließlich der Rücksendung durch Behörden"* ergibt. Da mit den Kosten der Rücksendung nur solche einschlägig sind, die einer Behörde (nicht solche, die einem Dritten, z. B. einem Anwalt) entstehen, ist es unzulässig, die Aktenversendungspauschale um die Portokosten für die Rücksendung zu mindern (vgl. *RRH* und *Göhler*, jeweils a. a. O.; OLG Hamm, NJW 2006 S. 306; AG Cloppenburg, NJW 2006 S. 309). Die Kosten für die Rücksendung der Akten an die Verwaltungsbehörde hat der Verteidiger hier selbst zu tragen.

4. Besondere Kostenrechnung

Die Höhe bzw. der Umfang der Gebühren und Auslagen werden in einer besonderen Kostenrechnung aufgestellt, dem Kostenansatz (vgl. hierzu Erl. 3 zu § 108). Wem die Kosten auferlegt werden, ist in der Kostenentscheidung bestimmt (vgl. Erl. 1 zu § 105). Der Bußgeldbescheid enthält in der Regel beide Entscheidungen, die Kostenentscheidung und den Kostenansatz. Der Kostenansatz kann, auch wenn der Bußgeldbescheid bereits rechtskräftig geworden ist, selbstständig angefochten werden (vgl. *RRH*, 3. Aufl., Rdnr. 24).

4.1 Änderung der Kostenrechnung und Nachforderung

Im Falle eines Irrtums hat die Verwaltungsbehörde die Möglichkeit, solange noch keine gerichtliche Entscheidung ergangen ist, die Kostenrechnung noch abzuändern, zu Ungunsten des Betroffenen allerdings nur, wenn der berichtigte Ansatz dem Zahlungspflichtigen vor Ablauf des nächsten Kalenderjahres, nachdem die Entscheidung Rechtskraft erlangt oder das Verfahren sich anderweitig erledigt hat (§ 20 GKG; vgl. *RRH*, 3. Aufl., Rdnr. 24). Ansonsten kommt eine Änderung zu Lasten des Betroffenen in Betracht, wenn der ursprüngliche Ansatz unter Vorbehalt einer Nachforderung ergangen ist (vgl. *RRH*, a. a. O.; *KK*, 5. Aufl., Rdnr. 42). Innerhalb der Verjährungsfrist (vgl. hierzu Erl. 6) können auch Kosten, die erst nach Erlass des Bußgeldbescheides angefallen sind, stets nachgefordert werden, wie etwa die Kosten der Erzwingungshaft (vgl. *RRH*, a. a. O.; *Göhler*, 18. Aufl. 2020, Rdnr. 24a).

4.2 Fälligkeit der Gebühren und Auslagen

Die Kosten werden mit der Rechtskraft des Bußgeldbescheides (§ 108 Abs. 2, § 89), im gerichtlichen Verfahren mit der Rechtskraft des Urteils (§ 8 GKG), fällig. Mit der Bewilligung einer Zahlungsfrist nach § 93 Abs. 3 Satz 2 wird die Fälligkeit hinausgeschoben. Auslagen, die erst nach Rechtskraft des Bußgeldbescheides anfallen, werden mit ihrer Entstehung fällig (vgl. *RRH*, a. a. O.; *KK*, 5. Aufl., Rdnr. 43; *Göhler*, 18. Aufl. 2020, Rdnr. 27). Bei einem selbstständigen Kostenbescheid, z. B. gegen den Kraftfahrzeughalter nach § 25a StVG, richtet sich die Fälligkeit nach der Rechtskraft dieser Entscheidung (vgl. *Göhler*, 18. Aufl. 2020, Rdnr. 27; *KK*, a. a. O.; *RRH*, 3. Aufl., Rdnr. 7 zu § 105). Die Gebühren und Auslagen fließen grundsätzlich in die Kasse der Behörde, die den Bußgeldbescheid erlassen hat; § 90 Abs. 2, der die Bundes- bzw. Landeskasse begünstigt, gilt nur für Geldbußen, andere Regelungen auf Länderebene (sog. Finanzausgleichsgesetze) sind aber möglich (vgl. *RRH*, a. a. O.; *Göhler*, 18. Aufl. 2020, Rdnr. 28; *KK*, 5. Aufl., Rdnr. 44), so werden z. B. in Bayern gem. Art. 7 Abs. 2 Nr. 1 BayFAG vom 16.4.2013 (GVBl. S. 210), zuletzt geändert mit Gesetz vom 24.7.2018 (GVBl. S. 583), das volle Aufkommen der vom Landratsamt als Staatsbehörde festgesetzten Kosten den Landkreisen als Finanzzuweisung gewährt. Als Rechtsmittel ist Antrag auf gerichtliche Entscheidung zulässig, was im Übrigen auch bei Nachforderungen von Kosten (vgl. Erl. 4.1) gilt (vgl. *RRH*, 3. Aufl., Rdnr. 25; *Göhler*, 18. Aufl. 2020, Rdnr. 24b).

5. Niederschlagung, Erlass, Verjährung und Erstattung von Kosten (Absatz 4)

Absatz 4 enthält ergänzende Bestimmungen für die Niederschlagung der Kosten bei unrichtiger Sachbehandlung, für die sonstige Niederschlagung, den Erlass, die Verjährung und die Erstattung von Kosten. Soweit eine Verwaltungsbehörde des Bundes den Bußgeldbescheid erlassen hat sind § 14 Abs. 2 VwKostG sowie die §§ 19 bis 21 VwKostG jeweils in der bis zum 14.8.2013 geltenden Fassung anzuwenden. Hat eine Verwaltungsbehörde eines Landes den Bußgeldbescheid erlassen, gelten die entsprechenden landesrechtlichen Vorschriften, z. B. in Bayern, Kostengesetz (KG) vom 20.2.1998 (GVBl. 1998 S. 43), zuletzt geändert durch Verordnung vom 22.7.2014; in Berlin, Gesetz über Gebühren und Beiträge vom 22.5.1957 (GVBl. S. 516), zuletzt geändert durch Gesetz vom 2.11.2018 (GVBl. S. 618); in Sachsen, SächsVwKG vom 17.9.2003 (GVBl. S. 698), zuletzt geändert durch Gesetz vom 27.1.2012 (GVBl. S. 130). Falls in den Ländern solche Bestimmungen fehlen, finden die Vorschriften des Bundes „lückenfüllend" Anwendung (vgl. *RRH,* 3. Aufl., Rdnrn. 28, 29; *Göhler,* 18. Aufl. 2020, Rdnr. 29; *KK,* 5. Aufl., Rdnr. 45).

5.1 Bei unrichtiger Sachbehandlung

Kosten, die bei richtiger Sachbearbeitung durch die Behörde nicht entstanden wären, werden nicht erhoben (§ 14 Abs. 2 VwKostG in der bis zum 14.8.2013 geltenden Fassung; für das gerichtliche Bußgeldverfahren § 21 GKG). Eine unrichtige Sachbehandlung liegt vor, wenn eine Rechtsnorm offensichtlich nicht richtig angewendet wurde, die Behörde förmlich zustellt, z. B. mit Postzustellungsurkunde, obwohl dies nicht vorgeschrieben ist und eine Versendung mit normaler Post ausreichend wäre, ein Sachverständigengutachten ohne ausreichenden Grund eingeholt wird oder Auslagen für Zeugen nicht richtig berechnet werden (vgl. *RRH,* 3. Aufl., Rdnr. 30; *Göhler,* 18. Aufl. 2020, Rdnr. 30; *KK,* 5. Aufl., Rdnr. 46). Ausgeschlossen ist die Kostenerhebung auch für Auslagen, die aufgrund einer von Amts wegen veranlassten Verlegung eines Termins oder Vertagung einer Verhandlung entstehen (§ 14 Abs. 2 Satz 2 VwKostG in der bis zum 14.8.2013 geltenden Fassung). Die Gebühren- oder Verwaltungskostengesetze der Länder enthalten entsprechende Bestimmungen, z. B. in Bayern, Kostengesetz (KG) vom 20.2.1998 (GVBl. S. 43), zuletzt geändert mit VO vom 22.7.2014 (GVBl. S. 286; vgl. *RRH,* 3. Aufl., Rdnr. 30).

5.2 Niederschlagung, Erlass, Stundung

Bei Bußgeldbescheiden durch Bundesbehörden gelten für den Erlass und die Niederschlagung von Kosten die Bestimmungen des § 59 BHO (§ 19 VwKostG in der bis zum 14.8.2013 geltenden Fassung). Danach können Ansprüche (Kosten) **niedergeschlagen** werden (§ 59 Abs. 1 Nr. 2 BHO), wenn feststeht, dass die Einziehung keinen Erfolg haben wird, (z. B. bei Auswanderung des Kostenpflichtigen bzw. aufgrund dessen schlechter finanzieller Lage) oder wenn die Einziehung im Hinblick auf die Höhe der Kosten unverhältnismäßig ist. Die Niederschlagung schließt nicht aus, dass bei Besserung der wirtschaftlichen Situation die Beitreibung fortgesetzt wird, da im Gegensatz zum Erlass der Kostenanspruch nicht erlischt, wobei die Kosten aber auch endgültig niedergeschlagen werden können (vgl. *RRH,* 3. Aufl., Rdnr. 32; *Göhler,* 18. Aufl. 2020, Rdnr. 32). Die Kosten können **erlassen** werden, wenn die Einziehung nach Lage des einzelnen Falles für den Anspruchsgegner eine besondere Härte bedeuten würde (§ 59 Abs. 1 Nr. 3 BHO). Eine besondere Härte liegt vor, wenn der Kostenpflichtige unverschuldet in eine wirtschaftliche Notlage geraten ist und für ihn die Vollstreckung des Kostenanspruchs den finanziellen Ruin bedeuten würde (vgl. *RRH,* 3. Aufl., Rdnr. 33; *KK,* 5. Aufl., Rdnr. 49). Wurden die Kosten erlassen, erlischt der Anspruch; das bedeutet, dass auch dann nicht mehr eingezogen werden kann, wenn der Schuldner wieder zu Geld kommt (vgl. *RRH,* a. a. O.). Für die **Stundung** der Kosten des Bußgeldverfahrens gilt § 93 Abs. 3 Satz 2 OWiG; in den Fällen, in denen die Kosten nicht im Zusammenhang mit einem Bußgeldbescheid stehen, wie z. B. bei einer Kostenentscheidung nach § 25a StVG, gilt die Regelung nach § 19 VwKostG in der bis zum 14.8.2013 geltenden Fassung, § 59 Abs. 1 Nr. 1 BHO (vgl. *Göhler,* 18. Aufl. 2020, Rdnr. 34; *RRH,* 3. Aufl., Rdnr. 34, *KK,* 5. Aufl., Rdnr. 48). In den Ländern gelten für die Niederschlagung und den Erlass die inhaltlich mit der BHO übereinstimmenden Landes- bzw. Gemeindehaushaltsordnungen (vgl. *RRH,* 3. Aufl., Rdnr. 31), z. B. in Brandenburg, LHO in der Fassung der Bekanntmachung vom 21.4.1999, in Bayern, Art. 59 BayHO vom 8.12.1971, in Nordrhein-Westfalen, LHO vom 26.4.1999. Der Erlass von Gerichtskosten ist in den besonderen landesrechtlichen Bestimmungen geregelt, z. B. in Bayern, LJKostG vom 19.5.2005; in Mecklenburg-Vorpommern, LJKG vom 7.10.1993; im Saarland, Landesjustizkostengesetz vom 30.6.1971.

5.3 Verjährung des Kostenanspruchs, Erstattung

Die Verjährung des Kostenanspruchs richtet sich gem. Absatz 4 bei Bußgeldsachen des Bundes nach den Bestimmungen des § 20 VwKostG, die Erstattung nach § 21 VwKostG, jeweils in der bis 14.8.2013 geltenden Fassung. Danach verjährt der Anspruch auf Zahlung von Kosten nach drei Jahren, spätestens mit dem Ablauf des vierten Jahres nach der Entstehung; die Verjährungsfrist beginnt mit Ablauf des Kalenderjahres, in dem der Anspruch fällig wurde (§ 20 Abs. 1 Satz 1, 2 VwKostG). Entstehen die Kosten erst nach Rechtskraft des Bußgeldbescheides, wie etwa bei den Kosten der Erzwingungshaft, so ist dieser Zeitpunkt für den Beginn des Fristenlaufs bei der Verjährung maßgebend (vgl. *RRH*, 3. Aufl., Rdnr. 35; *Göhler*, 18. Aufl. 2020, Rdnr. 27). Die Unterbrechung der Verjährung ist in § 20 Abs. 1 Satz 3 VwKostG geregelt. So haben z. B. die schriftliche Zahlungsaufforderung, Stundung oder Vollstreckungsmaßnahmen verjährungsunterbrechende Wirkung. Zuviel bezahlte oder zu Unrecht erhobene Kosten sind stets gem. § 21 Abs. 1 VwKostG unverzüglich zu **erstatten.** Die Einschränkung in § 21 Abs. 1 VwKostG, dass die Erstattung bei rechtskräftigen Kostentscheidungen nur aus Billigkeitsgründen möglich sei, kann im Bußgeldverfahren nicht gelten, da gegen den Kostenansatz nach § 108 Abs. 1 Nr. 3 unbefristet das Rechtsmittel des Antrags auf gerichtliche Entscheidung nach § 62 möglich ist (vgl. *RRH*, a. a. O.; *Göhler*, 18. Aufl. 2020, Rdnr. 36; *KK*, 5. Aufl., Rdnr. 51). In den Ländern gelten für die Verjährung und die Erstattung die entsprechenden landesrechtlichen Vorschriften (vgl. *RRH*, a. a. O.), z. B. in Bayern, Kostengesetz (KG) vom 20.2.1998 (GVBl. S. 43).

6. Kostenentscheidung gegen den Kfz-Halter gem. § 25a StVG

§ 25a StVG regelt die Kostentragungspflicht des Kfz-Halters im ruhenden Verkehr. Die Vorschrift gilt im Bußgeldverfahren der Verwaltungsbehörde, der Staatsanwaltschaft und des Gerichts (vgl. *Göhler*, 18. Aufl. 2020, Rdnr. 1 vor § 109a). Sie ist nur bei bestimmten Verkehrsordnungswidrigkeiten anwendbar und ergänzt die Kostenvorschriften des OWiG (vgl. *KK*, 4. Aufl., Rdnr. 3, Anhang zu § 109a). § 25a StVG hat folgenden Wortlaut:

§ 25a

Kostentragungspflicht des Halters eines Kraftfahrzeugs

(1) Kann in einem Bußgeldverfahren wegen eines Halt- oder Parkverstoßes der Führer des Kraftfahrzeugs, der den Verstoß begangen hat, nicht vor Eintritt der Verfolgungsverjährung ermittelt werden oder würde seine Ermittlung einen unangemessenen Aufwand erfordern, so werden dem Halter des Kraftfahrzeugs oder seinem Beauftragten die Kosten des Verfahrens auferlegt; er hat dann auch seine Auslagen zu tragen. Von einer Entscheidung nach Satz 1 wird abgesehen, wenn es unbillig wäre, den Halter des Kraftfahrzeugs oder seinen Beauftragten mit den Kosten zu belasten.

(2) Die Kostenentscheidung ergeht mit der Entscheidung, die das Verfahren abschließt; vor der Entscheidung ist derjenige zu hören, dem die Kosten auferlegt werden sollen.

(3) Gegen die Kostenentscheidung der Verwaltungsbehörde und der Staatsanwaltschaft kann innerhalb von zwei Wochen nach Zustellung gerichtliche Entscheidung beantragt werden. § 62 Abs. 2 des Gesetzes über Ordnungswidrigkeiten gilt entsprechend; für die Kostenentscheidung der Staatsanwaltschaft gelten auch § 50 Abs. 2 und § 52 des Gesetzes über Ordnungswidrigkeiten entsprechend. Die Kostenentscheidung des Gerichts ist nicht anfechtbar.

6.1 Veranlassungsprinzip

Die Bestimmung des § 25a StVG beruht auf dem Veranlassungsprinzip (Zurechnungsprinzip). Sie nimmt kostenmäßig den Kfz-Halter oder dessen Beauftragten in die Pflicht, wenn bei den massenweise vorkommenden Halt- oder Parkverstößen zwar pflichtgemäß ein Verfahren eingeleitet wird, aber wieder eingestellt werden muss, weil der verantwortliche Fahrzeugführer nicht festgestellt werden kann, was bei einem erheblichen Teil der im ruhenden Verkehr begangenen Ordnungswidrigkeiten der Fall ist. Dadurch sollen die Behörden einen Ausgleich für die Kosten erhalten, die aufgrund des notwendigen, aber oftmals nutzlosen Ermittlungsverfahrens entstehen; außerdem soll einem willkürlichen, risikolosen Falschparken mit allen damit einhergehenden negativen Folgen für andere entgegengewirkt werden, denn bei geschickter Einlassung des Betroffenen ist regelmäßig in bußgeldrechtlicher Hinsicht kein Nachweis zu führen, sodass die Mittel des Ordnungswidrigkeitenrechts hier wirkungslos bleiben (vgl. *Göhler,* 18. Aufl. 2020, Rdnr. 2a vor § 109a; *KK,* 5. Aufl., Rdnr. 1, Anhang zu § 109a). Die Vorschrift ist mit der Verfassung vereinbar (BVerfG, NJW 1989 S. 2679 – 2680). Insbesondere verstößt sie nicht gegen den Gleichheitsgrundsatz (Art. 3 GG) und begründet keine Verletzung des Schuldprinzips oder des Zeugnisverweigerungsrechts (vgl. *KK,* 5. Aufl., Rdnr. 4, Anhang zu § 109a; *RRH,* 3. Aufl., Rdnr. 20 zu § 69). Die Kostentragungspflicht ist keine Ahndung im bußgeld- bzw. strafrechtlichen Sinn, sie enthält keine sanktionsrechtliche Qualifikation, sondern sie ist lediglich eine Kostenregelung (vgl. BVerfG, a. a. O.). Ob ein Verschulden des Halters vorliegt, ist deshalb unerheblich (vgl. *Göhler,* 18. Aufl. 2020, Rdnr. 3 vor § 109a).

6.2 Halter des Kraftfahrzeugs oder sein Beauftragter

Halter ist, wer das Fahrzeug auf eigene Rechnung in Gebrauch hat und die Verfügungsmacht darüber besitzt, die Voraussetzung für einen solchen Gebrauch ist (vgl. BayObLG, DAR 1985 S. 390; *KK,* 5. Aufl., Rdnr. 5, Anhang zu § 109a; *RRH,* 3. Aufl., Rdnr. 24 zu § 69). In wessen Eigentum das Kraftfahrzeug steht, auf wen es zugelassen oder auf welchen Namen es versichert ist, ist ohne Bedeutung (vgl. *KK,* a. a. O.), maßgeblich sind vielmehr tatsächliche und wirtschaftliche Gesichtspunkte (vgl. *Göhler,* 18. Aufl. 2020, Rdnr. 16 vor § 109a; *RRH,* a. a. O.). Zunächst kann die Verwaltungsbehörde zwar aufgrund der Eintragungen bei der Zulassungsstelle von einer Haltereigenschaft ausgehen (zulässiges Indiz, vgl. *RRH,* a. a. O.), substantiierten Einlassungen, die auf einen anderen Halter schließen lassen, muss sie jedoch nachgehen (vgl. *Göhler,* a. a. O.); ist die Halterfrage nicht klar, scheidet auch eine Halterhaftung aus (vgl. *KK,* a. a. O.). Bei einem Leasinggeschäft ist der Leasingnehmer für die Zeit der Vertragsdauer Halter, Gleiches gilt für den Mieter oder für den Entleiher eines Kraftfahrzeugs für den Fall, dass sie das Fahrzeug längere Zeit, z. B. drei Monate, ausschließlich zum Eigengebrauch mieten oder entleihen; nur kurzzeitiges Mieten oder Entleihen begründet keine Haltereigenschaft (vgl. *KK,* a. a. O.). Halter können auch juristische Personen oder Personengesellschaften sein. **Beauftragter** im Sinne dieser Vorschrift ist, wem vom Halter das Dispositionsrecht über das Fahrzeug übertragen wird; in Betracht kommen z. B. Fuhrpark- oder Filialleiter, aber auch andere Personen, denen das Kraftfahrzeug kurzfristig vom Halter, etwa für Ferien- oder Geschäftsfahrten, überlassen wird (vgl. *Göhler,* 18. Aufl. 2020, Rdnr. 17 vor § 109a; *KK,* 5. Aufl., Rdnr. 6, Anhang zu § 109a; *RRH,* 3. Aufl., Rdnr. 24a zu § 69). Ob der Halter oder der Beauftragte mit den Kosten belastet werden, steht im pflichtgemäßen Ermessen der Behörde (vgl. *RRH,* a. a. O.). Falls der Halter der Behörde den Beauftragten konkret benennt, wäre es wohl ein Ermessensfehler, dem Halter trotzdem die Kosten aufzuerlegen (vgl. *RRH* und *KK,* jeweils a. a. O.).

6.3 Absehen von der Kostentragungspflicht aus Billigkeitsgründen

Die Auferlegung der Kosten steht nicht im Ermessen der Verwaltungsbehörde, was sich aus dem Wortlaut *„werden … auferlegt"* ergibt (§ 25a Abs. 1 Satz 1 HS 1 StVG). Von der Kostenentscheidung kann nur im Ausnahmefall aus Billigkeitsgründen abgesehen werden (§ 25a Abs. 1 Satz 2 StVG). In Betracht kommt z. B., dass dem Halter das Kfz gestohlen oder ohne sein Wissen von einem Unbefugten (§ 248a StGB) benutzt wurde (vgl. *Göhler*, 18. Aufl. 2020, Rdnr. 19 vor § 109a; *KK*, 5. Aufl., Rdnr. 21, Anhang zu § 109a; *RRH*, 3. Aufl., Rdnr. 25 zu § 69). Dagegen liegt keine Unbilligkeit vor, wenn der Halter vorgibt, den Fahrer nicht zu kennen, weil das Fahrzeug von vielen Personen gefahren wird, denn es liegt im Bereich des Zumutbaren, dafür Sorge zu leisten, dass der Fahrer ermittelt werden kann (vgl. *RRH*, a. a. O.). Das Gleiche gilt, wenn der Halter als Fahrer eine Person benennt, die im Ausland ihren Wohnsitz hat, oder wenn er angibt, er habe auf dem Anhörungsbogen seine Fahrereigenschaft zugegeben, der Anhörungsbogen sei aber nicht bei der Verwaltungsbehörde eingegangen, denn die Kostenentscheidung ist für ihn günstiger als ein sonst fälliger Bußgeldbescheid (vgl. *Göhler*, a. a. O.). Ebenfalls kein Härtefall liegt vor, wenn der Halter sich dahingehend einlässt, er könne sich nicht mehr daran erinnern, wer das Fahrzeug gefahren habe (vgl. *Göhler*, a. a. O.), es sei denn, der Erinnerungsverlust ist auf die verzögerte Sachbehandlung durch die Verwaltungsbehörde und den dadurch bedingten Zeitablauf zurückzuführen (vgl. *KK*, a. a. O.), wobei ein Zeitraum von sechs Wochen zwischen Tattag und Anhörung bzw. Befragung durchaus gerechtfertigt sein können (vgl. *RRH*, 3. Aufl., Rdnr. 22a zu § 69). Jedenfalls ist grundsätzlich wegen der Kooperationsbereitschaft des Halters allein keine Billigkeit anzuerkennen (vgl. *Göhler*, a. a. O.). Räumt die Verwaltungsbehörde dem Halter bei einem Parkverstoß für die Benennung des verantwortlichen Fahrers eine Frist ein, bei deren Ablauf bereits Verfolgungsverjährung eingetreten ist, und macht der Halter innerhalb dieser Frist entsprechende Angaben, können ihm die Kosten allerdings aus Billigkeitsgründen nicht auferlegt werden (vgl. *KK*, a. a. O.).

6.4 Einleitung eines Bußgeldverfahrens

Die Kostenentscheidung gegen den Halter oder dessen Beauftragen setzt voraus, dass wegen des Halt- oder Parkverstoßes gegen den Halter selbst, gegen eine andere Person oder gegen unbekannt ein Bußgeldverfahren eingeleitet wurde, was sich aus dem Gesetzeswortlaut *„Kann in einem Bußgeldverfahren …"* ergibt (vgl. *Göhler*, 18. Aufl., 2020, Rdnr. 7 vor § 109a). Ist z. B. eine juristische Person Halter des Kraftfahrzeugs, so kann gegen diese kein Bußgeldverfahren eingeleitet werden, da sie selbst nicht fahren kann; in diesem Fall ist ein Verfahren gegen unbekannt einzuleiten und bei der juristischen Person Auskunft über die Person, die gefahren ist, einzuholen; kann der Fahrzeugführer nicht ermittelt werden, kommt in diesem Fall die Kostenentscheidung gegen die juristische Person, aber auch gegen ein Organ oder einen Beauftragten in Betracht (vgl. *Göhler*, 18. Aufl. 2020, Rdnr. 15 vor § 109a). Eingeleitet wird ein Bußgeldverfahren mit der ersten Maßnahme der Verfolgungsbehörde, die erkennbar darauf abzielt, eine Ordnungswidrigkeit zu verfolgen, z. B. mit der Anbringung eines Verwarnungszettels am Fahrzeug durch einen Außenkontrolleur oder durch Vergabe eines Aktenzeichens bei der Erfassung des Vorgangs in der EDV (vgl. *RRH*, 3. Aufl., Rdnr. 22 zu § 69). Wird kein Ermittlungsverfahren eingeleitet, z. B. weil zum Zeitpunkt des Eingangs der Anzeige die Ordnungswidrigkeit bereits verjährt war, kann § 25a StVG nicht angewendet werden.

6.5 Halt- oder Parkverstoß

Die Vorschrift gilt nur, wenn objektiv ein Halt- oder Parkdelikt (sog. ruhender Verkehr) nach Straßenverkehrsrecht vorliegt. Einschlägig sind insbesondere Verstöße gegen die §§ 12, 13, 18 Abs. 8, und 42 Abs. 2 StVO i. V. m. Zeichen 325.1 gem. Anlage 3 Nr. 12 Spalte 3 Nr. 4, aber auch gegen die Grundregel des § 1 Abs. 2 StVO, etwa wenn andere durch das grundsätzlich erlaubte Halten gefährdet werden (vgl. *KK*, 5. Aufl., Rdnr. 7 zu § 109a Anh.; *RRH*, 3. Aufl., Rdnr. 21 zu § 69; *Göhler*, 18. Aufl. 2020, Rdnr. 6 vor § 109a). Auch beim Parken bzw. Halten in Umweltzonen ohne Umweltplakette ist § 25a StVG anwendbar (vgl. *RRH* a. a. O; *Göhler*, a. a. O.) Ferner kann auch das Parken in einer mit dem Zeichen 250 der StVO (Verbot für Fahrzeuge aller Art) versehenen Straße als Parkverstoß gewertet werden (vgl. *RRH*, a. a. O.). Nicht erfasst sind dagegen ähnliche Verstöße gegen Bundes- oder Landesvorschriften außerhalb des StVG, wie z. B. gegen §§ 62, 64b

Abs. 2 Nr. 1 EBO (Parken auf Bahnanlagen) oder das Parken in *privaten* Feuerwehranfahrtszonen, es sei denn, in solchen Vorschriften ist § 25a StVG ausdrücklich für anwendbar erklärt (vgl. *RRH, Göhler*, jeweils a. a. O.). Anders als das Recht vieler anderer europäischer Länder erlaubt das deutsche Recht keine Halterhaftung außerhalb des § 25a StVG. Ein ursprünglich in den Bundestag eingebrachter Gesetzesentwurf sah zunächst eine Gleichbehandlung aller Kennzeichenanzeigen vor. Im Laufe der Entwicklung entstanden jedoch erhebliche rechtspolitische Bedenken bezüglich einer so umfassenden Lösung. In dem letztendlich vorgelegten und verabschiedeten Entwurf wurde diese Art von Haftung dann auf reine Halt- oder Parkverstöße im Straßenverkehrsrecht beschränkt, um den gegen die Halterhaftung geäußerten Bedenken Rechnung zu tragen. Ebenfalls nicht erfasst sind Verstöße gegen § 14 StVO (Sorgfaltspflichten beim Ein- und Aussteigen), § 15 StVO (Sichern von liegen gebliebenen Fahrzeugen) oder § 17 Abs. 4 StVO (Beleuchtung), da sie ihrem Wesen nach keine Halt- oder Parkverstöße darstellen (vgl. *RRH*, a. a. O.). Das Gleiche gilt, wenn jemand mit laufendem Motor im absoluten Halteverbot steht und wartet; dies ist nämlich eine Teilnahme am fließenden Verkehr (vgl. *RRH*, a. a. O.). Trifft der Halt- oder Parkverstoß tateinheitlich (§ 19 OWiG) oder tatmehrheitlich (§ 20 OWiG) mit anderen Ordnungswidrigkeiten zusammen, so steht dies der Anwendung des § 25a Abs. 1 StVG nicht entgegen (vgl. *RRH, Göhler*, jeweils a. a. O.).

6.6 Einstellung des Verfahrens

Das Bußgeldverfahren ist einzustellen (oder der Betroffene im gerichtlichen Verfahren freizusprechen), wenn der Fahrzeugführer nicht ermittelt werden kann. Die Einstellung kann nach § 170 Abs. 2 StPO, § 46 Abs. 1 OWiG erfolgen, z. B. weil keine ausreichenden Beweise vorliegen, dass der Betroffene tatsächlich der Fahrer war, oder nach § 47 OWiG aus Opportunitätsgründen, weil die Ermittlung des Fahrers zwar möglich ist, aber einen unangemessenen Aufwand erfordern würde (vgl. *RRH*, 3. Aufl., Rdnr. 23 zu § 69). Die Halterhaftung scheidet aber aus, wenn das Verfahren nach § 47 OWiG eingestellt wird, weil eine Ahndung gegen den ermittelten Fahrer nicht geboten erscheint, oder wenn das Verfahren nach § 170 Abs. 2 StPO, § 46 Abs. 1 OWiG eingestellt wird, weil ein Verschulden des ermittelten Fahrers nicht erwiesen oder bereits Verfolgungsverjährung eingetreten ist (vgl. *RRH*, a. a. O.). Dagegen ist § 25a StVG anwendbar, falls der Fahrer erst nach Eintritt der Verfolgungsverjährung ermittelt werden konnte und deshalb das Verfahren einzustellen war (vgl. *RRH*, a. a. O.; *Göhler*, 18. Aufl. 2020, Rdnr. 12 vor § 109a).

6.6.1 Keine Feststellung des Fahrzeugführers

Die Halterhaftung tritt nur dann ein, wenn der Fahrzeugführer bis zum Eintritt der Verfolgungsverjährung (§ 26 Abs. 3 StVG, § 31 Abs. 1 Satz 1 OWiG) entweder nicht ermittelt werden konnte, obwohl angemessene und zumutbare Maßnahmen ergriffen worden sind, oder seine Ermittlung einen unangemessenen Aufwand erfordern würde. Steht der Fahrer fest oder ergibt sich dieser aufgrund der Einlassung des Betroffenen, und wird nur der Verstoß bestritten oder werden nur Rechtfertigungsgründe vorgetragen, ist § 25a StVG nicht einschlägig (vgl. *RRH*, 3. Aufl., Rdnr. 22 zu § 69; *Göhler*, 18. Aufl. 2020, Rdnr. 8 vor § 109a).

6.6.2 Angemessene und zumutbare Ermittlungshandlungen

Als angemessene Ermittlungsmaßnahme zählt bei den sog. Kennzeichenanzeigen bereits die Anbringung eines Verwarnungszettels an der Windschutzscheibe des Kfz, in dem auf die Ordnungswidrigkeit hingewiesen und zugleich Gelegenheit zur Äußerung gegeben wird; darüber hinaus ist die Übersendung eines Anhörungsbogens nicht mehr erforderlich (vgl. *Göhler*, 18. Aufl. 2020, Rdnr. 9 vor § 109a; *RRH*, a. a. O.; *KK*, 5. Aufl., Rdnr. 13a, Anhang zu § 109a). Allerdings kann es aus verfahrensökonomischen Gründen durchaus sinnvoll sein, in solchen Fällen trotzdem an den Halter eine schriftliche Verwarnung (§ 56 OWiG) verbunden mit einer Anhörung (§ 55 OWiG) zuzusenden, da Betroffene oftmals erst aufgrund des schriftlichen Verfahrens das Verwarnungsgeld einbezahlen; freilich sind die kurzen Verjährungsfristen zu beachten. Ob die Benachrichtigung den Halter tatsächlich erreicht hat, ist unerheblich, daher spielt es auch keine Rolle, ob der Betroffene den Zugang der Verwarnung bzw. Anhörung in Abrede stellt (vgl. *Göhler*, a. a. O.). Macht der Halter keine Angaben, die der Feststellung des Fahrzeugführers dienlich sind, so ist dieser kaum zu ermitteln; der Verwaltungsbehörde ist in solchen Fällen nicht zuzumuten, weitere, kaum Erfolg versprechende Nachforschungen zu betreiben (vgl. *Göhler*, 18. Aufl. 2020, Rdnr. 10 vor § 109a). Benennt der Halter namentlich aber eine Person als Fahrzeugführer, so kann diese in der Regel ohne großen Aufwand ermittelt werden. Anderes gilt, wenn als Fahrzeugführer eine im Ausland lebende Person genannt wird, denn ein Fahrer gilt erst dann als ermittelt im Sinne des § 25a StVG, wenn eine Anhörung und Unterbrechung der Verfolgungsverjährung ermöglicht wurde; eine Anhörung im Ausland mit Blick auf den Bagatellcharakter des Tatvorwurfs aber als unangemessener Ermittlungsaufwand zu werten ist (vgl. BVerfG, NJW 1989 S. 2679 – 2680; *RRH*, a. a. O.; *Göhler*, 18. Aufl. 2020, Rdnr. 11 vor § 109a; *KK*, 5. Aufl., Rdnr. 15, Anhang zu § 109a).

§ 108
Rechtsbehelf und Vollstreckung

(1) Im Verfahren der Verwaltungsbehörde ist gegen den

1. selbstständigen Kostenbescheid,

2. Kostenfestsetzungsbescheid (§ 106) und

3. Ansatz der Gebühren und Auslagen

der Antrag auf gerichtliche Entscheidung nach § 62 zulässig. In den Fällen der Nummern 1 und 2 ist der Antrag innerhalb von zwei Wochen nach Zustellung des Bescheides zu stellen; gegen die Entscheidung des Gerichts ist in den Fällen der Nummer 2 sofortige Beschwerde zulässig, wenn der Wert des Beschwerdegegenstandes zweihundert Euro übersteigt.

(2) Für die Vollstreckung der Kosten des Bußgeldverfahrens gelten die §§ 89 und 90 Abs. 1 entsprechend.

Erläuterungen

Übersicht

Vorbemerkung

Die Norm ist nur im Verfahren der Verwaltungsbehörde anzuwenden. Sie bestimmt, dass gegen den selbstständigen Kostenbescheid (siehe Erl. 1), den Kostenfestsetzungsbescheid (siehe Erl. 2) und den Kostenansatz (siehe Erl. 3) als Rechtsbehelf Antrag auf gerichtliche Entscheidung (§ 62) statthaft ist (Absatz 1). Dagegen sind im gerichtlichen Verfahren folgende Rechtsbehelfe zulässig: gegen die selbstständige Kostenentscheidung des Amtsgerichts grundsätzlich die sofortige Beschwerde (§ 464 Abs. 3 StPO, § 46 Abs. 1); gegen den Kostenansatz des Kostenbeamten die Erinnerung (§ 66 Abs. 1 GKG) und gegen den Kostenfestsetzungsbeschluss des Rechtspflegers die sofortige Beschwerde (§ 464b Satz 3

StPO, § 46 Abs. 1, § 104 Abs. 3 Satz 1 ZPO). Die Antragsbefugnis steht jeder Person zu, gegen die sich die kostenrechtliche Maßnahme richtet und die dadurch beschwert ist (vgl. hierzu Erl. 1.2 zu § 62), nicht jedoch den Vertretern der Staatskasse (vgl. *RRH*, 3. Aufl., Rdnr. 2; *Göhler*, 18. Aufl. 2020, Rdnr. 7; *KK*, 5. Aufl., Rdnr. 8), für die ein solches Antragsrecht nicht vorgesehen ist.

1. Der selbstständige Kostenbescheid (Absatz 1 Nr. 1)

Im selbstständigen Kostenbescheid wird entschieden, wer die Kosten und notwendigen Auslagen des Bußgeldverfahrens zu tragen hat. Es handelt sich somit im Gegensatz zum Kostenfestsetzungsbescheid und zum Kostenansatz um eine Grundentscheidung. Sie kommt insbesondere in solchen Fällen in Betracht, in denen die Verwaltungsbehörde nach Einspruch den Bußgeldbescheid zurücknimmt und das Verfahren einstellt. In der Praxis wird die Kostenentscheidung häufig mit der Rücknahme- und unanfechtbaren Einstellungsverfügung verbunden; die Kostenentscheidung ist dennoch selbstständig anfechtbar (vgl. *RRH*, 3. Aufl., Rdnr. 3; *Göhler*, 18. Aufl. 2020, Rdnr. 3; *KK*, 45. Aufl., Rdnr. 2). Das Gericht ist an die Einstellungsverfügung der Verwaltungsbehörde gebunden; eine gerichtliche Überprüfung, ob die Einstellung berechtigt war, ist nicht vorgesehen (vgl. *Göhler* und *KK*, jeweils a. a. O.).

2. Der Kostenfestsetzungsbescheid (Absatz 1 Nr. 2)

Mit dem Kostenfestsetzungsbescheid wird nur über die Höhe der Kosten- und Auslagen entschieden, nicht über die Kostentragungspflicht dem Grunde nach; einem Kostenfestsetzungsbescheid muss also immer eine rechtskräftige Entscheidung der Verwaltungsbehörde über die Kostentragungspflicht als solches (Grundentscheidung) vorausgehen (vgl. *RRH*, 3. Aufl., Rdnr. 4). Einwendungen gegen die Grundentscheidung sind in diesem Rechtsbehelfsverfahren nicht mehr möglich. Ebenso ist es nicht zulässig, dass im Kostenfestsetzungsbescheid Entscheidungen über die Kostentragungspflicht dem Grunde nach getroffen werden. Zudem können andere Forderungen als die, welche bereits Gegenstand des Kostenfestsetzungsverfahrens waren, nicht geltend gemacht werden; allerdings besteht die Möglichkeit, nach rechtskräftigem Abschluss des Kostenfestsetzungsverfahrens ggf. einen weiteren Erstattungsantrag zu stellen (vgl. *RRH*, a. a. O.; *Göhler*, 18. Aufl. 2020, Rdnr. 4; *KK*, 54. Aufl., Rdnr. 3). Zu beachten ist, dass für die Zwangsvollstreckung aus dem Kostenfestsetzungsbescheid die Vorschriften der ZPO anzuwenden sind (§ 106 Abs. 2).

3. Der Kostenansatz (Absatz 1 Nr. 3)

Mit der Bezeichnung „Ansatz der Gebühren und Auslagen (Kostenansatz)" ist die Aufstellung der Kostenrechnung durch die Verwaltungsbehörde gemeint; sie weist die Höhe bzw. den Umfang der Kosten aus, die an die Behörde zu bezahlen sind. Welche Kosten angesetzt werden können, bestimmt sich nach § 107. Es handelt sich nicht um die Kostengrundentscheidung im Bußgeldbescheid bzw. im selbstständigen Kostenbescheid, in der bestimmt wird, wer die Kosten des Bußgeldverfahrens zu tragen hat (vgl. hierzu Erl. 11 zu § 66), und die als Grundlage für den Kostenansatz dient. Mit dem Rechtsbehelf gem. § 62 OWiG kann folglich nicht gegen die Kostenentscheidung vorgegangen werden, dies ist nur im Wege des Einspruchs gegen den Bußgeldbescheid (§ 67 OWiG) statthaft (*KK*, 5. Aufl., Rdnr. 5; *Göhler*, 18. Aufl. 2020, Rdnr. 5). Einschlägig sind hier nur solche Einwendungen, die sich auf kostenrechtliche Vorschriften (§ 107 OWiG) stützen. Enthält z. B. eine Kostenrechnung auch Kosten, die nicht berechnet werden dürften, weil sie bei richtiger Sachbehandlung nicht entstanden wären (§ 14 Abs. 2 VwKostG in der bis zum 14.8.2013 geltenden Fassung), ist hiergegen Antrag auf gerichtliche Entscheidung gem. § 62 OWiG möglich (vgl. *RRH*, 3. Aufl., Rdnr. 6; *Göhler*, a. a. O.). Das gleich gilt, wenn z. B. die Höhe von Zeugen- und Sachverständigenkosten gerügt wird (vgl. *RRH*, a. a. O.). Wird dagegen beanstandet, dass entgegen § 465 Abs. 2 StPO, § 105 auch solche Kosten erhoben werden, die im Zusammenhang mit den Untersuchungen zur Aufklärung des Sachverhalts entstanden sind und zugunsten des Betroffenen ausgingen, handelt es sich um einen Einwand gegen die Grundentscheidung, der nur im Wege des Einspruchs geltend gemacht werden kann (vgl. *KK, RRH*, jeweils a. a. O.). Die Kostenrechnung der Verwaltungsbehörde ist üblicherweise mit dem Bußgeldbescheid verbunden, was im Übrigen auch sinnvoll ist (vgl. *KK*, 5. Aufl., Rdnr. 4). Trotzdem ist sie nicht Bestandteil der Kostenentscheidung im Bußgeldbescheid und kann, auch wenn der Bußgeldbescheid bereits rechtskräftig geworden ist, selbstständig angefochten werden (vgl. *RRH*, 3. Aufl., Rdnr. 5; *KK*, a. a. O.).

Beispiel:

Jemand wird wegen einer geringfügigen Ordnungswidrigkeit zunächst mit 30,00 Euro Verwarnungsgeld durch die Verwaltungsbehörde verwarnt (§ 56 OWiG). Nachdem innerhalb der gesetzten Frist keine Zahlung eingeht, erlässt die Verwaltungsbehörde wegen dieser Sache einen Bußgeldbescheid in Höhe von ebenfalls 30,00 Euro; außerdem legt sie dem Betroffenen die Kosten des Verfahrens auf (Kostengrundentscheidung). Als Gebühren werden 25,00 Euro (§ 107 Abs. 1 OWiG) und als Auslagen (§ 107 Abs. 3 OWiG) 3,50 Euro angesetzt; diese Kostenrechnung wird mit dem Bußgeldbescheid verbunden. Der Betroffene bezahlt daraufhin lediglich die 30,00 Euro und rügt gleichzeitig, dass ihm Kosten von insgesamt 28,50 Euro berechnet wurden, mit der Begründung, er habe die Verwarnung nicht erhalten.

Der Betroffene greift nicht die Geldbuße an, sondern lediglich die Gebühren und Auslagen. Es liegt kein Einspruch im Sinne des § 67 OWiG gegen den Bußgeldbescheid vor, sondern ein Rechtsbehelf nach § 108 Abs. 1 Nr. 3 OWiG, § 62 Abs. 1 OWiG. Der Antrag, im Wege der gerichtlichen Entscheidung den Ansatz von Gebühren und Auslagen im Bußgeldbescheid der Verwaltungsbehörde aufzuheben, ist wohl zu verwerfen. Der Bußgeldbescheid erging zu Recht, weil das Verwarnungsgeld nicht rechtzeitig bezahlt wurde. Worauf dies zurückzuführen ist, kann grundsätzlich nicht berücksichtigt werden. Der Ansatz der Gebühren und Auslagen im Bußgeldbescheid ergibt sich zwangsläufig aus dem Gesetz und ist nicht zu beanstanden. Er beruht auf § 105 Abs. 1 OWiG. Die Höhe ergibt sich aus § 107 OWiG. Die Entscheidung des Gerichts ist nicht anfechtbar (§ 62 Abs. 2 Satz 3 OWiG).

4. Antragsfristen

In den Fällen der Nummern 1 und 2 gilt eine Frist von zwei Wochen. Daher ist zu beachten, dass selbstständige Kostenbescheide und Kostenfestsetzungsbescheide förmlich zugestellt werden, was beim (selbstständigen) Kostenansatz nicht notwendig ist, weil gegen diesen unbefristet der Antrag nach § 62 statthaft ist (vgl. *RRH*, 3. Aufl., Rdnr. 7). Allerdings kann das Antragsrecht auch verwirkt sein, z. B. wenn ohne besonderen Grund der Antrag erst nach über zehn Monaten nach dem Zugang der Kostenrechnung gestellt wird (vgl. *KK*, 5. Aufl., Rdnr. 9).

5. Sofortige Beschwerde

Mit der sofortigen Beschwerde kann die Entscheidung des Gerichts nur dann angefochten werden, wenn ihr ein Kosten*festsetzungs*bescheid (§ 106) zugrunde lag (Abs. 1 Nr. 2) und darüber hinaus der Beschwerdewert 200 Euro übersteigt (Abs. 1 Satz 2 HS 2). Liegt der Entscheidung nur ein Kostenbescheid (§ 105) zugrunde, ist keine sofortige Beschwerde möglich (AG München, Beschl. vom 9.2.2023 – 14 Qs 2/23 –; LG Berlin, Beschl. vom 4.5.2010 – 510 Qs 54/10 –). Der Beschwerdewert errechnet sich aus dem Unterschiedsbetrag zwischen dem in der angefochtenen Entscheidung des Amtsgerichts zugebilligten und dem mit der sofortigen Beschwerde geforderten Erstattungsbetrag (vgl. *Göhler*, 18. Aufl. 2020, Rdnr. 10). Beschwerdeberechtigt sind die Antragsbefugten (vgl. Vorbemerkung) sowie die beteiligte Verwaltungsbehörde, nicht jedoch die Vertreter der Staatskasse (Bezirksrevisor) und auch nicht die Staatsanwaltschaft (vgl. *Göhler*, 17. Aufl., 2017, Rdnr. 11; *RRH*, 3. Aufl., Rdnr. 8; *KK*, 54. Aufl., Rdnr. 11). Zuständig für die Behandlung solcher Beschwerden sind die Landgerichte (§ 73 Abs. 1 GVG, § 46; vgl. *Göhler*, 18. Aufl.

2020, Rdnr. 12). Gegner des Beschwerdeführers ist die Verwaltungsbehörde, wenn der Betroffene Beschwerde eingelegt hat; sie ist, wenn die angefochtene Entscheidung zu ihrem Nachteil geändert werden soll, zu hören (§ 308 StPO, § 46 Abs. 1; vgl. *RRH*, 3. Aufl., Rdnr. 8).

6. Vollstreckung (Absatz 2)

Absatz 2 verweist hinsichtlich der Vollstreckung der Kosten des Bußgeldverfahrens, also der Gebühren und Auslagen (§ 107) auf die §§ 89 und 90 Abs. 1 OWiG. Daraus folgt, dass die Kostenentscheidung erst zu vollstrecken ist, nachdem sie rechtskräftig wurde (§ 89 OWiG). Mit dem Begriff „Kostenentscheidung" ist nicht der Kostenansatz gemeint, der keine Rechtskraft erlangen kann (vgl. Erl. 4), sondern die Kostenentscheidung im Bußgeldbescheid oder der selbstständige Kostenbescheid (vgl. *RRH*, 3. Aufl., Rdnr. 10); Grundlage der Vollstreckung ist also der Kostenansatz in Verbindung mit der dazugehörigen Kostengrundentscheidung (vgl. *KK*, 5. Aufl., Rdnr. 14). Im Hinblick auf die Vollstreckung aus dem Kostenfestsetzungsbescheid ist § 106 Abs. 2 einschlägig. Für die Vollstreckung der Kosten ist dieselbe Verwaltungsbehörde zuständig wie für die Vollstreckung des Bußgeldbescheides, außerdem gilt dasselbe Vollstreckungsverfahren. Zu beachten ist, dass die Anordnung von **Erzwingungshaft** zur Vollstreckung der Kosten nicht statthaft ist (§ 96 OWiG; vgl. *RRH*, 3. Aufl., Rdnr. 11; *Göhler*, 18. Aufl. 2020, Rdnr. 15; *KK*, 5. Aufl., Rdnr. 16). § 90 Abs. 2 ist nicht ausdrücklich für anwendbar erklärt, sodass die Gebühren und Auslagen im Gegensatz zu den Geldbußen, die grundsätzlich in die Bundes- bzw. Landeskasse fließen, der Kasse des Verwaltungsträgers zukommen, dem die Verwaltungsbehörde angehört (vgl. *RRH*, 3. Aufl., Rdnr. 12; *Göhler*, a. a. O.; *KK*, 5. Aufl., Rdnr. 17), z. B. auch den Kassen der Landkreise oder Gemeinden (abweichende Regelungen sind möglich).

II.
Verfahren der Staatsanwaltschaft

§ 108a

(1) Stellt die Staatsanwaltschaft nach Einspruch gegen den Bußgeldbescheid das Verfahren ein, bevor sie die Akten dem Gericht vorlegt, so trifft sie die Entscheidungen nach § 467a Abs. 1 und 2 der Strafprozessordnung.

(2) Gegen die Entscheidung der Staatsanwaltschaft kann innerhalb von zwei Wochen nach Zustellung gerichtliche Entscheidung beantragt werden; § 50 Abs. 2 sowie die §§ 52 und 62 Abs. 2 gelten entsprechend.

(3) Die Entscheidung über den Festsetzungsantrag (§ 464b Satz 1 der Strafprozessordnung) trifft der Urkundsbeamte der Geschäftsstelle der Staatsanwaltschaft. Über die Erinnerung gegen den Festsetzungsbeschluss des Urkundsbeamten der Geschäftsstelle entscheidet das nach § 68 zuständige Gericht.

Erläuterungen

Übersicht

Vorbemerkung

1. Einstellung durch Staatsanwaltschaft (Absatz 1)
   1.1 Einzelheiten
2. Entscheidung nach § 467a Abs. 1 und 2 StPO
   2.1 Auf Antrag bzw. von Amts wegen
   2.2 Zustellung der Entscheidung

3. Rechtsbehelf gegen die Auslagenentscheidung (Absatz 2)
4. Festsetzungsverfahren (Absatz 3)

Vorbemerkung

Die Norm wurde durch Gesetz zur Änderung des Gesetzes über Ordnungswidrigkeiten, des Straßenverkehrsgesetzes und anderer Gesetze vom 7.7.1986 (BGBl. I S. 977) eingefügt und ist am 1.4.1987 in Kraft getreten. Sie enthält eine klare Zuständigkeitsregelung für Verfahren, die von der Staatsanwaltschaft vor Vorlage der Akten an das Gericht eingestellt werden; diese Regelung war notwendig, da als zuständige Stelle mehrere Behörden, nämlich das Gericht, die Staatsanwaltschaft oder die Verwaltungsbehörde in Betracht kamen, und die Zuständigkeitsfrage in der Rechtsprechung und im Schrifttum umstritten war. Die Entscheidung nach § 467a Abs. 1 und 2 StPO wurde der Staatsanwaltschaft übertragen; das dient der Verfahrensvereinfachung und der Entlastung der Gerichte, die in solchen Fällen noch nicht mit der Sache befasst waren (BT-Drs. 10/2652 S. 31). § 109a Abs. 2 OWiG ist in diesem Zusammenhang ebenfalls zu berücksichtigen (vgl. *KK*, 5. Aufl., Rdnr. 5).

1. Einstellung durch Staatsanwaltschaft (Absatz 1)

Absatz 1 gilt nur bei der Fallkonstellation, dass die Verwaltungsbehörde nach einem zulässigen Einspruch gegen den Bußgeldbescheid die Akten der Staatsanwaltschaft **übersendet** (§ 69 Abs. 3 OWiG), auf die mit dem Eingang der Akten die Aufgaben der Verfolgungsbehörde übergeht (§ 69 Abs. 4 Satz 1 OWiG), und die Staatsanwaltschaft das Verfahren anschließend **einstellt**, ohne den Fall dem Amtsgericht vorzulegen. Bei anderer Sachlage greift die Vorschrift nicht. So trifft die Verwaltungsbehörde die Entscheidung über die notwendigen Auslagen selbst, wenn sie den Bußgeldbescheid im Zwischenverfahren (§ 69 Abs. 2 Satz 1) zurücknimmt. War bereits das nach § 68 OWiG zuständige Gericht mit der Sache befasst, so bleibt es auch für die Auslagenentscheidung zuständig (vgl. *KK*, 5. Aufl., Rdnr. 6).

1.1 Einzelheiten

Hat die Staatsanwaltschaft die Akten dem Gericht vorgelegt (§ 69 Abs. 4 Satz 2 OWiG), geht die Zuständigkeit auf das Gericht über; das gilt auch dann, falls die Staatsanwaltschaft die Klage anschließend zurücknimmt und das Verfahren einstellt, was sich eindeutig aus dem Wort „bevor" (Absatz 1) ergibt (vgl. *RRH*, 3. Aufl., Rdnr. 4). Verfolgt die Staatsanwaltschaft im Strafverfahren die Tat auch unter dem rechtlichen Gesichtspunkt einer Ordnungswidrigkeit (§ 40 OWiG) und stellt sie das Verfahren insgesamt ein, kommt eine Auslagenentscheidung, soweit nicht bereits ein Bußgeldbescheid durch die Verwaltungsbehörde erlassen wurde, nicht in Betracht. Stellt die Strafverfolgungsbehörde im Falle des § 42 OWiG (Zusammenhang zwischen Straftat und Ordnungswidrigkeit) das Verfahren wegen der Ordnungswidrigkeit ein und erhebt dann hinsichtlich der Strafsache Anklage, ist Absatz 1 ebenfalls nicht einschlägig (vgl. *Göhler*, 18. Aufl. 2020, Rdnr. 2).

2. Entscheidung nach § 467a Abs. 1 und 2 StPO

Die Kostenentscheidung wird entweder mit der Einstellungsverfügung der Staatsanwaltschaft verbunden oder sie ergeht in einem selbstständigen Bescheid (vgl. *Göhler*, 18. Aufl. 2020, Rdnr. 4; *KK*, 5. Aufl., Rdnr. 7).

2.1 Auf Antrag bzw. von Amts wegen

Die Entscheidung erfolgt auf Antrag des Betroffenen, ferner auf Antrag des Verteidigers, gesetzlichen Vertreters bzw. Erziehungsberechtigten oder des Nebenbeteiligten bzw. dessen Vertreter (vgl. *KK*, a. a. O.). Sie kann aber auch von Amts wegen, was in der Praxis aber die Ausnahme sein dürfte, ergehen (vgl. *Göhler*, a. a. O.), z. B. wenn das Verfahren nach § 170 Abs. 2, § 46 Abs. 1 OWiG eingestellt wird und sich aus den Akten ergibt, dass dem Betroffenen notwendige Auslagen für einen Verteidiger entstanden sind. Eine besondere

Form des Antrages oder eine Frist ist nicht vorgesehen (vgl. *Göhler*, a. a. O.; *RRH*, 3. Aufl., Rdnr. 6).

2.2 Zustellung der Entscheidung

Die Auslagenentscheidung der Staatsanwaltschaft ist förmlich zuzustellen (vgl. Erl. 1 zu § 51), da gegen die Entscheidung ein befristeter Rechtsbehelf zulässig ist (vgl. Erl. 3.1 zu § 50). Über diese Möglichkeit und die dafür vorgeschriebene Frist und Form ist die Person, an die sich die Entscheidung richtet, zu belehren (§ 50 Abs. 2; bei Belehrungsfehler vgl. Erl. 5.4 zu § 50).

3. Rechtsbehelf gegen die Auslagenentscheidung (Absatz 2)

Als Rechtsbehelf gegen die Auslagenentscheidung der Staatsanwaltschaft ist Antrag auf gerichtliche Entscheidung zulässig. Dies gilt auch in den Fällen, in denen die Auslagenentscheidung mit der unanfechtbaren Einstellungsverfügung verbunden ist (vgl. Erl. 2; *Göhler*, 18. Aufl. 2020, Rdnr. 6; *KK*, 5. Aufl., Rdnr. 8). Die Antragsfrist beträgt zwei Wochen nach Zustellung der Entscheidung. Antragsberechtigt ist die Person, gegen die sich die Entscheidung richtet, z. B. der Betroffene, mangels ausdrücklicher gesetzlicher Bestimmung nicht die Staatskasse bzw. deren Vertreter (vgl. *RRH*, 3. Aufl., Rdnr. 9; *Göhler*, 18. Aufl. 2020, Rdnr. 8; *KK*, 5. Aufl., Rdnr. 10). Über den Antrag entscheidet das zuständige Amtsgericht (§ 62 Abs. 2 Satz 1, § 68), dessen Entscheidung nicht angefochten werden kann (§ 62 Abs. 2 Satz 3; vgl. *RRH*, 3. Aufl., Rdnr. 11).

4. Festsetzungsverfahren (Absatz 3)

Die Entscheidung, in welcher Höhe Auslagen zu erstatten sind, wird im Kostenfestsetzungsbeschluss getroffen. Die Regelungen in § 464b StPO (Verzinsung, Vollstreckung) sind entsprechend anzuwenden (§ 46 Abs. 1, vgl. *RRH*, 3. Aufl., Rdnr. 12). Zuständig für die Entscheidung ist der Urkundsbeamte der Geschäftsstelle der Staatsanwaltschaft (Absatz 3), dies ist gem. § 21 Abs. 1 RpflG der Rechtspfleger (vgl. *Göhler*, 18. Aufl. 2020, Rdnr. 12). Zu beachten ist Nr. 145 Abs. 1, Nr. 282 Abs. 5 Satz 3 RiStBV, wonach auch die Vertretung der Staatskasse vor der Entscheidung gehört werden soll (vgl. *RRH*, 3. Aufl., Rdnr. 12). Gegen den Festsetzungsbeschluss ist als Rechtsbehelf die Erinnerung zulässig (§ 11 Abs. 2 Satz 1 RpflG), über die das nach § 68 zuständige Amtsgericht entscheidet (Absatz 3 Satz 2). Gegen die Entscheidung des Gerichts ist schließlich die sofortige Beschwerde statthaft (§ 104 Abs. 3 Satz 1, § 464b Satz 3), hinsichtlich der Zwangsvollstreckung vgl. §§ 794 Abs. 1 Nr. 2, 795 ZPO, 464b Satz 3 StPO (vgl. *Göhler*, 18. Aufl. 2020, Rdnr. 14).

III.
Verfahren über die Zulässigkeit des Einspruchs

§ 109

(1) Wird der Bescheid der Verwaltungsbehörde über die Verwerfung

1. **des Einspruchs (§ 69 Abs. 1) oder**
2. **des Antrags auf Wiedereinsetzung in den vorigen Stand wegen Versäumung der Einspruchsfrist**

im Verfahren nach § 62 aufgehoben, so gilt auch für die Kosten und Auslagen dieses Verfahrens die abschließende Entscheidung nach § 464 Abs. 1 und 2 der Strafprozessordnung.

(2) Wird der Einspruch des Betroffenen gegen den Bußgeldbescheid verworfen (§§ 70, 74 Abs. 2), so trägt er auch die Kosten des gerichtlichen Verfahrens.

Erläuterungen

Übersicht

Vorbemerkung

Absatz 1 wurde durch das Gesetz zur Änderung des Gesetzes über Ordnungswidrigkeiten, des Straßenverkehrsgesetzes und anderer Gesetze vom 7.7.1986 (BGBl. I S. 977) aufgrund der geänderten Zuständigkeiten bei der Gewährung der Wiedereinsetzung in den vorigen Stand und die Verwerfung des Einspruchs (§ 52 Abs. 2, § 69 Abs. 1 OWiG) neu eingefügt und Absatz 2 geändert (vgl. *RRH*, 3. Aufl., Rdnr. 1). Die Norm enthält klare Bestimmungen hinsichtlich der Kosten und Auslagen und gilt für das gerichtliche Verfahren über die Zulässigkeit des Einspruchs.

1. Kosten und Auslagen bei Aufhebung des Verwerfungsbescheides (Absatz 1)

Absatz 1 bezieht sich auf den Fall, dass der Verwerfungsbescheid der Verwaltungsbehörde durch das Gericht aufgehoben wird; es handelt sich um die Verwerfung des Einspruchs wegen Unzulässigkeit gem. § 69 Abs. 1 OWiG oder die Verwerfung des Antrages auf Wiedereinsetzung in den vorigen Stand (§ 62 OWiG). Danach ist für die entstandenen Kosten und Auslagen des Zwischenverfahrens, welches für den Betroffenen positiv ausgegangen ist, die Kosten- und Auslagenentscheidung in der das Bußgeldverfahren abschließenden Entscheidung maßgebend. Im Aufhebungsbeschluss des Gerichts ist somit keine Kosten- und Auslagenentscheidung zu treffen; ist dies trotzdem der Fall, so ist die Entscheidung unbeachtlich, jedenfalls soweit darin der abschließenden Entscheidung widersprochen wird (vgl. *RRH*, 3. Aufl., Rdnr. 2; *Göhler*, 18. Aufl. 2020, Rdnr. 3). Verfahrensabschließende Entscheidungen können enthalten: das Urteil, der Beschluss nach § 72 OWiG, der neue Bußgeldbescheid der Verwaltungsbehörde oder die Einstellung.

1.1 Es bleibt bei der Festsetzung einer Geldbuße

In den Fällen, in denen der Betroffene verurteilt wird, das Gericht gegen ihn im Beschlussweg (§ 72) ein Bußgeld festsetzt oder die Verwaltungsbehörde den Bußgeldbescheid im Zwischenverfahren zurücknimmt und in gleicher Sache einen neuen Bescheid erlässt, hat der Betroffene die gesamten Kosten des Verfahrens und seine eigenen Auslagen, einschließlich jener, die im Zwischenverfahren entstanden sind (§ 465 Abs. 1 StPO, § 46 Abs. 1 OWiG, § 105 Abs. 1 OWiG), zu tragen (vgl. *Göhler*, 18. Aufl. 2020, Rdnr. 4; *RRH*, 3. Aufl., Rdnr. 2).

1.2 Bei Freispruch oder Einstellung

In den Fällen, in denen nach einem Freispruch oder einer Einstellung des Bußgeldverfahrens die Kosten und die notwendigen Auslagen des Betroffenen der Staatskasse auferlegt werden, hat diese auch die im Zwischenverfahren entstanden Kosten und Auslagen zu tragen (vgl. *Göhler*, 18. Aufl. 2020, Rdnr. 5; *RRH*, a. a. O.).

1.2.1 Im Kostenfestsetzungsverfahren

Hat die Staatskasse die Kosten und Auslagen zu tragen (vgl. Erl. 1.2), so kann der Betroffene die notwendigen Auslagen, die ihm im gesamten Verfahren, also auch im Zwischenverfahren, entstanden sind, im nachfolgenden sog. Kostenfestsetzungsverfahren geltend machen (vgl. *RRH,* a. a. O.). Zuständig ist die Stelle, welche die abschließende Auslagenentscheidung getroffen hat, also entweder das Gericht, die Staatsanwaltschaft oder die Verwaltungsbehörde (vgl. *Göhler,* 18. Aufl. 2020, Rdnr. 6). Zählt zu den notwendigen Auslagen auch die Vergütung für anwaltliche Tätigkeiten, so sind zwar wegen des Zwischenverfahrens keine besonderen Gebühren angefallen, da der im Bußgeldverfahren anzuwendende Pauschalsatz auch die Anwaltstätigkeiten für den zusätzlichen Verfahrensschritt umfasst (§ 19 Abs. 1 Nr. 10 RVG); es besteht aber die Möglichkeit, die Pauschalgebühr aufgrund der geleisteten Mehrarbeit angemessen zu erhöhen (vgl. *RRH,* a. a. O.; *Göhler,* a. a. O.).

2. Bei Verwerfung des Einspruchs (Absatz 2)

Wird der Einspruch vom Gericht verworfen (§§ 70, 74 Abs. 2 OWiG), bleibt der Bußgeldbescheid, der auch die von der Verwaltungsbehörde getroffene Kosten- und Auslagenentscheidung enthält, bestehen. Diese Kosten- und Auslagenentscheidung umfasst aber nur die Kosten des Bußgeldverfahrens der Verwaltungsbehörde und erstreckt sich nicht auf das gerichtliche Verfahren danach (vgl. *RRH,* 3. Aufl., Rdnr. 3; *Göhler,* 18. Aufl. 2020, Rdnr. 7; *KK,* 5. Aufl., Rdnr. 8). Im Gegensatz zu den Fällen, in denen gerichtliche **Sach**entscheidungen vorliegen, wo über die Tat entschieden wird, sozusagen *in Fortführung* des Vorwurfs im Bußgeldbescheid, wird hier das Verfahren bei der Verwaltungsbehörde und bei Gericht kostenrechtlich nicht als eine Einheit angesehen (vgl. *RRH,* a. a. O.). Die zusätzlichen Kosten des gerichtlichen Verfahrens (z. B. Auslagen für Zeugen, Zustellungskosten) sind ebenfalls dem Betroffenen aufzuerlegen und von der Gerichtskasse, unabhängig von dem Kostenverfahren bei der Verwaltungsbehörde, einzuziehen (andere Zuständigkeitsregelungen durch Rechtsvorordnung sind möglich – vgl. *Göhler,* a. a. O.). Trotz der gesetzlichen Regelung (Abs. 2) muss das Urteil oder der Beschluss die Kostenentscheidung enthalten (§ 464 Abs. 1 StPO, § 46 Abs. 1; vgl. *RRH,* 3. Aufl., Rdnr. 4; *KK,* 5. Aufl., Rdnr. 10); ist dies versehentlich unterblieben, kann sie nicht nachgeholt werden (vgl. *RRH,* a. a. O.) mit der Folge, dass dann die Staatskasse die Kosten zu tragen hat (vgl. *Göhler,* 18. Aufl. 2020, Rdnr. 11 vor § 105). Wird der Einspruch zurückgenommen, ist eine Kostenentscheidung des Gerichts nicht mehr erforderlich, der Betroffene ist nämlich kraft Gesetzes Schuldner der entstandenen Kosten (§ 27 GKG; vgl. *KK,* 5. Aufl., Rdnr. 11). Als Rechtsmittel im Falle des Absatzes 2 kommt die sofortige Beschwerde gem. § 464 Abs. 3 StPO, § 46 in Betracht (vgl. *KK,* 5. Aufl., Rdnr. 13; *RRH,* 3. Aufl., Rdnr. 5).

IV.

Auslagen des Betroffenen

§ 109a

(1) War gegen den Betroffenen in einem Bußgeldbescheid wegen einer Tat lediglich eine Geldbuße bis zu zehn Euro festgesetzt worden, so gehören die Gebühren und Auslagen eines Rechtsanwalts nur dann zu den notwendigen Auslagen (§ 464a Abs. 2 Nr. 2 der Strafprozessordnung), wenn wegen der schwierigen Sach- oder Rechtslage oder der Bedeutung der Sache für den Betroffenen die Beauftragung eines Rechtsanwalts geboten war.

(2) Soweit dem Betroffenen Auslagen entstanden sind, die er durch ein rechtzeitiges Vorbringen entlastender Umstände hätte vermeiden können, kann davon abgesehen werden, diese der Staatskasse aufzuerlegen.

Erläuterungen

Übersicht

Vorbemerkung

Die Norm wurde durch Gesetz zur Änderung des Gesetzes über Ordnungswidrigkeiten, des Straßenverkehrsgesetzes und anderer Gesetze vom 7.7.1986 (BGBl. I S. 977) eingefügt und ist am 1.4.1987 in Kraft getreten. Sie enthält besondere Bestimmungen für das Bußgeldverfahren, die vom Regelfall abweichen. Die Bestimmung befindet sich in einem eigenen Unterabschnitt (IV) und ist im Verfahren bei der Verwaltungsbehörde sowie im gerichtlichen und staatsanwaltschaftlichen Verfahren anzuwenden, während Unterabschnitt I nur das Verfahren der Verwaltungsbehörde, Unterabschnitt II nur das der Staatsanwaltschaft betrifft und Unterabschnitt III sich ausschließlich auf das gerichtliche Verfahren bezieht (vgl. *RRH*, 3. Aufl., Rdnr. 2; *Göhler*, 18. Aufl. 2020, Rdnr. 1 vor § 109a). Zweck der Vorschrift ist, die Justiz von unnötigen Bußgeldverfahren zu verschonen, die lediglich aufgrund unangemessenen Verhaltens seitens der Betroffenen durchzuführen sind (vgl. *RRH*, 3. Aufl., Rdnr. 1; *KK*, 5. Aufl., Rdnr. 1). Wer wegen einer Bagatellsache (Geldbuße bis zu 10 Euro) zu seiner Verteidigung einen Rechtsanwalt beauftragt, muss damit rechnen, dass er dessen Gebühren und Auslagen auch bei einer Einstellung oder einem Freispruch selbst tragen muss (Absatz 1); das Gleiche gilt, wenn jemand entlastende Umstände erst vor Gericht und nicht bereits bei der Verwaltungsbehörde vorbringt (Abs. 2). Diese Regelung ist mit dem Grundgesetz vereinbar (vgl. *KK*, 5. Aufl., Rdnr. 9, *Göhler*, 18. Aufl. 2020, Rdnr. 8). Mit ihr wird zwar das Kostenrisiko in den aufgezeigten Fällen verlagert, dies ist aber für den Betroffenen zumutbar, die Verteidigungsmöglichkeiten werden dadurch nicht unverhältnismäßig eingeschränkt (vgl. *Göhler* und *KK*, jeweils a. a. O.); nach Einschätzung der Praxis führt diese Regelung zu einer merklichen Entlastung der Staatsanwaltschaft und des Gerichts (vgl. *KK*, 5. Aufl., Rdnr. 1).

1. Voraussetzung

Es muss ein Bußgeldbescheid vorliegen (vgl. Erl. 1.1), dieser wird entweder von der Verwaltungsbehörde zurückgenommen und das Verfahren wird eingestellt, oder das Verfahren wird durch die Staatsanwaltschaft (§ 69 Abs. 4 OWiG) bzw. das Gericht eingestellt, oder aber das Gericht spricht den Betroffenen frei (vgl. *RRH*, 3. Aufl., Rdnr. 2; *Göhler*, 18. Aufl. 2020, Rdnr. 5).

1.1 Geldbuße bis 10 Euro

Die Geldbuße darf 10 Euro nicht übersteigen. In solchen Fällen, in denen es sich hauptsächlich um Parkverstöße handelt und regelmäßig zunächst eine gebührenpflichtige Verwarnung ausgesprochen wird, kann von einem Betroffenen grundsätzlich verlangt werden, dass er seine Argumente selbst vorbringt und nicht einen Rechtsanwalt einschaltet.

Voraussetzung ist, dass ein Bußgeldbescheid (§ 65 OWiG) erlassen wurde. Die Vorschrift ist nicht einschlägig im Vorverfahren (vgl. Erl. 4.2 zu § 105), bei Verwarnungen (§ 56 OWiG) oder im Rechtsbehelfsverfahren bei Kostenentscheidungen gem. § 25a Abs. 3 StVG (vgl. *RRH*, a. a. O.; *Göhler*, 18. Aufl. 2020, Rdnr. 3). Maßgeblich ist das Bußgeld, welches wegen einer Tat im prozessualen Sinn, also eines Verhaltens in einem einheitlichen Lebensvorgang festgesetzt wurde. Werden wegen einer solchen Tat in einem Bescheid mehrere Geldbußen gegen eine Person verhängt, so ist deren Summe für die Grenze von 10 Euro entscheidend; bei mehreren Geldbußen wegen verschiedener Taten ist dagegen die Höhe jeder einzelnen Geldbuße maßgeblich (*RRH*, 3. Aufl., Rdnr. 3; *Göhler*, 18. Aufl. 2020, Rdnr. 4).

1.2 Gebühren und Auslagen eines Rechtsanwalts

Darunter fallen auch Gebühren und Auslagen von Angehörigen der steuerberatenden Berufe oder von Rechtsbeiständen (vgl. *RRH*, a. a. O.; *Göhler*, 18. Aufl. 2020, Rdnr. 2; *KK*, 5. Aufl., Rdnr. 4). Nicht erfasst sind dagegen sonstige Auslagen des Betroffenen, z. B. solche, die ihm durch die Benachrichtigung eines Anwalts entstanden sind (vgl. *RRH*, a. a. O.).

1.3 Schwierige Sach- oder Rechtslage, Bedeutung der Sache

Die Anwaltskosten sind nur dann erstattungsfähig, wenn wegen der schwierigen Sach- oder Rechtslage oder der Bedeutung der Sache die Einschaltung eines Rechtsanwaltes gerechtfertigt war, was im Hinblick auf die 10-Euro-Grenze nur selten der Fall sein wird (vgl. Erl. 1.1).

Dies kann z. B. der Fall sein, wenn die Verwaltungsbehörde ein berechtigtes Vorbringen nicht würdigt und sich uneinsichtig zeigt oder ein unübersichtlicher, verzwickter Sachverhalt vorliegt, nicht dagegen bei bloßen Kennzeichenanzeigen im ruhenden Verkehr, in denen der Halter als Betroffener lediglich mitteilen müsste, dass er nicht der Fahrer war (vgl. *RRH*, 3. Aufl., Rdnr. 4; *KK*, 5. Aufl., Rdnr. 5). Sich inhaltlich widersprechende Angaben von Zeugen zum Sachverhalt reichen allein ebenfalls nicht aus, eine „schwierige Sachlage" anzunehmen (vgl. LG Freiburg, VRS 1990 S. 300 – 303; *RRH*, a. a. O.). Eine schwierige Rechtslage kann gegeben sein, wenn unterschiedliche gerichtliche Entscheidungen in ähnlichen Fällen existieren, wenn eine Grundsatzentscheidung angestrebt wird (vgl. *Göhler*, 18. Aufl. 2020, Rdnr. 6; *RRH*, a. a. O.) oder neue Rechtsfragen auftauchen (vgl. LG Freiburg, a. a. O.). Eine besondere Bedeutung kann die Sache für den Betroffenen z. B. haben, wenn sich die Entscheidung möglicherweise auf das Zivilverfahren (Schadensersatzklage) auswirkt (vgl. *KK*, 5. Aufl., Rdnr. 5).

1.4 Entscheidung im Kostenfestsetzungsverfahren

Die Entscheidung, ob der Ausnahmefall von Absatz 1 vorliegt, ist nicht in der Grundentscheidung über die Auslagen zu treffen, also nicht im Urteil oder Einstellungsbeschluss bzw. in der Einstellungsverfügung, sondern erst im nachfolgenden Kostenfestsetzungsverfahren (vgl. LG Freiburg, a. a. O.; *KK*, 5. Aufl., Rdnr. 2; *Göhler*, 18. Aufl. 2020, Rdnr. 6a). Daraus folgt: Ist in der Kosten- und Auslagengrundentscheidung bestimmt, dass die Kosten des Verfahrens und die notwendigen Auslagen des Betroffen die Staatskasse trägt, beinhaltet dies noch keine Aussage darüber, ob auch die Kosten für den Verteidiger gem. Absatz 1 erstatten werden.

2. Vermeidbare Auslagen (Absatz 2)

Hinsichtlich der Kosten, die dem Betroffenen nur deshalb entstanden sind, weil er die entlastenden Umstände nicht rechtzeitig vorgebracht hat, für deren Entstehung also sein Verhalten ursächlich war (Kausalzusammenhang), kann davon abgesehen werden, diese der Staatskasse aufzuerlegen. Für die übrigen Auslagen, welche der Betroffene nicht hätte vermeiden können, gilt diese Einschränkung nicht; gegebenenfalls müssen die notwendigen Auslagen aufgeteilt werden (vgl. *RRH,* 3. Aufl., Rdnr. 5; *KK,* 5. Aufl., Rdnr. 18). Absatz 2 gilt in allen Bußgeldsachen, eine Beschränkung lediglich auf Bagatellverfahren wie im Absatz 1 ist nicht vorgesehen. Im Strafverfahren, in dem die Tat aber letztlich unter dem Gesichtspunkt einer Ordnungswidrigkeit behandelt wird, gilt Absatz 2 allerdings nicht (vgl. *RRH,* a. a. O.; *KK,* 5. Aufl., Rdnr. 7; *Göhler,* 18. Aufl. 2020, Rdnr. 7).

2.1 Entlastende Umstände

Als solche kommen insbesondere in Betracht: die Angabe, nicht der Täter (z. B. der Fahrer) gewesen zu sein, das Verschweigen der Person des Täters und das Verschweigen von Entlastungszeugen bzw. entlastender Beweismittel, also solche wesentlichen Tatsachen, die den Tatvorwurf ausräumen, im Einflussbereich des Betroffenen liegen und von der Verwaltungsbehörde nicht ohne Weiteres hätten ermittelt werden können (vgl. *Göhler,* 18. Aufl. 2020, Rdnr. 10; *RRH,* 3. Aufl., Rdnr. 6).

> *Beispiel:*
>
> *Im Zusammenhang mit einem Geschwindigkeitsverstoß macht der Betroffene (Halter des Fahrzeugs) in der Anhörung (§ 55 OWiG) keine Angaben zur Sache, insbesondere verschweigt er, dass er nicht der verantwortliche Fahrer war. Auf dem Radarfoto ist jedoch ohnehin nicht die Person, die das Fahrzeug lenkte, zu erkennen, mit der Folge, dass schon deswegen kein Tatnachweis zu führen war und das Verfahren schon früher hätte eingestellt werden müssen, unabhängig vom Aussageverhalten des Betroffenen (vgl. RRH und Göhler, jeweils a. a. O.).*

2.2 Nicht rechtzeitiges Vorbringen

Die entlastenden Umstände müssen so frühzeitig vorgebracht werden, dass die Auslagen nicht entstehen. Sind die Umstände dem Betroffenen bekannt, so hat er sie bereits im Rahmen der Anhörung mitzuteilen, wenn er vermeiden will, dass er die notwendigen Auslagen selbst tragen muss (vgl. *Göhler,* 18. Aufl. 2020, Rdnr. 11).

> *Beispiel:*
>
> *Aus der Verwaltungsbehörde vorliegenden Rechnungen geht hervor, dass Herr X gewerbsmäßig wesentliche Teiltätigkeiten des Malerhandwerks ausübte, obwohl er nicht in der Handwerksrolle A eingetragen war. In der Anhörung machte X trotz Hinweises auf § 109a Abs. 2 OWiG keine Sachangaben, sodass gegen ihn ein Bußgeldbescheid wegen unerlaubter Handwerksausübung (§ 117 Abs. 1 Nr. 1 HwO) erlassen wird. X übergibt die Sache einem Rechtsanwalt, der gegen den Bußgeldbescheid Einspruch einlegt mit der Begründung, nicht sein Mandant, sondern ein von ihm beauftragter Meisterbetrieb habe die Arbeiten verrichtet. Name und Adresse des angeblich beauftragten Subunternehmers gibt der Verteidiger jedoch trotz Nachfrage der Verwaltungsbehörde nicht an. Die Verwaltungsbehörde wertet die Einlassung des Verteidigers als Schutzbehauptung, nimmt den Bußgeldbescheid nicht zurück, sondern übersendet die Akten über die Staatsanwaltschaft an das Amtsgericht (§ 69 Abs. 3 OWiG). Bei der Hauptverhandlung legt der Betroffene Unterlagen vor, die beweisen, dass die in Rede stehenden Malerarbeiten tatsächlich von einem Subunternehmer und nicht von ihm durchgeführt wurden, woraufhin der Betroffene freigesprochen wird.*

Der Betroffene hätte bereits durch rechtzeitiges Vorbringen der entlastenden Umstände im Rahmen der Anhörung vermeiden können, dass gegen ihn ein Bußgeld festgesetzt wird. Aber auch im Rahmen des Zwischenverfahrens (§ 69 OWiG) hätte der Betroffene durch entsprechende Angaben bzw. durch Vorlage der entsprechenden Nachweise bei der Verwaltungsbehörde vermeiden können, dass aus der Sache ein gerichtliches Verfahren entsteht. Allein die Teileinlassung, nämlich die Behauptung, nicht er, sondern ein beauftragter Subunternehmer habe die Arbeiten verrichtet, reichte nicht aus, den Tatvorwurf zu entkräften. Für die Verwaltungsbehörde war es nämlich nicht möglich, diese Angaben zu überprüfen. In diesem Fall kann davon abgesehen werden, die Auslagen des Betroffenen, und zwar die gesamten, der Staatskasse aufzuerlegen.

2.3 Belehrung

Im Gesetz ist zwar nicht ausdrücklich erwähnt, dass der Betroffene über die für ihn nachteiligen Folgen des Absatzes 2 belehrt werden muss. Jedoch kann sich die Belehrungspflicht aus dem Gebot eines fairen Verfahrens ergeben; der Betroffene wird nämlich in der Anhörung ausdrücklich auf sein Schweigerecht hingewiesen, nicht aber auf die möglicherweise nachteiligen Folgen (vgl. *Göhler,* 18. Aufl. 2020, Rdnr. 16). Für die Praxis empfiehlt sich daher, den Betroffenen entweder bereits in der Anhörung gem. § 55 oder zumindest in der Anhörung gem. § 69 Abs. 2 Satz 3 OWiG entsprechend aufzuklären (vgl. auch *RRH,* 3. Aufl., Rdnr. 8, 9; *KK,* 5. Aufl., Rdnr. 17).

2.4 Pflichtgemäßes Ermessen

Die Entscheidung gem. Absatz 2 erfolgt nach pflichtgemäßem Ermessen der Verwaltungsbehörde, der Staatsanwaltschaft oder des Gerichts. Es kommt darauf an, ob vernünftige und gerechtfertigte Gründe für das nicht rechtzeitige Vorbringen gegeben sind, oder ob das Schweigen als unredliches, hinsichtlich des Normzwecks nicht zu rechtfertigendes Verhalten zu werten ist. Schweigt der Betroffene lediglich aus strategischen Gründen, ist dies nicht als gerechtfertigt anzusehen (vgl. *Göhler,* 18. Aufl. 2020, Rdnr. 13; *RRH,* 3. Aufl., Rdnr. 10; *KK,* 5. Aufl., Rdnr. 15), hält er dagegen die entlastenden Umstände zurück, um keinen nahen Angehörigen zu belasten, ist dies verständlich (vgl. *Göhler* und *RRH,* jeweils a. a. O.).

2.5 Einzelheiten zum Verfahren

In der Kostenentscheidung wird lediglich dem Grunde nach bestimmt, wer die notwendigen Auslagen zu tragen hat. Über die Höhe der notwendigen Auslagen wird auf Antrag in einem separaten Kostenfestsetzungsbescheid (§§ 106 und 108a OWiG, § 464b StPO) entschieden. Gegen die Auslagenentscheidung der Verwaltungsbehörde und der Staatsanwaltschaft ist Antrag auf gerichtliche Entscheidung zulässig (§ 108 Abs. 1, § 108a Abs. 2 OWiG). Gegen die Auslagenentscheidung des Gerichts ist sofortige Beschwerde (§ 464 Abs. 3 StPO, § 46 Abs. 1 OWiG) gestattet, aber nur, wenn eine Anfechtung der Hauptentscheidung (vgl. § 79 Abs. 1 OWiG) statthaft ist (vgl. *RRH,* 3. Aufl., Rdnr. 14). Die selbstständige Kostenentscheidung des Gerichts nach § 467a Abs. 1, 2 StPO ist unanfechtbar (§ 467a Abs. 3 StPO).

> *Beispiel:*
>
> *Wäre beim Fallbeispiel unter Erl. 2.2 der Bußgeldbescheid im Zwischenverfahren durch die Verwaltungsbehörde zurückgenommen und das Verfahren eingestellt worden, weil der Betroffene die entlastenden Umstände mit dem Einspruch darlegte, käme folgende Formulierung der Auslagenentscheidung in Betracht: Der oben genannte Bußgeldbescheid wird zurückgenommen und das Verfahren gem. § 46 Abs. 1 OWiG,§ 170 Abs. 2 StPO eingestellt. Die Kosten des Verfahrens trägt gem. §§ 105 Abs. 1 OWiG, 46 Abs. 1 OWiG, 464 Abs. 1 StPO die Staatskasse. Die notwendigen Auslagen des Betroffenen werden der Staatskasse nicht auferlegt (§ 109a Abs. 2 OWiG).*

Elfter Abschnitt

Entschädigung für Verfolgungsmaßnahmen

§ 110

(1) Die Entscheidung über die Entschädigungspflicht für einen Vermögensschaden, der durch eine Verfolgungsmaßnahme im Bußgeldverfahren verursacht worden ist (§ 8 des Gesetzes über die Entschädigung für Strafverfolgungsmaßnahmen), trifft die Verwaltungsbehörde, wenn sie das Bußgeldverfahren abgeschlossen hat, in einem selbständigen Bescheid.

(2) Gegen den Bescheid ist innerhalb von zwei Wochen nach Zustellung der Antrag auf gerichtliche Entscheidung nach § 62 zulässig. Gegen die Entscheidung des Gerichts ist sofortige Beschwerde zulässig.

(3) Über den Anspruch auf Entschädigung (§ 10 des Gesetzes über die Entschädigung für Strafverfolgungsmaßnahmen) entscheidet in den Fällen des Absatzes 1 die Verwaltungsbehörde.

(4) Ersatzpflichtig ist (§ 15 des Gesetzes über die Entschädigung für Strafverfolgungsmaßnahmen) in den Fällen des Absatzes 1, soweit das Gesetz nichts anderes bestimmt, der Bund, wenn eine Verwaltungsbehörde des Bundes das Verfahren durchführt, sonst das Land.

Erläuterungen

Übersicht

Vorbemerkung

Die Entschädigungsregelung wurde mit dem Gesetz über die Entschädigung für Strafverfolgungsmaßnahmen vom 8.3.1971 (StrEG) in das OWiG eingefügt (vgl. *RRH*, 3. Aufl., Rdnr. 1). In erster Linie ist bei Entschädigung für Verfolgungsmaßnahmen gem. § 46 Abs. 1 das StrEG anzuwenden; § 110 OWiG ergänzt dieses Gesetz an den Stellen, an denen es sich auf richterliche Handlungen bezieht; statt des Gerichts wird nämlich im Bußgeldverfahren die Verwaltungsbehörde für zuständig erklärt, wenn sie das Bußgeldverfahren abgeschlossen hat; diese ergänzende Bestimmung ist notwendig, weil gem. § 46 Abs. 2 OWiG die Verwaltungsbehörde zwar die Rechte und Pflichten der Staatsanwaltschaft, nicht aber die Befugnisse des Gerichts besitzt (vgl. *RRH*, a. a. O.; *Göhler*, 18. Aufl. 2020, Rdnr. 1; *KK*, 5. Aufl., Rdnr. 1). Nur den Betroffenen selbst, mit Ausnahme von Unterhaltsberechtigten aber nicht Dritten, die lediglich mittelbar geschädigt wurden, werden

Ansprüche auf Entschädigung eingeräumt (vgl. *RRH*, 3. Aufl., Rdnr. 2a; *KK*, 5. Aufl., Rdnr. 2). Keine Entschädigung nach dem StrEG erhalten z. B. Zeugen bei zu Unrecht verbüßter Haft zur Erzwingung des Zeugnisses nach § 70 Abs. 2 StPO (vgl. *Göhler*, 18. Aufl. 2020, Rdnr. 2; *KK*, a. a. O.) oder ein von einer Beschlagnahme, Durchsuchung bzw. Einziehung geschädigter Dritter (vgl. *RRH*, a. a. O.; *KK*, a. a. O.).

1. Entschädigungsfähige Verfolgungsmaßnahmen

Als solche kommen in Betracht die rechtskräftig verhängte Geldbuße einschließlich der angeordneten Nebenfolgen; gem. § 2 Abs. 2 Nr. 4 OWiG die Sicherstellung und Beschlagnahme, der dingliche Arrest und die Durchsuchung, allerdings nur deren Vollzug, nicht bereits die Anordnung (vgl. *Göhler*, 18. Aufl. 2020, Rdnr. 3; *KK*, 5. Aufl., Rdnr. 3). Nicht erfasst sind z. B. Schäden aufgrund einer körperlichen Untersuchung, Entnahme einer Blutprobe oder Vorführung vor den Richter, das Gleiche gilt bei Maßnahmen zur Identitätsfeststellung und für die Sicherheitsleistung nach § 132 Abs. 1 StPO i. V. m. § 46 Abs. 1 (vgl. *RRH*, 3. Aufl., Rdnr. 5; *Göhler*, 18. Aufl. 2020, Rdnr. 3; *KK*, a. a. O.). Ein entschädigungsfähiger Vorgang ist die Herausgabe beschlagnahmter Gegenstände an einen Nichtberechtigten, denn der Begriff Beschlagnahme umfasst nicht nur ihre Anordnung und Durchführung, sondern auch ihre Aufhebung und deren Vollzug (vgl. BGH, NJW 1979 S. 425; *RRH* und *Göhler*, jeweils a. a. O.).

2. Anspruchsvoraussetzung

Ein Anspruch auf Entschädigung (§ 1 Abs. 1 StrEG) besteht, wenn die rechtskräftig angeordneten Rechtsfolgen im Wiederaufnahmeverfahren oder sonst (siehe Erl. 2.1) im Straf- und Bußgeldverfahren fortfallen oder gemildert werden (vgl. *RRH*, 3. Aufl., Rdnr. 3), bei Einstellung des Verfahrens gem. § 170 Abs. 2 StPO i. V. m. § 46 Abs. 1 sowie nach Freispruch im gerichtlichen Bußgeldverfahren (siehe Erl. 2.2; vgl. *KK*, 5. Aufl., Rdnr. 4), im Falle einer Einstellung des Verfahrens aus Verhältnismäßigkeitsgründen (siehe Erl. 2.3) und bei überzogenen Verfolgungsmaßnahmen gem. § 4 Abs. 1 Nr. 2 StrEG (siehe Erl. 2.4). Amnestie und Begnadigung zählen nicht als „Fortfall oder Milderung" und begründen somit keinen Anspruch auf Entschädigung; notwendig ist, dass die rechtskräftige Verurteilung ersatzlos aufgehoben wird (vgl. *RRH*, a. a. O.).

2.1 Im Wiederaufnahmeverfahren oder sonstiger Weise

Zu den rechtskräftigen Rechtsfolgen, die Voraussetzung für ein Wiederaufnahmeverfahren gem. § 85 OWiG sind, zählen der Bußgeldbescheid (§ 65 OWiG), das Urteil und der Beschluss (§ 72 OWiG). Der Begriff „sonst" (§ 1 Abs. 1 StrEG) bedeutet in „sonstiger oder anderer Weise"; namentlich aufgrund einer Verfassungsbeschwerde (vgl. *KK*, 5. Aufl., Rdnr. 5), wenn das Verfassungsgericht die Bußgeldentscheidung aufhebt, aber auch die Aufhebung des Bußgeldbescheides im Strafverfahren, aber nur nach § 86 Abs. 1 Satz 2 OWiG, nicht nach § 86 Abs. 1 Satz 1 OWiG, da im zuletzt genannten Fall die später verhängte Rechtsfolge nicht milder, sondern schwerwiegender ist (vgl. *Göhler*, 18. Aufl. 2020, Rdnr. 4).

2.2 Einstellung wegen fehlenden Tatverdachts und Freispruch

Bei der Einstellung ist zu unterscheiden zwischen einer Einstellung gem. § 170 Abs. 2 StPO, § 46 Abs. 1 OWiG), also wegen fehlenden Tatverdachts, und einer Einstellung aus Ermessensgründen. Bei einer Einstellung gem. § 170 Abs. 2 StPO, § 46 Abs. 1 ist die Entschädigung genauso wie beim gerichtlichen Freispruch nur dann abzulehnen, wenn Ausschluss- oder Versagungsgründe gem. §§ 5 und 6 StrEG vorliegen.

2.3 Einstellung aus Opportunitätsgründen

Bei der Einstellung aus Verhältnismäßigkeitsgründen nach § 47 OWiG (§ 3 StrEG) ist eine Entschädigung im Gegensatz zu einer Einstellung mangels Tatverdachts (vgl. Erl. 2.2), auch wenn keine Ausschluss- oder Versagungsgründe nach den §§ 5 und 6 StrEG gegeben sind, nur dann zulässig, soweit dies nach den Umständen des Einzelfalles auch gerechtfertigt ist (vgl. *KK*, 5. Aufl., Rdnr. 7; *RRH*, 3. Aufl., Rdnr. 7). Es müssen folglich besondere Gründe vorliegen, die eine Entschädigung unter dem Gesichtspunkt der Billigkeit zulassen. Dies wird in der Praxis aber nur sehr selten der Fall sein, da selbst in Strafsachen eine Entschädigung bei Ermessenseinstellungen die Ausnahme ist (vgl. *RRH*, a. a. O.; *KK*, a. a. O.); in Betracht käme z. B. eine Entschädigung, wenn der erlittene Schaden so groß ist, dass er auch nicht nur annähernd durch die Einstellung egalisiert wird (vgl. *Göhler*, 18. Aufl. 2020, Rdnr. 8; *KK*, a. a. O.; *RRH*, a. a. O.).

2.4 Überzogene Verfolgungsmaßnahmen

In den Fällen, in denen eine rechtskräftige Bußgeldentscheidung (Geldbuße, Nebenfolge) ergangen ist, kommt eine Entschädigung nur dann in Betracht, wenn zwischen der Rechtsfolge (z. B. die Höhe der Geldbuße) und den vorher durchgeführten Ermittlungsmaßnahmen (z. B. Durchsuchung, Beschlagnahme) eine deutliche Diskrepanz besteht (vgl. *RRH*, 3. Aufl., Rdnr. 8; *KK*, 5. Aufl., Rdnr. 9). Allerdings wird vor solch einer Maßnahme (Durchsuchung, Beschlagnahme) deren Verhältnismäßigkeit i. d. R. bereits richterlich geprüft worden sein. Unerheblich ist dabei, ob auch die Ermittlungsmaßnahmen gerade wegen derselben Tat, die in der Bußgeldentscheidung geahndet wurde, durchgeführt worden sind (vgl. *RRH*, a. a. O.; *Göhler*, 18. Aufl. 2020, Rdnr. 10).

> *Beispiel:*
>
> *Wegen Verdachts der Gewerbeausübung trotz Gewerbeuntersagung für die Tätigkeit „Holz- und Bautenschutz“ (§ 35 Abs. 1 Satz 1 GewO, § 146 Abs. 1 Nr. 1 Buchst. a GewO) wird bei einem Betroffenen eine Durchsuchung durchgeführt und es werden Gegenstände beschlagnahmt. Nach Auswertung der Akten ergibt sich zwar keine Zuwiderhandlung gegen die GewO, wohl aber ein Verstoß gegen § 8 Abs. 1 Nr. 1 Buchst. e SchwarzArbG wegen Ausübung des Malerhandwerks in erheblichem Umfang. Gegen den Betroffenen wird deswegen ein Bußgeld in Höhe von 3 000 Euro verhängt.*

Zwischen den Verfolgungsmaßnahmen (Durchsuchung, Beschlagnahme) und der Rechtsfolge (Geldbuße in Höhe von 3 000 Euro) ist wohl kein Missverhältnis anzunehmen. Der Umstand, dass ein Bußgeld wegen Schwarzarbeit und nicht wegen eines Verstoßes gegen die GewO ausgesprochen wurde, ist unerheblich. Eine Entschädigung ist hier nicht in Betracht zu ziehen.

3. Ausschluss der Entschädigung (§ 5 StrEG)

Im Verfahren der Verwaltungsbehörde sind nur die Ausschlussgründe gem. § 5 Abs. 1 Nr. 4, Abs. 2 und 3 OWiG von Bedeutung. Danach ist für die Sicherstellung, Beschlagnahme und den dinglichen Arrest eine Entschädigung ausgeschlossen (§ 5 Abs. 1 Nr. 4 StrEG), wenn die Einziehung, diese ist nämlich auch ohne Verurteilung möglich (vgl. § 27, § 22 Abs. 3 OWiG), endgültig angeordnet wurde; dies gilt auch in Fällen, in denen eine solche Anordnung nur deswegen nicht erfolgte, weil die Voraussetzung zum Zeitpunkt der Entscheidung, im Gegensatz zum Zeitpunkt der Beschlagnahme, nicht mehr vorlag, etwa wenn zwischenzeitlich keine Gefährdung mehr gegeben ist (vgl. *RRH*, 3. Aufl., Rdnr. 10a; *Göhler*, 18. Aufl. 2020, Rdnr. 15). Die Entschädigung ist außerdem ausgeschlossen, wenn der Betroffene die Maßnahmen schuldhaft (§ 5 Abs. 2 StrEG), nämlich vorsätzlich oder zumindest grob fahrlässig (das heißt, die erforderliche Sorgfalt wurde im hohen Grade außer Acht gelassen) verursachte (vgl. *Göhler*, 18. Aufl. 2020, Rdnr. 16; *RRH*, 3. Aufl., Rdnr. 10b). Wer z. B. so viel Alkohol getrunken hat, dass bei der anschließenden Verkehrskontrolle der Alcotest deutlich positiv verläuft, handelt grob fahrlässig, sodass eine Entschädigung wegen der vorläufigen Sicherstellung seines Führerscheins nicht in Frage kommt (vgl. LG Krefeld, DAR 1979 S. 337). Schweigt ein Betroffener im Rahmen der Anhörung, was sein Recht ist, so führt dies nicht zum Ausschluss der Entschädigung (§ 5 Abs. 2

Satz 2 StrEG). Dagegen kann es zum Ausschluss der Entschädigung führen, wenn der Betroffene pflichtwidrig in der Anhörung (§ 55) keine Angaben zur Person macht (vgl. *Göhler*, 18. Aufl. 2020, Rdnr. 17; *RRH*, a. a. O.; *KK*, 5. Aufl., Rdnr. 18), freilich nur, soweit sein Schweigen ursächlich für die Anordnung oder Fortdauer der Verfolgungsmaßnahme war. Des Weiteren ist die Entschädigung nach § 5 Abs. 3 ausgeschlossen, wenn einer ordnungsgemäßen Ladung vor den Richter nicht Folge geleistet wird. Nicht erfasst ist hierbei die Ladung vor die Staatsanwaltschaft oder die Verwaltungsbehörde; in diesen Fällen kommt aber ein Ausschluss gem. Absatz 2 in Betracht (vgl. *RRH*, 3. Aufl., Rdnr. 10c; *KK*, 5. Aufl., Rdnr. 20).Der Umfang des Ausschlusses nach § 5 Abs. 2 und 3 StrEG richtet sich danach, inwieweit das Verhalten des Betroffenen ursächlich für den Schaden war, was sich aus der Bezeichnung *„wenn und soweit"* ergibt; hätte z. B. die Beschlagnahme ab dem Zeitpunkt, zu dem neue Erkenntnisse vorlagen, aufgehoben werden müssen, so ist für die Zeit danach eine Entschädigung nicht mehr ausgeschlossen (vgl. OLG Karlsruhe, Justiz 1993 S. 148; *RRH*, 3. Aufl., Rdnr. 10d; *Göhler*, 18. Aufl. 2020, Rdnr. 19).

4. Versagung der Entschädigung (§ 6 StrEG)

Wer sich selbst belastet hat, dem kann die Entschädigung versagt werden; das Gleiche gilt, wenn sich jemand im Rahmen der Anhörung zwar geäußert, dabei aber wesentliche entlastende Umstände verschwiegen hat (§ 6 Abs. 1 Nr. 1 StrEG). Hat sich der Betroffene gar nicht eingelassen, so kann ihm daraus kein Nachteil entstehen. Es handelt sich um eine Ermessensentscheidung der zuständigen Behörde. Die Entschädigung kann jedenfalls nicht allein deswegen ausgeschlossen werden, weil der Betroffene nicht danach strebte, entlastendes Beweismaterial vorzulegen (vgl. *RRH*, 3. Aufl., Rdnr. 11, *Göhler*, 18. Aufl. 2020, Rdnr. 20). Die beiden Versagungsgründe gem. § 6 Abs. 1 Nr. 1 StrEG sind gegenüber der umfassenderen Regelung des § 5 Abs. 2 StrEG nachrangig, in der Praxis werden sie daher kaum zur Anwendung kommen (vgl. *RRH*, a. a. O.; *KK*, 5. Aufl., Rdnr. 23). Ist davon auszugehen, dass eine Verurteilung erfolgt wäre, wenn ein Verfahrenshindernis gem. § 6 Abs. 1 Nr. 2 StrEG nicht existiert hätte, kann eine Entschädigung ebenfalls versagt werden; auch hier handelt es sich um eine Ermessensentscheidung. Eine Entschädigung kommt aber wohl nicht in Betracht, wenn das Verfahrenshindernis erst nach dem Vollzug der Maßnahme eintritt oder bekannt wird (vgl. *RRH*, a. a. O.; *KK*, 5. Aufl., Rdnr. 24).

5. Umfang der Entschädigung (§ 7 StrEG)

Für die Feststellung, in welcher Höhe eine Entschädigung zu leisten ist, ist § 7 StrEG heranzuziehen. Danach kommt in Bußgeldangelegenheiten nur der Ersatz des durch die Verfolgungsmaßnahmen verursachten Vermögensschadens in Frage (§ 7 Abs. 1 StrEG), soweit er den Betrag von 25 Euro übersteigt (§ 7 Abs. 2 StrEG). In Betracht kommen z. B. Kosten für einen Verteidiger, und zwar solche, die im Bußgeldverfahren als auch im Entschädigungsverfahren entstehen, wobei zu beachten ist, dass eine Auslagenerstattung nach der StPO (Spezialnorm) hier vorgeht (vgl. *RRH*, 3. Aufl., Rdnr. 12); Anspruch besteht nur für die gesetzlichen Anwaltsgebühren; ferner kann im Falle einer Beschlagnahmung (z. B. eines Computers) aufgrund des Nutzungsausfalls ein entschädigungsfähiger Schaden verursacht werden (vgl. *RRH*, a. a. O.; *Göhler*, 18. Aufl. 2020, Rdnr. 21; *KK*, 5. Aufl., Rdnr. 25). Die Beweispflicht für die Ursächlichkeit und die Höhe des Schadens obliegt dem Antragsteller; bei der Bemessung der Entschädigung sind auch etwaige Vorteile, welche der Betroffenen wegen der Verfolgungsmaßnahme erlangt hat, z. B. ersparte Kosten, zu berücksichtigen (vgl. *RRH*, a. a. O.). Keine Entschädigung wird für einen Schaden geleistet, der auch ohne die Verfolgungshandlung eingetreten wäre (§ 7 Abs. 4 StrEG, Grundsatz der überholenden Kausalität).

6. Verfahren

Verfahrensrechtlich kommen zwei Entscheidungen in Betracht: Ist die Verwaltungsbehörde nach rechtskräftigem Abschluss des Verfahrens der Auffassung, dass **dem Grunde nach**

(Abs. 1) ein Anspruch auf Entschädigung gegeben ist und auch ein Schaden entstanden sein könnte, so trifft sie diese Grundentscheidung von Amts wegen. Ein Antrag ist nicht erforderlich, da § 9 StrEG im Bußgeldverfahren nicht einschlägig ist (vgl. *RRH,* 3. Aufl., Rdnr. 16). Gegen den selbstständigen Bescheid ist Antrag auf gerichtliche Entscheidung gem. § 62 OWiG möglich (Absatz 2). Über die **Höhe der Entschädigung (Abs. 3)** entscheidet schließlich die Verwaltungsbehörde, wenn die Grundentscheidung rechtskräftig ist (vgl. *RRH,* 3. Aufl., Rdnr. 18; *Göhler,* 18. Aufl. 2020, Rdnr. 32). Der Anspruch ist innerhalb von sechs Monaten vom Berechtigten geltend zu machen (§ 10 Abs. 1 Satz 1 StrEG); über die Frist und über sein Antragsrecht als solches ist der Berechtige zu belehren (vgl. *RRH,* 3. Aufl., Rdnr. 18), was zweckmäßigerweise in der Grundentscheidung erfolgt. Gegen den Bescheid über die Höhe der Entschädigung ist innerhalb einer Frist von drei Monaten Klage bei der Zivilkammer des Landgerichts zulässig (§ 13 Abs. 1 StrEG), ein Antrag auf gerichtliche Entscheidung gem. § 62 ist in solchen Fällen nicht möglich.

7. Zuständigkeit

§ 110 OWiG ergänzt die Zuständigkeitsregelung des § 8 StrEG insoweit, als die Verwaltungsbehörde das Bußgeldverfahren durch Einstellung oder rechtskräftigen Bußgeldbescheid abgeschlossen hat. Zu beachten ist, dass die Verwaltungsbehörde das Verfahren auch dann rechtskräftig abgeschlossen hat, wenn der Einspruch vor Gericht zurückgenommen wird oder das Gericht den Einspruch verwirft (§§ 70, 74 Abs. 2 OWiG), weil in diesen Fällen keine gerichtliche Sachentscheidung vorliegt (vgl. *RRH,* 3. Aufl., Rdnr. 14; *Göhler,* 18. Aufl. 2020, Rdnr. 23; *KK,* 5. Aufl., Rdnr. 27). Dagegen ist keine abschließende Entscheidung gegeben, wenn die Sache gem. § 41 an die Staatsanwaltschaft abgegeben wird, weil Anhaltspunkte einer Straftat vorliegen (vgl. *RRH,* 3. Aufl., Rdnr. 15). Die Verwaltungsbehörde kann nur über Maßnahmen im Bußgeldverfahren entscheiden (Absatz 1), für Verfolgungshandlungen im Rahmen eines Strafverfahrens, auch wenn die Sache anschließend von der Staatsanwaltschaft gem. § 43 OWiG an die Verwaltungsbehörde abgegeben wird, ist sie nicht zuständig (vgl. *Göhler,* 18. Aufl. 2020, Rdnr. 24; *RRH,* 3. Aufl., Rdnr. 15), sondern das Gericht, was sich aus § 4 Abs. 1 Nr. 2, Abs. 2 StrEG ergibt.

> *Beispiel:*
>
> *Herr X betreibt ein Reisegewerbe, ohne im Besitz der erforderlichen Erlaubnis (Reisegewerbekarte) zu sein. Wegen Verdachts einer Straftat wegen beharrlicher Zuwiderhandlung gem. §§ 148 Nr. 1, 145 Abs. 1 Nr. 1 Buchst. b GewO werden strafrechtliche Ermittlungen durchgeführt, wobei auch der Computer des Herrn X beschlagnahmt wird. Da aber nach Abschluss der Ermittlungen keine hinreichenden Nachweise für eine Straftat vorliegen, gibt die Staatsanwaltschaft die Sache an die Verwaltungsbehörde ab, die schließlich wegen einer Ordnungswidrigkeit gem. § 145 Abs. 1 Nr. 1 Buchst. b GewO gegen Herrn X rechtskräftig ein Bußgeld festsetzt.*

Die Entscheidung über die Entschädigung wegen der Beschlagnahme trifft nicht die Verwaltungsbehörde, sondern das Gericht. Dies gilt auch dann, falls die Verwaltungsbehörde das Bußgeldverfahren einstellt.

8. Ersatzpflichtige Kasse (Absatz 4)

Ersatzpflichtig ist der Bund, wenn eine Verwaltungsbehörde des Bundes das Bußgeldverfahren durchgeführt hat, ansonsten das Land. Andere Regelungen sind zulässig, z. B. in Baden-Württemberg – § 6 BWLOWiG, in Sachsen – § 6 SächsOWiG (vgl. *RRH,* 3. Aufl., Rdnr. 20; *Göhler,* 18. Aufl. 2020, Rdnr. 34).

Zwölfter Abschnitt

Aktenführung und Kommunikation im Verfahren

§ 110a

Elektronische Aktenführung; Verordnungsermächtigungen

(1) Die Akten können elektronisch geführt werden. Die Bundesregierung und die Landesregierungen bestimmen jeweils für ihren Bereich durch Rechtsverordnung den Zeitpunkt, von dem an die Akten elektronisch geführt werden. Sie können die Einführung der elektronischen Aktenführung dabei auf einzelne Gerichte oder Behörden oder auf allgemein bestimmte Verfahren beschränken und bestimmen, dass Akten, die in Papierform angelegt wurden, auch nach Einführung der elektronischen Aktenführung in Papierform weitergeführt werden; wird von der Beschränkungsmöglichkeit Gebrauch gemacht, kann in der Rechtsverordnung bestimmt werden, dass durch Verwaltungsvorschrift, die öffentlich bekanntzumachen ist, geregelt wird, in welchen Verfahren die Akten elektronisch zu führen sind. Die Ermächtigung kann durch Rechtsverordnung auf die zuständigen Bundes- oder Landesministerien übertragen werden.[1)]

(2) Die Bundesregierung und die Landesregierungen bestimmen jeweils für ihren Bereich durch Rechtsverordnung die für die elektronische Aktenführung geltenden organisatorischen und dem Stand der Technik entsprechenden technischen Rahmenbedingungen einschließlich der einzuhaltenden Anforderungen des Datenschutzes, der Datensicherheit und der Barrierefreiheit. Sie können die Ermächtigung durch Rechtsverordnung auf die zuständigen Bundes- oder Landesministerien übertragen.

(3) Die Bundesregierung bestimmt durch Rechtsverordnung mit Zustimmung des Bundesrates die für die Übermittlung elektronischer Akten zwischen Behörden und Gerichten geltenden Standards. Sie kann die Ermächtigung durch Rechtsverordnung ohne Zustimmung des Bundesrates auf die zuständigen Bundesministerien übertragen.

(4) Behörden im Sinne dieses Abschnitts sind die Staatsanwaltschaften und Verwaltungsbehörden einschließlich der Vollstreckungsbehörden sowie die Behörden des Polizeidienstes, soweit diese Aufgaben im Bußgeldverfahren wahrnehmen.

Erläuterungen

Übersicht

---

1) Fassung Satz 1 ab 1.1.2026: Die Akten werden elektronisch geführt. Fassung Satz 2 ab 1.7.2025: Die Bundesregierung und die Landesregierungen können jeweils für ihren Bereich durch Rechtsverordnung bestimmen, dass Akten, die in Papierform angelegt wurden, in Papierform weitergeführt werden. Fassung Satz 3 ab 1.7.2025: Die Ermächtigung kann durch Rechtsverordnung auf die zuständigen Bundes- oder Landesministerien übertragen werden.

Vorbemerkung

Der zwölfte Abschnitt des Zweiten Teils (§§ 110a bis 110c OWiG) wurde neu gefasst und enthält grundlegende Bestimmungen über die elektronische Aktenführung und Kommunikation in Bußgeldsachen (BT-Drs. 18/9416 S. 75). Mit der Neufassung erfolgte für den Bereich des Bußgeldverfahrens eine Angleichung an die entsprechenden neuen Vorschriften in der StPO (BT-Drs. 18/9416 S. 74), die gem. § 46 Abs. 1 OWiG sinngemäß gelten, es sei denn, das OWiG trifft abweichende Regelungen. § 110a OWiG enthält im Wesentlichen dieselben Bestimmungen wie § 32 StPO (vgl. *Krenberger/Krumm*, 6. Aufl. 2020, Rdnr. 2; *RRH*, 3. Aufl., Rdnr. 12). Da es sich um grundlegende Bestimmungen handelt und in den Absätzen 2 und 3 spezielle Verordnungsermächtigungen enthalten sind, sollte nicht nur auf die StPO verwiesen werden (BT-Drs. 18/9416 S. 76). Zweck dieser Bestimmungen ist, durch (schrittweise) Einführung der elektronischen Akte gegenüber der herkömmlichen Papierakte eine wesentlich schnellere und effizientere Abwicklung des gesamten Verfahrens, und zwar vom Ermittlungs- bis zum Vollstreckungsverfahren (umfasst ist auch die Aufbewahrung der weggelegten Akten – vgl. BT-Drs. 18/9416 S. 42), zu erreichen: Die Kommunikation zwischen Gericht beziehungsweise Behörde und den Verfahrensbeteiligten wird beschleunigt, die Übermittlung von Akten bzw. Dokumenten erfolgt schneller, Akten sind kontinuierlich verfügbar, die Erstellung von Statistiken und die Verwaltung von Daten wird vereinfacht und beschleunigt (vgl. BT-Drs. 18/9416 S. 31 mit weiteren Aspekten). Die Bestimmung gilt bis 31.12.2025 und soll die elektronische Aktenführung bis dahin als Option darstellen; ab dem 1.1.2026 soll sie verpflichtend sein. Ab dem Zeitpunkt der Umstellung ist die elektronische Akte die führende Akte, die an die Stelle der bisher in Papierform geführten maßgeblichen Akte tritt. Zu beachten ist, dass eine Parallelität zwischen Papier- und elektronischen Akten weder vor noch nach der Umstellung zulässig ist (BT-Drs. 18/9416 S. 42).

1. Elektronische Aktenführung (Absatz 1)

Unter dem Begriff „elektronische Aktenführung" ist zu verstehen, dass die „Akten" kein miteinander verbundenes Papier, also kein physisches Objekt sind, sondern ein definiertes System elektronisch gespeicherter Daten (BT-Drs. 18/9416 S. 42).

2. Begriff „Akten"

Der Begriff Akte ist im Gesetz nicht definiert (vgl. *Krenberger/Krumm*, 6. Aufl. 2020, Rdnr. 4). Nach Duden, Deutsches Wörterbuch, ist darunter eine Sammlung von Unterlagen zu einem geschäftlichen oder gerichtlichen Vorgang zu verstehen (vgl. *RRH*, 3. Aufl., Rdnr. 1). Die elektronische Aktenführung macht die Zusammenarbeit innerhalb einer Behörde effizienter. In der elektronischen Akte werden digitale Dateien aller Art (Grafik-, Bild-, Audio- und Videodateien) und Dokumente zu einem einheitlichen elektronischen Medium zusammengefasst. Dies hat den Vorteil, dass mehrere Personen parallel ein Verfahren bearbeiten können. Beschlagnahmte und sichergestellte Objekte des Augenscheins (z. B. Gegenstände, die der Begehung einer Ordnungswidrigkeit dienten, wie etwa Waffen) als Beweismittel oder spätere Einziehungsgegenstände (§§ 22 ff. OWiG) sind grundsätzlich nicht Bestandteil der Akte; dies wäre nur der Fall, wenn sie aufgrund einer entsprechenden Anordnung bzw. Verfügung hinzugenommen worden wären (vgl. BT-Drs., a. a. O.).Deshalb liegt bei der Aufbewahrung dieser Gegenstände im Verhältnis zur elektronischen Akte auch kein Medienbruch vor.

Auch künftig sind wohl Aktenbestandteile einerseits und Beweismittel anderseits unterschiedlich zu betrachten.

3. Zeitpunkt der Umstellung; Möglichkeit der Beschränkung

Bis zum 31.12.2025 *können* die Akten elektronisch geführt werden, ab 1.1.2026 *sind* die Akten elektronisch zu führen. Den konkreten Zeitpunkt der Umstellung bestimmen die Bundesregierung und die Landesregierungen (Absatz 1 Satz 2); es ist somit klar, dass durch

Verordnung auch eine frühere Verpflichtung zur Einführung der elektronischen Aktenführung als zum 1.1.2026 möglich ist (vgl. *Krenberger/Krumm*, 6. Aufl. 2020, Rdnr. 5; *RRH*, 3. Aufl., Rdnr. 2). In Anbetracht des Standes der Digitalisierung in Deutschland ist bei der faktischen landesweiten Umsetzung wohl eher *frühestens* von dem gesetzten Stichtagstermin auszugehen. Zulässig ist auch, dass durch Verordnung die elektronische Aktenführung zunächst beschränkt wird, z. B. auf bestimmte Verfahren, oder dass mit der Einführung der elektronischen Aktenführung testweise in Pilotprojekten begonnen wird (vgl. *Krenberger/Krumm*, a. a. O.) Die Umstellung kann somit in verschiedenen Stufen erfolgen (BT-Drs. 18/9416 S. 43). Die Ermächtigung, entsprechende Verordnungen zu erlassen, kann auf die jeweils betroffenen Ministerien delegiert werden (Absatz 1 Satz 4).

4. Laufende Verfahren

Die Vorschrift gilt nur für zukünftig angelegte Akten und nicht für die Vergangenheit (BT-Drs. 18/9416 S. 42, 43). Bereits angelegte Akten in Papierform können – was sicherlich sinnvoll sein wird bei laufenden Verfahren – müssen jedoch nicht in die elektronische Form umgewandelt werden; dies betrifft die Aktenführung sowohl in laufenden als auch in beendeten Verfahren, in denen die Akten noch aufzubewahren sind (BT-Drs., a. a. O.). Gemäß der Fassung des Gesetzes ab 1.7.2025 (künftiger Absatz 1 Satz 2) können die Landesregierungen durch Rechtsverordnung bestimmen, dass Akten, die in Papierform angelegt wurden, in Papierform weitergeführt werden.

5. Weitere Regelungen durch Verordnung (Absatz 2)

Bund und Länder haben für ihren jeweiligen Bereich durch Verordnung die organisatorischen und technischen Rahmenbedingungen, die Anforderungen an Datenschutz und Datensicherheit sowie der Barrierefreiheit (§ 4 Behindertengleichstellungsgesetz – BGG) zu bestimmen (vgl. *Krenberger/Krumm*, 6. Aufl. 2020, Rdnr. 7). Gegenstand solcher Verordnungen etwa im Zusammenhang mit dem Datenschutz kann z. B. der Bericht der Jugendgerichtshilfe (§ 38 Jugendgerichtsgesetz – JGG) sein (BT-Drs. 18/9416 S. 43). Im Hinblick auf die Barrierefreiheit ist die Regelung so zu gestalten, dass Menschen mit Behinderungen uneingeschränkt zu der elektronischen Aktenführung Zugang haben und diese ohne Weiteres nutzen können; jedenfalls ist sicherzustellen, dass sich die Nutzungsmöglichkeiten für Menschen mit Behinderungen durch die Umstellung nicht verschlechtern (BT-Drs., a. a. O.). Die neuen Verordnungen in diesem Zusammenhang ersetzen nicht andere, allgemeine Bestimmungen; diese sind weiterhin anzuwenden, wie z. B. die Anlage zu § 9 Satz 1 BDSG (vgl. *Krenberger/Krumm*, a. a. O., BT-Drs. 18/9416 S. 67).

6. Übermittlung elektronischer Akten zwischen Gerichten und Behörden (Absatz 3)

Die Rahmenbedingungen für die Übermittlung elektronischer Akten zwischen Gerichten und Behörden des Bundes als auch der Länder werden durch Verordnung des Bundes geregelt; eine Länderkompetenz ist nicht vorgesehen. Durch bundeseinheitliche Standards soll gewährleistet werden, dass der Aktenaustausch auch über Ländergrenzen hinweg möglichst problemlos, insbesondere ohne Medienbrüche, verläuft (BT-Drs. 18/9416 S. 44). Erforderlich sind dabei Regelungen über zulässige Dateiformate, Softwareschnittstellen einschließlich Softwareprotokollierung und Metadaten (BT-Drs., a. a. O.)

7. Begriff „Behörden" (Absatz 4)

Behörden im Sinne dieser Vorschrift sind alle Behörden, die bei der Durchführung des Bußgeldverfahrens beteiligt sind, also Verwaltungs-, Vollstreckungs-, Polizeibehörden sowie Staatsanwaltschaften, falls sie Aufgaben im Bußgeldverfahren wahrnehmen; Absatz 4 ergänzt insoweit § 32 StPO (vgl. *Krenberger/Krumm*, 6. Aufl. 2020, Rdnr. 9; *Göhler*, 18. Aufl. 2020, Rdnr. 2).

§ 110b
Elektronische Formulare; Verordnungsermächtigung

Die Bundesregierung kann durch Rechtsverordnung mit Zustimmung des Bundesrates elektronische Formulare einführen. Die Rechtsverordnung kann bestimmen, dass die in den Formularen enthaltenen Angaben ganz oder teilweise in strukturierter maschinenlesbarer Form zu übermitteln sind. Die Formulare sind auf einer in der Rechtsverordnung zu bestimmenden Kommunikationsplattform im Internet zur Nutzung bereitzustellen. Die Rechtsverordnung kann bestimmen, dass eine Identifikation des Formularverwenders abweichend von § 32a Absatz 3 der Strafprozessordnung durch Nutzung des elektronischen Identitätsnachweises nach § 18 des Personalausweisgesetzes, § 12 des eID-Karte-Gesetzes oder § 78 Absatz 5 des Aufenthaltsgesetzes erfolgen kann. Die Bundesregierung kann die Ermächtigung durch Rechtsverordnung ohne Zustimmung des Bundesrates auf die zuständigen Bundesministerien übertragen.

Erläuterungen

Übersicht

Vorbemerkung

Die Norm entspricht im Wesentlichen § 32c StPO; wegen der enthaltenen Verordnungsermächtigungen genügte nicht lediglich eine Verweisung darauf in § 110c OWiG (BT-Drs. 18/9416 S. 76).

1. Elektronische Formulare

Durch elektronische Formulare sollen Verfahrensabläufe bei den Behörden (vgl. Erl. 7 zu § 110a OWiG) effizienter gestalten werden. In Betracht kommen z. B. die Anzeige einer Ordnungswidrigkeit, der Einspruch gegen den Bußgeldbescheid (§ 67 OWiG – vgl. *Krenberger/Krumm*, 6. Aufl. 2020, Rdnr. 2), der Antrag auf Akteneinsicht, auf Zeugenentschädigung (vgl. *Göhler*, 18. Aufl. 2020, Rdnr. 1) oder der Antrag auf gerichtliche Entscheidung (§ 62 OWiG). Ist dies mittels bereitgestellten Web-Formulars möglich, führt dies zur Vereinfachung und Beschleunigung des Verfahrens (vgl. Vorbemerkung zu § 110a OWiG). Die Verordnung kann, um diesen Zweck zu erreichen, auch bestimmen, dass Angaben in strukturierter, maschinenlesbarer Form einzureichen sind (vgl. *Göhler*, a. a. O.).

2. Verordnungsermächtigung

Zuständig für den Erlass solcher Verordnungen ist die Bundesregierung (Satz 1). Sie kann diese Ermächtigung auf die jeweils betroffenen Bundesministerien delegieren (Satz 5).)

3. Formvorschriften

Zu beachten sind für die Einreichung elektronischer Formulare, dass die besonderen Formvorschriften gem. § 32a Abs. 3 StPO, soweit sie einschlägig sind, nach § 110c OWiG auch hier gelten (vgl. *Krenberger/Krumm*, 6. Aufl. 2020, Rdnr. 3). Durch Satz 4 wird die Regelung in § 32a Abs. 3 StPO allerdings erweitert, dass eine Identifikation des Formularverwenders auch durch Nutzung des elektronischen Identitätsnachweises nach § 18 Personalausweisgesetz (PAuswG), § 12 eID-Karte-Gesetz oder § 78 Abs. 5 Aufenthaltsgesetz (AufenthG) möglich ist (vgl. *Krenberger/Krumm*, 6. Aufl. 2020, Rdnr. 4; *RRH*, 3. Aufl., Rdnr. 2).

§ 110c
Entsprechende Geltung der Strafprozessordnung für Aktenführung und Kommunikation im Verfahren

Im Übrigen gelten die §§ 32a, 32b und 32d bis 32 f der Strafprozessordnung sowie die auf der Grundlage des § 32a Absatz 2 Satz 2 und Absatz 4 Satz 1 Nummer 6, des § 32b Absatz 5 und des § 32 f Absatz 6 der Strafprozessordnung erlassenen Rechtsverordnungen entsprechend. Abweichend von § 32b Absatz 1 Satz 2 der Strafprozessordnung ist bei der automatisierten Herstellung eines zu signierenden elektronischen Dokuments statt seiner die begleitende Verfügung zu signieren. Abweichend von § 32e Absatz 4 Satz 1 der Strafprozessordnung müssen Ausgangsdokumente nicht gespeichert oder aufbewahrt werden, wenn die übertragenen Dokumente zusätzlich einen mit einer qualifizierten elektronischen Signatur versehenen Vermerk darüber enthalten, dass das Ausgangsdokument mit dem zur Akte zu nehmenden Dokument inhaltlich und bildlich übereinstimmt.

Erläuterungen

Übersicht

Vorbemerkung

Die Norm erklärt die §§ 32a, b und 32d bis 32 f StPO für entsprechend anwendbar; ebenfalls gelten die auf der Grundlage des § 32a StPO erlassenen Verordnungen (BT-Drs. 18/9416 S. 76). Für die elektronische Aktenführung und den elektronischen Rechtsverkehr gelten somit im Ordnungswidrigkeitenverfahren und im Strafverfahren weitestgehend die gleichen Regelungen.

1. Erfordernis einer elektronischen Signatur

Im Hinblick auf die automatisierte Herstellung von zu signierenden elektronischen Dokumenten sind im Unterschied zu § 32b Abs. 1 Satz 1 StPO nicht die einzelnen Dokumente, sondern lediglich die begleitenden Verfügungen zu signieren. Diese Regelung entspricht der bereits seit Jahren im Bußgeldverfahren praktizierten automatischen Erstellung von Dokumenten, insbesondere von Bußgeldbescheiden (BT-Drs. a. a. O). Die Art der Signatur (einfach oder qualifiziert) regelt § 32b Abs. 1 StPO, wobei maßgeblich ist, wie danach das jeweilige Einzeldokument zu signieren wäre (BT-Drs. a. a. O).

2. Aufbewahrungspflicht

Im Hinblick auf die Aufbewahrungspflicht ist nach Satz 3 die Regelung in der StPO (§ 32e Abs. 4 Satz 1 StPO) ebenfalls nicht einschlägig, sofern das übertragene Dokument einen mit einer qualifizierten elektronischen Signatur versehenen Vermerk darüber enthält, dass das Ausgangsdokument mit dem übertragenden Dokument inhaltlich und bildlich übereinstimmt. Somit gilt in solchen Fällen nicht die in der StPO normierte Aufbewahrungspflicht von mindestens sechs Monaten, sondern es ist zulässig, Ausgangsdokumente sofort zurückzugeben oder zu vernichten. Diese Regelung entspricht weitgehend bisherigem Recht (§ 110b Abs. 4 Satz 1 a. F.); der Grund hierfür ist, dass in Bußgeldverfahren insgesamt niedrigere Beweisanforderungen gelten (BT-Drs., a. a. O., vgl. *RRH*, 3. Aufl., Rdnr. 31), als im Strafverfahren.

3. Die einzelnen, für anwendbar erklärten Normen der StPO

3.1 § 32a StPO (Einreichung elektronischer Dokumente)

Die Norm regelt die Einreichung elektronischer Dokumente bei Gerichten und Staatsanwaltschaften; sie betrifft die bei diesen Stellen von außen eingehende Kommunikation, nicht die Kommunikation innerhalb der Justiz und auch nicht die von dort ausgehende Kommunikation (BT-Drs. 18/9416 S. 45). Für die Übersendung elektronischer Dokumente durch Gerichte und Staatsanwaltschaften an externe Verfahrensbeteiligte ist § 37 Abs. 1 Satz 1 StPO, § 174 Abs. 3 ZPO einschlägig. Unter der Bezeichnung „elektronisches Dokument" ist eine elektronische Information, etwa eine Text-, Tabellen- oder Bilddatei, gemeint, die ein Schriftstück oder eine körperliche Urkunde ersetzt und in der Regel zur Wiedergabe in verkörperter Form, etwa durch Ausdruck, geeignet sein muss (BT-Drs., a. a. O.). Ist eine Wiedergabe in verkörperter Form nicht möglich, wie z. B. bei reinen Audio- und Videodateien, handelt es sich nicht um ein elektronisches Dokument im Sinne dieser Vorschrift. Solche elektronischen Informationen können jedoch ebenfalls übermittelt werden, allerdings lediglich etwa als Anlage zu elektronisch eingereichten Dokumenten (BT-Drs., a. a. O.). Das übermittelte elektronische Dokument muss den im Rahmen des § 32a StPO festgelegten Bedingungen entsprechen, damit es durch das Gericht bzw. die Staatsanwaltschaft bearbeitet werden kann; die Empfänger müssen und können nämlich bei der vorhandenen Menge existierender Formate nicht jedes akzeptieren. Ist das übermittelte Dokument für die Bearbeitung nicht geeignet, etwa weil technische Vorgaben nicht beachtet wurden oder das Dokument eine Schadsoftware enthält (BT-Drs., a. a. O.), ist die Übermittlung unwirksam (vgl. *Krenberger/Krumm,* 6. Aufl. 2020, Rdnr. 6). Hierauf ist der Absender gem. § 32a Abs. 6 Satz 1 StPO unverzüglich hinzuweisen. In Fällen, in denen zwingend die Schriftform vorgeschrieben ist, z. B. bei der Vollmacht, ist das elektronische Dokument entweder mit einer qualifizierten elektronischen Signatur – vgl. Verordnung (EU) Nr. 910/2014, Vertrauensdienstegesetz (VDG) vom 18.7.2017 –, zu versehen, oder als 2. Variante über einen sicheren Übermittlungsweg einzureichen (§ 32a Abs. 3 StVO), wobei als „sicher" Funktionssicherheit zu verstehen ist, nämlich dass Übermittlungswege die Funktion einer Schriftform übernehmen (vgl. *RRH*, 3. Aufl., Rdnr. 8). Was sichere Übermittlungswege sind, beschreibt abschließend § 32a Abs. 4 StVO; Ergänzungen durch Verordnung sind der Technologieoffenheit folgend möglich (vgl. *Krenberger/Krumm*, 6. Aufl. 2020, Rdnr. 7); Protokolle bzw. technische Bestätigungen über die Übermittlung gem. der 2. Variante sind zusammen mit dem eingereichten elektronischen Dokument zur Akte zu nehmen (BT-Drs. 18/9416 S. 46). Das Dokument gilt ab dem Zeitpunkt als eingegangen, ab dem es auf der für den Empfang bestimmten Einrichtung, etwa einem hierfür vorgesehenen Posteingangsserver, gespeichert ist (§ 32a Abs. 5 StPO). Auf den Zeitpunkt eines Ausdrucks kommt es nicht an (vgl. *Krenberger/Krumm,* 6. Aufl. 2020, Rdnr. 8). Haben mehrere Behörden oder Gerichte eine gemeinsame elektronische Posteingangsstelle, kommt es auf die Weiterleitung an den Empfänger ebenfalls nicht an, sondern auf den Zeitpunkt der Speicherung auf dem zentralen Eingangsserver (vgl. *RRH*, 3. Aufl., Nr. 13). Technische Störungen beim Empfänger sind im Falle einer damit zusammenhängenden Fristversäumnis ein Wiedereinsetzungsgrund (BT-Drs. 18/9416 S. 48). Dem Absender ist automatisiert der Zeitpunkt des Eingangs zu bestätigen (§ 32a Abs. 5 Satz 2 StPO). Außerdem ist der Absender, falls das Dokument für die Bearbeitung nicht geeignet ist, unverzüglich darüber zu informieren (§ 32a Abs. 6 Satz 1 StPO), damit dieser ggf. das Dokument in geeigneter Form nachreichen kann; erfolgt dies unverzüglich und macht der Absender glaubhaft, dass es mit dem zuerst eingereichten Dokument inhaltlich übereinstimmt, so gilt gem. der Sonderregelung nach § 32a Abs. 6 Satz 2 StPO als Zeitpunkt des Eingangs die frühere Einreichung (BT-Drs., a. a. O.).

3.2 § 32b StPO (Erstellung elektronischer Dokumente)

Diese Bestimmung betrifft die Erstellung elektronischer Dokumente durch Behörden und Gerichte (Absatz 1) sowie deren gegenseitige Übermittlung (Absatz 3). Es handelt sich dabei um Vorgaben bei der Erstellung dieser Dokumente; eine gesetzliche Pflicht, dass Dokumente nur noch elektronisch erstellt werden dürfen, beinhaltet § 32b StPO gerade nicht (BT-Drs. 18/9416 S. 48). Die elektronischen Dokumente müssen die Namen aller verantwortenden Personen enthalten, wobei Nachname oder auch nur Namenskürzel in der Regel genügen (BT-Drs., a. a. O.). Unter verantwortende Person ist die Person zu verstehen, die (auch) für den Inhalt verantwortlich ist und nicht lediglich das Dokument quasi als Schreibkraft erstellte. Nicht notwendig ist, dass die verantwortende Person die Speicherung selbst vornimmt (vgl. *RRH*, 3. Aufl., Rdnr. 10). Bei Schriftform bedürftigen Dokumenten gem. Absatz 1 Satz 2 ist darüber hinaus eine qualifizierte elektronische Signatur (vgl. Verordnung (EU) Nr. 910/2014, Vertrauensdienstegesetz – VDG – vom 18.7.2017) erforderlich. Entspricht das Dokument nicht den Anforderungen einer solchen Signatur, gelten die gleichen Rechtsfolgen wie auch bislang für die Nichtbeachtung von Formerfordernissen bei Papierdokumenten (BT-Drs. 18/9416 S. 49). § 32b Abs. 2 StPO bestimmt den Zeitpunkt, wann ein Dokument zu den Akten gebracht ist, nämlich ab dem bewussten und gewollten Speichern durch eine verantwortende Person oder auf deren Veranlassung hin in der elektronischen Akte; lediglich die Ablage in einem Zwischenspeicher oder in einer elektronischen Poststelle ist nicht ausreichend (BT-Drs., a. a. O.). Grundsätzlich sind Akten, wenn sie elektronisch geführt werden, auch elektronisch zu übermitteln (Absatz 3 Satz 1). In begründeten Ausnahmesituationen kann von dieser Regelung abgewichen werden. Dagegen ist in Absatz 3 Satz 2 für bestimmte Dokumente, darunter fällt im Bußgeldverfahren auch der Bußgeldbescheid (vgl. *RRH*, 3. Aufl., Rdnr. 19, a. A. *Krenberger/Krumm,* 6. Aufl. 2020, Rdnr. 12), zwingend die elektronische Übermittlung vorgesehen, mit einer Ausnahme, nämlich dass eine solche Übermittlung vorübergehend aus technischen Gründen nicht möglich ist; auf Anforderung besteht dann allerdings die Verpflichtung, ein elektronisches Dokument nachzureichen. Abschriften können sowohl in Papierform als auch als elektronisches Dokument erteilt werden (Absatz 4). Für Ausfertigungen (sie vertreten die Urschrift, also das Original, in der praktischen Verwendung) besteht kein Bedarf mehr; sie sind nach Einführung der elektronischen Akte in der StPO (vgl. Änderungen der §§ 114d Abs. 2 Satz 2 StPO und 275 Abs. 4 StPO, jeweils zum 1.1.2018 durch Gesetz vom 5.7.2017 – BGBl. I S. 2208) nicht mehr vorgesehen (BT-Drs. 18/9416 S. 50).

3.3 § 32d StPO (Verteidiger bzw. Rechtsanwälte)

Verteidiger und Rechtsanwälte sind ab 1.1.2022 grundsätzlich verpflichtet, sämtliche Dokumente innerhalb eines Verfahrens den Behörden und Gerichten in elektronischer Form zu übermitteln (BT-Drs. 18/9416 S. 50). In begründeten Ausnahmesituationen kann von dieser Regelung in § 32d Satz 3 abgewichen werden. Die Verpflichtung in § 32d Satz 2 StPO gilt jedoch nicht für die Einlegung des Einspruchs (§ 67 OWiG). In der Instanzrechtsprechung ist bisher unterschiedlich beurteilt worden, ob die Formvorschriften der § 110c OWiG und § 32d Satz 2 StPO auch für die Einlegung des Einspruchs gegen einen Bußgeldbescheid gelten, bei der Einlegung durch Rechtsanwälte also *nur* die Einreichung als elektronisches Dokument zugelassen ist und ansonsten die Erklärung unwirksam ist. Dies ist vom AG Hameln (Beschl. vom 14.2.2022 - 49 Owi 23/22 –; ebenso *Seitz/Bauer* in Göhler, OWiG, 18. Aufl., § 67 Rdnr. 21a; *RRH*, OWiG, 3. Aufl./32. Lfg., § 110c Rdnr. 24 und KK-*Graf*, OWiG, 5. Aufl., § 110c Rdnr. 49, 53) verneint, dagegen vom AG Tiergarten (Beschl. vom 5.4.2022 – 310 Owi 161/22 –; ebenso *Stahnke* in Gassner/Seith, OWiG, 2. Aufl., § 110c Rdnr. 25 unter Bezugnahme auf die in der 5. Aufl. von *Krenberger/Krumm*, OWiG, § 110c Rdnr. 13 vertretene Auffassung) bejaht worden. Das OLG Karlsruhe schließt sich nunmehr der herrschenden Meinung an und hält § 110c OWiG sowie § 32d Satz 2 StPO bei der Einreichung eines Einspruchs für nicht einschlägig, da es in der Gesetzesbegründung zum § 32d StPO heißt: *„Satz 2 sieht eine Rechtspflicht zur elektronischen Einreichung von Dokumenten nur für bestimmte Verfahrenserklärungen vor, die aufgrund der Besonderhei-*

ten des Strafverfahrens auf die hier abschließend aufgeführten Erklärungen beschränkt werden soll." (BR-Drs. 236/16 S. 49 f.) Mit dieser bewussten Entscheidung des Gesetzgebers für das Enumerationsprinzip ist es unvereinbar, die Rechtspflicht des § 32d Satz 2 StPO auf dort nicht genannte Rechtshandlungen bzw. über § 110c OWiG auf ihre Entsprechungen im Bußgeldverfahren auszudehnen. Da § 110c die entsprechende Anwendung von § 32d Satz 2 StPO anordnet, § 32d Satz 2 StPO aber die Rechtspflicht zur Einreichung als elektronisches Dokument nicht für eine dem Einspruch gegen den Bußgeldbescheid entsprechende Handlung im Strafverfahren vorschreibt, wird der Einspruch gegen den Bußgeldbescheid von diesen Vorschriften nicht erfasst (OLG Karlsruhe, Beschl. vom 22.3.2023 – 2 ORbs 35 Ss 125/23 –). Insoweit ist die Einreichung des Einspruchs seitens eines Verteidigers als elektronisches Dokument zwar möglich, alledings nicht Voraussetzung für die Zulässigkeit und damit nur eine Methode oder Möglichkeit, aber keine Verpflichtung.

3.4 § 32e StPO (Übertragung in die elektronische Form)

Auch wenn die digitale Form der Kommunikation stetig zunimmt, wird sie die herkömmlichen Methoden in absehbarer Zeit nicht vollständig ersetzen. Es werden Dokumente in Papierform eingehen oder bereits vorliegen, während die Akte elektronisch geführt wird oder umgekehrt, Dokumente in elektronischer Form eingehen, während die Akte in Papierform oder in einem anderen Format geführt wird (BT-Drs., a. a. O.) § 32e Abs. 1 StPO bestimmt, dass in solchen Fällen Dokumente ausnahmslos in die Form zu übertragen sind, in der die Akte geführt wird. Dies entspricht dem Zweck, dass die Bußgeldakte in einheitlicher Form zu führen ist (vgl. *Krenberger/Krumm,* 6. Aufl. 2020, Rdnr. 14). Dokumente, die aufgrund ihrer nicht der Akte entsprechenden Form umzuwandeln sind, nennt das Gesetz Ausgangsdokumente. Begriffe wie Urschrift oder Original sind im Zusammenhang mit der elektronischen Akte nicht geeignet (BT-Drs. 18/9416 S. 52). Für sichergestellte Beweismittel gilt die strenge Umwandlungspflicht nicht; sie können, müssen aber nicht in die Form übertragen werden, die der Aktenführung entspricht (§ 32e Abs. 1 Satz 2 StPO). Hier bleibt es der Behörde oder der Justiz überlassen, z. B. einen elektronischen Beweismittelordner anzulegen, in dem alle oder auch nur Teile der sichergestellten Dokumente, z. B. nur beweiserhebliche, nach der Umwandlung abgelegt werden (BT-Drs. 18/ 9416 S. 53). Bei der Übertragung von Ausgangsdokumenten ist sicherzustellen, dass das übertragene Dokument mit dem Ausgangsdokument bildlich und inhaltlich übereinstimmt (§ 32e Abs. 2 StPO); maßgeblich hierfür ist der Stand der Technik. Dieser Begriff ist im Gesetz nicht näher definiert; Informationen und Orientierung über den aktuellen Stand der Technik enthält aber die „Technische Richtlinie ersetzendes Scannen (TR-RESISCAN)" des Bundesamtes für Sicherheit in der Informationstechnik, Bonn (BT-Drs., a. a. O.). Die Übertragung ist nach den Maßgaben des § 32e Abs. 3 StPO zu dokumentieren (vgl. *Krenberger/Krumm,* a. a. O.). § 32e Abs. 4 StPO trifft für die Speicherung bzw. Aufbewahrung von Ausgangsdokumenten eine Sonderregelung, da nicht alle in die Form der gespeicherten Akte umzuwandeln sind, weil sie nicht zu deren Bestandteil zählen; zu beachten ist hierbei, dass der genannte Zeitraum von sechs Monaten nur während des laufenden Verfahrens gilt. Für das OWi-Verfahren ist allerdings, abweichend zu § 32e Abs. 4 StPO, in § 110c Satz 3 bestimmt, dass eine Speicherung oder Aufbewahrung dann nicht erforderlich ist, wenn die übertragenen Dokumente einen mit einer qualifizierten elektronischen Signatur versehenen Vermerk darüber enthalten, dass das Ausgangsdokument mit dem zur Akte zu nehmenden Dokument inhaltlich und bildlich übereinstimmt (vgl. Erl. 2). § 32e Abs. 5 StPO erlaubt Personen, die ein Recht auf Akteneinsicht haben, Ausgangsdokumente zu besichtigen (vgl. *Krenberger/Krumm,* a. a. O.).

3.5 § 32 f StPO (Akteneinsicht)

Diese Norm regelt ausschließlich die Form der Akteneinsicht; ein Recht auf Akteneinsicht lässt sich hieraus nicht ableiten; Akteneinsichtsrechte ergeben sich weiterhin aus den einschlägigen Bestimmungen, wie z. B. im Bußgeldverfahren aus § 49 Abs. 1 OWiG (vgl.

Krenberger/Krumm, 6. Aufl. 2020, Rdnr. 15). § 32 f Abs. 1 StPO betrifft elektronische Akten, Absatz 2 Papierakten. Für die Einsichtnahme in Akten sind folgende Formen vorgesehen: Der Abruf der bereitgestellten Daten oder Dateien (Regelfall), wobei auch das Herunterladen der Daten oder des Datenpakets möglich ist; die Einsichtnahme in die Akten (sowohl elektronisch geführte Akten als auch solche in Papierform) in den Diensträumen, z. B. indem ein Einsichtsterminal bereitgestellt wird; durch Übersendung des Originals, eines Ausdrucks bzw. Datenträgers (vgl. *Krenberger/Krumm*, a. a. O.) oder durch Übergabe der Akten zur Mitnahme. Erfolgt im Bußgeldverfahren die Übermittlung einer elektronisch geführten Akte elektronisch, werden für die Akteneinsicht keine Kosten erhoben (§ 107 Abs. 5 Satz 2 OWiG), ansonsten gilt § 107 Abs. 5 Satz 1 OWiG. § 32 f Abs. 3 StPO stellt klar, dass kein Anspruch auf eine bestimmte Form der Akteneinsicht gem. den Absätzen 1 und 2 besteht, solange die gewährte Form zur effektiven Verteidigung ausreicht; entsprechende Entscheidungen der Behörde oder der Justiz sind nicht anfechtbar (vgl. *RRH*, 3. Aufl., Rdnr. 39). Im Übrigen ist bei Versagung der Akteneinsicht im Bußgeldverfahren Antrag auf gerichtliche Entscheidung gem. § 62 OWiG und Beschwerde gem. § 304 StPO möglich (vgl. *Krenberger/Krumm*, 6. Aufl. 2020, Rdnr. 16). §§ 32 f Abs. 4 und 5 StPO betreffen den Datenschutz; diese Bestimmungen legen nicht nur technische Vorkehrungen fest, sondern auch organisatorische Maßnahmen und richten sich sowohl an Akteneinsichtsgewährende als auch an Einsichtsnehmende (vgl. *RRH*, 3. Aufl., Rdnr. 40).

§ 110d, 110e
(aufgehoben)

DRITTER TEIL
EINZELNE ORDNUNGSWIDRIGKEITEN

Erster Abschnitt
Verstöße gegen staatliche Anordnungen

§ 111
Falsche Namensangabe

(1) Ordnungswidrig handelt, wer einer zuständigen Behörde, einem zuständigen Amtsträger oder einem zuständigen Soldaten der Bundeswehr über seinen Vor-, Familien- oder Geburtsnamen, den Ort oder Tag seiner Geburt, seinen Familienstand, seinen Beruf, seinen Wohnort, seine Wohnung oder seine Staatsangehörigkeit eine unrichtige Angabe macht oder die Angabe verweigert.

(2) Ordnungswidrig handelt auch der Täter, der fahrlässig nicht erkennt, dass die Behörde, der Amtsträger oder der Soldat zuständig ist.

(3) Die Ordnungswidrigkeit kann, wenn die Handlung nicht nach anderen Vorschriften geahndet werden kann, in den Fällen des Absatzes 1 mit einer Geldbuße bis zu eintausend Euro, in den Fällen des Absatzes 2 mit einer Geldbuße bis zu fünfhundert Euro geahndet werden.

Erläuterungen

Übersicht

Vorbemerkung

Diese Vorschrift ersetzt § 360 Abs. 1 Nr. 8 StGB und wurde zum 1.1.1975 durch Art. 29 Nr. 48 EGStGB in das OWiG eingefügt (vgl. *RRH*, 3. Aufl., Rdnr. 1). Näheres zur Entstehungsgeschichte: *KK*, 5. Aufl., Rdnr. 6. Es handelt sich um eine Vorschrift, die sich aus der Geschichte entwickelt hat, denn die Verpflichtung, in bestimmten Situationen Hoheitsträgern seine Personalien anzugeben, wird von der Bevölkerung seit langer Zeit als berechtigtes und notwendiges Anliegen angesehen (vgl. *Göhler*, 18. Aufl. 2020, Rdnr. 1). Wohl einhellig ist in der Rechtsprechung und der Literatur die Auffassung, dass § 111 OWiG selbst keine Auskunftspflicht begründet, es fehlt nämlich an näheren Angaben, für welche Zwecke welche Auskünfte eingeholt werden können; die Auskunftspflicht einschließlich deren Umfang muss sich aus anderen Rechtsvorschriften ergeben (vgl. BVerfG, NJW 1995 S. 3110 – 3112 = DVBl 1995 S. 791–793; OLG Hamm, NJW 1988 S. 274; *Göhler*, 18. Aufl. 2020, Rdnr. 10). Es handelt sich somit um eine sog. Blankettnorm, die der Ergänzung bedarf (vgl. *KK*, 5. Aufl., Rdnr. 3). Zweck von § 111 OWiG ist es, amtliche Auskunftsverlangen durchzusetzen, damit hoheitliche Aufgaben ordnungsgemäß durchgeführt werden können; die Bußgeldandrohung soll die Person dazu bringen, ihre Personalien anzugeben, um so der Stelle, die zur Identitätsfeststellung ermächtigt ist, zeitraubende oder umständliche Maßnahmen zu ersparen (vgl. BVerfG, a. a. O., *KK*, 5. Aufl., Rdnr. 5, *RRH*, 3. Aufl., Rdnr. 2).

1. Adressat der Auskunft

Die Berechtigung, Auskünfte einzuholen haben ausschließlich (soweit sie zuständig sind) Behörden, Amtsträger oder Soldaten der Bundeswehr. Andere als diese Stellen oder Organe sind von dieser Norm nicht erfasst.

1.1 Behörden

Damit sind alle Stellen gemeint, die Aufgaben der öffentlichen Verwaltung wahrnehmen (§ 1 Abs. 4 VwVfG, also eine entsprechende Funktion ausüben, einschließlich der Gerichte, was sich aus § 11 Abs. 1 Nr. 7 StGB ergibt (vgl. *Göhler*, 18. Aufl. 2020, Rdnr. 7; *RRH*, 3. Aufl., Rdnr. 28; *KK*, 5. Aufl., Rdnr. 12). Zu unterscheiden ist das Recht auf Einholung der Auskunft von der Befugnis, dieses Recht durchzusetzen. Ggf. hat eine Behörde/ein Amtsträger zwar das Recht auf Personalienfeststellung. Bei Verweigerung durch den Betroffenen kann diesem Recht jedoch nicht beispielsweise per körperlicher Durchsuchung „nachgeholfen" werden (vgl. hierzu Erl. 5).

1.2 Amtsträger

Das sind gem. § 11 Abs. 1 Nr. 2 StGB Personen, die nach deutschem Recht Beamte oder Richter sind, in einem sonstigen öffentlich-rechtlichen Amtsverhältnis stehen oder sonst dazu bestellt sind, bei einer Behörde bzw. sonstigen Stelle oder in deren Auftrag Aufgaben der öffentlichen Verwaltung wahrzunehmen; es können somit auch solche Personen Amtsträger und zur Feststellung der Personalien berechtigt sein, die nicht Beamte im staatsrechtlichen Sinne sind (vgl. *RRH*, 3. Aufl., Rdnr. 29; *KK*, 5. Aufl., Rdnr. 13, *Göhler*, 18. Aufl. 2020, Rdnr. 8).

1.3 Soldaten der Bundeswehr

Soldat ist gem. § 1 Abs. 1 Satz 1 SoldatenG, wer aufgrund der Wehrpflicht (ausgesetzt seit 1.7.2011 mit WehrrechtsÄndG 2011 – BGBl. I S. 678) oder freiwilligen Verpflichtung in einem Wehrdienstverhältnis steht. Das ist auch bei Angehörigen der Reserve während der Zeit, in der sie Dienst bei der Bundeswehr tun (z. B. Wehrübung), der Fall (§ 1 Abs. 4 SoldatenG); das Recht, Personen zu überprüfen, ergibt sich aus §§ 4, 5 UZwGBw; nach § 2 Nr. 1 NTSG haben auch Soldaten und Beamte der NATO-Streitkräfte entsprechende Rechte (vgl. *RRH*, 3. Aufl., Rdnr. 41).

2. Zuständigkeit der Stelle oder Person

Bei dem Begriff „zuständig" (Absatz 1) handelt es sich um ein Tatbestandsmerkmal, was sich aus Absatz 2 ergibt (vgl. *Göhler*, 18. Aufl. 2020, Rdnr. 15). Das Merkmal der Zuständigkeit, bei den Betroffenen deren Personalien einzufordern, umfasst die örtliche und sachliche, also die formelle Zuständigkeit, die sich aus den Aufgabenbereichen der Behörden bzw. der Amtsträger oder Soldaten ergeben, aber auch die Befugnis im Einzelfall und somit die Rechtmäßigkeit des Auskunftsverlangens, also die materielle Zuständigkeit (vgl. BVerfG, a. a. O.; *Göhler*, a. a. O.). Daraus folgt, dass die Zuständigkeit nur dann gegeben ist, wenn das Auskunftsverlangen im Einzelfall, auch hinsichtlich des Umgangs, zulässig war. Zulässig ist diese Forderung dann, wenn die Personenangaben (Absatz 1), und zwar jede für sich, erforderlich sind, damit die Amtsträger die ihnen obliegenden Aufgaben erfüllen können (vgl. *RRH*, 3. Aufl., Rdnr. 4). Vor der Verhängung eines Bußgeldes ist daher stets die Rechtmäßigkeit des einzelnen Auskunftsverlangens in vollem Umgang zu prüfen (vgl. BVerfG, a. a. O.). Nur bei dieser Auslegung ist nämlich § 111 OWiG mit dem Schutz der Persönlichkeitsrechte, insbesondere dem Recht auf informationelle Selbstbestimmung (Art. 2 Abs. 1 i. V. m. Art. 1 Abs. 1 GG), vereinbar (vgl. BVerfG, a. a. O.). Die Tätigkeit der Polizeibeamten, die schnelle Entscheidungen vor Ort in oftmals unübersichtlichen und spannungsreichen Situationen treffen müssen und für eine genaue Prüfung der rechtlichen Voraussetzungen keine Zeit haben, wird durch diese Beschränkung, so das BVerfG, a. a. O., nicht beeinträchtigt. Der Polizei stehen nämlich in solchen Fällen genügend rechtliche Mittel zur Durchsetzung ihres Verlangens (z. B. das Festhalten, das Durchsuchen und die Durchführung erkennungsdienstlicher Maßnahmen nach § 163b Abs. 1 StPO) zur Verfügung, welche die Betroffenen in Situationen, die keine vorherige Klärung der Rechtmäßigkeit zulassen, grundsätzlich hinnehmen müssen. Dass im Nachhinein womöglich kein Bußgeld verhängt werden kann, hat hierauf keinen Einfluss. Auch der Zweck der Vorschrift, dem Auskunftsverlangen Nachdruck zu verleihen, wird dadurch nicht untergraben, denn bei einer Weigerung, die Personalien anzugeben, bleibt das Risiko bestehen, deswegen nachträglich mit einem Bußgeld belegt zu werden (vgl. BVerfG, a. a. O.).

Beispiele:

Nicht rechtmäßig ist das Auskunftsverlangen zur Identitätsfeststellung, wenn die Personendaten bereits bekannt sind (vgl. OLG Hamm, NJW 1988 S. 274; Göhler,

18. Aufl. 2020, Rdnr. 3; RRH, 3. Aufl., Rdnr. 2) oder wenn Polizeibeamte die Personalien ohne Grund erheben wollen (vgl. Göhler und RRH, jeweils a. a. O.). Das Gleiche gilt, wenn die Personalien nur zum Teil bekannt sind, die Identifizierung der Person jedoch ohne weiteres möglich ist und die Kenntnis der übrigen in Absatz 1 aufgeführten Identitätsmerkmale zur Durchführung staatlicher Aufgaben nicht notwendig ist, was z. B. bei geringfügigen Ordnungswidrigkeiten, bei denen die wirtschaftlichen Verhältnisse der Betroffenen unerheblich sind, im Hinblick auf die Frage nach deren Familienstand oder Beruf der Fall sein kann (vgl. BayObLG, VRS 57, 53 – 55, 1979; Göhler, a. a. O.); dagegen kann es für Mitteilungen an das VZR oder GZR erforderlich sein, weitere Personenangaben zu verlangen, auch wenn die Identität im Wesentlichen bereits feststeht.

In der Praxis ist gerade bei der Durchführung von schriftlichen Anhörungen im Bußgeldverfahren (§ 55), wenn beispielsweise mittels eines Vordruckes zugleich pauschal die Angaben sämtlicher Personalien verlangt werden, darauf zu achten, dass vor Verhängung einer Sanktion nach § 111 OWiG genau geprüft wird, ob und ggf. welche Angaben überhaupt zur Aufgabenerfüllung notwendig sind. Die Betroffenen müssen die zur Feststellung ihrer Identität notwendigen Angaben machen; ihre verfahrensrechtliche Stellung i. V. m. dem Recht, zur Sache zu schweigen, hat darauf keinerlei Einfluss (vgl. BayObLG, a. a. O.). Andere Meinungen räumen den Betroffenen in den Fällen ein Schweigerecht ein, in denen die Angaben zur Person im Einzelfall zu einer Selbstbelastung führt (vgl. *RRH*, 3. Aufl., Rdnr. 25; *KK*, 5. Aufl., Rdnr. 61, 62). Diesen Meinungen kann nicht gefolgt werden, da unter Abwägung der gegenseitigen Interessen, die Interessen der Betroffenen hier weniger Bedeutung haben, denn in der Regel lassen sich die Personalien, wenn unter Umständen auch mit hohem Aufwand, anderweitig feststellen, sodass den Betroffenen nur der Nachteil einer schnelleren Identifizierung droht. Das Interesse an einer schnellen Identitätsfeststellung hat deshalb Vorrang (vgl. *Göhler*, 18. Aufl. 2020, Rdnr. 17).

2.1 Einzelheiten

„Zuständig" können Polizeibeamte sein, bei der Ermittlung von Zeugen oder Tätern bzw. zur Identitätsfeststellung bei verdächtigen Personen (vgl. *Göhler*, 18. Aufl. 2020, Rdnr. 16), wobei allerdings beachtet werden muss, dass den Personen zuvor der Grund genannt wird, es sei denn, dieser ergibt sich für sie klar aus den Umständen. Die Befugnis für die Polizei zur Identitätsfeststellung kann auch im Rahmen der Gefahrenabwehr nach bundes- oder landesrechtlichen Regelungen begründet sein, selbst wenn dabei keine Uniform getragen wird (vgl. *Göhler*, a. a. O.). Zuständig für die Feststellung der Identität sind außerdem die Verwaltungsbehörden im Bußgeldverfahren (vgl. OLG Hamm, NJW 1988 S. 274) und sonstige Behörden als Ermittlungsbehörden, wie z. B. der Zoll (vgl. *Göhler*, a. a. O.). Weitere Einzelheiten: *RRH*, 3. Aufl., Rdnr. 34.

3. Angaben der Personalien

Die in Absatz 1 aufgeführten Personendaten sind abschließend; weitere Angaben, beispielsweise zum Einkommen, sind nicht erfasst (vgl. *RRH*, 3. Aufl., Rdnr. 21; *Göhler*, 18. Aufl. 2020, Rdnr. 10; *KK*, 5. Aufl., Rdnr. 39). Es kann also nicht verlangt werden, dass mehr als die angeführten Daten angegeben werden, andererseits sind sämtliche Daten nur dann einzufordern, wenn dies auch erforderlich ist (vgl. Erl. 2). Sind die Personalien bereits bekannt, besteht keine Verpflichtung zur nochmaligen Angabe.

3.1 Namen

Ausdrücklich bestimmt ist, dass zum Familiennamen auch der Vorname sowie der Geburtsname anzugeben ist (Absatz 1), und zwar in der richtigen Schreibweise (vgl. *Göhler*, 18. Aufl. 2020, Rdnr. 18; *RRH*, 3. Aufl., Rdnr. 9; *KK*, 5. Aufl., Rdnr. 40). Andere Angaben (z. B. Namen der Eltern oder Großeltern werden nicht von dieser Vorschrift erfasst. Zum **Familiennamen** im Sinne von § 111 OWiG zählt auch der Begleitname (das ist der

Geburtsname oder der bis dato geführte Name, der dem Ehenamen vorangestellt ist – § 1355 Abs. 4 Satz 1 BGB), was sich aus dem Schutzzweck dieser Vorschrift (Feststellung der Identität) herleitet (vgl. *Göhler*, 18. Aufl. 2020, Rdnr. 11; *RRH*, 3. Aufl., Rdnr. 10; *KK*,54. Aufl., Rdnr. 41). Bei Doppelnamen müssen beide Namensteile angegeben werden (*RRH*, 3. Aufl., Rdnr. 11; *KK*, a. a. O.). Adelsprädikate sind Teile des Namens und sind als solche ebenfalls anzugeben (vgl. *Göhler, KK, RRH*, jeweils a. a. O.), dagegen zählen bloße Anreden, wie z. B. „Frau", nicht hierzu (vgl. *RRH*, 3. Aufl., Rdnr. 11a; *Göhler*, a. a. O.). Der Künstlername kann zur Identifizierung ausreichen, falls nicht, ist der bürgerliche Familienname anzugeben (vgl. *RRH*, 3. Aufl., Rdnr. 11; *KK, Göhler*, jeweils a. a. O.); eine Pflicht zur Angabe des Künstlernamens zusätzlich zum Familiennamen besteht dagegen nicht. Der Doktorgrad ist als solcher kein Namensteil und daher nicht angabepflichtig (vgl. *RRH, KK*, jeweils a. a. O.). Es kommt auf den aktuellen Namen an; bei Namenswechsel ist folglich der geänderte Name maßgeblich (vgl. *Göhler*, a. a. O.). Bei mehreren **Vornamen** genügt in der Regel die Angabe des Rufnamens zur Identifizierung (vgl. *Göhler*, a. a. O.; *RRH*, 3. Aufl., Rdnr. 10). Der **Geburtsname** kann zur Identifizierung, vor allem bei Verheirateten, erheblich sein (vgl. *KK*, 5. Aufl., Rdnr. 42) und ist dann anzugeben.

3.2 Geburtsort, Geburtstag

Selbst diese Angaben sind nur dann zu machen, wenn sie zur Identitätsfeststellung erforderlich sind, was z. B. bei einem Zeugen im Bußgeldverfahren dann nicht der Fall ist, wenn die bekannten sonstigen Personalien dafür ausreichen, diesen zur Vernehmung zu laden (vgl. *RRH*, 3. Aufl., Rdnr. 14).

3.3 Familienstand

Damit ist der familienrechtliche Status gemeint, nämlich ob jemand ledig, verheiratet, verwitwet oder geschieden ist; andere Daten, z. B. solche nach dem PersStdG, sind nicht erfasst (vgl. *RRH*, 3. Aufl., Rdnr. 15). Der Familienstand kann insbesondere im Hinblick auf den Rechtsfolgeausspruch von Bedeutung sein; bei lediglich geringfügigen Ordnungswidrigkeiten wird auf solche Angaben wohl zu verzichten sein (vgl. *KK*, 5. Aufl., Rdnr. 45).

3.4 Beruf

Damit ist der aktuell ausgeübte Beruf, mit dem der Lebensunterhalt bestritten wird, nicht der erlernte, was oftmals nicht identisch ist, gemeint; dies ergibt sich aus dem Zweck der Vorschrift, z. B. die Feststellung der wirtschaftlichen Verhältnisse eines Betroffenen (vgl. *Göhler*, 18. Aufl. 2020, Rdnr. 14; *KK*, 5. Aufl., Rdnr. 46). Bei Arbeitslosigkeit ist der zuletzt ausgeübte oder der erlernte Beruf (falls dies überhaupt noch erforderlich ist) anzugeben (vgl. *Göhler, KK*, jeweils a. a. O.). Angaben bloßer Nebenbeschäftigungen (neben einer Haupttätigkeit) reichen nicht aus (vgl. *RRH*, 3. Aufl., Rdnr. 16; *Göhler, KK*, jeweils a. a. O.). Bei geringfügigen Ordnungswidrigkeiten sind wohl keine Angaben zum Beruf zu machen, da aus der Berufsangabe allenfalls Rückschlüsse auf die wirtschaftlichen Verhältnisse gezogen werden können, diese aber in solchen Fällen unbeachtlich sind (vgl. BayObLG, VRS 57, 53; *RRH*, a. a. O.).

3.5 Wohnort, Wohnung

Wohnort und Wohnung sind oftmals identisch. Unter dem Begriff **„Wohnort"** ist der Ort zu verstehen, an dem sich der tatsächliche Lebensmittelpunkt befindet; ein vorübergehender anderer Aufenthaltsort ist damit nicht gemeint (vgl. *Göhler*, 18. Aufl. 2020, Rdnr. 14a). Bei mehreren Wohnorten sind grundsätzlich alle anzugeben; hat jemand keinen Wohnsitz (zum Begriff „Wohnsitz" vgl. Erl. 2 zu § 37), so muss er seinen gewöhnlichen Aufenthaltsort angeben (vgl. *Göhler*, a. a. O.; *RRH*, 3. Aufl., Rdnr. 18). Als **Wohnung** wird ein umschlossener Raum bezeichnet, der zum Wohnen oder Schlafen benutzt wird; hierzu zählen auch Unterkünfte auf Schiffen oder bei der Bundeswehr (vgl. § 11 Abs. 5 MRRG; *KK*, 5. Aufl., *Rdnr. 48). Es handelt sich um die Adresse, an der jemand regelmäßig erreich-*

bar ist; sie ist möglichst genau zu bezeichnen, üblicherweise mit Angaben von Straße und Hausnummer (vgl. KK, a. a. O.).

3.6 Staatsangehörigkeit

Im Hinblick auf den Zweck der Vorschrift wird die Feststellung der Staatsangehörigkeit in der Praxis nur selten notwendig sein; wenn dies erforderlich ist, dann handelt es sich meistens um Fälle, denen ein Verfahren wegen Zuwiderhandlungen gegen das AufenthG zugrunde liegt (vgl. *Göhler,* 18. Aufl. 2020, Rdnr. 14b).

4. Unrichtige Angaben

Unrichtig sind Angaben, wenn sie inhaltlich falsch sind (vgl. *KK,* 5. Aufl., Rdnr. 51). Dies kann z. B. der Fall sein, wenn unvollständige Angaben gemacht werden, wie etwa bei der Angabe nur eines Namensteils bei einem Doppelnamen (vgl. *KK,* a. a. O.; *RRH,* 3. Aufl., Rdnr. 22; *Göhler,* 18. Aufl. 2020 Rdnr. 18), bei einer falschen Schreibweise oder wenn der Name einer anderen Person anstatt der eigenen angegeben wird (vgl. *Göhler,* a. a. O.); letzteres kann unter Umständen auch den Straftatbestand des § 164 (falsche Verdächtigung) erfüllen (vgl. *KK,* a. a. O.). In welcher Form die unrichtigen Angaben gemacht werden, schriftlich oder mündlich, ist unerheblich (vgl. *Göhler, RRH, KK,* jeweils a. a. O.).

5. Verweigerung

Die Angaben verweigern kann jemand durch aktives Verhalten, z. B. indem er erklärt, keine Auskünfte zu geben oder sich entfernt, aber auch durch bloßes Unterlassen, indem er schweigt oder z. B. den Personalbogen bei einer schriftlichen Anhörung nicht zurücksendet (vgl. OLG Hamm, NJW 1988 S. 274; *Göhler,* 18. Aufl. 2020, Rdnr. 19). Aufsässiges Verhalten wird nicht vorausgesetzt (vgl. *Göhler,* a. a. O.; *RRH,* 3. Aufl., Rdnr. 23). Der Tatbestand ist auch erfüllt, wenn lediglich ein Teil der erforderlichen Angaben nicht gemacht wird (vgl. *Göhler,* a. a. O.), vorausgesetzt, dass konkret nach den einzelnen noch fehlenden Persönlichkeitsmerkmalen gefragt wurde (vgl. *KK,* 5. Aufl., Rdnr. 52; *RRH,* a. a. O.).

> *Beispiel:*
>
> *Ein Polizeibeamter fordert einen Betroffenen auf, „seine ganzen Personalien" anzugeben. Dieser händigt daraufhin seinen Personalausweis aus, aus dem die aktuelle Wohnung, deren Kenntnis aber für das weitere Verfahren notwendig ist, nicht hervorgeht.*

Diese Sachlage stellt keinen Verstoß gegen § 111 OWiG dar. Der Polizeibeamte muss konkret nach noch fehlenden Angaben, wie hier nach der Wohnung, fragen. Der Tatbestand wäre erst dann verwirklicht, sollte der Betroffene auch daraufhin diese Angabe verweigern.

Die Befragung nach den Personalien ist ein einheitlicher Vorgang; es kommt also darauf an, ob die Angaben nach deren Abschluss falsch sind bzw. verweigert wurden (vgl. *Göhler,* a. a. O.; *RRH,* 3. Aufl., Rdnr. 38, *KK,* 5. Aufl., Rdnr. 54). Abgeschlossen ist die Befragung erst, wenn dies *für den Betroffenen klar erkennbar* ist (durch entsprechende Belehrung oder konkludentes Handeln des Amtsträgers). Erst dann ist der Tatbestand ggf. erfüllt. Werden z. B. während einer Vernehmung bestimmte Angaben zu den Personalien berichtigt, so liegt noch kein tatbestandsrelevantes Verhalten vor. Macht ein Betroffener dagegen erst nach Abschluss der Anhörung bzw. Vernehmung, z. B. wenn bereits aufgrund der Weigerung Zwangsmaßnahmen zur Identitätsfeststellung (Durchsuchung usw.) ergriffen werden, entsprechende Angaben, so kann die Verhängung eines Bußgeldes möglich sein (vgl. *Göhler,* a. a. O.). Der Tatbestand ist auch erfüllt, wenn eine befragte Person erst Auskunft gibt, nachdem eine unzulässige Bedingung erfüllt ist, z. B. bei Hinzuziehung der Polizei zur Durchführung etwaiger Zwangsmaßnahmen nach Befragung durch einen anderen Amtsträger, (vgl. *Göhler,* a. a. O.).

Das Recht auf Herausgabe von Personalien kann nicht von jedem Amtsträger erzwungen werden. Beamte des **Polizei**dienstes dürfen jedoch gemäß § 163b Abs. 1 StPO die Identität jeder Person feststellen, die der Begehung einer Straftat (oder Ordnungswidrigkeit, vgl. § 46 Abs. 1 OWiG) verdächtig ist. Dazu muss es der Verdächtige gemäß § 163b Abs. 1, S. 2, 3 StPO ggf. dulden, festgehalten, durchsucht und erkennungsdienstlich behandelt zu werden, wenn die Identität sonst nicht oder nur unter erheblichen Schwierigkeiten festgestellt werden kann (vgl. *Frister/Lisken/Denninger*, Handbuch des Polizeirechts, 7. Auflage 2021). Erforderlich ist ein berechtigender Anfangsverdacht. Dieser muss auf einer hinreichenden objektiven Tatsachengrundlage beruhen sowie individuell auf die konkrete Person bezogen bestehen. Liegt kein *objektiv erkennbarer* Anfangsverdacht vor, ist eine Identitätsfeststellung nicht zulässig. Der Verdächtige muss zwar zu Beginn der Maßnahme noch nicht Betroffener sein. Er wird es aber durch die Feststellung seiner Identität, weil diese darauf abzielt, bußgeldrechtlich oder strafrechtlich gegen ihn vorzugehen. Aus diesem Grund ist dem Verdächtigen bei Beginn der ersten Maßnahme zur Identitätsfeststellung zu eröffnen, welche Tat ihm zur Last gelegt wird. Zur Aufklärung von Ordnungswidrigkeiten erlaubt § 111 Abs. 1 OWiG i. V. m. § 163b Abs. 1 StPO übrigens auch die Feststellung der Identität anderer Personen, d. h. insbesondere möglicher Zeugen. Mithin können nicht nur Betroffene, sondern auch Zeugen bei Verweigerung ihrer Personalien ornungswidrig handeln. Allerdings ist bei der Anwendung entsprechender Maßnahmen auch und vor allem stets der *Verhältnismäßigkeitsgrundsatz* zu beachten. Den Zeugen sind bei der Befragung der Gegenstand der Untersuchung und die der Tat beschuldigten Person, sofern eine solche bereits vorhanden ist, mitzuteilen.

6. Gesetzeskonkurrenz

Bei dieser Vorschrift handelt es sich um einen Auffangtatbestand (Subsidiaritätsklausel), der nur dann anzuwenden ist, wenn im konkreten Fall andere Vorschriften des Bundes- und Landesrechts, insbesondere handelt es sich um Bußgeldvorschriften nach landesrechtlichen Meldegesetzen, nicht greifen (Absatz. 3). Diese gehen allerdings nur dann als Spezialnorm vor, wenn es deren Zweck ist, Personenangaben zur Erfüllung von staatlichen Aufgaben festzustellen, wie z. B. § 25 Abs. 3 Nr. 1 PassG (vgl. *RRH*, 3. Aufl., Rdnr. 39). Die Subsidiaritätsklausel greift somit nicht ein, wenn in anderweitigen Vorgängen mehrere Bußgeldvorschriften verletzt sind, was natürlich auch dann der Fall ist, wenn innerhalb eines Tatgeschehens mehrere Bußgeldtatbestände verwirklicht sind (vgl. *Göhler*, 18. Aufl. 2020, Rdnr. 22). Unterbindet ein Polizeibeamter z. B. eine Ordnungswidrigkeit und fordert unmittelbar danach wegen dieses Vorfalls den Betroffenen auf, seine Personalien anzugeben, weil ein Bußgeldverfahren durchgeführt wird, so ist bei Verweigerung § 111 OWiG anzuwenden; außerdem ist zu beachten, dass die vorangegangene Ordnungswidrigkeit und der Verstoß gegen § 111 OWiG zueinander wohl in Tatmehrheit (§ 20 OWiG) stehen, der gesamte Vorgang verfahrensrechtlich aber als eine Tat im prozessualen Sinne anzusehen ist, und folglich (Verbot der Mehrfachahndung wegen einer Tat) keine getrennten Bußgeldverfahren (mit getrennten Bescheiden) durchgeführt werden können, (vgl. BayObLG, NJW 1994 S. 63; *Göhler*, a. a. O.). Ist die Ordnungswidrigkeit nach dieser Vorschrift zugleich eine Straftat – in Betracht kommt z. B. Widerstand gegen Vollstreckungsbeamte (§ 113 StGB) – wird nur das Strafgesetz angewendet (§ 21 Abs. 1 OWiG).

7. Ahndung durch Bußgeld

Erforderlich ist nach Absatz 1 vorsätzliches Handeln (§ 10 OWiG); bedingter Vorsatz (vgl. Erl. 1.3 zu § 10 OWiG) reicht aus. Der Vorsatz muss sich auf alle Tatbestandsmerkmale erstrecken. So muss der Betroffene die Umstände kennen, aus denen sich ergibt, dass es sich bei der auskunftsfordernden Person um einen Amtsträger handelt; kennt er diese Umstände, irrt aber über die Amtsträgereigenschaft (sog. Subsumtionsirrtum), so ist eine Ahndung wegen vorsätzlicher Zuwiderhandlung möglich (vgl. *KK*, 5. Aufl., Rdnr. 56). Nach Absatz 2 genügt bereits fahrlässiges Handeln (§ 10 OWiG), aber nur hinsichtlich des Tatbestandsmerkmals „Zuständigkeit"; bei allen übrigen Tatbestandsmerkmalen bleibt vorsätzliches Handeln erforderlich (vgl. *Göhler,* 18. Aufl. 2020, Rdnr. 20). Gibt jemand z. B. keine Auskunft, weil er fälschlicherweise glaubt, die geforderten Angaben seien dem Amtsträger bereits bekannt, kann ein Tatbestandsirrtum gem. § 11 Abs. 1 vorliegen, mit der Folge, dass eine Ahndung wegen Fahrlässigkeit (nicht wegen Vorsatz) möglich ist, falls alle anderen Tatbestandsmerkmale vorsätzlich verwirklicht wurden (vgl. *Göhler,* 18. Aufl. 2020, Rdnr. 21).

7.1 Bußgeldrahmen

Die Bußgeldhöhe beträgt mindestens 5 Euro (§ 17 Abs. 1 OWiG), bei Vorsatz höchstens 1000 Euro (Abs. 1, Abs. 3 HS 1 OWiG) und bei Fahrlässigkeit höchstens 500 Euro (Abs. 2, Abs. 3 HS 2 OWiG).

7.2 Verjährung

Die Ordnungswidrigkeit verjährt nach sechs Monaten (§ 31 Abs. 2 Nr. 4 OWiG).

7.3 Zuständige Bußgeldbehörde

Sachlich zuständig ist die fachlich zuständige oberste Landesbehörde (§ 36 Abs. 1 Nr. 2a OWiG) oder die jeweils von der Landesregierung durch Rechtsverordnung oder durch die oberste Landesbehörde bestimmte Behörde (§ 36 Abs. 2 OWiG), auch bei Befragung durch Bundesbehörden, sofern gesetzlich nicht etwas anderes bestimmt ist, wie in § 13 Abs. 2 BPolG; beispielsweise in Bayern § 87 ZustVO; weitere Nachweise bei *Göhler,* 18. Aufl. 2020, Rdnr. 25; *RRH,* 3. Aufl., Rdnr. 25 zu § 131.

§ 112
Verletzung der Hausordnung eines Gesetzgebungsorgans

(1) Ordnungswidrig handelt, wer gegen Anordnungen verstößt, die ein Gesetzgebungsorgan des Bundes oder eines Landes oder sein Präsident über das Betreten des Gebäudes des Gesetzgebungsorgans oder des dazugehörigen Grundstücks oder über das Verweilen oder die Sicherheit und Ordnung im Gebäude oder auf dem Grundstück allgemein oder im Einzelfall erlassen hat.

(2) Die Ordnungswidrigkeit kann mit einer Geldbuße bis zu fünftausend Euro geahndet werden.

(3) Die Absätze 1 und 2 gelten bei Anordnungen eines Gesetzgebungsorgans des Bundes oder seines Präsidenten weder für die Mitglieder des Bundestages noch für die Mitglieder des Bundesrates und der Bundesregierung sowie deren Beauftragte, bei Anordnungen eines Gesetzgebungsorgans eines Landes oder seines Präsidenten weder für die Mitglieder der Gesetzgebungsorgane dieses Landes noch für die Mitglieder der Landesregierung und deren Beauftragte.

Erläuterungen

Übersicht

Vorbemerkung

Diese Vorschrift ist zusammen mit § 106b StGB n. F. (Störung der Tätigkeit eines Gesetzgebungsorgans) an die Stelle des § 106b StGB a. F. getreten; beide Vorschriften bilden zusammen einen sog. unechten Mischtatbestand (vgl. *Göhler,* 18. Aufl. 2020, Rdnr. 1). Während § 112 OWiG für Fälle mit nicht so großer Bedeutung vorgesehen ist, nämlich nur für solche, in denen zwar gegen Anordnungen verstoßen wurde, deswegen aber keine Beeinträchtigung der Tätigkeit eines Gesetzgebungsorgans gegeben ist, erfasst § 106b StGB ausschließlich solche Verstöße, in denen tatsächlich das Gesetzgebungsorgan in seiner Tätigkeit gehindert oder gestört wurde (vgl. *Göhler,* 18. Aufl. 2020, Rdnr. 2; *RRH,* 3. Aufl., Rdnr. 3). Es handelt sich somit um ein abstraktes Gefährdungsdelikt (vgl. *KK,* 5. Aufl., Rdnr. 2). Zweck der Norm ist der Schutz der Tätigkeit der Gesetzgebungsorgane bereits vor möglichen Störungen bzw. Behinderungen (vgl. *Göhler,* a. a. O.). Näheres zur Entstehungsgeschichte: *KK,* 5. Aufl., Rdnr. 3 und *RRH,* 3. Aufl., Rdnr. 2.

1. Anordnungen

Darunter fallen solche allgemeiner Art (Hausordnungen für die Parlamentsbereiche) sowie Einzelanordnungen, die sich z. B. nur an bestimmte Personen oder Personengruppen richten können; eine bestimmte Form ist nicht vorgeschrieben, die Anordnungen können daher sowohl mündlich als auch schriftlich getroffen werden (vgl. *RRH,* 3. Aufl., Rdnr. 8). Für den Bundestag gibt es aufgrund des Art. 40 GG i. V. m. § 7 Abs. 2 GeschOBT eine Hausordnung vom 11.7.1975 in der Fassung vom 7.8.2002 (BGBl. I S. 3483); für den Bereich des Bundesrates ist eine Hausordnung nach § 6 Abs. 3 GeschOBR (Hausordnung für das Sekretariat des Bundesrates vom 2.10.2002, BGBl. I S. 3964) ergangen (vgl. *RRH,* a. a. O.). Die Anordnung muss von einem Gesetzgebungsorgan des Bundes oder eines Landes oder seinem Präsidenten erlassen worden sein. Mit dem Präsidenten ist nicht die Person des jeweiligen Amtsinhabers gemeint, sondern das Amt als solches; im Vertretungsfall kann die Anordnung auch von Vizepräsidenten erlassen werden (vgl. *RRH,* 3. Aufl., Rdnr. 7; *KK,* 5. Aufl., Rdnr. 12). Zu beachten ist, dass Vorsitzende der Parlamentsausschüsse nicht die Befugnis haben, Anordnungen im Sinne dieser Vorschrift zu erlassen, was insbesondere bei auswärtigen Ausschusssitzungen von Bedeutung ist (vgl. *RRH,* 3. Aufl., Rdnr. 6; *KK,* a. a. O.).

2. Gebäude des Gesetzgebungsorgans

Das Gebäude des Gesetzgebungsorgans ist das Gebäude, in dem das Parlament gerade tagt und für das die Anordnungen erlassen sind; dieser Begriff ist funktionell zu verstehen und erfasst somit nicht nur das Parlamentsgebäude, sondern auch andere Objekte; entscheidend ist lediglich, dass darin zum Zeitpunkt der Tat das Gesetzgebungsorgan tätig ist, z. B. bei auswärtigen Sitzungen; die Eigentums- bzw. Besitzverhältnisse sind dabei unbeachtlich (vgl. *RRH,* 3. Aufl., Rdnr. 4; *Göhler,* 18. Aufl. 2020, Rdnr. 3).

3. Dazugehörige Grundstücke

Damit sind alle Grundstücke gemeint, die der Verwaltung des Gesetzgebungsorgans unterliegen (vgl. *Göhler,* 18. Aufl. 2020, Rdnr. 3), also nicht nur die Grundstücksfläche, die das Gebäude in dem das Parlament gerade tagt, umgibt, sondern auch Grundstücke, auf denen sich z. B. Arbeitsräume der Abgeordneten oder auch nur technische Einrichtungen befinden (vgl. *RRH,* 3. Aufl. e, Rdnr. 5; *KK,* 5. Aufl., Rdnr. 17). Die Besitz- und Eigentumsverhältnisse sind ebenfalls unerheblich (vgl. *RRH* und *KK,* jeweils a. a. O.).

4. Ahndung durch Bußgeld

Voraussetzung ist vorsätzliches Handeln (§ 10 OWiG). Bedingter (mittelbarer) Vorsatz (vgl. Erl. 1.3 zu § 10 OWiG) genügt. Die unter Absatz 3 genannten Personen sind von der Bußgeldvorschrift ausgenommen (Tatbestandsausschluss). Dies ist auch dann der Fall, wenn sich die Anordnung gegen sie richtet (Näheres: *RRH,* 3. Aufl., Rdnr. 9). Allerdings ist der Tatbestandsausschluss auf die Tätigkeit desjenigen Gesetzgebungsorgans beschränkt, dem die unter Absatz 3 genannten Personen selbst angehören (vgl. *RRH* a. a. O.; *Göhler*, 18. Aufl. 2020, Rdnr. 5). Beauftragte nach Absatz 3 sind insbesondere Ministerialbeamte der Bundes- bzw. Landesregierung, können aber auch sonstige Personen sein; eine bestimmte Form der Beauftragung ist nicht vorgeschrieben (vgl. *Göhler*, a. a. O.; *RRH*, 3. Aufl., Rdnr. 10). Ist die Ordnungswidrigkeit nach dieser Norm zugleich eine Straftat – in Betracht kommen insbesondere Störung der Tätigkeit eines Gesetzgebungsorgans (§ 106b StGB), Hausfriedensbruch (§ 123 StGB), Widerstand gegen die Staatsgewalt (§ 113 StGB) und Nötigung (§ 240 StGB) – so wird gem. § 21 OWiG nur das Strafgesetz angewendet (vgl. *RRH*, 3. Aufl., Rdnr. 12).

4.1 Bußgeldrahmen

Die Bußgeldhöhe beträgt mindestens 5 Euro und höchstens 5000 Euro (Absatz 2).

4.2 Verjährung

Die Ordnungswidrigkeit verjährt nach zwei Jahren (§ 31 Abs. 2 Nr. 2 OWiG).

4.3 Zuständige Bußgeldbehörde

Sachlich zuständige Bußgeldbehörde ist, soweit es sich um Anordnungen des Bundestages oder seines Präsidenten handelt, der Direktor des Bundestages, soweit es um Anordnungen des Bundesrates oder seines Präsidenten geht, ist der Direktor des Bundesrates (§ 131 Abs. 1 Satz 1 Nr. 1 OWiG) zuständig. Bei Anordnungen der Gesetzgebungsorgane der Länder bzw. ihrer Präsidenten richtet sich die Zuständigkeit nach Landesrecht. Überwiegend sind danach die Präsidenten der Landtage oder der Bürgerschaften zuständig (Näheres: *Göhler*, 18. Aufl. 2020, Rdnr. 7; *KK*, 5. Aufl., Rdnr. 23). In Bayern z. B. ist zuständige Verwaltungsbehörde für die Verfolgung und Ahndung von Ordnungswidrigkeiten nach § 112 OWiG der Direktor des Landtagsamts (Art. 59 LStVG), in Baden-Württemberg der Präsident des Landtags (§ 15 LOWiG). Für Kreisverwaltungsbehörden oder Gemeinden ist insoweit keine Zuständigkeit eröffnet.

§ 113
Unerlaubte Ansammlung

(1) Ordnungswidrig handelt, wer sich einer öffentlichen Ansammlung anschließt oder sich nicht aus ihr entfernt, obwohl ein Träger von Hoheitsbefugnissen die Menge dreimal rechtmäßig aufgefordert hat, auseinanderzugehen.

(2) Ordnungswidrig handelt auch der Täter, der fahrlässig nicht erkennt, dass die Aufforderung rechtmäßig ist.

(3) Die Ordnungswidrigkeit kann in den Fällen des Absatzes 1 mit einer Geldbuße bis zu eintausend Euro, in den Fällen des Absatzes 2 mit einer Geldbuße bis zu fünfhundert Euro geahndet werden.

Erläuterungen

Übersicht

Vorbemerkung

Die Vorschrift ersetzt Art. 2 des 3. StrRG vom 20.5.1970 (BGBl. I S. 505) und wurde durch Art. 29 Nr. 48 EGStGB in das OWiG eingefügt (vgl. zur Entstehungsgeschichte *RRH,* 3. Aufl., Rdnr. 1, 2; *KK,* 5. Aufl., Rdnr. 4). Ihr Zweck ist der Schutz der öffentlichen Sicherheit und Ordnung vor Gefahren, die von Menschenansammlungen, auch von friedlichen, ausgehen können, wie z. B. durch Behinderung des Straßenverkehrs oder von Rettungsmaßnahmen bei Unfällen und durch Behinderung der Polizei bei der Verfolgung von Straftaten (vgl. *Göhler,* 18. Aufl. 2020, Rdnr. 2) sowie durch Störung behördlich genehmigter Versammlungen (vgl. *RRH,* 3. Aufl., Rdnr. 3).

1. Öffentliche Ansammlung

Der Begriff Ansammlung hat dieselbe Bedeutung wie der Begriff Menschenmenge in den §§ 124, 125 StGB, was sich auch aus dem Begriff „Menge" in Absatz 1 ergibt (vgl. *RRH,* 3. Aufl., Rdnr. 4; *Göhler,* 18. Aufl. 2020, Rdnr. 4). Eine Ansammlung ist eine Personenmehrheit von solcher Größe, dass es keine Rolle mehr spielt, ob aus der Sicht von Außenstehenden noch jemand hinzukommt oder weggeht, dass also auf Anhieb nicht überblickt werden kann, wie viele Menschen es sind; außerdem müssen die Personen räumlich so miteinander verbunden sein, dass die Menschenmenge als ein Ganzes erscheint (vgl. BGH, NStZ 1994 S. 483 – 484; OLG Düsseldorf, NStZ 1984 S. 513; *Göhler* und *RRH,* jeweils a. a. O.; *KK,* 5. Aufl., Rdnr. 7). Bei der Beurteilung, ob eine Ansammlung vorliegt, ist maßgeblich, ob dem Zusammentreffen die Absicht zugrunde liegt, sich für einen längeren als nur flüchtigen Moment gemeinsam an einem bestimmten Ort aufzuhalten. Dieses Kriterium unterscheidet die rein zufällige gleichzeitige Anwesenheit mehrerer Personen, wie sie beispielsweise beim Einkaufen des täglichen Lebensbedarfs oder bei einem Spaziergang entstehen kann, von der Ansammlung (vgl. OLG Koblenz, Beschl. vom 8.3.2021 – 3 OWi 6 SsRs 395/20 –). Um wie viele Personen es sich mindestens handeln muss, ist zahlenmäßig nicht festgelegt; bei 15 bis 20 Menschen ist aber wohl von einer Ansammlung im Sinne dieser Vorschrift auszugehen (vgl. *BGH*; *Göhler* und *KK,* jeweils a. a. O.). Bei lediglich zehn Personen müssten noch besondere Umstände, z. B. Unübersichtlichkeit, hinzukommen (vgl. BGH, a. a. O.; *Göhler,* a. a. O.). Wie die Ansammlung entstanden ist (zufällig oder durch Absprache), welche gemeinsamen Interessen verfolgt werden (Demonstration oder nur Neugierde) oder ob überhaupt ein gemeinsames Interesse vorliegt, ob sie friedlicher oder unfriedlicher Art ist, ist unerheblich (vgl. OLG Düsseldorf, a. a. O.; *Göhler,* a. a. O.; *RRH,* 3. Aufl., Rdnr. 5; *KK,* 5. Aufl., Rdnr. 9). Z. B. können auch Menschenaufläufe bei Unfällen einschlägig sein (vgl. *Krenberger/Krum,* 5. Aufl. 2018, Rdnr. 3). **Öffentlich** bedeutet, dass beliebig viele, nicht näher bezeichnete Personen, die Möglichkeit haben, zusammen mit anderen Personen eine Ansammlung zu bilden bzw. sich in die Menschenmenge zu begeben und sich der Ansammlung anzuschließen (vgl. *Göhler,* 18. Aufl. 2020, Rdnr. 5; *RRH,* 3. Aufl., Rdnr. 7; *KK,* 5. Aufl., Rdnr. 11). Ob sie auf öffentlichen oder privaten Plätzen, Straßen etc. stattfindet, ist genauso unerheblich wie die Tatsache, dass sie von der Öffentlichkeit bemerkt werden kann (vgl. *Göhler* und *RRH,* jeweils a. a. O.). Es spielt auch keine Rolle, ob die Teilnahme von der Bezahlung eines Eintrittsgeldes oder von ähnlichen Bedingungen abhängig ist (vgl. *KK* und *RRH,* jeweils a. a. O.). Nichtöffentlich sind allerdings Ansammlungen, bei denen sich ausschließlich Personen beteiligen können, die untereinander eine besondere Beziehung haben, wie es z. B. bei Vereinsmitgliedern der Fall ist (vgl. *RRH* und *KK*, jeweils a. a. O.; entgegen *Göhler*, a. a. O.).

2. Sich anschließen

Dieser Begriff bedeutet, dass jemand hinzu kommt, also zum Teil der Menschenmenge wird, wobei der Grund hierfür unerheblich ist (vgl. *RRH*, 3. Aufl., Rdnr. 28; *Göhler*, 18. Aufl. 2020, Rdnr. 12; *KK*, 5. Aufl., Rdnr. 13).

3. Sich nicht entfernen

Darunter ist zu verstehen, dass jemand nicht den räumlichen Zusammenhang mit der Ansammlung aufgibt, also Teil der Menge bleibt (vgl. *KK*, 5. Aufl., Rdnr. 14). Bewegt sich die Menge geschlossen in eine Richtung, so kommt es darauf an, ob dies als ein „Auseinandergehen" angesehen werden kann (vgl. *KK*, 5. Aufl., Rdnr. 15). Dies wäre z. B. dann der Fall, wenn die Teilnehmer nach dem Ende einer Veranstaltung in einer Menschenmenge zum Bus strömen und der Grund für die Störung wegfällt; eine Zuwiderhandlung nach dieser Vorschrift liegt dann nicht vor. Zu berücksichtigen ist, dass zwischen der Aufforderung und deren Nichtbeachtung eine nach den Umständen des Einzelfalles angemessene Zeitspanne liegen muss; je dringender es ist, dass die Menge auseinander geht, z. B. wenn durch eine Ansammlung von Menschen bei einem schweren Unfall dringende Rettungsmaßnahmen behindert werden, desto schneller ist eine Entfernung erforderlich; ist eine Entfernung aus der Menschenmenge nicht möglich, was durchaus bei Personen, die sich in der vorderen Reihe befinden, der Fall sein kann, z. B. wenn die Menge von einer Polizeikette zurückgedrängt wird, die hinteren Reihen aber dagegen drücken, liegt keine Ordnungswidrigkeit vor (vgl. *Göhler*, 18. Aufl. 2020, Rdnr. 12; *RRH*, 3. Aufl., Rdnr. 29).

4. Träger von Hoheitsbefugnissen

Träger von Hoheitsbefugnissen sind solche Personen, die rechtmäßig hoheitliche Anordnungen treffen können. Das sind Amtsträger (§ 11 Abs. 1 Nr. 2 StGB), für den öffentlichen Dienst besonders Verpflichtete (§ 11 Abs. 1 Nr. 4 StGB) und Soldaten der Bundeswehr (vgl. *RRH*, 3. Aufl., Rdnr. 9; *Göhler*, 18. Aufl. 2020, Rdnr. 6; *KK*, 5. Aufl., Rdnr. 17). Auch Soldaten, Beamte oder sonstige Bedienstete der NATO-Streitkräfte können Hoheitsträger sein (vgl. *Göhler*, a. a. O., *Krenberger/Krumm*, 6. Aufl. 2020, Rdnr. 6); diese Auffassung ist allerdings nicht einhellig (vgl. *KK* und *RRH*, jeweils a. a. O.).

5. Dreimalige Aufforderung, auseinander zu gehen

Erforderlich ist, dass die Menge als solches aufgefordert wird, nicht lediglich einzelne Personen in der Menge. Wird lediglich eine Einzelperson in der Menge aufgefordert, gleichzeitig aber deutlich gemacht, dass dies eine Maßnahme zur Auflösung der gesamten Menge sein soll, so reicht dies aus (vgl. *Göhler*, 18. Aufl. 2020, Rdnr. 11; *RRH*, 3. Aufl., Rdnr. 10; *KK*, 5. Aufl., Rdnr. 18). Die einzelne Person muss die Aufforderung zur Kenntnis nehmen; ob sie es unmittelbar selbst hört, oder von anderen mitgeteilt bekommt, hat keine Bedeutung (vgl. *Göhler*, *RRH*, *KK*, jeweils a. a. O.). In welcher Form oder mit welchen Worten die Aufforderung erfolgt, spielt keine Rolle; der Wille des Auffordernden muss allerdings unmissverständlich sein, nämlich dass die Menge auseinander gehen soll, was bedeutet, dass der räumliche Zusammenhang mit der Menge aufzugeben ist (vgl. *RRH*, a. a. O.); lediglich die Aufforderung, den Ort zu wechseln oder einen bestimmten Raum freizumachen, ist keine solche Aufforderung (vgl. *Göhler*, a. a. O.). Zwischen den (zwingend erforderlichen) **drei** Aufforderungen muss eine angemessene Zeitspanne liegen, wobei zu beachten ist, dass die Zeitabstände so gewählt sind, dass ein Zusammenhang der einzelnen Aufforderungen deutlich wird und in der Menge nicht der Eindruck entsteht, es handelt sich um eine neue und somit wiederum um die erste Aufforderung (vgl. *RRH*, *KK*, *Göhler*, jeweils a. a. O.).

6. Rechtmäßigkeit der Aufforderungen

Die Aufforderung ist nur dann **rechtmäßig**, wenn sie auf eine gesetzliche Grundlage gestützt werden kann und von einer sachlich und örtlich zuständigen Person (Hoheitsträger) ausgesprochen wurde (vgl. *Göhler*, 18. Aufl. 2020, Rdnr. 7; *KK*, 4. Aufl., Rdnr. 20; *RRH*, 3. Aufl., Rdnr. 11). Bei der Beurteilung der Rechtmäßigkeit kommt es darauf an, ob es sich bei der Ansammlung (Oberbegriff) um einen Spezialfall einer Versammlung bzw. eines Aufzuges im Sinne des VersammlG handelt (vgl. OLG Düsseldorf, NStZ 1984 S. 513; *KK*, 4. Aufl., Rdnr. 9; *RRH*, 3. Aufl., Rdnr. 6). Ist dies nämlich der Fall, so ist bei der Beurteilung der Rechtmäßigkeit der Aufforderung das VersammlG als Spezialnorm heranzuziehen, wonach wegen der grundrechtsgeschützten Versammlungsfreiheit (Art. 8 GG) eine Auflösung nur nach den strengeren Voraussetzungen der §§ 13, 15 VersammlG – insbesondere muss eine konkrete Gefahrensituation vorliegen – möglich ist (vgl. *RRH*, 3. Aufl., Rdnr. 15; *Göhler*, 18. Aufl. 2020, Rdnr. 8).

6.1 Bei Versammlungen und Aufzügen

Nach h. M. liegt eine Versammlung vor, wenn mindestens drei Personen – nach neuerer Ansicht oder je nach Gesetzeslage (vgl. z. B. § 2 Abs. 1 BayVersG) können sogar schon zwei Personen eine Versammlung bilden – aus einem gemeinsamen, nicht nur zufälligen, gleichartigen Zweck, an einem Ort zusammenkommen, um entweder öffentliche Angelegenheiten zu erörtern oder in einer gemeinsamen Kundgebung zu öffentlichen Angelegenheiten auf die Öffentlichkeit einzuwirken (vgl. BayObLG, NJW 1979 S. 1895; *RRH*, 3. Aufl., Rdnr. 6). Der Unterschied zur bloßen Ansammlung ist der Ausdruck gemeinschaftlicher, auf Kommunikation angelegter Entfaltung (vgl. BVerfGE 69, 315, 343 = DVBl 1985 S. 1006; *RRH*, a. a. O.) und dass zahlenmäßig wesentlich weniger Teilnehmer (drei/zwei) ausreichen. Als Aufzug (Umzug, Demonstration) bezeichnet man eine Versammlung unter freiem Himmel, die sich fortbewegt und den Zweck verfolgt, durch die Demonstration einer gemeinsamen Aussage auf sich aufmerksam zu machen (vgl. *RRH*, a. a. O.). Auch kurzfristig geplante und durchgeführte Versammlungen aus aktuellem Anlass (Eilversammlungen) und solche, die zwar nicht geplant waren, sich aber aus aktuellem Anlass augenblicklich ergeben (Spontanversammlungen), sind Versammlungen im Sinne des VersammlG und dürfen nur nach den Bestimmungen des VersammlG aufgelöst werden (vgl. *KK*, 5. Aufl., Rdnr. 21; zu diesen beiden Begriffen vgl. OLG Düsseldorf, NStZ 1984 S. 513). Ist eine Versammlung entgegen § 14 VersammlG nicht angemeldet, so kann sie zwar gem. § 15 Abs. 3 VersammlG aufgelöst werden, allerdings ebenso wie bei angemeldeten Versammlungen nur zum Schutz gleichwertiger Rechtsgüter unter strikter Wahrung des Verhältnismäßigkeitsgrundsatzes und darüber hinaus nur bei einer unmittelbaren Gefährdung; wegen der fehlenden Anmeldung, was zum Informationsrückstand bei Behörden führen kann, wird lediglich ein behördliches Einschreiten erleichtert (vgl. BVerfG, a. a. O.). Bei Spontanversammlungen ist ohnehin eine vorherige Anmeldung nicht möglich, sie unterliegen daher nicht der Anmeldepflicht gem. § 14 VersammlG; dagegen ist bei Eilversammlungen nicht die Anmeldung überhaupt, sondern lediglich die Fristwahrung unmöglich (vgl. BVerfG, NStZ 1992 S. 188). In diesem Fall bedarf es keines gänzlichen Verzichts auf die Anmeldung, sondern nur einer angemessenen Verkürzung der Anmeldefrist. Die Aufforderung zum Auseinandergehen ist bei Versammlungen erst dann rechtmäßig, wenn diese entweder tatsächlich zu Ende ist oder deren Auflösung angeordnet wurde, wobei erst die Auflösungsanordnung und dann erst, erkennbar danach, die Aufforderung erfolgen muss (vgl. *KK*, 5. Aufl., Rdnr. 20; *RRH*, 3. Aufl., Rdnr. 15).

6.2 Bei Ansammlungen

Bloße Ansammlungen, die keine Versammlungen sind, wie Zufallsansammlungen, welche sich durch Schaulustige bilden können, werden nicht durch Art. 8 GG geschützt. Somit richtet sich die Rechtmäßigkeit deren Auflösung im Wesentlichen nach dem Polizeirecht, sodass bereits eine abstrakte Gefährdung (z. B. eine mögliche Behinderung des Straßenverkehrs) eine Auflösung rechtfertigen kann (vgl. *Göhler*, 18. Aufl. 2020, Rdnr. 9; *RRH*, 3. Aufl., Rdnr. 24).

7. Ahndung durch Bußgeld

Erforderlich ist nach Absatz 1 vorsätzliches Handeln (§ 10 OWiG); bedingter Vorsatz (vgl. Erl. 1.3 zu § 10) reicht aus. Der Vorsatz muss sich auf alle Tatbestandsmerkmale (öffentliche Ansammlung, sich anschließen, Träger von Hoheitsbefugnissen usw.) erstrecken. Beispielsweise müssen die Täter die Aufforderungen zur Kenntnis genommen haben; fehlt es daran und war auch nicht durch sonstige Umstände, z. B. durch das Verhalten anderer Personen in der Menge, ersichtlich, dass die Ansammlung aufgelöst wurde, liegt kein Vorsatz vor (vgl. *Göhler*, 18. Aufl. 2020, Rdnr. 13). Das Gleiche gilt, wenn jemand fälschlicherweise annimmt, es gibt keine Möglichkeit, sich zu entfernen (vgl. *RRH*, 3. Aufl., Rdnr. 30; *Göhler*, a. a. O.; *KK*, 5. Aufl., Rdnr. 23). Nach Absatz 2 genügt bereits fahrlässiges Handeln (§ 10 OWiG), aber nur hinsichtlich des Tatbestandsmerkmals „Rechtmäßigkeit der Aufforderung"; bei allen übrigen Tatbestandsmerkmalen (öffentliche Ansammlung usw.) bleibt vorsätzliches Handeln erforderlich (vgl. *RRH*, 3. Aufl., Rdnr. 31).

7.1 Bußgeldrahmen

Die Bußgeldhöhe beträgt mindestens 5 Euro (§ 17 Abs. 1 OWiG), bei Vorsatz höchstens 1000 Euro (Absatz 1, Absatz 3 HS 1) und bei Fahrlässigkeit höchstens 500 Euro (Absatz 2, Absatz 3 HS 2).

7.2 Verjährung

Die Ordnungswidrigkeit verjährt in beiden Fällen (Absatz 1 und Absatz 2) nach sechs Monaten (§ 31 Abs. 2 Nr. 4 OWiG).

7.3 Gesetzeskonkurrenz

Verstößt eine Tat gleichzeitig gegen den OWi-Tatbestand des § 29 Abs. 1 Nr. 1 VersammlG oder eine entsprechende landesrechtliche Vorschrift, sind diese im Vergleich zu § 113 die speziellere Vorschrift.

7.4 Konkurrenz zu Strafvorschriften

Ist die Ordnungswidrigkeit nach dieser Vorschrift zugleich eine Straftat, z. B. wegen Widerstand gegen Vollstreckungsbeamte (§ 113 StGB) oder Landfriedensbruch (§ 125 StGB), wird nur das Strafgesetz angewendet (§ 21 Abs. 1 OWiG). Wer sich trotz rechtmäßiger Auflösung einer öffentlichen Versammlung durch die zuständige Behörde nicht unverzüglich entfernt, verhält sich nach § 29 Abs. 1 Nr. 2 VersammlG und ggf. auch nach § 113 ordnungswidrig. Sind beide Vorschriften einschlägig, so ist § 113 die speziellere Vorschrift, sodass sie § 29 Abs. 1 Nr. 2 VersammlG verdrängt (vgl. *RRH*, 3. Aufl., Rdnr. 33; *Göhler*, 18. Aufl. 2020, Rdnr. 14; *KK*, 5. Aufl., Rdnr. 28; entgegen OLG Düsseldorf, NVwZ 1985 S. 939).

7.5 Zuständige Bußgeldbehörde

Sachlich zuständig ist die fachlich zuständige oberste Landesbehörde (§ 36 Abs. 1 Nr. 2a OWiG) oder die jeweils von der Landesregierung durch Rechtsverordnung oder durch die oberste Landesbehörde bestimmte Behörde (§ 36 Abs. 2 OWiG); beispielsweise in Bayern durch § 87 ZustV, Hessen § 1 Nr. 2 OWiZustVO-MdIS; weitere Nachweise bei *Göhler*, 18. Aufl. 2020, Rdnr. 16; *RRH*, 3. Aufl., Rdnr. 25 zu § 131.

§ 114
Betreten militärischer Anlagen

(1) Ordnungswidrig handelt, wer vorsätzlich oder fahrlässig entgegen einem Verbot der zuständigen Dienststelle eine militärische Einrichtung oder Anlage oder eine Örtlichkeit betritt, die aus Sicherheitsgründen zur Erfüllung dienstlicher Aufgaben der Bundeswehr gesperrt ist.

(2) Die Ordnungswidrigkeit kann mit einer Geldbuße geahndet werden.

Erläuterungen

Übersicht

Vorbemerkung

Diese Norm wurde zum 1.1.1975 durch Art. 29 Nr. 48 EGStGB in das OWiG eingefügt (vgl. *RRH*, 3. Aufl., Rdnr. 1). Zweck der Vorschrift ist der Schutz der Sicherheit militärischen Geländes der Bundeswehr, zum einen vor Ausspähungen, zum anderen vor Störungen und Behinderungen bei der Durchführung der zu erfüllenden Aufgabe der Landesverteidigung (vgl. *RRH*, a. a. O.; *Göhler*, 18. Aufl. 2020, Rdnr. 2; *KK*, 5. Aufl., Rdnr. 1– 4). Es handelt sich um ein abstraktes Gefährdungsdelikt (vgl. *Göhler* und *KK*, jeweils a. a. O.), auf eine tatsächliche Beeinträchtigung kommt es nicht an. Jedes Betreten militärischer Sicherheitszonen durch Unbefugte stellt ein Sicherheitsrisiko dar; das Betretungsverbot dient daher bereits im Vorfeld dem vom Gesetzgeber gewollten umfassenden Schutz militärischer Anlagen. Die Einstufung des Tatbestandes als Ordnungswidrigkeit bedeutet, dass in dem Fall, in dem nicht zugleich ein Verdacht einer Straftat (z. B. Landesverrat gem. §§ 96, 98 StGB) vorliegt, kein Festnahmerecht nach § 127 StPO besteht; Verdächtigte können lediglich zur Identitätsfeststellung (§§ 163b, 163c StPO, § 46 Abs. 1 OWiG) festgehalten oder angehalten und einer Personenüberprüfung nach §§ 4, 5 Abs. 1 Nr. 1, Abs. 2 UZwGBw unterzogen werden (vgl. *RRH*, 3. Aufl., Rdnr. 2; *Göhler*, 18. Aufl. 2020, Rdnr. 1; *KK*, 5. Aufl., Rdnr. 6).

1. Militärische Einrichtung oder Anlage

Hierzu zählen (ebenso wie in § 109g StGB) nur Einrichtungen oder Anlagen, die unmittelbar dem Zweck der Bundeswehr oder der im Inland stationierten NATO-Truppen dienen und deren Verfügungsgewalt unterworfen sind; Eigentumsverhältnisse spielen in diesem Zusammenhang keine Rolle; Einrichtungen und Anlagen, die nur mittelbar der Landesverteidigung dienen, wie solche gewerblicher Rüstungsbetriebe oder Energieversorgungsunternehmen, die für die Streitkräfte produzieren, fallen nicht darunter; nicht umfasst sind außerdem Einrichtungen und Anlagen der Bundespolizei (vgl. *RRH*, 3. Aufl., Rdnr. 4; *Göhler*, 18. Aufl. 2020, Rdnr. 3; *KK*, 5. Aufl., Rdnr. 9). Bei dem Begriff *„militärische Einrichtungen oder Anlagen"* handelt sich insbesondere um Kasernen, Flugplätze, Lagerhallen sowie Übungs- und Ausbildungsstätten (vgl. *Göhler*, a. a. O.), auch wenn sich diese noch im Bau befinden, das Militär aber bereits über das Gelände verfügt (vgl. *RRH* und *KK*, jeweils

a. a. O.). Auch Panzer, Flugzeuge, Schiffe etc. fallen darunter (vgl. *RRH*, 3. Aufl., Rdnr. 5; einschränkend: *Göhler*, a. a. O. und *KK*, 5. Aufl., Rdnr. 10), ebenso bewegliche Geschütz- und Raketenabschussstellungen (vgl. *RRH*, *Göhler* und *KK*, jeweils a. a. O.).

2. Gesperrte Örtlichkeit

Mit diesem Begriff werden auch solche Grundstücke und Flächen umfasst, die nicht unter die Bezeichnung „Einrichtung oder Anlage" (Erl. 1) fallen, aber aus Sicherheitsgründen zur Erfüllung dienstlicher Aufgaben der Bundeswehr gesperrt sind, z. B. für Manöver oder Militärtransporte, aber auch für militärische Traditionsveranstaltungen auf öffentlichen Plätzen wie der Große Zapfenstreich oder Militärparaden (vgl. BVerwG, NJW 1990 S. 2076 – 2079); *RRH*, 3. Aufl., Rdnr. 6). Voraussetzung für die Tatbestandsverwirklichung ist, dass die Örtlichkeit für Unbefugte gem. § 2 Abs. 2 Satz 2 UZwGBw von der zuständigen Dienststelle gesperrt wurde, wobei es keine Rolle spielt, ob diese Maßnahme überhaupt oder in dem angeordneten Ausmaß erforderlich war (vgl. *Göhler*, 18. Aufl. 2020, Rdnr. 7; *KK*, 5. Aufl., Rdnr. 19). Die Sperrung muss allerdings wirksam verfügt worden sein, insbesondere bedarf sie der Bekanntgabe z. B. auf Warntafeln, in Pressemitteilungen oder im Rundfunk bzw. durch mündliche Hinweise vor Ort mittels Lautsprecher oder durch einen Wachposten (vgl. *RRH* und *Göhler*, jeweils a. a. O.). Die zuständige Dienststelle für solche Anordnungen ergibt sich aus dem organisatorischen Aufbau der Bundeswehr, bei NATO-Truppen liegt die Befugnis beim verantwortlichen Kommandanten; vor Erlass eines Bußgeldbescheides ist die Zuständigkeit als Tatbestandsmerkmal zu überprüfen (vgl. *RRH*, 3. Aufl., Rdnr. 9; *Göhler*, a. a. O.; *KK*, 5. Aufl., Rdnr. 25, 26).

3. Betreten

Der Tatbestand ist schon dann verwirklicht, wenn nur ein Körperteil einer Person in den geschützten Bereich gelangt; der Begriff umfasst auch das Befahren des Sperrbereichs mit einem Fahrzeug auf dem Land oder zu Wasser; kein Betreten im Sinne dieser Vorschrift ist hingegen das Überfliegen des gesperrten Geländes, einschlägige Schutzvorschriften sind im letzteren Fall §§ 26, 62 LuftVG (vgl. *RRH*, 3. Aufl., Rdnr. 7; *Göhler*, 18. Aufl. 2020, Rdnr. 8; *KK*, 5. Aufl., Rdnr. 21). Kein unbefugtes Betreten liegt vor, wenn sich jemand erlaubter Weise in die gesperrte Zone begab, dann aber dort unbefugt verweilt (*Göhler*, a. a. O.). Das Gleiche gilt, wenn lediglich Gegenstände in den Schutzbereich gelangen, ohne dass die hierfür verantwortliche Person selbst eindringt (vgl. *RRH* und *KK*, jeweils a. a. O.). Ebenfalls kein Betreten liegt vor, wenn jemand außerhalb des Sperrbereichs von diesem Foto- oder Filmaufnahmen macht; einschlägige Schutzvorschrift ist in diesem Fall § 109g StGB (vgl. *Göhler* und *KK*, jeweils a. a. O.).

4. Ahndung durch Bußgeld

Erforderlich ist vorsätzliches oder fahrlässiges Handeln (§ 10 OWiG); bedingter Vorsatz (vgl. Erl. 1.3 zu § 10 OWiG) reicht aus. Der Vorsatz muss sich auf alle Tatbestandsmerkmale (insbesondere das Betretungsverbot, den Umfang der Sperrung und die Zuständigkeit der Dienststelle bei der Bundeswehr) erstrecken (zum Tatbestandsirrtum und Verbotsirrtum vgl. Erl. 1– 3 zu § 11 OWiG). Praktische Bedeutung hat diese Vorschrift, weil auch fahrlässiges Handeln bußgeldbewehrt ist, vor allem in solchen Fällen, in denen Vorsatz nicht nachweisbar ist und somit eine Ahndung wegen Hausfriedensbruch (§ 123 StGB) ausscheidet (vgl. *RRH*, 3. Aufl., Rdnr. 11; *KK*, 5. Aufl., Rdnr. 30).

4.1 Bußgeldrahmen

Die Bußgeldhöhe beträgt bei Vorsatz mindestens 5 Euro und höchstens 1000 Euro (§ 17 Abs. 1), bei Fahrlässigkeit mindestens 5 Euro und höchstens 500 Euro (§ 17 Abs. 2 OWiG).

4.2 Verjährung

Die Ordnungswidrigkeiten verjähren nach 6 Monaten (§ 31 Abs. 2 Nr. 4 OWiG).

4.3 Konkurrenz zu Strafvorschriften

Ist die Ordnungswidrigkeit nach dieser Vorschrift zugleich eine Straftat – in Betracht kommen insbesondere landesverräterische Tätigkeiten (§§ 96, 98 StGB), Sabotagehandlungen an Verteidigungsmitteln (§ 109e StGB), sicherheitsgefährdender Nachrichtendienst oder sicherheitsgefährdendes Abbilden (§§ 109 f und 109g StGB) sowie Hausfriedensbruch (§ 123 StGB) – wird nur das Strafgesetz angewendet (§ 21 Abs. 1 OWiG). Wird eine Strafe wegen Hausfriedensbruch nicht verhängt, weil z. B. kein entsprechender Antrag der Bundeswehr gestellt wurde (vgl. § 123 Abs. 2 StGB), so kann die Handlung als Ordnungswidrigkeit (§ 21 Abs. 2 OWiG) geahndet werden (vgl. *RRH*, 3. Aufl., Rdnr. 13; *KK*, 5. Aufl., Rdnr. 33).

4.4 Zuständige Bußgeldbehörde

Zuständige Bußgeldbehörde ist die Wehrbereichsverwaltung (§ 131 Abs. 1 Satz 1 Nr. 2 OWiG). Für Kreisverwaltungsbehörden oder Gemeinden ist insoweit keine Zuständigkeit eröffnet.

§ 115
Verkehr mit Gefangenen

(1) Ordnungswidrig handelt, wer unbefugt

1. einem Gefangenen Sachen oder Nachrichten übermittelt oder sich von ihm übermitteln lässt oder

2. sich mit einem Gefangenen, der sich innerhalb einer Vollzugsanstalt befindet, von außen durch Worte oder Zeichen verständigt.

(2) Gefangener ist, wer sich auf Grund strafgerichtlicher Entscheidung oder als vorläufig Festgenommener in behördlichem Gewahrsam befindet.

(3) Die Ordnungswidrigkeit und der Versuch einer Ordnungswidrigkeit können mit einer Geldbuße geahndet werden.

Erläuterungen

Übersicht

7.4 Bußgeldrahmen
7.5 Verjährung
7.6 Zuständige Bußgeldbehörde

Vorbemerkung

Diese Norm wurde zum 1.1.1975 durch Art. 29 Nr. 48 EGStGB in das OWiG eingefügt (vgl. *RRH,* 3. Aufl., Rdnr. 1). Weitere Regelungen im Landesrecht (z. B. in Bayern Art. 21 BayLStVG) sind zulässig (vgl. *RRH,* a. a. O.; *Göhler,* 18. Aufl. 2020, Rdnr. 1). Zweck der Vorschrift ist zum einen, den geordneten Ablauf des Strafvollzugs (Anstaltsordnung) zu gewährleisten, zum anderen ganz allgemein staatliche Ermittlungstätigkeiten vor Beeinträchtigungen zu schützen, die Durchsetzung der Strafvollstreckung zu gewährleisten sowie die Begehung weiterer Delikte zu verhindern (vgl. *RRH,* 3. Aufl., Rdnr 2; *Göhler,* 18. Aufl. 2020, Rdnr. 2). Es soll beispielsweise verhindert werden, dass wichtige Sachverhalte, die für die Aufklärung von Straftaten von Bedeutung wären, verdunkelt werden, eine Flucht vorbereitet wird oder durch Kontakt zu Komplizen neue Straftaten geplant werden können (vgl. *RRH* u. *Göhler,* a. a. O.). Es handelt sich um ein abstraktes Gefährdungsdelikt (vgl. *RRH* u. *Göhler,* a. a. O.; *KK,* 5. Aufl., Rdnr. 3; BayObLG, NJW 1985 S. 2601), d. h., der Tatbestand ist auch dann erfüllt, wenn die geschützten Rechtsgüter noch nicht konkret beeinträchtigt wurden.

1. Unbefugtes Handeln

Nur die unbefugte Kontaktaufnahme, also eine solche, für die keine Berechtigung vorlag, ist von dieser Vorschrift erfasst. Was erlaubt ist und was nicht, richtet nicht nach dem Sinn und Zweck dieser Norm (vgl. Vorbemerkung) und ergibt sich insbesondere aus den jeweiligen Anstaltsordnungen, dem StVollzG und den UVollzO der Länder, aber auch aus allgemeinen Rechtfertigungsgründen (vgl. *RRH,* 3. Aufl., Rdnr. 22); zu berücksichtigen ist ebenfalls, was im Rahmen der sozialen Adäquanz üblich ist und hingenommen werden muss. Übermittelt z. B. ein Verteidiger einem Gefangenen Nachrichten, die sachlich durch § 148 StPO abgedeckt sind, ist dies gerechtfertigt. Das Gleiche gilt, wenn Anstaltspfarrer im Rahmen ihrer seelsorgerischen Betreuung Kontakt zu Gefangenen haben. Erst wenn die Grenze des üblicherweise Erlaubten überschritten ist oder überschritten werden soll, ist der Verkehr mit Gefangenen rechtswidrig (vgl. *RRH,* 3. Aufl., Rdnr. 23, 24).

2. Gefangener

Der Begriff Gefangener ist in Absatz 2 definiert. Danach ist Gefangener, wer sich entweder aufgrund strafgerichtlicher Entscheidung (Strafhaft, Untersuchungshaft) oder als vorläufig Festgenommener (Personengewahrsam) in behördlichem Gewahrsam befindet. Wer sich aus einem anderen Grund in behördlichem Gewahrsam befindet (z. B. nach den Unterbringungsgesetzen der Länder oder Abschiebehaft nach § 62 AufenthG) ist nicht Gefangener im Sinne dieser Vorschrift (vgl. *Göhler,* 18. Aufl. 2020, Rdnr. 4; *RRH,* 3. Aufl., Rdnr. 5).

2.1 Strafgerichtliche Entscheidung

Einschlägig sind alle Entscheidungen (Urteile, Beschlüsse) eines Strafgerichts in Strafsachen, auch wenn der Freiheitsentzug nur vorläufig ist. Darunter fallen Verurteilungen zu Freiheitsstrafe, zu freiheitsentziehenden Maßregeln der Besserung und Sicherung (§ 61 Nr. 1 bis 3 StGB); Haft- Unterbringungs- sowie Vorführbefehle (§§ 112 ff., 126a, 134, 230 Abs. 2, 236 StPO), Unterbringungsanordnungen (§ 71 Abs. 2 JGG), Ordnungshaftbeschlüsse (178 GVG, Art. 8 EGStGB), Erzwingungshaftbeschlüsse in Strafsachen (§§ 70 Abs. 2, 95 Abs. 2 StPO), nicht jedoch in Bußgeldsachen nach § 96 OWiG; diese sind nämlich keine strafgerichtlichen Entscheidungen (vgl. *RRH,* 3. Aufl., Rdnr. 6; *KK,* 5. Aufl., Rdnr. 12; *Göhler,* 18. Aufl. 2020, Rdnr. 5).

2.2 Vorläufig Festgenommene

Der Begriff umfasst ausschließlich solche Personen, die gem. 127 StPO vorläufig festgenommen wurden; dies ergibt sich aus dem Zusammenhang mit der „strafgerichtlichen Entscheidung" und dem Zweck der Vorschrift (vgl. *RRH*, 3. Aufl., Rdnr. 7; *KK*, 5. Aufl., Rdnr. 13; *Göhler*, 18. Aufl. 2020, Rdnr. 6). Personen, die nach anderen Vorschriften in Gewahrsam genommen wurden, z. B. gem. §§ 163b und 163c StPO bzw. nach Polizeirecht (Festhalten zur Feststellung der Identität) oder gem. §§ 81 ff. StPO (Festhalten zur Vornahme von Untersuchungen), fallen nicht darunter.

2.3 Behördlicher Gewahrsam

Die Vorschrift greift nur, wenn sich der Gefangene in behördlichem Gewahrsam, also im Zustand der Freiheitsentziehung im Bereich einer Behörde, befindet (vgl. *KK*, 5. Aufl., Rdnr. 10). Dies ist insbesondere der Fall bei Verwahrung in einer Justizvollzugsanstalt, im Polizeigefängnis bzw. polizeilichen Transportmittel, in einem Erziehungsheim, einer Entziehungsanstalt oder einer geschlossenen Abteilung eines Krankenhauses (vgl. *KK*, 5. Aufl., Rdnr. 11; *RRH*, 3. Aufl., Rdnr. 8). Keine Freiheitsentziehung im Sinne dieser Vorschrift liegt z. B. vor bei Unterbringung in einem öffentlichen Krankenhaus oder während eines Hafturlaubs bzw. genehmigten Ausgangs außerhalb der Anstalt (vgl. *KK*, a. a. O.; *Göhler*, 18. Aufl. 2020, Rdnr. 7). Unerheblich ist, ob der Freiheitsentzug sachlich gerechtfertigt ist; allerdings müssen die formellen Voraussetzungen vorliegen (vgl. *RRH*, 3. Aufl., Rdnr. 8; *KK*, 5. Aufl., Rdnr. 10).

3. Sachen oder Nachrichten

Sachen sind körperliche Gegenstände wie Briefe, Lebensmittel und Werkzeuge (vgl. *Göhler*, 18. Aufl. 2020, Rdnr. 8; *KK*, 5. Aufl., Rdnr. 15). Der Begriff Nachrichten im Sinne dieser Vorschrift bedeutet jede mündliche Mitteilung eines gedanklichen Inhalts (vgl. BayObLG, NJW 1985 S. 2601). Die Art des Gegenstandes, der Inhalt der Nachricht sowie die Art und Weise der Übermittlung spielen dabei keine Rolle (vgl. *Göhler*, a. a. O.).

4. Übermittlung

Damit ist jede Weitergabe einer von außerhalb des Anstalts- oder Verwahrbereichs stammenden Sache oder Nachricht an einen Gefangenen gemeint; auch einer solchen Sache oder Nachricht, die dem Gefangenen sonst nicht zugänglich sind (vgl. *Göhler*, a. a. O.). Unbeachtlich ist hierbei, ob eigene Gegenstände oder gedankliche Inhalte übermittelt werden, oder ob es sich um Gegenstände oder Nachrichten anderer handelt; „übermitteln" ist also nicht als „vermitteln" zu verstehen (vgl. *Göhler*, 18. Aufl. 2020, Rdnr. 9; *KK*, 5. Aufl., Rdnr. 18). Auch das Übermitteln unter den Gefangenen innerhalb der Anstalt wird vom Tatbestand erfasst, wenn es sich um Sachen bzw. Nachrichten handelt, die von außerhalb des Anstaltsbereichs stammen, oder von innerhalb der Anstalt herstammen, nicht aber für die Gefangenen bestimmt sind. Umfasst wird auch das Übermitteln außerhalb der Anstalt, solange sich der Gefangene in behördlichem Gewahrsam befindet, z. B. auf einer Außenarbeitsstelle (vgl. *Göhler*, 18. Aufl. 2020, Rdnr. 11).

5. Übermitteln lassen

Mit dieser Bezeichnung ist der Empfang von Sachen oder Nachrichten erfasst, die von einem Gefangenen, der sich in behördlichem Gewahrsam (vgl. Erl. 2.3) befindet, stammen. Dabei ist ohne Bedeutung, ob der Gefangene selbst die Sache oder Nachricht übermittelt, oder ob er sich hierzu eines Dritten, z. B. eines Verteidigers, Besuchers, Mitgefangenen oder Vollzugsbeamten bedient (vgl. *Göhler*, 18. Aufl. 2020, Rdnr. 12; *RRH*, 3. Aufl., Rdnr. 16).

6. Innerhalb einer Vollzugsanstalt

Zu den Vollzugsanstalten zählen solche Einrichtungen, an denen der behördliche Gewahrsam vollzogen wird, wie Justizvollzugsanstalten, Polizeigefängnisse und Erziehungsheime (vgl. *Göhler,* 18. Aufl. 2020, Rdnr. 16). Kontaktaufnahmen zu Gefangenen, die sich nicht innerhalb solcher Anstalten befinden, sondern außerhalb, z. B. auf Außenarbeitsstellen, sind vom Anwendungsbereich der Bestimmung ausgenommen, da in solchen Fällen eine Verständigung mit Gefangenen häufig unumgänglich ist (vgl. *Göhler,* 18. Aufl. 2020, Rdnr. 15; *RRH,* 3. Aufl., Rdnr 18; *KK,* 5. Aufl., Rdnr. 23).

6.1 Verständigung

Erforderlich ist, dass die Kontaktaufnahme von außen (außerhalb der Vollzugsanstalt) zu einem Gefangenen erfolgt, der sich innerhalb der Vollzugsanstalt befindet; die Verständigung von Personen, die sich innerhalb der Anstalt befinden, sind vom Tatbestand nicht erfasst; in Betracht käme in solchen Fällen allerdings eine Ahndung nach Abs. 1 Nr. 1 (vgl. *KK,* 5. Aufl., Rdnr. 24; *RRH,* a. a. O.; *Göhler,* a. a. O.).

6.2 Worte oder Zeichen

Darunter fallen z. B. Sprechchöre, das Abspielen von Tonbändern, Ansprachen vor Vollzugsanstalten, Morse- und Lichtsignale, Gesten und Klopfzeichen (vgl. *RRH,* a. a. O.; *Göhler,* 18. Aufl. 2020, Rdnr. 17; *KK,* 5. Aufl., Rdnr. 26, 27). Es handelt sich um optisch oder akustisch wahrnehmbare Informationen, die mehr sind als harmlose Kontaktaufnahmen, aber noch nicht als Nachrichtenübermittlung (einschlägig Absatz 1 Nr. 1) zu qualifizieren sind (*Göhler* und *RRH,* jeweils a. a. O.).

7. Ahndung durch Bußgeld

Erforderlich ist vorsätzliches Handeln (§ 10 OWiG); bedingter Vorsatz (vgl. Erl. 1.3 zu § 10 OWiG) reicht zur Tatbestandsverwirklichung aus. Der Vorsatz muss sich auf alle Tatbestandsmerkmale erstrecken. Zum Tatbestandsirrtum und Verbotsirrtum vgl. Erl. 1 bis 3 zu § 11 OWiG. Die Einstufung als Tatbestands- bzw. Verbotsirrtum kann Schwierigkeiten bereiten; die Auffassung hierzu ist nicht einhellig (vgl. *RRH,* 3. Aufl., Rdnr. 23; *Göhler,* 18. Aufl. 2020, Rdnr. 19, 20; *KK,* 5. Aufl., Rdnr. 32). Es kommt insbesondere darauf an, ob auch die Bezeichnung „unbefugt" (Erl. 1) als Tatbestandsmerkmal anzusehen ist, das vom Vorsatz umfasst sein muss; ein Irrtum hierüber könnte nämlich als Tatbestandsirrtum den Vorsatz und somit eine Ahndung ausschließen. In der Praxis wird aber auch hier das Opportunitätsprinzip zum Tragen kommen; bei offensichtlich zwar unbefugten, aber harmlosen Kontaktaufnahmen (scherzhafte Zurufe u. ä.) wird in Erwägung zu ziehen sein, ob ohnehin von einer Ahndung abgesehen wird (vgl. *Göhler,* 18. Aufl. 2020, Rdnr. 2; *RRH,* 3. Aufl., Rdnr. 3).

7.1 Versuch

Eine Besonderheit dieser Vorschrift ist, dass bereits der Versuch (§ 13 OWiG) mit Bußgeld geahndet werden kann. Der Sinn hierfür ist darin zu sehen, dass solche Handlungen, wenn überhaupt, dann bereits im Versuchsstadium entdeckt und aufgeklärt werden; nach Vollendung der Tat hingegen ist die Feststellung solcher Vorgänge oftmals nicht mehr möglich (vgl. *Göhler,* 18. Aufl. 2020, Rdnr. 23; *RRH,* 3. Aufl., Rdnr. 26; *KK,* 5. Aufl., Rdnr. 35).

7.2 Beteiligung (§ 14)

Eine Beteiligung an der Ordnungswidrigkeit ist nicht selten ebenfalls in Betracht zu ziehen. Voraussetzung für eine entsprechende Ahndung ist, dass ein vorsätzlicher Tatbeitrag gegeben ist, der für die Tatbestandsverwirklichung ursächlich oder förderlich war. In Betracht kommt z. B. das Zusammenwirken von Auftraggeber (Person außerhalb der Anstalt), Anstaltsbesucher, Gefängniswärter oder Mitgefangenem (vgl. *Göhler,* 18. Aufl. 2020, Rdnr. 14). Zu beachten ist, dass der Gefangene selbst als notwendiger Teilnehmer am Tatgeschehen in der Regel nicht nach § 14 OWiG belangt werden kann; dies wäre nur dann möglich, wenn der Gefangene z. B. eine andere Person dazu animiert, wegen seiner Interessen eine Ordnungswidrigkeit nach dieser Norm zu begehen (vgl. *Göhler*, 18. Aufl. 2020, Rdnr. 18; *RRH*, 3. Aufl., Rdnr. 20).

7.3 Konkurrenz zu Strafvorschriften

Ist die Ordnungswidrigkeit nach dieser Vorschrift zugleich eine Straftat nach § 258 StGB (Strafvereitelung) oder § 120 StGB (Gefangenenbefreiung), wird nur das Strafgesetz angewendet (§ 21 Abs. 1 OWiG). Wird eine Strafe wegen des Angehörigenprivilegs (§ 258 Abs. 6 StGB) nicht verhängt, so kann die Handlung als Ordnungswidrigkeit (§ 21 Abs. 2 OWiG) geahndet werden (vgl. *Göhler*, 18. Aufl. 2020, Rdnr. 23a; *RRH*, 3. Aufl., Rdnr. 26a).

7.4 Bußgeldrahmen

Die Bußgeldhöhe beträgt mindestens 5 Euro und höchsten 1000 Euro (§ 17 Abs. 1 OWiG).

7.5 Verjährung

Die Ordnungswidrigkeit verjährt nach sechs Monaten.

> *Beispiel:*
>
> *Ein tatbestandsrelevantes Verhalten liegt vor, wenn ein Verteidiger von seinem inhaftierten Mandanten bei einem Besuch in der Justizvollzugsanstalt einen an dessen Ehefrau adressierten Brief mit eiligen persönlichen Informationen entgegennimmt, diesen nach draußen verbringt und in den normalen Postverkehr gibt, um so die länger dauernde Postzensur zu umgehen.*

7.6 Zuständige Bußgeldbehörde

Sachlich zuständig ist die fachlich zuständige oberste Landesbehörde (§ 36 Abs. 1 Nr. 2a OWiG) oder die jeweils von der Landesregierung durch Rechtsverordnung oder durch die oberste Landesbehörde bestimmte Behörde (§ 36 Abs. 2 OWiG); beispielsweise in Bayern §§ 87, 92 Nr. 1 ZustV, in Brandenburg § 2 Abs. 1 Nr. 2, Abs. 2 und § 3 OWiZustV, weitere Nachweise bei *Göhler*, 18. Aufl. 2020, Rdnr. 26; *RRH*, 3. Aufl., Rdnr. 25 zu § 131 OWiG.

Zweiter Abschnitt
Verstöße gegen die öffentliche Ordnung

§ 116
Öffentliche Aufforderung zu Ordnungswidrigkeiten

(1) Ordnungswidrig handelt, wer öffentlich, in einer Versammlung oder durch Verbreiten eines Inhalts (§ 11 Absatz 3 des Strafgesetzbuches) zu einer mit Geldbuße bedrohten Handlung auffordert.

(2) Die Ordnungswidrigkeit kann mit einer Geldbuße geahndet werden. Das Höchstmaß der Geldbuße bestimmt sich nach dem Höchstmaß der Geldbuße für die Handlung, zu der aufgefordert wird.

Erläuterungen

Übersicht

3. Versammlung
4. Verbreiten
   4.1 Schriften
   4.2 Ton- oder Bildträger
   4.3 Datenspeicher
   4.4 Abbildungen
   4.5 Darstellungen
   4.6 Eine mit Geldbuße bedrohte Handlung
5. Ahndung durch Bußgeld
   5.1 Bußgeldrahmen
   5.2 Verjährung
   5.3 Zuständige Bußgeldbehörde

Vorbemerkung

Diese Norm gilt auf dem Gebiet der Ordnungswidrigkeiten und ist das Gegenstück zu § 111 StGB (Öffentliche Aufforderung zu Straftaten), der bei Straftaten anzuwenden ist (vgl. *Göhler*, 18. Aufl. 2020, Rdnr. 1; *RRH*, 3. Aufl., Rdnr. 1). Sie bezieht sich, ebenso wie § 111 StGB, auf § 11 Abs. 3 StGB, in dem die einzelnen Verbreitungsmedien beschrieben sind. Ihr Zweck ist zum einen die Aufrechterhaltung der öffentlichen Ordnung, die durch mögliche Ordnungswidrigkeiten gefährdet ist (vgl. OLG Karlsruhe, NStZ 1988 S. 416 – 417), zum anderen der Schutz des gleichen Rechtsgutes, das auch der Bußgeldtatbestand, zu dessen Verletzung aufgefordert wird, erfasst (vgl. *Göhler*, 18. Aufl. 2020, Rdnr. 2; *RRH*, 3. Aufl., Rdnr. 2). Diese Vorschrift betrifft solche Vorgänge, die noch vor einer möglichen Beteiligung (§ 14 OWiG) liegen. Bei Tathandlungen gem. § 14 OWiG ist sie nicht anzuwenden. In Betracht kommen also solche Fälle, die nicht als Beteiligung geahndet werden können (*RRH*, a. a. O.). Wird eine bestimmte Person zu einer konkreten Ordnungswidrigkeit aufgefordert, die diese dann auch begeht, kann nur § 14 einschlägig sein. Bei einer unbestimmten Anzahl von Personen kommt dagegen § 116 OWiG in Betracht, der auch dann greift, wenn der Aufforderung nicht Folge geleistet wurde. Tateinheit zwischen § 14 und dieser Vorschrift kann vorliegen, wenn eine bestimmte Person und zugleich eine unbestimmte Anzahl von Personen zur Ordnungswidrigkeit aufgefordert werden (vgl. *Göhler*, 18. Aufl. 2020, Rdnr. 16; *RRH*, 3. Aufl., Rdnr. 2a). Werden wegen einer Aufforderung von mehreren Personen oder von nur einer Person mehrmals ordnungswidrige Handlungen vorgenommen, liegt trotzdem nur eine Handlung nach § 116 OWiG vor (vgl. *Göhler*, 18. Aufl. 2020, Rdnr. 16; *RRH*, 3. Aufl., Rdnr. 2a; *KK*, 5. Aufl., Rdnr. 33). Fordert jemand gleichzeitig zur Begehung von Straftaten und Ordnungswidrigkeiten auf, so ist nur § 111 StGB (Öffentliche Aufforderung zu Straftaten) anzuwenden (§ 21).

1. Aufforderung

Auffordern bedeutet, auf andere Personen mündlich, schriftlich oder auch durch schlüssiges Verhalten einzuwirken, um bei diesen den Entschluss hervorzurufen, eine mit Geldbuße bedrohte Handlung zu begehen (vgl. *Göhler*, 18. Aufl. 2020, Rdnr. 4; *RRH*, 3. Aufl., Rdnr. 4). Es muss sich um einen Appell handeln, aus dem objektiv zu entnehmen ist, dass der Täter gezielt auf die Willensbildung anderer entsprechend einwirken will; nicht einschlägig ist, wenn bloß eine Befürwortung, also ein Gutheißen und Bejahen eines bestimmten Verhaltens als begrüßenswert, notwendig oder unvermeidlich, vorliegt (vgl. OLG Karlsruhe, NStZ 1988 S. 416 – 417). Es kann somit nur eine Aufforderung zu vorsätzlichem Handeln einschlägig sein. Eine Aufforderung zu lediglich fahrlässigem Verhalten ist ausgeschlossen (vgl. *KK*, 5. Aufl., Rdnr. 13).

2. Öffentlich

Der Begriff „öffentlich" besagt, dass die Aufforderung von einem nach Zahl und Art unbestimmten Personenkreis, der nicht durch persönliche Beziehungen verbunden ist, wahrgenommen werden kann (vgl. OLG Karlsruhe, NStZ 1988 S. 416 – 417; *Göhler*, 18. Aufl. 2020, Rdnr. 5; *KK*, 5. Aufl., Rdnr. 20; *RRH*, 3. Aufl., Rdnr. 8). Auf die Öffentlichkeit des Ortes kommt es dabei nicht an (*Göhler, KK, RRH*, jeweils a. a. O.). Falls die Personen, die mit der Aufforderung gemeint sind, nicht selbst anwesend sind, reicht es aus, dass andere Anwesende die Erklärung wahrnehmen und davon ausgegangen werden kann, dass sie das Gehörte weitergeben (vgl. *KK* und *RRH*, jeweils a. a. O.). Aufforderungen durch Plakatanschläge oder Ähnliches fallen, vorausgesetzt, die Orte sind entsprechend zugänglich, ebenso unter den Begriff „öffentlich", wie solche, die über Rundfunk und Fernsehen verbreitet werden (vgl. *RRH, KK, Göhler*, jeweils a. a. O.). Das Gleiche gilt bei Aufforderungen im Internet oder Bildschirmtext (vgl. *RRH* und *KK*, jeweils a. a. O.) und durch wörtliche Wiedergabe in der Presse (vgl. *RRH*, a. a. O.). Nicht öffentlich handelt dagegen, wer nacheinander einzelne Personen anspricht (vgl. *Göhler* und *KK*, jeweils a. a. O.) oder Aufforderungen per E-Mail verschickt (vgl. *Göhler*, 18. Aufl. 2020, Rdnr. 5a).

3. Versammlung

Eine Versammlung ist eine Zusammenkunft mehrerer Personen zu einem bestimmten Zweck. Es muss sich um eine nicht nur geringe Anzahl von Personen handeln (vgl. *Göhler*, 18. Aufl. 2020, Rdnr. 6), nur fünf dürften nicht ausreichen, um von einer Versammlung sprechen zu können (vgl. *RRH*, 3. Aufl., Rdnr. 9); der Auffassung im *KK*, 5. Aufl., Rdnr. 21 ist zuzustimmen, wonach so viele Personen anwesend sein müssen, dass auf Anhieb nicht überblickt werden kann, wie viele es sind. Öffentlichkeit ist nicht erforderlich, eine geschlossene Veranstaltung ist somit auch erfasst (vgl. *RRH, Göhler*, jeweils a. a. O.). Der Begriff betrifft nur räumliche Zusammenkünfte, Internet-Besprechungen fallen nicht darunter (vgl. *Göhler*, a. a. O.; *Krenberger/Krumm*, 6. Aufl. 2020, Rdnr. 8).

4. Verbreiten

Verbreiten heißt, dass eine Gewahrsamsübertragung von Schriften, Ton- oder Bildträgern, Datenspeichern, Abbildungen oder Darstellungen an einen größeren Personenkreis stattfindet (Einzelheiten vgl. Erl. 1.4 zu § 119 OWiG). Lediglich das Zusenden eines Manuskriptes an einen Verlag zur Prüfung (vgl. *RRH*, 3. Aufl., Rdnr. 10), einer Pressemitteilung an die Redaktion einer Zeitung (*RRH*, a. a. O.; *Göhler*, 18. Aufl. 2020, Rdnr. 7) oder eines Films an die zuständige Behörde zur Kennzeichnung mit „Nicht freigegeben unter 18 Jahren" (vgl. BVerfG, NStZ 1993 S. 75 –76; *RRH*, a. a. O.) fällt nicht darunter.

4.1 Schriften

Eine Schrift besteht aus Buchstaben, Bildern oder sonstigen Zeichen, die sinnlich (durch sehen oder tasten) wahrgenommen werden können und gedachte Inhalte weitergeben; sie ist eine Verkörperung gedanklicher Äußerungen (vgl. *RRH*, 3. Aufl., Rdnr. 11; *Göhler*, 18. Aufl. 2020, Rdnr. 8; *KK*, 5. Aufl., Rdnr. 23). Kopien und Abschriften (vgl. *RRH*, a. a. O.) zählen ebenso dazu wie Manuskripte (vgl. *KK*, a. a. O.).

4.2 Ton- oder Bildträger

Tonträger sind Gegenstände, auf denen akustische Informationen gespeichert sind, die durch Hilfsmittel (Tonwiedergabegeräte) für das Gehör wahrnehmbar gemacht werden können, wie z. B. Schallplatten, Tonbänder, Kassetten (vgl. *KK*, 5. Aufl., Rdnr. 24; *RRH*, 3. Aufl., Rdnr. 11). Bildträger sind Gegenstände, auf denen Darstellungen von Personen oder Sachen gespeichert sind, die durch Hilfsmittel (Bildwiedergabegeräte) für das Auge wahrnehmbar gemacht werden können, wie z. B. Videobänder, Bildplatten (*KK*, 5. Aufl., Rdnr. 25, *RRH*, a. a. O.). Moderne Speichermedien wie CD-ROMs, DVDs oder USB-Sticks (vgl. Erl. 4.3) fallen unter den Begriff Datenspeicher (vgl. *Göhler*, 18. Aufl. 2020, Rdnr. 9).

4.3 Datenspeicher

Das sind elektronische, elektromagnetische, optische, chemische oder sonstige Speicher, die gedankliche Inhalte auf denen sich gedankliche Inhalte befinden, die nur unter Zuhilfenahme technischer Geräte (z. B. Bildschirm) wahrnehmbar werden, wie z. B. Festplatten oder Arbeitsspeicher eines Computers, Disketten, CD-ROMs, DVDs, USB-Sticks; nicht erfasst sind Daten, die in Echtzeit übermittelt werden, auch wenn sie dazu kurzfristig zwischengespeichert werden, wie z. B. Live-Übertragungen im Fernsehen oder paketweise Datenübermittlungen in Echtzeit (vgl. *KK,* 5. Aufl., Rdnr. 26; *RRH,* a. a. O.). Ein „Verbreiten des Datenspeichers" (zum allg. Begriff Verbreiten vgl. dagegen Erl. 4) ist auch dann möglich, wenn eine Gewahrsamsübertragung des Datenträgers (Rechner, Festplatten usw.) nicht stattfindet (vgl. *Göhler,* 18. Aufl. 2020, Rdnr. 9b; *KK,* a. a. O., mit weiteren Nachweisen). Es reicht aus, dass die Datei auf dem Rechner des Empfängers angekommen ist. Ob der Empfänger die erhaltene Information tatsächlich abgerufen hat oder ob er dies überhaupt beabsichtigt, darauf kommt es nicht an (vgl. *KK,* a. a. O.). Somit können z. B. Aufforderungen zur Begehung von Ordnungswidrigkeiten per E-Mail mit Bußgeld geahndet werden, sofern die Information einen größeren Personenkreis erreichen soll (vgl. *Göhler,* a. a. O.). Mit dem Begriff „Verbreiten von Datenspeichern" werden insbesondere auch Datenübermittlungen in Form von Mailinglisten und Newslettern über das Internet erfasst (vgl. *Göhler,* a. a. O.). Diese Auslegung des Verbreitungsbegriffs entspricht dem Willen des Gesetzgebers, der wohl keine Lücke zulassen wollte (vgl. *Göhler,* a. a. O., mit weiterer Begründung).

4.4 Abbildungen

Abbildungen sind unmittelbar durch das Auge wahrnehmbare Wiedergaben von Gegenständen oder Personen, z. B. Gemälde, Fotos, Dias, Filme (vgl. *Göhler,* 18. Aufl. 2020, Rdnr. 10; *KK,* 5. Aufl., Rdnr. 27).

4.5 Darstellungen

Darstellungen sind sinnlich wahrnehmbare körperliche Gegenstände von einer gewissen Dauer, die eine Vorstellung oder einen Gedanken zum Ausdruck bringen sollen, z. B. Plastiken oder Bilder; Überschneidungen mit den anderen Begriffen (vgl. Erl. 4.1 bis 4.4) sind möglich, der Begriff der Darstellung hat dann nur eine Auffangfunktion (vgl. *KK,* 5. Aufl., Rdnr. 28).

4.6 Eine mit Geldbuße bedrohte Handlung

Auch die Aufforderung zu einer Ordnungswidrigkeit, von deren Verfolgung aus Opportunitätsgründen abgesehen wird, ist tatbestandsmäßig relevant (vgl. OLG Karlsruhe, NStZ 1988 S. 216 – 218). Das Gleiche gilt, wenn die Aufforderung erfolglos bleibt (vgl. *Göhler,* 18. Aufl. 2020, Rdnr. 12). Die Handlung, zu der aufgefordert wird, muss zumindest der Art bzw. dem rechtlichen Wesen nach konkret benannt sein, z. B. die Motivierung zum Nichtausfüllen der Volkszählungsbögen (vgl. OLG Karlsruhe, NStZ 1988 S. 416 – 417); lediglich eine allgemein gehaltene Aufforderung, bußgeldbewehrte Vorschriften nicht zu beachten, genügt nicht (vgl. *Göhler,* 18. Aufl. 2020, Rdnr. 4). Tatort und -zeit sowie sonstige nähere Beschreibungen der Handlung, zu der aufgefordert wird, sind dagegen für die Tatbestandsverwirklichung nicht erforderlich (vgl. *Göhler,* a. a. O.).

5. Ahndung durch Bußgeld

Erforderlich ist, dass vorsätzlich (§ 10 OWiG) zu einer mit Geldbuße bedrohten Handlung aufgefordert wird. Bedingter (mittelbarer) Vorsatz (vgl. Erl. 1.3 zu § 10 OWiG) genügt. Nimmt jemand z. B. billigend in Kauf, dass seiner Aufforderung tatsächlich gefolgt werden könnte, ist vorsätzliche Handlung gegeben (vgl. *Göhler,* 18. Aufl. 2020, Rdnr. 13). Was der Auffordernde tatsächlich bezweckt, ist nicht maßgebend, sondern was er bei objektiver Bewertung zum Ausdruck bringt. Der Vorsatz bezieht sich nicht nur auf die verschiedenen

Varianten der Aufforderung, sondern auch auf die mit Geldbuße bedrohte Handlung, zu der aufgefordert wird (vgl. *KK*, 5. Aufl., Rdnr. 29, zum Verbotsirrtum vgl. Erl. 2 und 3 zu § 11 OWiG). Ist dieser unvermeidbar, ist das Verfahren einzustellen, da es an der Vorwerfbarkeit fehlt (vgl. Erl. 1.4 zu § 1 OWiG). Wäre der Irrtum vermeidbar gewesen (vgl. Erl. 2.2 zu § 11 OWiG), etwa weil es der Täter pflichtwidrig unterlassen hat, die ihm zuzumutenden Erkundigungen einzuholen, ist vorsätzliches Handeln nicht auszuschließen. Ein Verbotsirrtum liegt z. B. vor, wenn der Täter fälschlicherweise glaubt, dass die Handlung, zu der er aufgefordert hat, erlaubt sei (vgl. *Göhler*, a. a. O.; *KK*, a. a. O.; BayObLG, NJW 1994 S. 396 – 398), sodass noch Feststellungen zur Vermeidbarkeit zu treffen sind.

Beispiel:

In einer Versammlung zum Thema Volkszählung sagt ein zur Volkszählung kritisch eingestellter Redner zum Publikum: „Auch massenhafter Protest, der es den Gerichten und der Staatsmacht unmöglich macht, die einzelnen Verfahren zu verfolgen, führt zum Erfolg."

Der Bußgeldtatbestand des § 116 OWiG ist nicht verwirklicht. Der erwähnte Satz zur Volkszählung belegt nämlich nicht unmissverständlich, dass es sich um eine Aufforderung zu einer mit Geldbuße bedrohten Handlung, konkret um einen Appell zum Boykott der Volkszählung, handelt. Er kann sich auch auf Verwaltungsverfahren (z. B. solche, die gegen die Heranziehung zur Zahlung angestrengt werden), auf Anträge, (z. B. solche, die die aufschiebende Wirkung eines Rechtsbehelfs herstellen), auf Zwischenverfahren und ähnliche, nicht von vornherein einen Bußgeldtatbestand erfüllende Handlungen, beziehen.

Beispiel:

Anfang Dezember, während einer Versammlung zum Thema „Gegen das Verbot, in der Innenstadt zu Silvester Feuerwerkskörper abzubrennen" ruft der Versammlungsleiter die Teilnehmer dazu auf, mitgebrachte „Chinaböller" anzuzünden und abzubrennen, um dem Thema mehr Aufmerksamkeit zu verleihen.

Bei sog. Chinaböllern handelt es sich um pyrotechnische Gegenstände der Kategorie 2, die ohne entsprechende Ausnahmeerlaubnis nur am 31. Dezember und am 1. Januar abgebrannt werden dürfen. Das Abbrennen außerhalb dieser Tage stellt eine Ordnungswidrigkeit laut dem Srengstoffrecht dar. Die Tatbestandsmerkmale „öffentlich, in einer Versammlung" und „Aufforderung zu einer mit Geldbuße bedrohten Handlung" sind erfüllt. Der Versammlungsleiter macht sich damit einer Ordnungswidrigkeit gemäß § 116 Abs. 1 OWiG schuldig. Der Erfolg der Aufforderung ist nicht tatbestandsmäßig. Sollten jedoch Teilnehmer der Versammlung seiner Aufforderung folgen, würden diese eine Ordnungswidrigkeit nach der 1. SprengV i. V. m. dem SprengG begehen.

Die Höhe des Bußgeldes gegen den Versammlungsleiter entspricht dabei der Höhe der jeweiligen Bußgelder, die gegen etwaige Teilnehmer der Versammlung wegen der auf Aufforderung begangenen sprengstoffrechtlichen Ordnungswidrigkeit verhängt würde (vgl. folgende Erläuterung 5.1).

5.1 Bußgeldrahmen

Die Bußgeldhöhe beträgt mindestens 5 Euro und höchstens so viel wie das Höchstmaß der Geldbuße für die Handlung, zu der aufgefordert wird (Haupttat).

5.2 Verjährung

Für die Verjährungsberechnung ist ebenfalls das Höchstmaß der Geldbuße maßgeblich, das für die Haupttat gilt (§ 131 Abs. 3, § 31 Abs. 2, § 34 Abs. 2 OWiG).

5.3 Zuständige Bußgeldbehörde

(siehe § 131 Abs. 3 OWiG).

§ 117
Unzulässiger Lärm

(1) Ordnungswidrig handelt, wer ohne berechtigten Anlaß oder in einem unzulässigen oder nach den Umständen vermeidbaren Ausmaß Lärm erregt, der geeignet ist, die Allgemeinheit oder die Nachbarschaft erheblich zu belästigen oder die Gesundheit eines anderen zu schädigen.

(2) Die Ordnungswidrigkeit kann mit einer Geldbuße bis zu fünftausend Euro geahndet werden, wenn die Handlung nicht nach anderen Vorschriften geahndet werden kann.

Erläuterungen

Übersicht

Vorbemerkung

Ruhestörender Lärm war bis 1.1.1975 eine Straftat nach der früheren Fassung des § 360 Abs. 1 Nr. 11 StGB. Diese Strafvorschrift wurde aufgehoben (Art. 19 Nr. 206 EGStGB) und durch § 117 OWiG (Art. 29 Nr. 48 EGStGB) ersetzt (vgl. *RRH*, 3. Aufl., Rdnr. 1 zu § 117). Zweck der Vorschrift ist neben dem Schutz der Allgemeinheit und der Nachbarschaft vor erheblicher Lärmbelästigung auch der Schutz einzelner Personen, sofern durch Lärm Gesundheitsschäden drohen (vgl. *RRH*, a. a. O.).

Bei Einzelpersonen ist der Bußgeldtatbestand nur dann erfüllt, wenn die Gesundheit möglicherweise gefährdet ist, also ein besonders gravierender Lärmfall vorliegt; eine Belästigung allein reicht hier nicht aus (vgl. *Göhler*, 18. Aufl. 2020, Rdnr. 2; *KK*, 5. Aufl., Rdnr. 4). Bei dieser Norm handelt es sich um einen Auffangtatbestand (Abs. 2), der nur dann anzuwenden ist, wenn andere Vorschriften, auch nach Landesrecht, nicht greifen (vgl. *Göhler*, 18. Aufl. 2020, Rdnr. 17; *RRH*, 3. Aufl., Rdnr. 2; vgl. auch kritische Erl. *KK*, 5. Aufl., Rdnr. 6, 7).

1. Erregung von Lärm

Lärm wird durch den Gehörsinn aufgenommen und bedeutet Geräuschimmissionen, die auf durchschnittlich lärmempfindliche Menschen belästigend wirken (vgl. *KK*, 5. Aufl., Rdnr. 12 ff.). Erfasst sind alle Arten der Lärmerregung, also sowohl der technische Lärm, der z. B. von Maschinen, auch in Gewerbebetrieben, ausgeht, der Alltagslärm, der durch Kraftfahrzeuge, Stereoanlagen oder Musikinstrumente verursacht wird, sowie der asoziale Lärm, der von frevelhaftem Verhalten ausgeht, wie Herumjohlen und Krawall machen (vgl. *Göhler*, 18. Aufl. 2020, Rdnr. 3). Lärm erregt, wer ihn unmittelbar, aber auch nur mittelbar verursacht (*Göhler*, 18. Aufl. 2020, Rdnr. 9; *RRH*, 3. Aufl., Rdnr. 7). Mittelbar handelt z. B. jemand, der durch Misshandlung einen anderen Menschen zum Schreien bringt (*Göhler*, a. a. O.). Die Verhängung eines Bußgeldes ist auch möglich, wenn der Lärm durch Unterlassen (Garantenstellung gem. § 8) erregt wird.

Beispiele für Unterlassungsdelikte:

Nachbarn werden durch nächtliches Bellen eines Wachhundes erheblich gestört, der Hundebesitzer schreitet aber nicht dagegen ein (vgl. OLG Düsseldorf, NJW 1990 S. 3160).

In einer Gaststätte wird durch die Gäste übermäßiger Lärm verursacht, der Wirt duldet dies (vgl. Göhler, 18. Aufl. 2020, Rdnr. 9; RRH, a. a. O. entgegen KK, 5. Aufl., Rdnr. 17).

Ein Kfz-Besitzer nimmt es hin, dass ein von ihm beauftragter Handwerker nächtens in einem Wohngebiet das Auto des Kfz-Besitzers repariert und dabei erheblichen Lärm verursacht (vgl. OLG Koblenz, VRS 42, S. 367 bei KK, a. a. O.).

Der Inhaber einer Wohnung veranstaltet darin eine Geburtstagsfeier. Auch in dem Fall, dass er selbst nicht unmittelbar Lärm erzeugt, hat er doch dafür Sorge zu tragen, dass auch durch seine Gäste kein Lärm entsteht, der geeignet ist, die Nachtruhe zu stören. Unterlässt er es, entsprechende ihm zuzumutende Maßnahmen zu ergreifen, kann gegen ihn ein Bußgeld verhängt werden (vgl. OLG Düsseldorf, NJW 1990 S. 1676; Göhler, a. a. O.; RRH, a. a. O.; entgegen KK, a. a. O.).

Das Gleiche gilt für den Veranstalter einer Gartenparty. Dieser ist für den Lärm, den die Teilnehmer verursachen, und der geeignet ist, die Nachtruhe zu stören, verantwortlich, auch wenn der Lärm nicht von ihm persönlich ausgeht (vgl. OLG Düsseldorf, NJW 1995 S. 3134).

Auch Eltern, die nicht gegen den Lärm ihrer Kinder einschreiten, kommen als Betroffene aufgrund ihrer Garantenstellung in Betracht (vgl. Göhler, a. a. O.; RRH, a. a. O.), wobei hier speziell zu prüfen ist, ob solcher Lärm als sozialadäquat hingenommen werden muss (vgl. KK, a. a. O.).

Für die Verwirklichung des Tatbestandes hat es keine Bedeutung, an welchem Ort der Lärm erregt wird; das kann das eigene Haus oder auch die eigene Wohnung sein; dass es ein öffentlicher Ort ist, ist nicht erforderlich (vgl. *Göhler*, a. a. O. und *KK*, 5. Aufl., Rdnr. 18).

2. Unzulässigkeit des Lärms

2.1 Ohne berechtigten Anlass

Zur Klärung, ob die Lärmerregung berechtigt oder unberechtigt ist, sind alle Umstände des Einzelfalles nach den Grundsätzen der Sozialadäquanz zu berücksichtigen. Hierzu zählen außer den Gründen bzw. Ursachen des Lärms auch Umfang, Ort und Zeit (vgl. BayObLG, BayVBl 1982, S. 572 – 573). Es kommt darauf an, ob nach objektiven Gesichtspunkten vernünftige, anerkennenswerte Gründe für die Lärmerregung vorliegen (vgl. BayObLG – 3 Ob OWi 7/77 –; *Göhler*, 18. Aufl. 2020, Rdnr. 5; *RRH*, 3. Aufl., Rdnr. 14; abweichend *KK*, 5. Aufl., Rdnr. 22) und diese zur fraglichen Zeit nicht ortsüblich ist. Ob die Lärmerregung *aus der subjektiven Sicht des Verursachers* womöglich *einen „berechtigten Anlass“* hat (Geburtstagsfeier, bestandenes Examen oder Führerscheinprüfung, Hochzeitsfeier etc.), darauf kommt es nicht an. Kein berechtigter Anlass liegt in der Regel vor, wenn der Lärm von einem illegalen Gewerbebetrieb ausgeht, durch Rasenmähen innerhalb gesetzlich festgelegter Ruhezeiten (vgl. *RRH*, a. a. O.) oder durch Geräusch verursachende Tagesarbeiten zur Nachtzeit erregt wird, ohne dass dafür hinreichende Gründe vorliegen (vgl. *Göhler* und *RRH*, jeweils a. a. O.).

Dagegen kann man nicht davon ausgehen, dass es für die Benutzung von Musikinstrumenten generell keinen berechtigten Anlass gibt, nur weil man davon ausgeht, dass für Hobbymusiker keine unabweisbare Notwendigkeit zur Verursachung der Geräusche besteht. Auch die Freude an der individuellen Gestaltung der Freizeit, natürlich bis zu einem gewissen Grad, ist nämlich ein vernünftiger Grund zur Benutzung von Musikinstrumenten (vgl. *Schmid*, BayVBl. 1983 S. 46).

2.2 Unzulässigkeit

Diese Alternative greift in solchen Fällen, in denen die Grenzen des bis zu einem gewissen Maße berechtigten Lärms (vgl. Erl. 2.1) überschritten werden, beispielsweise wenn von einem Gewerbebetrieb nicht nur der übliche oder notwendige Lärm ausgeht (vgl. *Göhler*, 18. Aufl. 2020, Rdnr. 6). Das Recht des hier als Beispiel genannten Gewerbetreibenden zum Betreiben eines Gewerbes mit dem dadurch verursachten Lärm findet nämlich dort seine Grenze, wo das berechtigte Interesse der Allgemeinheit an der Aufrechterhaltung der öffentlichen Ruhe anfängt (vgl. BayObLG, 1977, a. a. O.). Diese Grenzen sind entweder gesetzlich bzw. behördlich festgelegt (z. B. in Lärmschutzverordnungen, behördlichen Anordnungen bzw. Auflagen von Genehmigungsbescheiden zum Betrieb eines Gewerbes), oder sie ergeben sich aus der allgemeinen Verkehrssitte (vgl. *Göhler*, a. a. O.; *KK*, 5. Aufl., Rdnr. 25; abweichend *RRH*, 3. Aufl., Rdnr. 15, der Unzulässigkeit nur bei Zuwiderhandlungen gegen Rechts- und Verwaltungsvorschriften annimmt und bei Verstößen gegen die Verkehrssitte auf das Merkmal Vermeidbarkeit verweist).

2.3 Vermeidbarkeit

Diese Variante ist sehr weit reichend und verpflichtet alle, Lärm auf das den Umständen nach unabwendbare Maß zu beschränken (vgl. *Göhler*, a. a. O.). Überschneidungen mit dem Tatbestandsmerkmal „unzulässig" ist oft möglich; in Fällen, in denen z. B. Schallobergrenzen gesetzlich oder behördlich bestimmt sind, welche zwar nicht überschritten werden, geringere Werte aber nach den Umständen des Einzelfalles geboten sind, ist wohl nur diese Tatmodalität (vermeidbares Ausmaß) einschlägig (vgl. *KK*, 5. Aufl., Rdnr. 27 zu § 117).

3. Eignungsklausel

3.1 Eignung zur Belästigung

Nicht Voraussetzung ist, dass andere tatsächlich durch Lärm gestört wurden. Die Eignung hierzu reicht aus (vgl. *Göhler*, 18. Aufl. 2020, Rdnr. 11; *KK*; 5. Aufl., Rdnr. 29; *RRH*, 3. Aufl., Rdnr. 8). Es handelt sich demnach um ein potenzielles Gefährdungsdelikt, das nach objektiven Maßstäben zu beurteilen ist; auf subjektive Empfindungen, z. B. solche einer besonders geräuschempfindlichen Person, kommt es nicht an. Das OLG Düsseldorf (NJW 1990 S. 3160) hat z. B. entschieden, dass allein der Umstand, dass behördliche Kontrolleure die aus einer Gaststätte dringenden Geräusche noch auf der gegenüberliegenden Straßenseite gut hören konnten, nicht beweist, dass diese Geräusche auch geeignet waren, die Nachtruhe von Anwohnern zu stören. Anwohner haben sich in diesem Fall nicht wegen des Lärms beschwert, sodass es sich diesbezüglich nur um eine Mutmaßung und nicht um eine Feststellung handelt. Allerdings werden Zuwiderhandlungen gegen § 117 Abs. 1 OWiG immer auf entsprechende Lärmbeschwerden zurückzuführen sein. Ruhestörender Lärm, also Lärm während der üblichen Entspannungszeiten und in Erholungsgebieten ist stets geeignet, erheblich belästigend zu wirken; in solchen Fällen kann schon eine geringere Lärmerregung ausreichend sein, die zu anderen Zeiten bzw. an anderen Orten nicht erheblich belästigend wäre (vgl. *RRH*, 3. Aufl., Rdnr. 9; *Göhler*, 18. Aufl. 2020, Rdnr. 12). In der Praxis wird ein wichtiger Ausgangspunkt für die Feststellung, ob tatsächlich eine erhebliche Eignung zur Belästigung vorliegt, sein, ob die Schallimmission den ansonsten bestehenden Lärmpegel (z. B. durch den Straßenverkehr) nicht nur geringfügig übertrifft. Ist dies der Fall, so ist eine Störung grundsätzlich zu bejahen; geht sie im allgemeinen Lärm unter, ist eine Belästigung wohl zu verneinen (vgl. *Schmid*, BayVBl. 1983 S. 45).

3.1.1 Allgemeinheit

Darunter ist eine unbestimmte Mehrheit von Personen zu verstehen, also ein nicht individuell abgrenzbarer Personenkreis (vgl. Erl. 2.1 zu § 118; *Göhler*, 18. Aufl. 2020, Rdnr. 13; *RRH*, 3. Aufl., Rdnr. 10). Werden lediglich einzelne Personen belästigt, ist stets zu prüfen, ob der Lärm auch von anderen (in unbestimmter Anzahl) hätte wahrgenommen werden können.

3.1.2 Nachbarschaft

Dieser Begriff bedeutet eine Mehrzahl von einander räumlich zugeordneten Personen, die in unmittelbarer Nähe des Ortes, an dem der Lärm erregt wird, wohnen oder sich dort aufhalten (vgl. BayObLG, NuR 1984 S. 74; *Göhler*, 18. Aufl. 2020, Rdnr. 14; *KK*, 5. Aufl., Rdnr. 35; *RRH*, 3. Aufl., Rdnr. 11). Hierzu zählen Mitbewohner eines Hauses und Bewohner angrenzender Häuser einschließlich deren Gäste (vgl. *Göhler*, *RRH*, *KK*, jeweils a. a. O.). Da von Nachbarschaft und nicht nur von einem Nachbarn die Rede ist, muss es sich um mehrere Personen, mindestens jedoch um zwei, handeln, bei denen die Eignung zur Belästigung gegeben ist; ist nur ein Nachbar betroffen, so ist eine Eignung zur Gesundheitsschädigung (vgl. Erl. 3.2) Ahndungsvoraussetzung (vgl. *Göhler*, *RRH*, *KK*, jeweils a. a. O.). Der Nachbarschaftsbegriff bezieht sich nicht auf die Person des Nachbarn, sondern auf die Nachbar*eigenschaft*, d. h., der Lärm muss auch geeignet sein, die Nachbarn *in deren* Wohnbereich zu belästigen. Das Herbeiholen eines Nachbarn in die eigene Wohnung, um ihm dort den Lärm zu präsentieren, den dieser in seiner Wohnung gar nicht hört, genügt den Anforderungen nicht. Auch Familien oder Lebensgemeinschaften, die in derselben Wohnung wohnen, sind keine geeigneten weiteren Nachbarn.

Straßenpassanten fallen nicht unter diesen Personenkreis (vgl. *RRH*, a. a. O.), können jedoch einen Teil der Allgemeinheit bilden (vgl. Erläuterung 3.1.1).

Auch ein Gast, dessen Lärmerregung sich auf die Nachbarschaft auswirkt, kann mit Bußgeld belegt werden (*RRH*, *KK*, *Göhler*, jeweils a. a. O.). Ein weit verbreiteter Irrtum ist es, dass Nachbarn es ein Mal im Jahr hinnehmen müssten, wenn mit nächtlichen Ruhestörungen einhergehend gefeiert werde.

3.2 Eignung zur Schädigung der Gesundheit eines anderen

Auch hier ist nicht vorausgesetzt, dass tatsächlich eine Schädigung durch Lärm eingetreten ist. Die Eignung hierzu genügt (vgl. Erl. 3.1). Außerdem reicht es aus, wenn nur ein einzelner Mensch, nicht allerdings die Person, die den Lärm selbst erzeugt, geschädigt werden kann. Die Gesundheit ist geschädigt, wenn bei einem Menschen ein mehr als unerheblicher krankhafter Zustand herbeigeführt oder gesteigert wird, wobei psychische Schädigungen nur dann erfasst sind, wenn sie sich körperlich auswirken (vgl. *KK*, 5. Aufl., Rdnr. 37; *RRH*, 3. Aufl., Rdnr. 12; *Göhler*, 18. Aufl. 2020, Rdnr. 15), z. B. wenn ständige Störungen der Nachtruhe krankhafte Schlafstörungen verursachen (vgl. *KK* und *RRH*, jeweils a. a. O.). Zur Beurteilung, ab welcher Intensität Lärm geeignet ist, die Gesundheit zu beeinträchtigen, ist in der Regel auf wissenschaftliche Erkenntnisse zurückzugreifen, die z. B. zur Festlegung, ab welchem Schallpegel bzw. ab wie viel Dezibel Lärmbelästigungen das menschliche Nervensystem schädigen können, heranzuziehen sind (vgl. *KK*, a. a. O.). Von einer Eignung zur Gesundheitsschädigung ist wohl dann auszugehen, wenn die Lärmerregung über einen längeren Zeitraum andauert und so intensiv ist, dass sie ans

Unerträgliche grenzt (vgl. *Göhler* und *RRH,* jeweils a. a. O.). Ärztliche Atteste, die dem Belästigten vermeintlich bescheinigen, aufgrund von Nachbarlärm erkrankt zu sein, sind in der Regel nicht beweiskräftig, da der Arzt oder die Ärztin sich üblicherweise kein eigenes Bild von dem behaupteten Lärm machen (kann). Nicht erfasst ist, wenn nur seelisches Wohlbefinden beeinträchtigt werden kann (vgl. *Göhler,* a. a. O.).

4. Gesetzeskonkurrenz

Bei dieser Vorschrift handelt es sich um einen Auffangtatbestand, der nur dann anzuwenden ist, wenn im konkreten Fall andere Vorschriften des Bundes- und Landesrechts nicht greifen (Absatz 2), wenn also entweder solche nicht existieren, oder eine Ahndung nach einer solchen vortretenden Norm tatsächlich oder rechtlich nicht möglich ist. Dies schließt z. B. den Fall mit ein, dass die vortretende Ordnungswidrigkeit bereits verjährt ist, sodass der eigentlich zurücktretende § 117 Abs. 1 OWiG wieder zum Zuge kommt. Zu beachten ist, dass diese Subsidiaritätsklausel nur im Verhältnis zu anderen Bestimmungen gilt, deren Zweck ebenfalls die Bekämpfung des Lärms ist, und dass nur diese als speziellere oder konkreter gefasste Normen dem § 117 Abs. 1 OWiG vorgehen (vgl. BayObLG – 3 Ob OWi 7/77 –; *Göhler*, 18. Aufl. 2020, Rdnr. 17). Sie gehen auch dann vor, falls die Bußgelddrohung niedriger ist (vgl. *RRH*, 3. Aufl., Rdnr. 2). Da es sehr viele solche einschlägigen Normen gibt, hat § 117 OWiG eine untergeordnete Bedeutung (vgl. *RRH*, a. a. O.). Lärmbekämpfungsnormen sind z. B. für den Bereich der gewerblichen und sonstigen Anlagen das BImSchG einschließlich der aufgrund des G erlassenen VO und VwV sowie auch zum Schutz der Nachtruhe und für die Benutzung von Tonwiedergabegeräten erlassene landesrechtliche Vorschriften wie in Bayern der Art. 18 BayImSchG und Nordrhein-Westfalen die §§ 9 bis 12, 17 LImSchGNW (vgl. *KK*, 5. Aufl., Rdnr. 42 – 44; *RRH*, 3. Aufl., Rdnr. 3). Strafvorschriften wie z. B. § 325a StGB (Verursachen von Lärm, Erschütterungen und nichtionisierenden Strahlen) gehen ebenfalls vor (§ 21 OWiG). Allerdings ist eine tateinheitliche Anwendung möglich, wenn beide Vorschriften unterschiedliche Rechtsgüter schützen (vgl. BayObLG, 3 Ob OWi 7/77).

> *Beispiel:*
>
> *In einer (erforderlichen) gaststättenrechtlichen Konzession gilt die Auflage, dass ab 22.00 Uhr zum Schutz der umliegenden Bewohner alle Fenster geschlossen sein müssen. Es wurde festgestellt, dass um 23.00 Uhr ein Fenster entgegen dieser Auflage geöffnet war, was mit Bußgeld (gaststättenrechtlicher Auflagenverstoß) geahndet werden kann. Darüber hinaus wurde festgestellt, dass wegen des geöffneten Fensters in einem Ausmaß Lärm nach außen drang, der die Nachbarschaft erheblich belästigte, was einen Verstoß gegen diese Vorschrift darstellt.*

Beide Vorschriften dienen dem Lärmschutz, mit der Folge, dass § 117 OWiG wegen der Subsidiaritätsklausel nicht angewendet werden kann.

Eine Gaststätte wird betrieben, ohne sich an die Auflage zu halten nach 22:00 Uhr alle Fenster geschlossen zu halten. Diese Zuwiderhandlung ist nach einschlägigen Vorschriften im Bau- bzw. Gaststättenrecht bußgeldbewehrt. Darüber hinaus wurde wie im oben genannten Beispiel festgestellt, dass durch den Betrieb in einem Ausmaß Lärm erregt wurde, der geeignet war, die Nachbarschaft erheblich zu belästigen, was eine Ordnungswidrigkeit gem. § 117 Abs. 1 OWiG darstellt.

In diesem Fall ist eine tateinheitliche Ahndung beider Ordnungswidrigkeiten zwar in Betracht zu ziehen, da durch die Bestimmungen unterschiedliche Rechtsgüter (Betrieb einer Gaststätte entgegen einer mit der Erlaubnis verbundenen Auflage sowie Lärmschutz) betroffen sind. Nachdem die Auflage aber letzlich dem Lärmschutz dienen soll, ist es wohl richtiger, wenn die Ahndung der gaststättenrechtlichen Zuwiderhandlung – als speziellere Regelung – der einer Ahndung des § 117 OWiG vorgeht und die Verstöße nicht in Tateinheit geahndet werden.

Beispiel:

Bei einer privaten Geburtstagsparty mit Dutzenden von Gästen wird aus der Nachbarwohnung zwischen Mitternacht und 03:00 Uhr früh infernalischer Lärm erregt. Es spielt laute Musik und die Gäste stampfen dröhnend gegen den Boden und grölen lautstark zur Musik. Die Nachbarschaft ruft deshalb die Polizei.

Hier können mehrere Lärmschutzvorschriften in Betracht kommen. Gibt es z. B. eine zum Schutz der Nachtruhe und für die Benutzung von Tonwiedergabegeräten erlassene bußgeldbewehrte landesrechtliche oder gemeindliche Vorschrift, die regelt, dass bei der Benutzung von Musikinstrumenten und von Tonübertragungs- und Tonwiedergabegeräten die Lautstärke so zu gestalten ist, dass andere nicht erheblich belästigt werden, und in der Zeit von 22.00 Uhr und 07.00 Uhr die Nachtruhe durch die Benutzung dieser Instrumente und Geräte nicht gestört werden darf, ist diese, was den Musiklärm anbelangt, lex specialis zu § 117 OWiG. Für das Grölen und Stampfen findet sich wiederum keine Regelung, weshalb § 117 Abs. 1 OWiG hierfür Auffangtatbestand ist. In diesem Fall kommt eine tateinheitliche Ahndung beider Ordnungswidrigkeiten in Betracht, da sich beide Vorschriften *ergänzen.*

5. Ahndung durch Bußgeld

Erforderlich ist, dass vorsätzlich (§ 10 OWiG) gehandelt wird. Bedingter (mittelbarer) Vorsatz (vgl. Erl. 1.3 zu § 10 OWiG) genügt. Nimmt jemand z. B. billigend in Kauf, dass der von ihm erregte Lärm die Allgemeinheit oder die Nachbarschaft erheblich belästigt, ist vorsätzliche Handlung gegeben. Der Vorsatz muss sich auf alle Tatbestandsmerkmale (Erregen von Lärm, Umstände des Anlasses usw.) erstrecken (vgl. *Göhler,* 18. Aufl. 2020, Rdnr. 16, zum Verbotsirrtum vgl. Erl. 2 zu § 11 OWiG). Ist dieser unvermeidbar, ist das Verfahren einzustellen, da es an der Vorwerfbarkeit fehlt (vgl. Erl. 1.4 zu § 1 OWiG). Wäre der Irrtum vermeidbar gewesen (vgl. Erl. 2.2 zu § 11 OWiG), etwa weil es der Täter pflichtwidrig unterlassen hat, die ihm zuzumutenden Erkundigungen einzuholen, ist vorsätzliches Handeln nicht auszuschließen. Ein Verbotsirrtum liegt z. B. vor, wenn sich jemand über das Bestehen einer Lärmvorschrift bzw. über ihre Anwendbarkeit irrt (vgl. *RRH,* 3. Aufl., Rdnr. 17; *KK,* 5. Aufl., Rdnr. 39); das Gleiche gilt bei einem Irrtum über die Reichweite einer Erlaubnis (vgl. *RRH,* a. a. O.).

5.1 Bußgeldrahmen

Die Bußgeldhöhe beträgt mindestens 5 Euro und höchstens 5000 Euro (Absatz 2).

5.2 Verjährung

Die Ordnungswidrigkeit verjährt nach zwei Jahren (§ 31 Abs. 2 Nr. 2 OWiG).

5.3 Zuständige Bußgeldbehörde

Sachlich zuständig ist die fachlich zuständige oberste Landesbehörde (§ 36 Abs. 1 Nr. 2a OWiG) oder die jeweils von der Landesregierung durch Rechtsverordnung oder durch die oberste Landesbehörde bestimmte Behörde (§ 36 Abs. 2 OWiG); beispielsweise in Bayern § 87 ZustV, in Brandenburg § 1 OWiZustV (vgl. *Göhler,* 18. Aufl. 2020, Rdnr. 19 mit weiteren Nachweisen).

§ 118
Belästigung der Allgemeinheit

(1) Ordnungswidrig handelt, wer eine grob ungehörige Handlung vornimmt, die geeignet ist, die Allgemeinheit zu belästigen oder zu gefährden und die öffentliche Ordnung zu beeinträchtigen.

(2) Die Ordnungswidrigkeit kann mit einer Geldbuße geahndet werden, wenn die Handlung nicht nach anderen Vorschriften geahndet werden kann.

Erläuterungen

Übersicht

Vorbemerkung

Die Vorschrift ersetzt die ehemalige Bestimmung – grober Unfug – in § 360 Abs. 1 Nr. 11 StGB a. F. (vgl. *Göhler,* 18. Aufl. 2020, Rdnr. 1). Ihr Zweck ist der Schutz des äußeren Bestandes der öffentlichen Ordnung (vgl. *Göhler,* 18. Aufl. 2020, Rdnr. 2). Zu dieser Gemeinschaftsordnung zählen die anerkannten Regeln und Einrichtungen, die im äußeren Zusammenleben der Menschen die schutzwürdigen Interessen der einzelnen wahren sollen (vgl. BayObLG, JZ 1977 S. 277– 278; *KK,* 5. Aufl., Rdnr. 2). Bei dieser Norm handelt es sich um einen Auffangtatbestand, der nur dann anzuwenden ist, wenn andere Vorschriften, auch nach Landesrecht, nicht greifen. Allerdings ist eine tateinheitliche Anwendung möglich, wenn beide Vorschriften unterschiedliche Rechtsgüter schützen, z. B. wenn die andere Vorschrift ausschließlich Veranstaltungen ohne die erforderliche Erlaubnis erfasst, nicht aber die dabei vorgenommenen grob ungehörigen Handlungen (vgl. BayObLG, a. a. O.; *Göhler,* 18. Aufl. 2020, Rdnr. 17). Ist wegen einer Handlung auch eine Ahndung nach § 117 OWiG möglich, geht diese als speziellere Norm und die mit der höheren Bußgelddrohung vor (vgl. *RRH,* 3. Aufl., Rdnr. 3). Es ist also als Erstes zu prüfen, ob die Handlung nach einer anderen Vorschrift geahndet werden kann. Die Verhängung eines Bußgeldes nach § 118 erfordert sodann, dass folgende drei Tatbestandsvoraussetzungen kumulativ erfüllt sind: 1. Eine grob ungehörige Handlung, 2. Deren Eignung, die Allgemeinheit zu belästigen oder zu gefährden, 3. Eine mögliche Beeinträchtigung der öffentlichen Ordnung. Dazu muss ein unmittelbarer Zusammenhang zwischen den drei genannten Tatbestandsmerkmalen bestehen. Der Tatbestand dieser Vorschrift ist flexibel, da er unmittelbar mit den sich wandelnden Wertevorstellungen der Gemeinschaft verbunden ist. Die Praxis ist für die Verwaltungsbehörden problematisch. Dies gilt insbesondere in Vorgängen, in denen Grundrechte wie die Meinungs- (Art. 5 Abs. 1 GG) und Kunstfreiheit (Art. 5 Abs. 3 GG) bzw. das Erziehungsrecht der Eltern (Art. 6 GG) oder die Versammlungsfreiheit (Art. 8 GG) zu berücksichtigen sind. So ist etwa bei Entscheidungen über Ordnungswidrigkeiten nach § 118 Abs. 1 OWiGbei Rechtsverstößen von Versammlungsteilnehmern stets deren grundrechtlich geschützte Versammlungsfreiheit zu beachten und in die Abwägung einzustellen (vgl. BverfG, BayVBl 2015 Heft 9 S. 304 – 306). Im Spannungsfeld der Grundrechtsabwägung wird die schwierige Abgrenzung in Einzelfällen wohl den Gerichten überlassen werden müssen. Dem Bestimmtheitsgebot des Art. 103 Abs. 3 GG wird diese Vorschrift allerdings gerecht (vgl. *RRH,* 3. Aufl., Rdnr. 1; *Göhler,* 18. Aufl. 2020, Rdnr. 3).

1. Grob ungehörige Handlung

Als grob ungehörig oder ungebührlich wird eine Handlung bezeichnet, wenn sie sich bewusst nicht in die für das gedeihliche Zusammenleben der jeweiligen Rechtsgemeinschaft erforderliche Ordnung einfügt (vgl. BayObLG, JZ 1977 S. 277– 278). Maßgeblich für die Beurteilung sind die dem ständigen Wandel der Zeit unterworfenen, allgemein anerkannten Regeln von Sitte, Moral und Ordnung (vgl. *RRH*, 3. Aufl., Rdnr. 5). Auf lediglich subjektive Empfindungen einzelner Personen kommt es dabei nicht an. Die Norm umfasst Interessen Einzelner sowie Interessen der Gemeinschaft im Gesamten, wenn sie nach objektiven Gesichtspunkten schutzwürdig sind. Ein schutzwürdiges Interesse ist z. B. das Schamgefühl, dem das unbekleidete Auftreten von Menschen in der Öffentlichkeit (es sei denn es handelt sich z. B. um ausgewiesene Nacktbadebereiche) auch bei liberaler Anschauung widerspricht (vgl. BayObLG, a. a. O.; *RRH*, a. a. O., *Göhler*, 18. Aufl. 2020, Rdnr. 4), die überwiegende Mehrheit der Gesellschaft betrachtet Nacktheit als intimen Akt und empfindet das öffentliche Zeigen von Genitalien als grob anstößig und unangemessen. Erforderlich ist eine grobe Regelmissachtung, also ein Fehlverhalten, das sich deutlich von einem ordnungsgemäßen Verhalten abhebt. Lediglich taktloses, unangebrachtes Benehmen wie z. B. die Teilnahme bei einer Trauerfeierlichkeit in Jeans und T-Shirt oder Short und Bermudahemd (vgl. *RRH*, a. a. O.) reicht nicht aus. Als grob ungehörig anzusehen ist z. B. die Anbringung eines Schildes am Eingang zu einer Gaststätte mit der diskriminierenden Aufschrift „Neger haben keinen Zutritt" oder die grundlose Alarmierung der Polizei (vgl. *RRH* und *Göhler*, jeweils a. a. O.). Dagegen stellt allein das Niederlassen zum Zwecke des Alkoholgenusses auf öffentlichen Straßen und Plätzen aufgrund der allgemeinen Akzeptanz von Alkoholgenuss in der Öffentlichkeit keine grob ungehörige Handlung dar (vgl. VGH Baden-Württemberg, Justiz 1999 S. 146 –149).

Belästigung oder Gefährdung der Allgemeinheit

Die grob ungehörige Handlung muss geeignet sein, die Allgemeinheit zu belästigen oder zu gefährden. Es handelt sich um ein Gefährdungsdelikt. Eine Belästigung oder Gefährdung muss also lediglich theoretisch möglich sein, auf eine tatsächliche Beeinträchtigung kommt es nicht an (vgl. *KK*, 5. Aufl. 2017, Rdnr. 2; *Göhler*, 18. Aufl. 2020, Rdnr. 5).

2.1 Allgemeinheit

Darunter ist eine unbestimmte Mehrheit von Personen zu verstehen, also ein nicht individuell abgrenzbarer Personenkreis (vgl. *RRH*, 3. Aufl., Rdnr. 6; *Göhler*, 18. Aufl. 2020, Rdnr. 6; *KK*, 5. Aufl., Rdnr. 9). Nicht darunter fällt eine nicht öffentliche Versammlung oder eine Veranstaltung, zu der nur bestimmte, *persönlich untereinander bekannte* oder *durch gemeinsame Beziehung verbundene* Personen Zutritt haben (*KK* und *RRH*, jeweils a. a. O.), z. B. bei einer Fachtagung von Medizinern oder einer Konferenz geladener Wissenschaftler etc.; anders *für Eintritt zahlendes Publikum*, wie etwa bei einer „Live-Sektion" (ohne klinischen oder anatomischen Hintergrund, lediglich wegen des reinen Nervenkitzels im Rahmen einer Ausstellung), da der in Frage stehende Personenkreis durch das Zwangshindernis Eintrittsgeld nicht automatisch individuell eingrenzbar wird (vgl. hierzu *Göhler*, 18. Auflage 2020, Rdnr. 9 zu § 119; *KK*, Rdnr. 14 zu § 119 zum Begriff der Öffentlichkeit). Dagegen werden von dem Begriff allgemein zugängliche Ladengeschäfte oder Gaststätten umfasst (vgl. *RRH* und *Göhler*, jeweils a. a. O.).

Werden also z. B. in einer öffentlichen Gaststätte nach objektiven Maßstäben grob anstößige Handlungen dargeboten, ist der Tatbestand erfüllt, unabhängig davon, ob die gerade Anwesenden sich belästigt oder gefährdet fühlen, denn sie stellen nicht die Allgemeinheit dar (vgl. BayObLG, JZ 1977 S. 277– 278; *RRH*, a. a. O.). Die gegen eine Einzelperson gerichtete (objektiv grob anstößige) Handlung ist nur dann tatbestandsmäßig relevant, wenn die konkrete Möglichkeit besteht, dass sie auch von der Allgemeinheit unmittelbar wahrgenommen werden kann. Lediglich eine abstrakte Wahrnehmungsmöglichkeit reicht nicht aus (vgl. *Göhler* und *RRH*, jeweils a. a. O.). Kann also aufgrund der Gesamtsituation ausgeschlossen werden, dass andere hiervon Kenntnis erlangen, wie z. B. bei Belästigung Einzelner durch nächtliche Telefonanrufe oder das Klingeln an der Wohnungstüre, liegt keine konkrete, sondern allenfalls eine theoretische Wahrnehmungsmöglichkeit durch die Allgemeinheit vor (vgl. *KK*, 5. Aufl., Rdnr. 10). Die Voraussetzung, dass die Wahrnehmung unmittelbar möglich sein muss, ist auch nicht erfüllt, wenn jemand sich gegen eine Einzelperson grob anstößig verhält, die Allgemeinheit hiervon aber nicht direkt, sondern z. B. erst durch einen Bericht in der Presse oder durch die Verbreitung Dritter erfährt (vgl. *RRH* und *KK*, jeweils a. a. O.). Bei Handlungen gegen Einrichtungen der Allgemeinheit (z. B. Polizei, Feuerwehr) ist es allerdings unerheblich, ob die konkrete Möglichkeit existiert, dass diese von der Allgemeinheit auch unmittelbar wahrgenommen werden (vgl. *RRH, Göhler*, jeweils a. a. O., *KK*, 5. Aufl., Rdnr. 11), wie z. B. in dem Fall, dass ein Rettungswagen der Feuerwehr grundlos angefordert wird (vgl. *KK*, a. a. O.). Keine Eignung zur Belästigung der Allgemeinheit ist das Ansprechen oder Hinterherlaufen im alkoholisierten Zustand, wenn dies zwar bei einer konkreten Einzelperson zu Verunsicherung führt, aber bei den übrigen Passanten keine erhebliche Angstreaktion hervorruft, sondern allenfalls ein Kopfschütteln.

2.2 Belästigung

Belästigend wirkt eine Handlung, wenn sie nicht nur geringfügiges Unbehagen physischer oder psychischer Art, was auch eine stärkere „Beunruhigung" sein kann, bei der Allgemeinheit hervorruft (vgl. *RRH*, 3. Aufl., Rdnr. 6a; *Göhler*, 18. Aufl. 2020, Rdnr. 7; *KK*, 5. Aufl., Rdnr. 13). Dies ist z. B. der Fall, wenn in der Öffentlichkeit beobachtet wird, wie eine Person unsittlich berührt wird, was möglicherweise ein Gefühl der Unsicherheit hervorruft (vgl. *RRH* und *Göhler*, jeweils a. a. O.). Das Gleiche gilt beim Singen nationalsozialistischer oder rassistischer Lieder (vgl. *RRH* und *KK*, jeweils a. a. O.). Ein derartiges Unbehagen kann auch ausgelöst werden, wenn Verunreinigungen durch Hundekot auf einem Kinderspielplatz oder inmitten einer Menschenansammlung nicht beseitigt werden (vgl. *KK*, a. a. O.).

2.3 Gefährdung

Eine Gefährdung liegt vor, wenn eine Handlung nach allgemeiner Lebenserfahrung einen Schaden im weitesten Sinne für die Allgemeinheit verursachen kann, so z. B. durch unbegründetes Herbeirufen der Polizei, weil diese dadurch in einem möglichen zeitgleichen Ernstfall nicht sofort zur Verfügung steht (vgl. *KK*, 5. Aufl., Rdnr. 16; *RRH*, 3. Aufl., Rdnr. 6b). Zu beachten ist, dass bei Gefährdungsdelikten auch Straftatbestände des StGB (z. B. § 126 – Störung des öffentlichen Friedens durch Androhung von Straftaten, § 130 – Volksverhetzung, § 145 – Missbrauch von Notrufen und Beeinträchtigung von Unfallverhütungs- und Nothilfemitteln, § 316b – Störung öffentlicher Betriebe) einschlägig sein können, die dann die Ordnungswidrigkeit verdrängen (§ 21 OWiG). In Zweifelsfällen ist die Sache der Staatsanwaltschaft vorzulegen, da Anhaltspunkte für eine Straftat vorhanden sind (§ 41 OWiG).

3. Beeinträchtigung der öffentlichen Ordnung

Mit der „öffentlichen Ordnung" ist sowohl die Rechtsordnung als auch die Gemeinschaftsordnung, also die allgemein anerkannten Regeln und Einrichtungen, die im äußeren Zusammenleben der Menschen die schutzwürdigen Interessen der Einzelnen wahren sollen, gemeint (vgl. *RRH*, 3. Aufl., Rdnr. 7; *KK*, 5. Aufl., Rdnr. 18; *Göhler*, 18. Aufl. 2020, Rdnr. 10). Hierzu zählen auch Einrichtungen zur Gefahrenabwehr, wie z. B. die Einsatzbereitschaft der Polizei und Feuerwehr sowie Einrichtungen zur Regelung des Straßenverkehrs, wie z. B. Verkehrsschilder (vgl. *RRH* und *Göhler*, jeweils a. a. O.). Nicht jede grob ungehörige Handlung, die geeignet ist, die Allgemeinheit zu belästigen, ist bußgeldbewehrt, sondern nur eine solche, die zusätzlich geeignet ist, die öffentliche Ordnung zu beeinträchtigen (z. B. das Abstellen eines Fahrzeugs mit gut sichtbarer Bombenattrappe, um Passanten und Anwohner zu erschrecken). Damit wird der Tatbestand jedenfalls im

Bereich der Belästigung weiter eingegrenzt; im Bereich der Gefährdung ist kein nennenswerter Einschränkungseffekt zu sehen, da Vorkommnisse, die die Allgemeinheit gefährden, wohl auch geeignet sind, die öffentliche Ordnung zu beeinträchtigen (vgl. *RRH*, a. a. O.). Werden z. B. in der Öffentlichkeit bestimmte Personengruppen verhöhnt oder verspottet, kann die Allgemeinheit sich dadurch belästigt fühlen, was aber nicht bedeutet, dass dadurch auch schon die öffentliche Ordnung beeinträchtigt wäre. Dies könnte z. B. dann angenommen werden, wenn Personen, die die Verhöhnung wahrnehmen, ihren Unmut äußern oder dem Tun ein Ende bereiten wollen; nicht allein Gefühlsregungen, sondern mögliche Reaktionen auf die Belästigung können die öffentliche Ordnung beeinträchtigen (vgl. *KK*, 5. Aufl., Rdnr. 19). Es genügt, dass die Handlung objektiv geeignet ist, die öffentliche Ordnung zu stören. Es handelt sich um einen Gefährdungstatbestand; die Beeinträchtigung muss also lediglich theoretisch möglich sein, auf eine tatsächliche Störung kommt es nicht an (vgl. *RRH*, 3. Aufl., Rdnr. 7a).

4. Notwendiger Zusammenhang

Zwischen der grob ungehörigen Handlung, ihrer Eignung zur Belästigung oder Gefährdung der Allgemeinheit sowie ihrer Eignung zur Beeinträchtigung der öffentlichen Ordnung muss ein unmittelbarer Zusammenhang vorliegen (vgl. *Göhler*, 18. Aufl. 2020, Rdnr. 14; *KK*, 5. Aufl., Rdnr. 20). Lediglich ein indirektes Zusammenwirken, z. B. wenn die Allgemeinheit nicht direkt, sondern erst durch die Presse von der Handlung erfährt (vgl. Erl. 2.1), reicht nicht aus.

5. Ahndung durch Bußgeld

Die Verhängung eines Bußgeldes ist möglich (Absatz 2). Voraussetzung ist vorsätzliches Handeln (§ 10 OWiG). Bedingter Vorsatz reicht aus (vgl. Erl. 1.3 zu § 1, zum Verbotsirrtum vgl. Erl. 2 zu § 11). Ein solcher kann vorliegen, falls die Ansicht bestand, die Handlung sei wegen des verfolgten Ziels nicht zu beanstanden. Der Vorsatz muss sich auf alle Tatumstände erstrecken, also nicht nur darauf, dass die Handlung grob ungehörig ist, sondern auch auf die zitierten Auswirkungen (vgl. *Göhler*, 18. Aufl. 2020, Rdnr. 16).

Beispiele:

Der Tatbestand dieser Vorschrift kann verwirklicht sein, wenn während einer öffentlichen Veranstaltung ein Besucher seine Notdurft außerhalb einer Toilette verrichtet, indem er für die Allgemeinheit einsehbar an einen Baum uriniert oder wenn ein Wegweiser umgedreht wird und dann in die falsche Richtung zeigt (vgl. RRH, 3. Aufl., Rdnr. 7b; Göhler, 18. Aufl. 2020, Rdnr. 15). Das Gleiche ist anzunehmen, wenn in aggressiver Weise, z. B. durch aufdringliches Ansprechen von Passanten, gebettelt wird. Dagegen kommt eine Ahndung nach dieser Vorschrift wohl nicht in Betracht, wenn sich jemand lediglich zum „stillen Betteln" niederlässt (vgl. Göhler, 18. Aufl. 2020, Rdnr. 13), wenn Wahlplakate überklebt (vgl. Göhler, 18. Aufl. 2020, Rdnr. 12; RRH, 3. Aufl., Rdnr. 7c) oder Kettenbriefe versandt werden (vgl. Göhler, 18. Aufl. 2020, Rdnr. 13; RRH, a. a. O.). Ebenfalls vom Tatbestand nicht erfasst sein dürften Fan-Jackenaufnäher mit den Worten: „Wir wollen keine …(Name des jeweiligen Sportclubs)-Schweine" mit dem jeweiligen Vereinsemblem und der Karikatur eines Schweinchens, ohne dass weitere Tathandlungen hinzukommen. In manchen Konstellationen kollidiert der Tatbestand trotz Vorliegens aller Tatbestandsmerkmale mit Grundrechten. In diesen Fällen müssen die möglichen Gefahren und Folgen, die aus dem Verstoß gegen § 118 OWiG resultieren, mit den grundgesetzlich garantierten individuellen Rechten und Freiheiten abgewogen werden. Diese Abwägung geht zumeist zugunsten der Grundrechte aus. Das gilt etwa für die Ausstellung von Kriegsfotos im Rahmen einer Kunstaktion zur Darstellung der Folgen des Krieges, gut sichtbar in einem Schaufenster in einem Wohngebiet, obwohl dies auf Kinder verstörende Wirkung haben kann (Art. 5 Abs. 1, 3 GG) oder für die Transparente enthaupteter Kriegsopfer bei einer öffentlichen Demonstration gegen den Islami-

schen Staat (IS), mit der auf unbeteiligte Dritte eingewirkt wird (Art. 5 Abs. 1, Art. 8 GG). Anders dagegen bei der Herabwürdigung der Polizei durch die Verwendung des mittlerweile in weiten Kreisen der Bevölkerung bekannten Kürzels „a.c.a.b.". Die Verwendung der Buchstabenfolge „a.c.a.b." für „all cops are bastards" in Form von Plakaten oder Transparenten, durch Schriftzüge auf der Kleidung, durch Anstecker oder gelegentlich sogar als sichtbare Tätowierung, um nach außen zu erkennen zu geben, was man von der Polizei hält, kann von der Allgemeinheit als bewusster Gegensatz zum wohlmeinenden Bild von der Polizei als „Freund und Helfer" verstanden werden (vgl. Ausführungen zur Frage strafbarer Kollektivbeleidigung der Polizei durch Verwendung des Kürzels „a.c.a.b.", Geppert, NStZ 2013 S. 553). Das Wort „Bastard" ist heutzutage eindeutig negativ besetzt und schlechthin als Schimpfwort zu verstehen. Im Einzelfall wird zu prüfen sein, ob es um den Austausch von Argumenten und um eine Auseinandersetzung in der Sache geht oder ob eine Schmähkritik vorliegt. Bei der Schmähkritik geht es allein um die Diffamierung eines Kollektivs (in diesem Fall der Polizei, vgl. hierzu BVerfGE 93, Jahr 93, S. 266, 294). In letzterem Fall hat die Meinungsäußerungsfreiheit wohl zurückzutreten. Auch bestimmte Modalitäten der Obdachlosigkeit, wie etwa das Lagern auf Bänken, stellen als Bestandteil der Urbanität keinen Verstoß gemäß § 118 Abs. 1 OWiG dar.

5.1 Bußgeldrahmen

Die Bußgeldhöhe beträgt mindestens 5 Euro und höchstens 1000 Euro (§ 17 Abs. 1 OWiG).

5.2 Verjährung

Die Ordnungswidrigkeit verjährt nach sechs Monaten (§ 31 Abs. 2 Nr. 4 OWiG).

5.3 Zuständige Bußgeldbehörde

Sachlich zuständig ist die fachlich zuständige oberste Landesbehörde (§ 36 Abs. 1 Nr. 2a OWiG) oder die jeweils von der Landesregierung durch Rechtsverordnung oder durch die oberste Landesbehörde bestimmte Behörde (§ 36 Abs. 2 OWiG); beispielsweise in Bayern § 87 ZustV, in Brandenburg § 1 OWiZustV, weitere Nachweise bei *Göhler*, 18. Aufl. 2020, Rdnr. 20.

§ 119

Grob anstößige und belästigende Handlungen

(1) Ordnungswidrig handelt, wer

1. **öffentlich in einer Weise, die geeignet ist, andere zu belästigen, oder**
2. **in grob anstößiger Weise dadurch, dass er einen Inhalt (§ 11 Absatz 3 des Strafgesetzbuches) verbreitet oder der Öffentlichkeit zugänglich macht,**

Gelegenheit zu sexuellen Handlungen anbietet, ankündigt, anpreist oder Erklärungen solchen Inhalts bekannt gibt.

(2) Ordnungswidrig handelt auch, wer auf die in Absatz 1 bezeichnete Weise Mittel oder Gegenstände, die dem sexuellen Gebrauch dienen, anbietet, ankündigt, anpreist oder Erklärungen solchen Inhalts bekannt gibt.

(3) Ordnungswidrig handelt ferner, wer einen sexuellen Inhalt (§ 11 Absatz 3 des Strafgesetzbuches) an Orten der Öffentlichkeit zugänglich macht, an denen dies grob anstößig wirkt.

(4) Die Ordnungswidrigkeit kann in den Fällen des Absatzes 1 Nr. 1 mit einer Geldbuße bis zu eintausend Euro, in den übrigen Fällen mit einer Geldbuße bis zu zehntausend Euro geahndet werden.

Erläuterungen

Übersicht

Vorbemerkung

Diese Vorschrift soll Einzelne oder Teile der Bevölkerung vor Verletzung „tiefverwurzelter Empfindungen" durch unbeabsichtigte Konfrontation mit sexuellen Handlungen, die wie Ware oder in ähnlich anstößiger Weise angepriesen werden, schützen (vgl. *RRH*, 3. Aufl., Rdnr. 2; *KK*, 5. Aufl., Rdnr. 2). Das Gleiche gilt für die Werbung für Mittel oder Gegenstände des sexuellen Gebrauchs und die Darstellung sexuellen Inhalts (vgl. *RRH*, a. a. O.). Normzweck ist also nicht die Unterbindung der gen. Tathandlungen (Anbieten, Ankündigen etc.) schlechthin. So setzt die Tatbestandsverwirklichung voraus, dass die jeweilige Tathandlung entweder zu einer Belästigung anderer geeignet oder grob anstößig ist (vgl. *RRH* und *KK*, jeweils a. a. O.). In diesem Zusammenhang ist freilich das gewandelte Verständnis der Bevölkerung und die geänderte Rechtslage auf Grund des Prostitutionsgesetzes (ProstG) vom 20.12.2001 (BGBl. I S. 3983) zu berücksichtigen; Prostitution wird überwiegend nicht mehr als absolut sittenwidrig angesehen (vgl. *RRH* a. a. O.). Die Bestimmung verweist, ebenso wie § 116 OWiG, auf § 11 Abs. 3 StGB, in dem die einzelnen Verbreitungsmedien beschrieben sind. Es handelt sich um abstrakte Gefährdungstatbestände, sodass es bei den drei Tatvarianten auf eine tatsächliche Belästigung oder Verletzung von Empfindungen nicht ankommt (vgl. *RRH* und *KK*, jeweils a. a. O.). Die Norm ist insoweit ein Sonderfall der Belästigung der Allgemeinheit im Sinne des § 118 OWiG (vgl. BayObLG, NJW 1979 S. 2162), welcher als subsidiär zurücktritt (§ 118 Abs. 2 OWiG – vgl. *Krenberger/Krumm*, 6. Aufl. 2020, Rdnr. 27).

1. Gelegenheit zu sexuellen Handlungen (Absatz 1)

Tathandlungen sind das Anbieten, Ankündigen, Anpreisen von Gelegenheit zu sexuellen Handlungen und die Bekanntgabe von Erklärungen solchen Inhalts. Nach Abs. 1 Nr. 1 – betrifft insbesondere die Straßenprostitution – muss dies öffentlich, in einer Weise, die geeignet ist, andere zu belästigen, alternativ nach Abs. 1 Nr. 2 in grob anstößiger Weise erfolgen (hierunter fällt z. B. das Umhergehen „oben ohne" auf dem „Straßenstrich", um vorbeifahrende Autofahrer und potenzielle Kunden auf sich aufmerksam zu machen). Eine Legaldefinition zum Begriff „sexuelle Handlung" gibt es nicht. Nicht einschlägig ist die Begriffsbestimmung in § 184h StGB, da diese nur für das StGB gilt. Trotzdem muss die Handlung eine gewisse Erheblichkeit aufweisen, da sie belästigend bzw. grob anstößig wirken muss. Sexuelle Handlungen sind jedenfalls Verhaltensweisen, die schon nach ihrem äußeren Erscheinungsbild für das allgemeine Verständnis Sexualbezogenheit, also eine Beziehung zum Geschlechtlichen, erkennen lassen, wobei die Motive der Handelnden rechtlich unerheblich sind (vgl. BGH, NStZ 1983 S. 167; *KK*, 5. Aufl., Rdnr. 9). Es spielt also keine Rolle, ob die Handelnden die Absicht hatten, sich selbst oder andere sexuell zu erregen oder ob die Personen, an die sich die Tathandlung richtet, z. B. Kinder, die Sexualbezogenheit der Handlung erkennen. Ausschlaggebend ist allein, dass objektiv ein Bezug zum Geschlechtlichen vorlag (vgl. BGH, NJW 1981 S. 134 –136; *RRH*, 3. Aufl., Rdnr. 4; *KK*, a. a. O.). Sexuelle Handlungen aus Scherz oder Neugierde sind somit tatbestandsmäßig ebenso von Belang wie wissenschaftlich, therapeutisch, wirtschaftlich (Werbung) oder pädagogisch veranlasste Handlungen, falls das objektive Erscheinungsbild die Handlung eindeutig als geschlechtsbezogen qualifiziert (vgl. *Göhler*, 18. Aufl. 2020, Rdnr. 5a). Persönliche Gefühle einzelner Beteiligter sind in die Bewertung nicht mit einzubeziehen (*KK* und *RRH*, jeweils a. a. O.). Beispielsweise werden Züchtigungshandlungen, die objektiv nicht zu den sexuellen Handlungen zählen, nicht zu solchen, weil Beteiligte dabei sexuelle Empfindungen verspüren. Umgekehrt bleiben objektiv sexuelle Handlungen tatbestandsmäßig relevant, auch wenn Personen, an die sich die Tathandlung richtet, subjektiv keine sexuellen Gefühle verspüren. Voraussetzung ist allerdings, dass den Handelnden die Sexualbezogenheit ihres Tuns klar ist (vgl. *Göhler*, 18. Aufl. 2020, Rdnr. 5a). Einen sexuellen Bezug im Sinne dieser Vorschrift haben nur solche Handlungen, bei denen der eigene oder ein fremder Körper eingesetzt wird. Lediglich die akustische Vermittlung sexueller Reize, wie beim Telefonsex, fällt nicht unter diese Vorschrift (vgl. OLG Stuttgart, NJW 1989 S. 2899; BGH, NJW 1998 S. 2895 – 2897). Das Gleiche gilt für Reden oder Lieder mit sexuellem Inhalt (*Göhler*, a. a. O.; *RRH*, a. a. O.). Auf die Art der sexuellen Betätigung (heterosexuelle, homosexuelle, lesbische, masturbatorische oder sodomitische) kommt es nicht an (vgl. *KK*, a. a. O.). Als einschlägige sexuelle Handlungen sind beispielsweise anzusehen: Geschlechtsverkehr – auch gleichzeitiger ehelicher Verkehr in sog. Swingerclubs (vgl. *Göhler*, 18. Aufl. 2020 Rdnr. 7), Oralverkehr, Onanie, Intimmassage. *„Gelegenheit zu sexuellen Handlungen“* bedeutet, dass Personen, an die sich die Werbung richtet, die Möglichkeit eröffnet wird, sich selbst aktiv sexuell zu betätigen. Darunter fällt z. B. die Vermittlung eines Partners oder die Bereitstellung von Räumen zu sexuellen Handlungen, wie beim Anbieten eines Stundenhotels. Lediglich das Vorzeigen oder Betrachten sexueller Bilder bzw. Filme, Striptease-Aufführungen oder das Werben für sog. Live-Shows mit sexuellen Darbietungen werden nicht damit erfasst (vgl. *RRH*, 3. Aufl., Rdnr. 5 und 6), möglicherweise aber von Absatz 3.

1.1 Öffentlich

Öffentlich bedeutet, dass die Handlung oder Werbung entweder von einer unbestimmten Anzahl von Personen oder von bestimmten Personen, vorausgesetzt es besteht untereinander keine persönliche Beziehung, unmittelbar wahrgenommen werden könnte. Es reicht aus, dass die Wahrnehmung möglich ist. Ob die Personen tatsächlich anwesend sind, hat keine Bedeutung (vgl. *Göhler*, 18. Aufl. 2020, Rdnr. 9; *KK*, 5. Aufl., Rdnr. 14; *RRH*, 3. Aufl., Rdnr. 8). Unerheblich ist ebenfalls, ob der Ort der Handlung öffentlich ist. Entscheidend ist, dass die Öffentlichkeit Kenntnis nehmen kann, z. B. bei Handlungen am Fenster (vgl. *RRH*, a. a. O.). Der Begriff „öffentlich“ umfasst somit auch Handlungen vor Reisegruppen, Theaterbesuchern, Betriebsangehörigen, Gästen einer Bar oder Soldaten in einer Kaserne, da allein durch die gemeinsame Wahrnehmung sittenwidriger Handlungen keine innere Verbundenheit gegeben ist (*KK*, a. a. O.). Kein Kriterium ist, ob Eintrittsgelder erhoben werden (*Göhler*, *RRH*, *KK*, jeweils a. a. O.). Öffentlichkeit ist ebenfalls anzunehmen bei Werbung im Radio, Fernsehen oder Internet, selbst wenn es sich um geschlossene Nutzergruppen handelt, bei denen der Zugang ohne weiteres erlangt werden könnte (*Göhler* und *KK*, jeweils a. a. O.). Nichtöffentlich sind allerdings Handlungen, die lediglich von Vereinsmitgliedern wahrgenommen werden können (vgl. *RRH*, a. a. O.).

1.2 Geeignet, andere zu belästigen

Nicht Voraussetzung ist, dass andere tatsächlich gestört wurden. Die Eignung hierzu reicht aus (vgl. *Göhler*, 18. Aufl. 2020, Rdnr. 10; *KK*, 5. Aufl., Rdnr. 15; *RRH*, 3. Aufl., Rdnr. 8a). Mit dem Begriff „andere“ sind die Allgemeinheit, aber auch einzelne Personen gemeint, vorausgesetzt diese könnten mit der Belästigung konfrontiert werden. Zu beurteilen ist nach objektiven Wertmaßstäben. Ob sich die Person, an die sich die Werbung richtet, belästigt fühlt, ist unerheblich (*RRH*, a. a. O.). Zu berücksichtigen sind alle Umstände des Einzelfalles (vgl. BayOBLG, NJW 1997 S. 2162). In Betracht kommen insbesondere Ort, Zeit sowie Art und Weise der Handlung. Eine Belästigung im Sinne dieser Vorschrift liegt allerdings nur dann vor, wenn andere in ihrem körperlichen oder seelischen Wohlbefinden nicht nur geringfügig beeinträchtigt werden könnten (vgl. BayObLG, *Göhler, RRH* und *KK*, jeweils a. a. O.). Auf besonders empfindsame Personen ist die Vorschrift somit nicht ausgerichtet. Lediglich das auf der Straße Herumstehen oder Gehen einer Prostituierten reicht zur Tatbestandserfüllung nicht aus. Hinzukommen müsste z. B., dass dieses in einer besonders reißerischen Art und Weise erfolgt. In Vergnügungsvierteln, auf dem sog. „Straßenstrich" oder in einschlägigen Lokalen sind Anbahnungsversuche von Prostituierten grundsätzlich nicht geeignet, objektiv belästigend zu wirken. Dagegen ist dies in einer Gegend zu bejahen, in der solche Aktivitäten vor allem zur Tageszeit nicht zu erwarten sind, wie z. B. in der Nähe von Kindertagesstätten, Schulen und Kirchen (vgl. *Göhler, KK, RRH*, jeweils a. a. O.). Diese Grundsätze gelten auch für entsprechende Werbung im Internet oder im Fernsehen. Werden einschlägige Internetseiten bewusst geöffnet, weiß der Benutzer, was ihn erwartet. Eine Eignung zur Belästigung liegt somit i. d. R. nicht vor (vgl. *RRH*, a. a. O.). Werden dagegen eindeutige Werbespots im (privaten) Fernsehen, z. B. während einer Sportsendung, ausgestrahlt, ist der Tatbestand erfüllt. In Anbetracht eines gewandelten Verständnisses in der Bevölkerung, wonach die Prostitution überwiegend nicht mehr schlechthin als sittenwidrig angesehen wird, sind z. B. bloße sexuelle Kontaktanzeigen in Zeitungen nicht mehr von dieser Vorschrift erfasst (vgl. BGH, NJW 2006 S. 3490; *Göhler*, a. a. O.; Erl. 6 zu § 120). Telefonsex fällt nicht unter diese Vorschrift, weil lediglich die akustische Vermittlung sexueller Reize nicht als sexuelle Handlung im Sinne dieser Vorschrift eingeordnet werden kann (vgl. Erl. 1 und *Göhler*, a. a. O.).

1.3 Grob anstößig

Die Tathandlungen in Absatz 1 Nr. 2 „Verbreiten von Schriften usw." stehen im Zusammenhang mit der Tatvoraussetzung „in grob anstößiger Weise". Sind diese Tathandlungen nicht grob anstößig, sondern lediglich im Sinne von Absatz 1 Nr. 1 „geeignet, andere zu belästigen", ist der Tatbestand insoweit nicht verwirklicht (vgl. *RRH*, 3. Aufl., Rdnr. 9). Zu beachten ist ebenfalls, dass es mit Ausnahme des Zugänglichmachens von Datenspeichern nicht erforderlich ist, dass die genannten Handlungen wie bei Absatz 1 Nr. 1 öffentlich sind (vgl. *RRH*, a. a. O.; zum Begriff „Verbreiten" vgl. in diesem Zusammenhang Erl. 1.4). Nicht Voraussetzung ist außerdem, dass andere tatsächlich gestört wurden. Auf die subjektiven Empfindungen Einzelner oder die Ziele des Täters kommt es ebenfalls nicht an. Scherzhafte Angebote sind folglich ebenso erfasst, wie solche nur zum Schein. Maßgeblich ist, dass die Handlung geeignet ist, objektiv grob anstößig zu wirken (vgl. *RRH*, 3. Aufl., Rdnr. 9b; *KK*, 5. Aufl., Rdnr. 19). Grob anstößig bedeutet, dass die Moral einer Mehrheit der Bevölkerung erheblich verletzt werden könnte. Dies ist anzunehmen, wenn die Werbung für sexuelle Handlungen derart aufdringlich ist, dass sie nach objektiven Gesichtspunkten – unter Berücksichtigung gewandelter gesellschaftlicher Wertungen bei der Beurteilung sexueller Verhaltensweisen – nicht mehr zumutbar erscheint (vgl. OVG Münster, NJW 1988 S. 787–790; *Göhler*, 18. Aufl. 2020, Rdnr. 17; *KK*, a. a. O.). Nach Ansicht der Mehrheit der Bevölkerung muss also das gebotene Maß an Zurückhaltung deutlich überschritten sein (vgl. *RRH* und *Göhler*, jeweils a. a. O.). Das Tatbestandmerkmal *„in grob anstößiger Weise"* kann verwirklicht sein, wenn z. B. sexuelle Handlungen wie Ware angeboten werden (vgl. *KK*, a. a. O.), der Mensch also nicht als Subjekt dargestellt, sondern zum Objekt herabgewürdigt wird (vgl. *Göhler*, a. a. O.). Zu berücksichtigen sind die gesamten Tatumstände, namentlich Inhalt, Ort und Zeit der Verbreitung. In Vergnügungsvierteln, auf dem sog. Straßenstrich (vgl. jedoch Erl. 1 zu Abs. 1 Nr. 1) oder vor einschlägigen Lokalen ist das Verteilen von Handzetteln, auf denen z. B. für perverse sexuelle Praktiken geworben wird, wohl nicht grob anstößig. Dagegen dürfte der Tatbestand erfüllt sein, wenn dies etwa vor Theatern oder Kirchen sowie tagsüber vor Schulen erfolgt (vgl. *Göhler, KK, RRH,* jeweils a. a. O.). Bei Internetwerbung kommt es darauf an, ob die entsprechenden Seiten bewusst angesteuert und geöffnet werden müssen. Ist dies der Fall, weiß der Benutzer, was ihn erwartet. Eine grob anstößige Weise ist dann in der Regel zu verneinen (vgl. *RRH,* a. a. O.).

1.4 Verbreiten von Schriften usw.

Verbreiten bedeutet, dass eine Gewahrsamsübertragung von Schriften, Ton- oder Bildträgern usw. an einen größeren Personenkreis stattfindet. So sind etwa Plakatanschläge keine Verbreitung, weil es an der Übertragung der Verfügungsmacht fehlt und lediglich der Inhalt auf dem Plakat bekannt gegeben wird (vgl. BayObLG, NJW 1979 S. 2162; *RRH,* 3. Aufl., Rdnr. 9a; *KK,* 5. Aufl., Rdnr. 17). Das Gleiche gilt für die Anbringung von Werbung auf Taxis oder Werbung im Rundfunk und Internet (vgl. *KK,* a. a. O.). Da neben dem Verbreiten aber auch das öffentliche Zugänglichmachen von Datenspeichern aufgeführt ist, ist ebenfalls die Übermittlung von Angeboten über Leitungen, wie z. B. im Internet, tatbestandsrelevant, obwohl keine körperliche Übergabe z. B. eines Handzettels stattfand. Es reicht schon aus, wenn nur ein Einzelexemplar ausgehändigt wird, dies aber mit dem Willen erfolgt, der Empfänger werde dieses Exemplar weitergeben, sodass es einem größeren Personenkreis zugänglich gemacht wird (vgl. BayObLG und *KK,* jeweils a. a. O., zu den Begriffen Schriften, Ton- oder Bildträger, Datenspeicher, Abbildungen oder Darstellungen vgl. Erl. 4.1 bis 4.5 zu § 116 OWiG).

1.5 „Begriffe „Anbieten, Ankündigen, Anpreisen, Bekanntgeben"

Anbieten bedeutet die ausdrückliche oder stillschweigende Erklärung, bereit zu sein, die sexuellen Handlungen zu verschaffen z. B. durch Bereitstellen von Räumen in einem Stundenhotel (vgl. *RRH,* 3. Aufl., Rdnr. 6). Diese können selbst oder durch andere erbracht werden. Unerheblich ist, ob das Angebot tatsächlich angenommen wird oder ob der/die Anbieter/in überhaupt dazu in der Lage ist. Entgeltlichkeit ist nicht vorausgesetzt. Es reicht aus, wenn sich das Angebot aus den Umständen ergibt, wie etwa bei der Straßenprostitution durch Stehen an Orten (vgl. *Göhler,* 18. Aufl. 2020, Rdnr. 12). Ankündigen ist ein in die Zukunft gerichteter Hinweis darauf, bei dem deutlich wird, dass im Gegensatz zum Anbieten keine Möglichkeit der persönlichen Einflussnahme besteht, dass die Handlung zustande kommt. Das betrifft beispielsweise Taxifahrer oder Fremdenverkehrsunternehmen, die Bordellen Freier zuführen (vgl. *Göhler,* 18. Aufl. 2020, Rdnr. 13). Unter Anpreisen ist der in einer besonderen Empfehlung oder Reklame enthaltene Anreiz zu verstehen, die Gelegenheit zu nutzen (vgl. BayObLG, BayVBl. 1981 S. 603). Bekanntgeben solcher Erklärungen bedeutet, dass nicht selbst, sondern für andere angeboten, angekündigt oder angepriesen wird. Dies stellt eine besondere Form der Beteiligung (§ 14 OWiG) dar und bezieht sich z. B. auf das Veröffentlichen fremder Werbung in der Presse, das Verteilen von Flugblättern und das Veröffentlichen von Werbespots im Fernsehen (vgl. *RRH,* a. a. O.). Nicht darunter fallen mündliche Erklärungen, welche aber von Nr. 1 erfasst werden können (vgl. *RRH,* a. a. O.).

2. Mittel oder Gegenstände des sexuellen Gebrauchs (Absatz 2)

Gem. Absatz 2 ist es ebenfalls verboten, Mittel oder Gegenstände, die dem sexuellen Gebrauch dienen, öffentlich in einer Weise, die geeignet ist, andere zu belästigen (vgl. Erl. 1.1 und 1.2), oder in grob anstößiger Weise (vgl. Erl. 1.3) anzubieten, anzukündigen usw. Dem sexuellen Gebrauch dienen Mittel oder Gegenstände, wenn sie nach Art und Beschaffenheit eigens dazu bestimmt sind, im Zusammenhang mit oder im Hinblick auf sexuelle Handlungen gebraucht zu werden (vgl. *RRH,* 3. Aufl., Rdnr. 11; *Göhler,* 18. Aufl. 2020, Rdnr. 20). Maßgeblich sind objektive Einschätzungen, ob sich die angebotenen Gegenstände entsprechend eignen und der Erfahrung nach verwendet werden. Auf die subjektive Sichtweise einzelner Benutzer kommt es nicht an (vgl. *RRH,* a. a. O.). Einschlägige Mittel oder Gegenstände sind solche, die der Erregung dienen, wie Reizpräservative,

Gliedstützen, Masturbationsgeräte (vgl. *Göhler, RRH,* jeweils a. a. O., *KK,* 5. Aufl., Rdnr. 24). Unberührt bleiben in diesem Zusammenhang Spezialvorschriften wie das Gesetz über die Werbung auf dem Gebiet des Heilwesens (Heilmittelwerbegesetz – HWG), in der Fassung der Bekanntmachung v. 19.10.1994 (BGBl. I S. 3068), zuletzt geändert am 19.10.2012 (BGBl. I S. 2192). Bei Präservativen ist zu sehen, dass diese zwar einen sexuellen Bezug haben, andererseits aber dem Schutz vor AIDS und als Verhütungsmittel dienen. Insbesondere seit AIDS steht bei Präservativen zunehmend in erster Linie nicht der sexuelle Bezug im Blickfeld, sondern der Schutz vor dieser gefährlichen Krankheit. Deshalb wird auch durch die Bundesregierung offen für deren Gebrauch geworben. Beim Anbieten solcher Produkte, sei es in Straßenautomaten oder in Drogerieläden, wird somit eine Eignung zur Belästigung im Allgemeinen zu verneinen sein, jedenfalls wenn dies in nicht besonders aufdringlicher oder obszöner Weise geschieht (vgl. OVG Münster, NJW 1988 S. 787–790; *Göhler,* 18. Aufl. 2020, Rdnr. 22; *RRH,* 3. Aufl., Rdnr. 13). Werden im Schaufenster eines Sexshops in einem entsprechenden Vergnügungsviertel beispielsweise als Masturbationsgeräte Penisvibratoren angeboten, ist nicht von einer Eignung zur Belästigung auszugehen, weil Passanten bzw. Kunden damit rechnen müssen, mit solchen Gegenständen konfrontiert zu werden (vgl. *Göhler,* 18. Aufl. 2020, Rdnr. 23). Dagegen ist ein Plakat, auf dem ein erigiertes Glied mit einem Präservativ abgebildet ist, in Verbindung mit einer unmissverständlichen Kaufaufforderung als grob anstößig zu werten, wenn sich dieses Plakat deutlich sichtbar z. B. in einem öffentlichen Verkehrsmittel befindet (vgl. *RRH,* 3. Aufl., Rdnr. 14). Gleiches gilt wohl, wenn Masturbationsgeräte in einer Apotheke angeboten werden (vgl. *Göhler,* a. a. O.). Werden in Werbeprospekten oder Ähnlichem lediglich die Bezugsquellen einschlägiger Mittel oder Gegenstände genannt, liegt keine grobe Anstößigkeit vor (vgl. *Göhler,* 18. Aufl. 2020, Rdnr. 24, *RRH,* a. a. O.).

3. Zugänglichmachen von Schriften usw. sexuellen Inhalts (Absatz 3)

Ein ordnungswidriges Handeln nach Absatz 3 liegt vor, wenn Schriften usw. sexuellen Inhalts der Öffentlichkeit in irgendeiner Form zugänglich gemacht werden, vorausgesetzt, dieses erfolgt an Orten, an denen dies grob anstößig wirkt (zum Begriff „öffentlich" vgl. Erl. 1.1). Erfasst werden solche Schriften usw., die einerseits noch nicht die Qualität einer pornografischen Darstellung erreichen (vgl. § 184 StGB), andererseits aber trotzdem grob anstößig wirken können (vgl. *Göhler,* 18. Aufl. 2020, Rdnr. 25; *RRH,* 3. Aufl., Rdnr. 15). Außerdem sind solche Schriften usw. betroffen, die zwar pornografisch (sie haben somit einen sexuellen Inhalt), Personen unter 18 Jahren aber nicht zugänglich sind, weshalb § 184 Abs. 1 Nr. 2 StGB nicht einschlägig ist. Die Abgrenzung zur Pornografie kann schwierig sein. Pornografisch bedeutet, dass die sexbezogene Darstellung derart aufdringlich, grob, anreißerisch, verzerrend bzw. unrealistisch ist, dass der Mensch zum bloßen, beliebig austauschbaren Objekt geschlechtlicher Begierde degradiert wird und kein Raum für irgendwelche andere Lebensäußerungen bleibt (vgl. *Göhler,* 18. Aufl. 2020, Rdnr. 26; *RRH,* a. a. O.). Zur sog. harten Pornografie zählen sexuelle Darstellungen, die Gewalttätigkeiten, sexuellen Missbrauch von Kindern oder Handlungen von Menschen mit Tieren zum Gegenstand haben (*Göhler* und *RRH,* jeweils a. a. O.). Die Abgrenzungsproblematik dürfte für Verwaltungsbehörden in der Praxis aber keine allzu große Behinderung in der Bearbeitung solcher Fälle darstellen, denn allein wenn Anhaltspunkte dafür vorhanden sind, dass die Tat eine Straftat gem. § 184 StGB ist, wird die Sache an die Staatsanwaltschaft abgegeben (§ 41 OWiG).Von einem sexuellen Inhalt ist auszugehen, wenn allgemein zu erkennen ist, dass ein Bezug zum Geschlechtlichen vorliegt (vgl. *Göhler,* 18. Aufl. 2020, Rdnr. 27; *RRH,* 3. Aufl., Rdnr. 18; *KK,* 5. Aufl., Rdnr. 34). Im Wesentlichen gelten die gleichen Grundsätze wie beim Begriff „sexuelle Handlung" (vgl. Erl. 1; *KK,* a. a. O.). Einschlägig sind z. B. die Darstellung des Geschlechtsverkehrs oder der Genitalbereiche, wenn in erster Linie diese im Blickfeld stehen (vgl. *Göhler,* a. a. O.). Auch Backwaren in Form von Penissen, Vulven oder weiblichen Brüsten oder grob unanständige Lieder können tatbestandsmäßig relevant sein. Dagegen hat allein die Darstellung eines nackten Körpers keinen sexuellen Inhalt, es sei denn, durch Körperhaltung oder Betonung der

Genitalien (z. B. nackter Körper mit gespreizten Beinen) wird objektiv das Geschlechtliche besonders herausgestellt (vgl. *RRH* und *Göhler*, jeweils a. a. O.; zum Merkmal grob anstößig vgl. Erl. 1). Maßgeblich für die Bewertung ist der Inhalt in Verbindung mit dem Ort und der Zeit des Zugänglichmachens. Bei Werken von Künstlern steht das Künstlerische, also das Eigenschöpferische, Gestaltende im Vordergrund, in denen die innere Anschauung der Künstler zum Ausdruck gebracht wird. Grobe Anstößigkeit ist in diesen Fällen, jedenfalls wenn es sich um Werke großer Maler oder bedeutender Schriftsteller handelt, in der Regel nicht anzunehmen. Die gleiche Schlussfolgerung wird bei sexuellen Darstellungen in Aufklärungswerken zu ziehen sein (vgl. *RRH*, 3. Aufl., Rdnr. 19), die allenfalls dann von dieser Vorschrift erfasst werden, wenn sie extreme, schockierende Obszönitäten enthalten, die das Sexuelle in den Vordergrund stellen und das Pädagogische verdrängen (vgl. *RRH*, a. a. O.). Ebenfalls nicht vom Tatbestand erfasst sind Darstellungen an Orten, an denen der Adressat sie (auch in diesem Ausmaß) erwarten kann, wie z. B. auf Erotik-Messen oder in Sex-Shops (vgl. *Göhler*, 18. Aufl. 2020, Rdnr. 30; *RRH*, a. a. O. und *KK*, 5. Aufl., Rdnr. 36). Auch besonders grobe und obszöne Darstellungen sind zulässig, soweit sie an Orten dargeboten werden, wo mit ihnen zu rechnen ist. Werden z. B. in einem Laden, der von außen nicht einsehbar ist, erotische Backwaren wie männliche Geschlechtsteile aus Schokolade bzw. aus Marzipan vertrieben und ist am Geschäftseingang deutlich sichtbar ein Hinweisschild mit der Aufschrift, *„Handel mit erotischen Backwaren, für Personen unter 18 Jahren ist der Zutritt nicht gestattet"*, angebracht, weiß der Kunde, was ihn erwartet. Der Begriff Zugänglichmachen (er umfasst auch Ausstellen, Anschlagen und Vorführen) bedeutet, dass eine akustische oder visuelle Wahrnehmung, ganz gleich auf welche Art und Weise möglich ist, z. B. durch Vorlesen, Vorsingen, Vorzeigen, Übergeben, Anmalen oder Anschreiben, Vorführen wie das Abspielen von Filmen im Fernsehen oder von Schallplatten und Tonbändern, über Bildschirmtext, im Internet und durch Automaten (vgl. *RRH*, a. a. O.). Bei Automaten ist allerdings zu beachten, dass es am Merkmal der Öffentlichkeit fehlt, wenn nach Geldeinwurf die Betrachtung von Fotos oder Filmen nur von Einzelpersonen nacheinander verfolgt werden können (vgl. *KK*, 5. Aufl., Rdnr. 31, *RRH*, 3. Aufl., Rdnr. 20). Nicht erforderlich ist, dass der gesamte sexuelle Inhalt wahrnehmbar ist (vgl. *KK*, a. a. O.). Unerheblich ist auch, ob die Möglichkeit hierzu tatsächlich genutzt wird (vgl. *KK*, *RRH*, jeweils a. a. O.).

> *Beispiel:*
>
> *In der Tageszeitung einer Stadt wird für das Vorführen von Sexvideos in einem Ladengeschäft geworben. Der Text lautet: „New Multi Video, Doppelmonitor". Auf einem Foto ist eine aufreizend bekleidete Darstellerin mit gespreizten Beinen abgebildet. Der Genitalbereich ist nicht zu sehen.*

Eine ordnungswidrige Handlung ist zu verneinen, da an dem Ort, an dem das Inserat zugänglich gemacht wurde, dies nicht grob anstößig wirkt. Dies wäre z. B. dann zu bejahen, wenn diese Annonce in einem Presseerzeugnis veröffentlicht wird, welches überwiegend in Schulbereichen (Schülerzeitung) verteilt bzw. verkauft wird.

4. Ahndung durch Bußgeld

Die Verhängung eines Bußgeldes ist möglich (Absatz 4). Voraussetzung ist in allen Fällen vorsätzliches Handeln (§ 10 OWiG). Bedingter (mittelbarer) Vorsatz reicht aus (Erl. 1.3 zu § 10, zum Verbotsirrtum vgl. Erl. 2 zu § 11). Ein unvermeidbarer Verbotsirrtum führt zur Einstellung des Verfahrens, da es gänzlich an einem schuldhaften Handeln fehlt. Bei vermeidbarem Verbotsirrtum, weil beispielsweise Erkundigungspflichten verletzt wurden (vgl. OLG Karlsruhe, GewArch 1977 S. 11), ist vorsätzliches Handeln gegeben.

4.1 Bußgeldrahmen

Die Bußgeldhöhe beträgt bei Ordnungswidrigkeiten nach Absatz 1 Nr. 1 (betrifft insbesondere die Straßenprostitution) mindestens 5 Euro und höchstens 1000 Euro (§ 17 Abs. 1 OWiG), bei den übrigen Fällen sind Geldbußen bis zu 10 000 Euro möglich, weil es sich hierbei meist um geschäftliche Werbung handelt (vgl. *RRH*, 3. Aufl., Rdnr. 22; *KK*, 5. Aufl., Rdnr. 40).

4.2 Verjährung

Die Ordnungswidrigkeit nach Absatz 1 Nr. 1 verjährt nach sechs Monaten (§ 31 Abs. 2 Nr. 4 OWiG), alle übrigen Fälle nach zwei Jahren (§ 31 Abs. 2 Nr. 2 OWiG).

4.3 Zuständige Bußgeldbehörde

Sachlich zuständig ist die fachlich zuständige oberste Landesbehörde (§ 36 Abs. 1 Nr. 2a OWiG) oder die jeweils von der Landesregierung durch Rechtsverordnung oder durch die oberste Landesbehörde bestimmte Behörde (§ 36 Abs. 2 OWiG); beispielsweise in Bayern § 87 ZustV, in Brandenburg § 1 OWiZustV, weitere Nachweise bei *Göhler*, 18. Aufl. 2020, Rdnr. 35.

§ 120
Verbotene Ausübung der Prostitution

(1) Ordnungswidrig handelt, wer einem durch Rechtsverordnung erlassenen Verbot, der Prostitution an bestimmten Orten überhaupt oder zu bestimmten Tageszeiten nachzugehen, zuwiderhandelt.

(2) Die Ordnungswidrigkeit kann mit einer Geldbuße geahndet werden.

Erläuterungen

Übersicht

Vorbemerkung

Die Norm greift im Vorfeld einer Straftat nach § 184 StGB. Während § 120 Abs. 1 OWiG das einfache Zuwiderhandeln gegen das Verbot, der Prostitution an bestimmten Orten überhaupt oder zu bestimmten Tageszeiten nachzugehen, mit Bußgeld bedroht, setzt § 184f StGB ein beharrliches Zuwiderhandeln voraus. Zweck der Vorschrift nach § 120 Abs. 1 OWiG ist der Schutz der Jugend und der Allgemeinheit vor Belästigungen und Gefahren durch die Erscheinungsformen der Prostitution. Es handelt sich bei der Bestimmung um ein abstraktes Gefährdungsdelikt, sodass es auf eine konkrete Belästigung oder Gefährdung im Einzelfall nicht ankommt (vgl. BayObLG, BayVBl. 1981 S. 603).

1. Der Begriff der Prostitution

„Prostitution" bedeutet, dass jemand zu Erwerbszwecken wiederholt an oder vor wechselnden Partnern sexuelle Handlungen von einiger Erheblichkeit vornimmt oder an sich vornehmen lässt (vgl. BayObLG – 3 Ob OWi 17/85 –).

1.1 Entgelt

Das Entgelt für die erbrachten sexuellen Leistungen kann aus Bargeld, aber auch aus anderen wirtschaftlichen Vorteilen bestehen. Lediglich geringe Geldbeträge oder Geschenke ohne besonderen materiellen Wert fallen nicht unter den Begriff der Erwerbsmäßigkeit, sodass keine Prostitution vorliegt (vgl. *KK*, 5. Aufl., Rdnr. 15).

1.2 Wechselnde Partner

Prostitution mit wechselnden Partnern ist auch dann gegeben, wenn es sich um einen festen Kundenkreis handelt. Dagegen fällt die Dauerbeziehung zu einer bestimmten Person, auch wenn diese für den Lebensunterhalt aufkommt, nicht unter den Begriff der Prostitution. Erforderlich ist, dass es sich um individuelle Partner handelt. Sexuelle Handlungen z. B. durch eine **Stripteasetänzerin** vor einem unbestimmten Personenkreis fallen nicht darunter (vgl. *RRH*, 3. Aufl., Rdnr. 4).

> *Beispiel:*
>
> *Ein Unternehmen bietet gewerbsmäßig im Internet sog. „Live-PC-Peep-Shows" an, bei der Kunden über PC von zu Hause aus mit der für die Schaustellung zur Verfügung stehenden Person kommunizieren und bestimmte sexuelle Darstellungen bestellen können.*

Da sexuelle Handlungen im Internet an einen unbestimmten Personenkreis übertragen werden, ist diese Handlung nicht von dieser Vorschrift erfasst.

1.3 Sexuelle Handlungen

Der Begriff sexuelle Handlungen ist in Erl. 1 zu § 119 OWiG näher beschrieben. Darunter fällt die sexuelle Betätigung selbst, aber auch Handlungen, die auf diese unmittelbar abzielen. Der Prostitution geht somit bereits nach, wer Anbahnungshandlungen wie das sich Anbieten, das Anwerben oder das Verhandeln mit den Freiern im Sperrbezirk vornimmt. Unerheblich ist, ob dieses öffentlich, in auffälliger oder sonst wahrnehmbarer Form geschieht. Der Tatbestand setzt nicht voraus, dass tatsächlich andere Personen belästigt wurden oder belästigt werden konnten. Es kommt folglich nicht darauf an, ob solche Tätigkeiten von Außenstehenden bemerkt wurden oder bemerkt werden konnten. Sowohl die im Sperrbezirk in der Wohnung geführten telefonischen Anbahnungsgespräche als auch die anschließenden Besuche in Wohnungen, die im Sperrbezirk liegen, fallen unter diese Vorschrift (vgl. BayObLGSt 1988 S. 107–109; ebenso *Göhler*, 18. Aufl. 2020, Rdnr. 4). So ist der Tabestand z. B. mit der Anbahnung der Tat im Sperrbezirk erfüllt, selbst wenn die sexuelle Handlung außerhalb des Sperrbezirks ausgeübt wird. Umgekehrt ist der Tatbestand auch erfüllt, wenn zwar außerhalb des Sperrbezirks angebahnt, dann jedoch im Sperrbezirk ausgeübt wird. Auf die Art der sexuellen Betätigung (heterosexuelle, homosexuelle oder lesbische) kommt es nicht an. So gelten außer dem Geschlechtsverkehr auch so genannte „Intimmassagen" als erhebliche sexuelle Handlungen (vgl. *KK*, 5. Aufl., Rdnr. 13). Dagegen ist das lediglich akustische Vermitteln sexueller Reize wie beim **Telefonsex** keine Prostitution (vgl. OLG Hamm, NJW 1995 S. 2797).

> *Beispiel:*
>
> *Die Prostituierte A. bietet in einem Lokal, welches sich innerhalb des Sperrbezirks befindet, in dem Prostitution überhaupt verboten ist (vgl. Erl. 2), dem Polizeibeamten B., der sich als Freier ausgibt, für 50 Euro Geschlechtsverkehr an. B. weist sich*

daraufhin als Polizeibeamter aus, nimmt die Personalien von A. auf und erstattet Anzeige.

Der Tatbestand ist verwirklicht, da nicht nur der Geschlechtsverkehr gegen Entgelt, sondern auch das Anbieten solcher Betätigung zur Prostitution zählt. § 13 OWiG (Versuch) ist hier nicht einschlägig. Zum Thema „agent provocateur" (Verwertbarkeit des Ermittlungsergebnisses) siehe Erl. 5.

2. Sperrbezirksverordnung

Das Verbot der Prostitution nach Absatz 1 ist eine Blankettbußgeldvorschrift (1.1 zu § 3 OWiG), die eine Zuwiderhandlung gegen eine Rechtsverordnung voraussetzt. Art. 297 EGStGB enthält für die Landesregierungen die Ermächtigung, unter bestimmten Voraussetzungen die Prostitution zu verbieten. Es ist somit Ländersache, die Sperrbezirke, in denen der Prostitution zum Schutz der Jugend oder des öffentlichen Anstandes nicht nachgegangen werden darf, zu bestimmen. Die Ermächtigung, solche Sperrbezirke festzusetzen, ist verfassungsmäßig unbedenklich (vgl. BayVerfGH, NJW 1983 S. 2188 und BayVBl. 1979 S. 50; VGH Mannheim, DÖV 1978 S. 848). Die Landesregierungen können diese Ermächtigung auf eine oberste Landesbehörde oder andere Behörden übertragen. In den Ländern sind beispielsweise folgende Verordnungen ergangen (vgl. *RRH*, 3. Aufl., Rdnr. 6): **Bayern:** Verordnung vom 26.5.1975 (GVBl. S. 80), zuletzt geändert durch Verordnung vom 28.11.2012 (GVBl. S. 656); **Hamburg:** Verordnung vom 21.10.1980 (GVBl. S. 289), geändert durch Verordnung vom 22.12.1981 (GVBl. S. 389); in **Nordrhein-Westfalen:** Verordnung vom 11.3.1975 (GV. NW. S. 258).

In einer Gemeinde mit mehr als fünfzigtausend Einwohnern kann die Ausübung der Prostitution nur für Teile des Gemeindegebiets verboten werden. Das Verbot kann sich auf den weit überwiegenden Teil des Gebiets einer Gemeinde erstrecken, darf allerdings im Ergebnis weder zu einer „Kasernierung" der Prostituierten noch zu einer vollständigen Reglementierung der Prostitution führen (vgl. BayVerfGH, BayVBl. 1979 S. 50). Unabhängig von der Zahl der Einwohner kann der Straßenstrich (Art. 297 Abs. 1 Nr. 3 EGStGB) im gesamten Gemeindegebiet oder in Teilgebieten verboten werden. Das Verbot kann auch auf bestimmte Tageszeiten beschränkt werden, so zum Beispiel für die Zeiten des Schulwegs (*Göhler*, 18. Aufl. 2020, Rdnr. 7).

3. Beteiligung (§ 14 OWiG)

Eine Beteiligung an der Ordnungswidrigkeit (vgl. Nr. 1 ff. zu § 14 OWiG) kann ebenfalls in Betracht kommen.

Voraussetzung ist, dass ein vorsätzlicher Tatbeitrag gegeben ist, der zur Tatbestandsverwirklichung ursächlich oder förderlich war. Zu beachten ist, dass der Freier als „notwendiger Teilnehmer" am Tatgeschehen in der Regel nicht nach § 14 OWiG belangt werden kann (vgl. *Göhler*, 18. Aufl.2020, Rdnr. 9; *RRH*, 3. Aufl., Rdnr. 7). Die Tatbestände der Ausbeutung von Prostituierten und der Zuhälterei stellen Straftaten dar und sind von § 180a und § 181a StGB erfasst. Als Beteiligter kann aber belangt werden, wer z. B. die Prostituierte unterstützt, indem er sie zum Sperrbezirk befördert oder ihr im Sperrbezirk ein Zimmer zur Verfügung stellt, damit sie dort der Prostitution nachgeht (vgl. *Göhler* und *RRH*, jeweils a. a. O.; BayObLG, NJW 1981 S. 2766). Handeln sowohl der Teilnehmer als auch die Prostituierte beharrlich, liegt in beiden Fällen eine Straftat vor. Handeln der Beteiligte und die Prostituierte nicht beharrlich, ist in beiden Fällen eine Ordnungswidrigkeit gegeben. Handelt der Beteiligte nicht beharrlich, wohl aber die Prostituierte, liegt beim Beteiligten eine Ordnungswidrigkeit und bei der Prostituierten eine Straftat vor. Handelt aber der Teilnehmer beharrlich, nicht aber die Prostituierte, ist beim Teilnehmer eine Straftat und bei der Prostituierten eine Ordnungswidrigkeit gegeben (vgl. Erl. 5 zu § 14; ebenso *Göhler* und *RRH*, jeweils a. a. O.; *KK*, 5. Aufl., Rdnr. 20).

4. Konkurrenz zu einschlägigen Strafvorschriften

Sind die Handlungen im Bereich der Prostitution gleichzeitig eine Straftat (§§ 180a ff. StGB), so tritt die Ordnungswidrigkeit nach § 120 Abs. 1 Nr. 1 OWiG zurück (§ 21 OWiG). Eine **beharrliche Zuwiderhandlung** im Sinne von § 184 f. StGB liegt vor, wenn ein besonders hartnäckiges Verhalten des Täters deutlich wird. Dies kann bereits dann angenommen werden, wenn der Täter trotz einer etwaigen Ahndung, Abmahnung oder einer sonst hemmend wirkenden Erfahrung oder Erkenntnis durch einen erneuten Verstoß an seiner rechtsfeindlichen Einstellung festhält. Ein vorangegangenes rechtskräftig abgeschlossenes Bußgeldverfahren ist nicht erforderlich (vgl. BGH, NStZ 1992 S. 594 – 596). **Praxishinweis:** In Zweifelsfällen ob eine Straftat vorliegt oder nicht, ist die Sache der Staatsanwaltschaft vorzulegen (§ 41 OWiG). Ob und ab wann Beharrlichkeit vorliegt, entscheidet diese nach den Umständen des Einzelfalls. Unabhängig der Tatumstände kann bei wiederholter Prostitutionstätigkeit im Sperrbezirk innerhalb weniger Wochen in der Regel von Beharrlichkeit ausgegangen werden.

5. Verdeckte Ermittlungen

Das Ergebnis verdeckter polizeilicher Ermittlungen im Bereich unerlaubter Prostitution ist verwertbar, soweit die Ermittlungen nicht gegen rechtsstaatliche Prinzipien verstoßen haben. Nimmt ein Polizeibeamter anonym Kontakt zu einer verdächtigen Person auf (Agent Provocateur), ohne nachhaltig auf sie einzuwirken, sie also nicht im eigentlichen Sinne verlockt oder provoziert, liegt kein die Tat provozierendes Handeln vor (vgl. BVerfG, NJW 1985 S. 1767; *Göhler*, 18. Aufl. 2020, Rdnr. 10a). Zur Verwirklichung des Tatbestandes genügt ein konkludentes Sichanbieten, etwa durch Herumstehen oder bloßes Aufundabgehen, das nicht einmal in besonders auffälliger Weise vonstatten gehen muss (vgl. *Göhler*, 18. Aufl. 2020, Rdnr 4; *RRH*, Rdnr. 4), wobei allerdings für die Nachweisbarkeit dieser Absicht praktisch noch zusätzliche Indizien, z. B. das Ansprechen oder Verhandeln mit Freiern, hinzutreten müssen.

6. Ahndung durch Bußgeld

Die Verhängung eines Bußgeldes ist möglich (Absatz 2). Voraussetzung ist vorsätzliches Handeln (§ 10 OWiG). Bedingter Vorsatz reicht aus (Erl. 1.3 zu § 10 OWiG, zum Verbotsirrtum vgl. Erl. 2 zu § 11 OWiG). Ein unvermeidbarer Verbotsirrtum würde zur Einstellung des Verfahrens führen. Bei vermeidbarem Verbotsirrtum (z. B. weil Erkundigungspflichten verletzt wurden – vgl. OLG Karlsruhe, GewArch 1977 S. 11) ist vorsätzliches Handeln gegeben.

6.1 Bußgeldrahmen

Die Bußgeldhöhe beträgt mindestens 5 Euro und höchstens 1000 Euro (§ 17 Abs. 1 OWiG).

6.2 Verjährung

Die Ordnungswidrigkeiten verjähren nach sechs Monaten (§ 31 Abs. 2 Nr. 4 OWiG).

6.3 Zuständige Bußgeldbehörde

Sachlich zuständig ist die fachlich zuständige oberste Landesbehörde (§ 36 Abs. 1 Nr. 2a OWiG) oder die jeweils von der Landesregierung durch Rechtsverordnung oder durch die oberste Landesbehörde bestimmte Behörde (§ 36 Abs. 2 OWiG); beispielsweise in Bayern § 87 ZustV, in Brandenburg § 1 OWiZustV, weitere Nachweise bei *Göhler,* 18. Aufl. 2020, Rdnr. 35 zu § 119.

§ 121
Halten gefährlicher Tiere

(1) Ordnungswidrig handelt, wer vorsätzlich oder fahrlässig

1. ein gefährliches Tier einer wildlebenden Art oder ein bösartiges Tier sich frei umherbewegen lässt oder

2. als Verantwortlicher für die Beaufsichtigung eines solchen Tieres es unterlässt, die nötigen Vorsichtsmaßnahmen zu treffen, um Schäden durch das Tier zu verhüten.

(2) Die Ordnungswidrigkeit kann mit einer Geldbuße geahndet werden.

Erläuterungen

Übersicht

Vorbemerkung

Diese Norm ist mit Wirkung vom 1.1.1975 an die Stelle des § 367 Abs. 1 Nr. 11 StGB a. F. getreten und ersetzte diesen zum Großteil; nicht ersetzt wurde der Tatbestand des Haltens gefährlicher wilder Tiere ohne Erlaubnis; dieses ist nicht mehr nach Bundesrecht sanktioniert, sondern unterliegt den einzelnen landesrechtlichen Bestimmungen, z. B. in Bayern Art. 37 LStVG (vgl. *KK*, 5. Aufl., Rdnr. 1; *Göhler*, 18. Aufl. 2020, Rdnr. 1). Ihr Zweck ist zum einen der Schutz von Leben und körperlicher Unversehrtheit sowie der Schutz von Eigentum oder Besitz, zum anderen aber auch der öffentlichen Ordnung als solche, die nämlich durch freies Umherlaufen gezähmter aber gefährlicher Tiere einer wildlebenden Art möglicherweise gestört wird; es handelt sich um ein abstraktes Gefährdungsdelikt, sodass es im Einzelfall auf eine tatsächliche Gefährdung nicht ankommt (vgl. *Göhler* und *KK*, jeweils a. a. O.; *RRH*, 3. Aufl., Rdnr. 2).

1. Gefährliche Tiere einer wildlebenden Art

Als gefährlich sind Tiere anzusehen, bei deren Umgang es wegen der eigentümlichen Veranlagungen und Verhaltensweisen der Tiere zu Verletzungen und Schäden kommen kann; auf die Eigenschaften des einzelnen Tieres, ob es sich z. B. um ein gezähmtes oder besonders gutmütiges oder sehr altes Tier handelt, kommt es dabei nicht an (vgl. *Göhler*, 18. Aufl. 2020, Rdnr. 5; *RRH*, 3. Aufl., Rdnr. 3a). Als der Art nach wildlebend gelten alle Tierarten, die üblicherweise nicht in menschlicher Obhut, wie es bei Haustieren der Fall ist, gehalten werden, die also einer Gattung angehören, die nicht gezähmt ist, sondern in der freien Natur lebt (vgl. *Göhler, RRH*, jeweils a. a. O.). Die Gefahr kann aufgrund der körperlichen Größe und Kraft sowie aufgrund der Waffen (z. B. Zähne) verbunden mit einer gewissen, der Tierart eigenen Aggressivität, ausgehen, wie z. B. durch Raubtiere (Löwen, Tiger, Bären etc.) oder durch Würgeschlangen. Eine Gefährdung kann aber auch von Tieren ausgehen, die durch die Abgabe von Giften biochemische Vorgänge in Gang setzen können, wie z. B. giftige Schlangen und Spinnen oder Skorpione.

2. Bösartige Tiere

Damit sind alle Tiere gemeint, die wegen ihrer besonderen Veranlagung eine Gefahr darstellen, wie z. B. bissige Hunde (vgl. *Göhler*, 18. Aufl. 2020, Rdnr. 6). Dieser Begriff erfasst also nicht eine bestimmte Tiergattung, sondern einzelne, bestimmte Tiere. Ob diese Veranlagung angeboren ist oder durch Dressur erworben wurde, ist dabei unerheblich (vgl. *RRH*, 3. Aufl., Rdnr. 4; *KK*, 5. Aufl., Rdnr. 5). Bösartigkeit ist z. B. bei Hunden anzunehmen, die so dressiert sind, dass sie uniformierte Menschen anfallen, aber auch bei solchen, die ohne feindliche Absicht Menschen lediglich anspringen; besonders bei großen Tieren besteht auch ohne feindliche Absicht die Möglichkeit, dass dadurch Menschen Schaden zugefügt wird (vgl. *Göhler*, a. a. O.), desgleichen, wenn der Hund bereits auffällig geworden ist und die Hundehalter behördliche Auflagen erfüllen müssten (z.B. Maulkorbpflicht, Leinenzwang o. Ä.). Dagegen sind Hunde nicht allein deswegen bösartig, weil sie aufgrund ihrer natürlichen Wesensart gelegentlich dem Wild nachjagen (vgl. *KK*, a. a. O.) oder den Hang dazu haben, sich von der Leine loszureißen und frei herumzulaufen, selbst wenn dadurch die Gefahr besteht, dass sie auf die Straße laufen und Verkehrsunfälle verursachen (vgl. *Göhler* und *RRH*, jeweils a. a. O.).

Das Halten von sogenannten Kampfhunden, also Hunden, bei denen aufgrund rassespezifischer Merkmale, Zucht oder Dressur von einer gesteigerten Aggressivität und Gefährlichkeit gegenüber Menschen oder Tieren auszugehen ist (z. B. Pitbull-Terrier), wird durch ergänzende landesrechtliche Vorschriften geregelt (vgl. *Göhler* und *RRH*, jeweils a. a. O.); z. B. in Bayern durch Art. 37 LStVG, in Baden Württemberg durch PolVOgH vom 3.8.2000.

> *Beispiel:*
>
> *Ein großer, etwas ungestümer und darüber hinaus schlecht dressierter Hund bewegt sich in Begleitung des Besitzers frei umher. Dabei springt er aus Übermut, ohne schlechte Absichten zu haben, hin und wieder Menschen an, sodass die Gefahr besteht, dass diese stürzen und sich verletzen können. Auf die Rufe des ängstlichen, schwachen Besitzers reagiert er dabei meistens nicht.*

Es handelt sich trotzdem um ein „bösartiges Tier" im Sinne dieser Vorschrift, da von ihm eine Gefahr einer Verletzung oder Beschädigung ausgeht; dass es sich aus hundefachlicher Sicht von der Wesensart her dem Grunde nach gar nicht um ein gegenüber dem Menschen übel gesinntes Tier handelt, ist unbeachtlich.

3. Freies Umherbewegen

Dieser Begriff umfasst nicht nur das Umherlaufen, sondern auch das Fliegen, z. B. von Raubvögeln, und Kriechen, z. B. von Schlangen (vgl. *Göhler*, 18. Aufl. 2020, Rdnr. 7; *RRH*, 3. Aufl., Rdnr. 5; *KK*, 5. Aufl., Rdnr. 6).

> *Beispiel:*
>
> *Eine Schlangenbesitzerin gibt ihren beiden Würgeschlangen im Park Auslauf. Die Eltern eines in der Nähe befindlichen Spielplatzes haben Panik und rufen die Polizei. Die Schlangenbesitzerin erklärt, die Schlangen seien harmlos und sie müsse ihnen täglich etwas Auslauf lassen, damit sie sich frei bewegen könnten. Die Schlangen seien völlig ungefährlich. Nach einer Stunde sammle sie sie immer wieder ein und bringe sie zurück in ihr Terrarium.*

Auch wenn die Schlangenhalterin das anders sehen mag, handelt es sich bei den beiden Würgeschlangen um gefährliche Tiere einer wildlebenden Art, die sich nicht frei umherbewegen dürfen. Ein Tier bewegt sich frei umher, wenn es nicht angebunden oder eingesperrt ist (vgl. *RRH*, a. a. O.), wobei bei der Definition die mögliche Gefährdung zu berücksichtigen ist (vgl. *Göhler*, a. a. O.). Frei bewegt sich z. B. ein Tier, das zwar von einer Aufsichtsperson außerhalb eines umschlossenen Geländes begleitet, nicht aber an der Leine geführt wird, auch wenn es gehorsam ist (vgl. *Göhler, RRH, KK,* jeweils a. a. O.) oder wenn ihm ein Maulkorb angelegt wird (vgl. *RRH,* a. a. O.). Dagegen ist der Tatbestand nicht erfüllt, wenn sich das Tier in einem umschlossenen Hof oder Garten aufhält, den es unter normalen Umständen nicht verlassen kann; anderes gilt aber, wenn zu erwarten ist, dass Besucher (private Besucher oder Kunden) dieses Gelände betreten, ohne dass ausreichende Sicherheitsvorkehrungen getroffen sind (vgl. *Göhler, KK, RRH,* jeweils a. a. O.). Auch Tiere in Naturparks, die für Fußgänger gesperrt sind und z. B. nur mit dem Auto durchfahren werden dürfen, bewegen sich nicht frei umher (vgl. *Göhler, KK, RRH,* jeweils a. a. O.). Nicht geschützt durch diese Vorschrift sind Besucher privater Räumlichkeiten (vgl. *Krenberger/Krumm,* 6. Aufl. 2020, Rdnr. 5).

4. Verantwortliche für die Beaufsichtigung (Absatz 2)

Verantwortlich ist die Person, welche rechtlich dafür einzustehen hat, dass erforderliche Vorsichtsmaßnahmen getroffen werden (sog. Garantenstellung gem. § 8 OWiG). Dies sind primär die Tierhalter, aber auch sonstige Personen, die die Beaufsichtigung tatsächlich übernommen haben (z. B. durch Beauftragung oder Vereinbarung), auch wenn es lediglich für einen kurzen Zeitraum ist (vgl. *Göhler,* 18. Aufl. 2020, Rdnr. 8; *RRH,* 3. Aufl., Rdnr. 6; *KK,* 5. Aufl., Rdnr. 9); in Betracht kommen Tierpfleger, Betreiber einer Tierpension, aber auch solche Personen, die während der Urlaubsabwesenheit des Halters das Tier betreuen oder ein entlaufenes Tier aufnehmen (vgl. *RRH, KK,* jeweils a. a. O.). Allerdings sind die Tierhalter verpflichtet, die in Frage kommenden Beauftragten auch über die Wesensmerkmale eines „bösartigen" Tieres und die ggf. zu treffenden Vorsichtsmaßnahmen zu informieren, soweit diese Wesensmerkmale nicht offensichtlich sind. Anders verhält es sich bei gefährlichen Tieren einer wildlebenden Art, hier ist die Verantwortlichkeit nicht zweifelhaft und die mögliche Gefahr offenbar.

5. Nötige Vorsichtsmaßnahmen zur Schadensverhütung

Welche Vorkehrungen zu treffen sind, lässt sich nur im Einzelfall beurteilen; es kommt einerseits auf die Art und das Maß der Gefährdung an, andererseits muss es der verantwortlichen Person auch möglich und zumutbar sein, entsprechende Maßnahmen zu ergreifen (vgl. *Göhler, KK,* jeweils a. a. O.); allerdings kommt den Sicherheitsbelangen gegenüber den Interessen der Verantwortlichen hohe Bedeutung zu (vgl. *Göhler,* a. a. O.). In Betracht kommen Maßnahmen wie das Anleinen, Anketten oder das Anbringen von Warntafeln, aber auch bestimmte Sorgfaltspflichten wie das Überprüfen, ob das Tor geschlossen oder das Tier angekettet ist; zur Aufsichtspflicht zählt auch die sorgfältige Auswahl der Personen, denen die Beaufsichtigung übertragen werden soll sowie danach ggf. die Kontrolle deren Tätigkeit (vgl. *Göhler,* a. a. O.).

6. Gesetzeskonkurrenz

Ist die Ordnungswidrigkeit nach dieser Vorschrift zugleich eine Straftat – in Betracht kommen insbesondere Körperverletzungsdelikte (§§ 223 f StGB) und Verstöße gegen Einfuhr- und Verbringungsverbote (HundVerbrEinfG) – so wird nur das Strafgesetz angewendet (§ 21 Abs. 1 OWiG). Bei Gefährdung des Straßenverkehrs gem. § 24 StVG i. V. m. § 28 Abs. 1,2, § 49 Abs. 2 Nr. 3 StVO, bei unzulässigem Lärm (§ 117 OWiG oder anderen Vorschriften) sowie bei Ordnungswidrigkeiten nach dem HundVerbrEinfG kann Tateinheit (§ 19 OWiG) bestehen (vgl. *Göhler,* 18. Aufl. 2020, Rdnr. 10a; *RRH,* 3. Aufl., Rdnr. 10).

7. Ahndung durch Bußgeld

Fahrlässigkeit reicht aus (§ 10 OWiG). Allerdings muss die besondere Eigenschaft des Tieres auch erkennbar sein, d. h., es müssen irgendwelche Anhaltspunkte vorhanden sein, die darauf hinweisen, dass das Tier z. B. „bösartig" (vgl. Erl. 2) ist. Ist ein Tier das erste Mal auffällig geworden, so liegt allein durch dieses, jetzt zu Tage getretenen, Verhalten wohl kein schuldhaftes Handeln vor. Fahrlässiges Handeln kann angenommen werden, wenn jemand die Beaufsichtigung ohne genügend eigene Kenntnisse übernimmt oder sich nicht ausreichend über die erforderlichen Vorsichtsmaßnahmen informiert; entsprechendes gilt bei Tierhaltern, die Aufsichtspersonen einsetzen, welche nicht sorgfältig ausgewählt wurden und ungeeignet sind, oder deren Tätigkeit nur ungenügend kontrollieren (vgl. *Göhler*, a. a. O.; *RRH*, 3. Aufl., Rdnr. 7).

7.1 Bußgeldrahmen

Die Bußgeldhöhe beträgt mindestens 5 Euro (§ 17 Abs. 1 OWiG) und bei Vorsatz höchstens 1000 Euro, bei Fahrlässigkeit höchstens 500 Euro (§ 17 Abs. 2 OWiG).

7.2 Verjährung

Die Ordnungswidrigkeit verjährt nach sechs Monaten (§ 31 Abs. 2 Nr. 4 OWiG).

7.3 Zuständige Bußgeldbehörde

Sachlich zuständig ist die fachlich zuständige oberste Landesbehörde (§ 36 Abs. 1 Nr. 2a OWiG) oder die jeweils von der Landesregierung durch Rechtsverordnung oder durch die oberste Landesbehörde bestimmte Behörde (§ 36 Abs. 2 OWiG); beispielsweise in Bayern § 87 ZustV, in Brandenburg § 1 OWiZustV, weitere Nachweise bei *Göhler*, 18. Aufl. 2020, Rdnr. 12.

§ 122
Vollrausch

(1) Wer sich vorsätzlich oder fahrlässig durch alkoholische Getränke oder andere berauschende Mittel in einen Rausch versetzt, handelt ordnungswidrig, wenn er in diesem Zustand eine mit Geldbuße bedrohte Handlung begeht und ihretwegen gegen ihn keine Geldbuße festgesetzt werden kann, weil er infolge des Rausches nicht vorwerfbar gehandelt hat oder weil dies nicht auszuschließen ist.

(2) Die Ordnungswidrigkeit kann mit einer Geldbuße geahndet werden. Die Geldbuße darf nicht höher sein als die Geldbuße, die für die im Rausch begangene Handlung angedroht ist.

Erläuterungen

Übersicht

Vorbemerkung

Diese Vorschrift entspricht § 323a StGB. Im Zuge der Umwandlung von Übertretungs- und einer ganzen Reihe von Vergehenstatbeständen geringerer Bedeutung zu Ordnungswidrigkeiten im Jahr 1968 betraf dies z. B. sämtliche Verkehrsübertretungstatbestände, war es erforderlich, auch für den Vollrausch einen Ordnungswidrigkeitstatbestand zu schaffen, damit in diesem Bereich keine Lücke im Rechtsgüterschutz existiert (vgl. *RRH,* 3. Aufl., Rdnr. 1; *KK,* 5. Aufl., Rdnr. 1). Zweck der Vorschrift ist der Schutz der Allgemeinheit vor Gefahren, die durch Personen, welche sich im berauschten Zustand befinden, drohen; die Gefahren können sich daraus ergeben, dass bei der berauschten Person die Hemmschwelle deutlich gesenkt ist, diese Person ein vermindertes Einsichts- und Unterscheidungsvermögen hat, oder auch, weil nur noch eine mangelhafte Reaktionsfähigkeit bzw. Körperbeherrschung vorhanden ist und sich darüber hinaus Personen im berauschten Zustand oftmals unberechenbar verhalten (vgl. *RRH,* a. a. O.; *KK,* 5. Aufl., Rdnr. 5). Es handelt sich um ein abstraktes Gefährdungsdelikt *(„sich vorwerfbar in einen Rausch versetzen")* verbunden mit der Ahndungsbedingung, eine mit Geldbuße bedrohte Handlung zu begehen (vgl. *Göhler,* 18. Aufl. 2020, Rdnr. 1; *RRH,* 3. Aufl., Rdnr. 5). Beim Vollrausch handelt es sich zwar um eine eigenständige Ordnungswidrigkeit. Sie ist jedoch nur anwendbar, wenn im Rausch eine andere mit Geldbuße bedrohte Handlung begangen worden ist.

Entgegen vielfacher anderer (Kommentar-) Meinungen hat diese Vorschrift in der Praxis bei der Verfolgung und Ahndung allgemeiner Ordnungswidrigkeiten durchaus Bedeutung, auch wenn sie bei straßenverkehrlichen Verstößen nur gelegentlich angewendet wird, weil es sich bei Verkehrsdelikten im Vollrausch meistens um Strafsachen handelt (z. B. §§ 315c, 316 StGB), sodass sich der Anwendungsbereich hauptsächlich auf Personen beschränkt, die zu Fuß unterwegs sind. Ohne diese Vorschrift bliebe eine Ahndungslücke, hätte die Bußgeldbehörde ggf. keine Möglichkeit (vgl. § 12 Abs. 2, *tiefgreifende Bewusstseinsstörung*) einer – auch aus spezialpräventiver Sicht – Sanktion und könnte Betroffene vielleicht sogar Glauben machen, ihr Handeln sei, da es ja im Rauschzustand geschah, bloß ein Kavaliersdelikt gewesen.

1. Alkoholische Getränke und andere berauschende Mittel

Unter *„alkoholische Getränke"* sind alle Getränke zu verstehen, die Alkohol enthalten. Andere *„berauschende Mittel"* sind solche, die ähnlich wie Alkohol wirken und zu einem Abbau von Hemmungen und einer Beeinträchtigung der intellektuellen und motorischen Fähigkeiten führen; hierzu zählen Drogen wie Heroin, Kokain, Haschisch, Marihuana, LSD und Ecstasy, in Betracht kommen können aber auch Medikamente, z. B. Schlaf- und Schmerzmittel oder Psychopharmaka (vgl. *RRH,* 3. Aufl., Rdnr. 8; *Göhler,* 18. Aufl. 2020, Rdnr. 6a; *KK,* 5. Aufl., Rdnr. 14).

2. Rausch

Ein Rausch ist ein durch berauschende Mittel verursachter erheblicher akuter Vergiftungszustand, wodurch bedeutende körperlich-geistige Ausfallserscheinungen hervorgerufen werden (vgl. auch Definitionen bei *RRH,* 3. Aufl., Rdnr. 9; *Göhler,* 18. Aufl. 2020, Rdnr. 6; *KK,* 5. Aufl., Rdnr. 17). Er muss eine Schwere erreicht haben, welche die Unzurechnungsfähigkeit (§ 12 Abs. 2 OWiG) zur Folge hat, oder diese zumindest nicht ausschließt; der Tatbestand ist bereits erfüllt, wenn ein Rauschzustand erreicht ist, der bewirkt, dass zumindest eine erheblich verminderte Zurechnungsfähigkeit gegeben ist (vgl. *Göhler,* 18. Aufl. 2020, Rdnr. 9). Für die Möglichkeit der Ahndung wegen Vollrausches ist es letztlich ohne Bedeutung, ob die Person bei Begehung der Rauschtat mit Gewissheit oder nur möglicherweise schuldunfähig war (vgl. OLG Köln, VRS 68/85 S. 38 – 41). Ist dagegen klar, dass Unzurechnungsfähigkeit oder eine erheblich verminderte Zurechnungsfähigkeit und damit Schuldunfähigkeit nicht eingetreten ist, ist diese Vorschrift nicht anzuwenden (vgl. *Göhler,* a. a. O.; BGH, NStZ 1989 S. 365). Strittig ist die Fallkonstellation, wenn überhaupt nicht geklärt ist, ob die Person gänzlich unzurechnungsfähig oder lediglich erheblich vermindert zurechnungsfähig oder aber voll zurechnungsfähig war. Im Hinblick auf den Wortlaut der Vorschrift in Verbindung mit Zweckmäßigkeitsaspekten, welche gerade aufgrund des im Ordnungswidrigkeitenrecht geltenden Opportunitätsprinzips nicht außer Acht gelassen werden dürfen, wird hier die Auffassung vertreten, dass die Vorschrift in vollem Umfang als Auffangtatbestand anzusehen ist und nicht erst ab dann greift, wenn wenigstens die Voraussetzungen einer verminderten Schuldfähigkeit feststehen (vgl. *Göhler*, a. a. O.). Kann demnach nicht ausgeschlossen werden, dass erheblich verminderte Zurechnungsfähigkeit vorliegt, kann folglich auch nicht ausgeschlossen werden, dass die Person voll zurechnungsfähig war, greift § 122 OWiG.

In der Praxis wird in der Mehrzahl der Fälle der Rauschzustand durch überhöhten Alkoholkonsum herbeigeführt worden sein. Ob ein Rauschzustand durch Trunkenheit vorliegt, ist individuell veschieden zu beurteilen. Spätestens ab einer Blutalkoholkonzentration von 3 Promille kann nach vielfacher Rechtsanschauung und Medizinermeinung bei jedem von einer „tiefgreifenden Bewusstseinsstörung" (vgl. Erl. 2.1 zu § 12) ausgegangen werden, auch wenn die typischen Symptome und Ausfallerscheinungen nicht ohne weiteres erkennbar sind.

3. Kausalität

Voraussetzung ist, dass für den Rauschzustand der Rauschmittelkonsum ursächlich war. Nicht erforderlich ist, dass der Rausch allein durch den Rauschmittelkonsum entstanden ist; allerdings muss er zumindest mitursächlich sein (vgl. *Göhler*, 18. Aufl. 2020, Rdnr. 6c; *RRH*, 3. Aufl., Rdnr. 10), was gerade bei Rauschzuständen der Fall ist, die sich aufgrund des Zusammenwirkens von Rauschmitteln und anderen, normalerweise nicht berauschenden Mitteln, z. B. Medikamente, oder anderen Faktoren wie schlechter Gesundheitszustand (Gehirnerschütterung), besondere Alkoholempfindlichkeit etc. ergeben haben. Die Art und Weise, wie das Rauschmittel in den Körper gelangt (durch Trinken, Injizieren, Einatmen etc.), ist unerheblich (vgl. *Göhler*, 18. Aufl. 2020, Rdnr. 6b).

4. Vorsatz oder Fahrlässigkeit

Diese Begehungsformen beziehen sich nur auf das „Sich-in-einen-Rausch-Versetzen", nicht auf die Rauschtat selbst (vgl. Erl. 5). Es ist also erforderlich, dass sich die Person schuldhaft in den Rausch versetzt hat; ist dies nicht der Fall, etwa, weil der Betroffene zu dem Zeitpunkt, als er Rauschmittel konsumierte, wegen Geisteskrankheit schuldunfähig war (vgl. *RRH*, 3. Aufl., Rdnr. 11) oder ihm die Rauschmittel ohne sein Wissen oder Einverständnis eingegeben wurden, ist eine Ahndung ausgeschlossen. Fahrlässig handelt jemand, der die Folgen der Einnahmen berauschender Mittel hätte erkennen können (vgl. *RRH*, a. a. O.) oder während des Trinkens von alkoholischen Getränken die Rausch fördernde Wirkung eines anderen konsumierten Mittels hätte bemerken müssen (vgl. *Göhler*, 18. Aufl. 2020, Rdnr. 7); Fahrlässigkeit kann auch vorliegen, wenn entsprechende Warnungen auf Beipackzetteln bei Medikamenten nicht gelesen werden, nicht jedoch, wenn Patienten ärztlicherseits, z. B. in der Praxis, Medikamente apliziert werden, ohne über etwaige Nebenwirkungen oder Kombinationswirkungen (z. B. Arzneimittel und Alkohol) zu informieren. Vorsätzlich handelt derjenige, der weiß, dass er durch die Einnahme berauschender Mittel oder ab einer bestimmten Menge davon in einen Zustand der Unzurechnungsfähigkeit gerät, bzw. dies zumindest billigend in Kauf nimmt (vgl. *RRH*, a. a. O.). Entscheidend ist demnach, ob sich jemand vorsätzlich oder fahrlässig in einen Rauschzustand versetzte, nicht ob er die im Rausch begangene Ordnungswidrigkeit vorwerfbar beging (vgl. *RRH*, a. a. O.).

5. Eine mit Geldbuße bedrohte Handlung (die Rauschtat)

Bedingung einer Ahndung nach § 122 OWiG ist, dass zusätzlich eine mit Geldbuße bedrohte Handlung (§ 1 Abs. 2), die sog. Rauschtat, begangen wurde. Dabei müssen alle objektiven Tatbestandsvoraussetzungen einer Ordnungswidrigkeit, nicht jedoch die Vorwerfbarkeit, erfüllt sein; die persönliche Verantwortlichkeit ist ja gerade deswegen nicht Voraussetzung, weil infolge des Rausches, also wegen der Tatbestandsvoraussetzung von § 122 OWiG, das Einsichts- und Hemmungsvermögen (§ 12 Abs. 2 OWiG) hinsichtlich der Rauschtat fehlt bzw. weil dies zumindest nicht auszuschließen ist (vgl. *Göhler,* 18. Aufl. 2020, Rdnr. 8; *RRH,* 3. Aufl., Rdnr. 13). Typische, in der Praxis häufig vorkommende, Fälle sind Belästigungshandlungen aller Art (z. B. § 118) und Lärmverursachungen (§ 117), aber auch Verstöße gegen gemeindliche Satzungen und Verordnungen, etwa zum Verhalten im Gemeindegebiet oder speziell in Sportstätten oder Veranstaltungsgeländen.

5.1 Actio libera in causa

Sollte der Betroffene aber ebenfalls für die im Rausch begangene Handlung verantwortlich sein, was dann der Fall ist, wenn sich sein schuldhaftes Handeln nicht nur darauf bezieht, dass er sich berauscht hat, sondern auch auf die Rauschtat selbst, so tritt § 122 OWiG zurück, da es sich bei dieser Norm lediglich um einen Auffangtatbestand handelt (vgl. *Göhler,* 18. Aufl. 2020, Rdnr. 14; *RRH,* 3. Aufl., Rdnr. 6). Eine Ahndung kann dann nach den Gesichtspunkten der actio libera in causa (a. l. i. c.), einer Rechtskonstruktion, wonach die Verantwortlichkeit vorverlegt wird (siehe Erl. 2.4 zu § 12 OWiG), möglich sein (vgl. *Göhler,* a. a. O.). Eine a. l. i. c. liegt z. B. vor, wenn sich jemand absichtlich in einen Rausch versetzt, um dann im schuldunfähigen Zustand eine bestimmte, nicht lediglich irgendeine, mit Geldbuße bedrohte Handlung, zu begehen (vgl. *RRH,* a. a. O., wenn also das „Sich-in-den-Rausch-Versetzen" bereits als ein Teil eines konkreten Plans anzusehen ist.

5.2 Eine natürliche Handlung

Bei der Rauschtat muss eine natürliche Handlung vorliegen, also eine Handlung, die noch in irgendeiner Weise vom menschlichen Willen dirigiert wird, was z. B. nicht der Fall ist, wenn jemand völlig betrunken ist und sich erbricht oder ohnmächtig auf der Straße liegt (vgl. *Göhler,* 18. Aufl. 2020, Rdnr. 10; *RRH,* 3. Aufl., Rdnr. 14). Wird vorsätzliches Handeln vorausgesetzt, ist maßgebend, ob die Betroffenen die Tatbestandsverwirklichung wenigstens nach ihrem äußeren Erscheinungsbild (wertfrei) zur Kenntnis nehmen und mit der Fähigkeit handeln, ihre körperliche Kraft für bestimmte Zwecke einzusetzen (sog. Vorsatz im natürlichen Sinn), was sich durchaus aufgrund des äußeren Verhaltens dieser Personen schlussfolgern lässt (vgl. *Göhler,* 18. Aufl. 2020, Rdnr. 11; *RRH,* 3. Aufl., Rdnr. 17). Ist die Begehung der Rauschtat auch fahrlässig möglich, reicht es aus, wenn festgestellt wird, dass die Betroffenen ohne einen Rauschzustand die Tatbestandsverwirklichung hätten vorhersehen und vermeiden können (vgl. *Göhler,* a. a. O.), was z. B. angenommen werden kann, wenn jemand im berauschten Zustand zu Fuß in verkehrswidriger Weise eine Straße überquert (vgl. *RRH,* 3. Aufl., Rdnr. 18). Ist hinsichtlich der Rauschtat ausschließlich vorsätzliches Handeln Voraussetzung für die Verhängung eines Bußgeldes, liegt jedoch wie oben beschrieben nur Fahrlässigkeit vor, so kann die Tat nicht nach § 122 geahndet werden (vgl. *Göhler,* 18. Aufl. 2020, Rdnr. 12; *KK,* 5. Aufl., Rdnr. 34). Es ist also im Hinblick auf die mit Geldbuße bedrohte Handlung stets auch die subjektive Tatseite, allerdings ohne die Vorwerfbarkeit, aufzuklären (vgl. *RRH,* 3. Aufl., Rdnr. 16). Daraus folgt, dass auch ein Tatbestands- und Verbotsirrtum zu berücksichtigen ist; unbeachtlich ist allerdings ein rauschbedingter Verbotsirrtum im Bereich der Rauschtat (vgl. *Göhler,* 18. Aufl. 2020, Rdnr. 11).

6. Ahndung durch Bußgeld

Die Tat nach § 122 OWiG und die Rauschtat sind verfahrensrechtlich dieselbe Tat, sodass eine Ahndung nach § 122 OWiG eine spätere Bußgeldentscheidung wegen der Rauschtat ausschließt und umgekehrt (vgl. *RRH,* 3. Aufl., Rdnr. 25; *Göhler,* 18. Aufl. 2020, Rdnr. 19; *KK,* 5. Aufl., Rdnr. 49). Beteiligung an der Rauschtat ist möglich (§ 14 Abs. 3 OWiG), z. B. in dem Fall, in dem der Halter im Rausch entgegen § 31 Abs. 2 StVZO einem fahrunsicheren Fahrzeugführer sein Fahrzeug überlässt (vgl. *Göhler,* 18. Aufl. 2020, Rdnrn. 3, 15; *RRH,* 3. Aufl., Rdnr. 20). Bei mehreren im selben Rauschzustand begangenen mit Geldbuße bedrohten Handlungen kann nur eine einzige Geldbuße festgesetzt werden, da § 122

OWiG nur die Vorwerfbarkeit des Rausches erfasst (vgl. *RRH*, 3. Aufl., Rdnr. 21). Bei der Prüfung, ob eine Ahndung nach § 122 OWiG möglich ist, ist zusammenfassend im Wesentlichen darauf zu achten, dass sich die Person selbst durch den Konsum berauschender Mittel in einen die Vorwerfbarkeit ausschließenden Rauschzustand versetzte, und das vorsätzlich oder fahrlässig, sowie dass diese Person in diesem Zustand eine mit Geldbuße bedrohte Handlung, die sog. Rauschtat, beging.

> *Beispiel:*
>
> *Jemand versetzt sich schuldhaft in einen Rauschzustand, sodass er nicht mehr zurechnungsfähig erscheint. In diesem Zustand grölt er in der Öffentlichkeit andere Personen an, bedroht diese in einer Art und Weise, dass dadurch die Allgemeinheit belästigt und die öffentliche Ordnung beeinträchtigt wird, was eine mit Geldbuße bedrohte Handlung nach § 118 Abs. 1 darstellt.*

Bei diesem Sachverhalt ist eine Ahndung nach § 122 OWiG in Betracht zu ziehen.

6.1 Bußgeldrahmen

Die Bußgeldhöhe beträgt mindestens 5 Euro (§ 17 Abs. 1 OWiG) und beim vorsätzlichen Sich-Berauschen höchstens 1000 Euro, bei fahrlässigem Sich-Berauschen höchstens 500 Euro (§ 17 Abs. 2 OWiG). Zu beachten ist, dass die Geldbuße nicht höher sein darf, als die Geldbuße, die für die im Rausch begangene Handlung angedroht ist (Absatz 2 Satz 2). Ist also für die Rauschtat als Höchstbetrag eine geringere Geldbuße als 1000 Euro angedroht, so kann die Geldbuße nach § 122 OWiG diese Höchstgrenze nicht überschreiten. Zu beachten ist, dass bei fahrlässigem Sich-Berauschen und fahrlässigem Rauschdelikt sich das Höchstmaß der Geldbuße gem. § 17 Abs. 2 OWiG nochmals um die Hälfte reduziert (vgl. *RRH*, 3. Aufl., Rdnr. 22; *KK*, 5. Aufl., Rdnr. 45).

6.2 Verjährung

Ist die Verjährungsfrist für die Rauschtat kürzer als in § 31 Abs. 2 Nr. 4 OWiG angegeben, z. B. bei Verkehrsordnungswidrigkeiten vor Erlass eines Bußgeldbescheides (§ 26 Abs. 3 StVG), so gilt die kürzere Frist, da § 122 OWiG lediglich ein Auffangtatbestand ist und jemand, der im berauschten Zustand ordnungswidrig handelte, nicht schlechter gestellt werden kann, als wenn er die Tat im nicht berauschten Zustand begangen hätte (vgl. *RRH*, 3. Aufl., Rdnr. 23; *Göhler*, 18. Aufl. 2020, Rdnr. 18; *KK*, 5. Aufl., Rdnr. 48). Ist die Verjährungsfrist, was die Rauschtat betrifft, länger als in § 31 Abs. 2 Nr. 4 angegeben, so gilt gem. § 131 Abs. 3 OWiG die längere Frist (vgl. *RRH* und *Göhler*, jeweils a. a. O.).

6.3 Zuständige Bußgeldbehörde

Zuständig ist die Bußgeldbehörde, die für die Verfolgung und Ahndung der im Rauschzustand begangenen, mit Geldbuße bedrohten Handlung, zuständig ist (vgl. *Göhler*, 18. Aufl. 2020, Rdnr. 20).

§ 123

Einziehung; Unbrauchbarmachung

(1) Gegenstände, auf die sich eine Ordnungswidrigkeit nach § 119 bezieht, können eingezogen werden.

(2) Bei der Einziehung von Verkörperungen eines Inhalts (§ 11 Abs. 3 des Strafgesetzbuches) kann in den Fällen des § 119 Abs. 1 und 2 angeordnet werden, dass

1. **sich die Einziehung auf alle Verkörperungen erstreckt und**
2. **die zur Herstellung gebrauchten oder bestimmten Vorrichtungen unbrauchbar gemacht werden,**

soweit die Verkörperungen und Vorrichtungen sich im Besitz des Täters oder eines anderen befinden, für den der Täter gehandelt hat, oder von diesen Personen zur Verbreitung bestimmt sind. Eine solche Anordnung wird jedoch nur getroffen, soweit sie erforderlich ist, um Handlungen, die nach § 119 Abs. 1 oder 2 mit Geldbuße bedroht sind, zu verhindern. Für die Einziehung gilt § 27 Abs. 2, für die Unbrauchbarmachung gelten die §§ 27 und 28 entsprechend.

(3) In den Fällen des § 119 Abs. 2 gelten die Absätze 1 und 2 nur für das Werbematerial und die zu seiner Herstellung gebrauchten oder bestimmten Vorrichtungen.

Erläuterungen

Übersicht

Vorbemerkung

Diese Norm ersetzt mit Wirkung vom 1.1.1975 Art. 2 § 3 des 4. StrRG (vgl. *RRH,* 3. Aufl., Rdnr. 1; *KK,* 5. Aufl., Rdnr. 1). Ihr Zweck ist zum einen, ähnlich wie bei der Geldbuße, die Ahndung von Ordnungswidrigkeiten, soweit es sich um Fälle nach Absatz 1 handelt, zum anderen, der Schutz der Allgemeinheit vor weiteren, gleich gelagerten Zuwiderhandlungen (Absatz 1 und 2); sie hat somit sowohl Ahndungs- als auch Sicherungsfunktion (vgl. hierzu Erl. 1 zu § 22; *KK,* a. a. O.). Die allgemeinen Bestimmungen was die Einziehung anbelangt sind in § 22 ff. (vgl. *KK.* a. a. O.) näher erklärt. Die Bestimmung verweist auf § 11 Abs. 3 StGB, in dem die einzelnen Gegenstände bzw. Verbreitungsmedien beschrieben sind.

1. Beziehungsklausel (Absatz 1)

1.1 Einziehungsgegenstände (Absatz 1)

Die Gegenstände müssen sich auf die genannten Ordnungswidrigkeiten beziehen; sie werden deshalb auch „Beziehungsgegenstände" genannt (vgl. Erl. 2 zu § 22 OWiG). Es handelt sich ausschließlich um solche Gegenstände, die nach dem Tatbestand zur Verwirklichung der Ordnungswidrigkeit als notwendige Tatobjekte anzusehen sind, wie etwa Schriften, Ton- oder Bildträger usw. (vgl. § 119 Abs. 1 Nr. 2 OWiG, § 11 Abs. 3 StGB). Nicht erfasst sind Gegenstände, die lediglich zur Begehung oder Vorbereitung der Ordnungswidrigkeit im weiteren Sinn verwendet wurden, wie z. B. Fotokopiergeräte, mit denen eine Schrift vervielfältigt wurde, um die Kopien anschließend zu verbreiten (vgl. *RRH,* 3. Aufl., Rdnr. 3; *KK,* 5. Aufl., Rdnr. 3), oder Autos, mit denen sich Täter zum Tatort begaben. Ebenfalls nicht einschlägig sind die Einnahmen aus der Ordnungswidrigkeit nach § 119 OWiG (vgl. *RRH,* a. a. O.).

1.2 Einzelne Objekte der Einziehung

In Betracht zu ziehen sind bei Ordnungswidrigkeiten nach **§ 119 Abs. 1 Nr. 1 OWiG** z. B. Nacktaufnahmen von Prostituierten in einem Schaukasten vor einer Nachtbar; nach **§ 119 Abs. 1 Nr. 2 OWiG** das entsprechende Werbematerial (Schriften, Ton- oder Bildträger etc.), in den Fällen des **§ 119 Abs. 2** OWiG neben den Werbeschriften auch die provokativ in einem Schaukasten (zu Werbezwecken) ausgestellten Gegenstände des sexuellen Gebrauchs wie Masturbationsgeräte, nicht aber solche, die zum Verkauf im Laden vorrätig gehalten werden; sowie nach **§ 119 Abs. 3** OWiG die zugänglich gemachten Schriften etc. sexuellen Inhalts (vgl. *RRH*, 3. Aufl., Rdnr. 4; *KK*, 5. Aufl., Rdnr. 4). Zu beachten ist, dass bei Fällen des § 119 Abs. 3 OWiG eine Einziehung nach Absatz 2 nicht zulässig ist.

2. Eine Ordnungswidrigkeit nach § 119 OWiG

Voraussetzung der Einziehung ist, dass zuvor eine der angeführten Ordnungswidrigkeiten (zum Begriff „Ordnungswidrigkeit" vgl. Legaldefinition in § 1 Abs. 1 OWiG) begangen wurde. Es ist also erforderlich, dass die Handlung rechtswidrig und vorwerfbar war. Ist der Tatbestand nicht erfüllt oder die Handlung nicht vorwerfbar, z. B. weil ein unvermeidbarer Verbotsirrtum (§ 11 Abs. 2 OWiG) vorliegt, ist die Einziehung grundsätzlich unzulässig; lediglich unter den Voraussetzungen des § 22 Abs. 2 Nr. 2 OWiG, also aus Sicherungsgründen, ist die Einziehung nach der Regelung in § 22 Abs. 3 OWiG auch dann möglich, wenn nicht vorwerfbar gehandelt wurde (vgl. *Göhler*, 18. Aufl. 2020, Rdnr. 3, *RRH*, 3. Aufl., Rdnr. 5; *KK*, 5. Aufl., Rdnr. 2); z. B. sind grob anstößige Schriften als eine Gefahr im Sinne von § 22 Abs. 2 Nr. 2 OWiG anzusehen (vgl. *Göhler* und *RRH*, jeweils a. a. O.).

3. Einziehung bei Fällen des § 119 Abs. 3 OWiG

Bei Ordnungswidrigkeiten nach § 119 Abs. 3 OWiG (Zugänglichmachen von Schriften usw. sexuellen Inhalts) gelten für die Einziehung die allgemeinen Regeln, da die Sonderbestimmung in Absatz 2 nur bei Fällen des § 119 Abs. 1 und 2 OWiG einschlägig ist. Danach können Gegenstände, die sich auf eine Ordnungswidrigkeit nach § 119 Abs. 3 beziehen, nur dann eingezogen werden, wenn sie zur Zeit der Entscheidung dem Täter gehören oder zustehen (siehe Erl. 3.3 zu § 22) oder, unabhängig von den Eigentumsverhältnissen, die Einziehung aus Sicherungsgründen zum Schutz der Allgemeinheit erfolgt (§ 22 Abs. 2 OWiG); die erweiterten Voraussetzungen der Einziehung nach § 23 OWiG gelten hier nicht, weil nicht ausdrücklich darauf hingewiesen wird (vgl. *RRH*, a. a. O.).

4. Sonderregelung (Absatz 2)

4.1 Einziehung bei Fällen der §§ 119 Abs. 1 und 2 OWiG

Bei Absatz 2 handelt es sich um eine Sonderbestimmung, die den allgemeinen Regelungen (§ 22 Abs. 2 OWiG) vorgeht. Danach sind die Eigentumsverhältnisse im Gegensatz zu den Fällen nach § 119 Abs. 3 OWiG unerheblich (vgl. *RRH*, 3. Aufl., Rdnr. 7; *KK*, 5. Aufl., Rdnr. 10). Die Stücke müssen sich lediglich im Besitz des Täters oder eines anderen befinden, für den der Täter gehandelt hat, oder von einer dieser Personen zur Verbreitung bestimmt sein. Mittelbarer Besitz und durch Besitzdiener (vgl. § 855 BGB), z. B. durch Angestellte in einem Ladengeschäft ausgeübter Besitz, reicht aus (vgl. *RRH*, 3. Aufl., Rdnr. 8, *KK*, a. a. O.). Andere, für die der Täter gehandelt hat, können z. B. Auftraggeber oder auch juristische Personen (GmbH, AG etc.) sein (vgl. *RRH*, a. a. O.). Befinden sich die Stücke weder beim Täter noch bei dem anderen, für den der Täter gehandelt hat, können sie ebenfalls eingezogen werden, nämlich dann, wenn sie von diesen Personen (dem Täter und/oder dem anderen) zur Verbreitung bestimmt sind (vgl. *RRH*, a. a. O.) und sich z. B. bei der Post, der Spedition oder der Druckerei befinden (vgl. *Göhler* 18. Aufl. 2020, Rdnr. 5). Sind die Schriften usw. allerdings bereits beim Endabnehmer oder etwa in der Privatbibliothek des Täters, können sie nicht mehr eingezogen werden, weil sie dann nicht mehr „zur

Verbreitung bestimmt sind" (vgl. *RRH*, a. a. O.; *Göhler*, 18. Aufl. 2020, Rdnr. 6). Dies entspricht dem Einziehungszweck, gleich gelagerte Ordnungswidrigkeiten zu verhindern.

Die Einziehung nach Absatz 2 umfasst auch solche Stücke (Absatz 2 Nr. 1), die keine Beziehungsgegenstände (vgl. Erl. 1.1) einer zuvor begangenen Ordnungswidrigkeit darstellen; es genügt, wenn ein Exemplar, z. B. ein Schriftstück, zuvor verbreitet wurde und als Tatobjekt einer in Absatz 2 genannten Ordnungswidrigkeit anzusehen ist; die übrigen Stücke bzw. Exemplare können trotzdem eingezogen werden, obwohl sie noch nicht verbreitet wurden, also noch keine Beziehung zur Ordnungswidrigkeit haben (vgl. *RRH*, a. a. O. *KK*, 5. Aufl., Rdnr. 9).

4.2 Unbrauchbarmachung

Unter den gleichen Voraussetzungen wie bei der Einziehung (vgl. Erl. 4.1) besteht auch die Möglichkeit anzuordnen, dass die zur Herstellung verwendeten oder bestimmten Vorrichtungen (Platten, Formen usw.) unbrauchbar gemacht werden. Erfasst von dieser Vorschrift sind sowohl bereits benutzte als auch noch nicht benutzte entsprechende Vorrichtungen (vgl. *Göhler*, 18. Aufl. 2020, Rdnr. 7). Zu beachten ist, dass ausschließlich solche Vorrichtungen gemeint sind, die speziell für die Herstellung genau dieser Schriften, Ton- und Bildträgern usw. bestimmt sind, also speziell dafür angefertigt wurden; allgemeine Herstellungsgeräte, mit denen z. B. auch andere Schriften (mit anderem Inhalt) produziert werden können, wie etwa Fotokopiergeräte, Drucker usw., sind nicht erfasst (vgl. *Göhler*, a. a. O.; *RRH*, 3. Aufl., Rdnr. 10). Dies ergibt sich aus den in Absatz 2 Nr. 2 genannten Herstellungsvorrichtungen (vgl. *KK*, 5. Aufl., Rdnr. 12); die Aufzählung ist nicht abschließend.

4.3 Fälle des § 119 Abs. 2 (Absatz 3) OWiG

Einziehung und Unbrauchbarmachung sind, wenn es sich um Mittel und Gegenstände des sexuellen Gebrauchs handelt, auf das Werbematerial und die zur Herstellung der Werbung gebrauchten oder bestimmten Vorrichtungen begrenzt; nicht erfasst sind somit die angebotenen Mittel und Gegenstände selbst (vgl. *RRH*, 3. Aufl., Rdnr. 13; *Göhler*, 18. Aufl. 2020, Rdnr. 10). Wird z. B. in einem Schaukasten ein Gegenstand des sexuellen Gebrauchs aus Werbezwecken ausgestellt, so kann dieser als Werbematerial eingezogen werden, nicht aber die im Laden angebotenen gleichartigen Stücke.

5. Grundsatz der Verhältnismäßigkeit

Der Verhältnismäßigkeitsgrundsatz (§ 24 OWiG) ist bei Anordnungen nach § 123 OWiG stets zu beachten. So ist die Einziehung, sofern es möglich ist, lediglich auf einen Teil der Gegenstände zu beschränken, wenn dies ausreichend erscheint (vgl. hierzu Erl. 3 zu § 24 OWiG); bei Datenspeichern ist an Stelle der Einziehung des gesamten Gerätes in Betracht zu ziehen, ob lediglich die Löschung einschlägiger Inhalte genügt; es ist also in jedem Einzelfall zu prüfen, ob zur Zweckerreichung auch weniger einschneidende Maßnahmen möglich sind (vgl. *RRH*, 3. Aufl., Rdnr. 5; *Göhler*, 18. Aufl. 2020, Rdnr. 8). Außerdem sind Einziehung und Unbrauchbarmachung nicht zwingend vorgeschrieben, es handelt sich um sog. „Kann-Bestimmungen", sodass ihre Anordnung im pflichtgemäßen Ermessen liegt (Opportunitätsgrundsatz, vgl. Erl. 1.1 zu § 47; *Göhler*, a. a. O.). Eine Anordnung nach Absatz 2 ist nur zulässig, soweit sie erforderlich ist, um die darin genannten Handlungen zu verhindern. Voraussetzung ist demnach das Vorliegen einer konkreten Gefahrensituation, welche z. B. anzunehmen ist, wenn sich die Stücke noch bei der Spedition oder Druckerei befinden, aber davon ausgegangen werden kann, dass sie rechtswidrig verbreitet werden; wenn alle Stücke bereits verteilt sind, ist dagegen eine solche Anordnung nicht möglich, weil eine Verbreitungsgefahr nicht mehr existiert (vgl. *KK*, 5. Aufl., Rdnr. 11; *RRH*, 3. Aufl., Rdnr. 9). Auf ein persönliches Verschulden kommt es hierbei nicht an (vgl. *RRH*, a. a. O.). Bei einer Einstellung des Verfahrens sind die sichergestellten oder beschlagnahmten Gegenstände wieder auszuhändigen, bei einer Ahndung ist eine Einziehung nur unter den genannten Voraussetzungen opportun. Werden Gegenstände nicht als Nebenfolge eingezogen, sind sie nach Rechtskraft der Entscheidung ebenfalls wieder auszuhändigen.

6. Einzelheiten zum Verfahren

Einziehung und Unbrauchbarmachung können auch in **selbstständigen Verfahren** angeordnet werden (§§ 27, 123 Abs. 2 Satz 3 OWiG). Um Einziehungsgegenstände sicher zu stellen, ist die **Beschlagnahme** möglich (siehe hierzu Erl. 4 vor § 59; vgl. *RRH*, 3. Aufl., Rdnr. 14); Postsendungen sind hiervon allerdings ausgenommen (§ 46 Abs. 3). Die Gegenstände selbst sowie der Umfang sind in der Anordnung **möglichst genau zu beschreiben,** lediglich eine pauschale Bezugnahme auf die beschlagnahmten Gegenstände genügt nicht den Anforderungen (vgl. *KK*, 5. Aufl., Rdnr. 23; *RRH*, 3. Aufl., Rdnr. 15; *Göhler*, 18. Aufl. 2020, Rdnr. 11).

Dritter Abschnitt

Missbrauch staatlicher oder staatlich geschützter Zeichen

§ 124

Benutzen von Wappen oder Dienstflaggen

(1) Ordnungswidrig handelt, wer unbefugt

1. **das Wappen des Bundes oder eines Landes oder den Bundesadler oder den entsprechenden Teil eines Landeswappens oder**
2. **eine Dienstflagge des Bundes oder eines Landes benutzt.**

(2) Den in Absatz 1 genannten Wappen, Wappenteilen und Flaggen stehen solche gleich, die ihnen zum Verwechseln ähnlich sind.

(3) Die Ordnungswidrigkeit kann mit einer Geldbuße geahndet werden.

Erläuterungen

Übersicht

Vorbemerkung

Diese Vorschrift ersetzt mit Wirkung vom 1.1.1975 § 360 Abs. 1 Nr. 7 StGB a. F. (vgl. *KK*, 5. Aufl., Rdnr. 1; *RRH*, 3. Aufl., Rdnr. 1). Ihr Zweck ist der Schutz von Staatssymbolen vor der Gefahr ihrer Entwertung, indem Unbefugte sie gebrauchen (vgl. *RRH*, a. a. O.; *Göhler*, 18. Aufl. 2020, Rdnr. 2), und damit zusammenhängend die Sicherung des Ansehens des Staates (vgl. *KK*, a. a. O.).

1. Wappen

Zum Wappen des **Bundes,** also der Bundesrepublik Deutschland, und zum **Bundesadler** hat die Bundesregierung beschlossen, dass das Bundeswappen auf goldgelbem Grund den schwarzen Adler zeigt, den Kopf nach rechts gewendet, die Flügel offen, aber mit geschlossenem Gefieder, Schnabel, Zunge und Fänge von roter Farbe. Wird der Bundesadler ohne Umrahmung dargestellt, so sind das gleiche Bild und die gleichen Farben wie beim Adler im Bundeswappen zu verwenden, doch sind die Spitzen des Gefieders nach außen gerichtet. Die im Bundesministerium des Innern verwahrten Muster sind für die heraldische (Heraldik, die Wappenkunde, vgl. Duden 24. Aufl.) Gestaltung des Bundeswappens maßgebend. Die künstlerische Ausgestaltung bleibt für jeden besonderen Zweck vorbehalten (Bekanntmachung vom 20.1.1950, BGBl. S. 26). Die Wappen der einzelnen **Länder** der Bundesrepublik Deutschland werden von diesen selbst bestimmt; z. B. Gesetz über die Hoheitszeichen des Landes **Baden-Württemberg** (Landeshoheitszeichengesetz – LHzG) vom 27.10.2015; Gesetz vom 5.6.1950 über das Wappen des Freistaates **Bayern** – GVBl. S. 207; Gesetz über die Hoheitszeichen des Landes **Thüringen** vom 30.1.1991 – GVBl. S. 1 (vgl. *RRH,* 3. Aufl., Rdnr. 2 einschließlich weiterer Nachweise). Erfasst von dieser Vorschrift ist ebenfalls ein dem Bundesadler entsprechender **Teil eines Landeswappens**. Geschützt werden außerdem die **Dienstflaggen** des Bundes (vgl. Art. 22 GG; Anordnung über die deutschen Flaggen vom 13.11.1996 – BGBl. I. S. 1729, zuletzt geändert am 22.11.2005 – BGBl. I S. 3181) und der Bundesländer.

2. Zum Verwechseln ähnliche Wappen usw. (Absatz 2)

Wer Wappen, Wappenteile und Flaggen, die denen nach Absatz 1 zum Verwechseln ähnlich sind, unbefugt benutzt, wird nach Absatz 2 tatbestandsmäßig ebenfalls von dieser Vorschrift erfasst. Dabei kommt es auf den Gesamteindruck einer durchschnittlich sachkundigen Person bei flüchtiger Betrachtung an; das Tatbestandsmerkmal „zum Verwechseln ähnlich" ist dann verwirklicht, wenn unter den genannten Voraussetzungen trotz der (geringfügigen) Unterschiede der falsche Gesamteindruck entstehen kann, dass es sich um eines der in Absatz 1 genannten Symbole handelt (vgl. *RRH,* 3. Aufl., Rdnr. 4; *Göhler,* 18. Aufl. 2020, Rdnr. 8; *KK,* 5. Aufl., Rdnr. 6). Bei der Beurteilung, ob eine solche Verwechslungsgefahr vorliegt, ist zu berücksichtigen, dass die in Frage stehenden Zeichen regelmäßig nicht gleichzeitig wahrgenommen und miteinander verglichen werden, sondern die Meinungen bei solchen Vorgängen aufgrund eines Erinnerungseindrucks entstehen. In diesem Eindruck treten regelmäßig die übereinstimmenden Merkmale mehr hervor, als die Unterschiede, sodass es maßgeblich nicht so sehr auf die Unterschiede, sondern auf die Übereinstimmungen zweier Zeichen ankommt (vgl. BGH, NJW 1994 S. 2820 – 2822, *KK,* a. a. O.). Gibt es wesentlich mehr Übereinstimmungen als Unterschiede, ist das ähnlich aussehende Wappen etc. geeignet, verwechselt zu werden (vgl. BGH, a. a. O.). Nicht notwendig ist, dass eine Täuschung bzw. Verwechslung tatsächlich vorliegt.

3. Nicht geschützte Wappen oder Dienstflaggen

Von dieser Vorschrift nicht erfasst sind **kommunale** Wappen und Dienstflaggen, wie solche von Gemeinden und Landkreisen, allerdings sind hier landesrechtliche Regelungen möglich, **frühere** Landeswappen, die als Hoheitszeichen keine Geltung mehr haben, Symbole **ausländischer Staaten,** auch nicht die der ehemaligen **DDR** (vgl. *RRH,* 3. Aufl., Rdnr. 5), seit 1.1.1995 die Symbole der früheren Deutschen **Bundespost** (vgl. Art. 6 Nr. 21 PTNeuOG vom 14.9.1994, BGBl. I S. 2325). Hinweis: widerrechtliche Benutzung solcher staatlichen oder staatlich geschützten Zeichen zur Kennzeichnung von Waren oder Dienstleistungen im geschäftlichen Verkehr siehe § 145 Abs. 1 Nr. 1, 3 MarkenG, der als Spezialvorschrift dem § 124 OWiG vorgeht (vgl. *Göhler,* 18. Aufl. 2020, Rdnr. 5; *RRH,* 3. Aufl., Rdnr. 10), zum Wahrzeichen des **Roten Kreuzes** siehe § 125 Abs. 1 OWiG, zum **Schweizer Wappen** § 125 Abs. 2 OWiG.

4. Unbefugtes Benutzen

Die maßgebliche Tathandlung liegt im „Benutzen" von Wappen usw. Der Begriff **„benutzen"** bedeutet, dass jemand ein Symbol als eigenes Zeichen oder auch als fremdes Zeichen, aber für eigene Zwecke verwendet (vgl. OLG Köln, NJW 1980 S. 71). Es kommt also darauf an, dass jemand ein in dieser Vorschrift genanntes Zeichen für eigene Zwecke benutzt. Ist dies nicht der Fall, so liegt kein Benutzen vor. Verteilt beispielsweise eine Person lediglich Flugblätter, auf denen zwar ein geschütztes Zeichen abgebildet ist, macht sich aber beim Verteilen dieses Zeichen nicht selbst zunutze, ist der Tatbestand nicht verwirklicht (vgl. *RRH*, 3. Aufl., Rdnr. 6; *Göhler*, 18. Aufl. 2020, Rdnr. 6); unbefugtes Benutzen läge nur dann vor, wenn beim Verteilen explizit auf dieses Symbol (durch Worte, Zeichen usw.) hingewiesen wird (vgl. OLG Köln, a. a. O.). Wie „benutzt" wird, ist unerheblich; es kann in jeder Art (Ausstellen, Vorzeigen, Abdrucken usw.) und in jeder Form (auf Schriftstücken, Plakaten, Inseraten, Kleidungsstücken usw.) erfolgen, vorausgesetzt, es geschieht für eigene Zwecke und wirkt nach außen, d. h., es muss in der Öffentlichkeit bemerkbar sein (vgl. *RRH*, a. a. O.; *KK*, 5. Aufl., Rdnr. 8). **Unbefugt** ist die Benutzung, wenn der Anschein einer amtlichen Benutzung entstehen kann (vgl. *RRH*, 3. Aufl., Rdnr. 7; *Göhler*, 18. Aufl. 2020, Rdnr. 7; *KK*, 5. Aufl., Rdnr. 9).

Beispiel:

Während einer Wahlkampfveranstaltung wird auf einer stationären Großbild-Videoleinwand im Hintergrund das große Bayerische Staatswappen gezeigt. Grundsätzlich sind das große und das kleine bayerische Staatswappen als staatliche Hoheitszeichen dem öffentlichen Bereich vorbehalten. Nach dem Bayerischen Wappengesetz steht es allerdings jedermann frei, das große und das kleine Staatswappen zu künstlerischen, kunstgewerblichen oder wissenschaftlichen Zwecken oder zu Zwecken des Unterrichts und der staatsbürgerlichen Bildung zu verwenden. Jede andere Verwendung der Staatswappen oder von Teilen der Staatswappen ist nur mit Genehmigung der Regierungen zulässig. Eine solche Genehmigung liegt jedoch nicht vor. Somit wurde das Staatswappen unbefugt für Zwecke des Parteienwahlkampfs benutzt. Durch die beschriebene Benutzung des Staatswappens konnte für Außenstehende der Eindruck erweckt werden, die Bayerische Staatsregierung würde die durchgeführte Veranstaltung unterstützen oder sogar befürworten.

Unbefugtes Handeln ist nicht gegeben, wenn eine Erlaubnis der zuständigen Behörde vorliegt. Gleiches gilt, wenn z. B. die Bundesflagge nur als Ausdruck der Verbundenheit zum eigenen Land benutzt wird, wie z. B. bei einem national bedeutenden Sportereignis oder einem Staatsbesuch. Hier fehlt es an jeglichem Bezug zu einer amtlichen Tätigkeit, sodass die Vorschrift aus Gründen der Sozialadäquanz (dieser Begriff erfasst ein Verhalten, dass im Rahmen der sozialen Ordnung als „normal" zählt, vgl. auch Erl. 2.1 zu § 117) nicht greift (vgl. *Göhler*, a. a. O.).

5. Ahndung durch Bußgeld

Die Ahndung mit Bußgeld ist möglich (Absatz 3). Erforderlich ist vorsätzliches Handeln (§ 10 OWiG). Bedingter Vorsatz reicht aus (vgl. Erl. 1.3 zu § 10); dies wäre z. B. der Fall, wenn der Betroffene zwar nicht definitiv weiß, dass es sich bei dem von ihm benützten Wappen um ein geschütztes Zeichen handelt, dies aber billigend in Kauf nimmt (zum Tatbestands- bzw. Verbotsirrtum vgl. Erl. 1 und 2 zu § 11). Nimmt z. B. ein Betroffener im Hinblick auf das Tatbestandsmerkmal „unbefugt" fälschlicherweise an, dass er im Besitz einer entsprechenden Erlaubnis sei, oder aus Gründen der sozialen Adäquanz befugt sei, dieses Zeichen zu verwenden, ist ein Tatbestandsirrtum gegeben, der den Vorsatz ausschließt (vgl. *RRH*, 3. Aufl., Rdnr. 8; *Göhler*, 18. Aufl. 2020, Rdnr. 9; *KK*, 5. Aufl., Rdnr. 11); wertet er hingegen einen richtig erkannten Sachverhalt falsch ein, weiß er z. B. nicht, dass für die Benutzung eines geschützten Zeichens eine Erlaubnis notwendig ist, liegt ein Verbotsirrtum vor, der nur dann geahndet werden kann, wenn der Betroffene diesen Irrtum hätte vermeiden können. Benutzt jemand wiederholt ein geschütztes Zeichen, so kommt es darauf an, ob die einzelnen Handlungen in einem engen zeitlichen und räumlichen Zusammenhang erfolgten; ist dies der Fall, liegt ein einheitliches, zusammenhängendes Tun vor (Handlungseinheit), mit der Folge, dass nur eine einzige Geldbuße verhängt werden kann; andernfalls, und das wird in der Praxis wohl die Regel sein, ist Tatmehrheit gegeben (vgl. Erl. 1 ff. zu §§ 19, 20; *Göhler,* 18. Aufl. 2020, Rdnr. 10). Zu beachten ist, dass eine Einziehung der Wappen oder Flaggen etc. möglich ist (§ 129 OWiG).

5.1 Gesetzeskonkurrenz

Mit den landesrechtlichen Regelungen kann Tateinheit (§ 19 OWiG) vorliegen (vgl. *Göhler,* 18. Aufl., 2020, Rdnr. 11; *KK,* 5. Aufl., Rdnr. 12). § 145 Abs. 1 MarkenG (siehe Erl. 3) und § 16 Abs. 1 Nr. 2 FlaggenRG sind Spezialvorschriften und gehen vor (vgl. *KK,* a. a. O.). Zu §§ 125 und 127 OWiG ist ebenfalls Tateinheit möglich (vgl. *KK,* a. a. O.).

5.2 Bußgeldrahmen

Die Bußgeldhöhe beträgt mindestens 5 Euro und höchstens 1000 Euro (§ 17 Abs. 1 OWiG).

5.3 Verjährung

Die Ordnungswidrigkeit verjährt nach sechs Monaten (§ 31 Abs. 2 Nr. 4 OWiG).

5.4 Zuständige Bußgeldbehörde

Soweit es sich um ein Wappen oder eine Dienstflagge des Bundes handelt, ist das Bundesministerium des Innern zuständig (vgl. § 131 Abs. 1, Satz 1 Nr. 3 OWiG, Erl. 1 zu § 131 OWiG), das allerdings seine Zuständigkeit durch Verordnung vom 2.1.1975 auf das Bundesverwaltungsamt übertragen hat, ansonsten ist sachlich zuständig die fachlich zuständige oberste Landesbehörde (§ 36 Abs. 1 Nr. 2a OWiG) oder die jeweils von der Landesregierung durch Rechtsverordnung oder durch die oberste Landesbehörde bestimmte Behörde (§ 36 Abs. 2 OWiG); beispielsweise in Bayern § 89 Nr. 2 ZustV, weitere Nachweise bei *Göhler,* 18. Aufl. 2020, Rdnr. 14.

§ 125
Benutzen des Roten Kreuzes oder des Schweizer Wappens

(1) Ordnungswidrig handelt, wer unbefugt das Wahrzeichen des roten Kreuzes auf weißem Grund oder die Bezeichnung „Rotes Kreuz" oder „Genfer Kreuz" benutzt.

(2) Ordnungswidrig handelt auch, wer unbefugt das Wappen der Schweizerischen Eidgenossenschaft benutzt.

(3) Den in den Absätzen 1 und 2 genannten Wahrzeichen, Bezeichnungen und Wappen stehen solche gleich, die ihnen zum Verwechseln ähnlich sind.

(4) Die Absätze 1 und 3 gelten für solche Wahrzeichen oder Bezeichnungen entsprechend, die nach Völkerrecht dem Wahrzeichen des roten Kreuzes auf weißem Grund oder der Bezeichnung „Rotes Kreuz" gleichstehen.

(5) Die Ordnungswidrigkeit kann mit einer Geldbuße geahndet werden.

Erläuterungen

Übersicht

3. Zum Verwechseln ähnliche Wahrzeichen usw. (Absatz 3)
4. Gleichstehende Wahrzeichen oder Bezeichnungen (Absatz 4)
5. Unbefugtes Benutzen
6. Ahndung durch Bußgeld
   6.1 Bußgeldrahmen
   6.2 Verjährung
   6.3 Zuständige Bußgeldbehörde

Vorbemerkung

Diese Vorschrift ersetzt mit Wirkung vom 1.1.1975 § 2 des Gesetzes zum Schutze des Genfer Neutralitätszeichens vom 22.3.1902 und § 2 des Gesetzes zum Schutze des Wappens der Schweizerischen Eidgenossenschaft vom 27.3.1935 (vgl. *RRH*, 3. Aufl., Rdnr. 1; *Göhler*, 18. Aufl. 2020, Rdnr. 1; *KK*, 5. Aufl., Rdnr. 1). Unbefugtes Benutzen des Roten Kreuzes oder des Schweizer Wappens ist seitdem kein Strafdelikt mehr, sondern kann nur noch als Ordnungswidrigkeit verfolgt werden. Weiterhin gültig ist hingegen die Verordnung zur Durchführung und Ergänzung des Gesetzes zum Schutze des Wappens der Schweizerischen Eidgenossenschaft (WpSchCHEG) in der Fassung vom 29.12.1936, in dem bestimmt ist, dass ein aufrechtes, gleicharmiges, geradliniges weißes Kreuz auf grünem Grund nicht als Nachahmung des schweizerischen Wappens gilt, die geeignet ist, Verwechslungen hervorzurufen (BGBl. III 1131-1-1 – vgl. *Göhler* und *RRH*, jeweils a. a. O.) Diese Regelung reicht allerdings auch aus, um den Verpflichtungen der Bundesrepublik Deutschland gerecht zu werden, die beiden Zeichen zu schützen (vgl. *KK*, a. a. O.; *RRH*, 3. Aufl., Rdnr. 2). Im I. Genfer Abkommen vom 12.8.1949 zur Verbesserung des Loses der Verwundeten und Kranken der Streitkräfte im Felde, Kapitel VII (BGBl. 1954 II S. 783) und im II. Genfer Abkommen vom 12.8.1949 zur Verbesserung des Loses der Verwundeten, Kranken und Schiffbrüchigen der Streitkräfte zur See, Kapitel VI (BGBl.1954 II S. 813), ist nämlich bestimmt, dass alle Vertragsparteien die nötigen Maßnahmen zu treffen haben, um entsprechende Missbräuche jederzeit zu verhindern und zu ahnden; die Bundesrepublik Deutschland ist diesen Abkommen 1954 beigetreten (vgl. Gesetz vom 21.8.1954, BGBl. II S. 781, in Kraft gem. Bek. vom 4.11.1954, BGBl. II S. 1133; *RRH*, 3. Aufl., Rdnr. 2). Zweck der Norm ist, die genannten Wahrzeichen, Bezeichnungen und Wappen vor der Gefahr zu schützen, dass Unbefugte sie gebrauchen und dadurch entwerten (vgl. *RRH*, a. a. O.; *Göhler*, 18. Aufl. 2020, Rdnr. 2; *KK*, a. a. O.).

1. Wahrzeichen des Roten Kreuzes

Das Wappenzeichen des Roten Kreuzes als Schutz- und Erkennungszeichen des Sanitätsdienstes der Armeen ist ein aufrechtes, gleicharmiges, freistehendes und geradliniges rotes Kreuz auf weißem Grund; es hat die dieselbe Struktur wie das Wappenzeichen der Schweizerischen Eidgenossenschaft (vgl. Bundesbeschluss der Schweizerischen Eidgenossenschaft vom 12.12.1889), nur mit umgekehrten Farben (vgl. Art. 38 des I. Genfer Abkommens, a. a. O.; vgl. *RRH*, 3. Aufl., Rdnr. 4). Von dieser Schutzvorschrift sind ebenfalls die Bezeichnungen „Rotes Kreuz" und „Genfer Kreuz" erfasst.

2. Wappen der Schweizerischen Eidgenossenschaft (Absatz 2)

Das eidgenössische Wappen ist im roten Felde ein aufrechtes, freistehendes weißes Kreuz mit gleichen Armen (vgl. Erl. 1); es ist genauso geschützt, wie die Wappen und Dienstflaggen des Bundes oder der Länder der Bundesrepublik Deutschland (vgl. § 124 OWiG). Grund hierfür ist die Ehrung der Schweiz, weil als Wahrzeichen des Roten Kreuzes die umgestellten eidgenössischen Landesfarben angenommen wurden und zwischen beiden Wappen Verwechslungsgefahr besteht (vgl. *KK*, 5. Aufl., Rdnr. 2).

3. Zum Verwechseln ähnliche Wahrzeichen usw. (Absatz 3)

Wer Wahrzeichen, Bezeichnungen und Wappen, die denen nach den Absätzen 1 und 2 zum Verwechseln ähnlich sind, unbefugt benutzt, wird nach Absatz 3 tatbestandsmäßig ebenfalls von dieser Vorschrift erfasst. Dabei kommt es auf den Gesamteindruck einer durchschnittlich sachkundigen Person bei flüchtiger Betrachtung an; das Tatbestandsmerkmal „zum Verwechseln ähnlich" ist dann verwirklicht, wenn bei einem solchen Betrachter ohne genaue Prüfung trotz der vorhandenen Unterschiede der falsche Gesamteindruck entstehen kann, dass es sich um eines der in den Absätzen 1 und 2 genannten Symbole handelt (vgl. Erl. 2 zu § 124; *RRH,* 3. Aufl., Rdnr. 6). Bei einem rot-braunen Kreuz mit zwei gleich langen und gleich breiten Balken auf elfenbeinfarbenem Hintergrund hat z. B. der BGH in seinem Urt. vom 23.6.1994 (NJW 1994 S. 2820 – 2822) entschieden, dass Verwechslungsgefahr mit dem Emblem des Roten Kreuzes besteht.

4. Gleichstehende Wahrzeichen oder Bezeichnungen (Absatz 4)

Geschützt sind auch solche Wahrzeichen oder Bezeichnungen, die nach Völkerrecht dem Wahrzeichen des Roten Kreuzes auf weißem Grund oder der Bezeichnung „Rotes Kreuz" gleichstehen. Das sind derzeit die Erkennungszeichen solcher Hilfsorganisationen, die an Stelle des roten Kreuzes den roten Halbmond oder den „roten Löwen mit roter Sonne" auf weißem Grunde sowie die Bezeichnungen „Roter Halbmond" bzw. „Roter Löwe mit roter Sonne" verwenden (vgl. Art. 38 Abs. 2, 44, 53 Abs. 4, 54 des 1. Genfer Abkommens a. a. O.; *RRH,* 3. Aufl., Rdnr. 7; *Göhler,* 18. Aufl. 2020, Rdnr. 5). Es handelt sich hierbei um Wahrzeichen oder Bezeichnungen die in islamisch geprägten Ländern verwendet werden. Nicht geschützt und für den Allgemeingebrauch freigegeben ist ein aufrechtes, gleicharmiges, geradliniges weißes Kreuz auf grünem Grund (vgl. Vorbemerkung; WpSchCHEG a. a. O.; *KK,* 5. Aufl., Rdnr. 3).

5. Unbefugtes Benutzen

Die maßgebliche Tathandlung liegt im „Benutzen" des Roten Kreuzes oder des Schweizer Wappens. Zum Begriff **„benutzen"** vgl. Erl. 4 zu § 124 OWiG. Danach benutzt jemand ein Wahrzeichen oder eine Bezeichnung, wenn er es für eigene Zwecke verwendet (vgl. *Göhler,* 18. Aufl. 2020, Rdnr. 3). **Unbefugt** ist die Benutzung, wenn keine Genehmigung der zuständigen Stellen vorliegt, sie nicht im Rahmen der sozialen Adäquanz liegt, aber der Anschein einer offiziellen Benutzung im Rahmen einer entsprechenden Hilfsorganisation entstehen kann (vgl. Erl. 4 zu § 124 OWiG; *KK,* 5. Aufl., Rdnr. 6).

> *Beispiel:*
>
> *Ein ausgedientes und deshalb ausgemustertes Fahrzeug des Rettungsdienstes wird von einer Coverband der deutschen Band „Die Ärzte" genutzt. Zwar sind Blaulicht und Martinshorn abgebaut, seitlich, vorne und hinten prangt jedoch auf dem Fahrzeug das rote Kreuz, daneben die Aufschrift „Wir sind die Ärzte". Das Fahrzeug fährt an einem Verkehrsunfall vorbei, bei dem es auch Verletzte gibt. Andere Verkehrsteilnehmer und Passanten halten das Vorbeifahren gerade jetzt für einen glücklichen Zufall. Sie verlieren wertvolle Zeit, indem sie versuchen, das vermeintliche Rettungsfahrzeug aufzuhalten, um den Verletzten schnellstmöglich zu helfen. Erst nach minutenlangen wilden Diskussionen ist klar, dass es sich bei den Fahrzeuginsassen nicht um Rettungssanitäter oder gar Ärzte handelt. Die Rettungsleitzentrale wird somit erst mit entsprechender Verspätung informiert. Infolgedessen haben die echten Rettungsfahrzeuge wertvolle Zeit verloren.*

Zulässig ist z. B. die Benutzung, wenn jemand als Mitglied einer Organisation des Roten Kreuzes auf einer Veranstaltung den Sanitätsbereich durch das Rote Kreuz kennzeichnet; das Gleiche gilt, wenn jemand aufgrund einer Erlaubnis (ausdrücklich oder auch durch schlüssiges Handeln) eine entsprechend gekennzeichnete Armbinde trägt und im Sanitätsbereich eingesetzt wird (vgl. *RRH,* 3. Aufl., Rdnr. 9). Eine entsprechende Befugnis kann sich auch im Rahmen der Genfer Abkommen (vgl. Vorbemerkung) aus den Statuten, z. B. denen des Deutschen Roten Kreuzes als nationale Rotkreuzorganisation, ergeben (vgl. *RRH* und *KK*, jeweils a. a. O.). Der Tatbestand ist auch dann verwirklicht, wenn durch die Art und Weise der Benutzung der Eindruck einer Herabwürdigung bzw. Geringschätzung entstehen kann, unabhängig davon, ob dem Grunde nach eine Erlaubnis vorliegt oder nicht (vgl. *Göhler*, a. a. O.). Im umgekehrten Fall kann aber im Rahmen der sozialen Adäquanz (zum Begriff vgl. Erl. 4 zu § 124 OWiG) die Benutzung gestattet sein, obwohl keine Erlaubnis vorliegt, wie etwa durch Schauspieler im Theater oder bei Dreharbeiten für Film und Fernsehen (vgl. *Göhler* u. *RRH*, jeweils a. a. O.).

> *Beispiel:*
>
> *Eine Person, die nicht Mitglied des Roten Kreuzes ist und auch keine entsprechende Erlaubnis vorweisen kann, nimmt an einer öffentlichen Versammlung teil. Auf der Jacke dieser Person befindet sich, für die Allgemeinheit gut sichtbar, ein Aufnäher mit dem Emblem des Roten Kreuzes.*

Der Tatbestand ist hier erfüllt, Rechtfertigungsgründe (z. B. solche der sozialen Adäquanz) liegen nicht vor. Da das Emblem im Rahmen einer Versammlung unbefugt benutzt wurde, ist wohl auch im Hinblick auf den Opportunitätsgrundsatz eine Ahndung geboten.

6. Ahndung durch Bußgeld

Die Ahndung mit Bußgeld ist möglich (Absatz 5). Erforderlich ist vorsätzliches Handeln (§ 10 OWiG). Bedingter Vorsatz reicht aus (vgl. Erl. 1.3 zu § 10 OWiG; zum Irrtum vgl. Erl. 5 zu § 124 OWiG, ebenso bei wiederholter Benutzung). Zu beachten ist, dass eine Einziehung (§ 22 OWiG) nicht vorgesehen ist. § 145 Abs. 1 Nr. 1 MarkenG (vgl. Erl. 3 zu § 124 OWiG) geht als Spezialvorschrift vor (vgl. *Göhler*, 18. Aufl. 2020, Rdnr. 2).

6.1 Bußgeldrahmen

Die Bußgeldhöhe beträgt mindestens 5 Euro und höchstens 1000 Euro (§ 17 Abs. 1 OWiG).

6.2 Verjährung

Die Ordnungswidrigkeit verjährt nach sechs Monaten (§ 31 Abs. 2 Nr. 4 OWiG).

6.3 Zuständige Bußgeldbehörde

Sachlich zuständig ist die fachlich zuständige oberste Landesbehörde (§ 36 Abs. 1 Nr. 2a OWiG) oder die jeweils von der Landesregierung durch Rechtsverordnung oder durch die oberste Landesbehörde bestimmte Behörde (§ 36 Abs. 2); beispielsweise in Bayern § 87 ZustV, weitere Nachweise bei *Göhler*, 18. Aufl. 2020, Rdnr. 9.

§ 126
Mißbrauch von Berufstrachten oder Berufsabzeichen

(1) Ordnungswidrig handelt, wer unbefugt

1. **eine Berufstracht oder ein Berufsabzeichen für eine Tätigkeit in der Kranken- oder Wohlfahrtspflege trägt, die im Inland staatlich anerkannt oder genehmigt sind, oder**
2. **eine Berufstracht oder ein Berufsabzeichen einer religiösen Vereinigung trägt, die von einer Kirche oder einer anderen Religionsgesellschaft des öffentlichen Rechts anerkannt ist.**

(2) Den in Absatz 1 genannten Trachten und Abzeichen stehen solche gleich, die ihnen zum Verwechseln ähnlich sind.

(3) Die Ordnungswidrigkeit kann mit einer Geldbuße geahndet werden.

Erläuterungen

Übersicht

Vorbemerkung

Diese Vorschrift ersetzt mit Wirkung vom 1.1.1975 § 132a Abs. 1 Nr. 3, Abs. 3 StGB a. F.; sie ergänzt § 132a StGB, der das unbefugte Tragen von bestimmten Titeln, Berufsbezeichnungen und Abzeichen unter Strafe stellt (vgl. *RRH*, 3. Aufl., Rdnr. 1; *Göhler*, 18. Aufl. 2020, Rdnr. 1). Der Missbrauch von Berufstrachten oder Berufsabzeichen ist seitdem nur noch mit Bußgeld bedroht; damit wurde dem Umstand Rechnung getragen, dass die vergleichbaren Delikte des unbefugten Führens von Berufsbezeichnungen der nichtärztlichen Heilhilfsberufe (z. B. „Gesundheits- und Krankenpfleger/in" oder „Gesundheits- und Kinderkrankenpfleger/in"; vgl. KrPflG, BGBl. I 2003 S. 1442) ebenfalls lediglich Ordnungswidrigkeiten darstellen (vgl. *KK*, 5. Aufl., Rdnr. 1; *RRH*, a. a. O. mit weiteren Einzelheiten). Zweck der Norm ist, die Allgemeinheit davor zu schützen, dass die genannten Trachten und Abzeichen durch Unbefugte verwendet werden, wodurch in der Öffentlichkeit der falsche Eindruck entstehen kann, es handle sich um eine vertrauenswürdige Person mit besonderer Funktion oder besonderen Kenntnissen (vgl. *RRH*, a. a. O.; *Göhler*, 18. Aufl. 2020, *Rdnr. 2);* damit zusammenhängend soll auch das Ansehen der Institutionen geschützt werden *(vgl. KK*, 5. Aufl. Rdnr. 2).

1. Berufstracht oder Berufsabzeichen

Erfasst sind Berufstrachten oder Berufsabzeichen; aber nur solche, die im Zusammenhang mit einer Tätigkeit in der Kranken- oder Wohlfahrtspflege getragen werden, und staatlich anerkannt oder genehmigt sind (Absatz 1 Nr. 1) sowie solche einer religiösen Vereinigung (Absatz 1 Nr. 2), sofern diese von einer Kirche oder einer anderen Religionsgesellschaft des öffentlichen Rechts anerkannt ist, z. B. Talare oder Ordensgewänder.

1.1 Kranken- oder Wohlfahrtspflege (Absatz 1 Nr. 1)

In Betracht kommen hier insbesondere die Berufstrachten der Gesundheits- und Krankenpflegerinnen und Gesundheits- und Krankenpfleger sowie der Kinderkrankenpflegerinnen und -pfleger (vgl. KrPflG, a. a. O.) für eine erlaubte Tätigkeit in der Krankenpflege (vgl. *RRH*, 3. Aufl., Rdnr. 2; *Göhler*, 18. Aufl. 2020, Rdnr. 3; *KK*, 5. Aufl., Rdnr. 4).

1.1.1 Staatlich anerkannt oder genehmigt

Voraussetzung ist, dass für die Berufstracht oder das Berufsabzeichen im Inland, also von einer zuständigen Stelle innerhalb der Bundesrepublik Deutschland, eine staatliche Anerkennung oder Genehmigung vorliegt; dabei spielt es keine Rolle, in welcher Form diese Anerkennung oder Genehmigung erteilt wird (vgl. *RRH*, 3. Aufl., Rdnr. 3; *KK*, a. a. O.).

1.2 Religiöse Vereinigung (Absatz 1 Nr. 2)

Unter diesen Begriff fallen Vereine, Genossenschaften, Organisationen oder sonstige Zusammenschlüsse, die sich die gemeinschaftliche Pflege einer (religiösen) Weltanschauung zur Aufgabe machen (vgl. Art. 140 GG, Art. 137 WRV), wie z. B. die Orden oder ordensähnliche Gemeinschaften sowie die Bruderschaften; nicht erfasst sind dagegen die Kirchen und Religionsgesellschaften des öffentlichen Rechts (vgl. Erl. 1.2.1), hier ist § 132a Abs. 3 StGB einschlägig; während also Berufstrachten und Berufsabzeichen der „religiösen Vereinigungen" von der Bußgeldvorschrift des § 126 erfasst sind, genießen Amtskleidungen und Amtsabzeichen der Kirchen und anderen Religionsgesellschaften des öffentlichen Rechts den strafrechtlichen Schutz des § 132a Abs. 3 StGB (vgl. *RRH*, 3. Aufl., Rdnr. 4; *KK*, 5. Aufl., Rdnr. 7; *Göhler*, 18. Aufl. 2020, Rdnr. 3).

1.2.1 Kirchlich oder von einer anderen Religionsgesellschaft anerkannt

In welcher Form die Anerkennung erteilt wird, spielt keine Rolle (vgl. *RRH* und *Göhler*, jeweils a. a. O.). Erforderlich ist nur, dass sie von einer Kirche oder anderen Religionsgesellschaft des öffentlichen Rechts (vgl. Art. 140 GG, Art. 137 WRV) ausgesprochen wurde. **Kirchen** in diesem Sinne sind die römisch-katholische und die evangelische Kirche, aber auch sonstige Kirchen wie die neuapostolische oder altkatholische; zu den **„anderen Religionsgesellschaften"** zählen z. B. die israelische Kultusgemeinden, die Mennoniten und die Heilsarmee (vgl. *RRH*, *Göhler*, jeweils a. a. O.; *KK*, 5. Aufl., Rdnr. 6).

2. Zum Verwechseln ähnliche Trachten und Abzeichen

Wer Berufstrachten oder Berufsabzeichen, die denen nach Absatz 1 zum Verwechseln ähnlich sind, unbefugt benutzt, wird nach Absatz 2 tatbestandsmäßig ebenfalls von dieser Vorschrift erfasst. Dabei kommt es auf den Gesamteindruck einer durchschnittlich sachkundigen Person bei flüchtiger Betrachtung an; das Tatbestandsmerkmal „*zum Verwechseln ähnlich*" ist dann verwirklicht, wenn bei einem durchschnittlich gebildeten Betrachter ohne genaue Prüfung trotz der vorhandenen Unterschiede der falsche Gesamteindruck entstehen kann, dass es sich um eine der in Absatz 1 genannten Trachten oder ein solches Abzeichen handelt (vgl. Erl. 2 zu § 124; *RRH*, 3. Aufl., Rdnr. 5).

3. Unbefugtes Tragen

Die maßgebliche Tathandlung liegt im **„Tragen"** der Tracht bzw. des Abzeichens; einmal reicht aus, allerdings muss dies in der Öffentlichkeit bemerkbar sein, was sich aus dem Zweck der Vorschrift ergibt; falls Tracht oder Abzeichen lediglich im privaten Kreis getragen wird, das aber öfters (mindestens vier- oder fünfmal), ist der Tatbestand ebenfalls verwirklicht (vgl. *RRH*, 3. Aufl., Rdnr. 6; *Göhler*, 18. Aufl. 2020, Rdnr. 4; *KK*, 5. Aufl., Rdnr. 10). **Unbefugt** ist das Tragen, wenn keine Genehmigung der zuständigen Stelle vorliegt, es nicht im Rahmen der sozialen Adäquanz liegt, aber der Anschein erweckt wird, man gehöre dem Personenkreis an (vgl. Erl. 4 zu § 124 OWiG; *RRH*, 3. Aufl., Rdnr. 7). Im umgekehrten Fall kann aber im Rahmen der sozialen Adäquanz (zum Begriff vgl. Erl. 4 zu § 124 OWiG) die Benutzung gestattet sein, obwohl keine Erlaubnis vorliegt, wie etwa durch Schauspieler im Theater oder bei Dreharbeiten für Film und Fernsehen (vgl. *RRH*, a. a. O.) oder bei Maskeraden und Umzügen (vgl. *RRH*, a. a. O.).

> *Beispiel:*
>
> *Ein Ritterorden verwendet das Kreuz der Ordensritter/Malteserkreuz bei Sitzungen, Veranstaltungen, Ehrungen und im Briefkopf. Ein anderer Ritterorden erstattet deshalb Anzeige. Ermittlungen ergeben, dass das Kreuz der Ordensritter/Malteserkreuz ohne kirchliche Erlaubnis verwendet wird.*

Der Tatbestand des unbefugten Tragens des Symbols der Ordensritter ist erfüllt, da die Erlaubnis zum Verwenden dieses Kreuzes nur der Papst in Rom erteilen kann.

4. Ahndung durch Bußgeld

Die Ahndung mit Bußgeld ist möglich (Absatz 3). Erforderlich ist vorsätzliches Handeln (§ 10 OWiG). Bedingter Vorsatz reicht aus (vgl. Erl. 1.3 zu § 10; zum Irrtum vgl. Erl. 5 zu § 124 OWiG, ebenso bei wiederholter Benutzung). Zu beachten ist, dass eine **Einziehung** (§ 22 OWiG) der fraglichen Gegenstände nach § 129 OWiG möglich ist; die erweiterten Voraussetzungen der Einziehung gem. § 23 OWiG sind allerdings nicht anzuwenden (vgl. *KK*, 5. Aufl., Rdnr. 14).

4.1 Bußgeldrahmen

Der Bußgeldrahmen beträgt mindestens 5 und höchstens 1000 Euro (§ 17 Abs. 1 OWiG).

4.2 Verjährung

Die Ordnungswidrigkeit verjährt nach sechs Monaten (§ 31 Abs. 2 Nr. 4 OWiG).

4.3 Zuständige Bußgeldbehörde

Sachlich zuständig ist die fachlich zuständige oberste Landesbehörde (§ 36 Abs. 1 Nr. 2a OWiG) oder die jeweils von der Landesregierung durch Rechtsverordnung oder durch die oberste Landesbehörde bestimmte Behörde (§ 36 Abs. 2 OWiG); beispielsweise in Bayern § 87 ZustV, in Brandenburg § 1 OWiZustV (vgl. *Göhler*, 18. Aufl. 2020, Rdnr. 9 mit weiteren Nachweisen).

§ 127

Herstellen oder Verwenden von Sachen, die zur Geld- oder Urkundenfälschung benutzt werden können

(1) Ordnungswidrig handelt, wer ohne schriftliche Erlaubnis der zuständigen Stelle oder des sonst dazu Befugten

1. **Platten, Formen, Drucksätze, Druckstöcke, Negative, Matrizen, Computerprogramme, oder ähnliche Vorrichtungen, die ihrer Art nach geeignet sind zur Herstellung von**
   a) **Geld, diesem gleichstehenden Wertpapieren (§ 151 des Strafgesetzbuches), amtlichen Wertzeichen, Zahlungskarten im Sinne des § 152a Absatz 4 des Strafgesetzbuches, Schecks, Wechsel oder Zahlungskarten mit Garantiefunktion im Sinne des § 152b Absatz 4 des Strafgesetzbuches oder**
   b) **öffentlichen Urkunden oder Beglaubigungszeichen,**
2. **Vordrucke für öffentliche Urkunden oder Beglaubigungszeichen,**
3. **Papier, das einer solchen Papierart gleicht oder zum Verwechseln ähnlich ist, die zur Herstellung der in den Nummern 1 oder 2 bezeichneten Papiere bestimmt und gegen Nachahmung besonders gesichert ist, oder**
4. **Hologramme oder andere Bestandteile, die der Sicherung der in der Nummer 1 Buchstabe a bezeichneten Gegenstände gegen Fälschung dienen,**

herstellt, sich oder einem anderen verschafft, feilhält, verwahrt, einem anderen überlässt, einführt oder ausführt.

(2) Ordnungswidrig handelt auch der Täter, der fahrlässig nicht erkennt, dass eine schriftliche Erlaubnis der zuständigen Stelle oder des sonst dazu Befugten nicht vorliegt.

(3) Absatz 1 gilt auch für Geld, Wertpapiere, Wertzeichen, Urkunden, Beglaubigungszeichen, Zahlungskarten im Sinne des § 152a Absatz 4 des Strafgesetzbuches, Schecks,

Wechsel, Zahlungskarten mit Garantiefunktion im Sinne des § 152b Absatz 4 des Strafgesetzbuches aus einem fremden Währungsgebiet.

(4) Die Ordnungswidrigkeit kann in den Fällen des Absatzes 1 mit einer Geldbuße bis zu zehntausend Euro, in den Fällen des Absatzes 2 mit einer Geldbuße bis zu fünftausend Euro geahndet werden.

Erläuterungen

Vorbemerkung

Die Vorschrift ersetzt mit Wirkung vom 1.1.1975 § 360 Abs. 1 Nr. 4, 5 StGB a. F.; außerdem ersetzt sie jeweils den Grundtatbestand des § 2 des Gesetzes über den Schutz des zur Anfertigung von Reichsbanknoten verwendeten Papiers gegen unbefugte Nachahmung aus dem Jahr 1911 und des § 2 des Gesetzes über den Schutz des zur Anfertigung von Schuldurkunden des Reichs und der Länder verwendeten Papiers gegen unbefugte Nachahmung aus dem Jahr 1925; Verstöße zum Zwecke des Münzverbrechens, die in den genannten Gesetzen aus den Jahren 1911 und 1925 tatbestandsmäßig ebenfalls erfasst waren (als sog. Qualifikationstatbestände), fallen jetzt als Vorbereitung der Fälschung von Geld und Wertzeichen unter § 149 StGB (vgl. *RRH*, 3. Aufl., Rdnr. 1). Schecks, Wechsel und Zahlungskarten mit Garantiefunktion wurden durch Art. 3 des 35. StrÄndG vom 22.12.2003 (BGBl. I S. 2838) ebenfalls in den Schutzbereich dieser Vorschrift mit aufgenommen. Zweck der Norm ist es, den Geld- und Wertpapierverkehr, den Verkehr mit Wertzeichen usw. bereits im Vorfeld vor der Gefahr einer Beeinträchtigung durch gefälschtes Geld oder gefälschte Urkunden zu schützen (vgl. *RRH*, a. a. O. *Göhler*, 18. Aufl. 2020, Rdnr. 2). Es handelt sich um ein sog. abstraktes Gefährdungsdelikt, auf eine tatsächliche Gefährdung im Einzelfall kommt es nicht an (vgl. *KK*, 5. Aufl., Rdnr. 1; *Göhler*, a. a. O.).

1. Schriftliche Erlaubnis

Voraussetzung der Tat ist, dass ohne schriftliche Erlaubnis der sachlich und örtlich zuständigen Stelle oder einer sonst für die Erteilung der Erlaubnis befugten Stelle gehandelt wird. Die Formvorschrift „schriftlich" ist zwingend; handelt jemand lediglich aufgrund einer mündlichen Erlaubnis, ist der Tatbestand trotzdem erfüllt (vgl. *RRH*, 3. Aufl., Rdnr. 2; *KK*, 5. Aufl., Rdnr. 4; *Göhler*, 18. Aufl. 2020, Rdnr. 4); allenfalls kann dies bei der Zumessung der Geldbuße begünstigend berücksichtigt werden. **Zuständige Stellen** sind Behörden des Bundes und der Länder sowie sonstige mit entsprechender Befugnis ausgestattete Stellen. Bei Wertpapieren des Bundes ist dies die Bundesschuldenverwaltung (vgl. § 131 Abs. 1 Satz 1 Nr. 4 OWiG; bei Geld die Deutsche Bundesbank, die Europäische Zentralbank und die nationalen Zentralbanken der anderen Mitgliedsstaaten innerhalb der Euro-Währungszone; bei Vordrucken für Euroschecks und Zahlungskarten sind es die Banken (Großbanken, Privatbanken, Volks- und Raiffeisenbanken) und Sparkassen, unter deren Namen sie ausgestellt sind (vgl. *RRH* und *Göhler*, jeweils a. a. O.); auch ausländische Behörden und Institutionen außerhalb der Eurozone können im Rahmen des Absatzes 3 eine zuständige Stelle im Sinne dieser Vorschrift sein (vgl. *KK*, 5. Aufl., Rdnr. 27). Die Zuständigkeit für die Erlaubniserteilung ergibt sich aus den einschlägigen gesetzlichen Bestimmungen (vgl. *RRH*, a. a. O.). Unter „sonst dazu Befugte" sind solche Stellen zu verstehen, die von der zuständigen Stelle durch (zulässigen) Auftrag die Herstellung bzw. Verwendung der in § 127 OWiG genannten Sachen übernommen haben; zu beachten ist hierbei, dass auch die Weitergabe des Auftrags durch die zuständige Stelle schriftlich erfolgen muss (vgl. *RRH*, a. a. O.).

2. Vorrichtungen wie Platten, Formen usw.

Zum Begriff Vorrichtungen vgl. Erl. 4.2 zu § 123 OWiG. Zu beachten ist, dass ausschließlich solche Vorrichtungen gemeint sind, die speziell für die gebrauchsfertige Herstellung genau der in Buchst. a und b bezeichneten Objekte geeignet sind (vgl. *RRH*, 3. Aufl., Rdnr. 3); allgemeine Herstellungsgeräte (z. B. Fotokopierer) bzw. Werkzeuge fallen nicht darunter; erfasst sind vielmehr solche Platten, Formen usw., die beispielsweise bereits den Inhalt eines nachgemachten Geldscheins enthalten (vgl. *KK*, 5. Aufl., Rdnr. 2; *RRH*, a. a. O.). Erforderlich ist, dass es sich um Geld, das aktuell als Zahlungsmittel verwendet wird und um aktuelle Urkunden usw. handeln muss; dies ergibt sich aus dem Schutzzweck der Norm (vgl. *Göhler*, 18. Aufl. 2020, Rdnr. 5; *RRH*, 3. Aufl., Rdnr. 4).

3. Geld usw. (Absatz 1 Nr. 1a)

3.1 Geld und Wertpapiere

Geld ist das (gültige) gesetzliche Zahlungsmittel, ob aus Metall, Papier oder sonstigem Material spielt keine Rolle; erfasst ist inländisches (Euro, Cent) als auch ausländisches Geld (Abs. 3); die Deutsche Mark und der Deutsche Pfennig sind, weil als Zahlungsmittel ungültig geworden, seit 1.1.2003 nicht mehr von dieser Vorschrift erfasst (Art. 1 §§ 1, 4, Art. 8 Abs. 3 Drittes Euro-Einführungsgesetz v. 16.12.1999, BGBl. I S. 2402), sie fallen, soweit es sich um Münzen handelt, seither unter den Schutz der §§ 11, 12, § 13 MünzG (vgl. *RRH*, 3. Aufl., Rdnr. 4). Nicht als Geld zählen die südafrikanischen Krügerrand-Münzen, weil sie als Zahlungsmittel nicht geeignet und nicht im Umlauf sind (vgl. *RRH*, a. a. O.; *Göhler*, 18. Aufl. 2020, Rdnr. 6; *KK*, 5. Aufl., Rdnr. 3). Dem Geld stehen gem. § 151 StPO folgende **Wertpapiere** gleich: Inhaber- und gewisse Orderschuldverschreibungen; Aktien; Anteilscheine, ausgegeben von Kapitalanlagegesellschaften; Zins-, Gewinnanteil- und Erneuerungsscheine zu Wertpapieren der oben genannten Art sowie Zertifikate über die Lieferung solcher Wertpapiere; Reiseschecks. Voraussetzung ist allerdings, dass sie durch Druck und Papierart gegen Nachahmung besonders gesichert sind (vgl. *RRH,* 3. Aufl., Rdnr. 4a).

3.2 Amtliche Wertzeichen

Hierbei handelt es sich um gültige Marken und Zeichen, die von einem Träger hoheitlicher Gewalt als Zahlungsmittel bzw. Quittung für die Entrichtung von Gebühren, Steuern, Beiträgen usw. ausgegeben werden (vgl. § 148 StGB); insbesondere sind dies Briefmarken, Steuerzeichen, Gebührenmarken und Gerichtskostenmarken, die einen bestimmten Geldwert darstellen, sowie Stempelabdrücke, wodurch die Entrichtung einer Gebühr oder einer sonstigen Abgabe bescheinigt wird (vgl. *RRH,* 3. Aufl., Rdnr. 5; *KK,* 5. Aufl., Rdnr. 5). Außer Kraft gesetzte Wertzeichen, auch wenn sie einen Sammlerwert besitzen, sind nicht erfasst (vgl. *KK,* a. a. O.).

3.3 Zahlungskarten

Zahlungskarten im Sinne des § 152a Abs. 4 StGB sind von einem Kreditinstitut (Banken, Sparkassen) oder Finanzdienstleistungsinstitut (Unternehmen, die gewerbsmäßig oder zumindest im größeren Umfang Finanzdienstleistungen für andere erbringen, § 1 KWG) herausgegebene Karten, die durch Ausgestaltung oder Codierung besonders gegen Nachahmung gesichert sind, wie etwa Bankkarten, mit denen am hauseigenen Geldautomaten Geld vom Konto abgehoben werden kann (vgl. *RRH,* 3. Aufl. Rdnr. 5a), nicht aber Telefonkarten und Karten, mit denen lediglich Kontoauszüge ausgedruckt, aber keine Zahlungen vorgenommen werden können (vgl. *Göhler,* 18. Aufl. 2020, Rdnr. 7a; *RRH,* a. a. O.). **Zahlungskarten mit Garantiefunktion** (§ 152b Abs. 4 StGB) sind Kreditkarten (z. B. Visa- und Mastercard) sowie Maestro-Karten, die an die Stelle der Euroscheckkarten getreten sind, und sonstige Karten (vgl. *RRH,* 3. Aufl., Rdnr. 5b), mit denen bewirkt werden kann, dass der Aussteller eine garantierte Zahlung an Dritte durchführt, wie z. B. Kundenkarten, sofern sie nicht allein zum Kreditkauf beim ausstellenden Unternehmen berechtigen (vgl. *Göhler,* 18. Aufl. 2020, Rdnr. 7b); sie müssen ebenfalls besonders gegen Nachahmung gesichert sein. **Wechsel** (Wert- bzw. Orderpapier, das die unbedingte Anweisung des Ausstellers an den Bezogenen enthält, zu einem bestimmten Zeitpunkt oder innerhalb einer bestimmten Frist einen festen Betrag auszuzahlen) und **Schecks** (Urkunde, die gegen Vorlage eine Zahlungsanweisung an ein Kreditinstitut enthält) sind ebenso vom Schutz dieser Vorschrift erfasst (vgl. Vorbemerkung).

3.4 Vordrucke für Euroschecks

Vordrucke für Euroschecks werden seit dem Wegfall der Garantiefunktion zum 1.1.2002 von Banken und Sparkassen nicht mehr ausgegeben. Dass sie im Gesetzestext angeführt werden, ist daher ohne praktische Bedeutung (vgl. *RRH,* 3. Aufl., Rdnr. 5b; *Göhler,* 18. Aufl. 2020, Rdnr. 7b; *KK,* 5. Aufl., Rdnr. 6).

4. Urkunden (Absatz 1 Nr. 1b)

4.1 Öffentliche Urkunden

Öffentliche Urkunden sind nur solche, die entweder von einer öffentlichen Behörde oder von einer mit öffentlichem Glauben versehenen Person (z. B. Notar) aufgenommen sind (§ 415 ZPO). Als öffentliche Behörden werden Stellen bezeichnet, die staatliche Aufgaben wahrnehmen, wie z. B. Gerichte, Gerichtskassen und Justizvollzugsanstalten, Dienststellen der Gemeindeverwaltung, Industrie- und Handelskammern und Handwerkskammern, Fakultäten von Hochschulen, Rechtsanwaltskammern und öffentliche Sparkassen; nicht dagegen Kirchenämter (vgl. *KK,* 5. Aufl., Rdnr. 10; *Göhler,* 18. Aufl. 2020, Rdnr. 8; *RRH,* 3. Aufl., Rdnr. 6) oder Krankenkassen (vgl. *Göhler,* a. a. O.). Erforderlich ist, dass die Urkunde innerhalb der Grenzen der Amtsbefugnis bzw. innerhalb des zugewiesenen

Geschäftskreises und in der vorgeschriebenen Form abgefasst wurde und für die Außenwelt vorgesehen ist (vgl. *RRH,* a. a. O.). Gem. Absatz 3 fallen auch ausländische Urkunden darunter. Beispiele für öffentliche Urkunden sind: Personalausweise, Kfz.-Scheine, Führerscheine (vgl. *Göhler,* a. a. O.), Aufenthaltsbescheinigungen der Meldeämter (vgl. *RRH,* a. a. O.), Steuerbescheide und ausländische Reisepässe (vgl. *KK,* 5. Aufl., Rdnr. 12). Zu beachten ist, dass Absatz 1 Nr. 1 Buchst. b nur dann einschlägig ist, wenn durch die Vorrichtung unmittelbar eine fertige Urkunde hergestellt werden kann, also etwa eine amtliche Bescheinigung, die auch bereits den Namen und andere notwendige Angaben enthält; ist hingegen mit der Vorrichtung lediglich die Herstellung von Vordrucken für öffentliche Urkunden möglich, die dann noch auszufüllen sind, ist Abs. 1 Nr. 2 einschlägig (vgl. *RRH,* a. a. O.; *KK,* 5. Aufl., Rdnr. 13; *Göhler,* a. a. O.).

4.2 Beglaubigungszeichen

Öffentliche Beglaubigungszeichen sind insbesondere Stempel und Dienstsiegel, die für die Herstellung öffentlicher Urkunden verwendet werden; sie weisen den Aussteller der Urkunden als Behörde oder als eine mit öffentlichem Glauben versehene Person aus (vgl. *RRH,* 3. Aufl., Rdnr. 6a; *Göhler,* 18. Aufl. 2020, Rdnr. 9; *KK,* 5. Aufl., Rdnr. 14). Zu beachten ist, dass Absatz 1 Nr. 1 Buchst. b lediglich die Vorrichtungen betrifft, welche für die Herstellung von Beglaubigungszeichen geeignet sind, die Beglaubigungszeichen selbst werden hingegen von Absatz 1 Nr. 2 erfasst.

5. Vordrucke für öffentliche Urkunden oder Beglaubigungszeichen (Absatz 1 Nr. 2)

Hierbei handelt es sich um gedruckte Formblätter, die zum Ausfüllen sind, wie z. B. Vordrucke für Führerscheine und Ausweise; erst durch die individuellen Eintragungen (z. B. Personalien) und Vervollständigungen (z. B. Unterschrift und Stempelaufdruck) entstehen daraus Urkunden (vgl. *RRH,* 3. Aufl., Rdnr. 7). Erforderlich ist allerdings, dass die Vordrucke so gestaltet sind, dass sie den Eindruck vermitteln, es handle sich um behördlich hergestellte, zur Vervollständigung bestimmte Schriftstücke, was bei Formularen, die üblicherweise von Privatunternehmen produziert und anschließend zur Ausstellung von öffentlichen Urkunden benutzt werden (z. B. Formulare für Mahnbescheide), nicht der Fall ist (vgl. *RRH,* a. a. O.; *Göhler,* 18. Aufl. 2020, Rdnr. 10, *KK,* 5. Aufl., Rdnr. 14). **Vordrucke für öffentliche Beglaubigungszeichen** (vgl. Erl. 4.2) sind im Wesentlichen Siegel- und Stempelabdrucke (vgl. *RRH,* a. a. O.).

6. Papier (Absatz 1 Nr. 3)

Erfasst wird auch Papier (Absatz 1 Nr. 3), wenn es einer Papierart gleicht oder zum Verwechseln ähnlich ist, die eigens zur Herstellung von Papiergeld, diesem gleichstehenden Wertpapieren, amtlichen Wertzeichen, Zahlungskarten, Schecks, Wechseln, Vordrucken für Euroschecks, öffentlichen Urkunden, Beglaubigungszeichen oder Vordrucken für öffentliche Urkunden oder Beglaubigungszeichen bestimmt und gegen Nachahmung, z. B. durch Wasserzeichen, besonders gesichert ist. Papier, welches nicht speziell für solche Produktionen verwendet wird, sondern regelmäßig auch für andere, ist nicht geschützt (vgl. *RRH,* 3. Aufl., Rdnr. 8). Bei der Beurteilung, ob ein Papier zum Verwechseln ähnlich ist, kommt es darauf an, welcher Eindruck bei durchschnittlich sachkundigen Personen ohne nähere Prüfung entsteht (vgl. *RRH,* a. a. O.; *KK,* 5. Aufl., Rdnr. 15).

7. Hologramme (Absatz 1 Nr. 4)

Hologramme sind räumliche, meist dreidimensionale Bilder, die in einem speziellen Verfahren (Holographie) erzeugt werden (vgl. *RRH,* 3. Aufl., Rdnr. 8a). Im rechten Teil der Vorderseite der 5-, 10- und 20-Euro-Banknoten befindet sich z. B. ein Spezialfolienstreifen; kippt man die Banknote, erscheint als Hologramm das Euro-Symbol oder die Wertzahl in wechselnden Farben.

8. Begehungsarten

Folgende Begehungsformen sind möglich: Herstellen, Verschaffen, Feilhalten, Verwahren, Überlassen, Ein- und Ausführen.

8.1 Herstellen

Damit ist die tatsächliche Fertigstellung des Endprodukts zur sofortigen Verwendung gemeint; sollten noch unbedeutende Nebenarbeiten erforderlich sein, so ist dies unschädlich (vgl. *RRH,* 3. Aufl., Rdnr. 9a; *Göhler,* 18. Aufl. 2020, Rdnr. 13; *KK,* 5. Aufl., Rdnr. 19).

8.2 Verschaffen

Dieser Begriff bedeutet das Erlangen der tatsächlichen Verfügungsmacht über den Gegenstand; auf welche Weise dies geschieht, ob rechtmäßig oder z. B. durch Diebstahl oder Raub ist dabei unerheblich (vgl. *Göhler,* 18. Aufl. 2020, Rdnr. 14;). Die Herrschaftsgewalt über die Sache kann für sich selbst erlangt oder durch Vermittlung auch für jemand anderen verschafft werden; gelangt der Dritte unmittelbar durch den Täter in den Gewahrsam des Gegenstandes, so liegt „Überlassen" vor (vgl. *RRH,* 3. Aufl., Rdnr. 9b). Zu beachten ist, dass die bloße Tätigkeit eines Boten von dem Begriff nicht umfasst ist (vgl. *RRH,* a. a. O.).

8.3 Feilhalten

Feilhalten ist das Feilbieten oder Bereitstellen der Gegenstände in einer Art und Weise, dass beim Publikum der Eindruck entsteht, der Täter will sie verkaufen; der äußere Anschein genügt, ob die Verkaufsabsicht tatsächlich vorlag, ist unerheblich (vgl. *RRH,* 3. Aufl., Rdnr. 9c; *Göhler,* 18. Aufl. 2020, Rdnr. 16). Das Ankündigen oder Anpreisen ist noch nicht als Feilhalten zu werten (vgl. *Göhler,* a. a. O.; *KK,* 5. Aufl., Rdnr. 22; *RRH,* a. a. O.).

8.4 Verwahren

Dieser Begriff besagt, dass die Gegenstände in Gewahrsam sind, dass sie aufbewahrt werden und die Möglichkeit besteht, die Sachen in der Zukunft entsprechend ihrer Zweckbestimmung zu verwenden (vgl. *Göhler,* 18. Aufl. 2020, Rdnr. 17).

8.5 Überlassen

Dadurch wird die eigene Herrschaftsgewalt über eine Sache zu Gunsten eines anderen aufgegeben, was durch eigenes aktives Handeln bewirkt werden kann, aber auch dadurch, dass lediglich einem Dritten erlaubt wird, den Gegenstand an sich zu nehmen (vgl. *Göhler,* 18. Aufl. 2020, Rdnr. 18). Durch die Übergabe der Sache an einen Boten wurde diesem die Sache nicht „überlassen" (vgl. *RRH,* 3. Aufl., Rdnr. 9e).

8.6 Ein- Ausführen

Einführen (importieren) bedeutet, dass Gegenstände aus dem Ausland in die Bundesrepublik Deutschland gebracht werden; damit werden auch solche Fälle erfasst, in denen die in Absatz 1 genannten Gegenstände im Ausland, also außerhalb des Geltungsbereichs des OWiG, hergestellt bzw. erworben und dann eingeführt werden (vgl. *RRH,* 3. Aufl., Rdnr. 9 f). Ausführen heißt, dass Gegenstände aus dem Inland in das Ausland verbracht werden; damit sind von dieser Bußgeldvorschrift auch solche Personen erfasst, die z. B. nicht an der Herstellung beteiligt waren, sich aber im Hinblick auf die genannten Gegenstände als Kuriere betätigen (vgl. *RRH,* 3. Aufl., Rdnr. 9g).

9. Fremdes Währungsgebiet (Absatz 3)

Gem. Absatz 3 sind auch Geld, Wertpapiere, Wertzeichen, Urkunden, Beglaubigungszeichen und Zahlungskarten sowie Vordrucke für Euroschecks eines fremden Währungsgebietes geschützt. Zum fremden Währungsgebiet zählen alle ausländischen Staaten, die nicht der Währungsunion (Euro-Währungszone) angehören. Zu beachten ist, dass die aufgezeigten Handlungen im Inland, also im Geltungsbereich des OWiG (§ 5) begangen werden müssen (vgl. *RRH*, 3. Aufl., Rdnr. 12; *Göhler*, 18. Aufl. 2020, Rdnr. 21).

10. Ahndung durch Bußgeld

Erforderlich ist grundsätzlich vorsätzliches Handeln (§ 10 OWiG); bedingter Vorsatz reicht aus (vgl. Erl. 1.3 zu § 10). Nach Absatz 2 ist auch lediglich fahrlässiges Handeln mit Geldbuße bedroht, und zwar in den Fällen, in denen der Täter fahrlässig nicht erkennt, dass eine schriftliche Erlaubnis der zuständigen Stelle oder des sonst dazu Befugten nicht vorliegt; hier reicht der Nachweis einer Sorgfaltspflichtverletzung aus (vgl. auch *RRH*, 3. Aufl., Rdnr. 11; *KK*, 5. Aufl., Rdnr. 30). Werden mehrere Handlungen durch eine Person vorgenommen, z. B. Herstellen und anschließendes Feilhalten oder Importieren, dann Verwahren, so kommt es darauf an, ob die einzelnen Handlungen in einem engen Zusammenhang stehen; ist dies der Fall, so ist nur eine einzige Gesetzesverletzung gegeben, mit der Folge, dass auch nur eine Geldbuße festgesetzt werden kann (vgl. *RRH*, 3. Aufl., Rdnr. 12a; *Göhler*, 18. Aufl. 2020, Rdnr. 23). Zu beachten ist, dass eine **Einziehung** (§ 22 OWiG) der fraglichen Gegenstände (Beziehungsgegenstände) nach § 129 OWiG möglich ist, nicht aber die Einziehung der zur Begehung der Ordnungswidrigkeit benötigten Gegenstände (vgl. *Göhler*, 18. Aufl. 2020, Rdnr. 22); die erweiterten Voraussetzungen der Einziehung gem. § 23 OWiG sind nicht anzuwenden.

10.1 Gesetzeskonkurrenz

Liegt Fälschungsabsicht vor, so sind nur die Straftatbestände gem. §§ 149, 151 (Vorbereitung der Fälschung von Geld, Wertzeichen und Wertpapieren), §§ 152a, 152b (Fälschung von Zahlungskarten, Schecks und Wechseln) sowie § 275 StGB (Vorbereitung der Fälschung von amtlichen Ausweisen) einschlägig (§ 21 Abs. 1). Bei einem strafbefreienden Rücktritt (§§ 149 Abs. 2,3; 152a Abs. 5, 152b Abs. 5, 275 Abs. 3 StGB) ist auch eine Ahndung nach § 127 OWiG nicht mehr möglich (vgl. *RRH, Göhler*, jeweils a. a. O.; *KK*, 5. Aufl., Rdnr. 37).

10.2 Bußgeldrahmen

Die Bußgeldhöhe beträgt mindestens 5 Euro und in den Fällen des Absatzes 1 höchstens 10 000 Euro und in den Fällen des Absatzes 2 (bei fahrlässigem Handeln) 5000 Euro (Absatz 4).

10.3 Verjährung

Die Ordnungswidrigkeiten verjähren nach zwei Jahren (§ 31 Abs. 2 Nr. 2 OWiG).

10.4 Zuständige Bußgeldbehörde

Die jeweils sachlich zuständige Bußgeldbehörde (§ 36 Abs. 1 OWiG) ergibt sich aus § 131 Abs. 1 Satz 1 Nr. 4, Sätze 2 und 3 OWiG, soweit Bundesbehörden betroffen sind, in den übrigen Fällen richtet sich die Zuständigkeit nach § 36 Abs. 1 Nr. 2a bzw. einer Rechtsverordnung gem. § 36 Abs. 2 OWiG; beispielsweise in Bayern § 87 ZustV, in Brandenburg § 2 Abs. 1 Nr. 3 OWiZustV (vgl. *Göhler*, 18. Aufl. 2020, Rdnr. 25 mit weiteren Nachweisen).

§ 128
Herstellen oder Verbreiten von papiergeldähnlichen Drucksachen oder Abbildungen

(1) Ordnungswidrig handelt, wer

1. Drucksachen oder Abbildungen herstellt oder verbreitet, die ihrer Art nach geeignet sind,

a) im Zahlungsverkehr mit Papiergeld oder diesem gleichstehenden Wertpapieren (§ 151 des Strafgesetzbuches) verwechselt zu werden oder

b) dazu verwendet zu werden, solche verwechslungsfähigen Papiere herzustellen, oder

2. Platten, Formen, Drucksätze, Druckstöcke, Negative, Matrizen, Computerprogramme, oder ähnliche Vorrichtungen, die ihrer Art nach zur Herstellung der in der Nummer 1 bezeichneten Drucksachen oder Abbildungen geeignet sind, herstellt, sich oder einem anderen verschafft, feilhält, verwahrt, einem anderen überlässt, einführt oder ausführt.

(2) Ordnungswidrig handelt auch der Täter, der fahrlässig nicht erkennt, dass die Eignung zur Verwechslung oder Herstellung im Sinne von Absatz 1 Nr. 1 gegeben ist.

(3) Absatz 1 gilt auch für Papiergeld und Wertpapiere eines fremden Währungsgebietes.

(4) Die Ordnungswidrigkeit kann in den Fällen des Absatzes 1 mit einer Geldbuße bis zu zehntausend Euro, in den Fällen des Absatzes 2 mit einer Geldbuße bis zu fünftausend Euro geahndet werden.

Erläuterungen

Übersicht

Vorbemerkung

Die Vorschrift ersetzt mit Wirkung vom 1.1.1975 § 360 Abs. 1 Nr. 6 StGB a. F. (vgl. *RRH*, 3. Aufl., Rdnr. 1; *KK*, 5. Aufl., Rdnr. 1; *Göhler*, 18. Aufl. 2020, Rdnr. 1). Zweck der Norm ist es, den Zahlungsverkehr bereits im Vorfeld vor der Gefahr einer Beeinträchtigung durch Papiere, die echten Geldscheinen (Banknoten) stark ähneln, zu schützen; solche Papiere, die zwar ohne Fälschungsabsicht (vgl. §§ 146 ff. StGB), etwa zu Werbezwecken, hergestellt wurden, könnten nämlich jemanden dazu verleiten, sie als Falschgeld zu missbrauchen und in betrügerischer Weise als Zahlungsmittel zu verwenden (vgl. *RRH*, a. a. O.; *Göhler*, 18. Aufl. 2020, Rdnr. 2, *KK*, 5. Aufl., Rdnr. 3). Ferner soll die Vorschrift auch dazu dienen, das Vermögen potenzieller Betrugsopfer zu schützen (vgl. *KK*, a. a. O.; *Göhler*, a. a. O.). Es handelt sich um ein sog. abstraktes Gefährdungsdelikt, auf eine tatsächliche Gefährdung im Einzelfall kommt es nicht an (vgl. *RRH*, *KK* und *Göhler*, jeweils a. a. O.). In der **Praxis** zielt die Vorschrift im Wesentlichen auf Abbildungen von Banknoten für Werbezwecke. Solche Abbildungen dürfen nur in einer Form hergestellt oder verwendet werden, die jede (auch entfernte) Möglichkeit eines Missbrauchs im Zahlungsverkehr von vornherein ausschließt.

1. Drucksachen, Abbildungen

Drucksachen sind Erzeugnisse des Druckens. Bilder oder Texte (Druckvorlagen) werden dabei mittels besonderer Technik (z. B. Offsetdruck- oder Stichtiefdruckverfahren) unter Verwendung von Drucksätzen, Formen, Computerprogrammen usw. wiedergegeben (reproduziert) bzw. vervielfältigt. Abbildungen sind unmittelbar durch das Auge wahrnehmbare Wiedergaben von Gegenständen (Reproduktionen), die nicht im Druckverfahren, sondern auf andere Weise (z. B. manuell oder auf fototechnischem Wege) hergestellt werden (vgl. *RRH*, 3. Aufl., Rdnr. 2a; *Göhler*, 18. Aufl. 2020, Rdnr. 4).

2. Herstellen, Verbreiten (Absatz 1 Nr. 1)

Herstellen bedeutet die tatsächliche Fertigstellung des Endprodukts zur sofortigen Verwendung (siehe auch Erl. 8.1 zu § 127 OWiG); Verbreiten heißt, dass eine Gewahrsamsübertragung der Drucksache oder Abbildung an einen größeren Personenkreis stattfindet (Einzelheiten vgl. Erl. 1.4 zu § 119 OWiG).

3. Eignung zur Verwechslung (Absatz 1 Nr. 1a)

Die Drucksachen oder Abbildungen müssen zur Verwechslung geeignet sein, das heißt, es muss die Möglichkeit einer Verwechslung vorliegen (vgl. *RRH*, 3. Aufl., Rdnr. 4). Dabei kommt es auf den Gesamteindruck einer durchschnittlich sachkundigen Person bei flüchtiger Betrachtung an. Das Tatbestandsmerkmal „geeignet, verwechselt zu werden" ist dann verwirklicht, wenn bei einem solchen Betrachter ohne genaue Prüfung im Zahlungsverkehr der falsche Eindruck entstehen kann, dass es sich um Papiergeld oder diesem gleichstehende Wertpapiere handelt (vgl. *RRH*, a. a. O.). Dabei ist zu berücksichtigen, dass Zahlungen z. B. auch bei schlechten Lichtverhältnissen, unter Zeitdruck oder an Personen, die lediglich eine eingeschränkte Sehkraft haben, erfolgen können; an die Qualität der Papiere sind daher keine zu hohen Anforderungen zu stellen (vgl. *KK*, 5. Aufl., Rdnr. 11).

> *Beispiele:*
>
> *Keine Verwechslungsgefahr liegt vor bei stark verkleinerten Abbildungen oder wenn sich auf beiden Seiten der Abbildung gut sichtbar ein Werbeaufdruck befindet (vgl. RRH, a. a. O.). Eine stark verkleinerte Abbildung von Banknoten dürfte in Länge und Breite höchstens halb so groß sein wie die als Vorlage dienende echte Banknote; Großformate müssten etwa doppelt so groß sein. Zulässig sind auch Abbildungen, die ineinander verschoben oder perspektivisch stark verzeichnet sind. Das Gleiche gilt für Abbildungen auf Textilien oder Plastikmaterial oder bei einer Wiedergabe von Banknoten durch Projektion oder Leuchtreklame.*

4. Eignung zur Verwendung (Absatz 1 Nr. 1b)

Dieser Begriff bezieht sich ebenfalls auf Drucksachen oder Abbildungen, aber nur auf solche, mit deren Hilfe verwechslungsfähige Papiere hergestellt werden können; handelt es sich bereits um verwechslungsfähige Papiere, ist Abs. 1 Nr. 1a einschlägig; Delikte nach Abs. 1 Nr. 1b liegen somit in einem Vorbereich zu solchen nach Abs. 1 Nr. 1a (vgl. *KK*, 5. Aufl., Rdnr. 15). Wird z. B. eine Banknote in einzelnen Teilen, diese Teile aber jeweils in Originalgröße abgebildet, und lassen sich die Teilabbildungen wie bei einem Puzzle so zusammenfügen (z. B. durch Kleben), dass daraus ein Papier entstehen kann, welches dem Geldschein zum Verwechseln ähnlich ist, ist der Tatbestand im Hinblick auf Abs. 1 Nr. 1b i. d. R. verwirklicht (vgl. *RRH*, 3. Aufl., Rdnr. 5; *Göhler*, 18. Aufl. 2020, Rdnr. 6). Ob die Herstellung leicht oder schwierig ist, ist für die Tatbestandserfüllung unerheblich (vgl. *Göhler*, a. a. O.; *KK*, a. a. O.) entgegen *RRH*, 3. Aufl., Rdnr. 5); je schwieriger die Herstellung, desto geringer ist allerdings der Grad der Gefährdung, was bei der Zumessung der Geldbuße zu berücksichtigen ist (vgl. *KK*, a. a. O.).

5. Papiergeld bzw. diesem gleichstehende Wertpapiere

Erfasst sind inländisches (Euro) und nach Absatz 3 auch ausländisches Papiergeld (vgl. Erl. 3.1 zu § 127) sowie Wertpapiere (vgl. Erl. 9 zu § 127).

6. Herstellen, Verschaffen usw. von Platten, Formen usw. (Absatz 1 Nr. 2)

Die Begehungsarten des Absatzes 1 Nr. 2 sind dieselben wie in § 127 Abs. 1 OWiG (zu den Begriffen „*Herstellen, sich oder einem anderen Verschaffen, Feilhalten, Verwahren, Überlassen, Ein- und Ausführen*" siehe Erl. 8.1 bis 8.6 zu § 127 OWiG; zu den Vorrichtungen „*Platten, Formen, Drucksätze usw.*" siehe Erl. 2 zu § 127 OWiG).

7. Ahndung durch Bußgeld

Erforderlich ist grundsätzlich vorsätzliches Handeln (§ 10 OWiG); bedingter Vorsatz reicht aus (vgl. Erl. 1.3 zu § 10 OWiG). Nach Absatz 2 ist auch lediglich fahrlässiges Handeln mit Geldbuße bedroht, und zwar in den Fällen, in denen der Täter fahrlässig nicht erkennt, dass die Eignung zur Verwechslung oder Herstellung gegeben ist; hier reicht der Nachweis einer Sorgfaltspflichtverletzung aus (vgl. auch *RRH*, 3. Aufl., Rdnr. 7). Absatz 2 ist auch bei Papiergeld und Wertpapieren eines fremden Währungsgebietes (Absatz 3) anzuwenden (vgl. *RRH*, a. a. O.; *KK*, 5. Aufl., Rdnr. 22). Zu beachten ist, dass eine **Einziehung** (§ 22 OWiG) der fraglichen Gegenstände (Beziehungsgegenstände, das sind die Drucksachen, Abbildungen und Vorrichtungen, nicht Werkzeuge) nach § 129 OWiG möglich ist; die erweiterten Voraussetzungen der Einziehung gem. § 23 OWiG sind allerdings nicht anzuwenden. Liegen mehrere Handlungen bzw. mehrfache Verwirklichung des Tatbestandes vor, wird auf die Erl. 10 zu § 127 verwiesen.

7.1 Bußgeldrahmen

Die Bußgeldhöhe beträgt mindestens 5 Euro und in den Fällen des Absatzes 1 höchstens 10 000 Euro und in den Fällen des Absatzes 2 (bei fahrlässigem Handeln) 5000 Euro (Absatz 4).

7.2 Verjährung

Die Ordnungswidrigkeiten verjähren nach zwei Jahren (§ 31 Abs. 2 Nr. 2 OWiG).

7.3 Zuständige Bußgeldbehörde

Die jeweils sachlich zuständige Bußgeldbehörde (§ 36 Abs. 1 OWiG) ergibt sich aus § 131 Abs. 1 Satz 1 Nr. 4 und Satz 2 OWiG, soweit Bundesbehörden betroffen sind, in den übrigen Fällen richtet sich die Zuständigkeit nach § 36 Abs. 1 Nr. 2a bzw. einer Rechtsverordnung gem. § 36 Abs. 2 OWiG (vgl. *KK*, 5. Aufl., Rdnr. 30), beispielsweise in Bayern § 87 ZustV, Hessen § 1 Nr. 6 OWiZustVO-MdIS, weitere Nachweise bei *Göhler*, 18. Aufl. 2020, Rdnr. 12.

§ 129
Einziehung

Gegenstände, auf die sich eine Ordnungswidrigkeit nach den §§ 124, 126 bis 128 bezieht, können eingezogen werden.

Erläuterungen

Übersicht

Vorbemerkung

Diese Vorschrift ist zusammen mit § 22 Abs. 1 OWiG anzuwenden. In § 22 Abs. 1 OWiG ist nämlich als Voraussetzung der Einziehung bestimmt, dass das Gesetz sie ausdrücklich zulassen muss. § 129 OWiG ist so eine Norm, welche die Einziehung im Hinblick auf die §§ 124 und 126 bis 128 OWiG explizit erlaubt. Die Einziehung ist in den genannten Fällen zulässig, aber nicht, wie in § 150 Abs. 2 StGB, obligatorisch vorgeschrieben; sie liegt im pflichtgemäßen Ermessen der zur Entscheidung berufenen Stelle (vgl. Erl. 5. zu § 22 OWiG). So kann es z. B. im Hinblick auf die in § 124 OWiG genannten Staatszeichen im Einzelfall geboten sein, die Einziehung auf eine weniger einschneidende Maßnahme wie Unkenntlichmachung oder Entfernung des Symbols zu beschränken, wenn der Zweck der Einziehung auch dadurch erreicht wird (vgl. *Göhler,* 18. Aufl. 2020, Rdnr. 4).

1. Gegenstände der Einziehung

Eingezogen werden können nur solche Objekte, die in den §§ 124 und 126 bis 128 OWiG genannt sind (sog. Beziehungsgegenstände, vgl. Erl. 2. zu § 22), also Staatswappen oder Dienstflaggen nach § 124 OWiG, Berufstrachten und Berufsabzeichen gem. § 126 OWiG, Platten, Formen, Drucksätze usw. gem. § 127 OWiG sowie Drucksachen, Abbildungen usw. gem. § 128 OWiG. Nicht der Einziehung unterliegen die Werkzeuge zur Herstellung dieser Gegenstände (Werkzeuge der Ordnungswidrigkeit, vgl. Erl. 2 zu § 22; *RRH,* 3. Aufl., Rdnr. 2; *Göhler,* 18. Aufl. 2020, Rdnr. 2; *KK,* 5. Aufl., Rdnr. 3), weil sich die Ordnungswidrigkeiten nach den §§ 124, 126 bis 128 OWiG nicht auf sie beziehen und § 22 keine ausdrückliche Ermächtigung enthält (anders bei einer Straftat nach § 149 Abs. 1, § 74 Abs. 1), auch solche Objekte einzuziehen. Gegenstand gem. § 124 OWiG kann z. B. ein mit dem Bundesadler oder einem diesem zum Verwechseln ähnlichen Symbol versehenes Schriftstück (Briefbogen, Plakate, Inserate, Urkunden usw. oder sonstige Dokumente) oder sonstiges Objekt (wie Plaketten, Medaillen, Türschilder, Kleidungsstücke, Kraftfahrzeuge) sein (vgl. *RRH,* a. a. O., *Göhler,* a. a. O.). Hinsichtlich der Vorrichtungen gem. §§ 127 Abs. 1 Nr. 1 und 128 Abs. 1 Nr. 2 OWiG ist zu beachten, dass nur die Einziehung der Teile möglich ist, die ihrer Art nach speziell zur Herstellung der bezeichneten Gegenstände (Geld, diesem gleichstehende Wertpapiere usw.) geeignet sind, weil sich die Ordnungswidrigkeit nur auf sie bezieht; (vgl. *RRH,* a. a. O.; *Göhler,* 18. Aufl. 2020, Rdnr. 4); ist dies aus technischen oder anderen Gründen nicht möglich, kommen Maßnahmen nach § 24 Abs. 2 OWiG in Betracht (vgl. *KK,* a. a. O.).

2. Voraussetzung der Einziehung

Erforderlich ist, dass eine Ordnungswidrigkeit nach den §§ 124 oder 126 bis 128 OWiG begangen wurde. Zu beachten ist dabei, dass, sofern die in § 22 Abs. 2 Nr. 2 OWiG genannten Bedingungen erfüllt sind, die Einziehung auch dann möglich ist, wenn der Betroffene nicht vorwerfbar (vgl. Erl. 1.4 zu § 1 OWiG) gehandelt hat (§ 22 Abs. 3 OWiG). Die Voraussetzungen des § 22 Abs. 2 Nr. 2 OWiG (das Vorhandensein einer bestimmten Gefahr) dürften, was die in den §§ 127, 128 OWiG genannten Beziehungsgegenständen anbelangt, meistens gegeben sein (vgl. *RRH,* 3. Aufl., Rdnr. 3; *Göhler;* 18. Aufl. 2020, Rdnr. 3; *KK,* 5. Aufl. Rdnr. 2). Auch hier ist, neben den gesetzlichen Voraussetzungen, der Grundsatz der Verhältnismäßigkeit zu beachten (vgl. Erl. 5 zu § 123).

Vierter Abschnitt
Verletzung der Aufsichtspflicht in Betrieben und Unternehmen

§ 130

(1) Wer als Inhaber eines Betriebes oder Unternehmens vorsätzlich oder fahrlässig die Aufsichtsmaßnahmen unterlässt, die erforderlich sind, um in dem Betrieb oder Unternehmen Zuwiderhandlungen gegen Pflichten zu verhindern, die den Inhaber treffen und

deren Verletzung mit Strafe oder Geldbuße bedroht ist, handelt ordnungswidrig, wenn eine solche Zuwiderhandlung begangen wird, die durch gehörige Aufsicht verhindert oder wesentlich erschwert worden wäre. Zu den erforderlichen Aufsichtsmaßnahmen gehören auch die Bestellung, sorgfältige Auswahl und Überwachung von Aufsichtspersonen.

(2) Betrieb oder Unternehmen im Sinne des Absatzes 1 ist auch das öffentliche Unternehmen.

(3) Die Ordnungswidrigkeit kann, wenn die Pflichtverletzung mit Strafe bedroht ist, mit einer Geldbuße bis zu einer Million Euro geahndet werden. § 30 Absatz 2 Satz 3 ist anzuwenden. Ist die Pflichtverletzung mit Geldbuße bedroht, so bestimmt sich das Höchstmaß der Geldbuße wegen der Aufsichtspflichtverletzung nach dem für die Pflichtverletzung angedrohten Höchstmaß der Geldbuße. Satz 3 gilt auch im Falle einer Pflichtverletzung, die gleichzeitig mit Strafe und Geldbuße bedroht ist, wenn das für die Pflichtverletzung angedrohte Höchstmaß der Geldbuße das Höchstmaß nach Satz 1 übersteigt.

Erläuterungen

Übersicht

Vorbemerkung

Die Norm geht zurück auf § 33 OWiG 1968, der zahlreiche, zum Teil voneinander abweichende Einzelregelungen beseitigte und erstmals einheitlich und abschließend die Verantwortlichkeit des Geschäftsinhabers für den Fall der Verletzung der Aufsichtspflicht regelte (vgl. *RRH,* 3. Aufl., Rdnr. 1; Einzelheiten zur Entstehungsgeschichte *KK,* 5. Aufl., Rdnr. 7 ff.). Die Vorschrift will der Begehung von rechtswidrigen Handlungen in Betrieben vorbeugen, soweit es sich um die Verletzung betriebsbezogener Pflichten handelt und der Betriebsinhaber nicht selbst Täter ist (vgl. BGH, NStZ 2004 S. 699). Es liegt in der Natur der Sache, dass Betriebs- oder Unternehmensinhaber, gerade bei größeren Firmen, bestimmte Tätigkeiten an ihr Personal delegieren, das diese übertragenen Aufgaben dann erfüllen muss. So ist der Leiter eines Fuhrparks zum Beispiel dafür zuständig, dass die firmeneigenen Kraftfahrzeuge pünktlich beim TÜV vorgeführt werden, die Filialleiterin eines Lebensmittelladens ist dafür verantwortlich, dass die Ladenschlusszeiten eingehalten werden. Durch § 130 OWiG werden nun die Geschäftsinhaber, die ja eine garantenartige Stellung innehaben, verpflichtet, durch gehörige Aufsicht zu gewährleisten, dass die einschlägigen Ge- und Verbote in der Firma durch die beauftragten Mitarbeiter eingehalten werden und es nicht zu betriebsbezogenen Verstößen kommt (vgl. *Göhler,* 18. Aufl. 2020, Rdnr. 2; *RRH,* 3. Aufl., Rdnr. 2.). Damit wird dem Umstand Rechnung getragen, dass die eigentlichen Täter in den Betrieben zum Teil gar nicht belangt werden können, da sie nicht Normadressat sind, und die Hauptursache der Zuwiderhandlungen in der oftmals mangelhaften Organisation bzw. Beaufsichtigung des Personals liegt (vgl. *Göhler,* 18. Aufl. 2020,

Rdnr. 3). Werden Bußgelder gegen Beauftragte (§ 9 Abs. 2 OWiG) festgesetzt, können Betriebsinhaber trotzdem gem. § 130 belangt werden, da deren Verantwortlichkeit im Hinblick auf die Aufsichtspflicht deswegen nicht gänzlich entfällt (vgl. BayObLG, GewArch 1989 S. 59; *RRH*, 3. Aufl., Rdnr. 26). Die Aufsichtspflichtverletzung kann auch fahrlässig begangen werden, selbst dann, wenn die Zuwiderhandlung gegen eine bestimmte Betriebspflicht nur bei Vorsatz geahndet werden kann; ein Widerspruch zum Schuldprinzip oder Gleichheitsgrundsatz ist nicht gegeben, denn die aufsichtspflichtige Person wird wegen der unterlassenen Aufsicht, nicht wegen der Bezugstat belangt (vgl. *RRH*, 3. Aufl., Rdnr. 1a; *Göhler*, 18. Aufl. 2020, Rdnr. 1). Es handelt sich um ein echtes Unterlassungsdelikt (vgl. *RRH*, 3. Aufl., Rdnr. 13; *Göhler*, 18. Aufl. 2020, Rdnr. 13; *KK*, 5. Aufl., Rdnr. 17).

1. Auffangtatbestand

Es handelt sich um einen **Auffangtatbestand,** der nur dann greift, wenn Unternehmer nicht direkt als Täter oder Beteiligte (§ 14 OWiG) belangt werden können (vgl. BayObLG, BayVBl. 2004 S. 123; OLG Hamm, GewArch 1999 S. 246; *KK*, 5. Aufl., Rdnr. 108; *RRH*, 3. Aufl., Rdnr. 28; *Göhler*, 18. Aufl. 2020, Rdnr. 25). Er geht einher mit der Zuwiderhandlung (Pflichtverletzung) eines Angehörigen oder eines verantwortlichen Organmitglieds des Betriebs.

Die Aufsichtspflichtverletzung ist eine eigenständige Ordnungswidrigkeit. Die Ahndung der betrieblichen Pflichtverletzung steht der Ahndung der Aufsichtspflicht somit nicht entgegen. Es handelt sich um keine unzulässige Doppelahndung derselben Tat, der Rechtsgrundsatz: *„ne bis in idem"* ist hier nicht einschlägig.

2. Inhaber eines Betriebes oder Unternehmens

Die Vorschrift richtet sich an den Inhaber eines Betriebes oder Unternehmens und diesem nach § 9 OWiG gleichgestellte Personen, wie z. B Geschäftsführer einer GmbH, Betriebsleiter oder sonstige Beauftragte (vgl. *RRH*, 3. Aufl., Rdnr. 5; *Göhler*, 18. Aufl. 2020, Rdnr. 5 ff.); auch Insolvenzverwalter können nach § 9 OWiG verantwortlich sein. Die Begriffe „Betrieb" und „Unternehmen" stellen klar, dass z. B. Wohnungs- oder Hauseigentümer sowie private Kraftfahrzeughalter nicht erfasst sind, anderes gilt für Inhaber eines Architekten- bzw. Ingenieurbüros oder Betreiber einer Steuerberatungs- oder Rechtsanwaltskanzlei, die genauso unter § 130 OWiG fallen wie die Inhaber von Fabrikationsbetrieben, gewerblichen Anlagen usw. (vgl. *RRH*, a. a. O.).

3. Erforderliche Aufsichtsmaßnahmen

Das Ausmaß der Aufsicht hängt von den jeweiligen Umständen des Einzelfalls ab, wobei unterschiedliche Faktoren zu berücksichtigen sind, wie etwa Größe eines Betriebes, Anzahl der Beschäftigten, innerbetriebliche Organisation (z. B. Anzahl der eingesetzten Abteilungsleiter), Bedeutung der einschlägigen Vorschriften (welche Gefahr entsteht bei Nichtbefolgung), verschiedene Überwachungsmöglichkeiten (vgl. *Göhler*, 18. Aufl. 2020, Rdnr. 10) und das Vorhandensein von Gründen, die für eine gesteigerte Aufsichtspflicht sprechen können, etwa wenn bereits Unregelmäßigkeiten vorgekommen sind (vgl. *RRH*, 3. Aufl., Rdnr. 14). § 130 OWiG ist bereits dann einschlägig, falls durch die gehörige Aufsicht die Zuwiderhandlung wesentlich erschwert worden wäre. Der Aufsichtspflichtige darf nichts unversucht lassen, so das OLG Köln mit Beschl. vom 29.1.2010, um erkannten oder erkennbaren Zuwiderhandlungsgefahren entgegenzuwirken. Bleibt er gegenüber derartigen Gefahren untätig und kommt es demnach zu einer konkreten Zuwiderhandlung, so erweist sich diese als Realisierung des nicht bekämpften Gefahrkomplexes; sie kann ihm dann auch zugerechnet werden (OLG Köln, BeckRs 2010, 08871; vgl. *Göhler*, a. a. O.). Der Eintritt einer Risikominderung bei Anwendung der gehörigen Aufsicht muss allerdings feststehen (OLG Köln, a. a. O.). Es sind aber auch die Grenzen des für den Aufsichtspflichtigen Zumutbaren und die Eigenverantwortung der Betriebsangehörigen zu berücksichtigen, denn überzogene, von starkem Misstrauen geprägte Überwachungsmaßnahmen können den Betriebsfrieden beeinträchtigen und die Würde der Arbeitnehmer verletzten (vgl. BGH, Wistra 1986 S. 222). Jedenfalls müssen Art und Umfang der Aufsichtsmaßnahmen so ausgerichtet sein, dass die betriebsbezogenen Pflichten aller Voraussicht nach eingehalten werden (vgl. OLG Düsseldorf, GewArch 1991 S. 425; *RRH,* a. a. O.; *Göhler,* 18. Aufl. 2020, Rdnr. 11; *KK,* 5. Aufl., Rdnr. 43). Zu den gebotenen Aufsichtsmaßnahmen gehören die sorgfältige Auswahl der Mitarbeiter, sie fortlaufend über die einschlägigen gesetzlichen Vorschriften zu unterrichten und regelmäßig durch Stichproben zu kontrollieren; darüber hinaus ist es die Pflicht des Betriebsinhabers – das betrifft insbesondere größere Betriebe – die Aufgabenverteilung und die Betriebsabläufe so zu organisieren, dass das Aufsichtssystem funktioniert (vgl. OLG Düsseldorf, a. a. O.; *RRH,* 3. Aufl., Rdnr. 19). Wenn Pflichten undurchsichtig verteilt sind, wenn nicht klar geregelt ist, welche Aufsichtsperson wofür zuständig ist, oder sich kein Verantwortlicher, der den Betriebsinhaber vertritt, feststellen lässt, ist dies in der Regel auf einen Organisationsmangel zurückzuführen, den der Betriebsinhaber zu verantworten hat (vgl. *RRH,* a. a. O.; *Göhler,* 18. Aufl. 2020, Rdnr. 14). Welche Maßnahmen der Betriebsinhaber letzlich ergreift, muss behördlicherseits nicht vorgegeben werden, sondern liegt allein in dessen Ermessen und hängt vom jeweiligen Einzelfall ab. Die Maßnahmen müssen eben nur geeignet sein, betriebliche Zuwiderhandlungen zu verhindern.

4. Verletzung von Betriebspflichten

Voraussetzung einer Ahndung nach § 130 OWiG ist, dass eine mit Bußgeld bedrohte Handlung begangen wurde; und zwar eine solche, die betriebsbezogen, nicht rein privater Natur ist, und die den Inhaber des Betriebs in dieser Eigenschaft trifft vgl. *RRH,* 3. Aufl., Rdnr. 6). Im Betrieb begangene Diebstähle, Beleidigungen, Körperverletzungen usw. fallen nicht darunter, denn der Aufsichtspflichtige darf nur für Zuwiderhandlungen verantwortlich gemacht werden, die ihn deshalb was angehen, weil sie eine Folge seiner wirtschaftlichen Betätigung sind (vgl. *KK,* 5. Aufl., Rdnr. 98) und nicht als Teil des allgemeinen Lebensrisikos anzusehen sind (vgl. *RRH,* 3. Aufl., Rdnr. 7). Erfasst sind sämtliche betriebsbezogene Pflichten, also nicht nur solche aus Sonderdelikten mit beschränktem Normadressatenkreis (als Arbeitgeber, als Kfz-Halter, als Unternehmer usw.) sondern auch aus Delikten, die von jedermann verwirklicht werden können, den sog. Allgemeindelikten (vgl. *Göhler,* 18. Aufl. 2020, Rdnr. 18, *RRH,* 3. Aufl., Rdnr. 7). Durch diese Regelung wird eine umfassende Unternehmensverantwortlichkeit gewährleistet, die aktuell im Bereich der Computerdelikte Anwendung finden soll (vgl. *Göhler,* a. a. O., mit weiteren Ausführungen). Die Zuwiderhandlung kann auch durch einen Außenstehenden begangen werden, z. B. durch einen Sachverständigen, der nur kurzfristig Aufgaben des Betriebes erledigt (vgl. *Göhler,* 18. Aufl. 2020, Rdnr. 19). Dies gilt allerdings nicht bei Subunternehmen, die im Rahmen eines Werkvertrages tätig werden (vgl. BayObLG, GewArch 1998 S. 376). Die Person des Zuwiderhandelnden muss nicht feststehen, denn die Aufsichtspflicht ist funktional, also sachbezogen; es kommt nicht darauf an, wer im Betrieb zuwidergehandelt hat, sondern nur, dass eine Pflichtverletzung vorliegt, die hätte verhindert werden können (vgl. *Göhler,* 18. Aufl. 2020, Rdnr. 20; *KK,* 5. Aufl., Rdnr. 110); somit reicht auch ein nur rechtswidriges und nicht schuldhaftes Handeln aus, um den Betriebsinhaber wegen Aufsichtspflichtverletzung verantwortlich zu machen (vgl. *RRH,* 3. Aufl., Rdnr. 10).

5. Kausalität

Zwischen der Aufsichtpflichtverletzung und der Zuwiderhandlung muss ein Zusammenhang zumindest in der Form gegeben sein, dass die Zuwiderhandlung bei gehöriger Aufsicht hätte verhindert oder jedenfalls wesentlich erschwert werden können. Ein solcher Zusammenhang liegt nicht vor, wenn die Zuwiderhandlung vermutlich auch ohne Verletzung der Aufsichtspflicht erfolgt wäre (vgl. *RRH,* 3. Aufl., Rdnr. 21).

Beispiel:

Ein Gastwirt beauftragt einen Stellvertreter, die Gaststätte zu leiten. Der Wirt informiert diesen zwar über die einschlägigen Jugendschutzbestimmungen, weist aber nicht darauf hin, dass lediglich eine eingeschränkte Betriebszeit bis 22.00 Uhr genehmigt ist. Der Stellvertreter verabreicht während der genehmigten Betriebszeit widerrechtlich branntweinhaltige Getränke an Minderjährige.
Ein Zusammenhang zwischen der erfolgten Zuwiderhandlung gegen Jugendschutzbestimmungen und der Aufsichtspflichtverletzung in Form einer unterlassenen Unterweisung im Hinblick auf die Betriebszeit ist nicht gegeben; wegen des widerrechtlichen Ausschanks liegt keine Aufsichtspflichtverletzung vor, eine solche käme etwa dann in Betracht, wenn wegen gleichartiger Verstöße in der Vergangenheit eine gesteigerte Aufsichtspflicht erforderlich gewesen wäre; die genehmigte Betriebszeit wurde nicht überschritten, sodass der Gastwirt in diesem Fall gem. § 130 OWiG nicht zur Verantwortung gezogen werden kann.

6. Öffentliche Unternehmen (§ 130 Abs. 2 OWiG)

Das sind Unternehmen, durch die die Verwaltung aktiv am Wirtschaftsleben teilnimmt; unter welcher Organisationsform dies geschieht, ob als kommunaler Eigenbetrieb ohne eigene Rechtspersönlichkeit, rechtsfähige öffentliche Anstalt oder Gesellschaft des Privatrechts, spielt keine Rolle; es kommt lediglich darauf an, dass das Unternehmen von der öffentlichen Verwaltung getragen wird (vgl. *Göhler,* 18. Aufl. 2020, Rdnr. 23; *RRH,* 3. Aufl., Rdnr. 31; *KK,* 5. Aufl., Rdnr. 30). Bei einem Eigenbetrieb ist Inhaber im Sinne dieser Vorschrift die Verwaltung selbst, sodass für die Aufsicht die Verwaltungsleitung zuständig ist; bei Anstalten des öffentlichen Rechts und bei Gesellschaften des Privatrechts sind dies die gesetzlichen Vertreter, Organe oder Gesellschafter (vgl. *RRH,* a. a. O. In den meisten Fällen wird die Verantwortlichkeit delegiert (§ 9 Abs. 2 OWiG), z. B. bei Eigenbetrieben auf die Werksleitung (vgl. *Göhler,* a. a. O.). Stellen, die Aufgaben der öffentlichen Verwaltung wahrnehmen im Sinne von § 9 Abs. 2 Satz 3 OWiG, werden von § 130 OWiG nicht erfasst; hier kommen als Maßnahmen z. B. Disziplinarstrafen in Betracht, Bußgelder wegen Aufsichtspflichtverletzung können nicht festgesetzt werden (vgl. *RRH,* 3. Aufl., Rdnr. 32; *Göhler,* 18. Aufl. 2020, Rdnr. 24).

7. Ahndung durch Bußgeld

Sanktioniert ist vorsätzliches und fahrlässiges Handeln, wobei sich die subjektive Tatseite auf das Unterlassen der erforderlichen Aufsichtsmaßnahmen beziehen muss (vgl. *Göhler,* 18. Aufl. 2020, Rdnr. 16a). Die Aufsichtspflichtverletzung ist im Verhältnis zur Beteiligung an einer Ordnungswidrigkeit gem. § 14 oder zur Anstiftung gem. § 26 StGB bzw. Beihilfe gem. § 27 StGB verfahrensrechtlich dieselbe Tat, falls der Beteiligungsvorwurf ausschließlich daraus resultiert, dass allgemeine (also nicht spezielle) Aufsichtsmaßnahmen nicht ergriffen wurden (vgl. *RRH,* 3. Aufl., Rdnr. 36; *Göhler,* 18. Aufl. 2020, Rdnr. 31). Das bedeutet, dass eine rechtskräftige Entscheidung wegen Aufsichtspflichtverletzung in solchen Fällen eine spätere Entscheidung wegen Beteiligung ausschließt (Verbot der Doppelahndung) und umgekehrt (vgl. *Göhler,* a. a. O.). Werden aufgrund der Aufsichtspflichtverletzung in einem zeitlichen Zusammenhang mehrerer Zuwiderhandlungen gegen dieselbe Vorschrift begangen, so ist von einer Daueraufsichtspflichtverletzung auszugehen, für die nur eine Geldbuße festgesetzt werden kann (vgl. *RRH,* 3. Aufl., Rdnr. 20). Bei Zuwiderhandlungen gegen verschiedene Pflichten kann es sich auch um mehrere Aufsichtspflichtverletzungen handeln, sodass wegen § 130 OWiG auch mehrere Geldbußen in Betracht kommen, was jedoch stets eine Einzelfallentscheidung ist (vgl. *Göhler,* 18. Aufl. 2020, Rdnr. 16); das Gleiche gilt bei dauernd unaufmerksamem Gesamtverhalten (vgl. *RRH,* a. a. O.). **Praxishinweis:** Ist die im Betrieb oder Unternehmen begangene Zuwiderhandlung eine Straftat, so liegt zwischen der Straftat und der Aufsichtspflichtverletzung des Betriebsinhabers ein sachlicher Zusammenhang vor; bei solcher Fallkonstellation wird vorgeschlagen, auch die Ordnungswidrigkeit nach § 130 OWiG der Staatsanwaltschaft gem. § 42 OWiG vorzulegen (ebenso *Göhler*, a. a. O.; *RRH*, 3. Aufl., Rdnr. 37).

Beispiel:

Die X-GmbH betreibt als Gewerbetreibende mehrere Gaststätten. In einer der Gaststätten werden bei einer Kontrolle erhebliche hygienische und bauliche Mängel festgestellt, die der Geschäftsleiter der Gaststätte zu verantworten hat. Außerdem wurde ermittelt, dass die beiden Geschäftsführer der GmbH (§ 9 Abs. 1 Nr. 1 OWiG) in völlig unzureichender Weise ihrer Aufsichtspflicht nachgekommen sind.

Es kommen (in einem einheitlichen Verfahren, also in einem Bußgeldbescheid), folgende Sanktionen in Betracht: Bußgeld gegen den Geschäftsleiter wegen vorsätzlichen Verstoßes gegen lebensmittelrechtliche Bestimmungen; Bußgelder gegen beide Organe der GmbH, jeweils wegen fahrlässiger Aufsichtspflichtverletzung, denn Inhaber des Unternehmens im Sinne von § 130 OWiG ist die GmbH, die ihrerseits nur durch ihre Organe oder Vertreter handeln kann, mit der Folge, dass diese in die Verantwortung als aufsichtspflichtige Personen einrücken; Bußgeld gegen die GmbH als Nebenbeteiligte (§ 30 OWiG), wegen der vorsätzlichen Zuwiderhandlung des in leitender Stellung tätigen Geschäftsleiters (§ 9 Abs. 2 Nr. 1 OWiG); aber auch allein wegen der Aufsichtspflichtverletzung der Geschäftsführer wäre ein Durchgriff auf die juristische Person möglich.

Beim Aufbau des Bußgeldbescheides wegen Aufsichtspflichtverletzung ist zu beachten, dass die Handlung (Hygienemängel in den Betriebsräumen) des Täters (Geschäftsleiter) und die Handlung (Verletzung der Aufsichtspflicht, da durch gehörige Überprüfung des Zustandes der Betriebsräume die Zuwiderhandlung hätte vermieden werden können) des Aufsichtspflichtigen (Organ der GmbH) getrennt darzustellen sind.

7.1 Bußgeldrahmen

Die Bußgeldhöhe beträgt mindestens 5 Euro; im Hinblick auf das Höchstmaß gilt Folgendes: bei vorsätzlicher Aufsichtspflichtverletzung, wenn die Zuwiderhandlung mit Strafe bedroht ist, bis zu 1 Mio. Euro (Absatz 3 Satz 1); bei fahrlässiger Aufsichtspflichtverletzung, wenn die Zuwiderhandlung mit Strafe bedroht ist, höchstens 500 000 Euro (Absatz 3 Satz 1, § 17 Abs. 2 OWiG); bei vorsätzlicher Aufsichtspflichtverletzung, wenn die Zuwiderhandlung mit Geldbuße bedroht ist, bestimmt sich das Höchstmaß der Geldbuße nach dem für die Zuwiderhandlung angedrohte Höchstmaß der Geldbuße (Abs. 3 Satz 3); bei fahrlässiger Aufsichtspflichtverletzung, wenn die Zuwiderhandlung vorsätzlich begangen wurde, höchstens die Hälfte der für die Zuwiderhandlung angedrohten Geldbuße (Abs. 3 Satz 3, § 17 Abs. 2); bei fahrlässiger Aufsichtspflichtverletzung, wenn die mit Geldbuße bedrohte Zuwiderhandlung ebenfalls nur fahrlässig begangen wurde, reduziert sich die Geldbuße wegen § 130 OWiG nochmals um die Hälfte.

Beispiel:

Das Höchstmaß der Geldbuße für eine bestimmte Zuwiderhandlung beträgt 10 000 Euro. Die Zuwiderhandlung wurde von einem Mitarbeiter fahrlässig begangen, die Aufsichtspflichtverletzung ebenso. Das Höchstmaß der Geldbuße für die Zuwiderhandlung des Mitarbeiters beträgt somit 5000 Euro (§ 17 Abs. 2 OWiG); dieser Betrag reduziert sich im Hinblick auf die Aufsichtspflichtverletzung nochmals um die Hälfte (§ 17 Abs. 2 OWiG), sodass hierfür lediglich ein Bußgeld von höchstens 2500 Euro möglich ist.

Bei Aufsichtspflichtverletzung, wenn die Zuwiderhandlung mit Strafe und Geldbuße bedroht ist, ist das Höchstmaß der Geldbuße maßgeblich, sofern dieses das Höchstmaß der Geldbuße nach Absatz 3 Satz 1 übersteigt; was fahrlässiges und vorsätzliches Handeln angeht, gilt das oben Gesagte. Im Falle einer Unternehmensgeldbuße gem. § 30 OWiG erhöht sich das Höchstmaß der Geldbuße um das Zehnfache, also von einer auf zehn Millionen, sofern die für § 130 OWiG relevante Pflichtverletzung eine solche ist, die mit Strafe bedroht ist; handelt es sich lediglich um eine mit Geldbuße bedrohte Pflichtverletzung, gilt diese Verzehnfachung nicht (§ 130 Abs. 3 Satz 2 i. V. m. § 30 Abs. 2 Satz 3 OWiG; vgl. *Göhler*, 18. Aufl. 2020, Rdnr. 28).

7.2 Verjährung

Die Verjährungsfrist (§ 31 Abs. 2 OWiG) für die Aufsichtspflichtverletzung richtet sich nach der Frist, die für die Zuwiderhandlung gilt (vgl. *RRH,* 3. Aufl., Rdnr. 35; *KK,* 5. Aufl., Rdnr. 128, siehe hierzu auch Erl. 6.2 zu § 122). Sie beginnt erst dann zu laufen, wenn die Zuwiderhandlung im Betrieb beendet ist (vgl. BGH, NJW 1984 S. 2373; *RRH,* a. a. O.). Werden nach einer Zuwiderhandlung die Aufsichtsmaßnahmen geändert, so ist die Aufsichtspflichtverletzung (Dauerordnungswidrigkeit) beendet; reichen diese Maßnahmen wiederum nicht aus, beginnt bei erneuter Zuwiderhandlung eine neue Aufsichtspflichtverletzung (vgl. *RRH,* a. a. O. *KK,* a. a. O.).

7.3 Zuständige Bußgeldbehörde

(s. § 131 Abs. 3 OWiG).

Fünfter Abschnitt
Gemeinsame Vorschriften

§ 131

(1) Verwaltungsbehörde im Sinne des § 36 Abs. 1 Nr. 1 ist

1. bei Ordnungswidrigkeiten nach § 112, soweit es sich um Verstöße gegen Anordnungen

a) des Bundestages oder seines Präsidenten handelt, der Direktor beim Deutschen Bundestag,

b) des Bundesrates oder seines Präsidenten handelt, der Direktor des Bundesrates,

2. bei Ordnungswidrigkeiten nach § 114 das Bundesamt für Infrastruktur, Umweltschutz und Dienstleistungen der Bundeswehr,

3. bei Ordnungswidrigkeiten nach § 124, soweit es sich um ein Wappen oder eine Dienstflagge des Bundes handelt, das Bundesministerium des Innern, für Bau und Heimat,

4. bei Ordnungswidrigkeiten nach den §§ 127 und 128, soweit es sich um

a) Wertpapiere des Bundes oder seiner Sondervermögen handelt, die Bundesanstalt für Finanzdienstleistungsaufsicht,

b) Geld oder Papier zur Herstellung von Geld handelt, die Deutsche Bundesbank,

c) amtliche Wertzeichen handelt, das Bundesministerium, zu dessen Geschäftsbereich die Herstellung oder Ausgabe der Wertzeichen gehört.

Satz 1 Nr. 4 Buchstaben a und c gilt auch bei Ordnungswidrigkeiten, die sich auf entsprechende Wertpapiere oder Wertzeichen eines fremden Währungsgebietes beziehen. In den Fällen des Satzes 1 Nr. 3 und 4 Buchstabe c gilt § 36 Abs. 3 entsprechend.

(2) In den Fällen der §§ 122 und 130 wird die Ordnungswidrigkeit nur auf Antrag oder mit Ermächtigung verfolgt, wenn die im Rausch begangene Handlung oder die Pflichtverletzung nur auf Antrag oder mit Ermächtigung verfolgt werden könnte.

(3) Für die Verfolgung von Ordnungswidrigkeiten nach den §§ 116, 122 und 130 gelten auch die Verfahrensvorschriften entsprechend, die bei der Verfolgung der Handlung, zu der aufgefordert worden ist, der im Rausch begangenen Handlung oder der Pflichtverlet-

zung anzuwenden sind oder im Falle des § 130 dann anzuwenden wären, wenn die mit Strafe bedrohte Pflichtverletzung nur mit Geldbuße bedroht wäre.

Erläuterungen

Vorbemerkung

Diese Norm enthält gemeinsame Vorschriften für die Bußgeldtatbestände des 3. Teils. In Absatz 1 wird die sachliche Zuständigkeit bestimmt. Absatz 2 führt hinsichtlich der Fälle nach §§ 122 und 130 OWiG die Bedingungen „auf Antrag" und „mit Ermächtigung" an. Absatz 3 bezieht sich auf die §§ 116, 122 und 130 OWiG und beinhaltet Verfahrensvorschriften.

1. Zuständigkeit (Absatz 1)

In Absatz 1 wird die sachliche Zuständigkeit von Bundesbehörden bestimmt. In den Fällen, in denen gem. Absatz 1 Satz 1 Nr. 3, 4 Buchst. c das Bundesministerium des Innern, für Bau und Heimat bzw. ein anderes Bundesministerium zuständig ist, kann die Zuständigkeit auch übertragen werden (Absatz 1 Satz 3, § 36 Abs. 3 OWiG). Fehlt eine gesetzliche Regelung, ist gem. Abs. 1 Nr. 2 Buchst. a die fachlich zuständige oberste Landesbehörde sachlich zuständige Bußgeldbehörde, falls die Landesregierung keine andere Regelung bestimmten (§ 36 Abs. 2 OWiG). § 36 Abs. 1 Nr. 2 Buchstabe b OWiG ist nicht einschlägig, weil die fraglichen Gesetze im 3. Teil nicht wie in § 36 gefordert „ausgeführt", sondern vielmehr auf einen Pflichtwidrigkeitstatbestand angewendet werden (vgl. *RRH,* 3. Aufl., Rdnr. 1; *Göhler,* 18. Aufl. 2020, Rdnr. 4). Deswegen ist z. B. die Bußgeldbehörde eines Landes bei einer Ordnungswidrigkeit nach § 111 OWiG zuständig, auch wenn die falsche Namensangabe gegenüber einer Bundesbehörde erfolgte, vorausgesetzt, es ist gesetzlich nichts anderes bestimmt (vgl. § 13 Abs. 2 BPolG). **Einzelheiten:** Der Direktor beim Deutschen Bundestag und der des Bundesrates **(Abs. 1 Satz 1 Nr. 1)** sind zwar organisatorisch keine „Verwaltungsbehörden"; nach § 36 Abs. 3 OWiG können aber außer Behörden auch „sonstige Stellen" entsprechende Aufgaben wahrnehmen (vgl. *RRH,* 3. Aufl., Rdnr. 2); bei Anordnungen eines Gesetzgebungsorgans der Länder bzw. ihrer Präsidenten vgl. Erl. 4 zu § 112. In den Fällen des **Absatzes 1 Satz 1 Nr. 3** wurde die Zuständigkeit durch Verordnung des Bundesministeriums des Innern vom 2.1.1975 (§ 36 Abs. 3 OWiG), soweit es sich um ein Wappen oder eine Dienstflagge des Bundes handelt, dem Bundesverwaltungsamt übertragen. Die Deutsche Bundesbank **(Absatz 1 Satz 1 Nr. 4 Buchst. b)** ist auch sachlich zuständig, wenn es sich um Geld eines fremden Währungsgebietes handelt (vgl. *RRH,* 3. Aufl., Rdnr. 10).

2. Auf Antrag oder mit Ermächtigung (Absatz 2)

Kann die Straftat oder Ordnungswidrigkeit nur auf Antrag oder mit Ermächtigung verfolgt werden, was sehr selten ist, so gelten diese Bedingungen auch für eine Verfolgung von Ordnungswidrigkeiten nach den §§ 122 OWiG (Vollrausch) und 130 OWiG (Aufsichtspflichtverletzung). Trotz eines Antrages obliegt es der Verwaltungsbehörde unter Anwendung des Opportunitätsprinzips (§ 47 Abs. 1 OWiG) zu entscheiden, ob sie ein Verfahren durchführt (vgl. *RRH,* 3. Aufl., Rdnr. 13). Der **Antrag** ist innerhalb von drei Monaten zu stellen, die Frist beginnt mit der Kenntnis des Berechtigten von der Tat und der Person des Täters (§ 46 Abs. 1, § 77b Abs. 2 StGB); Antragsberechtigt ist grundsätzlich nur der Verletzte (§ 46 Abs. 1, § 77 StGB). Die **Ermächtigung** ist wie der Antrag ebenfalls eine Prozessvoraussetzung; sie muss von der Verfolgungsbehörde eingeholt werden, sie wird nur sehr selten vorausgesetzt, z. B. gem. § 90 Abs. 4 StGB (vgl. *KK*, 5. Aufl., Rdnr. 25).

3. Besondere Verfahrensvorschriften (Absatz 3)

Für die Praxis sind insbesondere die Verfahrensvorschriften, welche die sachliche Zuständigkeit und die Verjährung regeln, von Bedeutung (vgl. *Göhler*, 18. Aufl. 2020, Rdnr. 6; *RRH*, 3. Aufl., Rdnr. 21). Danach gilt Folgendes: Ist für die Ordnungswidrigkeit, zu der aufgefordert wird (§ 116 OWiG), für die Zuwiderhandlungen, die im Vollrausch (§ 122 OWiG) bzw. aufgrund der Aufsichtspflichtverletzung (§ 130 OWiG) begangen werden, eine von § 36 OWiG abweichende Zuständigkeitsregelung getroffen worden, so ist diese zwingend auch bei den Tatbeständen der §§ 116, 122 und 130 anzuwenden (vgl. *RRH*, 3. Aufl., Rdnr. 22). Falls nach Landesrecht im Hinblick auf die §§ 116, 122 und 130 OWiG Zuständigkeitsbestimmungen existieren, die im Widerspruch zu § 131 Abs. 3 stehen, sind diese unwirksam (Art. 31 GG – Bundesrecht bricht Landesrecht; vgl. *Göhler*, a. a. O.). Damit soll vor allem gewährleistet werden, dass für die Verfolgung und Ahndung der genannten Ordnungswidrigkeiten die Behörden zuständig sind, welche die größere Sachkunde besitzen; z. B. ist für die Ahndung der Aufsichtspflichtverletzung gem. § 130 OWiG dieselbe Behörde zuständig ist, die auch für die Ahndung der Zuwiderhandlung gegen betrieblichen Pflichten zuständig ist (vgl. *RRH*, a. a. O.). Besondere Zuständigkeitsbestimmungen enthalten z. B. § 21 GüKG und § 409 ff. AO.

> *Beispiel:*
>
> *Die Verjährungsfrist wegen einer Verkehrsordnungswidrigkeit (§ 24 StVG) beträgt, falls noch kein Bußgeldbescheid ergangen ist, drei Monate (§ 26 Abs. 3 StVG). Diese Verjährungsfrist gilt auch für die in diesem Zusammenhang begangene Aufsichtspflichtverletzung nach § 130 OWiG.*

Ist die Zuwiderhandlung gegen betriebliche Pflichten im Sinne von § 130 OWiG mit Strafe bedroht, so gilt für die Zuständigkeit hinsichtlich der Verfolgung und Ahndung der Aufsichtspflichtverletzung Folgendes: Existiert eine im Vergleich zur Strafvorschrift ähnliche Bußgeldvorschrift bzw. besteht zwischen der Strafvorschrift und einer Bußgeldvorschrift ein Sachzusammenhang, so ist für die Verfolgung der Aufsichtspflichtverletzung die Verwaltungsbehörde zuständig, die für die Verfolgung und Ahndung eines gedachten Verstoßes gegen diese Bußgeldvorschrift zuständig wäre; ein Sachzusammenhang ist stets bei sog. Mischtatbeständen gegeben, z. B. im Lebensmittelrecht, wenn bei vorsätzlicher Begehungsweise eine Straftat, bei fahrlässiger Handlung jedoch lediglich eine Ordnungswidrigkeit gegeben ist; ebenso verhält es sich bei strafrechtlichen Nebengesetzen, die Straf- (z. B. § 148 GewO) und Bußgeldvorschriften enthalten und dasselbe Rechtsgut schützen. (vgl. *RRH*, 3. Aufl., Rdnr. 23; *Göhler*, 18. Aufl. 2020, Rdnr. 9). Fehlt eine verwandte Bußgeldvorschrift, so wird zweckmäßigerweise die Staatsanwaltschaft die Verfolgung der Aufsichtspflichtverletzung übernehmen (vgl. *RRH*, a. a. O.).

VIERTER TEIL
SCHLUSSVORSCHRIFTEN

§ 132
Einschränkung von Grundrechten

Die Grundrechte der körperlichen Unversehrtheit (Artikel 2 Abs. 2 Satz 1 des Grundgesetzes), der Freiheit der Person (Artikel 2 Abs. 2 Satz 2 des Grundgesetzes) und der Unverletzlichkeit der Wohnung (Artikel 13 des Grundgesetzes) werden nach Maßgabe dieses Gesetzes eingeschränkt.

Erläuterungen

Übersicht

Vorbemerkung

Nach Art. 19 Abs. 1 Satz 2 GG muss in einem Gesetz, durch das oder aufgrund dessen ein Grundrecht einschränkt werden kann, das Grundrecht unter Angabe des Artikels genannt werden, was in § 132 ausdrücklich erfolgt. Die Einschränkungen ergeben sich aus den Vorschriften des OWiG selbst und über § 46 aus der StPO. Durch die Einziehungsvorschriften werden nur die Grenzen des Eigentums bestimmt, sie stellen keine Enteignung dar; Art. 14 GG muss daher nicht angeführt werden (vgl. *RRH,* 3. Aufl., Rdnr. 5).

1. Körperliche Unversehrtheit

Art. 2 Abs. 2 Satz 1 GG wird durch § 46 Abs. 1, 4, § 81a Abs. 1 Satz 2 StPO (Blutproben und andere geringfügige Eingriffe) eingeschränkt.

2. Freiheit der Person

Art. 2 Abs. 2 Satz 2 GG wird eingeschränkt durch § 46 Abs. 5 OWiG (Vorführung), §§ 96 bis 98 (Erzwingungshaft, Jugendarrest); §§ 163b, 163c StPO, § 46 Abs. 1 OWiG (Maßnahmen zur Identitätsfeststellung); keine Grundrechtseinschränkungen sind Arbeitsauflagen (§ 98 Abs. 1 Nr. 1 OWiG), sie können nämlich nicht erzwungen werden (vgl. *RRH,* 3. Aufl., Rdnr. 3). Der wegen Nichtbeachtung von Anordnungen des Jugendrichters (Arbeitsauflagen) zu verhängende Jugendarrest ist keine Zwangsmaßnahme, sondern eine selbständige Unrechtsfolge.

3. Unverletzlichkeit der Wohnung

Art. 13 GG wird durch die § 102 ff. StPO, § 46 Abs. 1 OWiG (Durchsuchung), eingeschränkt.

§ 133
Übergangsvorschriften

(1) Die Anwesenheit des Betroffenen in der Hauptverhandlung und das Verfahren bei seiner Abwesenheit richten sich nach dem Recht, das zu dem Zeitpunkt gilt, zu dem die erste Ladung des Betroffenen zur Hauptverhandlung abgesandt wird.

(2) Die Zulässigkeit und die Zulassung von Rechtsmitteln richten sich nach dem Recht, das zu dem Zeitpunkt gilt, zu dem ein Urteil verkündet wird oder ein Beschluss bei der Geschäftsstelle eingeht.

(3) Die Wiederaufnahme des Verfahrens richtet sich nach dem Recht, das zu dem Zeitpunkt gilt, zu dem ein Antrag bei Gericht eingeht.

(4) Im Verfahren der Verwaltungsbehörde werden Gebühren und Auslagen nach dem Recht erhoben, das zu dem Zeitpunkt gilt, in dem der Bußgeldbescheid erlassen ist.

(5) Für Dateien, die am 1. Oktober 2002 bestehen, ist § 49c erst ab dem 1. Oktober 2003 anzuwenden.

(6) Wird in Anordnung der Einziehung des Wertes des Tatertrages wegen einer mit Geldbuße bedrohten Handlung, die vor dem 1.7.2017 begangen worden ist, nach diesem Zeitpunkt entschieden, ist § 29a in der Fassung des Gesetzes zur Reform der strafrechtlichen Vermögensabschöpfung vom 13.4.2017 (BGBl. I S. 872) anzuwenden. In Verfahren, in denen bis zum 1.7.2017 bereits eine Entscheidung über den Verfall des Wertersatzes ergangen ist, ist § 29a in der bis zum 1.7.2017 geltenden Fassung anzuwenden.

Erläuterungen

Übersicht

Vorbemerkung

Die Absätze 1 bis 3 wurden 1998 eingefügt; während bei Änderungen von materiell-rechtlichen Gesetzen die allgemeinen Bestimmungen (vgl. § 4 OWiG) einschlägig sind, enthalten die Absätze 1 bis 3 verfahrensrechtliche Übergangsvorschriften zum gerichtlichen Verfahren (vgl. *RRH*, 3. Aufl., Rdnrn. 2, 3).

1. Anwesenheit, Verfahren bei Abwesenheit (Absatz 1)

Absatz 1 bezieht sich auf die Bestimmungen der §§ 73 und 74 OWiG. Entscheidend, ob neues oder altes Recht anzuwenden ist, ist der Zeitpunkt, zu dem die Ladung, und zwar die erste Ladung, abgesendet wird.

2. Rechtsmittel (Absatz 2)

Absatz 2 bezieht sich auf die Rechtsbeschwerde (§§ 79, 80 OWiG). Entscheidend, welches Recht anzuwenden ist, ist bei Urteilen der Zeitpunkt der Verkündung, bei Beschlüssen der Eingang bei der Geschäftsstelle.

3. Wiederaufnahme (Absatz 3)

Absatz 3 bezieht sich auf § 85 OWiG. Maßgeblich ist der Eingang des Wiederaufnahmeantrages bei Gericht.

4. Gebühren und Auslagen (Absatz 4)

Absatz 4 bezieht sich auf § 107 OWiG und gilt nur im Verfahren bei der Verwaltungsbehörde. Für die Gerichtskosten ist das GKG anzuwenden. Werden die Gebühren- und Auslagenbestimmungen des § 107 OWiG geändert, so kommt es darauf an, ob der Bußgeldbescheid vorher oder nachher erlassen wird; wann die Zustellung erfolgte oder die Rechtskraft eingetreten ist, ist unerheblich. Das neue Recht ist somit anzuwenden, wenn der Bußgeldbescheid erlassen wird, nachdem die Änderungen des § 107 OWiG in Kraft getreten sind; ansonsten gilt altes Recht.

Beispiel:

Erlässt die Verwaltungsbehörde vor dem Inkrafttreten der Gesetzesänderung einen Bußgeldbescheid, ist altes Recht anzuwenden. Nimmt sie diesen im Zwischenverfahren zurück und erlässt in gleicher Sache einen neuen Bußgeldbescheid, z. B. mit verminderter Geldbuße, und sind zwischenzeitlich die Änderungen der Kostentatbestände in Kraft getreten, sind für den neuen Bescheid die neuen Kostenbestimmungen maßgeblich.

Diese Vorschrift erstreckt sich auch auf Einziehungsbescheide und Ähnliches sowie auf Kostenentscheidungen außerhalb eines Bußgeldbescheides wie etwa gem. § 25a StVG und auf andere selbständige Kostenbescheide (vgl. *RRH*, 3. Aufl., Rdnr. 7, *Göhler*, 18. Aufl. 2020, Rdnr. 5).

5. Dateien (Absatz 5)

Absatz 5 bezieht sich auf die Verarbeitung und Nutzung personenbezogener Daten in Dateien (§ 49c OWiG). Für Dateien, die bereits am Tage des Inkrafttretens der Regelung gem. § 49c OWiG (1.10.2002) bestehen, ist diese Vorschrift erst ab dem 1.10.2003 anzuwenden, im Übrigen gilt neues Recht (vgl. *KK*, 5. Aufl., Rdnr. 6).

6. Einziehung des Wertes von Taterträgen (Absatz 6)

Absatz 6 bezieht sich auf Gewinnabschöpfungen gem. § 29a OWiG. Bei entsprechenden Verfallsanordnungen, die bereits vor dem 1.7.2017 erlassen wurden, ist altes Recht anzuwenden. Bei Anordnungen der Einziehung des Wertes von Taterträgen (neue Bezeichnung ab 1.7.2017) nach dem 1.7.2017 wegen Handlungen, die bereits vor dem 1.7.2017 begangen wurden, gilt § 29a OWiG in der Fassung vom 13.4.2017.

Absatz 6 der Vorschrift hat sich praktisch überholt. Für Taten vor dem 1.7.2017 wäre – selbst bei Vorliegen der längstmöglichen gesetzlichen Verjährungsfrist von drei Jahren (§ 31 Abs. 2 Nr. 1) – mittlerweile Verfolgungsverjährung eingetreten (§ 33 Abs. 3 Satz 2), außer es läge ein Fall des § 33 Abs. 3 Satz 3 vor und die Verjährungsfrist im Strafverfahren wäre länger als sechs Jahre.

§ 134
Übergangsregelung zum Gesetz zur Einführung der elektronischen Akte in Strafsachen und zur weiteren Förderung des elektronischen Rechtsverkehrs; Verordnungsermächtigungen

Die Bundesregierung und die Landesregierungen können jeweils für ihren Bereich durch Rechtsverordnung bestimmen, dass die Einreichung elektronischer Dokumente abweichend von § 32a der Strafprozessordnung erst zum 1. Januar des Jahres 2019 oder 2020 möglich ist und § 110a in der am 31. Dezember 2017 geltenden Fassung bis jeweils zum 31. Dezember des Jahres 2018 oder 2019 weiter Anwendung findet. Sie können die Ermächtigung nach Satz 1 durch Rechtsverordnung auf die zuständigen Bundes- oder Landesministerien übertragen.

Erläuterungen

§ 134 bezieht sich auf die Eröffnung des elektronischen Rechtsverkehrs. Durch die Möglichkeit des Hinausschiebens soll die Einführung der elektronischen Akten- und Verfahrensführung erleichtert werden (vgl. RRH, 3. Aufl., Rdnr. 1). Von dieser Möglichkeit hat z. B. Bayern durch Verordnung v. 5.12.2017 (GVBl. S. 553) Gebrauch gemacht und die Einführung bis zum 1.1.2019 hinausgeschoben; in Brandenburg ist die Einreichung elektronischer Dokumente in Verfahren nach dem OWiG und Verfahren, auf die die Vorschriften des OWiG entsprechend anzuwenden sind, erst ab dem 1.1.2020 möglich (Verordnung v. 15.12.2017, GVBl. II Nr. 71; vgl. RRH, 3. Aufl., Rdnr. 4 mit weiteren Nachweisen). Die Regelungen sind mittlerweile obsolet. Seit dem 1.1.2020 gibt es für § 134 keinen Anwendungzweck mehr. Die Vorschrift kann bei einer Novelierung des OWiG entfallen.

§ 135
(Inkrafttreten)

Ergänzender Hinweis des Autors:

Immer wieder versuchen Personen – meist des rechten Spektrums –, Rechtsunsicherheit zu verbreiten, indem sie behaupten, das Ordnungswidrigkeitengesetz sei *„am 11.10.2007 zur rückwirkenden Aufhebung beschlossen"* worden, weil an jenem Tag das Einführungsgesetz für das OWiG rückwirkend aufgehoben wurde. Damit existiere seit dieser Bekanntgabe im Bundesanzeiger am 29.11.2007 für sämtliche Ordnungswidrigkeiten in der Bundesrepublik keine rechtliche Grundlage mehr.

Hierzu folgende Klarstellung:

Die allgemein anerkannte, historisch, politisch und rechtlich legitime verfassungsmäßige Grundlage der Bundesrepublik Deutschland, ihrer Rechtsordnung und ihrer Institutionen ist das Bonner Grundgesetz vom 23.5.1949 in seiner gegenwärtigen Fassung.

Die Bundesrepublik Deutschland in den Grenzen von 1990 ist der gegenwärtige deutsche Nationalstaat.

Zuletzt durch die deutsche Wiedervereinigung vom 3.10.1990 sind neue, durch allgemeine Wahlen historisch und rechtlich uneingeschränkt legitimierte Strukturen entstanden.

Dies steht völlig außer Zweifel.

Bei den *vermeintlich* rechtlichen Inhalten gegenteiliger Anschauungen handelt es sich um bloße Wunschgedanken einiger Personen.

Zwar wurde in der Tat das überflüssig gewordene sogenannte Einführungsgesetz zum Gesetz über Ordnungswidrigkeiten vom 24. Mai 1968 durch Gesetz vom 23. Nov. 2007 aufgehoben. Dabei handelte es sich jedoch lediglich um eine Maßnahme der Rechtsbereinigung, die dazu beitragen soll, dass unsere Rechtsordnung verständlicher, übersichtlicher und zeitgemäßer wird. Nicht aufgehoben wurde hingegen **das Gesetz über Ordnungswidrigkeiten**. Dieses ist vom Bestand des Einführungsgesetzes unabhängig. Es ist ein **eigenständiges, vom Deutschen Bundestag beschlossenes Gesetz** und gilt daher fort.

Bayerische Ausführungsbestimmungen zum Ordnungswidrigkeitengesetz

VORSCHRIFTENSAMMLUNG

1. Gesetz über das Landesstrafrecht und das Verordnungsrecht auf dem Gebiet der öffentlichen Sicherheit und Ordnung (Landesstraf- und Verordnungsgesetz – LStVG)

in der Fassung der Bekanntmachung vom 13. Dezember 1982 (Bay RS 2011-2-I, GVBl S. 1098),
zuletzt geändert durch § 5 des Gesetzes vom 23. Dezember 2022 (GVBl. S. 718)

– Auszug –

Art. 1
Einteilung der Tatbestände

(1) Die im Landesrecht mit Freiheitsstrafe oder mit Geldstrafe bedrohten Handlungen sind Straftaten.

(2) Die im Landesrecht mit Geldbuße bedrohten Handlungen sind Ordnungswidrigkeiten.

Art. 3
Ordnungswidrigkeiten

Für die Ordnungswidrigkeiten des Landesrechts gilt das Gesetz über Ordnungswidrigkeiten, soweit gesetzlich nichts anderes bestimmt ist.

Art. 4
Zuwiderhandlungen gegen Rechtsvorschriften oder Anordnungen für den Einzelfall

(1) Zuwiderhandlungen gegen Rechtsvorschriften im Range unter dem Gesetz können auf Grund eines Landesgesetzes mit Strafe oder Geldbuße nur geahndet werden, wenn die Rechtsvorschrift für einen bestimmten Tatbestand auf die zugrundeliegende gesetzliche Straf- und Bußgeldvorschrift verweist.

(2) Zuwiderhandlungen gegen Anordnungen der Verwaltungsbehörden für den Einzelfall können nach Landesrecht mit Strafe oder Geldbuße nur geahndet werden, wenn die Anordnung nicht mehr mit ordentlichen Rechtsbehelfen angefochten werden kann oder ihre Vollziehung angeordnet ist.

Art. 5
Vollstreckung des Bußgeldbescheids

Der Bußgeldbescheid wird nach den Vorschriften des Bayerischen Verwaltungszustellungs- und Vollstreckungsgesetzes vollstreckt, soweit nicht das Gesetz über Ordnungswidrigkeiten etwas anderes bestimmt.

Gängigste Vorschriften:

Einige der nachfolgend genannten einzelnen Zuwiderhandlungen sind direkt von Gesetzes wegen Ordnungswidrigkeiten. Die meisten Vorschriften ermächtigen jedoch bei Bedarf zum Erlass von Verordnungen oder Anordnungen zum Schutz der Gesundheit und Reinlichkeit oder der öffentlichen Sicherheit und Ordnung. Etwaige Zuwiderhandlungen gegen deren Ge- oder Verbote erfüllen sodann entsprechende Bußgeldtatbestände.

Art. 16
Bekämpfung verwilderter Tauben

(1) [1] Zur Verhütung von Gefahren für das Eigentum und zum Schutz der öffentlichen Reinlichkeit können die Gemeinden Verordnungen über die Bekämpfung verwilderter Tauben erlassen. [2] In den Verordnungen kann insbesondere bestimmt werden, dass

1. das Füttern von verwilderten Tauben verboten ist,

2. die Eigentümer von Grundstücken, die Nutzungsberechtigten und ihre Vertreter Maßnahmen der Gemeinde oder deren Beauftragter zur Beseitigung der Nistplätze und Vergrämung verwilderter Tauben zu dulden haben.

(2) Mit Geldbuße kann belegt werden, wer vorsätzlich oder fahrlässig einer auf Grund des Absatzes 1 erlassenen Verordnung oder einer vollziehbaren Anordnung, die auf Grund einer solchen Verordnung getroffen wurde, zuwiderhandelt.

Beispiel:

Verordnung der Landeshauptstadt München über das Taubenfütterungsverbot (TaubenfütterungsverbotsVO) vom 29. März 2018

Art. 18
Halten von Hunden

(1) [1] Zur Verhütung von Gefahren für Leben, Gesundheit, Eigentum oder die öffentliche Reinlichkeit können die Gemeinden durch Verordnung das freie Umherlaufen von großen Hunden und Kampfhunden im Sinn des Artikel 37 Absatz 1 Satz 2 in öffentlichen Anlagen sowie auf öffentlichen Wegen, Straßen oder Plätzen einschränken. [2] Der räumliche und zeitliche Geltungsbereich der Verordnung ist auf die örtlichen Verhältnisse abzustimmen, wobei auch dem Bewegungsbedürfnis der Hunde ausreichend Rechnung zu tragen ist.

(2) Zum Schutz der in Absatz 1 genannten Rechtsgüter können die Gemeinden Anordnungen für den Einzelfall zur Haltung von Hunden treffen.

(3) Mit Geldbuße kann belegt werden, wer vorsätzlich oder fahrlässig einer auf Grund des Absatzes 1 erlassenen Verordnung oder einer auf Grund des Absatzes 2 erlassenen vollziehbaren Anordnung zuwiderhandelt.

Beispiel:

Verordnung der Landeshauptstadt München über das freie Umherlaufen von großen Hunden und Kampfhunden (Hundeverordnung – HundeV) vom 9. Juli 2013

Art. 19
Veranstaltung von Vergnügungen

(1) [1] Wer eine öffentliche Vergnügung veranstalten will, hat das der Gemeinde unter Angabe der Art, des Orts und der Zeit der Veranstaltung und der Zahl der zuzulassenden

Teilnehmer spätestens eine Woche vorher schriftlich anzuzeigen. [2] Für regelmäßig wiederkehrende, gleichartige öffentliche Vergnügungen genügt eine einmalige Anzeige.

(2) Absatz 1 gilt nicht für Vergnügungen, die vorwiegend religiösen, künstlerischen, kulturellen, wissenschaftlichen, belehrenden oder erzieherischen Zwecken oder der Wirtschaftswerbung dienen, sofern die Vergnügungen in Räumen stattfinden, die für Veranstaltungen der beabsichtigten Art bestimmt sind.

(3) [1] Die Veranstaltung öffentlicher Vergnügungen bedarf der Erlaubnis, wenn

1. die nach Absatz 1 erforderliche Anzeige nicht fristgemäß erstattet wird,
2. es sich um eine motorsportliche Veranstaltung handelt oder
3. zu einer Veranstaltung, die außerhalb dafür bestimmter Anlagen stattfinden soll, mehr als eintausend Besucher zugleich zugelassen werden sollen.

[2] Zuständig sind die Gemeinden, für motorsportliche Veranstaltungen die Kreisverwaltungsbehörden.

(4) [1] Die Erlaubnis nach Absatz 3 ist zu versagen, wenn es zur Verhütung von Gefahren für Leben, Gesundheit oder Sachgüter oder zum Schutz vor erheblichen Nachteilen oder erheblichen Belästigungen für die Allgemeinheit oder Nachbarschaft oder vor erheblichen Beeinträchtigungen der Natur oder Landschaft erforderlich erscheint. [2] Das gleiche gilt, sofern andere öffentlich-rechtliche Vorschriften entgegenstehen.

(5) [1] Die Gemeinden, für motorsportliche Veranstaltungen die Kreisverwaltungsbehörden, können zum Schutz der in Absatz 4 Satz 1 bezeichneten Rechtsgüter Anordnungen für den Einzelfall für die Veranstaltung öffentlicher Vergnügungen und sonstiger Vergnügungen treffen. [2] Reichen Anordnungen nach Satz 1 nicht aus oder stehen andere öffentlich-rechtliche Vorschriften entgegen, so kann die Veranstaltung untersagt werden.

(6) [1] Die Gemeinden können durch Verordnung

1. die Veranstaltung von Vergnügungen bestimmter Art von der Anzeigepflicht nach Absatz 1 oder von der Erlaubnispflicht nach Absatz 3 ausnehmen, soweit die Gemeinden nach Absatz 3 Satz 2 zuständig sind und diese Pflichten zum Schutz der in Absatz 4 Satz 1 bezeichneten Rechtsgüter nicht erforderlich erscheinen,
2. zum Schutz der in Absatz 4 Satz 1 bezeichneten Rechtsgüter die Anzeigepflicht nach Absatz 1 auf die Veranstaltung bestimmter Arten öffentlicher Vergnügungen im Sinn des Absatzes 2 erstrecken und Anforderungen an die Veranstaltung öffentlicher oder sonstiger Vergnügungen stellen,
3. zum Schutz der in Absatz 4 Satz 1 bezeichneten Rechtsgüter eine Sperrzeit für die Veranstaltung öffentlicher Vergnügungen oder bestimmter Arten öffentlicher Vergnügungen festsetzen; in der Verordnung kann bestimmt werden, daß die Sperrzeit bei Vorliegen eines öffentlichen Bedürfnisses oder besonderer örtlicher Verhältnisse für den Einzelfall verlängert, verkürzt oder aufgehoben werden kann.

[2] Das Staatsministerium des Innern, für Sport und Integration kann durch Rechtsverordnung gleiches für das gesamte Staatsgebiet bestimmen.

(7) Mit Geldbuße kann belegt werden, wer vorsätzlich oder fahrlässig

1. eine öffentliche Vergnügung ohne die erforderliche Anzeige oder Erlaubnis veranstaltet,
2. als Veranstalter einer Vergnügung die mit der Erlaubnis verbundenen vollziehbaren Auflagen nicht erfüllt oder einer vollziehbaren Anordnung nach Absatz 5 nicht Folge leistet oder
3. einer Verordnung nach Abs. 6 Satz 1 Nr. 2 oder 3 zuwiderhandelt.

Art. 20
Staatliche Parkanlagen

(1) 1 Zur Verhütung von Gefahren für Leben, Gesundheit, Sittlichkeit, Eigentum oder die öffentliche Reinlichkeit, zur Sicherung der Erholung in der freien Natur, zum Schutz der Natur und Landschaft sowie zum Schutz vor erheblichen Nachteilen oder erheblichen Belästigungen für die Allgemeinheit kann das Staatsministerium der Finanzen und für Heimat Verordnungen über die Benutzung der Grünanlagen und Grünflächen, die im Eigentum des Freistaates Bayern stehen und von der Verwaltung der staatlichen Schlösser, Gärten und Seen verwaltet werden (staatliche Parkanlagen), erlassen. 2 Die Regelungen sind auf die örtlichen Verhältnisse abzustimmen. 3 Das Staatsministerium der Finanzen und für Heimat kann die Ermächtigung nach Satz 1 durch Verordnung auf die Verwaltung der staatlichen Schlösser, Gärten und Seen übertragen; Verordnungen der Verwaltung der staatlichen Schlösser, Gärten und Seen sind im Bayerischen Ministerialblatt amtlich bekannt zu machen. 4 Der Vollzug der Anlagenverordnungen obliegt der Verwaltung der staatlichen Schlösser, Gärten und Seen.

(2) Zur Verhütung von Verstößen gegen auf Grund des Abs. 1 erlassene Verordnungen können das Staatsministerium der Finanzen und für Heimat und die Verwaltung der staatlichen Schlösser, Gärten und Seen Anordnungen für den Einzelfall treffen.

(3) Mit Geldbuße kann belegt werden, wer vorsätzlich oder fahrlässig

1. **einer auf Grund des Abs. 1 erlassenen Verordnung oder**
2. **einer auf Grund des Abs. 2 erlassenen vollziehbaren Anordnung zuwiderhandelt.**

Beispiel:

Verordnung der Bayerischen Verwaltung der staatlichen Schlösser, Gärten und Seen über die staatliche Parkanlage Englischer Garten – Südteil –, Hofgarten und Finanzgarten in München vom 28. Mai 2018

Art. 21
Unerlaubter Verkehr mit Verwahrten

(1) Mit Geldbuße kann belegt werden, wer unbefugt

1. **einem Verwahrten Sachen oder Nachrichten übermittelt oder sich von ihm übermitteln lässt,**
2. **sich mit einem Verwahrten, der sich innerhalb einer Anstalt befindet, von außen durch Worte oder Zeichen verständigt.**

(2) Verwahrter im Sinne des Absatzes 1 ist, wer sich in behördlichem Gewahrsam befindet, ohne Gefangener im Sinne des § 115 des Gesetzes über Ordnungswidrigkeiten zu sein.

(3) Der Versuch der Ordnungswidrigkeit kann mit Geldbuße belegt werden.

Hinweis:

Diese Vorschrift ergänzt die Ahndungsmöglichkeit des § 115 OWiG (nur im Verkehr mit Gefangenen, die sich entweder aufgrund strafgerichtlicher Entscheidung in Strafhaft oder Untersuchungshaft oder als vorläufig Festgenommene in Personengewahrsam befinden, anwendbar) um den Personenkreis sich „bloß" in behördlicher Verwahrung Befindlicher.

Art. 23
Menschenansammlungen

(1) [1] Zur Verhütung von Gefahren für Leben, Gesundheit, Sittlichkeit, ungestörte Religionsausübung, Eigentum oder Besitz können die Gemeinden für Ansammlungen einer größeren Anzahl von Menschen, insbesondere bei religiösen Feiern, Volksfesten und Sportveranstaltungen, Verordnungen und Anordnungen für den Einzelfall erlassen. [2] Dies gilt nicht für Versammlungen im Sinn des Bayerischen Versammluingsgesetzes; die Vorschriften des Straßenverkehrsrechts bleiben unberührt.

(2) Für Ansammlungen, die über das Gebiet einer Gemeinde hinausgehen, kann auch die gemeinsame höhere Behörde Anordnungen für den Einzelfall erlassen.

(3) Mit Geldbuße kann belegt werden, wer einer auf Grund der Absätze 1 oder 2 erlassenen Verordnung oder vollziehbaren Anordnung zuwiderhandelt.

Art. 23a
Uniform- und politisches Kennzeichenverbot

Mit Geldbuße bis zu dreitausend Euro kann belegt werden, wer außerhalb von Versammlungen öffentlich Uniformen, Uniformteile oder gleichartige Kleidungsstücke als Ausdruck einer politischen Gesinnung trägt, sofern damit eine einschüchternde Wirkung verbunden ist.

Hinweis:

Das Tragen gleichartiger Kleidungsstücke zur Förderung einer gemeinsamen Identitätsdarstellung ist ein legitimes Mittel in einem demokratischen Rechtsstaat. Es bedarf immer des Merkmals der „einschüchternden Wirkung" zur Abgrenzung zu Uniformierungen mit harmloser sozialer Bedeutung. Eine einschüchternde Wirkung ist dann gegeben, wenn sie für einen unbedarften außenstehenden Beobachter Gewaltbereitschaft suggeriert oder als Ausdruck einer quasi-militärischen Organisation verstanden wird.

Art. 23b
Verbot der Gesichtsverhüllung

(1) [1] Die Gemeinden können bei Vergnügungen und Ansammlungen zur Verhütung rechtswidriger Taten und zur Abwehr von Gefahren für Leben, Gesundheit, Freiheit, Sittlichkeit oder Sachgüter durch Verordnung oder Anordnung für den Einzelfall das Verhüllen des Gesichts verbieten. [2] Satz 1 gilt für Kreisverwaltungsbehörden im Rahmen ihrer Zuständigkeit nach Artikel 19 entsprechend. [3] Zur Verhütung von Straftaten und zur Abwehr erheblicher Gefahren für eines der in Satz 1 genannten Rechtsgüter können die Gemeinden und Kreisverwaltungsbehörden durch Anordnung für den Einzelfall an bestimmten öffentlichen Orten das Verhüllen des Gesichts auch außerhalb von Vergnügungen und Ansammlungen verbieten.

(2) Mit Geldbuße kann belegt werden, wer einer auf Grund von Abs. 1 erlassenen Verordnung oder vollziehbaren Anordnung zuwiderhandelt.

Art. 25
Zelten, Aufstellen von Wohnwagen

(1) Zur Sicherung der Erholung in der freien Natur, zum Schutz der Natur und Landschaft, zur Verhütung von Gefahren für Leben, Gesundheit, Eigentum oder Besitz, zum Schutz der Jagdausübung und zur Aufrechterhaltung der öffentlichen Ruhe können die

Gemeinden, Landkreise und das Staatsministerium des Innern, für Sport und Integration durch Verordnung den Betrieb und die Benutzung von Plätzen, die zum Aufstellen und Bewohnen von mehr als drei Zelten oder Wohnwagen bestimmt sind (Campingplätze), regeln.

(2) [1]Wer einen Campingplatz errichten und betreiben will, bedarf der Erlaubnis der Gemeinde. [2]Die Erlaubnis darf nur erteilt werden, wenn Rechtsgüter im Sinn des Absatzes 1 nicht gefährdet werden. [3]Versagungsgründe, die sich aus anderen Rechtsvorschriften, insbesondere des Naturschutzrechts, ergeben, bleiben unberührt. [4]Die Sätze 1 bis 3 gelten nicht für Campingplätze, die einer Genehmigung nach derBayerischen Bauordnung (BayBO) bedürfen.

(3) Mit Geldbuße kann belegt werden, wer

1. einer auf Grund des Absatzes 1 erlassenen Verordnung zuwiderhandelt oder
2. ohne die nach Absatz 2 erforderliche Erlaubnis einen Campingplatz errichtet oder betreibt oder einer mit einer solchen Erlaubnis verbundenen vollziehbaren Auflage zuwiderhandelt.

Art. 27

Baden; Betreten und Befahren von Eisflächen

(1) Zur Verhütung von Gefahren für Leben oder Gesundheit können die Gemeinden durch Verordnung das Baden an bestimmten Orten sowie das Betreten und Befahren von Eisflächen verbieten.

(2) [1]Zur Aufrechterhaltung der Sittlichkeit oder zur Verhütung von Gefahren für Leben oder Gesundheit können die Gemeinden und das Staatsministerium des Innern, für Sport und Integration durch Verordnung Vorschriften über das Verhalten beim öffentlichen Baden und über Sicherheitsvorkehrungen in Badeanstalten erlassen. [2]In solchen Verordnungen kann auch bestimmt werden, daß der Badebetrieb in Badeanstalten durch geprüfte Schwimmeistergehilfen, Schwimmeister oder andere dafür ausgebildete Personen zu beaufsichtigen ist.

(3) Die Vorschriften desBayerischen Wassergesetzes bleiben unberührt.

(4) Mit Geldbuße kann belegt werden, wer

1. einem durch Verordnung nach Absatz 1 angeordneten Verbot des Badens an bestimmten Orten oder des Betretens oder Befahrens von Eisflächen zuwiderhandelt,
2. einer Verordnung nach Absatz 2 über das Verhalten beim Baden zuwiderhandelt,
3. vorsätzlich oder fahrlässig als Inhaber oder Verantwortlicher einer Badeanstalt entgegen einer Verordnung nach Absatz 2 nicht für die erforderlichen Sicherheitsvorkehrungen sorgt oder den Badebetrieb nicht genügend beaufsichtigt.

Beispiel:

Verordnung über die Beschränkung des Gemeingebrauchs an den oberirdischen Gewässern innerhalb der Landeshauptstadt München (Bade- und Bootverordnung) vom 21. Dezember 1976

Art. 28

Öffentliche Anschläge

(1) [1]Zum Schutz des Orts- und Landschaftsbilds oder eines Natur-, Kunst- oder Kulturdenkmals können die Gemeinden durch Verordnung Anschläge, insbesondere Plakate, und Darstellungen durch Bildwerfer in der Öffentlichkeit auf bestimmte Flächen

beschränken. [2]Dies gilt nicht für Werbeanlagen, die von der Bayerischen Bauordnung erfaßt werden.

(2) Wer vorsätzlich oder fahrlässig einer auf Grund des Absatzes 1 erlassenen Verordnung zuwiderhandelt, kann mit Geldbuße belegt werden.

(3) Die Gemeinde kann die Beseitigung von Anschlägen, insbesondere Plakaten, und von Darstellungen durch Bildwerfer in der Öffentlichkeit anordnen, wenn sie Rechtsgüter im Sinn des Absatzes 1 beeinträchtigen.

Beispiel:

Verordnung der Landeshauptstadt München über das Anbringen von Anschlägen und Plakaten und über Darstellungen durch Bildwerfer (Plakatierungsverordnung) vom 7. August 2019

Art. 30

Verzehr alkoholischer Getränke auf öffentlichen Flächen

(1) Die Gemeinden können durch Verordnung auf bestimmten öffentlichen Flächen – außerhalb von Gebäuden und genehmigten Freischankflächen – den Verzehr alkoholischer Getränke verbieten, wenn tatsächliche Anhaltspunkte die Annahme rechtfertigen, dass dort aufgrund übermäßigen Alkoholkonsums regelmäßig Ordnungswidrigkeiten oder Straftaten begangen werden. Die Verordnungen nach Satz 1 sind längstens auf vier Jahre zu befristen. In ihnen können die Gemeinden auch das Mitführen alkoholischer Getränke an den in der Verordnung bezeichneten Orten verbieten, wenn die Getränke den Umständen nach zum dortigen Verzehr bestimmt sind.

(2) Mit Geldbuße kann belegt werden, wer einer aufgrund des Abs. 1 erlassenen Verordnung zuwiderhandelt.

Beispiel:

Verordnung der Landeshauptstadt München über das Verbot des Verzehrs und des Mitführens alkoholischer Getränke auf öffentlichen Flächen im Bereich des Hauptbahnhofes vom 4. Januar 2023

Art. 37

Halten gefährlicher Tiere

(1) [1]Wer ein gefährliches Tier einer wildlebenden Art oder einen Kampfhund halten will, bedarf der Erlaubnis der Gemeinde, soweit das Bundesrecht nichts anderes vorschreibt. [2]Kampfhunde sind Hunde, bei denen auf Grund rassespezifischer Merkmale, Zucht oder Ausbildung von einer gesteigerten Aggressivität und Gefährlichkeit gegenüber Menschen oder Tieren auszugehen ist; das Staatsministerium des Innern, für Sport und Integration kann durch Verordnung Rassen, Kreuzungen und sonstige Gruppen von Hunden bestimmen, für welche die Eigenschaft als Kampfhunde vermutet wird.

(2) [1]Die Erlaubnis darf nur erteilt werden, wenn der Antragsteller ein berechtigtes Interesse nachweist, gegen seine Zuverlässigkeit keine Bedenken bestehen und Gefahren für Leben, Gesundheit, Eigentum oder Besitz nicht entgegenstehen; ein berechtigtes Interesse zur Haltung von Hunden im Sinn des Absatzes 1 Satz 2 kann insbesondere vorliegen, wenn diese der Bewachung eines gefährdeten Besitztums dient. [2]Die Erlaubnis kann vom Nachweis des Bestehens einer besonderen Haftpflichtversicherung abhängig gemacht werden. [3]Versagungsgründe, die sich aus anderen Vorschriften ergeben, bleiben unberührt.

(3) Die Erlaubnispflicht nach Absatz 1 Satz 1 gilt nicht für die Haltung von Diensthunden der Polizei, des Strafvollzugs, des Bundesgrenzschutzes und der Zollverwaltung.

(4) Mit Geldbuße bis zu zehntausend Euro kann belegt werden, wer vorsätzlich oder fahrlässig

1. ein gefährliches Tier einer wildlebenden Art oder einen Kampfhund ohne die erforderliche Erlaubnis hält oder
2. die mit der Erlaubnis verbundenen vollziehbaren Auflagen nicht erfüllt.

Beispiel:

Verordnung über Hunde mit gesteigerter Aggressivität und Gefährlichkeit vom 10. Juli 1992 (KampfhundeV), geändert durch Verordnung vom 4. September 2002

Art. 37a

Zucht und Ausbildung von Kampfhunden

(1) Mit Geldbuße bis zu fünfzigtausend Euro kann belegt werden, wer Kampfhunde im Sinn des Artikel 37 Abs. 1 Satz 2 züchtet oder kreuzt.

(2) [1] Wer Hunde mit dem Ziel einer gesteigerten Aggressivität und Gefährlichkeit gegenüber Menschen oder Tieren ausbildet, bedarf der Erlaubnis der Kreisverwaltungsbehörde, soweit das Bundesrecht nichts anderes vorschreibt. [2] Die Erlaubnis darf nur erteilt werden, wenn der Antragsteller die erforderliche Sachkunde besitzt, gegen seine Zuverlässigkeit keine Bedenken bestehen und die Ausbildung Schutzzwecken dient. [3] Die Erlaubnis darf nicht erteilt werden für Hunde im Sinn des Art. 37 Abs. 1 Satz 2 Halbsatz 2. [4] Art. 37 Abs. 3 gilt entsprechend.

(3) Mit Geldbuße bis zu fünfzigtausend Euro kann belegt werden, wer vorsätzlich oder fahrlässig

1. einen Hund ohne die erforderliche Erlaubnis ausbildet oder
2. die mit der Erlaubnis verbundenen vollziehbaren Auflagen nicht erfüllt.

Art. 59

Zuständigkeit zur Verfolgung und Ahndung von Ordnungswidrigkeiten nach § 112 des Gesetzes über Ordnungswidrigkeiten

Zuständige Verwaltungsbehörde für die Verfolgung und Ahndung von Ordnungswidrigkeiten nach § 112 OWiG ist bei Zuwiderhandlungen gegen Anordnungen des Landtags oder seines Präsidenten der Direktor des Landtagsamts.

2. Zuständigkeitsverordnung (ZustV)

vom 16. Juni 2015 (GVBl S. 184, BayRS 2015-1-1-V), zuletzt geändert durch Verordnung vom 28. März 2023 (GVBl. S. 121)

– Auszug –

TEIL 14

ORDNUNGSWIDRIGKEITEN

§ 87

Regel- und Auffangzuständigkeit

(1) [1] Für die Verfolgung und Ahndung von Ordnungswidrigkeiten ist vorbehaltlich abweichender Regelung in den §§ 88 bis 98 diejenige Verwaltungsbehörde zuständig, der der Vollzug der Rechtsvorschrift obliegt, gegen die sich die Zuwiderhandlung richtet. [2] Satz 1 gilt nicht für Zuwiderhandlungen gegen Vorschriften des Naturschutzrechts oder der Zweckverbände.

(2) Ist nach Abs. 1 oder §§ 88 bis 98 keine zuständige Behörde bestimmt, sind die Kreisverwaltungsbehörden zuständig.

§ 88

Gemeinden

(1) [1] Für

1. **die Verfolgung und Ahndung von Zuwiderhandlungen gegen Ortsrecht und**
2. **Verwarnungen nach § 56 des Gesetzes über Ordnungswidrigkeiten (OWiG) wegen Zuwiderhandlungen gegen sonstige Rechtsvorschriften, deren Vollzug ihnen obliegt,**

sind die kreisangehörigen Gemeinden zuständig. [2] Ist die Gemeinde Mitglied einer Verwaltungsgemeinschaft, so ist in den Fällen des Satzes 1 Nr. 1 die Mitgliedsgemeinde, in den Fällen des Satzes 1 Nr. 2 die Verwaltungsgemeinschaft zuständig.

(2) Für die Verfolgung und Ahndung von Zuwiderhandlungen gegen

1. **die Bayerische Bauordnung,**
2. **Rechtsverordnungen, die auf Grund von Art. 38 Abs. 1 oder 3 des Landesstraf- und Verordnungsgesetzes (LStVG) oder Art. 80 Abs. 1 BayBO erlassen worden sind,**
3. **das Wasserhaushaltsgesetz oder das Bayerische Wassergesetz,**
4. **das Gaststättengesetz,**
5. **§ 144 Abs. 1 Nr. 1 Buchst. c und d, Abs. 2 Nrn. 1, 3 und 4, § 145 Abs. 1 Nrn. 2 und 4, Abs. 2 Nrn. 1 und 7 Buchst. b und c und Abs. 3 Nrn. 1 und 6 bis 9 sowie § 146 Abs. 2 Nrn. 2 und 4 bis 11a GewO, soweit sich diese Vorschriften auf Gewerbetreibende beziehen, die den Vorschriften der §§ 14, 33a, 33c, 33d, 33i, 55c, 55 f, 56a, 60a, 60b, 67, 69, 69a, 70a und 71b GewO unterliegen,**
6. **das Bestattungsgesetz oder die auf Grund dieses Gesetzes erlassenen Verordnungen,**
7. **(aufgehoben)**
8. **Art. 19 Abs. 7 LStVG,**
9. **das Denkmalschutzgesetz,**

sind die Großen Kreisstädte und diejenigen kreisangehörigen Gemeinden zuständig, denen nach Art. 53 Abs. 2 Satz 1 BayBO die Aufgaben der unteren Bauaufsichtsbehörde übertragen wurden, soweit diesen Gemeinden der Vollzug dieser Vorschriften obliegt.

(3) [1] Für die Verfolgung und Ahndung von Ordnungswidrigkeiten nach § 24 StVG,

1. die im ruhenden Verkehr festgestellt werden,
2. die Verstöße gegen die Vorschriften über die zulässige Geschwindigkeit von Fahrzeugen betreffen,
3. die Verkehrsordnungswidrigkeiten betreffen, welche in unmittelbarem Zusammenhang stehen mit den verkehrsrechtlichen Anordnungen folgender Verkehrszeichen der Anlagen 2 und 3 der Straßenverkehrs-Ordnung (StVO):
   a) Zeichen 220 – Einbahnstraße – in Verbindung mit Zeichen 267 – Verbot der Einfahrt –, soweit die Verkehrsordnungswidrigkeit durch Radfahrer begangen wird,
   b) Zeichen 237 – Radweg –,
   c) Zeichen 239 – Gehweg –,
   d) Zeichen 240 – Gemeinsamer Geh- und Radweg –,
   e) Zeichen 241 – Getrennter Rad- und Gehweg –,
   f) Zeichen 242.1 und 242.2 – Beginn und Ende eines Fußgängerbereichs –,
   g) Zeichen 244.1 und 244.2 – Beginn und Ende einer Fahrradstraße –,
   h) Zeichen 325.1 und 325.2 – Beginn und Ende eines verkehrsberuhigten Bereichs –,
4. die von Radfahrern auf Gehwegen begangen werden,

sind neben den in § 91 benannten Stellen auch die Gemeinden zuständig. [2] § 91 Abs. 2 gilt entsprechend.

(4) Die Gemeinden machen die Aufnahme sowie die Beendigung der Tätigkeiten nach Abs. 3 entsprechend den Vorschriften amtlich bekannt, die für die Bekanntmachung von Satzungen der Gemeinden gelten.

(5) In anderen Fällen sind die Gemeinden für die Verfolgung und Ahndung von Ordnungswidrigkeiten nicht zuständig.

§ 89
Kreisverwaltungsbehörden

Für die Verfolgung und Ahndung von Zuwiderhandlungen nach

1. §§ 117 und 118 der Handwerksordnung,
2. § 124 Abs. 1 OWiG, soweit sich diese Vorschrift auf die bayerischen Staatswappen und Dienstflaggen bezieht,
3. § 32 Abs. 2 Nr. 4 des Tiergesundheitsgesetzes, soweit Vorschriften über das innergemeinschaftliche Verbringen sowie die Einfuhr und Durchfuhr von Tieren und Waren betroffen sind,
4. § 154 des Flurbereinigungsgesetzes und Art. 23 des Gesetzes zur Ausführung des Flurbereinigungsgesetzes,
5. Art. 22 des Abmarkungsgesetzes,
6. Art. 15 des Vermessungs- und Katastergesetzes,
7. § 39 Abs. 1 Nr. 7 des Bundesjagdgesetzes und Art. 56 Abs. 1 Nr. 15 des Bayerischen Jagdgesetzes, soweit Vorschriften über das Aussetzen von Tierarten betroffen sind,
8. Art. 46 des Waldgesetzes für Bayern,
   a) § 144 Abs. 1 Nr. 1 Buchst. j bis o GewO,

b) § 144 Abs. 2 Nr. 1b GewO, soweit sich die Vorschrift auf § 34e Abs. 1 Satz 1 Nr. 2, 4 oder 7, Abs. 2 oder 3 GewO bezieht,

c) § 144 Abs. 2 Nr. 3 GewO, soweit sich die Vorschrift auf § 34d Abs. 4 Satz 1 GewO, auch in Verbindung mit Abs. 6 Satz 3 GewO bezieht,

d) § 144 Abs. 2 Nrn. 5 bis 11 GewO,

10. § 146 Abs. 2 Nr. 2 GewO, soweit eine Anzeige bei den Industrie- und Handelskammern oder den Handwerkskammern nicht richtig, nicht vollständig oder nicht rechtzeitig erstattet wurde,

11. § 146 Abs. 2 Nr. 4 GewO, soweit eine Auskunft gegenüber den Industrie- und Handelskammern nicht, nicht richtig, nicht vollständig oder nicht rechtzeitig erteilt wurde,

12. § 49 Abs. 3 Nr. 4 StVO in Verbindung mit § 41 Abs. 1 und Anlage 2 Abschnitt 6 StVO, soweit sich die Anordnung auf § 45 Abs. 1a Nr. 4 oder 4a StVO stützt; die Zuständigkeit der Polizei bleibt unberührt,

13. § 7 des Holzhandels-Sicherungs-Gesetzes, soweit der Vollzug des Holzhandels-Sicherungs-Gesetzes durch die Länder erfolgt,

14. § 63a Abs. 1 des Zweiten Buches Sozialgesetzbuch (SGB II) in Verbindung mit § 63a Abs. 3 Nr. 2 SGB II,

sind die Kreisverwaltungsbehörden zuständig.

§ 90
Regierungen

(1) Für die Verfolgung und Ahndung von Zuwiderhandlungen nach

1. § 334 des Handelsgesetzbuchs,
2. § 405 des Aktiengesetzes,
3. Art. 12 des Dolmetschergesetzes,
4. § 64b der Eisenbahn-Bau- und Betriebsordnung, soweit es sich nicht um Eisenbahnen des Bundes handelt,
5. § 49 der Eisenbahn-Bau- und Betriebsordnung für Schmalspurbahnen, soweit es sich nicht um Eisenbahnen des Bundes handelt,

sind die Regierungen zuständig.

(2) Für die Verfolgung und Ahndung von Zuwiderhandlungen nach § 20 des Transplantationsgesetzes ist die Regierung von Oberbayern zuständig.

(3) Für die Verfolgung und Ahndung von Zuwiderhandlungen nach § 16 Abs. 2 Nr. 1 des Telemediengesetzes (TMG) sowie nach § 49 Abs. 1 Satz 2 Nr. 28 und 29 des Rundfunkstaatsvertrags ist die Regierung von Mittelfranken zuständig.

(4) Für die Verfolgung und Ahndung von Zuwiderhandlungen nach Art. 8 des Ingenieurgesetzes ist die Regierung von Schwaben zuständig.

§ 91
Polizei

(1) [1] Für die Verfolgung und Ahndung von Zuwiderhandlungen nach

1. §§ 23, 24, 24a und 24c StVG, ausgenommen Zuwiderhandlungen gegen die Durchführungsverordnung zum Fahrlehrergesetz,

2. § 45 Abs. 1 Nr. 5, Abs. 2 der Verordnung über den Betrieb von Kraftfahrunternehmen im Personenverkehr sowie nach § 5 Abs. 1 des Bundesnichtraucherschutzgesetzes, soweit die Beförderung mit Oberleitungsbussen und Kraftfahrzeugen betroffen ist,
3. § 8 Abs. 1, § 8a Abs. 1 bis 3 des Fahrpersonalgesetzes sowie der §§ 21 bis 25 der Fahrpersonalverordnung, soweit die Zuwiderhandlungen durch die Polizei festgestellt wurden,
4. § 9 Abs. 1 Nr. 1 und Abs. 2 Nr. 1 des Berufskraftfahrer-Qualifikations-Gesetzes (BKrFQG), soweit nicht das Bundesamt für Güterverkehr nach § 9 Abs. 4 BKrFQG zuständig ist,
5. Art. 57 Abs. 4 Nrn. 1 bis 3 des Bayerischen Naturschutzgesetzes, soweit die Zuwiderhandlungen durch die Polizei festgestellt wurden,
6. § 194 Abs. 1 Nr. 2 Buchst. l und Nr. 6 StrlSchG,
7. § 10 Abs. 1 des Gefahrgutbeförderungsgesetzes (GGBefG) sowie § 37 der Gefahrgutverordnung Straße, Eisenbahn und Binnenschifffahrt

ist das Polizeiverwaltungsamt zuständig. [2]In den Fällen der Nrn. 6 und 7 gilt dies nur, soweit die Zuwiderhandlungen durch die Polizei oder bei Straßenkontrollen anderer Behörden festgestellt werden oder sie sonst im Zusammenhang mit der Beförderung gefährlicher Güter der Klasse 7 im Straßenverkehr stehen. [3] § 10 Abs. 3 GGBefG bleibt unberührt.

(2) In den Fällen des Abs. 1 sind neben dem Polizeiverwaltungsamt auch die Dienststellen der Landespolizei und der Bereitschaftspolizei zuständig, solange sie die Sache nicht an das Polizeiverwaltungsamt oder an die Staatsanwaltschaft abgegeben haben oder wenn die Staatsanwaltschaft die Sache nach § 41 Abs. 2 oder § 43 Abs. 1 OWiG an die Polizei zurück- oder abgibt.

(3) Für die Verfolgung und Ahndung von Ordnungswidrigkeiten nach Art. 23 BayDSG sind im Bereich der Polizei die dem Staatsministerium des Innern, für Sport und Integration unmittelbar nachgeordneten Polizeidienststellen zuständig.

(4) [1]In anderen Fällen sind Dienststellen der Polizei für die Verfolgung und Ahndung von Ordnungswidrigkeiten nicht zuständig. [2]Die Ermächtigung der Polizei zu Verwarnungen nach § 57 Abs. 2 OWiG bleibt unberührt.

§ 92
Staatsanwaltschaften

Für die Verfolgung und Ahndung von Zuwiderhandlungen gegen

1. § 115 OWiG und Art. 21 LStVG, soweit sich der Gefangene oder Verwahrte im Gewahrsam von Justizvollzugsanstalten befindet,
2. § 20 des Rechtsdienstleistungsgesetzes

sind die Staatsanwaltschaften zuständig.

§ 93
Landesanstalt für Weinbau und Gartenbau

Für die Verfolgung und Ahndung von Zuwiderhandlungen nach § 7 der Reblausverordnung ist die Landesanstalt für Weinbau und Gartenbau zuständig.

§ 94

Landesanstalt für Gartenbau

(1) Für die Verfolgung und Ahndung von Zuwiderhandlungen

1. gegen das Öko-Landbaugesetz, auch soweit der Vollzug der verletzten Rechtsvorschrift beliehenen Kontrollstellen obliegt,
2. nach dem Saatgutrecht, dem Pflanzenschutzrecht und dem Düngemittelrecht, ausgenommen die Verfolgung und Ahndung von Zuwiderhandlungen gegen das Forstvermehrungsgutgesetz,
3. gegen das Tierzuchtgesetz und das Bayerische Tierzuchtgesetz

ist die Landesanstalt für Landwirtschaft zuständig.

(2) [1] Beliehene Kontrollstellen sind für Verwarnungen nach § 56 OWiG wegen Zuwiderhandlungen gegen das Öko-Landbaugesetz zuständig, soweit ihnen der Vollzug der verletzten Rechtsvorschrift obliegt. [2] Abs. 1 Nr. 1 bleibt unberührt.

§ 95

Landesamt für Statistik

Für die Verfolgung und Ahndung von Zuwiderhandlungen nach Art. 36 Abs. 1 des Bayerischen Statistikgesetzes und nach § 23 des Bundesstatistikgesetzes ist das Landesamt für Statistik zuständig.

§ 96

Landesamt für Datenschutzaufsicht

Für die Verfolgung und Ahndung von Zuwiderhandlungen nach § 43 des Bundesdatenschutzgesetzes sowie § 28 Abs. 1 Nr. 10 bis 13 des Telekommunikation-Telemedien-Datenschutz-Gesetzes ist das Landesamt für Datenschutzaufsicht zuständig.

§ 97

Landesbaudirektion Bayern

Für die Verfolgung und Ahndung von Zuwiderhandlungen nach § 8 des Bauproduktengesetzes, die im Rahmen der Marktüberwachung nach § 10 Abs. 2 der Zuständigkeitsverordnung im Bauwesen festgestellt werden, ist die Autobahndirektion Nordbayern zuständig.

§ 98

Staatsministerium für Wissenschaft und Kunst

Zuständig für die Verfolgung und Ahndung von Zuwiderhandlungen gegen das Bayerische Hochschulgesetz ist das Staatsministerium für Wissenschaft und Kunst.

§ 98a

Bayerische Architektenkammer und Bayerische Ingenieurekammer-Bau

Für die Verfolgung und Ahndung von Zuwiderhandlungen nach

1. Art. 32 Abs. 1 des Baukammerngesetzes,
2. § 37 der Verordnung über die Prüfingenieure, Prüfämter und Prüfsachverständigen im Bauwesen sowie

3. Art. 79 Abs. 2 Nr. 4 BayBO

sind je nach Zuständigkeit zur Listenführung die Bayerische Architektenkammer und die Bayerische Ingenieurekammer-Bau zuständig.

3. Verordnung über gerichtliche Zuständigkeiten im Bereich des Staatsministeriums der Justiz (Gerichtliche Zuständigkeitsverordnung Justiz – GZVJu)

vom 11. Juni 2012 (GVBl S. 295, BayRS 300-3-1-J),
zuletzt geändert durch § 1 der Verordnung vom 13. Dezember 2022 (GVBl. S. 727, 2023 S. 18)

– Auszug –

§ 57

Bußgeldverfahren

(1) [1]Umfasst der Bezirk einer Verwaltungsbehörde mehrere Amtsgerichtsbezirke, so entscheidet von den im Bezirk der Verwaltungsbehörde liegenden Amtsgerichten dasjenige, in dessen Bezirk der Begehungsort (§ 68 Abs. 3 Satz 1 Nr. 1 OWiG) oder der Wohnort (§ 68 Abs. 3 Satz 1 Nr. 2 OWiG) liegt; § 37 Abs. 3 OWiG gilt entsprechend. [2]Befinden sich weder der Begehungs- noch der Wohnort im Bezirk der Verwaltungsbehörde, so verbleibt es bei der in § 68 Abs. 1 Satz 1 OWiG vorgesehenen Zuständigkeit des Amtsgerichts, in dessen Bezirk die Verwaltungsbehörde ihren Sitz hat.

(2) Abs. 1 findet keine Anwendung

1. auf Entscheidungen nach § 87 Abs. 4 Satz 2, § 100 Abs. 2 Satz 1, § 104 Abs. 1 Nr. 1, § 106 Abs. 2 Satz 3 und § 108 Abs. 1 Satz 1 OWiG,
2. bei Ordnungswidrigkeiten im Steuerrecht und im Atom- und Strahlenschutzrecht,
3. bei Bußgeldbescheiden der Landesanstalt für Landwirtschaft und der Bau-Berufsgenossenschaft Bayern und Sachsen.

(3) [1]Abweichend von Abs. 1 entscheiden bei einem Einspruch gegen einen Bußgeldbescheid des Bayerischen Polizeiverwaltungsamts wegen Ordnungswidrigkeiten nach dem Gefahrgutrecht (§ 10 Abs. 1 des Gefahrgutbeförderungsgesetzes sowie § 10 der Gefahrgutverordnung Straße, Eisenbahn und Binnenschifffahrt, soweit diese durch die Polizei oder bei Straßenkontrollen anderer Behörden festgestellt werden) die folgenden Amtsgerichte, wenn in den genannten Bezirken der Begehungsort (§ 68 Abs. 3 Satz 1 Nr. 1 OWiG) oder der Wohnort (§ 68 Abs. 3 Satz 1 Nr. 2 OWiG) liegt:

1. das Amtsgericht Augsburg für die Landgerichtsbezirke Augsburg – ausgenommen den Amtsgerichtsbezirk Landsberg am Lech –, Kempten Allgäu) und Memmingen,
2. das Amtsgericht Bayreuth für die Landgerichtsbezirke Bamberg – ausgenommen den Amtsgerichtsbezirk Haßfurt –, Bayreuth, Coburg und Hof,
3. das Amtsgericht Erlangen für die Landgerichtsbezirke Ansbach und Nürnberg-Fürth – ausgenommen den Amtsgerichtsbezirk Neumarkt i. d. OPf.,
4. das Amtsgericht Passau für die Landgerichtsbezirke Deggendorf, Landshut – ausgenommen die Amtsgerichtsbezirke Erding und Freising – und Passau sowie für die Amtsgerichtsbezirke Kelheim und Straubing,
5. das Amtsgericht Regensburg für die Landgerichtsbezirke Amberg, Regensburg – ausgenommen die Amtsgerichtsbezirke Kelheim und Straubing – und Weiden i. d. OPf. sowie für den Amtsgerichtsbezirk Neumarkt i. d. OPf.,
6. das Amtsgericht Traunstein für die Landgerichtsbezirke Ingolstadt, München I, München II und Traunstein sowie für die Amtsgerichtsbezirke Erding, Freising und Landsberg am Lech,
7. das Amtsgericht Würzburg für die Landgerichtsbezirke Aschaffenburg, Schweinfurt und Würzburg sowie für den Amtsgerichtsbezirk Haßfurt.

[2] **Abs. 1 Satz 2 und Abs. 2 Nr. 1 gelten entsprechend.**

(4) Für Bußgeldverfahren wegen Steuerordnungswidrigkeiten gilt § 56 entsprechend.

4. Verfolgung und Ahndung von Verstößen im ruhenden Verkehr sowie von Geschwindigkeitsverstößen durch Gemeinden

Bekanntmachung des Bayerischen Staatsministeriums des Innern vom 12. Mai 2006, Az.: I C 4–3618.3011-13 (AllMBl S. 161)

An die Regierungen die Landratsämter die Gemeinden die Präsidien der Landespolizei die Zentrale Bußgeldstelle im Bayerischen Polizeiverwaltungsamt nachrichtlich an das Präsidium der Bayerischen Bereitschaftspolizei die Fachhochschule für öffentliche Verwaltung und Rechtspflege in Bayern die Bayerische Verwaltungsschule den Bayerischen Gemeindetag den Bayerischen Städtetag den Bayerischen Landkreistag den Bayerischen Landesbeauftragten für den Datenschutz

1. Allgemeine Bestimmungen

1.1 Zu beachtende Bestimmungen

Die Gemeinden verfolgen und ahnden im übertragenen Wirkungskreis Verkehrsordnungswidrigkeiten nach § 24 des Straßenverkehrsgesetzes (StVG), die im ruhenden Verkehr festgestellt werden oder Verstöße gegen die Vorschriften über die zulässige Geschwindigkeit von Fahrzeugen betreffen. **Die Verfolgung rein fiskalischer Interessen ist unzulässig**.

Die Gemeinden beachten:

- die Richtlinie über die polizeiliche Verkehrsüberwachung, Bekanntmachung vom 12. Mai 2006 (AllMBl S. 155). Ergänzende Weisungen, insbesondere zur technischen Durchführung einzelner Kontrollarten, bleiben vorbehalten.
- die Bekanntmachung über die Erteilung von Verwarnungen wegen Verkehrsordnungswidrigkeiten vom 7. Dezember 1989 (AllMBl S. 1133), geändert durch Bekanntmachung vom 15. Mai 1997 (AllMBl S. 387)
- die Bekanntmachung über die Aufgaben der Polizei bei der Verfolgung von Verkehrsverstößen vom 7. Dezember 1989 (AllMBl S. 1147), zuletzt geändert durch Bekanntmachung vom 12. November 2001 (AllMBl S. 676)
- die Bekanntmachung über die Aufgaben der Polizei bei der Ahndung von Verkehrsordnungswidrigkeiten vom 7. Dezember 1989 (AllMBl S. 1163), zuletzt geändert durch Bekanntmachung vom 28. August 2002 (AllMBl S. 710)
- die Sammlung der Rundschreiben zur Verfolgung und Andung von Verkehrsordnungswidrigkeiten (RdS) der Zentralen Bußgeldstelle im Bayerischen Polizeiverwaltungsamt (in der jeweils geltenden Fassung).

1.2 Zuständigkeit/Rechtspflicht/Kosten

Die Verordnung über Zuständigkeiten im Ordnungswidrigkeitenrecht (ZuOWiG) vom 21. Oktober 1997 (GVBl S. 727, BayRS 454-1-I) wurde durch die Verordnung zur Änderung der Verordnung über Zuständigkeiten im Ordnungswidrigkeitenrecht vom 15. Mai 2001 (GVBl S. 238) zum 1. Juni 2001 geändert. Mit dieser Verordnung zur Änderung der ZuVOWiG wurden die Gemeinden ermächtigt, Ordnungswidrigkeiten nach § 24 des Straßenverkehrsgesetzes (StVG), die im ruhenden Verkehr festgestellt werden oder Verstöße gegen die Vorschriften über die zulässige Geschwindigkeit von Fahrzeugen betreffen, zu verfolgen und zu ahnden (§ 2 Abs. 3 ZuVOWiG).

Die Schaffung einer generellen Zuständigkeit der Gemeinden zur Verfolgung und Ahndung der vorstehend aufgeführten Ordnungswidrigkeiten ist nicht mit einer Verpflichtung zur – auch nur teilweisen – Wahrnehmung der Verkehrsüberwachung verbunden.

Finanzzuweisungen, die über die Vorschrift des Art. 7 Abs. 2 Nr. 2 Finanzausgleichsgesetz (FAG) hinausgehen, werden nicht gewährt.

1.3 Verhältnis Gemeinde – Polizei

Die Zuständigkeit der Polizei zur Ermittlung, Verfolgung und Ahndung von Ordnungswidrigkeiten nach § 24 StVG, die im ruhenden Verkehr festgestellt werden oder Verstöße gegen die Vorschriften über die zulässige Geschwindigkeit von Fahrzeugen betreffen, bleibt unberührt. Um eine reibungslose und effiziente Zusammenarbeit zwischen der Bayerischen Polizei und den Gemeinden zu gewährleisten, soll die räumliche und zeitliche Abgrenzung der Tätigkeiten der Gemeinde und der Polizei (Polizeipräsidien oder von diesen bestimmten Polizeidienststellen) durch schriftliche Vereinbarung erfolgen. Bei Meinungsverschiedenheiten zwischen Gemeinde und den örtlichen Polizeidienststellen über die räumliche und zeitliche Abgrenzung der Tätigkeiten soll ein Gespräch – unter Vermittlung der Fachaufsichtsbehörde der Gemeinde – stattfinden.

Können sich Gemeinde und örtliche Polizeidienststelle nicht einigen, entscheidet die Fachaufsichtsbehörde, soweit die Zuständigkeit der Gemeinde betroffen ist.

Unbeschadet der Zuständigkeit der Gemeinden führen die Dienststellen der Bayerischen Landespolizei und das Bayerische Polizeiverwaltungsamt ihre Tätigkeiten im bisherigen Umfang fort, wenn bzw. soweit die Gemeinden von ihrer Zuständigkeit keinen Gebrauch machen.

1.4 Ermittlungsbehörden

Die Gemeinde nehmen bei Ausübung der Verkehrsüberwachung im Rahmen ihrer örtlichen Zuständigkeit nach § 37 OWiG die Aufgaben als Verfolgungs- und Ahndungsbehörde wahr.

1.5 Ermittlungen

Zur Angabe der Personalien sind die Betroffenen auch gegenüber den zuständigen Gemeinden verpflichtet (§ 111 OWiG). Sind zusätzliche Ermittlungen am Wohn- oder Aufenthaltsort der/des Betroffenen erforderlich, liegt dieser aber nicht im Gebiet der Gemeinde, die den Geschwindigkeitsverstoß oder den Verstoß im ruhenden Verkehr festgestellt hat und ist die Gemeinde des Wohnsitzes oder des Aufenthaltsorts des Betroffenen eine bayerische Gemeinde, so führt diese – ausgenommen in besonderes schwierigen Einzelfällen – im Rahmen einer Hilfeleistung innerhalb eines bestehenden Weisungsverhältnisses (vgl. § 46 Abs. 1 und 2 OWiG in Verbindung mit § 161 Abs. 1 StPO) auch die Ermittlungen für andere bayerische kommunale Verfolgungsbehörden durch, wenn sie selbst die kommunale Verkehrsüberwachung (Überwachung des ruhenden Verkehrs und/oder Überwachung der zulässigen Höchstgeschwindigkeit von Fahrzeugen) betreibt. D. h., bayerische Gemeinden, die den ruhenden Verkehr überwachen, müssen auch Ermittlungsersuchen von Gemeinden erledigen, die sich auf Geschwindigkeitsverstöße beziehen (und umgekehrt).

Bei Gemeinden, die keine Verkehrsüberwachung durchführen, werden die Dienststellen der Bayerischen Polizei nach Maßgabe des Art. 9 Polizeiorganisationsgesetz (POG) bzw. nach § 46 Abs. 1 und 2 OWiG in Verbindung mit § 161 Abs. 1 StPO tätig, soweit im Einzelfall nicht vorrangige andere Aufgaben entgegenstehen.

Ermittlungsversuchen außerbayerischer kommunaler Verkehrsüberwachungsbehörden können von der Polizei an die zuständigen bayerischen Wohnortgemeinden abgegeben werden, soweit diese die kommunale Verkehrsüberwachung selbst betreiben.

1.6 Außendienst

Zur Erteilung von Verwarnungen können die Gemeinden auch Dienstkräfte des Außendienstes ermächtigen (§§ 56 bis 58 OWiG).

1.7 Uniform

Die Uniform der Außendienstkräfte der Gemeinden muss sich deutlich von der Uniform der Bayerischen Landespolizei unterscheiden.

1.8 Verbleib der Sanktionen

Bußgelder und Gebühren aus rechtskräftig gewordenen Bußgeldbescheiden wegen Verkehrsverstößen, die die Gemeinden selbst ahnden, verbleiben den Kommunen. Soweit die Gemeinden Verwarnungen mit Verwarnungsgeld erteilen, verbleiben die bezahlten Verwarnungsgelder den Kommunen.

1.9 Bußgeldbescheide

Gemeinden, die Verkehrsverstöße selbst ahnden, erlassen den Bußgeldbescheid selbst und führen auch das Vorverfahren nach §§ 53 ff. OWiG und das Zwischenverfahren nach § 69 OWiG durch. Die erforderlichen Ermittlungen führen die Gemeinden grundsätzlich mit eigenen Dienstkräften durch.

1.10 Fahrverbot

Erlässt eine Gemeinde einen Bußgeldbescheid mit Fahrverbot gegen einen Betroffenen mit Wohnsitz in Bayern, teilt sie dies **unverzüglich** nach Wirksamkeit des Fahrverbots der Zentralen Bußgeldstelle im Bayerischen Polizeiverwaltungsamt mit. Im Übrigen teilt die Gemeinde den Beginn und das Ende des Fahrverbots mit.

Zuständig für die Entgegennahme, die Aufbewahrung und die Aushändigung des Führerscheins ist die Verfolgungsbehörde.

1.11 Mitteilungen an das Verkehrszentralregister

Die Gemeinden, die einen Bußgeldbescheid mit Fahrverbot oder mit einer Geldbuße von mindestens 40 € erlassen, teilen dies gem. § 28 Abs. 4 StVG unverzüglich dem Kraftfahrt-Bundesamt (Verkehrszentralregister) mit. Darüber hinaus ist § 28a StVG zu beachten.

1.12 Verdacht einer Straftat

Werden einer Gemeinde bei Durchführung der Ermittlungen Umstände bekannt, die den Verdacht einer Straftat des Betroffenen (z. B. Fahren ohne Fahrerlaubnis) begründen, unterrichtet die Gemeinde unverzüglich die zuständige Polizeidienststelle.

1.13 Anforderungen an das Überwachungspersonal

Die Gemeinden achten darauf, dass bei der Verfolgung von Verstößen gegen die zulässige Höchstgeschwindigkeit von Fahrzeugen sowie von Verstößen, die im ruhenden Verkehr festgestellt werden, die rechtlichen und technischen Anforderungen sorgfältig erfüllt werden. Sie setzen für die Feststellung der Verstöße im ruhenden Verkehr, für Geschwindigkeitsmessungen sowie für die Durchführung des weiteren Verfahrens nur besonders geschultes Personal ein.

Die Leitung der entsprechenden Organisationseinheit der Gemeinde soll einem Beamten des gehobenen Dienstes oder einem Angestellten mit vergleichbarer Qualifikation übertragen werden.

Den Gemeinden wird zudem empfohlen, die bei der Verfolgung von Verkehrsverstößen eingesetzten Dienstkräfte bei der Bayerischen Verwaltungsschule unterweisen zu lassen. Bei der Aufnahme des Verfahrens und während der ersten Monate der Tätigkeit der Gemeinden bei der Verkehrsüberwachung unterstützt die Polizei die gemeindlichen Dienstkräfte. Ein ständiger Erfahrungsaustausch zwischen der Polizei und den Gemeinden ist erwünscht.

1.14 Verwaltungsgemeinschaften

Bei Mitgliedsgemeinden von Verwaltungsgemeinschaften ist gem. Art. 4 Abs. 1 Satz 1 Verwaltungsgemeinschaftsordnung (VGemO) die Verwaltungsgemeinschaft Verfolgungs- und Ahndungsbehörde.

1.15 Beteiligung Privater an der kommunalen Verkehrsüberwachung

1.15.1 Allgemeines

Die Beauftragung Privater mit der eigenständigen Feststellung und Verfolgung von Verstößen im Rahmen der kommunalen Verkehrsüberwachung ist **unzulässig**. Auf die Beschlüsse des BayObLG vom 5. März 1997 (Az. 1ObOWi 785/97) und vom 11. Juli 1997 (Az. 1ObOWi 282/97), die den Regierungen mit Schreiben vom 26. März und 11. August 1997, Nr. 1C4–3618.3011-13-Krä, und vom 30. Mai 1987, Nr. 1C4–3618.3011-13-Ben, übermittelt wurden, wird hingewiesen.

Die Einbeziehung Privater in die kommunale Verkehrsüberwachung ist nur gemäß den nachstehend geregelten Modalitäten zulässig. Dabei muss sichergestellt sein, dass die Gemeinde „Herrin" des Ermittlungsverfahrens bleibt.

1.15.2 Hilfstätigkeiten

Die Gemeinden können im Rahmen der Verfolgung und Ahndung von Verkehrsverstößen reine Schreibtätigkeiten (z. B. automatisierte Erstellung von Anfragen an das Kraftfahrt-Bundesamt (KBA), Anhörungsbögen, Verwarnungsangeboten oder Bußgeldbescheiden) auf private Schreibbüros übertragen, wenn sichergestellt ist, dass die verfahrensrechtlichen Entscheidungen (nach innen und nach außen) von Gemeindebediensteten getroffen werden und insbesondere alle hoheitlichen Maßnahmen (wie Versand von Anhörungsbögen, Erlass und Zustellung von Bußgeldbescheiden etc.) durch die jeweilige Gemeinde selbst erfolgen. So ist z. B. nachstehend aufgeführter Verfahrensablauf denkbar:

- Feststellung des Verstoßes durch einen Gemeindebediensteten
- Automatisierte Erstellung der Halteranfrage an das Kraftfahrt-Bundesamt (KBA) durch ein privates Schreibbüro
- Übersendung an die Gemeinde, die sachbearbeitend tätig wird
- Eingang der Antwort des KBA bei der Gemeinde. Die Gemeinde prüft und entscheidet, ob ein Anhörungsbogen oder ein Verwarnungsangebot zu erstellen ist oder das Verfahren eingestellt wird
- ggf. automatisierte Erstellung des Anhörungsbogens oder des Verwarnungsangebots durch das private Schreibbüro
- Weiterleitung an die Gemeinde, die den Anhörungsbogen bzw. das Verwarnungsangebot nach Prüfung und Beantwortung ggf. unter Verwendung des Dienstsiegels versendet
- Rücklauf des Anhörungsbogens oder Eingang evtl. anderer Schriftstücke bei der Gemeinde, die diese prüft und über den Erlass eines Bußgeldbescheides entscheidet
- ggf. automatische Erstellung des Bußgeldbescheids durch das private Schreibbüro
- Überprüfung, Bearbeitung, Erlass und Versand des Bußgeldbescheids durch die Gemeinde.

Entsprechend sind alle anderen verfahrenserheblichen Entscheidungen und Arbeiten, bei denen es sich nicht um reine Schreibtätigkeiten handelt, stets durch die Gemeinde selbst vorzunehmen (z. B. Einholung von Auskünften vom Verkehrszentralregister (VZR) beim Kraftfahrt-Bundesamt oder Versendung von Mitteilungen an das VZR; Durchführung von Ermittlungen; Erledigung des Schriftverkehrs mit Halter, Fahrer, Rechtsanwalt usw.; Führerscheinaufbewahrung u. Ä.). Mit der Schreibbürotätigkeit kann die Gemeinde auch das private Unternehmen beauftragen, mit dem es schon bei der Geschwindigkeitsmessung zusammenarbeitet. Das private Unternehmen sollte räumlich getrennt von der Gemeinde tätig sein.

Es ist sicherzustellen, dass die beauftragten Unternehmen keine Daten aus dem Verfahren speichern bzw. Unterlagen oder Duplikate behalten, nutzen oder sonst verarbeiten, und dass sie die dem Stand der Technik entsprechenden technischen und organisatorischen Maßnahmen treffen, die erforderlich sind, um die Belange des Datenschutzes zu wahren.

Mitarbeiter privater Schreibbüros, die im Rahmen der kommunalen Verkehrsüberwachung Schreibaufträge für Gemeinden durchführen, sind nach § 1 des Gesetzes über die förmliche Verpflichtung nichtbeamteter Personen (Verpflichtungsgesetz) in der Fassung vom 2. März 1974 (BGBl I S. 547– 548) einschl. Änderungsgesetz vom 15. August 1974 (BGBl I S. 1942) zu verpflichten. Dies könnte z. B. mit dem Formblatt „Niederschrift über die Verpflichtung zur gewissenhaften Erfüllung von Obliegenheiten" nach dem Verpflichtungsgesetz erfolgen. Das Formblatt ist abgedruckt unter AllMBl 2004, S. 100 (Bekanntmachung der Bayerischen Staatsregierung vom 13. April 2004; AllMBl S. 87, StAnz Nr. 17).

In den zwischen den Gemeinden und privaten Unternehmen abzuschließenden Verträgen ist eine Textpassage aufzunehmen, wonach sich das Privatunternehmen der datenschutzrechtlichen Kontrolle des Bayerischen Landesbeauftragten für den Datenschutz ausdrücklich unterwirft und sich gleichzeitig verpflichtet, ihm bzw. seinen Mitarbeitern jederzeit Zugang zu seinen Arbeitsräumen zu gewähren. Dies gilt für alle auf Privatunternehmen übertragenen Hilfstätigkeiten. Auf Art. 6 Bayerisches Datenschutzgesetz, insbesondere die Verantwortlichkeit der Gemeinden für die Einhaltung der vertraglich vereinbarten Vorgaben wird hingewiesen.

Im Übrigen haben sich die Gemeinden vor Vertragsabschluss von den Bewerbern darlegen zu lassen, welche technischen und organisatorischen Maßnahmen sie zum Schutz der zu verarbeitenden Daten ergreifen wollen.

1.15.3 Arbeitnehmerüberlassung

Private Firmen, z. B. Überwachungsunternehmen, können den Gemeinden Personal nach Maßgabe der jeweils aktuellen Fassung des Gesetzes zur Regelung der gewerbsmäßigen Arbeitnehmerüberlassung (AÜG), derzeit in der Fassung der Bekanntmachung vom 3. Februar 1995 (BGBl I S. 158), zuletzt geändert am 14. März 2005 (BGBl I S. 721), überlassen. Die privaten Unternehmen bedürfen hierfür einer Erlaubnis der Bundesagentur für Arbeit. Das Verfahren hierzu ist in §§ 1 bis 8 AÜG geregelt.

Ein Leiharbeitnehmer darf seit dem 1. Januar 2004 ohne zeitliche Begrenzung ununterbrochen bei einem Entleiher beschäftigt werden. Arbeitsschutzvorschriften, wie z. B. das Arbeitszeitgesetz, sind zu beachten.

Diese Pflichten treffen den Verleiher (= derjenige, der bei ihm eingestellte Leiharbeitnehmer einem anderen Unternehmer [Entleiher gewerbsmäßig zur Arbeitsleistung zur Verfügung stellt] und den Entleiher [nimmt die Dienste des Leiharbeitnehmers in Anspruch und zahlt an den Verleiher das vorher vereinbarte Entgelt]). Zwar hat nur der Verleiher mit dem Leiharbeitnehmer einen Arbeitsvertrag abgeschlossen. Der Entleiher erhält jedoch durch den Verleiher die Befugnis, den Leiharbeitnehmer nach eigenen Weisungen einzusetzen. Dadurch sind die Arbeitgeberbefugnisse und Verpflichtungen, insbesondere das Direktions- und Weisungsrecht sowie die Schutz- und Fürsorgepflichten des Arbeitgebers zwischen Verleiher und Entleiher aufgespalten.

Das AÜG in der derzeitigen Fassung steht einer gleichzeitigen Verleihung eines Leiharbeitnehmers an verschiedene Entleiher nicht entgegen. So ist es zum Beispiel möglich, dass ein Leiharbeitnehmer tageweise bei verschiedenen Gemeinden arbeitet. Zudem ist der Einsatz eines Leiharbeitnehmers an einem Tag bei verschiedenen Gemeinden möglich. Hierbei ist jedoch darauf zu achten, dass Wegezeiten des Leiharbeitnehmers von einer Gemeinde zur anderen Gemeinde nicht zu Lasten des Leiharbeitnehmers gehen.

Nicht zulässig im Rahmen des AÜG ist jedoch ein so genannter Ketten- bzw. Zwischenverleih. Eine entleihende Gemeinde ist demnach nicht befugt, einen Leiharbeitnehmer einer anderen Gemeinde zu überlassen. Die Verleihbefugnisse stehen nur dem Verleiher zu.

Die überlassenen Arbeitnehmer müssen sowohl organisatorisch als auch räumlich in die jeweilige Gemeinde integriert werden. Sie müssen der für das Verfahren zuständigen Organisationseinheit der Gemeinde zugeordnet und deren Leiter unterstellt werden.

Keinesfalls ist es möglich, dass die Leiharbeitnehmer die gemeindlichen Aufgaben vom Sitz der Verleihfirma aus erledigen. Wenn der Leiharbeitnehmer in Räumlichkeiten tätig werden muss, die zwar innerhalb des Gemeindebereichs liegen, aber nicht in Gemeindeeigentum stehen, so hat die Gemeinde, nicht die Verleihfirma, die Räumlichkeiten anzumieten und zu unterhalten. In der Regel hat der Leiharbeitnehmer seine Tätigkeit in einem Büro in der Gemeindeverwaltung bzw. von diesem Büro aus zu verrichten. Teilzeitbeschäftigungen sind möglich.

Verleiher müssen grundsätzlich vom ersten Tag der Überlassung an, die für einen vergleichbaren Arbeitnehmer im Entleiherbereich geltenden wesentlichen Arbeitsbedingungen, also auch das Arbeitsentgelt, gewähren. Lediglich durch Tarifvertrag oder aufgrund eines Tarifvertrages können hiervon abweichende Regelungen getroffen werden. Ausnahmen gelten auch für die Dauer von insgesamt höchstens sechs Wochen für zuvor arbeitslose Leiharbeitnehmer, es sei denn, es hat bereits zuvor mit demselben Verleiher ein Leiharbeitsverhältnis bestanden. Dem Arbeitnehmer ist in diesem Fall mindestens ein Nettoarbeitsentgelt in Höhe des zuletzt erhaltenen Arbeitslosengeldes zu gewähren. Der Arbeitnehmer hat gegenüber den Entleihern einen Anspruch auf Auskunft über die im Betrieb des Entleihers für vergleichbare Arbeitnehmer des Entleihers geltenden Arbeitsbedingungen einschließlich des Arbeitsentgelts.

Modelle, gemäß denen ein privater Bediensteter bei mehreren Kommunen gleichzeitig beschäftigt sein soll, sind im Rahmen der kommunalen Geschwindigkeitsüberwachung auch nach Maßgabe der in Nr. 2.5 geregelten Variante zulässig.

Die Überwachung des ruhenden Verkehrs durch Private ist lediglich im Rahmen der Arbeitnehmerüberlassung möglich.

1.16 Meldepflichten/Amtliche Bekanntmachung

1.16.1 Allgemeine Meldepflichten

Da ein bayernweiten Überblick über die in der kommunalen Verkehrsüberwachung tätigen Gemeinden wegen deren Verpflichtung zur Amtshilfe (§ 46 Abs. 1, 2 OWiG in Verbindung mit § 161 Abs. 1 StPO) im Rahmen der kommunalen Verkehrsüberwachung unerlässlich ist, melden die Gemeinden die Aufnahme, die Änderung der Tätigkeiten bzw. die Einstellung der kommunalen Verkehrsüberwachung auf dem Dienstweg an die Regierungen.

Die Meldung enthält:

- Art der Überwachung (fließender/ruhender Verkehr)
- Verfolgung und Ahndung (Tätigkeit als Bußgeldstelle)
- Beteiligung von Privatfirmen mit Benennung der Firma).

Die Regierungen übersenden jährlich jeweils zum 1. Januar, 1. April, 1. Juli und 1. Oktober die eingehenden Meldungen in Form von Übersichten an das Staatsministerium des Innern.

Das Staatsministerium des Innern erstellt eine entsprechende Übersicht über alle auf dem Gebiet der kommunalen Verkehrsüberwachung tätigen Gemeinden und leitet diese den Gemeinden und Polizeidienststellen zu.

1.16.2 Jährliche Meldepflichten

Die Gemeinden berichten jährlich zum 1. März, beginnend ab dem Jahr 2007, auf dem Dienstweg an die Regierungen über das Ergebnis der kommunalen Verkehrsüberwachung nach folgendem Muster:

- Anzahl der Verwarnungen mit Verwarnungsgeld bzw. Anzeigen/Bußgeldbescheide für fließenden und ruhenden Verkehr, getrennt nach Verwarnungs- und Bußgeldhöhe
- Fahrverbote
- Gnadenverfahren
- Anzahl der Verfahrenseinstellungen.

Die Regierungen sammeln die eingehenden Meldungen und übersenden diese jährlich bis spätestens 1. April, beginnend ab dem Jahr 2007, in Form einer Tabelle an das Bayerische Staatsministerium des Innern. Dem Bayerischen Polizeiverwaltungsamt ist ein Abdruck dieser Meldungen durch die Regierungen zuzuleiten.

1.16.3 Amtliche Bekanntmachung

Nach § 2 Abs. 5 ZuVOWiG sind die Gemeinden verpflichtet, die Aufnahme sowie die Beendigung der Tätigkeiten im Rahmen der kommunalen Verkehrsüberwachung entsprechend den Vorschriften, die für die Bekanntmachung von Satzungen der Gemeinden gelten, amtlich bekannt zu machen. Diese Verpflichtung zur amtlichen Bekanntmachung betrifft auch die Gemeinden, die bereits die kommunale Verkehrsüberwachung betreiben.

2. Zusätzliche Bestimmungen für die kommunale Überwachung der zulässigen Höchstgeschwindigkeit von Fahrzeugen

2.1 Autobahnen, Straßen außerhalb geschlossener Ortschaften u. a.

Geschwindigkeitskontrollen auf Autobahnen und Straßen mit Fahrbahnen für eine Richtung, die durch Mittelstreifen oder sonstige bauliche Einrichtungen getrennt sind, oder Straßen, die zumindest zwei durch Fahrstreifenbegrenzung (Zeichen 295) oder durch Leitlinien (Zeichen 340) markierte Fahrstreifen für jede Richtung haben, bleiben ausschließlich der Überwachung durch die Polizei vorbehalten.

Die Geschwindigkeitsmessungen der Gemeinden sollen innerhalb geschlossener Ortschaften stattfinden. In begründeten Ausnahmefällen (an einem Unfallbrennpunkt [Stelle(n)], an der/denen sich häufig Unfälle ereignen/ereignet haben) bzw. einem Unfallgefahrenpunkt ([Stelle(n), an denen nach den örtlichen Umständen eine erhöhte Wahrscheinlichkeit dafür besteht, dass sich Unfälle ereignen werden]) können aufgrund einer Vereinbarung zwischen der Gemeinde und der Polizei auch außerhalb geschlossener Ortschaften Geschwindigkeitskontrollen durch die Gemeinden durchgeführt werden. Ausnahmen von Satz 1 und 2 sind in der unter Nr. 1.3 genannten Vereinbarung festzuhalten. Dieses Procedere ist erforderlich, um Doppelüberwachung zu vermeiden.

2.2 Überwachungsörtlichkeiten

In den Vereinbarungen zwischen den Gemeinden und der Polizei kann festgelegt werden, dass abweichend von den Richtlinien über die polizeiliche Verkehrsüberwachung die Gemeinden Zonen und Strecken mit einer durch Verkehrszeichen angeordneten Höchstgeschwindigkeit sowie verkehrsberuhigte Bereiche auch dann primär überwachen dürfen, wenn es sich weder um einen Unfallbrennpunkt noch um einen Unfallgefahrenpunkt handelt.

2.3 Benehmen

Die Gemeinden legen die Kontrollstellen im Benehmen mit der Polizei fest.

2.4 Eichung

Als Geschwindigkeitsmessgeräte dürfen nur von der Physikalisch Technischen-Bundesanstalt zugelassene und geeichte Messgeräte eingesetzt werden.

2.5 Modalitäten der Beteiligung Privater

Bei der Durchführung der Geschwindigkeitsüberwachung können die Gemeinden die Dienste privater Firmen oder Institutionen in Anspruch nehmen, z. B. durch die Anmietung, das Leasing oder die Wartung von Überwachungsgerät. Dabei kann auch vereinbart werden, dass der private Vertragspartner der Gemeinde das Bedienungspersonal des Überwachungsgeräts zur Verfügung stellt sowie die aufgenommenen Filme entwickelt und auswertet. Voraussetzung ist dann jedoch, dass die Tätigkeit des privaten Personals vor Ort ständig von einem fachkundigen Bediensteten der jeweiligen Gemeinde beaufsichtigt wird, der mit den technischen Details vertraut sein muss und die Messungen sowie ggf. auch die Folgetätigkeiten verantwortlich leiten muss. Die Bestimmungen des Datenschutzes, insbesondere Art. 6 Abs. 1 und Abs. 2 BayDSG, sind strikt zu beachten. In der geforderten schriftlichen Auftragserteilung sind insbesondere Regelungen über die Art der Anlieferung bzw. die Abholung der Filme, des Zugriffsschutzes im Entwicklungslabor und des Ausschlusses von Unterauftragsverhältnissen zu treffen. Die eingesetzten Mitarbeiter sind im Hinblick auf § 203 Abs. 2 Satz 1 Nr. 2 Strafgesetzbuch (StGB) besonders zu verpflichten. Die Festlegung von Vertragsstrafen wird empfohlen. Bei der Auswertung der Filme muss sichergestellt sein, dass der Bedienstete der Gemeinde über die Beweiseignung einer Aufnahme und die Frage, ob ein Ordnungswidrigkeitenverfahren eingeleitet wird, entscheidet.

Dies bedeutet, dass ihm auch Aufnahmen zur Entscheidung vorgelegt werden, bei denen – nach Auffassung des privaten Personals – eine Beweiseignung fehlt. Die Festlegung von Ort, Zeit und Umfang der Kontrolle ist ausschließlich der Gemeinde vorbehalten. Die Gemeinde ist auch allein verantwortlich für die Durchführung der Kontrollen. Die Gemeinden können privaten Vertragspartnern hoheitliche Aufgaben in keinem Falle zur eigenständigen Erledigung übertragen.

3. Zusätzliche Bestimmungen für die kommunale Überwachung von Verstößen, die im ruhenden Verkehr festgestellt werden

3.1 Abschleppen

Die Anordnung zum Abschleppen von Fahrzeugen als Maßnahme nach dem Gesetz über die Aufgaben und Befugnisse der Bayerischen Staatlichen Polizei (Polizeiaufgabengesetz – PAG) ist der Bayerischen Polizei vorbehalten. Soweit im Einzelfall eine solche Maßnahme angebracht erscheint, verständigt die Gemeinde bzw. die/der Angestellte der kommunalen Verkehrsüberwachung die Polizei, die unverzüglich prüft, ob die Voraussetzungen für das Abschleppen gegeben sind. Die Abschleppanordnung trifft die Polizei nach Maßgabe des Polizeiaufgabengesetzes. Rechtsbehelfe der Betroffenen gegen Abschleppmaßnahmen richten sich daher ausschließlich an die Polizei. Die persönliche Anwesenheit eines Polizeibeamten während des Abschleppvorganges ist nicht erforderlich.

Einzelheiten vereinbaren Gemeinde und Polizei unmittelbar. Dabei können in einem Katalog die Voraussetzungen festgelegt werden, bei deren Vorliegen die Polizei regelmäßig das Abschleppen anordnet.

3.2 Mängelbericht

Der Mängelbericht ist Ausfluss polizeirechtlicher Befugnisse und deshalb durch die Gemeinden nicht anwendbar. Unabhängig davon sollen die Gemeinden dafür sorgen, dass die Zulassungsstellen in geeigneter Weise von nicht vorschriftsgemäß abgestellten Fahrzeugen (§§ 29, 47a StVZO) Kenntnis erlangen.

4. Zweckverbände

Die vorstehenden Bestimmungen, **in denen die Gemeinde benannt wird**, gelten entsprechend für Zweckverbände, soweit ihnen Aufgaben der kommunalen Verkehrsüberwachung übertragen worden sind.

5. Aufhebung von Verwaltungsvorschriften

Die bisherige vorläufige Bekanntmachung des Bayerischen Staatsministeriums des Innern für die Verfolgung und Ahndung von Verstößen im ruhenden Verkehr sowie von Geschwindigkeitsverstößen durch Gemeinden (IMS vom 1. Juni 2001 – Az.: IC4–3618.3011-13) wird aufgehoben.

6. In-Kraft-Treten

Diese Bekanntmachung tritt am 1. Juni 2006 in Kraft.

5. Richtlinie für die Verfolgung und Ahndung von Verkehrsordnungswidrigkeiten

Bekanntmachung des Bayerischen Staatsministeriums des Innern vom 12. Oktober 2007, Az. IC4–3603-339-Po (AllMBl S. 529)

Inhaltsübersicht

1. Einleitung

Zur Verfolgung und Ahndung von Verkehrsordnungswidrigkeiten gemäß § 26 Abs. 1 des Straßenverkehrsgesetzes in der Fassung vom 5. März 2003 (BGBl I S. 310) in Verbindung mit § 36 Abs. 1 Nr. 1 des Gesetzes über Ordnungswidrigkeiten in der Fassung der Bekanntmachung vom 19. Februar 1987 (BGBl I S. 602), zuletzt geändert durch Art. 2 des Gesetzes vom 7. August 2007 (BGBl I S. 1786), §§ 2 Abs. 3 und 6 Abs. 1 Nr. 1 der Verordnung über Zuständigkeiten im Ordnungswidrigkeitenrecht vom 21. Oktober 1997 (GVBl S. 727), zuletzt geändert durch § 2 der Verordnung vom 18. Juli 2006 (GVBl S. 417), werden folgende Hinweise gegeben:

[Anmerkung des Kommentators: Die Verordnung über Zuständigkeiten im Ordnungswidrigkeitenrecht (ZuVOWiG) ist seit 30.6.2015 außer Kraft und wurde ab 1.7.2015 ersetzt durch die Zuständigkeitsverordnung (ZustV) vom 16. Juni 2015 (GVBl. S. 184, BayRS 2015-1-1-V), zuletzt geändert durch Verordnung vom 28. März 2023 (GVBl. S. 121), vgl. dort §§ 88 Abs. 3 und 91 Abs. 1 Nr. 1.]

1.1 Begriff der Verkehrsordnungswidrigkeit

Verkehrsordnungswidrigkeiten im Sinne dieser Bekanntmachung sind die Ordnungswidrigkeiten nach §§ 24, 24a und 24c des Straßenverkehrsgesetzes (StVG).

Diese Verkehrsordnungswidrigkeiten werden je nach Schwere des Verstoßes unterschiedlich geahndet. Hierbei erfolgt eine Untergliederung in Verwarnungen (mit und ohne Zahlungsaufforderung) und Anzeigen.

1.2 Gleichmäßige Ahndung von Verkehrsordnungswidrigkeiten

Im Interesse eines gleichmäßigen Vollzugs sind Verkehrsordnungswidrigkeiten nach den im bundeseinheitlichen Tatbestandskatalog (BAnz Nr. 28a vom 22. Dezember 2006) enthaltenen Regelsätzen und den nachfolgenden Richtlinien zu ahnden.

1.3 Grundlagen

1.3.1 Verfolgungsbehörde

Die Dienststellen der Polizei sind – über ihre Aufgaben als Ermittlungsorgan (§ 53 Abs. 1 des Gesetzes über Ordnungswidrigkeiten [OWiG]) hinaus – in den Fällen des § 6 Abs. 2 der Verordnung über Zuständigkeiten im Ordnungswidrigkeitenrecht (ZuVOWiG) selbstständig und eigenverantwortlich handelnde Verfolgungsbehörde, solange sie die Sache nicht an das Bayerische Polizeiverwaltungsamt oder an die Staatsanwaltschaft abgegeben haben. Als Verfolgungsbehörde haben sie nach § 46 Abs. 2 OWiG dieselben Rechte und Pflichten wie die Staatsanwaltschaft bei der Verfolgung von Straftaten, soweit in § 46 Abs. 3 bis 5, §§ 47 bis 50 und § 55 OWiG nichts anderes bestimmt ist.

Gibt in den Fällen der § 41 Abs. 2, § 43 OWiG die Staatsanwaltschaft die Sache zur Verfolgung der Tat als Ordnungswidrigkeit an die Polizei ab, so lebt die Zuständigkeit der Polizei als Verfolgungsbehörde wieder auf.

1.3.2 Opportunitätsprinzip

Die Dienststellen und Beamten des Polizeidienstes haben nach pflichtgemäßem Ermessen Ordnungswidrigkeiten zu erforschen (§ 53 Satz 1 OWiG). Sie haben dabei insbesondere zu prüfen, ob

a) von der Verfolgung einer Tat abgesehen werden kann,

b) bei geringfügigen Ordnungswidrigkeiten eine Verwarnung ohne oder mit Verwarnungsgeld erteilt werden kann oder

c) eine Ordnungswidrigkeiten-Anzeige zu erstatten ist.
Von der Verfolgung einer Verkehrsordnungswidrigkeit kann die Polizei nach pflichtgemäßem Ermessen dann absehen,

   aa) wenn die Tat unbedeutend ist und kein öffentliches Interesse an einer Ahndung besteht, sodass eine Belehrung, ein Hinweis oder eine Verwarnung ohne Verwarnungsgeld ausreichend erscheint (vgl. § 56 Abs. 1 Satz 2 OWiG),

   bb) wenn bereits vor Aufnahme von Ermittlungen, insbesondere vor einer schriftlichen Anhörung des Betroffenen, ersichtlich ist, dass ein ausreichender Tatnachweis oder eine Feststellung des Täters nicht möglich ist oder dass der mit weiteren Ermittlungen verbundene Aufwand außer Verhältnis zu der Bedeutung der Tat stehen würde,

   cc) wenn sie aufgrund anderer vordringlicher polizeilicher Aufgaben an der Verfolgung gehindert ist.

2. Aufgaben der Polizei bei der Verfolgung von Verkehrsverstößen

2.1 Bearbeitung von Verkehrsordnungswidrigkeiten mit und ohne Unfallfolge

Bei der Bearbeitung von Verkehrsordnungswidrigkeiten ohne Unfallfolge ist wie nachfolgend beschrieben, bei Aufnahme von Straßenverkehrsunfällen und der Verfolgung von Verkehrsordnungswidrigkeiten mit Unfallfolge ist nach der Bekanntmachung vom

30. April 1997 (AllMBl S. 355), zuletzt geändert durch Bekanntmachung vom 12. November 2001 (AllMBl S. 676), zu verfahren.

2.2 Erteilung von Verwarnungen wegen Verkehrsordnungswidrigkeiten (Verwarnungsverfahren)

2.2.1 Allgemeines

Die Verwarnung ist ein wichtiges Mittel zur Verkehrserziehung. Sie dient dazu, den Verkehrsteilnehmer an die Beachtung der Verkehrsvorschriften zu erinnern, ihm durch ihn begangene geringfügige Verkehrsverstöße vorzuhalten und diese in einem vereinfachten Verfahren zu ahnden. Von ihr ist nach pflichtgemäßem Ermessen Gebrauch zu machen. Auch soll hierdurch die Akzeptanz der Verkehrsvorschriften für die Zukunft erhöht werden.

Die Verwarnung ist ein Angebot an den Verkehrsteilnehmer, eine geringfügige Maßnahme mit präventivem Charakter zu akzeptieren, um ein förmliches Bußgeldverfahren zu vermeiden. Eine Verwarnung kommt grundsätzlich nur in Betracht, wenn der Betroffene einverstanden ist. Andernfalls ist ein förmliches Bußgeldverfahren einzuleiten, das dem Betroffenen eine gerichtliche Prüfung des Sachverhalts ermöglicht.

2.2.2 Zuständigkeit

Verwarnungen wegen Verkehrsordnungswidrigkeiten können gemäß §§ 56, 57 OWiG erteilen:

- die nach § 36 OWiG, § 26 Abs. 1 StVG in Verbindung mit §§ 2 und 4 ZuVOWiG zuständigen Verwaltungsbehörden;
- die hierzu ermächtigten, im Außendienst tätigen Bediensteten dieser Behörden;
- die hierzu ermächtigten Beamten und Angestellten der Polizei.

Zur Erteilung von Verwarnungen mit Verwarnungsgeld sind ermächtigt:

a) die Polizeivollzugsbeamten der Bayerischen Landespolizei;

b) die Mitarbeiter des Bayerischen Polizeiverwaltungsamtes im Rahmen des Ordnungswidrigkeitenverfahrens;

c) die Polizeivollzugsbeamten der Bayerischen Bereitschaftspolizei, die während der Ausbildung zu Dienststellen des polizeilichen Einzeldienstes abgeordnet oder nach Ablegung der Anstellungsprüfung für den mittleren oder gehobenen Polizeivollzugsdienst zur Unterstützung des polizeilichen Einzeldienstes eingesetzt sind;

d) die Angestellten nach Art. 2 Abs. 2 des Gesetzes über die Organisation der Bayerischen Staatlichen Polizei (POG) bei Zuwiderhandlungen gegen Vorschriften des Straßenverkehrsrechts;

e) die Beauftragten der ermächtigten Gemeinden bei Zuwiderhandlungen gegen Vorschriften des Straßenverkehrsrechts, die im ruhenden Verkehr, bei Überschreitung der zulässigen Geschwindigkeit oder sonstiger Verstöße, die den Gemeinden zur Verfolgung übertragen sind, festgestellt werden.

2.2.3 Zulässigkeit der Verwarnung

a) Eine Verwarnung darf nur bei geringfügigen Ordnungswidrigkeiten erteilt werden. Ob eine Ordnungswidrigkeit als geringfügig im Sinn von § 56 Abs. 1 OWiG angesehen werden kann, richtet sich nach der Bedeutung des Verstoßes und nach dem Vorwurf, der den Täter trifft. In der Regel ist eine Verkehrsordnungswidrigkeit dann als geringfügig anzusehen, wenn im bundeseinheitlichen Tatbestandskatalog für die Zuwiderhandlung als Ahndungssatz ein Betrag unter 40 € ausgebracht ist.

b) Eine Verwarnung darf in der Regel nicht erteilt werden

aa) bei grob verkehrswidrigem oder rücksichtslosem Verhalten von Verkehrsteilnehmern;

bb) bei Zuwiderhandlungen, für die im Tatbestandskatalog als Ahndungssatz ein Betrag von 40 € oder mehr ausgebracht ist.

In den unter Buchst. bb genannten Fällen kommt eine Verwarnung jedoch ausnahmsweise in Betracht, wenn wegen ganz besonderer Umstände des Einzelfalles (z. B. wenn – für den Täter ersichtlich – eine Gefährdung anderer Verkehrsteilnehmer ausgeschlossen war) eine Verwarnung ausreichend ist.

c) Eine Verwarnung ist unzulässig bei Kindern gemäß § 12 Abs. 1 OWiG und Personen, die nach §§ 18 und 19 des Gerichtsverfassungsgesetzes (GVG) nicht der deutschen Gerichtsbarkeit unterliegen.
Sie ist zulässig bei

- Jugendlichen (§ 1 Abs. 2 des Jugendgerichtsgesetzes [JGG]), wenn sie nach ihrer sittlichen und geistigen Entwicklung reif genug sind, das Unrecht ihres Verhaltens einzusehen und nach dieser Einsicht zu handeln, d. h. wenn sie vorwerfbar gehandelt haben (§ 12 Abs. 1 OWiG, § 3 JGG). Bei Verkehrsordnungswidrigkeiten Jugendlicher kann davon ausgegangen werden, dass diese Voraussetzungen vorliegen, wenn nicht besondere Umstände dagegen sprechen. Trotz vorwerfbaren Handelns ist von einer Verwarnung mit Verwarnungsgeld abzusehen, wenn die Tat ihre Ursache allein in der Unkenntnis, Unerfahrenheit oder Unbekümmertheit des Jugendlichen hat und anzunehmen ist, dass eine Ermahnung oder Verwarnung ohne Verwarnungsgeld ausreicht;
- Heranwachsenden (§ 1 Abs. 2 JGG);
- Ausländern

Sind diese mit den deutschen Verhältnissen nicht ausreichend vertraut, ist großzügig zu verfahren;

- Mitgliedern der Stationierungskräfte, des zivilen Gefolges und deren Angehörigen;
- Mitgliedern des Bundestags und des Landtags.

d) Besteht kein öffentliches Interesse an einer Ahndung, weil die Bedeutung des Verstoßes und der den Täter treffende Vorwurf nach den Umständen des Einzelfalles besonders gering sind (unbedeutende Ordnungswidrigkeit), ist kein Verwarnungsgeld zu erheben, sondern von der Möglichkeit einer Belehrung, eines Hinweises oder einer Verwarnung ohne Verwarnungsgeld (mündliche Verwarnung) Gebrauch zu machen.

e) Liegen bei mehreren Tatbeteiligten die Voraussetzungen für eine Verwarnung mit Verwarnungsgeld vor, kann ein Beteiligter, der mit einer Verwarnung einverstanden ist, auch dann verwarnt werden, wenn die übrigen Beteiligten eine Verwarnung ablehnen oder die Zahlung verweigern.

f) erden durch ein und dieselbe Handlung mehrere geringfügige Ordnungswidrigkeiten begangen (Tateinheit), für die jeweils eine Verwarnung mit Verwarnungsgeld in Betracht kommt, wird nur ein Verwarnungsgeld, und zwar das höchste der in Betracht kommenden, erhoben. Es ist jedoch zu prüfen, ob die Handlung trotz Verletzung mehrerer Vorschriften insgesamt noch geringfügig ist.

g) Hat der Betroffene durch mehrere Handlungen verschiedene geringfügige Ordnungswidrigkeiten begangen oder gegen dieselbe Vorschrift mehrfach verstoßen, sind wegen der einzelnen Verstöße je gesonderte Verwarnungen zu erteilen (Tatmehrheit).

h) Die ermächtigten Beamten und Angestellten der Polizei dürfen eine Verwarnung erteilen, wenn sie die Ordnungswidrigkeit entdecken oder im ersten Zugriff verfolgen und sich durch ihre Dienstkleidung oder in anderer Weise (z. B. durch den Dienstausweis) ausweisen. Die im Außendienst tätigen Bediensteten der Verwaltungsbehörden haben sich auszuweisen.

Die zuständigen Verwaltungsbehörden dürfen eine Verwarnung erteilen, solange das Verfahren bei ihnen anhängig ist.

2.2.4 Höhe des Verwarnungsgeldes

a) Das Verwarnungsgeld wird in Höhe von 5, 10, 15, 20, 25, 30 und 35 € erhoben.
Maßgebend sind die im bundeseinheitlichen Tatbestandskatalog ausgebrachten Beträge unter 40 €. Sie sind Regelsätze, die von fahrlässiger Begehung und gewöhnlichen Tatumständen ausgehen. Bei vorsätzlichem Handeln ist das Verwarnungsgeld in der Regel zu verdoppeln, wenn sich aus den Umständen des Falles ergibt, dass der Betroffene besonders verantwortungslos gehandelt hat; Nr. 2.2.3 Buchst. b bleibt unberührt. Ergibt sich dadurch im Einzelfall ein Betrag von 40 € oder mehr, ist ein Bußgeldverfahren einzuleiten.
In der Regel wird bei geringfügigen Ordnungswidrigkeiten von gewöhnlichen Tatumständen auszugehen sein. Sie können dann nicht mehr angenommen werden, wenn aufgrund besonderer Umstände (solche können die Auswirkungen auf die Verkehrssicherheit oder auf den Verkehrsablauf, aber auch das Verschulden des Betroffenen sein) die Zuwiderhandlung im Einzelfall die Wertigkeit der Masse gleichartiger Verstöße erkennbar über- bzw. unterschreitet (atypischer Fall). Eine Folge des Verstoßes (z. B. konkrete Behinderung bei verbotswidrigem Parken) ist für sich allein noch kein Anlass, nicht mehr gewöhnliche Tatumstände anzunehmen.

b) Ist im Tatbestandskatalog ein Verwarnungsgeld von mehr als 20 € vorgesehen, kann es bei offenkundig außergewöhnlich schlechten wirtschaftlichen Verhältnissen des Betroffenen bis auf 20 € ermäßigt werden. Im Übrigen bleiben die wirtschaftlichen Verhältnisse des Betroffenen unberücksichtigt.

c) Bei Fußgängern soll das Verwarnungsgeld in der Regel 5 €, bei Radfahrern 10 € nicht überschreiten, sofern der Tatbestandskatalog nichts anderes bestimmt. Die für vorsätzliches Handeln getroffene Regelung (Nr. 2.2.4 Buchst. a) bleibt unberührt.

d) Bei Zuwiderhandlungen, die im bundeseinheitlichen Tatbestandskatalog nicht enthalten sind, richtet sich die Höhe des Verwarnungsgeldes nach der Bedeutung des Verstoßes und dem Vorwurf, der den Täter trifft.

e) Wird wegen eines Verkehrsunfalls eine Verwarnung erteilt, richtet sich die Höhe des Verwarnungsgeldes allein nach der dem Unfall zugrunde liegenden Ordnungswidrigkeit.

2.2.5 Wirksamkeit der Verwarnung

a) Die Verwarnung wird wirksam, wenn der Betroffene nach Belehrung über sein Verweigerungsrecht mit ihr einverstanden ist und das Verwarnungsgeld entsprechend den Bestimmungen der Verwaltungsbehörde entweder

   aa) sofort bezahlt oder

   bb) bar innerhalb der ihm eingeräumten Frist bei einer Polizeidienststelle einbezahlt,

   cc) innerhalb der ihm eingeräumten Frist bei der in der Zahlungsaufforderung bestimmten Stelle auf das in der Zahlungsaufforderung bestimmte Konto einzahlt oder

   dd) so rechtzeitig auf andere Weise überweisen lässt, dass der Betrag fristgerecht auf dem in der Zahlungsaufforderung bestimmten Konto eingeht.

   Bei verspäteter Zahlung ist die Verwarnung wirksam, wenn das Verwarnungsgeld von der Verwaltungsbehörde angenommen wird.
   Spätestens ab Erlass eines Bußgeldbescheides ist die Annahme der Verwarnung unwirksam (siehe Nr. 2.2.8).
   Fehlen bei unbarer Zahlung die Angaben zur ordnungsgemäßen Zuordnung und Verbuchung des Betrages, ist die Zahlung nicht entsprechend den Bestimmungen der Verwaltungsbehörde geleistet mit der Folge, dass die Verwarnung nicht wirksam wird.

b) Nach wirksamer Verwarnung kann die Tat nicht mehr unter den tatsächlichen und rechtlichen Gesichtspunkten verfolgt werden, unter denen die Verwarnung erteilt worden ist (§ 56 Abs. 4 OWiG). Die Verwarnung kann auf einen bestimmten tatsächlichen und rechtlichen Gesichtspunkt beschränkt werden. In solchen Fällen kann die Tat in den Handlungsteilen, die von der Beschränkung nicht erfasst sind, weiter verfolgt werden.
Das Verfolgungshindernis wirkt nur gegenüber dem Betroffenen, der die Verwarnung mit Verwarnungsgeld angenommen hat, nicht aber zugunsten eines anderen Täters.

2.2.6 Verwarnungsverfahren

2.2.6.1 Persönliche Verwarnung

Es ist nach Möglichkeit persönlich zu verwarnen. Dazu sind auch Verkehrsteilnehmer, die eine Ordnungswidrigkeit im fließenden Verkehr begangen haben, anzuhalten, wenn das ohne Störung des Verkehrs möglich ist.

Wird die Verwarnung persönlich erteilt und zahlt der Betroffene das Verwarnungsgeld an Ort und Stelle, ist ihm über die Verwarnung, die Höhe des Verwarnungsgeldes und die Zahlung eine Verwarnungsbescheinigung auszuhändigen. Die Polizei verwendet dafür Vordrucke nach Anlage 1a und 1b.

Ist der Betroffene mit der Verwarnung einverstanden, entrichtet das Verwarnungsgeld aber nicht an Ort und Stelle, ist ihm eine Zahlungsaufforderung auszuhändigen. Dazu dient bei der Polizei der Vordruck nach Anlage 2.

Zahlt der Verwarnte rechtzeitig in bar, ist ihm eine ausgefüllte Verwarnungsbescheinigung (Anlage 1a oder 1b) zu übergeben.

Unterbleibt die Zahlung, ist zur Durchführung des Bußgeldverfahrens eine schriftliche Anhörung nicht mehr notwendig.

Macht ein Betroffener glaubhaft, dass er die Zahlungsfrist unverschuldet versäumt hat und zahlt er gleichzeitig das Verwarnungsgeld ein, kann die Zahlung angenommen und die Verwarnung als wirksam angesehen werden. Wurde jedoch bereits Anzeige wegen der Ordnungswidrigkeit erstattet, ist der Betroffene darauf hinzuweisen, dass die Verwarnung nur wirksam werden kann, wenn zum Zeitpunkt der Zahlung noch kein Bußgeldbescheid erlassen war. Die Zentrale Bußgeldstelle ist in diesem Fall unverzüglich unter Angabe des Tages, an dem die Einzahlung entgegengenommen wurde, zu unterrichten.

War zum Zeitpunkt der Entgegennahme des Verwarnungsgeldes bereits ein Bußgeldbescheid erlassen, konnte die Verwarnung nicht mehr wirksam werden. Das verspätet bezahlte Verwarnungsgeld muss in solchen Fällen in der Regel zurückgezahlt werden. Das Bayerische Polizeiverwaltungsamt kann dem Betroffenen jedoch auch die Anrechnung auf den im Bußgeldverfahren festgesetzten Gesamtbetrag anbieten.

2.2.6.2 Schriftliche Verwarnung

a) Kann der Betroffene bei einer Ordnungswidrigkeit, die im fließenden Verkehr begangen worden ist, nicht angehalten werden oder wird eine Ordnungswidrigkeit durch Anzeige Dritter bekannt, kann der Betroffene schriftlich verwarnt werden. Dafür sind Vordrucke nach Anlage 3a zu verwenden.

b) Wird bei einer Ordnungswidrigkeit, die im ruhenden Straßenverkehr begangen worden ist, der Betroffene nicht an Ort und Stelle angetroffen, ist eine Verwarnung mit Zahlungsaufforderung nach Anlage 2 auszustellen. Das ausgefertigte Formblatt ist am Kraftfahrzeug anzubringen. Gegebenenfalls ist auch ein Versand an die Halteradresse möglich. Hierzu ist ein Vordruck nach Anlage 3a zu verwenden.

Geht das Verwarnungsgeld innerhalb von zwei Wochen nicht ein, ist der Betroffene nach Nr. 2.2.6.2 Buchst. a erneut schriftlich zu verwarnen. Im Falle des postalischen Versands erfolgt keine zweite Verwarnung.
Zahlt der Betroffene das Verwarnungsgeld bei der Polizeidienststelle in bar ein, ist nach Nr. 2.2.6.1 zu verfahren.

c) Eine schriftliche Verwarnung (Vordruck nach Anlage 3a) ist auch dann zu erteilen, wenn sich erst aufgrund von Ermittlungen ergibt, dass die Voraussetzungen für eine Verwarnung vorliegen. Sie kann auch erteilt werden, wenn bereits eine Anzeige vorgelegt wurde und eine Geldbuße nicht angemessen erscheint. Bei der Polizei ist zu dieser Entscheidung der Vorgesetzte der die Anzeige erstattenden Dienstkraft befugt.

d) Betrifft die Verwarnung einen Halt- oder Parkverstoß und kann der Führer des Kraftfahrzeuges, der den Verstoß begangen hat, nicht vor Eintritt der Verfolgungsverjährung ermittelt werden oder würde seine Ermittlung einen unangemessenen Aufwand erfordern (§ 25a StVG), ist das Verfahren einzustellen und nach den für die Durchführung des Kostenverfahrens nach § 25a StVG geltenden Richtlinien zu verfahren. Ansonsten gilt für die Einstellung des schriftlichen Verwarnungsverfahrens Nr. 2.3.7.

2.2.7 Zeugenfragebogen

Handelt es sich bei dem eingetragenen Fahrzeughalter um eine juristische Person oder sind Fahrzeughalter und -führer offensichtlich nicht die gleiche Person, geht an den Fahrzeughalter ein Zeugenfragebogen (siehe auch Nr. 2.3.1.2).

2.2.8 Verfahren bei nicht wirksamer Verwarnung

Wird eine Verwarnung nicht wirksam, weil der Betroffene mit ihr nicht einverstanden ist oder das Verwarnungsgeld nicht fristgerecht, nicht vollständig oder nicht ordnungsgemäß bezahlt, ist nach Nr. 2.3.1 zu verfahren.

Von der Unwirksamkeit einer Verwarnung kann in der Regel ausgegangen werden, wenn innerhalb von drei Wochen nach Erteilung der Verwarnung oder Absendung der schriftlichen Verwarnung das Verwarnungsgeld nicht bezahlt wird.

Geht das Verwarnungsgeld erst nach Abgabe der Anzeige an die Zentrale Bußgeldstelle ein, ist der Betrag an den Betroffenen zurückzuzahlen. Das Bayerische Polizeiverwaltungsamt kann dem Betroffenen die Anrechnung des bereits bezahlten Betrages auf den Gesamtbetrag des Bußgeldbescheides anbieten. Eine Rückzahlung erfolgt, wenn das Verwarnungsgeld erst nach Zustellung des Kostenbescheides nach § 25a StVG eingeht.

2.2.9 Beschaffung und Verwaltung der Vordrucke bei der Polizei

2.2.9.1 Beschaffung

Die Vordrucke nach Anlage 1a, 1b, 2 werden von den Polizeipräsidien bzw. von den Kommunen beschafft. Hinsichtlich der Vordrucke nach Anlage 2 hat die Beschaffung durch die Polizei in Abstimmung mit dem Bayerischen Polizeiverwaltungsamt zu erfolgen.

Die Verwarnungsblöcke enthalten 25 Vordrucke nach Anlage 1a und 1b dieser Bekanntmachung. Sie und die Blöcke selbst müssen fortlaufend nummeriert sein.

Änderungen der Vordrucke sind – von dienststellenbezogenen Angaben abgesehen – nur mit Zustimmung des Staatsministeriums des Innern zulässig.

2.2.9.2 Verwaltung der Verwarnungsblöcke

Die Polizeipräsidien verteilen die Verwarnungsblöcke an die nachgeordneten Dienststellen, die sie in erforderlichem Umfang an die für die Erteilung von Verwarnungen mit Verwarnungsgeld ermächtigten Beamten und Angestellten ausgeben. Die Verwarnungsblöcke sind wie Quittungsblöcke im Sinne der VV Nrn. 39.7 bis 39.10 zu Art. 70 Bayerische

Haushaltsordnung (BayHO) zu behandeln und in einem besonderen Abschnitt des Quittungsbestandsbuchs (VV Nr. 17.2 zu Art. 71 BayHO) nachzuweisen.

2.2.9.3 Rückgabe der Verwarnungsblöcke

Aufgebrauchte Verwarnungsblöcke sind an die Dienststelle zurückzugeben. Dabei sind unbrauchbar gewordene Verwarnungsbescheinigungen mit abzuliefern.

2.2.10 Abrechnung der Verwarnungsgelder und Behandlung von Zahlungen bei der Polizei

Die zur Erteilung von Verwarnungen mit Verwarnungsgeld befugten Polizeibeamten und Angestellten werden ermächtigt, bar gezahlte Verwarnungsgelder gegen Verwarnungsbescheinigungen nach Anlage 1a und 1b dieser Bekanntmachung entgegenzunehmen (VV Nr. 36.5 zu Art. 70 BayHO).

Sie liefern die eingenommenen Verwarnungsgelder nach Verbrauch eines Verwarnungsblockes mit diesem, sonst monatlich bei ihrer Dienststelle ab. Dies gilt entsprechend für im Vorhinein bekannte längere Abwesenheiten von der Dienststelle.

2.3 Anzeigenverfahren

Die Bearbeitung von Verkehrsordnungswidrigkeiten erfolgt in der Regel im Rahmen der elektronischen Datenverarbeitung. Eine Anweisung hinsichtlich der Beachtung wichtiger Punkte bei der Erstellung von Anzeigen ist dieser Bekanntmachung beigefügt (Anlage 5); im Übrigen sind die Handbücher der EDV-Verfahren und die Richtlinien der Zentralen Bußgeldstelle zu beachten.

Die Gestaltung der Bußgeldbescheide und deren Urschrift sowie einzelner Erfassungsbelege erfolgt in Abstimmung mit dem Staatsministerium des Innern.

2.3.1 Feststellung und Anhörung des Betroffenen

2.3.1.1 Tatortanzeigen

Dem Betroffenen ist grundsätzlich an Ort und Stelle Gelegenheit zu geben, sich zu der Beschuldigung zu äußern (Anhörung). Es dient der Verkehrserziehung, wenn er sofort angehalten und auf sein Fehlverhalten aufmerksam gemacht wird. Vor der Anhörung ist er darauf hinzuweisen, dass es ihm freisteht, sich zu der Beschuldigung zu äußern oder nicht zur Sache auszusagen. Hingegen braucht er nicht darauf hingewiesen zu werden, dass er auch schon vor seiner Vernehmung einen von ihm zu wählenden Verteidiger befragen kann (§ 55 OWiG).

Das Ergebnis der Anhörung ist auf dem Anhörbogen oder sonst in geeigneter Weise festzuhalten. Eine kurze Äußerung ist möglichst wortgetreu aufzuschreiben. Längere Ausführungen können zusammengefasst werden, müssen aber den wesentlichen Inhalt der Erklärung richtig wiedergeben.

Verweigert der Betroffene eine Äußerung, ist auch das zu vermerken. Zur Angabe seiner Personalien ist er jedoch im Rahmen des § 111 OWiG verpflichtet. Möchte sich der Betroffene schriftlich äußern, ist ihm hierzu Gelegenheit zu geben. Auch in diesem Fall ist er nach § 55 OWiG zu belehren. Nach Möglichkeit soll ihm ein Anhörbogen mitgegeben werden mit der Aufforderung, ihn ausgefüllt innerhalb einer Woche der angegebenen Polizeidienststelle zuzuleiten. Geht eine schriftliche Äußerung innerhalb der gesetzten Frist nicht ein, ist das zu vermerken. Das Anhörungsverfahren gilt dann als abgeschlossen.

2.3.1.2 Kennzeichenanzeigen

a) Ein Betroffener, den die Polizei nicht am Tatort antrifft und dessen Personalien nicht bekannt sind, ist aufgrund des amtlichen Kennzeichens bzw. des Versicherungskennzeichens zu ermitteln. Das Polizeiverwaltungsamt sendet den auf der Vorderseite ausgefüllten Anhörbogen (Anlage 3b) dem Halter zur schriftlichen Äußerung zu und vermerkt das Datum der Versendung auf der Anzeige bzw. in der Akte/EDV-System. Wird der Anhörbogen nicht innerhalb einer angemessenen Frist (in der Regel zwei Wochen) zurückgesandt, sind die auf dem Anhörbogen verlangten Angaben zur Person des Halters - soweit noch erforderlich - über die zuständige Polizeidienststelle oder in anderer Weise zu ermitteln. Anschließend ist in der Regel ohne weitere Anhörung Anzeige gegen den Halter zu erstatten, wenn es sich um eine natürliche Person handelt, es sei denn, Halter und Betroffener sind offenkundig nicht identisch. Im Einzelfall - vor allem bei schwereren Verstößen - kann es jedoch geboten sein, den Halter zu vernehmen. Handelt es sich bei dem Halter um eine juristische Person oder sind Fahrzeughalter und Fahrzeugführer offensichtlich unterschiedliche Personen, wird anstelle des Anhörbogens ein Zeugenfragebogen (Anlage 4b) versandt.

b) Sendet der Halter den Anhörbogen mit dem Vermerk zurück, dass nicht er selbst, sondern ein anderer als Fahrer in Betracht komme, ohne dass dieser erkennbar Gelegenheit zur Äußerung gehabt hat, ist dem Fahrer ein Anhörbogen zur schriftlichen Äußerung (Anlage 3b) zuzusenden.

c) Ergeht keine oder eine unzureichende Halterantwort, sollen weitere Ermittlungen erfolgen.

d) Wird der Anhörbogen nur unvollständig ausgefüllt, sind weitere Ermittlungen zur Person des Betroffenen erforderlich.

2.3.1.3 Anzeigen durch Dritte

Anzeigen durch Dritte sind wie Anzeigen von Polizeibeamten zu behandeln. Nr. 2.3.4 – Vernehmung von Zeugen – ist zu berücksichtigen.

2.3.2 Unterbrechung der Verfolgungsverjährung durch die Anhörung des Betroffenen

Durch die **erste** Vernehmung des Betroffenen wird die Verjährung unterbrochen (§ 33 Abs. 1 Nr. 1 OWiG). Wurde ein Betroffener bereits an Ort und Stelle zu der Beschuldigung angehört und wird ihm später gleichwohl noch ein Anhörbogen übersandt, unterbricht das die Verjährung nicht mehr.

Die Verjährung wird auch durch die Bekanntgabe an den Betroffenen, dass gegen ihn das Ermittlungsverfahren eingeleitet ist, unterbrochen (§ 33 Abs. 1 Nr. 1 OWiG).

Weiterhin unterbricht die Verjährung auch die Anordnung zu einer dieser Maßnahmen (§ 33 Abs. 1 Nr. 1 OWiG).

Eine Bekanntgabe in diesem Sinn ist auch die Übersendung des Anhörbogens zur ersten schriftlichen Äußerung (Anlage 3b). Wird der Anhörbogen an den Halter versandt, wird die Verjährung nur dann unterbrochen, wenn der Halter zugleich der Betroffene ist.

Die Unterbrechung der Verjährung tritt in dem Zeitpunkt ein, in dem der Anhörbogen versandt wird. Auf der Anzeige oder in der Akte ist der Zeitpunkt der Versendung zu vermerken.

Liegt zwischen der Anordnung der Anhörung und dem Versand des Anhörbogens ein Tagesunterschied, gilt das Datum der Anordnung als Verjährungsunterbrechung.

Eine Versendung des Zeugenfragebogens unterbricht die Verjährung nicht.

2.3.3 Verfahren in besonderen Fällen

2.3.3.1 Verkehrsordnungswidrigkeiten Minderjähriger

Ein Kind kann nicht ordnungswidrig handeln (§ 12 Abs. 1 OWiG).

Bei Verkehrsordnungswidrigkeiten Jugendlicher (§ 1 Abs. 2 JGG) ist in der Regel Anzeige zu erstatten, wenn der Jugendliche zurzeit der Tat nach seiner sittlichen und geistigen Entwicklung reif genug erscheint, das Unrecht seines Verhaltens einzusehen und nach dieser Einsicht zu handeln (§ 12 Abs. 1 OWiG, § 3 JGG). Die Voraussetzungen für eine Anzeige werden immer dann vorliegen, wenn nicht besondere Umstände dagegen sprechen.

Bei allen Verfolgungen von Verkehrsverstößen Jugendlicher ist die Anschrift des gesetzlichen Vertreters anzugeben.

2.3.3.2 Anzeigen bei Heranwachsenden

Bei Verkehrsordnungswidrigkeiten Heranwachsender (§ 1 Abs. 2 JGG) ist wie bei Erwachsenen zu verfahren.

2.3.3.3 Anzeigen bei Exterritorialen und Abgeordneten

Bei Verkehrsordnungswidrigkeiten von Personen, die nach §§ 18 und 19 GVG der deutschen Gerichtsbarkeit nicht unterworfen sind, ist von einer Verfolgung abzusehen. Auf die Bekanntmachung vom 6. Dezember 1993 (AllMBl 1994 S. 29) wird hingewiesen.

Die Verfolgung von Verkehrsordnungswidrigkeiten der Mitglieder des Bundestages und des Landtages unterliegt keiner Einschränkung.

2.3.3.4 Anzeigen gegen Angehörige ausländischer Berufskonsulate

Eine Verfolgung und Ahndung von Verkehrsordnungswidrigkeiten von Mitgliedern konsularischer Vertretungen ist nicht zulässig, wenn sie diese in Wahrnehmung konsularischer Aufgaben vorgenommen haben. Anlage 5 dieser Bekanntmachung ist zu beachten.

2.3.3.5 Anzeigen gegen Mitglieder der Stationierungsstreitkräfte

Verkehrsordnungswidrigkeiten von Mitgliedern der Stationierungsstreitkräfte, des zivilen Gefolges und deren Angehörigen können grundsätzlich verfolgt und geahndet werden.

Bei einem Verstoß gegen Verhaltensvorschriften können Führer von Dienst- und Privatfahrzeugen zur Anzeige gebracht werden.

Ist der Führer jedoch ein Mitglied der Truppe, ist diese Anzeige als Mitteilung an die zuständige Militärbehörde zu senden.

Sonstige Führer von Dienst- und Privatfahrzeugen unterliegen der deutschen Gerichtsbarkeit, die Verfolgung und Ahndung obliegt dem Polizeiverwaltungsamt.

Bei Verstößen gegen Vorschriften über Zustand, Ladung und Besetzung von Kraftfahrzeugen durch Mitglieder der Truppe ist sowohl bei Dienst-, als auch bei Privatfahrzeugen eine Mitteilung an die zuständige Militärbehörde zu richten.

Bei Verstößen dieser Art durch Mitglieder des zivilen Gefolges und Angehörigen von Mitgliedern der Truppe sowie Angehörigen des zivilen Gefolges ist Verkehrsordnungswidrigkeiten-Anzeige zu erstatten und der Zentralen Bußgeldstelle im Bayerischen Polizeiverwaltungsamt zuzuleiten.

Liegen Verhaltens- und Ausrüstungsverstöße in Tateinheit vor, ist neben der Mitteilung zusätzlich eine Ahndung der Verstöße, wie beschrieben, möglich.

Die Möglichkeit, in diesen Fällen Verwarnungen zu erteilen, bleibt unberührt.

Wird Ordnungswidrigkeiten-Anzeige erstattet, sind die besonderen Verfahrensvorschriften nach Anlage 5 zu beachten.

2.3.3.6 Anzeigen gegen Personen ohne festen Wohnsitz oder ohne ständigen Aufenthalt

Bei Verkehrsordnungswidrigkeiten von Personen, die im Geltungsbereich der Strafprozessordnung keinen festen Wohnsitz oder ständigen Aufenthalt haben, ist weitgehend von der Verwarnung nach §§ 56, 57 OWiG Gebrauch zu machen.

Erscheint eine Verwarnung wegen der Bedeutung der Tat oder der Schuld des Täters nicht möglich, ist nach § 132 StPO, § 46 Abs. 1 OWiG zu verfahren und anzuordnen, dass der Betroffene eine angemessene Sicherheit für die zu erwartende Geldbuße und die Kosten des Verfahrens leistet und einen Zustellungsbevollmächtigten benennt. Die Höhe der Sicherheitsleistung ist unter Berücksichtigung der im bundeseinheitlichen Tatbestandskatalog festgelegten Ahndungssätze und der voraussichtlich anfallenden Kosten zu bemessen. Im Übrigen gelten die Regelungen über die Erhebung und Behandlung von Sicherheitsleistungen in Straf- und Ordnungswidrigkeitenverfahren (SiL-Pol) in der jeweils geltenden Fassung (vgl. derzeit IMS vom 21. März 2002, geändert durch IMS vom 21. März 2005, jeweils Az.: IZ6–0742.11-1).

2.3.4 Vernehmung von Zeugen

Stellt ein Polizeibeamter eine Verkehrsordnungswidrigkeit fest, wird in aller Regel sein Zeugnis genügen.

Soweit sich bei Anzeigen durch Dritte die Aussage aus der Verkehrsordnungswidrigkeiten-Anzeige ergibt, entfällt das Erfordernis einer gesonderten Vernehmung. In diesen Fällen ist lediglich eine Niederschrift zur Person des Zeugen geboten.

Sind ausnahmsweise Zeugen zu vernehmen, soll das grundsätzlich schriftlich geschehen, es sei denn, dass der Zeuge ohne Schwierigkeit an Ort und Stelle mündlich vernommen werden kann. Der Vernehmungsbogen (Anlage 4a bzw. 4b: Formblatt zur Zeugenanhörung) ist dem Zeugen mit einem Freiumschlag zuzusenden.

Führt die schriftliche Vernehmung nicht zum Erfolg, sind die Zeugen vorzuladen (§§ 161a, 51 StPO, § 46 Abs. 1 OWiG).

2.3.5 Anfrage beim Kraftfahrt-Bundesamt

Die Auskunft aus dem Verkehrszentralregister ist, soweit nicht automatisiert geschehen, durch die endsachbearbeitende Dienststelle einzuholen, wenn im Tatbestandskatalog für den infrage stehenden Tatbestand ein Ahndungssatz von 40 € oder mehr ausgebracht ist.

2.3.6 Abgabe der Anzeige an die Zentrale Bußgeldstelle

2.3.6.1 Bußgeldvorschlag

Erscheint nach Abschluss der Ermittlungen unter Berücksichtigung der Äußerung des Betroffenen und der etwaigen Zeugenaussagen ein Bußgeldbescheid gerechtfertigt, ist die Anzeige an die Zentrale Bußgeldstelle abzugeben. Von den Regelsätzen darf im Vorschlag nur dann abgewichen werden, wenn außergewöhnliche Umstände des Einzelfalles das erfordern. Das Abweichen ist besonders zu begründen.

Kommt ein Fahrverbot nur für bestimmte Fahrzeuge in Betracht, ist im Feld Hinweise anzugeben, welche Fahrzeugarten (z. B. landwirtschaftliche Fahrzeuge) davon ausgenommen sein sollen.

In der Anzeige ist bei Beteiligung eines Verteidigers o. Ä. die Angabe erforderlich, dass dieser bevollmächtigt ist. Die Vertretungsvollmacht verbleibt grundsätzlich bei den Akten.

Bei Sicherheitsleistungen sind die Höhe der Sicherheitsleistung sowie der Zustellungsbevollmächtigte und die Zahlstelle (Staatsoberkasse, Justizkasse etc.) anzugeben. Etwaige Kostenvormerkungen werden entsprechend den Vorgaben der Zentralen Bußgeldstelle mitgeteilt. Die Auskunft aus dem Verkehrszentralregister wird zentral an die Zentrale Bußgeldstelle gesteuert.

2.3.6.2 Aufbewahrungsfristen

Betrifft die Anzeige eine Verkehrsunfallsache oder wird von der Dienststelle ein Fahrverbot vorgeschlagen, sind die Unterlagen drei Jahre, in allen übrigen Fällen ein Jahr aufzubewahren. Für das Bayerische Polizeiverwaltungsamt gelten hinsichtlich Aufbewahrungs- und Datenlöschfristen Sonderregelungen.

2.3.6.3 Zuständige Bußgeldbehörde

Zuständige Bußgeldbehörde ist gemäß § 36 OWiG, § 26 StVG in Verbindung mit § 4 ZuVOWiG die Zentrale Bußgeldstelle im Bayerischen Polizeiverwaltungsamt, wenn die Verkehrsordnungswidrigkeit in Bayern begangen und von der Polizei zur Anzeige gebracht oder durch Polizeibeamte entdeckt wurde.

Wurde die Verkehrsordnungswidrigkeit durch im Außendienst tätige Bedienstete ermächtigter Gemeinden im eigenen Gebiet entdeckt, ist die Gemeinde zuständige Bußgeldbehörde gemäß § 36 OWiG, § 26 StVG in Verbindung mit § 2 ZuVOWiG, soweit sie eine eigene Bußgeldstelle hat.

2.3.7 Einstellung des Verfahrens

Ist die Einstellung des Verfahrens geboten, weil

a) nach dem Ermittlungsergebnis ein ausreichender Tatnachweis oder die Feststellung des Täters nicht möglich erscheint,

b) der mit weiteren Ermittlungen verbundene Aufwand außer Verhältnis zur Bedeutung der Tat stehen würde,

c) nach den Umständen des Einzelfalles ein Verzicht auf Ahndung geboten oder gerechtfertigt erscheint oder

d) die Verfolgung der Tat verjährt ist,

ist gemäß § 47 Abs. 1 OWiG in Verbindung mit § 6 Abs. 2 ZuVOWiG oder gemäß § 46 Abs. 1 OWiG, § 170 Abs. 2 StPO die Einstellung des Verfahrens zu verfügen.

Die Einstellungsberechtigung knüpft an die Verfolgungszuständigkeit (vgl. Nr. 1.3.1) an. Sobald Verkehrsordnungswidrigkeiten im automatisierten Verfahren erfasst bzw. im manuellen Verfahren an die Zentrale Bußgeldstelle abgegeben worden sind, ist das Bayerische Polizeiverwaltungsamt für die Verfolgung und auch Einstellung der Verfahren zuständig.

Vor Abgabe steht die Befugnis der Einstellung dem Dienststellenleiter oder dessen Beauftragten zu.

Das Bayerische Polizeiverwaltungsamt regelt die Befugnis zur Einstellung der Verfahren eigenständig in dienstbetrieblichen Vorschriften.

Bei Minderjährigen soll der gesetzliche Vertreter von der Einstellung des Verfahrens formlos verständigt werden.

2.3.8 Abgabe an die Staatsanwaltschaft

2.3.8.1 Zusammenhang zwischen Straftat und Ordnungswidrigkeit

Zwischen einer Straftat und einer Ordnungswidrigkeit besteht ein Zusammenhang (§ 42 Abs. 1 Satz 2 OWiG), wenn

a) jemand sowohl einer Straftat als auch einer Ordnungswidrigkeit beschuldigt wird (persönlicher Zusammenhang) oder

b) wegen derselben Tat eine Person einer Straftat und eine andere einer Ordnungswidrigkeit beschuldigt wird (sachlicher Zusammenhang).

In Fällen des Zusammenhangs erstattet die Polizei unverzüglich Anzeige an die Staatsanwaltschaft und fügt die Ermittlungsunterlagen bei (§ 53 Abs. 1 Satz 3 OWiG). Soweit dafür nicht Formblätter zu verwenden sind (z. B. für Verkehrsunfallanzeige), wird die Anzeige formlos erstattet.

Ein Bußgeldvorschlag ist dann zu machen, wenn einer der Betroffenen nur einer Ordnungswidrigkeit beschuldigt wird.

Die Möglichkeit der Verwarnung bei geringfügigen Ordnungswidrigkeiten bleibt unberührt.

In den Fällen der § 41 Abs. 2 und § 43 OWiG gibt die Staatsanwaltschaft die Sache an die zuständige Polizeidienststelle ab. Diese legt dann eine Ordnungswidrigkeiten-Anzeige nach den Richtlinien dieser Bekanntmachung vor. Unter dem Feld Hinweise ist auf den Zusammenhang hinzuweisen.

Bei Vorliegen von Strafverfahren gegen eine Person und einem Verkehrsordnungswidrigkeiten-Verfahren gegen eine andere Person, jedoch mit sachlichem Zusammenhang, soll eine Trennung des Verfahrens in Straf- und Verkehrsordnungswidrigkeiten-Verfahren (gemischtes Verfahren) mit zeitgleicher Verfolgung nach Möglichkeit vermieden werden. Hier soll eine Abarbeitung nacheinander erfolgen.

Dadurch sollen zum einen der Verwaltungsaufwand minimiert und zum anderen nicht zwei voneinander abweichende Vorgänge in das Verfahren eingebracht werden.

2.3.8.2 Verfahren nach Einspruch

Wird gegen einen Bußgeldbescheid Einspruch eingelegt, leitet die Zentrale Bußgeldstelle die Unterlagen über die aktenverwahrende Dienststelle oder über den anzeigenden Beamten der Staatsanwaltschaft zu, soweit sie nach Prüfung den Bußgeldbescheid nicht zurücknimmt oder in den Fällen des § 69 Abs. 1 OWiG nicht selbst zu entscheiden hat. Einsprüche zu Fällen aus der technischen Verkehrsüberwachung werden vom Bayerischen Polizeiverwaltungsamt grundsätzlich direkt an die Staatsanwaltschaft übermittelt, wenn nicht aufgrund der Besonderheiten des Einzelfalls eine Beteiligung der Dienststelle oder des aufnehmenden Beamten vor Ort geboten ist. Soweit die Übermittlung über die Dienststellen vor Ort erfolgt, hat die Dienststelle die bei ihr verbliebenen restlichen Unterlagen beizufügen.

2.4 Sonstige Ordnungswidrigkeiten im Bereich des Straßenverkehrs

Wegen anderer Ordnungswidrigkeiten im Bereich des Straßenverkehrs können Verwarnungen nur erteilt werden, wenn dazu die Ermächtigung gegeben ist (§§ 57, 58 OWiG). Zur Einstellung solcher Verfahren ist die Polizei nicht befugt.

Sind bei Tateinheit oder zusammenhängenden Ordnungswidrigkeiten verschiedene Bußgeldbehörden sachlich zuständig, ist die Anzeige an die Behörde zu leiten, deren Zuständigkeit aufgrund der mit dem höheren Bußgeldrahmen bedrohten Tat gegeben ist. Bei gleicher Bußgeldandrohung ist die Anzeige an die Verwaltungsbehörde zu geben, die für die mit der Verkehrsordnungswidrigkeit zusammenhängenden Ordnungswidrigkeit zuständig ist.

3. Ahndung von Verkehrsordnungswidrigkeiten

3.1 Höhe der Geldbuße

3.1.1 Regelsätze

Die im bundeseinheitlichen Tatbestandskatalog angegebenen Verwarnungs- und Bußgeldbeträge sind Regelsätze, die von fahrlässiger Begehung und gewöhnlichen Tatumständen ausgehen. Ausnahmen hiervon sind besonders gekennzeichnet.

Bei vorsätzlichem Handeln ist die Geldbuße in der Regel zu verdoppeln, wenn sich aus den Umständen des Falles nicht ergibt, dass der Betroffene besonders sorgsam gehandelt hat. Die Umstände sind kurz zu begründen.

Ist wegen der Besonderheiten des Einzelfalles nicht von gewöhnlichen Tatumständen auszugehen (atypische Fälle), kann der Regelsatz unter- bzw. überschritten werden. Gewöhnliche Tatumstände können dann nicht mehr angenommen werden, wenn aufgrund besonderer Umstände die Zuwiderhandlung im Einzelfall die Wertigkeit der Masse gleichartiger Verstöße erkennbar unter- bzw. überschreitet. Eine Folge des Verstoßes (z. B. Behinderung) ist für sich allein noch kein Anlass, nicht mehr gewöhnliche Tatumstände anzunehmen (siehe auch Nr. 2.2.4).

Wird durch die Zuwiderhandlung ein anderer geschädigt oder gefährdet und ist das im Tatbestand nicht enthalten, ist der Regelsatz nach Maßgabe der Tabelle 4 des Anhangs zum bundeseinheitlichen Tatbestandskatalog zu erhöhen.

Nach Maßgabe der Tabelle 5 (kennzeichnungspflichtige Kraftfahrzeuge mit gefährlichen Gütern und Kraftomnibusse mit Fahrgästen) des Anhangs zum bundeseinheitlichen Tatbestandskatalog ist der Regelsatz in den dort genannten Fällen zu erhöhen.

Ist die Verkehrsordnungswidrigkeit von einem nichtmotorisierten Verkehrsteilnehmer begangen worden und enthält der bundeseinheitliche Tatbestandskatalog für diese Verkehrsteilnahme keinen besonderen Tatbestand, ist der Regelsatz um die Hälfte zu ermäßigen. Beträgt der danach infrage kommende Regelsatz weniger als 40 €, ist regelmäßig eine Verwarnung mit Verwarnungsgeld zu erteilen.

Die Möglichkeit, den Regelsatz nach Nr. 2.2.4 Buchst. a zu erhöhen, bleibt unberührt.

3.1.2 Tateinheit

Sind durch eine Handlung mehrere Verkehrsordnungswidrigkeiten begangen worden, ist der höchste in Betracht kommende Regelsatz angemessen, jedoch bei fahrlässigem Handeln nicht über 475 € zu erhöhen.

3.1.3 Tatmehrheit

Sind mehrere Geldbußen verwirkt, ist jede gesondert festzusetzen und zu verfolgen (§ 20 OWiG).

3.1.4 Höchstmaß der Geldbuße

In allen Fällen ist der in § 17 OWiG festgesetzte Bußgeldrahmen (mindestens 5 € und höchstens 1.000 € bei vorsätzlichem und 500 € bei fahrlässigem Handeln) zu beachten. Ist jedoch der wirtschaftliche Vorteil, den der Täter aus der Ordnungswidrigkeit gezogen hat, größer als das gesetzliche Höchstmaß der Geldbuße, kann es überschritten werden (§ 17 Abs. 4 OWiG).

3.1.5 Abweichung von Regelsätzen bei Verwarnungstatbeständen

Die im Tatbestandskatalog angegebenen Ahndungssätze unter 40 € sind Verwarnungsgeldbeträge. Von ihnen kann nach Maßgabe von Nr. 2.2.4 abgewichen werden. Lehnt der Betroffene eine Verwarnung ab oder zahlt er das Verwarnungsgeld nicht rechtzeitig, nicht vollständig oder nicht ordnungsgemäß, ist, wenn die Verwaltungsbehörde die Tat für erwiesen hält, eine angemessene Geldbuße festzusetzen. Der im Tatbestandskatalog als Verwarnungsgeld festgelegte Betrag kann dabei erhöht werden. Konnte eine Verwarnung nicht erteilt werden, weil der Betroffene grob verkehrswidrig oder rücksichtslos gehandelt hat, ist bei der Bemessung der Geldbuße der für das Verwarnungsgeld festgelegte Betrag angemessen zu erhöhen. Als Mindestbetrag kommen 40 € in Betracht.

3.2 Fahrverbot

3.2.1 Anordnung des Fahrverbots

Ein Fahrverbot ist in der Regel anzuordnen, wenn

a) es im Tatbestandskatalog vorgesehen ist,

b) der Betroffene sonst unter besonders grober oder beharrlicher Verletzung der Pflichten eines Kraftfahrzeugführers gehandelt hat oder

c) gegen den Führer eines Kraftfahrzeuges wegen einer Geschwindigkeitsüberschreitung von mindestens 26 km/h bereits eine Geldbuße rechtskräftig festgesetzt worden ist und er innerhalb eines Jahres seit Rechtskraft der Entscheidung eine weitere Geschwindigkeitsüberschreitung von mindestens 26 km/h begeht.

Wird von der Anordnung eines Fahrverbots wegen besonderer Umstände ausnahmsweise abgesehen, ist der Regelsatz erheblich zu erhöhen.

3.2.2 Dauer und Wirksamkeit des Fahrverbots

Das Fahrverbot ist grundsätzlich für die Dauer anzuordnen, die im Tatbestandskatalog angegeben ist. Kommt ein Fahrverbot bei Tatbeständen in Betracht, für die der Tatbestandskatalog kein Fahrverbot enthält, ist seine Dauer nach pflichtgemäßem Ermessen zu bestimmen. Sie soll einen Monat nicht übersteigen, wenn es sich um die erstmalige Anordnung eines Fahrverbots wegen beharrlicher Verletzung der Pflichten eines Kraftfahrzeugführers handelt.

Das Fahrverbot wird mit der Rechtskraft der Bußgeldentscheidung wirksam (§ 25 Abs. 2 Satz 1 StVG). Ist in den zwei Jahren vor der Ordnungswidrigkeit ein Fahrverbot gegen den Betroffenen nicht verhängt worden und wird auch bis zur Bußgeldentscheidung ein Fahrverbot nicht verhängt, bestimmt die Verwaltungsbehörde oder das Gericht abweichend von § 25 Abs. 2 Satz 1 StVG, dass das Fahrverbot erst wirksam wird, wenn der Führerschein nach Rechtskraft der Bußgeldentscheidung in amtliche Verwahrung gelangt, spätestens jedoch mit Ablauf von vier Monaten seit Eintritt der Rechtskraft (§ 25 Abs. 2a Satz 1 StVG). Die Bußgeldentscheidung erlangt Rechtskraft, wenn der Betroffene nicht frist- und formgerecht Einspruch eingelegt oder auf ein Rechtsmittel verzichtet hat oder dem Rechtsmittel nicht stattgegeben wurde. Ein Rechtsmittelverzicht muss in der gleichen Form wie das Rechtsmittel erklärt werden. Mit dem Eingang der Verzichtserklärung bei der Zentralen Bußgeldstelle wird die Bußgeldentscheidung rechtskräftig. Die Verbotsfrist wird jedoch erst von dem Tag an gerechnet, an dem der Führerschein in amtliche Verwahrung genommen oder das Fahrverbot im ausländischen Fahrausweis vermerkt wird (§ 25 Abs. 3 und 5 StVG).

Erklärt ein Betroffener bei der Polizeidienststelle, auf den Einspruch verzichten zu wollen, empfiehlt es sich, die folgende schriftliche Erklärung mit der Unterschrift des Betroffenen aufzunehmen:

„Ich erhebe keinen Einspruch gegen den Bußgeldbescheid der Zentralen Bußgeldstelle vom ..., Az.: ... Ich beauftrage und ermächtige die ... (Polizeidienststelle), diesen Rechtsmittelverzicht gegenüber der Zentralen Bußgeldstelle zu erklären."

Die Polizeidienststelle unterrichtet anschließend unverzüglich die Zentrale Bußgeldstelle über den Rechtsmittelverzicht. Die Erklärung des Betroffenen nimmt sie zu den Akten.

3.2.3 Verwahrung und Beschlagnahme des Führerscheins

3.2.3.1 Ordnet die Zentrale Bußgeldstelle ein Fahrverbot an, ist der Betroffene gleichzeitig anzuweisen, seinen Führerschein bei Wirksamkeit des Fahrverbotes bei der für seinen Wohnsitz oder gewöhnlichen Aufenthalt zuständigen Polizeidienststelle abzuliefern; Nr. 3.2.3.3 bleibt unberührt. Die Polizeidienststelle nimmt den deutschen und ggf. internationalen Führerschein gegen Empfangsbestätigung in amtliche Verwahrung (§ 25 Abs. 2 StVG); dies gilt auch, wenn der Führerschein von einer Behörde eines Mitgliedstaates der Europäischen Union oder eines anderen Vertragsstaates des Abkommens über den Europäischen Wirtschaftsraum ausgestellt ist, sofern der Inhaber seinen ordentlichen Wohnsitz im Inland hat (§ 25 Abs. 2 Satz 3 StVG). In einem anderen ausländischen Fahrausweis vermerkt sie das Fahrverbot (§ 25 Abs. 3 StVG). Diese Maßnahmen sind durch die Gebühr des Bußgeldbescheides abgegolten; Auslagen sind nach § 107 Abs. 3 OWiG zu erheben.

3.2.3.2 Die Polizei hat den Führerschein auf Verlangen des Betroffenen auch dann entgegenzunehmen, wenn ihr noch keine Mitteilung über die Anordnung des Fahrverbotes zugegangen ist oder das Fahrverbot noch nicht wirksam ist. Im letzteren Fall ist der Betroffene darauf hinzuweisen, dass er eine Ordnungswidrigkeit nach § 4 Abs. 2 Satz 2, § 75 Nr. 4 der Fahrerlaubnis-Verordnung (FeV) begeht, wenn er ein Kraftfahrzeug ohne Mitführen des Führerscheins führt.

3.2.3.3 Liefert der Betroffene den Führerschein bei einer Polizeidienststelle ab, die für die Verwahrung nicht zuständig ist, ist der Führerschein mit einem Abdruck der Empfangsbestätigung an die zuständige Polizeidienststelle zu übersenden. Die Verbotsfrist beginnt – sofern das Fahrverbot bereits wirksam geworden ist – bereits mit der Entgegennahme durch die unzuständige Polizeidienststelle.

3.2.3.4 Der Zentralen Bußgeldstelle ist unverzüglich mitzuteilen, wenn ein Betroffener seinen Führerschein abgeliefert hat, damit sie davon absehen kann, eine Beschlagnahmeanordnung zu erlassen.

3.2.3.5 Die verwahrende Dienststelle verständigt den Betroffenen, von welchem Tage an er seinen Führerschein wieder erhalten kann. Auf Wunsch kann dem Betroffenen der Führerschein mit Einschreiben oder Nachnahme zurückgesandt werden, dann aber so rechtzeitig, dass der Betroffene mit dem Ende der Fahrverbotsfrist wieder im Besitz des Führerscheins ist. Für diese Maßnahme und die Aushändigung werden keine eigenen Gebühren, jedoch die Auslagen erhoben.

3.2.3.6 Die Polizeipräsidien können für ihren Bereich oder für Teile davon eine Polizeidienststelle für die Verwahrung der Führerscheine bestimmen. Die Entgegennahme der Führerscheine durch andere Dienststellen darf dadurch nicht ausgeschlossen werden.

3.2.3.7 Die Zentrale Bußgeldstelle verfügt die Beschlagnahme des Führerscheins, wenn ihr innerhalb der gesetzten Frist (vgl. Nr. 3.2.3.1) keine Mitteilung zugeht, dass der Führerschein abgeliefert wurde. Die Beschlagnahme ist eine Maßnahme der Bußgeldstelle, für deren Durchsetzung die Polizei Vollzugshilfe leistet. Die Zentrale Bußgeldstelle übersendet die Beschlagnahmeanordnung mit einem Abdruck und einem Abdruck des Bußgeldbescheides an die Polizeidienststelle. Die Beschlagnahmeanordnung ist dem Betroffenen oder einem anderen Empfangsberechtigten gegen Empfangsbestätigung auf dem Abdruck auszuhändigen. Der Tag der Aushändigung der Beschlagnahmeanordnung und der Tag der Beschlagnahme des Führerscheins ist der Zentralen Bußgeldstelle anzuzeigen. Der Abdruck der Beschlagnahmeanordnung bleibt bei der Polizei.

3.2.3.8 Hat der Betroffene seinen Wohnsitz oder gewöhnlichen Aufenthalt außerhalb Bayerns, wird der deutsche Führerschein von der Zentralen Bußgeldstelle verwahrt (§ 25 Abs. 2 StVG); dies gilt auch, wenn der Führerschein von einer Behörde eines Mitgliedstaates der Europäischen Union oder eines anderen Vertragsstaates des Abkommens über den Europäischen Wirtschaftsraum ausgestellt ist, sofern der Inhaber seinen ordentlichen Wohnsitz im Inland hat (§ 25 Abs. 2 Satz 3 StVG). In einem anderen ausländischen Fahrausweis vermerkt sie oder die ermächtigte Behörde das Fahrverbot (§ 25 Abs. 3 StVG). Nrn. 3.2.3.2 bis 3.2.3.6 gelten entsprechend.

3.2.3.9 Die Polizei kann den Führerschein im Falle eines Fahrverbots einer kommunalen bayerischen oder einer außerbayerischen Bußgeldbehörde entgegennehmen, wenn eine Zuordnung des Fahrverbots unter Vorlage des Bußgeldbescheides ohne Schwierigkeiten möglich ist.

Der Betroffene hat hierzu den Bußgeldbescheid, der das Fahrverbot anordnet, vorzulegen. Weiterhin ist er schriftlich darauf hinzuweisen, dass eine Fristenberechnung nur durch die zuständige Behörde, die den Bescheid ausfertigte, erfolgen kann. Der Betroffene ist auch hinzuweisen, dass sich die Fahrverbotsfrist aufgrund der Weiterleitung an die zuständige Stelle wegen der Versendung auf dem Postweg verlängern kann, da für die Fristenberechnung der Eingang bei der verwahrenden Behörde maßgebend ist.

Etwaige Verzögerungen der Fahrverbotsfrist gehen zulasten des Betroffenen.

Der Betroffene ist weiter schriftlich darauf hinzuweisen, dass bei Nichtannahme des Führerscheins durch die anordnende Behörde die Rücksendung an den Betroffenen erfolgt. Diese Zeit kann der amtlichen Verwahrung nicht zugerechnet werden.

Die Versendung an die zuständige Behörde erfolgt grundsätzlich auf dem Postweg. Der aufnehmende Beamte soll die betroffene Bußgeldbehörde jedoch vorab informieren.

Fristen und Rückgabe des Führerscheins sind durch den Betroffenen mit der ausstellenden Behörde selbstständig abzuklären.

3.2.3.10 Die vorstehenden Grundsätze gelten auch für die Verwahrung von Sonderführerscheinen nach § 26 FeV.

Besitzt der Betroffene auch einen Zivilführerschein, ist dieser ebenfalls zu verwahren.

Die Dienstanweisung zu § 26 FeV ist zu beachten.

3.3 Kostenrechtliche Behandlung bei Beschlagnahmeanordnungen

3.3.1 Erlässt die Zentrale Bußgeldstelle eine Beschlagnahmeanordnung, weil der Führerschein nicht innerhalb der festgesetzten Frist abgeliefert wurde, setzt sie für diese Anordnung neben den Auslagen (Art. 10 Abs. 1 Nrn. 1 und 5 des Kostengesetzes [KG] in Verbindung mit Tarif-Nr. 2.II 5/3 des Kostenverzeichnisses [KVZ]) eine Gebühr von 15 bis 750 € fest, mit der alle Amtshandlungen (insbesondere Beschlagnahme, Wegnahme und Eintragung des Vermerks in einen ausländischen Fahrausweis) abgegolten sind (Art. 1, 2, 6, 7 Abs. 2 KG). Derzeit ist für die Beschlagnahmeanordnung in der Regel eine Gebühr von 50 € festzusetzen (Nr. 29.1 der Anlage zu den Richtlinien zur Erhebung von Kosten und anderen öffentlich-rechtlichen Geldforderungen durch die Polizei [KR-Pol]).

3.3.2 Händigt die Polizei die Beschlagnahmeanordnung aus oder gibt sie dem Betroffenen die gegen ihn ergangene Beschlagnahmeanordnung bekannt, sind damit die von der Zentralen Bußgeldstelle festgesetzten Kosten (Gebühr und Auslagen) fällig geworden, und zwar auch dann, wenn der Führerschein nach Bekanntgabe der Anordnung freiwillig herausgegeben wird (Art. 11 KG). Wird der Führerschein vor Bekanntgabe der Beschlagnahmeordnung abgeliefert, gibt die Polizeidienststelle die Anordnung an die Zentrale Bußgeldstelle zurück; Kosten werden in diesem Falle nicht erhoben.

3.3.3 Die Kosten werden grundsätzlich in bar erhoben. Den Polizeidienststellen wird insoweit die Zuständigkeit übertragen, die Kosten anstelle der Zentralen Bußgeldstelle anzusetzen und gemäß den haushalts- und kassenrechtlichen Bestimmungen zu vereinnahmen. In den Kostenansatz sind die Gebühren und Auslagen der Zentralen Bußgeldstelle und die Auslagen nach Art. 10 KG, die der Polizei beim Vollzug der Beschlagnahmeanordnung entstanden sind, aufzunehmen.

3.3.4 Ist eine Vereinnahmung durch die Polizeidienststelle nicht möglich, ist dies der Zentralen Bußgeldstelle mit den angefallenen Auslagen mitzuteilen. Die Kosten werden dann von dieser förmlich festgesetzt und erhoben. Die Zentrale Bußgeldstelle entscheidet auch über eine Stundung oder Niederschlagung.

3.3.5 Vollzieht eine außerbayerische Polizeidienststelle eine Beschlagnahmeanordnung im Wege der Amtshilfe, zieht die Zentrale Bußgeldstelle die Kosten der von ihr erlassenen Beschlagnahmeanordnung selbst ein. Sind der außerbayerischen Polizeidienststelle Auslagen zu erstatten, werden diese Beträge vom Kostenschuldner nach Art. 10 Abs. 1 Nr. 5 KG erhoben.

3.4 Verständigung der zuständigen Verwaltungsbehörden, Mängelanzeigen

3.4.1 Ergeben sich aus dem einer Verkehrsordnungswidrigkeit zugrunde liegenden Sachverhalt Tatsachen, deren Kenntnis für die Verwaltungsbehörde (insbesondere die Zulassungsstelle) bedeutsam ist, ist dieser von der anzeigenden Dienststelle darüber Mitteilung zu machen. Die zuständige Verwaltungsbehörde (Genehmigungsbehörde) ist insbesondere zu verständigen, wenn gegen Genehmigungen oder Erlaubnisse bzw. deren vollziehbare Auflagen verstoßen wurde.

Wird eine Verwarnung mit Verwarnungsgeld erteilt, ist sinngemäß zu verfahren.

3.4.2 Das Mängelanzeigeverfahren richtet sich nach den bestehenden Richtlinien.

3.5 Bußgeldbescheide gegen Angehörige ausländischer Berufskonsulate und gegen Mitglieder der Stationierungsstreitkräfte, des zivilen Gefolges und deren Angehörige

3.5.1 Für das Verfahren beim Erlass von Bußgeldbescheiden gegen Angehörige ausländischer Berufskonsulate und Honorarkonsulate ist die Anlage 5 (Nr. 4) zu beachten.

3.5.2 Für das Verfahren beim Erlass von Bußgeldbescheiden gegen Mitglieder der US-Stationierungsstreitkräfte, des zivilen Gefolges und deren Angehörige ist ebenfalls die Anlage 5 (Nr. 5) zu beachten.

4. Schlussbestimmungen

4.1 Vorstehende Bestimmungen gelten gemäß § 2 ZuVOWiG für die Gemeinden im Rahmen ihrer Zuständigkeit entsprechend.

4.2 Diese Bekanntmachung tritt am 1. November 2007 in Kraft.

Gleichzeitig treten

- die Bekanntmachung über die Erteilung von Verwarnungen wegen Verkehrsordnungswidrigkeiten vom 7. Dezember 1989 (AllMBl S. 1133), geändert durch Bekanntmachung vom 15. Mai 1997 (AllMBl S. 387),
- die Bekanntmachung über die Aufgaben der Polizei bei der Verfolgung von Verkehrsverstößen vom 7. Dezember 1989 (AllMBl S. 1147), zuletzt geändert durch Bekanntmachung vom 12. November 2001 (AllMBl S. 676), sowie

- die Bekanntmachung über die Ahndung von Verkehrsordnungswidrigkeiten vom 7. Dezember 1989 (AllMBl S. 1163), zuletzt geändert durch Bekanntmachung vom 28. August 2002 (AllMBl S. 710)

außer Kraft.

Anlagen[1)]

Anlage 1:	Verwarnungsbescheinigung (von 5 Euro bis 20 Euro) – Vordruck
Anlage 1b:	Verwarnungsbescheinigung (von 25 Euro bis 35 Euro) – Vordruck
Anlage 2:	Verwarnung mit Zahlungsaufforderung – Vordruck
Anlage 3a:	Betroffenenanhörung zu einer Verkehrsordnungswidrigkeit – Verwarnung
Anlage 3b:	Betroffenenanhörung zu einer Verkehrsordnungswidrigkeit – Anzeige
Anlage 4a:	Formblatt zur Zeugenanhörung im Verkehrsordnungswidrigkeitenverfahren – Verwarnung
Anlage 4b:	Formblatt zur Zeugenanhörung im Verkehrsordnungswidrigkeitenverfahren – Anzeige
Anlage 5:	Anweisung zur Erstellung von Verkehrsordnungswidrigkeiten-Anzeigen

1) Die Anlagen wurden aus Platzgründen nicht abgedruckt.

Stichwortverzeichnis

Die Zahlen verweisen auf die Seite.

D

E

F

G

V

W

Z